Conheça o
Saraiva Conecta

Uma plataforma que apoia o leitor em sua jornada de estudos e de atualização.

Estude *online* com conteúdos complementares ao livro e que ampliam a sua compreensão dos temas abordados nesta obra.

Tudo isso com a **qualidade Saraiva Educação** que você já conhece!

Veja como acessar

No seu computador
Acesse o *link*
https://somos.in/CLTC10

No seu celular ou tablet
Abra a câmera do seu celular o aplicativo específico e aponte para o *QR Code* disponível no livro.

Faça seu cadastro

1. Clique em "Novo por aqui? Criar conta".

2. Preencha as informações – insira um *e-mail* que você costuma usar, ok?

3. Crie sua senha e clique no botão "CRIAR CONTA".

Pronto!
Agora é só aproveitar o conteúdo desta obra!*

Qualquer dúvida, entre em contato pelo *e-mail* **suportedigital@saraivaconecta.com.br**

Confira o material do professor
Amador Paes de Almeida
para você:

https://somos.in/CLTC10

* Sempre que quiser, acesse todos os conteúdos exclusivos pelo *link* ou pelo *QR Code* indicados.
O seu acesso tem validade de 24 meses.

AMADOR PAES DE ALMEIDA

CLT COMENTADA

10ª EDIÇÃO

2022

Av. Paulista, 901, 3º andar
Bela Vista – São Paulo – SP – CEP: 01311-100

SAC sac.sets@saraivaeducacao.com.br

Diretoria executiva	Flávia Alves Bravin
Diretoria editorial	Ana Paula Santos Matos
Gerência editorial e de projetos	Fernando Penteado
Novos projetos	Aline Darcy Flôr de Souza Dalila Costa de Oliveira
Gerência editorial	Isabella Sánchez de Souza
Edição	Daniel Pavani Naveira
Produção editorial	Daniele Debora de Souza (coord.) Cintia Aparecida dos Santos Paula Brito
Arte e digital	Mônica Landi (coord.) Camilla Felix Cianelli Chaves Claudirene de Moura Santos Silva Deborah Mattos Guilherme H. M. Salvador Tiago Dela Rosa
Projetos e serviços editoriais	Daniela Maria Chaves Carvalho Emily Larissa Ferreira da Silva Kelli Priscila Pinto Klariene Andrielly Giraldi
Diagramação	Fernanda Matajs
Revisão	Ivani Martins
Capa	Deborah Mattos
Produção gráfica	Marli Rampim Sergio Luiz Pereira Lopes
Impressão e acabamento	Edições Loyola

DADOS INTERNACIONAIS DE CATALOGAÇÃO NA PUBLICAÇÃO (CIP)
ODILIO HILARIO MOREIRA JUNIOR - CRB-8/9949

A447c Almeida, Amador Paes de
 CLT Comentada / Amador Paes de Almeida. - 10. ed. - São Paulo : SaraivaJur, 2022.
 800 p.
 ISBN: 978-65-5362-194-7 (Impresso)
 1. Direito do Trabalho. 2. Direito Processual do Trabalho. 3. Leis e legislação. 4. CLT. 5. Decreto-Lei n. 5.452. I. Título.

2021-4659
CDD 344.01
CDU 349.2

Índices para catálogo sistemático:
1. Direito do Trabalho 344.01
2. Direito do Trabalho 349.2

Data de fechamento da edição: 31-1-2022

Dúvidas? Acesse www.editorasaraiva.com.br/direito

Nenhuma parte desta publicação poderá ser reproduzida por qualquer meio ou forma sem a prévia autorização da Saraiva Educação. A violação dos direitos autorais é crime estabelecido na Lei n. 9.610/98 e punido pelo art. 184 do Código Penal.

CL 607641 CAE 791646

Meus agradecimentos à valiosa colaboração, dedicação e incansável esforço da advogada e companheira MARINA BATISTA DA SILVA LOBATO FERNANDES PAES DE ALMEIDA na atualização e revisão desta obra.

Ao Dr. Antonio Luiz de Toledo Pinto, que me incentivou a empreender este trabalho.

Aos sobrinhos Daniel Galdino Fernandes e Karen Beatriz de Souza Gomes, que, pela dedicação, tornaram possível esta edição.

Nota à 10ª Edição

Convidados a empreender este trabalho, cientes de obras de autores de grande porte, com o mesmo objeto, desde logo optamos pela observância da mais estreita fidelidade às necessidades didáticas, preocupação que nos tem orientado ao longo da nossa vida dedicada à Magistratura do Trabalho e ao professorado universitário. Por essa razão nossos comentários sobre toda a legislação trabalhista, constitucional e ordinária, são formulados em linguagem clara, precisa e objetiva, de molde a não induzir o leitor a qualquer equívoco de interpretação.

Para isso, dividimos o nosso trabalho em quatro Livros, a saber: o *Livro I* cuida dos direitos constitucionais do trabalho, abordando os dispositivos da Constituição Federal de 1988 que estabelecem os fundamentos do Direito do Trabalho no Brasil; o *Livro II* refere-se às normas trabalhistas consolidadas, acompanhadas de comentários e jurisprudência dos tribunais do trabalho, com destaque para as Súmulas do Tribunal Superior do Trabalho; o *Livro III* transcreve a legislação complementar, por assunto e menção especial à respectiva legislação: à guisa de exemplo – "*alimentação do trabalhador: Lei n. 6.321, de 14-4-1976, Decreto n. 5, de 14-1-1991*", e assim sucessivamente, o que, sem dúvida, facilita a abordagem do tema e exame da legislação específica. Destaque especial é dado às normas processuais complementares, sob o título "*Processo do Trabalho*"; ainda no *Livro III*, estampamos a *Lei de Greve* e o *Bem de Família*, destacando-se este último pela sua impenhorabilidade; finalmente o *Livro IV*, que se ocupa das Súmulas do Tribunal Superior do Trabalho, do Supremo Tribunal Federal e do Superior Tribunal de Justiça (em matéria trabalhista), com destaque, inclusive, para as Orientações Jurisprudenciais (OJ), Precedentes Normativos (PN) e Instruções Normativas (IN) do Tribunal Superior do Trabalho (TST).

Índice geral por matéria e índice alfabético e remissivo facilitam sobremaneira o manuseio desta obra, recomendada, sobretudo por seus aspectos didáticos, a advogados, contadores, economistas, acadêmicos, empresários, sindicalistas e tantos outros que, com frequência, veem-se obrigados a compilar a legislação trabalhista brasileira.

O leitor, ao longo desta obra, é convenientemente advertido para as alterações introduzidas pela Emenda Constitucional n. 24/99, que extinguiu a representação classista na Justiça do Trabalho, suprimindo a expressão Junta de Conciliação e Julgamento, substituída por Vara do Trabalho, passando o Juiz do Trabalho a atuar como juiz singular em 1ª instância.

Igual atenção mereceu a Emenda Constitucional n. 45/2004, que, alterando substancialmente a competência material da Justiça do Trabalho, trouxe para o seu âmbito de atuação as ações oriundas das relações de trabalho, envolvendo, na nova sistemática, não somente os empregados celetistas, mas, igualmente, trabalhadores autônomos, representantes comerciais, profissionais liberais, empreitada, bem como os litígios sindicais, indenizações por danos morais e patrimoniais, na mais ampla reforma por que já passou a Justiça do Trabalho ao longo de sua história.

Cuidamos igualmente da Reforma Trabalhista introduzida pela Lei n. 13.467/2017, ressaltando, sobretudo, os seus aspectos polêmicos tanto quanto ao direito material quanto às disposições processuais do trabalho.

As súmulas trabalhistas do Tribunal Superior do Trabalho (TST) foram inteiramente atualizadas, bem como as orientações jurisprudenciais, da Egrégia Corte Trabalhista.

Em suma, estes Comentários à CLT, por sua linguagem didática, e, por isso mesmo, de fácil compreensão, são, outrossim, úteis e recomendáveis.

Esta 10ª edição traz as seguintes atualizações:
- Lei n. 13.105, de 16-3-2015 (CPC/2015);
- Lei n. 13.134, de 16-6-2015;
- Lei n. 13.144, de 6-7-2015;
- Lei n. 13.151, de 28-7-2015;
- Lei n. 13.154, de 30-7-2015;
- Lei n. 13.155, de 4-8-2015;
- Lei n. 13.165, de 29-9-2015;
- Lei n. 13.171, de 21-10-2015;
- Lei n. 13.185, de 6-11-2015;
- Lei n. 13.189, de 19-11-2015;
- Portaria MTE n. 1.288 de 1º-10-2015;
- Lei Complementar n. 150, de 1º-6-2015 (contrato de trabalho doméstico);
- Lei n. 13.322, de 28-7-2016;
- Lei n. 13.429, de 13-7-2017;
- Lei n. 13.467, de 13-7-2017;
- Lei n. 13.654, de 23-4- 2018;
- Lei n. 13.660, de 8-5-2018;
- Lei n. 13.725, de 4-10-2018;
- Lei n. 13.728 de 31-12-2018;
- Lei n. 13.756, de 12-12-2018;
- Lei n. 13.767, de 18-12-2018;
- Lei n. 13.777, de 20-12-2018;
- Portaria GP/CR n. 21/2018;
- Lei n. 13.874, de 20-9-2019;
- Lei n. 13.877, de 27-9-2019;
- Lei n. 14.047, de 24-8-2020;
- Lei n. 14.261, de 16-12-2021;
- Emenda Constitucional n. 72/2013, obrigatoriedade do pagamento do FGTS ao doméstico;

• Emenda Constitucional n.187/2012, que trata das Eleições Diretas nos Tribunais do Poder Judiciário;
• Emenda Constitucional n. 90, de 15 de setembro de 2015;
• Resoluções 197 e 198/2015;
• Súmulas 459/463 do TST;
• Súmulas do TST, canceladas tacitamente, em decorrência do atual CPC, arts. 404 e 413 e alterações das súmulas 263; 393; 400; 405; 407/408 e 421.
• Atualizações das súmulas e das orientações jurisprudenciais do TST.

Amador Paes de Almeida

Abreviações utilizadas

ACT	Acordo Coletivo de Trabalho
ADI	Ação Direta de Inconstitucionalidade
ADCT	Ato das Disposições Constitucionais Transitórias
Art.	Artigo
AgRR	Agravo em Recurso de Revista
AIRR	Agravo de Instrumento em Recurso de Revista
BNDT	Banco Nacional de Devedores Trabalhistas
CCP	Convenção Coletiva de Trabalho
CIPA	Comissão Interna de Prevenção de Acidentes
CC	Código Civil
CCT	Convenção Coletiva de Trabalho
CF	Constituição Federal
CLT	Consolidação das Leis do Trabalho
CNJ	Conselho Nacional de Justiça
CNMP	Conselho Nacional do Ministério Público
CPC	Código de Processo Civil
CSJT	Conselho Superior da Justiça do Trabalho
CSMP	Conselho Superior do Ministério Público
CTN	Código Tributário Nacional
DF	Distrito Federal
EC	Emenda Constitucional
ENAMAT	Escola Nacional de Formação e Aperfeiçoamento de Magistrados do Trabalho
FGTS	Fundo de Garantia por Tempo de Serviço
HE	Hora Extraordinária (extra)
IN	Instrução Normativa
IAC	Incidente de Assunção de Competência
IDPJ	Incidente de Desconsideração da Pessoa Jurídica
IRDR	Incidente de Resolução de Demanda Repetitiva

L	Lei
LEF	Lei dos Executivos Fiscais
LINDB	Lei de Introdução às Normas do Direito Brasileiro
MP	Ministério Público
MPT	Ministério Público do Trabalho
MPU	Ministério Público da União
MS	Mandado de Segurança
OAB	Ordem dos Advogados do Brasil
OJ	Orientação Jurisprudencial
OIT	Organização Internacional do Trabalho
PIS-Pasep	Programa Integração Social — Programa de Formação do Patrimônio do Servidor Público
RE	Recurso Extraordinário
REsp	Recurso Especial
RGPS	Regime Geral de Previdência Social
RITST	Regimento Interno do Tribunal Superior do Trabalho
RR	Recurso de Revista
SDI ou SBDI	Subseção Especializada em Dissídios Individuais
SDC ou SBDC	Subseção Especializada em Dissídios Coletivos
STJ	Superior Tribunal de Justiça
STF	Supremo Tribunal Federal
TRT	Tribunal Regional do Trabalho
TRF	Tribunal Regional Federal
TST	Tribunal Superior do Trabalho

Índice Geral

Nota à 10ª Edição .. 7

Livro I
Os Direitos Sociais na Constituição Federal

1.	Direito do Trabalho..	25
2.	O Direito do Trabalho no Brasil..	26
3.	A Constituição Federal de 1988 e os direitos sociais...	29
4.	Os direitos sociais na Constituição de 1988 ..[art. 7º]	30
	Proteção contra dispensa arbitrária...	30
	Seguro-desemprego (SD)..	30
	Fundo de Garantia do Tempo de Serviço (FGTS)..	31
	Salário mínimo (SM) na CF/1988, no art. 7º:...	31
	Piso salarial (PS)...	32
	Irredutibilidade do salário (IS)...	33
	Garantia de salário mínimo (GSM)..	34
	Décimo terceiro salário (13º)..	34
	Adicional noturno (AN)..	34
	Proteção ao salário (PS)..	35
	Participação nos lucros ou resultados (PLR)...	36
	Salário-família (SF)...	37
	Jornada de oito horas diárias...	38
	Jornada de seis horas em turnos ininterruptos de revezamento.......................	40
	Repouso semanal (RSR)..	41
	Horas extras com acréscimo (HE)..	42
	Férias anuais com gratificação de um terço..	42
	Licença à gestante (LG)..	43
	Prorrogação da licença-maternidade. Facultativa – mediante incentivo fiscal...........	43
	Licença-paternidade (LP)...	43
	Proteção ao mercado de trabalho da mulher (PMTM).......................................	43
	Aviso prévio proporcional ao tempo de serviço (AP)...	44
	Proteção contra riscos inerentes ao trabalho (PCRIT)..	44

Adicional para atividades penosas, insalubres ou perigosas (AAPIP) 44
Aposentadoria ... 45
Creches e pré-escolas ... 45
Convenções e acordos coletivos (CCT e ACT) ... 45
Proteção em face da automação (PFA) .. 46
Seguro contra acidente de trabalho e indenização (SCATI) 46
Prescrição .. 46
Isonomia salarial (IS) .. 47
Discriminação contra deficientes (DCD) .. 47
Distinção entre o trabalho manual, técnico e intelectual 48
Trabalho do menor ... 48
Trabalhador avulso ... 49
Trabalhadores domésticos ... 49
5. Da organização sindical ... [art. 8º] 51
6. Direito de greve ... [art. 9º] 54
7. Representação dos trabalhadores nos órgãos públicos [art. 10] 55
8. Representação dos trabalhadores nas empresas [art. 11] 55

Livro II
A Consolidação das Leis do Trabalho Comentada

Título I Introdução ... [arts. 1º a 12] 60

Título II Das normas gerais de tutela do trabalho [arts. 13 a 223] 94

 Capítulo I Da identificação profissional .. [arts. 13 a 56] 94

 Seção I Da Carteira de Trabalho e Previdência Social [art. 13] 94

 Seção II Da emissão da Carteira de Trabalho e Previdência Social ... [arts. 14 a 24] 94

 Seção III Da entrega das Carteiras de Trabalho e Previdência Social ... [arts. 25 a 28] 94

 Seção IV Anotações na Carteira de Trabalho e Previdência Social .. [arts. 29 a 35] 99

 Seção V Das reclamações por falta ou recusa de anotação [arts. 36 a 39] 101

 Seção VI Do valor das anotações ... [art. 40] 104

 Seção VII Dos livros de registro de empregados [arts. 41 a 48] 105

 Seção VIII Das penalidades .. [arts. 49 a 56] 107

 Capítulo II Da duração do trabalho .. [arts. 57 a 75] 109

 Seção I Disposição preliminar .. [art. 57] 109

 Seção II Da jornada de trabalho ... [arts. 58 a 65] 109

 Seção III Dos períodos de descanso .. [arts. 66 a 72] 127

 Seção IV Do trabalho noturno .. [art. 73] 136

Seção V Do quadro de horário ..[art. 74] 137
Seção VI Das penalidades ..[art. 75] 137
Capítulo II-A Do teletrabalho ..[arts. 75-A a 75-E] 142
Capítulo III Do salário mínimo..[arts. 76 a 128] 144
Seção I Do conceito ... [arts. 76 a 83] 144
Seção II Das regiões e sub-regiões .. [arts. 84 a 86] 144
Seção III Da constituição das comissões.....................................[arts. 87 a 100] 144
Seção IV Das atribuições das comissões de salário mínimo......[arts. 101 a 111] 145
Seção V Da fixação do salário mínimo.. [arts. 112 a 116] 145
Seção VI Disposições gerais..[arts. 117 a 128] 145
Capítulo IV Das férias anuais ...[arts. 129 a 153] 152
Seção I Do direito a férias e da sua duração[arts. 129 a 133] 152
Seção II Da concessão e da época das férias............................[arts. 134 a 138] 153
Seção III Das férias coletivas ...[arts. 139 a 141] 153
Seção IV Da remuneração e do abono de férias[arts. 142 a 145] 154
Seção V Dos efeitos da cessação do contrato de trabalho[arts. 146 a 148] 154
Seção VI Do início da prescrição ..[art. 149] 155
Seção VII Disposições especiais...[arts. 150 a 152] 155
Seção VIII Das penalidades..[art. 153] 155
Capítulo V Da segurança e da medicina do trabalho.................[arts. 154 a 223] 165
Seção I Disposições gerais..[arts. 154 a 159] 165
Seção II Da inspeção prévia e do embargo ou interdição.........[arts. 160 e 161] 166
Seção III Dos órgãos de segurança e de medicina do trabalho
 nas empresas..[arts. 162 a 165] 167
Seção IV Do equipamento de proteção individual[arts. 166 e 167] 167
Seção V Das medidas preventivas de medicina do trabalho.....[arts. 168 e 169] 168
Seção VI Das edificações...[arts. 170 a 174] 168
Seção VII Da iluminação ..[art. 175] 168
Seção VIII Do conforto térmico..[arts. 176 a 178] 169
Seção IX Das instalações elétricas ..[arts. 179 a 181] 169
Seção X Da movimentação, armazenagem e manuseio de
 materiais..[arts. 182 e 183] 169
Seção XI Das máquinas e equipamentos..................................[arts. 184 a 186] 169
Seção XII Das caldeiras, fornos e recipientes sob pressão[arts. 187 e 188] 170
Seção XIII Das atividades insalubres ou perigosas..................[arts. 189 a 197] 170
Seção XIV Da prevenção da fadiga ...[arts. 198 e 199] 172
Seção XV Das outras medidas especiais de proteção[art. 200] 172
Seção XVI Das penalidades..[arts. 201 a 223] 172
Título II-A Do dano extrapatrimonial .. [arts. 223-A a 223-G] 185
Título III Das normas especiais de tutela do trabalho[arts. 224 a 441] 193
Capítulo I Das disposições especiais sobre duração e
 condições de trabalho ..[arts. 224 a 351] 193

Seção I Dos bancários..[arts. 224 a 226] 193
Seção II Dos empregados nos serviços de telefonia, de telegrafia
 submarina e subfluvial, de radiotelegrafia e radiotelefonia[arts. 227 a 231] 201
Seção III Dos músicos profissionais...[arts. 232 e 233] 203
Seção IV Dos operadores cinematográficos..............................[arts. 234 e 235] 205
Seção IV-A Do serviço do motorista profissional
 empregado...[arts. 235-A a 235-H] 206
Seção V Do serviço ferroviário...[arts. 236 a 247] 211
Seção VI Das equipagens das embarcações da Marinha Mercante nacional, de
 navegação fluvial e lacustre, do tráfego nos portos e da pesca...[arts. 248 a 252] 215
Seção VII Dos serviços frigoríficos ...[art. 253] 217
Seção VIII Dos serviços de estiva ...[arts. 254 a 284] 218
Seção IX Dos serviços de capatazias nos portos[arts. 285 a 292] 219
Seção X Do trabalho em minas de subsolo[arts. 293 a 301] 224
Seção XI Dos jornalistas profissionais......................................[arts. 302 a 316] 226
Seção XII Dos professores...[arts. 317 a 324] 229
Seção XIII Dos químicos..[arts. 325 a 350] 233
Seção XIV Das penalidades..[art. 351] 237
Capítulo II Da nacionalização do trabalho..............................[arts. 352 a 371] 238
 Seção I Da proporcionalidade de empregados brasileiros[arts. 352 a 358] 238
 Seção II Das relações anuais de empregados.........................[arts. 359 a 362] 239
 Seção III Das penalidades..[arts. 363 e 364] 240
 Seção IV Disposições gerais ...[arts. 365 a 367] 240
 Seção V Das disposições especiais sobre a nacionalização
 da Marinha Mercante ..[arts. 368 a 371] 240
Capítulo III Da proteção do trabalho da mulher[arts. 372 a 401-B] 241
 Seção I Da duração e condições do trabalho...........................[arts. 372 a 378] 241
 Seção II Do trabalho noturno..[arts. 379 a 381] 242
 Seção III Dos períodos de descanso..[arts. 382 a 386] 242
 Seção IV Dos métodos e locais de trabalho.........................[arts. 387 a 390-E] 242
 Seção V Da proteção à maternidade[arts. 391 a 400] 243
 Seção VI Das penalidades ...[arts. 401 a 401-B] 245
Capítulo IV Da proteção do trabalho do menor......................[arts. 402 a 441] 253
 Seção I Disposições gerais..[arts. 402 a 410] 253
 Seção II Da duração do trabalho ...[arts. 411 a 414] 254
 Seção III Da admissão em emprego e da Carteira de Trabalho
 e Previdência Social ...[arts. 415 a 423] 254
 Seção IV Dos deveres dos responsáveis legais de menores e
 dos empregadores. Da aprendizagem[arts. 424 a 433] 254
 Seção V Das penalidades..[arts. 434 a 438] 257
 Seção VI Disposições finais...[arts. 439 a 441] 257
Título IV Do contrato individual do trabalho[arts. 442 a 510] 262
 Capítulo I Disposições gerais...[arts. 442 a 456] 262
 Capítulo II Da remuneração ...[arts. 457 a 467] 305

Capítulo III Da alteração	[arts. 468 a 470]	323
Capítulo IV Da suspensão e da interrupção	[arts. 471 a 476-A]	330
Capítulo V Da rescisão	[arts. 477 a 486]	337
Capítulo VI Do aviso prévio	[arts. 487 a 491]	369
Capítulo VII Da estabilidade	[arts. 492 a 500]	380
Capítulo VIII Da força maior	[arts. 501 a 504]	386
Capítulo IX Disposições especiais	[arts. 505 a 510]	389
Título IV-A Da representação dos empregados	[arts. 510-A a 510-D]	392
Título V Da organização sindical	[arts. 511 a 610]	395
Capítulo I Da instituição sindical	[arts. 511 a 569]	395
Seção I Da associação em sindicato	[arts. 511 a 514]	395
Seção II Do reconhecimento e investidura sindical	[arts. 515 a 521]	395
Seção III Da administração do sindicato	[arts. 522 a 528]	397
Seção IV Das eleições sindicais	[arts. 529 a 532]	398
Seção V Das associações sindicais de grau superior	[arts. 533 a 539]	399
Seção VI Dos direitos dos exercentes de atividades ou profissões e dos sindicalizados	[arts. 540 a 547]	400
Seção VII Da gestão financeira do sindicato e sua fiscalização	[arts. 548 a 552]	402
Seção VIII Das penalidades	[arts. 553 a 557]	404
Seção IX Disposições gerais	[arts. 558 a 569]	405
Capítulo II Do enquadramento sindical	[arts. 570 a 577]	406
Capítulo III Da contribuição sindical	[arts. 578 a 610]	407
Seção I Da fixação e do recolhimento da contribuição sindical	[arts. 578 a 591]	407
Seção II Da aplicação da contribuição sindical	[arts. 592 a 594]	410
Seção III Da comissão da contribuição sindical	[arts. 595 a 597]	411
Seção IV Das penalidades	[arts. 598 a 600]	411
Seção V Disposições gerais	[arts. 601 a 610]	412
Título VI Das convenções coletivas de trabalho	[arts. 611 a 625]	427
Título VI-A Das comissões de conciliação prévia	[arts. 625-A a 625-H]	436
Título VII Do processo de multas administrativas	[arts. 626 a 642]	444
Capítulo I Da fiscalização, da autuação e da imposição de multas	[arts. 626 a 634]	444
Capítulo II Dos recursos	[arts. 635 a 638]	446
Capítulo III Do depósito, da inscrição e da cobrança	[arts. 639 a 642]	446
Título VII-A Da prova de inexistência de débitos trabalhistas	[art. 642-A]	448
Título VIII Da justiça do trabalho	[arts. 643 a 735]	451
Capítulo I Introdução	[arts. 643 a 646]	451
Capítulo II Das juntas de conciliação e julgamento	[arts. 647 a 667]	459
Seção I Da composição e funcionamento	[arts. 647 a 649]	459

Seção II Da jurisdição e competência das Juntas [arts. 650 a 653] 461
Seção III Dos presidentes das Juntas.. [arts. 654 a 659] 462
Seção IV Dos juízes classistas das Juntas................................. [arts. 660 a 667] 464
Capítulo III Dos juízos de direito ... [arts. 668 e 669] 465
Capítulo IV Dos Tribunais Regionais do Trabalho [arts. 670 a 689] 474
Seção I Da composição e do funcionamento [arts. 670 a 673] 474
Seção II Da jurisdição e competência...................................... [arts. 674 a 680] 475
Seção III Dos presidentes dos Tribunais Regionais [arts. 681 a 683] 476
Seção IV Dos Juízes representantes classistas dos Tribunais
Regionais ... [arts. 684 a 689] 477
Capítulo V Do Tribunal Superior do Trabalho [arts. 690 a 709] 483
Seção I Disposições preliminares... [arts. 690 a 692] 483
Seção II Da composição e funcionamento do Tribunal Superior
do Trabalho.. [arts. 693 a 701] 483
Seção III Da competência do Tribunal Pleno [art. 702] 484
Seção IV Da competência da Câmara de Justiça do Trabalho .. [arts. 703 a 705] 485
Seção V Da competência da Câmara de Previdência Social [art. 706] 485
Seção VI Das atribuições do Presidente do Tribunal Superior
do Trabalho... [art. 707] 485
Seção VII Das atribuições do Vice-Presidente [art. 708] 486
Seção VIII Das atribuições do Corregedor.. [art. 709] 486
Capítulo VI Dos serviços auxiliares da Justiça do Trabalho [arts. 710 a 721] 490
Seção I Da secretaria das Juntas de Conciliação e Julgamento... [arts. 710 a 712] 490
Seção II Dos distribuidores .. [arts. 713 a 715] 490
Seção III Do cartório dos Juízos de Direito.............................. [arts. 716 e 717] 491
Seção IV Das secretarias dos Tribunais Regionais [arts. 718 a 720] 491
Seção V Dos Oficiais de Justiça... [art. 721] 491
Capítulo VII Das Penalidades ... [arts. 722 a 733] 495
Seção I Do *lock-out* e da greve ... [arts. 722 a 725] 495
Seção II Das penalidades contra os membros da Justiça
do Trabalho.. [arts. 726 a 728] 495
Seção III De outras penalidades .. [arts. 729 a 733] 496
Capítulo VIII Disposições gerais ... [arts. 734 e 735] 496
Título IX Do Ministério Público do Trabalho............................ [arts. 736 a 762] 505
Capítulo I Disposições gerais .. [arts. 736 a 739] 505
Capítulo II Da procuradoria da Justiça do Trabalho [arts. 740 a 754] 505
Seção I Da organização... [arts. 740 a 745] 505
Seção II Da competência da Procuradoria-Geral [art. 746] 506
Seção III Da competência das Procuradorias Regionais...................... [art. 747] 506
Seção IV Das atribuições do procurador-geral [art. 748] 506
Seção V Das atribuições dos procuradores... [art. 749] 506
Seção VI Das atribuições dos procuradores regionais [arts. 750 e 751] 507

Seção VII Da secretaria ..[arts. 752 a 754] 507
Capítulo III Da procuradoria de Previdência Social[arts. 755 a 762] 507
Seção I Da organização ..[arts. 755 e 756] 507
Seção II Da competência da Procuradoria ...[art. 757] 507
Seção III Das atribuições do procurador-geral[art. 758] 508
Seção IV Das atribuições dos procuradores ..[art. 759] 508
Seção V Da secretaria ..[arts. 760 a 762] 508

Título X Do processo judiciário do trabalho[arts. 763 a 910] 514
Capítulo I Disposições preliminares ...[arts. 763 a 769] 514
Capítulo II Do processo em geral ..[arts. 770 a 836] 520
Seção I Dos atos, termos e prazos processuais[arts. 770 a 782] 520
Seção II Da distribuição ..[arts. 783 a 788] 529
Seção III Das custas e emolumentos[arts. 789 a 790-B] 531
Seção IV Das partes e dos procuradores[arts. 791 a 793] 536
Seção IV-A Da responsabilidade por dano processual[arts. 793-A a 793-D] 539
Seção V Das nulidades ...[arts. 794 a 798] 540
Seção VI Das exceções ..[arts. 799 a 802] 542
Seção VII Dos conflitos de jurisdição ...[arts. 803 a 812] 547
Seção VIII Das audiências ..[arts. 813 a 817] 552
Seção IX Das provas ..[arts. 818 a 830] 555
Seção X Da decisão e sua eficácia ...[arts. 831 a 836] 569
Capítulo III Dos dissídios individuais[arts. 837 a 855] 584
Seção I Da forma de reclamação e da notificação[arts. 837 a 842] 584
Seção II Da audiência de julgamento ..[arts. 843 a 852] 592
Seção II-A Do procedimento sumaríssimo[arts. 852-A a 852-I] 616
Seção III Do inquérito para apuração de falta grave[arts. 853 a 855] 639
Seção IV Do incidente de desconsideração da personalidade
 jurídica ..[art. 855-A] 642
Capítulo III-A Do processo de jurisdição voluntária para homologação
 de acordo extrajudicial ...[arts. 855-B a 855-E] 644
Capítulo IV Dos dissídios coletivos ...[arts. 856 a 875] 649
Seção I Da instauração da instância ...[arts. 856 a 859] 649
Seção II Da conciliação e do julgamento[arts. 860 a 867] 649
Seção III Da extensão das decisões ..[arts. 868 a 871] 650
Seção IV Do cumprimento das decisões ..[art. 872] 651
Seção V Da revisão ...[arts. 873 a 875] 651
Capítulo V Da execução ...[arts. 876 a 892] 661
Seção I Das disposições preliminares[arts. 876 a 879] 661
Seção II Do mandado e da penhora ..[arts. 880 a 883-A] 662
Seção III Dos embargos à execução e da sua impugnação[art. 884] 663
Seção IV Do julgamento e dos trâmites finais da execução ..[arts. 885 a 889-A] 663
Seção V Da execução por prestações sucessivas[arts. 890 a 892] 664

Capítulo VI Dos recursos ..[arts. 893 a 902] 693
Capítulo VII Da aplicação das penalidades[arts. 903 a 908] 732
Capítulo VIII Disposições finais ..[arts. 909 e 910] 733
Título XI Disposições finais e transitórias ..[arts. 911 a 922] 735

Livro III
Legislação

Índice da legislação sobre temas diversos (alfabético por assunto) *online*
 Legislação sobre temas diversos ... *online*
Índice da legislação das profissões regulamentadas (alfabético por profissão) *online*
 Legislação das profissões regulamentadas .. *online*
Índice da legislação atinente ao Processo do Trabalho (alfabético por assunto) *online*
 Legislação sobre Processo do Trabalho .. *online*
Índice cronológico da legislação .. *online*

Livro IV
Súmulas, Orientações Jurisprudenciais, Precedentes e Instruções Normativas

Súmulas do Tribunal Superior do Trabalho (TST)
 Índice alfabético ... *online*
 Súmulas – por ordem numérica .. *online*
Súmulas trabalhistas do Supremo Tribunal Federal (STF)
 Índice alfabético ... *online*
 Súmulas – por ordem numérica .. *online*
 Súmulas vinculantes .. *online*
Súmulas trabalhistas do Superior Tribunal de Justiça (STJ)
 Índice alfabético ... *online*
 Súmulas – por ordem numérica .. *online*
Súmulas trabalhistas do Conselho da Justiça Federal
 Índice alfabético ... *online*
 Súmulas – por ordem numérica .. *online*
Orientações Jurisprudenciais (OJ) da Seção de Dissídios Individuais (SDI-I) – Subseção I do Tribunal Superior do Trabalho (TST)
 Índice alfabético ... *online*
 Orientações Jurisprudenciais da SDI-I – por ordem numérica *online*

Orientações Jurisprudenciais da Seção de Dissídios Individuais (SDI-II) – Subseção II do Tribunal Superior do Trabalho

 Índice alfabético .. *online*

 Orientações Jurisprudenciais da SDI-II – por ordem numérica *online*

Orientações Jurisprudenciais da Seção de Dissídios Coletivos (SDC) do Tribunal Superior do Trabalho (TST)

 Índice alfabético .. *online*

 Orientações Jurisprudenciais da SDC – por ordem numérica *online*

Orientações Jurisprudenciais do Tribunal Superior do Trabalho – Pleno

 Índice alfabético .. *online*

 Orientações Jurisprudenciais do TST – Pleno – por ordem numérica *online*

Precedentes Normativos (PN) do Tribunal Superior do Trabalho

 Índice alfabético .. *online*

 Precedentes Normativos – por ordem numérica .. *online*

Instruções Normativas (IN) do Tribunal Superior do Trabalho

 Índice alfabético .. *online*

 Instruções Normativas – por ordem numérica ... *online*

Consolidação dos Provimentos da Corregedoria Geral da Justiça do Trabalho *online*

Enunciados aprovados na 1ª Jornada de Direito Material e Processual na Justiça do Trabalho

 Índice alfabético .. *online*

 Enunciados – por ordem numérica ... *online*

Índice Alfabético-Remissivo da CLT e Legislação.. 741

Bibliografia .. 793

Livro I

Os direitos sociais na Constituição Federal

Os direitos sociais na Constituição Federal

1. Direito do Trabalho

A relevância do salário como instrumento vital à sobrevivência do trabalhador e sua família fez surgir, em todos os países, movimentos os mais diversos, e até antagônicos, visando sua efetiva proteção legal.

Os conflitos sociais, a *Rerum Novarum* de Leão XIII, os socialistas (do socialismo utópico de Proudhon ao materialismo histórico de Marx e Engels), culminariam por despertar o Estado, fazendo-o substituir o individualismo do sistema liberal (sintetizado na célebre fórmula *laisser-aller, laisser-faire*) pelo intervencionismo que redundaria na rigorosa disciplinação das relações trabalhistas.

Criam-se as chamadas *obrigações positivas do Estado*[1] assumindo o trabalho especial relevo, merecendo, por isso mesmo, maior solicitude do Estado.

A 31 de janeiro de 1917, a Constituição mexicana estabelecia, pela primeira vez, normas constitucionais de proteção ao trabalhador, limitando a jornada diária em oito horas, vedando o trabalho insalubre às mulheres e aos menores de dezesseis anos. Estabelecia, como predecessor do repouso semanal remunerado, um dia de descanso, para cada seis dias de trabalho. Assegurava à gestante, nos três meses anteriores ao parto, trabalho que não exigisse considerável esforço físico. E, pioneiramente, estabelecia o salário mínimo vital à sobrevivência do trabalhador.

Segue-se-lhe a Constituição de *Weimar*, de 11-8-1919, que colocava o trabalho sob a proteção do Estado, assegurando liberdade de associação para a defesa e melhoria das condições de vida do trabalhador. Instituía, outrossim, um sistema de seguro de vida para a proteção à maternidade e previdência contra as consequências econômicas da viuvez, da velhice, da invalidez e dos acidentes, proclamando, outrossim, que a todo trabalhador dar-se-ia a oportunidade de adquirir, mediante seu trabalho, o necessário à subsistência.

Tamanha a importância da Constituição alemã, de 1919, sobre os direitos sociais, que assim se manifestou Mário de La Cueva, na sua consagrada obra *Derecho Mexicano del Trabajo*:

"La Constitución de Weimar fue la obra europea más importante de la primera post-guerra-mundial. En ella plasmaron los ideales de una democracia social y muchos de los anhelos de los trabajadores"[2].

1. Mirkine Guetzévitch, *As Novas Tendências do Direito Constitucional*, Editora Nacional, 1933, tradução de Cândido Mota Filho, p. 80.
2. Mário de La Cueva, *Derecho Mexicano del Trabajo*, México, Porrúa, 1949, t. I, p. 41.

Com a promulgação da Constituição de Weimar, com efeito, o Direito Internacional do Trabalho ganha extraordinário impulso.

Por força do estabelecido no art. 23 do Pacto das Sociedades das Nações, obrigavam-se os países signatários a assegurar condições de trabalho equitativas e humanitárias para o homem, a mulher e a criança, em seus próprios territórios e nos países a que estendessem suas relações de comércio e indústria, para o que se obrigavam a criar as organizações internacionais que se fizessem necessárias.

Estava, pois, plantada a ideia que se concretizaria com o Tratado de Versalhes, criando a Organização Internacional do Trabalho (OIT), com sede em Genebra (Suíça).

Dentre outros objetivos, a OIT busca instituir, em todas as nações:

"1º) o pleno emprego e a elevação dos níveis de vida;

2º) o emprego de trabalhadores nas ocupações em que possam ter a satisfação de dar a mais ampla medida de suas habilidades e de oferecer sua maior contribuição ao bem-estar comum;

3º) o oferecimento, como meio para lograr esse fim e sob garantias adequadas para todos os interessados, de possibilidades de formação profissional e a transferência de trabalhadores, incluindo as migrações de mão de obra e de colonos;

4º) a adoção, em matéria de salários e rendimentos, jornada e outras condições de trabalho, de medidas destinadas a garantir a todos uma justa participação nos frutos do progresso e um salário mínimo vital para todos os que tenham um emprego e necessitem de tal proteção;

5º) o reconhecimento efetivo do direito às negociações coletivas; a cooperação de empresas e de trabalhadores para melhorar continuamente a eficiência da produção; e a colaboração de trabalhadores e empregadores na preparação e aplicação das medidas sociais e econômicas;

6º) a extensão das medidas de seguridade social para prover um rendimento básico aos que necessitam de tal proteção e assistência médica completa;

7º) a proteção adequada à vida e à saúde dos trabalhadores, em todas as ocupações;

8º) a proteção à infância e à maternidade;

9º) a facilidade de alimentos, habitação, recreio e cultura adequados;

10º) a garantia de iguais oportunidades educativas e profissionais"[3].

2. O Direito do Trabalho no Brasil

No Brasil, a rigor, a questão social só passou a preocupar o Poder Político após a Revolução de 1930, que elevou Getúlio Vargas à Presidência da República.

Com efeito, nem a Constituição Imperial de 1824, tampouco a Constituição Republicana de 1891 trazem qualquer disposição disciplinando as relações entre o capital e o trabalho.

A única menção ao trabalho feita pela Constituição Imperial de 1824 (art. 179, § 24) proclamava que nenhum gênero de trabalho podia ser proibido. Contudo, contraditoriamente, no § 25 do mesmo artigo, abolia as corporações de ofício, consagrando, de modo inequívoco, o liberalismo não intervencionista proclamado pelos revolucionários franceses de 1789.

O País, na verdade, inteiramente agrícola e sob o regime da escravidão, não havia ainda despertado para as questões sociais que agitavam a Europa, então em plena Revolução Industrial.

Essa situação não se alterou com a proclamação da República e a promulgação da Constituição de 1891, que, igualmente, não reservou nenhum capítulo às chamadas questões sociais.

País essencialmente católico e com forte influência da Igreja, nem por isso se deixaram, os constituintes de então, contaminar pelas ideias que, três meses após, ou seja, em 15-5-1891, lançavam as bases da *doutrina social da Igreja*, com a Encíclica *Rerum Novarum*, de Leão XIII.

É bem verdade que, tal como a Constituição anterior, a de 1891, garantia o "livre exercício de qualquer profissão moral, intelectual e industrial" (art. 72, § 24), o que, todavia, não representava qualquer preocupação pela

3. Arnaldo Süssekind, Délio Maranhão, Segadas Viana, *Instituições de Direito do Trabalho*, 2. ed., Freitas Bastos, 1961.

disciplinação legal das relações entre o trabalho e o capital, entregues, como gostam os neoliberalistas, "à livre negociação"!

Não se pode, contudo, olvidar iniciativas isoladas de parlamentares, que lograram a aprovação de leis ordinárias reguladoras de direitos trabalhistas, como, por exemplo, as férias anuais concedidas aos funcionários da Estrada de Ferro Central do Brasil, em 1889, ou, ainda, a Lei n. 1.637, de 5-1-1907, criando, no Brasil, a primeira lei sindical rural (o País era essencialmente agrícola).

Faça-se menção, inclusive, à frustrada tentativa de promulgação de um Código do Trabalho, que, aliás, por iniciativa do então deputado federal Maximiniano de Figueiredo, chegou a ser elaborado.

A promulgação do Código Civil, pela Lei n. 3.071, de 1º-1-1916, disciplinando a *locação de serviços* e a *empreitada* (arts. 1.216 a 1.247), constitui-se, sem dúvida, em marco sumamente importante na história do Direito do Trabalho no Brasil.

Todavia, ainda assim, como enfatiza Segadas Viana[4], "a legislação social no Brasil começou, decididamente, após a Revolução de 1930".

Efetivamente, tão logo vitorioso o movimento que colocou Getúlio Vargas na Presidência do então "Governo Provisório" (Dec. n. 19.398, de 11-11-1930), foi criado o Ministério do Trabalho (MT), tendo à sua frente o Ministro Lindolpho Collor.

Entre outras inovações, cuidou o Governo Vargas de regulamentar o horário de trabalho dos comerciários (Dec. n. 21.186, de 22-3-1932) e dos industriários (Dec. n. 2.364, de 4-5-1932), instituindo, outrossim, as Comissões Mistas de Conciliação (Dec. n. 21.396, de 12-5-1932).

Regulamentou, igualmente, o trabalho das mulheres na indústria e no comércio (Dec. n. 21.417-A, de 17-5-1932), criando, nessa mesma época, as Inspetorias Regionais do Trabalho (Dec. n. 21.690, de 1º-8-1932).

Promulgada a Constituição Federal (CF), de 16 de julho de 1934, todo o Título IV foi dedicado à ordem econômica e social, com o reconhecimento dos sindicatos, instituin-do o art. 121, § 1º, *b*, um *salário mínimo* "capaz de satisfazer, conforme as condições de cada região, as necessidades normais do trabalhador".

A jornada de trabalho era fixada em oito horas diárias, instituindo-se o repouso semanal e as férias anuais remuneradas.

Uma das mais expressivas inovações da Constituição Federal de 1934 foi, sem qualquer sombra de dúvida, a instituição da Justiça do Trabalho (JT):

"Art. 122. Para dirimir questões entre empregadores e empregados, regidas pela legislação social, fica instituída a Justiça do Trabalho..."

Conquanto não integrando o Poder Judiciário (o que só viria a ocorrer com a Constituição Federal de 1946), a criação das Comissões de Conciliação e da Justiça do Trabalho, inquestionavelmente, constitui-se em verdadeiro marco no Direito do Trabalho no Brasil.

Com a instalação do denominado "Estado Novo", regime discricionário criado por Getúlio Vargas em 1937, foi outorgada a Constituição Federal de 10 de novembro de 1937:

"... resolve assegurar à Nação a sua unidade, o respeito à sua honra e à sua independência, e ao povo brasileiro, sob um regime de paz política e social, as condições necessárias à sua segurança, ao seu bem-estar e à sua prosperidade, decretando a seguinte Constituição, que se cumprirá desde hoje, em todo o País".

O art. 136 estabelecia que o trabalho era um *dever social*, tendo, por isso mesmo, direito à proteção e solicitude especiais do Estado.

Mantinha, outrossim, as conquistas sociais estabelecidas na Carta Magna anterior, acolhendo as mesmas regras para a fixação do salário mínimo (SM):

"... salário mínimo, capaz de satisfazer, de acordo com as condições de cada região, as necessidades normais do trabalhador".

Regime de manifesta natureza autoritária proibia a greve, considerando-a "recurso antissocial nocivo ao trabalho e ao capital e incompatível com os superiores interesses da produção nacional".

4. Ob. cit., p. 54.

Ainda sob o regime do Estado Novo, é promulgada pelo Decreto-lei n. 5.452, de 1º-5-1943, a *Consolidação das Leis do Trabalho* (CLT), que, na expressão de Segadas Viana, um dos integrantes da Comissão encarregada da elaboração do anteprojeto[5], não é uma "coleção de leis, mas a sua coordenação sistematizada; não sendo apenas um engenho de arquitetura legislativa, mas, e eminentemente, uma estruturação lógica do Direito Positivo"[6].

Considerada por vasta corrente de manifesta inspiração fascista, porque teria sido inspirada na Carta del Lavoro, de Benito Mussolini, a CLT tem sido, ao longo de todo esse tempo, um instrumento indispensável à convivência entre patrões e empregados.

Na verdade, não existiu a inspiração fascista que lhe é atribuída, fato negado com veemência por Arnaldo Süssekind, em memorável palestra proferida por ocasião do Congresso Comemorativo do Cinquentenário da CLT, levado a efeito em Brasília, nos dias 28 e 29 de outubro de 1993, no auditório do Memorial JK:

"Quais as fontes e procedimentos que a Comissão adotou para compor o sistema orgânico, corrente, que é a CLT? Em primeiro lugar, procuramos sistematizar, com algumas adaptações, as normas de proteção individual do trabalho que correspondiam a três fases distintas: a dos decretos legislativos do Governo Provisório da Revolução de 1930; a das leis do Congresso Nacional (CN) na vigência da Constituição de 1934; a dos decretos-leis do chamado 'Estado Novo', configurado na Carta Constitucional de 1937. Essas normas de proteção individual de trabalho – sublinho bem esse aspecto – haviam sido inspiradas, basicamente, nas Convenções da Organização Internacional do Trabalho (OIT) e na encíclica *Rerum Novarum*".

E, enfaticamente, observa:

"Muita gente critica, até hoje, a existência do Poder Normativo da Justiça do Trabalho sob diferentes fundamentos. Há, entretanto, um fundamento que eu gostaria de rebater, qual seja, o de que se trata de invenção fascista. Que a Carta del Lavoro consagrou o poder normativo não há a menor dúvida. Mas ele nasceu muito antes da Carta del Lavoro e precede de muitos anos o fascismo na Itália.

E quero ainda ressaltar, conclui o douto juslaborista, que a unicidade sindical compulsória não é uma invenção fascista. *Isto é dito a torto e a direito*, pelos jornais, pelos parlamentares, até por alguns juristas; mas, na realidade, antes de Mussolini adotar a unidade sindical compulsória na Itália, um senhor chamado Lenin a adotou na Rússia alguns anos antes. E, antes de Lenin adotá-la na Rússia, ela já vinha sendo sustentada por Maxime Leroy, num livro editado em Paris, em 1913..."[7]

Com a redemocratização do País, em 1945, realizadas as eleições gerais, tendo sido promovida antes a *anistia geral* para os presos políticos, eleito o Presidente Eurico Gaspar Dutra, foi promulgada a Constituição Federal de 1946, pela Assembleia Constituinte, a Constituição Federal de 1946, inequivocamente a mais perfeita Constituição brasileira de todos os tempos.

A mais significativa inovação da Constituição em apreço, em matéria de direito social, foi, sem dúvida, a elevação da Justiça do Trabalho a órgão do Poder Judiciário (PJ):

"Art. 94. O Poder Judiciário é exercido pelos seguintes órgãos:
I – Supremo Tribunal Federal;
II – Tribunal Federal de Recursos;
III – Juízes e Tribunais Militares;
IV – Juízes e Tribunais Eleitorais;
V – *Juízes e Tribunais do Trabalho*".

O poder normativo, já consagrado na CLT (arts. 867 e 868), era elevado, igualmente, à categoria de disposição constitucional, na forma do disposto no art. 122, § 2º:

5. A Comissão de Redação do anteprojeto da CLT foi composta por José de Segadas Viana, Luiz Augusto do Rego Monteiro, Arnaldo Lopes Süssekind e Dorval Lacerda.

6. Ob. cit., p. 58.

7. CLT em debate (*Anais do Congresso Comemorativo do Cinquentenário da Consolidação das Leis do Trabalho*), LTr, 1994, p. 21-37.

"A lei especificará os casos em que as decisões, nos dissídios coletivos, poderão estabelecer normas e condições de trabalho".

Na sistemática da Constituição de 1946, competia aos Estados a organização das suas justiças, na forma prevista no art. 124.

Nos termos do art. 123, competia à Justiça do Trabalho:

"... conciliar e julgar os dissídios individuais e coletivos entre empregados e empregadores, e as demais controvérsias oriundas de relações de trabalho, regidas por legislação especial".

O Trabalho é posto em relevo, dispondo o parágrafo único do art. 145:

"A todos é assegurado trabalho que possibilite existência digna. O trabalho é obrigação social".

Todas as conquistas sociais já estabelecidas na CLT foram consagradas, com algumas inovações, tais como a *estabilidade no emprego* (conquista social já adotada pela CLT) e a "participação obrigatória e direta do trabalhador nos lucros da empresa", mantidas nas Constituições posteriores.

Com o movimento militar de 1964 e consequente deposição do Presidente Jango Goulart, foi promulgado o Ato Institucional n. 1 (AI n. 1), mantendo em vigor a Constituição de 1946, com prevalência, todavia, dos atos da Revolução que, na prática, redundaram em seguidas intervenções nos sindicatos, inibindo sensivelmente as campanhas de melhoria de condições de trabalho e, praticamente, fazendo cessar as greves, quase sempre desbaratadas com rigorosa investida policial.

O próprio poder normativo da Justiça do Trabalho ficava limitado à política salarial do governo.

Em 24 de janeiro de 1967, é promulgada, pelos Militares, uma nova Constituição Federal, alterada substancialmente pela Emenda Constitucional n. 1 (EC-1), de 17-10-1969.

Esta Constituição, de visível natureza castrense, mantinha a Justiça do Trabalho, inclusive com o poder normativo, sujeito, como já se acentuou, à política salarial do governo.

Os direitos do trabalhador foram todos assegurados na Carta Magna, inclusive a greve, muito embora sujeita a uma disciplina draconiana que, na prática, a tornava inviável.

3. A Constituição Federal de 1988 e os direitos sociais

Com o fim do regime militar e redemocratização do País, foi promulgada a *Constituição Federal* (CF) de 5-10-1988, que trouxe, no seu bojo, significativas alterações, dentre as quais cumpre destacar o *salário mínimo familiar*.

A CF assegurou, outrossim, a irredutibilidade do salário (salvo o disposto em convenção ou acordo coletivo), instituindo, destarte, proteção do salário, constituindo crime sua retenção dolosa pelo empregador.

O serviço extraordinário passou a ser remunerado, no mínimo, com um acréscimo de cinquenta por cento sobre a hora normal.

Ao empregado, quando da concessão das férias, foi assegurada, além da remuneração normal, uma gratificação de um terço.

À empregada gestante foi concedida estabilidade remunerada de cento e vinte dias.

O 13º salário passou a ser pago com base na remuneração integral.

A carga semanal de 48 horas foi reduzida para 44 horas e, em se tratando de trabalho realizado em turnos ininterruptos, a jornada diária de 8 horas foi reduzida para 6 horas.

A prescrição para reclamar direitos trabalhistas foi elevada para cinco anos, observado o limite de dois anos após a extinção do contrato de trabalho.

A estabilidade no emprego foi extinta (contrariando vasta corrente de sindicalistas), somente subsistindo o *Fundo de Garantia do Tempo de Serviço* – FGTS – (criado no regime militar, em 1966).

Profunda alteração ocorreu na disciplinação das associações sindicais, antes ungidas ao Governo, e que, na sistemática adotada pela CF de 1988, é absolutamente livre, como enfatiza o inciso I do art. 8º:

"A lei não poderá exigir autorização do Estado para a fundação de sindicato, ressalvado o registro no órgão competente, vedadas ao Poder Público a interferência e a intervenção na organização sindical".

A Constituição Federal de 1988, como facilmente se constata, dá ênfase especial aos direitos dos trabalhadores urbanos e rurais, mantendo o princípio da irredutibilidade, integridade e intangibilidade do salário, atenta à sua natureza alimentar.

Na sua função disciplinadora, estabelece as regras mínimas a serem observadas por patrões e empregados, não sem deixar ampla margem à negociação direta, quando, desvinculando por inteiro os sindicatos do Estado, assegura-lhes papel preponderante na defesa dos direitos e interesses coletivos e individuais da categoria, nas esferas judicial e administrativa, proclamando, outrossim, o amplo reconhecimento das convenções e dos acordos coletivos, não sem esquecer a importância da arbitragem – "frustrada a negociação coletiva, as partes poderão eleger árbitros" (art. 114, § 1º).

4. Os direitos sociais na Constituição de 1988

A Constituição vigente, no art. 7º, assegura aos trabalhadores os seguintes direitos:

Proteção contra dispensa arbitrária

I – relação de emprego protegida contra despedida arbitrária ou sem justa causa, nos termos de lei complementar, que preverá indenização compensatória, dentre outros direitos.

▶ **Comentários**

O dispositivo constitucional em apreço não consagra a estabilidade, mas, ao revés, institui *indenização compensatória* na ocorrência de despedida arbitrária. Outrossim, coloca no mesmo plano a dispensa arbitrária e a dispensa sem justa causa (José Ajuricaba da Costa Martins, *LTr*, 53-2/138, 1989).

Nos termos da Instrução Normativa n. 1, de 12-10-1988 (*DOU*, 21-10-1988):

"... constitui direito do trabalhador a relação de emprego protegida contra a despedida arbitrária ou sem justa causa, nos termos da lei complementar que a definirá e estabelecerá a indenização compensatória, dentre outros direitos.

Enquanto isso, na ocorrência de despedida arbitrária ou sem justa causa, o art. 10 do Ato das Disposições Constitucionais Transitórias (ADCT) já determinou que o valor da indenização corresponderá a 40% (quarenta por cento) sobre o montante dos depósitos do FGTS, da correção monetária e dos juros capitalizados, dos depósitos não efetuados, inclusive dos decorrentes de verba salarial devida na rescisão.

Quanto aos empregados que não tenham o referido depósito do FGTS, aplica-se, em ocorrendo a rescisão contratual, o quanto determina a CLT, relativamente à indenização, bem como as disposições previstas no art. 32, parágrafo segundo, da CLPS e art. 2º da Lei n. 2.959/56".

O art. 10 do ADCT da Constituição Federal declara que, até a promulgação da lei complementar a que se refere o inciso I do art. 7º, a proteção nele referida fica elevada para quatro vezes a porcentagem prevista no art. 18, § 1º, da Lei n. 8.036, de 11-5-1990 (Lei do FGTS) – "na hipótese de despedida pelo empregador sem justa causa, depositará este, na conta vinculada do trabalhador no FGTS, importância igual a 40% do montante de todos os depósitos realizados na conta vinculada durante a vigência do contrato de trabalho, atualizados monetariamente e acrescidos dos respectivos juros".

A Convenção n. 158 da OIT, que, no art. 4º, condiciona a dispensa do empregado à causa justificada com a capacidade ou a conduta do trabalhador, ou, ainda, com as necessidades de funcionamento da empresa, foi denunciada pelo Governo brasileiro em 20-11-1997, não vigendo, pois, entre nós.

Vale lembrar que a lei complementar (LC), prevista como norma infraconstitucional reguladora da matéria, não foi, até esta data, ultimada pelo Congresso Nacional.

Seguro-desemprego (SD)

II – seguro-desemprego, em caso de desemprego involuntário.

▶ **Comentários**

O seguro-desemprego, em verdade, constitui-se em uma das aspirações supremas, não somente do trabalhador, mas de toda socieda-

de que se preze, na medida em que, desempregado, possa o trabalhador assegurar, a si e a seus familiares, condições mínimas de dignidade humana.

As Constituições Imperial de 1824 e as Republicanas, de 1891, 1934 e 1937, nada dispuseram a respeito do seguro-desemprego. A Constituição de 1946, no seu art. 157, XV, continha o título "*assistência ao desempregado*", disposição que, entretanto, não logrou complementação. A Constituição de 1967, no seu art. 158, XIII, assegurava ao trabalhador "previdência social, mediante contribuição da União, do empregador e do empregado, para seguro-desemprego, proteção da maternidade e nos casos de velhice, invalidez e morte", disposição mantida pela Emenda Constitucional de 1969 (art. 165, XVI).

Observe-se que, em consonância com a Constituição nominada, a legislação ordinária assegurava o benefício-desemprego – Decreto-lei n. 2.284, de 10-3-1986, regulamentado pelo Decreto n. 92.608, de 30 de abril de 1986.

Atualmente, o seguro-desemprego é disciplinado pela Lei n. 7.998, de 11-1-1990, que instituiu o denominado Fundo de Amparo ao Trabalhador (FAT), transcrito na Legislação Complementar.

Fundo de Garantia do Tempo de Serviço (FGTS)

III – Fundo de Garantia do Tempo de Serviço.

▶ **Comentários**

A Constituição de 1988 trouxe alteração profunda com relação aos direitos sociais, pondo fim à *estabilidade decenal*. Observado o direito adquirido, nenhum empregado, no sistema atual, adquire estabilidade (salvo as estabilidades especiais, como a do dirigente sindical, a do cipeiro, a da gestante etc.)

O sistema único é o do FGTS, o que equivale a dizer que todos os empregados, atualmente, são necessariamente optantes desse direito constitucional, ou seja, todo empregado automaticamente é inserido no referido sistema do FGTS, conforme o estatuído no art. 7º, III, da CF/1988.

A legislação infraconstitucional que cuida da matéria é a Lei n. 8.036, de 10-5-1990, regulamentada pelo Decreto n. 99.684, de 8-11-1990, a Lei n. 8.046, de 9-1-1992 (que dispõe sobre a publicação de informações relativas ao fundo), e circulares, portarias e resoluções, transcritos na legislação complementar.

Salário mínimo (SM) na CF/1988, no art. 7º:

IV – salário mínimo, fixado em lei, nacionalmente unificado, capaz de atender a suas necessidades vitais básicas e às de sua família com moradia, alimentação, educação, saúde, lazer, vestuário, higiene, transporte e previdência social, com reajustes periódicos que lhe preservem o poder aquisitivo, sendo vedada sua vinculação para qualquer fim.

▶ **Comentários**

A elevação do salário mínimo à categoria de direito constitucional, no Brasil, ocorreu com a Constituição Federal de *1934*, que assim dispunha no seu art. 121, § 1º:

"*b*) salário mínimo, capaz de satisfazer, conforme as condições de cada região, as necessidades normais do trabalhador".

Segue-se-lhe a Constituição de *1937* (art. 137):

"*h*) salário mínimo, capaz de satisfazer, conforme as condições de cada região, as necessidades normais do trabalhador e de sua família".

Observa-se, aqui, extraordinário avanço social com relação à Constituição de 1934, com a inclusão da *família do trabalhador*. Pela primeira vez, reconheciam-se, pelo menos nas disposições constitucionais, as necessidades básicas, fundamentais não só do empregado, mas, inclusive, de sua família.

O texto constitucional foi praticamente adotado pelas Constituições posteriores (1946, art. 157, I; 1967, art. 158, I, alterado para o art. 161, I, na *EC n. 1, de 1969*).

É de observar que a *CLT*, com a redação dada ao art. 76, já dispunha:

"Salário mínimo é a contraprestação mínima devida e paga diretamente pelo empregador a todo trabalhador, inclusive ao trabalhador rural,

sem distinção de sexo, por dia normal de serviço, e capaz de satisfazer, em determinada época e região do País, as suas necessidades normais de alimentação, habitação, vestuário, higiene e transporte".

Não se considerava, como se percebe, senão as necessidades pessoais do trabalhador, não havendo qualquer menção à sua família. Explicitava, porém, a legislação ordinária, o que se deveria entender por necessidades normais: alimentação, habitação, vestuário, higiene e transporte.

A Constituição de *1988* deu inequívoca amplitude ao salário mínimo, incluindo entre as necessidades básicas do trabalhador e de sua família, moradia, alimentação, educação, saúde, lazer, vestuário, higiene, transporte e previdência social. Objetivo ideal, que os fatos desmentem, por total ausência de vontade política dos nossos governantes.

Outrossim, estabelece ainda o texto constitucional (art. 7º, IV, CF) sob análise as seguintes regras:

a) o salário mínimo deve ser fixado em *lei*, o que, em princípio, afasta a hipótese de sua fixação unilateral, por ato isolado do Executivo, pressupondo, necessariamente, a manifestação do Congresso Nacional, medida que seria salutar se tivesse este último a independência por todos desejada;

b) o salário mínimo foi *nacionalmente unificado*, pondo fim à dolorosa experiência de salários desiguais (prática que se pretende ressuscitar), provocando intensa migração do nordeste para o sul, em razão do atrativo nominal de alguns reais a mais;

c) às necessidades básicas, contempladas no art. 76 da CLT, acrescentou-se a educação e o lazer;

d) medida salutar, e infelizmente ignorada pelo Executivo, é a dos *ajustes periódicos*, fundamentais à preservação do poder aquisitivo;

e) e, finalmente, a proibição de sua vinculação a obrigações sem conteúdo salarial ou alimentar, uma vez que o STF estabelece, na Súmula Vinculante (SV) n. 4, que o *salário mínimo não pode ser usado como indexador de base de cálculo de vantagem de servidor público ou de empregado, nem ser substituído por decisão judicial*.

Ressalte-se, a bem da verdade, que as sucessivas reformas econômicas com o correr do tempo, fez do salário mínimo brasileiro um escárnio aos ideais do constituinte de 1988, tornando-se um arremedo daquele instituído na Constituição de 1934 (art. 121, § 1º).

Sobreviver com dignidade recebendo o salário mínimo atual é ato de magia.

Piso salarial (PS)

V – piso salarial proporcional à extensão e à complexidade do trabalho.

▶ Comentários

Na lição objetiva e clara de Eduardo Gabriel Saad,

"... a expressão *'piso salarial'* é conhecida de há muito na esfera do direito coletivo do trabalho. Designa a menor remuneração permitida em uma dada categoria profissional ou, o que não é muito frequente, numa empresa ou num grupo delas"[8].

O *piso salarial* é, na verdade, uma *criação dos sindicatos nas negociações coletivas*, como bem observa José Carlos Arouca[9].

De início, considerado inconstitucional pelo STF, é agora consagrado pela Constituição Federal (CF).

O piso salarial é, portanto, um salário superior ao salário mínimo, sendo fixado, normalmente, em acordos e convenções coletivas.

A leitura do dispositivo constitucional deixa patente estar o piso salarial condicionado *"à extensão e à complexidade do trabalho"*, que, entretanto, não mereceu do constituinte qualquer conceituação, o que levou José Carlos Arouca, na oportunidade da promulgação da Carta Magna, a afirmar:

"Mas o reconhecimento dos pisos pela Constituição não permite a sua aplicação imediata, eis que se vinculam à extensão e complexidade do trabalho. Difícil aferir-se o que vem a ser

8. *Constituição e Direito do Trabalho*, LTr, p. 99.
9. *A Nova Constituição e os Trabalhadores*, publicação do Sindicato dos Trabalhadores nas Indústrias da Construção Civil de São Paulo, p. 84.

extensão do trabalho, já que não se confunde com a duração da jornada. A complexidade poderá ser tanto a penosidade como a exigência de capacitação técnica.

Em suma, ficando na dependência de lei ordinária que dará o conceito de extensão e complexidade do trabalho, o piso corresponderá a salário profissional ou categorial"[10].

E é, efetivamente, o que ocorreu. Sem qualquer vinculação à extensão e à complexidade do trabalho, o piso salarial, consagrado pela CF, é o salário fixado em acordos e convenções coletivas e pelo Poder normativo da Justiça do Trabalho:

"*Competência Normativa da Justiça do Trabalho. Piso Salarial.* A Constituição da República, no seu artigo sétimo, inciso quarto, estabelece um princípio programático, no sentido de um reajuste periódico dos salários, de modo a lhe preservar o poder aquisitivo, como também, no inciso seguinte, prevê, dentre os direitos dos trabalhadores, piso salarial proporcional à extensão e à complexidade do trabalho. Por outro lado, a Lei n. 8.222/91 prevê, expressamente, a possibilidade de se estabelecer em sentença normativa pisos salariais, o que está conforme o art. 114, § 2º, da CF, com redação dada pela EC-45/2004, estabelece que recusando-se qualquer das partes à negociação coletiva ou à arbitragem, é facultado às mesmas, de comum acordo, ajuizar dissídio coletivo de natureza econômica, podendo a Justiça do Trabalho decidir o conflito, respeitadas as disposições mínimas legais de proteção ao trabalho, bem como as convencionadas anteriormente.

A Lei Complementar (LC) n. 103, de 14 de julho de 2000, autoriza os Estados e o Distrito Federal a instituírem piso salarial, por força do disposto no parágrafo único do art. 22 da CF/1988.

Em conformidade com o art. 1º da LC nominada, ficam os Estados e o Distrito Federal autorizados, mediante lei de iniciativa do Poder Executivo, a instituir o piso salarial de que trata o inciso V do art. 7º da Carta Magna, para os empregados que não tenham piso salarial definido em lei federal, convenção ou acordo coletivo.

O piso salarial instituído pelos Estados e Distrito Federal não pode ser estendido aos servidores públicos municipais[11].

Irredutibilidade do salário (IS)

VI – irredutibilidade do salário, salvo o disposto em convenção ou acordo coletivo.

▶ **Comentários**

Silentes as Constituições anteriores, a Carta Magna de 1988 foi a primeira a proclamar, entre nós, a irredutibilidade do salário.

A CLT, entretanto, já cuidava da questão nos arts. 124 e 468.

Tendo natureza alimentar (art. 100, §§ 1º e 2º, da CF), o salário se constitui, na verdade, no único instrumento de subsistência do trabalhador e de sua família

Em consequência do dispositivo constitucional, salvo expressa menção em acordo ou convenção coletiva e, portanto, sob o crivo das entidades sindicais, fica inteiramente afastada a possibilidade de o empregador, unilateralmente, reduzir o salário, qualquer que seja o expediente utilizado, seja ele mínimo, normativo, profissional, fixo, composto (parte fixa e comissões) etc.

Entendemos, com Eduardo Gabriel Saad, que a disposição constitucional em exame não conflita com a redução salarial, em decorrência da conjuntura econômica, prevista no art. 2º da Lei n. 4.923, de 23-12-1965, mesmo porque, nos termos do § 1º do artigo referido, para que ocorra a redução salarial (nunca superior a 25% do salário contratual, respeitado o salário mínimo), fundamental a presença do sindicato da categoria profissional.

A faculdade concedida às entidades sindicais de, mediante acordo ou convenção coletiva, reduzirem salários afasta, de vez, artimanhas utilizadas por maus empregadores no sentido de reduzir salários. O princípio, contudo, não é inflexível, mas, ao revés, flexível:

"O princípio protetor da irredutibilidade salarial, elevado ao patamar constitucional, não é

10. Ob. cit., p. 84.

11. *Vide* Lei Complementar n. 103 na Legislação.

absoluto, comportando exceção na própria *Lex Master*, desde que se efetive sob tutela sindical, por via da negociação coletiva. É o predomínio do interesse coletivo sobre o individual, fundamento maior do convívio social" (TRT/10ª R., RO 3.396/1994, Ac. 2.743, Rel. Juiz Lauro da Silva Aquino, *DJU*, 10-3-1995).

Garantia de salário mínimo (GSM)

VII – garantia de salário, nunca inferior ao mínimo, para os que percebem remuneração variável.

▶ **Comentários**

O salário pode assumir as mais diversas formas: salário fixo (quantia fixa invariável); salário misto (parte fixa, parte variável); salário variável (normalmente composto de comissões)[12].

Parcela ponderável de trabalhadores, como, por exemplo, os comerciários, percebem exclusivamente comissões, o que torna seus salários variáveis de mês a mês, segundo o maior ou menor número de vendas que efetuam.

O dispositivo constitucional sob comento deixa claro que, em qualquer circunstância, vendendo mais, ou vendendo menos (há épocas em que as vendas se retraem por motivos alheios ao empregado, sem que o fato possa caracterizar desídia), o empregado faz jus ao salário mínimo. Caso as comissões não atinjam o nível do salário mínimo, pois, o empregador é obrigado a complementá-lo.

Décimo terceiro salário (13º)

VIII – décimo terceiro salário com base na remuneração integral ou no valor da aposentadoria.

▶ **Comentários**

De longa data, era costume dos bons empregadores, quando, obviamente os lucros permitissem, gratificar seus empregados, por ocasião das festas natalinas. A gratificação em apreço era facultativa, não sendo uma imposição legal.

Posteriormente, como tal gratificação assumisse proporção generalizada e habitualidade manifesta, não podia mais ser ignorada, seja pela Justiça do Trabalho (considerando-a parte integrante da remuneração), seja pelo legislador, culminando com a promulgação da Lei n. 4.090/62, denominada *"gratificação de Natal"*:

"No mês de dezembro de cada ano, a todo empregado será paga, pelo empregador, uma gratificação salarial, independentemente da remuneração a que fizer jus".

A gratificação mencionada, na verdade um 13º salário, correspondia a 1/12 (um doze avos) da remuneração devida em dezembro, por mês de serviço, do ano correspondente.

No entanto, sob o ponto de vista constitucional, foi a Carta Magna de 1988 a primeira a elevar o 13º salário a tal patamar.

A Constituição atual assegura o direito ao 13º salário com base na remuneração integral, ou no valor da aposentadoria, "acolhendo, dessa forma, o entendimento jurisprudencial de que o cálculo da Gratificação de Natal haverá de corresponder ao que efetivamente percebe o empregado habitualmente e não apenas no salário-base", na expressão de Pedro Paulo Teixeira Manus[13].

A forma de pagamento do 13º salário observa as disposições ordinárias: Lei n. 4.090/62; Lei n. 4.749/65; Decreto n. 57.155/65; Lei n. 5.480/68; Decreto n. 63.912/68.

O 13º salário é devido aos empregados urbanos e rurais, inclusive ao empregado doméstico.

Adicional noturno (AN)

IX – remuneração do trabalho noturno superior à do diurno.

▶ **Comentários**

O trabalho realizado em período noturno é sempre mais desgastante que o trabalho executado no período diurno, com manifes-

12. José Martins Catharino, *Tratado Jurídico do Salário*, Freitas Bastos, 1951. Amauri Mascaro Nascimento, *O Salário*, LTr, 1968.

13. *Direito do Trabalho na Nova Constituição*, Atlas, 1989, p. 27.

tos reflexos físicos e até psíquicos, já que estabelece, inclusive, um desequilíbrio nos costumes da família, privando, em muitas oportunidades, o convívio do trabalhador com seus filhos.

Por isso que o assunto foi objeto de disciplinação constitucional; em *1937*, dispunha o art. 137 da referida Carta Magna que:

"j) o trabalho à noite, a não ser quando efetuado periodicamente por turnos, será retribuído com remuneração superior ao diurno".

O princípio foi mantido nas Cartas que a sucederam, *1946* (art. 157, III); *1967* (art. 158, IV); *Emenda Constitucional de 1969* (art. 165, IV) – "salário ao trabalho noturno superior ao diurno".

A CLT tem, igualmente, disposição a respeito, recepcionada pela Constituição vigente, segundo o disposto no art. 72, estipulando o adicional noturno (acréscimo de 20%, pelo menos, sobre a hora diurna), reduzindo a hora noturna para 52 minutos e trinta segundos, considerando, igualmente, como trabalho noturno aquele levado a efeito das 22 horas de um dia às 5 horas do dia seguinte.

A CF/1988, no seu art. 7º, IX, mantém o princípio, estabelecendo *"remuneração do trabalho noturno superior à do diurno"*, observados os percentuais declinados na legislação infraconstitucional, salvo percentuais mais elevados fixados em acordo ou convenção coletiva.

Proteção ao salário (PS)

X – *proteção do salário na forma da lei, constituindo crime sua retenção dolosa.*

▶ **Comentários**

A expressão utilizada pelo constituinte deixa clara a distinção entre *retenção legal* e *retenção dolosa*. A primeira, isto é, a *retenção legal*, está prevista na legislação ordinária (arts. 487, § 2º, e 767 da CLT).

A retenção dolosa, como afirma Eduardo Gabriel Saad, "é aquela feita pelo empregador com a intenção de prejudicar o empregado"[14].

Em que pesem respeitáveis opiniões diversas, consideramos desnecessária lei ordinária definindo a retenção dolosa como crime, por entendermos recepcionado pela Constituição Federal vigente o art. 203 do Código Penal, que capitula como crime a *frustração de direito assegurado por lei trabalhista*:

"Frustrar, mediante fraude ou violência, direito assegurado pela legislação do trabalho:

Pena: detenção, de 1 (um) mês a 1 (um) ano, e multa, além da pena correspondente à violência".

A retenção dolosa de salário, por violência ou artifícios (descontos sabidamente indevidos, fornecimento de vales que somente admitem compras em estabelecimentos de propriedade do empregador etc.), constitui crime manifesto contra a organização do trabalho, sem necessidade de interpretações mais acuradas. É de clareza cristalina, como, aliás, deixa entrever v. acórdão do TRT da 22ª Região:

"Ementa: Ementa salários atrasados. Parcelamento. Acordo coletivo de trabalho. Invalidade. Devido o pagamento integral. O salário é verba de caráter alimentar, indispensável à subsistência do trabalhador e de sua família. A forma de pagamento do salário está prevista no ordenamento jurídico (§ 1º do art. 459 da CLT) e a Constituição Federal veda a sua retenção dolosa (inciso X do art. 7º). Por fim, o art. 611-B da CLT estabelece como ilícitos os acordos coletivos e convenções coletivas de trabalho que versem sobre supressão ou redução de alguns direitos, e dentre eles encontramos, no inciso VII, a proteção do salário, na forma da lei, constituindo crime a sua retenção dolosa. Dessa forma, muito embora as normas coletivas constituam importante meio para pacificação dos conflitos trabalhistas, sua validade está adstrita à observância dos parâmetros legais mínimos de proteção, o que não foi observado nos presentes autos, razão pela qual o acordo coletivo celebrado é inválido. Pelo exposto, mantém-se a sentença que condenou o empregador ao adimplemento direto e integral das parcelas não pagas. Recurso ordinário conhecido, porém desprovido"[15].

14. Ob. e loc. cits.

15. 0000029813208220102 (TRT-22) Francisco Meton Marques de Lima. Data de publicação: 19-11-2018.

Participação nos lucros ou resultados (PLR)

XI - participação nos lucros, ou resultados, desvinculada da remuneração, e, excepcionalmente, participação na gestão da empresa, conforme definido em lei.

▶ **Comentários**

O Direito do Trabalho foi, sem sombra de dúvida, o primeiro ramo do Direito a contribuir, de forma efetiva, para a visão institucional da empresa – unidade econômica destinada à produção e circulação de bens ou serviços; agrupamento de pessoas e bens destinados à exploração de uma atividade econômica organizada; atividade econômica estruturada na trilogia *empresário, capital* e *trabalho*.

Como já observava Waldemar Ferreira, "a empresa é um organismo vivo, no interior do qual, empregador e empregados se unem em comunidade de produção e procuram, por sua atividade comum, atingir o mais alto nível econômico e o maior rendimento"[16].

Para a empresa conjugam-se os interesses lucrativos do empresário, de subsistência dos empregados e seus familiares, do Estado, em decorrência dos tributos indispensáveis à consecução de seus fins. Daí dizer José Cretella Jr. ser a empresa "pública ou privada, uma organização de produção dirigida a um fim: capital e trabalho conjugados no mesmo sentido"[17].

Vista a empresa como uma comunidade, nada mais justo que se admita aos empregados participação nos lucros, até porque tal participação se constitui não somente em um meio eficiente de integração do trabalhador no seio empresarial, como, inclusive, em forma eficiente de incrementar a produtividade.

A primeira Carta Magna a cuidar da questão foi a de *1946*, que, no seu art. 157, IV, assim dispunha:

"A legislação do trabalho e a da previdência social obedecerão aos seguintes preceitos, além de outros que visem à melhoria da condição dos trabalhadores:

(...)

IV – participação obrigatória e direta do trabalhador nos lucros da empresa, nos termos e pela forma que a lei determinar".

Dependente de norma infraconstitucional para a regulamentação, tal participação jamais foi concretizada.

Com o advento da Constituição Federal de 1967, o princípio foi mantido com a consagração, em termos constitucionais, da cogestão – "com participação nos lucros e, excepcionalmente, na gestão, nos casos e condições que forem estabelecidos". A regra foi mantida com a Emenda Constitucional de 1969.

A Constituição vigente, por sua vez, mantém o princípio com uma alteração fundamental – a participação nos lucros desvinculada da remuneração –, afastando, assim, a tendência jurisprudencial que insistia em ver, na participação mencionada, um *plus* salarial que, uma vez concedido, passava a integrar o patrimônio do empregado e insuscetível de alteração unilateral do empregador, a teor do que dispunha a Súmula 251 do TST:

"A parcela participação nos lucros da empresa, habitualmente paga, tem natureza salarial, para todos os efeitos legais", súmula essa cancelada por meio da Resolução n. 33, de 27-4-1994.

Com inegável propriedade observou Arion Sayão Romita:

"A Constituição corrige a orientação jurisprudencial de atribuir natureza salarial aos valores pagos pelo empregador a título de participação nos lucros.

Louvável, sem dúvida, é a iniciativa do constituinte, porque a incorporação compulsória desses pagamentos ao salário desestimula o empregador a conceder o benefício. As importâncias recebidas pelo empregado sob a rubrica – participação em lucros ou resultados – não se incorporam aos salários dos empregados, por

16. Waldemar Ferreira, *Instituições de Direito Comercial*, Freitas Bastos, 1947, t. 2, p. 45 e s.

17. *Empresa Pública*, Bushatsky, 1973, p. 23.

decisão constitucional que, em boa hora, retificou a tendência jurisprudencial a considerá-las parcela integrante da remuneração"[18].

Na acurada observação de Sólon de Almeida Cunha, "é importante ressaltar que, ao desvincular a participação nos lucros e resultados da remuneração, a Constituição Federal tornou possível a sua concretização. Assim, os encargos sociais não pesam sobre as participações concedidas, além de não haver incorporação destas, ainda que reiteradamente pagas, ao salário"[19].

Em consequência da atual disposição constitucional, portanto, fica a participação nos lucros e resultados totalmente desvinculada da remuneração, como estabelece a Súmula 451 do TST:

Participação nos lucros e resultados. Rescisão contratual anterior à data da distribuição dos lucros. Pagamento proporcional aos meses trabalhados. Princípio da isonomia. (Conversão da OJ n. 390 da SBDI-1) – Res. 194/2014, *DEJT* divulgado 23-5-2014.

Fere o princípio da isonomia instituir vantagem mediante acordo coletivo ou norma regulamentar que condiciona a percepção da parcela participação nos lucros e resultados ao fato de estar o contrato de trabalho em vigor na data prevista para a distribuição dos lucros. Assim, inclusive na rescisão contratual antecipada, é devido o pagamento da parcela de forma proporcional aos meses trabalhados, pois o ex-empregado concorreu para os resultados positivos da empresa.

Inicialmente regulamentada por sucessivas medidas provisórias (MP n. 794/94; MP n. 860/95 etc.), foi, finalmente, a participação nos lucros ou resultados disciplinada pela Lei n. 10.101, de 19-12-2000, instituindo a negociação entre empregados e empresas, ou o acordo ou convenção coletiva, como instrumento para se estabelecer a referida participação, assim dispondo o seu art. 2º:

"A participação nos lucros ou resultados será objeto de negociação entre a empresa e seus empregados, mediante um dos procedimentos a seguir descritos, escolhidos pelas partes de comum acordo:

I – comissão escolhida pelas partes, integrada, também, por um representante indicado pelo sindicato da respectiva categoria;

II – convenção ou acordo coletivo".

Na frustração das medidas mencionadas, facultado é às partes utilizarem-se da mediação e arbitragem, escolhidos de comum acordo entre as partes[20].

Observe-se que a Lei n. 12.832/2013, a rigor, tem um objetivo – a fixação de regras para a tributação do Imposto de Renda nos lucros obtidos pelo trabalhador, decorrente da participação no lucro da empresa.

Salário-família (SF)

XII – *salário-família pago em razão do dependente do trabalhador de baixa renda nos termos da lei*[21].

▶ Comentários

A primeira Constituição brasileira a instituir o salário-família foi a de 1967, que, no seu art. 157, II, assegurava "salário-família aos seus dependentes", redação mantida pela Emenda Constitucional (EC) de 1969, conquanto já tivesse sido contemplado pela legislação ordinária, através da Lei n. 4.266, de 3-10-1963.

A natureza jurídica do salário-família já foi objeto de controvérsia entre os doutrinadores. José Martins Catharino, a respeito, observa que:

"... para o empregado, individualmente considerado, o subsídio por si recebido em nome dos filhos sob sua manutenção e poder funciona como simples elemento quantitativo adicionado ao salário, mas sem com este se confundir. Recebe-

18. *Os Direitos Sociais na Constituição e Outros Estudos*, LTr, 1991, p. 73.

19. *Os Direitos Individuais do Trabalho*; impacto sofrido ante a eficácia jurídica da Constituição Federal, nos dez anos de sua vigência, Tese de Doutoramento, 1998, p. 186.

20. O texto completo da Lei n. 10.101, de 19-12-2000, é publicado na Legislação Complementar.

21. Redação dada pela Emenda Constitucional n. 20, de 15-12-1998. O texto anterior assim dispunha: "XII – salário-família para os seus dependentes".

-o como pessoa humana, com determinada responsabilidade social, e não como empregado contratante. Daí poder-se dizer: o subsídio familiar é um acréscimo ao salário, e não um adicional salarial, no sentido técnico e amplo de contraprestação a trabalho produtivo, sob o ponto de vista econômico"²².

Amauri Mascaro Nascimento tece, a respeito, as seguintes observações:

"Não há como considerar o salário-família, apesar da denominação, como salário, uma vez que não tem nenhuma característica que o identifique com os pagamentos de natureza salarial, contraprestativos ou não, vinculados ao contrato individual de trabalho. Salário, no sentido legal, não é, apesar do nome, a menos que seja considerado uma forma de salário social, mas não salário contratual no sentido da legislação que rege a matéria"²³.

José Carlos Arouca vê, no salário-família, natureza previdenciária, afirmando textualmente:

"Verdadeiramente trata-se de benefício previdenciário, mesmo porque o empregador nada mais faz do que adiantar seu pagamento, reembolsando-o junto à Previdência Social"²⁴.

O salário-família, efetivamente, malgrado sua denominação, tem manifesta natureza previdenciária, disciplinado, inclusive, pela Lei n. 8.213, de 24-7-1991, que dispõe sobre os planos de benefícios da Previdência Social.

Faz jus ao salário nominado o empregado, o doméstico, o aposentado e o trabalhador avulso que tenham salário de contribuição igual ou inferior a R$ 1.319,18, na proporção do respectivo número de filhos ou equiparados²⁵.

O valor da quota é periodicamente reajustado e é devido até os *14 anos* do filho menor, ou inválido de qualquer idade, enteado, bem como o tutelado. O seu pagamento é condicionado à apresentação da respectiva certidão de nascimento do beneficiário ou mesmo sentença judicial, transitada em julgado, que consta os termos. A lei pertinente é publicada na Legislação Complementar.

Jornada de oito horas diárias

XIII – duração do trabalho normal não superior a 8 horas diárias e 44 semanais, facultada a compensação de horários e a redução da jornada, mediante acordo ou convenção coletiva de trabalho.

▶ **Comentários**

A limitação da jornada de trabalho foi, inquestionavelmente, uma das mais significativas reivindicações dos trabalhadores, ao longo do tempo, o que levou Mario de La Cueva a afirmar que "o direito do trabalho surgiu com duas aspirações dos trabalhadores: a redução da jornada de trabalho e o aumento dos salários; são as medidas fundamentais para melhorar as condições dos trabalhadores"²⁶.

De início, a jornada de trabalho se estendia de sol a sol. O liberalismo, na época, sustentava a liberdade dos indivíduos, negando qualquer intervenção do Estado:

"El derecho civil, con su principio de la autonomía de la voluntad, hizo posible la extensión ilimitada de la jornada de trabajo y fue el liberalismo quien más enconadamente se apuso a su reglamentación: el hombre es libre; ¿Como prohibirle que trabaje durante diez, doce o catorce horas? ¿No equivale esa prohibición a impedirle que obtenga una ganancia lícita? La limitación de la jornada traerá consigo la reducción de las posibilidades de ganancia y es, por tanto, incompatible con la libertad natural del hombre".

Concluindo, o notável juslaboralista observa: "Así, con hábiles razones, saliendo en defensa de los mismos trabajadores, consiguió el liberalismo, durante el siglo pasado, detener la reglamentación"²⁷.

22. *LTr*, 32/409.
23. *Direito do Trabalho na Constituição de 1988*, Saraiva, p. 194.
24. Ob. cit., p. 29.
25. Arts. 16, § 4º e 81 do Dec. n. 3.048, de 7-5-1999, que aprova o regulamento da Previdência Social.
26. Ob. cit., p. 621.
27. Ob. cit., p. 622.

A instituição da jornada limitada viria pôr um ponto final a tais abusos, encontrando seus fundamentos, como observa Arnaldo Süssekind, "na *natureza biológica*, uma vez que visa a combater os problemas psicofisiológicos oriundos da fadiga e da excessiva racionalização do serviço; no *caráter social*, por isto que possibilita ao trabalhador viver, como ser humano, na coletividade a que pertence, gozando os prazeres materiais e espirituais criados pela civilização, entregando-se à prática de atividades recreativas, culturais ou físicas, aprimorando seus conhecimentos e convivendo com sua família; na *índole econômica*, porquanto restringe o desemprego e acarreta, pelo combate à fadiga, um rendimento superior na execução do trabalho"[28].

Com ampla e imparcial visão dos problemas sociais, observava o Papa Leão XIII, em sua consagrada Encíclica *Rerum Novarum*:

"Não é justo nem humano o exigir do homem tanto trabalho a ponto de fazer, pelo excesso de fadiga, embrutecer o espírito e enfraquecer o corpo. A atividade do homem é limitada como a sua natureza. O exercício e o uso aperfeiçoam-na, mas é preciso que de quando em vez se suspenda para dar lugar ao repouso. Não deve, portanto, o trabalho prolongar-se por mais tempo do que as forças o permitem".

Instituída, pela primeira vez, na Inglaterra (1847), a limitação da jornada de trabalho em 10 horas diárias, seguindo-se a França (1848), e assim sucessivamente, somente com o Tratado de Versalhes (1919) e a criação da Organização Internacional do Trabalho (OIT) teve início o que se pode denominar internacionalização do Direito do Trabalho.

No Brasil, a rigor, somente a partir de *1930* é que foram proclamadas as primeiras leis trabalhistas, *limitando* a jornada de trabalho no comércio e na indústria, adotando-se a jornada diária de 8 horas.

No âmbito constitucional, foi a Constituição Federal de *1934* a que, pela primeira vez, entre nós, proclamou a jornada diária de trabalho em 8 horas:

"Art. 121. A Lei promoverá o amparo da produção e estabelecerá as condições do trabalho, na cidade e nos campos, tendo em vista a proteção social do trabalhador e os interesses econômicos do país.

§ 1º A legislação do trabalho observará os seguintes preceitos, além de outros que colimem melhorar as condições do trabalhador:

(...)

c) trabalho diário não excedente de *8 horas*, reduzíveis, mas só prorrogáveis nos casos previstos em lei".

Seguiu-se-lhe a Constituição Federal de 1937 (art. 137, *i*) – "dia de trabalho de oito horas, que poderá ser reduzido, e somente suscetível de aumento nos casos previstos em lei".

Recepcionada pela Carta Magna mencionada, no dia 1º de maio de 1943, era promulgada a Consolidação das Leis do Trabalho (CLT), que, no seu art. 58, dispõe:

"A duração normal de trabalho, para os empregados em qualquer atividade privada, *não excederá de oito horas diárias*, desde que não seja fixado expressamente outro limite". (grifos nossos)

As Constituições de 1946 e 1967[29] (com a Emenda de 1969) mantiveram limite idêntico – 8 horas diárias, de segunda-feira a sábado (desconsiderado o domingo, como repouso semanal), importando, pois, em uma jornada semanal de 48 horas.

A atual Carta Magna, mantida a jornada diária em 8 horas, inovou, reduzindo o labor a 44 horas semanais.

Com isso, alterou-se o divisor mensal de 240 para 220 horas:

Com a promulgação da atual Constituição da República em 5-10-1988, a jornada de trabalho passou a ser de *44 horas semanais* (art. 7º, inciso XIII), multiplicando-se pelas *quatro semanas e meia*, tem-se como divisor, então, *220 horas* e não mais 240, como era anteriormente.

A súmula 124, II, *b*, do TST, prevê:

28. Ob. cit., p. 36.

29. Com a Emenda de 1969 – EC-1.

Bancário. Hora de salário. Divisor II – Nas demais hipóteses, aplicar-se-á o divisor: *b)* 220, para os empregados submetidos à jornada de oito horas, nos termos do § 2º do art. 224 da CLT.

A redução da jornada semanal, contudo, não implicou redução salarial, como bem observa Sólon de Almeida Cunha:

"Assim, podemos concluir que a redução de jornada semanal, de 48 horas para 44, imposta pelo art. 7º, inc. XIII, da Constituição Federal:
1. não gerou redução nominal nos salários dos empregados;
2. trouxe o divisor de 240 horas/mês para 220 horas/mês; e
3. não afetou o art. 62 da Consolidação das Leis do Trabalho"[30].

Mas a Constituição Federal vigente não inovou apenas na redução da jornada semanal. Inovou, igualmente, quando admitiu "a compensação de horários e a redução da jornada, mediante acordo ou convenção coletiva de trabalho".

É bem verdade que o art. 59 da CLT já admitia tal compensação – "a duração normal de trabalho poderá ser acrescida de horas suplementares, em número não excedente de 2 (duas), mediante acordo escrito entre empregador e empregado, ou mediante contrato coletivo de trabalho".

A expressão *contrato coletivo*, como se sabe, foi alterada para *convenção coletiva* (Dec.-lei n. 229/67).

O termo *acordo escrito* utilizado no *caput* do art. 59, a nosso ver, deve ser interpretado em consonância com a disposição constitucional que deixa claro tratar-se de *acordo ou convenção coletiva de trabalho* (CCT), afastado, por via de consequência, o acordo individual de empregado e empregador, sem a assistência ou intervenção sindical.

Com efeito, no âmbito do Direito social, orientou-se o constituinte pela inegável valorização dos Sindicatos, revestindo-os de legitimação para representar os trabalhadores nas mais diversas circunstâncias (art. 8º, VI, da Carta Magna).

Ficava, assim, afastada a possibilidade de acordo escrito individual como forma de compensação. Assim entendeu o TST com a Súmula 85, alterada, porém, pelas Resoluções n. 121/2003 e 129/2005, que adotou nova redação, agora admitindo o acordo individual escrito:

"I. A compensação de jornada de trabalho deve ser ajustada por acordo individual escrito, acordo coletivo ou convenção coletiva. (ex-Súmula 85 – primeira parte – Res. 121/2003, *DJ*, 21-11-2003)

II. O acordo individual para compensação de horas é válido, salvo se houver norma coletiva em sentido contrário." (ex-OJ n. 182 – inserida em 8-11-2000)

A Reforma Trabalhista/2017, não obstante, alterou a redação do art. 59 da CLT, permitindo que empregado e empregador façam acordo de compensação individual ou coletivo para prorrogação das horas extraordinárias, logo, o que é excepcional para a CF, tornou-se regra para a lei infraconstitucional (Lei n. 13.467/2017). Entretanto, entende-se que tal artigo da CLT deve ser declarado inconstitucional, por violar frontalmente o art. 7º, XIII da CF/1988.

Jornada de seis horas em turnos ininterruptos de revezamento

XIV – jornada de seis horas para o trabalho realizado em turnos ininterruptos de revezamento, salvo negociação coletiva.

▶ **Comentários**

Trabalho realizado em turnos ininterruptos é aquele que se desenvolve sem solução de continuidade, mediante o revezamento dos trabalhadores.

Na objetiva análise de Valentin Carrion:

"A duração de seis horas é a jornada normal para os turnos que, sem solução de continuidade, se sucedem, substituindo-se no mesmo posto de trabalho. Nada altera o fato de que seja toda a empresa ou apenas a seção que assim funcionem. (...) E não se aplica aos turnos fixos, porque o sentido consagrado da expressão trabalho em revezamento sempre implicou a permanente alteração em rodízio da prestação laboral. A determinação quis proteger o empregado sujeito a

30. Ob. cit., p. 34.

regime de trabalho que contraria o relógio biológico do ser humano, sem lhe permitir a adaptação a ritmos cadenciados estáveis"[31].

Dois são os requisitos indispensáveis para a concessão do benefício – jornada de 6 horas:
a) trabalho em turno de revezamento;
b) serviço ininterrupto.

Note-se que a concessão de intervalos para alimentação, como não poderia deixar de ser, não descaracteriza o sistema ininterrupto, o mesmo ocorrendo com a concessão do repouso semanal, benefício estendido a todos os trabalhadores.

No mesmo sentido, dispunha a Orientação Jurisprudencial (OJ) n. 78 da Seção de Dissídios Individuais (SDI) do TST:

"Turnos ininterruptos de revezamento. Jornada de seis horas.

A interrupção do trabalho dentro de cada turno ou semanalmente, não afasta a aplicação do art. 7º, XIV, da CF/88".

E, coroando tal entendimento, dispõe a Súmula 360 (ex-OJ n. 78) do TST:

"Turnos Ininterruptos de Revezamento – Intervalos Intrajornada e Semanal.

A interrupção do trabalho destinada a repouso e alimentação, dentro de cada turno, ou o intervalo para repouso semanal, não descaracteriza o turno de revezamento com jornada de 6 (seis) horas previsto no art. 7º, XIV, da CF/1988".

Repouso semanal (RSR)

XV – repouso semanal remunerado, preferencialmente aos domingos.

▶ **Comentários**

A Constituição Federal de 1934 (art. 121, § 1º, *e*) foi a primeira Carta Magna brasileira a admitir o direito do trabalhador ao repouso semanal – *"repouso hebdomadário, de preferência aos domingos"*. A Constituição de 1937, no seu art. 137, *d*, manteve o direito, com a seguinte redação: "o operário terá direito ao repouso semanal aos domingos e, nos limites das exigências técnicas da empresa, aos feriados civis e religiosos, de acordo com a tradição local".

Contrariamente à Constituição de 1934, a Carta de 1937 estendia o direito ao repouso também aos feriados civis e religiosos.

Observe-se, entretanto, que as Constituições mencionadas não falavam em repouso semanal *remunerado*, mas apenas em repouso semanal.

Foi a Constituição Federal de 1946 a primeira a assegurar a *remuneração do repouso*, dispondo, no seu art. 157, VI, que têm direito os obreiros ao "repouso semanal remunerado, preferencialmente aos domingos e, no limite das exigências técnicas da empresa, aos feriados civis e religiosos, de acordo com a tradição local".

A CLT, por sua vez, no capítulo dedicado à *duração do trabalho*, dispõe, no art. 67:

"Será assegurado a todo empregado um descanso semanal de 24 (vinte e quatro) horas consecutivas, o qual, salvo motivo de conveniência pública ou necessidade imperiosa do serviço, deverá coincidir com o domingo, no todo ou em parte.

Parágrafo único. Nos serviços que exijam trabalho aos domingos, com exceção quanto aos elencos teatrais, será estabelecida escala de revezamento, mensalmente organizada e constando de quadro sujeito à fiscalização".

Em 5-1-1949, foi promulgada a Lei n. 605, dispondo sobre o repouso semanal remunerado e o pagamento de salário, nos dias feriados civis e religiosos, regulamentada pelo Decreto n. 27.048, de 12-8-1949, que fazem parte da Legislação Complementar deste trabalho.

A Constituição de 1967 (com a Emenda – EC - n. 1/69) manteve a mesma redação da Carta anterior – "repouso semanal remunerado e nos feriados civis e religiosos, de acordo com a tradição local".

A atual Constituição, não fazendo qualquer menção aos feriados civis e religiosos, dispõe apenas sobre o repouso semanal.

É óbvio, porém, que, recepcionando a Lei n. 605/49, subsiste o direito à remuneração dos feriados civis e religiosos.

31. *Comentários à Consolidação das Leis do Trabalho*, 23. ed., São Paulo, Saraiva, 1998, p. 101.

De todo conveniente lembrar que a Convenção n. 14, da Organização Internacional do trabalho (OIT), a respeito do repouso semanal:

"Dispõe que todo trabalhador, no curso de cada período de 7 dias, deve ter um descanso que compreenda, no mínimo, vinte e quatro horas consecutivas, descanso que, sempre que possível, deve coincidir com o domingo".

Horas extras com acréscimo (HE)

XVI – *remuneração do serviço extraordinário superior, no mínimo, em cinquenta por cento à do normal.*

▶ **Comentários**

Nenhuma das Constituições anteriores cuidou do assunto, mesmo porque a matéria já era disciplinada pela legislação ordinária, segundo o disposto no art. 59, § 1º, na CLT, havendo disciplina própria para a jornada extraordinária do ferroviário (art. 241), da mulher (art. 376) e do menor (art. 413).

A elevação do adicional para 50%, sem dúvida, foi uma tentativa do constituinte de inibir a prestação de horas extras constantemente utilizadas por vasta parcela de empresas, com visível prejuízo para a saúde dos trabalhadores e desestímulo à contratação de maior número de empregados.

A Constituição Federal vigente, ao estabelecer o percentual de 50% de adicional por horas extras trabalhadas, a nosso ver, não faz distinção alguma em hora suplementar pactuada entre empregados e empregadores (por acordo ou convenção coletiva) e a hora suplementar denominada excepcional (força maior ou serviços inadiáveis). Em um caso ou em outro, o adicional é aquele fixado no texto constitucional, consagrando velho refrão de que onde o legislador não distinguiu, lícito não é, ao intérprete, fazê-lo.

Ressalte-se que a Lei n. 9.601/98, acrescentando o § 3º ao art. 59 da CLT, criou o *banco de horas*, em que as horas trabalhadas em um dia podem ser compensadas com a diminuição da jornada em outro dia, no entanto, a Lei n. 13.467/2017, alterou tal parágrafo, permitindo o banco de horas – por acordo individual escrito ou coletivo – aquele, se não pago, terá que ser compensado em 6 messes, este, por acordo coletivo de trabalho (ACT), em 1 ano.

Férias anuais com gratificação de um terço

XVII – *gozo de férias anuais remuneradas com, pelo menos, um terço a mais do que o salário normal.*

▶ **Comentários**

A primeira Constituição brasileira a cuidar das férias do trabalhador foi a de 1934, consagra-se, no seu art. 121, § 1º, *f*, o direito de todo empregado *às férias anuais remuneradas*.

Historicamente, no alvor da República, o Ministério da Agricultura, Comércio e Obras Públicas, em 17-1-1890, instituiu férias anuais remuneradas, de quinze dias, a seus funcionários e aos ferroviários da Estrada de Ferro Central do Brasil.

Em 24-12-1925, sancionava-se a Lei n. 4.582, instituindo igual direito aos empregados de estabelecimentos comerciais, industriais e bancários do Distrito Federal – DF – (Rio de Janeiro).

A partir de então, com a criação do Ministério do Trabalho (MT), outras providências legislativas foram tomadas, estendendo-se tal direito a outras categorias profissionais.

Em 1934, a Carta Magna universaliza tal direito, benefício reiterado na Constituição de 1937, estipulando, no seu art. 137, *e*, que, "depois de um ano de serviço ininterrupto em uma empresa de trabalho contínuo, o operário terá direito a uma licença anual remunerada".

Com a promulgação da Consolidação das Leis do Trabalho (CLT), no dia 1º de maio de 1943, todo o Capítulo IV (arts. 129 a 153) foi dedicado às férias anuais.

O princípio foi mantido nas Constituições de 1946 e 1967, reiterado na atual Constituição, com uma significativa inovação – *a gratificação de um terço do salário*, instrumentalizando o trabalhador com um *plus*, que lhe assegure o gozo das férias sem o comprometimento do salário, destinado às suas despesas normais.

Licença à gestante (LG)

XVIII – licença à gestante, sem prejuízo do emprego e do salário, com a duração de cento e vinte dias.

▶ **Comentários**

Somente a partir de 1934 (art. 121) o constituinte brasileiro preocupou-se com a gestante, prevendo o § 1º, *h*, "assistência médica e sanitária ao trabalhador e à gestante, assegurado a esta descanso, antes e depois do parto, sem prejuízo do salário e do emprego..."

O princípio foi mantido nas Constituições que se lhe seguiram, "assistência médica e descanso sem prejuízo do emprego".

O descanso da gestante estabelecido no art. 392 da CLT era de doze semanas: quatro antes do parto, oito após.

A atual Constituição elevou esse prazo para *120 dias*, assegurados os salários e a manutenção do emprego.

Trata-se, na verdade, de *benefício previdenciário*, custeado por contribuições dos empregadores sobre a folha de pagamento.

Prorrogação da licença-maternidade. Facultativa – mediante incentivo fiscal

A Lei n. 11.770/2008, regulamentada pelo Decreto n. 7.052, de 23-12-2009, instituiu o "Programa Empresa Cidadã", que admite, em caráter facultativo, que o empregador, pessoa jurídica, prorrogue a licença-maternidade por sessenta dias, mediante incentivo fiscal (Título III, Cap. III – Da Proteção do Trabalho da Mulher, Seção 6 – licença-maternidade).

Licença-paternidade (LP)

XIX – licença-paternidade, nos termos fixados em lei.

▶ **Comentários**

A CLT já cuidava do assunto, dispondo, no seu art. 473, que o empregado poderia faltar ao serviço, sem prejuízo do salário "por 1 (um) dia em caso de nascimento do filho, no decorrer da primeira semana".

A Constituição atual elevou a ausência legal em licença remunerada.

A medida tem sido considerada, por críticos mais severos, absolutamente paternalista, embora sua adoção objetive como facilmente se verifica, assistir a esposa ou companheira e o nascituro.

Tratando-se de dispositivo dependente de legislação complementar, estabelece o § 1º do art. 10 do Ato das Disposições Constitucionais Transitórias (ADCT) que:

"Até que a lei venha disciplinar o disposto no art. 7º, XIX, da Constituição, o prazo da licença-paternidade a que se refere o inciso é de cinco dias".

Estes *cinco* dias são corridos, condicionada a sua concessão a comunicação, ao empregador, do nascimento do filho, e posterior prova do fato, com a apresentação da respectiva certidão de nascimento, que consequentemente fará prova para o recebimento do salário-família, se o empregado for de baixa renda.

A licença em apreço é remunerada.

Proteção ao mercado de trabalho da mulher (PMTM)

XX – proteção do mercado de trabalho da mulher, mediante incentivos específicos, nos termos da lei.

▶ **Comentários**

A disposição tem um claro objetivo – incrementar o emprego às mulheres, integrando-as no mercado de trabalho, mediante incentivos aos empresários. Observe-se que alguns incentivos já existiam, como, por exemplo, o pagamento do salário-maternidade pela Previdência Social.

Os incentivos mencionados na disposição constitucional sob comento serão estabelecidos por lei ordinária.

Por outro lado, fundamental acentuar que o art. 5º, I, da Constituição vigente declara que "homens e mulheres são iguais em direitos e obrigações..."

Em consequência, foram revogados, pela Lei n. 7.855, de 24-10-1989 (publicado no *DOU* em 25-10-1989), os arts. 374, 375, 378, 380 e 387, todos relacionados com o trabalho da mulher, dispositivos que, a propósito de protegê-la, discriminavam-na, criando embaraços à sua contratação pelos empregadores.

Outrossim, a Lei n. 10.244, de 27-6-2001, revogando o art. 376 da CLT, que vedava a prestação de horas extras por mulheres, vem no manifesto propósito de ampliar o seu campo de trabalho.

Aviso prévio proporcional ao tempo de serviço (AP)

XXI – aviso prévio proporcional ao tempo de serviço, sendo no mínimo de trinta dias, nos termos da lei.

▶ Comentários

Com o advento da norma constitucional acima transcrita, muito embora não tenha sido regulamentado o aviso prévio proporcional ao tempo de serviço, foi este, o aviso prévio, elevado, desde logo, para *trinta dias*.

Assim, foi revogado parcialmente o art. 487 da CLT, que, no seu inciso I, falava em aviso prévio de oito dias, aos que recebessem por semana ou tempo inferior.

A respeito, no dia 12 de outubro de 1988, era editada a Instrução Normativa n. 1, do Ministério do Trabalho, que assim dispõe:

"O aviso prévio será, no mínimo, de 30 (trinta) dias. A proporcionalidade referida no texto constitucional depende de legislação infraconstitucional".

A proporcionalidade, por depender de norma regulamentadora, aguardava providência do legislador, o que só ocorreu com a Lei n. 12.506, de 11-10-2011.

Nos termos do art. 1º da Lei nominada:

"O aviso prévio de que trata o Capítulo VI do Título IV da Consolidação das Leis do Trabalho, aprovada pelo Decreto-lei n. 5.452, de 1º de maio de 1943, será concedido na proporção de 30 (trinta) dias aos empregados que contem até 1 (um) ano de serviço na mesma empresa.

Parágrafo único. Ao aviso prévio previsto neste artigo serão acrescidos 3 (três) dias por ano de serviço prestado na mesma empresa, até o máximo de 60 (sessenta) dias, perfazendo o total de até 90 (noventa) dias".

O aviso prévio proporcional ao tempo de serviço é por nós examinado nos comentários ao art. 487 deste livro.

Proteção contra riscos inerentes ao trabalho (PCRIT)

XXII – redução dos riscos inerentes ao trabalho, por meio de normas de saúde, higiene e segurança.

▶ Comentários

A primeira Constituição brasileira a cuidar da saúde, higiene e segurança do trabalho foi a de 1934, que, no seu art. 121, *h*, estabelecia "assistência médica e sanitária ao trabalhador e à gestante". Seguiu-se-lhe a Constituição de 1937, princípio mantido pelas Cartas Magnas subsequentes, a de 1946 e a de 1967, esta última acrescentando a "assistência sanitária, hospitalar e médica preventiva".

A CLT, por sua vez, dedica todo o Capítulo V do Título II à segurança e medicina do trabalho.

Adicional para atividades penosas, insalubres ou perigosas (AAPIP)

XXIII – adicional de remuneração para as atividades penosas, insalubres ou perigosas, na forma da lei.

▶ Comentários

A CF de 1988 foi a primeira a dispor sobre o adicional em questão.

A CLT, nos arts. 192 e 193, já dispunha sobre o exercício do trabalho em condições de insalubridade e periculosidade, fixando, inclusive, os respectivos adicionais.

Inova, contudo, a atual Constituição, com a criação do denominado *adicional de penosidade*. O que se deve entender por atividade penosa?

Se houve recepção da legislação ordinária pela atual Constituição, quanto à insalubridade e periculosidade, a atividade penosa deve ser, necessariamente, definida por legislação ordinária.

Daí observar Amauri Mascaro Nascimento que:

"A Constituição criou o adicional por trabalho em atividades consideradas penosas, o que exi-

girá uma regulamentação da lei ordinária, com a elaboração de um quadro enumerando-as, a exemplo do que ocorre com o adicional de insalubridade, de modo que o preceito constitucional só pode ser aplicável nos termos da lei que tipificar essas atividades e fixar o valor e as condições de pagamento do adicional"[32].

A legislação infraconstitucional reserva especial atenção às pessoas portadoras de deficiência, visando sua plena integração na vida social, vedando expressamente toda forma de discriminação – Lei n. 7.853/89; Decreto n. 3.298/99; Decreto n. 5.296/2004; tendo o Brasil mediante o Decreto n. 3.956, de 8 de outubro de 2001, promulgado a Convenção Interamericana para a Eliminação de todas as Formas de Discriminação contra tais pessoas.

Aposentadoria

XXIV – aposentadoria.

▶ **Comentários**

A Constituição de 1937, no seu art. 137, *l*, assegurava ao trabalhador "a instituição de seguros de velhice, invalidez, de vida e para os casos de acidentes do trabalho".

A Constituição de 1946 manteve o benefício, dispondo o art. 157, XVI – "previdência, mediante contribuição da União, do empregador e do empregado, em favor da maternidade e contra as consequências da doença, da velhice, da invalidez e da morte".

A Carta Magna de 1967 (com a EC n. 1/69), no art. 165, XVI, assegurava aos trabalhadores "previdência social nos casos de doença, velhice e morte...", instituindo, no inciso XIX, "aposentadoria para a mulher, aos trinta anos de trabalho, com salário integral".

A atual Constituição, no art. 7º, XXIV, fala, tão somente, em "aposentadoria", deixando sua disciplinação para a legislação infraconstitucional: Lei n. 8.213/91 (Planos de Benefícios da Previdência Social); Lei n. 9.477/97 (FAPI – Fundo de Aposentadoria Programada Individual e Plano de Incentivo à Aposentadoria Programada Individual).

Creches e pré-escolas

XXV – assistência gratuita aos filhos e dependentes desde o nascimento até cinco anos de idade em creches e pré-escolas.

▶ **Comentários**

A assistência em apreço já era, como é, objeto de legislação ordinária, segundo o disposto no art. 389, §§ 1º e 2º, da CLT:

"Os estabelecimentos em que trabalharem pelo menos 30 (trinta) mulheres com mais de 16 (dezesseis) anos de idade terão local apropriado onde seja permitido às empregadas guardar sob vigilância e assistência os seus filhos no período de amamentação".

"A exigência do § 1º poderá ser suprida por meio de creches distritais mantidas, diretamente ou mediante convênios, com outras entidades públicas ou privadas, pelas próprias empresas, em regime comunitário, ou a cargo do SESI, do SESC, da LBA, ou de entidades sindicais."

Observe-se que o art. 208, IV, da CF/1988 dispõe ser dever do Estado a garantia de:

"... educação infantil, em creche e pré-escola, às crianças até cinco anos de idade". Com a imposição da obrigação ao Poder Público, o ônus da manutenção de creches passa a ser do Estado e não do empregador, muito embora possa este último optar por creche própria[33].

Convenções e acordos coletivos (CCT e ACT)

XXVI – reconhecimento das convenções e acordos coletivos de trabalho.

▶ **Comentários**

A CF elevou à categoria de disposição constitucional o que já era consagrado pela legislação ordinária, a teor do que dispõem os arts. 611 a 625 da CLT[34].

32. *O Direito do Trabalho na Constituição de 1988*, p. 136.

33. TRT/SP, Proc. 02930080846, Ac. 02940355910, 5ª T., Rel. Francisco Antonio de Oliveira.

34. A primeira Constituição brasileira a mencionar o reconhecimento das convenções e acordos coletivos foi a de 1934 (art. 121, *j*).

Como se sabe e proclama o art. 611, nominado, convenção coletiva de trabalho (CCT) "é o acordo de caráter normativo, pelo qual dois ou mais Sindicatos representativos de categorias econômicas e profissionais estipulam condições de trabalho aplicáveis, no âmbito das respectivas representações, às relações individuais de trabalho".

O acordo coletivo de trabalho (ACT), ao revés da convenção coletiva, tem abrangência mais restrita, estendendo-se exclusivamente aos empregados de uma ou mais empresas que celebrem condições específicas com o sindicato representativo da categoria (art. 611, § 1º, da CLT).

As convenções e acordos coletivos têm natureza normativa e são, por isso mesmo, fontes formais do Direito do Trabalho (STF, RE 77.650).

Proteção em face da automação (PFA)

XXVII – proteção em face da automação, na forma da lei.

▶ **Comentários**

Repete-se, aqui, o fenômeno ocorrido com a Revolução Industrial, nos alvores do século XX, fins do século XIX, quando um tear representava desemprego. Hoje, os denominados *"robôs"* e outros métodos de automação preocupam os juslaboralistas, os legisladores bem-intencionados, os sindicatos e os trabalhadores em geral.

Como se trata de disposição constitucional não autoaplicável, há necessidade da elaboração de norma regulamentadora.

Com inegável propriedade, Eduardo Gabriel Saad propõe, ao legislador ordinário, algumas sugestões:

"*a*) o empregado, cujos serviços se tornaram disponíveis, deverá ser indenizado como se se tratasse de despedida sem justa causa; *b*) determinar ao Poder Público que organize eventos de reabilitação profissional e *c*) implantar, no País, o seguro-desemprego em bases mais generosas que as atuais..."[35]

Seguro contra acidente de trabalho e indenização (SCATI)

XXVIII – seguro contra acidentes de trabalho, a cargo do empregador, sem excluir a indenização a que este está obrigado, quando incorrer em dolo ou culpa.

▶ **Comentários**

A primeira Constituição que, entre nós, cuidou da matéria foi a de *1937*, que, no art. 137, *m*, determinava a "instituição de seguro de velhice, de invalidez, de vida e para os casos de acidente do trabalho". A Constituição de 1946, no seu art. 157, XVII, estipulava a obrigação "da instituição de seguro, pelo empregador, contra acidentes do trabalho". A Carta Magna de 1967, no art. 158, XVII, estabelecia o "seguro obrigatório pelo empregador contra acidentes do trabalho. A EC n. 1/69, por sua vez, mais explícita, instituía "previdência social nos casos de doença, velhice, invalidez e morte, seguro-desemprego, *seguro contra acidentes do trabalho...*"

O seguro contra acidente do trabalho é custeado pelo empregador – é o denominado *seguro obrigatório*, a cargo da Previdência Social.

O dispositivo constitucional sob comento deixa claro que, se o seguro obrigatório é de responsabilidade do INSS, a indenização, na ocorrência de dolo ou culpa do empregador, é de responsabilidade exclusiva deste último.

Em tais condições, como conclui Sólon de Almeida Cunha, "além do seguro contra acidente do trabalho, que gera indenizações pela Previdência Social, o empregador passou a ser responsável pela indenização complementar em caso de dolo ou culpa"[36]. É, aliás, o que proclama a Súmula *229* do STF – "a indenização acidentária não exclui a do direito comum, em caso de dolo ou culpa do empregador".

Prescrição

XXIX – ação, quanto aos créditos resultantes das relações de trabalho, com prazo prescricional de cinco anos para os trabalhadores urbanos e rurais, até o limite de dois anos após a extinção do contrato de trabalho.

35. Ob. cit., p. 152.

36. Ob. cit., p. 245.

► **Comentários**

A Constituição vigente, com a manifesta preocupação do constituinte de tornar mais rígidas as normas de proteção ao trabalhador, sempre sujeitas às constantes alterações da legislação ordinária, houve por bem disciplinar constitucionalmente a *prescrição*.

Uniformizados os prazos para os trabalhadores urbanos e rurais[37], a prescrição para reclamar judicialmente direitos trabalhistas é de 5 anos, limite este reduzido para 2 anos após o término do contrato de trabalho.

Sobre prescrição *vide* anotação ao art. 11 da CLT.

Isonomia salarial (IS)

XXX – proibição de diferença de salários, de exercício de funções e de critério de admissão por motivo de sexo, idade, cor ou estado civil.

► **Comentários**

O dispositivo constitucional transcrito deve ser interpretado em consonância com o art. 5º da CF/1988:

"Todos são iguais perante a lei, sem distinção de qualquer natureza, garantindo-se aos brasileiros e aos estrangeiros residentes no País a inviolabilidade do direito à vida, à liberdade, à igualdade, à segurança e à propriedade, nos termos seguintes".

A CLT, no art. 5º, já continha disposição legal ordinária vedando distinção salarial para as mesmas funções, disposição essa recepcionada pela Constituição:

"A todo trabalho de igual valor corresponderá salário igual sem distinção de sexo".

Observe-se que a igualdade salarial está condicionada a determinados parâmetros, ditados pela legislação ordinária, que complementa o mandamento constitucional – "trabalho de igual valor, para os fins deste Capítulo, será o que for feito com igual produtividade e com a mesma perfeição técnica, entre pessoas cuja diferença de tempo de serviço para o mesmo empregador não seja superior a quatro anos e a diferença de tempo na função não for superior a dois anos".

Releva notar que, na melhor interpretação do dispositivo legal transcrito, dispõe a Súmula 6 do TST, em seu item II, que, "para efeito de equiparação de salários em caso de trabalho igual, conta-se o tempo de serviço na função e não no emprego".

O § 2º do art. 461 da CLT afasta a equiparação salarial se o empregador tiver pessoal organizado em quadro de carreira ou adotar, por meio de norma interna da empresa ou de negociação coletiva, plano de cargos e salários, dispensada qualquer forma de homologação ou registro em órgão público de modo diverso da disposição da citada Súmula 6 do TST.

A respeito do assunto, ver legislação infraconstitucional: Lei n. 7.716, de 5-1-1989 (que define os crimes resultantes de discriminação ou preconceito de raça, cor, etnia, religião ou procedência nacional); Lei n. 9.029, de 13-4-1995 (que veda a adoção de qualquer prática discriminatória e limitativa para efeito de acesso à relação de emprego), Lei n. 13.146[38] – Lei Brasileira de Inclusão da Pessoa com Deficiência (Estatuto da Pessoa com Deficiência).

Discriminação contra deficientes (DCD)

XXXI – proibição de qualquer discriminação no tocante a salário e critérios de admissão do trabalhador portador de deficiência.

► **Comentários**

Os mesmos princípios que vedam a desigualdade salarial em razão da cor, da etnia, da religião ou do sexo e da nacionalidade, subsistem em relação aos empregados com deficiência.

Observe-se que a Lei n. 8.213[39], estabelece, no seu art. 93, critérios para a admissão de empregados com deficiência:

"A empresa com 100 (cem) ou mais empregados está obrigada a preencher de 2% (dois por

37. EC n. 28, de 26-5-2000.

38. De 6-7-2015.
39. De 24-7-1991.

cento) a 5% (cinco por cento) dos seus cargos com beneficiários reabilitados ou pessoas portadoras de deficiência, habilitadas, na seguinte proporção:

I – até 200 empregados 2%;
II – de 201 a 500 3%;
III – de 501 a 1.000 4%;
IV – de 1.001 em diante 5%".

Outrossim, a mesma lei, no seu art. 118, estabelece a estabilidade do empregado acidentado no trabalho, pelo prazo de um ano, após a cessação do auxílio acidentário, independentemente de percepção do auxílio-acidente.

A Lei n. 9.029[40], proíbe a exigência de atestados de gravidez e esterilização, e outras práticas discriminatórias, para efeitos admissionais ou de permanência da relação jurídica de trabalho.

O Decreto n. 3.956[41], promulgou a Convenção Interamericana para a eliminação de todas as formas de discriminação contra as pessoas com deficiência.

Nos termos do art. 1º, I, da referida Convenção, "deficiência significa uma restrição física, mental ou sensorial, de natureza permanente ou transitória, que limita a capacidade de exercer uma ou mais atividades essenciais da vida diária, causada ou agravada pelo ambiente econômico e social".

Distinção entre o trabalho manual, técnico e intelectual

XXXII – proibição de distinção entre trabalho manual, técnico e intelectual ou entre os profissionais respectivos.

▶ **Comentários**

Trata-se de norma de proteção quanto à discriminação salarial. Como bem observa José Carlos Arouca, "a norma, em princípio, volta-se para a valorização do trabalho, sem que, no entanto, determine que haja um nivelamento salarial para toda e qualquer atividade, ou seja, será plenamente possível que o trabalho técnico tenha melhor remuneração que o manual. Mas a exigência de igualdade entre os profissionais respectivos faz com que, entre estes, prevaleça o critério de identidade de salários"[42].

Trabalho do menor

XXXIII – proibição de trabalho noturno, perigoso ou insalubre aos menores de dezoito e de qualquer trabalho a menores de dezesseis anos, salvo na condição de aprendiz, a partir de quatorze anos[43].

▶ **Comentários**

Mais realistas e, inequivocamente, mais condizentes com a realidade brasileira, as Constituições de *1934* (art. 21, *d*), de *1937* (art. 137, *j*) e a de *1946* (art. 157, IX) estabeleciam a proibição de trabalho aos menores de *quatorze anos*.

A redação original do dispositivo constitucional sob exame também limitava a proibição ao trabalho aos menores de quatorze anos[44], alterando-se o limite para dezesseis, por recomendação da Organização Internacional do Trabalho.

A CLT cuida do trabalho do menor no Capítulo IV, Título III – "Da Proteção ao Trabalho do Menor". O limite fixado no art. 402, de 14 anos, obviamente foi alterado pelo dispositivo constitucional sob comento, que o elevou para dezesseis anos, salvo aprendizado metódico, quando é fixado o limite de quatorze anos.

O trabalho noturno, insalubre ou perigoso, continua vedado ao menor de dezoito anos, subsistindo, assim, as regras dispostas nos arts. 403 e 404 da CLT, manifestamente recepcionados pela Constituição Federal vigente, aquele alterado pela Lei n. 10.097 de 2000.

XXXIII – proibição de trabalho noturno, perigoso ou insalubre a menores de 18 e de qualquer trabalho a menores de 16 anos, salvo na condição de aprendiz, a partir de quatorze anos[45].

40. De 13-4-1995.
41. De 8-10-2001.
42. Ob. cit., p. 28.
43. Redação dada pela Emenda Constitucional n. 20/98.
44. A redação original assim dispunha: "XXXIII – proibição de trabalho noturno, perigoso ou insalubre a menores de dezoito e de qualquer trabalho a menores de quatorze anos, salvo na condição de aprendiz".
45. Redação dada pela EC-20, de 1998.

Trabalhador avulso

XXXIV – igualdade de direitos entre o trabalhador com vínculo empregatício permanente e o trabalhador avulso.

▶ **Comentários**

Avulsos, como se sabe, são trabalhadores sem vínculo empregatício que, agrupados em sindicatos específicos, executam suas funções por escala das suas respectivas entidades, junto aos armazéns gerais, cais do porto, tais como os portuários em geral, estivadores, carregadores etc.

Valentin Carrion conceitua o trabalhador avulso como "aquele que presta serviços a inúmeras empresas, agrupado em entidade de classe, por intermédio desta e sem vínculo empregatício"[46].

O trabalhador avulso é escalado pelo próprio sindicato; o trabalho, normalmente, consiste em tarefas preestabelecidas: carregamento ou descarregamento de caminhões ou navios; a remuneração é paga pelo próprio sindicato que, por sua vez, cobra os serviços dos armadores e outros que utilizam tais operadores.

A Medida Provisória n. 595, de 6 de dezembro de 2012, convertida na Lei n. 12.815, de 5 de junho de 2013, substituiu os sindicatos pelos denominados *operadores portuários*, responsáveis pela gestão da mão de obra do trabalho portuário avulso.

Os operadores portuários são encarregados de constituir, em cada porto organizado, um órgão de gestão da mão de obra (OGMO) do trabalho portuário, destinado, entre outros encargos, a administrar o fornecimento da mão de obra (art. 32 da Lei n. 12.815/2012).

Aos trabalhadores avulsos são concedidos, pela Constituição, todos os direitos dos trabalhadores com vínculo empregatício, sem que estejam, todavia, ungidos aos tomadores dos serviços – "Inexiste vínculo empregatício entre os trabalhadores avulsos e os armadores, pois seus serviços a estes não têm continuidade, eis que duram, somente, enquanto seus navios estão atracados no porto, carregando ou descarregando"[47].

Trabalhadores domésticos

"Parágrafo único. São assegurados à categoria dos trabalhadores domésticos os direitos previstos nos incisos IV, VI, VII, VIII, X, XIII, XV, XVI, XVII, XVIII, XIX, XXI, XXII, XXIV, XXVI, XXX, XXXI e XXXIII e, atendidas as condições estabelecidas em lei e observada a simplificação do cumprimento das obrigações tributárias, principais e acessórias, decorrentes da relação de trabalho e suas peculiaridades, os previstos nos incisos I, II, III, IX, XII, XXV e XXVIII, bem como a sua integração à previdência social"[48].

O Congresso Nacional (8-5-2015) ampliou os direitos assegurados aos trabalhadores domésticos[49], outorgando-lhes os seguintes títulos:

Banco de horas para trabalho superior a 44h semanais (CF/88, art. 7º, XIII);

Jornada de 12x36 (era Jurisprudência), legislada com a Reforma Trabalhista;

Recolhimento de 8% ao FGTS (CF/88, art. 7º, III);

Seguro contra acidente do trabalho (SAT) 0,8% (CF/88, art. 7º, XXVIII);

Seguro-desemprego (CF/88, art. 7º, II);

Contribuição patronal ao INSS de 8% (Lei n. 8.212/91, art. 24);

Pagamento mensal de 3,2% do salário para substituir a multa de 40% nos casos de dispensa sem justa causa (Super Simples Doméstico), por intermédio do eSocial;

Reunião das contribuições previdenciárias (8% empregado, 8% empregador) + 3,2% (do salário para substituir a multa de 40%) + 0,8% (SAT), que totaliza 20% do salário mensal do empregado – a ser pago em boleto único.

▶ **Comentários**

Trabalhador doméstico é aquele "que presta serviços de natureza contínua e de fi-

46. Ob. cit., p. 32.
47. TST, RR 12.616/90-6, Rel. Min. José Ajuricaba.
48. Redação dada pela Emenda Constitucional n. 72/2013.
49. Com vigência a partir do dia 1º-10-2015.

nalidade não lucrativa à pessoa ou à família, no âmbito residencial desta", conceito este dado pela Lei n. 5.859, de 11-12-1972.

A conceituação nos permite extrair os elementos caracterizadores do trabalho doméstico, a saber: a) serviços de natureza contínua; b) finalidade não lucrativa; c) no âmbito residencial.

A expressão serviços contínuos pode induzir a enganos, fazendo crer que os serviços devam ser contínuos, diários, o que, por certo, não é a melhor interpretação. Por serviços contínuos se há de entender os serviços permanentes, constantes, ainda que não diários – é o caso das arrumadeiras que prestam seus serviços em determinados dias de semana. Só prolongada intermitência (trabalho executado periodicamente, sem continuidade) afasta a relação de emprego.

A jurisprudência, de um modo geral, tem recusado a condição de empregada doméstica à diarista. "Recurso de revista. Reconhecimento de relação de emprego. Empregado doméstico. Trabalho prestado três vezes por semana. Empregado doméstico é a pessoa física que presta, com pessoalidade, onerosidade e subordinadamente, serviços de natureza contínua e de finalidade não lucrativa à pessoa ou à família, no âmbito residencial destas. Evidenciando-se do contexto fático que a Autora laborou para a Recorrida por onze anos, com exclusividade, e em três dias na semana, afigura-se de natureza contínua a prestação de trabalho, nos termos do art. 1º da Lei n. 5.859/72. Recurso de Revista conhecido e provido"[50].

O trabalho desenvolvido pelo doméstico, por outro lado, não tem finalidade lucrativa para o empregador; não se destina à produção de bens ou serviços; ao revés, destina-se, exclusivamente, ao bem-estar da pessoa ou da família do empregador.

Outrossim, o trabalho doméstico há de desenvolver-se no âmbito da família do tomador de serviços – do empregador, diariamente ou mesmo em dias alternados –, como de depreende do art. 10, da LC n. 150, de 2015:

"É facultado às partes, mediante acordo escrito entre essas, estabelecer horário de trabalho de 12 (doze) horas seguidas por 36 (trinta e seis) horas ininterruptas de descanso, observados ou indenizados os intervalos para repouso e alimentação".

Aos empregados domésticos são, pois, estendidos todos os direitos atribuídos aos empregados em geral, direitos esses analisados nos comentários à CLT.

A Constituição Federal (art. 7º, parágrafo único) concedeu aos empregados domésticos os seguintes direitos: *proteção contra dispensa arbitrária mediante indenização compensatória* (I); *seguro-desemprego* (II); *FGTS* (III); *salário mínimo* (IV); *irredutibilidade do salário* (VI); *garantia de salário nunca inferior ao mínimo* (VII); *décimo terceiro salário* com base na remuneração integral (VIII); *remuneração do trabalho noturno* superior à do diurno (IX); *proteção ao salário* (X); *salário-família* (XII); *jornada semanal de 44 horas* (XIII); *repouso semanal remunerado*, preferencialmente aos domingos (XV); *remuneração do serviço extraordinário*, no mínimo, em 50% à do normal (XVI); *férias anuais remuneradas*, com gratificação de um terço (XVII); *licença à gestante* (XVIII); *licença-paternidade* (XIX); *aviso prévio* (XXI); *proteção contra riscos inerentes ao trabalho*, por meio de norma de saúde, higiene e segurança (XXII); *aposentadoria* (XXIV); *assistência gratuita aos filhos e dependentes* desde o nascimento até cinco anos de idade em creches e pré-escolas (XXV); *reconhecimento das convenções e acordos coletivos de trabalho* (XXVI); *seguro contra acidentes de trabalho* (XXVIII); *proibição de diferença de salários*, de exercício de funções e de critério de submissão por motivo de sexo, idade, cor ou estado civil (XXX); *proibição de qualquer discriminação* no tocante a salário e critérios de admissão do trabalhador portador de deficiência (XXXI); *proibição de trabalho noturno, perigoso ou insalubre aos menores de dezoito* e de qualquer trabalho a menores de dezesseis anos, salvo na condição de aprendiz, a partir de quatorze anos (XXXIII).

A Convenção n. 132 da OIT, no art. 8.2. já previa o parcelamento do período de férias, em "frações do referido período deverá corresponder pelo menos a duas semanas

50. TST – Recurso de revista RR 11324720115010069 (TST). Publicação: 24-4-2015.

de trabalho ininterruptos", todavia, tal Convenção determina que o empregado doméstico somente poderá trabalhar a partir dos 18 anos.

5. Da organização sindical

"Art. 8º É livre a associação profissional ou sindical, observado o seguinte:

I – a lei não poderá exigir autorização do Estado para a fundação de sindicato, ressalvado o registro no órgão competente, vedadas ao Poder Público a interferência e a intervenção na organização sindical;

II – é vedada a criação de mais de uma organização sindical, em qualquer grau, representativa de categoria profissional ou econômica, na mesma base territorial, que será definida pelos trabalhadores ou empregadores interessados, não podendo ser inferior à área de um Município;

III – ao sindicato cabe a defesa dos direitos e interesses coletivos ou individuais da categoria, inclusive em questões judiciais ou administrativas;

IV – a assembleia geral fixará a contribuição que, em se tratando de categoria profissional, será descontada em folha, para custeio do sistema confederativo da representação sindical respectiva, independentemente da contribuição prevista em lei;

V – ninguém será obrigado a filiar-se ou a manter-se filiado a sindicato;

VI – é obrigatória a participação dos sindicatos nas negociações coletivas de trabalho;

VII – o aposentado filiado tem direito a votar e ser votado nas organizações sindicais;

VIII – é vedada a dispensa do empregado sindicalizado a partir do registro da candidatura a cargo de direção ou representação sindical e, se eleito, ainda que suplente, até um ano após o final do mandato, salvo se cometer falta grave nos termos da lei.

Parágrafo único. As disposições deste artigo aplicam-se à organização dos sindicatos rurais e de colônias de pescadores, atendidas as condições que a lei estabelecer."

▶ Comentários

I – Autonomia sindical

Um dos aspectos relevantes e mais significativos da atual Constituição Federal foi a concessão, aos sindicatos, de inteira autonomia, desprendendo-os da tutela estatal, a rigor, a responsável maior pelas constantes intervenções dos governantes, em época não distante.

Observada a unicidade sindical, os interessados podem, livremente, constituir seus sindicatos, representativos da categoria profissional (sindicatos dos empregados), ou da categoria econômica (órgãos representativos de empregadores), exigindo-se, unicamente, o seu registro no órgão competente.

Não especificando qual o órgão para registro (fundamental para a configuração da pessoa jurídica – art. 45 do CC), concluiu o STF pela competência do Ministério do Trabalho:

"Liberdade e unicidade sindical e competência para o registro de entidades sindicais (CF, art. 8º, I e II): recepção, em termos, da competência do Ministério do Trabalho, sem prejuízo da possibilidade de a lei vir a criar regime diverso... controle jurisdicional da ilegalidade e do abuso do poder, incluída a omissão ou o retardamento indevidos"[51].

No mesmo sentido, a Seção de Dissídios Coletivos (SDC) do TST – Orientação Jurisprudencial n. 15:

"*Sindicato. Legitimidade ad processum.* Imprescindibilidade do registro no Ministério do Trabalho. A comprovação da legitimidade *ad processum* da entidade sindical se faz por seu registro no órgão competente do Ministério do Trabalho, mesmo após a promulgação da Constituição Federal de 1988".

II – Unicidade sindical

Contrariando a tendência dos juslaboralistas e, até mesmo, recomendação da OIT, o constituinte manteve o sistema da unicidade sindical, em lugar do pluralismo, ou seja, a criação de múltiplos sindicatos para uma mesma categoria profissional.

A preocupação do constituinte foi, sem dúvida, a de evitar a pulverização dos sindicatos profissionais, considerando os aspectos socioeconômico-culturais do País, da sua

51. STF, MI 1.448-SP, Ac. TP, Rel. Min. Sepúlveda Pertence.

imensidão territorial e as desigualdades regionais.

A unicidade é princípio comum aos sindicatos, federações e confederações.

Os sindicatos, contudo, não pode ter base territorial inferior a um município, facultada a criação de sindicatos que extravasem esse limite, admitido, porém, o desmembramento.

III – A substituição processual pelo sindicato

A Constituição Federal vigente deu, inequivocamente, papel preponderante às entidades sindicais, ressaltando-se, entre outras atribuições, a legitimidade ampla da substituição processual, uma vez que ele deve ser agente de transformação e aquisição de dignidade humana, somada à modificação da visão social da indispensabilidade da classe trabalhadora.

Com efeito, a redação dada ao inciso III do art. 8º da CF/1988, significando a legitimação dos órgãos sindicais para a propositura de dissídios individuais, amplia sensivelmente as hipóteses de substituição processual na esfera trabalhista, ressaltando-se, para os fins da exigência da lei (art. 18, CPC/2015), que a Constituição Federal é, como se sabe, a lei das leis.

E é essa Lei Magna que dispõe, no art. 8º, III, sob comento:

"... ao sindicato cabe a defesa dos direitos e interesses coletivos e individuais da categoria, inclusive em questões judiciais ou administrativas".

Observe-se que a redação dada ao dispositivo constitucional nominado, afastando qualquer dúvida, em lugar da expressão *"representar"* (utilizada no art. 513 da CLT), fala na *defesa dos direitos e interesses individuais*, expressão de sentido amplo, que, por certo, não só abrange a representação propriamente dita, mas, também, a substituição processual.

A menção a *direitos individuais* deixa patente a legitimidade dos sindicatos para a propositura de dissídios individuais, único remédio jurídico para a defesa desses mesmos direitos na esfera judicial.

Os direitos individuais a serem preservados judicialmente só podem ser os dos integrantes da categoria, considerados individualmente, ou seja, do *sujeito sindical individual*.

Com a propriedade que todos lhes reconhecem, lembram Nelson Nery Jr. e Rosa Maria A. Nery:

"Interesses individuais da categoria são aqueles que cada membro da categoria, sindicalizado ou não, possui como direito subjetivo. Pela Constituição Federal, 8º, III, tem o sindicato legitimidade para, como substituto processual, defender esses direitos em juízo"[52].

Por isso que afirmamos que a atual CF consagra, no âmbito da Justiça do Trabalho, de forma ampla e ilimitada, e não mais como excepcionalidade, a possibilidade de as entidades sindicais proporem dissídios na defesa dos direitos individuais dos integrantes da categoria profissional e não apenas dos associados, pondo-se fim à restrição contida no art. 872, parágrafo único, da CLT.

No mesmo sentido, Evaristo de Moraes Filho[53] e Pedro Paulo Teixeira Manus[54]. Em sentido oposto, dispunha a Súmula 310, I, do TST – "O art. 8º, III, da Constituição Federal, não assegura a substituição processual pelo sindicato"*.

Posição severamente contestada por Nelson e Rosa Nery:

A redação dada à Súmula 310, I, do TST feria frontalmente a previsão do art. 8º, III, da CF/88, conquanto não mencionasse expressamente o instituto da substituição processual, a Constituição Federal, 8º, III, autoriza o sindicato a agir como tal, quando lhe confere legitimidade para defender em juízo os direitos individuais da categoria. Não pode a norma infraconstitucional, seja legal, administrativa ou jurisprudencial, limitar a ação do sindicato, tendo em vista que o texto constitucional não o autoriza. A restrição da Súmula 310, I, do TST era inconstitucional[55], logo, por esse motivo ela foi cancelada (com adaptações).

52. *Código de Processo Civil Comentado*, 5. ed., Revista dos Tribunais, p. 262.

53. *Congresso Latino-Americano de Direito do Trabalho*, Campinas, 11-8-1990.

54. *Direito do Trabalho*, 5. ed., Atlas, p. 283.

* Obs.: a Súmula 310 do TST foi cancelada pela Resolução n. 119/2003, *DJ*, 1º-10-2003.

55. Ob. cit., p. 263.

Releva notar que o STF, no julgamento do Mandado de Injunção n. 347-5, em sessão plenária de 7-5-1993, posicionou-se pela substituição processual ampla do sindicato, em qualquer ação judicial de interesse dos trabalhadores.

Ainda que se restrinja a substituição processual pelo sindicato aos denominados *direitos individuais homogêneos*, assim considerados aqueles com reflexos sociais que extravasam os limites do interesse singular, em momento oportuno o TST cancelou a Súmula 310[56], pondo fim, assim, a uma restrição manifestamente inconstitucional.

IV – Contribuição sindical

Os autores indicam quatro espécies de contribuições sindicais: a *legal*, estabelecida para todos os trabalhadores (art. 548, *a*, da CLT, desde que prévia e expressamente autorizadas, conforme o art. 578), a *assistencial*, instituída em assembleia geral da respectiva categoria, vedada, pelo Precedente Normativo n. 119, do TST, a sua inserção em acordos, convenções ou sentenças normativas:

"Contribuições sindicais – Inobservância de preceitos constitucionais. A CF, em seus arts. 5º, XX, e 8º, V, assegura o direito de livre associação e sindicalização. É ofensiva a essa modalidade de liberdade cláusula constante de acordo, convenção coletiva ou sentença normativa estabelecendo contribuição em favor de entidade sindical a título de taxa para custeio do sistema confederativo, assistencial, revigoramento ou fortalecimento sindical e outros da mesma espécie, obrigando trabalhadores não sindicalizados. Sendo nulas as estipulações que não observem tal restrição, tornam-se passíveis de devolução os valores irregularmente descontados".

A *mensalidade*, paga espontaneamente pelos associados, e a *confederativa*, prevista no art. 8º, IV, da CF, considerada por renomados juslaboralistas não autoaplicável, foi, contudo, proclamada como autoexecutável pelo STF – Recurso Extraordinário n. 287.227-0.

A Reforma Trabalhista/2017 condicionou o pagamento das contribuições sindicais ao prévio consentimento do empregado e do empregador (art. 611-B, XXVI, da CLT), convindo acrescentar que a inovação não viola dispositivo constitucional (art. 8º, IV, da CF), que em nenhum momento, como assinalam os autores, estabelece a compulsoriedade.

V – Liberdade de associação

Em que pese o sistema de sindicato único, a Constituição Federal proclama a inteira liberdade do trabalhador vincular-se, ou não, ao seu sindicato.

A Constituição Federal vigente afasta, pois, a sindicalização compulsória.

VI – Participação do sindicato na negociação coletiva (convenções ou acordos)

As convenções e acordos coletivos, disciplinados nos arts. 611 a 625 da CLT, tal como já dispunha a legislação ordinária, terão, necessariamente, a participação dos sindicatos. As convenções e acordos coletivos são formas de negociações de caráter normativo aplicáveis, no âmbito das respectivas representações, às relações individuais do trabalho.

Na lição de Valentin Carrion – "a distinção fundamental entre o contrato individual de trabalho e a convenção coletiva *lato sensu*, é que, enquanto o primeiro cria a obrigação de trabalhar e a de remunerar, a convenção coletiva prevê direitos e obrigações para os contratos individuais em vigor ou que venham a celebrar-se; como se diz, é mais uma lei do que um contrato, tem a vantagem de descer a minúcias e, melhor que a lei, adaptar-se às circunstâncias específicas das partes, do momento e do lugar"[57].

A Constituição Federal, no inciso sob comento, fala de participação obrigatória dos sindicatos nas negociações coletivas, a nosso ver não distinguindo entre convenção e acordo coletivo, ambas as espécies de autocomposição, como resultado de negociações coletivas – a convenção (CCT), de caráter mais amplo, e o acordo (ACT) restrito a uma ou mais empresas.

Assim, há de ser interpretado o art. 617 da CLT, que só admite a celebração de acordo, diretamente pelos empregados de uma empresa, quando, esgotado o prazo de oito dias, não haja manifestação do respectivo sindicato, em igual prazo da Federação, silente, outrossim, a Confederação, no mesmo prazo.

56. Resolução n. 121/2003.

57. Ob. cit., p. 449.

A Constituição vigente, incontestavelmente, buscou a valorização das entidades profissionais na elaboração de normas que disciplinem as relações individuais de trabalho, com as suas respectivas peculiaridades.

Não obstante, a Reforma Trabalhista/2017, inseriu na CLT, os arts. 611-A e 611-B, abordando a sobreposição do pactuado sobre o legislado.

VII – Participação do aposentado nas organizações sindicais

Evitando a discriminação do aposentado e até mesmo com o propósito manifesto de aproveitar sua experiência e conhecimento dos problemas da categoria, assegurou o constituinte sua participação (votar e ser votado) nas organizações sindicais, desde que filiado.

VIII – Estabilidade sindical

Os dirigentes sindicais, normalmente, em mais de uma oportunidade, são obrigados a tomar posições em flagrante antagonismo com os empregadores – razão por que se instituiu, em favor daqueles, a estabilidade, que lhes assegura o direito ao emprego –, salvo a prática de falta grave, ensejadora da dispensa por justa causa.

A estabilidade em apreço já era assegurada pela legislação ordinária, segundo o disposto no art. 543, § 3º, da CLT:

"Fica vedada a dispensa do empregado sindicalizado ou associado, a partir do momento do registro de sua candidatura a cargo de direção ou representação de entidade sindical ou de associação profissional, até 1 (um) ano após o final de seu mandato, caso seja eleito, inclusive como suplente, salvo se cometer falta grave devidamente apurada nos termos desta Consolidação" (redação da Lei n. 7.543/86).

A apuração da falta grave do dirigente sindical far-se-á por *inquérito judicial*, nos termos da Súmula 379 do TST.

A Constituição Federal não especifica o número de dirigentes sindicais e seus suplentes, contudo, o TST por intermédio da Súmula 369, II, delimitou em 7 os detentores de estabilidade provisória. Entendemos em vigor a disposição contida no art. 522 da CLT – "a administração dos sindicatos será exercida por uma diretoria constituída, no máximo, de *sete* e, no mínimo, de três membros e de um conselho fiscal composto de três membros, eleitos esses órgãos pela assembleia geral".

As disposições do art. 8º, acima comentadas, são aplicadas, também, às organizações sindicais rurais e às colônias de pescadores.

6. Direito de greve

"Art. 9º É assegurado o direito de greve, competindo aos trabalhadores decidir sobre a oportunidade de exercê-lo e sobre os interesses que devam por meio dele defender.

§ 1º A lei definirá os serviços ou atividades essenciais e disporá sobre o atendimento das necessidades inadiáveis da comunidade.

§ 2º Os abusos cometidos sujeitam os responsáveis às penas da lei."

▶ **Comentários**

As Constituições Imperial de *1824* e as Republicanas de *1891* e *1934* foram absolutamente omissas sobre o direito de greve.

A Constituição de *1937*, editada sob o regime do Estado Novo, em 10-11-1937, declarava-a, no seu art. 139, recurso antissocial, nocivo ao trabalho e incompatível com os superiores interesses da produção nacional.

Leis foram elaboradas no sentido de punir criminalmente os que participassem de qualquer movimento grevista, como o Decreto-lei n. 431, de 18-11-1938, e o próprio Código Penal[58], estabelecia pena a quem participasse de qualquer movimento de suspensão ou abandono coletivo de trabalho.

Com a queda do Estado Novo, já em pleno regime democrático, era aprovado o Decreto-lei n. 9.070, de 15-3-1946, reconhecendo e disciplinando o direito de greve e seu exercício pelos trabalhadores brasileiros.

O decreto-lei em apreço, com controvérsias acerca da sua constitucionalidade, vigeu, entre nós, por dezessete anos, disciplinando o exercício da greve, reconhecida, aliás, pela Constituição de *1946*, no seu art. 158.

Em 1º de junho de 1964, já no denominado regime militar, era promulgada a Lei n.

58. Promulgado em 7-12-1940, Dec.-lei n. 2.848.

4.330, que, curiosamente, permitia a greve nas atividades acessórias e fundamentais, obrigando os grevistas a manterem *turmas de emergência* para a conservação de máquinas que exigissem assistência permanente.

Nas atividades essenciais, declinadas no art. 12, as autoridades deveriam guarnecer e fazer funcionar os respectivos serviços.

Na prática, a faculdade do Ministério do Trabalho de intervenção nos sindicatos, com nomeação de interventores, culminou por esvaziar o movimento sindical e, consequentemente, na redução sensível das greves.

A Constituição de 1988, no artigo sob comento, proclama o direito de greve; conquanto não vede a greve nos serviços essenciais, assim considerados aqueles indispensáveis à comunidade, dispõe o § 1º do referido artigo que lei ordinária definirá os "serviços ou atividades essenciais e disporá sobre o atendimento das necessidades inadiáveis da comunidade".

A regulamentação do direito de greve é objeto da Lei n. 7.783, de 28-6-1989, que é objeto dos comentários aos arts. 723 a 725 da CLT.

Disposições constitucionais conexas com a greve: arts. 37 (EC n. 19/98) e 142, § 3º, IV (EC n. 18/98 e EC n. 45/2004).

7. Representação dos trabalhadores nos órgãos públicos

"Art. 10. É assegurada a participação dos trabalhadores e empregadores nos colegiados dos órgãos públicos em que seus interesses profissionais ou previdenciários sejam objeto de discussão e deliberação."

▶ **Comentários**

A medida é de grande alcance social, pois permite não só aos trabalhadores, mas também aos empregadores participação efetiva em órgãos gestores do FGTS, evitando-se desvio de finalidade, má aplicação dos fundos, supressão indevida das legítimas correções monetárias, que tantos prejuízos têm causado sobretudo aos obreiros.

A representação dos trabalhadores abrange outros órgãos, como, por exemplo, o Ministério do Trabalho (seguro-desemprego) e o INSS (previdência social).

8. Representação dos trabalhadores nas empresas

"Art. 11. Nas empresas de mais de duzentos empregados, é assegurada a eleição de um representante destes com a finalidade exclusiva de promover-lhes o entendimento direto com os empregadores."

▶ **Comentários**

O dispositivo constitucional em apreço é demonstração inequívoca do reconhecimento, pelo constituinte, da natureza institucional da empresa – atividade econômica organizada para a produção e circulação de bens ou serviços, para a qual se conjugam os interesses dos empresários, dos trabalhadores e do próprio Estado.

O dispositivo constitucional nominado dependia de regulamentação que somente agora foi ultimada com Reforma Trabalhista/2017 (arts. 510-A/510-D, da CLT).

Livro II

A Consolidação das Leis do Trabalho Comentada

Consolidação das Leis do Trabalho

Decreto-lei n. 5.452,
de 1º de maio de 1943

Aprova a Consolidação das Leis do Trabalho.

O Presidente da República, usando da atribuição que lhe confere o art. 180 da Constituição, decreta:

Art. 1º Fica aprovada a Consolidação das Leis do Trabalho, que a este Decreto-lei acompanha, com as alterações por ela introduzidas na legislação vigente.

Parágrafo único. Continuam em vigor as disposições legais transitórias ou de emergência, bem como as que não tenham aplicação em todo o território nacional.

Art. 2º O presente Decreto-lei entrará em vigor em 10 de novembro de 1943.

Rio de Janeiro, 1º de maio de 1943; 122º da Independência e 55º da República – GETÚLIO VARGAS – Alexandre Marcondes Filho.

Título I
Introdução

Art. 1º Esta Consolidação estatui as normas que regulam as relações individuais e coletivas de trabalho, nela previstas.

▶ **Comentários**

A Consolidação das Leis do Trabalho (CLT), como o próprio nome deixa entrever, é uma compilação das leis trabalhistas, em vigor no Brasil, a partir de 10 de novembro de 1943, conquanto aprovada pelo Decreto-lei n. 5.452, de 1º-5-1943, sob o governo de Getúlio Vargas.

Distingue-se dos códigos na medida em que não cria um direito novo, sistematizando-o, mas, tão somente, reúne e organiza a legislação vigente.

Optou-se pela Consolidação e não pela codificação, considerando-se as constantes modificações nas condições e métodos de trabalho. Como se sabe, os meios e instrumentais do trabalho alteram-se a cada dia, em um dinamismo incompatível com a estabilidade de que devem cercar-se os códigos.

Assim, as regras básicas, fundamentais, que disciplinam as relações de emprego, estão dispostas na CLT, como, aliás, enfatiza o art. 1º supra transcrito.

Observe-se que a legislação referida diz respeito, tão somente, às relações de emprego, não abrangendo aquelas outras de trabalho como, por exemplo, as estatutárias, que regem as relações do funcionário público com o Estado.

Trabalho é gênero do qual o emprego é espécie. O primeiro pode ser definido como todo esforço intelectual ou físico destinado à produção. Pode haver trabalho sem que haja emprego. Obviamente, onde houver emprego, haverá trabalho.

Em princípio, todos trabalham, embora nem todos sejam empregados.

O emprego só se delineia quando presentes a habitualidade, serviços permanentes diretamente relacionados à atividade empresarial e sob subordinação hierárquica, elementos estes que serão melhor analisados nas anotações do art. 3º.

Os funcionários públicos *stricto sensu* também trabalham. Contudo, ao revés do que ocorre com os empregados celetistas, subordinam-se a regras estatutárias próprias.

Note-se que nos Estados ou Municípios em que não tenha havido unificação do sistema, os servidores que não sejam admitidos mediante concurso público, salvo os de cargos em comissão, serão necessariamente celetistas e, como tal, sujeitos às normas da CLT[59].

A CLT disciplina as relações individuais como, inclusive, as coletivas de trabalho, regulamentando, outrossim, a estrutura e funcionamento da Justiça do Trabalho e o processo trabalhista.

A relação jurídica trabalhista é regida pelas leis vigentes no país da prestação de serviço e não por aquelas do local da contratação (Res. 13/85, *DJ*, 11-7-1985).

Referência: Lei de Introdução às Normas do Direito Brasileiro – Dec. n. 4.657/42 (com redação determinada pela Lei n. 12.376, de 30-12-2010), arts. 9º e 17 – Código de Bustamante, art. 198, c/c Dec. n. 18.874/29.

Art. 2º Considera-se empregador a empresa, individual ou coletiva, que, assumindo os riscos da atividade econômica, admite, assalaria e dirige a prestação pessoal de serviço.

§ 1º Equiparam-se ao empregador, para os efeitos exclusivos da relação de emprego, os profissionais liberais, as instituições de beneficência, as associações recreativas ou outras instituições sem fins lucrativos, que admitirem trabalhadores como empregados.

[59]. Constituição Federal, art. 37, II: "A investidura em cargo ou emprego público depende de aprovação prévia em concurso público de provas ou de provas e títulos, de acordo com a natureza e a complexidade do cargo ou emprego, na forma prevista em lei, ressalvadas as nomeações para cargos em comissão declarados em lei de livre nomeação e exoneração".

§ 2º Sempre que uma ou mais empresas, tendo, embora, cada uma delas, personalidade jurídica própria, estiverem sob a direção, controle ou administração de outra, ou ainda quando, mesmo guardando cada uma sua autonomia, integrem grupo econômico, serão responsáveis solidariamente pelas obrigações decorrentes da relação de emprego. (Alterado pela Lei n. 13.467, de 13-7-2017.)

§ 3º Não caracteriza grupo econômico a mera identidade de sócios, sendo necessárias, para a configuração do grupo, a demonstração do interesse integrado, a efetiva comunhão de interesses e a atuação conjunta das empresas dele integrantes. (Inserido pela Lei n. 13.467, de 13-7-2017.)

▶ **Comentários**

1. *A empresa*

Nos termos do art. 2º, o empregador é a *empresa*, individual ou coletiva. Objetivando assegurar a continuidade no emprego, o Direito do Trabalho desvinculou-se da figura física ou jurídica do empregador, para, despersonalizando-o, colocar a empresa em um dos polos da relação empregatícia. Esta, como se sabe, não é sujeito de direitos, que é condição da pessoa física ou jurídica.

Contudo, ao vincular o empregado à empresa, e não ao seu titular ou ao empresário, evitou o legislador que as alterações em sua estrutura jurídica (morte dos respectivos titulares, sucessão na titularidade etc.) ensejassem o rompimento da relação empregatícia, como deixa claro o art. 448 deste mesmo Estatuto[60].

Assim, na eventualidade de transferência da titularidade da empresa a outrem (compra e venda, cessão de quotas etc.), o empregado não é afetado por tais alterações, continuando em vigor o contrato de trabalho.

Empresa é a organização produtiva, gênero da qual o estabelecimento empresarial é espécie. Waldirio Bulgarelli a define como "a atividade econômica organizada, exercida profissionalmente pelo empresário, através do estabelecimento"[61].

A empresa é individual quando seu titular é pessoa física e é coletiva quando a titularidade pertence a uma pessoa jurídica (sociedade comercial, industrial ou civil).

2. *Riscos da atividade econômica*

Em conformidade com o dispositivo legal em exame, os *riscos da atividade econômica* são exclusivamente do empregador, não podendo o empregado sofrer qualquer dano em seus direitos em decorrência de queda nas vendas, retração dos negócios ou insolvência da empresa.

Sendo a empresa uma organização econômica produtiva, irrelevante será, para sua caracterização como empregador, a circunstância de explorar atividade mercantil, industrial ou civil (cultural, recreativa ou prestadora de serviços). Desde que assalarie e dirija a prestação pessoal de serviços, é empregadora.

3. *Profissionais liberais, instituições de beneficência, associações culturais e recreativas*

Nos termos do § 1º do artigo sob comento, equiparam-se aos empregadores os profissionais e associações acima declinadas. A expressão equiparam-se é inadequada, pois, na verdade, desde que mantenham assalariados, são empregadores, para todos os fins de direito.

Assim, nas entidades filantrópicas, salvo aqueles que colaborem por altruísmo ou espírito religioso, os que prestam serviços comuns: faxineiros, porteiros, zeladores, arrecadadores de contribuições, devem ser, necessariamente, vistos como empregados.

4. *Empresas públicas e sociedades de economia mista*

Na exploração de atividade econômica (receita industrial e comercial), o Estado utiliza-se de dois instrumentos:

a) a empresa pública;

b) a sociedade de economia mista.

Ambas, conquanto haja a presença do Estado, são, contudo, pessoas jurídicas de direito privado, como, aliás, ressalta o art.

60. Art. 448 da CLT: "A mudança na propriedade ou na estrutura jurídica da empresa não afetará os contratos de trabalho dos respectivos empregados".

61. *Sociedades Comerciais, Empresa e Estabelecimento*, 2. ed., Atlas, p. 22.

173, § 1º, da CF/1988, alterada pela EC-19, 4-6-1998:

"A empresa pública, a sociedade de economia mista e outras entidades que explorem atividade econômica, sujeitam-se ao regime jurídico próprio das empresas privadas, inclusive quanto aos direitos e obrigações civis, comerciais, trabalhistas e tributárias".

Em tais condições, todos os seus empregados são, necessariamente, celetistas.

5. *Grupo de empresas*

A empresa, vista como organização econômica destinada à produção ou circulação de bens ou serviços, denominada atividade econômica organizada, tomou proporções de grande vulto. Inicialmente sob o comando de um só titular (o empresário individual) a empresa ampliou o seu quadro associativo, com diversos sócios ou acionistas, de que é exemplo a sociedade anônima (S/A).

Com movimento dos negócios, as empresas, com o manifesto propósito de auferir maiores lucros, associam-se a outras, formando a chamada "união de empresas", embora interligadas por interesses comuns, sujeitam-se as mesmo grupo controlador[62].

Surge, em consequência, a denominada união ou grupo de empresas, assumindo as mais diversas formas tais como empresas coligadas, controladas e controladoras. Consórcios de empresas e subsidiária integral. Toda essa dinâmica comercial impôs, por sua vez, as mais diversas modificações tais como a incorporação, fusão e cisão de empresas.

Nesse fenômeno jurídico a sociedade ou sociedades têm personalidade jurídica e patrimonial próprias, que não se confunde com os bens dos respectivos sócios. Em tais condições, empregador, em princípio, é a empresa.

Em se tratando de empresa individual, organização econômica de um único titular, o empresário individual[63] (excetuada a empresa limitada individual) tem responsabilidade limitada pelas obrigações sociais e trabalhistas.

O posicionamento da Justiça do Trabalho, ignorando as espécies societárias, determinando a penhora de bens de sócios de responsabilidade limitada, bastando que a sociedade não possua bens, foi sem dúvida o motivador do acréscimo do parágrafo 3º ao art. 2º, da CLT, determinando que para a configuração do grupo econômico não é suficiente a *identidade de sócios*, sendo necessário que fique demonstrado o "interesse integrado, a efetiva comunhão de interesse e a ação conjunta das empresas integrantes".

Assim, ainda que haja identidade de sócios nas mesmas empresas, não é suficiente para que se configure o denominado grupo empresarial.

De todo conveniente acentuar que a separação patrimonial entre a pessoa jurídica e a pessoa natural dos sócios, na realidade, nunca foi aceita por número expressivo de juslaboralistas, sob a alegação de que o Direito do Trabalho, informado por filosofia de proteção ao hipossuficiente, desprendeu-se do formalismo exacerbado.

Percebe-se, contudo, que não se trata de contrato plúrimo de trabalho, como deixa claro a Súmula 129 do TST:

"A prestação de serviços a mais de uma empresa do mesmo grupo econômico, durante a mesma jornada de trabalho, não caracteriza a coexistência de mais de um contrato de trabalho, salvo ajuste em contrário".

A Reforma Trabalhista/2017 introduziu alteração significativa ao conceito de grupo econômico, deixando claro que, nos termos do § 3º, do art. 2º, da CLT, "a mera identidade de sócios" não é suficiente para a configuração do grupo, sendo necessária "a demonstração de interesse integrado, a efetiva comunhão de interesses e a atuação conjunta das empresas dele integrante".

Três, portanto, são os elementos fundamentais para a configuração do grupo de empresas, a saber:

a) interesse integrado;

b) efetiva comunhão de interesses;

c) atuação conjunta das empresas.

A distribuição dinâmica do ônus da prova da existência de grupo econômico empresarial será facilmente solucionada com

62. Nossa obra, *Manual das Sociedades Comerciais*, p. 333, Saraiva, 2018.

63. Instituída pela Lei n. 12.441, de 11-7- 2011.

a adoção dos critérios instituídos no art. 818, da CLT.

▶ *Jurisprudência*

▷ **Súmula 129 do TST. Contrato de trabalho. Grupo econômico**. A prestação de serviços a mais de uma empresa do mesmo grupo econômico, durante a mesma jornada de trabalho, não caracteriza a coexistência de mais de um contrato de trabalho, salvo ajuste em contrário.
▷ **Recurso de revista. Acórdão publicado na vigência da Lei n. 13.015/2014. Sucessão trabalhista. Titular de cartório extrajudicial. Continuidade da prestação de serviços. Responsabilidade do sucessor.** Cinge-se a controvérsia a se perquirir sobre a responsabilidade pelas verbas trabalhistas no caso de mudança de titular de cartório extrajudicial. O Tribunal Regional concluiu que, mesmo havendo continuidade na prestação de serviços, a mudança na titularidade do cartório não caracteriza sucessão trabalhista. Note-se que esta Corte sedimentou o entendimento de que caracteriza a sucessão de empregadores a alteração da titularidade do serviço notarial, quando houver a correspondente transferência da unidade econômico-jurídica que integra o estabelecimento e a continuidade na prestação dos serviços. Precedentes. Assim, a decisão regional, ao entender que não houve sucessão trabalhista, ainda que a trabalhadora tenha continuado a prestar serviços à nova titular do serviço notarial, violou os arts. 10 e 448 da CLT. Recurso de revista conhecido por violação dos arts. 10 e 448 da CLT e provido (RR-10957-16.2014.5.18.0011, 3ª Turma, Relator Ministro Alexandre de Souza Agra Belmonte, *DEJT* 26-6-2020).
▷ **"Recurso de revista interposto pela terceira reclamada Contern Construções e Comércio Ltda. Acordão regional publicado na vigência da Lei n. 13.015/2014 e antes da vigência da Lei n. 13.467/2017. Responsabilidade solidária. Grupo econômico por coordenação. Não configuração. Conhecimento e provimento.** I – A Subseção I da Seção Especializada em Dissídios Individuais do TST firmou jurisprudência no sentido de que, para a configuração de grupo econômico, não basta apenas a situação de coordenação entre as empresas, sendo necessária a presença de relação hierárquica entre elas, de efetivo controle de uma empresa sobre as outras. II – No caso, não restou demonstrada a existência de relação de subordinação hierárquica entre as Reclamadas, tendo a Corte Regional amparado sua decisão apenas na existência de coordenação entre as empresas. III – Recurso de revista de que se conhece, por divergência jurisprudencial, e a que se dá provimento" (RR-10135-90.2015.5.03.0146, 4ª Turma, Relator Ministro Alexandre Luiz Ramos, *DEJT* 15-5-2020).
▷ **"I – Agravo de instrumento em recurso de revista. Processo posterior à Lei n. 13.467/2017. Transcendência. Sucessão trabalhista. Titular de cartório extrajudicial. Possibilidade. Responsabilidade do sucessor. Ausência de prestação de serviços ao novo delegatário.** Na hipótese dos autos, nota-se do trecho do v. acórdão recorrido transcrito no recurso de revista, em atenção aos termos da Lei n. 13.015/14, que a Corte Regional reconheceu a sucessão trabalhista do titular do cartório extrajudicial sem a continuidade na prestação dos serviços pelo reclamante ao novo delegatário. Nessa esteira, a decisão regional desrespeita a jurisprudência do c. TST. Logo, a demanda oferece transcendência com relação aos reflexos gerais de natureza política, nos termos do art. 896-A, § 1º, II, da CLT. **Sucessão trabalhista. Titular de cartório extrajudicial. Possibilidade. Responsabilidade do sucessor. Ausência de prestação de serviços ao novo delegatário.** Diante de possível ofensa aos arts. 10 e 448 da CLT, deve-se dar provimento ao agravo de instrumento para melhor exame do recurso de revista. Agravo de instrumento conhecido e provido. **II – Recurso de revista. Sucessão trabalhista. Titular de cartório extrajudicial. Possibilidade. Responsabilidade do sucessor. Ausência de prestação de serviços ao novo delegatário.** Cinge-se a controvérsia a se perquirir sobre a sucessão trabalhista – titular de cartório extrajudicial – possibilidade – responsabilidade do sucessor. O Tribunal

Regional concluiu que "ao contratar empregados pelo regime da CLT, os titulares dos cartórios extrajudiciais, embora empossados no cargo por concurso público de provas e títulos, são equiparados a empregadores nos moldes do art. 2º da CLT, e estão sujeitos às normas trabalhistas, inclusive para fins de configuração da sucessão de que tratam os arts. 10 e 448 da CLT, independentemente da continuidade da prestação de serviços por parte do empregado para o novo titular, ou de assunção formal por este do passivo trabalhista". Note-se que esta Corte sedimentou o entendimento de que não caracteriza sucessão trabalhista quando o empregado do titular anterior não prestou serviços ao novo titular do cartório. Assim, a decisão regional, ao entender que houve sucessão trabalhista sem que o trabalhador tenha prestado serviços ao novo notário, violou os arts. 10 e 448 da CLT. Recurso de revista conhecido por violação dos arts. 10 e 448 da CLT e provido. **Conclusão**. Agravo de instrumento conhecido e provido e recurso de revista conhecido e provido" (RR-1001539-11.2015.5.02.0314, 3ª Turma, Relator Ministro Alexandre de Souza Agra Belmonte, *DEJT* 6-12-2019).

••••••••••••••••••••••••••••••••••••••

Art. 3º Considera-se empregado toda pessoa física que prestar serviços de natureza não eventual a empregador, sob a dependência deste e mediante salário.

Parágrafo único. Não haverá distinções relativas à espécie de emprego e à condição de trabalhador, nem entre o trabalho intelectual, técnico e manual.

••••••••••••••••••••••••••••••••••••••

▶ **Comentários**

A definição de empregado, dada pelo art. 3º, põe em relevo o caráter *intuitu personae* do vínculo empregatício com relação ao obreiro, deixando patente que este é, sempre, uma *pessoa física* – um homem ou uma mulher –, o que afasta, desde logo, a pessoa jurídica dessa condição.

Assim, um dos traços marcantes, senão uma das características básicas, é a *pessoalidade* consistente no caráter pessoal da prestação de serviços. Só excepcionalmente e, ainda assim, com prévia concordância do empregador, pode o empregado fazer-se substituir por outrem.

Como bem observa Mario de La Cueva:

"El derecho del trabajo protege al trabajador como ser humano y por la energía personal de trabajo que desarrolla en la prestación de servicio; ahora bien, las personas morales o jurídicas son incapaces, dada su naturaleza, de prestar un servicio que consiste en energía humana de trabajo; y no se comprende cómo podrían aplicárseles las reglas sobre salario mínimo, jornada de trabajo, riesgos profesionales etc."[64]

De outro lado, para a efetiva caracterização da relação empregatícia e definição do empregado como tal, é indispensável que os serviços prestados sejam permanentes ou *habituais* (não eventuais), tal como ressalta Orlando Gomes:

"O trabalho que se presta ocasional e transitoriamente não atribui a seu executor a condição jurídica de empregado"[65].

O serviço, pois, há de ser permanente, o que, entretanto, não significa, necessariamente, diário, podendo ser descontínuo, como ocorre, por exemplo, com os que prestam serviços no Jockey Club só trabalham nos dias de corridas, ou, ainda, com os plantonistas de fim de semana nos imóveis postos à venda pelas empresas imobiliárias. A continuidade dos serviços deve ser vista de acordo com a natureza da atividade empresarial.

O contrato de trabalho é *oneroso*, em consequência de que o salário é, igualmente, um dos elementos caracterizadores da relação empregatícia, o que afasta do âmbito do Direito do Trabalho o serviço gratuito. Distingue-se o empregado do *trabalhador autônomo* porque este último exerce o seu trabalho com independência, conquanto, obviamente, observando as diretrizes da empresa. Inexiste, portanto, no trabalho autônomo, o elo de subordinação hierárquica, traço marcante da relação empregatícia.

64. Ob. cit., p. 212.

65. *Curso de Direito do Trabalho*, Forense, 1978, p. 260.

Não existe, outrossim, semelhança entre o empregado de que tratamos e o *trabalhador avulso*, este último sem vínculo empregatício, e que presta serviços a diversas empresas por intermédio de seus sindicatos, como, por exemplo, os estivadores.

Ao *trabalhador avulso* são assegurados os direitos trabalhistas instituídos para o empregado por força do que dispõe o art. 7º da CF/1988:

"XXXIV – igualdade de direitos entre o trabalhador com vínculo empregatício permanente e o trabalhador avulso".

Tais direitos são exercidos pelo trabalhador avulso perante o próprio sindicato ou pelo órgão gestor de mão de obra (OGMO) que o recruta para a prestação de serviços.

Cumpre lembrar que, se a condição de empregado não é desde logo reconhecida pelo empresário, pode o vínculo trabalhista ser proclamado pela Justiça do Trabalho (desde, obviamente, que provocada pelo obreiro), estando presentes os elementos caracterizadores da relação de emprego, ou seja, trabalho *subordinado* a outrem, *habitualidade* na prestação do labor, *onerosidade* ao empregador, ou seja, não gratuito, *pessoalidade* na execução do trabalho e prestado por *pessoa física* (*natural*), ou seja, não jurídica.

Trabalhador temporário

Trabalhador temporário é aquele prestado por pessoa física a uma empresa, para atender necessidade transitória de substituição de seu pessoal regular e permanente ou acréscimo extraordinário de serviços.

A Reforma Trabalhista/2017 acrescentou à Lei n. 6.069[66] o art. 4º-A, considerando a prestação de serviços a transferência feita pela contratante de *quaisquer de suas atividades*, inclusive à principal, à pessoa jurídica de direito privado, com capacidade econômica compatível com a execução de seus serviços, ou seja, que possua suficiente idoneidade econômica.

Com isso fica inteiramente superada a tese abraçada pela jurisprudência trabalhista de vedar a terceirização da atividade-fim, que até então, somente admitia a terceirização das atividades secundárias, tais como serviço de portaria, limpeza, segurança etc.

Com a alteração nominada fica a empresa contratante autorizada a transferir à empresa contratada todas as suas atividades. É bem verdade que institui uma exigência – a pessoa jurídica de direito privado prestadora de serviços deve possuir capacidade econômica com sua função. A contratação sem os cuidados necessários de empresas inidôneas ou sem o devido suporte financeiro obviamente acarretará responsabilidade solidária da contratante pelos encargos trabalhistas.

A alteração legislativa garante aos empregados terceirizados o uso das utilidades asseguradas aos empregados efetivos, se houver, conforme prevê a Lei n. 13.429[67] e decreto 10.060, de 2019, que assim pondera o trabalho temporário.

Considera-se trabalhador temporário aquele contratado por empresa de trabalho temporário, para prestação de serviço destinado a atender necessidade transitória de substituição de pessoal regular e permanente ou à demanda complementar de serviços a acréscimo extraordinário de tarefas de empresas tomadoras de serviços.

Este trabalhador está vinculado às denominadas empresas de trabalho temporário, cujo funcionamento dependia de registro no Departamento Nacional de Mão de obra, com o advento das alterações legislativas, atualmente está sujeito ao registro no Ministério do Trabalho.

O art. 4º da Lei n. 6.019/74 declara como "empresa de trabalho temporário é a pessoa jurídica, devidamente registrada no Ministério do Trabalho, responsável pela colocação de trabalhadores à disposição de outras empresas temporariamente".

Considera-se empresa tomadora de serviço ou cliente a pessoa física ou jurídica que, em virtude de necessidade transitória de substituição de seu pessoal regular e permanente ou de acréscimo extraordinário de tarefas, celebra contrato de locação de mão de obra com empresa de trabalho temporário.

66. De 3-1-1974.

67. De 31-3-2017.

O contrato, necessariamente escrito, deve ter duração máxima de 180 dias, salvo autorização expressa do Ministério do Trabalho, podendo ser prorrogado por até 90 dias, conforme o art. 10, §§ 1º e 2º, da Lei n. 13.429/2017.

Ao trabalhador temporário é assegurado salário idêntico aos salários dos empregados da empresa tomadora.

Na ocorrência de falência da empresa de trabalho temporário, a empresa tomadora é solidariamente responsável pelas obrigações trabalhistas.

As disposições concernentes ao trabalho temporário estão no Livro III – Legislação das Profissões Regulamentadas.

Em conformidade com a Súmula 331, I, do TST:

"I – A contratação de trabalhadores por empresa interposta é ilegal, formando-se o vínculo diretamente com o tomador dos serviços, salvo no caso de trabalho temporário.

II – A contratação irregular de trabalhador, mediante empresa interposta, não gera vínculo de emprego com os órgãos da Administração Pública direta, indireta ou fundacional (art. 37, II, da CF/1988).

III – Não forma vínculo de emprego com o tomador a contratação de serviços de vigilância (Lei n. 7.102, de 20-6-1983) e de conservação e limpeza, bem como a de serviços especializados ligados à atividade-meio do tomador, desde que inexistente a pessoalidade e a subordinação direta.

IV – O inadimplemento das obrigações trabalhistas, por parte do empregador, implica a responsabilidade subsidiária do tomador dos serviços quanto àquelas obrigações, desde que haja participado da relação processual e conste também do título executivo judicial.

V – Os entes integrantes da Administração Pública direta e indireta respondem subsidiariamente, nas mesmas condições do item IV, caso evidenciada a sua conduta culposa no cumprimento das obrigações da Lei n. 8.666, de 21-6-1993, especialmente na fiscalização do cumprimento das obrigações contratuais e legais da prestadora de serviço como empregadora. A aludida responsabilidade não decorre de mero inadimplemento das obrigações trabalhistas assumidas pela empresa regularmente contratada.

VI – A responsabilidade subsidiária do tomador de serviços abrange todas as verbas decorrentes da condenação referentes ao período da prestação laboral".

Estagiário

O estágio de estudantes, como o próprio nome deixa entrever, visa propiciar aprimoramento técnico-profissional, como forma complementar de estudo e aprendizagem.

O art. 1º da Lei n. 11.788, de 25-9-2008, considera estágio curricular:

"... ato educativo escolar supervisionado, desenvolvido no ambiente de trabalho, que visa à preparação para o trabalho produtivo de educandos que estejam frequentando o ensino regular em instituições de educação superior, de educação profissional, de ensino médio, da educação especial e dos anos finais do ensino fundamental, na modalidade profissional da educação de jovens e adultos".

O estágio de estudantes celebrado em conformidade com a legislação específica não se confunde com o contrato de trabalho, salvo se levado a efeito em fraude à lei (art. 9º da CLT).

A disciplinação jurídica do estágio está no Livro III – Legislação das Profissões Regulamentadas.

A Reforma Trabalhista/2017, buscou disciplinar a questão relacionada ao tempo de serviço, estabelecendo limites a inúmeros julgados que consideravam bastar o empregado estar no interior da empresa, para considerá-lo à disposição do empregador.

Daí, excluir dessa disposição, as "atividades particulares", dentre as quais, as enumeradas no dispositivo legal acima descrito.

▶ Jurisprudência

▷ **Súmula 129 do TST.** A prestação de serviços a mais de uma empresa do mesmo grupo econômico, durante a mesma jornada de trabalho, não caracteriza a coexistência de mais de um contrato de trabalho, salvo ajuste em contrário.

▷ **Recurso de revista. Processo sob a égide da Lei n. 13.015/2014 e anterior à Lei n. 13.467/2017. 1. Preliminar de nulidade por negativa de prestação jurisdicional. Apelo desfundamentado. Súmula 459/TST.** O apelo se revela desfundamentado, nos termos da Súmula 459/TST, visto que a Parte não indicou violação dos arts. 832 da CLT; 489 do CPC de 2015 (art. 458 do CPC de 1973); ou 93, IX, da CF/1988. Recurso de revista não conhecido no aspecto. **2. Piso salarial da categoria fixado em norma coletiva. Extensão aos menores aprendizes. Possibilidade. Princípio da isonomia salarial. Proteção do menor trabalhador. Arts. 5º, *caput*, e 7º, XXX, da CF; OJ 26/SDC/TST.** A Constituição Federal de 1988, em seu art. 227, acolheu inteiramente os fundamentos da aclamada doutrina internacional da proteção integral e prioritária da criança e do adolescente, inaugurando no ordenamento jurídico brasileiro um novo paradigma de tratamento a ser destinado ao ser humano que se encontra na peculiar condição de pessoa em desenvolvimento. Dentro dessa nova cultura jurídica, o art. 7º, XXXIII, da CF/88, conferiu aos menores de 16 anos o direito fundamental ao não trabalho (com o fim de preservar o seu desenvolvimento biopsicossocial), salvo na condição de aprendiz a partir dos 14 (quatorze) anos – em perfeita harmonização com o também direito fundamental à profissionalização (art. 227, *caput*). Constata-se, assim, que o contrato de aprendizagem foi ressalvado pela própria Constituição (art. 7º, XXXIII; art. 227, § 3º, I), sendo tradicionalmente regulado pela CLT (arts. 428 a 433). É, na verdade, contrato empregatício, com típicos direitos trabalhistas, embora regido com certas especificidades. Segundo a lei, é pacto ajustado por escrito pelo qual o empregador se compromete a assegurar ao maior de 14 anos e menor de 24 anos, inscrito em programa de aprendizagem, formação técnico-profissional metódica, compatível com o seu desenvolvimento físico, moral e psicológico, comprometendo-se o aprendiz a executar com zelo e diligência as tarefas necessárias a essa formação (art. 428, *caput*, CLT, segundo redação da Lei n. 11.180/2005.

No caso dos autos, a controvérsia consiste em saber se, ao empregado aprendiz, se aplica o piso salarial da categoria previsto nas convenções coletivas. Cabe pontuar que a Constituição Federal prevê, em seu art. 5º, *caput*, o princípio da isonomia, do qual decorrem o princípio da igualdade de menor e a impossibilidade de utilização de critérios desproporcionais e discriminatórios na sua fixação. O art. 7º, XXX, da CF, expressamente proíbe a utilização do parâmetro "idade" para a estipulação de salários, exercício de funções e critério de admissão, refletindo, assim, a proibição de discriminação do trabalho do menor. Nesse sentido, a jurisprudência desta Corte, consubstanciada na OJ 26 da SDC/TST. Ademais, esta Corte Superior, amparada no princípio da isonomia, vem entendendo que o art. 26 do Decreto n. 5.598/2005 assegura ao menor aprendiz a extensão das cláusulas sociais ajustadas nas normas coletivas da categoria. Portanto, a inobservância do piso salarial da categoria com relação ao menor aprendiz somente pelo fato de a norma coletiva não mencionar expressamente o empregado aprendiz viola os preceitos constitucionais antidiscriminatórios que protegem o menor trabalhador. Recurso de revista não conhecido no aspecto. Processo: RR – 2204-88.2014.5.17.0014. Relator: Mauricio Godinho Delgado. Publicação: 13-3-2020.

▷ **I – Agravo. Agravo de instrumento em recurso de revista. Regido pela Lei n. 13.015/2014. Acórdão regional no qual declarada a competência da justiça do trabalho para processar e julgar ações que versam sobre o labor realizado pelo presidiário no cumprimento da pena e determinado o retorno dos autos à vara de origem para exame dos pedidos decorrentes. Decisão interlocutória. Jurisprudência desta corte em sentido diverso. ADI-MC 3684/STF. Declaração da incompetência desta justiça especializada para processar e julgar ações penais. Recorribilidade imediata. Súmula 214/TST. Não aplicação.** 1. Caso em que o Tribunal Regional reformou a sentença para reconhecer a competência desta Justiça Especializada para processar e julgar o feito, determinando o retorno dos autos à

origem para apreciação dos pedidos formulados. 2. Na forma do § 1º do art. 893 da CLT, no âmbito da Justiça do Trabalho, as decisões interlocutórias são irrecorríveis de imediato, admitindo-se o exame do merecimento correspondente por ocasião do recurso cabível contra a decisão final proferida. No entanto, por imposição dos princípios da celeridade e da economia processuais, a jurisprudência desta Corte flexibilizou o rigor da dicção legal, passando a admitir recursos aviados contra acórdãos regionais que resolvem, em caráter interlocutório, capítulos prejudiciais dos litígios e determinam o retorno dos autos à primeira instância para continuação do julgamento. Essa exceção, no entanto, apenas é admissível nas situações em que a questão jurídica resolvida, em sede interlocutória, é objeto de pacificação mediante inscrição em Súmula ou Orientação Jurisprudencial deste Tribunal Superior do Trabalho. Ainda oportuno admitir essa recorribilidade imediata nos casos em que contrariada a jurisprudência pacífica e reiterada, fixada no sistema de direito jurisprudencial inaugurado pelo CPC de 2015 ou ainda quando contrária a teses fixadas pelo STF no controle concentrado de constitucionalidade, em súmulas vinculantes ou repercussão geral. Nesses casos, não se justificaria, evidentemente, permitir a dilação da marcha processual, com a prática – verdadeiramente inútil – de atos pelas partes e pelos órgãos judiciários, em clara afronta aos postulados da economia processual (CPC, art. 125, II), razoável duração dos processos e eficiência (CF, arts. 5º, LXXVIII, e 37). 3. No presente caso, discute-se a competência da Justiça do Trabalho para processar e julgar pedidos decorrentes do Trabalho realizado pelo presidiário no cumprimento da pena. 4. Esta Corte Superior, muito embora ainda não tenha editado verbete sumular ou jurisprudencial acerca do tema, tem firmado jurisprudência no sentido de ser esta Justiça Especializada incompetente para processar e julgar feitos decorrentes do Trabalho realizado por presidiários no cumprimento da pena, em razão de a relação estar vinculada à Lei de Execução Penal (Lei n. 7.214/84). Ainda, o excelso Supremo Tribunal Federal, no julgamento da ADI 3684 MC, em 1º-2-2007, reconheceu a incompetência da Justiça do Trabalho para processar e julgar ações penais. Nesse contexto, a despeito da natureza interlocutória do acórdão regional, o recurso de revista deve ser admitido de imediato, afastando-se a aplicação da Súmula 214/TST. Agravo provido. **II – Agravo de instrumento em recurso de revista interposto na vigência da Lei n. 13.015/2014. Justiça do trabalho. Incompetência para processar e julgar ações que versam sobre o labor realizado pelo presidiário no cumprimento da pena. Relação jurídica regida pela Lei n. 7.210/84 (Lei de Execução Penal). ADI-MC 3684/STF.** O Tribunal Regional reformou a sentença para reconhecer a competência desta Justiça Especializada para processar e julgar ações que versem acerca do trabalho realizado pelo presidiário no cumprimento da pena. Ocorre que esta Corte Superior tem firmado jurisprudência no sentido de ser esta Justiça Especializada incompetente para processar e julgar feitos decorrentes do trabalho realizado pelo preso no cumprimento da pena, em razão de a relação ser regida pela Lei de Execução Penal (Lei n. 7.214/84). Ademais, o excelso Supremo Tribunal Federal, no julgamento da ADI 3684 MC, em 1º-2-2007, reconheceu a incompetência da Justiça do Trabalho para processar e julgar ações penais. Julgados desta Corte. Possível violação do art. 114, I, da CF. Agravo de instrumento provido. **III – Recurso de revista interposto na vigência da Lei n. 13.015/2014. Justiça do trabalho. Incompetência para processar e julgar ações que versam sobre o labor realizado pelo presidiário no cumprimento da pena. Relação jurídica regida pela Lei n. 7.214/84 (Lei de Execução Penal). ADI-MC 3684/STF.** 1. O Tribunal Regional reformou a sentença para reconhecer a competência desta Justiça Especializada para processar e julgar ações que versem acerca do trabalho realizado pelo presidiário durante o cumprimento da pena. 2. A Lei n. 7.210/84 (Lei de Execução Penal – LEP), que trata sobre a execução da pena do condenado e do internado e da sua reintegração à sociedade, dispõe acerca do

trabalho – interno ou externo –, realizado pelo presidiário, registrando que possui finalidade educativa, produtiva e de integração à sociedade. Prevê, ainda, que, além de constituir direito e dever do preso, o trabalho integra a própria pena, estabelecendo, de forma criteriosa, questões relativas à remuneração, indenizações, jornada de trabalho, segurança e higiene do ambiente laboral, dentre outras, e discorrendo, também, que ao trabalho do presidiário não se aplica a Consolidação das Leis do Trabalho. 3. De fato, toda relação estabelecida entre o presidiário e o Estado – estabelecimento prisional ou empresa privada autorizada pelo Estado – está regida pela Lei de Execução Penal, ainda que decorra da prestação laboral, não competindo a esta Justiça Especializada, portanto, processar e julgar feitos que versem acerca de pedidos relativos aos serviços prestados pelo apenado. 4. Aliás, o excelso Supremo Tribunal Federal, no julgamento da ADI 3684 MC, em 1º-2-2007, reconheceu a incompetência da Justiça do Trabalho para processar e julgar ações de natureza penal, firmando que "O disposto no art. 114, incs. I, IV e IX, da Constituição da República, acrescidos pela Emenda Constitucional n. 45, não atribui à Justiça do Trabalho competência para processar e julgar ações penais" (STF, ADI 3684 MC / DF, Tribunal Pleno, Relator Ministro Cezar Peluso, DJ 3-8-2007). 5. Refoge, portanto, à competência da Justiça do Trabalho processar e julgar as ações penais e, por conseguinte, as questões alusivas aos efeitos da pena, dentre elas, os pedidos decorrentes do trabalho do presidiário, devidamente regulado pela Lei n. 7.210/84 (Lei de Execução Penal – LEP). Julgados desta Corte. Recurso de revista conhecido e provido. Processo: RR – 1009-10.2011.5.09.0010. Relator: Douglas Alencar Rodrigues. Publicação: 9-8-2019.

▷ **"Agravo de instrumento em recurso de revista. Contrato de estágio. Art. 9º, § 4º, da Lei n. 8.906/94.** O Regional, com amparo no conjunto fático-probatório dos autos, concluiu que não houve o desvirtuamento do contrato de estágio, porquanto respeitadas as diretrizes do art. 9º, § 4º, da Lei n. 8.906/94 (Estatuto da OAB), e, dessa forma, não reconheceu o vínculo de emprego, como postulado pela reclamante. Nesse contexto, para se decidir diversamente, seria necessário o reexame de fatos e provas, o que é inviável nesta instância extraordinária de jurisdição, ante o óbice da Súmula 126 do TST. Arestos inespecíficos. Agravo de instrumento conhecido e não provido" (AIRR-1281-46.2015.5.02.0434, 8ª Turma, Relatora Ministra Dora Maria da Costa, *DEJT* 27-4-2018).

• •

Art. 4º Considera-se como de serviço efetivo o período em que o empregado esteja à disposição do empregador, aguardando ou executando ordens, salvo disposição especial expressamente consignada.

§ 1º Computar-se-ão, na contagem de tempo de serviço, para efeito de indenização e estabilidade, os períodos em que o empregado estiver afastado do trabalho prestando serviço militar e por motivo de acidente do trabalho.

§ 2º Por não se considerar tempo à disposição do empregador, não será computado como período extraordinário o que exceder a jornada normal, ainda que ultrapasse o limite de cinco minutos previsto no § 1º do art. 58 desta Consolidação, quando o empregado, por escolha própria, buscar proteção pessoal, em caso de insegurança nas vias públicas ou más condições climáticas, bem como adentrar ou permanecer nas dependências da empresa para exercer atividades particulares, entre outras (Inserida pela Lei n. 13.467 de 2017):

I – práticas religiosas;
II – descanso;
III – lazer;
IV – estudo;
V – alimentação;
VI – atividades de relacionamento social;
VII – higiene pessoal;
VIII – troca de roupa ou uniforme, quando não houver obrigatoriedade de realizar a troca na empresa. (Parágrafo e incisos inseridos pela Lei n. 13.467, de 11-7-2017.)

• •

▶ *Comentários*

O contrato de trabalho é, como se sabe, sinalagmático, estabelecendo, por via de

consequência, direitos e obrigações recíprocas. Em razão de tal característica do pacto laboral, a obrigação principal do empregador é a de pagar salário, enquanto a do empregado é a de prestar serviços. Contudo, nem sempre há condições para a prestação de serviços, como, por exemplo, nos dias de chuva intensa nas lavouras. Na ocorrência de tal fato, conquanto o empregado não tenha, efetivamente, prestado serviços, é certo que permaneceu à disposição do empregador, fazendo, por isso mesmo, jus aos respectivos salários e ao tempo em que ali permaneceu.

Assim, desde que o trabalhador tenha colocado sua força laboral à disposição do empregador, terá o empregado cumprido sua obrigação fundamental e, ainda que não haja prestação de serviços, tal período será computado como de serviço efetivo.

Considera-se, igualmente, como tempo de serviço efetivo o período em que o empregado presta serviço militar por convocação, não se computando tal período se o engajamento é voluntário.

O mesmo ocorre com o empregado acidentado no trabalho. Na ocorrência de tais fatos (serviço militar e acidente do trabalho), haverá, pois, interrupção do contrato de trabalho, computando-se os períodos respectivos para efeito de indenização.

A Reforma Trabalhista/2017 buscou disciplinar a questão relacionada ao tempo de serviço, estabelecendo limites a inúmeros julgados que consideravam bastar o empregado estar no interior da empresa para considerá-lo à disposição do empregador.

Daí, excluir dessa disposição, as "atividades particulares", dentre as quais as enumeradas no dispositivo legal acima descrito.

▶ **Jurisprudência**

▷ **Súmula 96 do TST. Marítimo** (mantida) – Res. 121/2003, *DJ* 19, 20 e 21-11-2003. A permanência do tripulante a bordo do navio, no período de repouso, além da jornada, não importa presunção de que esteja à disposição do empregador ou em regime de prorrogação de horário, circunstâncias que devem resultar provadas, dada a natureza do serviço.

▷ **Súmula 463 do STF.** Para efeito de indenização e estabilidade, conta-se o tempo em que o empregado esteve afastado, em serviço militar obrigatório, mesmo anteriormente à Lei n. 4.072, de 16-6-1962.

▷ **Súmula 443 do TST. Dispensa discriminatória. Presunção. Empregado portador de doença grave. Estigma ou preconceito. Direito à reintegração.** Presume-se discriminatória a despedida de empregado portador do vírus HIV ou de outra doença grave que suscite estigma ou preconceito. Inválido o ato, o empregado tem direito à reintegração no emprego.

▷ **Súmula 46 do TST. Acidente de trabalho.** As faltas ou ausências decorrentes de acidente do trabalho não são consideradas para os efeitos de duração de férias e cálculo da gratificação natalina.

▷ **"Agravo de instrumento. Recurso de revista. Recurso interposto sob a égide da Lei n. 13.467/2017. Minutos residuais – Tempo à disposição – Espera por transporte fornecido pela empregadora. Transcendência política evidenciada.** Tratando-se de recurso interposto em face de decisão regional que se mostra contrária à jurisprudência reiterada desta Corte, revela-se presente a transcendência política da causa (art. 896-A, § 1º, inciso II, da CLT), a justificar o prosseguimento do exame do apelo. De outra parte, ante a razoabilidade da tese de violação do art. 7º, XIII, da Constituição Federal, recomendável o processamento do recurso de revista para melhor exame da matéria veiculada em suas razões. Agravo de instrumento provido. **Recurso de revista. Minutos residuais – Tempo à disposição – Espera por transporte fornecido pela empregadora. Transcendência política evidenciada.** Tratando-se de recurso de revista interposto em face de decisão regional que se mostra contrária à jurisprudência reiterada desta Corte, revela-se presente a transcendência política da causa, a justificar o prosseguimento do exame do apelo. Na questão de fundo, segundo prescreve a Súmula/TST n. 366, quando da análise dos cartões de ponto do empregado, devem ser desprezadas as variações do horário de registro inferiores

a cinco minutos, no início e no final da jornada, atentando-se para o limite máximo de dez minutos diários. Caso ultrapassado o referido limite, será considerada como extra a totalidade do tempo que exceder a jornada normal. Por conta disso, mostra-se irrelevante discutir a natureza das atividades desempenhadas pelo empregado nos minutos residuais da jornada de trabalho registrados no cartão de ponto, na medida em que a integralidade do período ali retratado será reputado como tempo à disposição do empregador. Logo, o período em que o reclamante ficava à espera do transporte fornecido pela empresa também constitui tempo à disposição, nos termos do referido verbete sumular. Interpretando-se o art. 4º da CLT extrai-se que o tempo de serviço deve ser aferido pela disponibilidade da força de trabalho e não pela efetiva prestação do serviço. Assim, entende-se como tempo de serviço, além do período em que o empregado executa tarefas, aquele em que aguarda ordens empresariais. Nesse passo, a jurisprudência desta Corte Superior se sedimentou no sentido de que o período em que o trabalhador aguarda a chegada do transporte da empresa deve ser considerado como de efetivo exercício. Precedentes. Recurso de revista conhecido e provido" (RR-10651-79.2017.5.03.0069, 7ª Turma, Relator Ministro Renato de Lacerda Paiva, *DEJT* 23-4-2021).

▷ **Agravo de instrumento. Recurso de revista. Sumaríssimo. Reclamante. Lei n. 13.467/17. Horas extras – Tempo à disposição. Espera decorrente da utilização de transporte fornecido pela empregadora.** 1. A redação da Súmula 366 do TST se refere ao cômputo dos minutos que antecedem e sucedem a jornada normal de trabalho, registrados nos cartões de ponto (interpretação do art. 58, § 1º, da CLT que também trata de tempo registrado em cartões de ponto). 2. A Súmula 366 do TST também resultou da conversão das OJ's 23 e 326 da SBDI-1 do TST que tratavam de minutos registrados em cartões de ponto. 3. No caso concreto, o debate é sobre minutos sem registro em cartões de ponto, porque a reclamante postula horas *in itinere* pelo tempo esperando o ônibus. A Sexta Turma do TST entende que nessa hipótese não há especificidade apta a autorizar o conhecimento da matéria por contrariedade à Súmula 366 do TST. 4. Desta forma, é impossível fazer o confronto analítico por se tratar de Súmula inespecífica. Incide, portanto, o óbice do art. 896, § 1º-A, III, do TST. 5. A Sexta Turma evoluiu para o entendimento de que, uma vez não atendidas as exigências da Lei n. 13.015/2014, fica prejudicada a análise da transcendência. 6. Agravo de instrumento a que se nega provimento (AIRR-345-57.2019.5.12.0028, 6ª Turma, Relatora Ministra Kátia Magalhães Arruda, *DEJT* 4-9-2020).

•••

Art. 5º A todo trabalho de igual valor corresponderá salário igual, sem distinção de sexo.
•••

▶ *Comentários*

A Constituição Federal vigente, no seu art. 7º, XXX, veda terminantemente diferença salarial por motivo de sexo, idade, cor ou estado civil, ou ainda qualquer discriminação entre o trabalho manual, técnico ou intelectual (inciso XXXII).

O artigo em exame, fiel ao princípio da isonomia salarial, veda, igualmente, discriminação salarial quando os empregados desenvolvem trabalho de igual valor.

Trabalho de igual valor, como o define o § 1º do art. 461 desse Estatuto, é aquele "feito com igual produtividade e com a mesma perfeição técnica".

Obviamente, como será mais detalhadamente visto no exame do art. 461, a igualdade salarial é estabelecida para empregados que desenvolvam os mesmos trabalhos, pressupondo, por via de consequência, identidade de funções, desde que inexista tempo igual ou superior a dois anos no exercício dessas mesmas funções.

Irrelevante, outrossim, o sexo do empregado, se homem ou mulher. Preenchidos os requisitos acima enumerados, vedada é a distinção salarial.

Como enfatiza o dispositivo constitucional acima citado e o art. 5º da CLT, é vedada, pois, distinção salarial em prejuízo da mulher que cumpra, com a mesma perfeição e produtividade, tarefa desenvolvida pelo homem.

▶ *Jurisprudência*

▷ **OJ 383 da SDI-1 do TST. Terceirização. Empregados da empresa prestadora de serviços e da tomadora. Isonomia. Art. 12, *a*, da Lei n. 6.019, de 3-1-1974** (mantida) – Res. 175/2011, *DEJT* divulgado em 27, 30 e 31-5-2011. A contratação irregular de trabalhador, mediante empresa interposta, não gera vínculo de emprego com ente da Administração Pública, não afastando, contudo, pelo princípio da isonomia, o direito dos empregados terceirizados às mesmas verbas trabalhistas legais e normativas asseguradas àqueles contratados pelo tomador dos serviços, desde que presente a igualdade de funções. Aplicação analógica do art. 12, *a*, da Lei n. 6.019, de 3-1-1974.

▷ "**Agravo. Agravo de instrumento. Recurso de revista. Vigência da Lei n. 13.467/2017. Responsabilidade subsidiária. Ente público.** 1. Por meio da decisão monocrática foi reconhecida a transcendência quanto à matéria a que alude o tema "**Responsabilidade Subsidiária. Ente Público**" do recurso de revista do reclamado, mas negado provimento ao agravo de instrumento interposto pelo ente público. 2. Ao contrário do que alega o ente público nas razões do presente agravo, não houve determinação do STF para a suspensão de processos em âmbito nacional nos quais se discute a matéria referente ao Tema 1118 de repercussão geral ("Ônus da prova acerca de eventual conduta culposa na fiscalização das obrigações trabalhistas de prestadora de serviços, para fins de responsabilização subsidiária da Administração Pública, em virtude da tese firmada no RE 760.931"). Assim, como o relator do RE 1298647, no qual foi reconhecida repercussão geral, não determinou a suspensão de todos os processos que versem sobre a matéria, não se mostra obrigatório ou necessário o sobrestamento do processo. 3. Por outro lado, na decisão monocrática agravada, a responsabilidade subsidiária do ente público foi examinada sob a ótica dos julgamentos pelo STF da ADC n. 16/DF e do RE n. 760.931, observando a evolução jurisprudencial, em especial quanto à necessidade de comprovação de culpa. Ressalte-se que não foi afastada a aplicação do art. 71, § 1º, da Lei n. 8.666/93, apenas feita sua interpretação à luz da jurisprudência sumulada desta Corte. 4. Na hipótese dos autos, o TRT reconheceu a culpa *in vigilando* do ente público em virtude da falta de fiscalização do contrato de prestação de serviços. Nesse particular, o Colegiado de origem registrou que o IFSP "atuou com culpa *in vigilando*, pois não se verifica, no contexto dos autos, que tenha fiscalizado de forma eficiente a entidade contratada no cumprimento de suas obrigações trabalhistas, apenas se beneficiando da mão de obra que tinha a oferecer, especialmente se considerarmos os poderes fiscalizatórios concedidos pela própria Lei n. 8.666/93". Ainda ressaltou que "a atividade de fiscalização por parte do tomador de serviços não pode limitar-se à mera solicitação de comprovantes de pagamento, à conferência de valores pagos, à solicitação de certidões negativas de tributos e de FGTS, ou à mera rescisão contratual com a prestadora", pois é "preciso que haja efetiva fiscalização a fim de assegurar o adimplemento do contrato de trabalho" e que, no caso, "é patente inidoneidade da primeira reclamada, haja vista que esta desapareceu e teve de ser notificada da sentença por meio de edital". 5. Nesse contexto, constata-se que o acórdão do TRT, ao reconhecer a responsabilidade subsidiária com fundamento na culpa do ente público reclamado, vai ao encontro da Súmula 331, V, do TST. 6. Assim, correta a decisão monocrática, ora agravada, na qual foi negado provimento ao agravo de instrumento. 7. Agravo a que se nega provimento" (Ag-AIRR-12182-93.2016.5.15.0008, 6ª Turma, Relatora Ministra Kátia Magalhães Arruda, *DEJT* 28-10-2021).

▷ **Terceirização trabalhista no âmbito da administração pública. Art. 71, § 1º, da Lei n. 8.666/93 e responsabilidade subsidiária pelas obrigações trabalhistas do empregador contratado. Possibilidade,**

em caso de culpa *in vigilando* do ente ou órgão público contratante, nos termos da decisão do Supremo Tribunal Federal proferida na ação declaratória de constitucionalidade n. 16-DF e no julgamento do RE n. 760.931-DF (Tema n. 246 da repercussão geral). Súmula 331, Item V, do Tribunal Superior do Trabalho.** Conforme decidido pelo Supremo Tribunal Federal ao julgar a Ação Declaratória de Constitucionalidade n. 16-DF, é constitucional o art. 71, § 1º, da Lei de Licitações (Lei n. 8.666/93), na redação que lhe deu o art. 4º da Lei n. 9.032/95, com a consequência de que o mero inadimplemento de obrigações trabalhistas causado pelo empregador de trabalhadores terceirizados, contratados pela Administração Pública, após regular licitação, para lhe prestar serviços de natureza contínua, não acarreta a essa última, de forma automática e em qualquer hipótese, sua responsabilidade principal e contratual pela satisfação daqueles direitos. No entanto, segundo também expressamente decidido naquela mesma sessão de julgamento pelo Supremo Tribunal Federal, isso não significa que, em determinado caso concreto, com base nos elementos fático-probatórios delineados nos autos e em decorrência da interpretação sistemática daquele preceito legal em combinação com outras normas infraconstitucionais igualmente aplicáveis à controvérsia (especialmente os arts. 54, § 1º, 55, inciso XIII, 58, inciso III, 66, 67, *caput* e seu § 1º, 77 e 78 da mesma Lei n. 8.666/93 e os arts. 186 e 927 do Código Civil, todos subsidiariamente aplicáveis no âmbito trabalhista por força do art. 8º, § 1º, da CLT), não se possa identificar a presença de culpa *in vigilando* na conduta omissiva do ente público contratante. Tudo isso foi consagrado pelo Pleno do Tribunal Superior do Trabalho, ao revisar a Súmula 331, atribuindo nova redação ao seu item IV e inserindo o item V, nos seguintes termos: "**Súmula 331. Contrato de prestação de serviços. Legalidade.** (...) IV – O inadimplemento das obrigações trabalhistas, por parte do empregador, implica a responsabilidade subsidiária do tomador dos serviços quanto àquelas obrigações, desde que haja participado da relação processual e conste também do título executivo judicial. V – Os entes integrantes da Administração Pública direta e indireta respondem subsidiariamente nas mesmas condições do item IV, caso evidenciada a sua conduta culposa no cumprimento das obrigações da Lei n. 8.636, de 21-6-1993, especialmente na fiscalização do cumprimento das obrigações contratuais e legais da prestadora de serviço como empregadora. A aludida responsabilidade não decorre de mero inadimplemento das obrigações trabalhistas assumidas pela empresa regularmente contratada" (destacou-se). Por ocasião do julgamento do RE n. 760.931-DF, o Supremo Tribunal Federal fixou a seguinte tese de repercussão geral: "O inadimplemento dos encargos trabalhistas dos empregados do contratado não transfere automaticamente ao Poder Público contratante a responsabilidade pelo seu pagamento, seja em caráter solidário ou subsidiário, nos termos do art. 71, § 1º, da Lei n. 8.666/93". Em embargos de declaração, a Suprema Corte limitou-se a reafirmar o entendimento de que "a responsabilidade não é automática, conforme preconizou o legislador infraconstitucional, no art. 71, § 1º, da Lei de Licitações, mas não pode o poder público dela eximir-se quando não cumpriu o seu dever de primar pela legalidade estrita na escolha ou fiscalização da empresa prestadora de serviços". Reiterou que não cabe a automática responsabilidade da Administração Pública, não obstante essa mesma responsabilidade possa ser reconhecida nos casos concretos em que comprovada a omissão fiscalizatória do ente público. Deliberou, ainda, que a questão de haver ou não prova específica da existência de culpa do ente público será definida nas instâncias ordinárias da Justiça do Trabalho, cujo pronunciamento é soberano em matéria fático-probatória. Necessário, portanto, que se identifiquem, em cada processo e de forma particularizada, elementos fáticos e jurídicos capazes de caracterizar a culpa da Administração Pública pela omissão fiscalizatória a que está obrigada na contratação de serviços terceirizados, nos termos da Lei n. 8.666/93, aspecto não enfrentado pelo Regional nestes autos, o que impossibilita a

segura adequação do caso concreto, ora em discussão, às implicações jurídicas advindas da terceirização na Administração Pública, conforme as diretrizes traçadas pelo Supremo Tribunal Federal, haja vista a natureza extraordinária do apelo manejado. Isso porque, tendo em vista a limitação da cognição extraordinária aos fatos já consignados na decisão regional, em estrita obediência ao disposto na Súmula 126 do Tribunal Superior do Trabalho, é imperativa a análise explícita pelos Tribunais Regionais do quadro fático à luz da responsabilidade subjetiva. Por consequência, necessário o retorno dos autos ao Tribunal Regional do Trabalho de origem para que se manifeste sob o enfoque específico da comprovação da culpa *in vigilando* pelo Poder Público à luz do quadro fático-probatório dos autos. Recurso de revista conhecido e parcialmente provido. Processo: RR – 9091-19.2010.5.01.0000. Relator: José Roberto Freire Pimenta. Publicação: 19-6-2020.

▷ **Recurso de revista. Apelo apreciado anteriormente por esta turma. Retorno dos autos por força de decisão da SBDI-1 do TST. Diferenças salariais e reflexos. Tomador de serviços. Vínculo empregatício afastado. Terceirização declarada lícita. Decisões do STF na ADPF n. 324 e no tema de repercussão geral n. 725. Tema remanescente. Diferenças salariais por aplicação do princípio da isonomia.** Esta Primeira Turma deu provimento ao Recurso de Revista do reclamante, de forma a reconhecer o vínculo empregatício diretamente com a tomadora de serviços (OI S.A.). Na ocasião, fixou-se o entendimento de que o serviço prestado na área de *call center* se insere na atividade-fim das empresas concessionárias de serviços de telecomunicações. A ré interpôs Recurso de Embargos, os quais foram providos para, na forma das decisões do STF na ADPF n. 324 e no RE 958.252/MG (tema de repercussão geral n. 725), afastar o reconhecimento do vínculo empregatício com a tomadora dos serviços e determinar o retorno dos autos a esta Primeira Turma para que prossiga no julgamento do Recurso de Revista quanto ao pedido subsidiário de isonomia salarial com os empregados da tomadora dos serviços. Dessa feita, retornam os autos da SBDI-1 desta Corte para o cumprimento da precitada decisão. No Recurso de Revista, o reclamante postulou, além dos demais aspectos de análise já exauridos na decisão da Turma, sucessivamente, diferenças salariais com alicerce no princípio da isonomia. Ocorre que, uma vez reconhecida a licitude da terceirização, não há falar-se em deferimento de diferenças salariais com base no princípio da isonomia, na medida em que, na esteira da jurisprudência pacificada nesta Corte, a aplicação analógica do art. 12, *a*, da Lei n. 6.019/74 pressupõe a existência de fraude na contratação (OJ n. 383 da SBDI-1 do TST). Precedentes. Recurso de Revista não conhecido. Processo: RR – 194400-84.2009.5.12.0019. Relator: Douglas Alencar Rodrigues. Publicação: 19-6-2020.

•••

Art. 6º Não se distingue entre o trabalho realizado no estabelecimento do empregador, o executado no domicílio do empregado e o realizado a distância, desde que estejam caracterizados os pressupostos da relação de emprego.

Parágrafo único. Os meios telemáticos e informatizados de comando, controle e supervisão se equiparam, para fins de subordinação jurídica, aos meios pessoais e diretos de comando, controle e supervisão do trabalho alheio. (Redação dada pela Lei n. 12.551, de 15-12-2011.)

•••

▶ *Comentários*

Nem sempre o empregado executa suas tarefas no estabelecimento da empresa. Inúmeras são as profissões em que o obreiro efetivamente trabalha no seu próprio domicílio, e só se dirige à empresa para a entrega do resultado do seu labor. É o que acontece, por exemplo, com as costureiras (muitas das quais sem que o empregador sequer as registre) e que trabalham para as empresas de confecções.

Ainda que tais obreiros se utilizem do seu próprio instrumental (máquinas de costura, por exemplo), e o labor se desenvolva em suas próprias residências, patenteados os elementos fáticos da prestação de serviços, existirá

relação de emprego, não podendo haver qualquer distinção entre tal trabalho e aquele executado no interior do estabelecimento.

Como observa Mozart Victor Russomano:

"O local da prestação de serviços não tem valor para configurar ou desfigurar os direitos do empregado brasileiro. Desde que exista relação de emprego, isto é, desde que exista de um lado o empregador e do outro lado o empregado, ganhando salário, prestando serviço permanente e debaixo de subordinação hierárquica, tanto o trabalhador que atua em sua própria casa, quanto o trabalhador que opera no estabelecimento industrial ou comercial ficam defendidos pelos princípios da consolidação"[68].

No trabalho em domicílio a subordinação hierárquica é, obviamente, menos rígida que aquela observada no interior do estabelecimento, sob as ordens diretas do empregador. Normalmente se exterioriza por meio de ordem de serviço, número de peças ou produção prefixadas etc.

Note-se que o trabalho em domicílio não se confunde com o trabalho doméstico. Este último é aquele desenvolvido pelo empregado doméstico no âmbito do lar do empregador, não tendo, para este último, finalidade lucrativa.

Do empregado doméstico cuida a Constituição Federal no seu art. 7º, parágrafo único, e no art. 7º, a, da CLT, bem como pela LC 150, de 1º-6-2015 e Convenção 132 da Organização Internacional do Trabalho (OIT).

O trabalho em domicílio de que cuida o art. 6º da CLT está intimamente ligado à própria atividade empresarial, tendo finalidade lucrativa.

Aos profissionais que desenvolvam seu labor nessas condições são assegurados todos os direitos concedidos aos empregados em geral.

Os meios telemáticos e informatizados de comando equivalem aos meios usuais empregados pelos trabalhadores em domicílio, seja ele empregado (CLT), seja ele servidor público, ambos laboram com subordinação, habitualidade, onerosidade, pessoalidade e realizado por pessoa física (natural), não jurídica.

▶ **Jurisprudência**

▷ **Vínculo de Emprego. Trabalho em domicílio. Costureira.** Ementa: Constatados os elementos caracterizadores da relação de emprego na atividade laboral desenvolvida em domicílio, deve ser reconhecido o vínculo empregatício entre a reclamante e a empresa reclamada. Inteligência do art. 6º da CLT e Convenção Internacional n. 177 da OIT[69].

••

Art. 7º Os preceitos constantes da presente Consolidação, salvo quando for, em cada caso, expressamente determinado em contrário, não se aplicam:

a) aos empregados domésticos, assim considerados, de um modo geral, os que prestam serviços de natureza não econômica à pessoa ou à família, no âmbito residencial destas;

b) aos trabalhadores rurais, assim considerados aqueles que, exercendo funções diretamente ligadas à agricultura e à pecuária, não sejam empregados em atividades que, pelos métodos de execução dos respectivos trabalhos ou pela finalidade de suas operações, se classifiquem como industriais ou comerciais;

c) aos funcionários públicos da União, dos Estados e dos Municípios e aos respectivos extranumerários em serviço nas próprias repartições; (Redação dada pelo Dec.-lei n. 8.079, de 11-10-1945.)

d) aos servidores de autarquias paraestatais, desde que sujeitos a regime próprio de proteção ao trabalho que lhes assegure situação análoga à dos funcionários públicos. (Redação dada pelo Dec.-lei n. 8.079, de 11-10-1945.)

e) aos empregados das empresas de propriedade da União Federal, quando por esta ou pelos Estados administradas, salvo em se tratando daquelas cuja propriedade ou administração resultem de circunstâncias transitórias.

f) às atividades de direção e assessoramento nos órgãos, institutos e fundações dos partidos, assim definidas em normas internas de organização partidária. (Incluído pela Lei n. 13.877, de 2019.)

68. *Comentários à CLT*, 13. ed., Forense, v. 1, p. 28.

69. RO 00002846220165170191 (TRT-17). Publicação: 24-9-2018.

Parágrafo único. (Revogado pelo Dec.-lei n. 8.079, de 11-10-1945.)

▶ Comentários

O exame do art. 7º e suas alíneas da CLT merece cuidado especial em decorrência de alterações legislativas posteriores.

Em conformidade com o disposto no *caput* do dispositivo legal nominado, não se aplicam os preceitos constantes do Estatuto Laboral, salvo determinação em contrário, às seguintes categorias profissionais:

a) empregados domésticos

Trabalho doméstico é aquele executado nas residências de terceiros, no âmbito do lar, e sem finalidade lucrativa para o beneficiário.

A Lei n. 5.859, de 11-12-1972, que dispõe sobre a profissão de empregado doméstico, define-o como "aquele que presta serviços de natureza contínua e de finalidade não lucrativa à pessoa ou à família, no âmbito residencial destas".

A lei referida, regulamentada pelo Decreto n. 71.885, de 9-3-1973, concedeu aos domésticos *férias anuais remuneradas* de vinte dias e *benefícios previdenciários*.

Tais benefícios foram ampliados pela atual Constituição Federal (art. 7º, parágrafo único), que estendeu aos domésticos alguns direitos; por conseguinte a EC-72, de 2013, ampliou os direitos assegurados a esses trabalhadores, e atualmente, os domésticos têm os seguintes direitos:

I – salário mínimo;
II – irredutibilidade salarial;
III – 13º salário;
IV – repouso semanal remunerado;
V – férias anuais com gratificação de um terço;
VI – licença à gestante de 120 dias;
VII – licença-paternidade 5 dias;
VIII – aviso prévio proporcional ao tempo de serviço, sendo no mínimo de trinta dias;
IX – benefícios previdenciários e aposentadoria;
X – horas extras com acréscimo de 50%, no mínimo;
XI – proteção à saúde, higiene e segurança do trabalho;
XII – reconhecimento das CCT e ACT;
XIII – proibição de diferença de salários e de funções, por motivo de sexo, idade, cor ou estado civil;
XIV – proibição de discriminação no tocante a salário e admissão do trabalhador com deficiência;
XV – proteção do salário, constituindo crime sua retenção dolosa;
XVI – duração do trabalho normal de até 8 horas diárias e 44 semanais, facultada a compensação e a redução da jornada, mediante acordo ou CCT;
XVII – proibição de trabalho noturno, perigoso ou insalubre a menores de 18 e de qualquer trabalho a menores de 16 anos, salvo na condição de aprendiz, a partir de 14 anos.

O *salário mínimo* do doméstico é aquele estabelecido para o trabalhador urbano comum, ou seja, fixado em lei, nacionalmente unificado, capaz de atender as suas necessidades vitais básicas e às de sua família como moradia, alimentação, educação e saúde, lazer, vestuário, higiene, transporte e previdência social, com reajustes periódicos que lhe preservem o poder aquisitivo.

A *irredutibilidade do salário* não é princípio que se volta apenas contra as investidas do empregador no sentido de reduzir os ganhos do empregado, mas medida de cautela do contribuinte contra as políticas econômicas do governo que, nos últimos trinta anos, tem reduzido sensivelmente o poder de compra do trabalhador.

O *13º salário* observa, para com os domésticos, o mesmo princípio estabelecido para os empregados comuns, ou seja, com base na remuneração total. Em se tratando de mensalistas o repouso semanal remunerado já está incluído no salário.

As *férias anuais remuneradas*, já concedidas pela Lei n. 5.859/72, estão entre os direitos estendidos aos domésticos pela atual Carta Magna (art. 7º, parágrafo único).

Havia, contudo, controvérsia doutrinária e jurisprudencial quanto ao prazo.

A Constituição Federal de 1988 concedeu aos domésticos o direito às férias anuais, com gratificação de "um terço a mais do que o salário normal".

Não especificou, contudo, prazo e tampouco reportou-se ao art. 130 da CLT (que fixa as proporções de gozo), razão por que ponderá-

vel corrente sustentava o prazo de vinte dias, fixado na Lei n. 5.859/72 (art. 3º).

A Lei n. 11.324, de 20-7-2006[70], pondo fim à dúvida existente quanto ao prazo das férias (se vinte ou trinta dias), estabeleceu o prazo de trinta dias, mantida a gratificação de um terço já assegurada pela Constituição Federal (art. 7º, XVII):

"Art. 3º O empregado doméstico terá direito a férias anuais remuneradas de 30 (trinta) dias com, pelo menos, 1/3 (um terço) a mais que o salário normal, após cada período de 12 (doze) meses de trabalho, prestado à mesma pessoa ou família".

A Lei n. 11.324/2006, no seu art. 2º, veda ao empregador doméstico efetuar descontos no salário do empregado por fornecimento de alimentação, vestuário, higiene ou moradia.

Poderão, entretanto, ser descontadas as despesas com moradia, quando essa se referir a local diverso da residência em que ocorrer a prestação de serviço, desde, porém, que essa possibilidade tenha sido expressamente acordada com o empregado.

As despesas havidas com alimentação, vestuário, higiene ou moradia não se incorporam à remuneração para quaisquer efeitos (art. 2º, §§ 1º, 2º e 3º).

A *licença-gestante* da doméstica é de 120 dias e a remuneração não é paga pelo empregador, mas diretamente pela Previdência, como estabelecem os arts. 71 a 73 da Lei n. 8.213, de 24-7-1991 (que dispõe sobre os planos de benefícios da Previdência Social e dá outras providências):

"Art. 71. O salário-maternidade é devido à segurada da Previdência Social, durante cento e vinte dias, com início no período entre vinte e oito dias antes do parto e a data de ocorrência deste, observadas as situações e condições previstas na legislação no que concerne à proteção à maternidade".

"Art. 72. ...

§ 2º A empresa deverá conservar durante 10 (dez) anos os comprovantes dos pagamentos e os atestados correspondentes para exame pela fiscalização da Previdência Social.

§ 3º O salário-maternidade devido à trabalhadora avulsa será pago diretamente pela Previdência Social."

"Art. 73. Assegurado o valor de um salário mínimo, o salário-maternidade para as demais seguradas consistirá:

I – em um valor correspondente ao do seu último salário de contribuição, para a segurada empregada doméstica."

É evidente que, se o salário de contribuição não corresponde ao salário real, ao empregador cumpre pagar a diferença.

A Lei n. 11.324/2006, ao alterar a Lei n. 5.859/72, introduzindo-lhe o art. 4º-A, estabeleceu a estabilidade da empregada doméstica gestante, vedando a sua dispensa (salvo justa causa) desde a confirmação da gravidez até cinco meses após o parto.

A *licença-paternidade*, correspondente a 5 dias (art. 10, § 1º, do Ato das Disposições Constitucionais Transitórias – ADCT), é paga pelo empregador. O Senado Federal permite ampliação de 5 para 20 dias da licença-paternidade.

O *aviso prévio* de trinta dias é devido ao empregado doméstico que faz jus, também, ao aviso prévio proporcional ao tempo de serviço, regulamentado pela Lei n. 12.506, de 11-10-2011.

Os empregados domésticos têm direito aos benefícios previdenciários, sendo segurados obrigatórios (Lei n. 8.212, de 24-7-1991, art. 12, II).

A EC-72, de 2-4-2013, acrescentou ao art. 7º da Constituição vigente o parágrafo único, estendendo aos trabalhadores domésticos os seguintes direitos: FGTS, seguro-desemprego, relação de emprego protegida contra dispensa sem justa causa, jornada de trabalho limitada a oito horas diárias e 44 semanais, horas extras, adicional noturno salário-família, seguro contra acidentes de trabalho, salário mínimo e reconhecimento das convenções e acordos coletivos de trabalho.

b) trabalhadores rurais

Empregado rural, na conceituação dada pelo art. 2º da Lei n. 5.889, de 8-7-1993 (que estabelece normas reguladoras do trabalho

70. Conversão da Medida Provisória n. 284/2006.

rural), "é toda pessoa física que, em propriedade rural ou prédio rústico, presta serviços de natureza não eventual a empregador rural, sob dependência deste e mediante serviço".

Os empregados rurais não se beneficiavam das disposições da CLT, estando sujeitos a normas especiais – o chamado Estatuto do Trabalhador Rural (Lei n. 4.214, de 2-3-1963), substituído, posteriormente, pela Lei n. 5.889, que dispõe sobre normas reguladoras do trabalho rural.

A lei em apreço regulamenta a prestação de serviços prestados em propriedades rurais e em prédios rústicos, atenta às condições específicas desse labor.

Subsiste com aplicação complementar da CLT, por força do que dispõe o seu art. 1º:

"As relações de trabalho rural serão reguladas por esta lei e, no que com ela não colidirem, pelas normas da Consolidação das Leis do Trabalho..."

Estavam, pois, os trabalhadores rurais parcialmente excluídos da CLT.

A atual Constituição equiparou-os aos trabalhadores urbanos, estendendo-lhes os direitos anteriormente atribuídos apenas a estes últimos. A Lei n. 11.718/2008, acrescentando o art. 14-A à Lei n. 5.889/73, estabeleceu obrigações ao produtor rural que contrata trabalhadores para o exercício de atividades temporárias.

Assim, tanto os trabalhadores urbanos quanto os rurais gozam dos mesmos direitos.

A Lei n. 5.889/73, todavia, subsiste, disciplinando as relações entre o trabalhador rural e seu empregador, como bem acentua Amauri Mascaro Nascimento:

"O que a Constituição ordena é que ao rural sejam assegurados os mesmos princípios e garantias, o que não exige legislação única para o urbano e o rural, mas duas legislações com as mesmas diretrizes básicas e com os aspectos específicos de cada uma das duas categorias"[71].

c) funcionário público

O Poder Público, nas suas três esferas, União, Estados e Municípios, utiliza-se dos chamados *servidores públicos*, que podem ser assim distribuídos:
a) servidores *stricto sensu*;
b) servidores *lato sensu*.

Os servidores *stricto sensu* são os servidores públicos propriamente ditos, admitidos pela administração pública, mediante concurso de provas e de títulos, salvo os comissionados[72] (CF, art. 37, II). Tais servidores são também denominados estatutários porque sujeitos às normas estatutárias do ente público próprio.

Os servidores *lato sensu*, ao revés, são chamados servidores públicos trabalhistas (celetistas), são considerados empregados públicos, regidos pelas disposições da CLT, e, consequentemente, sob a égide da competência da Justiça do Trabalho, portanto sujeitos ao regimento interno da empresa vinculada.

São celetistas e, por via de consequência, abrangidos pela competência material da Justiça do Trabalho, os empregados das empresas públicas, das sociedades de economia mista e de suas subsidiárias que explorem atividade econômica de produção ou comercialização de bens ou de prestação de serviços (art. 173, § 1º, II, da CF).

Os servidores estatutários (funcionários *stricto sensu*) estão sujeitos à competência da Justiça Federal e da Justiça Estadual, conforme decisão do Supremo Tribunal Federal (STF) na Ação Direta de Inconstitucionalidade (ADIn 3.395).

▶ *Jurisprudência*

▷ **Súmula 344 do TST. Salário-família. Trabalhador Rural – Revisão do Enunciado n. 227.** O salário-família é devido aos trabalhadores rurais, somente após a vigência da Lei 8.213/91 (Res. 51/95, *DJ*, 21-9-1995). Referência: CF/88, arts. 7º, XII, 194, parágrafo único, II, e 195, § 5º; Lei n. 8.213/91.

▷ **Súmula 331 do TST. Contrato de prestação de serviços. Legalidade.** I – A contratação de trabalhadores por empresa interposta é ilegal, formando-se o vínculo diretamente com o tomador dos serviços, salvo no caso de trabalho temporário (Lei n. 6.019, de 3-1-74).

71. *Direito do Trabalho na Constituição de 1988*, cit., p. 41.

72. *Direito do Trabalho na Constituição de 1988*, cit., p. 41.

II – A contratação irregular de trabalhador, através de empresa interposta, não gera vínculo de emprego com os órgãos da administração pública direta, indireta ou fundacional (art. 37, II, da CF/1988).
III – Não forma vínculo de emprego com o tomador a contratação de serviços de vigilância (Lei n. 7.102, de 20-6-83), de conservação e limpeza, bem como a de serviços especializados ligados à atividade-meio do tomador, desde que inexistente a pessoalidade e a subordinação direta.
IV – O inadimplemento das obrigações trabalhistas, por parte do empregador, implica a responsabilidade subsidiária do tomador dos serviços quanto àquelas obrigações, desde que haja participado da relação processual e conste também do título executivo judicial.
V – Os entes integrantes da Administração Pública direta e indireta respondem subsidiariamente, nas mesmas condições do item IV, caso evidenciada a sua conduta culposa no cumprimento das obrigações da Lei n. 8.666, de 21-6-1993, especialmente na fiscalização do cumprimento das obrigações contratuais e legais da prestadora de serviço como empregadora. A aludida responsabilidade não decorre de mero inadimplemento das obrigações trabalhistas assumidas pela empresa regularmente contratada.
VI – A responsabilidade subsidiária do tomador de serviços abrange todas as verbas decorrentes da condenação referentes ao período da prestação laboral.

▷ **Súmula 149 do STJ.** A prova exclusivamente testemunhal não basta à comprovação da atividade rurícola, para efeito da obtenção de benefício previdenciário.

▷ **Agravo interno. Agravo de instrumento. Recurso de revista. Acórdão regional publicado na vigência da Lei n. 13.467/2017. Cerceamento do direito de defesa. Audiência de prolação de sentença. Ciência das partes consignada em ata de audiência de instrução. Desnecessidade de intimação específica. Prazo recursal cujo termo inicial é a data da prolação da sentença. Transcendência. Não reconhecimento.** I – A Lei n. 13.467/2017 acrescentou o art. 896-A à CLT, que disciplina o pressuposto intrínseco da transcendência a partir de quatro vetores taxativos, quais sejam: o econômico, o político, o social e o jurídico. A questão jurídica devolvida a esta Corte Superior oferecerá transcendência econômica quando a pretensão for de elevado valor, capaz de gerar potencial dano à atividade econômica organizada, ao empregador ou a quem lhe for equiparado por lei, para os efeitos exclusivos da relação de emprego, repercutindo em interesses outros, não identificáveis com aqueles exclusivos da parte recorrente, isto é, que transbordem a esfera meramente patrimonial para atingir certa posição favorável à satisfação das necessidades de outro indivíduo, categoria ou grupo social. Adota-se, todavia, posição majoritária desta Sétima Turma, que fixou critérios objetivos para o exame da transcendência econômica, utilizando como parâmetros, para o recurso do empregador, os valores definidos no art. 496, § 3º, I, II e III, do CPC de 2015, e para o recurso do empregado e dos empregadores doméstico, individual ou microempreendedor, o valor de 40 salários mínimos previsto no art. 852-A da CLT. No que toca à transcendência jurídica, a causa oferecerá relevância quando versar sobre a existência de questão nova em torno da interpretação da legislação trabalhista. Todavia, impende registrar que também questões antigas, ainda não definitivamente solucionadas pela manifestação jurisprudencial, também poderão, a depender do caso concreto, ensejar o reconhecimento da transcendência jurídica. Assim, se a parte recorrente demonstrar, de forma cabal, a necessidade de superação do precedente ou de distinção com o caso concreto, a relevância estará igualmente presente. De par com isso, haverá transcendência social quando o reclamante-recorrente postular direito social constitucionalmente garantido. Sem embargo, a ofensa deve ser direta e literal, bem como demonstrada a relação de causalidade entre a lesão e o bem da vida a ser protegido e constitucionalmente assegurado. A postulação, portanto, deve relacionar-se diretamente com a tutela e a preservação de bens e valores fundamentais titularizados

pela coletividade e que sejam violados de maneira intolerável, devendo sua interpretação restringir-se à existência de situação extraordinária de discriminação, de comprometimento do mercado de trabalho ou de perturbação notável à harmonia entre capital a trabalho, bem como ao desrespeito patente aos direitos humanos fundamentais e aos interesses coletivos. Por fim, a transcendência política será reconhecida quando houver desrespeito do órgão *a quo* à jurisprudência sumulada do TST ou do STF. Não obstante, o desrespeito à jurisprudência reiterada e a presença de divergência jurisprudencial ensejadora de insegurança jurídica caracterizam, de igual modo, a transcendência política. Isso porque segurança jurídica envolve um estado de cognoscibilidade, de confiabilidade e de calculabilidade. Desse modo, oferece transcendência política matéria em que se discute contrariedade, pelo Tribunal Regional, a súmula do TST, a súmula do STF ou a decisões que, pelo microssistema dos precedentes, dos recursos repetitivos e de repercussão geral, possuem efeito vinculante ou sejam de observância obrigatória. II – No caso dos autos, o tema "Cerceamento do direito de defesa – audiência de prolação de sentença – Ciência das partes consignada em ata de audiência de instrução – Desnecessidade de intimação específica – Prazo recursal cujo termo inicial é a data da prolação da sentença" não oferece transcendência econômica porque o valor econômico em discussão é de pequena monta. Não apresenta transcendência jurídica porquanto não é debate jurídico novo a respeito de uma questão, recente ou antiga. Tampouco atende ao vetor da transcendência social, pois não se discutem direitos fundamentais sociais de proteção do trabalhador. Por fim, não se observa a transcendência política do tema em questão, porque a Corte Regional não desrespeitou a jurisprudência consolidada do TST, em suas súmulas ou orientações jurisprudenciais, ou, ainda, em precedentes vinculantes. III – Agravo interno de que se conhece e a que se nega provimento (Ag-ED-AIRR-757-49.2015.5.09.0662, 7ª Turma, Relator Ministro Evandro Pereira Valadão Lopes, *DEJT* 4-9-2020).

•••••••••••••••••••••••••••••••••••

Art. 8º As autoridades administrativas e a Justiça do Trabalho, na falta de disposições legais ou contratuais, decidirão, conforme o caso, pela jurisprudência, por analogia, por equidade e outros princípios e normas gerais de direito, principalmente do direito do trabalho, e, ainda, de acordo com os usos e costumes, o direito comparado, mas sempre de maneira que nenhum interesse de classe ou particular prevaleça sobre o interesse público.

§ 1º O direito comum será fonte subsidiária do direito do trabalho.

§ 2º Súmulas e outros enunciados de jurisprudência editados pelo Tribunal Superior do Trabalho e pelos Tribunais Regionais do Trabalho não poderão restringir direitos legalmente previstos nem criar obrigações que não estejam previstas em lei. (Inserido pela Lei n. 13.467 de 11-7-2017.)

§ 3º No exame de convenção coletiva ou acordo coletivo de trabalho, a Justiça do Trabalho analisará exclusivamente a conformidade dos elementos essenciais do negócio jurídico, respeitado o disposto no art. 104 da Lei n. 10.406, de 10 de janeiro de 2002 (Código Civil), e balizará sua atuação pelo princípio da intervenção mínima na autonomia da vontade coletiva. (Inserido pela Lei n. 13.467 de 11-7-2017.)

•••••••••••••••••••••••••••••••••••

▶ *Comentários*

O art. 8º deixa clara a prevalência da lei ou do contrato, indicando, outrossim, o modo através do qual a autoridade administrativa e a própria Justiça do Trabalho devem conduzir-se na lacuna da legislação de inexistência de normas contratuais – "na falta de disposições (legais ou contratuais)".

Assim, inexistindo lei, considerar-se-á, na solução do "caso", a jurisprudência, decidindo-se, outrossim, por analogia, equidade e outros princípios e normas gerais do Direito nacional e estrangeiro.

Com efeito, a vida é sempre mais fértil que a mais fértil imaginação do jurista ou do legislador, não raras vezes ocorrendo casos

concretos não contemplados em lei. Na ocorrência de tais fatos, a autoridade administrativa ou o juiz do trabalho decidirá adotando um dos seguintes princípios:

a) Jurisprudência

Jurisprudência, na lição de Carlos Maximiliano, "é o conjunto de soluções dadas pelos tribunais às questões de Direito; relativamente a um caso particular, denomina-se jurisprudência – a decisão constante e uniforme dos tribunais sobre determinado ponto de direito"[73].

Note-se que a jurisprudência, na hipótese do art. 8º, não é exclusivamente a dos tribunais trabalhistas, mas, também, a *jurisprudência administrativa*, ou seja, aquele conjunto de decisões tomadas anteriormente na esfera da administração como, por exemplo, o caso das do Ministério do Trabalho através das suas Delegacias Regionais.

A jurisprudência não é, como se sabe, fonte formal de direito, é tida como costume, hábitos reiterados pelos magistrados, e, confirmados nas instâncias superiores, seja pelo Tribunal de Justiça, seja TST ou mesmo aos demais Tribunais Superiores, e em última instância, pelo Supremo (STF) no Brasil. Contudo, como bem adverte Russomano:

"O certo é, entretanto, que o doutrinador abre, pela sua crítica, pela sua investigação científica, caminho para o legislador do futuro. E o juiz, apreciando casos não previstos na lei, preenchendo suas lacunas, assenta normas práticas de solução dos conflitos jurídicos"[74].

b) Analogia

Consoante dispõe o art. 4º da Lei de Introdução – atual Lei de Introdução às Normas do Direito Brasileiro (LINDB, Decreto-lei n. 4.657, de 4-9-1942, alterado pela Lei n. 12.376, de 30-12-2010) – "quando a lei for omissa, o juiz decidirá o caso de acordo com a analogia, os costumes e os princípios gerais do direito".

O mesmo princípio está insculpido no CPC/2015, em seu art. 140, "o juiz não se exime de decidir sob a alegação de lacuna ou de obscuridade do ordenamento jurídico. O juiz só decidirá por equidade nos casos previstos em lei".

A analogia é o meio pelo qual o juiz amplia a incidência da lei, aplicando-a a caso idêntico ou semelhante não contemplado pela legislação. Na lição de Caio Mário da Silva Pereira, "a analogia consiste no processo lógico, pelo qual o aplicador do direito estende o preceito legal aos casos não diretamente compreendidos em seu dispositivo"[75].

c) Equidade

A equidade é o meio através do qual o juiz abranda o rigorismo legal. Daí a expressão extremamente feliz de Russomano[76] – "é a ideia do justo. Abranda o rigor do texto. Aquece a frieza da lei".

d) Outros princípios e normas gerais do direito

Princípios gerais do direito são os próprios fundamentos do Direito. Na lição de Celso Agrícola Barbi[77], "são as ideias mais gerais que implicam o ordenamento jurídico de um país".

Não se olvidem, outrossim, os *costumes*, assim considerada a prática reiterada, geral e notória, de determinados atos, de uso restrito no direito atual, sobretudo no âmbito do Direito do Trabalho.

e) Direito comum

O direito comum, notadamente o Direito Civil, é parte subsidiária do Direito do Trabalho, naquilo que for compatível com os princípios fundamentais deste último.

Como acentua Eduardo Gabriel Saad:

"Onde o Direito do Trabalho for omisso, aparece como sua fonte subsidiária o direito comum. Aquele se originou deste último. Esta subsidiariedade é observada, também, no que se refere ao Direito Processual do Trabalho"[78].

O art. 8º, § 1º, da CLT, com a redação dada pela Lei n. 13.467 de 2017, declara que "o

73. *Hermenêutica e Aplicação do Direito*, Editora Globo, p. 189.
74. Ob. cit., v. 1, p. 45.
75. *Instituições de Direito Civil*, Forense, v. I, p. 64.
76. Ob. cit.
77. *Comentários ao Código de Processo Civil*, Forense, v. I, t. II, p. 520.
78. *CLT Comentada*, LTr, p. 52.

direito comum será fonte subsidiária do direito do trabalho".

▶ **Jurisprudência**

▷ **Súmula 6 do TST. Equiparação salarial. Art. 461 da CLT.** (redação do item VI alterada) – Res. 198/2015, republicada em razão de erro material – *DEJT* divulgado em 12, 15 e 16-6-2015. I – Para os fins previstos no § 2º do art. 461 da CLT, só é válido o quadro de pessoal organizado em carreira quando homologado pelo Ministério do Trabalho, excluindo-se apenas dessa exigência o quadro de carreira das entidades de direito público da administração direta, autárquica e fundacional aprovado por ato administrativo da autoridade competente. (ex-Súmula 06 – alterada pela Res. 104/2000, *DJ* 20-12-2000). II – Para efeito de equiparação de salários em caso de trabalho igual, conta-se o tempo de serviço na função e não no emprego. (ex-Súmula 135 – RA 102/1982, *DJ* 11-10-1982 e *DJ* 15-10-1982). III – A equiparação salarial só é possível se o empregado e o paradigma exercerem a mesma função, desempenhando as mesmas tarefas, não importando se os cargos têm, ou não, a mesma denominação. (ex-OJ da SBDI-1 n. 328 – *DJ* 9-12-2003). IV – É desnecessário que, ao tempo da reclamação sobre equiparação salarial, reclamante e paradigma estejam a serviço do estabelecimento, desde que o pedido se relacione com situação pretérita. (ex-Súmula 22 – RA 57/1970, DO-GB 27-11-1970). V – A cessão de empregados não exclui a equiparação salarial, embora exercida a função em órgão governamental estranho à cedente, se esta responde pelos salários do paradigma e do reclamante. (ex-Súmula 111 – RA 102/1980, *DJ* 25-9-1980). VI – Presentes os pressupostos do art. 461 da CLT, é irrelevante a circunstância de que o desnível salarial tenha origem em decisão judicial que beneficiou o paradigma, exceto: *a*) se decorrente de vantagem pessoal ou de tese jurídica superada pela jurisprudência de Corte Superior; *b*) na hipótese de equiparação salarial em cadeia, suscitada em defesa, se o empregador produzir prova do alegado fato modificativo, impeditivo ou extintivo do direito à equiparação salarial em relação ao paradigma remoto, considerada irrelevante, para esse efeito, a existência de diferença de tempo de serviço na função superior a dois anos entre o reclamante e os empregados paradigmas componentes da cadeia equiparatória, à exceção do paradigma imediato. VII – Desde que atendidos os requisitos do art. 461 da CLT, é possível a equiparação salarial de trabalho intelectual, que pode ser avaliado por sua perfeição técnica, cuja aferição terá critérios objetivos. (ex-OJ da SBDI-1 n. 298 – *DJ* 11-8-2003). VIII – É do empregador o ônus da prova do fato impeditivo, modificativo ou extintivo da equiparação salarial. (ex-Súmula 68 – RA 9/1977, *DJ* 11-2-1977). IX – Na ação de equiparação salarial, a prescrição é parcial e só alcança as diferenças salariais vencidas no período de 5 (cinco) anos que precedeu o ajuizamento. (ex-Súmula 274 – alterada pela Res. 121/2003, *DJ* 21-11-2003). X – O conceito de "mesma localidade" de que trata o art. 461 da CLT refere-se, em princípio, ao mesmo município, ou a municípios distintos que, comprovadamente, pertençam à mesma região metropolitana. (ex-OJ da SBDI-1 n. 252 – inserida em 13-3-2002)

▷ **Súmula 90 do TST. Horas "*in itinere*". Tempo de serviço** (incorporadas as Súmulas 324 e 325 e as Orientações Jurisprudenciais n. 50 e 236 da SBDI-1) – Res. 129/2005, *DJ* 20, 22 e 25-4-2005.
I – O tempo despendido pelo empregado, em condução fornecida pelo empregador, até o local de trabalho de difícil acesso, ou não servido por transporte público regular, e para o seu retorno é computável na jornada de trabalho. (ex-Súmula 90 – RA 80/1978, *DJ* 10-11-1978)
II – A incompatibilidade entre os horários de início e término da jornada do empregado e os do transporte público regular é circunstância que também gera o direito às horas "*in itinere*". (ex-OJ n. 50 da SBDI-1 – inserida em 1º-2-1995)
III – A mera insuficiência de transporte público não enseja o pagamento de horas "*in itinere*". (ex-Súmula 324 – Res. 16/1993, *DJ* 21-12-1993)
IV – Se houver transporte público regular em parte do trajeto percorrido em condução

da empresa, as horas "*in itinere*" remuneradas limitam-se ao trecho não alcançado pelo transporte público. (ex-Súmula 325 – Res. 17/1993, *DJ* 21-12-1993)

V – Considerando que as horas "*in itinere*" são computáveis na jornada de trabalho, o tempo que extrapola a jornada legal é considerado como extraordinário e sobre ele deve incidir o adicional respectivo. (ex-OJ n. 236 da SBDI-1 – inserida em 20-6-2001)

▷ **Súmula 331 do TST. Contrato de prestação de serviços. Legalidade** (nova redação do item IV e inseridos os itens V e VI à redação) – Res. 174/2011, *DEJT* divulgado em 27, 30 e 31-5-2011. I – A contratação de trabalhadores por empresa interposta é ilegal, formando-se o vínculo diretamente com o tomador dos serviços, salvo no caso de trabalho temporário (Lei n. 6.019, de 3-1-1974). II – A contratação irregular de trabalhador, mediante empresa interposta, não gera vínculo de emprego com os órgãos da Administração Pública direta, indireta ou fundacional (art. 37, II, da CF/1988). III – Não forma vínculo de emprego com o tomador a contratação de serviços de vigilância (Lei n. 7.102, de 20-6-1983) e de conservação e limpeza, bem como a de serviços especializados ligados à atividade-meio do tomador, desde que inexistente a pessoalidade e a subordinação direta. IV – O inadimplemento das obrigações trabalhistas, por parte do empregador, implica a responsabilidade subsidiária do tomador dos serviços quanto àquelas obrigações, desde que haja participado da relação processual e conste também do título executivo judicial. V – Os entes integrantes da Administração Pública direta e indireta respondem subsidiariamente, nas mesmas condições do item IV, caso evidenciada a sua conduta culposa no cumprimento das obrigações da Lei n. 8.666, de 21-6-1993, especialmente na fiscalização do cumprimento das obrigações contratuais e legais da prestadora de serviço como empregadora. A aludida responsabilidade não decorre de mero inadimplemento das obrigações trabalhistas assumidas pela empresa regularmente contratada. VI – A responsabilidade subsidiária do tomador de serviços abrange todas as verbas decorrentes da condenação referentes ao período da prestação laboral.

▷ **"Juízo de retratação. Responsabilidade subsidiária. Tese vinculante do STF. Tema n. 246 da tabela de repercussão geral. Agravo de instrumento em recurso de revista do ente público.** 1. Conforme o Pleno do STF (ADC n. 16 e Agravo Regimental em Reclamação 16.094) e o Pleno do TST (item V da Súmula 331), relativamente às obrigações trabalhistas, é vedada a transferência automática, para o ente público tomador de serviços, da responsabilidade da empresa prestadora de serviços; a responsabilidade subsidiária não decorre do mero inadimplemento da empregadora, mas da culpa do ente público no descumprimento das obrigações previstas na Lei n. 8.666/1993. No voto do Ministro Relator da ADC n. 16, Cezar Peluso, constou a ressalva de que a vedação de transferência consequente e automática de encargos trabalhistas, "*não impedirá que a Justiça do Trabalho recorra a outros princípios constitucionais e, invocando fatos da causa, reconheça a responsabilidade da Administração, não pela mera inadimplência, mas por outros fatos*". Processo: RR – 556-49.2010.5.10.0001. Publicação: 30-4-2020.

Art. 9º Serão nulos de pleno direito os atos praticados com o objetivo de desvirtuar, impedir ou fraudar a aplicação dos preceitos contidos na presente Consolidação.

► *Comentários*

Os atos jurídicos podem revestir-se de determinados vícios que os tornam plenamente nulos.

É o que ocorre, por exemplo, quando são praticados por pessoas absolutamente incapazes, quando for ilícito ou impossível o seu objeto, por não se revestirem da forma prescrita em lei ou não observarem a solenidade que a lei considere essencial, e, finalmente, quando a lei taxativamente os declarar nulos, segundo o disposto no art. 166 do novo Código Civil.

Na lição de J. M. de Carvalho Santos:

"A nulidade não é senão uma sanção da violação da autoridade da lei, isto é, uma sanção dos atos praticados contra a disposição das leis proibitivas ou perceptivas, qualquer que seja o elemento do ato jurídico, que tenha sido visado pelo preceito legal: sujeito, objeto, conteúdo, cláusulas, formalidades internas e externas, publicidade, etc."[79].

As normas do Direito do Trabalho que estabelecem as regras básicas de proteção ao trabalhador são, inegavelmente, de ordem pública e, por isso mesmo, imperativas e impostergáveis, salvo as hipóteses expressamente previstas em lei (CF, art. 7º, VI).

A contrariedade a esta disciplinação legal e os atos praticados com o objetivo de *desvirtuá-la*, *impedi-la*, ou fraudá-la, são *nulos de pleno direito*.

A nulidade em apreço, como se verifica do dispositivo legal nominado, é absoluta – "de pleno direito". E, como tal, "não produz nenhum efeito. Nasce morto. É como se não houvesse sido praticado. Dele não defluem quaisquer consequências, nem direitos, nem deveres, para aqueles que o celebrarem", como observa Russomano[80].

Trata-se, bem se vê, de proteção legal extremamente rígida às normas de direito material do trabalho e não às disposições processuais, razão por que a elas não se aplica a regra disposta no art. 795 da CLT, que tem natureza eminentemente processual, ponto de vista que é, também, do eminente Russomano.

O ato mais comum de parcela ponderável dos empregadores é o de rotular, de falsos autônomos, legítimos empregados, obrigando-os, não raras vezes, a criar "empresas de representação", inscrever-se como autônomos junto à Previdência Social etc., quando, mediante rudimentar instrução, se verificam, facilmente, presentes todos os traços fundamentais da relação de emprego: pessoalidade na prestação de serviços, funções diretamente relacionadas com o objeto (atividade) da empresa e subordinação hierárquica, ao juiz do trabalho não restando senão fazer prevalecer o denominado princípio da *primazia da realidade sobre a forma*, considerando absolutamente nulo o contrato de autônomo, para proclamar a relação empregatícia, em todas as suas consequências legais.

Nula será, outrossim, qualquer alteração nas condições de trabalho que acarretem prejuízos ao trabalhador, em face do princípio da imperatividade das normas trabalhistas.

▶ *Jurisprudência*

▷ **Súmula 262 do STJ.** Incide o Imposto de Renda sobre o resultado das aplicações financeiras realizadas pelas cooperativas.

▷ **Súmula 602 do STJ.** O Código de Defesa do Consumidor é aplicável aos empreendimentos habitacionais promovidos pelas sociedades cooperativas.

▷ **Agravo interno. Agravo de instrumento. Recurso de revista. Acórdão regional publicado antes da vigência da Lei n. 13.015/2014. Terceirização. Concessionária de serviço de telecomunicações. Instalador e reparador de linhas telefônicas. Cooperativa. Fraude. Reconhecimento de vínculo de emprego com a tomadora de serviços.** I – No julgamento da Arguição de Descumprimento de Preceito Fundamental (ADPF) n. 324, em 30-8-2018, o Supremo Tribunal Federal consagrou a possibilidade de terceirização de serviços ligados à atividade-fim das empresas privadas mediante a adoção da seguinte tese: *1. É lícita a terceirização de toda e qualquer atividade, meio ou fim, não se configurando relação de emprego entre a contratante e o empregado da contratada.* A ampla liberdade para a contratação de serviços terceirizados no âmbito das empresas privadas foi enaltecida, ainda, no julgamento do RE-958.252, na mesma Sessão do dia 30-8-2018, fixando-se a seguinte tese no Tema 725 da Tabela de Repercussão Geral: *É lícita a terceirização ou qualquer outra forma de divisão do trabalho entre pessoas jurídicas distintas, independentemente do objeto social das empresas envolvidas, mantida a responsabilidade subsidiária da empresa contratante.* Especificamente em relação à terceirização levada a efeito por

79. *Código Civil Brasileiro Interpretado*, 9. ed., Freitas Bastos, v. III, p. 226.
80. Ob. cit., v. 1, p. 47.

concessionária de serviço público de telecomunicações, o Plenário do Supremo Tribunal Federal, no julgamento do ARE-791.932, em 11-10-2018, fixou a seguinte tese no Tema 739 da Tabela de Repercussão Geral: *É nula a decisão de órgão fracionário que se recusa a aplicar o art. 94, II, da Lei n. 9.472/1997, sem observar a cláusula de reserva de Plenário (CF, art. 97), observado o art. 949 do CPC*. II – No caso vertente, entretanto, apesar de a Corte de origem ter feito referência à ilicitude da terceirização na atividade-fim da tomadora, consta expressamente do acórdão regional a ocorrência de fraude na contratação do Reclamante por intermédio de cooperativa. Consignou o desvirtuamento de finalidade e a inobservância aos princípios inerentes ao cooperativismo, reconhecendo a presença dos elementos necessários para a caracterização da relação de emprego. III – Desse modo, ainda que afastada a impossibilidade de contratar serviços vinculados à atividade-fim da tomadora, remanesce hígido o fundamento autônomo referente à fraude na contratação da cooperativa. Não há, portanto, ofensa ao disposto no art. 94, II, da Lei n. 9.472/97. IV. Agravo interno de que se conhece e a que se nega provimento. Processo: Ag-AIRR – 170500-02.2005.5.01.0025. Julgamento: 11-3-2020.

* * *

Art. 10. Qualquer alteração na estrutura jurídica da empresa não afetará os direitos adquiridos por seus empregados.

Art. 10-A. O sócio retirante responde subsidiariamente pelas obrigações trabalhistas da sociedade relativas ao período em que figurou como sócio, somente em ações ajuizadas até dois anos depois de averbada a modificação do contrato, observada a seguinte ordem de preferência: (Inserido pela Lei n. 13.467 de 2017.)

I – a empresa devedora;
II – os sócios atuais; e
III – os sócios retirantes.

Parágrafo único. O sócio retirante responderá solidariamente com os demais quando ficar comprovada fraude na alteração societária decorrente da modificação do contrato. (*Caput*, incisos e parágrafo único inseridos pela Lei n. 13.467 de 11-7-2017.)

* * *

▶ **Comentários**

O exame do art. 2º da CLT deixa claro o fenômeno da despersonalização física do empregador, enfatizando o dispositivo legal nominado, de que o empregador é a *empresa* individual ou coletiva.

A vinculação do empregado à empresa visou, como facilmente se percebe, garantir a sobrevivência do contrato de trabalho, na eventualidade de sucessão *inter vivos* ou *causa mortis*, no quadro dos titulares da mesma.

Assim, ainda que haja substituição de diretores, cessão de ações ou de quotas, morte do empresário individual, venda ou arrendamento do estabelecimento comercial, subsiste a relação de emprego, respondendo os sucessores pelas obrigações trabalhistas.

Em consonância com o princípio assentado no dispositivo legal em exame, dispõe o art. 448 da CLT que "a mudança na propriedade ou na estrutura jurídica da empresa não afetará os contratos de trabalho dos respectivos empregados".

Assim, considera-se irrelevante cláusula de contratos de venda e compra, cessão de quotas, que liberem o adquirente de responsabilidades trabalhistas. Tal cláusula não terá, para o Direito do Trabalho, qualquer validade, só gerando efeitos no âmbito dos Direitos Civil e Comercial, entre os antigos titulares e o sucessor.

O artigo em exame, como se vê, deve ser interpretado em consonância com o art. 448 do Estatuto Consolidado que declara: "A mudança na propriedade ou na estrutura jurídica da empresa não afetará os contratos de trabalho dos respectivos empregados".

As alterações mais comuns são a transferência de titulares (cessão de quotas, transferência de ações), sucessão de empresas nas suas mais variadas formas e que serão examinadas quando da análise do art. 448 da CLT.

Consoante o art. 141, II, da Lei de Falências (Lei n. 11.101/2005), a aquisição de bens, da própria empresa ou de estabelecimento do falido, não caracteriza sucessão trabalhista ou tributária.

A sucessão trabalhista na falência e recuperação judicial é exaustivamente examinada nos comentários ao art. 449 da CLT.

Sócio retirante

O Direito do Trabalho de há muito busca princípios próprios contra o que os juslaboralistas denominam formalismo exacerbado do direito. Foi assim com a admissão da desconsideração da personalidade jurídica, só agora inserida no Processo do Trabalho (art. 855-A da CLT), e ainda assim, combatida firmemente por alguns, por considerá-la incompatível com a natureza protecionista do Direito Laboral.

Desta feita, a Reforma Trabalhista/2017 buscando apertar o cerco, à revelia do direito de empresa, às diversas espécies de sócios de responsabilidade limitada, simplesmente estabelece, em sentido genérico, a responsabilidade do sócio retirante.

Fica a indagação: o modesto sócio, o modesto poupador que, com mil sacrifícios adquirir algumas ações das companhias abertas, serão responsáveis por débitos trabalhistas das respectivas empresas? O bom senso indica que em tais circunstâncias inexistirá responsabilidade solidária. O que por certo a jurisprudência dos tribunais trabalhistas, com certeza, decidirá.

Observe-se que o *sócio retirante* é subsidiariamente responsável por débitos trabalhistas durante todo o tempo em que figurou como sócio, ainda que em ações ajuizadas depois de averbada o seu desligamento da sociedade.

É bem verdade que estabeleceu uma ordem de preferência, a saber: a empresa devedora, os sócios atuais, para só então responsabilizar o sócio retirante.

▶ *Jurisprudência*

▷ **I – Juízo de retratação. Art. 543-B do CPC/1973 (Art. 1.041, *caput*, § 1º, do CPC/2015). Agravo de instrumento em recurso de revista. Não regido pela Lei n. 13.015/2014. Responsabilidade subsidiária. Ente da administração pública. Ausência de premissas que evidenciem a conduta culposa da entidade pública. Súmula 331 do TST. Matéria julgada pelo Supremo Tribunal Federal (RE 760.931). Repercussão geral.** 1. Discute-se nos presentes autos a responsabilidade subsidiária do ente público pelas verbas trabalhistas inadimplidas pela empresa prestadora de serviços. 2. Esta Quinta Turma, em acórdão pretérito, negou provimento ao agravo de instrumento, sendo mantido, assim, o entendimento do Tribunal Regional no sentido de responsabilizar subsidiariamente o ente público, com base na diretriz da Súmula 331 do TST. 3. O Supremo Tribunal Federal, no julgamento da ADC 16 ajuizada pelo governo do Distrito Federal, considerou constitucional o art. 71, § 1º, da Lei n. 8.666/93. Afirmou que a simples inadimplência da empresa contratada não transfere, automaticamente, a responsabilidade pelas verbas trabalhistas à entidade pública. Com efeito, a responsabilidade subsidiária da Administração Pública não decorre de presunção de culpa ou do simples fato de ter a parte Reclamante prestado serviços à tomadora de serviços, mas da verificação em concreto da culpa pela instância revisora. 4. No caso, demonstrada possível contrariedade à Súmula 331 do TST, considerada a jurisprudência fixada pelo STF, impõe-se o exercício do juízo de retratação, nos termos do art. 543-B, § 3º, do CPC/73 (art. 1.041, § 1º, do CPC/2015), com o consequente provimento do agravo de instrumento para determinar o processamento do recurso de revista. Agravo de instrumento provido. Processo: RR – 384-47.2010.5.10.0021. Orgão Judicante: 5ª Turma. Relator: DOUGLAS ALENCAR RODRIGUES. Publicação: 5-6-2020.

▷ **"Recurso ordinário em ação rescisória ajuizada sob a égide do CPC de 2015. Fundamento no art. 966, V, do CPC de 2015. Responsabilidade subsidiária de sócio retirante pelo adimplemento de verbas trabalhistas em relação ao período da prestação dos serviços. Obrigações constituídas à época em que o sócio integrava o quadro societário. Violação dos arts. 1.003 e 1.032 do Código Civil não configurada. Incidência da Súmula 410 DO TST.** 1. Trata-se de ação rescisória ajuizada com fundamento no art. 966, V, do CPC de 2015, objetivando desconstituir acórdão do TRT da 22ª Região que negou provimento ao recurso ordinário do quarto reclamado, ora autor, mantendo a sentença que procedeu à desconsideração da personalidade jurídica da empresa e o condenou subsidiariamente pelo inadimplemento das

obrigações devidas ao réu. 2. Alega o autor que a condenação que lhe fora imposta viola os arts. 1.003 e 1.032 do Código Civil e 5º, XXII e LIV, da CF/88, porquanto não considerou o fato de ter deixado de integrar o quadro societário da reclamada em maio de 2013 e que a responsabilidade superveniente de sócio retirante limita-se a dois anos contados da formalização da alteração social, de forma que sua responsabilidade civil foi projetada para 22-5-2015, exaurindo-se antes do ajuizamento da reclamação trabalhista. 3. A violação manifesta de norma jurídica pressupõe a negativa de sua aplicação ao caso concreto, emoldurando os fatos a figurino jurídico inadequado ou a uma situação legalmente equivocada, ou, ainda, prolatando decisão em sentido contrário ao contido na lei, interpretando-a de forma dissonante ao ordenamento jurídico e ao interesse público. 4. No caso *sub judice*, o Tribunal Regional manteve a responsabilização do autor pelos direitos trabalhistas reconhecidos ao réu nos autos da reclamação subjacente, consubstanciando-se em dois fundamentos jurídicos: *a*) que a prestação de serviços se deu à época em que o autor integrava o quadro societário da empresa Construtora Gigante Indústria e Comércio LTDA. – ME, e *b*) que o autor não apresentou o documento comprobatório da averbação relativa à sua retirada da sociedade. 5. Diante desse contexto, o instrumento de averbação da transferência de quotas, portanto, erige-se como documento fundamental para análise da projeção da responsabilidade do sócio retirante, sem o qual não se faz possível concluir-se por violação manifesta dos mencionados preceitos apta a autorizar o corte rescisório. 6. Entendimento contrário importaria em revolvimento de matéria fático-probatória, a atrair o óbice da Súmula 410 do TST, corretamente invocada pela Corte de origem. 7. Logo, constituindo premissa incontroversa que a prestação de serviços se deu à época em que o autor integrava o quadro societário da empresa Construtora Gigante Indústria e Comércio LTDA. – ME, afigura-se juridicamente incensurável a condenação subsidiária do quarto reclamado na lide, mantendo-se irretocável a coisa julgada. Recurso ordinário conhecido e desprovido" (RO-80226-62.2017.5.22.0000, Subseção II Especializada em Dissídios Individuais, Relator Ministro Alexandre de Souza Agra Belmonte, *DEJT* 11-10-2019).

••••••••••••••••••••••••••••••••••

Art. 11. A pretensão quanto a créditos resultantes das relações de trabalho prescreve em cinco anos para os trabalhadores urbanos e rurais, até o limite de dois anos após a extinção do contrato de trabalho. (Inserido pela Lei n. 13.467 de 11-7-2017.)

I e II – (Revogados.);

§ 1º O disposto neste artigo não se aplica às ações que tenham por objeto anotações para fins de prova junto à Previdência Social. (Parágrafo incluído pela Lei n. 9.658, de 5-6-1998.)

§ 2º Tratando-se de pretensão que envolva pedido de prestações sucessivas decorrente de alteração ou descumprimento do pactuado, a prescrição é total, exceto quando o direito à parcela esteja também assegurado por preceito de lei. (Inserido pela Lei n. 13.467)

§ 3º A interrupção da prescrição somente ocorrerá pelo ajuizamento de reclamação trabalhista, mesmo que em juízo incompetente, ainda que venha a ser extinta sem resolução do mérito, produzindo efeitos apenas em relação aos pedidos idênticos. (Inserido pela Lei n. 13.467.)

Art. 11-A. Ocorre a prescrição intercorrente no processo do trabalho no prazo de dois anos. (Inserido pela Lei n. 13.467.)

§ 1º A fluência do prazo prescricional intercorrente inicia-se quando o exequente deixa de cumprir determinação judicial no curso da execução.

§ 2º A declaração da prescrição intercorrente pode ser requerida ou declarada de ofício em qualquer grau de jurisdição. (Parágrafos inseridos pela Lei n. 13.467 de 11-7-2017.)

••••••••••••••••••••••••••••••••••

▶ *Comentários*

1. **Conceito de prescrição**

O art. 11 foi substancialmente alterado pelo art. 7º da CF, que assim dispõe:

"XXIX – ação, quanto a créditos resultantes das relações de trabalho, com prazo prescricional de cinco anos para os trabalhadores urbanos e

rurais, até o limite de dois anos após a extinção do contrato de trabalho". (*Redação dada pela EC n. 28/2000.*)

Prescrição, como se sabe, é a perda do *direito à ação.*

As ações devem ser exercidas em determinados prazos fixados em lei, sob pena de se eternizar o respectivo direito, o que, na prática, ensejaria inequívoca intranquilidade às partes, com efeitos nocivos para a própria sociedade. Daí dizer Moacyr Amaral Santos: "A prescrição pressupõe um direito que, embora nascido e efetivo, não foi exigido, em caso de sua violação, por via judicial, isto é, por ação que lhe correspondesse, em tempo oportuno"[81].

Distingue-se a prescrição da decadência porque, enquanto na prescrição o que se extingue é o direito à ação, na decadência o que ocorre é a *perda do direito*. É evidente que a perda do direito necessariamente acarreta a extinção da respectiva ação.

2. Da arguição da prescrição no Processo do Trabalho (momento processual)

A CLT não continha qualquer disposição relacionada com o momento em que se pode arguir a prescrição, razão por que é de se aplicar o art. 193 do Código Civil de 2002, que assim dispõe:

"A prescrição pode ser alegada em qualquer grau de jurisdição, pela parte a quem aproveita".

A Reforma Trabalhista/2017 pondo fim à lacuna legislativa laboral adota a prescrição intercorrente, dispondo o § 2º do art. 11-A da CLT, que: "a declaração da prescrição intercorrente pode ser de ofício em qualquer grau de jurisdição".

O dispositivo legal nominado, de inequívoca aplicação subsidiária no Processo do Trabalho, deixa claro que, em qualquer *grau de jurisdição*, a prescrição pode ser invocada pela parte que a aproveita. Por *qualquer grau de jurisdição* se há de entender "a exata situação em que se encontra o processo: no juízo (1º grau), ou no tribunal (2º grau)", como afirma Everaldo de Souza, autor da sugestão adotada pelo legislador para a redação final dada ao art. 193, acima transcrito.

Na lição de Maria Helena Diniz:

"A prescrição poderá ser arguida na primeira instância, que está sob a direção de um juiz singular, e na segunda instância, que se encontra em mãos de um colegiado de juízes superiores. Pode ser invocada em qualquer fase processual: na contestação, na audiência de instrução e julgamento, nos debates, em apelação, em embargos infringentes, sendo que no processo em fase de execução não é cabível a arguição de prescrição, exceto se superveniente à sentença transitada em julgado. Os arts. 193 do CC e 303, III, do CPC são exceções à regra geral do art. 300 do CPC [art. 336, CPC/2015], de que toda a matéria de defesa do réu deve concentrar-se na contestação. Isto é assim porque o art. 193 do CC é norma especial, prevalecendo sobre o art. 300 do CPC, que é norma geral. Logo, a prescrição é matéria que pode ser alegada em qualquer instância, mesmo depois da contestação e até, pela primeira vez, no recurso de apelação (CPC, art. 741, VI)"[82], art. 535, CPC/2015.

Em outras palavras: a prescrição pode ser alegada não só perante o juízo de 1º grau, como perante o juízo da apelação.

Como preleciona Carvalho Santos, em lição que subsiste, em seus consagrados *Comentários ao Código de Processo Civil*:

"Não exige a lei que a prescrição seja alegada na primeira vez que a parte a quem a aproveita fale no feito. Até nas razões finais, é direito seu alegar a prescrição.

Perante a instância superior da apelação, a alegação pode ser feita nas respectivas razões, embora não tenha sido alegada a prescrição em primeira instância.

Até mesmo no momento do debate oral, quer em primeira instância, quer perante a segunda instância, no ato do julgamento, em seguida ao relatório do juiz relator, como é admitido em

81. *Primeiras Linhas de Direito Processual Civil*, 3. ed., Saraiva, v. II, p. 90 e 173.

82. *Novo Código Civil Anotado*, Saraiva, 2002, p. 190.

muitas legislações processuais, ainda pode ser alegada a prescrição.

A regra é esta: não se presume renunciar a prescrição quem, sem a alegar, desde logo, aproveita defesa sobre o mérito, razão pela qual é admissível a alegação em qualquer fase do processo"[83].

No mesmo sentido, a lição de Washington de Barros Monteiro, em seu clássico *Curso de direito civil*[84].

Moacyr Amaral Santos, eminente processualista e ex-ministro do Supremo Tribunal Federal, enumerando as defesas suscitáveis posteriormente à contestação, observa:

"São ainda admissíveis defesas novas, depois da contestação, quando por lei puderem ser formuladas em qualquer tempo e juízo. Assim, por exemplo, o impedimento do juiz, ou a sua suspeição da qual teve ciência o réu posteriormente à contestação, a prescrição que pode ser alegada em qualquer instância, pela parte interessada"[85].

As lições subsistem. Conquanto não se possa confundir instância com jurisdição, *grau de jurisdição* (art. 193 do CC) significa que a prescrição pode ser invocada em qualquer fase em que se encontra o processo, nos juízos de 1º e 2º graus, salvo na fase executória, em que a prescrição há de ser superveniente à sentença transitada em julgado.

Russomano observa que "o Direito do Trabalho é um ramo do Direito autônomo, com natureza científica própria, mas subordinado aos princípios gerais do Direito", razão por que "aplicam-se ao Direito do Trabalho, portanto, os princípios universais e nacionais da prescrição – os primeiros comuns a todos os povos; os segundos, consubstanciados no Código Civil, já que é quase omissa a lei especial, inclusive quanto às causas impeditivas, suspensivas e interruptivas do prazo prescricional"[86].

Outra não é a posição de Isis de Almeida:

"No Processo do Trabalho – em que predominam as preclusões de fase, por força da sua excessiva oralidade e concentração dos atos processuais na chamada audiência de julgamento – tem-se estabelecido que o momento próprio de arguição da prescrição é a defesa. Diante, porém, da expressa determinação legal – admitindo a alegação em qualquer tempo, durante o processo, ou seja, como quer o direito francês, em qualquer *estado da causa* – é induvidosa a sua arguição, pela primeira vez, até mesmo nas razões do recurso ordinário, o que torna lícito o conhecimento dela pela segunda instância, sem que se entenda violado o princípio do duplo grau de jurisdição. E assim, *é de se afastar a hipótese do prequestionamento indispensável*"[87].

Acolhida que seja, a interpretação restritiva da *Súmula 153* do TST – só admitindo a arguição da prescrição na instância ordinária, desde que formulada na esfera dos graus jurisdicionais ordinários –, deve a prescrição ser proclamada, quando tempestivamente arguida pela parte interessada.

Não se argumente com a necessidade do prequestionamento, absolutamente irrelevante, nesta espécie. Com efeito, se se admite a arguição da prescrição em grau de recurso ordinário, independentemente da sua invocação em juízo de primeiro grau, não há falar em prequestionamento.

A prescrição, portanto, não sofre o efeito preclusivo da contestação, podendo, por via de consequência, ser arguida em qualquer instância, independentemente do prequestionamento. A prescrição, pois, se insere entre as "questões que, sem se terem submetido ao conhecimento do juízo inferior, entram diretamente a integrar o objeto da atividade cognitiva de segundo grau", na lúcida observação de José Carlos Barbosa Moreira[88].

3. *A prescrição trabalhista na ordem constitucional vigente*

Com a inserção da prescrição trabalhista no Título II, Capítulo II, que cuida dos *direitos sociais*, na Constituição Federal vigente – art.

83. 9. ed., Freitas Bastos, v. III, p. 380.
84. Parte Geral, Saraiva, v. I, p. 301.
85. Ob. cit., v. II, p. 184.
86. Ob. cit., v. 1, p. 57.

87. *Manual da Prescrição Trabalhista*, 2. tir., LTr, p. 61.
88. *Comentários ao Código de Processo Civil*, 6. ed., Forense, v. V, p. 404, n. 248.

7º, XXIX, com a redação dada pela Emenda Constitucional n. 28, de 25-5-2000 –, a matéria a ela concernente torna-se, inquestionavelmente, de ordem pública, e, consequentemente, superada por inteiro, no Processo do Trabalho, nas restrições ditadas pelos arts. 59 e 240 do CPC.

Na acurada observação de José Luiz Lauria J. de Mello:

"É indiscutivelmente, a prescrição trabalhista, modernamente, tratada como matéria de *direito processual constitucional*, posto que visa à proteção dos interesses existentes da própria sociedade. E, em sendo assim, por ser norma constitucional, em sede trabalhista, sua declaração é dever de ofício, na medida que inexiste a possibilidade de sua renúncia prévia ou tácita, de vez que os prazos ditados pela Carta Política, no sentido de estabelecer a pacificação social e a certeza jurídica, não podem ser alterados, a não ser por renúncia expressa do prescribente. Daí ser imperioso ao juiz do trabalho o dever de declará-la de ofício, sob pena de negativa de vigência da norma esculpida na letra *a*, do inciso XXIX, do art. 7º, da Constituição Federal/88"[89].

Idêntica é a conclusão de Eduardo Gabriel Saad:

"O inciso XXIX do art. 7º da Constituição Federal não faz depender a decretação da prescrição no processo trabalhista de prévia arguição da parte interessada. *Destarte, cabe ao juiz declará-la de ofício*"[90].

E de forma incisiva, declara o renomado juslaborista – "a nosso ver, o Enunciado n. 153 do Tribunal Superior do Trabalho tornou-se ineficaz a teor do precitado dispositivo constitucional"[91].

Observe-se, com Lauria J. de Mello, que, ao erigir em princípio constitucional a prescrição, afastou-se o constituinte da legislação ordinária:

"Temos que a norma da letra *a*, do inciso XXIX, do art. 7º, da CF/88, é de aplicação imediata e autoaplicável, de vez que, se pretendesse o contrário, teria o legislador constituinte remetido a prescrição trabalhista à legislação ordinária, fazendo constar do texto a expressão 'conforme definido em lei', ou a expressão 'nos termos da lei', como tantas vezes determinou na própria constituição (v.g., inciso XI, do art. 7º, da CF/88)"[92].

Releva notar que a EC-28, de 26-5-2000, apenas estabeleceu o mesmo prazo prescricional para trabalhadores urbanos e rurais – sem nenhuma remessa do intérprete à legislação infraconstitucional.

4. *Incapazes e menores*

Segundo nossa lei substantiva civil a prescrição não corre contra os incapazes.

A mesma regra é estabelecida para o menor, segundo o disposto no art. 440 da CLT – "*contra os menores de 18 anos não corre nenhum prazo de prescrição*".

5. *Termo inicial*

A prescrição tem início no momento em que surge o direito à postulação judicial. Ensina Wilson S. C. Batalha que "é a partir do momento em que se torna possível a propositura da ação que se inicia a fluência do prazo prescricional"[93].

Não é outro o entendimento de Valentin Carrion:

"A contagem da prescrição inicia-se no momento em que o empregado toma conhecimento do ato legítimo; exatamente no dia preciso em que poderia exigir a prestação"[94 e 95].

6. *Suspensão e interrupção da prescrição*

A prescrição é suscetível de suspensão ou interrupção. Na ocorrência de suspensão, cessadas as condições que a determinaram, conta-se o prazo anterior. Na segunda hipótese, ou seja, na interrupção, o prazo anterior não é computado, desaparece, deixa de existir,

89. *LTr*, 59(9)/1208.
90. *CLT Comentada*, cit., p. 61.
91. Ob. e loc. cits.

92. Ob. e loc. cits.
93. Ob. cit., p. 365.
94. Ob. cit., 26. ed., p. 71.
95. Mozart Victor Russomano, ob. cit., p. 58.

dando-se início a um novo prazo, inteiramente independente do anterior.

Em conformidade com a Súmula 268 do TST – "a ação trabalhista, ainda que arquivada, interrompe a prescrição somente em relação aos pedidos idênticos".

7. Prescrição intercorrente

Prescrição intercorrente é aquela que decorre da paralisação do processo de execução ou fase executiva, por inércia do autor.

Sua existência no Processo Trabalhista é objeto de controvérsia. Contudo, de nossa parte, concluímos, com Russomano, pela sua ocorrência no processo laboral – "nós sustentamos, com respaldo em decisão do Supremo Tribunal Federal, que existe prescrição intercorrente no Direito do Trabalho. O ajuizamento da ação trabalhista tem efeito meramente interruptivo sobre o prazo prescricional"[96].

Não é essa, todavia, a posição do TST, como se conclui da sua Súmula 114 – "é inaplicável na Justiça do Trabalho a prescrição intercorrente".

Em sentido absolutamente oposto, o STF, na Súmula 327, dispõe que – "o direito trabalhista admite a prescrição intercorrente".

8. Declaração de ofício

O atual Código de Processo Civil prevê que o magistrado resolve o mérito quando – decide a prescrição ou a decadência de ofício – ou a requerimento da parte, sabe-se que o § 5º do art. 219 do CPC de 1973, para determinar que o juiz, de ofício, independentemente de provocação da parte, poderia declarar a prescrição ainda que se tratasse de direitos patrimoniais.

A disposição tinha natureza imperativa – "§ 5º O juiz pronunciará, de ofício, a prescrição", essa redação, no entanto, não consta do atual CPC.

Com isso, há quem sustente que a redação do art. 194 do Código Civil nunca foi revogada, ao juiz, suprir de ofício a alegação de prescrição, salvo se favorável ao absolutamente incapaz.

A nova regra é plenamente aplicável no Processo do Trabalho segundo o disposto no art. 769 da CLT.

Em que pese renomados autores sustentarem a inaplicabilidade da arguição de ofício da prescrição, no processo do trabalho, entendemos de modo diverso, fazendo nossa a conclusão do douto José Augusto Rodrigues Pinto:

"A alteração do art. 219, § 5º, do CPC de 1973 pela Lei n. 11.280/2006 inverte totalmente o modo de tratar a **prescrição**, em termos de reconhecimento de seu efeito, de ofício, pelo juízo, tornando-o matéria de ordem pública, redação não prevista no atual CPC, na fase de conhecimento.

A reversão implica igualar **prescrição e decadência**, no plano da declaração judicial sem provocação de parte interessada.

O propósito do legislador foi incrementar a celeridade processual pela simplificação do ato, de modo a tornar mais ágil a entrega da prestação jurisdicional.

Sendo a legislação processual trabalhista omissa a respeito da iniciativa para a declaração dos efeitos prescricionais, aplica-se aos dissídios do trabalho a alteração da Lei n. 11.280/2006, como já se aplicava o próprio antes dela.

O revel é beneficiário pela disposição da Lei n. 11.280/2006 com o reconhecimento *ex officio*, de prescrição ocorrente contra o autor da ação nos dissídios de natureza civil e trabalhista"[97].

▶ Jurisprudência

▷ **Súmula 6 do TST, item IX.** Na ação de equiparação salarial, a prescrição é parcial e só alcança as diferenças salariais vencidas no período de 5 (cinco) anos que precedeu o ajuizamento.

▷ **Súmula 114 do TST.** Prescrição intercorrente. É inaplicável na Justiça do Trabalho a prescrição intercorrente.

▷ **Súmula 153 do TST.** Prescrição. Não se conhece de prescrição não arguida na instância ordinária. Ex-prejulgado n. 27.

▷ **Súmula 156 do TST.** Prescrição. Prazo. Da extinção do último contrato é que começa a fluir o prazo prescricional do direito de ação objetivando a soma de períodos descontínuos de trabalho. Ex-prejulgado n. 31.

96. Ob. cit., p. 58.

97. *LTr*, 70(4)/395.

▷ **Súmula 268 do TST. Prescrição. Interrupção. Demanda trabalhista arquivada.** A ação trabalhista, ainda que arquivada, interrompe a prescrição somente em relação aos pedidos idênticos.

▷ **Súmula 275 do TST.** Prescrição parcial. Desvio de função e reenquadramento. I – Na ação que objetive corrigir desvio funcional, a prescrição só alcança as diferenças salariais vencidas no período de 5 (cinco) anos que precedeu o ajuizamento. II – Em se tratando de pedido de reenquadramento, a prescrição é total, contada da data do enquadramento do empregado.

▷ **Súmula 294 do TST. Prescrição. Alteração contratual. Trabalhador urbano – Cancela os Enunciados n. 168 e 198.** Tratando-se de demanda que envolva pedido de prestações sucessivas decorrente de alteração do pactuado, a prescrição é total, exceto quando o direito à parcela esteja também assegurado por preceito de lei.

▷ **Súmula 308 do TST. Prescrição quinquenal.** I – Respeitado o biênio subsequente à cessação contratual, a prescrição da ação trabalhista concerne às pretensões imediatamente anteriores a cinco anos, contados da data do ajuizamento da reclamação e, não, às anteriores ao quinquênio da data da extinção do contrato. II – A norma constitucional que ampliou o prazo de prescrição da ação trabalhista para 5 (cinco) anos é de aplicação imediata e não atinge pretensões já alcançadas pela prescrição bienal quando da promulgação da CF/1988.

▷ **Súmula 327 do TST. Complementação de aposentadoria. Diferenças. Prescrição.** A pretensão a diferenças de complementação de aposentadoria sujeita-se à prescrição parcial e quinquenal, salvo se o pretenso direito decorrer de verbas não recebidas no curso da relação de emprego e já alcançadas pela prescrição, à época da propositura da ação.

▷ **Súmula 350 do TST. Prescrição. Termo inicial. Ação de cumprimento. Sentença normativa.** O prazo de prescrição com relação à ação de cumprimento de decisão normativa flui apenas a partir da data de seu trânsito em julgado.

▷ **Súmula 362 do TST. FGTS. Prescrição** (nova redação) – Res. 198/2015, republicada em razão de erro material – *DEJT* divulgado em 12, 15 e 16-6-2015. I – Para os casos em que a ciência da lesão ocorreu a partir de 13-11-2014, é quinquenal a prescrição do direito de reclamar contra o não recolhimento de contribuição para o FGTS, observado o prazo de dois anos após o término do contrato; II – Para os casos em que o prazo prescricional já estava em curso em 13-11-2014, aplica-se o prazo prescricional que se consumar primeiro: trinta anos, contados do termo inicial, ou cinco anos, a partir de 13-11-2014 (STF-ARE-709212/DF).

▷ **Súmula 150 do STF.** Prescreve a execução no mesmo prazo de prescrição da ação.

▷ **Súmula 264 do STF.** Verifica-se prescrição intercorrente pela paralisação da ação rescisória por mais de cinco anos.

▷ **Súmula 327 do STF.** O direito trabalhista admite a prescrição intercorrente.

▷ **"Recurso de embargos em recurso de revista. Dano moral. Anotação de atestados médicos na CTPS.** Discute-se nos presentes autos se a anotação na CTPS da Reclamante dos atestados médicos, apresentados à Reclamada para justificar suas faltas, configura ato ilícito apto a ensejar o pagamento de indenização por danos morais. No caso vertente tem-se que a 5ª Turma desta Corte concluiu que "não foi evidenciada a prática de atos pelo empregador que, efetivamente, pudessem atingir a honra e dignidade da trabalhadora, implicando o dever de indenizar". Tal entendimento destoa da compreensão firmada por esta Corte no sentido de que a anotação na CTPS de afastamento justificado por atestado médico constitui anotação desabonadora que implica lesão ao patrimônio moral do empregado, razão por que o provimento do apelo é medida que se impõe. Precedentes. Recurso de embargos conhecido e provido" (E-RR-652-77.2013.5.20.0002, Subseção I Especializada em Dissídios Individuais, Relator Ministro Alexandre Luiz Ramos, *DEJT* 26-3-2021).

Art. 12. Os preceitos concernentes ao regime de seguro social são objeto de lei especial.

▶ **Comentários**

Modernamente se faz nítida distinção entre Previdência Social e Seguridade Social. A primeira, como a conceitua o art. 1º da Lei n. 8.212, de 24-7-1991 (que dispõe sobre a organização da seguridade social), compreende "o conjunto integrado de ações de iniciativa dos poderes públicos e da sociedade, destinado a assegurar o direito relativo à saúde, à previdência e à assistência social".

Visa, pois, a previdência social assegurar aos beneficiários (trabalhadores e dependentes) os meios necessários de sobrevivência, em decorrência de aposentadoria, morte do titular, incapacidade física ou mental etc. Já a *seguridade social*, como observa Russomano[98], "tem uma área de incidência muito mais ampla e muito mais profunda que aquela tradicionalmente reservada à Previdência Social".

Sérgio Pinto Martins conceitua esta última como "um conjunto de princípios, normas e instituições, integrado por ações de iniciativa dos Poderes Públicos e da sociedade, visando assegurar os direitos relativos à saúde, à previdência e à assistência social"[99].

Ambas, a previdência social e a seguridade social, fazem parte integrante do Direito Previdenciário, ramo do direito inversamente independente do Direito do Trabalho, conquanto com esse último intimamente interligado.

A seguridade social, de um modo geral, tem suas normas básicas estabelecidas na Constituição Federal, que dela cuida no Capítulo II do Título VII – Da Ordem Social.

A seguridade social compreende uma imposição estatal, ente arrecadador de natureza tributária, cuja divisão financeira é destinada: 1) a previdência social (sistema contributivo, obrigatório); 2) saúde (sistema único de saúde – SUS); 3) assistência social, para aqueles que realmente necessitam: esta independe de contribuição, destina-se aquelas famílias comprovadamente hipossuficiente.

▶ **Jurisprudência**

▷ **Súmula 87 do TST. Previdência privada.** Se o empregado, ou seu beneficiário, já recebeu da instituição previdenciária privada, criada pela empresa, vantagem equivalente, é cabível a dedução do seu valor do benefício a que faz jus, por norma regulamentar anterior.

▷ **Súmula 362 do TST. FGTS.** Prescrição. I – Para os casos em que a ciência da lesão ocorreu a partir de 13-11-2014, é quinquenal a prescrição do direito de reclamar contra o não recolhimento de contribuição para o FGTS, observado o prazo de 2 anos após o término do contrato. II – Para os casos em que o prazo prescricional já estava em curso em 13-11-2014, aplica-se o prazo prescricional que se consumar primeiro: trinta anos, contados do termo inicial, ou cinco anos, a partir de 13-11-2014 (STF-ARE-709212/DF).

▷ **OJ 368. SDI-1 TST. Descontos previdenciários. Acordo homologado em juízo. Inexistência de vínculo empregatício. Parcelas indenizatórias. Ausência de discriminação. Incidência sobre o valor total.** (*DEJT* divulgado em 3, 4 e 5-12-2008). É devida a incidência das contribuições para a Previdência Social sobre o valor total do acordo homologado em juízo, independentemente do reconhecimento de vínculo de emprego, desde que não haja discriminação das parcelas sujeitas à incidência da contribuição previdenciária, conforme parágrafo único do art. 43 da Lei n. 8.212, de 24-7-1991, e do art. 195, I, *a*, da CF/1988.

98. *Curso de Previdência Social*, Forense, p. 47.
99. *Direito da Seguridade Social*, Atlas, p. 19.

Título II
Das normas gerais de tutela do trabalho

Capítulo I
Da identificação profissional

Seção I
Da Carteira de Trabalho e Previdência Social

Art. 13. A Carteira de Trabalho e Previdência Social é obrigatória para o exercício de qualquer emprego, inclusive de natureza rural, ainda que em caráter temporário, e para o exercício por conta própria de atividade profissional remunerada. (Redação dada pelo Dec.-lei n. 926, de 10-10-1969).

§ 1º O disposto neste artigo aplica-se, igualmente, a quem:

I – proprietário rural ou não, trabalhe individualmente ou em regime de economia familiar, assim entendido o trabalho dos membros da mesma família, indispensável à própria subsistência, e exercido em condições de mútua dependência e colaboração;

II – em regime de economia familiar e sem empregado, explore área não excedente do módulo rural ou de outro limite que venha a ser fixado, para cada região, pelo Ministério do Trabalho. (Parágrafo e incisos com redação dada pelo Dec.-lei n. 926, de 10-10-1969).

§ 2º A Carteira de Trabalho e Previdência Social (CTPS) obedecerá aos modelos que o Ministério da Economia adotar. (Redação dada pela Lei n. 13.874, de 2019.)

§ 3º e 4º (Revogados pela Lei n. 13.874, de 2019.)

Seção II
Da emissão da Carteira de Trabalho e Previdência Social

Art. 14. A Carteira de Trabalho e Previdência Social (CTPS) será emitida pelo Ministério da Economia preferencialmente em meio eletrônico. (Redação dada pela Lei n. 13.874, de 2019.)

Parágrafo único. Excepcionalmente, a CTPS poderá ser emitida em meio físico, desde que: (Redação dada pela Lei n. 13.874, de 2019.)

I – nas unidades descentralizadas do Ministério da Economia que forem habilitadas para a emissão; (Incluído pela Lei n. 13.874, de 2019.)

II – mediante convênio, por órgãos federais, estaduais e municipais da administração direta ou indireta; (Incluído pela Lei n. 13.874, de 2019.)

III – mediante convênio com serviços notariais e de registro, sem custos para a administração, garantidas as condições de segurança das informações. (Incluído pela Lei n. 13.874, de 2019.)

Art. 15. Os procedimentos para emissão da CTPS ao interessado serão estabelecidos pelo Ministério da Economia em regulamento próprio, privilegiada a emissão em formato eletrônico. (Redação dada pela Lei n. 13.874, de 2019.)

Art. 16. A CTPS terá como identificação única do empregado o número de inscrição no Cadastro de Pessoas Físicas (CPF). (Redação dada pela Lei n. 13.874, de 2019.)

I a IV – (Revogados pela Lei n. 13.874, de 2019.)

Parágrafo único. (Revogado pela Lei n. 13.874, de 2019.)

a e *b*) (Revogadas pela Lei n. 13.874, de 2019.)

Art. 17. (Revogado pela Lei n. 13.874, de 2019.)

§§ 1º e 2º (Revogados pela Lei n. 13.874, de 2019.)

Arts. 18 e 19. (Revogados pela Lei n. 7.855, de 24-10-1989.)

Art. 20. (Revogado pela Lei n. 13.874, de 2019.)

Art. 21. (Revogado pela Lei n. 13.874, de 2019.)

§§ 1º e 2º (Revogados pelo Dec.-lei n. 926, de 10-10-1969.)

Arts. 22, 23 e 24. (Revogados pelo Dec.-lei n. 926, de 10-10-1969.)

Seção III
Da entrega das Carteiras de Trabalho e Previdência Social

Art. 25. (Revogado pela Lei n. 13.874, de 2019.)

Art. 26. (Revogado pela Lei n. 13.874, de 2019.)

Parágrafo único. (Revogado pela Lei n. 13.874, de 2019.)

Arts. 27 e 28. (Revogados pela Lei n. 7.855, de 24-10-1989.)

••

▶ **Comentários**

A denominada *Carteira de Trabalho e Previdência Social* (CTPS) é, inquestionavelmente, documento de suma importância para a configuração da relação de emprego e qualificação profissional do obreiro, muito embora as anotações nela levadas a efeito gerem presunção meramente *juris tantum* e, portanto, relativas, elidíveis, por isso mesmo, por prova em contrário, como enfatiza a Súmula 12 do TST.

O dispositivo legal ora sob comento deixa claro tratar-se de documento obrigatório para o exercício de qualquer emprego urbano ou rural, bem como para o exercício, por conta própria, de atividade profissional remunerada.

Admitido o empregado, terá o seu empregador 48 horas para assinar e devolvê-la ao obreiro, com as respectivas anotações.

O Ministério do Trabalho e Emprego foi extinto[100], suas atribuições foram transferidas para a pasta do Ministério da Economia, no entanto, em 28-7-2021, "foi recriado como Ministério do Trabalho e Previdência Social", na redação do § 2º do art. 13 da CLT, consta o seguinte:

"A Carteira de Trabalho e Previdência Social (CTPS) obedecerá aos modelos que o Ministério da Economia adotar"[101], portanto, se esse conhecimento for solicitado em provas, discursivas ou orais, devem-se informar ambos os dispositivos.

Observe-se que, em conformidade com o que dispõe o art. 41, a CTPS não dispensa a utilização de livro de registro de seus empregados, podendo ser adotados fichas ou sistema eletrônico.

A importância e finalidade da Carteira Profissional é posta em relevo pela própria Exposição de Motivos da CLT:

"No concernente à identificação profissional, há quem incorra em absoluto equívoco, ignorando o sentido exato dessa instituição jurídica. Houve quem lhe apontasse, apenas, a utilidade de mero instrumento do contrato de trabalho, quando, na verdade, é este, embora de grande alcance, apenas um aspecto da carteira profissional, cujo caráter fundamental é o de documento de qualificação profissional, constituindo mesmo a primeira manifestação da tutela do Estado ao trabalhador, antes formalmente *desqualificado* sob o ponto de vista profissional e, a seguir, com a emissão daquele título habilitado à ocupação de um emprego ou ao exercício de uma profissão. Não há como subordinar essa criação típica do Direito Social ao papel acessório de prova do contrato de trabalho, quando, como se vê, a sua emissão antecede ao ajuste do emprego e agora, pela Consolidação, passará a constituir uma condição obrigatória para o trabalho".

A Carteira Profissional, portanto, além de positivar o vínculo empregatício, é documento que atesta as aptidões profissionais, sendo ainda indispensável à colocação e à inscrição sindical.

Ressalte-se que, conquanto obrigatória a Carteira Profissional, grande é o número de trabalhadores que prestam serviços sem as anotações respectivas. São os empregados sem registro, absorvidos aos milhares pela denominada *economia informal*.

Tais trabalhadores, malgrado a inexistência de anotação da relação empregatícia em suas carteiras profissionais, podem, obviamente observado o período prescricional, postular seus direitos trabalhistas na Justiça do Trabalho, lançando mão dos diversos meios de prova admitidos em juízo

Os arts. 15 a 26 cuidavam, antes de tudo, da parte burocrática relacionada com a obtenção da CTPS, não obstante, dentre tais artigos, somente está vigente o 16, que informa que o CPF do trabalhador é a informação indispensável na carteira de trabalho.

As anotações relativas à alteração do estado civil do titular ou relacionadas com os seus dependentes devem ser feitas pelo Instituto Nacional do Seguro Social (INSS).

Na eventualidade de segunda via (em caso de imprestabilidade do documento ou esgotamento do espaço destinado às anotações), esta conservará o número e a série da anterior.

100. Em 1º-1-2019.
101. Redação dada pela Lei n. 13.874, de 2019.

▶ *Jurisprudência*

▷ **Súmula 12 do TST. Carteira profissional.** As anotações apostas pelo empregador na carteira profissional do empregado não geram presunção *juris et de jure*, mas apenas *juris tantum*.

▷ **Súmula 363 do TST. Contrato nulo. Efeitos** (nova redação) – Res. 121/2003, *DJ* 19, 20 e 21-11-2003. A contratação de servidor público, após a CF/1988, sem prévia aprovação em concurso público, encontra óbice no respectivo art. 37, II e § 2º, somente lhe conferindo direito ao pagamento da contraprestação pactuada, em relação ao número de horas trabalhadas, respeitado o valor da hora do salário mínimo, e dos valores referentes aos depósitos do FGTS.

▷ **Súmula 225 do STF.** Não é absoluto o valor probatório das anotações da carteira profissional.

▷ **"Recurso de revista da 1ª reclamada. Acórdão regional. Publicação antes da vigência da Lei n. 13.015/2014. 1. Preliminar de nulidade do acórdão regional por negativa de prestação jurisdicional. Multa por atraso na anotação da CTPS. Aplicação do art. 282, § 2º, do CPC de 2015. Princípios da economia processual e instrumentalidade das formas.** I – Com fundamento no art. 282, § 2º, do CPC de 2015 e observando-se os princípios da economia processual e da instrumentalidade das formas, é possível ao julgador deixar de analisar a preliminar de nulidade do acórdão regional por negativa de prestação jurisdicional, em razão da possibilidade de se decidir o mérito do recurso favoravelmente à parte recorrente. II – Diante, pois, de tal possibilidade, deixa-se de analisar a preliminar de nulidade do acórdão regional por negativa de prestação jurisdicional, calcada na alegação de ausência de pronunciamento expresso do TRT a respeito da multa pela não anotação da CTPS do reclamante. III – Recurso de revista de que não se conhece. **2. Horas extraordinárias e intervalo intrajornada. Cartões de ponto britânicos (Súmula 338, III, do TST). Prova testemunhal que confirma o trabalho suplementar sem o respectivo pagamento.** I – Nos termos da Súmula 338, III, do TST, "os cartões de ponto que demonstram horários de entrada e saída uniformes são inválidos como meio de prova, invertendo-se o ônus da prova, relativo às horas extras, que passa a ser do empregador, prevalecendo a jornada da inicial se dele não se desincumbir." II – No caso concreto, o quadro fático regional, fundado nas provas documental e testemunhal, denota a prestação de trabalho em jornada suplementar e a não concessão integral do intervalo intrajornada, sem a respectiva contraprestação. Isso porque, de um lado, os cartões de ponto juntados aos autos registram marcações uniformes ("jornadas britânicas"), circunstância que os tornou inválidos como meio de prova (Súmula 338, III, do TST) e inverteu o ônus da prova em desfavor da parte reclamada; e, de outro lado, a única testemunha ouvida no processo confirmou a ocorrência do trabalho suplementar sem a devida quitação, bem como a não concessão integral do intervalo intrajornada. III – Resultam descaracterizadas, portanto, as apontadas ofensas aos arts. 818 da CLT e 373, I, do CPC de 2015 (art. 333, I, do CPC de 1973). IV – Recurso de revista de que não se conhece. **3. Compensação de horas extraordinárias. Critério global.** I – O tema relativo ao critério de compensação entre as horas extraordinárias já pagas no curso do contrato de trabalho e aquelas reconhecidas em processo judicial trabalhista já não comporta mais discussão perante esta Corte Superior, que, por meio de sua Orientação Jurisprudencial n. 415 da SBDI-1, consolidou o entendimento de que tal procedimento deve dar-se pelo critério global, e não mês a mês. II – No caso concreto, o Tribunal Regional entendeu que o abatimento de valores pagos somente pode ser efetuado no respectivo mês em que as diferenças objeto da condenação forem apuradas, em desconformidade com a jurisprudência consolidada nesta c. Corte Superior. III – Essa circunstância autoriza o conhecimento do recurso por divergência jurisprudencial. IV – Recurso de revista de que se conhece e a que se dá provimento. **4. Intervalo intrajornada. Forma de pagamento pelo tempo não usufruído. Natureza

jurídica. I – A respeito da forma de pagamento e à natureza jurídica da condenação relativa ao intervalo intrajornada não integralmente usufruído, a Súmula 437 do TST, em seus itens I e III, estabelece que "a não concessão ou a concessão parcial do intervalo intrajornada mínimo, para repouso e alimentação, a empregados urbanos e rurais, implica o pagamento total do período correspondente, e não apenas daquele suprimido"; também que "Possui natureza salarial a parcela prevista no art. 71, § 4º, da CLT (...), quando não concedido ou reduzido pelo empregador o intervalo mínimo intrajornada para repouso e alimentação, repercutindo, assim, no cálculo de outras parcelas salariais". II – No caso concreto, o Tribunal Regional, ao manter a condenação ao pagamento pelo intervalo intrajornada não concedido integralmente, decidiu em conformidade com os mencionados preceitos, circunstância que atrai o óbice art. 896, § 7º, da CLT e afasta as ofensas invocadas, assim como a divergência jurisprudencial colacionada. III – Recurso de revista de que não se conhece. **5. Sobreaviso. Caracterização. Prova testemunhal que confirma o cumprimento de escala de plantão.** I – A Súmula 428, II, do TST estabelece que "considera-se em sobreaviso o empregado que, à distância e submetido a controle patronal por instrumentos telemáticos ou informatizados, permanecer em regime de plantão ou equivalente, aguardando a qualquer momento o chamado para o serviço durante o período de descanso". II – A c. SBDI-1/TST, em sessão de julgamento realizada em 27-6-2019, com acórdão publicado no *DEJT* em 6-9-2019, no processo E-ED-RR-655-53.2012.5.09.0655, que teve como Redator Designado o Exmo. Ministro Cláudio Brandão, reafirmou o seu entendimento de que, para a configuração concreta do regime de sobreaviso, não basta a simples possibilidade de o empregado ser chamado pelo empregador para lhe prestar serviço fora do horário de expediente: é imprescindível, igualmente, que o empregado esteja de prontidão, preparado para o serviço, caso seja chamado durante as horas em que estiver de sobreaviso. Entendeu-se que deve haver a denominada "escala de plantão", à semelhança do que dispõe o art. 244, § 2º, da CLT para os ferroviários. Deve, portanto, haver a delimitação prévia do período de tempo em que o empregado permanecia em tal condição, caracterizadora da restrição parcial à liberdade de disposição do tempo, nos termos da escala/plantão previamente determinada pelo empregador. É esse justamente a hipótese destes autos. III – No presente caso, a expressa delimitação acerca da adoção de escala de plantão ou equivalente é o que possibilita o reconhecimento do regime de sobreaviso, pois daí decorre que o autor de fato tinha sua liberdade de locomoção restringida. IV – Incide, pois, o óbice do art. 896, § 7º, da CLT, a tornar ultrapassada a divergência jurisprudencial colacionada. V – Recurso de revista de que não se conhece. **6. Indenização por danos morais. Despedida por telefone.** Todo relacionamento rompido de forma unilateral envolve dissabores e questionamentos, mas, no caso especial do vínculo de emprego, há ainda a insegurança de perder renda, a incerteza de conseguir nova colocação num mercado de trabalho cada vez mais restrito e competitivo, além de todas as repercussões nas esferas patrimonial, pessoal e familiar do empregado. Portanto, mostra-se razoável a expectativa de que o empregador se cerque de certos cuidados ao comunicar a ruptura do contrato, a fim de minimizar os efeitos negativos na vida do trabalhador. Uma conversa pessoal costuma demonstrar empatia e respeito. Se não for possível, em razão de peculiaridades da situação, pode-se suavizar a natural frieza do contato telemático com a escolha das melhores palavras, da melhor oportunidade e até da ferramenta mais adequada. E cabe ao empregador demonstrar tais excepcionalidades. Na hipótese, o contrato já durava mais de 7 anos – fato que revela certa estabilidade na relação e reforça a presunção de confiança entre as partes. Assim, a dispensa por telefone, sem elementos que justifiquem sua necessidade ou demonstrem que, de alguma outra forma, o empregador teve o cuidado de minimizar os impactos da notícia na vida do empregado, enseja sim dano moral passível de reparação. Recurso de revista não conhecido. **7.**

Terceirização. Atividade-fim. Concessionária de serviço de telecomunicações. Tema 739 da tabela de repercussão geral do STF. I – O Supremo Tribunal Federal, no julgamento da Arguição de Descumprimento de Preceito Fundamental (ADPF) n. 324, proclamou a licitude da terceirização de toda e qualquer atividade, meio ou fim, no âmbito das empresas privadas. II – A ampla liberdade para a contratação de serviços terceirizados no âmbito das empresas privadas foi reafirmada, ainda, no julgamento do RE-958.252, na mesma Sessão do dia 30-8-2018, fixando-se a seguinte tese no Tema 725 da Tabela de Repercussão Geral: "É lícita a terceirização ou qualquer outra forma de divisão do trabalho entre pessoas jurídicas distintas, independentemente do objeto social das empresas envolvidas, mantida a responsabilidade subsidiária da empresa contratante". III – Especificamente em relação à terceirização levada a efeito por concessionária de serviço de telecomunicações, o Supremo Tribunal Federal fixou a tese de que o art. 94, II, da Lei n. 9.472/1997 autoriza expressamente a terceirização serviços vinculados à atividade-fim (Tema 739 da Tabela de Repercussão Geral). IV – No caso dos autos, o Tribunal Regional declarou a ilicitude da terceirização de atividade-fim de empresa de telecomunicações, sem consignar a existência de fraude ou de alguma outra distinção capaz de afastar a aplicação das teses fixadas pelo Supremo Tribunal Federal na ADPF n. 324 e nos Temas 725 e 739 da Tabela de Repercussão Geral. Afrontou, assim, o art. 94, II, da Lei n. 9.472/1997. V. Recurso de revista da reclamada de que se conhece e a que se dá provimento parcial. **8. Obrigação de anotação da CTPS. Multa diária. Análise prejudicada.** I – Ante o provimento do recurso de revista da 1ª reclamada no tema "terceirização ilícita – reconhecimento do vínculo de emprego com o tomador dos serviços"; o consequente afastamento do vínculo de emprego direto com a tomadora de serviços (OI S/A); e o julgamento de improcedência dos pedidos decorrentes da formação de vínculo com a empresa tomadora; resulta prejudicada a análise do tema em epígrafe, uma vez que a anotação da CTPS configura obrigação atribuível apenas à real empregadora, a 2ª reclamada. II – Recurso de revista de que não se conhece. **Recurso de revista do reclamante. Acórdão regional. Publicação antes da vigência da Lei n. 13.015/2014. 1. Responsabilidade subsidiária da tomadora dos serviços. Terceirização. Análise prejudicada.** I – Consoante visto por ocasião da análise do recurso de revista da reclamada, já foi reconhecida a responsabilidade subsidiária da 1ª reclamada, tomadora dos serviços, pela condenação remanescente. Resulta prejudicada, portanto, a análise do tema em epígrafe. II – Recurso de revista de que não se conhece se conhece e a que se dá provimento. **2. Indenização por danos morais. Despedida por telefone. Valor arbitrado.** O Tribunal Regional não especificou os parâmetros concretos que o levaram a fixar a indenização por danos morais em R$10.000,00. Diante da omissão da Corte *a quo*, caberia a oposição de embargos de declaração, a fim de que explicitasse os fundamentos que conduziram ao valor arbitrado e demonstrasse a proporcionalidade com relação à extensão do dano. Mas a parte não tomou tal providência. Em razão disso, mostra-se inviável o exame da tese recursal, no sentido de não haver razoabilidade no montante da indenização. Incide o óbice da Súmula 297 do TST. Recurso de revista não conhecido. **3. Honorários advocatícios. Ausência de assistência sindical. Súmula 219, I, do TST.** I – A condenação ao pagamento de honorários advocatícios na Justiça do Trabalho, anteriormente à vigência da Lei n. 13.467/2017, caso dos autos, não decorre unicamente da sucumbência. Faz-se necessário que o Reclamante comprove que (*a*) está assistido por sindicato da categoria profissional; e (*b*) firmou declaração de hipossuficiência econômica, no sentido de que não possui condições de postular em juízo sem comprometimento do sustento próprio ou de sua família. Esse é o entendimento que se extrai do atual item I da Súmula 219 do TST. II – Ademais, consoante jurisprudência pacífica nesta Corte Supe-

rior, a condenação ao pagamento de honorários advocatícios sob a forma de indenização, a título de reparação por perdas e danos, não encontra amparo na Justiça do Trabalho. Precedentes. III – No caso concreto, verifica-se dos autos que o reclamante de fato não se encontra assistido pelo sindicato da categoria profissional, ou seja, não juntou credencial sindical, tal como consignado no acórdão regional. IV. Desse modo, incidem os óbices do art. 896, § 7º, da CLT e da Súmula 333 do TST, a afastar a apontada ofensa ao art. 133 da Constituição da República, assim como a divergência jurisprudencial colacionada. V. Recurso de revista de que não se conhece" (RR-1037-48.2010.5.09.0095, 7ª Turma, Redator Ministro Cláudio Mascarenhas Brandão, *DEJT* 28-10-2021).

••••••••••••••••••••••••••••••

Seção IV
Anotações na Carteira de Trabalho e Previdência Social

Art. 29. O empregador terá o prazo de 5 (cinco) dias úteis para anotar na CTPS, em relação aos trabalhadores que admitir, a data de admissão, a remuneração e as condições especiais, se houver, facultada a adoção de sistema manual, mecânico ou eletrônico, conforme instruções a serem expedidas pelo Ministério da Economia. (Redação dada pela Lei n. 13.874, de 2019.)

§ 1º As anotações concernentes à remuneração devem especificar o salário, qualquer que seja sua forma de pagamento, seja ele em dinheiro ou em utilidades, bem como a estimativa da gorjeta. (Redação dada pelo Dec.-lei n. 229, de 28-2-1967.)

§ 2º As anotações na Carteira de Trabalho e Previdência Social serão feitas:
a) na data-base;
b) a qualquer tempo, por solicitação do trabalhador;
c) no caso de rescisão contratual; ou
d) necessidade de comprovação perante a Previdência Social. (§ 2º com redação dada pela Lei n. 7.855, de 24-10-1989.)

§ 3º A falta de cumprimento pelo empregador do disposto neste artigo acarretará a lavratura do auto de infração, pelo Fiscal do Trabalho, que deverá, de ofício, comunicar a falta de anotação ao órgão competente, para o fim de instaurar o processo de anotação. (Redação dada pela Lei n. 7.855, de 24-10-1989.)

§ 4º É vedado ao empregador efetuar anotações desabonadoras à conduta do empregado em sua Carteira de Trabalho e Previdência Social. (Parágrafo incluído pela Lei n. 10.270, de 29-8-2001.)

§ 5º O descumprimento do disposto no § 4º deste artigo submeterá o empregador ao pagamento de multa prevista no art. 52 deste Capítulo. (Parágrafo incluído pela Lei n. 10.270, de 29-8-2001.)

§ 6º A comunicação pelo trabalhador do número de inscrição no CPF ao empregador equivale à apresentação da CTPS em meio digital, dispensado o empregador da emissão de recibo. (Incluído pela Lei n. 13.874, de 2019.)

§ 7º Os registros eletrônicos gerados pelo empregador nos sistemas informatizados da CTPS em meio digital equivalem às anotações a que se refere esta Lei. (Incluído pela Lei n. 13.874, de 2019.)

§ 8º O trabalhador deverá ter acesso às informações da sua CTPS no prazo de até 48 (quarenta e oito) horas a partir de sua anotação. (Incluído pela Lei n. 13.874, de 2019.)

Arts. 30 a 34. (Revogados pela Lei n. 13.874, de 2019.)

Art. 35. (Revogado pela Lei n. 6.533, de 24-5-1978.)

••••••••••••••••••••••••••••••

▶ Comentários

1. Contrato-realidade

Um dos princípios fundamentais do Direito do Trabalho é o da *primazia da realidade sobre a forma*, também denominado contrato-realidade, expressão criada por Mário de La Cueva, e tão bem descrita por Maurício Godinho Delgado:

"No Direito do Trabalho deve-se pesquisar, preferentemente, a prática concreta efetivada ao longo da prestação de serviços, independentemente da vontade eventualmente manifestada pelas partes na respectiva relação jurídica.

A prática habitual – na qualidade de uso – altera o contrato pactuado, gerando direitos e obrigações novos às partes contratantes (respeitada a fronteira da inalterabilidade contratual lesiva).

Desse modo, o conteúdo do contrato não se circunscreve ao transposto no correspondente instrumento escrito, incorporando amplamente todos os matizes lançados pelo cotidiano da prestação de serviços. O princípio do contrato-realidade autoriza, assim, por exemplo, a descaracterização de uma pactuada relação civil de prestação de serviços, desde que, no cumprimento do contrato, despontem, concretamente, todos os elementos fático-jurídicos da relação de emprego (trabalho por pessoa física, com pessoalidade, não eventualidade, onerosidade e sob subordinação)"[102].

Positivados, pois, os elementos fundamentais do vínculo empregatício, tão bem postos em relevo pelo eminente juslaboralista, ainda que inexista anotação na Carteira de Trabalho e consequente registro, provocada a Justiça do Trabalho, não restará a esta senão a proclamação do contrato de trabalho, determinando, outrossim, a anotação da respectiva Carteira.

2. A obrigatoriedade da Carteira e das anotações

Conquanto a relação de emprego possa, também, ser pactuada verbalmente (art. 442 da CLT), a CTPS é, como já frisamos, obrigatória.

Assim, tão logo admitido, é obrigação do empregado apresentá-la ao empregador, que, por sua vez, terá 5 dias úteis para nela anotar: a data da admissão; o salário ajustado; condições especiais, se existentes; formas de pagamento; eventuais salários em utilidades e estimativa de gorjeta.

Da mesma forma deverá o empregador anotar todas as alterações supervenientes à admissão.

Observe-se que a microempresa e a empresa de pequeno porte estão, igualmente, obrigadas a anotar a carteira de trabalho de seus empregados e ao arquivamento dos documentos comprobatórios de cumprimento das obrigações trabalhistas e previdenciárias, enquanto não prescreverem essas obrigações (art. 52, I e II, da Lei Complementar n. 123, de 14-12-2006 – Estatuto da Microempresa e da Empresa de Pequeno Porte).

3. A devolução da Carteira ao empregado

Feitas as anotações indispensáveis, deve o empregador devolver a Carteira Profissional ao empregado, sob pena de multa e prisão (art. 53 da CLT e Lei n. 5.553/68).

4. Anotações prejudiciais ao empregado

O poder disciplinar na empresa é exercido por seu respectivo titular.

Fervoroso adepto da natureza institucional da empresa, Luiz José de Mesquita lembra, com inegável propriedade, que, "sendo a empresa uma instituição social diferençada, não igualitária, que, por sua natureza exige uma hierarquia de autoridades, a atividade do empregado deve ser prestada dentro de uma subordinação hierárquica à do empreendedor"[103].

Por poder hierárquico se há de entender, na soberba definição do autor nominado, "a faculdade em virtude da qual uma pessoa, o sujeito-ativo chamado superior hierárquico, exerce um direito-função sobre a atividade humana profissional de outra, o sujeito passivo, chamado inferior-hierárquico, segundo o interesse social da instituição, para legislar, governar, e sancionar no que respeita à ordem profissional da empresa"[104].

O poder diretivo a cargo do empresário não é, contudo, discricionário. Ao revés, tem seus limites traçados pelo Direito do Trabalho, que disciplina as relações entre empregados e empregadores.

Assim, eventualmente, determinados atos faltosos do empregado, exaustivamente declinados no art. 482 da CLT, podem ser objeto de punição por parte do empregador: advertência, suspensão e, finalmente, dispensa por justa causa.

Tais punições, conquanto possam ser impostas ao empregado e a ele comunicadas por escrito, não podem, todavia, ser anotadas na CTPS, na medida em que venham a dificultar novo emprego. É de assinalar que anotações

102. *Princípios do Direito Individual e Coletivo do Trabalho*, LTr, p. 60.

103. *Direito Disciplinar do Trabalho*, 2. ed., LTr, p. 41.
104. Ob. cit., p. 48-9.

precipitadas podem ensejar, por parte do empregado, ação de indenização por dano moral, plenamente admitida no âmbito do Direito do Trabalho.

▶ *Jurisprudência*

▷ **Súmula 12 do TST. Carteira profissional** (mantida) – Res. 121/2003, *DJ* 19, 20 e 21-11-2003. As anotações apostas pelo empregador na carteira profissional do empregado não geram presunção *"juris et de jure"*, mas apenas *"juris tantum"*.

▷ **"AGRAVO. Recurso de revista. Acórdão publicado na vigência da Lei n. 13.015/2014. Responsabilidade civil do empregador. Indenização por dano moral. Registro de atestados na CTPS obreira. Descumprimento da Portaria n. 41/2007.** O Tribunal Regional manteve a sentença que indeferiu o pagamento de indenização por danos morais, por não reputar desabonadora e discriminatória a conduta patronal de anotar as licenças médicas, sob o fundamento de que houve apenas uma única anotação, referente à licença médica, durante um pacto laboral que perdurou por quinze anos, ocorrida antes da publicação da Portaria n. 41, de 28-3-2007, que disciplinou o registro e a anotação da CTPS dos empregados, e que não havia qualquer demonstração nos autos de prejuízo em razão dessa anotação. Impertinente, assim, as alegações da agravada visto que não age ilicitamente o empregador que registra atestados médicos na CTPS para justificar as ausências dos empregados, considerando a fidedignidade das anotações, incontroversa na decisão regional. É que não se pode presumir que anotações dessa natureza, que apenas refletem o histórico funcional do empregado, sejam abusivas ou discriminatórias. Ao contrário, ressai evidente a possibilidade de o empregador poder efetuar registros de eventuais interrupções no contrato de trabalho, não havendo, à luz do princípio da boa-fé contratual, como supor que a intenção da empresa é frustrar o trabalhador de obter nova colocação no mercado de trabalho. Agravo não provido" (Ag-ARR-469-12.2013.5.20.0001, 5ª Turma, Relator Ministro Breno Medeiros, *DEJT* 24-4-2020).

▷ **"Embargos de declaração em agravo de instrumento em recurso de revista. Processo anterior à Lei n. 13.467/2017. Acórdão regional publicado na vigência da Lei n. 13.015/2014. Prescrição. Indenização por dano moral. Anotação desabonadora na CTPS.** Observa-se do acórdão embargado que esta Terceira Turma examinou, de forma plena, a prescrição da pretensão indenizatória, especificando que, no caso, incide o disposto no art. 206, § 3º, inciso V, do Código Civil, estando "de fato, prescritas as pretensões do autor" (pág. 429). Contudo, para que não se alegue negativa de prestação jurisdicional, esclareça-se que, no caso dos autos, não subsiste a tese de lesão de trato sucessivo, porquanto a pretensão indenizatória, fundada em ato abusivo do empregador em anotar condutas desabonadoras na CTPS, decorre de ato único, motivo pelo qual não há falar em prescrição parcial. Precedentes. Embargos de declaração conhecidos e providos, apenas para prestar esclarecimentos, nos termos da fundamentação, sem conferir efeito modificativo ao julgado" (ED-AIRR-2033-23.2013.5.20.0002, 3ª Turma, Relator Ministro Alexandre de Souza Agra Belmonte, *DEJT* 27-9-2019).

•••

Seção V
Das reclamações por falta ou recusa de anotação

Art. 36. Recusando-se a empresa a fazer as anotações a que se refere o art. 29 ou a devolver a Carteira de Trabalho e Previdência Social recebida, poderá o empregado comparecer, pessoalmente ou por intermédio de seu sindicato, perante a Delegacia Regional ou órgão autorizado, para apresentar reclamação. (Redação dada pelo Dec.-lei n. 229, de 28-2-1967).

Art. 37. No caso do art. 36, lavrado o termo de reclamação, determinar-se-á a realização de diligência para instrução do feito, observado, se for o caso, o disposto no § 2º do art. 29, notificando-se posteriormente o reclamado por carta registrada, caso persista a recusa, para que, em dia e hora previamente designados, venha pres-

tar esclarecimentos ou efetuar as devidas anotações na Carteira de Trabalho e Previdência Social ou sua entrega. (Redação dada pelo Dec.-lei n. 229, de 28-2-1967.)

Parágrafo único. Não comparecendo o reclamado, lavrar-se-á termo de ausência, sendo considerado revel e confesso sobre os termos da reclamação feita, devendo as anotações ser efetuadas por despacho da autoridade que tenha processado a reclamação. (Redação dada pelo Dec.-lei n. 229, de 28-2-1967.)

Art. 38. Comparecendo o empregador e recusando-se a fazer as anotações reclamadas, será lavrado um termo de comparecimento, que deverá conter, entre outras indicações, o lugar, o dia e hora de sua lavratura, o nome e a residência do empregador, assegurando-se-lhe o prazo de 48 (quarenta e oito) horas, a contar do termo, para apresentar defesa.

Parágrafo único. Findo o prazo para a defesa, subirá o processo à autoridade administrativa de primeira instância, para se ordenarem diligências, que completem a instrução do feito, ou para julgamento, se o caso estiver suficientemente esclarecido.

Art. 39. Verificando-se que as alegações feitas pelo reclamado versam sobre a não existência de relação de emprego, ou sendo impossível verificar essa condição pelos meios administrativos, será o processo encaminhado à Justiça do Trabalho, ficando, nesse caso, sobrestado o julgamento do auto de infração que houver sido lavrado. (Redação dada pelo Dec.-lei n. 229, de 28-2-1967.)

§ 1º Se não houver acordo, a Junta de Conciliação e Julgamento, em sua sentença, ordenará que a Secretaria efetue as devidas anotações, uma vez transitada em julgado, e faça a comunicação à autoridade competente para o fim de aplicar a multa cabível. (Redação dada pelo Dec.-lei n. 229, de 28-2-1967.)

§ 2º Igual procedimento observar-se-á no caso de processo trabalhista de qualquer natureza, quando for verificada a falta de anotações na Carteira de Trabalho e Previdência Social, devendo o juiz, nesta hipótese, mandar proceder, desde logo, àquelas sobre as quais não houver controvérsia. (Parágrafo incluído pelo Dec.-lei n. 229, de 28-2-1967.)

▶ *Comentários*

1. **Recusa do empregador em anotar a Carteira Profissional**

Não raras vezes, o empregador, ou por negligência, ou dolosamente, protela ou simplesmente recusa a levar a efeito as anotações necessárias na Carteira Profissional, malgrado as punições previstas em lei: pena pecuniária (arts. 53 a 55 da CLT), além da contravenção prevista na Lei n. 5.553/68.

2. **Anotação na Delegacia Regional do Trabalho. Procedimento administrativo: remessa do processo à Justiça do Trabalho**

Recusando-se o empregador a fazer as anotações obrigatórias na Carteira Profissional, pode o empregado valer-se do procedimento administrativo, movendo a competente reclamação perante a respectiva Delegacia Regional do Trabalho. Esta, por sua vez, providenciando as diligências necessárias, por meio de seus fiscais do trabalho, notificará o empregador (carta registrada) para que, em dia e hora previamente designados, preste esclarecimentos, efetue as anotações ou entregue a Carteira Profissional, na hipótese de sua retenção.

A ausência do empregador implica revelia, devendo a autoridade administrativa determinar, por despacho, que se processem as anotações na forma da reclamação.

Na eventualidade de o empregador contestar a reclamação, a autoridade administrativa, providenciando as diligências que se fizerem necessárias, decidirá a final.

Contestada a existência de relação empregatícia – fato que ocorre com frequência – deve o processo administrativo ser encaminhado à Justiça do Trabalho, seguindo-se a tramitação própria dos dissídios individuais, perante as Varas do Trabalho.

Na ocorrência de procedência da ação, com a consequente comprovação do vínculo empregatício, a anotação pode ser levada a efeito, *ex officio*[105].

105. TST, RR 274.437/96.7 – Ac. 4ª T.

▶ **Jurisprudência**

▷ "**I – Agravo de instrumento. Recurso de revista interposto na vigência da Lei n. 13.015/2014. Nulidade do despacho de admissibilidade. Negativa de prestação jurisdicional. Instrução normativa 40 do TST. Ausência de embargos de declaração. Preclusão.** Nos termos do art. 1º, § 1º, da Instrução Normativa n. 40 do TST, se houver omissão no juízo de admissibilidade do recurso de revista, é ônus da parte interpor embargos de declaração para suprir a omissão da decisão embargada, sob pena de preclusão. Assim, em razão da ausência de embargos de declaração, descabe falar em nulidade do despacho de admissibilidade. Agravo de instrumento a que se nega provimento. **Reconhecimento do vínculo empregatício. Reexame de provas. Incidência da Súmula 126/TST.** Hipótese em que o Regional, amparado no acervo fático-probatório delineado nos autos, sobretudo na prova oral, manteve a sentença que reconheceu o vínculo empregatício entre o reclamante e a reclamada, sob o fundamento de que restou provada a existência dos requisitos caracterizadores da relação de emprego, quais sejam: prestação do serviço de forma pessoal e não eventual, onerosidade e subordinação. Tendo as instâncias ordinárias, soberanas na análise da prova, concluído restou comprovado o vínculo de emprego entre as partes, inviável o processamento do apelo, pois para se concluir de forma distinta, seria imprescindível a reapreciação da prova coligida nos autos, procedimento vedado em sede de recurso de revista, nos termos da Súmula 126 do TST. Agravo de instrumento a que se nega provimento. **Contribuição previdenciária. Incidência sobre verbas remuneratórias. Reexame de provas. Incidência da Súmula 126/TST.** O regional, amparado no demonstrativo de cálculos juntado aos autos, consignou que as contribuições previdenciárias incidiram sobre as verbas remuneratórias deferidas na sentença e não pelo período em que foi reconhecido o vínculo empregatício, como alega a reclamada. Assim, para se analisar a premissa fática de que as contribuições previdenciárias incidiram sobre o vínculo empregatício reconhecido em juízo, seria necessária a reapreciação da prova coligida nos autos, procedimento vedado em sede de recurso de revista, nos termos da Súmula 126 do TST. Agravo de instrumento a que se nega provimento. **II – Recurso de revista interposto na vigência da Lei n. 13.015/2014. Danos morais. Ausência de anotação da CTPS.** O Regional deferiu o pagamento de indenização por danos morais em decorrência da ausência de anotação da CTPS. Contudo, a jurisprudência desta Corte entende que a ausência de registro do contrato de trabalho na CTPS, por si só, não enseja o pagamento de indenização por danos morais, sendo necessária, para o deferimento da pretensão, a comprovação efetiva de algum fato objetivo a partir do qual se possa deduzir o abalo sofrido. Precedentes. Recurso de revista conhecido e provido" (ARR-1441-75.2015.5.08.0120, 2ª Turma, Relatora Ministra Maria Helena Mallmann, *DEJT* 19-11-2019).

▷ **Recurso de revista. Lei n. 13.467/2017. Indenização por dano moral. Ausência de anotação na carteira de trabalho. Transcendência.** O processamento do recurso de revista na vigência da Lei n. 13.467/2017 exige que a causa ofereça transcendência com relação aos reflexos gerais de natureza econômica, política, social ou jurídica, a qual deve ser analisada de ofício e previamente pelo Relator (arts. 896-A, da CLT, 246 e 247 do RITST). A decisão do eg. TRT que condena a reclamada ao pagamento de indenização por dano moral em decorrência da não anotação da CTPS contraria a jurisprudência pacífica desta c. Corte, no sentido de que a ausência na anotação da carteira de trabalho em decorrência de vínculo empregatício reconhecido em juízo, por si só, não acarreta indenização, devendo estar comprovado o abalo psicológico e violação à honra e imagem do empregado. Demonstrado pela recorrente, por meio de cotejo analítico, que o eg. TRT incorreu em ofensa ao art. 186 do CC, o recurso deve ser conhecido e provido para excluir da condenação o pagamento da indenização. Transcendência reconhecida, recurso de revista de que se conhece e a

que se dá provimento. Processo: ARR – 1054-59.2015.5.17.0007. Relatora: Cilene Ferreira Amaro Santos. Publicação: 10-5-2019.

Seção VI
Do valor das anotações

Art. 40. As CTPS regularmente emitidas e anotadas servirão de prova: (Redação dada pela Lei n. 13.874, de 2019.)

I – nos casos de dissídio na Justiça do Trabalho entre a empresa e o empregado por motivo de salário, férias, ou tempo de serviço;

II – perante a Previdência Social, para o efeito de declaração de dependentes;

III – para cálculo de indenização por acidente do trabalho ou moléstia profissional. (*Caput* e incisos com redação dada pelo Dec.-lei n. 229, de 28-2-1967.)

▶ **Comentários**

Jurisprudência sumulada do TST proclama não ser absoluto o valor probante das anotações na Carteira Profissional – Súmula 12: "As anotações apostas pelo empregador na carteira profissional do empregado não geram presunção *juris et de jure*, mas apenas *juris tantum*".

No mesmo sentido a Súmula 225 do STF: "Não é absoluto o valor probatório das anotações da carteira profissional".

▶ **Jurisprudência**

▷ **Súmula 12 do TST. Carteira profissional.** As anotações apostas pelo empregador na carteira profissional do empregado não geram presunção *juris et de jure*, mas apenas *juris tantum*. (RA 28/69, *DO/GB*, 21-8-1969)

▷ **Súmula 225 do STF. Carteira Profissional. Valor Probatório.** Não é absoluto o valor probatório das anotações da carteira profissional.

▷ **"I – Agravo interposto pelas reclamadas. Vínculo de emprego. Elementos. Preenchimento. Corretor de imóveis. Decisão regional amparada na subordinação estrutural. Possibilidade de substituição eventual do reclamante. Provimento.** Em razão de equívoco no exame do agravo de instrumento, dá-se provimento ao agravo. Agravo a que se dá provimento. **II – Agravos de instrumento interpostos pelas reclamadas – Análise conjunta. Vínculo de emprego. Elementos. Preenchimento. Corretor de imóveis. Decisão regional amparada na subordinação estrutural. Possibilidade de substituição eventual do reclamante. Provimento.** Em vista de possível violação do art. 3º da CLT, merecem provimento os agravos de instrumento para melhor exame dos recursos de revista. Agravos de instrumento a que se dá provimento. **III – Recursos de revista interpostos pelas reclamadas – Análise conjunta. Vínculo de emprego. Elementos. Preenchimento. Corretor de imóveis. Decisão regional amparada na subordinação estrutural. Possibilidade de substituição eventual do reclamante. Provimento.** É amplamente conhecido que os elementos caracterizadores do vínculo de emprego são aqueles previstos no art. 3º da CLT. Assim, a relação de emprego estará presente quando comprovada a não eventualidade dos serviços prestados, a pessoalidade do trabalhador contratado, a subordinação jurídica e a onerosidade. Ausente um desses requisitos, não há falar em vínculo de emprego, e sim em relação de trabalho por meio de atividade em sentido estrito. Ressalte-se que o fato de as reclamadas estabelecerem diretrizes e aferirem resultados na prestação dos serviços não induz à conclusão de que estaria presente a subordinação jurídica. Isso porque todo trabalhador se submete, de alguma forma, à dinâmica empresarial de quem que contrata seus serviços, em razão de ser ela (a empresa) a beneficiária final dos serviços prestados pelo trabalhador. Sendo assim, pode ela perfeitamente supervisionar e determinar a forma de execução das atividades, não cabendo para a espécie o reconhecimento de vínculo decorrente da chamada "subordinação estrutural". Precedentes. No que diz respeito à subordinação jurídica, para que haja a sua configuração, é necessário que estejam presentes na relação todos os elementos que compõem o poder hierárquico do empregador, quais sejam: os

poderes diretivo, fiscalizatório, regulamentar e disciplinar, como bem ressaltou o eminente Ministro Alexandre Luiz Ramos no seu voto, no julgamento do RR-10088-46.2015.5.18.0002, de sua relatoria nesta Quarta Turma. Desse modo, inexistindo a convergência concreta de todos esses elementos, não há falar em subordinação jurídica e, por conseguinte, em relação de emprego. Na hipótese, o egrégio Tribunal Regional manteve a sentença que reconheceu o vínculo de emprego do reclamante, por entender presentes os elementos configuradores do liame empregatício. Considerou, para tanto, a existência de subordinação estrutural, bem como a comprovação de que o reclamante se reportava a um gerente da empresa, sempre que necessitasse se ausentar em algum plantão. Também entendeu presente a pessoalidade, mesmo admitindo a possibilidade de o autor ser substituído por outro trabalhador autorizado pela empresa. Nesse contexto, tem-se que a egrégia Corte Regional, ao reconhecer a relação de emprego com base na subordinação estrutural, e não na jurídica, a qual exige a presença de todos os elementos que compõem o poder hierárquico do empregador, não levando em conta, ainda, a pessoalidade, já que o autor poderia ser substituído por outro trabalhador na prestação de serviços, violou a letra do art. 3º da CLT. Recursos de revista de que se conhece e a que se dá provimento" (RR-181500-25.2013.5.17.0008, 4ª Turma, Relator Ministro Guilherme Augusto Caputo Bastos, *DEJT* 16-4-2021).

▷ **"Recurso de revista interposto pela reclamada. Acórdão regional publicado na vigência da Lei n. 13.015/2014 e antes da vigência da Lei n. 13.467/2017. 1. Prescrição. Pedido de demissão. Projeção do aviso prévio. Impossibilidade. Conhecimento e provimento.** I – A jurisprudência desta Corte Superior é no sentido de que, em caso de pedido de demissão no qual há a dispensa do cumprimento do aviso prévio, o termo inicial da contagem da prescrição bienal é a data do afastamento do trabalhador. II – No presente caso, o Reclamante pediu demissão, devendo, portanto, a prescrição ser contada a partir do último dia de trabalho efetivo, não se podendo falar em projeção de aviso prévio não cumprido. III – Dessa forma, ao concluir que "o aviso prévio deve ser considerado como tempo de serviço, projetando seus efeitos no contrato de trabalho, inclusive no caso de pedido de demissão", o Tribunal Regional violou o art.7º, XXIX, da Constituição Federal. IV – Recurso de revista de que se conhece e a que se dá provimento" (RR-100380-88.2016.5.01.0431, 4ª Turma, Relator Ministro Alexandre Luiz Ramos, *DEJT* 18-12-2020).

•••

Seção VII
Dos livros de registro de empregados

Art. 41. Em todas as atividades será obrigatório para o empregador o registro dos respectivos trabalhadores, podendo ser adotados livros, fichas ou sistema eletrônico, conforme instruções a serem expedidas pelo Ministério do Trabalho. (Redação dada pela Lei n. 7.855, de 24-10-1989.)

Parágrafo único. Além da qualificação civil ou profissional de cada trabalhador, deverão ser anotados todos os dados relativos à sua admissão no emprego, duração e efetividade do trabalho, a férias, acidentes e demais circunstâncias que interessem à proteção do trabalhador. (Redação dada pela Lei n. 7.855, de 24-10-1989.)

Art. 42. (Revogado pela Lei n. 10.243, de 19-6-2001.)

Arts. 43 e 44. (Revogados pela Lei n. 7.855, de 24-10-1989.)

Arts. 45 e 46. (Revogados pelo Dec.-lei n. 229, de 28-2-1967.)

Art. 47. O empregador que mantiver empregado não registrado nos termos do art. 41 desta Consolidação ficará sujeito a multa no valor de R$ 3.000,00 (três mil reais) por empregado não registrado, acrescido de igual valor em cada reincidência.

§ 1º Especificamente quanto à infração a que se refere o *caput* deste artigo, o valor final da multa aplicada será de R$ 800,00 (oitocentos reais) por empregado não registrado, quando se tratar de microempresa ou empresa de pequeno porte.

§ 2º A infração de que trata o *caput* deste artigo constitui exceção ao critério da dupla visita.

Art. 47-A. Na hipótese de não serem informados os dados a que se refere o parágrafo úni-

co do art. 41 desta Consolidação, o empregador ficará sujeito à multa de R$ 600,00 (seiscentos reais) por empregado prejudicado. (Inserido 11-7-2017.)

Art. 48. As multas previstas nesta Seção serão aplicadas pelas Delegacias Regionais do Trabalho.

••••••••••••••••••••••••••••••••••••

▶ **Comentários**

Qualquer que seja a modalidade de trabalho prestado pelo assalariado, o registro do trabalhador é obrigatório. A norma é, inquestionavelmente, de ordem pública, imperativa e impostergável. Para isso, há livro próprio – o *Livro de Registro de Empregados*, que, todavia, pode ser substituído por fichas ou outros sistemas eletrônicos.

O livro em apreço deve conter, necessariamente: nome e qualificação do empregado; número e série da sua Carteira Profissional, data da admissão (e, obviamente, da demissão, se esta vier a ocorrer); função exercida; salário e sua forma de pagamento; número da conta vinculada do FGTS e PIS-Pasep, bem como as anotações que se fizerem necessárias, como férias etc.

Não se olvide o registro de horário de serviços e o Livro de Inspeção do Trabalho, documentos estes que deverão permanecer no estabelecimento da empresa. Tais documentos devem ser autenticados pela respectiva *Delegacia Regional do Trabalho*, providência essa que pode ser tomada, também, pelo fiscal do trabalho e pela autoridade da Previdência Social do local, em que a empresa tem seu estabelecimento.

A inobservância dessas obrigações implica multas correspondentes a 15 ou 30 vezes o valor de referência – Portaria n. 290, de 11-4-1997.

▶ **Jurisprudência**

▷ **Súmula 300 do TST. Competência da justiça do trabalho. Cadastramento no PIS** (mantida) – Res. 121/2003, *DJ* 19, 20 e 21-11-2003. Compete à Justiça do Trabalho processar e julgar ações ajuizadas por empregados em face de empregadores relativas ao cadastramento no Programa de Integração Social (PIS).

▷ **Súmula 77 do STJ.** A Caixa Econômica Federal é parte ilegítima para figurar no polo passivo das ações relativas às contribuições para o fundo PIS/Pasep.

▷ **I – Agravo. Agravo de instrumento. Recurso de revista. Anterior às Leis n. 13.015/2014 e 13.467/2017 e à Instrução Normativa n. 40 do TST. Reclamada. Contrato por prazo determinado. Auxílio-doença comum. Suspensão. Efeitos.** Os argumentos da parte conseguem desconstituir os fundamentos da decisão monocrática agravada. Agravo a que se dá provimento para seguir no exame do agravo de instrumento. **II – Agravo de instrumento. Recurso de revista. Anterior às Leis n. 13.015/2014 e 13.467/2017 e à Instrução Normativa n. 40 do TST. Reclamada. Contrato por prazo determinado. Auxílio-doença comum. Suspensão. Efeitos.** Está demonstrada a viabilidade do conhecimento do recurso de revista por provável violação do art. 472, § 2º, da CLT. Agravo de instrumento a que se dá provimento. **III – Recurso de revista. Anterior às Leis n. 13.015/2014 e 13.467/2017 e à Instrução Normativa n. 40 do TST. Reclamada. Contrato por prazo determinado. Auxílio-doença comum. Suspensão. Efeitos.** 1. A controvérsia existente nos autos restringe-se em saber quais os efeitos gerados no contrato por prazo determinado quando a empregada se afasta em decorrência do recebimento de auxílio-doença comum. 2. Extrai-se da decisão recorrida: *a*) a reclamante se afastou no curso do contrato de trabalho por prazo determinado para tratamento de saúde com o recebimento de auxílio-doença comum; *b*) o caso dos autos não se trata de acidente de trabalho; *c*) inexiste acordo no sentido de não se computar o tempo de afastamento na contagem do prazo do contrato a termo. 3. O art. 472, § 2º, da CLT, dispõe que: "Nos contratos por prazo determinado, o tempo de afastamento, se assim acordarem as partes interessadas, não será computado na contagem do prazo para a respectiva terminação". O referido dispositivo legal determina que, na falta de acordo entre as partes, o tempo de afastamento ocorrido durante o contrato de trabalho por prazo

determinado (suspensão ou interrupção) será computado no prazo da respectiva terminação. Logo, inexistindo pacto nesse sentido, deverá o período de afastamento por auxílio-doença ser computado na contagem do contrato por prazo determinado. 4. Além disso, esta Corte Superior já firmou entendimento no sentido de ser possível a suspensão do contrato por prazo determinado em decorrência do afastamento por auxílio-doença, devendo os efeitos da dispensa serem concretizados somente depois de expirado o benefício previdenciário, conforme se extrai, por entendimento análogo, da disposição contida na segunda parte da Súmula 371 do TST (antiga OJ n. 135 da SBDI-I do TST), ante a determinação de prazo que o aviso prévio opera no contrato de trabalho. Há julgados. 5. Logo, não há que se falar em desfazimento do vínculo empregatício antes da alta médica, porquanto os efeitos do término do contrato por prazo determinado somente se efetivam quando expirado o benefício previdenciário. 6. Assim, a decisão do TRT no sentido de que "após a alta médica previdenciária, a autora deverá cumprir o período restante do contrato de trabalho", sem que as partes tenham acordado que o tempo de afastamento não seria computado no prazo do contrato a termo, viola a disposição do art. 472, § 2º, da CLT. 7. Recurso de revista de que se conhece e a que se dá parcial provimento" (RR-176100-24.2005.5.02.0462, 6ª Turma, Relatora Ministra Kátia Magalhães Arruda, *DEJT* 12-4-2019).

••

Seção VIII
Das penalidades

Art. 49. Para os efeitos da emissão, substituição ou anotação de Carteiras de Trabalho e Previdência Social, considerar-se-á crime de falsidade, com as penalidades previstas no art. 299 do Código Penal:

I – fazer, no todo ou em parte, qualquer documento falso ou alterar o verdadeiro;

II – afirmar falsamente a sua própria identidade, filiação, lugar de nascimento, residência, profissão ou estado civil e beneficiários, ou atestar os de outra pessoa;

III – servir-se de documentos, por qualquer forma falsificados;

IV – falsificar, fabricando ou alterando, ou vender, usar ou possuir Carteiras de Trabalho e Previdência Social assim alteradas;

V – anotar dolosamente em Carteira de Trabalho e Previdência Social ou registro de empregado, ou confessar ou declarar, em juízo ou fora dele, data de admissão em emprego diversa da verdadeira. (*Caput* e incisos com redação dada pelo Dec.-lei n. 229, de 28-2-1967.)

Art. 50. Comprovando-se falsidade, quer nas declarações para emissão de Carteira de Trabalho e Previdência Social, quer nas respectivas anotações, o fato será levado ao conhecimento da autoridade que houver emitido a carteira, para fins de direito.

Art. 51. Incorrerá em multa de valor igual a 3 (três) vezes o salário mínimo regional aquele que, comerciante ou não, vender ou expuser a venda qualquer tipo de carteira igual ou semelhante ao tipo oficialmente adotado. (Redação dada pelo Dec.-lei n. 229, de 28-2-1967.)

Art. 52. O extravio ou inutilização da Carteira de Trabalho e Previdência Social por culpa da empresa sujeitará esta à multa de valor igual à metade do salário mínimo regional. (Redação dada pelo Dec.-lei n. 926, de 10-10-1969.)

Art. 53 e 54. (Revogados pela Lei n. 13.874, de 2019.)

Art. 55. Incorrerá na multa de valor igual a 1 (um) salário mínimo regional a empresa que infringir o art. 13 e seus parágrafos. (Redação dada pelo Dec.-lei n. 229, de 28-2-1967.)

Art. 56. (Revogado pela Lei n. 13.874, de 2019.)

••

▶ *Comentários*

1. *Crime de falsidade*

Os fatos declinados nos arts. 49 e 50 envolvem, inquestionavelmente, crime de falsidade. "Fazer no todo ou em parte qualquer documento falso", caracteriza a *falsificação*, quando o agente "cria inteiramente um documento com todos os elementos exigidos para a sua existência", como ensina o clássico Bento de Faria[106].

"Alterar o verdadeiro" positiva *falsidade ideológica* – "é a mentira, que consiste na

106. *Código Penal Brasileiro*, v. V, p. 440.

atestação não verdadeira ou em uma omissão, em ato formalmente verdadeiro, de fatos ou de declarações da vontade, cuja verdade o documento deveria provar"[107].

A falsificação, como preleciona o douto penalista, "exige uma intenção determinada – é, pois, mister que a verdade tenha sido alterada com intenção fraudulenta"[108].

2. Competência "ratione materiae" da Justiça Federal

O crime de falsificação, que envolve a prática dos atos declinados nos arts. 49 e 50, tanto pode ser constatado pela autoridade administrativa, nos atos de fiscalização, como, inclusive, pelo juiz do trabalho, nos dissídios levados à sua apreciação. Nessa última hipótese, o juiz oficiará ao Ministério Público para que este, se assim entender, ofereça denúncia contra aquele a quem aproveita o delito. A competência para o processamento é da Justiça Federal, segundo o disposto no art. 109, VI, da Constituição Federal – "aos juízes federais compete processar e julgar:... IV – os crimes contra a organização do trabalho...".

Observe-se, porém, que os crimes contra a organização do trabalho são aqueles que "ofendem o sistema de órgãos e instituições que preservam, coletivamente, os direitos e deveres dos trabalhadores". Na ocorrência dessa hipótese, é que a competência é da Justiça Federal. Havendo violação a direito de um determinado empregado, a competência será da Justiça Estadual, perante o juiz de direito da Vara Criminal.

"A expressão 'crime contra a organização do trabalho', utilizada no referido texto constitucional, não abarca o delito praticado pelo empregador que, fraudulentamente, viola direito trabalhista de determinado empregado. Competência da Justiça Estadual. Em face do art. 109, VI, da CF/1988, são de competência da Justiça Federal apenas os crimes que ofendem o sistema de órgãos e instituições que preservam, coletivamente, os direitos e deveres dos trabalhadores"[109].

3. Pena pecuniária

As infrações declinadas nos arts. 51 a 55, por não se revestirem da gravidade das primeiras, são punidas com multas administrativas, a serem impostas na forma prevista nos arts. 626 a 629 da CLT – "Do Processo de Multas Administrativas".

▶ Jurisprudência

▷ **Súmula 62 do STJ. Competência. Crime de Falsa Anotação na CTPS. Empresa Privada.** Compete à Justiça Estadual processar e julgar o crime de falsa anotação na Carteira de Trabalho e Previdência Social, atribuído à empresa privada (*DJ*, 26-11-1992).

▷ **"I – Agravo de instrumento. Recurso de revista. Lei n. 13.015/2014. Indenização por danos morais. *Quantum*.** Ante a possível violação do art. 5º, V, da CF/1988, deve ser provido o agravo de instrumento. Agravo de instrumento conhecido e provido. **II – Recurso de revista. Indenização por danos morais. Motorista entregador de mercadorias. Transporte de valores por empregado sem qualificação específica. Majoração do valor de R$ 2.000,00 Para R$ 20.000,00.** O TRT negou provimento ao recurso ordinário do reclamante, entregador de mercadorias, para manter o valor arbitrado a título de indenização por danos morais pelo transporte de numerário em R$ 2.000,00 (dois mil reais). A SDI-1 desta Corte consolidou posicionamento no sentido de ser devida a indenização por danos morais pelo transporte de numerário por trabalhador que, além de não ter sido contratado para essa finalidade, não recebeu a qualificação adequada, tratando-se de ato ilícito que revela a conduta culposa do empregador, ao expor seu empregado a risco grave de atividade alheia ao contrato de trabalho. Em relação ao *quantum* indenizatório, ante a falta de critérios objetivos para fixação do valor do dano moral, cabe ao julgador, diante das peculiaridades de cada caso, arbitrar o montante da indenização atendendo aos postulados da razoabilidade e proporcionalidade, de modo a permitir, ao mesmo tempo, que o valor da reparação não gere enriquecimento ilícito do reclamante (caráter reparatório) e que seja suficiente

107. Bento de Faria, ob. cit., p. 449.
108. Ob. e loc. cits.
109. STF, RE 90.042-0-SP, Ac. TP, Rel. Min. Moreira Alves.

para reprimir a conduta ilícita do empregador (caráter punitivo). A jurisprudência desta Corte vem admitindo a interferência na valoração do dano moral com a finalidade de ajustar a decisão aos parâmetros da razoabilidade e da proporcionalidade contidos no art. 5º, V, da Constituição Federal. Esta Segunda Turma, em casos semelhantes, tem decidido fixar o valor da indenização por danos morais em R$ 20.000,00 (vinte mil reais). Recurso de revista conhecido e provido" (RR-2012-37.2015.5.06.0141, 2ª Turma, Relatora Ministra Maria Helena Mallmann, *DEJT* 27-11-2020).

Capítulo II
Da duração do trabalho

Seção I
Disposição preliminar

Art. 57. Os preceitos deste Capítulo aplicam-se a todas as atividades, salvo as expressamente excluídas, constituindo exceções as disposições especiais, concernentes estritamente a peculiaridades profissionais constantes do Capítulo I do Título III.

▶ **Comentários**

A Seção I do Capítulo II é, como o próprio nome indica, a disposição preliminar da *jornada de trabalho* que, salvo as expressas disposições em contrário (exceções), é aplicada a todas as atividades exercidas por trabalhadores assalariados.

As exceções são as seguintes: bancários, serviços de telefonia, de telegrafia submarina e subfluvial, radiotelegrafia, radiotelefonia, músicos profissionais, operadores cinematográficos, serviços ferroviários, embarcadiços, serviços frigoríficos, serviços de estiva, portuários, capatazias, trabalho em minas de subsolo, jornalistas profissionais, professores, químicos (arts. 224 a 351 da CLT), gerentes (art. 62 da CLT), menor (art. 402 da CLT), turnos ininterruptos de revezamento (art. 58 da CLT), advogados (Lei n. 8.906/94), aeronautas (Lei n. 7.183/84), radialistas (Lei n. 6.533/78), cabineiros (Lei n. 3.270/57), empregados domésticos (Lei n. 5.859/72), fisioterapeutas e terapeutas (Lei n. 8.856/94), médicos/dentistas (Lei n. 3.999/61), petróleo e derivados (Lei n. 5.811/72), revisores (Dec.-lei n. 910/38), trabalhador rural (Lei n. 5.889/73), técnicos em radiologia (Lei n. 7.394/85), e tantas outras profissões que possam vir a ser contempladas com jornada especial, atendendo-se às peculiaridades que lhes sejam específicas.

▶ *Jurisprudência*

▷ "Agravo da reclamante. Provimento do recurso de revista do reclamado. Advogada bancária. Dedicação exclusiva. Jornada de trabalho de quatro horas. Horas extras além da sexta diária indevidas. Impõe-se confirmar a decisão agravada, mediante a qual foi dado provimento ao recurso de revista do reclamado para restabelecer a sentença quanto à jornada de trabalho de oito horas, uma vez que as razões expendidas pela agravante não logram demonstrar o apontado equívoco em relação a tal conclusão. Agravo conhecido e não provido" (Ag-RR-1182-90.2016.5.05.0003, 1ª Turma, Relator Ministro Hugo Carlos Scheuermann, *DEJT* 11-6-2021).

Seção II
Da jornada de trabalho

Art. 58. A duração normal do trabalho, para os empregados em qualquer atividade privada, não excederá de 8 (oito) horas diárias, desde que não seja fixado expressamente outro limite.

§ 1º Não serão descontadas nem computadas como jornada extraordinária as variações de horário no registro de ponto não excedentes de cinco minutos, observado o limite máximo de dez minutos diários. (Parágrafo incluído pela Lei n. 10.243, de 19-6-2001.)

§ 2º O tempo despendido pelo empregado desde a sua residência até a efetiva ocupação do posto de trabalho e para o seu retorno, caminhando ou por qualquer meio de transporte, inclusive o fornecido pelo empregador, não será computado na jornada de trabalho, por não ser tempo à disposição do empregador. (Redação alterada pela Lei n. 13.467/2017.)

§ 3º (Revogado.)

Art. 58-A. Considera-se trabalho em regime de tempo parcial aquele cuja duração não exceda a 30 horas semanais, sem a possibilidade de horas suplementares semanais, ou, ainda, aquele cuja duração não exceda a 26 horas semanais, com a possibilidade de acréscimo de até 6 horas suplementares semanais. (Redação alterada pela Lei n. 13.467/2017.)

§ 1º O salário a ser pago aos empregados sob o regime de tempo parcial será proporcional à sua jornada, em relação aos empregados que cumprem, nas mesmas funções, tempo integral.

§ 2º Para os atuais empregados, a adoção do regime de tempo parcial será feita mediante opção manifestada perante a empresa, na forma prevista em instrumento decorrente de negociação coletiva. (Artigo incluído pela MP n. 2.164-41, de 24-8-2001.)

§ 3º As horas suplementares à duração do trabalho semanal normal serão pagas com o acréscimo de 50% (cinquenta por cento) sobre o salário-hora normal. (Redação incluída pela Lei n. 13.467/2017.)

§ 4º Na hipótese de o contrato de trabalho em regime de tempo parcial ser estabelecido em número inferior a vinte e seis horas semanais, as horas suplementares a este quantitativo serão consideradas horas extras para fins do pagamento estipulado no § 3º, estando também limitadas a seis horas suplementares semanais. (Redação incluída pela Lei n. 13.467/2017.)

§ 5º As horas suplementares da jornada de trabalho normal poderão ser compensadas diretamente até a semana imediatamente posterior à da sua execução, devendo ser feita a sua quitação na folha de pagamento do mês subsequente, caso não sejam compensadas. (Redação incluída pela Lei n. 13.467/2017.)

§ 6º É facultado ao empregado contratado sob regime de tempo parcial converter um terço do período de férias a que tiver direito em abono pecuniário.

§ 7º As férias do regime de tempo parcial são regidas pelo disposto no art. 130 desta Consolidação." (Redação incluída pela Lei n. 13.467/2017.)

▶ **Comentários**

Entendemos que a alteração legislativa ocorrida no § 2º do art. 58, CLT, em 11-7 (Lei n. 13.467/2017), é manifestamente inconstitucional, por violar o disposto no inciso XIII do art. 7º da CF/1988.

1. **Jornada normal de trabalho**

A jornada normal de trabalho (salvo as exceções já especificadas) é de, no máximo, *8 horas diárias*. O art. 58 da CLT foi inteiramente recepcionado pelo art. 7º, XIII, da Constituição Federal, que assim dispõe:

"São direitos dos trabalhadores...:
(...)
XIII – duração do trabalho normal não superior a oito horas diárias e quarenta e quatro semanais, facultada a compensação de horários e a redução da jornada, mediante acordo ou convenção coletiva de trabalho".

A jornada diária de trabalho, pois, não pode exceder de 8 horas, limitada a 44 horas semanais.

A própria Constituição Federal admite a chamada *compensação de horários*, por acordo ou convenção coletiva, o que implica reconhecer a intervenção do sindicato respectivo.

Observe-se que, se, quando da admissão do trabalhador, convencionam (empregador e empregado) jornada diária inferior a 8 horas, e uma vez ajustada tal duração, inadmissível sua alteração por ato unilateral do empregador, e nula será a alteração, ainda que com o consentimento do empregado, se dela advém prejuízos a este último – art. 468 da CLT.

2. **Trabalho em regime de tempo parcial**

O regime de tempo parcial, como o próprio nome deixa entrever, é aquele em que o empregado é admitido para o cumprimento de jornada inferior ao horário normal de 8 horas por dia, a saber:

a) Duração de 30 horas semanais;
b) Duração de 26 horas semanais.

Na adoção do primeiro sistema, não há possibilidade de horas suplementares; na adoção do segundo sistema, ou seja, 26 horas semanais, há a possibilidade de acréscimo de jornada suplementar de até 6 horas semanais.

As horas suplementares, nessa última hipótese, são pagas com acréscimo de 50% sobre o salário hora normal. É o que deixa claro a leitura do parágrafo 4º do art. 58-A da CLT.

"Na hipótese de o contrato de trabalho em regime de tempo parcial ser estabelecido em número inferior a 26 horas semanais"..., logo manifesta é a possibilidade legal de contratação de empregado por regime inferior a 26 horas semanais.

Contratado por tempo inferior a 26 horas semanais, as horas suplementares a este quantitativo, serão consideradas extraordinárias, observado o limite acima mencionado.

A remuneração das horas extras em se tratando de trabalho em tempo parcial é, como deixa claro o parágrafo 3º do art. 58-A, da CLT, calculado sobre o salário hora normal, sem a denominada globalidade salarial, conforme a redação da Súmula 264 do TST.

A compensação das horas extras nesse regime de trabalho há de ser feita na semana imediatamente posterior a sua execução, ou seja, na semana seguinte, e em não havendo compensação, ser pagas até o 5º dia útil, do mês subsequente (art. 459 da CLT).

O salário a ser pago àqueles submetidos a tal regime é proporcional à sua jornada, em relação aos empregados que cumprem, nas mesmas funções, tempo integral. Os empregados submetidos à jornada normal de 44 horas semanais podem optar pelo regime parcial, consequentemente, com redução proporcional de salários (respeitado o mínimo legal), mediante acordo coletivo, com a necessária intervenção do seu respectivo sindicato – "para os atuais empregados, a adoção do regime de tempo parcial será feita mediante opção manifestada perante a empresa, na forma prevista em instrumento decorrente de negociação coletiva" (§ 2º do art. 58-A da CLT).

3. **Regime de compensação**

Caracteriza-se pela prorrogação da jornada diária, com a consequente supressão do trabalho em um determinado dia, normalmente o sábado. É objeto de análise nos comentários ao art. 59.

4. **Trabalho em turnos ininterruptos de revezamento**

O trabalho executado em turnos ininterruptos de revezamento, nos termos do art. 7º, XIV, da Constituição Federal, não pode exceder de 6 horas diárias – salvo acordo ou convenção coletiva.

O trabalho por turno é aquele em que as turmas se revezam, ora trabalhando pela manhã, ora à tarde, ora à noite, ininterruptamente.

Sérgio Pinto Martins assim define o trabalho por turno: "O trabalho por turno é aquele realizado por grupo de trabalhadores que se sucedem nas mesmas máquinas do empregador, cumprindo horários que permitam o funcionamento ininterrupto da empresa"[110].

Ininterrupto, segundo Amauri Mascaro Nascimento, "é o sistema contínuo, habitual seguido de trabalho em turnos"[111].

Observe-se que os intervalos destinados a repouso e alimentação ou o repouso semanal não descaracterizam o turno de revezamento – Súmula 360 do TST.

▶ **Jurisprudência**

▷ **Súmula 90 do TST. Tempo de serviço.** I – O tempo despendido pelo empregado, em condução fornecida pelo empregador, até o local de trabalho de difícil acesso, ou não servido por transporte público regular, e para o seu retorno é computável na jornada de trabalho. II – A incompatibilidade entre os horários de início e término da jornada do empregado e os do transporte público regular é circunstância que também gera o direito às horas in itinere. III – A mera insuficiência de transporte público não enseja o pagamento de horas in itinere. IV – Se houver transporte público regular em parte do trajeto percorrido em condução da empresa, as horas in itinere remuneradas limitam-se ao trecho não alcançado pelo transporte público. V – Considerando que as horas in itinere são computáveis na jornada de trabalho, o tempo que extrapola a jornada legal é considerado como extraordinário e sobre ele deve incidir o adicional respectivo.

▷ **Súmula 102 do TST. Bancário. Cargo de confiança.** I – A configuração, ou não, do exercício da função de confiança a que se refere o art. 224, § 2º, da CLT, dependente da prova das reais atribuições do emprega-

110. *Comentários à CLT*, 3. ed., Atlas, p. 101.

111. *Direito do Trabalho na Constituição de 1988*, cit., p. 174.

do, é insuscetível de exame mediante recurso de revista ou de embargos. II – O bancário que exerce a função a que se refere o § 2º do art. 224 da CLT e recebe gratificação não inferior a um terço de seu salário já tem remuneradas as duas horas extraordinárias excedentes de seis. III – Ao bancário exercente de cargo de confiança previsto no art. 224, § 2º, da CLT são devidas as 7ª e 8ª horas, como extras, no período em que se verificar o pagamento a menor da gratificação de 1/3. IV – O bancário sujeito à regra do art. 224, § 2º, da CLT cumpre jornada de trabalho de 8 (oito) horas, sendo extraordinárias as trabalhadas além da oitava. V – O advogado empregado de banco, pelo simples exercício da advocacia, não exerce cargo de confiança, não se enquadrando, portanto, na hipótese do § 2º do art. 224 da CLT. VI – O caixa bancário, ainda que caixa executivo, não exerce cargo de confiança. Se perceber gratificação igual ou superior a um terço do salário do posto efetivo, essa remunera apenas a maior responsabilidade do cargo e não as duas horas extraordinárias além da sexta. VII – O bancário exercente de função de confiança, que percebe a gratificação não inferior ao terço legal, ainda que norma coletiva contemple percentual superior, não tem direito às sétima e oitava horas como extras, mas tão somente às diferenças de gratificação de função, se postuladas.

▷ **Súmula 264 do TST. Hora suplementar. Cálculo** (mantida). A remuneração do serviço suplementar é composta do valor da hora normal, integrado por parcelas de natureza salarial e acrescido do adicional previsto em lei, contrato, acordo, convenção coletiva ou sentença normativa.

▷ **Súmula 320 do TST. *Horas in itinere*. Obrigatoriedade de seu cômputo na jornada de trabalho.** O fato de o empregador cobrar, parcialmente ou não, importância pelo transporte fornecido, para local de difícil acesso, ou não servido por transporte regular, não afasta o direito à percepção do pagamento das horas *in itinere*.

▷ **Súmula 360 do TST. Turnos ininterruptos de revezamento. Intervalos intrajornada e semanal.** "A interrupção do trabalho destinada a repouso e alimentação, dentro de cada turno, ou o intervalo para repouso semanal, não descaracteriza o turno de revezamento com jornada de 6 horas previsto no art. 7º, inciso XIV, da Constituição da República de 1988".

▷ **Súmula 364 do TST. Hora suplementar. Cálculo** (mantida). A remuneração do serviço suplementar é composta do valor da hora normal, integrado por parcelas de natureza salarial e acrescido do adicional previsto em lei, contrato, acordo, convenção coletiva ou sentença normativa.

▷ **Súmula 366 do TST. Cartão de ponto. Registro. Horas extras. Minutos que antecedem e sucedem a jornada de trabalho.** (nova redação) – Res. 197/2015 – *DEJT* divulgado em 14, 15 e 18-5-2015. Não serão descontadas nem computadas como jornada extraordinária as variações de horário do registro de ponto não excedentes de cinco minutos, observado o limite máximo de dez minutos diários. Se ultrapassado esse limite, será considerada como extra a totalidade do tempo que exceder a jornada normal, pois configurado tempo à disposição do empregador, não importando as atividades desenvolvidas pelo empregado ao longo do tempo residual (troca de uniforme, lanche, higiene pessoal etc).

▷ **Súmula 423 do TST. Turno ininterrupto de revezamento. Horas extras.** (Conversão da Orientação Jurisprudencial n. 169). Estabelecida jornada superior a seis horas e limitada a oito horas por meio de regular negociação coletiva, os empregados, submetidos a turnos ininterruptos de revezamento não têm direito ao pagamento da sétima e oitava horas como extras.

▷ **Súmula 429 do TST. Tempo à disposição do empregador. Art. 4º da CLT. Período de deslocamento entre a portaria e o local de trabalho** – Res. 174/2011, *DEJT* divulgado em 27, 30 e 31-5-2011. Considera-se à disposição do empregador, na forma do art. 4º da CLT, o tempo necessário ao deslocamento do trabalhador entre a portaria da empresa e o local de trabalho, desde que supere o limite de 10 (dez) minutos diários.

▷ **Súmula 437 do TST. Intervalo intrajornada para repouso e alimentação. Aplicação do art. 71 da CLT** (conversão das OJ n 307, 342, 354, 380 e 381 da SBDI-1) –

Res. 185/2012, *DEJT* divulgado em 25, 26 e 27-9-2012. I – Após a edição da Lei n. 8.923/94, a não concessão ou a concessão parcial do intervalo intrajornada mínimo, para repouso e alimentação, a empregados urbanos e rurais, implica o pagamento total do período correspondente, e não apenas daquele suprimido, com acréscimo de, no mínimo, 50% sobre o valor da remuneração da hora normal de trabalho (art. 71 da CLT), sem prejuízo do cômputo da efetiva jornada de labor para efeito de remuneração. II – É inválida cláusula de acordo ou convenção coletiva de trabalho contemplando a supressão ou redução do intervalo intrajornada porque este constitui medida de higiene, saúde e segurança do trabalho, garantido por norma de ordem pública (art. 71 da CLT e art. 7º, XXII, da CF/1988), infenso à negociação coletiva. III – Possui natureza salarial a parcela prevista no art. 71, § 4º, da CLT, com redação introduzida pela Lei n. 8.923, de 27-7-1994, quando não concedido ou reduzido pelo empregador o intervalo mínimo intrajornada para repouso e alimentação, repercutindo, assim, no cálculo de outras parcelas salariais. IV – Ultrapassada habitualmente a jornada de seis horas de trabalho, é devido o gozo do intervalo intrajornada mínimo de uma hora, obrigando o empregador a remunerar o período para descanso e alimentação não usufruído como extra, acrescido do respectivo adicional, na forma prevista no art. 71, *caput* e § 4º da CLT.

▷ **Súmula 444 do TST. Jornada de trabalho. Norma coletiva. Lei. Escala de 12 por 36. Validade** – Res. 185/2012, *DEJT* divulgado em 25, 26 e 27-9-2012 – republicada em decorrência do despacho proferido no processo TST-PA-504280/2012.2 – *DEJT* divulgado em 26-11-2012. É valida, em caráter excepcional, a jornada de doze horas de trabalho por trinta e seis de descanso, prevista em lei ou ajustada exclusivamente mediante acordo coletivo de trabalho ou convenção coletiva de trabalho, assegurada a remuneração em dobro dos feriados trabalhados. O empregado não tem direito ao pagamento de adicional referente ao labor prestado na décima primeira e décima segunda horas.

▷ **Precedente Normativo n. 92 do TST. Garantia de Repouso Remunerado. Ingresso com atraso (Positivo).** Assegura-se o repouso remunerado ao empregado que chegar atrasado, quando permitido seu ingresso pelo empregador, compensado o atraso no final da jornada de trabalho ou da semana.

▷ **"Recurso de revista interposto a acórdão publicado na vigência da Lei n. 13.467/2017. Minutos que antecedem e sucedem a jornada. Troca de uniforme. Espera de transporte fornecido pela empresa. Tempo à disposição. Prestação de serviços anterior à vigência da Lei n. 13.467/2017. Prestação de serviços anterior à vigência da Lei n. 13.467/2017. Transcendência política reconhecida.** 1. Cuida-se de controvérsia acerca do cômputo, na jornada de trabalho do reclamante, do período despendido para a troca de uniforme e à espera do transporte oferecido pela empresa. 2. A tese esposada pelo Tribunal Regional, na hipótese dos autos, revela-se dissonante da jurisprudência atual, iterativa e notória deste Tribunal Superior, resultando configurada a transcendência política da causa (art. 896-A, § 1º, II, da CLT). 3. A jurisprudência atual, iterativa e notória desta Corte superior firmou-se no sentido de que, na esteira do disposto na Súmula 366 do TST, deve ser computado, como tempo à disposição do empregador, o tempo despendido pelo empregado nas dependências da empresa, tanto antes do início da jornada, para a troca de uniforme, quanto após o término do expediente, à espera do transporte fornecido pelo empregador, conforme se verifica na hipótese dos autos. 4. Recurso de Revista conhecido e provido" (RR-10351-14.2017.5.15.0060, 6ª Turma, Relator Ministro Lelio Bentes Correa, *DEJT* 18-9-2020).

▷ **"Recurso de revista interposto a acórdão publicado na vigência da Lei n. 13.467/2017. Minutos residuais. Espera de transporte fornecido pela empresa. Tempo à disposição do empregador. Transcendência política reconhecida.** 1. Cinge-se a controvérsia a definir se o período despendido para espera do transporte oferecido pela empresa merece ser consi-

derado como tempo à disposição do empregador. 2. A tese esposada pelo Tribunal Regional, na hipótese dos autos, revela-se dissonante da jurisprudência iterativa e notória desta corte uniformizadora, resultando configurada a transcendência política da causa. 3. A jurisprudência desta Corte uniformizadora vem-se fixando justamente no sentido de que deve ser computado, como tempo à disposição do empregador, o tempo despendido pelo empregado nas dependências da empresa, tanto antes do início da jornada, em deslocamento interno, quanto após o término do expediente, à espera do transporte fornecido pelo empregador. 4. Recurso de Revista conhecido e provido" (RR-1847-62.2017.5.12.0008, 6ª Turma, Relator Ministro Lelio Bentes Correa, *DEJT* 14-8-2020).

▷ "**I – Agravo de instrumento. Recurso de revista. Reclamante. Lei n. 13.467/2017. Transcendência. Turnos ininterruptos de revezamento. Configuração. Alternância de turnos a cada seis meses.** 1. Há transcendência política quando constatado em exame preliminar o desrespeito da instância recorrida à jurisprudência do TST. 2. Aconselhável o provimento do agravo de instrumento para determinar o processamento do recurso de revista, em razão de provável afronta ao art. 7º, XIV, da Constituição Federal. 3. Agravo de instrumento a que se dá provimento. **II – Recurso de revista. Reclamante. Lei n. 13.467/2017. Transcendência. Turnos ininterruptos de revezamento. Configuração. Alternância de turnos a cada seis meses.** 1. Discute-se se a alternância na jornada de trabalho a cada semestre configura turno ininterrupto de revezamento. 2. O TRT consignou, em trecho transcrito pela parte, que " o reclamante laborava em escala fixa, somente variando a cada seis meses, o que descaracteriza o turno ininterrupto de revezamento". 3. Porém, havendo o trabalho com a alternância periódica de horário, de modo que esteja o empregado submetido, no todo ou em parte, ao horário diurno e noturno, aplica-se a jornada especial prevista no art. 7º, XIV, da Constituição Federal, ainda que a alternância entre os turnos ocorra a cada seis meses. Julgados do TST.

4. Recurso de revista de que se conhece e a que se dá provimento" (RR-645-48.2016.5.06.0171, 6ª Turma, Relatora Ministra Kátia Magalhães Arruda, *DEJT* 14-2-2020).

• •

Art. 59. A duração normal do trabalho poderá ser acrescida de horas extras, em número não excedente de 2 (duas), por acordo individual, convenção coletiva ou acordo coletivo de trabalho. (*Caput* e parágrafos alterados pela Lei n. 13.467/2017.)

§ 1º A remuneração da hora extra será, pelo menos, 50% (cinquenta por cento) superior à da hora normal.

§ 2º Poderá ser dispensado o acréscimo de salário se, por força de acordo ou convenção coletiva de trabalho, o excesso de horas em um dia for compensado pela correspondente diminuição em outro dia, de maneira que não exceda, no período máximo de 1 (um) ano, à soma das jornadas semanais de trabalho previstas, nem seja ultrapassado o limite máximo de 10 (dez) horas diárias. (Redação dada pela Lei n. 9.601, de 21-1-1998, e alterada pela MP 2.164-41, de 24-8-2001.)

§ 3º Na hipótese de rescisão do contrato de trabalho sem que tenha havido a compensação integral da jornada extraordinária, na forma dos §§ 2º e 5º deste artigo, o trabalhador terá direito ao pagamento das horas extras não compensadas, calculadas sobre o valor da remuneração na data da rescisão.

§ 4º (Revogado pela Lei n. 13.467/2017.)

§ 5º O banco de horas de que trata o § 2º deste artigo poderá ser pactuado por acordo individual escrito, desde que a compensação ocorra no período máximo de seis meses.

§ 6º É lícito o regime de compensação de jornada estabelecido por acordo individual, tácito ou escrito, para a compensação no mesmo mês. (NR)

Art. 59-A. Em exceção ao disposto no art. 59 desta Consolidação, é facultado às partes, mediante acordo individual escrito, convenção coletiva ou acordo coletivo de trabalho, estabelecer horário de trabalho de doze horas seguidas por trinta e seis horas ininterruptas de descanso, observados ou indenizados os intervalos para repouso e alimentação. Parágrafo único. A remuneração mensal pactuada pelo horário previsto no *caput* deste artigo abrange os pagamentos devi-

dos pelo descanso semanal remunerado e pelo descanso em feriados, e serão considerados compensados os feriados e as prorrogações de trabalho noturno, quando houver, de que tratam o art. 70 e o § 5º do art. 73 desta Consolidação.

Art. 59-B. O não atendimento das exigências legais para compensação de jornada, inclusive quando estabelecida mediante acordo tácito, não implica a repetição do pagamento das horas excedentes à jornada normal diária se não ultrapassada a duração máxima semanal, sendo devido apenas o respectivo adicional.

Parágrafo único. A prestação de horas extras habituais não descaracteriza o acordo de compensação de jornada e o banco de hora.

Art. 60. Nas atividades insalubres, assim consideradas as constantes dos quadros mencionados no capítulo "Da Segurança e da Medicina do Trabalho", ou que neles venham a ser incluídas por ato do Ministro do Trabalho, quaisquer prorrogações só poderão ser acordadas mediante licença prévia das autoridades competentes em matéria de higiene do trabalho, as quais, para esse efeito, procederão aos necessários exames locais e à verificação dos métodos e processos de trabalho, quer diretamente, quer por intermédio de autoridades sanitárias federais, estaduais e municipais, com quem entrarão em entendimento para tal fim.

Parágrafo único. Excetuam-se da exigência de licença prévia as jornadas de 12 horas de trabalho por 36 horas ininterruptas de descanso.

Art. 61. Ocorrendo necessidade imperiosa, poderá a duração do trabalho exceder do limite legal ou convencionado, seja para fazer face a motivo de força maior, seja para atender à realização ou conclusão de serviços inadiáveis ou cuja inexecução possa acarretar prejuízo manifesto.

§ 1º O excesso, nos casos deste artigo, pode ser exigido independentemente de convenção coletiva ou acordo coletivo de trabalho.

§ 2º Nos casos de excesso de horário por motivo de força maior, a remuneração da hora excedente não será inferior à da hora normal. Nos demais casos de excesso previstos neste artigo, a remuneração será, pelo menos, 50% (cinquenta por cento) superior à da hora normal, e o trabalho não poderá exceder de 12 (doze) horas, desde que a lei não fixe expressamente outro limite. (Adicional fixado pela CF de 1988, art. 7º, XVI. Na redação original o adicional fixado era de 25%.)

§ 3º Sempre que ocorrer interrupção do trabalho, resultante de causas acidentais, ou de força maior, que determinem a impossibilidade de sua realização, a duração do trabalho poderá ser prorrogada pelo tempo necessário até o máximo de 2 (duas) horas, durante o número de dias indispensáveis à recuperação do tempo perdido, desde que não exceda de 10 (dez) horas diárias, em período não superior a 45 (quarenta e cinco) dias por ano, sujeita essa recuperação à prévia autorização da autoridade competente.

Art. 62. Não são abrangidos pelo regime previsto neste capítulo:

I – os empregados que exercem atividade externa incompatível com a fixação de horário de trabalho, devendo tal condição ser anotada na Carteira de Trabalho e Previdência Social e no registro de empregados;

II – os gerentes, assim considerados os exercentes de cargos de gestão, aos quais se equiparam, para efeito do disposto neste artigo, os diretores e chefes de departamento ou filial. (*Caput* e incisos com redação dada pela Lei n. 8.966, de 27-12-1994.)

III – os empregados em regime de teletrabalho. (Inserido pela Lei n. 13.467/2017.)

Parágrafo único. O regime previsto neste capítulo será aplicável aos empregados mencionados no inciso II deste artigo, quando o salário do cargo de confiança, compreendendo a gratificação de função, se houver, for inferior ao valor do respectivo salário efetivo acrescido de 40% (quarenta por cento).

Art. 63. Não haverá distinção entre empregados e interessados, e a participação em lucros e comissões, salvo em lucros de caráter social, não exclui o participante do regime deste Capítulo.

Art. 64. O salário-hora normal, no caso de empregado mensalista, será obtido dividindo-se o salário mensal correspondente à duração do trabalho, a que se refere o art. 58, por 30 (trinta) vezes o número de horas dessa duração.

Parágrafo único. Sendo o número de dias inferior a 30 (trinta), adotar-se-á para o cálculo, em lugar desse número, o de dias de trabalho por mês.

Art. 65. No caso do empregado diarista, o salário-hora normal será obtido dividindo-se o salário diário correspondente à duração do trabalho, estabelecido no art. 58, pelo número de horas de efetivo trabalho.

► **Comentários**

Entendemos que a redação do art. 59-A, CLT, inserido em 11-7 (L. 13.467/2017), é manifestamente inconstitucional por violar as disposições dos incisos XIII e XVI do art. 7º da CF/88. Inferimos, de igual forma, que a redação do parágrafo único do art. 60, CLT, é inconstitucional por afrontar o inciso XXII do art. 7º da CF/88.

A jornada normal de 8 horas diárias, ou 6 horas nos turnos ininterruptos de revezamento, não é inflexível, como deixa claro a própria Constituição Federal. Ao revés, permite alteração. O art. 7º, XIII e XIV, é de absoluta clareza, admitindo alterações mediante acordo ou convenção, formas de negociação coletiva. Sobre o assunto ver Súmulas 264 e 431 do TST.

1. Horas extras

Dentre os direitos sociais, assegurados pela CF/1988, merece destaque a limitação da jornada de trabalho, uma das mais significativas reivindicações ao longo da evolução do próprio direito do trabalho.

A limitação da jornada de trabalho como observa o clássico Arnaldo Sussekind, estriba-se nos seguintes fundamentos:

"*a*) *de natureza biológica*, uma vez que visa combater os problemas psicofisiológicos oriundos da fadiga e da excessiva racionalização do serviço;

b) *de caráter social*, por isso que possibilita ao trabalhador viver, como ser humano, na coletividade a que pertence, gozando os prazeres materiais e espirituais, entregando-se à prática de atividades recreativas, culturais ou físicas, aprimorando seus conhecimentos e convivendo, enfim, com sua família;

c) *de índole econômica*, porquanto restringe o desemprego e acarreta o combate à fadiga, um rendimento superior na execução do trabalho"[112].

É o caso da jornada suplementar, vulgarmente denominada *horas extras*, expressamente prevista na legislação infraconstitucional – art. 59, *caput*, da CLT.

A duração normal do trabalho poderá ser acrescida de horas suplementares – não excedentes de 2 diárias – mediante acordo individual, acordo coletivo ou convenção coletiva.

2. Supressão das horas extras

O empregado não está obrigado a prestar serviços extraordinários, e sua recusa não configura falta grave, salvo na ocorrência de necessidade imperiosa, em virtude de força maior ou serviços inadiáveis, não obstante, o atual § 1º, do art. 61, da CLT, prevê que o excesso, pode ser exigido, não dependendo, portanto de ACT ou CCT.

O empregador, por sua vez, pode cancelar as horas extras (que normalmente são realizadas em virtude de aumento da demanda). A jurisprudência que entendia pela incorporação dos respectivos adicionais à remuneração foi substituída pela indenização, nos termos da Súmula 291 do TST:

"A supressão total ou parcial, pelo empregador, de serviço suplementar prestado com habitualidade, durante pelo menos 1 (um) ano, assegura ao empregado o direito à indenização correspondente ao valor de 1 (um) mês das horas suprimidas, total ou parcialmente, para cada ano ou fração igual ou superior a seis meses de prestação de serviço acima da jornada normal. O cálculo observará a média das horas suplementares nos últimos 12 (doze) meses anteriores à mudança, multiplicada pelo valor da hora extra do dia da supressão"[113].

3. Proibição de horas extras

Proibição da prestação de horas extraordinárias no trabalho em regime de tempo parcial de 30 horas semanais (art. 58-A da CLT).

As horas extras estão proibidas: a) aos menores de dezoito anos (salvo a ocorrência de força maior); b) no trabalho em regime de tempo parcial, exceto a jornada de 26 horas semanais, que pode ser realizada 6 horas extras.

O art. 376 da CLT, que vedava o trabalho em horas suplementares pela mulher (exceto na ocorrência de força maior), foi revogado pela Lei n. 10.244, de 27-6-2001: "Revoga o art.

112. *Instituições de Direito do Trabalho*, LTr, 21ª edição, p. 795.

113. Redação da Res. 174/2011, *DEJT*, 27, 30 e 31-5-2011.

376 da Consolidação das Leis do Trabalho – CLT, para permitir a realização de horas extras por mulheres".

4. Remuneração das horas extras

Em conformidade com o que dispõe o art. 7º, XVI, da Constituição Federal, a remuneração da hora suplementar é de, pelo menos, 50% superior à da hora normal. É o chamado *adicional de hora extra*. Isso significa que à hora normal deve ser acrescido tal adicional em percentual mínimo de 50%. A expressão "pelo menos", utilizada pelo constituinte, deixa claro que o acordo ou convenção coletiva que preveja a prestação de jornada suplementar pode estabelecer adicional superior.

Nos termos da Súmula 264 do TST:

"A remuneração do serviço suplementar é composta do valor da hora normal, integrado por parcelas de natureza salarial e acrescido do adicional previsto em lei, contrato, acordo, convenção coletiva ou sentença normativa".

5. Sistema de compensação

As horas extras podem ser compensadas com a respectiva redução ou supressão da jornada em determinado dia da semana. É o que se chama de "semana inglesa" – trabalha-se mais de segunda a sexta-feira, com folga nos sábados, sem prejuízo, é claro, do domingo (repouso semanal remunerado). Como lembra Valentin Carrion, "a compensação foi inicialmente prevista para o sábado e é a corriqueira"[114].

Nos casos mencionados, a jornada de segunda a sexta-feira, não pode ultrapassar de 10 horas diárias.

O sistema de compensação descrito, como já assinalamos anteriormente, pressupõe acordo ou convenção coletiva, segundo o disposto no art. 7º, XIII, da Constituição Federal.

6. "Banco de horas"

Por tal sistema, as horas extras trabalhadas podem ser compensadas em até o máximo de 6 *(seis) meses*. A compensação, nesse caso, não é, portanto, semanal, pois o empregador pode efetuá-la em qualquer dia, observado o limite de 6 meses. Portanto, "poderá ser dispensado o acréscimo de salário se, por força de acordo ou convenção coletiva de trabalho, o excesso de horas em um dia for compensado pela correspondente diminuição em outro dia, de maneira que não exceda, no período máximo de 6 meses, à soma das jornadas semanais de trabalho previstas, nem seja ultrapassado o limite máximo de 10 horas diárias" (art. 59, § 2º, da CLT).

Na eventualidade de o empregado ser dispensado antes do decurso do prazo para a efetivação da compensação, as horas trabalhadas e não compensadas serão pagas como extraordinárias, ou seja, com o respectivo adicional de 50% (art. 7º, XVII, da CF).

7. Integração das horas extras

As horas extras habitualmente prestadas integram os seguintes títulos: *indenização* (Súmula 24 do TST), *13º salário* (Súmula 45 do TST); *FGTS* (Súmula 63 do TST); *gratificações semestrais* (Súmula 115 do TST); *repouso semanal* (Súmula 172 do TST).

8. Jornada 12 x 36

De longa data admitida, embora por muitos considerada inconstitucional, a jornada de 12 x 36 já vinha sendo adotada, sobretudo, para determinadas categorias tais como médicos, enfermeiros, porteiros, auxiliares. Matéria objeto da Súmula 444 do TST e alicerçada na legislação dos domésticos[115], ganha agora, com a Reforma Trabalhista/2017 absoluta acolhida na legislação social, a teor do que dispõe o art. 58-A, da CLT.

O sistema de 12 x 36 consiste em 12 horas de trabalho por 36 horas ininterruptas de descanso como facilmente se percebe. Tal regime pode ser estabelecido por acordo individual escrito, convenção ou acordo coletivo. A jornada mencionada, outrossim, pode ser adotada em ambiente insalubre, sem prévia licença do Ministério do Trabalho.

Em conformidade com o que dispõe o parágrafo único do art. 59-A, a remuneração mensal pactuada para o regime nominado abrange o repouso semanal remunerado e feriados.

A **microempresa** e a **empresa de pequeno porte**, por força do que dispõe o § 3º do art. 58 da CLT, acrescentado pela Lei Complementar n. 123, de 14 de dezembro de 2006, mediante acordo ou convenção coletiva, po-

114. Ob. cit., p. 106.

115. Lei 11.901, de 2009.

dem fixar o tempo médio despendido pelo empregado, a forma e a natureza da remuneração, sempre que fornecerem transporte em local de dificil acesso ou não servido por transporte público.

9. Trabalho extraordinário nas atividades insalubres

Em conformidade com o disposto no art. 189 da CLT, atividades insalubres são aquelas que, por sua própria natureza, condições ou modo de trabalho, exponham os empregados a agentes nocivos à saúde. É o caso, entre outros, do médico ou enfermeiro que presta seus serviços em hospitais que cuidem de pacientes portadores de doenças contagiosas.

10. Necessidade imperiosa: força maior; serviços inadiáveis ou cuja inexecução possa acarretar prejuízos manifestos

A necessidade imperiosa, inarredável ou imediata, que não possa ser postergada, decorrente de *força maior, serviços inadiáveis* ou ainda que, se não executados, possam acarretar *prejuízos manifestos* à empresa, autoriza a convocação dos empregados à prestação de jornada suplementar.

a) Força maior – o art. 501 da CLT conceitua a força maior como todo acontecimento inevitável em relação à vontade do empregador e para a realização do qual este não haja concorrido, direta ou indiretamente.

No âmbito do Direito do Trabalho, a jurisprudência tem-se mostrado de extrema severidade na aceitação da força maior, rejeitando-a com firmeza, quando os fatos envolvam os riscos da atividade econômica, de inteira responsabilidade do empregador.

b) Serviços inadiáveis – como o próprio nome deixa entrever, são aqueles serviços que não podem ser postergados. Sérgio Pinto Martins é extremamente feliz quando dá como exemplo de serviços inadiáveis "o trabalho com produtos perecíveis que devem ser acondicionados em refrigeradores e não podem ser interrompidos, sob pena de deterioração do produto".

c) Serviços cuja inexecução possa acarretar prejuízo manifesto – tais serviços, por sua própria natureza, têm absoluta identidade com os serviços inadiáveis. A sua inexecução, da mesma forma que ocorre com os primeiros, implica graves prejuízos para o empregador. É o caso, por exemplo, da limpeza que se processa em caldeiras de alta tensão que não podem ser desligadas ou desativadas, utilizadas normalmente em siderurgia.

11. Adicional, na ocorrência de força maior

A distinção entre força maior e as demais hipóteses de convocação para a prestação de horas extras, quanto ao respectivo adicional, contida no § 2º do art. 61, sob comento, não subsiste por força do que dispõe o art. 7º, XVI, da Constituição Federal. Em qualquer das hipóteses descritas no *caput* do art. 61, o adicional devido é de 50%. "O Constituinte, ao impor o adicional de 50% às várias modalidades do serviço extraordinário, não excepcionou as hipóteses de força maior, o que permite se possa entender que, nesse ponto, o art. 61, da Consolidação, está derrogado", observa Russomano[116].

12. A convocação para a prestação de serviços na ocorrência de força maior

A leitura atenta do *caput* do art. 61 da Consolidação deixa claro que a prestação de serviços extraordinários, nas hipóteses previstas no dispositivo legal nominado, independem da vontade do empregado, que poderá ser convocado pelo empregador.

Por isso, fazemos nossa a conclusão de Eduardo Gabriel Saad:

"Incorre em falta disciplinar empregado que se recusa a trabalhar horas extraordinárias, nos casos mencionados no artigo em epígrafe. Como já observamos, tais casos independem da anuência do empregado ou da celebração de um pacto coletivo. A decisão – por força de lei – é unilateral e do empregador"[117].

13. Recuperação de tempo perdido em decorrência de causas acidentais ou força maior

Os serviços (totais ou setoriais) de uma empresa podem sofrer interrupções em decorrência de acidentes ou força maior. Na ocorrência de tais fatos, os empregados po-

116. *Comentários à CLT*, cit., p. 103.
117. *CLT Comentada*, cit., p. 94.

dem ser convocados para jornadas suplementares, observado o limite de 2 horas diárias, em período que não exceda de 45 dias por ano, havendo necessidade de prévia autorização da autoridade competente – a Delegacia Regional do Trabalho.

14. *Serviços externos, gerentes e diretores*

a) Serviços externos – o trabalho em serviços externos a que se refere o art. 62, sob comento, é aquele executado sem observância de horário ou fiscalização e *controle de ponto*.

Valentin Carrion, com inegável acerto, observa que "o que caracteriza este grupo de atividades é a circunstância de estarem fora da permanente fiscalização e controle do empregador; há impossibilidade de conhecer-se o tempo realmente dedicado com exclusividade à empresa"[118].

O que se constata, nos serviços externos, é a impossibilidade de controle efetivo do horário de trabalho. Enquadram-se na hipótese em exame os vendedores, cobradores, motoristas etc.

Todavia, ponha-se em relevo que a atual redação do art. 62, ao revés do que ocorria anteriormente à Lei n. 8.966, de 27-12-1994, não arrola as profissões acima enumeradas, o que deixa ao prudente arbítrio do juiz do trabalho, em cada caso concreto, verificar a exata situação dos respectivos profissionais.

Na prática, não raras vezes, conquanto exercendo funções externas, está o empregado sujeito à fiscalização, como ocorre, por exemplo, com o transporte de produtos perecíveis, com horários de saída e chegada predeterminados pelo empregador, em percursos cujo tempo de duração se possa verificar. Constatada, em tais casos, a jornada suplementar, devidas serão as horas extraordinárias com os respectivos adicionais.

É o que deixa claro v. acórdão do Tribunal Regional do Trabalho de São Paulo:

> "Vendedor externo que exerce suas funções vinculado direta ou indiretamente a qualquer controle de horário de labor, faz jus a horas extras"[119].

O que não se admite é a sumária exclusão da jornada suplementar tão somente escudado na circunstância de os serviços serem externos.

Eduardo Gabriel Saad, com a prudência que o faz um dos mais respeitados juslaboralistas do País, lembra que "nunca é demais recordar que a Constituição, no inciso XVI do art. 7º, ao assegurar o *plus* salarial na hora extra, não excepcionou qualquer categoria profissional"[120]. Em nosso entendimento, essa vantagem salarial só não é exigível nas atividades que impossibilitam o controle de horário.

b) Vigia – expressamente excluídos das jornadas suplementares (alínea *b*, da antiga redação dada ao art. 62), os vigias fazem jus às horas extras, assim consideradas aquelas que extravasam o limite de 8 horas, conforme previsão constitucional, sob pena de enriquecimento ilícito.

c) Vigia e vigilante (distinção) – de todo conveniente pôr em relevo a distinção entre vigia e vigilante. O primeiro (vigia) limita-se a manter uma fiscalização local, sem formação adequada e disciplina própria, o que não sucede com os vigilantes, que, por força de lei, são submetidos a formação profissional e prestam seus serviços às empresas de segurança – Lei n. 7.102/83. Os denominados "*guardinhas de quarteirão*", como bem ressalta Valentin Carrion, e que vigiam as casas, não têm vínculo trabalhista. Recebem determinadas parcelas de diversos moradores, não se sujeitam a qualquer fiscalização, não recebem ordens e até mesmo a assiduidade fica a critério inteiramente pessoal de cada um.

O vigia de determinada residência, que ali permanece, prestando com pessoalidade seus serviços, é *doméstico*, a ele se aplicando os direitos que lhe são específicos.

d) Gerente – ao referir-se a *gerente*, a CLT distingue o empregado de confiança *stricto sensu*, com poderes de gestão, que substitui o empregador, fazendo-lhe as vezes. O gerente ocupa, portanto, um *cargo de confiança*.

Na definição de Octavio Bueno Magano, "empregado de confiança é o que ocupa posições próprias do empregador, possuindo

118. Ob. cit., p. 110.
119. TRT/SP, RO 02940138170, Ac. 02950425520, Rel. Juiz Wagner José de Souza, *DOE/SP*, 4-10-1995, p. 41.
120. *CLT Comentada*, cit., p. 95.

mandato e distinguindo-se dos demais empregados pelo padrão mais elevado de seus vencimentos. É o *alter ego* do empregador, colaborando estreitamente com ele na consecução dos objetivos da empresa"[121].

O mandato a que se refere ao douto jurista, tanto pode ser escrito ou verbal, ou ainda tácito.

Note-se que a expressão "mandato, em forma legal" foi abolida da nova redação dada ao art. 62, II, sob análise.

Com efeito, assim dispunha a redação anterior:

"c) os gerentes, assim considerados os que, investidos de mandato, em forma legal, exerçam encargos de gestão, e, pelo padrão mais elevado de vencimentos, se diferenciem dos demais empregados, ficando-lhes, entretanto, assegurado o descanso semanal".

Veja-se a atual redação:

"II – os gerentes, assim considerados os exercentes de cargos de gestão, aos quais se equiparam, para o efeito do disposto neste artigo, os diretores e chefes de departamento ou filial".

Exclui-se, como se percebe, a exigência do *mandato em forma legal*, ficando afastada, assim, a exigência de mandato escrito. O mandato, dentre os quais o de gerência, fundado na confiança, comporta, como lembra Carlos Alberto Bittar, "vinculação expressa ou tácita, verbal ou escrita"[122].

Assim, salvo procuração expressa, a verificação da prática dos atos de gerência é matéria fática a ser esclarecida em juízo.

A inclusão do diretor diz respeito à eleição de empregado para o exercício desse cargo, admitida pelo art. 143 da Lei n. 6.404/76 (Lei das Sociedades Anônimas)[123].

O gerente ou diretor, como se sabe, não está sujeito a horário, por ele mesmo estabelecido. Daí dizer, com propriedade, Octavio Bueno Magano: "Sendo ele próprio ocupante de funções de mando, sofre com menor intensidade os efeitos do poder diretivo. Em verdade, fica em suas mãos a determinação concreta do conteúdo da respectiva prestação obrigacional. Do empregador não recebe senão diretrizes gerais, de acordo com as quais deve pautar o desenvolvimento de sua atividade. Mas trata-se apenas de parâmetro, dentro de cujo espaço goza de ampla liberdade de atuação. Ele próprio estabelece o horário e as demais condições de trabalho, a que se deve sujeitar, sendo mínimas ou inexistentes as interferências do empregador, no que concerne a tais determinações"[124].

Os gerentes ou diretores, portanto, não fazem jus a horas suplementares. Como escreve Valentin Carrion, "não se compreendem no regime deste capítulo: ou seja, não têm direito à jornada mínima, nem à remuneração de outras horas, além das normais, e nem de adicional por trabalho extraordinário"[125].

Contudo, como deixa claro o parágrafo único do dispositivo legal sob análise, para que os gerentes ou diretores estejam excluídos do recebimento de horas suplementares, é fundamental que os seus salários (inclusive gratificação de função, se houver) sejam superiores, em 40%, ao seu salário base, anteriormente à promoção, ou dos demais empregados.

"Gerente – Horas extras. Para que fique o gerente excepcionado dos preceitos relativos à duração do trabalho, necessária a inequívoca demonstração de que exerça típicos encargos de gestão, pressupondo esta que o empregado se coloque em posição de verdadeiro substituto do empregador ou cujo exercício coloque em jogo – como diz Mario de la Cueva – a própria existência da empresa, seus interesses fundamentais, sua segurança e a ordem essencial do desenvolvimento de sua atividade"[126].

121. *Do Poder Diretivo na Empresa*, Saraiva.
122. *Curso de Direito Civil*, Forense Universitária, v. 2, p. 728.
123. O empregado eleito diretor tem o seu contrato de trabalho suspenso durante o período de gestão, que não pode ser superior a três anos, permitida a reeleição – art. 143, III, da Lei n. 6.404/76.

124. Ob. cit., p. 214.
125. Ob. cit., p. 110.
126. TST, RR 17.988/90.3, Ac. 1ª T. 2.686/91, Rel. Min. Cnéa Moreira.

e) Gerente bancário – os bancários estão sujeitos a regime especial (arts. 224 a 226) e, por isso, serão objeto de comentários específicos (Súmula 287 do TST).

Contudo, embora a jornada dos bancários seja de "seis horas contínuas nos dias úteis", e, portanto, com jornada semanal de trinta horas (Lei n. 7.430/85), excluídos os sábados, no entanto, dispõe a Súmula 287 do TST, que "a jornada de trabalho do empregado de banco gerente de agência é regida pelo art. 224, § 2º, da CLT. Quanto ao gerente geral de agência bancária, presume-se o exercício de encargo de gestão, aplicando-se-lhe o art. 62 da CLT".

"**1. Gerente de agência. Horas extras. Art. 62, II, da CLT.** Sendo o gerente bancário a autoridade máxima na agência, dispondo livremente de seu horário de trabalho com vistas à consecução dos objetivos afetos às suas tarefas, horário esse que, segundo o enquadramento fático admitido pelo Regional, não era objeto de controle, não faz jus a horas extras. **2. Justa causa. Caracterização.** O art. 482 da CLT, ao enumerar os atos praticados pelo empregado como caracterizadores da justa causa, o fez de forma objetiva. Desse modo, verificado que a conduta faltosa do Reclamante (irregularidades em operações bancárias) encontra-se capitulada no rol do mencionado dispositivo consolidado, justifica-se a rescisão contratual por justa causa. O fato de outros empregados haverem colaborado com as irregularidades comprovadas pela perícia e não terem sido punidos ou terem recebido punição menor não afasta a falta grave ou a justa causa, na medida em que a responsabilidade do Reclamante, como gerente da agência, era maior. **3. Férias em dobro. Direito.** O direito às férias encontra-se assegurado no art. 7º, XVII, da Constituição da República e suas regras estão disciplinadas no art. 129 e seguintes da CLT. O art. 137, ao dispor que, se as férias forem concedidas após o prazo de que trata o art. 134, o empregador pagará em dobro a respectiva remuneração, impôs sanção cuja finalidade foi a de desencorajar a violação do instituto. Por isso mesmo, se o empregado, ao invés de usufruí-las, trabalhar no período correspondente, com o pagamento de um salário a mais, deve recebê-las com a dobra legal para evitar o desatendimento ao disposto na norma consolidada. Recurso de revista conhecido e provido"[127].

f) Empregador e interessados – dispõe o art. 63, consolidado que "não haverá distinção entre empregados e interessados e a participação em lucros e comissões, salvo em lucros de caráter social, não exclui o participante do regime deste Capítulo".

A redação não peca pela clareza. A palavra "interessados" é, aqui, sinônimo de empregado que, em lugar de salários, participa dos lucros e comissões, sem, entretanto, ser sócio. Daí a expressão "salvo em lucros de caráter social", visto que lucros de caráter social são próprios dos sócios que, obviamente, não são empregados.

Manifesto o acerto de Sérgio Pinto Martins quando este afirma que "o sentido do art. 63 da CLT foi justamente dizer que o empregado e interessado tinham o mesmo significado"[128].

g) Cálculos das horas extras – como adverte Eduardo Gabriel Saad, o art. 64 da CLT foi redigido anteriormente à Lei n. 605/49, que instituiu a remuneração nos repousos semanais. Ademais disto, a Constituição Federal atual, em seu art. 7º, XIII, embora tenha mantido a jornada diária em 8 horas, reduziu a jornada semanal para 44 horas. Por isso que Valentin Carrion observa, com relação ao mensalista:

"O cálculo objetivo leva a dividir-se 44 horas semanais entre 6 dias úteis, que resultando em 7,20 diárias, e multiplicadas por 30 dias do mês, alcançam 220 horas mensais. Se a jornada é de menor número de horas, multiplica-se este por 30 dias.

Já o cálculo do tarefeiro e horista (art. 65), alternadamente leva em conta o número médio de horas extras trabalhadas como tarefeiro, multiplicado pela remuneração média horária efetivamente recebida, com as tarifas atualizadas, desprezando-se as anteriores aos aumentos, mais

127. TST, RR 733002/2001, 4ª T., Rel. Min. Ives Gandra Martins Filho, *DJ*, 22-8-2003.
128. *Comentários à CLT*, cit., p. 129.

o número médio de horas trabalhadas, como horista, pela mais alta remuneração"[129].

Nos termos da Súmula 347 do TST, "o cálculo do valor das horas extras habituais, para efeito de reflexos em verbas trabalhistas, observará o número das horas efetivamente prestadas e sobre ele aplica-se o valor do salário-hora da época do pagamento daquelas verbas".

15. Horas extras. Jornada de trabalho. Ônus da prova

A jurisprudência do TST tem-se sedimentado no sentido de que, em se tratando de empregador com mais de dez empregados, o que torna obrigatório o registro da jornada de trabalho (art. 74, § 2º, da CLT), o ônus da prova é do empregador, com a exibição, em juízo, dos cartões de ponto ou controles equivalentes:

"Agravo de instrumento. Recurso de revista – Descabimento. Horas extras. Juntada parcial dos cartões de ponto. Ônus da prova. Nos termos da Súmula 338, I, desta Corte, é ônus do empregador que conta com mais de 10 (dez) empregados o registro da jornada de trabalho na forma do art. 74, § 2º, da CLT. A ausência injustificada dos controles de frequência gera presunção relativa de veracidade da jornada de trabalho, a qual pode ser elidida por prova em contrário. Assim, no que tange ao período em que não foram juntados cartões de ponto, gerou-se presunção de veracidade da jornada apontada na exordial. Precedentes. Agravo de instrumento conhecido e desprovido"[130].

▶ Jurisprudência

▷ **Súmula 24 do TST.** Insere-se no cálculo da indenização por antiguidade o salário relativo a serviço extraordinário, desde que habitualmente prestado.
▷ **Súmula 45 do TST.** A remuneração do serviço suplementar, habitualmente prestado, integra o cálculo da gratificação natalina prevista na Lei n. 4.090, de 1962.
▷ **Súmula 63 do TST.** A contribuição para o Fundo de Garantia do Tempo de Serviço incide sobre a remuneração mensal devida ao empregado, inclusive horas extras e adicionais eventuais.
▷ **Súmula 85 do TST. Compensação de jornada.**
I – A compensação de jornada de trabalho deve ser ajustada por acordo individual escrito, acordo coletivo ou convenção coletiva.
II – O acordo individual para compensação de horas é válido, salvo se houver norma coletiva em sentido contrário.
III – O mero não atendimento das exigências legais para a compensação de jornada, inclusive quando encetada mediante acordo tácito, não implica a repetição do pagamento das horas excedentes à jornada normal diária, se não dilatada a jornada máxima semanal, sendo devido apenas o respectivo adicional.
IV – A prestação de horas extras habituais descaracteriza o acordo de compensação de jornada. Nesta hipótese, as horas que ultrapassarem a jornada semanal normal deverão ser pagas como horas extraordinárias e, quanto àquelas destinadas à compensação, deverá ser pago a mais apenas o adicional por trabalho extraordinário.
V – As disposições contidas nesta súmula não se aplicam ao regime compensatório na modalidade "banco de horas", que somente pode ser instituído por negociação coletiva.
▷ **Súmula 110 do TST. Jornada de trabalho. Intervalo** (mantida). No regime de revezamento, as horas trabalhadas em seguida ao repouso semanal de 24 horas, com prejuízo do intervalo mínimo de 11 horas consecutivas para descanso entre jornadas, devem ser remuneradas como extraordinárias, inclusive com o respectivo adicional.
▷ **Súmula 115 do TST.** Horas extras. Gratificações semestrais. Nova redação. O valor das horas extras habituais integra a remuneração do trabalhador para o cálculo das gratificações semestrais.
▷ **Súmula 118 do TST. Jornada de trabalho. Horas extras** (mantida). Os intervalos concedidos pelo empregador na jornada de

129. Ob. cit., p. 114.
130. AIRR-812-32.2016.5.06.0182, 3ª T., Relator Ministro Alberto Luiz Bresciani de Fontan Pereira, *DEJT* 22-5-2020.

trabalho, não previstos em lei, representam tempo à disposição da empresa, remunerados como serviço extraordinário, se acrescidos ao final da jornada.

▷ **Súmula 172 do TST.** Computam-se no cálculo do repouso remunerado as horas extras habitualmente prestadas (ex-Prejulgado n. 52).

▷ **Súmula 253 do TST. Gratificação semestral. Repercussões.** A gratificação semestral não repercute no cálculo das horas extras, das férias e do aviso prévio, ainda que indenizados. Repercute, contudo, pelo seu duodécimo na indenização por antiguidade e na gratificação natalina.

▷ **Súmula 254 do TST. Salário-família. Termo inicial da obrigação** (mantida). O termo inicial do direito ao salário-família coincide com a prova da filiação. Se feita em juízo, corresponde à data de ajuizamento do pedido, salvo se comprovado que anteriormente o empregador se recusara a receber a respectiva certidão.

▷ **Súmula 264 do TST. Cálculo.** A remuneração do serviço suplementar é composta do valor da hora normal, integrado por parcelas de natureza salarial e acrescido do adicional previsto em lei, contrato, acordo, convenção coletiva ou sentença normativa.

▷ **Súmula 287 do TST. Jornada de trabalho. Gerente bancário. Nova redação.** A jornada de trabalho do empregado de banco gerente de agência é regida pelo art. 224, § 2º, da CLT. Quanto ao gerente-geral de agência bancária, presume-se o exercício de encargo de gestão, aplicando-se-lhe o art. 62 da CLT.

▷ **Súmula 291 do TST. Horas extras. Habitualidade. Supressão. Indenização.** A supressão total ou parcial, pelo empregador, de serviço suplementar prestado com habitualidade, durante pelo menos 1 (um) ano, assegura ao empregado o direito à indenização correspondente ao valor de 1 (um) mês das horas suprimidas, total ou parcialmente, para cada ano ou fração igual ou superior a seis meses de prestação de serviço acima da jornada normal. O cálculo observará a média das horas suplementares nos últimos 12 (doze) meses anteriores à mudança, multiplicada pelo valor da hora extra do dia da supressão.

▷ **Súmula 340 do TST. Comissionista. Horas extras. Nova redação.** O empregado, sujeito a controle de horário, remunerado à base de comissões, tem direito ao adicional de, no mínimo, 50% (cinquenta por cento) pelo trabalho em horas extras, calculado sobre o valor-hora das comissões recebidas no mês, considerando-se como divisor o número de horas efetivamente trabalhadas.

▷ **Súmula 347 do TST. Horas extras habituais. Apuração. Média física.** O cálculo do valor das horas extras habituais, para efeito de reflexos em verbas trabalhistas, observará o número das horas efetivamente prestadas e sobre ele aplica-se o valor do salário-hora da época do pagamento daquelas verbas.

▷ **Súmula 376 do TST. Horas extras. Limitação. Art. 59 da CLT. Reflexos.** I – A limitação legal da jornada suplementar a duas horas diárias não exime o empregador de pagar todas as horas trabalhadas. (ex-OJ n. 117 da SBDI-1 – inserida em 20-11-1997) II – O valor das horas extras habitualmente prestadas integra o cálculo dos haveres trabalhistas, independentemente da limitação prevista no *caput* do art. 59 da CLT.

▷ **Súmula 423 do TST. Turno ininterrupto de revezamento. Fixação de jornada de trabalho mediante negociação coletiva. Validade.** (Conversão da Orientação Jurisprudencial n. 169 da SBDI-1) Res. 139/2006 – *DJ*, 10, 11 e 13-10-2006) Estabelecida jornada superior a seis horas e limitada a oito horas por meio de regular negociação coletiva, os empregados submetidos a turnos ininterruptos de revezamento não têm direito ao pagamento da 7ª e 8ª horas como extras.

▷ **Súmula 461 do STF. Repouso Semanal Remunerado. Duplo.** É duplo, e não triplo, o pagamento do salário nos dias destinados a descanso.

▷ **Súmula 593 do STF. FGTS. Horas Extraordinárias.** Incide o percentual do Fundo de Garantia do Tempo de Serviço (FGTS) sobre a parcela da remuneração correspondente a horas extraordinárias de trabalho.

▷ **Súmula 675 do STF. Intervalos fixados para descanso e alimentação. Caracterização do sistema de turnos ininterruptos de revezamento.** Os intervalos fi-

xados para descanso e alimentação durante a jornada de seis horas não descaracterizam o sistema de turnos ininterruptos de revezamento para o efeito do art. 7º, XIV, da Constituição.

▷ **Precedente Normativo n. 32 do TST. Jornada do Estudante.** Proíbe-se a prorrogação da jornada de trabalho do empregado-estudante, ressalvadas as hipóteses dos arts. 59 e 61 da CLT.

▷ **"Agravo de instrumento. Recurso de revista interposto a acórdão publicado na vigência da Lei n. 13.467/2017. Vínculo de emprego. Terceirização. Elementos da relação de emprego. Matéria fática. Transcendência da causa não examinada**. É insuscetível de revisão, em sede extraordinária, a decisão proferida pelo Tribunal Regional à luz da prova carreada aos autos. Somente com o revolvimento do substrato fático-probatório dos autos seria possível afastar a premissa sobre a qual se erigiu a conclusão consagrada pela Corte de origem, no sentido de que restou comprovado nos autos o labor prestado pelo reclamante à tomadora dos serviços, com os elementos da relação de emprego, principalmente a subordinação jurídica e a pessoalidade. Incidência da Súmula 126 do Tribunal Superior do Trabalho. Ante a incidência do referido óbice, deixa-se de examinar a transcendência da causa. Agravo de Instrumento a que se nega provimento. **Agravo de instrumento. Recurso de revista interposto a acórdão publicado na vigência da Lei n. 13.467/2017. Horas extras. Regime 12x36. Acordo tácito. Invalidade. Fixação da jornada por meio da média física dos cartões parcialmente juntados aos autos. Transcendência da causa não reconhecida.** 1. Cuida-se de controvérsia acerca da invalidade do regime 12x36, adotado de forma tácita, e da impossibilidade de se fixar a jornada do reclamante, de todo o período contratual, com base nos cartões de ponto parcialmente juntados aos autos. 2. Constatado o preenchimento dos demais requisitos processuais de admissibilidade, o exame do Recurso de Revista sob o prisma do pressuposto de transcendência revelou que: *a*) não demonstrada a transcendência política da causa, na medida em que o acórdão recorrido revela consonância com o disposto na Súmula 444 deste Tribunal Superior, que não admite a adoção da jornada 12x36 com base em ajuste tácito, e com a Súmula 338, I, desta Corte superior, que não admite a adoção da média física dos cartões de ponto juntados aos autos para se fixar a jornada do período sem apresentação dos cartões de ponto; *b*) não se verifica a transcendência jurídica, visto que ausentes indícios da existência de questão nova acerca da controvérsia ora submetida a exame, mormente diante da plena vigência das Súmulas 444 e 338, I, desta Corte superior, a obstaculizar a pretensão recursal; *c*) não identificada a transcendência social da causa, visto que não se cuida de pretensão recursal formulada em face de suposta supressão ou limitação de direitos sociais assegurados na legislação pátria; e *d*) não há falar em transcendência econômica, visto que o valor arbitrado à condenação não se revela elevado ou desproporcional ao pedido formulado e deferido na instância ordinária. 3. Configurado o óbice relativo ao não reconhecimento da transcendência da causa quanto ao tema sob exame, resulta inviável o processamento do Recurso de Revista, no particular. 4. Agravo de Instrumento não provido. **Agravo de instrumento. Recurso de revista interposto a acórdão publicado na vigência da Lei n. 13.467/2017. Intervalo intrajornada. Supressão parcial. Pagamento integral. Natureza jurídica. Transcendência da causa não reconhecida.** 1. Cuida-se de controvérsia acerca do pagamento integral do intervalo intrajornada decorrente da sua supressão parcial. 2. Constatado o preenchimento dos demais requisitos processuais de admissibilidade, o exame do Recurso de Revista sob o prisma do pressuposto de transcendência revelou que: *a*) não demonstrada a transcendência política da causa, na medida em que o acórdão recorrido revela consonância com o disposto na Súmula 437, I e III, deste Tribunal Superior, que prevê o pagamento integral do intervalo intrajornada, com reflexos em outras parcelas, ainda que a supressão tenha sido apenas parcial; *b*) não se verifica a transcendência jurídica, visto que ausen-

tes indícios da existência de questão nova acerca da controvérsia ora submetida a exame, mormente diante da plena vigência da Súmula 437, I e III, desta Corte superior, a obstacularizar a pretensão recursal; *c*) não identificada a transcendência social da causa, visto que não se cuida de pretensão recursal formulada em face de suposta supressão ou limitação de direitos sociais assegurados na legislação pátria; e *d*) não há falar em transcendência econômica, visto que o valor arbitrado à condenação não se revela elevado ou desproporcional ao pedido formulado e deferido na instância ordinária. 3. Configurado o óbice relativo ao não reconhecimento da transcendência da causa quanto ao tema sob exame, resulta inviável o processamento do Recurso de Revista, no particular. 4. Agravo de Instrumento não provido. **Agravo de instrumento. Recurso de revista interposto a acórdão publicado na vigência da Lei n. 13.467/2017. Intervalo interjornadas. Supressão. Horas extras. Transcendência da causa não reconhecida.** 1. Cuida-se de controvérsia acerca do pagamento de horas extras decorrente da inobservância do intervalo interjornadas, previsto no art. 66 da Consolidação das Leis do Trabalho. 2. Constatado o preenchimento dos demais requisitos processuais de admissibilidade, o exame do Recurso de Revista sob o prisma do pressuposto de transcendência revelou que: *a*) não demonstrada a transcendência política da causa, na medida em que o acórdão recorrido revela consonância com o disposto na OJ n. 355 da SBDI-I desta Corte superior, no sentido de que o desrespeito ao intervalo previsto no art. 66 da Consolidação das Leis do Trabalho implica o pagamento de horas extras correspondente ao período suprimido; *b*) não se verifica a transcendência jurídica, visto que ausentes indícios da existência de questão nova acerca da controvérsia ora submetida a exame, mormente diante da plena vigência da OJ n. 355 da SBDI-I desta Corte superior, a obstacularizar a pretensão recursal; *c*) não identificada a transcendência social da causa, visto que não se cuida de pretensão recursal formulada em face de suposta supressão ou limitação de direitos sociais assegurados na legislação pátria; e *d*) não há falar em transcendência econômica, visto que o valor arbitrado à condenação não se revela elevado ou desproporcional ao pedido formulado e deferido na instância ordinária. 3. Configurado o óbice relativo ao não reconhecimento da transcendência da causa quanto ao tema sob exame, resulta inviável o processamento do Recurso de Revista, no particular. 4. Agravo de Instrumento não provido. **Agravo de instrumento. Recurso de revista interposto a acórdão publicado na vigência da Lei n. 13.467/2017. Adicional noturno. Prorrogação no horário diurno. Transcendência da causa não reconhecida.** 1. Cuida-se de controvérsia acerca do pagamento do adicional noturno na prorrogação do horário noturno. 2. Constatado o preenchimento dos demais requisitos processuais de admissibilidade, o exame do Recurso de Revista sob o prisma do pressuposto de transcendência revelou que: *a*) não demonstrada a transcendência política da causa, na medida em que o acórdão recorrido revela consonância com o disposto na Súmula 60, II, deste Tribunal Superior, no sentido de que o adicional noturno é devido na prorrogação do horário noturno; *b*) não se verifica a transcendência jurídica, visto que ausentes indícios da existência de questão nova acerca da controvérsia ora submetida a exame, mormente diante da plena vigência da Súmula 60, II, desta Corte superior, a obstacularizar a pretensão recursal; *c*) não identificada a transcendência social da causa, visto que não se cuida de pretensão recursal formulada em face de suposta supressão ou limitação de direitos sociais assegurados na legislação pátria; e *d*) não há falar em transcendência econômica, visto que o valor arbitrado à condenação não se revela elevado ou desproporcional ao pedido formulado e deferido na instância ordinária. 3. Configurado o óbice relativo ao não reconhecimento da transcendência da causa quanto ao tema sob exame, resulta inviável o processamento do Recurso de Revista, no particular. 4. Agravo de Instrumento não provido" (AIRR-513-24.2016.5.09.0133, 6ª Turma, Relator Ministro Lelio Bentes Correa, *DEJT* 28-10-2021).

▷ **Embargos.** Horas de sobreaviso. Exercente de cargo de confiança. Art. 62, II, da CLT. Incompatibilidade. O empregado exercente de cargo de confiança previsto no art. 62, II, da CLT não tem direito a horas de sobreaviso, haja vista a necessidade de um controle dos horários de trabalho para sua concessão e a incompatibilidade entre a sistemática do controle de jornada e a atividade exercida pelo trabalhador inserido no referido dispositivo. Sob esses fundamentos, a SBDI-I, por maioria, conheceu do recurso de embargos, por divergência jurisprudencial, vencido o Ministro Breno Medeiros, e, no mérito, por maioria, negou-lhe provimento, vencidos os Ministros Renato de Lacerda Paiva, Lelio Bentes Corrêa, Augusto César Leite de Carvalho, José Roberto Freire Pimenta e Cláudio Mascarenhas Brandão. TST-E-RR-10070-04.2015.5.01.0065, SBDI-I, rel. Min. Hugo Carlos Scheuermann, 5-8-2021.

▷ "**A) Agravo de instrumento em recurso de revista da reclamada. 1. Nulidade do julgado por negativa de prestação jurisdicional.** Não há falar em negativa na entrega da jurisdição, mas em inconformismo da parte, pois houve apreciação das questões submetidas a exame, cumprindo registrar que a decisão desfavorável à parte que recorre não equivale à decisão não fundamentada nem à ausência de prestação jurisdicional. Intactos, pois, os arts. 93, IX, da Constituição Federal, 489 do CPC e 832 da CLT. **2. Intervalo intrajornada.** A partir da prova oral, o Regional concluiu que havia dias em que o intervalo intrajornada era suprimido ou reduzido, e por essa razão condenou a reclamada ao pagamento de uma hora extra nesses dias, com os reflexos. Nesse contexto, a pretensão recursal de limitar a condenação somente ao adicional de horas extras ou ao tempo não usufruído encontra-se superada pela Súmula 437, I e III, do TST, para fim do Verbete Sumular n. 333 do TST. Agravo de instrumento conhecido e não provido. **3. Jornada 12x36 prevista em norma coletiva. Concessão irregular de intervalo intrajornada. Validade. Horas extras indevidas.** Constatada a existência de dissenso pretoriano, dá-se provimento ao agravo de instrumento para determinar o processamento do recurso de revista. Agravo de instrumento conhecido e provido. **B) Recurso de revista da reclamada. Jornada 12x36 prevista em norma coletiva. Concessão irregular de intervalo intrajornada. Validade. Horas extras indevidas.** A Subseção I Especializada em Dissídios Individuais deste Tribunal entende que a inobservância do intervalo intrajornada não descaracteriza o regime de 12x36 previsto em norma coletiva, ensejando apenas o pagamento das horas extras correspondentes. Precedentes. Recurso de revista conhecido e provido" (RRAg-10997-38.2017.5.15.0120, 8ª Turma, Relatora Ministra Dora Maria da Costa, *DEJT* 2-7-2021).

▷ **Agravo. Fundação casa. Horas extraordinárias. Acordo de compensação. Escala 2 x 2. Norma coletiva. Acordo escrito. Ausência. Não provimento.** Segundo a jurisprudência desta Corte Superior, a validade da compensação de jornada depende de previsão expressa em acordo individual escrito ou instrumento coletivo, não se prestando a tal fim a mera existência de acordo tácito. Entendimento perfilhado pela Súmula 85. Precedentes. Na hipótese, o Tribunal Regional registrou que, para a implantação da escala 2x2, a reclamada não observou o contrato de trabalho do autor sobre a necessidade de previsão do regime de compensação mediante acordo ou norma coletiva. Consignou ainda que a Portaria Normativa que implantou a escala 2x2 editada pela Fundação Casa desserve para validar o regime de compensação, pois extrapola a carga de trabalho de 40 horas semanais firmadas no contrato de trabalho, não há anuência do empregado e nem previsão de contraprestação ao serviço extraordinário prestado. Assim, não há contrariedade à Orientação Jurisprudencial n. 323 da SBDI-1, cujo regime de compensação 'semana espanhola' também exige previsão mediante acordo ou norma coletiva de trabalho. No que se refere a tese da reclamada acerca de estar a Administração Pública proibida de firmar acordos e convenções coletivas, não houve pronunciamento específico daquela Corte, e tampouco cuidou a parte de opor os necessários embargos de

declaração, a fim de suscitar a manifestação do Tribunal Regional sobre esse aspecto. Incidência do óbice da Súmula 297, por ausência de prequestionamento. Agravo a que se nega provimento, com aplicação da multa prevista no art. 1.021, § 4º, do CPC (Ag-AIRR-11107-51.2016.5.15.0062, 4ª Turma, Relator Ministro Guilherme Augusto Caputo Bastos, *DEJT* 4-9-2020).

▷ "**I – Agravo de instrumento. Recurso de revista interposto pelo reclamante. Lei n. 13.467/2017. Acordo de compensação de jornada. Prestação habitual de horas extras. Invalidade. Item IV da súmula 85 do TST. Inaplicabilidade.** 1. Há transcendência política no recurso de revista interposto pelo reclamante quando se constata, em análise preliminar, equivocada aplicação da instância recorrida da jurisprudência sumulada do Tribunal Superior do Trabalho. 2. Aconselhável o provimento do agravo de instrumento para determinar o processamento do recurso de revista, em razão de aparente má aplicação da Súmula 85, item IV, do TST. 3. Agravo de instrumento a que se dá provimento. **II – Recurso de revista. Lei n. 13.467/2017. Reclamante. Acordo de compensação de jornada. Prestação habitual de horas extras. Invalidade. Item IV da Súmula 85 do TST. Inaplicabilidade.** 1. Esta Corte Superior possui o entendimento de que a prestação habitual de horas extras não se trata de mera irregularidade formal no atendimento das exigências legais para compensação de jornada, mas descumprimento material do acordo de compensação de jornada, a invalidar todo o ajuste, tornando inaplicável a aplicação da Súmula 85, IV, do TST, no sentido de deferir apenas o adicional de horas extras àquelas horas destinadas à compensação. Julgados. 2. Recurso de revista a que se dá provimento" (RR-11287-18.2015.5.15.0122, 6ª Turma, Relatora Ministra Kátia Magalhães Arruda, *DEJT* 24-4-2020).

▷ "**Recurso de revista interposto pela reclamante. Acórdão regional publicado na vigência da Lei n. 13.015/2014 e antes da vigência da Lei n. 13.467/2017. Escala de 12 por 36. Acordo tácito. Invalidade. Súmula 444 do TST. Conhecimento e provimento.** I – A Súmula 444 do TST adota a diretriz de que é válida, em caráter excepcional, a jornada de 12 horas de trabalho por 36 de descanso, desde que prevista em lei ou ajustada exclusivamente mediante convenção ou acordo coletivo de trabalho. II – Ausente previsão em lei ou norma coletiva, resulta descaracterizada a escala de 12 por 36 e exsurge, como consequência, o pagamento de horas extraordinárias além da 8ª diária e reflexos. III – Recurso de revista de que se conhece e a que se dá provimento" (RR-208-14.2013.5.02.0465, 4ª Turma, Relator Ministro Alexandre Luiz Ramos, *DEJT* 3-4-2020).

Seção III
Dos períodos de descanso

Art. 66. Entre 2 (duas) jornadas de trabalho haverá um período mínimo de 11 (onze) horas consecutivas para descanso.

Art. 67. Será assegurado a todo empregado um descanso semanal de 24 (vinte e quatro) horas consecutivas, o qual, salvo motivo de conveniência pública ou necessidade imperiosa do serviço, deverá coincidir com o domingo, no todo ou em parte.

Parágrafo único. Nos serviços que exijam trabalho aos domingos, com exceção quanto aos elencos teatrais, será estabelecida escala de revezamento, mensalmente organizada e constando de quadro sujeito à fiscalização.

Art. 68. O trabalho em domingo, seja total ou parcial, na forma do art. 67 será sempre subordinado à permissão prévia da autoridade competente em matéria de trabalho.

Parágrafo único. A permissão será concedida a título permanente nas atividades que, por sua natureza ou pela conveniência pública, devem ser exercidas aos domingos, cabendo ao Ministro do Trabalho expedir instruções em que sejam especificadas tais atividades. Nos demais casos, ela será dada sob forma transitória, com discriminação do período autorizado, o qual, de cada vez, não excederá de 60 (sessenta) dias.

Art. 69. Na regulamentação do funcionamento de atividades sujeitas ao regime deste Capítulo, os municípios atenderão aos preceitos nele estabelecidos, e as regras que venham a fixar não poderão contrariar tais preceitos nem as instruções que, para seu cumprimento, fo-

rem expedidas pelas autoridades competentes em matéria de trabalho.

Art. 70. Salvo o disposto nos arts. 68 e 69, é vedado o trabalho em dias feriados nacionais e feriados religiosos, nos termos da legislação própria. (Redação dada pelo Dec.-lei n. 229, de 28-2-1967.)

Art. 71. Em qualquer trabalho contínuo, cuja duração exceda de 6 (seis) horas, é obrigatória a concessão de um intervalo para repouso ou alimentação, o qual será, no mínimo, de 1 (uma) hora e, salvo acordo escrito ou contrato coletivo em contrário, não poderá exceder de 2 (duas) horas.

§ 1º Não excedendo de 6 (seis) horas o trabalho, será, entretanto, obrigatório um intervalo de 15 (quinze) minutos quando a duração ultrapassar 4 (quatro) horas.

§ 2º Os intervalos de descanso não serão computados na duração do trabalho.

§ 3º O limite mínimo de 1 (uma) hora para repouso ou refeição poderá ser reduzido por ato do Ministro do Trabalho quando, ouvida a Secretaria de Segurança e Higiene do Trabalho, se verificar que o estabelecimento atende integralmente às exigências concernentes à organização dos refeitórios e quando os respectivos empregados não estiverem sob regime de trabalho prorrogado a horas suplementares.

§ 4º A não concessão ou a concessão parcial do intervalo intrajornada mínimo, para repouso e alimentação, a empregados urbanos e rurais, implica o pagamento, de natureza indenizatória, apenas do período suprimido, com acréscimo de 50% (cinquenta por cento) sobre o valor da remuneração da hora normal de trabalho.

§ 5º Os intervalos expressos no *caput* poderá reduzido e/ou fracionado, e aquele estabelecido no § 1º poderá ser fracionado, quando compreendidos entre o término da primeira hora trabalhada e o início da última hora trabalhada, desde que previsto em convenção ou acordo coletivo de trabalho, ante a natureza do serviço e em virtude das condições especiais de trabalho a que são submetidos estritamente os motoristas, cobradores, fiscalização de campo e afins nos serviços de operação de veículos rodoviários, empregados no setor de transporte coletivo de passageiros, mantida a remuneração e concedidos intervalos para descanso menores ao final de cada viagem. (Redação dada pela Lei n. 13.103, de 2015.)

Art. 72. Nos serviços permanentes de mecanografia (datilografia, escrituração ou cálculo), a cada período de 90 (noventa) minutos de trabalho consecutivo corresponderá um repouso de 10 (dez) minutos não deduzidos da duração normal de trabalho.

▶ **Comentários**

1. ***Intervalo interjornada***

Entre uma jornada de trabalho e outra, deve haver um período mínimo de 11 horas destinado ao repouso.

O período mencionado tem início a partir do fim da jornada de trabalho, seja a jornada normal ou extraordinária.

O repouso interjornada não se confunde com o repouso semanal, o que leva à soma de um e de outro, quando coincidem. Daí a advertência de Eduardo Gabriel Saad: "... de consequência, num dado dia da semana, o repouso se prolonga por 35 horas, isto é, as onze horas interjornadas somadas às 24 do repouso semanal"[131].

Há categorias profissionais que gozam de intervalos especiais: *telefonia e telegrafia* (17 horas para os que tenham horários variáveis – art. 229 da CLT); *operador cinematográfico* (12 horas – art. 235 da CLT); *cabineiro e ferroviário* (14 horas – art. 245 da CLT); *jornalista* (10 horas – art. 308 da CLT); *aeronautas* (Dec.-lei n. 18/66, 78/66 – variando segundo o número de horas de trabalho).

Nos termos da Súmula 110 do TST:

"No regime de revezamento, as horas trabalhadas em seguida ao repouso semanal de 24 (vinte e quatro) horas, com prejuízo do intervalo mínimo de 11 (onze) horas consecutivas para descanso entre jornadas, devem ser remuneradas como extraordinárias, inclusive com o respectivo adicional".

A Portaria 1.095/2010 do MTE autoriza a Superintendência Regional do Trabalho e Emprego (SRTE) a reduzir o intervalo de 1h para 30min.

131. *Constituição e Direito do Trabalho*, cit., p. 98.

2. Repouso semanal remunerado

Mantido em texto constitucional desde a Carta Magna de 1934, é reiterado pela atual Constituição – art. 7º, XV – "repouso semanal remunerado, preferencialmente *aos domingos*".

Recepcionado pela Constituição, o art. 67 da CLT assegura a todo empregado um descanso semanal de 24 horas consecutivas, o qual, observado motivo de conveniência pública ou necessidade imperiosa de serviço, deverá recair no domingo.

A Lei n. 605, de 5-1-1949, veio disciplinar o repouso semanal remunerado, mantendo, praticamente, a mesma redação do art. 67, sob comento. O repouso mencionado será concedido ao empregado, *preferencialmente aos domingos*, nos limites das exigências técnicas da empresa – e nos feriados civis e religiosos.

A lei nominada – 605/49 – menciona as atividades em que é permitido o trabalho nos domingos e feriados, dividindo-os em I – indústria; II – comércio; III – transportes; IV – comunicações e publicidade; V – educação e cultura; VI – serviços funerários; VII – agricultura e pecuária.

Nos termos do parágrafo único do art. 67 da CLT e do art. 6º, § 2º, do Decreto n. 27.048, de 12-8-1949[132], "nos serviços que exijam trabalho em domingo, com exceção dos elencos teatrais e congêneres, será estabelecida escala de revezamento, previamente organizada e constante de quadro sujeito à fiscalização".

Na ocorrência de força maior ou execução de serviços inadiáveis, é permitido o trabalho em domingos e feriados.

3. Trabalho em domingos e feriados nas atividades do comércio em geral

A Lei n. 11.603, de 5-12-2007, ao alterar a Lei n. 10.101/2000, instituiu regras específicas para o trabalho em domingos e feriados nas atividades do comércio em geral.

Nos termos do art. 6º da Lei n. 10.101/2000:

"Fica autorizado o trabalho aos domingos nas atividades do comércio em geral, observada a legislação municipal, nos termos do inciso I do *caput* do art. 30 da Constituição Federal.

Parágrafo único. O repouso semanal remunerado deverá coincidir, pelo menos uma vez no período máximo de três semanas, com o domingo, respeitadas as demais normas de proteção ao trabalho e outras a serem estipuladas em negociação coletiva".

O trabalho em feriados é igualmente permitido, mediante convenção coletiva conforme o disposto no art. 6º-A:

"É permitido o trabalho em feriados nas atividades do comércio em geral, desde que autorizado em convenção coletiva de trabalho e observada a legislação municipal, nos termos do inciso I do *caput* do art. 30 da Constituição Federal".

Como acentua parecer da Consultoria Jurídica do Ministério do Trabalho (n. 31/2008):

"Percebe-se que as disposições da Lei n. 11.603/2007 têm natureza especial enquanto as da CLT e as da Lei 605, de 1949, ostentam natureza geral, visto que se aplicam a todas as áreas da atividade econômica, não apenas ao comércio em geral. Observe-se que a novel legislação deixou expresso o seu âmbito de aplicação ao restringir o seu alcance ao comércio em geral, sendo esse o seu elemento especializante. Dessas constatações já se extrai a primeira consequência, qual seja, não houve revogação da CLT ou da Lei n. 605, de 1949, na matéria relativa às derrogações à vedação de trabalho aos domingos e feriados".

Vale dizer que continuam em vigor as regras gerais da CLT e da Lei n. 605/49, com a vigência da Lei n. 11.603/2007 (cujas disposições foram acima transcritas), exclusivamente para os trabalhadores nas atividades do comércio em geral, aqui incluídos os empregados de supermercados, como esclarece o parecer do Ministério do Trabalho, cuja ementa transcrevemos:

"Trabalho aos domingos e feriados. A natureza especial da Lei n. 11.603, de 5 de dezembro de 2007, autoriza a conclusão de que permanecem em vigor as normas constantes na Consoli-

132. Regulamenta a Lei n. 605/49.

dação das Leis do Trabalho, aprovada pelo Decreto-lei n. 5.452, de 1º de maio de 1943 – CLT e na Lei n. 605, de 5 de janeiro de 1949, relativas ao regramento das derrogações à vedação do trabalho nos domingos e feriados, exclusive em relação ao comércio em geral. Em consequência, suprimido o fundamento de validade dos dispositivos do Decreto n. 27.048, de 12 de agosto de 1949, que autorizavam o trabalho em atividades comerciais nesses dias, ficam revogadas implicitamente essas disposições. Por consequência, fica superada a questão dos supermercados, que devem seguir os ditames da Lei n. 11.603, de 2007".

4. **Pagamento em dobro**

Em conformidade com o disposto no art. 6º, § 3º, do Decreto n. 27.048/49 (que regulamenta a Lei n. 605/49), nos serviços em que for permitido o trabalho aos domingos e feriados, a remuneração a ser paga ao empregado será dobrada.

No mesmo sentido a Súmula 461 do STF: "É duplo, e não triplo, o pagamento do salário nos dias destinados a descanso".

Contra tal entendimento insurge-se Valentin Carrion:

"Entretanto, esse entendimento é inaceitável. Primeiro porque, se assim fosse, a lei não necessitaria dizer qualquer coisa a mais: devido um salário sem trabalhar, o segundo seria devido, na hipótese de se prestarem serviços naquele mesmo dia. Em segundo lugar porque, em condições anormais, a lei impõe acréscimo para desestimulá-lo (férias não concedidas: 100%; noturno: 20% e hora reduzida; extraordinário: 50%; insalubridade: 10% a 40%; periculosidade: 30%); não se pode acreditar que o empregador que mantiver empregado trabalhando ilegalmente (pela lei e a Constituição), mesmo continuadamente, dia após dia, sem uma folga, em domingo ou em outra jornada, não pague adicional algum"[133].

A Súmula 146 do TST, com a redação dada pela Resolução n. 121/2003, está vazada nos seguintes termos:

"O trabalho prestado em domingos e feriados, não compensado, deve ser pago em dobro, sem prejuízo da remuneração relativa ao repouso semanal".

5. **Perda de repouso semanal**

O direito ao repouso semanal remunerado está condicionado à assiduidade ao trabalho nos dias, ou na semana que o antecede. Assim considerando, o empregado que não faltar ao serviço de segunda a sábado (ou a sexta-feira, se adotado o regime de compensação), faz jus ao recebimento do repouso semanal. Não se incluem entre as faltas as ausências legais ou as decorrentes de doença (arts. 471 a 474 da CLT).

6. **Remuneração dos repousos**

Em conformidade com o art. 7º da Lei n. 605/49, a remuneração do repouso semanal é a seguinte:

"*a*) para os que trabalham por dia, semana, quinzena ou mês, à de 1 (um) dia de serviço, computadas as horas extraordinárias habitualmente prestadas;

b) para os que trabalham por hora, à de sua jornada de trabalho, computadas as horas extraordinárias habitualmente prestadas; (*As alíneas a e b foram alteradas pela Lei n. 7.415, de 9-12-1985.*)

c) para os que trabalham por tarefa ou peça, o equivalente ao salário correspondente às tarefas ou peças feitas durante a semana, no horário normal de trabalho, dividido pelos dias de serviço efetivamente prestado ao empregador;

d) para o empregado em domicílio, o equivalente ao quociente da divisão por 6 (seis) da importância total da sua produção na semana.

§ 1º Os empregados cujos salários não sofram descontos por motivo de feriados civis ou religiosos são considerados já remunerados nesses mesmos dias de repouso, conquanto tenham direito à remuneração dominical.

§ 2º Consideram-se já remunerados os dias de repouso semanal do empregado mensalista ou quinzenalista, cujo cálculo de salário mensal ou quinzenal, ou cujos descontos por faltas sejam efetuados na base do número de dias do mês ou de 30 (trinta) e 15 (quinze) diárias, respectivamente".

133. Ob. cit., p. 117.

7. Reflexos das horas extras

Desde que habitualmente prestadas, as horas extras devem ser consideradas no repouso semanal, sobretudo diante da clareza das alíneas *a* e *b* do art. 7º da Lei n. 605/49.

No mesmo sentido a Súmula 172 do TST:

"Computam-se no cálculo do repouso remunerado as horas extras habitualmente prestadas".

8. Gorjetas

Conquanto parcela ponderável de juslaboralistas vá, a pouco e pouco, repudiando o entendimento acadêmico de distinção entre remuneração e salário, a jurisprudência dominante é em sentido inverso e, em consequência, a gorjeta, compulsória ou facultativa, não é computada no repouso semanal remunerado:

"As gorjetas, cobradas pelo empregador na nota de serviço ou oferecidas espontaneamente pelos clientes, integram a remuneração do empregado, não servindo de base de cálculo para as parcelas de aviso prévio, adicional noturno, horas extras e repouso semanal remunerado" (Súmula 354 do TST).

De todo conveniente assinalar que em conformidade com a Lei n. 13.419, de 13-3-2017, que disciplinou juridicamente a gorjeta, cobrada esta por mais de 12 (doze) meses, e suprimida pelo empresário, é incorporada ao salário, com o consequente cômputo de seu valor no repouso semanal remunerado.

9. Trabalhador rural

Como já acentuamos ao longo deste trabalho, o art. 7º, *caput*, da CF equiparou o trabalhador rural ao urbano, razão por que também a ele se estende o repouso semanal remunerado.

10. Comissionistas

Conquanto não mencionado na Lei n. 605/49, faz jus ao repouso semanal remunerado, como dispõe a Súmula 27 do TST:

"É devida a remuneração do repouso semanal e dos dias feriados ao empregado comissionista, ainda que pracista".

Com relação ao *vendedor pracista comissionado*, o Supremo Tribunal Federal tem entendimento diverso consubstanciado na Súmula 201:

"O vendedor-pracista, remunerado mediante comissão, não tem direito ao repouso semanal remunerado".

Apura-se o valor do repouso semanal de acordo com as comissões auferidas nos dias trabalhados em processo análogo àquele aplicado aos que trabalham por tarefa ou peças – art. 7º, *c*, da Lei n. 605/49.

11. Intervalos para alimentação ou repouso

a) No *trabalho contínuo*, com duração superior a 6 horas, o intervalo é de, no mínimo, *uma hora*, salvo acordo ou convenção coletiva, que, entretanto, não poderá ser superior a 2 horas.

b) Em trabalho que não exceda 6 horas, intervalo de *15 minutos*, após 4 horas de jornada.

c) No trabalho que não ultrapasse 4 horas, não há obrigatoriedade de concessão de intervalo, salvo liberalidade do empregador, quando os intervalos assim concedidos, por não serem obrigatórios, são considerados como tempo de serviço e, por isso mesmo, remunerados. "Os intervalos concedidos pelo empregador, na jornada de trabalho, não previstos em lei, representam tempo à disposição da empresa, remunerados como serviço extraordinário, se acrescidos ao final da jornada" (Súmula 118 do TST).

O Ministério do Trabalho poderá reduzir o intervalo para alimentação e repouso, via de regra de trinta minutos, verificando que o estabelecimento empresarial possui refeitórios que preencham os requisitos sanitários indispensáveis, não estando os empregados sujeitos à prestação de horas suplementares.

A não concessão dos intervalos obrigatórios implica o pagamento, pelo empregador, do período, como extra, com o adicional de cinquenta por cento.

12. Intervalos especiais (mecanografia, digitação)

Há determinadas profissões que, ao longo do tempo, provocam sequelas que chegam a implicar atrofia de certos órgãos, como ocorre, por exemplo, com a datilografia ou digita-

ção, que, em razão do trabalho contínuo, acabam por provocar aleijões nos dedos ou nas mãos.

Com o propósito manifesto de preservar a saúde do trabalhador, o art. 72 da CLT, além dos intervalos obrigatórios de que tratamos, estabelece intervalos especiais – *10 minutos a cada período de 90 minutos de trabalho consecutivo*.

Este intervalo não é deduzido da jornada normal, o que implica concluir que deve ser remunerado.

O artigo sob comento (72 da CLT) faz menção aos serviços de mecanografia (datilografia, escrituração ou cálculo), mas é óbvio que a lista é apenas exemplificativa, e não exaustiva, como é o caso do *digitador*, como deixa claro a Súmula 346 do TST:

"Os digitadores, por aplicação analógica do art. 72 da CLT, equiparam-se aos trabalhadores nos serviços de mecanografia (datilografia, escrituração ou cálculo), razão pela qual têm direito a intervalos de descanso de dez (10) minutos a cada noventa (90) de trabalho consecutivo".

O trabalho que não é contínuo, em que o empregado só se utiliza eventualmente de trabalhos de datilografia ou digitação, não é suficiente para a sua caracterização, não havendo falar, em tais casos, nos intervalos especiais.

No entanto, a norma regulamentar 17 (NR 17), no 17.6.4, diverge da Súmula 346 do TST, ao afirmar que:

"*nas atividades de processamento eletrônico de dados, deve-se, salvo o disposto em convenções e acordos coletivos de trabalho, observar o seguinte: (...) d) nas atividades de entrada de dados deve haver, no mínimo, uma pausa de 10 (dez) minutos para cada 50 (cinquenta) minutos trabalhados, não deduzidos da jornada normal de trabalho*" (grifos nossos).

Sabe-se que o empregador do serviço público ou privado, em todas as ocupações, deve assegurar uma adequada proteção à saúde e a vida do trabalhador, propiciando lhe pausa para descanso, especialmente nas atividades repetitivas, para mantê-los afastados das lesões por esforços repetitivos (LER) ou distúrbios osteomusculares relacionadas ao trabalho (DORT), denominadas LER/DORT, concedendo ao obreiro a manutenção da saúde física, mental e espiritual[134].

▶ *Jurisprudência*

▷ **Súmula 15 do TST. Atestado médico.** A justificação da ausência do empregado motivada por doença, para a percepção do salário-enfermidade e da remuneração do repouso semanal, deve observar a ordem preferencial dos atestados médicos estabelecida em lei.

▷ **Súmula 27 do TST. Comissionista.** É devida a remuneração do repouso semanal e dos dias feriados ao empregado comissionista, ainda que pracista.

▷ **Súmula 110 do TST. Jornada de trabalho. Intervalo.** No regime de revezamento, as horas trabalhadas em seguida ao repouso semanal de 24 horas, com prejuízo do intervalo mínimo de 11 horas consecutivas para descanso entre jornadas, devem ser remuneradas como extraordinárias, inclusive com o respectivo adicional.

▷ **Súmula 118 do TST. Jornada de trabalho. Horas extras.** Os intervalos concedidos pelo empregador, na jornada de trabalho, não previstos em lei, representam tempo à disposição da empresa, remunerados como serviço extraordinário, se acrescidos ao final da jornada.

▷ **Súmula 146 do TST. Feriado. Trabalho.** O trabalho prestado em domingos e feriados, não compensado, deve ser pago em dobro, sem prejuízo da remuneração relativa ao repouso semanal.

▷ **Súmula 172 do TST. Repouso remunerado. Horas extras. Cálculo.** Computam-se no cálculo do repouso remunerado as horas extras habitualmente prestadas. Ex-prejulgado n. 52.

▷ **Súmula 346 do TST. Digitador. Intervalos intrajornada. Aplicação analógica do art. 72 da CLT.** Os digitadores, por aplicação analógica do art. 72 da CLT, equiparam-se aos trabalhadores nos serviços de mecanografia (datilografia, escritu-

134. Constituição da OIT.

ração ou cálculo), razão pela qual têm direito a intervalos de descanso de dez (10) minutos a cada noventa (90) de trabalho consecutivo.
▷ **Súmula 264 do TST. Hora suplementar. Cálculo** (mantida). A remuneração do serviço suplementar é composta do valor da hora normal, integrado por parcelas de natureza salarial e acrescido do adicional previsto em lei, contrato, acordo, convenção coletiva ou sentença normativa.
▷ **Súmula 354 do TST. Gorjetas. Natureza jurídica. Repercussões. Revisão do Enunciado n. 290.** "As gorjetas, cobradas pelo empregador na nota de serviço ou oferecidas espontaneamente pelos clientes, integram a remuneração do empregado, não servindo de base de cálculo para as parcelas de aviso prévio, adicional noturno, horas extras e repouso semanal remunerado".
▷ **Súmula 437 do TST. Intervalo intrajornada para repouso e alimentação. Aplicação do art. 71 da CLT** (conversão das Orientações Jurisprudenciais n. 307, 342, 354, 380 e 381 da SBDI-1) – Res. 185/2012, *DEJT* divulgado em 25, 26 e 27-9-2012. I – Após a edição da Lei n. 8.923/94, a não concessão ou a concessão parcial do intervalo intrajornada mínimo, para repouso e alimentação, a empregados urbanos e rurais, implica o pagamento total do período correspondente, e não apenas daquele suprimido, com acréscimo de, no mínimo, 50% sobre o valor da remuneração da hora normal de trabalho (art. 71 da CLT), sem prejuízo do cômputo da efetiva jornada de labor para efeito de remuneração. II – É inválida cláusula de acordo ou convenção coletiva de trabalho contemplando a supressão ou redução do intervalo intrajornada porque este constitui medida de higiene, saúde e segurança do trabalho, garantido por norma de ordem pública (art. 71 da CLT e art. 7º, XXII, da CF/1988), infenso à negociação coletiva. III – Possui natureza salarial a parcela prevista no art. 71, § 4º, da CLT, com redação introduzida pela Lei n. 8.923, de 27 de julho de 1994, quando não concedido ou reduzido pelo empregador o intervalo mínimo intrajornada para repouso e alimentação, repercutindo, assim, no cálculo de outras parcelas salariais. IV – Ultrapassada habitualmente a jornada de seis horas de trabalho, é devido o gozo do intervalo intrajornada mínimo de uma hora, obrigando o empregador a remunerar o período para descanso e alimentação não usufruído como extra, acrescido do respectivo adicional, na forma prevista no art. 71, *caput* e § 4º da CLT.
▷ **Súmula 201 do STF. Vendedor pracista. Repouso Semanal.** O vendedor pracista, remunerado mediante comissão, não tem direito ao repouso semanal remunerado.
▷ **Súmula 461 do STF. Repouso Semanal Remunerado. Duplo.** É duplo, e não triplo, o pagamento do salário nos dias destinados a descanso.
▷ **Súmula 675 do STF.** Os intervalos fixados para descanso e alimentação durante a jornada de seis horas não descaracterizam o sistema de turnos ininterruptos de revezamento para o efeito do art. 7º, XIV, da Constituição.
▷ **Precedente Normativo n. 87 do TST. Trabalho em domingos e feriados. Pagamento dos salários (Positivo).** É devida a remuneração em dobro do trabalho em domingos e feriados não compensados, sem prejuízo do pagamento do repouso remunerado, desde que, para este, não seja estabelecido outro dia pelo empregador.
▷ **"Recurso de revista da 1ª reclamada. Acórdão regional. Publicação antes da vigência da Lei n. 13.015/2014. 1. Preliminar de nulidade do acórdão regional por negativa de prestação jurisdicional. Multa por atraso na anotação da CTPS. Aplicação do art. 282, § 2º, do CPC de 2015. Princípios da economia processual e instrumentalidade das formas.** I – Com fundamento no art. 282, § 2º, do CPC de 2015 e observando-se os princípios da economia processual e da instrumentalidade das formas, é possível ao julgador deixar de analisar a preliminar de nulidade do acórdão regional por negativa de prestação jurisdicional, em razão da possibilidade de se decidir o mérito do recurso favoravelmente à parte recorrente. II – Diante, pois, de tal possibilidade, deixa-se de analisar a preliminar de nulidade do acórdão regional por negativa de prestação jurisdicional, calcada na alegação de ausên-

cia de pronunciamento expresso do TRT a respeito da multa pela não anotação da CTPS do reclamante. III – Recurso de revista de que não se conhece. **2. Horas extraordinárias e intervalo intrajornada. Cartões de ponto britânicos (Súmula 338, III, do TST). Prova testemunhal que confirma o trabalho suplementar sem o respectivo pagamento.** I – Nos termos da Súmula 338, III, do TST, "os cartões de ponto que demonstram horários de entrada e saída uniformes são inválidos como meio de prova, invertendo-se o ônus da prova, relativo às horas extras, que passa a ser do empregador, prevalecendo a jornada da inicial se dele não se desincumbir." II – No caso concreto, o quadro fático regional, fundado nas provas documental e testemunhal, denota a prestação de trabalho em jornada suplementar e a não concessão integral do intervalo intrajornada, sem a respectiva contraprestação. Isso porque, de um lado, os cartões de ponto juntados aos autos registram marcações uniformes ("jornadas britânicas"), circunstância que os tornou inválidos como meio de prova (Súmula 338, III, do TST) e inverteu o ônus da prova em desfavor da parte reclamada; e, de outro lado, a única testemunha ouvida no processo confirmou a ocorrência do trabalho suplementar sem a devida quitação, bem como a não concessão integral do intervalo intrajornada. III – Resultam descaracterizadas, portanto, as apontadas ofensas aos arts. 818 da CLT e 373, I, do CPC de 2015 (art. 333, I, do CPC de 1973). IV – Recurso de revista de que não se conhece. **3. Compensação de horas extraordinárias. Critério global.** I – O tema relativo ao critério de compensação entre as horas extraordinárias já pagas no curso do contrato de trabalho e aquelas reconhecidas em processo judicial trabalhista já não comporta mais discussão perante esta Corte Superior, que, por meio de sua Orientação Jurisprudencial n. 415 da SBDI-1, consolidou o entendimento de que tal procedimento deve dar-se pelo critério global, e não mês a mês. II – No caso concreto, o Tribunal Regional entendeu que o abatimento de valores pagos somente pode ser efetuado no respectivo mês em que as diferenças objeto da condenação forem apuradas, em desconformidade com a jurisprudência consolidada nesta c. Corte Superior. III – Essa circunstância autoriza o conhecimento do recurso por divergência jurisprudencial. IV – Recurso de revista de que se conhece e a que se dá provimento. **4. Intervalo intrajornada. Forma de pagamento pelo tempo não usufruído. Natureza jurídica.** I – A respeito da forma de pagamento e à natureza jurídica da condenação relativa ao intervalo intrajornada não integralmente usufruído, a Súmula 437 do TST, em seus itens I e III, estabelece que "a não concessão ou a concessão parcial do intervalo intrajornada mínimo, para repouso e alimentação, a empregados urbanos e rurais, implica o pagamento total do período correspondente, e não apenas daquele suprimido"; também que "Possui natureza salarial a parcela prevista no art. 71, § 4º, da CLT (...), quando não concedido ou reduzido pelo empregador o intervalo mínimo intrajornada para repouso e alimentação, repercutindo, assim, no cálculo de outras parcelas salariais". II – No caso concreto, o Tribunal Regional, ao manter a condenação ao pagamento pelo intervalo intrajornada não concedido integralmente, decidiu em conformidade com os mencionados preceitos, circunstância que atrai o óbice art. 896, § 7º, da CLT e afasta as ofensas invocadas, assim como a divergência jurisprudencial colacionada. III – Recurso de revista de que não se conhece. **5. Sobreaviso. Caracterização. Prova testemunhal que confirma o cumprimento de escala de plantão.** I – A Súmula 428, II, do TST estabelece que "considera-se em sobreaviso o empregado que, à distância e submetido a controle patronal por instrumentos telemáticos ou informatizados, permanecer em regime de plantão ou equivalente, aguardando a qualquer momento o chamado para o serviço durante o período de descanso". II – A c. SBDI-1/TST, em sessão de julgamento realizada em 27-6-2019, com acórdão publicado no *DEJT* em 6-9-2019, no processo E-ED-RR-655-53.2012.5.09.0655, que teve como Redator Designado o Exmo. Ministro Cláudio Brandão, reafirmou o seu entendimento de que, para a configuração concre-

ta do regime de sobreaviso, não basta a simples possibilidade de o empregado ser chamado pelo empregador para lhe prestar serviço fora do horário de expediente: é imprescindível, igualmente, que o empregado esteja de prontidão, preparado para o serviço, caso seja chamado durante as horas em que estiver de sobreaviso. Entendeu-se que deve haver a denominada "escala de plantão", à semelhança do que dispõe o art. 244, § 2º, da CLT para os ferroviários. Deve, portanto, haver a delimitação prévia do período de tempo em que o empregado permanecia em tal condição, caracterizadora da restrição parcial à liberdade de disposição do tempo, nos termos da escala/plantão previamente determinada pelo empregador. É esse justamente a hipótese destes autos. III – No presente caso, a expressa delimitação acerca da adoção de escala de plantão ou equivalente é o que possibilita o reconhecimento do regime de sobreaviso, pois daí decorre que o autor de fato tinha sua liberdade de locomoção restringida. IV – Incide, pois, o óbice do art. 896, § 7º, da CLT, a tornar ultrapassada a divergência jurisprudencial colacionada. V – Recurso de revista de que não se conhece. **6. Indenização por danos morais. Despedida por telefone.** Todo relacionamento rompido de forma unilateral envolve dissabores e questionamentos, mas, no caso especial do vínculo de emprego, há ainda a insegurança de perder renda, a incerteza de conseguir nova colocação num mercado de trabalho cada vez mais restrito e competitivo, além de todas as repercussões nas esferas patrimonial, pessoal e familiar do empregado. Portanto, mostra-se razoável a expectativa de que o empregador se cerque de certos cuidados ao comunicar a ruptura do contrato, a fim de minimizar os efeitos negativos na vida do trabalhador. Uma conversa pessoal costuma demonstrar empatia e respeito. Se não for possível, em razão de peculiaridades da situação, pode-se suavizar a natural frieza do contato telemático com a escolha das melhores palavras, da melhor oportunidade e até da ferramenta mais adequada. E cabe ao empregador demonstrar tais excepcionalidades. Na hipótese, o contrato já durava mais de 7 anos – fato que revela certa estabilidade na relação e reforça a presunção de confiança entre as partes. Assim, a dispensa por telefone, sem elementos que justifiquem sua necessidade ou demonstrem que, de alguma outra forma, o empregador teve o cuidado de minimizar os impactos da notícia na vida do empregado, enseja sim dano moral passível de reparação. Recurso de revista não conhecido. **7. Terceirização. Atividade-fim. Concessionária de serviço de telecomunicações. Tema 739 da tabela de repercussão geral do STF.** I – O Supremo Tribunal Federal, no julgamento da Arguição de Descumprimento de Preceito Fundamental (ADPF) n. 324, proclamou a licitude da terceirização de toda e qualquer atividade, meio ou fim, no âmbito das empresas privadas. II – A ampla liberdade para a contratação de serviços terceirizados no âmbito das empresas privadas foi reafirmada, ainda, no julgamento do RE-958.252, na mesma Sessão do dia 30-8-2018, fixando-se a seguinte tese no Tema 725 da Tabela de Repercussão Geral: "É lícita a terceirização ou qualquer outra forma de divisão do trabalho entre pessoas jurídicas distintas, independentemente do objeto social das empresas envolvidas, mantida a responsabilidade subsidiária da empresa contratante". III – Especificamente em relação à terceirização levada a efeito por concessionária de serviço de telecomunicações, o Supremo Tribunal Federal fixou a tese de que o art. 94, II, da Lei n. 9.472/1997 autoriza expressamente a terceirização serviços vinculados à atividade-fim (Tema 739 da Tabela de Repercussão Geral). IV – No caso dos autos, o Tribunal Regional declarou a ilicitude da terceirização de atividade-fim de empresa de telecomunicações, sem consignar a existência de fraude ou de alguma outra distinção capaz de afastar a aplicação das teses fixadas pelo Supremo Tribunal Federal na ADPF n. 324 e nos Temas 725 e 739 da Tabela de Repercussão Geral. Afrontou, assim, o art. 94, II, da Lei n. 9.472/1997. V – Recurso de revista da reclamada de que se conhece e a que se dá provimento parcial. **8. Obrigação de anotação da CTPS. Multa diária. Análise prejudicada.** I – Ante o provimento do recurso de revista da 1ª reclamada no tema

"terceirização ilícita – reconhecimento do vínculo de emprego com o tomador dos serviços"; o consequente afastamento do vínculo de emprego direto com a tomadora de serviços (OI S/A); e o julgamento de improcedência dos pedidos decorrentes da formação de vínculo com a empresa tomadora; resulta prejudicada a análise do tema em epígrafe, uma vez que a anotação da CTPS configura obrigação atribuível apenas à real empregadora, a 2ª reclamada. II – Recurso de revista de que não se conhece. **Recurso de revista do reclamante. Acórdão regional. Publicação antes da vigência da Lei n. 13.015/2014. 1. Responsabilidade subsidiária da tomadora dos serviços. Terceirização. Análise prejudicada.** I – Consoante visto por ocasião da análise do recurso de revista da reclamada, já foi reconhecida a responsabilidade subsidiária da 1ª reclamada, tomadora dos serviços, pela condenação remanescente. Resulta prejudicada, portanto, a análise do tema em epígrafe. II – Recurso de revista de que não se conhece se conhece e a que se dá provimento. **2. Indenização por danos morais. Despedida por telefone. Valor arbitrado.** O Tribunal Regional não especificou os parâmetros concretos que o levaram a fixar a indenização por danos morais em R$10.000,00. Diante da omissão da Corte *a quo*, caberia a oposição de embargos de declaração, a fim de que explicitasse os fundamentos que conduziram ao valor arbitrado e demonstrasse a proporcionalidade com relação à extensão do dano. Mas a parte não tomou tal providência. Em razão disso, mostra-se inviável o exame da tese recursal, no sentido de não haver razoabilidade no montante da indenização. Incide o óbice da Súmula 297 do TST. Recurso de revista não conhecido. **3. Honorários advocatícios. Ausência de assistência sindical. Súmula 219, I, do TST.** I – A condenação ao pagamento de honorários advocatícios na Justiça do Trabalho, anteriormente à vigência da Lei n. 13.467/2017, caso dos autos, não decorre unicamente da sucumbência. Faz-se necessário que o Reclamante comprove que (*a*) está assistido por sindicato da categoria profissional; e (*b*) firmou declaração de hipossuficiência econômica, no sentido de que não possui condições de postular em juízo sem comprometimento do sustento próprio ou de sua família. Esse é o entendimento que se extrai do atual item I da Súmula 219 do TST. II – Ademais, consoante jurisprudência pacífica nesta Corte Superior, a condenação ao pagamento de honorários advocatícios sob a forma de indenização, a título de reparação por perdas e danos, não encontra amparo na Justiça do Trabalho. Precedentes. III – No caso concreto, verifica-se dos autos que o reclamante de fato não se encontra assistido pelo sindicato da categoria profissional, ou seja, não juntou credencial sindical, tal como consignado no acórdão regional. IV – Desse modo, incidem os óbices do art. 896, § 7º, da CLT e da Súmula 333 do TST, a afastar a apontada ofensa ao art. 133 da Constituição da República, assim como a divergência jurisprudencial colacionada. V – Recurso de revista de que não se conhece" (RR-1037-48.2010.5.09.0095, 7ª Turma, Redator Ministro Cláudio Mascarenhas Brandão, *DEJT* 28-10-2021).

Seção IV
Do trabalho noturno

Art. 73. Salvo nos casos de revezamento semanal ou quinzenal, o trabalho noturno terá remuneração superior à do diurno e, para esse efeito, sua remuneração terá um acréscimo de 20% (vinte por cento), pelo menos, sobre a hora diurna. (Redação dada pelo Dec.-lei n. 9.666, de 28-8-1946.)

§ 1º A hora do trabalho noturno será computada como de 52 (cinquenta e dois) minutos e 30 (trinta) segundos. (Redação dada pelo Dec.-lei n. 9.666, de 28-8-1946.)

§ 2º Considera-se noturno, para os efeitos deste artigo, o trabalho executado entre as 22 (vinte e duas) horas de um dia e as 5 (cinco) horas do dia seguinte. (Redação dada pelo Dec.-lei n. 9.666, de 28-8-1946.)

§ 3º O acréscimo a que se refere o presente artigo, em se tratando de empresas que não mantêm, pela natureza de suas atividades, trabalho noturno habitual, será feito tendo em vista os quantitativos pagos por trabalhos diurnos de natureza semelhante. Em relação às empre-

sas cujo trabalho noturno decorra da natureza de suas atividades, o aumento será calculado sobre o salário mínimo geral vigente na região, não sendo devido quando exceder desse limite, já acrescido da percentagem. (Parágrafo incluído pelo Dec.-lei n. 9.666, de 28-8-1946.)

§ 4º Nos horários mistos, assim entendidos os que abrangem períodos diurnos e noturnos, aplica-se às horas de trabalho noturno o disposto neste artigo e seus parágrafos. (§ 3º renumerado e alterado pelo Dec.-lei n. 9.666, de 28-8-1946.)

§ 5º Às prorrogações do trabalho noturno aplica-se o disposto neste Capítulo. (§ 4º renumerado pelo Dec.-lei n. 9.666, de 28-8-1946.)

Seção V
Do quadro de horário

Art. 74. O horário de trabalho será anotado em registro de empregados. (Redação dada pela Lei n. 13.874, de 2019.)

§ 1º (Revogado pela Lei n. 13.874, de 2019.)

§ 2º Para os estabelecimentos de mais de 20 trabalhadores será obrigatória a anotação da hora de entrada e de saída, em registro manual, mecânico ou eletrônico, conforme instruções expedidas pela Secretaria Especial de Previdência e Trabalho do Ministério da Economia, permitida a pré-assinalação do período de repouso. (Redação dada pela Lei n. 13.874, de 2019.)

§ 3º Se o trabalho for executado fora do estabelecimento, o horário dos empregados constará do registro manual, mecânico ou eletrônico em seu poder, sem prejuízo do que dispõe o *caput* deste artigo. (Redação dada pela Lei n. 13.874, de 2019.)

§ 4º Fica permitida a utilização de registro de ponto por exceção à jornada regular de trabalho, mediante acordo individual escrito, convenção coletiva ou acordo coletivo de trabalho. (Incluído pela Lei n. 13.874, de 2019.)

Seção VI
Das penalidades

Art. 75. Os infratores dos dispositivos do presente Capítulo incorrerão na multa de 3 (três) a 300 (trezentos) valores de referência regionais, segundo a natureza da infração, sua extensão e a intenção de quem a praticou, aplicada em dobro no caso de reincidência e oposição à fiscalização ou desacato à autoridade.

Parágrafo único. São competentes para impor penalidades as Delegacias Regionais do Trabalho.

▶ *Comentários*

1. **Trabalho noturno**

A Constituição Imperial de 1824, bem como as Republicanas de 1891 e 1934, nada dispôs acerca do trabalho noturno. A primeira Constituição a cuidar do tema foi a de 1937[135], que, no seu art. 137 *j*, dispunha que "o trabalho à noite, a não ser quando efetuado periodicamente por turnos, será retribuído com remuneração superior ao diurno".

O princípio foi mantido nas Constituições subsequentes: 1946 (art. 157, III); 1967 (art. 158, IV); Emenda n. 1/69 (art. 165, IV), e a atual, 1988 (art. 7º, IX) – "remuneração do trabalho noturno superior ao do diurno".

O trabalho noturno, à luz da medicina do trabalho e dos aspectos humanos e sociais, não só é mais penoso que aquele prestado durante o dia, como, inclusive, priva o trabalhador de convívio mais estreito com sua família.

Por isso, é objeto de tutela especial.

Com a propriedade que lhe é inerente, ressalta Arnaldo Süssekind que "o trabalho executado à noite, além de privar o trabalhador de horas normalmente destinadas à recreação e ao sono, é antifisiológico, esgotador e perigoso para a saúde, se praticado habitualmente. Requer um esforço maior do que o realizado durante o dia, sendo que o emprego da luz artificial torna o trabalho mais penoso e prejudica a vista"[136].

2. **Horário noturno**

O art. 73, § 2º, da CLT considera noturno o trabalho que se desenvolve das *22 horas de um dia às 5 horas do dia seguinte.*

Estranhamos a fixação da jornada noturna a partir das 22 horas (que se justificaria nos países da Europa, em época de verão, quando o sol se põe neste horário). A estranheza não é só nossa, já que estampada por Süssekind em obra clássica: "Parece-nos óbvio que ele

135. Manifestamente sob a influência de Getúlio Vargas.
136. Ob. cit., v. II, p. 61.

deveria alcançar, pelo menos, o período compreendido entre as 22 horas de um dia e as 6 horas da manhã seguinte"[137].

O horário noturno das 22 horas às 5 horas do dia seguinte é estabelecido para o trabalhador urbano.

3. Trabalhador rural

A Constituição Federal não fixa o horário noturno, limitando-se a determinar a remuneração superior àquela paga ao trabalho executado no período diurno. Assim, a fixação do horário noturno fica a cargo da legislação infraconstitucional. Por isso subsiste, porque recepcionado pela Constituição Federal, o art. 7º da Lei n. 5.889, de 8-6-1973 (que dispõe sobre o trabalho rural), e que estabelece, no setor rural, o horário noturno das 21 horas de um dia às 5 horas do dia seguinte, na lavoura, e das 20 horas de um dia às 4 horas do dia seguinte, na atividade pecuária.

4. Hora reduzida

A redução da hora noturna de *52 minutos e 30 segundos* é uma vantagem suplementar concedida àqueles que laboram no período noturno. Trabalhando das 22 às 5 horas, o empregado terá trabalhado *7 horas*, mas receberá 8 horas.

A OJ n. 127, da SDI, considera subsistente a redução da jornada noturna, assim dispondo: "Hora noturna reduzida. Subsistência após a CF/88. O art. 7º, § 1º, da CLT, que prevê a redução da hora noturna, não foi revogado pelo inciso IX, do art. 7º, da CF/88". Não é aplicável aos petroleiros a hora reduzida, conforme prevê a Súmula 112 do TST.

5. Adicional noturno

A hora noturna reduzida não exclui o pagamento do denominado adicional noturno de 20%, pelo menos, sobre a hora diurna. Assim dispõe a Súmula 214 do STF: "A duração legal da hora de serviço noturno (52 minutos e 30 segundos) constitui vantagem suplementar, que não dispensa o salário adicional".

O adicional referido há de ser calculado sobre a hora diurna e não sobre o salário mínimo, como deixa claro o *caput* do art. 73 da CLT.

Na eventualidade de o empregado prestar horas extras no período noturno, o respectivo adicional (de horas extras) será calculado sobre o salário da hora noturna (52' e 30"); enquanto o adicional noturno deve ser computado sobre a hora diurna (art. 73, *caput*, da CLT).

Como lembra Sérgio Pinto Martins, "não se pode cumular o cálculo de adicional sobre adicional, nem para efeito de horas extras, muito menos para efeito do adicional noturno"[138].

Matéria objeto de controvérsia doutrinária e jurisprudencial é a de se saber se o trabalho em período noturno pode ser unilateralmente alterado pelo empregador.

Há quem entenda que o adicional noturno pago ao longo dos anos incorpora-se aos salários do empregado, tornando-se o seu recebimento um direito adquirido[139].

Dessa posição, ousamos divergir. A alteração de turno (da noite para o dia), paradoxalmente, pode causar prejuízos insanáveis ao empregado, quando este, por exemplo, tem outra ocupação diurna consolidada.

Inexistindo tais prejuízos, lícita a alteração de turno, que, inequivocamente, beneficia o empregado, livrando-o dos inconvenientes do trabalho noturno.

Consensualmente, são admitidas hipóteses em que não há falar em direito adquirido, a teor do que dispõe a Súmula 265 do TST:

"A transferência para o período diurno de trabalho implica a perda do direito ao adicional noturno".

Não há, como se vê, direito adquirido sobre o citado adicional.

6. Turmas de revezamento

No sistema de revezamento, o empregado, em determinados dias (normalmente uma semana), trabalha no período noturno, e, em outros, no período diurno.

Nos termos do *caput* do art. 73 da CLT, não faria jus ao adicional noturno.

A Constituição Federal de 1988, tal como as anteriores, revogou parcialmente tal res-

137. Ob. cit., v. II, p. 61.

138. *Comentários à CLT*, cit., p. 147.
139. TRT/SP, RO 02850200896, Ac. 8ª T., Rel. Juiz Valentin Carrion.

trição, o que, a rigor, ocorreu a partir da Constituição de 1946, determinando seja o trabalho noturno remunerado de forma superior ao diurno (art. 7º, IX), independentemente de se tratar, ou não, de sistema de revezamento, ratificando, em consequência, a Súmula 213 do STF:

"É devido o adicional de serviço noturno ainda que sujeito o empregado a regime de revezamento".

7. Quadro de horário

As empresas, individuais e/ou coletivas, devem estampar, em lugar visível, em seu ou seus estabelecimentos (unidades técnicas dos empresários), um quadro de horário de seus respectivos empregados.

Tal quadro observa modelo predeterminado pelo Ministério do Trabalho, sendo, porém, dispensável quando houver registro individual de entrada e saída dos empregados.

Nos estabelecimentos com mais de *dez empregados*, é obrigatório o controle de horário de entrada e saída. São os chamados *cartões de ponto*, substituídos que podem ser por meios mecânicos ou eletrônicos.

A inobservância de tais obrigações implica multas, cujos valores são periodicamente atualizados – Título VII – Do Processo de Multas Administrativas (arts. 626 a 642 da CLT).

As **microempresas** e as **empresas de pequeno porte** estão dispensadas da afixação do quadro de horário de trabalho em suas dependências (art. 51, I, da Lei Complementar n. 123, de 14-12-2006 – Estatuto Nacional da Microempresa e da Empresa de Pequeno Porte).

▶ Jurisprudência

▷ **Súmula 60 do TST. Adicional noturno. Integração no salário e prorrogação em horário diurno.**
I – O adicional noturno, pago com habitualidade, integra o salário do empregado para todos os efeitos.
II – Cumprida integralmente a jornada no período noturno e prorrogada esta, devido é também o adicional quanto às horas prorrogadas. Exegese do art. 73, § 5º, da CLT.

▷ **Súmula 65 do TST. Vigia** (mantida). O direito à hora reduzida de 52 minutos e 30 segundos aplica-se ao vigia noturno.
▷ **Súmula 112 do TST. Trabalho noturno. Petróleo** (mantida). O trabalho noturno dos empregados nas atividades de exploração, perfuração, produção e refinação do petróleo, industrialização do xisto, indústria petroquímica e transporte de petróleo e seus derivados, por meio de dutos, é regulado pela Lei n. 5.811, de 11-10-1972, não se lhe aplicando a hora reduzida de 52 minutos e 30 segundos prevista no art. 73, § 1º, da CLT.
▷ **Súmula 140 do TST. Vigia** (mantida). É assegurado ao vigia sujeito ao trabalho noturno o direito ao respectivo adicional.
▷ **Súmula 265 do TST. Adicional noturno. Alteração de turno de trabalho. Possibilidade de supressão.** A transferência para o período diurno de trabalho implica a perda do direito ao adicional noturno.
▷ **Súmula 213 do STF. Adicional Noturno.** É devido o adicional de serviço noturno ainda que sujeito o empregado ao regime de revezamento.
▷ **Súmula 214 do STF. Adicional Noturno.** A duração legal da hora de serviço noturno (52 minutos e 30 segundos) constitui vantagem suplementar, que não dispensa o salário adicional.
▷ **Súmula 313 do STF. Adicional Noturno.** Provada a identidade entre o trabalho diurno e o noturno, é devido o adicional, quanto a este, sem a limitação do art. 73, § 3º, da CLT, independentemente da natureza da atividade do empregador.
▷ **Súmula 402 do STF.** Vigia noturno tem direito a salário adicional.
▷ **OJ n. 127 da SDI-1 do TST. Hora noturna reduzida. Subsistência após a CF/88.** O art. 73, § 1º, da CLT, que prevê a redução da hora noturna, não foi revogado pelo inciso IX do art. 7º da CF/88.
▷ **OJ n. 360 da SDI-1 do TST. Turno ininterrupto de revezamento. Dois turnos. Horário diurno e noturno. Caracterização.** *DJ* 14.03.2008. Faz jus à jornada especial prevista no art. 7º, XIV, da CF/1988 o trabalhador que exerce suas atividades em sistema de alternância de turnos, ainda que em dois turnos de trabalho, que compreendam, no todo ou em parte, o horário diurno

e o noturno, pois submetido à alternância de horário prejudicial à saúde, sendo irrelevante que a atividade da empresa se desenvolva de forma ininterrupta.

▷ **OJ n. 388 da SDI-1 do TST. Jornada 12x36. Jornada mista que compreenda a totalidade do período noturno. Adicional noturno. Devido.** *(DEJT* divulgado em 09, 10 e 11-6-2010). O empregado submetido à jornada de 12 horas de trabalho por 36 de descanso, que compreenda a totalidade do período noturno, tem direito ao adicional noturno, relativo às horas trabalhadas após as 5 horas da manhã.

▷ "**I – Agravo em agravo de instrumento em recurso de revista. Rito sumaríssimo. Recurso de revista interposto sob a égide da Lei n. 13.467/2017. Intervalo intrajornada. Anotação britânica dos registros de horário. Ônus da prova. Aplicação da Súmula 338, III, do TST.** Em face de possível contrariedade à Súmula 338, III, do TST, deve-se dar provimento ao agravo, para determinar o exame do agravo de instrumento. Agravo conhecido e provido. **Regime 12x36. Compensação. Multa normativa. Indenização prevista nos arts. 467 E 477 da CLT. Ausência de ataque aos fundamentos da decisão agravada. Súmula 422, I, do TST.** Referente às matérias em questão, o despacho agravado obstou o seguimento do recurso com fundamento no art. 896, § 1º-A, I, da CLT, que exige a transcrição do trecho do acórdão do regional que consubstancia o prequestionamento das matérias objeto do recurso. Na sua minuta de agravo, o reclamante não atacou esse fundamento, limitando-se a, tão somente, tecer considerações sobre o mérito das matérias em questão, circunstância que atrai a aplicação da Súmula 422, I, do TST. Agravo conhecido e desprovido. **II – Agravo de instrumento em recurso de revista. Intervalo intrajornada. Anotação britânica dos registros de horário. Ônus da prova. Aplicação da Súmula 338, III, do TST.** Em face de possível contrariedade à Súmula 338, III, do TST, deve-se dar provimento ao agravo de instrumento, para melhor exame do recurso de revista. Agravo de instrumento conhecido e provido. **III – Recurso de revista. Intervalo intrajornada. Anotação britânica dos registros de horário. Ônus da prova. Aplicação da súmula 338, III, do TST.** O Regional considerou que a marcação britânica dos registros de frequência, referente ao intervalo intrajornada, não invalida tais registros, ao fundamento de que, em relação aos referidos intervalos, a legislação permite até a sua pré-assinalação. Concluiu, por essa razão, que o ônus da prova da fidedignidade dos referidos registros continua sendo do autor. O item III da Súmula 338 do TST preceitua que" os cartões de ponto que demonstram horários de entrada e saída uniformes são inválidos como meio de prova, invertendo-se o ônus da prova, relativo às horas extras, que passa a ser do empregador, prevalecendo a jornada da inicial se dele não se desincumbir."No caso, não se trata de pré-assinalação dos controles de horário referente ao intervalo intrajornada, razão pela qual é aplicável o item III da Súmula 338 do TST, invertendo-se o ônus da sucumbência, que passa a ser do empregador. Precedentes. Recurso de revista conhecido por contrariedade à Súmula 338, III, do TST e provido" (Ag-RR-1000386-44.2018.5.02.0311, 3ª Turma, Relator Ministro Alexandre de Souza Agra Belmonte, *DEJT* 11-9-2020).

▷ **Recurso de revista adesivo interposto pelo reclamante. Adicional de periculosidade. Pagamento em percentual inferior ao previsto em lei, ajustado em negociação coletivo. Invalidade. Cancelamento do item II da Súmula 364 do TST.** As condições de trabalho podem ser negociadas coletivamente pelos sindicatos representativos das categorias profissional e econômica, devendo ser dado amplo reconhecimento às convenções e aos acordos coletivos de trabalho decorrentes, por força de mandamento constitucional contido no art. 7º, inciso XXVI, da Constituição Federal de 1988. No entanto, as negociações coletivas encontram limites nas garantias, nos direitos e nos princípios instituídos pela mesma Carta Magna, intangíveis à autonomia coletiva, tais como as normas de proteção à saúde e segurança do trabalhador, que tutelam a vida e a saúde do empregado. Ou seja, se a Constituição da República assegu-

ra a todos os trabalhadores, no inciso XXII do mesmo art. 7º, a existência de normas de saúde, higiene e segurança no trabalho capazes de reduzir os riscos inerentes à atividade laboral, as normas coletivas de trabalho decorrentes de negociação coletiva não podem, pura e simplesmente, eliminar ou reduzir os direitos previstos em lei ligados a essas matérias. Esta, aliás, foi a *ratio decidendi* dos vários precedentes que levaram à edição da Orientação Jurisprudencial n. 342, item I, da SbDI-I desta Corte, *in verbis*: **"Intervalo intrajornada para repouso e alimentação. Não concessão ou redução. Previsão em norma coletiva. Invalidade. (...)** I – É inválida cláusula de acordo ou convenção coletiva de trabalho contemplando a supressão ou redução do intervalo intrajornada porque este constitui medida de higiene, saúde e segurança do trabalho, garantido por norma de ordem pública (art. 71 da CLT e art. 7º, XXII, da CF/1988), infenso à negociação coletiva". Neste contexto, considerando que o adicional de periculosidade também constitui direito vinculado à saúde e à segurança do trabalho, assegurado por norma de ordem pública, nos termos dos arts. 193, § 1º, da CLT e 7º, incisos XXII e XXIII, da Constituição Federal, o direito ao seu pagamento integral (isto é, pelo percentual de 30% do valor mensal da base de cálculo salarial devida) não pode ser objeto de nenhuma redução ou limitação por negociação coletiva, diante do seu caráter indisponível. Exatamente por isso, os Ministros componentes do Tribunal Pleno desta Corte, em decorrência dos debates realizados na denominada "Semana do TST", no período de 16 a 20-5-2011, decidiram, em sessão realizada no dia 24-5-2011 e por meio da Resolução n. 174, da mesma data (*DJe* de 27-5-2011, p. 17 e 18), cancelar o item II da Súmula 364, que permitia a possibilidade de fixação do adicional de periculosidade em percentual inferior ao legal e proporcional ao tempo de exposição ao risco, desde que pactuada em acordos ou convenções coletivos. Desse modo, sendo incontroverso, nos autos, que o reclamante, como instalador de linhas telefônicas, estava exposto a condições perigosas (energia elétrica), faz ele jus ao pagamento do correspondente adicional, nos exatos termos da lei, ou seja, à razão do percentual de 30% do valor salarial mensal legalmente fixado como sua base de cálculo, nos termos do item I da mesma súmula, cujo teor foi, em sua essência, mantido na citada Resolução. Por fim, ao contrário da pretensão do reclamante, a base de cálculo do adicional não é a remuneração, mas o salário-base, nos termos do art. 193, § 1º, da CLT. Recurso de revista conhecido e parcialmente provido. Processo: RR – 1940300-83.2009.5.09.0029, 2ª Turma. Relator: Jose Roberto Freire Pimenta. Julgamento: 10-6-2020. Publicação: 12-6-2020.

▷ **I – Agravo em agravo de instrumento em recurso de revista. Horas extras. Turnos de revezamento. Alteração do regime de trabalho para turnos fixos. Licitude.** Tendo em vista a possível violação do art. 7º, XXVI, da constituição Federal, **dou Provimento** ao agravo para melhor exame do agravo de instrumento. Agravo conhecido e provido. **II – Agravo de instrumento em recurso de revista. Horas extras. Turnos de revezamento. Alteração do regime de trabalho para turnos fixos. Licitude.** Tendo em vista a possível violação do art. 7º, XXVI, da constituição Federal, **dou Provimento** ao agravo de instrumento para melhor exame do recurso de revista. Agravo de instrumento conhecido e provido. **III – Recurso de revista. Horas extras. Turnos de revezamento. Alteração do regime de trabalho para turnos fixos. Licitude.** Conforme estabelece o art. 468 da CLT, nos contratos individuais de trabalho, só é lícita a alteração das respectivas condições por mútuo consentimento e, ainda assim, desde que não resultem, direta ou indiretamente, prejuízos ao empregado, sob pena de nulidade da cláusula infringente dessa garantia. No caso, os substituídos trabalhavam em turnos de revezamento, com limite de 168 horas mensais, em escala 3x2 (três dias de trabalho por dois de descanso), conforme estabelecido por norma coletiva, e passando a submeter-se a regime de turnos fixos, em escala 5x2 – "*cinco dias de trabalho por dois dias de folga, com a venda de um dia de folga*" –, sujeitos à

duração mensal do trabalho de 200 horas. Entende-se que o trabalho realizado em turnos ininterruptos de revezamento é prejudicial à saúde do trabalhador, tanto que se desenvolve em jornada de 6 horas, justamente com o intuito de reduzir os malefícios causados pela troca constante de turnos. Assim, afigura-se benéfica ao empregado a alteração contratual havida e que estabeleceu a prestação de serviços em um horário fixo. Ademais, a mudança da jornada se insere no *jus variandi* do empregador, que detém o comando do empreendimento. Registre-se que a questão sobrepuja o mero interesse econômico, prevalecendo o direito indisponível do trabalhador à saúde e à qualidade de vida. Acrescente-se ainda, que nesse mesmo sentido, há a previsão contida na Súmula 391, do Colendo TST, aplicável aos petroleiros. Precedentes. Recurso de revista conhecido por violação do art. 7º, XXVI, da constituição Federal e provido. Prejudicada a análise dos demais temas. Processo: RR – 11181-94.2015.5.01.0203. 3ª Turma, Relator: ALEXANDRE DE SOUZA AGRA BELMONTE, Julgamento: 19-2-2020, Publicação: 21-2-2020.

Capítulo II-A
Do teletrabalho

Art. 75-A. A prestação de serviços pelo empregado em regime de teletrabalho observará o disposto neste Capítulo. (Capítulo inserido pela Lei n. 13.467/2017.)

Art. 75-B. Considera-se teletrabalho a prestação de serviços preponderantemente fora das dependências do empregador, com a utilização de tecnologias de informação e de comunicação que, por sua natureza, não se constituam como trabalho externo.

Parágrafo único. O comparecimento às dependências do empregador para a realização de atividades específicas que exijam a presença do empregado no estabelecimento não descaracteriza o regime de teletrabalho.

Art. 75-C. A prestação de serviços na modalidade de teletrabalho deverá constar expressamente do contrato individual de trabalho, que especificará as atividades que serão realizadas pelo empregado.

§ 1º Poderá ser realizada a alteração entre regime presencial e de teletrabalho desde que haja mútuo acordo entre as partes, registrado em aditivo contratual.

§ 2º Poderá ser realizada a alteração do regime de teletrabalho para o presencial por determinação do empregador, garantido prazo de transição mínimo de quinze dias, com correspondente registro em aditivo contratual.

Art. 75-D. As disposições relativas à responsabilidade pela aquisição, manutenção ou fornecimento dos equipamentos tecnológicos e da infraestrutura necessária e adequada à prestação do trabalho remoto, bem como ao reembolso de despesas arcadas pelo empregado, serão previstas em contrato escrito. Parágrafo único. As utilidades mencionadas no *caput* deste artigo não integram a remuneração do empregado.

Art. 75-E. O empregador deverá instruir os empregados, de maneira expressa e ostensiva, quanto às precauções a tomar a fim de evitar doenças e acidentes de trabalho.

Parágrafo único. O empregado deverá assinar termo de responsabilidade comprometendo-se a seguir as instruções fornecidas pelo empregador.

▶ *Comentários*

1. *Teletrabalho e trabalho em domicílio*

Teletrabalho é aquele desenvolvido pelo empregado fora da empresa, ou como define o art. 75-B da CLT (Reforma Trabalhista/2017) "a prestação de serviços preponderantemente fora das dependências do empregador".

O que caracteriza o teletrabalho é a utilização da tecnologia da informação e da comunicação. Não se confunde com o trabalho em domicílio, este último, previsto no art. 6º da CLT, que tem sua origem à época dos artesãos, com suas oficinas, e que ainda em nossos dias é utilizado por alfaiates e lojas de roupas, que se utilizam normalmente de profissionais que percebem seus ganhos por fabricação de peças. Nesse regime só haverá relação de emprego na ocorrência de subordinação, e ainda que positivada essa, e dificilmente ficará caracterizada a prestação de serviços em horas extras, em face de ausência de fiscalização efetiva de horas laboradas.

Ao trabalhador em domicílio é devido o salário mínimo, a menos que a remuneração por peça extravase esse valor. Inferior ao salário mínimo deve o empresário completá-lo. O repouso semanal é de 1/6 da produção na respectiva semana.

No teletrabalho por força da disposição contida no art. 62, III, da CLT não há direitos a horas extras.

▶ *Jurisprudência*

▷ "Agravo. Agravo de instrumento em recurso de revista. Processo sob a égide da Lei n. 13.015/2014 e da Lei n. 13.467/2017. 1. Empresa de vigilância. Preenchimento das vagas destinadas a portadores de deficiência ou reabilitados pela previdência social. Base de cálculo. Art. 93 da Lei n. 8.213/91. 2. Honorários advocatícios sucumbenciais. Análise prejudicada. A Constituição Federal de 1988, em seus princípios e regras essenciais, estabelece enfática direção normativa antidiscriminatória e inclusiva. Ao fixar como um dos fundamentos da República Federativa do Brasil a dignidade da pessoa humana (art. 1º, III), o Texto Máximo destaca, entre os objetivos da República, promover o bem de todos, sem preconceitos de origem, raça, sexo, cor, idade e quaisquer outras formas de discriminação (art. 3º, IV). A situação jurídica do obreiro com deficiência encontrou, também, expressa e significativa matiz constitucional, que, em seu art. 7º, XXXI, da CF, estabelece a "proibição de qualquer discriminação no tocante a salário e critérios de admissão do trabalhador portador de deficiência". Acrescente-se que, a partir do disposto no art. 5º, § 2º, da Lei Maior, o amparo normativo asseguratório dos direitos das pessoas com deficiência não se exaure nas normas positivadas expressa e formalmente no texto constitucional, porquanto ele deixa claro que os direitos e garantias nele expressos não excluem outros decorrentes do regime e dos princípios por ele adotados, ou dos tratados internacionais em que a República Federativa do Brasil seja parte. Nesse sentido, o art. 1º da Convenção Internacional sobre os Direitos das Pessoas com Deficiência, aprovada pela ONU e ratificada pelo Brasil em 2008, evidencia que a proteção para os direitos desses indivíduos também se encontra alçada ao patamar normativo internacional. Observe-se que a citada Convenção da ONU foi aprovada no âmbito interno em 2008, pelo Decreto Legislativo n. 186/08, sendo promulgada em 25 de agosto de 2009 por meio do Decreto 6.949 da Presidência da República, como o primeiro instrumento internacional incorporado formalmente à Constituição brasileira, mediante o rito diferenciado previsto no art. 5º, § 3º, da Lei Maior. Resta patente, portanto, a relevância da proteção normativa conferida às pessoas com deficiência, alçada no âmbito internacional, incorporada pela Constituição Federal e que deve ser observada pela legislação infraconstitucional. Em suma, a ordem jurídica repele o esvaziamento precarizante do trabalho prestado pelas pessoas com deficiência, determinando a sua contratação de acordo com o número total de empregados e percentuais acima citados, bem como fixando espécie de garantia de emprego indireta, consistente no fato de que a dispensa desse trabalhador "... só poderá ocorrer após a contratação de substituto de condição semelhante" (parágrafo primeiro, *in fine*, do art. 93, Lei n. 8213/1991) Torna-se inescusável, portanto, que se deve partir da densidade desse contexto normativo a fim de dar efetividade a tais diretrizes. Observa-se, ainda, que a obrigatoriedade prevista no art. 93 da Lei n. 8.213/1991 se direciona a todas e quaisquer empresas com 100 (cem) ou mais empregados, sem qualquer ressalva quanto ao segmento econômico. Assim, o art. 93 da Lei n. 8.213/91, ao impor a contratação proporcional de PNE' s em relação ao número de empregados da empresa, não impôs qualquer restrição acerca do cargo ocupado pelos trabalhadores. Julgados desta Corte Superior. No caso vertente, como a decisão do TRT está em consonância com o atual posicionamento desta Corte sobre a matéria, incide como óbice ao conhecimento do recurso de revista o disposto na Súmula 333/TST e no § 7º do art. 896 da CLT. Assim sendo, a decisão agravada foi proferida em estrita observância às normas processuais (art. 557, *caput*, do CPC/1973;

arts. 14 e 932, III e IV, *a*, do CPC/2015), razão pela qual é insuscetível de reforma ou reconsideração. Agravo desprovido" (Ag-ED-AIRR-1471-33.2017.5.10.0008, 3ª Turma, Relator Ministro Mauricio Godinho Delgado, *DEJT* 28-5-2021).

▷ **"Procedimento de controle administrativo. Regime de teletrabalho. Cessão de servidor. Suspensão do estágio probatório.** A cessão de servidor acarreta a suspensão do estágio probatório, motivo pelo qual não se verifica a fundamentação exclusão do regime de teletrabalho. Procedimento de Controle Administrativo conhecido e julgado improcedente" (CSJT-PCA-8603-76.2019.5.90.0000, Conselho Superior da Justiça do Trabalho, Relatora Conselheira Vânia Cunha Mattos, *DEJT* 6-7-2020).

Capítulo III
Do salário mínimo

Seção I
Do conceito

Art. 76. Salário mínimo é a contraprestação mínima devida e paga diretamente pelo empregador a todo trabalhador, inclusive ao trabalhador rural, sem distinção de sexo, por dia normal de serviço, e capaz de satisfazer, em determinada época e região do País, as suas necessidades normais de alimentação, habitação, vestuário, higiene e transporte.

Art. 77. (Revogado pelo art. 23 da Lei n. 4.589, de 11-12-1964.)

Art. 78. Quando o salário for ajustado por empreitada, ou convencionado por tarefa ou peça, será garantida ao trabalhador uma remuneração diária nunca inferior à do salário mínimo por dia normal.

Parágrafo único. Quando o salário mínimo mensal do empregado à comissão ou que tenha direito à percentagem for integrado por parte fixa e parte variável, ser-lhe-á sempre garantido o salário mínimo, vedado qualquer desconto em mês subsequente a título de compensação. (Parágrafo incluído pelo Dec.-lei n. 229, de 28-2-1967.)

Art. 79. Quando se tratar da fixação do salário mínimo dos trabalhadores ocupados em serviços insalubres, poderão as comissões de salário mínimo aumentá-lo até de metade do salário mínimo normal da região, zona ou subzona. (Prejudicado pela Lei n. 4.589, de 11-12-1964.)

Art. 80 e Parágrafo único. (Revogados pela Lei n. 10.097, de 19-12-2000.)

Art. 81. O salário mínimo será determinado pela fórmula $Sm = a + b + c + d + e$, em que a, b, c, d e e representam, respectivamente, o valor das despesas diárias com alimentação, habitação, vestuário, higiene e transporte necessários à vida de um trabalhador adulto.

§ 1º A parcela correspondente à alimentação terá um valor mínimo igual aos valores da lista de provisões, constantes dos quadros devidamente aprovados e necessários à alimentação diária do trabalhador adulto.

§ 2º Poderão ser substituídos pelos equivalentes de cada grupo, também mencionados nos quadros a que alude o parágrafo anterior, os alimentos, quando as condições da região o aconselharem, respeitados os valores nutritivos determinados nos mesmos quadros.

§ 3º O Ministério do Trabalho fará, periodicamente, a revisão dos quadros a que se refere o § 1º deste artigo.

Art. 82. Quando o empregador fornecer, *in natura*, uma ou mais das parcelas do salário mínimo, o salário em dinheiro será determinado pela fórmula $Sd = Sm - P$, em que Sd representa o salário em dinheiro, Sm o salário mínimo e P a soma dos valores daquelas parcelas na região.

Parágrafo único. O salário mínimo pago em dinheiro não será inferior a 30% (trinta por cento) do salário mínimo fixado para a região.

Art. 83. É devido o salário mínimo ao trabalhador em domicílio, considerado este como o executado na habitação do empregado ou em oficina de família, por conta de empregador que o remunere.

Seção II
Das regiões e sub-regiões

Art. 84. (Prejudicado pelo art. 7º, IV, da CF.)
Art. 85. (Revogado pelo art. 23 da Lei n. 4.589, de 11-12-1964.)
Art. 86. (Prejudicado pelo art. 7º, IV, da CF.)

Seção III
Da constituição das comissões

Arts. 87 a 100. (Revogados pelo art. 23 da Lei n. 4.589, de 11-12-1964.)

Seção IV
Das atribuições das comissões de salário mínimo

Arts. 101 a 111. (Revogados pelo art. 23 da Lei n. 4.589, de 11-12-1964.)

Seção V
Da fixação do salário mínimo

Arts. 112 a 115. (Revogados pelo art. 23 da Lei n. 4.589, de 11-12-1964.)

Art. 116. (Prejudicado pelo art. 7º, IV, da CF.)

Seção VI
Disposições gerais

Art. 117. Será nulo de pleno direito, sujeitando o empregador às sanções do art. 120, qualquer contrato ou convenção que estipule remuneração inferior ao salário mínimo estabelecido na região em que tiver de ser cumprido.

Art. 118. O trabalhador a quem for pago salário inferior ao mínimo terá direito, não obstante qualquer contrato ou convenção em contrário, a reclamar do empregador o complemento de seu salário mínimo estabelecido na região em que tiver de ser cumprido.

Art. 119. (Prejudicado pelo art. 7º, XXIX, da CF.)

Art. 120. Aquele que infringir qualquer dispositivo concernente ao salário mínimo será passível da multa de 3 (três) a 120 (cento e vinte) valores de referência elevada ao dobro na reincidência.

Art. 121. (Revogado pelo Dec.-lei n. 229, de 28-2-1967.)

Arts. 122 e 123. (Revogados pelo art. 23 da Lei n. 4.589, de 11-12-1964.)

Art. 124. A aplicação dos preceitos deste Capítulo não poderá, em caso algum, ser causa determinante da redução do salário.

Art. 125. (Revogado pelo art. 23 da Lei n. 4.589, de 11-12-1964.)

Art. 126. O Ministro do Trabalho expedirá as instruções necessárias à fiscalização do salário mínimo, podendo cometer essa fiscalização a qualquer dos órgãos componentes do respectivo Ministério, e, bem assim, aos fiscais do Instituto Nacional do Seguro Social, na forma da legislação em vigor.

Arts. 127 e 128. (Revogados pelo Dec.-lei n. 229, de 28-2-1967.)

▶ *Comentários*

O art. 76, sob comento, foi parcialmente revogado pelo art. 7º da CF/1988, que assim dispõe:

"IV – salário mínimo, fixado em lei, nacionalmente unificado, capaz de atender a suas necessidades vitais básicas e às de sua família com moradia, alimentação, educação, saúde, lazer, vestuário, higiene, transporte e previdência social, com reajustes periódicos que lhe preservem o poder aquisitivo, sendo vedada sua vinculação para qualquer fim".

O salário mínimo foi contemplado entre nós, pela primeira vez, no âmbito constitucional, na Carta Magna de 1934, sucedendo-se com as demais constituições, com a seguinte evolução:

Constituição Federal de 1934 – art. 121, b – "salário mínimo, capaz de satisfazer, conforme as condições de cada região, as necessidades normais do trabalhador".

Constituição Federal de 1937 – art. 137, a – "salário mínimo, capaz de satisfazer, conforme as condições de cada região, as necessidades normais do trabalhador e de sua família".

Constituição Federal de 1946 – art. 157, I – "salário mínimo, capaz de satisfazer, conforme as condições de cada região, as necessidades normais do trabalhador e de sua família".

Constituição Federal de 1967 – art. 158, I – "salário mínimo, capaz de satisfazer, conforme as condições de cada região, as necessidades normais do trabalhador e de sua família".

Emenda Constitucional n. 1/69 – art. 165, I – "salário mínimo, capaz de satisfazer, conforme as condições de cada região, suas necessidades normais e de sua família".

O salário mínimo previsto na CF/1988 é, como facilmente se percebe, de um alcance social bem mais amplo, em uma manifesta tentativa do constituinte em elevar (ainda que pleonasticamente) as condições dignas de vida do trabalhador brasileiro e de sua família.

"Como inovação, portanto, o texto constitucional: a) acrescentou ao conceito a obrigação do salário mínimo suprir as necessidades de

educação, saúde, lazer e previdência social; b) também foi assegurado seu reajuste periódico; c) a fixação por lei (ou Medida Provisória); d) a proibição da sua vinculação para qualquer fim; e) tornando-se nacionalmente unificado"[140].

1. Contraprestação mínima

O contrato de trabalho é oneroso, implicando prestações recíprocas, das quais as fundamentais são: a) do empregado, a de prestar serviços ou colocar-se à disposição do empregador; b) do empregador, a de pagar salários.

Erigido em postulado constitucional, o salário mínimo é, como, aliás, ressalta o art. 76 da CLT, a contraprestação mínima, a que faz jus todo trabalhador, ou seja, nenhum empregado pode perceber salário inferior ao mínimo legal. É um direito que se estende do trabalhador urbano (inclusive ao doméstico, LC n. 150/2015) ao trabalhador rural.

É de observar, porém, que o salário mínimo é a contraprestação a ser paga ao empregado que cumpre jornada normal de trabalho; admitido para jornada reduzida, facultado é ao empregador pagar-lhe proporcionalmente às horas trabalhadas.

O salário mínimo pode ser pago mensalmente, por dia ou por hora – "o salário mínimo diário corresponderá a um trinta avos do salário mínimo mensal, e o salário mínimo horário a um duzentos e vinte avos do salário mínimo" (Lei n. 8.542/92, art. 6º, § 1º).

2. Vedação da utilização do salário mínimo como fator de indexação

A Constituição Federal de 1988, no seu art. 7º, IV, vedou a vinculação do salário mínimo "para qualquer fim". O objetivo era claro – impedir sua utilização como fator de indexação dos preços em geral, como alugueres, prestações e obrigações diversas, como até então se fazia, alimentando-se, com esse procedimento, a inflação.

Instituída pela Emenda Constitucional n. 45/2004, a Súmula Vinculante do Supremo Tribunal Federal, em seu enunciado de número 4, decidiu que:

"Salvo nos casos previstos na Constituição, o salário mínimo não pode ser usado como indexador de base de cálculo de vantagem de servidor público ou de empregado, nem ser substituído por decisão judicial" (*DJe* do STF de 8-5-2008).

Fundado na Súmula Vinculante n. 4, acima transcrita, o TST, por sua vez, alterou as duas súmulas trabalhistas existentes em torno da questão, dando nova redação à Súmula 228 que assim foi redigida:

"Adicional de insalubridade. Base de cálculo. A partir de 9 de maio de 2008, data da publicação da Súmula Vinculante n. 4 do Supremo Tribunal Federal, o adicional de insalubridade será calculado sobre o salário básico, salvo critério mais vantajoso fixado em instrumento coletivo".

Contudo, concedendo liminar à Reclamação n. 6.266, ajuizada pela Confederação Nacional da Indústria, o STF suspendeu parcialmente a aplicação da Súmula nominada (228/TST).

O argumento utilizado pelo Ministro Gilmar Mendes foi o de que o critério legal de cálculo do adicional de insalubridade, fixado no art. 192 da CLT, não poderia ser alterado senão pelo legislador.

Com isso, conquanto declarada inconstitucional a fixação do salário mínimo como base de cálculo do adicional de insalubridade, entendemos que, até que sobrevenha alteração legislativa do Congresso Nacional, o adicional fixado no art. 192 da CLT continuará sendo o salário mínimo ali fixado – o que, entretanto, não deixa de ser um paradoxo.

A solução, até lá, mais racional, seria a negociação coletiva que, a nosso ver, supriria a lacuna legislativa, não afastada a hipótese de Medida Provisória.

3. Piso salarial ou salário profissional

A expressão piso salarial, de que salário profissional é sinônimo, de há muito era utilizada no meio sindical, significando o salário-base (piso) de uma determinada categoria profissional. Dizia-se: "este é o piso da categoria".

Escreve Eduardo Gabriel Saad: "Piso salarial designa, a rigor, o que em doutrina se costuma chamar o salário mínimo profissional. É algo semelhante à remuneração míni-

140. Sólon de Almeida Cunha, ob. cit., p. 136.

ma a que alude o inciso IV, do art. 7º, da Constituição e que, no art. 76 da Consolidação das Leis do Trabalho, se define como a contraprestação mínima devida e paga diretamente pelo empregador a todo trabalhador"[141].

Enquanto o salário mínimo visa, presumidamente, atender às necessidades vitais do trabalhador e de sua família, o piso salarial, também denominado salário profissional, tem a mesma intenção, mas com relação a uma determinada categoria profissional.

É o caso, entre outros, dos médicos, advogados, técnicos em radiologia, engenheiros etc.

Pela Lei Complementar (LC) n. 103/2000, os Estados e o Distrito Federal estão autorizados a instituir piso salarial, por força do disposto no parágrafo único do art. 22 da CF/1988.

Em conformidade com o art. 1º da LC nominada, ficam os Estados e o Distrito Federal autorizados, mediante lei de iniciativa do Poder Executivo, a instituir o piso salarial de que trata o inciso V do art. 7º da atual CF, para os empregados que não tenham piso salarial definido em lei federal, convenção ou acordo coletivo.

O piso salarial fixado pelos Estados e Distrito Federal não pode ser estendido aos servidores públicos municipais.

4. *Salário por empreitada, tarefa ou peça*

I – Empreitada

A expressão não é adequada ao Direito do Trabalho. A empreitada é um instituto do Direito Civil, não envolvendo relação de emprego.

Na lição de Carvalho Santos, "empreitada é o contrato pelo qual uma das partes se encarrega de fazer certa obra, mediante retribuição determinada, ou proporcional ao trabalho executado".

Não raras vezes tem sido a empreitada confundida com a locação de serviços, esta última, sim, inequivocamente objeto do Direito do Trabalho. Daí dizer J. M. de Carvalho Santos:

"Na empreitada paga-se o produto do serviço; na locação de serviços remunera-se a pessoa, que pôs à disposição de outro sua atividade. A empreitada visa a produção de obra material; na locação de serviços remunera-se com *salários*, a força do trabalho, inseparável do operário"[142].

Como ressalta Francisco Antonio de Oliveira: "O termo usado pelo legislador não tem a informá-lo o rigor da terminologia jurídica, tendo aqui o significado de trabalho produzido por empregado por tarefa ou por peça (unidade de obra)"[143].

Na unidade de obra o que se objetiva é a execução de uma obra determinada durante um espaço de tempo.

II – Tarefa

O trabalho por tarefa considera a realização de um certo serviço no decorrer da jornada de trabalho.

III – Peças

Em tal modalidade de serviço o que é levado em consideração é a produção do trabalhador, que percebe pelo número de peças produzidas.

IV – Comissões ou percentagens

Nas comissões o empregado percebe um determinado valor pelas vendas; na percentagem é fixado um percentual (5% ou 10%), sobre suas vendas. É, normalmente, a forma salarial adotada para os comerciários.

Nos termos do art. 78 da CLT, qualquer que seja a forma de remuneração, há de ser garantido o *salário mínimo*. Na eventualidade de o empregado, sobretudo no caso das comissões, que é, aliás, o mais comum, não alcançar o mínimo legal, deve o empregador complementá-lo. O que não é admitido é que o trabalhador perceba salários inferiores ao mínimo.

5. *Salário mínimo em atividades insalubres*

Atividade insalubre é aquela desenvolvida em condições ou ambientes que exponham o trabalhador a agentes agressivos à sua saúde.

141. *Constituição e Direito do Trabalho*, cit., p. 100.

142. *Código Civil Brasileiro Interpretado*, 7. ed., XVII, p. 315.

143. *Consolidação das Leis do Trabalho Comentada*, 2. ed., Revista dos Tribunais, p. 121.

As comissões de salário mínimo, mencionadas no art. 79 da CLT, já não existem.

A fixação do salário mínimo é feita por lei – Constituição Federal de 1988, art. 7º, IV –, o que torna o dispositivo legal sob comento manifestamente revogado.

6. Menor aprendiz

O art. 80 da CLT está, inquestionavelmente, revogado, afastada por ser inconstitucional qualquer discriminação salarial em decorrência da *idade*, segundo o inciso XXX do art. 7º da CF/88.

O conceito de aprendizagem está contido no art. 428 da CLT – "formação técnico-profissional metódica, compatível com o seu desenvolvimento físico, moral e psicológico".

Ao menor aprendiz – maior de 14 e menor de 18 anos – é garantido o *salário mínimo hora* (§ 2º do art. 428 da CLT, acrescentado pela Lei n. 10.097/2000).

7. Composição do salário mínimo

O art. 81 da CLT enumera os elementos que devem compor o salário mínimo, declinando *alimentação, habitação, vestuário, higiene e transportes*. A Constituição Federal de 1988, no seu art. 7º, IV, acrescentou outros fatores: *lazer, saúde, educação* e *previdência social*.

a) Alimentação – quando fornecida pelo empregador, não pode ultrapassar de 25% do salário mínimo (Lei n. 3.030/1956).

Nos termos da Súmula 241 do Tribunal Superior do Trabalho, "o vale para refeição, fornecido por força do contrato de trabalho, tem caráter salarial, integrando a remuneração do empregado, para todos os efeitos legais".

Ressalte-se o Programa de Alimentação dos Trabalhadores – Lei n. 6.321, de 14-4-1976, que faculta dedução do Imposto de Renda sobre o lucro tributário, às empresas coletivas (pessoas jurídicas) que forneçam alimentação a seus empregados consoante ao que prevê a OJ 413 da SDI-1.

Tal fornecimento não tem natureza salarial e a participação do empregado é limitada a 20% do custo direto da refeição.

b) Habitação – o fornecimento de moradia ao trabalhador, objetivando dar-lhe melhores condições de exercício de suas funções, como ocorre, por exemplo, com os zeladores de edifícios, constitui-se em salário *in natura*. Não será, contudo, considerada salário *in natura*, quando indispensável ao exercício das suas funções, consoante Súmula 367 do TST: "I – A habitação, a energia elétrica e veículo fornecidos pelo empregador ao empregado, quando indispensáveis para a realização do trabalho, não têm natureza salarial, ainda que, no caso de veículo, seja ele utilizado pelo empregado também em atividades particulares. II – O cigarro não se considera salário utilidade em face de sua nocividade à saúde".

É de observar, porém, que a Lei n. 10.243, de 19-6-2001, alterando o § 2º do art. 458 da CLT, determina as utilidades que não são consideradas como salário, a saber:

"I – vestuários, equipamentos e outros acessórios fornecidos aos empregados e utilizados no local de trabalho, para a prestação do serviço;

II – educação, em estabelecimento de ensino, próprio ou de terceiros, compreendendo os valores relativos a matrícula, mensalidade, anuidade, livros e material didático;

III – transporte destinado ao deslocamento para o trabalho e retorno, em percurso servido ou não por transporte público;

IV – assistência médica, hospitalar e odontológica, prestada diretamente ou mediante seguro-saúde;

V – seguros de vida e de acidentes pessoais;

VI – previdência privada".

Inexistindo qualquer menção à moradia, é de concluir que, quando fornecida pelo empregador, sem cobrança de qualquer valor, há de ser considerada salário-utilidade.

O salário mínimo, ainda que fornecidas utilidades, não pode ser inferior a 30% em dinheiro. É o que ressalta o parágrafo único do art. 82 da CLT: "O salário mínimo pago em dinheiro não será inferior a 30% do salário mínimo fixado para a região"[144].

Os percentuais de descontos por fornecimento de utilidades são estabelecidos por Portarias do Ministério do Trabalho, não podendo o valor em dinheiro ser inferior a 30%,

144. O salário mínimo foi nacionalmente unificado – CF/88, art. 7º, IV.

ainda que o valor das utilidades possa ultrapassar 70%.

Em conformidade com a Súmula 258 do TST:

"Os percentuais fixados em lei relativos ao salário *in natura* apenas se referem às hipóteses em que o empregado percebe salário mínimo, apurando-se, nas demais, o real valor da utilidade".

c) *Vestuário* – nos termos da Lei n. 10.243, de 19-6-2001, que alterou o § 2º do art. 258 da CLT, os vestuários, equipamentos e outros acessórios fornecidos aos empregados e utilizados no local de trabalho, para a prestação de serviços, não são considerados como salário *in natura* e tampouco podem ser descontados da remuneração do empregado.

8. Salário mínimo do trabalhador em domicílio

Grandes contingentes de trabalhadores executam suas funções em seu próprio domicílio, o que é comum ocorrer com costureiras, alfaiates e outros profissionais, que comumente percebem por peças. Tais trabalhadores, em qualquer circunstância, não podem perceber menos que o salário mínimo, a teor do que dispõe o art. 83 da CLT.

9. Salário mínimo proporcional à jornada de trabalho

O salário mínimo é, como o define o art. 76 da CLT, a contraprestação mínima paga a todo trabalhador por jornada normal de trabalho.

Os empregados que tenham sido contratados para jornada reduzida – o denominado regime de tempo parcial – receberão salário proporcional à sua jornada, como, aliás, prevê o art. 58-A da CLT, objeto de nosso comentário no Título *Trabalho em regime de tempo parcial*.

É o que vem decidindo a mais alta Corte trabalhista:

"Salário mínimo – Jornada reduzida – Pagamento proporcional. A contratação de empregado com o pagamento do salário mínimo proporcional à jornada trabalhada encontra respaldo no art. 7º, IV, da Constituição da República. A remuneração fixada deve guardar proporcionalidade com a jornada de trabalho. Recurso de revista conhecido e provido em parte"[145].

▶ Jurisprudência

▷ **Súmula 143 do TST. Salário profissional.** O salário profissional dos médicos e dentistas guarda proporcionalidade com as horas efetivamente trabalhadas, respeitado o mínimo de 50 horas mensais. Ex-prejulgado n. 15. (RA 102/82, *DJ*, 11 e 15-10-1982)

▷ **Súmula 228 do TST. Cuja eficácia está suspensa por decisão liminar do Supremo Tribunal Federal – Res. 185/2012, *DEJT* divulgado em 25, 26 e 27-9-2012.** A partir de 9 de maio de 2008, data da publicação da Súmula Vinculante n. 4 do Supremo Tribunal Federal, o adicional de insalubridade será calculado sobre o salário básico, salvo critério mais vantajoso fixado em instrumento coletivo.

▷ **Súmula 241 do TST. Salário-utilidade. Alimentação.** O vale para refeição, fornecido por força do contrato de trabalho, tem caráter salarial, integrando a remuneração do empregado, para todos os efeitos legais.

▷ **Súmula 258 do TST. Salário-utilidade. Percentuais.** Os percentuais fixados em lei relativos ao salário *in natura* apenas pertinem às hipóteses em que o empregado percebe salário mínimo, apurando-se, nas demais, o real valor da utilidade.

▷ **Súmula 358 do TST. Radiologista. Salário profissional. Lei n. 7.394/1985.** "O salário profissional dos técnicos em radiologia é igual a dois salários mínimos e não a quatro".

▷ **Súmula 367 do TST. Utilidades *in natura*. Habitação. Energia elétrica. Veículo. Cigarro. Não integração ao salário.**
I – A habitação, a energia elétrica e veículo fornecidos pelo empregador ao empregado, quando indispensáveis para a realização do trabalho, não têm natureza salarial, ainda que, no caso de veículo, seja ele utilizado pelo empregado também em atividades particulares.

145. TST-RR 25870/2002-900-21-00.0 – 4ª T., 21ª Reg., Rel. Juiz Convocado Luiz Philippe Vieira de Mello Filho, *DJU*, 21-5-2004.

II – O cigarro não se considera salário-utilidade em face de sua nocividade à saúde.

▷ **Súmula 370 do TST. Médico e engenheiro. Jornada de trabalho. Leis n. 3.999/1961 e 4.950/1966.** Tendo em vista que as Leis n. 3.999/1961 e 4.950/1966 não estipulam a jornada reduzida, mas apenas estabelecem o salário mínimo da categoria para uma jornada de 4 horas para os médicos e de 6 horas para os engenheiros, não há falar em horas extras, salvo as excedentes à oitava, desde que seja respeitado o salário mínimo/horário das categorias.

▷ **Súmula Vinculante 4 do STF.** Salvo nos casos previstos na Constituição, o salário mínimo não pode ser usado como indexador de base de cálculo de vantagem de servidor público ou de empregado, nem ser substituído por decisão judicial.

▷ **Súmula Vinculante 15 do STF.** O cálculo de gratificações e outras vantagens do servidor público não incide sobre o abono utilizado para se atingir o salário mínimo.

▷ **Súmula 203 do STF. Salário Mínimo.** *Vacatio Legis.* Não está sujeita à vacância de 60 dias a vigência de novos níveis de salário mínimo.

▷ **Súmula 204 do STF. Trabalhador substituto ou reserva.** Tem direito o trabalhador substituto, ou o reserva, ao salário mínimo do dia em que fica à disposição do empregador, sem ser aproveitado na função específica; se aproveitado, recebe o salário contratual.

▷ **Súmula 205 do STF. Menor não aprendiz. Salário.** Tem direito a salário integral o menor não sujeito à aprendizagem metódica.

▷ **Súmula 307 do STF. Salário. Adicional de insalubridade.** É devido o adicional de serviço insalubre, calculado à base do salário mínimo da região, ainda que a remuneração seja superior ao salário mínimo acrescido da taxa de insalubridade.

▷ **Súmula 467 do STF. Previdência. Contribuição. Cálculo.** A base de cálculo das contribuições previdenciárias, anteriormente à vigência da Lei Orgânica da Previdência Social, é o salário mínimo mensal, observados os limites da Lei n. 2.755, de 1956.

▷ **Súmula 201 do STJ.** Os honorários advocatícios não podem ser fixados em salários mínimos.

▷ **OJ n. 26 da SDC do TST. Salário normativo. Menor empregado. Art. 7º, XXX, da CF/88. Violação.** Os empregados menores não podem ser discriminados em cláusula que fixa salário mínimo profissional para a categoria.

▷ **OJ n. 413 da SDI-I do TST. Auxílio-alimentação. Alteração da natureza jurídica. Norma coletiva ou adesão ao PAT.** A pactuação em norma coletiva conferindo caráter indenizatório à verba "auxílio-alimentação" ou a adesão posterior do empregador ao Programa de Alimentação do Trabalhador – PAT – não altera a natureza salarial da parcela, instituída anteriormente, para aqueles empregados que, habitualmente, já percebiam o benefício, a teor das Súmulas 51, I, e 241 do TST.

▷ **"Embargos de declaração. Recurso de embargos. Julgamento *extra petita*. Omissão. Não configuração.** Omissão não evidenciada. Os presentes embargos declaratórios revelam nítida e imprópria pretensão de rediscussão do julgado, intenção que não se coaduna com os propósitos da medida ora intentada, cujo manejo encontra-se adstrito às hipóteses elencadas nos arts. 1022 do CPC/2015 e 897-A da CLT. Embargos de declaração de que se conhece e a que se nega provimento" (ED-AgR-E-ED-RR-239000-26.2005.5.02.0015, Subseção I Especializada em Dissídios Individuais, Relator Ministro Alexandre Luiz Ramos, *DEJT* 28-10-2021).

▷ **"Agravo interno. Agravo de instrumento em recurso de revista. Acórdão regional publicado na vigência das Leis n. 13.015/2014 e 13.467/2017. Preliminar de nulidade por negativa de prestação jurisdicional. Indenização por danos morais. Descomissionamento decorrente de decisão judicial. Transcendência reconhecida.** Em relação à transcendência econômica, esta Turma estabeleceu como referência, para o recurso do reclamante, o valor fixado no art. 852-A da CLT. No caso, considerando que o valor da condenação para o pedido de danos morais foi no importe de R$ 50.000,00 (cinquenta mil reais),

e levando-se em conta que o TRT reformou a sentença para julgar improcedente este pedido, pretendendo o reclamante, por meio do presente recurso reverter essa decisão, é de se concluir que o montante indicado acima ultrapassa o patamar de 40 salários mínimos, razão pela qual, a transcendência deve ser reconhecida. No mérito, não se constata a alegada nulidade por negativa de prestação jurisdicional, na medida em que o Tribunal Regional enfrentou a matéria ao fundamentar que não houve ato ilícito por parte do banco empregador, pois a função de confiança somente foi retirada após decisão judicial que considerou ilícita a sujeição do empregado à jornada diária de 8 horas. Além disso, fundamentou que "o fato de o reclamado possuir normativo interno contendo previsão acerca das hipóteses de descomissionamento, ou a existência de ACT dispondo sobre a reversão ao cargo efetivo decorrente de avaliação funcional de desempenho insuficiente, não retira dele a possibilidade de assim proceder em razão de fato superveniente, no caso, a decisão colegiada que determinou o pagamento das 7ª e 8ª horas extras enquanto ocupada a função (...)". Em relação ao pedido de indenização por danos morais, o acolhimento do argumento do autor no sentido de que a retirada da função de confiança do reclamante decorreu de ato de retaliação do reclamado, implicaria, inevitavelmente, o revolvimento dos fatos e prova dos autos, procedimento incompatível com a fase extraordinária em que se encontra o processo, a teor da Súmula/TST n. 126. Agravo interno conhecido e não provido" (Ag-AIRR-1856-14.2013.5.10.0010, 7ª Turma, Relator Ministro Renato de Lacerda Paiva, *DEJT* 28-10-2021).

▷ "**Agravo de instrumento. Recurso de revista interposto a acórdão publicado na vigência da Lei n. 13.467/2017. Correção monetária. Razões dissociadas dos fundamentos da decisão agravada. Transcendência da causa não examinada**. Os argumentos aduzidos nas razões do Agravo de Instrumento devem contrapor-se aos fundamentos norteadores da decisão que se tenciona desconstituir, sob pena de se tornar inviável o exame do recurso interposto pela parte, diante da ausência de dialeticidade. Desfundamentado o Agravo de Instrumento, deixa-se de examinar a transcendência da causa. Agravo de Instrumento de que não se conhece. **Agravo de instrumento. Recurso de revista interposto a acórdão publicado na vigência da Lei n. 13.467/2017. Multas previstas nos arts. 467 e 477, § 8º, da CLT. Empresa em recuperação judicial. Transcendência da causa não reconhecida.** 1. Cuida-se de controvérsia acerca da possibilidade de extensão à empresa em recuperação judicial do entendimento jurisprudencial sedimentado na Súmula 388 desta Corte superior e, assim como se dá com a massa falida, não se sujeitar às penalidades dos arts. 467 e 477, § 8º, da CLT. 2. Constatado o preenchimento dos demais requisitos processuais de admissibilidade, o exame do Recurso de Revista sob o prisma do pressuposto de transcendência revelou que: *a*) não demonstrada a transcendência política da causa, na medida em que o acórdão recorrido revela consonância com a atual, notória e iterativa jurisprudência desta Corte superior; *b*) não se verifica a transcendência jurídica, uma vez que ausentes indícios da existência de questão nova acerca da controvérsia ora submetida a exame, mormente diante da referida jurisprudência atual, iterativa e notória do Tribunal Superior do Trabalho; *c*) não identificada a transcendência social da causa, visto que não se cuida de pretensão recursal formulada em face de suposta supressão ou limitação de direitos sociais assegurados na legislação pátria; e *d*) não há falar em transcendência econômica, pois o valor arbitrado à condenação não se revela elevado ou desproporcional aos pedidos formulados e deferidos na instância ordinária. 3. Configurado o óbice relativo ao não reconhecimento da transcendência da causa quanto ao tema sob exame, resulta inviável o processamento do Recurso de Revista, no particular. 4. Agravo de Instrumento não provido" (AIRR-763-11.2019.5.09.0664, 6ª Turma, Relator Ministro Lelio Bentes Correa, *DEJT* 28-10-2021).

Capítulo IV
Das férias anuais

Seção I
Do direito a férias e da sua duração

Art. 129. Todo empregado terá direito anualmente ao gozo de um período de férias, sem prejuízo da remuneração. (Redação dada pelo Dec.-lei n. 1.535, de 13-4-1977.)

Art. 130. Após cada período de 12 (doze) meses de vigência do contrato de trabalho, o empregado terá direito a férias, na seguinte proporção:

I – 30 (trinta) dias corridos, quando não houver faltado ao serviço mais de 5 (cinco) vezes;

II – 24 (vinte e quatro) dias corridos, quando houver tido de 6 (seis) a 14 (quatorze) faltas;

III – 18 (dezoito) dias corridos, quando houver tido de 15 (quinze) a 23 (vinte e três) faltas;

IV – 12 (doze) dias corridos, quando houver tido de 24 (vinte e quatro) a 32 (trinta e duas) faltas. (*Caput* e incisos com redação dada pelo Dec.-lei n. 1.535, de 13-4-1977.)

§ 1º É vedado descontar, do período de férias, as faltas do empregado ao serviço. (Redação dada pelo Dec.-lei n. 1.535, de 13-4-1977.)

§ 2º O período das férias será computado, para todos os efeitos, como tempo de serviço. (Redação dada pelo Dec.-lei n. 1.535, de 13-4-1977.)

Art. 130-A. (Artigo, incisos e parágrafo único revogados pela Lei n. 13.467/2017.)

Art. 131. Não será considerada falta ao serviço, para os efeitos do artigo anterior, a ausência do empregado: (Redação dada pelo Dec.-lei n. 1.535, de 13-4-1977.)

I – nos casos referidos no art. 473; (Redação dada pelo Dec.-lei n. 1.535, de 13-4-1977.)

II – durante o licenciamento compulsório da empregada por motivo de maternidade ou aborto, observados os requisitos para percepção do salário-maternidade custeado pela Previdência Social; (Redação dada pela Lei n. 8.921, de 25-7-1994.)

III – por motivo de acidente do trabalho ou enfermidade atestada pelo Instituto Nacional do Seguro Social – INSS, excetuada a hipótese do inciso IV do art. 133; (Redação dada pela Lei n. 8.726, de 5-11-1993.)

IV – justificada pela empresa, entendendo-se como tal a que não tiver determinado o desconto do correspondente salário; (Redação dada pelo Dec.-lei n. 1.535, de 13-4-1977.)

V – durante a suspensão preventiva para responder a inquérito administrativo ou de prisão preventiva, quando for impronunciado ou absolvido; e (Redação dada pelo Dec.-lei n. 1.535, de 13-4-1977.)

VI – nos dias em que não tenha havido serviço, salvo na hipótese do inciso III do art. 133. (Redação dada pelo Dec.-lei n. 1.535, de 13-4-1977.)

Art. 132. O tempo de trabalho anterior à apresentação do empregado para serviço militar obrigatório será computado no período aquisitivo, desde que ele compareça ao estabelecimento dentro de 90 (noventa) dias da data em que se verificar a respectiva baixa. (Redação dada pelo Dec.-lei n. 1.535, de 13-4-1977.)

Art. 133. Não terá direito a férias o empregado que, no curso do período aquisitivo:

I – deixar o emprego e não for readmitido dentro de 60 (sessenta) dias subsequentes à sua saída;

II – permanecer em gozo de licença, com percepção de salários, por mais de 30 (trinta) dias;

III – deixar de trabalhar, com percepção do salário, por mais de 30 (trinta) dias, em virtude de paralisação parcial ou total dos serviços da empresa; e

IV – tiver percebido da Previdência Social prestações de acidente de trabalho ou de auxílio-doença por mais de 6 (seis) meses, embora descontínuos. (*Caput* e incisos com redação dada pelo Dec.-lei n. 1.535, de 13-4-1977.)

§ 1º A interrupção da prestação de serviços deverá ser anotada na Carteira de Trabalho e Previdência Social. (Redação dada pelo Dec.-lei n. 1.535, de 13-4-1977.)

§ 2º Iniciar-se-á o decurso de novo período aquisitivo quando o empregado, após o implemento de qualquer das condições previstas neste artigo, retornar ao serviço. (Redação dada pelo Dec.-lei n. 1.535, de 13-4-1977.)

§ 3º Para os fins previstos no inciso III deste artigo a empresa comunicará ao órgão local do Ministério do Trabalho, com antecedência mínima de 15 (quinze) dias, as datas de início e fim da paralisação total ou parcial dos serviços da empresa, e, em igual prazo, comunicará, nos

mesmos termos, ao sindicato representativo da categoria profissional, bem como afixará aviso nos respectivos locais de trabalho. (Parágrafo incluído pela Lei n. 9.016, de 30-3-1995.)

§ 4º (*Vetado.*)

Seção II
Da concessão e da época das férias

Art. 134. As férias serão concedidas por ato do empregador, em um só período, nos 12 (doze) meses subsequentes à data em que o empregado tiver adquirido o direito. (Redação dada pelo Dec.-lei n. 1.535, de 13-4-1977.)

§ 1º Desde que haja concordância do empregado, as férias poderão ser usufruídas em até três períodos, sendo que um deles não poderá ser inferior a quatorze dias corridos e os demais não poderão ser inferiores a cinco dias corridos, cada um; (Redação dada pela Lei n. 13.467, de 2017.)

§ 2º (Revogado pela Lei n. 13.467/2017.)

§ 3º É vedado o início das férias no período de dois dias que antecede feriado ou dia de repouso semanal remunerado. (Inserido pela Lei n. 13.467, de 2017.)

Art. 135. A concessão das férias será participada, por escrito, ao empregado, com antecedência de, no mínimo, 30 (trinta) dias. Dessa participação o interessado dará recibo. (Redação dada pela Lei n. 7.414, de 9-12-1985.)

§ 1º O empregado não poderá entrar no gozo das férias sem que apresente ao empregador sua Carteira de Trabalho e Previdência Social, para que nela seja anotada a respectiva concessão. (Redação dada pelo Dec.-lei n. 1.535, de 13-4-1977.)

§ 2º A concessão das férias será, igualmente, anotada no livro ou nas fichas de registro dos empregados. (Redação dada pelo Dec.-lei n. 1.535, de 13-4-1977.)

§ 3º Nos casos em que o empregado possua a CTPS em meio digital, a anotação será feita nos sistemas a que se refere o § 7º do art. 29 desta Consolidação, na forma do regulamento, dispensadas as anotações de que tratam os §§ 1º e 2º deste artigo. (Incluído pela Lei n. 13.874, de 2019.)

Art. 136. A época da concessão das férias será a que melhor consulte os interesses do empregador. (Redação dada pelo Dec.-lei n. 1.535, de 13-4-1977.)

§ 1º Os membros de uma família, que trabalharem no mesmo estabelecimento ou empresa, terão direito a gozar férias no mesmo período, se assim o desejarem e se disto não resultar prejuízo para o serviço. (Redação dada pelo Dec.-lei n. 1.535, de 13-4-1977.)

§ 2º O empregado estudante, menor de 18 (dezoito) anos, terá direito a fazer coincidir suas férias com as férias escolares. (Redação dada pelo Dec.-lei n. 1.535, de 13-4-1977.)

Art. 137. Sempre que as férias forem concedidas após o prazo de que trata o art. 134, o empregador pagará em dobro a respectiva remuneração. (Redação dada pelo Dec.-lei n. 1.535, de 13-4-1977.)

§ 1º Vencido o mencionado prazo sem que o empregador tenha concedido as férias, o empregado poderá ajuizar reclamação pedindo a fixação, por sentença, da época de gozo das mesmas. (Redação dada pelo Dec.-lei n. 1.535, de 13-4-1977.)

§ 2º A sentença cominará pena diária de 5% (cinco por cento) do salário mínimo da região, devida ao empregado até que seja cumprida. (Redação dada pelo Dec.-lei n. 1.535, de 13-4-1977.)

§ 3º Cópia da decisão judicial transitada em julgado será remetida ao órgão local do Ministério do Trabalho, para fins de aplicação da multa de caráter administrativo. (Redação dada pelo Dec.-lei n. 1.535, de 13-4-1977.)

Art. 138. Durante as férias, o empregado não poderá prestar serviços a outro empregador, salvo se estiver obrigado a fazê-lo em virtude de contrato de trabalho regularmente mantido com aquele. (Redação dada pelo Dec.-lei n. 1.535, de 13-4-1977.)

Seção III
Das férias coletivas

Art. 139. Poderão ser concedidas férias coletivas a todos os empregados de uma empresa ou de determinados estabelecimentos ou setores da empresa. (Redação dada pelo Dec.-lei n. 1.535, de 13-4-1977.)

§ 1º As férias poderão ser gozadas em 2 (dois) períodos anuais desde que nenhum deles seja inferior a 10 (dez) dias corridos. (Redação dada pelo Dec.-lei n. 1.535, de 13-4-1977.)

§ 2º Para os fins previstos neste artigo, o empregador comunicará ao órgão local do Ministério do Trabalho, com a antecedência mínima de 15 (quinze) dias, as datas de início e fim das férias, precisando quais os estabelecimen-

tos ou setores abrangidos pela medida. (Redação dada pelo Dec.-lei n. 1.535, de 13-4-1977.)

§ 3º Em igual prazo, o empregador enviará cópia da aludida comunicação aos sindicatos representativos da respectiva categoria profissional, e providenciará a afixação de aviso nos locais de trabalho. (Redação dada pelo Dec.-lei n. 1.535, de 13-4-1977.)

Art. 140. Os empregados contratados há menos de 12 (doze) meses gozarão, na oportunidade, férias proporcionais, iniciando-se, então, novo período aquisitivo. (Redação dada pelo Dec.-lei n. 1.535, de 13-4-1977.)

Art. 141. (Revogado pela Lei n. 13.874, de 2019.)

§§ 1º, 2º e 3º (Revogados pela Lei n. 13.874, de 2019.)

Seção IV
Da remuneração e do abono de férias

Art. 142. O empregado perceberá, durante as férias, a remuneração que lhe for devida na data da sua concessão. (Redação dada pelo Dec.-lei n. 1.535, de 13-4-1977.)

§ 1º Quando o salário for pago por hora com jornadas variáveis, apurar-se-á a média do período aquisitivo, aplicando-se o valor do salário na data da concessão das férias. (Redação dada pelo Dec.-lei n. 1.535, de 13-4-1977.)

§ 2º Quando o salário for pago por tarefa tomar-se-á por base a média da produção no período aquisitivo do direito a férias, aplicando-se o valor da remuneração da tarefa na data da concessão das férias. (Redação dada pelo Dec.-lei n. 1.535, de 13-4-1977.)

§ 3º Quando o salário for pago por percentagem, comissão ou viagem, apurar-se-á a média percebida pelo empregado nos 12 (doze) meses que precederem à concessão das férias. (Redação dada pelo Dec.-lei n. 1.535, de 13-4-1977.)

§ 4º A parte do salário paga em utilidades será computada de acordo com a anotação na Carteira de Trabalho e Previdência Social. (Redação dada pelo Dec.-lei n. 1.535, de 13-4-1977.)

§ 5º Os adicionais por trabalho extraordinário, noturno, insalubre ou perigoso serão computados no salário que servirá de base ao cálculo da remuneração das férias. (Redação dada pelo Dec.-lei n. 1.535, de 13-4-1977.)

§ 6º Se, no momento das férias, o empregado não estiver percebendo o mesmo adicional do período aquisitivo, ou quando o valor deste não tiver sido uniforme, será computada a média duodecimal recebida naquele período, após a atualização das importâncias pagas, mediante incidência dos percentuais dos reajustamentos salariais supervenientes. (Redação dada pelo Dec.-lei n. 1.535, de 13-4-1977.)

Art. 143. É facultado ao empregado converter 1/3 (um terço) do período de férias a que tiver direito em abono pecuniário, no valor da remuneração que lhe seria devida nos dias correspondentes. (Redação dada pelo Dec.-lei n. 1.535, de 13-4-1977.)

§ 1º O abono de férias deverá ser requerido até 15 (quinze) dias antes do término do período aquisitivo. (Redação dada pelo Dec.-lei n. 1.535, de 13-4-1977.)

§ 2º Tratando-se de férias coletivas, a conversão a que se refere este artigo deverá ser objeto de acordo coletivo entre o empregador e o sindicato representativo da respectiva categoria profissional, independendo de requerimento individual a concessão do abono. (Redação dada pelo Dec.-lei n. 1.535, de 13-4-1977.)

§ 3º (Revogado pela Lei n. 13.467/2017.)

Art. 144. O abono de férias de que trata o artigo anterior, bem como o concedido em virtude de cláusula do contrato de trabalho, do regulamento da empresa, de convenção ou acordo coletivo, desde que não excedente de 20 (vinte) dias do salário, não integrarão a remuneração do empregado para os efeitos da legislação do trabalho. (Redação dada pela Lei n. 9.528, de 10-12-1998.)

Art. 145. O pagamento da remuneração das férias e, se for o caso, o do abono referido no art. 143 serão efetuados até 2 (dois) dias antes do início do respectivo período. (Redação dada pelo Dec.-lei n. 1.535, de 13-4-1977.)

Parágrafo único. O empregado dará quitação do pagamento, com indicação do início e do termo das férias. (Redação dada pelo Dec.-lei n. 1.535, de 13-4-1977.)

Seção V
Dos efeitos da cessação do contrato de trabalho

Art. 146. Na cessação do contrato de trabalho, qualquer que seja a sua causa, será devida ao empregado a remuneração simples ou em dobro, conforme o caso, correspondente ao período de férias cujo direito tenha adquirido. (Redação dada pelo Dec.-lei n. 1.535, de 13-4-1977.)

Parágrafo único. Na cessação do contrato de trabalho, após 12 (doze) meses de serviço, o empregado, desde que não haja sido demitido por justa causa, terá direito à remuneração relativa ao período incompleto de férias, de acordo com o art. 130, na proporção de 1/12 (um doze avos) por mês de serviço ou fração superior a 14 (quatorze) dias. (Redação dada pelo Dec.-lei n. 1.535, de 13-4-1977.)

Art. 147. O empregado que for despedido sem justa causa, ou cujo contrato de trabalho se extinguir em prazo predeterminado, antes de completar 12 (doze) meses de serviço, terá direito à remuneração relativa ao período incompleto de férias, de conformidade com o disposto no artigo anterior. (Redação dada pelo Dec.-lei n. 1.535, de 13-4-1977.)

Art. 148. A remuneração das férias, ainda quando devida após a cessação do contrato de trabalho, terá natureza salarial, para os efeitos do art. 449. (Redação dada pelo Dec.-lei n. 1.535, de 13-4-1977.)

Seção VI
Do início da prescrição

Art. 149. A prescrição do direito de reclamar a concessão das férias ou o pagamento da respectiva remuneração é contada do término do prazo mencionado no art. 134 ou, se for o caso, da cessação do contrato de trabalho. (Redação dada pelo Dec.-lei n. 1.535, de 13-4-1977.)

Seção VII
Disposições especiais

Art. 150. O tripulante que, por determinação do armador, for transferido para o serviço de outro, terá computado, para o efeito de gozo de férias, o tempo de serviço prestado ao primeiro, ficando obrigado a concedê-las o armador em cujo serviço ele se encontra na época de gozá-las. (Redação dada pelo Dec.-lei n. 1.535, de 13-4-1977.)

§ 1º As férias poderão ser concedidas, a pedido dos interessados e com aquiescência do armador, parceladamente, nos portos de escala de grande estadia do navio, aos tripulantes ali residentes. (Redação dada pelo Dec.-lei n. 1.535, de 13-4-1977.)

§ 2º Será considerada grande estadia a permanência no porto por prazo excedente de 6 (seis) dias. (Redação dada pelo Dec.-lei n. 1.535, de 13-4-1977.)

§ 3º Os embarcadiços, para gozarem férias nas condições deste artigo, deverão pedi-las, por escrito, ao armador, antes do início da viagem, no porto de registro ou armação. (Redação dada pelo Dec.-lei n. 1.535, de 13-4-1977.)

§ 4º O tripulante, ao terminar as férias, apresentar-se-á ao armador, que deverá designá-lo para qualquer de suas embarcações ou o adir a algum dos seus serviços terrestres, respeitadas a condição pessoal e a remuneração. (Redação dada pelo Dec.-lei n. 1.535, de 13-4-1977.)

§ 5º Em caso de necessidade, determinada pelo interesse público, e comprovada pela autoridade competente, poderá o armador ordenar a suspensão das férias já iniciadas ou a iniciar-se, ressalvado ao tripulante o direito ao respectivo gozo posteriormente. (Redação dada pelo Dec.-lei n. 1.535, de 13-4-1977.)

§ 6º O Delegado do Trabalho Marítimo poderá autorizar a acumulação de 2 (dois) períodos de férias do marítimo, mediante requerimento justificado:

I – do sindicato, quando se tratar de sindicalizado; e

II – da empresa, quando o empregado não for sindicalizado. (Parágrafo e incisos com redação dada pelo Dec.-lei n. 1.535, de 13-4-1977.)

Art. 151. Enquanto não se criar um tipo especial de caderneta profissional para os marítimos, as férias serão anotadas pela Capitania do Porto na caderneta-matrícula do tripulante, na página das observações. (Redação dada pelo Dec.-lei n. 1.535, de 13-4-1977.)

Art. 152. A remuneração do tripulante, no gozo de férias, será acrescida da importância correspondente à etapa que estiver vencendo. (Redação dada pelo Dec.-lei n. 1.535, de 13-4-1977.)

Seção VIII
Das penalidades

Art. 153. As infrações ao disposto neste Capítulo serão punidas com multas de valor igual a 160 BTN por empregado em situação irregular. (Redação dada pela Lei n. 7.855, de 24-10-1989.)

Parágrafo único. Em caso de reincidência, embaraço ou resistência à fiscalização, emprego de artifício ou simulação com o objetivo de fraudar a lei, a multa será aplicada em dobro. (Redação dada pela Lei n. 7.855, de 24-10-1989.)

► **Comentários**

1. **Direito às férias anuais**

Nos termos do art. 7º, XVII, da Constituição Federal de 1988, todos os trabalhadores têm direito ao "gozo de férias anuais remuneradas com pelo menos um terço a mais do que o salário normal".

O direito às férias anuais vem sendo proclamado em disposições constitucionais desde a Carta Magna de 1934, bem como nas demais. Em todas elas, é prevista a respectiva remuneração.

A CLT, no seu art. 129, manifestamente recepcionado pela Constituição Federal de 1988, assegura idêntico direito: "Todo empregado terá direito anualmente ao gozo de um período de férias, sem prejuízo da remuneração".

Inovou a Constituição Federal de 1988, ao acrescentar à remuneração das férias a *gratificação de um terço*.

A gratificação em apreço tem um alto significado social que, muito embora onere o empregador, possibilita ao empregado gozar efetivamente as férias, em seu lazer, de forma a não comprometer seu salário, normalmente destinado às despesas correntes, como aluguel, supermercado, tarifas públicas etc. Idêntico é o ponto de vista de Russomano – "sempre sustentamos a conveniência de que o valor da remuneração relativa a férias fosse superior ao salário que normalmente seria ganho durante o prazo da duração do repouso... Durante as férias, é natural que o empregado aproveite da melhor forma possível e mais intensamente as suas horas de lazer. Em consequência, seus gastos aumentam"[146].

2. **Remuneração das férias**

O art. 142 da CLT dispõe sobre a remuneração das férias: "... a remuneração que lhe for devida na data da sua concessão".

Admitida a distinção entre salário e remuneração, inequívoca a natureza mais abrangente desta última, razão por que, durante a licença anual correspondente, perceberá o empregado tudo que aufere em decorrência do seu trabalho, inclusive as gorjetas e as horas extraordinárias, se habituais; como se depreende da Súmula 354 do TST:

"As gorjetas, cobradas pelo empregador na nota de serviço ou oferecidas espontaneamente pelos clientes, integram a remuneração do empregado, não servindo de base de cálculo para as parcelas de aviso prévio, adicional noturno, horas extras e repouso semanal remunerado".

Integrando a remuneração como diz a Súmula transcrita, há de ser consideradas para o valor a ser pago nas férias também as horas extraordinárias.

Aos horistas, tarefeiros e comissionistas, obtém-se a remuneração das férias nas formas declinadas no art. 142, §§ 1º, 2º e 3º, a saber:

a) Quando o salário for pago por *hora*, com jornadas variáveis, apura-se a média do período aquisitivo, aplicando-se o valor do salário na data da concessão das férias.

b) Em se tratando de *tarefeiros*, tomar-se-á por base a média da produção no período aquisitivo, aplicando-se o valor da remuneração da tarefa na data da concessão das férias.

c) Pago o salário por percentagem, comissão ou viagem, apurar-se-á a média percebida nos doze meses que precederam a concessão das férias.

As *utilidades*, nos termos do § 4º do art. 142 da CLT, devem ser computadas na remuneração das férias.

3. **Abono de férias**

O empregado *poderá* converter *um terço das suas férias* em *pecúnia*, nos termos do art. 143 da CLT. O abono mencionado incide sobre a remuneração. Facultativo, porque condicionado à vontade do empregado, o abono de férias, como é vulgarmente chamado, deve ser precedido de solicitação, até *15 dias antes* do término do período aquisitivo.

Ressalte-se que o abono de férias não se confunde com a gratificação prevista no art. 7º, XVII, da CF/88.

Direito do empregado, a que não pode opor-se o empregador, em se tratando de *férias coletivas*, o abono nominado condiciona-se à existência de acordo coletivo, entre sindicato e empregador, independente de requerimento individual.

O abono nominado consiste em um terço do período de férias a que tiver direito o em-

146. *Comentários à CLT*, cit., v. 1, p. 180.

pregado, no valor que lhe seria devido nos dias correspondentes.

Ressalte-se que o abono de férias deve ser considerado acrescido da gratificação de um terço (art. 7º, XVII, da CF/88.)

4. Período aquisitivo e concessivo

Denomina-se período aquisitivo, aquele em que o empregado presta serviços ao longo dos 12 meses que antecedem a concessão das férias.

O período concessivo, que sucede ao período aquisitivo, é aquele em que o empregador deve conceder as férias.

À guisa de exemplo: o empregado trabalha no decorrer de um ano, fazendo jus, após esse período, às suas férias – é o período aquisitivo.

Preenchida a exigência legal, dispõe o empregador de até um ano, após o período aquisitivo, para a concessão das férias.

Não deferidas no período mencionado, serão devidas em dobro – art. 134 da CLT: "As férias serão concedidas por ato do empregador, em um só período, nos 12 (doze) meses subsequentes à data em que o empregado tiver adquirido o direito". Art. 137 da CLT: "Sempre que as férias forem concedidas após o prazo de que trata o art. 134, o empregador pagará em dobro a respectiva remuneração".

Quanto à remuneração dispõe a Súmula 7 do TST:

"A indenização pelo não deferimento das férias no tempo oportuno será calculada com base na remuneração devida ao empregado à época da reclamação ou, se for o caso, à da extinção do contrato".

As férias são, pois, concedidas nos 12 meses subsequentes ao período em que o obreiro adquire o direito de desfrutá-las.

Note-se que o empregador é quem determina a *data de concessão* (observado o período de 12 meses que sucedem ao aquisitivo), como manda o art. 136 da CLT: "A época da concessão das férias será a que melhor consulte os interesses do empregador".

Ressalte-se que, não concedidas as férias no período legal, facultado é ao empregado ajuizar reclamação trabalhista, pedindo a fixação judicial da época e gozo das mesmas, com cominação, em sentença, de pena diária correspondente a 5% do salário mínimo.

5. Período de gozo

As férias poderão ser gozadas em até três períodos, sendo que um deles, não poderá ser inferior a 14 dias, e serão concedidas considerando-se o número de faltas injustificadas ao serviço, como dispõe o art. 130, I da CLT, na seguinte proporção:

I – 30 dias – quando não houver faltado ao serviço mais de 5 dias;

II – 24 dias – quando houver cometido de 6 a 14 faltas;

III – 18 dias – quando haja faltado de 15 a 23 vezes;

IV – 12 dias – quando houver faltado de 24 a 32 vezes.

A divisão das férias pode ser de dois períodos de 15 dias cada um, ou, um de 14 e dois de 8 dias, uma vez que é obrigatório a concessão de um deles, de no mínimo, 14 dias (§ 1º do art. 134 da CLT).

Entendemos que o legislador não restringiu o parcelamento do período de férias – do estudante, menor de 18 anos –, tendo em vista revogação integral da redação do § 2º, do art. 134, da CLT; portanto, havendo anuência do representante legal do trabalhador, suas férias poderiam sim ser fracionadas, de acordo com o calendário escolar, desde que "um dos períodos não seja inferior a 14 dias", entretanto, o entendimento do TST, é no sentido de não poder fracionar as férias, dos empregados menores de dezoito anos.

Os membros de uma mesma família, quando trabalham na mesma empresa, devem gozar as férias no mesmo período, se assim o desejarem e disso não resultar prejuízos para os serviços, e para o empregado estudante.

6. Perda de direito às férias

O empregado não faz jus às férias, nem mesmo às proporcionais, na ocorrência dos seguintes fatos:

a) deixar o emprego e não ser readmitido dentro dos 60 dias subsequentes à sua saída;

b) permanecer em gozo de licença, com percepção de salários, por mais de 30 dias;

c) deixar de trabalhar, com percepção do salário, por mais de 30 dias, em virtude de paralisação parcial ou total dos serviços da empresa;

d) tiver percebido da Previdência Social prestações de acidente de trabalho ou auxílio-

-doença por mais de 6 meses, ainda que descontínuos.

7. Ausências legais e férias

São consideradas ausências justificadas por lei, impedindo o desconto por faltas e tampouco impedindo a concessão de férias, aquelas declinadas no art. 473 da CLT, a saber:

I – falecimento do cônjuge, ascendentes, descendentes, irmão ou pessoa sob sua dependência, declarada na Carteira de Trabalho – 2 dias;

II – casamento – 3 dias;

III – nascimento de filho – 5 dias, no decorrer da semana (arts. 7º, XIX, da CF/1988 e 10, § 1º, do ADCT);

IV – doação voluntária de sangue – 1 dia, uma vez por ano (comprovadamente demonstrado);

V – alistamento militar – até 2 dias;

VI – dia do reservista (Lei n. 4.375/64, art. 65, alínea *e*) – um dia;

VII – exame vestibular em faculdades (Lei n. 9.471/97), devidamente comprovado;

VIII – comparecimento a Juízo (inclusive na condição de jurado);

IX – afastamento do representante sindical para reunião oficial de organismo internacional (Lei n. 11.304, de 2006);

X – até 2 dias para acompanhar consultas médicas e exames de gravidez da companheira ou esposa (Lei n. 13.257, de 2016);

XI – 1 dia para acompanhar filho de até 6 anos em consulta médica (Lei n. 13.257, de 2016);

XII – acidente do trabalho ou enfermidade (salvo quando perceba prestações de acidente ou auxílio-doença, por mais de 6 meses);

XIII – ausências justificadas pelo empregador (quando o empregador aceita as explicações do empregado e não efetua o desconto do salário);

XIV – período de suspensão preventiva para responder a inquérito administrativo, ou de prisão preventiva, quando for impronunciado ou absolvido;

XV – nos dias em que não haja serviço (observado o limite de 30 dias);

XVI – maternidade ou aborto.

Súmula 46 do TST:

"As faltas ou ausências decorrentes de acidente do trabalho não são consideradas para os efeitos de duração de férias e cálculo da gratificação natalina".

Súmula 89 do TST:

"Se as faltas já são justificadas pela lei, consideram-se como ausências legais e não serão descontadas para o cálculo do período de férias".

8. Férias coletivas

Com certa frequência o empresário se vê obrigado a conceder *férias coletivas*, no mais das vezes, em razão de retração do mercado, com a consequente queda nas vendas. A concessão de férias coletivas depende exclusivamente do empregador, segundo, pois, suas conveniências empresariais.

Tais férias podem ser concedidas em até 3 (três) períodos – desde que um deles não seja inferior a 14 dias.

O fracionamento é proibido aos empregados estudantes menores de 18 anos.

Os empregados com menos de 12 meses na empresa gozam férias proporcionais.

9. Comunicação e anotação das férias

As férias devem ser comunicadas ao empregado, *por escrito*, com antecedência mínima de 30 dias, anotando-se sua concessão na carteira de trabalho (CTPS).

Em se tratando de *férias coletivas*, mister se faz a sua comunicação, com antecedência mínima de 15 dias, a Superintendência Regional do Trabalho e Emprego, ao respectivo sindicato dos empregados e aos trabalhadores.

A **microempresa** e a **empresa de pequeno porte** estão dispensadas de anotação de férias dos empregados nos respectivos livros ou fichas de registro, bem como de comunicar ao Ministério do Trabalho a concessão de férias coletivas (art. 51, II e V, da Lei Complementar n. 123)[147].

10. Férias dos empregados domésticos

A Constituição Federal de 1988 especificou os direitos trabalhistas que se estendem aos empregados domésticos (art. 7º, XXXIV, parágrafo único), a eles não concedendo o direito às férias de 30 dias.

147. De 14-12-2006 – Estatuto da Microempresa e da Empresa de Pequeno Porte.

Em consequência, entendiam doutrina e jurisprudência (com opiniões e julgados em sentido contrário) prevalecer a Lei n. 5.859, de 11-12-1972, que fixava as férias do empregado doméstico em vinte dias.

A lei em apreço, todavia, vem de sofrer alteração, com o reconhecimento do direito do doméstico a trinta dias de férias anuais. Com efeito, a Lei n. 11.324, de 19-7-2006, no seu art. 3º, estendeu aos empregados domésticos o direito a férias anuais de trinta dias, com um terço a mais do salário normal, após o período de doze meses de trabalho.

Em conformidade com a Convenção 132 da OIT, as férias dos empregados domésticos já podiam ser fracionadas, no entanto, um dos períodos das férias deve ser de *no mínimo duas semanas*; contudo a Reforma Trabalhista/2017, prevê que o Parcelamento dos períodos de férias, no qual um deles deve ser de *no mínimo 14 dias*.

11. **Fracionamento das férias**

Em princípio, as férias deveriam ser gozadas em um único período, só excepcionalmente admitia-se seu fracionamento, conforme preceituava o art. 134, § 1º, que dizia: "Somente em casos excepcionais serão as férias concedidas em 2 (dois) períodos, um dos quais não poderá ser inferior a 10 (dez) dias corridos".

No entanto, essa redação foi alterada pela Reforma Trabalhista/2017, modernamente, a redação do § 1º do art. 134, da CLT, assim descreve:

"Desde que haja concordância do empregado, as férias poderão ser usufruídas em até três períodos, sendo que um deles não poderá ser inferior a quatorze dias corridos e os demais não poderão ser inferiores a cinco dias corridos cada um".

A legislação, porém, declina qual a hipótese a ser considerada fracionada os períodos de férias do trabalhador – sua concordância –; todavia, excepcionalmente, pode ser vistas aquelas decorrentes de *necessidade imperiosa*, por motivo de *força maior* e *serviços inadiáveis*.

Entendemos que a vedação ao parcelamento das férias aos empregados menores de dezoito anos

Até a vigência da Reforma Trabalhista/2017, a CLT proibia o fracionamento das férias aos trabalhadores maiores de cinquenta anos – disposição que, inegavelmente, estava inteiramente ultrapassada pelo tempo, considerando-se, sobretudo, que aos cinquenta anos o trabalhador está em pleno vigor físico e intelectual, sobretudo quando exercendo funções intelectuais, como é o caso dos engenheiros, professores etc.

Por isso que entendemos possível a adoção do fracionamento das férias a tais empregados, utilizando-se a força normativa das convenções coletivas, obviamente observados os períodos mínimos de 14 (quatorze) dias corridos, previstos expressamente na CLT.

Entendemos que, havendo concordância por parte do trabalhador, as férias do doméstico podem ser, também, fracionadas em 3 (três) períodos.

12. **Férias proporcionais**

O empregado dispensado sem justa causa, antes de completar um ano de serviço, tem direito às férias proporcionais, a teor do que dispõe o art. 147 da CLT.

Obviamente, *dispensado por justa causa*, não fará jus às férias nominadas.

Todavia, ainda que reconhecida *culpa recíproca* para a rescisão, devidas serão as férias proporcionais, como deixa claro a Súmula 14 do TST:

"Reconhecida a culpa recíproca na rescisão do contrato de trabalho (art. 484 da CLT), o empregado tem direito a 50% (cinquenta por cento) do valor do aviso prévio, do décimo terceiro salário e das férias proporcionais".

Em se tratando de *contrato por prazo determinado*, que se extinga por força do tempo, devidas são, igualmente, as férias proporcionais, o mesmo ocorrendo na rescisão antecipada em decorrência da vontade do empregador.

A demissão espontânea do empregado, antes de completar doze meses de serviço, da mesma forma, concede-lhe o direito às férias proporcionais, como enfatiza a Súmula 261 do TST:

"O empregado que se demite antes de completar 12 (doze) meses de serviço tem direito a férias proporcionais".

Para o cômputo das férias proporcionais, cada período de quinze dias é contado como mês.

13. *Natureza salarial das férias para fins falimentares*

O art. 148 da CLT declara que a remuneração das férias, ainda quando após a cessação do contrato de trabalho, tem natureza salarial para os efeitos do art. 449 do mesmo Estatuto.

O art. 449 cuida dos direitos trabalhistas na ocorrência de falência ou recuperação de empresa, estabelecendo o privilégio dos créditos trabalhistas.

Contudo, é de se observar que a Lei n. 11.101/2005 (Lei de Recuperação Judicial e Falência) alterou sensivelmente tal disposição.

Os comentários ao art. 449 cuidam exaustivamente da questão.

▶ Jurisprudência

▷ **Súmula 7 do TST. Férias.** A indenização pelo não deferimento das férias no tempo oportuno será calculada com base na remuneração devida ao empregado à época da reclamação ou, se for o caso, à da extinção do contrato. (RA 28/69, *DO/GB*, 21-8-1969)

▷ **Súmula 10 do TST. Professor. Dispensa sem justa causa. Término do ano letivo ou no curso de férias escolares. Aviso prévio.** (Redação alterada em sessão do Tribunal Pleno realizada em 14-9-2012 – Res. 185/2012, *DEJT*, 25, 26 e 27-9-2012)
O direito aos salários do período de férias escolares assegurado aos professores (art. 322, *caput* e § 3º, da CLT) não exclui o direito ao aviso prévio, na hipótese de dispensa sem justa causa ao término do ano letivo ou no curso das férias escolares.

▷ **Súmula 14 do TST. Culpa recíproca.** Reconhecida a culpa recíproca na rescisão do contrato de trabalho (art. 484 da CLT), o empregado tem direito a 50% (cinquenta por cento) do valor do aviso prévio, do décimo terceiro salário e das férias proporcionais. (Redação original – RA 28/69, *DO/GB*, 21-8-1969 – Res. 121/2003, *DJ*, 19-11-2003)

▷ **Súmula 46 do TST. Acidente de trabalho.** As faltas ou ausências decorrentes de acidente do trabalho não são consideradas para os efeitos de duração de férias e cálculo da gratificação natalina. (RA 41/73, *DJ*, 14-6-1973)

▷ **Súmula 81 do TST. Férias.** Os dias de férias, gozados após o período legal de concessão, deverão ser remunerados em dobro. (RA 69/78, *DJ*, 26-9-1978)

▷ **Súmula 89 do TST. Falta ao serviço.** Se as faltas já são justificadas pela lei, consideram-se como ausências legais e não serão descontadas para o cálculo do período de férias. (RA 69/78, *DJ*, 26-9-1978)

▷ **Súmula 149 do TST. Tarefeiro. Férias.** A remuneração das férias do tarefeiro deve ser na base da média da produção do período aquisitivo, aplicando-se-lhe a tarifa da data da concessão. Ex-prejulgado n. 22. (RA 102/82, *DJ*, 11 e 15-10-1982)

▷ **Súmula 159 do TST. Substituição de caráter não eventual e vacância do cargo.** (Nova redação em decorrência da incorporação da Orientação Jurisprudencial n. 112 da SDI-1 – Res. 129/2005, *DJ*, 20-4-2005)
I – Enquanto perdurar a substituição que não tenha caráter meramente eventual, inclusive nas férias, o empregado substituto fará jus ao salário contratual do substituído.
II – Vago o cargo em definitivo, o empregado que passa a ocupá-lo não tem direito a salário igual ao do antecessor.

▷ **Súmula 171 do TST. Férias proporcionais. Contrato de trabalho. Extinção. Nova redação.** Salvo na hipótese de dispensa do empregado por justa causa, a extinção do contrato de trabalho sujeita o empregador ao pagamento da remuneração das férias proporcionais, ainda que incompleto o período aquisitivo de 12 (doze) meses (art. 142). (Redação original – RA 102/82, *DJ*, 11-10-1982, e *DJ*, 15-10-1982 – Res. 121/2003, *DJ*, 19-11-2003, republicada no *DJ*, 27-4-2004)

▷ **Súmula 253 do TST. Gratificação semestral. Repercussão nas férias, aviso prévio e horas extras.** A gratificação semestral não repercute no cálculo das horas extras, das férias e do aviso prévio, ainda que indenizados. Repercute, contudo, pelo seu duodécimo na indenização por antiguidade e na gratificação natalina.

▷ **Súmula 261 do TST. Férias proporcionais. Pedido de demissão. Contrato vigente há menos de um ano. Nova reda-

ção. O empregado que se demite antes de completar 12 (doze) meses de serviço tem direito a férias proporcionais.
Conforme Convenção Internacional 132, da OIT.

▷ **Súmula 328 do TST. Férias. Terço constitucional.** O pagamento das férias, integrais ou proporcionais, gozadas ou não, na vigência da Constituição da República de 1988, sujeita-se ao acréscimo do terço previsto em seu art. 7º, inciso XVII. (Res. 20/93, *DJ*, 21-12-1993) Referência: CF/88, art. 7º, inc. XVII.

▷ **Súmula 450 do TST.** Férias. Gozo na época própria. Pagamento fora do prazo. Dobra devida. Arts. 137 e 145 da CLT. (Conversão da OJ n. 386 da SBDI-1)
É devido o pagamento em dobro da remuneração de férias, incluído o terço constitucional, com base no art. 137 da CLT, quando, ainda que gozadas na época própria, o empregador tenha descumprido o prazo previsto no art. 145 do mesmo diploma legal.

▷ **Súmula 198 do STF.** As ausências motivadas por acidente do trabalho não são descontáveis do período aquisitivo das férias.

▷ **Súmula 199 do STF.** O salário das férias do empregado horista corresponde à média do período aquisitivo, não podendo ser inferior ao mínimo.

▷ **Súmula 200 do STF.** Não é inconstitucional a Lei 1.530, de 26-12-51, que manda incluir na indenização por despedida injusta parcela correspondente a férias proporcionais.

▷ **Súmula 125 do STJ.** O pagamento de férias não gozadas por necessidade do serviço não está sujeito à incidência do imposto de renda.

▷ **OJ n. 181 da SDI-1 do TST. Comissões. Correção monetária. Cálculo.** O valor das comissões deve ser corrigido monetariamente para em seguida obter-se a média para efeito de cálculo de férias, 13º salário e verbas rescisórias.

▷ **OJ n. 195 da SDI-1 do TST. Férias indenizadas. FGTS. Não incidência.** Inserida em 8-11-2000.
Não incide a contribuição para o FGTS sobre as férias indenizadas.

▷ **Precedente Normativo n. 100 do TST. Férias. Início do período de gozo** (positivo). O início das férias, coletivas ou individuais, não poderá coincidir com sábado, domingo, feriado ou dia de compensação de repouso semanal.

▷ **Precedente Normativo n. 116 do TST. Férias. Cancelamento ou adiantamento** (positivo). Comunicado ao empregado o período do gozo de férias individuais ou coletivas, o empregador somente poderá cancelar ou modificar o início previsto se ocorrer necessidade imperiosa e, ainda assim, mediante o ressarcimento, ao empregado, dos prejuízos financeiros por este comprovados.

▷ **"A) Agravo de instrumento. Recurso de revista. Processo sob a égide da Lei n. 13.015/2014 e anterior à Lei n. 13.467/2017. Férias. Gozo na época própria. Pagamento fora do prazo. Dobra devida. Arts. 137 e 145 da CLT. Súmula 450/TST.** Deve ser provido o agravo de instrumento quando demonstrada possível contrariedade à Súmula 450/TST, suscitada no recurso de revista. Agravo de instrumento provido. **B) Recurso de revista processo sob a égide da Lei n. 13.015/2014 e anterior à Lei n. 13.467/2017. Férias. Gozo na época própria. Pagamento fora do prazo. Dobra devida. Arts. 137 e 145 da CLT. Súmula 450/TST.** Por meio da Súmula 450, fruto da conversão da Orientação Jurisprudencial 386/SBDI-1/TST, esta Corte Superior consolidou o entendimento de que é devido o pagamento em dobro da remuneração de férias, incluído o terço constitucional, com base no art. 137 da CLT, quando, ainda que gozadas na época própria, o empregador tenha descumprido o prazo previsto no art. 145 do mesmo diploma legal. Assim, o Tribunal Regional, ao adotar entendimento diverso, contrariou a citada Súmula 450/TST Julgados desta Corte Superior. Recurso de revista conhecido e provido" (RR-20635-38.2016.5.16.0012, 3ª Turma, Relator Ministro Mauricio Godinho Delgado, *DEJT* 4-9-2020).

▷ **"Agravo de instrumento interposto pelo município. Interposto na vigência da Lei n. 13.467/2017. Férias. Gozo na época própria. Pagamento efetuado fora do prazo legal. Dobra devida. Súmula 450. Transcendência não reconhecida.**

Não provimento. O art. 145 da CLT estabelece que o pagamento da remuneração das férias será efetuado até dois dias antes do início do respectivo período de gozo. Já o art. 7º, XVII, da Constituição Federal prevê o pagamento das férias com o acréscimo, no mínimo, de um terço a mais do que o salário normal. Infere-se, portanto, que o objetivo da norma é proporcionar ao empregado o gozo das férias com recursos que viabilizem o desfrute desse período de descanso, o que é possível, pelo menos em tese, com o recebimento antecipado da remuneração das férias. Assim, o pagamento posterior ao gozo frustra a finalidade do instituto, o que levou esta Corte Superior a firmar o entendimento no sentido de que é devido o pagamento em dobro da remuneração das férias, incluído o terço constitucional, com base no art. 137 da CLT, quando o empregador descumprir o prazo previsto no art. 145 desse mesmo diploma legal (Súmula 450). Na hipótese, o egrégio Tribunal Regional registrou que o Município reclamado não comprovou o pagamento das férias dentro do prazo legal, qual seja, até dois dias antes do início de seu respectivo gozo, condenando-o ao pagamento das férias em dobro, do terço constitucional, estando o acórdão regional em consonância com a Súmula 450. Nesse contexto, a incidência do óbice contido na Súmula 333 é suficiente para afastar a transcendência da causa, uma vez que inviabilizará a aferição da existência de eventual questão controvertida no recurso de revista, e, por conseguinte, não serão produzidos os reflexos gerais, nos termos previstos no § 1º do art. 896-A da CLT. Agravo de instrumento a que se nega provimento" (AIRR-1000943-93.2019.5.02.0473, 4ª Turma, Relator Ministro Guilherme Augusto Caputo Bastos, *DEJT* 4-9-2020).

▷ **"I – Agravo de instrumento em recurso de revista do reclamante regido pela Lei n. 13.467/2017. Adicional de insalubridade. Base de cálculo. Incidência da súmula 422, I, do TST.** A decisão agravada aponta como óbice ao seguimento do recurso de revista a inobservância do art. 896, § 1.º-A, I, da CLT, fundamento não atacado nas razões aduzidas pela Parte. Incidência da Súmula 422, I, do TST. Agravo de instrumento não conhecido. **II – Agravo de instrumento em recurso de revista da reclamada regido pela Lei n. 13.467/2017. Transcendência econômica reconhecida. Férias. Fruição em época própria. Pagamento fora do prazo. Dobra devida (decisão em consonância com a súmula 450 do TST).** Não merece ser provido agravo de instrumento que visa a liberar recurso de revista que não preenche os pressupostos contidos no art. 896 da CLT. Agravo de instrumento não provido" (AIRR-101743-24.2016.5.01.0007, 2ª Turma, Relatora Ministra Delaide Miranda Arantes, *DEJT* 4-9-2020).

▷ **"Agravo em agravo de instrumento em recurso de revista em face de decisão publicada antes da vigência da Lei n. 13.015/2014. Horas extras. Registro de ponto "por exceção". Norma coletiva.** O art. 74, § 2º, da CLT estabelece o dever de anotação da jornada de trabalho em estabelecimento que possua mais de dez empregados. A obrigação ali firmada figura como norma de ordem pública, motivo pelo qual não se admite interpretação no sentido de atribuir mera faculdade ao empregador em adotar o registro de ponto, o que acarreta, como consequência, a nulidade da negociação coletiva que prevê a jornada "por exceção". Isso porque a adoção dessa prática fere dispositivo de lei que tem por finalidade assegurar a segurança e saúde física e mental do trabalhador e, por isso, respaldam-se em norma de ordem pública e cogente. Assim, embora o direito à negociação coletiva esteja constitucionalmente assegurado (art. 7º, XXVI), tal garantia não goza de caráter absoluto, uma vez que as cláusulas previstas no instrumento normativo celebrado deverão observar as normas de ordem pública. Precedentes. Incidem, no caso, o disposto no art. 896, § 4º, da CLT e o teor da Súmula 333 do TST. Agravo conhecido e não provido. **Agravo em recurso de revista. Férias. Inexistência de comprovação de situação excepcional. Fracionamento irregular. Pagamento em dobro.** Agravo interno provido, para reexaminar o recurso de revista do autor, uma vez que foi demonstrado possível equívoco na decisão

unipessoal. **Recurso de revista do autor. Férias coletivas. Fracionamento. Inexigibilidade de situação excepcional.** A vedação ao fracionamento das férias, prevista no art. 134, § 1º, da CLT, com redação anterior à Lei n. 13.467/2017, refere-se apenas às férias individuais, e, n. Recurso de revista não conhecido" (RR-346485-12.2009.5.12.0001, 7ª Turma, Re o caso, conforme registrado pelo Tribunal Regional, a hipótese é de gozo de férias coletivas. Incabível, portanto, a exigência de demonstração de qualquer excepcionalidade. Relator Ministro Claudio Mascarenhas Brandão, *DEJT* 8-11-2019).

▷ **"Agravo de instrumento da reclamada. Lei n. 13.467/2017. Compensação da jornada de trabalho. Semana espanhola. Prestação habitual de horas extras. Tempo à disposição. Minutos residuais. Desconto de contribuições sindicais. Não comprovação de filiação e de autorização. Contrato de trabalho extinto antes da vigência da Lei n. 13.467/2017. Transcendência.** O processamento do recurso de revista na vigência da Lei n. 13.467/2017 exige que a causa ofereça transcendência com relação aos reflexos gerais de natureza econômica, política, social ou jurídica, a qual deve ser analisada de ofício e previamente pelo Relator (arts. 896-A, da CLT, 246 e 247 do RITST). Ausente a transcendência o recurso não será processado. Quanto à compensação de horário, restou descaracterizado o regime adotado pela reclamada, diante da prestação habitual de horas extras, conforme registros dos cartões de ponto. Em relação ao tempo à disposição, houve comprovação de dispêndio de 45 minutos diários na troca de uniforme e deslocamentos internos no âmbito da empregadora. No que se refere à devolução de descontos, não restou comprovada a filiação do autor ao sindicato de sua categoria profissional, nem sua autorização para os descontos realizados. As matérias debatidas não possuem transcendência econômica, política, jurídica ou social. Agravo de instrumento de que se conhece e a que se nega provimento, porque não reconhecida a transcendência. **Agravo de instrumento do reclamante. Lei n. 13.467/2017. Reflexos do adicional de insalubridade. Divisor aplicável. Indenização pelas despesas com higienização do uniforme. Indenização substitutiva da cesta básica, assistência médica e convênio farmácia. Restituição do valor descontado no TRCT. Transcendência.** O processamento do recurso de revista na vigência da Lei n. 13.467/2017 exige que a causa ofereça transcendência com relação aos reflexos gerais de natureza econômica, política, social ou jurídica, a qual deve ser analisada de ofício e previamente pelo Relator (arts. 896-A, da CLT, 246 e 247 do RITST). Ausente a transcendência o recurso não será processado. Quanto ao tema reflexos do adicional de insalubridade, foi declarada a inovação do pedido recursal para que o adicional incidisse sobre as horas extras já quitadas. Em relação ao divisor aplicável, diante da jornada semanal, em média, de 44 horas, foi aplicado o divisor 220. Com relação à indenização pela higienização de uniforme, foi destacada a inexistência de lavagem especial ou de critérios diferenciados àqueles usados para higienização da própria roupa do empregado. No que se refere à indenização substitutiva da cesta básica, da assistência médica e do convênio farmácia, quanto ao período de projeção do aviso prévio indenizado, a delimitação foi no sentido de que a cesta tem natureza indenizatória e é concedida para o trabalho, por isso, não se incorpora à remuneração do empregado, já no que se refere ao plano de saúde e ao convênio farmácia não foi comprovada a necessidade de utilização dos benefícios ou eventuais prejuízos decorrentes do cancelamento. Em relação à restituição dos valores descontados do TRCT, restou delimitado que os adiantamentos salariais, e parcelas de natureza cível, tais como, pensão alimentícia e empréstimos consignados, não são incluídos no limite estabelecido no art. 477, § 5º, da CLT. Por fim, em relação às férias referentes aos períodos aquisitivos 2011/2012 e 2013/2014, foi estabelecida a situação específica de férias coletivas, sem infração legal, em respeito aos limites do art. 139 da CLT (fracionamento em 2 períodos não inferiores a 10 dias). Agravo de instrumento de que se conhece

e a que se nega provimento, porque não reconhecida a transcendência. **Férias. Fracionamento em três períodos. Período aquisitivo 2010/2011. Transcendência.** A causa trata da delimitação, pelo Eg. Tribunal Regional, da existência de fracionamento das férias em três períodos, em relação ao período aquisitivo de 2010/2011, que considerou regular e condizente com a legislação, indeferindo a pretensão obreira quanto à condenação da reclamada ao pagamento da dobra das férias. Porém, tendo em vista que o contrato de trabalho do reclamante foi extinto em 15-9-2014, o art. 139, § 1º, da CLT, vigente na época, limitava o fracionamento em, no máximo, dois períodos, conforme jurisprudência reiterada desta Corte Superior. Constatada a possível ofensa ao art. 134, § 1º, da CLT, deve ser processado o recurso de revista. Agravo de Instrumento de que se conhece e a que se dá provimento. **Recurso de revista do reclamante. Lei n. 13.467/2017. Férias. Fracionamento em três períodos. Período aquisitivo 2010/2011. Transcendência.** É entendimento pacífico desta Corte Superior que, conforme redação do art. 134, § 1º, da CLT, vigente à época dos fatos, o fracionamento irregular das férias, em três períodos, torna ineficaz a sua concessão, em face do caráter social da medida. Demonstrada a violação ao art. 134, § 1º, da CLT. Recurso de revista de que se conhece e a que se dá provimento. **Recurso de revista da reclamada. Lei n. 13.467/2017. Participação nos lucros e resultados sobre projeção do aviso prévio indenizado. Transcendência.** O processamento do recurso de revista na vigência da Lei n. 13.467/2017 exige que a causa ofereça transcendência com relação aos reflexos gerais de natureza econômica, política, social ou jurídica, a qual deve ser analisada de ofício e previamente pelo Relator (arts. 896-A, da CLT, 246 e 247 do RITST). A pretensão deduzida na causa é a exclusão do pagamento proporcional da participação nos lucros e resultados referente ao exercício de 2014. O Eg. TRT decidiu que o período de aviso prévio integra o tempo de serviço para todos os efeitos legais, não existindo distinção entre o aviso prévio trabalhado e o indenizado, razão pela qual consignou que o reclamante tinha direito a PLR do exercício de 2014 de forma proporcional. A decisão recorrida guarda consonância com a jurisprudência desta c. Corte, que firmou o entendimento de que o aviso prévio, ainda que indenizado, integra o tempo de serviço do empregado para todos os efeitos. A matéria debatida não possui transcendência econômica, política, jurídica ou social. Transcendência não reconhecida. Recurso de revista de que não se conhece" (ARR-11238-04.2015.5.03.0027, 6ª Turma, Relatora Desembargadora Convocada Cilene Ferreira Amaro Santos, *DEJT* 7-6-2019).

▷ "**Agravo de instrumento. Lei n. 13.467/2017. Licença-paternidade. Prorrogação. Ausência de previsão em norma coletiva. Empresa que não aderia ao programa empresa cidadã. Transcendência.** O processamento do recurso de revista na vigência da Lei n. 13.467/2017 exige que a causa ofereça transcendência com relação aos reflexos gerais de natureza econômica, política, social ou jurídica, a qual deve ser analisada de ofício e previamente pelo Relator (arts. 896-A, da CLT, 246 e 247 do RITST). No caso o eg. TRT concluiu que o Reclamante não demonstrou terem sido cumpridos os requisitos estabelecidos pela Lei n. 11.770/2008 para a prorrogação da licença-paternidade, tendo em vista que não se desincumbiu do ônus de comprovar que a Reclamada participava do Programa Empresa Cidadã; que não comprovou ter participado de programa ou atividade de orientação sobre paternidade responsável; que a norma coletiva só prevê a prorrogação da licença-maternidade, conforme a Lei n. 11.770/2008, tratando-se de norma de apreciação estrita; que foi juntado aos autos memorando circular ratificando que a Reclamada não aderiu ao Programa Empresa Cidadã e que a licença-paternidade permanece sendo de cinco dias. Ausente a transcendência, o recurso não será processado. A matéria debatida não possui transcendência econômica, política, jurídica ou social. Agravo de instrumento de que se conhece e a que se nega provimento porque não reconhecida a transcendência" (AIRR-538-27.2017.5.10.0019, 6ª Turma, Relatora De-

sembargadora Convocada Cilene Ferreira Amaro Santos, *DEJT* 17-5-2019).
▷ **"Recurso de revista interposto na vigência das Leis n. 13.015/2014 e 13.467/2017. Fracionamento irregular das férias. Empregado maior de 50 anos. Pagamento em dobro.** No caso, extrai-se da decisão regional que as férias foram fracionadas mesmo depois de o trabalhador ter completado cinquenta anos de idade. Diante disso, o reclamante requereu o pagamento em dobro das férias gozadas no período posterior a 17-6-2012, quando completou cinquenta anos de idade, sob o fundamento de que elas foram parceladas em dois períodos, em afronta ao disposto no art. 134, § 2º, da CLT. A respeito da concessão das férias, o referido art. 134, vigente à época dos fatos, assim dispõe: "Art. 134. As férias serão concedidas por ato do empregador, em um só período, nos 12 (doze) meses subsequentes à data em que o empregado tiver adquirido o direito. § 1º Somente em casos excepcionais serão as férias concedidas em 2 (dois) períodos, um dos quais não poderá ser inferior a 10 (dez) dias corridos. § 2º Aos menores de 18 (dezoito) anos e aos maiores de 50 (cinquenta) anos de idade, as férias serão sempre concedidas de uma só vez" (destacou-se) Verifica-se, portanto, que a legislação então em vigor assegura em princípio a concessão das férias em período único e autoriza o fracionamento de forma excepcional, desde que nenhum dos períodos seja inferior a dez dias e que o empregado seja maior de 18 e menor de 50 anos de idade. Com efeito, o objetivo da lei é proporcionar descanso ao trabalhador para a reposição de sua energia física e mental, após longo período de prestação de serviços, principalmente aos que têm menos de 18 e mais de 50 anos de idade. Trata-se, pois, de direito indisponível do trabalhador, que se insere nas normas de higiene e segurança, não podendo ser flexibilizado por norma coletiva. Assim, mesmo que o art. 7º, inciso XXVI, da Constituição Federal prestigie e valorize a negociação coletiva, não se pode subtrair direito do empregado assegurado por lei. Desse modo, é invalida cláusula de acordo ou convenção coletiva de trabalho que autorize o fracionamento das férias a empregado maior de 50 anos. Nesse contexto, caracterizado o fracionamento irregular das férias, mostra-se ineficaz sua concessão, fazendo jus o reclamante ao seu pagamento em dobro. Precedentes. Recurso de revista conhecido e provido. **Fracionamento irregular das férias. Indenização por danos morais. Recurso desfundamentado.** Em que pese à argumentação do recorrente, verifica-se que seu apelo não subsiste quanto ao tema, porquanto desfundamentado, uma vez que não indica violação a dispositivo de lei federal ou da Constituição da República nem colaciona arestos para caracterização de divergência jurisprudencial, em desacordo com o art. 896, alíneas *a* e *c*, da CLT. Recurso de revista não conhecido" (RR-10275-62.2017.5.18.0009, 2ª Turma, Relator Ministro Jose Roberto Freire Pimenta, *DEJT* 3-5-2019).

Capítulo V
Da segurança e da medicina do trabalho

Seção I
Disposições gerais

Art. 154. A observância, em todos os locais de trabalho, do disposto neste Capítulo, não desobriga as empresas do cumprimento de outras disposições que, com relação à matéria, sejam incluídas em códigos de obras ou regulamentos sanitários dos Estados ou Municípios em que se situem os respectivos estabelecimentos, bem como daquelas oriundas de convenções coletivas de trabalho. (Redação dada pela Lei n. 6.514, de 22-12-1977.)

Art. 155. Incumbe ao órgão de âmbito nacional competente em matéria de segurança e medicina do trabalho:

I – estabelecer, nos limites de sua competência, normas sobre a aplicação dos preceitos deste Capítulo, especialmente os referidos no art. 200;

II – coordenar, orientar, controlar e supervisionar a fiscalização e as demais atividades relacionadas com a segurança e a medicina do trabalho em todo o território nacional, inclusive a Campanha Nacional de Prevenção de Acidentes do Trabalho;

III – conhecer, em última instância, dos recursos, voluntários ou de ofício, das decisões proferidas pelos Delegados Regionais do Trabalho, em matéria de segurança e medicina do trabalho.

Art. 156. Compete especialmente às Delegacias Regionais do Trabalho, nos limites de sua jurisdição:

I – promover a fiscalização do cumprimento das normas de segurança e medicina do trabalho;

II – adotar as medidas que se tornem exigíveis, em virtude das disposições deste Capítulo, determinando as obras e reparos que, em qualquer local de trabalho, se façam necessárias;

III – impor as penalidades cabíveis por descumprimento das normas constantes deste Capítulo, nos termos do art. 201. (*Caput* e incisos com redação dada pela Lei n. 6.514, de 22-12-1977.)

Art. 157. Cabe às empresas:

I – cumprir e fazer cumprir as normas de segurança e medicina do trabalho;

II – instruir os empregados, através de ordens de serviço, quanto às precauções a tomar no sentido de evitar acidentes do trabalho ou doenças ocupacionais;

III – adotar as medidas que lhes sejam determinadas pelo órgão regional competente;

IV – facilitar o exercício da fiscalização pela autoridade competente. (*Caput* e incisos com redação dada pela Lei n. 6.514, de 22-12-1977.)

Art. 158. Cabe aos empregados:

I – observar as normas de segurança e medicina do trabalho, inclusive as instruções de que trata o item II do artigo anterior;

II – colaborar com a empresa na aplicação dos dispositivos deste Capítulo. (*Caput* e incisos com redação dada pela Lei n. 6.514, de 22-12-1977.)

Parágrafo único. Constitui ato faltoso do empregado a recusa injustificada:

a) à observância das instruções expedidas pelo empregador na forma do item II do artigo anterior;

b) ao uso dos equipamentos de proteção individual fornecidos pela empresa. (Redação dada pela Lei n. 6.514, de 22-12-1977.)

Art. 159. Mediante convênio autorizado pelo Ministério do Trabalho, poderão ser delegadas a outros órgãos federais, estaduais ou municipais atribuições de fiscalização ou orientação às empresas quanto ao cumprimento das disposições constantes deste Capítulo. (Redação dada pela Lei n. 6.514, de 22-12-1977.)

Seção II
Da inspeção prévia e do embargo ou interdição

Art. 160. Nenhum estabelecimento poderá iniciar suas atividades sem prévia inspeção e aprovação das respectivas instalações pela autoridade regional competente em matéria de segurança e medicina do trabalho. (Redação dada pela Lei n. 6.514, de 22-12-1977.)

§ 1º Nova inspeção deverá ser feita quando ocorrer modificação substancial nas instalações, inclusive equipamentos, que a empresa fica obrigada a comunicar, prontamente, à Delegacia Regional do Trabalho. (Redação dada pela Lei n. 6.514, de 22-12-1977.)

§ 2º É facultado às empresas solicitar prévia aprovação, pela Delegacia Regional do Trabalho, dos projetos de construção e respectivas instalações. (Redação dada pela Lei n. 6.514, de 22-12-1977.)

Art. 161. O Delegado Regional do Trabalho, à vista do laudo técnico do serviço competente que demonstre grave e iminente risco para o trabalhador, poderá interditar estabelecimento, setor de serviço, máquina ou equipamento, ou embargar obra, indicando na decisão, tomada com a brevidade que a ocorrência exigir, as providências que deverão ser adotadas para prevenção de infortúnios de trabalho. (Redação dada pela Lei n. 6.514, de 22-12-1977.)

§ 1º As autoridades federais, estaduais e municipais darão imediato apoio às medidas determinadas pelo Delegado Regional do Trabalho. (Redação dada pela Lei n. 6.514, de 22-12-1977.)

§ 2º A interdição ou embargo poderão ser requeridos pelo serviço competente da Delegacia Regional do Trabalho e, ainda, por agente da inspeção do trabalho ou por entidade sindical. (Redação dada pela Lei n. 6.514, de 22-12-1977.)

§ 3º Da decisão do Delegado Regional do Trabalho poderão os interessados recorrer, no prazo de 10 (dez) dias, para o órgão de âmbito nacional competente em matéria de segurança e medicina do trabalho, ao qual será facultado dar efeito suspensivo ao recurso. (Redação dada pela Lei n. 6.514, de 22-12-1977.)

§ 4º Responderá por desobediência, além das medidas penais cabíveis, quem, após determinada a interdição ou embargo, ordenar ou permitir o funcionamento do estabelecimento ou de um dos seus setores, a utilização de má-

quina ou equipamento, ou o prosseguimento de obra, se, em consequência, resultarem danos a terceiros. (Redação dada pela Lei n. 6.514, de 22-12-1977.)

§ 5º O Delegado Regional do Trabalho, independente de recurso, e após laudo técnico do serviço competente, poderá levantar a interdição. (Redação dada pela Lei n. 6.514, de 22-12-1977.)

§ 6º Durante a paralisação dos serviços, em decorrência da interdição ou embargo, os empregados receberão os salários como se estivessem em efetivo exercício. (Redação dada pela Lei n. 6.514, de 22-12-1977.)

Seção III
Dos órgãos de segurança e de medicina do trabalho nas empresas

Art. 162. As empresas, de acordo com normas a serem expedidas pelo Ministério do Trabalho, estarão obrigadas a manter serviços especializados em segurança e em medicina do trabalho. (Redação dada pela Lei n. 6.514, de 22-12-1977.)

Parágrafo único. As normas a que se refere este artigo estabelecerão:

a) classificação das empresas segundo o número mínimo de empregados e a natureza do risco de suas atividades;

b) o número mínimo de profissionais especializados exigido de cada empresa, segundo o grupo em que se classifique, na forma da alínea anterior;

c) a qualificação exigida para os profissionais em questão e o seu regime de trabalho;

d) as demais características e atribuições dos serviços especializados em segurança e em medicina do trabalho, nas empresas. (Parágrafo com redação dada pela Lei n. 6.514, de 22-12-1977.)

Art. 163. Será obrigatória a constituição de Comissão Interna de Prevenção de Acidentes – CIPA, de conformidade com instruções expedidas pelo Ministério do Trabalho, nos estabelecimentos ou locais de obra nelas especificadas.

Parágrafo único. O Ministério do Trabalho regulamentará as atribuições, a composição e o funcionamento das CIPAs. (Redação dada pela Lei n. 6.514, de 22-12-1977.)

Art. 164. Cada CIPA será composta de representantes da empresa e dos empregados, de acordo com os critérios que vierem a ser adotados na regulamentação de que trata o parágrafo único do artigo anterior. (Redação dada pela Lei n. 6.514, de 22-12-1977.)

§ 1º Os representantes dos empregadores, titulares e suplentes, serão por eles designados. (Redação dada pela Lei n. 6.514, de 22-12-1977.)

§ 2º Os representantes dos empregados, titulares e suplentes, serão eleitos em escrutínio secreto, do qual participem, independentemente de filiação sindical, exclusivamente os empregados interessados. (Redação dada pela Lei n. 6.514, de 22-12-1977.)

§ 3º O mandato dos membros eleitos da CIPA terá a duração de 1 (um) ano, permitida uma reeleição. (Redação dada pela Lei n. 6.514, de 22-12-1977.)

§ 4º O disposto no parágrafo anterior não se aplicará ao membro suplente que, durante o seu mandato, tenha participado de menos da metade do número de reuniões da CIPA. (Redação dada pela Lei n. 6.514, de 22-12-1977.)

§ 5º O empregador designará, anualmente, dentre os seus representantes, o Presidente da CIPA, e os empregados elegerão, dentre eles, o Vice-Presidente. (Redação dada pela Lei n. 6.514, de 22-12-1977.)

Art. 165. Os titulares da representação dos empregados nas CIPAs não poderão sofrer despedida arbitrária, entendendo-se como tal a que não se fundar em motivo disciplinar, técnico, econômico ou financeiro. (Redação dada pela Lei n. 6.514, de 22-12-1977.)

Parágrafo único. Ocorrendo a despedida, caberá ao empregador, em caso de reclamação à Justiça do Trabalho, comprovar a existência de qualquer dos motivos mencionados neste artigo, sob pena de ser condenado a reintegrar o empregado. (Redação dada pela Lei n. 6.514, de 22-12-1977.)

Seção IV
Do equipamento de proteção individual

Art. 166. A empresa é obrigada a fornecer aos empregados, gratuitamente, equipamento de proteção individual adequado ao risco e em perfeito estado de conservação e funcionamento, sempre que as medidas de ordem geral não ofereçam completa proteção contra os riscos de acidentes e danos à saúde dos empregados. (Redação dada pela Lei n. 6.514, de 22-12-1977.)

Art. 167. O equipamento de proteção só poderá ser posto à venda ou utilizado com a indicação do Certificado de Aprovação do Ministé-

rio do Trabalho. (Redação dada pela Lei n. 6.514, de 22-12-1977.)

Seção V
Das medidas preventivas de medicina do trabalho

Art. 168. Será obrigatório exame médico, por conta do empregador, nas condições estabelecidas neste artigo e nas instruções complementares a serem expedidas pelo Ministério do Trabalho:

I – na admissão;
II – na demissão;
III – periodicamente. (Redação dada pela Lei n. 7.855, de 24-10-1989.)

§ 1º O Ministério do Trabalho baixará instruções relativas aos casos em que serão exigíveis exames:

a) por ocasião da demissão;
b) complementares. (Redação dada pela Lei n. 7.855, de 24-10-1989.)

§ 2º Outros exames complementares poderão ser exigidos, a critério médico, para apuração da capacidade ou aptidão física e mental do empregado para a função que deva exercer. (Redação dada pela Lei n. 7.855, de 24-10-1989.)

§ 3º O Ministério do Trabalho estabelecerá, de acordo com o risco da atividade e o tempo de exposição, a periodicidade dos exames médicos. (Redação dada pela Lei n. 7.855, de 24-10-1989.)

§ 4º O empregador manterá, no estabelecimento, o material necessário à prestação de primeiros socorros médicos, de acordo com o risco da atividade. (Redação dada pela Lei n. 7.855, de 24-10-1989.)

§ 5º O resultado dos exames médicos, inclusive o exame complementar, será comunicado ao trabalhador, observados os preceitos da ética médica. (Redação dada pela Lei n. 7.855, de 24-10-1989.)

§ 6º Serão exigidos exames toxicológicos, previamente à admissão e por ocasião do desligamento, quando se tratar de motorista profissional, assegurados o direito à contraprova em caso de resultado positivo e a confidencialidade dos resultados dos respectivos exames.

§ 7º Para os fins do disposto no § 6º, será obrigatório exame toxicológico com janela de detecção mínima de 90 (noventa) dias, específico para substâncias psicoativas que causem dependência ou, comprovadamente, comprometam a capacidade de direção, podendo ser utilizado para essa finalidade o exame toxicológico previsto na Lei n. 9.503, de 23 de setembro de 1997 – Código de Trânsito Brasileiro, desde que realizado nos últimos 60 (sessenta) dias. (§§ 6º e 7º Incluídos pela Lei n. 13.103, de 2015.)

Art. 169. Será obrigatória a notificação das doenças profissionais e das produzidas em virtude de condições especiais de trabalho, comprovadas ou objeto de suspeita, de conformidade com as instruções expedidas pelo Ministério do Trabalho. (Redação dada pela Lei n. 6.514, de 22-12-1977.)

Seção VI
Das edificações

Art. 170. As edificações deverão obedecer aos requisitos técnicos que garantam perfeita segurança aos que nelas trabalhem. (Redação dada pela Lei n. 6.514, de 22-12-1977.)

Art. 171. Os locais de trabalho deverão ter, no mínimo, 3 (três) metros de pé-direito, assim considerada a altura livre do piso ao teto.

Parágrafo único. Poderá ser reduzido esse mínimo desde que atendidas as condições de iluminação e conforto térmico compatíveis com a natureza do trabalho, sujeitando-se tal redução ao controle do órgão competente em matéria de segurança e medicina do trabalho. (Redação dada pela Lei n. 6.514, de 22-12-1977.)

Art. 172. Os pisos dos locais de trabalho não deverão apresentar saliências nem depressões que prejudiquem a circulação de pessoas ou a movimentação de materiais. (Redação dada pela Lei n. 6.514, de 22-12-1977.)

Art. 173. As aberturas nos pisos e paredes serão protegidas de forma que impeçam a queda de pessoas ou de objetos. (Redação dada pela Lei n. 6.514, de 22-12-1977.)

Art. 174. As paredes, escadas, rampas de acesso, passarelas, pisos, corredores, coberturas e passagens dos locais de trabalho deverão obedecer às condições de segurança e de higiene do trabalho estabelecidas pelo Ministério do Trabalho e manter-se em perfeito estado de conservação e limpeza. (Redação dada pela Lei n. 6.514, de 22-12-1977.)

Seção VII
Da iluminação

Art. 175. Em todos os locais de trabalho deverá haver iluminação adequada, natural ou ar-

tificial, apropriada à natureza da atividade. (Redação dada pela Lei n. 6.514, de 22-12-1977.)

§ 1º A iluminação deverá ser uniformemente distribuída, geral e difusa, a fim de evitar ofuscamento, reflexos incômodos, sombras e contrastes excessivos. (Redação dada pela Lei n. 6.514, de 22-12-1977.)

§ 2º O Ministério do Trabalho estabelecerá os níveis mínimos de iluminamento a serem observados. (Redação dada pela Lei n. 6.514, de 22-12-1977.)

Seção VIII
Do conforto térmico

Art. 176. Os locais de trabalho deverão ter ventilação natural, compatível com o serviço realizado. (Redação dada pela Lei n. 6.514, de 22-12-1977.)

Parágrafo único. A ventilação artificial será obrigatória sempre que a natural não preencha as condições de conforto térmico. (Redação dada pela Lei n. 6.514, de 22-12-1977.)

Art. 177. Se as condições de ambiente se tornarem desconfortáveis, em virtude de instalações geradoras de frio ou de calor, será obrigatório o uso de vestimenta adequada para o trabalho em tais condições ou de capelas, anteparos, paredes duplas, isolamento térmico e recursos similares, de forma que os empregados fiquem protegidos contra as radiações térmicas. (Redação dada pela Lei n. 6.514, de 22-12-1977.)

Art. 178. As condições de conforto térmico dos locais de trabalho devem ser mantidas dentro dos limites fixados pelo Ministério do Trabalho. (Redação dada pela Lei n. 6.514, de 22-12-1977.)

Seção IX
Das instalações elétricas

Art. 179. O Ministério do Trabalho disporá sobre as condições de segurança e as medidas especiais a serem observadas relativamente a instalações elétricas, em qualquer das fases de produção, transmissão, distribuição ou consumo de energia. (Redação dada pela Lei n. 6.514, de 22-12-1977.)

Art. 180. Somente profissional qualificado poderá instalar, operar, inspecionar ou reparar instalações elétricas. (Redação dada pela Lei n. 6.514, de 22-12-1977.)

Art. 181. Os que trabalharem em serviços de eletricidade ou instalações elétricas devem estar familiarizados com os métodos de socorro a acidentados por choque elétrico. (Redação dada pela Lei n. 6.514, de 22-12-1977.)

Seção X
Da movimentação, armazenagem e manuseio de materiais

Art. 182. O Ministério do Trabalho estabelecerá normas sobre:

I – as precauções de segurança na movimentação de materiais nos locais de trabalho, os equipamentos a serem obrigatoriamente utilizados e as condições especiais a que estão sujeitas a operação e a manutenção desses equipamentos, inclusive exigências de pessoal habilitado;

II – as exigências similares relativas ao manuseio e à armazenagem de materiais, inclusive quanto às condições de segurança e higiene relativas aos recipientes e locais de armazenagem e os equipamentos de proteção individual;

III – a obrigatoriedade de indicação de carga máxima permitida nos equipamentos de transporte, dos avisos de proibição de fumar e de advertência quanto à natureza perigosa ou nociva à saúde das substâncias em movimentação ou em depósito, bem como das recomendações de primeiros socorros e de atendimento médico e símbolo de perigo, segundo padronização internacional, nos rótulos dos materiais ou substâncias armazenados ou transportados. (*Caput* e incisos com redação dada pela Lei n. 6.514, de 22-12-1977.)

Parágrafo único. As disposições relativas ao transporte de materiais aplicam-se, também, no que couber, ao transporte de pessoas nos locais de trabalho. (Redação dada pela Lei n. 6.514, de 22-12-1977.)

Art. 183. As pessoas que trabalharem na movimentação de materiais deverão estar familiarizadas com os métodos racionais de levantamento de cargas. (Redação dada pela Lei n. 6.514, de 22-12-1977.)

Seção XI
Das máquinas e equipamentos

Art. 184. As máquinas e os equipamentos deverão ser dotados de dispositivos de partida e parada e outros que se fizerem necessários para

a prevenção de acidentes do trabalho, especialmente quanto ao risco de acionamento acidental. (Redação dada pela Lei n. 6.514, de 22-12-1977.)

Parágrafo único. É proibida a fabricação, a importação, a venda, a locação e o uso de máquinas e equipamentos que não atendam ao disposto neste artigo. (Redação dada pela Lei n. 6.514, de 22-12-1977.)

Art. 185. Os reparos, limpeza e ajustes somente poderão ser executados com as máquinas paradas, salvo se o movimento for indispensável à realização do ajuste. (Redação dada pela Lei n. 6.514, de 22-12-1977.)

Art. 186. O Ministério do Trabalho estabelecerá normas adicionais sobre proteção e medidas de segurança na operação de máquinas e equipamentos, especialmente quanto à proteção das partes móveis, distância entre estas, vias de acesso às máquinas e equipamentos de grandes dimensões, emprego de ferramentas, sua adequação e medidas de proteção exigidas quando motorizadas ou elétricas. (Redação dada pela Lei n. 6.514, de 22-12-1977.)

Seção XII
Das caldeiras, fornos e recipientes sob pressão

Art. 187. As caldeiras, equipamentos e recipientes em geral que operam sob pressão deverão dispor de válvulas e outros dispositivos de segurança, que evitem seja ultrapassada a pressão interna de trabalho compatível com a sua resistência.

Parágrafo único. O Ministério do Trabalho expedirá normas complementares quanto à segurança das caldeiras, fornos e recipientes sob pressão, especialmente quanto ao revestimento interno, à localização, à ventilação dos locais e outros meios de eliminação de gases ou vapores prejudiciais à saúde, e demais instalações ou equipamentos necessários à execução segura das tarefas de cada empregado. (Redação dada pela Lei n. 6.514, de 22-12-1977.)

Art. 188. As caldeiras serão periodicamente submetidas a inspeções de segurança, por engenheiro ou empresa especializada, inscritos no Ministério do Trabalho, de conformidade com as instruções que, para esse fim, forem expedidas. (Redação dada pela Lei n. 6.514, de 22-12-1977.)

§ 1º Toda caldeira será acompanhada de "Prontuário", com documentação original do fabricante, abrangendo, no mínimo: especificação técnica, desenhos, detalhes, provas e testes realizados durante a fabricação e a montagem, características funcionais e a pressão máxima de trabalho permitida (PMTP), esta última indicada, em local visível, na própria caldeira. (Redação dada pela Lei n. 6.514, de 22-12-1977.)

§ 2º O proprietário da caldeira deverá organizar, manter atualizado e apresentar, quando exigido pela autoridade competente, o Registro de Segurança, no qual serão anotadas, sistematicamente, as indicações das provas efetuadas, inspeções, reparos e quaisquer outras ocorrências. (Redação dada pela Lei n. 6.514, de 22-12-1977.)

§ 3º Os projetos de instalação de caldeiras, fornos e recipientes sob pressão deverão ser submetidos à aprovação prévia do órgão regional competente em matéria de segurança do trabalho. (Redação dada pela Lei n. 6.514, de 22-12-1977.)

Seção XIII
Das atividades insalubres ou perigosas

Art. 189. Serão consideradas atividades ou operações insalubres aquelas que, por sua natureza, condições ou métodos de trabalho, exponham os empregados a agentes nocivos à saúde, acima dos limites de tolerância fixados em razão da natureza e da intensidade do agente e do tempo de exposição aos seus efeitos. (Redação dada pela Lei n. 6.514, de 22-12-1977.)

Art. 190. O Ministério do Trabalho aprovará o quadro das atividades e operações insalubres e adotará normas sobre os critérios de caracterização da insalubridade, os limites de tolerância aos agentes agressivos, meios de proteção e o tempo máximo de exposição do empregado a esses agentes. (Redação dada pela Lei n. 6.514, de 22-12-1977.)

Parágrafo único. As normas referidas neste artigo incluirão medidas de proteção do organismo do trabalhador nas operações que produzem aerodispersoides tóxicos, irritantes, alergênicos ou incômodos. (Redação dada pela Lei n. 6.514, de 22-12-1977.)

Art. 191. A eliminação ou a neutralização da insalubridade ocorrerá:

I – com a adoção de medidas que conservem o ambiente de trabalho dentro dos limites de tolerância;

II – com a utilização de equipamentos de proteção individual ao trabalhador, que diminuam a intensidade do agente agressivo a limites de tolerância. (*Caput* e incisos com redação dada pela Lei n. 6.514, de 22-12-1977.)

Parágrafo único. Caberá às Delegacias Regionais do Trabalho, comprovada a insalubridade, notificar as empresas, estipulando prazos para sua eliminação ou neutralização, na forma deste artigo. (Redação dada pela Lei n. 6.514, de 22-12-1977.)

Art. 192. O exercício de trabalho em condições insalubres, acima dos limites de tolerância estabelecidos pelo Ministério do Trabalho, assegura a percepção de adicional respectivamente de 40% (quarenta por cento), 20% (vinte por cento) e 10% (dez por cento) do salário mínimo da região, segundo se classifiquem nos graus máximo, médio e mínimo. (Redação dada pela Lei n. 6.514, de 22-12-1977.)

Art. 193. São consideradas atividades ou operações perigosas, na forma da regulamentação aprovada pelo Ministério do Trabalho e Emprego, aquelas que, por sua natureza ou métodos de trabalho, impliquem risco acentuado em virtude de exposição permanente do trabalhador a: (Redação dada pela Lei n. 12.740, de 2012.)

I – inflamáveis, explosivos ou energia elétrica; (Incluído pela Lei n. 12.740, de 2012.)

II – roubos ou outras espécies de violência física nas atividades profissionais de segurança pessoal ou patrimonial. (Incluído pela Lei n. 12.740, de 2012.)

§ 1º O trabalho em condições de periculosidade assegura ao empregado um adicional de 30% (trinta por cento) sobre o salário sem os acréscimos resultantes de gratificações, prêmios ou participações nos lucros da empresa. (Redação dada pela Lei n. 6.514, de 22-12-1977.)

§ 2º O empregado poderá optar pelo adicional de insalubridade que porventura lhe seja devido. (Redação dada pela Lei n. 6.514, de 22-12-1977.)

§ 3º Serão descontados ou compensados do adicional outros da mesma natureza eventualmente já concedidos ao vigilante por meio de acordo coletivo. (Incluído pela Lei n. 12.740, de 2012.)

§ 4º São também consideradas perigosas as atividades de trabalhador em motocicleta. (Incluído pela Lei n. 12.997, de 2014.)

Art. 194. O direito do empregado ao adicional de insalubridade ou de periculosidade cessará com a eliminação do risco à sua saúde ou integridade física, nos termos desta Seção e das normas expedidas pelo Ministério do Trabalho. (Redação dada pela Lei n. 6.514, de 22-12-1977.)

Art. 195. A caracterização e a classificação da insalubridade e da periculosidade, segundo as normas do Ministério do Trabalho, far-se-ão através de perícia a cargo de Médico do Trabalho ou Engenheiro do Trabalho, registrados no Ministério do Trabalho. (Redação dada pela Lei n. 6.514, de 22-12-1977.)

§ 1º É facultado às empresas e aos sindicatos das categorias profissionais interessadas requererem ao Ministério do Trabalho a realização de perícia em estabelecimento ou setor deste, com o objetivo de caracterizar e classificar ou delimitar as atividades insalubres ou perigosas. (Redação dada pela Lei n. 6.514, de 22-12-1977.)

§ 2º Arguida em juízo insalubridade ou periculosidade, seja por empregado, seja por sindicato em favor de grupo de associados, o juiz designará perito habilitado na forma deste artigo, e, onde não houver, requisitará perícia ao órgão competente do Ministério do Trabalho. (Redação dada pela Lei n. 6.514, de 22-12-1977.)

§ 3º O disposto nos parágrafos anteriores não prejudica a ação fiscalizadora do Ministério do Trabalho, nem a realização *ex officio* da perícia. (Redação dada pela Lei n. 6.514, de 22-12-1977.)

Art. 196. Os efeitos pecuniários decorrentes do trabalho em condições de insalubridade ou periculosidade serão devidos a contar da data da inclusão da respectiva atividade nos quadros aprovados pelo Ministério do Trabalho, respeitadas as normas do art. 11. (Redação dada pela Lei n. 6.514, de 22-12-1977.)

Art. 197. Os materiais e substâncias empregados, manipulados ou transportados nos locais de trabalho, quando perigosos ou nocivos à saúde, devem conter, no rótulo, sua composição, recomendações de socorro imediato e o símbolo de perigo correspondente, segundo a padronização internacional. (Redação dada pela Lei n. 6.514, de 22-12-1977.)

Parágrafo único. Os estabelecimentos que mantenham as atividades previstas neste artigo afixarão, nos setores de trabalho atingidos, avisos ou cartazes, com advertência quanto aos materiais e substâncias perigosos ou nocivos à saúde. (Redação dada pela Lei n. 6.514, de 22-12-1977.)

Seção XIV
Da prevenção da fadiga

Art. 198. É de 60 kg (sessenta quilogramas) o peso máximo que um empregado pode remover individualmente, ressalvadas as disposições especiais relativas ao trabalho do menor e da mulher. (Redação dada pela Lei n. 6.514, de 22-12-1977.)

Parágrafo único. Não está compreendida na proibição deste artigo a remoção de material feita por impulsão ou tração de vagonetes sobre trilhos, carros de mão ou quaisquer outros aparelhos mecânicos, podendo o Ministério do Trabalho, em tais casos, fixar limites diversos, que evitem sejam exigidos do empregado serviços superiores às suas forças. (Redação dada pela Lei n. 6.514, de 22-12-1977.)

Art. 199. Será obrigatória a colocação de assentos que assegurem postura correta ao trabalhador, capazes de evitar posições incômodas ou forçadas, sempre que a execução da tarefa exija que trabalhe sentado. (Redação dada pela Lei n. 6.514, de 22-12-1977.)

Parágrafo único. Quando o trabalho deva ser executado de pé, os empregados terão à sua disposição assentos para serem utilizados nas pausas que o serviço permitir. (Redação dada pela Lei n. 6.514, de 22-12-1977.)

Seção XV
Das outras medidas especiais de proteção

Art. 200. Cabe ao Ministério do Trabalho estabelecer disposições complementares às normas de que trata este Capítulo, tendo em vista as peculiaridades de cada atividade ou setor de trabalho, especialmente sobre:

I – medidas de prevenção de acidentes e os equipamentos de proteção individual em obras de construção, demolição ou reparos;

II – depósitos, armazenagem e manuseio de combustíveis, inflamáveis e explosivos, bem como trânsito e permanência nas áreas respectivas;

III – trabalho em escavações, túneis, galerias, minas e pedreiras, sobretudo quanto à prevenção de explosões, incêndios, desmoronamentos e soterramentos, eliminação de poeiras, gases etc. e facilidades de rápida saída dos empregados;

IV – proteção contra incêndio em geral e as medidas preventivas adequadas, com exigências ao especial revestimento de portas e paredes, construção de paredes contra fogo, diques e outros anteparos, assim como garantia geral de fácil circulação, corredores de acesso e saídas amplas e protegidas, com suficiente sinalização;

V – proteção contra insolação, calor, frio, umidade e ventos, sobretudo no trabalho a céu aberto, com provisão, quanto a este, de água potável, alojamento e profilaxia de endemias;

VI – proteção do trabalhador exposto a substâncias químicas nocivas, radiações ionizantes e não ionizantes, ruídos, vibrações e trepidações ou pressões anormais ao ambiente de trabalho, com especificação das medidas cabíveis para eliminação ou atenuação desses efeitos, limites máximos quanto ao tempo de exposição, à intensidade da ação ou de seus efeitos sobre o organismo do trabalhador, exames médicos obrigatórios, limites de idade, controle permanente dos locais de trabalho e das demais exigências que se façam necessárias;

VII – higiene nos locais de trabalho, com discriminação das exigências, instalações sanitárias, com separação de sexos, chuveiros, lavatórios, vestiários e armários individuais, refeitórios ou condições de conforto por ocasião das refeições, fornecimento de água potável, condições de limpeza dos locais de trabalho e modo de sua execução, tratamento de resíduos industriais;

VIII – emprego das cores nos locais de trabalho, inclusive nas sinalizações de perigo. (*Caput* e incisos com redação dada pela Lei n. 6.514, de 22-12-1977.)

Parágrafo único. Tratando-se de radiações ionizantes e explosivos, as normas a que se refere este artigo serão expedidas de acordo com as resoluções a respeito adotadas pelo órgão técnico. (Redação dada pela Lei n. 6.514, de 22-12-1977.)

Seção XVI
Das penalidades

Art. 201. As infrações ao disposto neste Capítulo relativas à medicina do trabalho serão punidas com multa de 30 (trinta) a 300 (trezentas) vezes o valor de referência previsto no art. 2º, parágrafo único, da Lei n. 6.205, de 29 de abril de 1975, e as concernentes à segurança do trabalho com multa de 50 (cinquenta) a 500 (quinhentas) vezes o mesmo valor. (Redação corrigida pela Lei n. 6.986, de 13-4-1982.)

Parágrafo único. Em caso de reincidência, embaraço ou resistência à fiscalização, emprego de artifício ou simulação com o objetivo de fraudar a lei, a multa será aplicada em seu valor máximo. (Redação dada pela Lei n. 6.514, de 22-12-1977.)

Arts. 202 a 223. (Revogados pela Lei n. 6.514, de 22-12-1977.)

••

▶ **Comentários**

1. **Considerações gerais**

Conquanto a Constituição Federal de 1967 fizesse menção às atividades insalubres e perigosas e a legislação infraconstitucional dedicasse todo o Capítulo V da CLT à Segurança e Medicina do Trabalho, é na Constituição Federal de 1988 que encontramos os fundamentos do *Direito Ambiental*, segundo o disposto no art. 225:

"Todos têm direito ao meio ambiente ecologicamente equilibrado, bem de uso comum do povo e essencial à sadia qualidade de vida, impondo-se ao Poder Público e à coletividade o dever de defendê-lo e preservá-lo para as presentes e futuras gerações".

O conceito de ambiente não se limita à preservação da natureza (meio ambiente físico), pois como enfatizam Celso Antônio Pacheco Fiorillo e Marcelo Abelha Rodrigues:

"O conceito de meio ambiente é unitário, na medida em que é regido por inúmeros princípios, diretrizes e objetivos que compõem a Política Nacional do Meio Ambiente. Entretanto, quando se fala em classificação do meio ambiente, na verdade não se quer estabelecer divisões isolantes ou estanques do meio ambiente, até porque, se assim fosse, estaríamos criando dificuldades para o tratamento da sua tutela. Mas, exatamente pelo motivo inverso, qual seja, de buscar uma maior identificação com a atividade degradante e o bem imediatamente agredido é que podemos dizer que o meio ambiente apresenta pelo menos 4 significativos aspectos. São eles: 1) natural; 2) cultural; 3) artificial; 4) *do trabalho*"[148].

Nesse sentido, não se pode olvidar a *Convenção n. 155 da OIT* (Organização Internacional do Trabalho – ratificada pelo Brasil, pelo Decreto n. 1.254/94), que assim dispõe, no seu art. 4º:

"Todo membro deverá, em consulta com as organizações mais representativas de empregadores e empregados interessados, e considerando as condições e hábitos nacionais, formular e pôr em prática, reexaminando periodicamente, uma política nacional coerente, em matéria de segurança e saúde dos trabalhadores, e *meio ambiente do trabalho*. Esta política terá por objetivo prevenir os acidentes e os danos para a saúde, consequentes do trabalho, e que guardem relação com a atividade laboral ou sobrevenham durante o trabalho, reduzindo ao mínimo, na medida da razoabilidade, as causas dos riscos inerentes ao *meio ambiente de trabalho*".

Uma das formas de proteção ao meio ambiente de trabalho é o denominado *termo de ajuste*, firmado perante o Ministério Público (CF/88, art. 129, III) e as empresas, obrigando-as a mais estreita observância às exigências ambientais de natureza laboral.

A forma imediata de proteção ao meio ambiente de trabalho é objeto da legislação infraconstitucional – arts. 154 a 200 da CLT, no Capítulo denominado "Segurança e Medicina do Trabalho".

A segurança do trabalho visa, como facilmente se percebe, prevenir e evitar acidentes; a medicina, por seu turno, tem como objeto a preservação da saúde do trabalhador.

Com tais objetivos, a autoridade competente – *Secretaria de Segurança e Saúde do Trabalho*, órgão do Ministério do Trabalho – fixa normas, coordena, orienta, controla e fiscaliza as empresas, visando, como facilmente se percebe, o fiel cumprimento das normas de proteção à vida e à saúde de trabalhador, cumprindo aos empregados a observância das instruções expedidas pelo empregador.

Na esteira de tal disposição, nenhum estabelecimento fabril ou comercial pode iniciar suas atividades sem a prévia inspeção e aprovação das suas respectivas instalações.

148. *Manual de Direito Ambiental e Legislação Aplicável*, Max Limonad, p. 53.

Para o êxito de tais objetivos, ao Ministério do Trabalho é conferida autoridade para, se preciso, interditar estabelecimentos, embargar obras e setor de serviços – hipótese em que os empregados perceberão salários, como se estivessem em efetivo exercício (CLT, art. 161, § 6º).

2. **Comissão Interna de Prevenção de Acidentes – CIPA**

As empresas privadas e públicas, com mais de *20 empregados*, são obrigadas a instalar as denominadas Comissões Internas de Prevenção de Acidentes, vulgarmente conhecidas pela sigla CIPA. A obrigatoriedade decorre da Lei n. 6.514, de 22-12-77.

O órgão mencionado compõe-se do Presidente (escolhido livremente pelo empregador), e de representantes deste último (o empregador) e dos empregados.

Os representantes dos empregados, independentemente de serem sindicalizados, devem ser escolhidos em escrutínio secreto, com seus respectivos suplentes.

O mandato é de um ano, permitida a reeleição. Aos titulares representantes dos empregados, a legislação confere estabilidade – "Art. 165. Os titulares da representação dos empregados nas CIPAs não poderão sofrer despedida arbitrária, entendendo-se como tal a que não se fundar em motivo disciplinar, técnico, econômico ou financeiro".

De forma insofismável, declara o art. 10, II, das Disposições Transitórias da Constituição Federal de 1988, que fica vedada a dispensa arbitrária "do empregado eleito para cargo de direção das Comissões Internas de Prevenção de Acidentes, desde o registro de sua candidatura até um ano após o final de seu mandato".

A Súmula 339 do TST estende a estabilidade ao suplente – "I – O suplente da CIPA goza da garantia de emprego prevista no art. 10, II, *a*, do ADCT a partir da promulgação da Constituição Federal de 1988. II – A estabilidade provisória do cipeiro não constitui vantagem pessoal, mas garantia para as atividades dos membros da CIPA, que somente tem razão de ser quando em atividade a empresa. Extinto o estabelecimento, não se verifica a despedida arbitrária, sendo impossível a reintegração e indevida a indenização do período estabilitário".

3. **Equipamentos de proteção individual**

É obrigação fundamental do empregador, zelar pela integridade física de seus empregados, fornecendo-lhes equipamentos de proteção individual, sobretudo em atividades em que os riscos são maiores, como, por exemplo, nas construções, onde os empregados devem usar capacetes, protetores de ouvido, nas atividades em que o barulho, muitas vezes ensurdecedor, possa provocar-lhes lesões irreparáveis.

Note-se que não basta o fornecimento de equipamentos, cumprindo ao empregador fiscalizar a sua efetiva utilização pelo empregado. O empregado que simplesmente recusa-se a usar equipamento de proteção, comete falta ensejadora de punição (art. 482 da CLT).

A indiferença do empregador, que age com displicência a respeito, enseja ao empregado indenização civil – Súmula 229 do STF: "A indenização acidentária não exclui a do direito comum, em caso de dolo ou culpa grave do empregador".

A Súmula 289 do TST dispõe que: "O simples fornecimento do aparelho de proteção pelo empregador não o exime do pagamento do adicional de insalubridade, cabendo-lhe tomar as medidas que conduzam à diminuição ou eliminação da nocividade, dentre as quais as relativas ao uso efetivo do equipamento pelo empregado".

4. **Exames médicos**

O exame médico do empregado é, igualmente, obrigatório, em três oportunidades:
I – na admissão;
II – na demissão;
III – periodicamente.

Tais exames podem ser efetuados por médicos da empresa. A abreugrafia deixou de ser obrigatória.

5. **Locais de trabalho**

As edificações, iluminação, ventilação, instalações elétricas, armazenagem, máquinas e equipamentos, caldeiras e fornos obedecerão rigorosamente às especificações legais, evitando agentes agressivos à saúde do trabalhador – arts. 170 a 188 da CLT.

6. Das atividades insalubres ou perigosas

O art. 189 da CLT define como "atividades ou operações insalubres aquelas que, por sua natureza, condições ou métodos de trabalho, exponham os empregados a agentes nocivos à saúde, acima dos limites de tolerância fixados em razão da natureza e da intensidade do agente e do tempo de exposição aos seus efeitos".

Com inequívoca propriedade, observa Antônio Carlos Vendramini que "o risco da insalubridade está associado a todo e qualquer agente, seja ele físico, químico ou biológico, que direta ou indiretamente produza dano à saúde do trabalhador de forma cumulativa e paulatina. Cumulativa porque, na sua grande maioria, os males que acometem os trabalhadores são progressivos e irreversíveis, a exemplo da perda auditiva, pneumoconioses e intoxicações por fumos de metais. Paulatina, já que, exceto em intoxicações agudas, o organismo do trabalhador vai sendo lesado aos poucos, como é o caso da silicose, que fica incubada por 30 anos, até se manifestar"[149].

Em conformidade com o art. 200 da CLT, cabe ao Ministério do Trabalho a verificação, constante e ampla, das situações concretas de atividades profissionais a serem consideradas agressivas à saúde do trabalhador, atento às peculiaridades de cada atividade do setor de trabalho, deixando a seu cargo o enquadramento das atividades definidas como insalubres.

7. Insalubridade e periculosidade apuradas na Justiça do Trabalho

A verificação e classificação da insalubridade ou da periculosidade faz-se por iniciativa do Ministério do Trabalho, que, como já assinalamos, elabora, por portaria, as atividades assim classificadas, como, aliás, proclama a Súmula 194 do STF:

"É competente o Ministro do Trabalho para a especificação das atividades insalubres".

Contudo, não raras vezes, mas até com frequência é solicitado, no juízo trabalhista, o pagamento do adicional respectivo, quando então, forçosamente, determinará o Juiz do Trabalho a competente perícia judicial – "arguida em Juízo insalubridade ou periculosidade, seja por empregado, seja por sindicato em favor de grupo de associados, o juiz designará perito habilitado na forma deste artigo, e, onde não houver, requisitará perícia ao órgão competente do Ministério do Trabalho" (art. 195, § 2º, da CLT).

Nos termos da Súmula 460 do STF, "para efeito do adicional de insalubridade, a perícia judicial, em reclamação trabalhista, não dispensa o enquadramento da atividade entre as insalubres, que é ato da competência do Ministro do Trabalho e Previdência Social". Para tanto – conclui-se que, embora a perícia seja conclusiva, e afirme que há agente agressor à saúde do trabalhador no ambiente periciado –, se o agente nocivo não constar da relação do Ministério do Trabalho, o empregado não receberá o adicional pleiteado.

8. Adicional de insalubridade

Em conformidade com o disposto no art. 192 da CLT, o trabalho executado em condições de insalubridade e, obviamente, acima dos índices de tolerância estabelecidos pelo Ministério do Trabalho, assegura ao empregado o recebimento de um adicional de 40%, 20% ou 10% do salário, segundo a classificação da insalubridade em grau máximo, médio ou mínimo.

A Súmula Vinculante 4 do Supremo Tribunal Federal vedou a utilização do salário mínimo como indexador de cálculo de vantagens de servidor público ou de empregado, por inconstitucional (art. 7º, IV, da CF), não admitindo, outrossim, fixação de qualquer outro critério senão pelo legislador.

Na lacuna da lei ordinária entendemos admissível a medida provisória, de eficácia imediata, para a fixação, em definitivo, do adicional de insalubridade.

Nesse ínterim, aconselha-se o pagamento do adicional fixado no art. 192 da CLT como único parâmetro.

Ainda que o trabalho em condições insalubres seja intermitente e, portanto, não permanente, o adicional respectivo é devido:

Súmula 47 do TST:

"O trabalho executado, em caráter intermitente, em condições insalubres, não afasta, só

149. Insalubridade *versus* periculosidade, *Suplemento Trabalhista LTr*, 162/98, p. 755.

por essa circunstância, o direito à percepção do respectivo adicional".

Por outro lado, o adicional de insalubridade não se incorpora, em definitivo, à remuneração. O seu fato gerador é o trabalho em condições insalubres. Eliminadas essas, deixando de existir o agente agressivo à saúde ou fornecidos equipamentos de proteção que o anule, excluída está sua percepção:

Súmula 80 do TST:

"A eliminação da insalubridade, pelo fornecimento de aparelhos protetores aprovados pelo órgão competente do Poder Executivo, exclui a percepção do adicional respectivo".

Súmula 248 do TST:

"A reclassificação ou descaracterização da insalubridade, por ato da autoridade competente, repercute na satisfação do respectivo adicional, sem ofensa a direito adquirido ou ao princípio da irredutibilidade salarial".

9. Atividades perigosas

Atividades perigosas são aquelas que, por sua natureza ou método de trabalho, impliquem o contato definitivo ou intermitente (Súmula 364 do TST) com inflamáveis ou explosivos.

Tal como ocorre com a insalubridade, a periculosidade pode ser declarada judicialmente, tornando a prova pericial indispensável à sua efetiva comprovação.

Súmula 39 do TST:

"Os empregados que operam em bomba de gasolina têm direito ao adicional de periculosidade".

Súmula 364 do TST:

Adicional de periculosidade. Exposição eventual, permanente e intermitente. Tem direito ao adicional de periculosidade o empregado exposto permanentemente ou que, de forma intermitente, sujeita-se a condições de risco. Indevido, apenas, quando o contato dá-se de forma eventual, assim considerado o fortuito, ou o que, sendo habitual, dá-se por tempo extremamente reduzido.

10. Adicional de periculosidade

A teor do que dispõe o art. 193, § 1º, da CLT – "o trabalho em condições de periculosidade assegura ao empregado um adicional de *30% (trinta por cento)* sobre o *salário sem os acréscimos resultantes de gratificações, prêmios ou participações nos lucros da empresa*".

Súmula 191 do TST:

"O adicional de periculosidade incide apenas sobre o salário básico e não sobre este acrescido de outros adicionais. Em relação aos eletricitários, o cálculo do adicional de periculosidade deverá ser efetuado sobre a totalidade das parcelas de natureza salarial".

Observe-se que a Súmula Vinculante 4 do Supremo Tribunal Federal veda a utilização do salário mínimo como base de cálculo por inconstitucionalidade (CF, art. 7º, IV), admitindo, outrossim, a alteração dos dispositivos da CLT a respeito somente por medida legislativa ou negociação coletiva.

Todavia, na ausência de legislação específica ou de convenção coletiva, subsiste o salário mínimo, naquilo que os juristas denominam "*técnica da declaração de inconstitucionalidade sem pronúncia de nulidade*" (*Revista LTr*, 72-07/774).

A Lei n. 12.740/2012 ampliou as hipóteses do benefício relativo aos adicionais de periculosidade, estendendo-o àqueles que trabalham com energia elétrica ou com atividades sujeitas a roubos ou outras violências físicas, nas atividades profissionais de segurança pessoal ou patrimonial.

Contudo, admite o desconto pelo empregador, desconto ou compensação, dos adicionais de natureza idêntica, já concedidos aos vigilantes, por meio de acordo coletivo.

11. Cumulação de adicionais de insalubridade e periculosidade

A leitura do § 2º do art. 193 da CLT deixa clara a proibição de cumulação de ambos os adicionais. Na eventualidade do trabalho desenvolver-se em condições de insalubridade e periculosidade, cabe ao empregado escolher – "o empregado poderá optar pelo adicional de insalubridade que porventura lhe seja devido".

Todavia, o TST alterando substancialmente o entendimento até então acolhido – de não admitir a cumulatividade dos adicionais de insalubridade e periculosidade – admitiu-a sob o fundamento de que os fatos geradores são diversos e não se confundem, uma vez que "a previsão contida no art. 193, da CLT não foi recepcionado pela CF de 1988... outro fator que sustenta a inaplicabilidade do preceito celetista é a *introdução no sistema jurídico interno das Convenções Internacionais 148 e 155* com *status* de norma materialmente constitucional ou, pelo menos, supralegal, como decidido pelo STF[150]..." Revista conhecida, não provida.

Os arts. 197 a 200 da CLT disciplinam: a manipulação e transporte de materiais e substâncias perigosas ou nocivas à saúde, obrigando o empregador a rotulá-los (art. 197); fixa o peso máximo (60 kg) que o empregado pode remover (art. 198); fixa competência do Ministério do Trabalho para estabelecer disposições complementares às normas sobre a insalubridade e periculosidade (art. 200).

O art. 201 declina as penalidades a que está sujeito o empregador por infrações às disposições legais sobre Segurança e Medicina do Trabalho. Os arts. 202 a 223 foram revogados.

▶ **Jurisprudência**

▷ **Súmula 39 do TST. Periculosidade.** Os empregados que operam em bomba de gasolina têm direito ao adicional de periculosidade (Lei n. 2.573, de 15-8-55).

▷ **Súmula 47 do TST. Insalubridade.** O trabalho executado, em caráter intermitente, em condições insalubres, não afasta, só por essa circunstância, o direito à percepção do respectivo adicional.

▷ **Súmula 70 do TST. Adicional de periculosidade.** O adicional de periculosidade não incide sobre os triênios pagos pela Petrobras.

▷ **Súmula 80 do TST. Insalubridade.** A eliminação da insalubridade, pelo fornecimento de aparelhos protetores aprovados pelo órgão competente do Poder Executivo, exclui a percepção do adicional respectivo.

▷ **Súmula 132 do TST. Adicional de periculosidade. Integração.** I – O adicional de periculosidade, pago em caráter permanente, integra o cálculo de indenização e de horas extras. II – Durante as horas de sobreaviso, o empregado não se encontra em condições de risco, razão pela qual é incabível a integração do adicional de periculosidade sobre as mencionadas horas.

▷ **Súmula 139 do TST. Adicional de insalubridade.** Enquanto percebido, o adicional de insalubridade integra a remuneração para todos os efeitos legais.

▷ **Súmula 191 do TST. Adicional. Periculosidade. Incidência. Nova redação.** O adicional de periculosidade incide apenas sobre o salário básico e não sobre este acrescido de outros adicionais. Em relação aos eletricitários, o cálculo do adicional de periculosidade deverá ser efetuado sobre a totalidade das parcelas de natureza salarial.

▷ **Súmula 228 do TST.** Súmula com eficácia suspensa por decisão liminar do Supremo Tribunal Federal – Res. 185/2012, *DEJT* divulgado em 25, 26 e 27-9-2012. (Ver OJ 408, da SDI-1). **Adicional de insalubridade. Base de cálculo.** A partir de 9 de maio de 2008, data da publicação da Súmula Vinculante 4 do Supremo Tribunal Federal, o adicional de insalubridade será calculado sobre o salário básico, salvo critério mais vantajoso fixado em instrumento coletivo.

▷ **Súmula 248 do TST. Adicional de insalubridade. Direito adquirido.** A reclassificação ou descaracterização da insalubridade, por ato da autoridade competente, repercute na satisfação do respectivo adicional, sem ofensa a direito adquirido ou ao princípio da irredutibilidade salarial. (Res. 17/85, *DJ*, 13-1-1986) Referência: CLT, arts. 195 e 468

▷ **Súmula 289 do TST. Insalubridade. Adicional. Fornecimento do aparelho de proteção. Efeito.** O simples fornecimento do aparelho de proteção pelo empregador não o exime do pagamento do adicional de insalubridade, cabendo-lhe tomar as medidas que conduzam à diminuição ou eliminação da nocividade, dentre as quais as

150. TST, 7ª T., RR 1072-72.2011.5.02.0384, Rel. Min. Cláudio Mascarenhas Brandão, *JEJT* 3-10-2014.

relativas ao uso efetivo do equipamento pelo empregado.

▷ **Súmula 293 do TST. Adicional de insalubridade. Causa de pedir. Agente nocivo diverso do apontado na inicial.** A verificação mediante perícia de prestação de serviços em condições nocivas, considerado agente insalubre diverso do apontado na inicial, não prejudica o pedido de adicional de insalubridade.

▷ **Súmula 339 do TST. CIPA. Suplente. Garantia de emprego. CF/1988.** (Nova redação dada pela Res. 129/2005) I – O suplente da CIPA goza da garantia de emprego prevista no art. 10, II, *a*, do ADCT a partir da promulgação da Constituição Federal de 1988. II – A estabilidade provisória do cipeiro não constitui vantagem pessoal, mas garantia para as atividades dos membros da CIPA, que somente tem razão de ser quando em atividade a empresa. Extinto o estabelecimento, não se verifica a despedida arbitrária, sendo impossível a reintegração e indevida a indenização do período estabilitário.

▷ **Súmula 361 do TST. Adicional de periculosidade. Eletricitários. Exposição intermitente.** "O trabalho exercido em condições perigosas, embora de forma intermitente, dá direito ao empregado a receber o adicional de periculosidade de forma integral, tendo em vista que a Lei n. 7.369/85 não estabeleceu qualquer proporcionalidade em relação ao seu pagamento." (Res. 83/98, *DJ*, 20-8-1998)

▷ **Súmula 358 do TST. Radiologista. Salário profissional. Lei n. 7.394, de 29-10-1985 (Mantida).** O salário profissional dos técnicos em radiologia é igual a 2 (dois) salários mínimos e não a 4 (quatro).

▷ **Súmula 364 do TST. Adicional de periculosidade. Exposição eventual, permanente e intermitente.**
Tem direito ao adicional de periculosidade o empregado exposto permanentemente ou que, de forma intermitente, sujeita-se a condições de risco. Indevido, apenas, quando o contato dá-se de forma eventual, assim considerado o fortuito, ou o que, sendo habitual, dá-se por tempo extremamente reduzido.

▷ **Súmula 448 do TST. Atividade insalubre. Caracterização. Previsão na Norma Regulamentadora n. 15 da Portaria do Ministério do Trabalho n. 3.214/78. Instalações Sanitárias.**
I – Não basta a constatação da insalubridade por meio de laudo pericial para que o empregado tenha direito ao respectivo adicional, sendo necessária a classificação da atividade insalubre na relação oficial elaborada pelo Ministério do Trabalho.
II – A higienização de instalações sanitárias de uso público ou coletivo de grande circulação, e a respectiva coleta de lixo, por não se equiparar à limpeza em residências e escritórios, enseja o pagamento de adicional de insalubridade em grau máximo, incidindo o disposto no Anexo 14 da NR-15 da Portaria do MTE n. 3.214/78 quanto à coleta e industrialização de lixo urbano.

▷ **Súmula 448 do TST. Atividade insalubre. Caracterização. Previsão na Norma Regulamentadora n. 15 da Portaria do Ministério do Trabalho n. 3.214/78. Instalações sanitárias.** (conversão da Orientação Jurisprudencial n. 4 da SBDI-1 com nova redação do item II). I – Não basta a constatação da insalubridade por meio de laudo pericial para que o empregado tenha direito ao respectivo adicional, sendo necessária a classificação da atividade insalubre na relação oficial elaborada pelo Ministério do Trabalho. II – A higienização de instalações sanitárias de uso público ou coletivo de grande circulação, e a respectiva coleta de lixo, por não se equiparar à limpeza em residências e escritórios, enseja o pagamento de adicional de insalubridade em grau máximo, incidindo o disposto no Anexo 14 da NR-15 da Portaria do MTE n. 3.214/78 quanto à coleta e industrialização de lixo urbano.

▷ **Súmula 453 do TST. Adicional de periculosidade. Pagamento espontâneo. Caracterização de fato incontroverso. Desnecessária a perícia de que trata o art. 195 DA CLT.** (Conversão da Orientação Jurisprudencial n. 406 da SBDI-1).
O pagamento de adicional de periculosidade efetuado por mera liberalidade da empresa, ainda que de forma proporcional ao tempo de exposição ao risco ou em percentual inferior ao máximo legalmente previs-

to, dispensa a realização da prova técnica exigida pelo art. 195 da CLT, pois torna incontroversa a existência do trabalho em condições perigosas.

▷ **Súmula 194 do STF.** É competente o Ministro do Trabalho para a especificação das atividades insalubres.

▷ **Súmula 212 do STF.** Tem direito ao adicional de serviço perigoso o empregado de posto de revenda de combustível líquido.

▷ **Súmula 307 do STF.** É devido o adicional de serviço insalubre, calculado à base do salário mínimo da região, ainda que a remuneração contratual seja superior ao salário mínimo acrescido da taxa de insalubridade.

▷ **Súmula 460 do STF.** Para efeito do adicional de insalubridade, a perícia judicial, em reclamação trabalhista, não dispensa o enquadramento da atividade entre as insalubres, que é ato da competência do Ministro do Trabalho e Previdência Social.

▷ **Súmula 676 do STF.** A garantia da estabilidade provisória prevista no art. 10, II, *a*, do Ato das Disposições Constitucionais Transitórias, também se aplica ao suplente do cargo de direção de comissões internas de prevenção de acidentes (CIPA).

▷ **OJ n. 103 da SDI-1 do TST. Adicional de insalubridade. Repouso semanal e feriados.**

▷ **OJ n. 121 da SDI-1 do TST. Substituição processual. Diferença do adicional de insalubridade. Legitimidade.** Inserida em 20-11-1997 (Nova redação – Res. 129/2005, *DJ*, 20-4-2005)
O sindicato tem legitimidade para atuar na qualidade de substituto processual para pleitear diferença de adicional de insalubridade.

▷ **OJ n. 165 da SDI-1 do TST. Perícia. Engenheiro ou médico. Adicional de insalubridade e periculosidade. Válido. Art. 195 da CLT.** O art. 195 da CLT não faz qualquer distinção entre o médico e o engenheiro para efeito de caracterização e classificação da insalubridade e periculosidade, bastando para a elaboração do laudo seja o profissional devidamente qualificado.

▷ **OJ n. 171 da SDI-1 do TST. Adicional de insalubridade. Óleos minerais. Sentido do termo "manipulação".** Para efeito de concessão de adicional de insalubridade não há distinção entre fabricação e manuseio de óleos minerais – Portaria n. 3.214 do Ministério do Trabalho, NR 15, Anexo XIII.

▷ **OJ n. 172 da SDI-1 do TST. Adicional de insalubridade ou periculosidade. Condenação. Inserção em folha de pagamento.** Condenada ao pagamento do adicional de insalubridade ou periculosidade, a empresa deverá inserir, mês a mês e enquanto o trabalho for executado sob essas condições, o valor correspondente em folha de pagamento.

▷ **OJ n. 173 do TST.** Adicional de insalubridade. Atividade a céu aberto. Exposição ao sol e ao calor.
I – Ausente previsão legal, indevido o adicional de insalubridade ao trabalhador em atividade a céu aberto, por sujeição à radiação solar (art. 195 da CLT e Anexo 7 da NR 15 da Portaria n. 3.214/78 do MTE).
II – Tem direito ao adicional de insalubridade o trabalhador que exerce atividade exposto ao calor acima dos limites de tolerância, inclusive em ambiente externo com carga solar, nas condições previstas no Anexo 3 da NR 15 da Portaria n. 3.214/78 do MTE.

▷ **OJ n. 253 da SDI-1 do TST. Estabilidade provisória. Cooperativa. Lei n. 5.764/71. Conselho fiscal. Suplente. Não assegurada.** O art. 55 da Lei n. 5.764/71 assegura a garantia de emprego apenas aos empregados eleitos diretores de Cooperativas, não abrangendo os membros suplentes.

▷ **OJ n. 2 da SDI-2 do TST. 2. Ação Rescisória. Adicional de Insalubridade. Base de Cálculo. Salário Mínimo. Cabível.** Viola o art. 192 da CLT decisão que acolhe pedido de adicional de insalubridade com base na remuneração do empregado.

▷ **OJ n. 6 da SDI-2 do TST. Ação Rescisória. Cipeiro-Suplente. Estabilidade. ADCT da CF/88, art. 10, II, a. Súmula 83 do TST.** (Inserida em 20-9-2000. Nova redação – Res. 137/2005, *DJ*, 22-8-2005) Rescinde-se o julgado que nega estabilidade a membro suplente de CIPA, representante de empregado, por ofensa ao art. 10, II, *a*, do ADCT da CF/88, ainda que se cuide de decisão anterior à Súmula 339 do TST. Incidência da Súmula 83 do TST.

▷ **Precedente Normativo n. 106 do TST. Empregado rural. Atividade insalubre. Fornecimento de leite.** (positivo). Os empregadores que se dedicarem à pecuária leiteira fornecerão, diariamente, 1 (um) litro de leite aos trabalhadores que exerçam atividades insalubres.

▷ **"Recurso de revista da parte autora. Lei n. 13.467/2017. Adicional de periculosidade. Bombeiro. Lei n. 11.901/2009. Transcendência política constatada.** Nos termos do art. 2º da Lei n. 11.901/2009, *"considera-se Bombeiro Civil aquele que, habilitado nos termos desta Lei, exerça, em caráter habitual, função remunerada e exclusiva de prevenção e combate a incêndio, como empregado contratado diretamente por empresas privadas ou públicas, sociedades de economia mista, ou empresas especializadas em prestação de serviços de prevenção e combate a incêndio".* No entanto, na prática, as atividades exercidas por tais profissionais não se limitam à prevenção e ao combate de incêndios. Logo, o termo "exclusiva" utilizado na Lei não pode ser interpretado literalmente, sob pena de prejudicar o profissional que além de prevenir e combater o fogo, presta outros serviços à comunidade. Precedentes. Recurso de revista conhecido e provido." (TST-RR-1002032-48.2017.5.02.0045, 7ª Turma, rel. Min. Cláudio Mascarenhas Brandão, julgado em 22-9-2021.)

▷ **"Agravo. Agravo de instrumento. Recurso de revista. Reclamada. Lei n. 13.467/2017. Adicional de insalubridade. Agentes químicos. Conclusão do TRT com base no ppra e nos laudos periciais de processos anteriores envolvendo a mesma reclamada e a mesma situação.** 1. Conforme sistemática adotada na Sexta Turma à época da prolação da decisão monocrática, foi reconhecida a transcendência e negado provimento ao agravo de instrumento. 2. O TRT desconsiderou a conclusão do laudo pericial produzido nestes autos de que os produtos manuseados pelo reclamante não constariam do rol de substâncias insalubres previstas na NR-15 e decidiu com base no PPRA da própria reclamada que aponta a caracterização da insalubridade em grau médio na função de auxiliar de produção, exercida pelo reclamante. A Corte regional, ainda, compartilhou do mesmo entendimento assentado na sentença que *"decidiu a causa com base em regras de experiência decorrentes de julgamentos anteriores envolvendo a reclamada, conforme laudos técnicos elaborados por outros profissionais que realizaram inspeção na empresa".* 3. A decisão do TRT está em consonância com a jurisprudência majoritária no TST no sentido de que documentos como o PCMSO, PPRA e LTCAT podem ser aceitos como meio de prova quando o julgador entender nas instâncias ordinárias que seja suficiente para formar a sua convicção. Podia o TRT, valorando as provas produzidas, decidir com base no PPRA e nos laudos periciais produzidos em processos anteriores envolvendo a mesma reclamada, valorando-os para o fim de concluir se a atividade exercida era insalubre ou não. Julgados. 4. Quanto à alegação da agravante de que o agente insalubre (produto "Perkadox") não consta da NR-15 como agente insalubre, não incide no caso a Súmula 448, I, do TST quando a própria empresa, por meio de profissionais por ela escolhidos, reconhece a insalubridade em grau médio em PPRA (Programa de Prevenção de Riscos Ambientais), passando a constituir condição mais favorável ao trabalhador. 5. Os precedentes que deram origem ao item I da Súmula 448 do TST tratam da impossibilidade de deferir adicional de insalubridade quando o laudo pericial formulado no processo aponta agente insalubre não categorizado pelo MTE, não incidindo na hipótese na qual a insalubridade é reconhecida pela própria empresa. 6. Agravo a que se nega provimento." (TST-Ag-AIRR-21017-54.2017.5.04.0101, 6ª Turma, rel. Min. Kátia Magalhães Arruda, julgado em 15-9-2021.)

▷ **"Agravo em embargos em agravo em recurso de revista. Recurso de embargos interposto sob a égide da Lei n. 13.467/2017. Prescrição. Trabalhador portuário avulso. Início do prazo. Descredenciamento ou cancelamento do registro ou do cadastro no órgão gestor de mão de obra.** Após o cancelamento da Orientação Jurisprudencial n. 384 da SBDI-1, esta Corte firmou jurisprudência no

sentido de que não se conta o prazo prescricional ao término de cada trabalho avulso, mas sim ao término do vínculo com o Órgão Gestor da Mão-de-obra – OGMO, a partir do cancelamento do registro nesse órgão. Deve, portanto, ser observada a prescrição quinquenal em relação à pretensão dos trabalhadores portuários avulsos, somente incidindo a prescrição bienal em hipóteses nas quais tenha ocorrido o cancelamento do registro ou do cadastro no órgão gestor de mão de obra. Na hipótese, não há nos autos elementos que permitam concluir que tenha havido o descredenciamento do trabalhador, razão pela qual não há falar em prescrição bienal, mas, sim, na quinquenal, como decidido pela egrégia Corte Regional. Tal como proferida, a decisão embargada está em consonância com a pacífica jurisprudência desta Corte. Incide, portanto, o art. 894, § 2º, da CLT como óbice ao processamento do recurso de embargos. Agravo conhecido e desprovido. **Intervalo interjornada. Inobservância. Divergência jurisprudencial. Arestos inespecíficos. Súmula 296, I, do TST**. Prevê o art. 894, II, da CLT, com redação dada pela Lei n. 13.015/2014, o cabimento de recurso de embargos mediante demonstração de divergência jurisprudencial entre as Turmas desta Corte e entre estas e a SBDI-1 do TST ou contrárias a súmula do TST ou a orientação jurisprudencial desta Subseção ou a súmula vinculante do STF. Por sua vez, a viabilidade do recurso amparado em divergência jurisprudencial há de partir de aresto que atenda os termos da Súmula 296, I, do TST. A egrégia Sétima Turma conheceu e deu provimento ao recurso de revista do reclamante para acrescer à condenação o pagamento das horas subtraídas do intervalo interjornadas de 11 (onze) horas, acrescidas do adicional legal ou convencional, com os reflexos cabíveis, inclusive no período em que o labor foi prestado a operadores portuários diversos, conforme se apurar em liquidação de sentença. Considerando que a Súmula 296, I, do TST consagra a especificidade do aresto na interpretação diversa de um mesmo dispositivo legal a partir de fatos idênticos, restam, pois, desatendidas suas exigências, porquanto todos os paradigmas se referem a casos em que ficou demonstrada a ocorrência de situações excepcionais autorizadas por norma coletiva para a não fruição do intervalo interjornada, premissas não dirimidas no acórdão embargado. Inviável o prosseguimento do recurso de embargos pela senda da violação legal ou constitucional, porquanto tais fundamentos não encontram amparo no art. 894, II, da CLT. A indicação de contrariedade à Súmula Vinculante 10 do STF não constou das razões do recurso de embargos, sendo inviável a sua apreciação, porque inovatória. Decisão agravada mantida. Agravo conhecido e desprovido" (Ag-E-Ag-ED-RR-25-82.2014.5.09.0022, Subseção I Especializada em Dissídios Individuais, Relator Ministro Breno Medeiros, *DEJT* 4-9-2020).

▷ **I – Agravo interno. Decisão monocrática. Recurso de revista interposto na vigência da Lei n. 13.015/2014 e do CPC de 2015. Admissibilidade. Codesp. Supressão de horas extras habituais. Incidência da Súmula 291 do TST.** Demonstrada a viabilidade da alegada contrariedade à Súmula 291 do TST, deve ser superada a negativa de seguimento recursal e dado prosseguimento ao exame do recurso de revista. Agravo interno conhecido e provido. **II – Recurso de revista. Interposição na vigência da Lei n. 13.015/2014 e do CPC de 2015. Admissibilidade. Codesp. Supressão de horas extras habituais. Incidência da súmula 291 do TST.** No que se refere à indenização pela supressão de horas extras prestadas com habitualidade, o Tribunal Superior do Trabalho tem jurisprudência consolidada no sentido de que não há incompatibilidade entre o entendimento consubstanciado na sua Súmula 291 e a legislação que disciplina o trabalho dos portuários, havendo, inclusive, pronunciamento no sentido de que mesmo diante da previsão de incremento da remuneração, decorrente da implantação de novo Plano de Cargos e Salários (PCS), o empregado faz jus à indenização compensatória pela supressão parcial das horas extras habituais prestadas por mais de um ano. Precedentes. Recurso de revista conhecido e provido (Ag-RR-983-67.2014.5.02.0441, 5ª Turma, Rela-

tor Desembargador Convocado João Pedro Silvestrin, *DEJT* 28-8-2020).

▷ **Agravo interno em recurso de revista da reclamada. Adicional de periculosidade. Tempo de exposição. Cumulatividade dos adicionais de periculosidade e insalubridade.** Este Relator deu provimento ao Recurso de Revista do reclamante para condenar a reclamada ao pagamento do adicional de periculosidade de 30% sobre o salário e os devidos reflexos. A reclamada consigna que o agravado recebeu durante toda a contratualidade o adicional de insalubridade em grau máximo, motivo pelo qual não pode receber de forma cumulativa o adicional de periculosidade por expressa vedação legal. De fato, a decisão agravada não analisou o tema sob a ótica da cumulação dos adicionais, motivo pelo qual impõe-se a reapreciação das razões do Recurso de Revista da parte autora, no tópico. Agravo conhecido e provido para nova análise do Recurso de Revista do reclamante. **Recurso de revista do reclamante. Adicional de periculosidade. Tempo de exposição. Cumulatividade dos adicionais de periculosidade e insalubridade.** É devido o pagamento do adicional de periculosidade ao empregado exposto permanentemente ou que, de forma intermitente, sujeita-se a condições de risco, nos termos da Súmula n. 364 do TST. Buscando fixar conceitos de eventualidade e intermitência, com o objetivo de saber se o obreiro faz jus ou não ao pagamento do adicional de periculosidade, a SBDI-1, desta Corte, considera que a permanência habitual em área de risco, ainda que por período reduzido, não consubstancia contato fortuito, e sim contato intermitente, com risco potencial de dano efetivo ao trabalhador, motivo pelo qual faz jus o autor ao pagamento do adicional de periculosidade de 30% sobre o salário, inclusive com os devidos reflexos legais. Incontroverso nos autos que o reclamante recebeu durante toda a contratualidade o adicional de insalubridade em grau máximo, e, diante da disposição do art. 193, § 2.º, da CLT, impõe-se determinar que, na fase de liquidação de sentença, o autor formalize a opção pelo adicional de insalubridade ou pelo de periculosidade. Recurso de Revista do Reclamante conhecido e provido. Processo: RR – 28-52.2017.5.12.0053. Orgão Judicante: 1ª Turma. Relator: Luiz Jose Dezena da Silva. Publicação: 14-8-2020.

▷ **I – Recurso de revista do reclamado. Adicional de periculosidade. Radiação ionizante. Raios-X móvel.** Em 1.º de agosto de 2019, por ocasião do julgamento do Incidente de Recurso Repetitivo TST-IRR-1325-18.2012.5.04.0013, Tema Repetitivo n. 10, de relatoria da Ministra Maria Cristina Irigoyen Peduzzi, a Subseção I Especializada em Dissídios Individuais do Tribunal Superior do Trabalho, por maioria, resolveu fixar as seguintes teses jurídicas, de observância obrigatória: I – a Portaria n. 595/2015 do Ministério do Trabalho e sua nota explicativa não padecem de inconstitucionalidade ou ilegalidade. II – não é devido o adicional de periculosidade a trabalhador que, sem operar o equipamento móvel de Raios X, permaneça, habitual, intermitente, ou eventualmente, nas áreas de seu uso. III – os efeitos da Portaria n. 595/2015 do Ministério do Trabalho alcançam as situações anteriores à data de sua publicação. Os fatos consignados no acórdão regional autorizam um novo enquadramento jurídico sem que incida o óbice da Súmula 126 do TST, vez que uma nova subsunção à norma prescinde do revolvimento fático-probatório. Denota-se que a Corte de origem contrariou o entendimento jurisprudencial firmado no julgamento do Incidente de Recurso Repetitivo TST-IRR-1325-18.2012.5.04.0013, de observância obrigatória. Recurso de revista conhecido e provido. Processo: RR – 588-69.2013.5.04.0016. Orgão Judicante: 2ª Turma. Relatora: Delaide Miranda Arantes. Publicação: 14-8-2020.

▷ **Agravo. Agravo de instrumento em recurso de revista. Acórdão publicado na vigência da Lei n. 13.015/2014 – Prescrição. Trabalhador portuário avulso. Início do prazo. Descredenciamento ou cancelamento do registro ou do cadastro no órgão gestor de mão de obra.** Após o cancelamento da Orientação Jurisprudencial n. 384 da SBDI-1, esta Corte firmou jurisprudência no sentido de que não se

conta o prazo prescricional ao término de cada trabalho avulso, mas sim ao término do vínculo com o Órgão Gestor da Mão-de--obra (OGMO), a partir do cancelamento do registro nesse órgão. Deve, portanto, ser observada a prescrição quinquenal em relação à pretensão dos trabalhadores portuários avulsos, somente incidindo a prescrição bienal em hipóteses nas quais tenha ocorrido o cancelamento do registro ou do cadastro no órgão gestor de mão de obra. Na hipótese, consta do v. acórdão recorrido que não há prova nos autos no sentido de que houve descredenciamento do reclamante. Logo, não há falar em prescrição bienal, mas, sim, na prescrição quinquenal, como decidido pela egrégia Corte Regional. Tal como proferida, a decisão agravada está em consonância com a pacífica jurisprudência desta Corte. Incide, portanto, a Súmula 333 desta Corte, como óbice ao prosseguimento da revista. Agravo não provido. **Adicional de insalubridade. Exposição às substâncias "coque e clinquer" – adicional de periculosidade. Prova emprestada.** O art. 896, § 1º-A, I, da CLT, incluído pela Lei n. 13.015/2014, dispõe ser ônus da parte, sob pena de não conhecimento, "indicar o trecho da decisão recorrida que consubstancia o prequestionamento da controvérsia objeto do recurso de revista". O inciso III, por sua vez, estabelece que incumbe ao recorrente *expor as razões do pedido de reforma, impugnando todos os fundamentos jurídicos da decisão recorrida, inclusive mediante demonstração analítica de cada dispositivo de lei, da Constituição Federal, de súmula ou orientação jurisprudencial cuja contrariedade aponte*". A reclamada não observou o requisito contido no inciso III do dispositivo, não sendo suficiente a reprodução de trechos da decisão sem o necessário confronto analítico entre os referidos excertos e os dispositivos invocados na revista. Agravo não provido. **Reflexos do adicional de insalubridade. Inovação recursal.** A questão não foi ventilada em sede de recurso de revista, não tendo sido, por isso, objeto de apreciação na decisão que não admitiu o referido apelo e, por conseguinte, na decisão monocrática que a manteve por seus próprios fundamentos. Nesse contexto, a provocação do debate apenas em sede de agravo de instrumento constitui vedada inovação recursal, não merecendo análise. Agravo não provido. **Grau do adicional de insalubridade. Percentual previsto em norma coletiva.** Não tendo a parte indicado, nas razões de revista, o trecho específico que consubstancia o prequestionamento da questão trazida no recurso, inviável se torna o seu prosseguimento, uma vez que não estão satisfeitos os requisitos contidos no art. 896, § 1º-A, I, da CLT. Agravo não provido. **Adicionais de insalubridade e periculosidade. Cumulação.** Agravo a que se dá provimento para examinar o agravo de instrumento em recurso de revista. Agravo provido. **Agravo de instrumento em recurso de revista. Acórdão publicado na vigência da Lei n. 13.015/2014 – Adicionais de insalubridade e periculosidade. Cumulação.** Em razão de provável ofensa ao art. 193, § 2º, da CLT, dá-se provimento ao agravo de instrumento para determinar o prosseguimento do recurso de revista. Agravo de instrumento provido. **Recurso de revista. Acórdão publicado na vigência da Lei n. 13.015/2014 – Adicionais de insalubridade e periculosidade. Cumulação.** A questão foi objeto de incidente de recurso de revista repetitivo nesta Corte, ocorrido nos autos do IRR 239-55.2011.5.02.0319, tendo como Redator Designado o Ministro Alberto Luiz Bresciani de Fontan Pereira, cujo julgamento se deu em 26-9-2019, ocasião em que a SBDI-1 desta Corte fixou a seguinte tese: "*o art. 193, § 2º, da CLT foi recepcionado pela Constituição Federal e veda a cumulação dos adicionais de insalubridade e de periculosidade, ainda que decorrentes de fatos geradores distintos e autônomos*". Recurso de revista conhecido e provido. Processo: RRAg – 857-09.2015.5.14.0001. Orgão Judicante: 5ª Turma. Relator: Breno Medeiros. Publicação: 14-8-2020.

▷ "**Recurso de revista vigência da Lei n. 13.467/2017. Transcendência. Adicional de periculosidade. Vigilante. Inciso II do art. 193 Inserido pela Lei n. 12.740/2012. Vigência. Regulamentação pelo ministério do trabalho e emprego. Necessidade.** Considerando a

possibilidade de a decisão recorrida divergir do entendimento jurisprudencial consolidado nesta Corte Superior, verifica-se a transcendência política, nos termos do art. 896-A, § 1º, II, da CLT. **Adicional de periculosidade. Vigilante. Inciso II do art. 193 Inserido pela Lei n. 12.740/2012. Vigência. Regulamentação pelo ministério do trabalho e emprego. Necessidade. Provimento.** Nos termos do art. 193, II, da CLT, são consideradas perigosas as atividades de segurança pessoal ou patrimonial, na forma da regulamentação aprovada pelo Ministério do Trabalho e Emprego. Dispõe, ainda, o art. 196 também da CLT que os efeitos pecuniários decorrentes das atividades insalubres ou perigosas são devidos a partir da data da inclusão da respectiva atividade nos quadros aprovados pelo Ministro do Trabalho, respeitadas as normas do art. 11. Por fim, vale consignar que o art. 3º da Portaria n. 1.885/2013 do MTE, que aprovou o Anexo 3 – atividades e operações perigosas nas atividades de segurança pessoal ou patrimonial –, dispõe que os efeitos pecuniários decorrentes do trabalho em condições de periculosidade serão devidos a contar da data da publicação desta Portaria, qual seja, 3-12-2013, conforme art. 196 da CLT. Nesse sentido, a jurisprudência desta Corte Superior é de que o direito previsto no inciso II do art. 193, inserido pela Lei n. 12.740/2012, não tem aplicação imediata, necessitando de prévia regulamentação da matéria pelo Ministério de Trabalho e emprego. Precedentes. Por essa razão, o entendimento desta Corte Superior é no sentido de que, aos empregados que exercem atividade profissional de vigilante, o adicional de periculosidade é devido somente a partir de 3-12-2013, data de entrada em vigor da Portaria n. 1.885/2013 do Ministério do Trabalho e Emprego. A decisão do Tribunal Regional, portanto, que deferiu o pagamento de adicional de periculosidade a empregado que exerce a função de vigilante, em período anterior à regulamentação da matéria pelo Ministério do Trabalho e Emprego, não se coaduna com a jurisprudência desta Corte Superior. Recurso de revista de que se conhece e a que se dá provimento" (RR-513-05.2016.5.05.0531, 4ª Turma, Relator Ministro Guilherme Augusto Caputo Bastos, *DEJT* 20-3-2020).

Título II-A
Do dano extrapatrimonial

Art. 223-A. Aplicam-se à reparação de danos de natureza extrapatrimonial decorrentes da relação de trabalho apenas os dispositivos deste Título.

Art. 223-B. Causa dano de natureza extrapatrimonial a ação ou omissão que ofenda a esfera moral ou existencial da pessoa física ou jurídica, as quais são as titulares exclusivas do direito à reparação.

Art. 223-C. A honra, a imagem, a intimidade, a liberdade de ação, a autoestima, a sexualidade, a saúde, o lazer e a integridade física são os bens juridicamente tutelados inerentes à pessoa física.

Art. 223-D. A imagem, a marca, o nome, o segredo empresarial e o sigilo da correspondência são bens juridicamente tutelados inerentes à pessoa jurídica.

Art. 223-E. São responsáveis pelo dano extrapatrimonial todos os que tenham colaborado para a ofensa ao bem jurídico tutelado, na proporção da ação ou da omissão.

Art. 223-F. A reparação por danos extrapatrimoniais pode ser pedida cumulativamente com a indenização por danos materiais decorrentes do mesmo ato lesivo.

§ 1º Se houver cumulação de pedidos, o juízo, ao proferir a decisão, discriminará os valores das indenizações a título de danos patrimoniais e das reparações por danos de natureza extrapatrimonial.

§ 2º A composição das perdas e danos, assim compreendidos os lucros cessantes e os danos emergentes, não interfere na avaliação dos danos extrapatrimoniais.

Art. 223-G. Ao apreciar o pedido, o juízo considerará:

I – a natureza do bem jurídico tutelado;

II – a intensidade do sofrimento ou da humilhação;

III – a possibilidade de superação física ou psicológica;

IV – os reflexos pessoais e sociais da ação ou da omissão;

V – a extensão e a duração dos efeitos da ofensa;

VI – as condições em que ocorreu a ofensa ou o prejuízo moral;

VII – o grau de dolo ou culpa;

VIII – a ocorrência de retratação espontânea;

IX – o esforço efetivo para minimizar a ofensa;

X – o perdão, tácito ou expresso;

XI – a situação social e econômica das partes envolvidas;

XII – o grau de publicidade da ofensa.

§ 1º Se julgar procedente o pedido, o juízo fixará a indenização a ser paga, a cada um dos ofendidos, em um dos seguintes parâmetros, vedada a acumulação: (Incluído pela Lei n. 13.467, de 2017) (*Vide* Processo 1004752-21.2020.5.02.0000)

I – ofensa de natureza leve, até três vezes o último salário contratual do ofendido;

II – ofensa de natureza média, até cinco vezes o último salário contratual do ofendido;

III – ofensa de natureza grave, até vinte vezes o último salário contratual do ofendido;

IV – ofensa de natureza gravíssima, até cinquenta vezes o último salário contratual do ofendido.

§ 2º Se o ofendido for pessoa jurídica, a indenização será fixada com observância dos mesmos parâmetros estabelecidos no § 1º deste artigo, mas em relação ao salário contratual do ofensor. Esse título foi inserido com a Lei n. 13.467, com vigência em 11-11-2017.

§ 3º Na reincidência entre partes idênticas, o juízo poderá elevar ao dobro o valor da indenização. (Incluído pela Lei n. 13.467, de 2017.)

▶ Comentários

1. O dano moral no Direito do Trabalho

As relações entre empregado e empregador devem desenvolver-se em clima de plena urbanidade, a que, aliás, se subordina o próprio direito disciplinar (subordinação hierárquica ou jurídica).

Com efeito, o poder disciplinar deve ser exercido, pelo empregador, com ponderação e equilíbrio.

O empregado, por sua vez, deve acatar as determinações do empregador, obviamente no âmbito das funções exercidas.

Contudo, nem sempre o clima é de harmonia, pois como escreve Valdir Florindo, "empregado e empregador, até pela convivência habitual, estão sempre sujeitos a sofrer danos, ou então a causar dano (um ou outro), seja ele moral ou material".

É o que ocorre, por exemplo, com acusação infundada (assim considerada aquela não comprovada de forma clara e irretorquível) de *improbidade* do empregado; o ataque à honra e a boa fama de qualquer dos agentes da relação empregatícia etc.

Há faltas capituladas na CLT, tais como *improbidade, incontinência de conduta, mau procedimento, ato lesivo da honra e boa fama*, que, imputadas ao empregado, não só são capazes de alijá-lo de qualquer emprego, como, inclusive, de macular-lhe a dignidade de forma irremediável.

Na esteira de tal conclusão, é o v. acórdão do Tribunal Superior do Trabalho — ARR *2163920135190005*:

"**Agravo de instrumento do reclamante. In 40 do TST. Indenização por danos morais. Valor arbitrado. Desprovimento.** Diante da não demonstração de ofensa aos dispositivos invocados, não há como admitir o recurso de revista. Agravo de instrumento desprovido. **Agravo de instrumento do reclamante. In 40 do TST.** Responsabilidade civil. Doença ocupacional. 'Lombociatalgia e abaulamento discal lombar'. Incapacidade parcial e temporária. Possibilidade de cumulação de benefício previdenciário com lucros cessantes. Provimento. O agravo de instrumento deve ser provido, por possível violação ao art. 7º, XXVIII, da Constituição Federal. Agravo de instrumento provido. **Recurso de revista do reclamante. In 40 do TST.** Responsabilidade civil. Doença ocupacional. 'Lombociatalgia e abaulamento discal lombar'. Concausa. Incapacidade parcial e temporária. Possibilidade de cumulação de benefício previdenciário com lucros cessantes. Não há impedimento legal ao percebimento concomitante do benefício previdenciário e de indenização por dano material, sob a forma de lucros cessantes (art. 949 do CC), decorrente do ilícito praticado pela empregadora, que sob a forma de concausa acarretou ao autor incapacidade parcial e temporária para o trabalho (art. 949 do CC). O percebimento do benefício previdenciário não implica a exclusão, em absoluto, da reparação pelo dano material causado ao reclamante em decorrência de ilícito praticado pela empresa, por se tratar de verbas de natureza e fontes distintas, não havendo se falar em exclusão da indenização e tampouco no pagamento apenas dos valores relativos à diferença pela perda salarial. Decisão regional em conformidade com a jurisprudência pacífica da Corte. Recurso de revista conhecido e provido"[151].

2. Da competência da Justiça do trabalho

Mas se a existência de *dano moral*, no âmbito da relação empregatícia, é amplamente reconhecida, controvérsia se estabelecia relativamente à competência da Justiça do Trabalho, para julgar as ações de reparação por tais violações.

Duas correntes antagônicas se formaram. Uma, posicionando-se contrariamente à competência da Justiça do Trabalho, sob o argumento da ausência de lei específica nesse sentido.

Tal ponto de vista se funda no art. 114, IX, da CF, que expressamente prevê: "*outras controvérsias decorrentes da relação de trabalho, na forma da lei*" (grifos nossos).

Na ausência dessa lei, a competência seria da Justiça Comum estadual, perante os juízes de direito.

A corrente que sustenta a competência da Justiça Especializada estriba-se no nexo causal, bastando que o dano moral decorra do vínculo empregatício, tornando, assim, desnecessária a promulgação de lei.

É nesse sentido a lição de Antônio Getúlio Rodrigues Arraes:

"Chego a esta conclusão por ser dispensável a edição, de imediato, da lei fixando a competência desta Justiça, nesses casos de dano moral, desde que *legem habemus*:

– o art. 483 da CLT reconhece a existência do *ato lesivo da honra e boa fama* como fato que se

151. 6ª Turma. *DEJT* 12-5-2017 ARR 2163920135190005 (TST) Aloysio Corrêa da Veiga.

entrelaça nas relações de trabalho, podendo influenciá-las, autorizativo que é da rescisão do contrato de trabalho, com justa causa;

– por sua vez, o art. 5º da CF dá ao trabalhador, vítima do dano moral, suporte legal para que, além do direito à rescisão indireta de seu contrato de trabalho, receba, também, a indenização daquele ato lesivo da honra e da boa fama;

– o art. 114 da CF, alargando o campo de abrangência da Justiça do Trabalho para, *'na forma da lei*, outras controvérsias decorrentes da relação de trabalho', tem sua aplicação imediata, pois, se já existe norma infraconstitucional em vigor (art. 483 da CLT) e norma constitucional (art. 5º, X, da CF) regulando e autorizando a indenização de todo e qualquer dano, não há necessidade de que se *aguarde a anunciada lei*".

Assim, porém, entendia o STJ:

"Matéria afeta à competência da Justiça Estadual. A competência *ratione materiae* decorre da natureza jurídica da questão controvertida que, por sua vez, é fixada pelo pedido e pela causa de pedir. A indenização por perdas e danos morais e materiais ajuizada por ex-empregados contra ex-empregador, conquanto tenha remota ligação com a extinção do contrato de trabalho não tem natureza trabalhista, fundamentando-se nos princípios e normas concernentes à responsabilidade civil"[152].

Todavia esse entendimento foi mudado em decorrência da interpretação dada pela Corte guardiã da Constituição Federal e o consequente cancelamento da Súmula 366 do STJ, ao reconhecer a competência da Justiça do Trabalho para julgar os danos morais e patrimoniais decorrentes da relação de trabalho.

Nessa esteira é a Súmula 392 do TST:

"Dano moral e material. Relação de trabalho. Competência da Justiça do Trabalho.

Nos termos do art. 114, inc. VI, da Constituição da República, a Justiça do Trabalho é competente para processar e julgar ações de indenização por dano moral e material, decorrentes da relação de trabalho, inclusive as oriundas de acidente de trabalho e doenças a ele equiparadas, *ainda que propostas pelos dependentes ou sucessores do trabalhador falecido*".

Diversamente, entretanto, concluindo pela competência da Justiça do Trabalho, o STF editou a Súmula Vinculante 22:

"A Justiça do Trabalho é competente para processar e julgar as ações de indenização por danos *morais* e *patrimoniais* decorrentes de acidente de trabalho propostas por empregado contra empregador, inclusive aquelas que ainda não possuíam sentença de mérito em primeiro grau quando da promulgação da EC n. 45/2004" (grifos nossos).

De todo conveniente ressaltar que a EC n. 45/2004 acrescentou o inciso VI ao art. 114 da CF/88, conferindo à Justiça do Trabalho competência material para processar e julgar "as ações de indenização por dano moral ou patrimonial decorrentes da relação de trabalho". A Súmula 392 do TST, publicada na Resolução n. 193/2013, acolheu, também, as ações por dano moral ou patrimonial oriundas de acidente de trabalho e doenças a ele equiparadas (Súmula 378 do TST).

3. Cumulação de dano material e dano moral

Robustecendo a tese dos que sustentam a competência material da Justiça do Trabalho, dispõe a Súmula 37 do STJ:

"São cumuláveis as indenizações por dano material e dano moral oriundos do mesmo fato".

Ora, se cumuláveis as indenizações e se constitucionalmente é da competência exclusiva da Justiça do Trabalho processar e julgar as indenizações trabalhistas (art. 114, VI, da CF), logo, ambas as indenizações, material e moral, podem ser postuladas perante esta, numa única ação, não só as decorrentes da mera relação de trabalho, mas também as oriundas de acidente de trabalho e doenças a ele equiparadas, conforme a inteligência da Súmula 392, divulgada na Resolução n. 193/2013 do TST.

Assim considerando, ao lado das verbas indenizatórias (aviso prévio férias proporcio-

152. STJ, CComp 11.732-1-SP, Rel. Min. Sálvio de Figueiredo Teixeira, Ac. 94/37430-5.

nais + 1/3, 13º salário proporcional, FGTS, com a multa respectiva), pode o empregado formular pedido fixando o valor que entenda de direito, por ofensa moral, não sem expor com clareza os fatos, com prova cabal de ofensa à sua honra e os consequentes prejuízos daí advindos.

4. Valor da indenização

Na ausência de elementos para se fixar o valor das indenizações por danos morais, o *quantum debeatur* ficava ao prudente arbítrio do juízo, razão porque sugeríamos os seguintes elementos orientadores:

I — a intensidade do sofrimento moral do ofendido;

II — a gravidade, a natureza e a repercussão da ofensa;

III — a função exercida na empresa.

Aferir o grau de sofrimento do ofendido, obviamente, pressupõe do julgador extrema sensibilidade, qualidade, aliás, que é inerente aos magistrados.

A gravidade, a natureza da ofensa e a sua repercussão junto à comunidade estão intimamente vinculadas às funções exercidas e ao contexto destas na vida social.

Não se leva em conta a posição financeira, mas a vinculação da profissão exercida aos padrões morais da sociedade.

À guisa de exemplo, acusações relacionadas ao comportamento sexual de um empregado da limpeza, incontinência de conduta, com certeza, não terão a repercussão de que fatalmente se cercará a imputação a um professor de assédio sexual às suas alunas, ou a um médico ou dentista às suas pacientes.

No primeiro exemplo, as acusações feitas aos empregados menos qualificados, normalmente, não extravasam os limites da empresa, o que, por certo, não ocorre quando se trata de educadores, cujo padrão moral é espelho em que devem mirar-se seus alunos.

Do ponto de vista pecuniário, também a remuneração do ofendido deve ser considerada como parâmetro, evitando-se a "indústria das indenizações", fixadas em valores irreais que possam implicar prejuízos insanáveis, pondo em risco a própria sobrevivência das empresas.

5. Prazo Prescricional

A doutrina e a jurisprudência sustentam duas posições antagônicas sobre a prescrição das ações por dano moral. Vasta corrente preconiza a aplicação da prescrição trabalhista, ou seja, dois anos após o término do pacto laboral (art. 7º, XXIX, da CF), bastando que o fato decorra da relação de emprego.

É o que proclama v. acórdão do TST:

"Agravo regimental em embargos do reclamante – Indenização por danos morais – Termo inicial da atualização monetária – Aplicação da súmula 439 do TST – Ausência de demonstração de desacerto do despacho agravado. 1. A decisão agravada negou seguimento aos embargos do Reclamante, por entender que não houve contrariedade à Súmula 439 do TST, pois a incidência de atualização monetária, a partir da prolação do acórdão do TST em que se majorou o valor da condenação, corresponde à regular incidência do entendimento contemplado na aludida Súmula, uma vez que nessa última decisão ocorreu a definitiva alteração do montante da reparação de danos morais"[153].

Neste sentido decidiu a 3ª Turma do Tribunal Superior do Trabalho, conforme decisão da relatoria do ministro Alexandre Agra Belmonte:

Proc. n. TST-RR-729-60.2010.5.12.0052 Recurso de Revista. Lei n. 13.015/2014. Novo CPC. Responsabilidade objetiva. Acidente do trabalho. Motocicleta. Culpa exclusiva de terceiro. Atividade de risco. Art. 193, § 4º, Da CLT. A atividade do empregado que utiliza da motocicleta para se locomover é legalmente reconhecida como perigosa, a teor do disposto no art. 193, § 4º, da CLT. Sendo a atividade desempenhada de risco, ocorrido o evento previsível, o responsável pelo desenvolvimento da atividade na qual inserido o trabalhador indeniza e depois se ressarci junto ao terceiro. Pretender que o terceiro, fora da relação de trabalho, seja acionado pela vítima, seria o

153. Processo: AgR-E-ED-ARR – 215-07.2011.5.09.0004. Relator, Min. Márcio Eurico Vitral Amaro. Publicação: 18-5-2018.

mesmo que negar o risco da atividade. O fato de o acidente ter sido causado por terceiro não exime do empregador a responsabilidade objetiva pela reparação dos danos causados, quando o infortúnio seja decorrente do risco inerente às funções desenvolvidas. Precedentes. Recurso de revista conhecido por ofensa ao art. 927, parágrafo único, do CCB e provido.

Não tendo natureza trabalhista, mas civil, é de aplicar, portanto, o prazo prescricional previsto no *art. 206, § 3º, V*, do Código Civil, que é de três anos, como bem decidiu v. acórdão do TRT da 4ª Região, da lavra da Juíza Ana Rosa Pereira Zago Sagrilo, vazado nos seguintes termos:

"Dano moral. Prescrição. Aplicação do atual Código Civil. Regra intertemporal quanto aos prazos. Não obstante a pretensão objeto da demanda insira-se no âmago da relação de emprego havida entre as partes, o que se discute nos autos é o dever de reparação de lesão à ordem extrapatrimonial, causada em face de ato ilícito supostamente cometido pelo empregador. Inaplicável, portanto, a regra prescricional disposta no art. 7º, XXIX, da CF/88, eis que atinente aos créditos trabalhistas, com os quais não se confunde a pretensão em exame. Incidem, na espécie, os prazos do direito comum, conforme o diploma vigente à época da lesão. Hipótese de aplicação do art. 2.028 do CCB/2002, que determina que somente incidem, quanto aos prazos, as regras da legislação revogada, reduzidos pela atual legislação, quando ultrapassados, na data de sua entrada em vigor, mais da metade do tempo estabelecido no diploma anterior, hipótese que não se verifica no caso em exame, afastando a sua aplicação. Adota-se, para fins de contagem do prazo prescricional, a data de início da vigência da lei nova, ou seja, do CCB/2002, em razão da adoção do Princípio Geral da Irretroatividade das Leis. Inexiste, portanto, prescrição a ser pronunciada. Pronúncia de prescrição que se afasta"[154].

154. TRT, 4ª Região, RO 00660-2004-701-04-00-4, Ac. 6ª T., Relª Juíza Ana Rosa Pereira Zago Sagrilo, *DJRS*, 2 dez. 2005, p. 100.

6. Parâmetro para fixação da indenização por danos extrapatrimoniais na justiça do trabalho

A fixação do valor da indenização na esfera do direito do trabalho, tem sido objeto de acirradas controvérsias, quase sempre entregues ao critério pessoal dos juslaboralistas, mesmo após a Reforma Trabalhista — Lei n. 13.467/2017 — em boa hora a questão foi legislada, fixando-se os parâmetros para a apuração do valor da condenação, conforme os dispostos nos arts. *223-A* ao *223-G*, da CLT.

▶ **Jurisprudência**

▷ **Súmula 159 do TST. Substituição de caráter não eventual e vacância do cargo.** I – Enquanto perdurar a substituição que não tenha caráter meramente eventual, inclusive nas férias, o empregado substituto fará jus ao salário contratual do substituído. II – Vago o cargo em definitivo, o empregado que passa a ocupá-lo não tem direito a salário igual ao do antecessor.

▷ **Súmula 263 do TST. Petição inicial. Indeferimento. Instrução obrigatória deficiente** (nova redação em decorrência do CPC de 2015) – Res. 208/2016, *DEJT* divulgado em 22, 25 e 26.04.2016. Salvo nas hipóteses do art. 330 do CPC de 2015 (art. 295 do CPC de 1973), o indeferimento da petição inicial, por encontrar-se desacompanhada de documento indispensável à propositura da ação ou não preencher outro requisito legal, somente é cabível se, após intimada para suprir a irregularidade em 15 (quinze) dias, mediante indicação precisa do que deve ser corrigido ou completado, a parte não o fizer (art. 321 do CPC de 2015).

▷ **Súmula 338 do TST. Jornada de trabalho. Registro. Ônus da prova** (incorporadas as Orientações Jurisprudenciais n. 234 e 306 da SBDI-1) – Res. 129/2005, *DJ* 20, 22 e 25.04.2005. I – É ônus do empregador que conta com mais de 10 (dez) empregados o registro da jornada de trabalho na forma do art. 74, § 2º, da CLT. A não apresentação injustificada dos controles de freqüência gera presunção relativa de veracidade da jornada de trabalho, a qual pode ser elidida por prova em contrário. (ex-Súmula 338 –

alterada pela Res. 121/2003, *DJ* 21-11-2003). II – A presunção de veracidade da jornada de trabalho, ainda que prevista em instrumento normativo, pode ser elidida por prova em contrário. (ex-OJ n. 234 da SBDI-1 – inserida em 20-6-2001). III – Os cartões de ponto que demonstram horários de entrada e saída uniformes são inválidos como meio de prova, invertendo-se o ônus da prova, relativo às horas extras, que passa a ser do empregador, prevalecendo a jornada da inicial se dele não se desincumbir. (ex-OJ n. 306 da SBDI-1- *DJ* 11-8-2003)

▷ **Súmula 339 do TST. Cipa. Suplente. Garantia de emprego. CF/1988** (incorporadas as Orientações Jurisprudenciais n.25 e 329 da SBDI-1) – Res. 129/2005, *DJ* 20, 22 e 25-4-2005. I – O suplente da CIPA goza da garantia de emprego prevista no art. 10, II, *a*, do ADCT a partir da promulgação da Constituição Federal de 1988. (ex-Súmula 339 – Res. 39/1994, *DJ* 22-12-1994 – e ex-OJ n. 25 da SBDI-1 – inserida em 29-3-1996). II – A estabilidade provisória do cipeiro não constitui vantagem pessoal, mas garantia para as atividades dos membros da CIPA, que somente tem razão de ser quando em atividade a empresa. Extinto o estabelecimento, não se verifica a despedida arbitrária, sendo impossível a reintegração e indevida a indenização do período estabilitário. (ex-OJ n. 329 da SBDI-1 – *DJ* 9-12-2003)

▷ **Súmula 426 do TST. Depósito recursal. Utilização da guia GFIP. Obrigatoriedade** (editada em decorrência do julgamento do processo TST-IUJEEDRR 91700-09.2006.5.18.0006) – Res. 174/2011, *DEJT* divulgado em 27, 30 e 31-5-2011. Nos dissídios individuais o depósito recursal será efetivado mediante a utilização da Guia de Recolhimento do FGTS e Informações à Previdência Social – GFIP, nos termos dos §§ 4º e 5º do art. 899 da CLT, admitido o depósito judicial, realizado na sede do juízo e à disposição deste, na hipótese de relação de trabalho não submetida ao regime do FGTS.

▷ **Súmula 439 do TST. Danos morais. Juros de mora e atualização monetária. Termo inicial** – Res. 185/2012, *DEJT* divulgado em 25, 26 e 27-9-2012. Nas condenações por dano moral, a atualização monetária é devida a partir da data da decisão de arbitramento ou de alteração do valor. Os juros incidem desde o ajuizamento da ação, nos termos do art. 883 da CLT.

▷ **Súmula Vinculante 22 do STF.** A Justiça do Trabalho é competente para processar e julgar as ações de indenização por danos morais e patrimoniais decorrentes de acidente de trabalho propostas por empregado contra empregador, inclusive aquelas que ainda não possuíam sentença de mérito em primeiro grau quando da promulgação da Emenda Constitucional n. 45/2004.

▷ **Súmula 326 do STJ.** Na ação de indenização por dano moral, a condenação em montante inferior ao postulado na inicial não implica sucumbência recíproca.

▷ **Súmula 385 do STJ.** Da anotação irregular em cadastro de proteção ao crédito, não cabe indenização por dano moral, quando preexistente legítima inscrição, ressalvado o direito ao cancelamento.

▷ **"Agravo de instrumento em recurso de revista. Processo regido pela Lei n. 13.467/2017. Transcendência social reconhecida. 1. Negativa de prestação jurisdicional. Justa causa. Dupla punição. Bis in idem.** Quanto à negativa de prestação jurisdicional, consta da decisão regional exarada em sede de embargos de declaração, manifestação expressa sobre a alegação de *bis in idem*. O Tribunal Regional considerou que "mesmo após a referida punição, o reclamante se manteve praticando os mesmos atos, como revelam os e-mails da fl. 23, trocados em 12-11-2015. Assim, desde já, não procede a alegação obreira quanto à referida dupla punição, pois a justa causa foi aplicada em razão da conduta reiterada, praticada mesmo após a aplicação da pena de suspensão". Concorde a parte ou não com os fundamentos deduzidos na origem, observa-se que a Corte *a quo* se manifestou a contento sobre a matéria objeto da controvérsia. Não há falar, portanto, em vício quanto à tutela judicante. **2. Justa causa. Desídia. Bis in idem (Súmula 126 do TST).** Conforme assentou a Corte local, a penalidade foi aplicada em razão das provas produzidas nos autos, as quais foram suficientes para demonstrar a prática de reiteradas faltas cometidas pelo

reclamante, apuradas em sindicância. Nesse cenário, qualquer rediscussão acerca do tema, para adoção de entendimento contrário em função dos argumentos do autor, implicaria inevitavelmente o reexame dos fatos e provas produzidos nos autos, o que é vedado nesta fase recursal, conforme a Súmula 126 desta Corte. Agravo de instrumento não provido" (AIRR-20374-36.2017.5.04.0024, 2ª Turma, Relatora Ministra Delaide Miranda Arantes, *DEJT* 27-11-2020).

▷ **"Agravo interno em agravo de instrumento em recurso de revista. Lei n. 13.015/2014. CPC/2015. Instrução Normativa n. 40 Do TST. Jornada 12x36. Domingos laborados. Ausência de norma coletiva. Invalidade. Pagamento em dobro. Pagamento de horas extras com adicional de 60%.** Decorre do acórdão que o regime especial de jornada de 12X36 ajustado pelas partes foi considerado inválido. No entanto, "havia folga compensatória para os domingos laborados". Assim, apesar da invalidade da jornada de 12X36, a decisão regional que negou provimento ao pedido de pagamento em dobro do trabalho prestado aos domingos está em consonância com a Súmula 146 do TST, porque havia folga compensatória. Agravo conhecido e não provido. **Jornada reduzida. Prorrogação do trabalho noturno após às 5h.** A parte autora não se desincumbiu do ônus de apontar diferenças de horas extras decorrentes do alegado desrespeito à jornada reduzida. Assim, a decisão regional está de acordo com o disposto no art. 818, I, da CLT, que dispõe caber ao autor provar os fatos constitutivos de seu direito. Ademais, carece o autor do necessário interesse recursal, pois o Tribunal Regional determinou o pagamento de adicional noturno às prorrogações do trabalho noturno laborada após às 5h. Agravo conhecido e não provido. **Horas extras. Jornada 12x36. Intervalo intrajornada suprimido x extrapolação dos limites normais da jornada de trabalho.** A ausência de concessão do intervalo para refeição não produz o efeito jurídico de considerar-se ultrapassada a jornada normal máxima de trabalho, ainda que produza o efeito de pagamento com percentual mínimo idêntico ao do trabalho extraordinário. A Corte *a quo* deu perfeita subsunção dos fatos à norma do art. 71, *caput*, da CLT. Agravo conhecido e não provido. **Porteiro. Enquadramento como vigilante. Desvio de função.** O Tribunal Regional, soberano na análise da prova, consignou ser "incontroverso que o reclamante laborava como agente de portaria (porteiro)". Registrou, ainda, que o autor "não se enquadra na NR 16, Anexo III, da Portaria n. 3.214/78". O exame da tese recursal, de que a parte autora exercia o trabalho de segurança pessoal ou patrimonial, esbarra no teor da Súmula 126 do TST, pois demanda o revolvimento dos fatos e das provas. Agravo conhecido e não provido. **Responsabilidade civil do empregador. Indenização por dano material. Indenização por danos morais.** A responsabilidade civil do empregador pela reparação decorrente de danos materiais causados ao empregado pressupõe a existência de três requisitos, quais sejam: a conduta (culposa, em regra), o dano propriamente dito (violação aos atributos da personalidade) e o nexo causal entre esses dois elementos. O primeiro é a ação ou omissão de alguém que produz consequências às quais o sistema jurídico reconhece relevância. É certo que esse agir de modo consciente é ainda caracterizado por ser contrário ao Direito, daí falar-se que, em princípio, a responsabilidade exige a presença da conduta culposa do agente, o que significa ação inicialmente de forma ilícita e que se distancia dos padrões socialmente adequados, muito embora possa haver o dever de ressarcimento dos danos, mesmo nos casos de conduta lícita. O segundo elemento é o dano que, nas palavras de Sérgio Cavalieri Filho, consiste na "[...] subtração ou diminuição de um bem jurídico, qualquer que seja a sua natureza, quer se trate de um bem patrimonial, quer se trate de um bem integrante da própria personalidade da vítima, como a sua honra, a imagem, a liberdade etc. Em suma dano é lesão de um bem jurídico, tanto patrimonial como moral, vindo daí a conhecida divisão do dano em patrimonial e moral". Finalmente, o último elemento é o nexo causal, a consequência que se afirma existir e a causa

que a provocou; é o encadeamento dos acontecimentos derivados da ação humana e os efeitos por ela gerados. No caso, o Tribunal Regional concluiu que, "embora o acidente do trabalho seja incontroverso, não vejo como atribuir culpa à reclamada para o desencadeamento do evento danoso, considerando que a pancada no joelho não foi causada por ato direto ou indireto da recorrida, mas por ato próprio do autor" e que, "ausente a culpa, não há que se falar em responsabilidade civil do empregador". Concluiu ser indevida a reparação por danos materiais e morais. O exame da tese recursal esbarra no teor da Súmula 126 do TST, pois demanda o revolvimento dos fatos e das provas. Agravo conhecido e não provido. **Danos morais. Valor da indenização. Decisão genérica. Inércia da parte, quanto à oposição de embargos de declaração. Impossibilidade de revisão.** O Tribunal Regional não especificou os parâmetros concretos que o levaram a fixar a indenização por danos morais em R$ 8.000,00. Diante da omissão da Corte *a quo*, caberia a oposição de embargos de declaração, a fim de que explicitasse os fundamentos que conduziram ao valor arbitrado e demonstrasse a proporcionalidade com relação à extensão do dano. Como a parte não tomou tal providência afigura-se inviável o exame da tese recursal, no sentido de não haver razoabilidade no montante da indenização. Incidência da Súmula 297 do TST. Agravo conhecido e não provido" (Ag-AIRR-1003387-80.2013.5.02.0321, 7ª Turma, Relator Ministro Claudio Mascarenhas Brandão, *DEJT* 12-6-2020).

Título III
Das normas especiais de tutela do trabalho

Capítulo I
Das disposições especiais sobre duração e condições de trabalho

Seção I
Dos bancários

Art. 224. A duração normal do trabalho dos empregados em bancos, casas bancárias e Caixa Econômica Federal será de 6 (seis) horas contínuas nos dias úteis, com exceção dos sábados, perfazendo um total de 30 (trinta) horas de trabalho por semana. (Redação dada pela Lei n. 7.430, de 17-12-1985.)

§ 1º A duração normal do trabalho estabelecida neste artigo ficará compreendida entre 7 (sete) e 22 (vinte e duas) horas, assegurando-se ao empregado, no horário diário, um intervalo de 15 (quinze) minutos para alimentação. (Redação dada pelo Dec.-lei n. 229, de 28-2-1967.)

§ 2º As disposições deste artigo não se aplicam aos que exercem funções de direção, gerência, fiscalização, chefia e equivalentes, ou que desempenhem outros cargos de confiança, desde que o valor da gratificação não seja inferior a 1/3 (um terço) do salário do cargo efetivo. (Redação dada pelo Dec.-lei n. 754, de 11-8-1969.)

Art. 225. A duração normal de trabalho dos bancários poderá ser excepcionalmente prorrogada até 8 (oito) horas diárias, não excedendo de 40 (quarenta) horas semanais, observados os preceitos gerais sobre a duração do trabalho. (Redação dada pela Lei n. 6.637, de 8-5-1979.)

Art. 226. O regime especial de 6 (seis) horas de trabalho também se aplica aos empregados de portaria e de limpeza, tais como porteiros, telefonistas de mesa, contínuos e serventes, empregados em bancos e casas bancárias. (Redação dada pela Lei n. 3.488, de 12-12-1958.)

Parágrafo único. A direção de cada banco organizará a escala de serviço do estabelecimento de maneira a haver empregados do quadro da portaria em função, meia hora antes e até meia hora após o encerramento dos trabalhos, respeitado o limite de 6 (seis) horas diárias. (Redação dada pela Lei n. 3.488, de 12-12-1958.)

▶ *Comentários*

As características e peculiaridades de algumas profissões exigem regulamentação distinta, daí surgindo o que normalmente é denominado *contratos especiais de trabalho*.

Como já advertia Mario de La Cueva, "não é possível aplicar as mesmas normas para situações diversas, nem se pode julgar com um critério único a serviços tão distintos, como o doméstico e o ferroviário"[155].

No mesmo sentido, Orlando Gomes: "Conquanto a relação contratual seja essencialmente a mesma, a variedade que assume influi na determinação dos direitos e obrigações que assistem às partes. Daí a necessidade de selecionar e fixar os elementos que emprestam a cada tipo uma feição própria. A legislação, com efeito, não poderia unificá-los, sem desconhecer a realidade ou contrariá-la. Não será possível aplicá-la igualmente a todas as modalidades de relação contratual, porque há preceitos que se ajustam perfeitamente a algumas, mas são inaplicáveis a outras"[156].

Buscando atender às peculiaridades de cada profissão, o legislador estabeleceu disciplinação jurídica própria para diversas categorias profissionais[157].

A CLT, no seu contexto (arts. 224 a 351), cuida dos *bancários, dos empregados nos serviços de telefonia, telegrafia submarina e fluvial, de radiotelegrafia, radiotelefonia, músicos profissionais, operadores cinematográficos, ferroviários, tripulantes e embarcadiços, empregados em câmaras de frigoríficos, portuários e estivadores, trabalhadores em minas de subsolo, jornalistas profissionais, professores e químicos*.

As regras fundamentais instituídas para os profissionais mencionados são as seguintes:

155. *Derecho Mexicano del Trabajo*, cit., t. 1, p. 845.
156. Orlando Gomes, ob. cit., p. 86.
157. *Vide* relação na Legislação Complementar.

Consideram-se bancários aqueles empregados que prestam serviços diretamente vinculados à atividade fundamental dos estabelecimentos de crédito.

Na lição sempre atual de Nélio Reis:

"É preciso que a natureza do trabalho e das funções esteja diretamente ligada às condições dos serviços próprios e específicos dos estabelecimentos de crédito".

Em consequência, ainda na lição do consagrado juslaboralista, "o zelador do edifício onde o Banco tem sua sede, o ascensorista, etc., ainda que trabalhando em banco ou casa bancária, não podem ser considerados como bancários"[158].

Súmula 257 do TST:

"O vigilante, contratado diretamente por banco ou por intermédio de empresas especializadas, não é bancário".

Igualmente, o motorista de banco:

"Motorista de banco não faz jus a vantagens concedidas aos bancários por norma coletiva"[159].

Como bancários devem ser considerados os empregados das *empresas de crédito, financiamento ou investimento*, a teor do que dispõe a Súmula 55 do TST:

"As empresas de crédito, financiamento ou investimento, também denominadas financeiras, equiparam-se aos estabelecimentos bancários para os efeitos do art. 224 da CLT".

1. Jornada dos bancários

Em conformidade com o disposto no art. 224 da CLT, a jornada dos bancários e daqueles que lhes sejam equiparados é de *6 horas contínuas*, nos dias úteis, com exceção dos sábados, ou seja, trabalham de 2ª a 6ª-feira.

Nos termos do § 1º do dispositivo legal nominado, a jornada de trabalho deve ser fixada entre sete e vinte e duas horas. Normalmente há um expediente para o público, e um expediente interno, que, entretanto, não pode ultrapassar *6 horas diárias*, ou *30 horas semanais*, tendo como divisor para o cálculo do salário-hora 180.

Súmula 124 do TST:

"I – O divisor aplicável para o cálculo das horas extras do bancário será:

a) 180, para os empregados submetidos à jornada de seis horas, prevista no *caput* do art. 224 da CLT;

b) 220, para os empregados submetidos à jornada de oito horas, nos termos do § 2º do art. 224 da CLT.

II – Ressalvam-se da aplicação do item anterior as decisões de mérito sobre o tema, qualquer que seja o seu teor, emanadas de Turma do TST ou da SBDI-I, no período de 27-9-2012 até 21-11-2016, conforme a modulação aprovada no precedente obrigatório firmado no Incidente de Recursos de Revista Repetitivos n. TST-IRR-849-83.2013.5.03.0138, *DEJT* 19-12-2016.".

Na eventualidade de o horário do bancário ser prorrogado, por motivo excepcional (art. 225 da CLT), observado o limite máximo de 8 horas diárias e 40 horas semanais – o divisor para apuração do salário-hora é de 220:

Trabalhando 6 horas diárias, faz jus o bancário a um *intervalo de 15 minutos* para alimentação, período ou intervalo que não é computado na jornada de trabalho (art. 71, § 2º, da CLT):

"Dispõe o art. 71, § 2º, da CLT, não ser o intervalo para descanso computável na duração do trabalho. Essa regra, de alcance geral, em nada é incompatível com a norma especial dos bancários, art. 224, § 1º, da CLT, que assegura a estes empregados na jornada um intervalo de quinze minutos para alimentação"[160].

Cumprindo jornada de 8 horas (art. 225), fará jus a um intervalo, no mínimo, de *uma hora*, e, no máximo, de *2 horas* (art. 71), salvo o disposto em acordo ou convenção coletiva.

158. *Contratos Especiais de Trabalho*, Freitas Bastos, 1955, p. 110.
159. TRT/1ª R. (RJ), RO 9.628/86, Ac. 5ª T. 636/87, Rel. Juiz Paulo Cardoso.
160. TST, RR 1.780/91, 2ª T., Rel. Min. Ney Doyle, *DJU*, 6-9-1991, p. 12128.

2. Horas extras do bancário

Nos termos do art. 225 da CLT, excepcionalmente, a jornada de trabalho do bancário pode ser prorrogada até *8 horas diárias*. Excepcionalmente significa "de modo excepcional; por exceção; extraordinariamente; contra o costume ou uso"[161].

Assim, só excepcionalmente poderá a jornada do bancário exceder de 6 horas, observado o limite máximo de 8 horas. Se, entretanto, tal situação se prolonga no tempo, o excesso de 2 horas por dia há de ser remunerado como extraordinário e, por via de consequência, com adicional de 50% (CF/88, art. 7º, XVI), ou outro adicional estabelecido em acordo ou convenção coletiva.

No período da excepcionalidade (que a lei não delimita no tempo), não faz jus o bancário a horas suplementares (obviamente se observado o limite máximo de 8 horas):

Súmula 102, item IV, do TST:

"O bancário sujeito à regra do art. 224, § 2º, da CLT cumpre jornada de trabalho de oito horas, sendo extraordinárias as trabalhadas além da oitava".

O *sábado*, para os bancários, é dia útil não trabalhado:

Súmula 113 do TST:

"O sábado do bancário é dia útil não trabalhado e não dia de repouso remunerado, não cabendo assim a repercussão do pagamento de horas extras habituais sobre a sua remuneração".

Contudo, considerando a jornada de trabalho do bancário – 6 horas diárias, de 2ª a 6ª-feira, na eventualidade de trabalhar aos sábados, fará, obviamente, jus às horas suplementares.

A pré-contratação de horas extras com os bancários é prática vedada por jurisprudência sumulada; por pré-contratação entenda-se a contratação de horas extras já no ato de admissão do bancário:

Súmula 199 do TST:

"I – A contratação do serviço suplementar, quando da admissão do trabalhador bancário, é nula. Os valores assim ajustados apenas remuneram a jornada normal, sendo devidas as horas extras com o adicional de, no mínimo, 50% (cinquenta por cento), as quais não configuram pré-contratação, se pactuadas após a admissão do bancário. II – Em se tratando de horas extras pré-contratadas, opera-se a prescrição total se a ação não for ajuizada no prazo de cinco anos, a partir da data em que foram suprimidas".

3. Cargos de chefia

O § 2º do art. 224 da CLT exclui do regime de 6 horas de trabalho (em caráter excepcional de 8 horas) os que desempenham funções de *direção, gerência, fiscalização, chefia* e equivalentes, ou ainda outros *cargos de confiança* – desde que percebam gratificação de função não inferior a *um terço do salário do cargo efetivo*.

O dispositivo em apreço tem ensejado, nos Tribunais, as mais diversas interpretações, não havendo, a rigor, entendimento uniforme sobre o que se deva entender por *cargo de confiança*.

Para Valentin Carrion, "a expressão cargo de confiança não tem aqui o alcance próprio que se lhe dá habitualmente no Direito do Trabalho, aquele cujo ocupante substitui o empregador perante terceiros, o representa, e é demissível *ad nutum*, tal como previsto para o gerente (art. 62). Isso é evidente não só porque o texto legal menciona funções que não são de confiança no sentido restrito, mas porque ainda o legislador acrescentou "e outros". Tem-se de concluir que qualquer cargo de supervisão preenche a exigência; ter ou não ter subordinados costuma ser a pedra de toque para sinalizar a chefia"[162].

Octavio Bueno Magano observa que "empregado de confiança é o que ocupa posições próprias do empregador, possuindo mandato e distinguindo-se dos demais empregados pelo padrão mais elevado de seus vencimentos. É o *alter ego* do empregador, colaborando estreitamente com ele, na consecução dos objetivos da empresa"[163].

Francisco Antonio de Oliveira observa que, "induvidosamente, não se traduzirá em

161. Caldas Aulete, *Dicionário Contemporâneo da Língua Portuguesa*, Ed. Delta, 1958, v. 2, p. 2080.

162. Ob. cit., 26. ed., p. 185.

163. *Do Poder Diretivo na Empresa*, cit., p. 214.

funcionário de confiança, ainda que bancário, elemento que detenha *nomen juris* (chefe etc.), perceba gratificação de função, mas sequer tenha funcionários a ele subordinados, desenvolvendo de resto simples trabalhos burocráticos, sem nenhum poder de mando ou disciplinar. Inarredável, também, que detenha padrão mais elevado de vencimentos..."[164]

4. Empregados em portaria e limpeza – porteiros, telefonistas de mesa, contínuos e serventes de bancos e casas bancárias

O art. 226 da CLT enumera, exaustivamente, os empregados que, conquanto não exerçam funções fundamentais, típicas dos estabelecimentos bancários, beneficiam-se, entretanto, do horário reduzido, ou seja, de 6 horas diárias. A enumeração se nos afigura exaustiva: empregados de portaria, de limpeza (salvo se houver terceirização), telefonistas de mesa, contínuos e serventes têm direito à jornada dos bancários.

▶ **Jurisprudência**

▷ **Súmula 55 do TST. Financeiras.** As empresas de crédito, financiamento ou investimento, também denominadas financeiras, equiparam-se aos estabelecimentos bancários para os efeitos do art. 224 da CLT.

▷ **Súmula 93 do TST. Bancário.** Integra a remuneração do bancário a vantagem pecuniária por ele auferida na colocação ou na venda de papéis ou valores mobiliários de empresas pertencentes ao mesmo grupo econômico, quando exercida essa atividade no horário e no local de trabalho e com o consentimento, tácito ou expresso, do banco empregador.

▷ **Súmula 102 do TST. Bancário. Cargo de confiança.** Mantida – Res. 174/2011, *DEJT*, 27, 30 e 31-5-2011) I – A configuração, ou não, do exercício da função de confiança a que se refere o art. 224, § 2º, da CLT, dependente da prova das reais atribuições do empregado, é insuscetível de exame mediante recurso de revista ou de embargos. II – O bancário que exerce a função a que se refere o § 2º do art. 224 da CLT e recebe gratificação não inferior a um terço de seu salário já tem remuneradas as duas horas extraordinárias excedentes de seis. III – Ao bancário exercente de cargo de confiança previsto no art. 224, § 2º, da CLT são devidas as 7ª e 8ª horas, como extras, no período em que se verificar o pagamento a menor da gratificação de 1/3. IV – O bancário sujeito à regra do art. 224, § 2º, da CLT cumpre jornada de trabalho de 8 (oito) horas, sendo extraordinárias as trabalhadas além da oitava. V – O advogado empregado de banco, pelo simples exercício da advocacia, não exerce cargo de confiança, não se enquadrando, portanto, na hipótese do § 2º do art. 224 da CLT. VI – O caixa bancário, ainda que caixa executivo, não exerce cargo de confiança. Se perceber gratificação igual ou superior a um terço do salário do posto efetivo, essa remunera apenas a maior responsabilidade do cargo e não as duas horas extraordinárias além da sexta. VII – O bancário exercente de função de confiança, que percebe a gratificação não inferior ao terço legal, ainda que norma coletiva contemple percentual superior, não tem direito às sétima e oitava horas como extras, mas tão somente às diferenças de gratificação de função, se postuladas.

▷ **Súmula 109 do TST. Gratificação de função. Com alteração dada pela RA 97/1980,** *DJ***, 19-9-1980.** O bancário não enquadrado no § 2º do art. 224 da CLT, que receba gratificação de função, não pode ter o salário relativo a horas extraordinárias compensado com o valor daquela vantagem.

▷ **Súmula 113 do TST. Bancário. Sábado. Dia útil.** O sábado do bancário é dia útil não trabalhado e não dia de repouso remunerado, não cabendo assim a repercussão do pagamento de horas extras habituais sobre a sua remuneração.

▷ **Súmula 117 do TST. Bancário. Categoria diferenciada.** Não se beneficiam do regime legal relativo aos bancários os empregados de estabelecimento de crédito pertencentes a categorias profissionais diferenciadas.

▷ **Súmula 119 do TST. Jornada de trabalho.** Os empregados de empresas distribuidoras e corretoras de títulos e valores mo-

164. Ob. cit., p. 195.

biliários não têm direito à jornada especial dos bancários.

▷ **Súmula 124 do TST. Bancário. Salário-hora. Divisor.** (alteração em razão do julgamento do processo TST-IRR 849-83.2013.5.03.0138) – Res. 219/2017, *DEJT* divulgado em 28, 29 e 30-6-2017 – republicada – *DEJT* divulgado em 12, 13 e 14-7-2017 I – O divisor aplicável para o cálculo das horas extras do bancário, se houver ajuste individual expresso ou coletivo no sentido de considerar o sábado como dia de descanso remunerado, será: *a*) 180, para os empregados submetidos à jornada de seis horas, prevista no *caput* do art. 224 da CLT; *b*) 220, para os empregados submetidos à jornada de oito horas, nos termos do § 2º do art. 224 da CLT. II – Ressalvam-se da aplicação do item anterior as decisões de mérito sobre o tema, qualquer que seja o seu teor, emanadas de Turma do TST ou da SBDI-I, no período de 27-9-2012 até 21-11-2016, conforme a modulação aprovada no precedente obrigatório firmado no Incidente de Recursos de Revista Repetitivos n. TST-IRR-849- 83.2013.5.03.0138, *DEJT* 19-12-2016.

▷ **Súmula 199 do TST. Bancário. Pré-contratação de horas extras. Redação dada pela Res. 129/2005.** I – A contratação do serviço suplementar, quando da admissão do trabalhador bancário, é nula. Os valores assim ajustados apenas remuneram a jornada normal, sendo devidas as horas extras com o adicional de, no mínimo, 50% (cinquenta por cento), as quais não configuram pré-contratação, se pactuadas após a admissão do bancário. II – Em se tratando de horas extras pré-contratadas, opera-se a prescrição total se a ação não for ajuizada no prazo de cinco anos, a partir da data em que foram suprimidas.

▷ **Súmula 226 do TST. Bancário. Gratificação por tempo de serviço. Integração no cálculo das horas extras.** A gratificação por tempo de serviço integra o cálculo das horas extras.

▷ **Súmula 239 do TST. Bancário. Empregado de empresa de processamento de dados.** (Nova redação em decorrência da incorporação das OJ n. 64 e 126 da SDI-1 – Res. 129/2005) É bancário o empregado de empresa de processamento de dados que presta serviço a banco integrante do mesmo grupo econômico, exceto quando a empresa de processamento de dados presta serviços a banco e a empresas não bancárias do mesmo grupo econômico ou a terceiros.

▷ **Súmula 240 do TST. Bancário. Gratificação de função e adicional por tempo de serviço.** O adicional por tempo de serviço integra o cálculo da gratificação prevista no art. 224, § 2º, da CLT.

▷ **Súmula 247 do TST. Quebra de caixa. Natureza jurídica.** A parcela paga aos bancários sob a denominação "quebra de caixa" possui natureza salarial, integrando o salário do prestador de serviços, para todos os efeitos legais.

▷ **Súmula 257 do TST. Vigilante.** O vigilante, contratado diretamente por banco ou por intermédio de empresas especializadas, não é bancário.

▷ **Súmula 287 do TST. Jornada de trabalho. Gerente bancário. Nova redação.** A jornada de trabalho do empregado de banco gerente de agência é regida pelo art. 224, § 2º, da CLT. Quanto ao gerente-geral de agência bancária, presume-se o exercício de encargo de gestão, aplicando-se-lhe o art. 62 da CLT.

▷ **OJ n. 16 da SDI-1 do TST. Banco do Brasil. ACP. Adicional de caráter pessoal. Indevido.**
A isonomia de vencimentos entre servidores do Banco Central do Brasil e do Banco do Brasil, decorrente de sentença normativa, alcançou apenas os vencimentos e vantagens de caráter permanente. Dado o caráter personalíssimo do Adicional de Caráter Pessoal – ACP e não integrando a remuneração dos funcionários do Banco do Brasil, não foi ele contemplado na decisão normativa para efeitos de equiparação à tabela de vencimentos do Banco Central do Brasil.

▷ **OJ n. 17 da SDI-1 do TST. Banco do Brasil. AP e ADI.** Os adicionais AP, ADI ou AFR, somados ou considerados isoladamente, sendo equivalentes a 1/3 do salário do cargo efetivo (art. 224, § 2º, da CLT), excluem o empregado ocupante de cargo de confiança do Banco do Brasil da jornada de 6 horas.

▷ **OJ n. 18 da SDI-1 do TST. Complementação de aposentadoria. Banco do Brasil.** (Redação do item I alterada em decorrência do julgamento dos processos TST-IUJ E-ED-RR-301900-52.2005. 5.09.0661 e ERR 119900-56.1999.5. 04.0751 – Res. 175/2011, *DEJT*, 27, 30 e 31-5-2011)
I – O valor das horas extras integra a remuneração do empregado para o cálculo da complementação de aposentadoria, desde que sobre ele incida a contribuição à Caixa de Previdência dos Funcionários do Banco do Brasil – PREVI, observado o respectivo regulamento no tocante à integração.
II – Os adicionais AP e ADI não integram o cálculo para a apuração do teto da complementação de aposentadoria.
III – No cálculo da complementação de aposentadoria deve-se observar a média trienal. (ex-OJs n. 19 e 289 ambas da SDI-1 – inseridas respectivamente em 5-6-1995 e 11-8-2003)
IV – A complementação de aposentadoria proporcional aos anos de serviços prestados exclusivamente ao Banco do Brasil somente se verifica a partir da Circular Funci n. 436/63.
V – O telex DIREC do Banco do Brasil n. 5003/1987 não assegura a complementação de aposentadoria integral, porque não aprovado pelo órgão competente ao qual a instituição se subordina.

▷ **OJ n. 56 da SDI-1 do TST. Nossa Caixa-Nosso Banco (Caixa Econômica do Estado de São Paulo).** Regulamento. Gratificação especial e/ou anuênios. Direito reconhecido apenas àqueles empregados que tinham 25 anos de efetivo exercício prestados exclusivamente à caixa.

▷ **OJ n. 123 da SDI-1 do TST. Bancários. Ajuda alimentação.** A ajuda alimentação prevista em norma coletiva em decorrência de prestação de horas extras tem natureza indenizatória e, por isso, não integra o salário do empregado bancário. Em 10-2-98, a SDI-Plena, por maioria, decidiu que ajuda alimentação paga ao bancário, em decorrência de prestação de horas extras por prorrogação de jornada, tem natureza indenizatória e, portanto, não integrativa ao salário.

▷ **OJ n. 178 da SDI-1 do TST. Bancário. Intervalo de 15 minutos. Não computável na jornada de trabalho.** Inserida em 8-11-2000 (Nova redação – Res. 129/2005, *DJ*, 20-4-2005)
Não se computa, na jornada do bancário sujeito a seis horas diárias de trabalho, o intervalo de quinze minutos para lanche ou descanso.

▷ **OJ n. 224 do SDI-1 do TST. Complementação de aposentadoria. Reajuste. Lei n. 9.069/1995.** Inserida em 20-6-2001 (Nova redação *DEJT*, 16, 17 e 20-9-2010)
I – A partir da vigência da Medida Provisória n. 542, de 30-6-1994, convalidada pela Lei n. 9.069, de 29-6-1995, o critério de reajuste da complementação de aposentadoria passou a ser anual e não semestral, aplicando-se o princípio *rebus sic stantibus* diante da nova ordem econômica;
II – A alteração da periodicidade do reajuste da complementação de aposentadoria – de semestral para anual – não afeta o direito ao resíduo inflacionário apurado nos meses de abril, maio e junho de 1994, que deverá incidir sobre a correção realizada no mês de julho de 1995.

▷ **OJ n. 4 da SDI-2 do TST. Ação Rescisória. Banco do Brasil. Adicional de Caráter Pessoal. ACP.** Procede, por ofensa ao art. 5º, inciso XXXVI, da CF/88, o pedido de rescisão de julgado que acolheu Adicional de Caráter Pessoal em favor de empregado do Banco do Brasil S.A.

▷ **OJ n. 5 da SDI-2 do TST. Ação Rescisória. Banco do Brasil. AP e ADI. Horas Extras. Súmula 83 do TST. Aplicável.** Não se acolhe pedido de rescisão de julgado que deferiu a empregado do Banco do Brasil S.A. horas extras após a sexta, não obstante o pagamento dos adicionais AP e ADI, ou AFR quando a decisão rescindenda for anterior à Orientação Jurisprudencial n. 17, da Seção de Dissídios Individuais do TST (7-11-94). Incidência das Súmulas 83 do TST e 343 do STF.

▷ **Precedente Normativo n. 10 do TST. Banco do Brasil como parte em DC no TRT.** (positivo). Redação alterada pela Res. 86/98 – *DJU*, 15-10-98. Os Tribunais Regionais do Trabalho são incompetentes para processar e julgar Dissídios Coletivos em que sejam partes o Banco do Brasil S.A. e entidades sindicais dos bancários.

▷ **Recurso de revista – Telemarketing – Instituição bancária – Terceirização – Licitude – ADPF 324/DF e RE 958.252/MG – Tema de repercussão geral n. 725.** O STF, em 30-8-2018, no julgamento conjunto da ADPF 324/DF e do RE 958.252/MG (tema de Repercussão Geral n. 725), firmou a tese jurídica de ser lícita a terceirização de toda e qualquer atividade, seja ela meio ou fim, o que não configura relação de emprego entre a contratante e o empregado da contratada. O Plenário da Suprema Corte concluiu, então, que não há óbice constitucional à terceirização das atividades de uma empresa, ainda que se configurem como as denominadas "atividades-fim" das tomadoras de serviços. No caso concreto, o Tribunal Regional concluiu que a contratação dos serviços especializados de telemarketing é ilícita, pois estão ligados à atividade-fim da tomadora de serviços. Assim, o v. acórdão recorrido, ao reconhecer a ilicitude da terceirização na hipótese, contrariou a tese firmada pela Suprema Corte, na ADPF 324 e no RE 958.252 (tema 725 da tabela de repercussão geral). Recurso de revista conhecido e provido. Processo: RR – 161-06.2013.5.06.0020. Publicação: 22-5-2020

▷ **II – Recurso de revista da segunda reclamada (Caixa Econômica Federal – CEF). Não regido pela Lei n. 13.015/2014. 1. Terceirização. Licitude. Matéria julgada pelo supremo tribunal federal (ADPF 324, RE 958.252 e ARE 791.932). Repercussão geral. Isonomia salarial. Orientação Jurisprudencial 383 do TST. Impossibilidade.** 1. O Tribunal Regional manteve a sentença na qual reconhecida a prestação de serviços relacionados à atividade-fim da segunda Reclamada, entendendo ilícita a terceirização havida entre os Reclamados. Muito embora tenha fundamentado não ser possível o reconhecimento do vínculo de emprego diretamente com o ente integrante da Administração Pública, reconheceu a responsabilidade subsidiária da segunda Reclamada e o direito obreiro às verbas trabalhistas – legais e normativas – asseguradas aos empregados da tomadora de serviços, nos termos da OJ 383 da SBDI-1/TST. 2. A possibilidade de terceirização de forma ampla, nas atividades meio e fim das empresas, foi tema objeto da Arguição de Descumprimento de Preceito Fundamental (ADPF) 324 e do Recurso Extraordinário (RE) 958252, julgados pelo Supremo Tribunal Federal em 30-8-2018. Sobre essa questão, a Excelsa Corte, em regime de repercussão geral, consolidou a tese jurídica no sentido de que "*é lícita a terceirização ou qualquer outra forma de divisão do trabalho entre pessoas jurídicas distintas, independentemente do objeto social das empresas envolvidas, mantida a responsabilidade subsidiária da empresa contratante*", afastando, assim, a configuração da relação de emprego com o tomador dos serviços. 3. O fato autorizador da isonomia de direitos entre os empregados terceirizados e os regularmente contratados pelo tomador de serviços integrante da Administração Pública é a ilicitude da terceirização. Nessa esteira de raciocínio, reconhecendo o STF a licitude da terceirização tanto na atividade-meio quanto na atividade-fim das empresas tomadoras, inviável a aplicação da OJ 383 da SBDI-1/TST, que traz como premissa básica a irregularidade da contratação do trabalhador terceirizado. 4. Nesse cenário, o Tribunal Regional, ao reconhecer a ilicitude da terceirização de serviços havida entre os Reclamados e a isonomia da Reclamante com os empregados do tomador, incorreu em contrariedade à Súmula 331/TST. Recurso de revista conhecido e provido. Processo: RR – 194400-84.2009.5.12.0019. Relator: Douglas Alencar Rodrigues. Publicação: 19-6-2020

▷ **I – AGravo de instrumento em recurso de revista regido pela Lei n. 13.015/2014. Empregado de loja de departamento (C&A Modas Ltda.) Contrato de parceria comercial com operadora de cartão de crédito (Bradescard). Venda de cartões de crédito da loja, bem como de outros produtos, administrados pelo banco demandado. Terceirização ilícita não configurada. Má-aplicação da Súmula 331, I, do TST.** 1. Situação em que a Corte de origem reconheceu a ilicitude da terceirização praticada entre os Reclamados, por entender que as atividades desempenhadas pela Reclamante estão inseridas na atividade-fim da instituição bancária. Declarou o vínculo de emprego entre a Reclamante e

o segundo Reclamado (Banco Bradescard S/A). Concluiu, ainda, em virtude da fraude perpetrada, pela responsabilização solidária dos Reclamados. Nesse cenário, tendo em vista que a primeira Reclamada (empresa prestadora de serviços) foi condenada solidariamente pelo pagamento das verbas deferidas ao Autor, resta evidenciado o seu interesse recursal em impugnar a decisão regional. 2. A Subseção I Especializada em Dissídios Individuais deste TST, por ocasião do julgamento do E-ED-RR-11266-31.2013.5.03.0030 (*DEJT* 16-3-2018), envolvendo as mesmas empresas demandadas, firmou entendimento no sentido de que quando uma empresa de departamento firma um contrato de parceria comercial com uma operadora de cartão de crédito, para incrementar as vendas de seus produtos, esta atua como correspondente bancária, nos termos do art. 9º da Lei n. 4.595/64 e da Resolução 3.954, de 24-2-2011 do Banco Central do Brasil, não havendo falar em terceirização ilícita. 4. Nesse cenário, o Tribunal Regional, ao declarar a ilicitude da terceirização, ao fundamento de que as atividades desenvolvidas pela empregada se inserem na atividade-fim da instituição financeira, incorreu em possível má aplicação da Súmula 331/TST. Agravo de instrumento provido. Processo: RR – 2052-70.2013.5.03.0012. Julgamento: 20-5-2020

▷ **Recurso de revista interposto pelo reclamante na vigência da Lei n. 13.015/2014. Bancário. Transporte de valores. Dano moral. Indenização.** A jurisprudência do Tribunal Superior do Trabalho é firme no sentido de que o transporte de valores por empregado não habilitado para o desempenho de atividade de risco configura ato ilícito do empregador e, portanto, enseja à compensação do dano moral. Recurso de revista conhecido e provido, no tema. **Recurso de revista interposto pelo reclamado na vigência da Lei n. 13.015/2014. Bancário. Divisor de horas extras.** Em conformidade com a redação da Súmula 124, I, do TST, alterada em razão do julgamento do Processo TST-IRR 849-83.2013.5.03.0138, o divisor aplicável para o cálculo das horas extras do bancário será: *a*) 180, para os empregados submetidos à jornada de seis horas prevista no *caput* do art. 224 da CLT; e *b*) 220, para os empregados submetidos à jornada de oito horas, nos termos do § 2º do art. 224 da CLT. Recurso de revista conhecido e provido, no tema. Processo: RR – 209-28.2011.5.04.0751. Relator: Walmir Oliveira da Costa. Publicação: 26-6-2020.

▷ **A) Agravo de instrumento em recurso de revista. 1. Gratificação semestral.** O Regional consignou que cabia ao reclamado comprovar o fato impeditivo, modificativo ou extintivo do direito da reclamante, relativamente à gratificação semestral, encargo do qual não se desincumbiu. Assim, a decisão regional não viola, ao revés, corrobora o teor dos arts. 373, I, do CPC e 818 da CLT. **2. Gratificação ajustada.** O Regional consignou que o reclamado não logrou comprovar os fatos impeditivos em relação ao direito à gratificação ajustada, alegado pela reclamante, razão pela qual as alegações constantes da inicial foram presumidas verdadeiras, em decisão que se alinha ao disposto nos arts. 373, II, do CPC e 818 da CLT. Intacto o art. 5º, LV, da CF/88. Agravo de instrumento conhecido e não provido. **3. Horas extras. Cargo de confiança. Bancário. Gerente geral de agência.** Em face da possível caracterização de contrariedade à Súmula 287 do TST, dá-se provimento ao agravo de instrumento para mandar processar a revista. Agravo de instrumento conhecido e provido. **B) Recurso de revista. 1. Nulidade por negativa de prestação jurisdicional.** Deixa-se de analisar, com fundamento no art. 282, § 2º, do CPC, a preliminar de nulidade do julgado por negativa de prestação jurisdicional. **2. Horas extras. Cargo de confiança bancário. Gerente geral de agência.** Incontroverso o desempenho do cargo de gerente geral de agência bancária, presume-se o exercício de encargo de gestão, aplicando-se o art. 62 da CLT, nos termos da parte final da Súmula 287 do TST. Assim, este Tribunal Superior do Trabalho adota o posicionamento de que o fato de o gerente geral de agência bancária possuir poderes de mando e gestão com eventuais limites não obsta, por si só, o seu enquadramento no art. 62, II, da CLT. Recurso de revista

conhecido e provido. Processo: ARR – 677-49.2011.5.01.0080. Relatora: Dora Maria da Costa. Publicação: 26-6-2020.

▷ **Agravo de instrumento da reclamada. Recurso de revista. Caixa Econômica Federal. Gerente bancário. Diferenças salariais por equiparação. Isonomia salarial. Complemento temporário variável de ajuste ao piso de mercado – "CTVA". Níveis gerenciais de mercado.** Decisão Regional em que deferidas diferenças salariais por equiparação, decorrentes da parcela "CTVA", ante a quebra do princípio constitucional da isonomia. Aparente violação dos arts. 5º, *caput*, e I, e 7º, XXX e XXXII, da CF/88, nos moldes do art. 896 da CLT, a ensejar o provimento do agravo de instrumento, nos termos do art. 3º da Resolução Administrativa n. 928/2003. Agravo de instrumento conhecido e provido. **Recurso de revista da reclamada. Caixa Econômica Federal. Gerente bancário. Diferenças salariais por equiparação. Isonomia salarial. Complemento temporário variável de ajuste ao piso de mercado – "CTVA". Níveis gerenciais de mercado. Critérios objetivos. Não discriminação. Validade.** 1. Incontroverso nos autos que a pretensão de diferenças salariais tem origem, única e exclusivamente, no fato de o reclamante "receber valor de CTVA menor que o paradigma", com fundamento no princípio da isonomia. 2. Na matéria, a jurisprudência pacificada neste Tribunal Superior é no sentido de que não contraria o princípio da isonomia, tampouco constitui prática discriminatória a adoção, pela Caixa Econômica Federal, de critérios objetivos e diferentes para o pagamento da parcela "CTVA" – Complemento Temporário Variável de Ajuste do Piso de Mercado aos seus gerentes bancários, levando em conta as peculiaridades de cada empregado e da localidade onde o trabalho é desenvolvido. 3. Nesse contexto, em que o Eg. TRT afirma que a CEF afronta o princípio da isonomia ao fixar critérios variáveis para o pagamento da parcela "CTVA", diverge da interpretação do art. 5º, *caput*, e I da CF/88 e 7º, XXX e XXXII, da CF/88 conferida por esta Corte Superior na matéria. 4. Precedentes da C. SbDI-1 e de Turmas deste TST. Recurso de revista conhecido e provido. Processo: RR – 884-63.2016.5.10.0002. Relator: Hugo Carlos Scheuermann. Publicação: 11-5-2020.

...

Seção II
Dos empregados nos serviços de telefonia, de telegrafia submarina e subfluvial, de radiotelegrafia e radiotelefonia

Art. 227. Nas empresas que explorem o serviço de telefonia, telegrafia submarina ou subfluvial, de radiotelegrafia ou de radiotelefonia, fica estabelecida para os respectivos operadores a duração máxima de 6 (seis) horas contínuas de trabalho por dia ou 36 (trinta e seis) horas semanais. (Redação dada pelo Dec.-lei n. 6.353, de 20-3-1944.)

§ 1º Quando, em caso de indeclinável necessidade, forem os operadores obrigados a permanecer em serviço além do período normal fixado neste artigo, a empresa pagar-lhes-á extraordinariamente o tempo excedente com acréscimo de 50% (cinquenta por cento) sobre o seu salário-hora normal.

§ 2º O trabalho aos domingos, feriados e dias santos de guarda será considerado extraordinário e obedecerá, quanto à sua execução e remuneração, ao que dispuserem empregadores e empregados em acordo, ou os respectivos sindicatos em contrato coletivo de trabalho. (Redação dada pelo Dec.-lei n. 6.353, de 20-3-1944.)

Art. 228. Os operadores não poderão trabalhar, de modo ininterrupto, na transmissão manual, bem como na recepção visual, auditiva, com escrita manual ou datilográfica, quando a velocidade for superior a 25 (vinte e cinco) palavras por minuto.

Art. 229. Para os empregados sujeitos a horários variáveis, fica estabelecida a duração máxima de 7 (sete) horas diárias de trabalho e 17 (dezessete) horas de folga, deduzindo-se deste tempo 20 (vinte) minutos para descanso, de cada um dos empregados, sempre que se verificar um esforço contínuo de mais de 3 (três) horas.

§ 1º São considerados empregados sujeitos a horários variáveis, além dos operadores, cujas funções exijam classificação distinta, os que pertençam a seções de técnica, telefones, revisão, expedição, entrega e balcão. (Redação dada pelo Dec.-lei n. 6.353, de 20-3-1944.)

§ 2º Quanto à execução e remuneração aos domingos, feriados e dias santos de guarda e às prorrogações de expediente, o trabalho dos empregados a que se refere o parágrafo anterior será regido pelo que se contém no § 1º do art. 227 desta Seção. (Redação dada pelo Dec.-lei n. 6.353, de 20-3-1944.)

Art. 230. A direção das empresas deverá organizar as turmas de empregados, para a execução dos seus serviços, de maneira que prevaleça sempre o revezamento entre os que exercem a mesma função, quer em escalas diurnas, quer em noturnas.

§ 1º Aos empregados que exerçam a mesma função será permitida, entre si, a troca de turmas, desde que isso não importe em prejuízo dos serviços, cujo chefe ou encarregado resolverá sobre a oportunidade ou possibilidade dessa medida, dentro das prescrições desta Seção.

§ 2º As empresas não poderão organizar horários que obriguem os empregados a fazer a refeição do almoço antes das 10 (dez) e depois das 13 (treze) horas e a de jantar antes das 16 (dezesseis) e depois das 19:30 (dezenove e trinta) horas.

Art. 231. As disposições desta Seção não abrangem o trabalho dos operadores de radiotelegrafia embarcados em navios ou aeronaves.

▶ *Comentários*

O art. 227 da CLT enumera os profissionais que, prestando seus serviços a empresas que exploram as atividades a eles relacionadas, têm direito a jornada de **6 horas contínuas por dia**, ou **36 horas semanais**. Por isso, é fundamental pôr em destaque os profissionais enumerados, a saber: telefonista, operador de telegrafia submarina e subfluvial, de radiotelegrafia e radiotelefonia, que cumprem jornada reduzida de trabalho (6 por dia, 36 por semana), quando prestam seus serviços a empresas que explorem tais atividades.

Contudo, tem a jurisprudência abrandado tal entendimento, como se constata da leitura da Súmula 178 do TST:

"É aplicável à telefonista de mesa de empresa que não explora o serviço de telefonia o disposto no art. 227, e seus parágrafos, da CLT".

O art. 228 da CLT veda aos operadores o trabalho ininterrupto: "Os operadores não poderão trabalhar, de modo ininterrupto, na transmissão manual, bem como na recepção visual, auditiva, com escrita manual ou datilográfica – quando a velocidade for superior a vinte e cinco palavras por minuto".

Os empregados sujeitos a *horários variáveis*, ou seja, os operadores cujas funções exijam classificação distinta, os que pertençam a seções de técnica, telefones, revisão, expedição, entrega e balcão, têm a duração da jornada de trabalho fixada em, no máximo, *7 horas diárias*, e *17 horas de folga*, desse tempo deduzindo *20 minutos de descanso*, de cada um dos empregados, quando haja um esforço contínuo de mais de 3 horas.

O art. 230 da CLT determina às empresas a organização de turmas de revezamento entre os que exercem a mesma função, seja em escalas diurnas ou noturnas, facultado ao empregado a troca de turmas, inexistindo prejuízo para os serviços.

As refeições desses mesmos empregados devem observar os períodos fixados em lei: o almoço entre 10 e 13 horas; o jantar, até as 19:30 horas.

▶ *Jurisprudência*

▷ **Súmula 178 do TST. Telefonista. Art. 227, e parágrafos, da CLT. Aplicabilidade.** É aplicável à telefonista de mesa de empresa que não explora o serviço de telefonia o disposto no art. 227, e seus parágrafos, da CLT. Ex-prejulgado n. 59. (RA 102/82, *DJ*, 11 e 15-10-1982)

▷ **Recurso de revista interposto pela reclamada Contax-Mobitel S.A. Na vigência da Lei n. 13.015/2014. Adicional de insalubridade. Utilização de fones de ouvido. Operador de telemarketing. Tema repetitivo n. 0005.** A Subseção I Especializada em Dissídios Individuais do Tribunal Superior do Trabalho, em sua composição plena, nos autos do Incidente de Recurso de Revista e de Embargos Repetitivos n. TST-IRR-356-84.2013.5.04.0007, firmou as teses jurídicas para o Tema Repetitivo N. 0005 – **Adicional de insalubridade. Utilização de fones de ouvido. Operador de telemarketing**, nos seguintes

termos: *"1. O reconhecimento da insalubridade, para fins do percebimento do adicional previsto no art. 192 da CLT, não prescinde do enquadramento da atividade ou operação na relação elaborada pelo Ministério do Trabalho ou da constatação de extrapolação de níveis de tolerância fixados para agente nocivo expressamente arrolado no quadro oficial. 2. A atividade com utilização constante de fones de ouvido, tal como a de operador de telemarketing, não gera direito ao adicional de insalubridade, tão somente, por equiparação aos serviços de telegrafia e radiotelegrafia manipulação em aparelhos do tipo Morse e recepção de sinais em fones, para os fins do Anexo 13 da Norma Regulamentadora 15 da Portaria n. 3.214/78 do Ministério do Trabalho".* Desse entendimento dissentiu a Corte Regional. Recurso de revista conhecido e provido. Processo: RR – 81-72.2013.5.04.0028. Orgão Judicante: 1ª Turma. Relator: Walmir Oliveira da Costa. Publicação: 7-8-2020

▷ **Agravo de instrumento em recurso de revista. 1. Infraero. Controlador de tráfego aéreo. Enquadramento como operador de serviços de radiotelefonia.** As premissas fáticas assentadas pelo Tribunal Regional revelam que o reclamante atuava como controlador de tráfego aéreo. Por essa razão, a Corte de origem afastou a aplicação dos arts. 227 a 231 da CLT, ao fundamento de que a atividade do profissional de tráfego aéreo não se confunde com a exercida pelo telefonista de mesa ou telegrafista, que se dedicam, exclusivamente, às funções de radiotelefonia e telégrafo. Assim, a referida decisão, tal como posta, não viola diretamente os arts. 227 a 231 da CLT, porquanto, de fato, as normas ali contidas se direcionam especificamente aos empregados nos serviços de telefonia, telegrafia submarina e subfluvial, de radiotelegrafia e de radiotelefonia, que não se confundem com o reclamante, controlador de tráfego aéreo. **2. Intervalo intrajornada.** O Regional afastou a aplicação do item IV da Súmula 437 do TST ao fundamento de que, embora houvesse labor além da sexta hora diária, não restou configurada a habitualidade na prestação, exigida pelo referido verbete. Logo, não se cogita de ofensa ao art. 71 da CLT ou contrariedade à Súmula 437 desta Corte. Agravo de instrumento conhecido e não provido. Processo: AIRR – 1061-64.2016.5.12.0004. Orgão Judicante: 8ª Turma. Relatora: Dora Maria da Costa. Publicação: 6-12-2019.

Seção III
Dos músicos profissionais

Arts. 232 e 233. (Revogados tacitamente pela Lei n. 3.857, de 22-12-1960 – Lei da Ordem dos Músicos do Brasil.)

▶ **Comentários**

Os arts. 232 e 233 da CLT foram revogados pela Lei n. 3.857, de 22-12-1960.

São estes os seus aspectos fundamentais: a) a jornada de trabalho é de *5 horas*; b) esse limite pode ser elevado para *6 horas*, nos estabelecimentos de diversões públicas (cabarés, boates, *dancings*, salões de dança etc.); para *7 horas*, excepcionalmente, nos casos de festejos populares; c) na ocorrência de prorrogação, a hora a ela correspondente será remunerada com o dobro do valor do salário normal; d) o tempo destinado aos ensaios é computado como período de trabalho e, portanto, remunerado.

▶ **Jurisprudência**

▷ **Súmula 312 do STF.** Músico integrante de orquestra da empresa, com atuação permanente e vínculo de subordinação, está sujeito à legislação geral do trabalho, e não a especial dos artistas.

▷ **Agravo de instrumento. Recurso de revista. Lei n. 13.015/2014. Preliminar de nulidade por negativa de prestação jurisdicional. Reconhecimento de vínculo empregatício. Diretor musical. Recusa de prestação jurisdicional. Não caracterização.** Não há falar, *in casu*, em negativa da prestação jurisdicional, porquanto as questões essenciais ao julgamento das controvérsias apontadas foram devidamente enfrentadas pelo Regional, que adotou tese explícita a respeito, embora com resultado diverso do pretendido pelo reclamante. As questões suscitadas pelo autor,

além de expressamente examinadas pela Corte de origem, esbarram nos registros fáticos consignados no acórdão regional de que a aplicação das normas específicas da categoria profissional de músico não tem o condão de alterar a convicção do Tribunal *a quo* acerca da ausência de pessoalidade e de subordinação jurídica, requisitos essenciais para o reconhecimento do vínculo de emprego postulado. Agravo de instrumento a que se nega provimento. Processo: AIRR – 1182-27.2013.5.02.0085. Orgão Judicante: 2ª Turma. Relatora: Maria Helena Mallmann. Publicação: 29-5-2020

▷ **Agravo de instrumento. Recurso de revista. Processo sob a égide da Lei n. 13.015/2014 e anterior à Lei n. 13.467/2017. 1. Diferenças salariais. Desvio de função. Não configuração. Matéria fática. Súmula 126/TST. 2. *Couvert* artístico. Cobrança dos clientes. Ausência de repasse dos valores ao empregado. Apelo desfundamentado. 3. Doença ocupacional. Responsabilidade civil do empregador. Indenização por danos morais e materiais. Estabilidade provisória. Ausência de nexo causal ou concausal. Matéria fática. Súmula 126/TST. 4. Enquadramento sindical. Categoria profissional diferenciada. Normas coletivas. Súmula 374/TST. 5. Vale-transporte. Utilização de veículo próprio. Parcela indevida. 6. Restituição de despesas com estacionamento. Apelo desfundamentado. 7. Adicionais de insalubridade e periculosidade. Apelo desfundamentado.** A indenização resultante de acidente do trabalho e/ou doença profissional ou ocupacional supõe a presença de três requisitos: *a*) ocorrência do fato deflagrador do dano ou do próprio dano, que se constata pelo fato da doença ou do acidente, os quais, por si sós, agridem o patrimônio moral e emocional da pessoa trabalhadora (nesse sentido, o dano moral, em tais casos, verifica-se pela própria circunstância da ocorrência do malefício físico ou psíquico); *b*) nexo causal ou concausal, que se evidencia pelo fato de o malefício ter ocorrido em face das condições laborativas; *c*) culpa empresarial, excetuadas as hipóteses de responsabilidade objetiva. Embora não se possa presumir a culpa em diversos casos de dano moral – em que a culpa tem de ser provada pelo autor da ação –, tratando-se de doença ocupacional, profissional ou de acidente do trabalho, essa culpa é presumida, em virtude de o empregador ter o controle e a direção sobre a estrutura, a dinâmica, a gestão e a operação do estabelecimento em que ocorreu o malefício. Registre-se que tanto a higidez física como a mental, inclusive emocional, do ser humano são bens fundamentais de sua vida, privada e pública, de sua intimidade, de sua autoestima e afirmação social e, nesta medida, também de sua honra. São bens, portanto, inquestionavelmente tutelados, regra geral, pela Constituição (art. 5º, V e X). Assim, agredidos em face de circunstâncias laborativas, passam a merecer tutela ainda mais forte e específica da Constituição da República, que se agrega à genérica anterior (art. 7º, XXVIII, CF/88). Frise-se que é do empregador, evidentemente, a responsabilidade pelas indenizações por dano moral, material ou estético decorrentes de lesões vinculadas à infortunística do trabalho, sem prejuízo do pagamento pelo INSS do seguro social. No caso dos autos, consta na decisão recorrida que a prova técnica condicionou a configuração de nexo concausal à comprovação de que o Reclamante atuasse exclusivamente em pé e por longo período. O Tribunal Regional reformou a sentença para julgar improcedentes os pedidos autorais, concluindo pela inexistência de nexo causal ou concausal entre a enfermidade do Reclamante (varizes) e o exercício da atividade laboral (músico de banda). Para tanto, o TRT considerou que o "exercício da função de músico, mais especificamente a de guitarrista de uma' banda', que pressupõe apresentações em público e atuação de forma preponderante, mas não exclusiva, em pé, inclusive com vistas à motivação da plateia e facilitação do desenvolvimento da atividade, a qual, sem dúvida, compreende deslocamentos pelo palco durante a execução das músicas e acesso às denominadas 'pedaleiras' e que 'as fotografias juntadas pelo próprio Recla-

mante às fls. 230/236, as quais denunciam a variedade de movimentos durante as apresentações, inclusive com o Autor sentado durante determinada execução'". Fixadas tais premissas fáticas pelo TRT e, considerando que o Julgador pode formar seu convencimento com base em outros fatos ou elementos provados nos autos (art. 479 do CPC/2015 – art. 436 do CPC/1973), conclui-se que, diante das premissas constantes no acórdão regional, para se chegar à conclusão distinta somente seria possível mediante o reexame de fatos e provas por este TST – procedimento que encontra óbice na Súmula 126/TST. Ou seja, afirmando o TRT que não se fazem presentes os requisitos fáticos da estabilidade provisória e das indenizações por danos materiais e morais por fatores da infortunística do trabalho, não cabe ao TST, em recurso de revista – no qual é vedada a investigação probatória (Súmula 126) –, revolver a prova para chegar a conclusões diversas. Agravo de instrumento desprovido. Processo: AIRR – 1001515-04.2016.5.02.0037. Orgão Judicante: 3ª Turma. Relator: Mauricio Godinho Delgado. Publicação: 12-4-2019

Seção IV
Dos operadores cinematográficos

Art. 234. A duração normal do trabalho dos operadores cinematográficos e seus ajudantes não excederá de 6 (seis) horas diárias, assim distribuídas:

a) 5 (cinco) horas consecutivas de trabalho em cabina, durante o funcionamento cinematográfico;

b) 1 (um) período suplementar, até o máximo de 1 (uma) hora para limpeza, lubrificação dos aparelhos de projeção, ou revisão de filmes. (*Caput* com redação dada pelo Dec.-lei n. 6.353, de 20-3-1944.)

Parágrafo único. Mediante remuneração adicional de 25% (vinte e cinco por cento) sobre o salário da hora normal e observado um intervalo de 2 (duas) horas para folga, entre o período a que se refere a alínea *b* deste artigo e o trabalho em cabina de que trata a alínea *a*, poderá o trabalho dos operadores cinematográficos e seus ajudantes ter a duração prorrogada por 2 (duas) horas diárias, para exibições extraordinárias.

Art. 235. Nos estabelecimentos cujo funcionamento normal seja noturno, será facultado aos operadores cinematográficos e seus ajudantes, mediante acordo ou contrato coletivo de trabalho e com um acréscimo de 50% (cinquenta por cento) sobre o salário da hora normal, executar o trabalho em sessões diurnas extraordinárias e, cumulativamente, nas noturnas, desde que isso se verifique até 3 (três) vezes por semana e entre as sessões diurnas e as noturnas haja o intervalo de 1 (uma) hora, no mínimo, de descanso.

§ 1º A duração de trabalho cumulativo a que alude o presente artigo não poderá exceder de 10 (dez) horas.

§ 2º Em seguida a cada período de trabalho haverá um intervalo de repouso no mínimo de 12 (doze) horas.

▶ Comentários

Os arts. 234 e 235 da CLT disciplinam a jornada normal e a remuneração dos operadores cinematográficos, considerando as peculiaridades das suas funções, com as seguintes regras fundamentais:

1. **Jornada de trabalho**

Tanto os operadores quanto seus auxiliares têm jornada de trabalho que não pode exceder de 6 horas diárias, assim distribuídas:

a) *5 horas* consecutivas em cabina, durante o funcionamento cinematográfico;

b) *uma hora* em período suplementar para limpeza e lubrificação dos aparelhos de projeção ou revisão de filmes.

2. **Prorrogação da jornada de trabalho**

A prorrogação da jornada de trabalho é, no máximo, de *2 horas* para exibições extraordinárias, observado um intervalo de 2 horas entre a jornada normal e a extraordinária.

3. **Remuneração das horas extras**

As horas extraordinárias devem ser remuneradas com um adicional de 50% sobre a hora normal – CF, art. 7º, XVI.

4. **Intervalo interjornada**

O intervalo interjornada é, no mínimo, de 12 horas.

▶ **Jurisprudência**

▷ **Recurso de revista. Processo anterior à Lei n. 13.467/2017. Enquadramento sindical.** No caso, a Corte de origem reputou comprovada a inexistência de diferenças nas atribuições de "operador de câmera" e de "repórter cinematográfico", com apoio no conjunto probatório dos autos. Registrou, ainda, que a função de repórter cinematográfico está prevista no art. 11, X, do Decreto 83.284/79 como uma das classificações que os jornalistas, na condição de empregados, possam desempenhar. Assim, endossou a sentença que concluiu que o reclamante exerceu as funções de "repórter cinematográfico" e, portanto, de jornalista, sendo devido, assim, o pagamento, como hora extra, da 6ª hora laborada em cada dia de labor da contratualidade. Fixadas essas premissas, para que esta Corte Superior pudesse chegar a conclusão contrária, de que autor jamais exerceu as atividades de repórter cinematográfico, como alega a ora recorrente, seria necessário o reexame das provas, o que é vedado nesta instância extraordinária, ao teor da Súmula 126 do TST. Recurso de revista não conhecido. Processo: RR - 21134-29.2014.5.04.0011. Orgão Judicante: 3ª Turma. Relator: Alexandre de Souza Agra Belmonte. Publicação: 15-3-2019

••••••••••••••••••••••••••••••••••

Seção IV-A
Do serviço do motorista profissional empregado

(Redação dada pela Lei n. 13.103, de 2015.)

Art. 235-A. Os preceitos especiais desta Seção aplicam-se ao motorista profissional empregado: (Redação dada pela Lei n. 13.103, de 2015.)

I – de transporte rodoviário coletivo de passageiros; (Incluído pela Lei n. 13.103, de 2015.)

II – de transporte rodoviário de cargas. (Incluído pela Lei n. 13.103, de 2015.)

Art. 235-B. São deveres do motorista profissional empregado:

I – estar atento às condições de segurança do veículo;

II – conduzir o veículo com perícia, prudência, zelo e com observância aos princípios de direção defensiva;

III – respeitar a legislação de trânsito e, em especial, as normas relativas ao tempo de direção e de descanso controlado e registrado na forma do previsto no art. 67-E da Lei n. 9.503, de 23 de setembro de 1997 – Código de Trânsito Brasileiro; (Alterado pela Lei n. 13.103 de 2015.)

IV – zelar pela carga transportada e pelo veículo;

V – colocar-se à disposição dos órgãos públicos de fiscalização na via pública;

VI – (Vetado);

VII – submeter-se a exames toxicológicos com janela de detecção mínima de 90 (noventa) dias e a programa de controle de uso de droga e de bebida alcoólica, instituído pelo empregador, com sua ampla ciência, pelo menos uma vez a cada 2 (dois) anos e 6 (seis) meses, podendo ser utilizado para esse fim o exame obrigatório previsto na Lei n. 9.503, de 23 de setembro de 1997 – Código de Trânsito Brasileiro, desde que realizado nos últimos 60 (sessenta) dias. (Redação dada pela Lei n. 13.103, de 2015.)

Parágrafo único. A recusa do empregado em submeter-se ao teste ou ao programa de controle de uso de droga e de bebida alcoólica previstos no inciso VII será considerada infração disciplinar, passível de penalização nos termos da lei. (Redação dada pela Lei n. 13.103, de 2015.)

Art. 235-C. A jornada diária de trabalho do motorista profissional será de 8 (oito) horas, admitindo-se a sua prorrogação por até 2 (duas) horas extraordinárias ou, mediante previsão em convenção ou acordo coletivo, por até 4 (quatro) horas extraordinárias. (Redação dada pela Lei n. 13.103, de 2015.)

§ 1º Será considerado como trabalho efetivo o tempo em que o motorista empregado estiver à disposição do empregador, excluídos os intervalos para refeição, repouso e descanso e o tempo de espera. (Redação dada pela Lei n. 13.103, de 2015.)

§ 2º Será assegurado ao motorista profissional empregado intervalo mínimo de 1 (uma) hora para refeição, podendo esse período coincidir com o tempo de parada obrigatória na condução do veículo estabelecido pela Lei n. 9.503, de 23 de setembro de 1997 – Código de Trânsito Brasileiro, exceto quando se tratar do motorista profissional enquadrado no § 5º do art. 71 desta Consolidação. (Redação dada pela Lei n. 13.103, de 2015.)

§ 3º Dentro do período de 24 (vinte e quatro) horas, são asseguradas 11 (onze) horas de descanso, sendo facultados o seu fracionamento e a coincidência com os períodos de parada obrigatória na condução do veículo estabelecida pela Lei n. 9.503, de 23 de setembro de 1997 – Código de Trânsito Brasileiro, garantidos o mínimo de 8 (oito) horas ininterruptas no primeiro período e o gozo do remanescente dentro das 16 (dezesseis) horas seguintes ao fim do primeiro período. (Redação dada pela Lei n. 13.103, de 2015.)

§ 4º Nas viagens de longa distância, assim consideradas aquelas em que o motorista profissional empregado permanece fora da base da empresa, matriz ou filial e de sua residência por mais de 24 (vinte e quatro) horas, o repouso diário pode ser feito no veículo ou em alojamento do empregador, do contratante do transporte, do embarcador ou do destinatário ou em outro local que ofereça condições adequadas. (Redação dada pela Lei n. 13.103, de 2015.)

§ 5º As horas consideradas extraordinárias serão pagas com o acréscimo estabelecido na Constituição Federal ou compensadas na forma do § 2º do art. 59 desta Consolidação. (Redação dada pela Lei n. 13.103, de 2015.)

§ 6º À hora de trabalho noturno aplica-se o disposto no art. 73 desta Consolidação. (Redação dada pela Lei n. 13.103, de 2015.)

§ 7º (Vetado.)

§ 8º São considerados tempo de espera as horas em que o motorista profissional empregado ficar aguardando carga ou descarga do veículo nas dependências do embarcador ou do destinatário e o período gasto com a fiscalização da mercadoria transportada em barreiras fiscais ou alfandegárias, não sendo computados como jornada de trabalho e nem como horas extraordinárias. (Redação dada pela Lei n. 13.103, de 2015.)

§ 9º As horas relativas ao tempo de espera serão indenizadas na proporção de 30% (trinta por cento) do salário-hora normal. (Redação dada pela Lei n. 13.103, de 2015.)

§ 10. Em nenhuma hipótese, o tempo de espera do motorista empregado prejudicará o direito ao recebimento da remuneração correspondente ao salário-base diário. (Redação dada pela Lei n. 13.103, de 2015.)

§ 11. Quando a espera de que trata o § 8º for superior a 2 (duas) horas ininterruptas e for exigida a permanência do motorista empregado junto ao veículo, caso o local ofereça condições adequadas, o tempo será considerado como de repouso para os fins do intervalo de que tratam os §§ 2o e 3o, sem prejuízo do disposto no § 9º. (Redação dada pela Lei n. 13.103, de 2015.)

§ 12. Durante o tempo de espera, o motorista poderá realizar movimentações necessárias do veículo, as quais não serão consideradas como parte da jornada de trabalho, ficando garantido, porém, o gozo do descanso de 8 (oito) horas ininterruptas aludido no § 3º. (Redação dada pela Lei n. 13.103, de 2015.)

§ 13. Salvo previsão contratual, a jornada de trabalho do motorista empregado não tem horário fixo de início, de final ou de intervalos. (Redação dada pela Lei n. 13.103, de 2015.)

§ 14. O empregado é responsável pela guarda, preservação e exatidão das informações contidas nas anotações em diário de bordo, papeleta ou ficha de trabalho externo, ou no registrador instantâneo inalterável de velocidade e tempo, ou nos rastreadores ou sistemas e meios eletrônicos, instalados nos veículos, normatizados pelo Contran, até que o veículo seja entregue à empresa. (Redação dada pela Lei n. 13.103, de 2015.)

§ 15. Os dados referidos no § 14 poderão ser enviados a distância, a critério do empregador, facultando-se a anexação do documento original posteriormente. (Redação dada pela Lei n. 13.103, de 2015.)

§ 16. Aplicam-se as disposições deste artigo ao ajudante empregado nas operações em que acompanhe o motorista. (Redação dada pela Lei n. 13.103, de 2015.)

§ 17. O disposto no *caput* deste artigo aplica-se também aos operadores de automotores destinados a puxar ou a arrastar maquinaria de qualquer natureza ou a executar trabalhos de construção ou pavimentação e aos operadores de tratores, colheitadeiras, autopropelidos e demais aparelhos automotores destinados a puxar ou a arrastar maquinaria agrícola ou a executar trabalhos agrícolas. (Incluído pela Lei n. 13.154, de 2015.)

Art. 235-D. Nas viagens de longa distância com duração superior a 7 (sete) dias, o repouso semanal será de 24 (vinte e quatro) horas por semana ou fração trabalhada, sem prejuízo do intervalo de repouso diário de 11 (onze) horas, totalizando 35 (trinta e cinco) horas, usufruído no retorno do motorista à base (matriz ou filial)

ou ao seu domicílio, salvo se a empresa oferecer condições adequadas para o efetivo gozo do referido repouso. (Redação dada pela Lei n. 13.103, de 2015.)

I ao III. (Revogados pela Lei n. 13.103, de 2015.)

Art. 235-E. Para o transporte de passageiros, serão observados os seguintes dispositivos: (Redação dada pela Lei n. 13.103, de 2015.)

§ 1º até 12. (Revogados pela Lei n. 13.103, de 2015.)

Art. 235-F. Convenção e acordo coletivo poderão prever jornada especial de 12 (doze) horas de trabalho por 36 (trinta e seis) horas de descanso para o trabalho do motorista profissional empregado em regime de compensação. (Redação dada pela Lei n. 13.103, de 2015.)

Art. 235-G. É permitida a remuneração do motorista em função da distância percorrida, do tempo de viagem ou da natureza e quantidade de produtos transportados, inclusive mediante oferta de comissão ou qualquer outro tipo de vantagem, desde que essa remuneração ou comissionamento não comprometa a segurança da rodovia e da coletividade ou possibilite a violação das normas previstas nesta Lei. (Redação dada pela Lei n. 13.103, de 2015.)

Art. 235-H. (Revogado pela Lei n. 13.103, de 2015.)

..

▶ **Comentários**

A Lei n. 12.619, de 30 de abril de 2012, foi quase toda revogada pela Lei n. 13.103, de 2015, tais alterações, disciplinam as relações de trabalho mediante vínculo empregatício, dos motoristas profissionais, estabelecendo os deveres fundamentais destes, bem como a prorrogação de jornada de trabalho, que extrapola o módulo diário e semanal estabelecido pela CF, art. 7º.

A Lei nominada é reproduzida no Livro III – da Legislação.

Um dos aspectos fundamentais da lei em questão é o da responsabilidade do motorista profissional relacionada com a segurança, o que lhe obriga a respeitar observância e atenção ao horário da jornada de trabalho e momentos de repouso.

A jornada de trabalho é de oito horas diárias ou aquela fixada em convenções coletivas, admitindo-se a prorrogação até duas horas extras.

O repouso diário de onze horas a cada 24 horas pode ser usufruído na própria cabine do veículo ou em alojamento fornecido pelo empregador.

Releva notar que em viagens com duração superior a uma semana (caso dos caminhoneiros) haverá um descanso de trinta e seis horas por semana trabalhada, a ser usufruída no retorno.

Há quem entenda que com a redação do parágrafo único do art. 235-B o rol de infrações disciplinares foi ampliado, pois a recusa do empregado à submissão a teste e ao controle de uso de droga e de bebida alcoólica faz com que o trabalhador viole normas do contrato de trabalho, logo, esse motorista está passível de advertência, suspensão ao serviço, até mesmo a dispensa por justa causa; uma vez que o rol de condutas do art. 482 da CLT seja exemplificativo, neste não estão expressas as implicações do parágrafo único do art. 235-B da CLT.

▶ *Jurisprudência*

▷ **Súmula 636 STF.** Não cabe recurso extraordinário por contrariedade ao princípio constitucional da legalidade, quando a sua verificação pressuponha rever a interpretação dada a normas infraconstitucionais pela decisão recorrida.

▷ "**Agravo de instrumento em recurso de revista interposto sob a égide da Lei n. 13.467/2017. Enquadramento sindical. Motorista. Categoria diferenciada. Base territorial. Transcendência reconhecida.** Evidenciada a plausibilidade da indigitada afronta aos arts. 8º, inc. II, da Constituição da República e 511, § 3º, da CLT, dá-se provimento ao Agravo de Instrumento para determinar o processamento do recurso de revista. **Recurso de revista. Enquadramento sindical. Motorista. Categoria diferenciada. Base territorial. Transcendência reconhecida.** Os motoristas profissionais integram categoria profissional diferenciada, nos termos do art. 511, § 3º, da CLT, porque têm a sua atividade regulamentada pelas Leis 12.619/2012 e 13.015/2015. Dessa forma, o seu enquadramento sindical é definido pela sua atividade laborativa e não pela atividade preponderante do em-

pregador. Assim, o Sindicato dos Trabalhadores nas Empresas de Prestação de Serviços de Campo Grande-PB não tem legitimidade para representar os motoristas profissionais, sendo esta representação exercida pelo Sindicato dos Motoristas e Ajudantes de Entregas do Estado da Paraíba – SINDMAE/PB. Recurso de revista de que se conhece e a que se dá provimento" (RR-272-40.2019.5.13.0034, 8ª Turma, Relatora Desembargadora Convocada Tereza Aparecida Asta Gemignani, *DEJT* 25-6-2021).

▷ **agravo interno. Agravo de instrumento. Recurso de revista. Acórdão regional publicado na vigência da Lei n. 13.467/2017. Convenção coletiva de trabalho. Norma que prevê o pagamento de horas extraordinárias pela prestação de trabalho no "dia do motorista". Inexistência de período de carência. Direito aplicável desde o início do contrato de trabalho. Multa normativa. Transcendência. Não reconhecimento.** I – A Lei n. 13.467/2017 acrescentou o art. 896-A à CLT, que disciplina o pressuposto intrínseco da transcendência a partir de quatro vetores taxativos, quais sejam: o econômico, o político, o social e o jurídico. A questão jurídica devolvida a esta Corte Superior oferecerá transcendência econômica quando a pretensão for de elevado valor, capaz de gerar potencial dano à atividade econômica organizada, ao empregador ou a quem lhe for equiparado por lei, para os efeitos exclusivos da relação de emprego, repercutindo em interesses outros, não identificáveis com aqueles exclusivos da parte recorrente, isto é, que transbordem a esfera meramente patrimonial para atingir certa posição favorável à satisfação das necessidades de outro indivíduo, categoria ou grupo social. Adota-se, todavia, posição majoritária desta Sétima Turma, que fixou critérios objetivos para o exame da transcendência econômica, utilizando como parâmetros, para o recurso do empregador, os valores definidos no art. 496, § 3º, I, II e III, do CPC de 2015, e para o recurso do empregado e dos empregadores doméstico, individual ou microempreendedor, o valor de 40 salários mínimos previsto no art. 852-A da CLT. No que toca à transcendência jurídica, a causa oferecerá relevância quando versar sobre a existência de questão nova em torno da interpretação da legislação trabalhista. Todavia, impende registrar que também questões antigas, ainda não definitivamente solucionadas pela manifestação jurisprudencial, também poderão, a depender do caso concreto, ensejar o reconhecimento da transcendência jurídica. Assim, se a parte recorrente demonstrar, de forma cabal, a necessidade de superação do precedente ou de distinção com o caso concreto, a relevância estará igualmente presente. De par com isso, haverá transcendência social quando o reclamante-recorrente postular direito social constitucionalmente garantido. Sem embargo, a ofensa deve ser direta e literal, bem como demonstrada a relação de causalidade entre a lesão e o bem da vida a ser protegido e constitucionalmente assegurado. A postulação, portanto, deve relacionar-se diretamente com a tutela e a preservação de bens e valores fundamentais titularizados pela coletividade e que sejam violados de maneira intolerável, devendo sua interpretação restringir-se à existência de situação extraordinária de discriminação, de comprometimento do mercado de trabalho ou de perturbação notável à harmonia entre capital a trabalho, bem como ao desrespeito patente aos direitos humanos fundamentais e aos interesses coletivos. Por fim, a transcendência política será reconhecida quando houver desrespeito do órgão *a quo* à jurisprudência sumulada do TST ou do STF. Não obstante, o desrespeito à jurisprudência reiterada e a presença de divergência jurisprudencial ensejadora de insegurança jurídica caracterizam, de igual modo, a transcendência política. Isso porque segurança jurídica envolve um estado de cognoscibilidade, de confiabilidade e de calculabilidade. Desse modo, oferece transcendência política matéria em que se discute contrariedade, pelo Tribunal Regional, a súmula do TST, a súmula do STF ou a decisões que, pelo microssistema dos precedentes, dos recursos repetitivos e de repercussão geral, possuem efeito vinculante ou sejam de observância obrigatória. II – No caso dos autos, o tema "norma coletiva – horas extraordinárias e multa normativa –

'Dia do Motorista'" não oferece transcendência econômica. Isso porque, considerando-se que se trata de recurso interposto por empresa de âmbito estadual; que o valor atribuído à condenação, arbitrado pela r. sentença e mantido pelo acórdão regional, foi de R$ 1.200,00; é de se concluir que o valor total do único tema devolvido no recurso não ultrapassa 500 salários mínimos. Ainda, não apresenta transcendência jurídica porquanto o tema debatido não configura questão nova em torno da interpretação da legislação trabalhista. Tampouco demonstra a parte recorrente que o debate envolve questão já discutida neste Tribunal, mas ainda não definitivamente solucionada pela manifestação jurisprudencial; ou que haja a necessidade de superação de precedente ou de distinção com o caso concreto. O tema também não atende ao vetor da transcendência social, pois, além de não se tratar de recurso de "reclamante-recorrente", a parte reclamada não logra demonstrar que a sua condenação ao pagamento das horas extraordinárias previstas para a prestação de trabalho no "Dia do Motorista", consoante previsão expressa da CCT da categoria, assim como a sua condenação na multa normativa respectiva, tenham o condão de acarretar ofensa direta e literal a direito social constitucionalmente assegurado. Da mesma forma, a recorrente não demonstra a relação de causalidade entre a lesão apontada e o bem da vida a ser protegido e constitucionalmente assegurado. Por fim, não se observa a transcendência política do tema em questão, porque as questões relativas às horas extraordinárias decorrentes do "Dia do Motorista" e à multa normativa em razão da infração à cláusula normativa que previu o mencionado benefício foram dirimidas com fundamento no conjunto probatório dos autos, em especial a prova documental (Convenção Coletiva de Trabalho). A partir da mencionada CCT, foi possível concluir que as horas extras pagas como decorrência do denominado "Dia do Motorista" configuraram direito aplicável na vigência do contrato de trabalho do autor, desde a sua admissão, não havendo no mencionado regramento qualquer "carência" para a concessão do benefício ora debatido. III – Agravo interno de que se conhece e a que se nega provimento. Processo: Ag-AIRR – 11599-37.2016.5.15.0064. Orgão Judicante: 7ª Turma. Relator: Evandro Pereira Valadão Lopes. Publicação: 14-8-2020

▷ **Recurso de revista. Acórdão regional publicado na vigência da Lei n. 13.015/2014 e anteriormente à Lei n. 13.467/2017. Motorista profissional. Tempo de espera. Art. 235-C, §§ 8º e 9º, da CLT (redação da Lei n. 12.619/2012). Conhecimento e provimento.** I – O art.235-C, § 2º, da CLT, nos termos da redação da Lei n. 12.619/2012, dispõe que "será considerado como trabalho efetivo o tempo que o motorista estiver à disposição do empregador, excluídos os intervalos para refeição, repouso, espera e descanso". Por sua vez, consta do art.235-C, § 8º, da CLT, com redação da Lei n. 12.619/2012, que "são considerados tempo de espera as horas que excederem à jornada normal de trabalho do motorista de transporte rodoviário de cargas que ficar aguardando para carga ou descarga do veículo no embarcador ou destinatário ou para fiscalização da mercadoria transportada em barreiras fiscais ou alfandegárias, não sendo computadas como horas extraordinárias". Ainda, prescreve o § 9º do referido artigo: "As horas relativas ao período do tempo de espera serão indenizadas com base no salário-hora normal acrescido de 30% (trinta por cento)". II – Nota-se, assim, que o tempo de espera para carga e descarga de veículo não deve ser considerado tempo à disposição para fim de aferição da jornada do motorista profissional. O tempo destinado a tal atividade possui regramento próprio e, na vigência da Lei n. 12.619/2012, não deve ser computado como hora extraordinária, e sim indenizado com base no salário-hora acrescido de 30%. III – No entender da Corte de origem, não serem aplicáveis as disposições dos "§§ 2º e 9º do art. 235-C, quando não restar provado que o trabalhador teve total liberdade no período de espera". IV – A decisão regional, pois, ao final, em que se considerou que o tempo de espera deve ser considerado como efetivo tempo à disposição, com o consequente pagamento de horas extraordinárias, viola o art.235-C, § 8º, da CLT, com redação da

Lei n. 12.619/2012. V – Recurso de revista de que se conhece e a que se dá provimento. Processo: RR – 10457-32.2016.5.15.0085. Orgão Judicante: 4ª Turma. Relator: Alexandre Luiz Ramos. Publicação: 26-6-2020

Seção V
Do serviço ferroviário

Art. 236. No serviço ferroviário – considerado este o de transporte em estradas de ferro abertas ao tráfego público, compreendendo a administração, construção, conservação e remoção das vias férreas e seus edifícios, obras de arte, material rodante, instalações complementares e acessórias, bem como o serviço de tráfego, de telegrafia, telefonia e funcionamento de todas as instalações ferroviárias – aplicam-se os preceitos especiais constantes desta Seção.

Art. 237. O pessoal a que se refere o artigo antecedente fica dividido nas seguintes categorias:

a) funcionários de alta administração, chefes e ajudantes de departamentos e seções, engenheiros residentes, chefes de depósitos, inspetores e demais empregados que exercem funções administrativas ou fiscalizadoras;

b) pessoal que trabalhe em lugares ou trechos determinados e cujas tarefas requeiram atenção constante; pessoal de escritório, turmas de conservação e construção da via permanente, oficinas e estações principais, inclusive os respectivos telegrafistas; pessoal de tração, lastro e revistadores;

c) das equipagens de trens em geral;

d) pessoal cujo serviço é de natureza intermitente ou de pouca intensidade, embora com permanência prolongada nos locais de trabalho; vigias e pessoal das estações do interior, inclusive os respectivos telegrafistas.

Art. 238. Será computado como de trabalho efetivo todo o tempo em que o empregado estiver à disposição da Estrada. (Redação primitiva restaurada pelo Dec.-lei n. 5, de 4-4-1966.)

§ 1º Nos serviços efetuados pelo pessoal da categoria *c*, não será considerado como de trabalho efetivo o tempo gasto em viagens do local ou para o local de terminação e início dos mesmos serviços. (Redação primitiva restaurada pelo Dec.-lei n. 5, de 4-4-1966.)

§ 2º Ao pessoal removido ou comissionado fora da sede será contado como de trabalho normal e efetivo o tempo gasto em viagens, sem direito à percepção de horas extraordinárias. (Redação primitiva restaurada pelo Dec.-lei n. 5, de 4-4-1966.)

§ 3º No caso das turmas de conservação da via permanente, o tempo efetivo do trabalho será contado desde a hora da saída da casa da turma até a hora em que cessar o serviço em qualquer ponto compreendido dentro dos limites da respectiva turma. Quando o empregado trabalhar fora dos limites da sua turma, ser-lhe-á também computado como de trabalho efetivo o tempo gasto no percurso da volta a esses limites. (Redação primitiva restaurada pelo Dec.-lei n. 5, de 4-4-1966.)

§ 4º Para o pessoal da equipagem de trens, só será considerado esse trabalho efetivo, depois de chegado ao destino, o tempo em que o ferroviário estiver ocupado ou retido à disposição da Estrada. Quando, entre dois períodos de trabalho, não mediar intervalo superior a 1 (uma) hora, será esse intervalo computado como de trabalho efetivo. (Redação primitiva restaurada pelo Dec.-lei n. 5, de 4-4-1966.)

§ 5º O tempo concedido para refeição não se computa como de trabalho efetivo, senão para o pessoal da categoria *c*, quando as refeições forem tomadas em viagem ou nas estações durante as paradas. Esse tempo não será inferior a 1 (uma) hora, exceto para o pessoal da referida categoria em serviço de trens. (Redação primitiva restaurada pelo Dec.-lei n. 5, de 4-4-1966.)

§ 6º No trabalho das turmas encarregadas da conservação de obras de arte, linhas telegráficas ou telefônicas e edifícios, não será contado como de trabalho efetivo o tempo de viagem para o local do serviço, sempre que não exceder de 1 (uma) hora, seja para ida ou para volta, e a Estrada fornecer os meios de locomoção, computando-se sempre o tempo excedente a esse limite. (Redação primitiva restaurada pelo Dec.-lei n. 5, de 4-4-1966.)

Art. 239. Para o pessoal da categoria *c*, a prorrogação do trabalho independe de acordo ou contrato coletivo, não podendo, entretanto, exceder de 12 (doze) horas, pelo que as empresas organizarão, sempre que possível, os serviços de equipagens de trens com destacamentos nos trechos das linhas de modo a ser observada a duração normal de 8 (oito) horas de trabalho.

§ 1º Para o pessoal sujeito ao regime do presente artigo, depois de cada jornada de trabalho haverá um repouso de 10 (dez) horas contínuas,

no mínimo, observando-se, outrossim, o descanso semanal.

§ 2º Para o pessoal da equipagem de trens, a que se refere o presente artigo, quando a empresa não fornecer alimentação, em viagem, e hospedagem, no destino, concederá uma ajuda de custo para atender a tais despesas.

§ 3º As escalas do pessoal abrangido pelo presente artigo serão organizadas de modo que não caiba a qualquer empregado, quinzenalmente, um total de horas de serviço noturno superior às de serviço diurno.

§ 4º Os períodos de trabalho do pessoal a que alude o presente artigo serão registrados em cadernetas especiais, que ficarão sempre em poder do empregado, de acordo com o modelo aprovado pelo Ministro do Trabalho.

Art. 240. Nos casos de urgência ou de acidente, capazes de afetar a segurança ou regularidade do serviço, poderá a duração do trabalho ser excepcionalmente elevada a qualquer número de horas, incumbindo à Estrada zelar pela incolumidade dos seus empregados e pela possibilidade de revezamento de turmas, assegurando ao pessoal um repouso correspondente e comunicando a ocorrência ao Ministério do Trabalho, dentro de 10 (dez) dias da sua verificação.

Parágrafo único. Nos casos previstos neste artigo, a recusa, sem causa justificada, por parte de qualquer empregado, à execução de serviço extraordinário será considerada falta grave.

Art. 241. As horas excedentes das do horário normal de 8 (oito) horas serão pagas como serviço extraordinário na seguinte base: as 2 (duas) primeiras com o acréscimo de 50% (cinquenta por cento) sobre o salário-hora normal; as 2 (duas) subsequentes com um adicional de 50% (cinquenta por cento) e as restantes com um adicional de 75% (setenta e cinco por cento).

Parágrafo único. Para o pessoal da categoria c, a primeira hora será majorada de 50% (cinquenta por cento), a segunda hora será paga com o acréscimo de 50% (cinquenta por cento) e as 2 (duas) subsequentes com o de 60% (sessenta por cento), salvo caso de negligência comprovada.

Art. 242. As frações de meia hora superiores a 10 (dez) minutos serão computadas como meia hora.

Art. 243. Para os empregados de estações do interior, cujo serviço for de natureza intermitente ou de pouca intensidade, não se aplicam os preceitos gerais sobre duração do trabalho, sendo-lhes, entretanto, assegurado o repouso contínuo de 10 (dez) horas, no mínimo, entre 2 (dois) períodos de trabalho e descanso semanal.

Art. 244. As estradas de ferro poderão ter empregados extranumerários, de sobreaviso e de prontidão, para executarem serviços imprevistos ou para substituições de outros empregados que faltem à escala organizada. (Redação primitiva restaurada pelo Dec.-lei n. 5, de 4-4-1966.)

§ 1º Considera-se "extranumerário" o empregado não efetivo, candidato à efetivação, que se apresentar normalmente ao serviço, embora só trabalhe quando for necessário. O extranumerário só receberá os dias de trabalho efetivo. (Redação primitiva restaurada pelo Dec.-lei n. 5, de 4-4-1966.)

§ 2º Considera-se de "sobreaviso" o empregado efetivo, que permanecer em sua própria casa, aguardando a qualquer momento o chamado para o serviço. Cada escala de "sobreaviso" será, no máximo, de 24 (vinte e quatro) horas. As horas de "sobreaviso", para todos os efeitos, serão contadas à razão de 1/3 (um terço) do salário normal. (Redação primitiva restaurada pelo Dec.-lei n. 5, de 4-4-1966.)

§ 3º Considera-se de "prontidão" o empregado que ficar nas dependências da Estrada, aguardando ordens. A escala de prontidão será, no máximo, de 12 (doze) horas. As horas de prontidão serão, para todos os efeitos, contadas à razão de 2/3 (dois terços) do salário-hora normal. (Redação primitiva pela Lei n. 3.970, de 13-10-1961, e restaurada pelo Dec.-lei n. 5, de 4-4-1966.)

§ 4º Quando, no estabelecimento ou dependência em que se achar o empregado, houver facilidade de alimentação, as 12 (doze) horas de prontidão, a que se refere o parágrafo anterior, poderão ser contínuas. Quando não existir essa facilidade, depois de 6 (seis) horas de prontidão, haverá sempre um intervalo de 1 (uma) hora para cada refeição, que não será, nesse caso, computada como de serviço. (Redação primitiva restaurada pelo Dec.-lei n. 5, de 4-4-1966.)

Art. 245. O horário normal de trabalho dos cabineiros nas estações de tráfego intenso não excederá de 8 (oito) horas e deverá ser dividido em 2 (dois) turnos com intervalo não inferior a 1 (uma) hora de repouso, não podendo nenhum turno ter duração superior a 5 (cinco) horas, com um período de descanso entre 2 (duas) jornadas de trabalho de 14 (quatorze) horas consecutivas.

Art. 246. O horário de trabalho dos operadores telegrafistas nas estações de tráfego intenso não excederá de 6 (seis) horas diárias.

Art. 247. As estações principais, estações de tráfego intenso e estações do interior serão classificadas para cada empresa pelo Departamento Nacional de Estradas de Ferro.

▶ **Comentários**

1. **Tráfego público**

As normas dispostas nos arts. 236 a 247 da CLT, como deixa claro o art. 236, aplicam-se ao empregado *das estradas de ferro abertas ao tráfego público*, o que por si, exclui os empregados de ferrovias de uso exclusivo de empresas[165].

2. **Empregados contemplados**

As disposições concernentes aos ferroviários compreendem o pessoal da administração, construção, conservação e remoção das vias férreas e seus edifícios, obras de arte, material rodante, instalações complementares e acessórias, pessoal do serviço de tráfego, de telegrafia, telefonia e funcionários de todas as instalações ferroviárias.

A Lei n. 1.652, de 22-7-1952, estende a condição de ferroviários aos empregados das empresas que explorem os serviços de carros-restaurantes.

3. **Jornada de trabalho**

A jornada de trabalho dos ferroviários é de 8 horas diárias, e semanal de 44 horas – sendo computado como de trabalho efetivo todo o tempo em que o ferroviário permanece à disposição da respectiva estrada de ferro.

Na eventualidade de horas extras, o adicional correspondente será de cinquenta por cento – CF/88, art. 7º, XVI.

A jornada dos cabineiros, nas estações de tráfego intenso – 8 horas diárias –, deve ser dividida em dois turnos, com intervalo não inferior a uma hora. O horário de trabalho dos telegrafistas, nessas mesmas estações, será de 6 horas diárias.

4. **Viagens de locomoção aos locais de trabalho**

O art. 238 da CLT estabelece critérios distintos para o tempo destinado às locomoções dos ferroviários:

a) para os empregados das *equipagens de trens*, o tempo gasto em viagens do local ou para o local de terminação e início dos serviços não será considerado como de serviço efetivo;

b) aos empregados removidos ou comissionados fora da sede, o tempo gasto em viagens é considerado como de trabalho normal e efetivo, sem, porém, direito à percepção de horas extraordinárias;

c) nas turmas de conservação da via permanente, o tempo efetivo de trabalho é contado desde a hora da saída da casa da turma até a hora em que cessar o serviço. Quando o empregado trabalhar fora dos limites da sua turma, será computado como tempo de serviço aquele gasto no percurso de volta a esses limites;

d) para o pessoal de equipagem de trens é considerado de trabalho efetivo o tempo em que o ferroviário estiver ocupado ou retido à disposição da estrada;

e) para as turmas de conservação de obras de arte, linhas telegráficas telefônicas ou edifícios, o tempo de viagem para o local de serviço não será contado, desde que não exceda de uma hora, seja para ida ou para volta, e a estrada fornecer os meios de locomoção.

O intervalo destinado à refeição só é computado como tempo de serviço para o pessoal de equipagens de trem – categoria *c* (art. 238, § 5º).

5. **Sobreaviso**

Denomina-se *sobreaviso* a situação do empregado que, embora em sua moradia, permanece aguardando, a qualquer momento, sua convocação para o serviço – art. 244, § 2º: "Considera-se de sobreaviso o empregado efetivo, que permanecer em sua própria casa, aguardando a qualquer momento o chamado para o serviço".

A escala de sobreaviso não pode ultrapassar de 12 horas – as horas de sobreaviso são contadas à razão de 1/3 do salário normal. Sobre o assunto ver Súmulas 132, 229 e 428 do TST.

165. Valentin Carrion, ob. cit., p. 192; Mozart Victor Russomano, *Comentários à CLT*, cit., v. 2, p. 427; Sérgio Pinto Martins, *Comentários à CLT*, cit., p. 252.

▶ *Jurisprudência*

▷ **Súmula 61 do TST. Ferroviário.** Aos ferroviários que trabalham em estação do interior, assim classificada por autoridade competente, não são devidas horas extras (CLT, art. 243). (RA 105/74, *DJ,* 24-10-1974) Referência: CLT, art. 243

▷ **Súmula 67 do TST. Gratificação. Ferroviário.** Chefe de trem, regido pelo estatuto dos ferroviários (Decreto n. 35.530, de 19-9-59), não tem direito à gratificação prevista no respectivo art. 110. (RA 8/77 *DJ,* 11-2-1977) Referência: Decreto n. 35.530/59

▷ **Súmula 132 do TST. Adicional de periculosidade. Integração** (incorporadas as Orientações Jurisprudenciais n. 174 e 267 da SBDI-1). I – O adicional de periculosidade, pago em caráter permanente, integra o cálculo de indenização e de horas extras (ex-Prejulgado n. 3). II – Durante as horas de sobreaviso, o empregado não se encontra em condições de risco, razão pela qual é incabível a integração do adicional de periculosidade sobre as mencionadas horas.

▷ **Súmula 229 do TST. Sobreaviso. Eletricitários.** Por aplicação analógica do art. 244, § 2º, da CLT, as horas de sobreaviso dos eletricitários são remuneradas à base de 1/3 sobre a totalidade das parcelas de natureza salarial.

▷ **Súmula 428 do TST. Sobreaviso aplicação analógica do art. 244, § 2º da CLT** (redação alterada na sessão do Tribunal Pleno realizada em 14.09.2012). I – O uso de instrumentos telemáticos ou informatizados fornecidos pela empresa ao empregado, por si só, não caracteriza o regime de sobreaviso. II – Considera-se em sobreaviso o empregado que, à distância e submetido a controle patronal por instrumentos telemáticos ou informatizados, permanecer em regime de plantão ou equivalente, aguardando a qualquer momento o chamado para o serviço durante o período de descanso.

▷ **Súmula 371 do STF.** Ferroviário que foi admitido como servidor autárquico não tem direito a dupla aposentadoria.

▷ **I – Agravo interno. Agravo de instrumento em recurso de revista. Acórdão publicado antes da vigência da Lei n. 13.015/2014. Decisão monocrática. Competência material da justiça do trabalho – Complementação de aposentadoria – Benefício previsto em lei estadual específica e pago por ente público – Regime jurídico administrativo.** Segundo o Tribunal Regional, o reclamante está submetido ao "estatuto dos ferroviários" e, por ocasião da extinção da FEPASA, a Fazenda do Estado assumiu a responsabilidade pela elaboração da folha de pagamento, bem como o pagamento das aposentadorias e pensões, por força da Lei n. 9.343/96. Portanto, é certo que o aludido benefício de complementação de aposentadoria pleiteado pelo reclamante foi assumido pelo Estado de São Paulo, por força de norma estadual. Constatado equívoco na decisão agravada, dá-se provimento ao agravo interno para determinar o processamento do agravo de instrumento. Agravo interno provido. Processo: RR – 1936-26.2011.5.15.0004. Orgão Judicante: 5ª Turma. Relator: João Pedro Silvestrin. Publicação: 21-8-2020.

▷ **I – Agravo de instrumento do sindicato nacional dos oficiais da marinha mercante – Sindmar. Recurso de revista interposto na vigência da Lei n. 13.015/2014. Legitimidade ativa. Art. 896, § 1º-A, I, da CLT.** A indicação do trecho da decisão regional que consubstancia o prequestionamento da matéria objeto do recurso é encargo da recorrente, exigência formal intransponível ao conhecimento do recurso de revista. Precedentes. Agravo de instrumento a que se nega provimento. **II – Agravo de instrumento do reclamado. Recurso de revista interposto na vigência da Lei n. 13.015/2014. Honorários advocatícios. Requisito do art. 896, §1º-A, I, da CLT não atendido. Transcrição na íntegra dos fundamentos do acórdão recorrido.** Verifica-se que, no recurso de revista, a parte recorrente não indicou o trecho da decisão regional que consubstancia o prequestionamento da controvérsia objeto do apelo, nos termos do art. 896, § 1º-A, I, da CLT (incluído pela Lei n. 13.015/2014). Com efeito, a transcrição do inteiro teor da decisão recorrida, sem a indicação expressa, destacada, da tese prequestionada, não atende ao disposto no

novo dispositivo celetista introduzido pela Lei n. 13.015/2014. Precedentes. Agravo de instrumento a que se nega provimento. **Multa convencional. Art. 896, § 1º-A, I, da CLT.** A indicação do trecho da decisão regional que consubstancia o prequestionamento da matéria objeto do recurso é encargo da recorrente, exigência formal intransponível ao conhecimento do recurso de revista. Precedentes. Agravo de instrumento a que se nega provimento. Processo: AIRR – 10159-97.2014.5.01.0053. Orgão Judicante: 2ª Turma. Relatora: Maria Helena Mallmann. Publicação: 6-12-2019

••••••••••••••••••••••••••••••••••••

Seção VI
Das equipagens das embarcações da Marinha Mercante nacional, de navegação fluvial e lacustre, do tráfego nos portos e da pesca

Art. 248. Entre as horas 0 (zero) e 24 (vinte e quatro) de cada dia civil, o tripulante poderá ser conservado em seu posto durante 8 (oito) horas, quer de modo contínuo, quer de modo intermitente.

§ 1º A exigência do serviço contínuo ou intermitente ficará a critério do comandante e, neste último caso, nunca por período menor que 1 (uma) hora.

§ 2º Os serviços de quarto nas máquinas, passadiço, vigilância e outros que, consoante parecer médico, possam prejudicar a saúde do tripulante serão executados por períodos não maiores e com intervalos não menores de 4 (quatro) horas.

Art. 249. Todo o tempo de serviço efetivo, excedente de 8 (oito) horas, ocupado na forma do artigo anterior, será considerado de trabalho extraordinário, sujeito à compensação a que se refere o art. 250, exceto se se tratar de trabalho executado:

a) em virtude de responsabilidade pessoal do tripulante e no desempenho de funções de direção, sendo consideradas como tais todas aquelas que a bordo se achem constituídas em um único indivíduo com responsabilidade exclusiva e pessoal;

b) na iminência de perigo, para salvaguarda ou defesa da embarcação, dos passageiros, ou da carga, a juízo exclusivo do comandante ou do responsável pela segurança a bordo;

c) por motivo de manobras ou fainas gerais que reclamem a presença, em seus postos, de todo o pessoal de bordo;

d) na navegação lacustre e fluvial, quando se destina ao abastecimento do navio ou embarcação de combustível e rancho, ou por efeito das contingências da natureza da navegação, na transposição de passos ou pontos difíceis, inclusive operações de alívio ou transbordo de carga, para obtenção de calado menor para essa transposição.

§ 1º O trabalho executado aos domingos e feriados será considerado extraordinário, salvo se se destinar:

a) ao serviço de quartos e vigilância, movimentação das máquinas e aparelhos de bordo, limpeza e higiene da embarcação, preparo de alimentação da equipagem e dos passageiros, serviço pessoal destes e, bem assim, aos socorros de urgência ao navio ou ao pessoal;

b) ao fim da navegação ou das manobras para a entrada ou saída de portos, atracação, desatracação, embarque ou desembarque de carga e passageiros.

§ 2º Não excederá de 30 (trinta) horas semanais o serviço extraordinário prestado para o tráfego nos portos.

Art. 250. As horas de trabalho extraordinário serão compensadas, segundo a conveniência do serviço, por descanso em período equivalente no dia seguinte ou no subsequente dentro das do trabalho normal, ou no fim da viagem, ou pelo pagamento do salário correspondente.

Parágrafo único. As horas extraordinárias de trabalho são indivisíveis, computando-se a fração de hora como hora inteira.

Art. 251. Em cada embarcação haverá um livro em que serão anotadas as horas extraordinárias de trabalho de cada tripulante, e outro, do qual constarão, devidamente circunstanciadas, as transgressões dos mesmos tripulantes.

Parágrafo único. Os livros de que trata este artigo obedecerão a modelos organizados pelo Ministério do Trabalho, serão escriturados em dia pelo comandante da embarcação e ficam sujeitos às formalidades instituídas para os livros de registro de empregados em geral.

Art. 252. Qualquer tripulante que se julgue prejudicado por ordem emanada de superior hierárquico poderá interpor recurso, em termos, perante a Delegacia do Trabalho Maríti-

mo, por intermédio do respectivo comandante, o qual deverá encaminhá-lo com a respectiva informação dentro de 5 (cinco) dias, contados de sua chegada ao porto.

▶ **Comentários**

A CLT dedica aos tripulantes os arts. 248 a 252. *Marítimos* são os trabalhadores que exercem suas funções a bordo dos navios e embarcações fluviais, o que os distingue dos estivadores, capatazes e arrumadores.

A legislação celetista disciplina o período em que o tripulante pode ser conservado em seu posto – 8 horas (serviços contínuos e intermitentes), considerando extraordinário o trabalho que exceda o limite referido, bem como o trabalho executado em domingos e feriados, salvo as exceções que enumera (art. 249, § 1º e alíneas).

Prevê, por outro lado, a compensação das horas extraordinárias – por descanso ou período equivalente (art. 7º, XVI, da CF/88).

Os marítimos, além das disposições legais mencionadas, sujeitam-se às regras do Regulamento de Segurança do Tráfego Aquaviário em Águas sob a Jurisdição Nacional (Dec. n. 2.596, de 19-5-1998).

▶ **Jurisprudência**

▷ **Súmula 96 do TST. Marítimo.** A permanência do tripulante a bordo do navio, no período de repouso, além da jornada, não importa em presunção de que esteja à disposição do empregador ou em regime de prorrogação de horário, circunstâncias que devem resultar provadas, dada a natureza do serviço.

▷ **Súmula 438 do TST.** Intervalo para recuperação térmica do empregado. Ambiente artificialmente frio. Horas extras. Art. 253 da CLT. Aplicação analógica (Res. 185/2012, *DEJT* divulgado em 25, 26 e 27-9-2012).

O empregado submetido a trabalho contínuo em ambiente artificialmente frio, nos termos do parágrafo único do art. 253 da CLT, ainda que não labore em câmara frigorífica, tem direito ao intervalo intrajornada previsto no *caput* do art. 253 da CLT.

▷ **Súmula 531 do STF.** É inconstitucional o Decreto 51.668, de 17-1-1963, que estabeleceu salário profissional para trabalhadores de transportes marítimos, fluviais e lacustres.

▷ **Agravo de instrumento. Recurso de revista – Descabimento. Rito sumaríssimo. 1. Intervalo previsto no art. 253 da CLT.** Extrai-se do acórdão que a autora laborou em ambiente artificialmente frio. A Súmula 438 do TST consagra entendimento no sentido de que "o empregado submetido a trabalho contínuo em ambiente artificialmente frio, nos termos do parágrafo único do art. 253 da CLT, ainda que não labore em câmara frigorífica, tem direito ao intervalo intrajornada previsto no *caput* do art. 253 da CLT". Incidência do art. 896, § 7º, da CLT e da Súmula 333/TST. **2. Não conhecimento do recurso ordinário. Horas extras. Regime de compensação de jornada.** Hipótese em que a Corte Regional considerou que os argumentos lançados no recurso ordinário não foram suficientes a desconstituir a decisão. Nesse contexto, eventual acolhimento das arguições da parte implicaria, inevitavelmente, o revolvimento dos fatos e prova dos autos, procedimento incompatível com a fase extraordinária em que se encontra o processo, nos termos da Súmula 126 do TST. **3. Intervalo para descanso previsto no art. 384 da CLT. Constitucionalidade. Horas extras.** Tratando-se de demanda que envolve relação de emprego havida antes da Lei n. 13.467/2017, aplica-se ao caso o entendimento adotado por esta Corte, em sua composição plena, no julgamento do processo IIN-RR-1540/2005-046-12-00, no sentido de que o art. 384 da CLT foi recepcionado pela Constituição Federal. Em razão disso, a inobservância do intervalo previsto nesse dispositivo implica pagamento das horas extras correspondentes ao período, por se tratar de medida de higiene, saúde e segurança das trabalhadoras. Agravo de instrumento conhecido e desprovido. Processo: AIRR – 545-49.2018.5.23.0107. Orgão Judicante: 3ª Turma. Relator: Alberto Luiz Bresciani de Fontan Pereira. Publicação: 14-8-2020

Seção VII
Dos serviços frigoríficos

Art. 253. Para os empregados que trabalham no interior das câmaras frigoríficas e para os que movimentam mercadorias do ambiente quente ou normal para o frio e vice-versa, depois de 1 (uma) hora e 40 (quarenta) minutos de trabalho contínuo, será assegurado um período de 20 (vinte) minutos de repouso, computado esse intervalo como de trabalho efetivo.

Parágrafo único. Considera-se artificialmente frio, para os fins do presente artigo, o que for inferior, nas primeira, segunda e terceira zonas climáticas do mapa oficial do Ministério do Trabalho, a 15º (quinze graus), na quarta zona a 12º (doze graus), e nas quinta, sexta e sétima zonas a 10º (dez graus).

▶ **Comentários**

O trabalho executado no interior das Câmaras Frigoríficas, com temperaturas extremamente frias, coloca a saúde do trabalhador em graves riscos, justificando, outrossim, medidas legais de proteção.

Considera-se artificialmente frio o que for inferior a 15º (quinze graus), na primeira, segunda e terceira zonas, a 12º (doze graus), na quarta zona, e a 10º (dez graus), na quinta, sexta e sétima zonas climáticas, segundo o Mapa Oficial do Ministério do Trabalho (Portaria n. 21 da Secretaria de Segurança e Saúde no Trabalho do Ministério do Trabalho e Emprego/Mapa "Brasil Climas" do Instituto Brasileiro de Geografia e Estatística – IBGE).

Considerando as condições de trabalho desenvolvido no interior das câmaras frigoríficas, obviamente, além dos equipamentos de proteção indispensáveis, o artigo sob comento estabelece períodos de *vinte minutos de repouso*, depois de *uma hora e quarenta minutos de trabalho contínuo*.

Independentemente desse intervalo, o trabalho nas condições mencionadas enseja, igualmente, adicional de insalubridade, *ex vi* do disposto no art. 189 da CLT.

▶ *Jurisprudência*

▷ **Agravo de instrumento. Recurso de revista – Descabimento. Rito sumaríssimo. 1. Intervalo previsto no art. 253 da CLT.** Extrai-se do acórdão que a autora laborou em ambiente artificialmente frio. A Súmula 438 do TST consagra entendimento no sentido de que "o empregado submetido a trabalho contínuo em ambiente artificialmente frio, nos termos do parágrafo único do art. 253 da CLT, ainda que não labore em câmara frigorífica, tem direito ao intervalo intrajornada previsto no *caput* do art. 253 da CLT". Incidência do art. 896, § 7º, da CLT e da Súmula 333/TST. **2. Não conhecimento do recurso ordinário. Horas extras. Regime de compensação de jornada.** Hipótese em que a Corte Regional considerou que os argumentos lançados no recurso ordinário não foram suficientes a desconstituir a decisão. Nesse contexto, eventual acolhimento das arguições da parte implicaria, inevitavelmente, o revolvimento dos fatos e prova dos autos, procedimento incompatível com a fase extraordinária em que se encontra o processo, nos termos da Súmula 126 do TST. **3. Intervalo para descanso previsto no art. 384 da CLT. Constitucionalidade. Horas extras.** Tratando-se de demanda que envolve relação de emprego havida antes da Lei n. 13.467/2017, aplica-se ao caso o entendimento adotado por esta Corte, em sua composição plena, no julgamento do processo IIN-RR-1540/2005-046-12-00, no sentido de que o art. 384 da CLT foi recepcionado pela Constituição Federal. Em razão disso, a inobservância do intervalo previsto nesse dispositivo implica pagamento das horas extras correspondentes ao período, por se tratar de medida de higiene, saúde e segurança das trabalhadoras. Agravo de instrumento conhecido e desprovido. Processo: AIRR – 545-49.2018.5.23.0107. Orgão Judicante: 3ª Turma. Relator: Alberto Luiz Bresciani de Fontan Pereira. Publicação: 14-8-2020

Seção VIII
Dos serviços de estiva

Arts. 254 a 284. (Revogados pela Lei n. 8.630, de 25-2-1993.)

▶ **Comentários**

Os dispositivos legais nominados foram revogados pela Lei n. 8.630, de 25-2-1993, que dispunha sobre o *regime jurídico de exploração dos Portos Organizados e das Instalações Portuárias*.

A mencionada lei foi revogada pela Lei n. 12.815[166], de 5-6-2013, que conceitua o Porto Organizado como o:

"bem público construído e aparelhado para atender a necessidades de navegação, de movimentação de passageiros ou de movimentação e armazenagem de mercadorias, e cujo tráfego e operações portuárias estejam sob jurisdição de autoridade portuária".

Operação portuária compreende a movimentação de passageiros ou a movimentação e armazenagem de mercadorias, destinados ou provenientes de transporte aquaviário, realizada no porto organizado por operadores portuários.

Operador portuário é a pessoa jurídica (pré-qualificada) para a execução das operações portuárias, na área do porto organizado.

Os trabalhadores portuários avulsos podem organizar-se em *Cooperativas* e se estabelecer como operadores portuários.

▶ **Jurisprudência**

▷ **Agravo interno em agravo de instrumento em recurso de revista. Lei n. 13.015/2014. CPC/2015. Instrução Normativa n. 40 do TST. Trabalhador portuário avulso.** PRESCRIÇÃO. Segundo a atual jurisprudência desta Corte, incide a prescrição quinquenal na pretensão do trabalhador avulso portuário, em face do disposto no art. 7º, XXXIV, da Constituição da República, que trata da igualdade de direitos do trabalhador com e sem vínculo de emprego. A prescrição bienal somente se aplica a partir do cancelamento do registro do trabalhador avulso no Órgão Gestor de Mão de Obra e não da cessação do trabalho para cada tomador. Precedentes. Agravo interno conhecido e não provido. **Trabalhador avulso. Horas extras. Intervalo intrajornada. Ônus da prova. Ausência de comprovação do efetivo prequestionamento. Requisito previsto no art. 896, § 1º-A, I, da CLT.** Em sede de recurso de revista, a parte deve, obrigatoriamente, transcrever, ou destacar (sublinhar/negritar), o fragmento da decisão recorrida que revele a resposta do tribunal de origem sobre a matéria objeto do apelo; ou seja, o ponto específico da discussão, contendo as principais premissas fáticas e jurídicas contidas no acórdão regional acerca do tema invocado no apelo. Referido procedimento não foi atendido, conforme imposto pelo art. 896, § 1º-A, I, da CLT. Agravo interno conhecido e não provido. Processo: Ag-AIRR – 1001228-87.2016.5.02.0442. Orgão Judicante: 7ª Turma. Relator: Claudio Mascarenhas Brandão. Publicação: 21-8-2020

▷ **Embargos de declaração em agravos dos reclamados. Recurso de revista interposto pelo reclamante. Lei n. 13.467/2017. Matéria comum. Análise conjunta. Horas extras. Trabalho em desrespeito ao intervalo interjornadas de 11 horas. Trabalhador portuário avulso.** 1. As alegações trazidas pela parte embargante não tem o condão de alterar o acórdão embargado. 2. O TRT, soberano na análise do conjunto fático-probatório, ao analisar a matéria relativa às horas extras, consignou expressamente *"não ser possível o deferimento de horas extras aos trabalhadores avulsos em casos semelhantes ao que ora se apresenta, haja vista que cada um dos turnos de trabalho, realizado em favor de operadores portuários diversos, deve ser considerado de forma independente. (...) Já no que concerne ao intervalo de 11 horas entre duas jornadas de trabalho, previsto no art. 66, da CLT, também não há se falar em pagamento de horas extras em caso de inobservância*

166. *Vide* a referida lei na Legislação Complementar. Sobre o mesmo tema a Convenção 137 da OIT.

desse preceito. A prestação de serviços em mais de um turno de trabalho, com possível prejuízo do intervalo mínimo inter-jornada, somente ocorre com a aquiescência do próprio trabalhador portuário, já que este se candidata livremente ao trabalho, conforme seu próprio interesse. Além disso, é certo que o tomador de serviços, no turno seguinte, não é, necessariamente, o mesmo operador portuário. Sendo assim, em relação a ele não houve prorrogação alguma de jornada". 3. A jurisprudência desta Corte Superior é firme no sentido de que o trabalhador portuário avulso tem direito ao intervalo interjornadas de 11 horas, mesmo quando prestar serviços a operadores portuários diversos. Julgados. 4. Embargos de declaração que se acolhem apenas para acrescer fundamentos ao acórdão embargado, sem efeito modificativo. Processo: ED-Ag-RR – 1001412-06.2017.5.02.0443. Orgão Judicante: 6ª Turma. Relatora: Kátia Magalhães Arruda. Publicação: 21-8-2020

Seção IX
Dos serviços de capatazias nos portos

Arts. 285 a 292. (Revogados pela Lei n. 8.630, de 25-2-1993.[167])

▶ **Jurisprudência**

▷ **"dissídio coletivo jurídico ajuizado pela FENOP. Interpretação dos arts. 1º e 13 da Lei n. 9.719/98, E, 32, 33, 39, 41 e 43 da Lei n. 12.815/13. Órgãos gestores de mão de obra – OGMO. Atribuição exclusiva para gerir e intermediar o fornecimento de mão de obra de trabalhador avulso.** A Federação Nacional dos Operadores Portuários – FENOP ajuizou dissídio coletivo de natureza jurídica, postulando a interpretação dos arts. 1º e 13 da Lei n. 9.719/9, e 32, 33 e 41 da Lei n. 12.815/13, a fim de que seja declarada a competência exclusiva do OGMO para gerir e intermediar o fornecimento de mão-de-obra de trabalhador portuário avulso. O art. 241 do Regimento Interno do Tribunal Superior do Trabalho estabelece que: "Os dissídios coletivos podem ser: (...) II – de natureza jurídica, para interpretação de cláusulas de sentenças normativas, de instrumentos de negociação coletiva, acordos e convenções coletivas, de disposições legais particulares de categoria profissional ou econômica e de atos normativos". O dissídio coletivo de natureza jurídica é uma ação declaratória, que tem como finalidade a interpretação de normas coletivas preexistentes (dispositivo legal, convencional ou regulamentar), que vigoram no âmbito das relações de trabalho ocorridas entre as categorias profissional e econômica de um determinado ramo de atividade. Dentro desse limite normativo é que deve ser apreciada esta demanda. Verifica-se que a suscitante (FENOP) busca o provimento judicial, para interpretação de disposições legais particulares atinentes à categoria profissional dos portuários avulsos. Ou seja, a demanda tem como objeto normas de caráter não genérico, o que se harmoniza com a diretriz revelada na Orientação Jurisprudencial n. 7 da SDC do TST (Não se presta o dissídio coletivo de natureza jurídica à interpretação de normas de caráter genérico, a teor do disposto no art. 313, II, do RITST). Portanto, quanto a esse aspecto, a demanda tem viabilidade. A reforma da legislação estatal atinente aos portos, promovida pela edição da Lei n. 8.630/93 e, posteriormente, pela Lei n. 12.815/13, teve como objetivo a modernização da atividade portuária brasileira. Dentre as várias alterações promovidas nas relações ocorridas nos portos, o novo marco legal estabeleceu aos operadores portuários a obrigação de constituir Órgãos Gestores de Mão de Obra – OGMO, em cada porto organizado, com a função de gerir a mão de obra nos portos (art. 18, *caput*, da Lei n. 8.630/93; posteriormente, art. 32, *caput*, da Lei n. 12.815/13). A criação dos Órgãos Gestores de Mão de Obra – OGMO é um dos pilares da nova legislação portuária, com consequente ruptura do monopólio das entidades sindicais quanto à intermediação da mão de obra portuária avulsa. Na linha da diretriz de modernização do funcionamento das ativi-

167. *Vide* a lei referida na Legislação Complementar.

dades portuárias, a nova legislação estabeleceu que a intermediação para contratação de mão de obra do trabalho portuário avulso deverá ser requisitada ao órgão gestor de mão-de-obra (art. 1º da Lei n. 9.719/98). Registre-se que o novo marco legislativo da atividade portuária não eliminou completamente a atuação, historicamente consagrada, dos sindicatos dos trabalhadores avulsos, que, evidentemente, podem contribuir para o aprimoramento do trabalho portuário, bem como para o desenvolvimento e eficácia das atividades desse importante ramo econômico. O novo ordenamento vigente admite a celebração de instrumento coletivo autônomo entre os trabalhadores e tomadores de serviço (parágrafo único do art. 32 da Lei n. 12.815/2013). Entretanto, o referido dispositivo deve ser interpretado, de forma sistêmica, à luz do disposto no art. 43 da mesma lei (12.815/2013), que prevê que serão objeto de negociação entre as entidades representativas dos trabalhadores portuários avulsos e dos operadores portuários as questões atinentes à "remuneração, a definição das funções, a composição dos ternos, a multifuncionalidade e as demais condições do trabalho avulso". Reconhece-se a singularidade histórica da atuação das entidades sindicais representantes dos trabalhadores portuários, inclusive na gestão da mão de obra dos avulsos, no entanto, a partir do novo marco legislativo das atividades portuárias (normas estatais posteriores à Constituição Federal) incumbe tão somente aos entes sindicais portuários compor a estrutura tripartite do Órgão Gestor de Mão de Obra – OGMO, na defesa dos interesses e direitos individuais, plúrimos e coletivos dos trabalhadores. Ao contrário do que aparentemente revelaria a literalidade da norma estatal, o instrumento coletivo autônomo autorizado pelo parágrafo único do art. 32 da Lei n. 12.815/2013 encontra limite na própria lei, que admite ocorrer negociação coletiva apenas com relação às questões concernentes à remuneração, a definição das funções, a composição dos ternos, a multifuncionalidade e as demais condições do trabalho avulso, consoante disposto no art. 43 da Lei n. 12.815/2013.Importante registrar que, nos termos da legislação vigente, o Órgão de Gestão de Mão de Obra – OGMO tem como finalidade específica a intermediação e gestão da mão de obra do trabalhador avulso, com caráter de utilidade pública, sendo-lhe vedado ter fins lucrativos, prestar serviços a terceiros ou exercer qualquer atividade não vinculada à gestão de mão de obra (art. 39 da Lei n. 12.815/2013). Esse limite estabelecido na lei, que restringe como única razão para a existência do OGMO a atividade específica da gestão de mão de obra do trabalhador avulso, reforça o entendimento de que é atribuição exclusiva do OGMO a intermediação da mão de obra do trabalhador avulso nas atividades portuárias. Julga-se parcialmente procedente este dissídio coletivo jurídico para, conferindo interpretação sistêmica aos arts. 1º e 13 da Lei n. 9.719/98, e, 32, 33, 39, 41 e 43 da Lei n. 12.815/13, declarar que o OGMO detém exclusiva atribuição para gerir e intermediar o fornecimento de mão de obra de trabalhador avulso. **Pedido de ingresso do sindicato dos conferentes de carga e descarga nos portos do estado do Espírito Santo no polo passivo da lide.** O Sindicato dos Conferentes de Carga e Descarga nos Portos do Estado do Espírito Santo apresentou pedido de inserção no polo passivo da demanda. Prevalece nesta Corte o entendimento de que, nos dissídios coletivos suscitados perante o Tribunal Superior do Trabalho, que tenha abrangência de âmbito nacional, os legitimados a figurar no processo são apenas as entidades de grau superior representantes das categorias (federações e confederações), não se reconhecendo legitimidade aos sindicatos com base estadual para atuar nesta espécie de demanda. Cito julgados nesse sentido. O art. 138 do CPC preceitua que "O juiz ou o relator, considerando a relevância da matéria, a especificidade do tema objeto da demanda ou a repercussão social da controvérsia, ou poderá, por decisão irrecorrível, de ofício a requerimento das partes ou de quem pretenda manifestar-se, solicitar ou admitir a participação de pessoa natural ou jurídica, órgão ou entidade especializada, com representatividade adequada, no prazo de 15 (quinze) dias de sua intimação. § 1º A intervenção

de que trata o *caput* não implica alteração de competência nem autoriza a interposição de recursos, ressalvadas a oposição de embargos de declaração e a hipótese do § 3.º. § 2º Caberá ao juiz ou ao relator, na decisão que solicitar ou admitir a intervenção, definir os poderes do amicus curiae". No âmbito de norma regulamentar do TST, o art. 3º, II, da Instrução Normativa n. 39/16 do TST, estabelece que: "Sem prejuízo de outros, aplicam-se ao Processo do Trabalho, em face de omissão e compatibilidade, os preceitos do Código de Processo Civil que regulam os seguintes temas: (...) II – art. 138 e parágrafos (amicus curiae)". Desse modo, tendo em vista a relevância da matéria objeto da presente demanda, com apoio no art. 138 do CPC/2015, admito a intervenção do Sindicato dos Conferentes de Carga e Descarga nos Portos do Estado do Espírito Santo, na qualidade de "amicus curiae", com poderes específicos para apresentar razões, manifestações por escrito, documentos e memoriais, sendo-lhe vedado apresentar recurso no curso deste processo, ressalvada a oposição de embargos de declaração. **Reconvenção proposta pela FNP. Preliminar de irregularidade da peça reconvencional arguida pela suscitante em contestação à reconvenção. Não observância de norma regulamentar.** A FNP propôs reconvenção em conjunto com a peça de contestação. Em razões de contrariedade às reconvenções, a suscitante (FENOP) afirma que a Federação Nacional dos Portuários – FNP apresentou sua reconvenção pelo sistema e-DOC, apesar de a presente demanda tramitar pelo via do sistema PJe. Nesse cenário, aponta desconformidade com o disposto no ATO SEGJUD.GP N. 32/2017. Verifica-se que a petição contendo a reconvenção apresentada pela FNP foi protocolizada através do Sistema Integrado de Protocolização e Fluxo de Documentos Eletrônicos – e-DOC, embora a peça seja relacionada a processo que se encontra em tramitação nesta Corte pelo Sistema de Processo Judicial Eletrônico – PJe, conforme a informação oriunda da Secretaria Judiciária do TST. O art. 4º do Ato SEGJUD.GP 32/2017 estabelece que o "recebimento de petição inicial ou de prosseguimento, relativamente aos processos em tramitação no Sistema PJe, somente ocorrerá no meio eletrônico próprio desse sistema, sendo vedada a utilização do e-DOC ou de qualquer outro sistema de peticionamento eletrônico". Reconvenção proposta pela Federação Nacional dos Portuários – FNP não admitida, a teor da referida norma regulamentar (art. 4º do Ato SEGJUD.GP 32/2017). **Reconvenção proposta pelas entidades FNE e FENCCOVIB.** FNE e FENCCOVIB propuseram reconvenção, buscando a procedência de pedidos diversos. A proposição de reconvenção é admitida no processo do trabalho de natureza coletiva, com o processamento orientado, subsidiariamente, pelo Código de Processo Civil, uma vez a CLT é omissa quanto a esse instituto (art. 769 da CLT). O art. 343 do CPC assim estabelece: "Na contestação, é lícito ao réu propor reconvenção para manifestar pretensão própria, conexa com a ação principal ou com o fundamento da defesa". No caso, verifica-se que alguns dos pedidos apresentados na reconvenção (decretação da substituição de trabalhadores irregularmente contratados para funções típicas portuárias e o reconhecimento da representatividade sindical) não tratam de mera interpretação de normas autônomas ou heterônomas, mas sim de pretensões de cunho condenatório/constitutivo. Tais postulações são incompatíveis com o instrumento de dissídio coletivo jurídico, cujo objeto se limita à interpretação de uma norma legal ou coletiva específica de certa categoria. Por outro lado, infere-se que há compatibilidade, bem como conexão entre a ação principal e a reconvenção quanto ao pedido reconvencional para o reconhecimento de que "as funções típicas portuárias, previstas no art. 40 da Lei n. 12.815/13, só podem ser exercidas por trabalhadores portuários registrados ou cadastrados no OGMO, seja no regime jurídico do emprego ou do trabalho avulso, seja dentro ou fora do porto organizado". Portanto, cabe admitir a reconvenção proposta, especificamente para análise desse tema. A reforma da legislação estatal atinente aos portos, promovida pela edição da Lei n. 8.630/93 e, posteriormente, pela Lei n. 12.815/13, teve

como objetivo a modernização da atividade portuária brasileira. O novo marco legal da atividade portuária tem a criação do OGMO como um dos pilares.Na linha da diretriz da modernização do funcionamento das atividades portuárias, à luz da interpretação sistêmica da legislação vigente, infere-se que o OGMO detém a exclusiva atribuição para gerir e intermediar o fornecimento de mão de obra de trabalhador avulso. No caso, a controvérsia apontada na reconvenção, sobre a contratação de trabalhadores portuários, deve ser analisada no cenário jurídico estabelecido a partir da edição da Lei n. 12.815/2013, que revogou expressamente a Lei n. 8.630/93. O novo instrumento legislativo estabelece que ao órgão de gestão de mão de obra do trabalho portuário – OGMO cabe administrar o fornecimento da mão de obra do trabalhador portuário e do trabalhador portuário avulso (art. 32, I, da Lei n. 12.815/13). O § 2º do art. 40 da Lei n. 12.815/2013, diz que a contratação de trabalhadores portuários de capatazia, bloco, estiva, conferência de carga, conserto de carga e vigilância de embarcações com vínculo empregatício por prazo indeterminado será feita exclusivamente dentre trabalhadores portuários avulsos registrados. Infere-se, por mera interpretação literal, que a palavra "exclusivamente", contida na norma estatal, revela que contratação de trabalhadores portuários deve ser realizada tão somente dentre aqueles que possuem registro no OGMO. Conclusão diversa, no sentido de ser possível contratar trabalhadores não registrados, violaria o significado mínimo do texto objeto da interpretação, que é o ponto de partida do intérprete. Julgados nesse sentido.a Lei n. 12.815/2013 (que revogou expressamente a Lei n. 8.630/93) alterou o regime de contratação dos trabalhadores para as atividades específicas portuárias, estabelecendo expressamente que a contratação de trabalhadores portuários de capatazia, bloco, estiva, conferência de carga, conserto de carga e vigilância de embarcações, com vínculo empregatício por prazo indeterminado, será feita exclusivamente dentre trabalhadores portuários avulsos registrados (§ 2º do art. 40 da Lei n. 12.815/2013). O art. 44 da Lei n. 12.815/13, que faculta aos titulares de instalações portuárias sujeitas a regime de autorização (terminais de uso privado) a contratação de trabalhadores a prazo indeterminado, deve ser interpretado de forma sistêmica, em sintonia com os objetivos de modernização e eficiência das atividades portuárias, que tem como um dos pilares a exclusividade da gestão da mão de obra portuária pelo OGMO, inclusive como forma de valorização e qualificação da mão de obra portuária. A partir de uma interpretação teleológica e sistemática da legislação portuária, conclui-se que a contratação de trabalhadores para as atividades específicas portuárias (capatazia, bloco, estiva, conferência de carga, conserto de carga e vigilância de embarcações – art. 40 da Lei n. 12.815/13), com vínculo empregatício por prazo indeterminado, deverá ocorrer exclusivamente dentre os trabalhadores portuários avulsos registrados, sempre que existir o órgão de gestão de mão de obra do trabalho portuário constituído na localidade do contratante. Julga-se parcialmente procedente a reconvenção, a fim de declarar que as funções típicas portuárias, previstas no art. 40 da Lei n. 12.815/13, devem ser exercidas exclusivamente por trabalhadores portuários registrados ou cadastrados no OGMO, tanto no regime jurídico de emprego ou no regime de trabalho avulso, seja dentro ou fora do porto organizado, sempre que existir o órgão de gestão de mão de obra do trabalho portuário constituído na localidade em que ocorrer a contratação. **Embargos de declaração da ATP – Associação de Terminais Portuários Privados. Indeferimento de ingresso de *amicus curiae*.** Esta relatora indeferiu o pedido de ingresso da ATP – Associação de Terminais Portuários Privados na qualidade de amicus curiae. A ATP opôs embargos de declaração em face dessa decisão. Não constatados os vícios de procedimento previstos nos arts. 1.022 do CPC/2015 e 897-A da CLT, rejeita-se os embargos de declaração" (DC-1000360-97.2017.5.00.0000, Seção Especializada em Dissídios Coletivos, Relatora Ministra Kátia Magalhães Arruda, *DEJT* 28-10-2021).

▷ **"Recurso de embargos em embargos de declaração em embargos de declaração**

em recurso de revista. **Recurso interposto sob a vigência da Lei n. 13.467/2017. Trabalhador portuário. Estiva. Contratação com vínculo de emprego por tempo indeterminado de trabalhadores não cadastados ou registrados no OGMO.** A egrégia 2ª Turma desta colenda Corte, por meio de acórdão de fls. 875/906, complementado pelos de fls. 919/926 e 935/936, conheceu do recurso de revista interposto pelos reclamantes, por má aplicação do art. 26 da Lei n. 8.630/1993 e, no mérito, deu-lhe provimento para determinar à reclamada que requisite trabalhadores habilitados e inscritos no cadastro ou registro do OGMO para o desempenho de qualquer atividade de estiva, sob pena de pagamento de multa por descumprimento de obrigação de fazer, fixada, nos limites do pedido, em R$ 500,00 (quinhentos reais) por dia e por trabalhador escalado estranho aos quadros do OGMO, devendo esta contratação dar-se de forma exclusiva, a partir da data da vigência da Lei n. 12.815/2013, de 5/6/2013, nos termos do § 2º do seu art. 40. Os dois primeiros arestos, provenientes das 5ª e 6ª Turmas não abordam a matéria à luz da alteração promovida pela Lei n. 12.815/2013, tanto quanto não trata da hipótese atividade de estiva. Os modelos fazem remissão à contratação de serviços de capatazia, exclusivamente à luz da Lei n. 8.630/93. Sobre a atividade discutida nestes autos, vale ponderar que, conquanto a c. Turma faça referência às atividades de capatazia e bloco, o provimento é para determinar à reclamada que requisite trabalhadores habilitados e inscritos no cadastro ou registro do OGMO para o desempenho de qualquer atividade de estiva. Esse delineamento se confirma com a delimitação contida da ementa da c. Turma, a qual expõe que "A discussão está cingida à possibilidade de contratação, com vínculo permanente, de trabalhadores portuários de estiva sem registro ou cadastro no OGMO por operador portuário". Também os esclarecimentos prestados no julgamento dos embargos de declaração confirmam a situação discutida. A Turma assentou que "os reclamantes ajuizaram esta reclamação trabalhista no intuito de que a reclamada voltasse a convocá-los no sistema de rodízio determinado pela Lei n. 8.630/93, argumentando que, 'em meados de abril de 2008, sem nenhuma justificativa prévia ou negociação perante o sindicato da categoria, a reclamada, desrespeitando a Lei n. 8.630/93 e o art. 7º, XXXIV da CRFB, passou a convocar sem a intermediação do OGMO estivadores para laborarem como empregados com vínculo empregatício e por prazo indeterminado, preenchendo desta forma todo seu quadro de estiva'". Assim, concluiu que "a determinação de que a reclamada requisite trabalhadores habilitados e inscritos no cadastro ou registro do OGMO para o desempenho de qualquer atividade de estiva não é, em si, uma decisão erga omnes, uma vez que se trata de providência judicial que visa assegurar com efetividade o direito dos reclamantes numa situação fática específica em que a manutenção da alegada prática de contratação de empregados sem intermediação do OGMO prejudica os autores, tendo em vista que a relação jurídica entre as partes possui natureza continuativa". Por esses termos, o último aresto oriundo da 5ª Turma, conquanto faça uma interpretação da Lei n. 12.815/2013, que incluiu expressamente os serviços de capatazia e bloco dentre as atividades com contração exclusiva de trabalhadores registrados, e consigne a revogação da Lei n. 8.630/93, o faz em relação à obrigatoriedade de contratar trabalhadores portuários, com vínculo de emprego por prazo indeterminado, para as atividades de capatazia e bloco, entre os que estejam registrados ou cadastrados no OGMO, estabelecendo, com isso, exclusividade na contratação e não somente preferência, e não aos estivadores, os quais já estavam previstos no art. 26 da Lei n. 8.630/93. Logo, o apelo não ultrapassa o óbice da Súmula 296, I, do TST, a qual consagra a especificidade do aresto na interpretação diversa de um mesmo dispositivo legal a partir de fatos idênticos. Sobre a alegação da parte de que não há provas de que a embargante contratou estivadores não cadastrados ou registrados no sistema do OGMO, há de ressaltar que a c. Turma consignou expressamente que "devem ser mantidos os contratos de trabalho em curso celebrados até a data da publicação daquele

acórdão, em face do princípio da confiança legítima, ficando vedada apenas a contratação de novos empregados sem registro no OGMO, sendo irrelevante, em face dessa decisão, a alegação de que 'todos os empregados estivadores da Embargante são registrados no OGMO, não havendo nenhum estivador sem registro'". Frise-se que o provimento dado ao recurso dos autores o foi para determinar à reclamada que "requisite trabalhadores habilitados e inscritos no cadastro ou registro do OGMO para o desempenho de qualquer atividade de estiva, devendo esta contratação dar-se de forma exclusiva, a partir da data da vigência da Lei n. 12.815/2013, de 5-6-2013, nos termos de seu art. 40, § 2º, ficando, em face do princípio da confiança legítima, mantidos os contratos de trabalho em curso celebrados até a data da publicação deste acórdão". Assim, não há como se reconhecer a excepcional hipótese de cabimento dos embargos por contrariedade à Súmula 126 do TST, não se verificando a circunstância de a decisão embargada conter afirmação ou manifestação contrária ao teor do indicado verbete processual. Recurso de embargos não conhecido" (E-ED-ED-RR-73-70.2010.5.01.0065, Subseção I Especializada em Dissídios Individuais, Relator Ministro Breno Medeiros, *DEJT* 2-10-2020).

▷ **Recurso ordinário em dissídio coletivo de greve interposto pelo sindicato dos conferentes de carga, descarga e capatazia do porto de santos – Não comprovação da efetiva paralisação dos trabalhadores – Extinção do processo sem resolução de mérito – Desprovimento do apelo.** 1. Nos termos do que dispõe o art. 2º da Lei n. 7.783/89, "considera-se legítimo exercício do direito de greve a suspensão coletiva, temporária e pacífica, total ou parcial, de prestação pessoal de serviços a empregador". 2. *In casu*, a par das alegações do Sindicato Suscitante, a propósito da legitimidade do movimento e de sua principal reivindicação – manutenção da cláusula de acordo coletivo de trabalho que determinava a requisição de equipe mínima de conferência de carga –, o TRT da 2ª Região confirmou, a partir dos elementos fático-probatórios dos autos, que "sequer houve a suspensão da prestação de serviços", extinguindo o processo sem resolução do mérito, por falta de interesse de agir (art. 485, VI, do CPC). 3. Assim, se, por um lado, a definição legal de greve pressupõe a suspensão do trabalho e, de outro, não há notícia da deflagração do movimento paredista, não há direito a ser tutelado pela via do dissídio coletivo dessa natureza, esvaziando-se o interesse de agir que justifica a intervenção do Judiciário. 4. Do exposto, a decisão regional deve ser mantida em seus exatos termos, pelo que nego provimento ao recurso ordinário. Recurso ordinário conhecido e não provido. Processo: RO – 1000672-82.2018.5.02.0000. Orgão Judicante: Seção Especializada em Dissídios Coletivos. Relator: Ives Gandra Martins Filho. Publicação: 19-5-2020

..

Seção X
Do trabalho em minas de subsolo

Art. 293. A duração normal do trabalho efetivo para os empregados em minas no subsolo não excederá de 6 (seis) horas diárias ou de 36 (trinta e seis) semanais.

Art. 294. O tempo despendido pelo empregado da boca da mina ao local do trabalho e vice-versa será computado para o efeito de pagamento do salário.

Art. 295. A duração normal do trabalho efetivo no subsolo poderá ser elevada até 8 (oito) horas diárias ou 48 (quarenta e oito) semanais, mediante acordo escrito entre empregado e empregador ou contrato coletivo de trabalho, sujeita essa prorrogação à prévia licença da autoridade competente em matéria de higiene do trabalho.

Parágrafo único. A duração normal do trabalho efetivo no subsolo poderá ser inferior a 6 (seis) horas diárias, por determinação da autoridade de que trata este artigo, tendo em vista condições locais de insalubridade e os métodos e processos do trabalho adotado.

Art. 296. A remuneração da hora prorrogada será no mínimo de 25% (vinte e cinco por cento) superior à da hora normal e deverá constar do acordo ou contrato coletivo de trabalho.

Art. 297. Ao empregado no subsolo será fornecida, pelas empresas exploradoras de minas, alimentação adequada à natureza do trabalho,

de acordo com as instruções estabelecidas pelo Serviço de Alimentação da Previdência Social e aprovadas pelo Ministro do Trabalho.

Art. 298. Em cada período de 3 (três) horas consecutivas de trabalho, será obrigatória uma pausa de 15 (quinze) minutos para repouso, a qual será computada na duração normal de trabalho efetivo.

Art. 299. Quando nos trabalhos de subsolo ocorrerem acontecimentos que possam comprometer a vida ou saúde do empregado, deverá a empresa comunicar o fato imediatamente à autoridade regional do trabalho, do Ministério do Trabalho.

Art. 300. Sempre que, por motivo de saúde, for necessária a transferência do empregado, a juízo da autoridade competente em matéria da segurança e da medicina do trabalho, dos serviços no subsolo para os de superfície, é a empresa obrigada a realizar essa transferência, assegurando ao transferido a remuneração atribuída ao trabalhador de superfície em serviço equivalente, respeitada a capacidade profissional do interessado. (Redação dada pela Lei n. 2.924, de 21-10-1956.)

Parágrafo único. No caso de recusa do empregado em atender a essa transferência, será ouvida a autoridade competente em matéria de segurança e medicina do trabalho, que decidirá a respeito. (Redação dada pela Lei n. 2.924, de 21-10-1956.)

Art. 301. O trabalho no subsolo somente será permitido a homens, com idade compreendida entre 21 (vinte e um) e 50 (cinquenta) anos, assegurada a transferência para a superfície nos termos previstos no artigo anterior.

•••

▶ Comentários

1. Jornada de trabalho

O art. 293 da CLT fixa a jornada de trabalho dos empregados em minas no subsolo – em *6 horas diárias*, ou *36 semanais*.

O tempo despendido pelo empregado, da "boca da mina" ao local de trabalho, no subsolo, é computado como de serviço efetivo, fazendo jus o trabalhador ao respectivo salário.

A jornada de trabalho pode ser prorrogada até *8 horas diárias* ou *44 semanais* mediante acordo ou convenção coletiva – CF/88, art. 7º, XIII.

As horas suplementares devem ser remuneradas com adicional de 50% – CF/88, art. 7º, XVI.

A cada período de 3 horas consecutivas de trabalho, é obrigatória uma pausa de 15 minutos para repouso, pausa essa computada no tempo de serviço e, portanto remunerada.

2. Transferência dos serviços no subsolo para a superfície

O desgaste físico do trabalhador em minas de subsolo é tão significativo que, em determinadas situações, torna-se necessária sua remoção do subsolo para o trabalho em superfície, o que é determinado pela autoridade competente – Secretaria de Segurança e Medicina do Trabalho, remoção essa que prescinde da concordância do empregador, por isso que obrigatório.

Na ocorrência dessa transferência, é assegurada ao trabalhador a remuneração atribuída ao trabalhador de superfície – respeitada a capacidade profissional do interessado.

3. Idade-limite

Levando em conta os riscos do trabalho em subsolo, a legislação estabelece limites de idade, fixando, o art. 301, a idade compreendida entre vinte e um e cinquenta anos.

A restrição ao trabalho da mulher, em tais locais, deixa de existir, em face do que dispõe o art. 5º, I, da CF/88 – "homens e mulheres são iguais em direitos e obrigações". Observar-se-á, com relação às mulheres, as condições que lhes são peculiares: gravidez, amamentação etc.

▶ Jurisprudência

▷ **Intervalo intrajornada. Intervalo interjornada. Intervalo do art. 298 da CLT (trabalho em minas de subsolo). Minutos residuais (deslocamento entre portaria e local de trabalho).** A Turma Regional, soberana na análise de fatos e provas, nos termos da Súmula 126 do TST, consignou que, conforme prova emprestada e prova pericial, não havia intervalos e pausas no decorrer da jornada (arts. 71 e 298 da CLT), bem como ainda havia violação do intervalo interjornada quando da troca de turno. A aferição das alegações recursais, em sentido contrário ao consignado, deman-

da o revolvimento de fatos e provas, procedimento vedado nesta instância recursal, nos termos da Súmula 126 do TST. Quanto aos alegados minutos residuais, a Turma Regional esclarece que a condenação decorre de tempo à disposição em razão de período de deslocamento entre portaria e local de trabalho, e não de tempo para lanche e troca de uniforme. A alegação recursal, no sentido de que o tempo para lanche e troca de uniforme não pode ser considerado tempo à disposição, não impugna os fundamentos da decisão regional, não observando assim o princípio da dialeticidade recursal. Incidência da Súmula 422 do TST. Recurso de revista não conhecido. Processo: RR - 578-69.2012.5.03.0151. Orgão Judicante: 6ª Turma. Relator: Augusto Cesar Leite de Carvalho. Publicação: 21-8-2020

▷ **Art. 485, V, do CPC/73 (arts. 7º, XIV, da CF e 9º, 58, 59, 60 e 71 da CLT). Intervalo intrajornada – Labor em minas de subsolo – Jornada efetivamente cumprida – Reexame de fatos e provas – Óbice da Súmula 410/TST – Impossibilidade.** A hipótese de rescindibilidade contida no art. 485, V, do CPC/73 (violação literal de lei) somente é admissível em situações em que a lei, quando em confronto com o decisum rescindendo, reste manifestamente violada, ou seja, de forma frontal e latente, sendo inviável inclusive reapreciar-se os aspectos fáticos da res iudicata no bojo de rescisória, nos termos da Súmula 410/TST. No caso presente, para se ultrapassar a análise contida no v. acórdão rescindendo, de que a jornada de trabalho real do autor era, em média, de 6 horas diárias, necessário seria a reanálise dos fatos e das provas na ação matriz, o que esbarra no óbice da Súmula 410/TST. Recurso ordinário conhecido e desprovido. Processo: RO – 1334-46.2012.5.03.0000. Orgão Judicante: Subseção II Especializada em Dissídios Individuais. Relator: Renato de Lacerda Paiva. Publicação: 19-6-2020

• •

Seção XI
Dos jornalistas profissionais

Art. 302. Os dispositivos da presente Seção se aplicam aos que nas empresas jornalísticas prestem serviços como jornalistas, revisores, fotógrafos, ou na ilustração, com as exceções nela previstas.

§ 1º Entende-se como jornalista o trabalhador intelectual cuja função se estende desde a busca de informações até a redação de notícias e artigos e a organização, orientação e direção desse trabalho.

§ 2º Consideram-se empresas jornalísticas, para os fins desta Seção, aquelas que têm a seu cargo a edição de jornais, revistas, boletins e periódicos, ou a distribuição de noticiário, e, ainda, a radiodifusão em suas seções destinadas à transmissão de notícias e comentários.

Art. 303. A duração normal do trabalho dos empregados compreendidos nesta Seção não deverá exceder de 5 (cinco) horas, tanto de dia como à noite.

Art. 304. Poderá a duração normal do trabalho ser elevada a 7 (sete) horas, mediante acordo escrito, em que se estipule aumento de ordenado, correspondente ao excesso do tempo de trabalho, em que se fixe um intervalo destinado a repouso ou à refeição.

Parágrafo único. Para atender a motivos de força maior, poderá o empregado prestar serviços por mais tempo do que aquele permitido nesta Seção. Em tais casos, porém, o excesso deve ser comunicado às Delegacias Regionais do Ministério do Trabalho, dentro de 5 (cinco) dias, com a indicação expressa dos seus motivos.

Art. 305. As horas de serviço extraordinário, quer as prestadas em virtude de acordo, quer as que derivam das causas previstas no parágrafo único do artigo anterior, não poderão ser remuneradas com quantia inferior à que resulta do quociente da divisão da importância do salário mensal por 150 (cento e cinquenta) para os mensalistas, e do salário diário por 5 (cinco) para os diaristas, acrescido de, pelo menos, 50% (cinquenta por cento).

Art. 306. Os dispositivos dos arts. 303, 304 e 305 não se aplicam àqueles que exercem as funções de redator-chefe, secretário, subsecretário, chefe e subchefe de revisão, chefe de oficina, de ilustração e chefe de portaria.

Parágrafo único. Não se aplicam, do mesmo modo, os artigos acima referidos aos que se ocuparem unicamente em serviços externos.

Art. 307. A cada 6 (seis) dias de trabalho efetivo corresponderá 1 (um) dia de descanso obrigatório, que coincidirá com o domingo, sal-

vo acordo escrito em contrário, no qual será expressamente estipulado o dia em que se deve verificar o descanso.

Art. 308. Em seguida a cada período diário de trabalho haverá um intervalo mínimo de 10 (dez) horas, destinado ao repouso.

Art. 309. Será computado como de trabalho efetivo o tempo em que o empregado estiver à disposição do empregador.

Arts. 310 a 312. (Revogados pelo Dec.-lei n. 972, de 17-10-1969.)

Art. 313. Aqueles que, sem carater profissional, exercerem atividades jornalísticas, visando fins culturais, científicos ou religiosos, poderão promover sua inscrição como jornalistas, na forma desta seção.

§ 1º As repartições competentes do Ministério do Trabalho, Indústria e Comércio manterão, para os fins do artigo anterior, um registro especial, anexo ao dos jornalistas profissionais, nele inscrevendo os que satisfaçam os requisitos das alíneas a, b e c do art. 311 e apresentem prova do exercício de atividade jornalística não profissional, o que poderá ser feito por meio de atestado de associação cultural, científica ou religiosa idônea.

§ 2º O pedido de registro será submetido a despacho do ministro que, em cada caso, apreciará o valor da prova oferecida.

§ 3º O registro de que trata o presente artigo tem carater puramente declaratório e não implica no reconhecimento de direitos que decorrem do exercício remunerado e profissional do jornalismo.

Art. 314. (Revogados pelo Dec.-lei n. 972, de 17-10-1969.)

Art. 315. O Governo Federal, de acordo com os governos estaduais, promoverá a criação de escolas de preparação ao jornalismo, destinadas à formação dos profissionais da imprensa.

Art. 316. A empresa jornalística que deixar de pagar pontualmente, e na forma acordada, os salários devidos a seus empregados, terá suspenso o seu funcionamento, até que se efetue o pagamento devido.

Parágrafo único. Para os efeitos do cumprimento deste artigo deverão os prejudicados reclamar contra a falta de pagamento perante a autoridade competente e, proferida a condenação, desde que a empresa não a cumpra, ou, em caso de recurso, não deposite o valor da indenização, a autoridade que proferir a condenação oficiará à autoridade competente, para a suspensão da circulação do jornal. Em igual pena de suspensão incorrerá a empresa que deixar de recolher as contribuições devidas às instituições de previdência social. (Prejudicado pelo Dec.-lei n. 368, de 19-12-1968.)

●●

▶ **Comentários**

1. ***Conceito de jornalista***

Jornalista é o trabalhador intelectual cuja função se estende desde a "*busca de informações até a redação de notícias, artigos e a organização, orientação e direção desse trabalho*" (§ 1º art. 302 da CLT).

O Decreto-lei n. 972, de 17-10-1969, art. 2º, cuida da profissão de jornalista, considerando como tal: a) redação, condensação, titulação, interpretação, correção ou coordenação de matéria a ser divulgada, contenha ou não comentário; b) comentário ou crônica, pelo rádio ou pela televisão; c) entrevista, inquérito ou reportagem, escrita ou falada; d) planejamento, organização, direção e eventual execução de serviços técnicos de jornalismo, como os de arquivo, ilustração ou distribuição gráfica de matéria a ser divulgada; e) planejamento, organização e administração técnica dos serviços de que trata a alínea *a*; f) ensino de técnicas de jornalismo; g) coleta de notícias ou informações e seu preparo para divulgação; h) revisão de originais de matéria jornalística, com vistas à correção redacional e à adequação da linguagem; i) organização e conservação de arquivo jornalístico, e pesquisa dos respectivos dados para a elaboração de notícias; j) execução da distribuição gráfica do texto, fotografia ou ilustração de caráter jornalístico, para fins de divulgação; l) execução de desenhos artísticos ou técnicos de caráter jornalístico.

O Decreto-lei n. 972/69 não foi revogado expressamente, mas há divisão do STF, por meio do RE 511.961, que entendeu inconstitucional o art. 4º, V, não recepcionado pela CF/88, pois suas exigências contrariam a livre manifestação do pensamento.

2. ***Empresa jornalística***

O § 2º do art. 302 da CLT conceitua a empresa jornalística como aquela que tem,

como atividade, a edição de jornais, revistas, boletins e periódicos, distribuição de noticiário e radiodifusão de notícias e comentários. (Ver CF, art. 5º, IX e XIV).

O art. 3º do Decreto-lei n. 972, de 17-10-1969, por sua vez, considera empresa jornalística aquela que tenha como atividade a edição de jornal ou revista, ou a distribuição de noticiário, com funcionamento efetivo, idoneidade financeira e registro legal.

São equiparadas às empresas jornalísticas as seções de empresa de radiodifusão, televisão e cinematografia, agências de publicidade e de notícias.

3. Jornada de trabalho

A duração normal da jornada diária do jornalista é de *5 horas*, tanto no período diurno quanto noturno – podendo ser prorrogada para *7 horas*, mediante acordo ou convenção coletiva (CF/88, art. 7º, XIII – Ver OJ 407 da SDI-1).

O limite mencionado pode ser extravasado na ocorrência de força maior, com comunicação ao Ministério do Trabalho.

As horas extraordinárias devem ser remuneradas com adicional de 50% (CF/88, art. 7º, XVI).

O rigorismo da jornada de trabalho não se aplica aos que exercem as funções de redator-chefe, secretário, subsecretário, chefe e subchefe de revisão, chefe de oficina, de ilustração e chefe de portaria. O mesmo ocorre com os que exerçam serviços externos, em face da total impossibilidade de controle de horários.

A exclusão do chefe de portaria se justifica, já que não pode ser considerado jornalista.

Observar-se-á o repouso semanal remunerado, bem como o intervalo interjornada de 10 horas (art. 308 da CLT). Sobre o assunto ver CF, art. 7º, XV.

Legislação pertinente: Decreto-lei n. 972/69; Decreto n. 83.284/79; Decreto n. 52.795/63; Lei n. 9.528/97; Lei n. 4.117/62 (parcialmente revogada pela Lei n. 9.472/97); Decreto n. 53.263/63.

▶ **Jurisprudência**

▷ **Súmula 221 STJ.** São civilmente responsáveis pelo ressarcimento de dano, decorrente de publicação pela imprensa, tanto o autor do escrito quanto o proprietário do veículo de divulgação.

▷ **Precedente Normativo n. 55 do TST. Jornalista. Contrato de trabalho** (positivo). O empregador é obrigado a mencionar no contrato de trabalho o órgão de imprensa no qual o jornalista vai trabalhar.

▷ **Precedente Normativo n. 112 do TST. Jornalista. Seguro de vida** (positivo). Institui-se a obrigação do seguro de vida em favor de jornalista designado para prestar serviço em área de risco.

▷ **"A) Agravo de instrumento em recurso de revista interposto pelo reclamante. Acórdão regional publicado na vigência das Leis n. 13.015/2014 e 13.467/2017. Jornalista. Enquadramento funcional. Desnecessidade de diploma de curso superior. Transcendência política reconhecida. Conhecimento e provimento.** I – No caso, o Tribunal Regional manteve a sentença quanto ao não enquadramento do Reclamante na função de jornalista, pelo fundamento de que o empregado não preencheu os requisitos exigidos pelo Decreto 83.284/1979, art. 4º, que prevê o diploma em nível superior de jornalismo, para o exercício regular da profissão. II – Demonstrada transcendência política da causa e divergência jurisprudencial. III – Agravo de instrumento de que se conhece e a que se dá provimento, para determinar o processamento do recurso de revista, observando-se disposto no ATO SEGJUD.GP N. 202/2019 do TST. **B) Recurso de revista interposto pelo reclamante. Acórdão regional publicado na vigência das Leis n. 13.015/2014 e 13.467/2017. Jornalista. Enquadramento funcional. Desnecessidade de diploma de curso superior. Transcendência política reconhecida. Conhecimento e provimento.** I – O plenário do STF, no RE-511961/SP, em julgamento ocorrido no ano de 2009, concluiu que o art. 4º, inciso V, do Decreto-lei n. 972/69, referente à exigência de diploma universitário para o exercício da profissão de jornalista, não foi recepcionado pela Constituição Federal de 1988. Assim, a jurisprudência desta Corte consolidou-se para reconhecer que, cumpridas as funções efetivas de jornalista, os efeitos do contrato

realidade devem ser reconhecidos, sendo irrelevante a ausência da formalidade concernente à exigência dodiplomade curso superior dejornalismocomo requisito para o exercício da profissão. II – No caso, o único fundamento adotado pelo Tribunal Regional para indeferir o enquadramento na categoria diferenciada pretendida foi o de que o Reclamante não comprovou sua formação como jornalista, razão pela qual a decisão recorrida merece reforma. III – Recurso de revista de que se conhece e a que se dá provimento" (RR-1787-41.2016.5.12.0003, 4ª Turma, Relator Ministro Alexandre Luiz Ramos, *DEJT* 19-2-2021).

▷ **I – Embargos de declaração da reclamante 1. Jornalista. Direito à jornada de trabalho reduzida. Empresa não jornalistica. Não provimento.** Incabíveis os embargos de declaração quando a parte não demonstra quaisquer dos defeitos enumerados nos arts. 897-A da CLT e 1.022, I e II do CPC. Embargos de declaração a que se nega provimento. **2. Intervalo da mulher. Art. 384 da CLT. Reflexos. Omissão evidenciada. Provimento.** Os embargos de declaração constituem instrumento processual cujo objetivo é o de complementar ou aclarar a decisão, admitindo-se, excepcionalmente, a atribuição de efeito modificativo nos casos de omissão ou contradição no julgado, conforme permissivo contido no art. 897-A da CLT. Constatada a existência de omissão no acórdão embargado quanto aos reflexos das horas extraordinárias, decorrentes do intervalo previsto no art. 384 da CLT, deferidas apenas nessa instância extraordinária, impõe-se seu provimento para suprir o vício. Embargos de declaração de que se conhecem e aos quais se dá provimento para suprir omissão, com efeito modificativo. **II – Embargos de declaração da reclamada 1. 2.1. Jornalista. Direito à jornada de trabalho reduzida. Empresa não jornalistica. Limitação da condenação. Não provimento.** Incabíveis os embargos de declaração quando a parte não demonstra quaisquer dos defeitos enumerados nos arts. 897-A da CLT e 1.022, I e II do CPC. Embargos de declaração a que se nega provimento. **2. Intervalo intrajornada. Horas extraordinárias. Pagamento integral. Art. 71, § 4º, da CLT. Intervalo previsto no art. 384 da CLT. Não provimento.** Incabíveis os embargos de declaração quando a parte não demonstra quaisquer dos defeitos enumerados nos arts. 897-A da CLT e 1.022, I e II do CPC. Trata-se de debate de situações jurídicas ocorridas antes da vigência da Lei n. 13.467/2017, que alterou o disposto no § 4º do art. 71 da CLT e revogou o art. 384 da CLT. Em vista de ação ajuizada em 5.11.2007 (fl. 4 – numeração eletrônica), ou seja, antes da vigência da Lei n. 13.467/2017, não há falar em alteração do julgado, como pretendido pela parte. Embargos de declaração a que se nega provimento. Processo: ED-RR – 3333500-91.2007.5.09.0007. Orgão Judicante: 4ª Turma. Relator: Guilherme Augusto Caputo Bastos. Publicação: 20-3-2020

•••

Seção XII
Dos professores

Art. 317. O exercício remunerado do magistério, em estabelecimentos particulares de ensino, exigirá apenas habilitação legal e registro no Ministério da Educação. (Redação dada pela Lei n. 7.855, de 24-10-1989.)

§§ 1º, 2º e 3º (Suprimidos pela Lei n. 7.855, de 24-10-1989.)

Art. 318. O professor poderá lecionar em um mesmo estabelecimento por mais de um turno, desde que não ultrapasse a jornada de trabalho semanal estabelecida legalmente, assegurado e não computado o intervalo para refeição. (Redação dada pela Lei n. 13.415, de 2017.)

Art. 319. Aos professores é vedado, aos domingos, a regência de aulas e o trabalho em exames.

Art. 320. A remuneração dos professores será fixada pelo número de aulas semanais, na conformidade dos horários.

§ 1º O pagamento far-se-á mensalmente, considerando-se para este efeito cada mês constituído de quatro semanas e meia.

§ 2º Vencido cada mês, será descontada, na remuneração dos professores, a importância correspondente ao número de aulas a que tiverem faltado.

§ 3º Não serão descontadas, no decurso de 9 (nove) dias, as faltas verificadas por motivo de

gala ou de luto em consequência de falecimento do cônjuge, do pai ou mãe, ou de filho.

Art. 321. Sempre que o estabelecimento de ensino tiver necessidade de aumentar o número de aulas marcado nos horários, remunerará o professor, findo cada mês, com uma importância correspondente ao número de aulas excedentes.

Art. 322. No período de exames e no de férias escolares, é assegurado aos professores o pagamento, na mesma periodicidade contratual, da remuneração por eles percebida, na conformidade dos horários, durante o período de aulas. (Redação dada pela Lei n. 9.013, de 30-3-1995.)

§ 1º Não se exigirá dos professores, no período de exames, a prestação de mais de 8 (oito) horas de trabalho diário, salvo mediante o pagamento complementar de cada hora excedente pelo preço correspondente ao de uma aula.

§ 2º No período de férias, não se poderá exigir dos professores outro serviço senão o relacionado com a realização de exames.

§ 3º Na hipótese de dispensa sem justa causa, ao término do ano letivo ou no curso das férias escolares, é assegurado ao professor o pagamento a que se refere o *caput* deste artigo. (Parágrafo incluído pela Lei n. 9.013, de 30-3-1995.)

Art. 323. Não será permitido o funcionamento do estabelecimento particular de ensino que não remunere condignamente os seus professores, ou não lhes pague pontualmente a remuneração de cada mês.

Parágrafo único. Compete ao Ministério da Educação fixar os critérios para a determinação da condigna remuneração devida aos professores bem como assegurar a execução do preceito estabelecido no presente artigo.

Art. 324. (Revogado pela Lei n. 7.855, de 24-10-1989.)

▶ **Comentários**

1. **Magistério particular e público regido pela CLT**

Os dispositivos legais sob comento falam em *magistério em estabelecimentos particulares*, dando a entender que o magistério em estabelecimentos públicos está excluído das regras aqui dispostas, o que, por certo, não é interpretação correta. Desde que *celetistas*, todos os professores, primários, colegiais e universitários, beneficiam-se das disposições sob análise. Só estão excluídos os professores de estabelecimentos públicos sujeitos a regime estatutário próprio. Com acerto, observa Valentin Carrion, que "professores de estabelecimentos estaduais, municipais ou paraestatais, se não forem funcionários públicos ou não gozarem de situação análoga, ou proteção especial, estão automaticamente protegidos pelo Direito do Trabalho"[168].

No mesmo sentido, Francisco Antonio de Oliveira: "Os professores contratados por estabelecimentos de ensino público, se não forem estatutários ou se não gozarem de situação análoga, mediante lei especial, serão regidos pela Consolidação das Leis do Trabalho"[169].

2. **Requisitos para o exercício do magistério**

O art. 317 da CLT, com a redação dada pela Lei n. 7.855, de 24-10-1989, pressupõe, para o exercício do magistério, tão somente, *habilitação legal e registro no Ministério da Educação*.

Observe-se, porém, que, no âmbito do ensino universitário e pós-graduação, há exigências de mestrado e/ou doutoramento, sem o que o professor não estará habilitado.

3. **Limite de aulas**

Salvo em escolas públicas, onde percebam como servidores públicos, nas escolas e estabelecimentos particulares os professores, exceto aqueles com dedicação plena, *recebem por aulas ministradas*, e, nesse sentido, bem podem ser comparados, conquanto não se confundam, com os tarefeiros – por isso vulgarmente denominados *aulistas*.

Profissão das mais exaustivas: ministram aulas, muitas vezes em diversos estabelecimentos, mantêm a disciplina em sala de aula, falam e escrevem (no quadro-negro) durante todo um período e, finalmente, corrigem provas.

Daí o cuidado do legislador em limitar o número de aulas ministradas pelos professores, no mesmo estabelecimento – "não pode-

168. Ob. cit., 26. ed., p. 221.
169. Ob. cit., p. 225.

rá o professor dar, por dia, mais de quatro aulas consecutivas, nem mais de seis, intercaladas" (art. 318 da CLT). Ver OJ 393 da SDI-1 do TST.

As aulas têm duração de 50 minutos, se diurnas, e de 40 minutos, se noturnas.

Carga horária superior implica pagamento de horas extraordinárias, com o consequente adicional de 50% (CF/88, art. 7º, XVI).

"Jornada do Professor – Diferenças Salariais. Da exegese do art. 318 da CLT, depreende-se que inexiste o limite máximo de seis horas de trabalho para o professor, mas sim de seis horas-aula, num mesmo estabelecimento de ensino, o que leva à conclusão de que a jornada de trabalho do professor é de, no máximo, seis horas-aula diárias" (TST, RR 251.342/96, 2ª T., Rel. Min. Moacyr Roberto Tesch Auersvald, *DJU*, 20-11-1998, p. 185).

4. **Repouso semanal remunerado**

Aos professores é vedado ministrar aulas aos domingos – art. 319 da CLT, o que lhes assegura o repouso semanal sempre nesses mesmos dias.

Percebendo por hora-aula, e não por hora, o professor não tem incluído no seu salário o repouso semanal.

Em consequência, o repouso semanal deve ser fixado à razão de 1/6 (sexta-parte) sobre as horas-aula ministradas no decorrer do mês, de quatro semanas e meia:

Súmula 351 do TST:

"O professor que recebe salário mensal à base de hora-aula tem direito ao acréscimo de 1/6 a título de repouso semanal remunerado, considerando-se para esse fim o mês de quatro semanas e meia".

5. *Férias*

As férias dos professores não se confundem com as férias escolares. Todo professor faz, como os demais trabalhadores, jus às férias anuais (CF/88, art. 7º, XVII; CLT, art. 130).

Normalmente, porém, suas férias são gozadas em julho, coincidindo com as férias escolares do 1º semestre, e, conquanto se beneficiem com o recesso escolar do fim de cada ano letivo (dezembro/janeiro), a rigor, não estão, no período mencionado, de férias,

podendo, por isso mesmo, ser convocados pela diretoria dos estabelecimentos.

Súmula 10 do TST:

"O direito aos salários do período de férias escolares assegurado aos professores (art. 322, *caput* e § 3º, da CLT) não exclui o direito ao aviso prévio, na hipótese de dispensa sem justa causa ao término do ano letivo ou no curso das férias escolares".

▶ *Jurisprudência*

▷ **Súmula 10 do TST. Professor. Dispensa sem justa causa. Término do ano letivo ou no curso de férias escolares. Aviso prévio.**
O direito aos salários do período de férias escolares assegurado aos professores (art. 322, *caput* e § 3º, da CLT) não exclui o direito ao aviso prévio, na hipótese de dispensa sem justa causa ao término do ano letivo ou no curso das férias escolares.

▷ **Súmula 351 do TST. Professor. Repouso semanal remunerado. Lei n. 605/1949, art. 7º, § 2º, e art. 320 da CLT.** "O professor que recebe salário mensal à base de hora-aula tem direito ao acréscimo de 1/6 a título de repouso semanal remunerado, considerando-se para esse fim o mês de quatro semanas e meia."

▷ **Súmula 12 do STF.** A vitaliciedade do professor catedrático não impede o desdobramento da cátedra.

▷ **Súmula 48 do STF.** É legítimo o rodízio de docentes livres na substituição do professor catedrático.

▷ **Súmula 406 do STF.** O estudante ou professor bolsista e o servidor público em missão de estudo satisfazem a condição da mudança de residência para o efeito de trazer automóvel do exterior, atendidos os demais requisitos legais.

▷ **OJ n. 65 da SDI-1 do TST. Professor adjunto. Ingresso no cargo de professor titular. Exigência de concurso público não afastada pela Constituição Federal de 1988 (CF/1988, arts. 37, II, e 206, V).**
O acesso de professor adjunto ao cargo de professor titular só pode ser efetivado por meio de concurso público, conforme dis-

põem os arts. 37, inciso II, e 206, inciso V, da CF/88.

▷ **OJ n. 206 da SDI-1 do TST. Professor. Horas extras. Adicional de 50%.** Excedida a jornada máxima (art. 318 da CLT), as horas excedentes devem ser remuneradas com o adicional de, no mínimo, 50% (art. 7º, XVI, CF/88).

▷ **OJ n. 393 da SDI-1 do TST. Professor. Jornada de trabalho especial. Art. 318 da CLT. Salário mínimo. Proporcionalidade.** (*DEJT* divulgado em 9, 10 e 11-6-2010). A contraprestação mensal devida ao professor, que trabalha no limite máximo da jornada prevista no art. 318 da CLT, é de um salário mínimo integral, não se cogitando do pagamento proporcional em relação a jornada prevista no art. 7º, XIII, da Constituição Federal.

▷ **OJ n. 244 da SDI-1 do TST. Professor. Redução da carga horária. Possibilidade.** A redução da carga horária do professor, em virtude da diminuição do número de alunos, não constitui alteração contratual, uma vez que não implica redução do valor da hora-aula.

▷ **OJ n. 38 da SDI-2 do TST. Ação Rescisória. Professor-Adjunto. Ingresso no cargo de professor-titular. Exigência de concurso público. (Lei n. 7.596/1987, Decreto 94.664/1987 e art. 206, V, CF/88).** A assunção do Professor-Adjunto ao cargo de Professor Titular de universidade pública, sem prévia aprovação em concurso público, viola o art. 206, inciso V, da Constituição Federal. Procedência do pedido de rescisão do julgado.

▷ **Precedente Normativo n. 31 do TST. Professor (janelas)** (positivo). Os tempos vagos (janelas) em que o professor ficar à disposição do curso serão remunerados como aula, no limite de 1 (uma) hora diária por unidade.

▷ **Precedente Normativo n. 78 do TST. Professor. Redução salarial não configurada** (negativo). Não configura redução salarial ilegal a diminuição de carga horária motivada por inevitável supressão de aulas eventuais ou de turmas.

▷ **Dissídio coletivo de natureza jurídica.** Pleito de natureza exclusivamente cominatória (suspensão das atividades presenciais durante a pandemia de Covid-19). Inadequação da via eleita. Extinção sem resolução do mérito. Efeito *ex tunc*. Impossibilidade de cobrança de multas e outros consectários. OJ 7 da SDC do TST e art. 241, II, do RITST. Conforme já se posicionou a SDC, a excepcionalidade da pandemia de COVID-19 não justifica a utilização de dissídio coletivo de natureza jurídica para a imposição de obrigações às empresas e empregadores além daquelas já previstas em lei. No caso, o TRT da 3ª Região extinguiu o feito sem resolução do mérito, por inadequação da via eleita, cassando a liminar que determinara a suspensão de atividades presenciais dos professores durante 30 dias em face da pandemia do Covid-19. Em casos tais, em que a extinção do processo, sem resolução do mérito, se dá por ausência insanável de pressuposto processual, como no caso de não subordinação do procedimento à lei, com reconhecimento da inadequação da via eleita, por não se ajustar a pretensão aos moldes do dissídio coletivo de natureza jurídica, tal como previsto no art. 241, *caput* e II, do RITST, na Orientação Jurisprudencial 7 da SDC, o exercício da jurisdição não pode gerar efeitos para as partes. Nesse sentido, reconhecida a inadequação da via eleita, a extinção do processo sem resolução do mérito se dá com efeitos *ex tunc*, não podendo o descumprimento das liminares gerar a aplicação ou cobrança de qualquer multa, nem os empregadores ficarem obrigados pelos ditames liminares quanto à prestação de serviços por parte de seus empregados. Sob esses fundamentos, a SDC, por unanimidade, deu provimento ao recurso ordinário do Sindicato dos Estabelecimentos de Ensino do Noroeste de Minas Gerais para declarar que a cassação da liminar deferida no presente feito se dá *ex tunc*, ou seja, desde a sua concessão. ROT-10443-06.2020.5.03.0000, SDC, rel. Min. Ives Gandra da Silva Martins Filho, 20-9-2021.

▷ **Recurso de revista interposto na vigência da Lei n. 13.015/2014 e regido pelo CPC/2015 e pela Instrução Normativa n. 40/2016 do TST. Professor. Carga horária semanal. Proporcionalidade entre o tempo em sala de aula e as atividades extraclasse. Não observân-**

cia. Direito apenas ao adicional. No caso dos autos, a reclamante pleiteou o recebimento de horas extras acrescidas do respectivo adicional, pelo desrespeito ao limite máximo de 2/3 da jornada de trabalho em atividades dentro de sala de aula. Com efeito, o Tribunal *a quo* destacou que houve inobservância da proporcionalidade prevista no § 4º do art. 2º da Lei n. 11.738/2008, razão pela qual entendeu serem devidas as horas extras pleiteadas, ainda que respeitada a jornada semanal para a qual a autora fora contratada. O art. 2º, § 4º, da Lei n. 11.738/2008 trata da jornada do professor, prevendo a proporcionalidade entre as atividades em classe de aula (2/3) com os alunos e o tempo destinado às atividades extraclasse (1/3). Dessa forma, se a reclamante não teve assegurado o período de 1/3 da jornada em atividades fora da sala de aula, tendo sua jornada interna desrespeitada, faz jus ao recebimento do adicional de horas extraordinárias com relação ao período que extrapolou o período máximo de 2/3. Por outro lado, se não foi extrapolada a jornada semanal da reclamante, ela não tem direito ao recebimento da hora acrescida do adicional. Portanto, *in casu*, como a jornada semanal da reclamante não foi extrapolada, ela não tem direito às horas extras (hora e adicional), sendo-lhe devido apenas o adicional. Recurso de revista conhecido e parcialmente provido. Processo: RR – 10786-11.2018.5.03.0149. Orgão Judicante: 2ª Turma. Relator: Jose Roberto Freire Pimenta. Publicação: 21-8-2020.

▷ "**Recurso de revista. Acórdão regional publicado na vigência da Lei n. 13.015/2014. Enquadramento sindical. Professor. Curso de idiomas. Aplicação de normas coletivas da categoria dos professores. Principio da primazia da realidade. Conhecimento e provimento.** I – A jurisprudência do Tribunal Superior do Trabalho é firme no sentido de que, independentemente do título sob o qual o profissional foi contratado – professor, instrutor ou técnico –, é a realidade do contrato de trabalho que define a função de magistério e, por consequência, a inserção na categoria diferenciada de professor. Dessa forma, a não observância de exigência formal para o exercício da profissão de professor, prevista no art. 317 da CLT, não afasta o enquadramento pretendido pela parte Autora. II – No caso dos autos, o Tribunal Regional decidiu que "o professor de língua estrangeira em curso livre, por não atender ao requisito do art. 317 da CLT no tocante à habilitação legal e registro no MEC não, pertence à categoria profissional representada pelo SINPRO". Tal entendimento encontra-se em dissonância com a iterativa, notória e atual jurisprudência desta Corte Superior. Precedentes. III. Recurso de revista de que se conhece, por divergência jurisprudencial, e a que se dá provimento" (RR-2728-97.2014.5.02.0043, 4ª Turma, Relator Ministro Alexandre Luiz Ramos, *DEJT* 26-6-2020).

●●●

Seção XIII
Dos químicos

Art. 325. É livre o exercício da profissão de químico em todo o território da República, observadas as condições de capacidade técnica e outras exigências previstas na presente Seção:

a) aos possuidores de diploma de químico, químico industrial, químico industrial agrícola ou engenheiro químico, concedido, no Brasil, por escola oficial ou oficialmente reconhecida;

b) aos diplomados em química por instituto estrangeiro de ensino superior, que tenham, de acordo com a lei e a partir de 14 de julho de 1934, revalidado os seus diplomas;

c) aos que, ao tempo da publicação do Decreto n. 24.693, de 12 de julho de 1934, se achavam no exercício efetivo de função pública ou particular, para a qual seja exigida a qualidade de químico, e que tenham requerido o respectivo registro até a extinção do prazo fixado pelo Decreto-lei n. 2.298, de 10 de junho de 1940.

§ 1º Aos profissionais incluídos na alínea *c* deste artigo, se dará, para os efeitos da presente Seção, a denominação de "licenciados".

§ 2º O livre exercício da profissão de que trata o presente artigo só é permitido a estrangeiros, quando compreendidos:

a) nas alíneas *a* e *b*, independentemente de revalidação do diploma, se exerciam, legitimamente, na República, a profissão de químico em a data da promulgação da Constituição de 1934;

b) na alínea *b*, se a seu favor militar a existência de reciprocidade internacional, admitida em lei, para o reconhecimento dos respectivos diplomas;

c) na alínea *c*, satisfeitas as condições nela estabelecidas.

§ 3º O livre exercício da profissão a brasileiros naturalizados está subordinado à prévia prestação do serviço militar, no Brasil.

§ 4º Só aos brasileiros natos é permitida a revalidação dos diplomas de químicos, expedidos por institutos estrangeiros de ensino superior.

Art. 326. Todo aquele que exercer ou pretender exercer as funções de químico é obrigado ao uso de Carteira de Trabalho e Previdência Social, devendo os profissionais que se encontrarem nas condições das alíneas *a* e *b* do art. 325 registrar os seus diplomas de acordo com a legislação vigente.

§ 1º A requisição de Carteiras de Trabalho e Previdência Social para uso dos químicos, além do disposto no capítulo "Da Identificação Profissional", somente será processada mediante apresentação dos seguintes documentos que provem:

a) ser o requerente brasileiro, nato ou naturalizado, ou estrangeiro;

b) estar, se for brasileiro, de posse dos direitos civis e políticos;

c) ter diploma de químico, químico industrial, químico industrial agrícola ou engenheiro químico, expedido por escola superior oficial ou oficializada;

d) ter, se diplomado no estrangeiro, o respectivo diploma revalidado nos termos da lei;

e) haver, o que for brasileiro naturalizado, prestado serviço militar no Brasil;

f) achar-se o estrangeiro, ao ser promulgada a Constituição de 1934, exercendo legitimamente, na República, a profissão de químico, ou concorrer a seu favor a existência de reciprocidade internacional, admitida em lei, para o reconhecimento dos diplomas dessa especialidade. (Parágrafo e alíneas com redação dada pelo Dec.-lei n. 926, de 10-10-1969.)

§ 2º A requisição de que trata o parágrafo anterior deve ser acompanhada:

a) do diploma devidamente autenticado no caso da alínea *b* do artigo precedente, e com as firmas reconhecidas no país de origem e na Secretaria de Estado das Relações Exteriores, ou da respectiva certidão, bem como do título de revalidação, ou certidão respectiva, de acordo com a legislação em vigor;

b) do certificado ou atestado comprobatório de se achar o requerente na hipótese da alínea *c* do referido artigo, ao tempo da publicação do Decreto n. 24.693, de 12 de julho de 1934, no exercício efetivo de função pública, ou particular, para a qual seja exigida a qualidade de químico, devendo esses documentos ser autenticados pelo Delegado Regional do Trabalho, quando se referirem a requerentes moradores nas capitais dos Estados, ou coletor federal, no caso de residirem os interessados nos municípios do interior;

c) de 3 (três) exemplares de fotografia exigida pelo art. 329 e de 1 (uma) folha com as declarações que devem ser lançadas na Carteira de Trabalho e Previdência Social de conformidade com o disposto nas alíneas do mesmo artigo e seu parágrafo único.

§ 3º Reconhecida a validade dos documentos apresentados, os Conselhos Regionais de Química registrarão, em livros próprios, os documentos a que se refere a alínea *c* do § 1º e, juntamente com a Carteira de Trabalho e Previdência Social emitida, os devolverão ao interessado.

Art. 327. Além dos emolumentos fixados no Capítulo "Da Identificação Profissional", o registro do diploma fica sujeito à taxa de Cr$ 30,00 (trinta cruzeiros).

Art. 328. Só poderão ser admitidos a registro os diplomas, certificados de diplomas, cartas e outros títulos, bem como atestados e certificados que estiverem na devida forma e cujas firmas hajam sido regularmente reconhecidas por tabelião público e, sendo estrangeiros, pela Secretaria do Estado das Relações Exteriores, acompanhados estes últimos da respectiva tradução, feita por intérprete comercial brasileiro.

Parágrafo único. Os Conselhos Federal e Regionais de Química publicarão, periodicamente, a lista dos químicos registrados na forma desta Seção.

Art. 329. A cada inscrito, e como documento comprobatório do registro, será fornecida pelos Conselhos Regionais de Química uma Carteira de Trabalho e Previdência Social numerada, que, além da fotografia, medindo 3 (três) por 4 (quatro) centímetros, tirada de frente, com a cabeça descoberta, e das impressões do polegar, conterá as declarações seguintes:

a) o nome por extenso;

b) a nacionalidade e, se estrangeiro, a circunstância de ser ou não naturalizado;

c) a data e lugar do nascimento;

d) a denominação da escola em que houver feito o curso;

e) a data da expedição do diploma e o número do registro no respectivo Conselho Regional de Química;

f) a data da revalidação do diploma, se de instituto estrangeiro;

g) a especificação, inclusive data, de outro título ou títulos de habilitação;

h) a assinatura do inscrito.

Parágrafo único. A carteira destinada aos profissionais a que se refere o § 1º do art. 325 deverá, em vez das declarações indicadas nas alíneas *d*, *e* e *f* deste artigo, e além do título – licenciado – posto em destaque, conter a menção do título de nomeação ou admissão e respectiva data, se funcionário público, ou do atestado relativo ao exercício, na qualidade de químico, de um cargo em empresa particular, com designação desta e da data inicial do exercício.

Art. 330. A Carteira de Trabalho e Previdência Social, expedida nos termos desta Seção, é obrigatória para o exercício da profissão, substitui em todos os casos o diploma ou título e servirá de carteira de identidade. (Redação dada pelo Dec.-lei n. 5.922, de 25-10-1943.)

Art. 331. Nenhuma autoridade poderá receber impostos relativos ao exercício profissional de químico, senão à vista da prova de que o interessado se acha registrado de acordo com a presente Seção, e essa prova será também exigida para a realização de concursos periciais e todos os outros atos oficiais que exijam capacidade técnica de químico.

Art. 332. Quem, mediante anúncio, placas, cartões comerciais ou outros meios capazes de ser identificados, se propuser ao exercício da química, em qualquer dos seus ramos, sem que esteja devidamente registrado, fica sujeito às penalidades aplicáveis ao exercício ilegal da profissão.

Art. 333. Os profissionais a que se referem os dispositivos anteriores só poderão exercer legalmente as funções de químicos depois de satisfazerem as obrigações constantes do art. 330 desta Seção.

Art. 334. O exercício da profissão de químico compreende:

a) a fabricação de produtos e subprodutos químicos em seus diversos graus de pureza;

b) a análise química, a elaboração de pareceres, atestados e projetos de especialidade e sua execução, perícia civil ou judiciária sobre essa matéria, a direção e a responsabilidade de laboratórios ou departamentos químicos, de indústria e empresas comerciais;

c) o magistério nas cadeiras de química dos cursos superiores especializados em química;

d) a engenharia química.

§ 1º Aos químicos, químicos industriais e químicos industriais agrícolas que estejam nas condições estabelecidas no art. 325, alíneas *a* e *b*, compete o exercício das atividades definidas nos itens *a*, *b* e *c* deste artigo, sendo privativa dos engenheiros químicos a do item *d*.

§ 2º Aos que estiverem nas condições do art. 325, alíneas *a* e *b*, compete, como aos diplomados em medicina ou farmácia, as atividades definidas no art. 2º, alíneas *d*, *e* e *f* do Decreto n. 20.377, de 8 de setembro de 1931, cabendo aos agrônomos e engenheiros agrônomos as que se acham especificadas no art. 6º, alínea *h*, do Decreto n. 23.196, de 12 de outubro de 1933.

Art. 335. É obrigatória a admissão de químicos nos seguintes tipos de indústria:

a) de fabricação de produtos químicos;

b) que mantenham laboratório de controle químico;

c) de fabricação de produtos industriais que são obtidos por meio de reações químicas dirigidas, tais como: cimento, açúcar e álcool, vidro, curtume, massas plásticas artificiais, explosivos, derivados de carvão ou de petróleo, refinação de óleos vegetais ou minerais, sabão, celulose e derivados.

Art. 336. No preenchimento de cargos públicos, para os quais se faz mister a qualidade de químico, ressalvadas as especializações referidas no § 2º do art. 334, a partir da data da publicação do Decreto n. 24.693, de 12 de julho de 1934, requer-se, como condição essencial, que os candidatos previamente hajam satisfeito as exigências do art. 333 desta Seção.

Art. 337. Fazem fé pública os certificados de análises químicas, pareceres, atestados, laudos de perícias e projetos relativos a essa especialidade, assinados por profissionais que satisfaçam as condições estabelecidas nas alíneas *a* e *b* do art. 325.

Art. 338. É facultado aos químicos que satisfizerem as condições constantes do art. 325, alíneas *a* e *b*, o ensino da especialidade a que se

dedicarem, nas escolas superiores, oficiais ou oficializadas.

Parágrafo único. Na hipótese de concurso para o provimento de cargo ou emprego público, os químicos a que este artigo se refere terão preferência, em igualdade de condições.

Art. 339. O nome do químico responsável pela fabricação dos produtos de uma fábrica, usina ou laboratório deverá figurar nos respectivos rótulos, faturas e anúncios, compreendida entre estes últimos a legenda impressa em cartas e sobrecartas.

Art. 340. Somente os químicos habilitados, nos termos do art. 325, alíneas *a* e *b*, poderão ser nomeados *ex officio* para os exames periciais de fábricas, laboratórios e usinas e de produtos aí fabricados.

Parágrafo único. Não se acham compreendidos no artigo anterior os produtos farmacêuticos e os laboratórios de produtos farmacêuticos.

Art. 341. Cabe aos químicos habilitados, conforme estabelece o art. 325, alíneas *a* e *b*, a execução de todos os serviços que, não especificados no presente regulamento, exijam por sua natureza o conhecimento de química.

Art. 342. A fiscalização do exercício da profissão de químico incumbe aos Conselhos Regionais de Química.

Art. 343. São atribuições dos órgãos de fiscalização:

a) examinar os documentos exigidos para o registro profissional de que trata o art. 326 e seus §§ 1º e 2º e o art. 327, proceder à respectiva inscrição e indeferir o pedido dos interessados que não satisfizerem as exigências desta Seção;

b) registrar as comunicações e contratos, a que aludem o art. 350 e seus parágrafos, e dar as respectivas baixas;

c) verificar o exato cumprimento das disposições desta Seção, realizando as investigações que forem necessárias, bem como o exame dos arquivos, livros de escrituração, folhas de pagamento, contratos e outros documentos de uso de firmas ou empresas industriais ou comerciais, em cujos serviços tome parte 1 (um) ou mais profissionais que desempenhem função para a qual se deva exigir a qualidade de químico.

Art. 344. Aos sindicatos de químicos devidamente reconhecidos é facultado auxiliar a fiscalização, no tocante à observação da alínea *c* do artigo anterior.

Art. 345. Verificando-se, pelos Conselhos Regionais de Química, serem falsos os diplomas ou outros títulos dessa natureza, atestados, certificados e quaisquer documentos exibidos para os fins de que trata esta Seção, incorrerão os seus autores e cúmplices nas penalidades estabelecidas em lei.

Parágrafo único. A falsificação de diploma ou outros quaisquer títulos, uma vez verificada, implicará a instauração, pelo respectivo Conselho Regional de Química, do processo que no caso couber.

Art. 346. Será suspenso do exercício de suas funções, independentemente de outras penas em que possa incorrer, o químico, inclusive o licenciado, que incidir em alguma das seguintes faltas:

a) revelar improbidade profissional, dar falso testemunho, quebrar o sigilo profissional e promover falsificações, referentes à prática de atos de que trata esta Seção;

b) concorrer com seus conhecimentos científicos para a prática de crime ou atentado contra a pátria, a ordem social ou a saúde pública;

c) deixar, no prazo marcado nesta Seção, de requerer a revalidação e registro do diploma estrangeiro, ou o seu registro profissional no respectivo Conselho Regional de Química.

Parágrafo único. O tempo de suspensão a que alude este artigo variará entre 1 (um) mês e 1 (um) ano, a critério do Conselho Regional de Química, após processo regular, ressalvada a ação da justiça pública.

Art. 347. Aqueles que exercerem a profissão de químico sem ter preenchido as condições do art. 325 e suas alíneas, nem promovido o seu registro, nos termos do art. 326, incorrerão na multa de 12 (doze) valores de referência a 300 (trezentos) valores de referência regionais, que será elevada ao dobro, no caso de reincidência.

Art. 348. Aos licenciados a que alude o § 1º do art. 325 poderão, por ato do Conselho Regional de Química, sujeito à aprovação do Conselho Federal de Química, ser cassadas as garantias asseguradas por esta Seção, desde que interrompam, por motivo de falta prevista no art. 346, a função pública ou particular em que se encontravam por ocasião da publicação do Decreto n. 24.693, de 12 de julho de 1934.

Art. 349. O número de químicos estrangeiros a serviço de particulares, empresas ou companhias não poderá exceder de 1/3 (um terço)

aos dos profissionais brasileiros compreendidos nos respectivos quadros.

Art. 350. O químico que assumir a direção técnica ou cargo de químico de qualquer usina, fábrica, ou laboratório industrial ou de análise deverá, dentro de 24 (vinte e quatro) horas e por escrito, comunicar essa ocorrência ao órgão fiscalizador, contraindo, desde essa data, a responsabilidade da parte técnica referente à sua profissão, assim como a responsabilidade técnica dos produtos manufaturados.

§ 1º Firmando-se contrato entre o químico e o proprietário da usina, fábrica ou laboratório, será esse documento apresentado, dentro do prazo de 30 (trinta) dias, para registro, ao órgão fiscalizador.

§ 2º Comunicação idêntica à de que trata a primeira parte deste artigo fará o químico quando deixar a direção técnica ou o cargo de químico, em cujo exercício se encontrava, a fim de ressalvar a sua responsabilidade e fazer-se o cancelamento do contrato. Em caso de falência do estabelecimento, a comunicação será feita pela firma proprietária.

Seção XIV
Das penalidades

Art. 351. Os infratores dos dispositivos do presente Capítulo incorrerão na multa de 3 (três) a 300 (trezentos) valores de referência regionais, segundo a natureza da infração, sua extensão e a intenção de quem a praticou, aplicada em dobro no caso de reincidência, oposição à fiscalização ou desacato à autoridade.

Parágrafo único. São competentes para impor penalidades as autoridades de primeira instância incumbidas da fiscalização dos preceitos constantes do presente Capítulo.

▶ **Comentários**

1. **Exercício da profissão**

O exercício da profissão de *químico*[170] é, como acentua o art. 325 da CLT, livre, em todo o território nacional, sem discriminação entre estrangeiros e brasileiros natos, estando, sem dúvida, revogado o § 4º do dispositivo legal nominado, tendo em vista o teor do art. 12, I, *a*, *b*, *c*, e II, da CF/88.

170. Vide também Lei n. 4.950-A, de 22-4-1966.

A disposição consolidada por seu turno, faz menção a duas espécies de químicos: a) *diplomados* (letras *a* e *b*), e b) *licenciados*. Os primeiros compreendem: químicos, químicos industriais, agrícolas e engenheiro químico, e, ainda, os diplomados em química por instituto estrangeiro, com diploma revalidado no Brasil. Licenciados são aqueles que, à época da publicação do Decreto n. 24.693/34, já se achavam no exercício efetivo da profissão.

2. **Dos Conselhos Federal e Regionais**

Com a criação dos conselhos citados (Lei n. 2.800, de 18-6-1956, e Decreto n. 85.877, de 7-4-1981), todas as funções anteriormente atribuídas ao Ministério do Trabalho (arts. 342, 343, 344, 346, 347, 348, 349, 350) foram confiadas aos órgãos de classe.

▶ *Jurisprudência*

▷ **Agravo de instrumento em recurso de revista. Procedimento sumaríssimo. Adicional de insalubridade.** O Tribunal Regional consignou que, não obstante as conclusões do laudo pericial, a análise da prova oral demonstrou que a reclamante não comprovou o contato dermal com agentes químicos, ônus que lhe pertencia, por se tratar de fato constitutivo do direito vindicado, nos moldes dos arts. 818, I, da CLT e 373, I, do NCPC. Assim, incólumes as Súmulas 47 e 448, I, do TST. Agravo de instrumento conhecido e não provido (AIRR-1001538-49.2017.5.02.0316, 8ª Turma, Relatora Ministra Dora Maria da Costa, *DEJT* 21-8-2020).

▷ "**Agravo de instrumento em recurso de revista – Recurso interposto sob a égide do CPC/73 e anteriormente à vigência da Lei n. 13.015/2014 – Cerceamento de defesa – Indeferimento do pedido de realização de perícia.** O Tribunal Regional concluiu que, nos termos da norma coletiva aplicável ao contrato de trabalho do reclamante, o adicional de periculosidade é concedido em função do serviço realizado em navios de transporte de produtos químicos operados nos Terminais de Granéis Químicos. Logo, revela-se inócua a realização de perícia técnica para determinar se haveria carga e descarga de navios conten-

do produtos químicos em outros terminais portuários, pois, reitere-se, não é o conteúdo da carga dos navios que determina o pagamento do adicional de periculosidade previsto na norma coletiva. Por outro lado, o Tribunal Regional asseverou que o reclamante não impugnou os locais indicados como terminais de granéis químicos na documentação apresentada nos autos pelo reclamado. Do exame da reclamação trabalhista, nota-se, ainda, que não há nenhuma controvérsia quanto à definição dos terminais de granéis químicos, pois a pretensão ao adicional de periculosidade está calcada na tese de que o benefício seria devido pelo labor realizado em todos os navios que transportassem produtos químicos e não apenas em embarcações que atracassem em determinado terminal portuário. Nesse contexto, não resultou configurado o alegado cerceamento de defesa. Resta incólume o art. 5º, LIV e LV, da Constituição Federal. **Adicional de periculosidade – Interpretação de cláusula de convenção coletiva de trabalho.** Em se tratando de interpretação de norma coletiva, somente por divergência jurisprudencial o recurso de revista alcança conhecimento, nos termos do art. 896, *b*, da CLT, o que não é o caso dos autos, uma vez que o agravante deixou explícito que transcrevia arestos sem o objetivo de demonstrar divergência jurisprudencial. Prevalece, desse modo, a interpretação firmada pelo Tribunal Regional quanto ao alcance da cláusula 15 da Convenção Coletiva de Trabalho. Agravo de Instrumento desprovido" (AIRR-1224-71.2010.5.02.0444, 7ª Turma, Relator Ministro Luiz Philippe Vieira de Mello Filho, *DEJT* 5-4-2019).

Capítulo II
Da nacionalização do trabalho

Seção I
Da proporcionalidade de empregados brasileiros

Art. 352. As empresas, individuais ou coletivas, que explorem serviços públicos dados em concessão, ou que exerçam atividades industriais ou comerciais, são obrigadas a manter, no quadro do seu pessoal, quando composto de 3 (três) ou mais empregados, uma proporção de brasileiros não inferior à estabelecida no presente Capítulo.

§ 1º Sob a denominação geral de atividades industriais e comerciais compreendem-se, além de outras que venham a ser determinadas em portaria do Ministro do Trabalho, as exercidas:

a) nos estabelecimentos industriais em geral;

b) nos serviços de comunicações, de transportes terrestres, marítimos, fluviais, lacustres e aéreos;

c) nas garagens, oficinas de reparos e postos de abastecimento de automóveis e nas cocheiras;

d) na indústria da pesca;

e) nos estabelecimentos comerciais em geral;

f) nos escritórios comerciais em geral;

g) nos estabelecimentos bancários, ou de economia coletiva, nas empresas de seguros e nas de capitalização;

h) nos estabelecimentos jornalísticos, de publicidade e de radiodifusão;

i) nos estabelecimentos de ensino remunerado, excluídos os que neles trabalhem por força de voto religioso;

j) nas drogarias e farmácias;

k) nos salões de barbeiro ou cabeleireiro e de beleza;

l) nos estabelecimentos de diversões públicas, excluídos os elencos teatrais, e nos clubes esportivos;

m) nos hotéis, restaurantes, bares e estabelecimentos congêneres;

n) nos estabelecimentos hospitalares e fisioterápicos cujos serviços sejam remunerados, excluídos os que neles trabalhem por força de voto religioso;

o) nas empresas de mineração;

p) nas autarquias, empresas públicas, sociedades de economia mista e demais órgãos da Administração Pública, direta ou indireta, por empregados sujeitos ao regime da CLT. (Acrescentada pela Portaria n. 3.151, de 19-3-1969.)

§ 2º Não se acham sujeitas às obrigações da proporcionalidade as indústrias rurais, as que, em zona agrícola, se destinem ao beneficiamento ou transformação de produtos da região e as atividades industriais de natureza extrativa, salvo a mineração.

Art. 353. Equiparam-se aos brasileiros, para os fins deste Capítulo, ressalvado o exercício de

profissões reservadas aos brasileiros natos ou aos brasileiros em geral, os estrangeiros que, residindo no País há mais de 10 (dez) anos, tenham cônjuge ou filho brasileiro, e os portugueses. (Redação dada pela Lei n. 6.651, de 23-5-1979.)

Art. 354. A proporcionalidade será de 2/3 (dois terços) de empregados brasileiros, podendo, entretanto, ser fixada proporcionalidade inferior, em atenção às circunstâncias especiais de cada atividade, mediante ato do Poder Executivo, e depois de devidamente apurada pelo Departamento Nacional do Trabalho a insuficiência do número de brasileiros na atividade de que se tratar. (Nos termos do Dec. n. 81.663, de 16-5-1978.)

Parágrafo único. A proporcionalidade é obrigatória não só em relação à totalidade do quadro de empregados, com as exceções desta Lei, como ainda em relação à correspondente folha de salários.

Art. 355. Consideram-se como estabelecimentos autônomos, para os efeitos da proporcionalidade a ser observada, as sucursais, filiais e agências em que trabalhem 3 (três) ou mais empregados.

Art. 356. Sempre que uma empresa ou indivíduo explore atividades sujeitas a proporcionalidades diferentes, observar-se-á, em relação a cada uma delas, a que lhe corresponder.

Art. 357. Não se compreendem na proporcionalidade os empregados que exerçam funções técnicas especializadas, desde que, a juízo do Ministério do Trabalho, haja falta de trabalhadores nacionais.

Art. 358. Nenhuma empresa, ainda que não sujeita à proporcionalidade, poderá pagar a brasileiro que exerça função análoga, a juízo do Ministério do Trabalho, à que é exercida por estrangeiro a seu serviço, salário inferior ao deste, excetuando-se os casos seguintes:

a) quando, nos estabelecimentos que não tenham quadros de empregados organizados em carreira, o brasileiro contar menos de 2 (dois) anos de serviço, e o estrangeiro mais de 2 (dois) anos;

b) quando, mediante aprovação do Ministério do Trabalho, houver quadro organizado em carreira em que seja garantido o acesso por antiguidade;

c) quando o brasileiro for aprendiz, ajudante ou servente, e não o for o estrangeiro;

d) quando a remuneração resultar de maior produção, para os que trabalham à comissão ou por tarefa.

Parágrafo único. Nos casos de falta ou cessação de serviço, a dispensa do empregado estrangeiro deve preceder à de brasileiro que exerça função análoga.

Seção II
Das relações anuais de empregados

Art. 359. Nenhuma empresa poderá admitir a seu serviço empregado estrangeiro sem que este exiba a carteira de identidade de estrangeiro devidamente anotada.

Parágrafo único. A empresa é obrigada a assentar no registro de empregados os dados referentes à nacionalidade de qualquer empregado estrangeiro e o número da respectiva carteira de identidade.

Art. 360. Toda empresa compreendida na enumeração do art. 352, § 1º, deste Capítulo, qualquer que seja o número de seus empregados, deve apresentar anualmente às repartições competentes do Ministério do Trabalho, de 2 de maio a 30 de junho, uma relação, em 3 (três) vias, de todos os seus empregados, segundo o modelo que for expedido. (Redação dada pelo Decreto-lei n. 6.353, de 20-3-1944.)

§ 1º As relações terão, na primeira via, o selo de três cruzeiros pela folha inicial e dois cruzeiros por folha excedente, além do selo do Fundo de Educação, e nelas será assinalada, em tinta vermelha, a modificação havida com referência à última relação apresentada. Se se tratar de nova empresa, a relação, encimada pelos dizeres – Primeira Relação – deverá ser feita dentro de 30 (trinta) dias de seu registro no Departamento Nacional da Indústria e Comércio ou repartições competentes.

§ 2º A entrega das relações far-se-á diretamente às repartições competentes do Ministério do Trabalho, ou, onde não as houver, às do Departamento da Receita Federal do Ministério da Economia, Fazenda e Planejamento, que as remeterão desde logo àquelas repartições. A entrega operar-se-á contra recibo especial, cuja exibição é obrigatória, em caso de fiscalização, enquanto não for devolvida ao empregador a via autenticada da declaração.

§ 3º Quando não houver empregado far-se-á declaração negativa.

Art. 361. Apurando-se, das relações apresentadas, qualquer infração, será concedido ao infrator o prazo de 10 (dez) dias para defesa, seguindo-se o despacho pela autoridade competente.

Art. 362. As repartições às quais competir a fiscalização do disposto no presente Capítulo manterão fichário especial de empresa, do qual constem as anotações referentes ao respectivo cumprimento, e fornecerão aos interessados as certidões de quitação que se tornarem necessárias, no prazo de 30 (trinta) dias, contados da data do pedido. (Redação dada pelo Dec.-lei n. 229, de 28-2-1967.)

§ 1º As certidões de quitação farão prova até 30 de setembro do ano seguinte àquele a que se referiram e estarão sujeitas à taxa correspondente a 1/10 (um décimo) do salário mínimo regional. Sem elas nenhum fornecimento ou contrato poderá ser feito com o Governo da União, dos Estados ou Municípios, ou com as instituições paraestatais a eles subordinadas, nem será renovada autorização a empresa estrangeira para funcionar no País. (Redação dada pelo Dec.-lei n. 229, de 28-2-1967.) (*Vide* Lei n. 8.522, de 1992.) (*Vide* Medida Provisória n. 958, de 2020.) (*Vide* Lei n. 13.999, de 2020.) (*Vide* Medida Provisória n. 975, de 2020.) (*Vide* Medida Provisória n. 1.028, de 2021.) (*Vide* Lei n. 14.179, de 2021.)

§ 2º A primeira via da relação, depois de considerada pela repartição fiscalizadora, será remetida anualmente à Secretaria de Emprego e Salário, como subsídio ao estudo das condições de mercado de trabalho, de um modo geral, e, em particular, no que se refere à mão de obra qualificada. (Redação dada pelo Dec.-lei n. 229, de 28-2-1967.)

§ 3º A segunda via da relação será remetida pela repartição competente ao Centro de Documentação e Informática do Ministério do Trabalho e a terceira via devolvida à empresa, devidamente autenticada. (Redação dada pelo Dec.-lei n. 229, de 28-2-1967.)

Seção III
Das penalidades

Art. 363. O processo das infrações do presente Capítulo obedecerá ao disposto no título "Do Processo de Multas Administrativas", no que lhe for aplicável, com observância dos modelos de auto a serem expedidos.

Art. 364. As infrações do presente Capítulo serão punidas com a multa de 6 (seis) a 600 (seiscentos) valores de referência regionais.

Parágrafo único. Em se tratando de empresa concessionária de serviço público, ou de sociedade estrangeira autorizada a funcionar no País, se a infratora, depois de multada, não atender afinal ao cumprimento do texto infringido poderá ser-lhe cassada a concessão ou autorização.

Seção IV
Disposições gerais

Art. 365. O presente Capítulo não derroga as restrições vigentes quanto às exigências de nacionalidade brasileira para o exercício de determinadas profissões nem as que vigoram para as faixas de fronteiras, na conformidade da respectiva legislação.

Art. 366. Enquanto não for expedida a carteira a que se refere o art. 359 deste Capítulo, valerá, a título precário, como documento hábil, uma certidão, passada pelo serviço competente do Registro de Estrangeiros, provando que o empregado requereu sua permanência no País.

Art. 367. A redução a que se refere o art. 354, enquanto o Serviço de Estatística da Previdência e Trabalho não dispuser dos dados estatísticos necessários à fixação da proporcionalidade conveniente para cada atividade, poderá ser feita por ato do Ministro do Trabalho e da Administração e mediante representação fundamentada da associação sindical.

Parágrafo único. O Serviço de Estatística da Previdência e Trabalho deverá promover, e manter em dia, estudos necessários aos fins do presente Capítulo.

Seção V
Das disposições especiais sobre a nacionalização da Marinha Mercante

Art. 368. O comando de navio mercante nacional só poderá ser exercido por brasileiro nato.

Art. 369. A tripulação de navio ou embarcação nacional será constituída, pelo menos, de 2/3 (dois terços) de brasileiros natos.

Parágrafo único. O disposto neste artigo não se aplica aos navios nacionais de pesca, sujeitos a legislação específica. (Redação dada pela Lei n. 5.683, de 21-7-1971.)

Art. 370. As empresas de navegação organizarão as relações dos tripulantes das respectivas embarcações, enviando-as no prazo a que se refere a Seção II deste Capítulo à Delegacia do Trabalho Marítimo onde as mesmas tiverem sede.

Parágrafo único. As relações a que alude o presente artigo obedecerão, na discriminação hierárquica e funcional do pessoal embarcadiço, ao quadro aprovado pelo regulamento das Capitanias dos Portos.

Art. 371. A presente Seção é também aplicável aos serviços de navegação fluvial e lacustre e à praticagem nas barras, portos, rios, lagos e canais.

●●

▶ *Comentários*

As disposições contidas nos arts. 352 a 371, a nosso ver, estão revogadas, por se constituírem em manifesta discriminação contra estrangeiros residentes no País, *ex vi* do disposto no art. 5º, *caput* e inciso XIII, da Constituição Federal: "todos são iguais perante a lei, sem distinção de qualquer natureza, garantindo-se aos *brasileiros* e aos *estrangeiros* residentes no País a inviolabilidade do direito à vida, à liberdade, à igualdade, à segurança e à propriedade... XIII – é livre o exercício de qualquer trabalho, ofício ou profissão, atendidas as qualificações profissionais que a lei estabelecer".

Subsiste a obrigação de apresentação da Relação Anual de Informações Sociais (RAIS) e o Documento de Informações Sociais (DIS).

●●

Capítulo III
Da proteção do trabalho da mulher

Seção I
Da duração e condições do trabalho

Art. 372. Os preceitos que regulam o trabalho masculino são aplicáveis ao trabalho feminino, naquilo em que não colidirem com a proteção especial instituída por este Capítulo.

Parágrafo único. (Revogado pela Lei n. 13.467, de 2017.)

Art. 373. A duração normal de trabalho da mulher será de 8 (oito) horas diárias, exceto nos casos para os quais for fixada duração inferior.

Art. 373-A. Ressalvadas as disposições legais destinadas a corrigir as distorções que afetam o acesso da mulher ao mercado de trabalho e certas especificidades estabelecidas nos acordos trabalhistas, é vedado: (Artigo incluído pela Lei n. 9.799, de 26-5-1999.)

I – publicar ou fazer publicar anúncio de emprego no qual haja referência ao sexo, à idade, à cor ou situação familiar, salvo quando a natureza da atividade a ser exercida, pública e notoriamente, assim o exigir; (Inciso incluído pela Lei n. 9.799, de 26-5-1999.)

II – recusar emprego, promoção ou motivar a dispensa do trabalho em razão de sexo, idade, cor, situação familiar ou estado de gravidez, salvo quando a natureza da atividade seja notória e publicamente incompatível; (Inciso incluído pela Lei n. 9.799, de 26-5-1999.)

III – considerar o sexo, a idade, a cor ou situação familiar como variável determinante para fins de remuneração, formação profissional e oportunidades de ascensão profissional; (Inciso incluído pela Lei n. 9.799, de 26-5-1999.)

IV – exigir atestado ou exame, de qualquer natureza, para comprovação de esterilidade ou gravidez, na admissão ou permanência no emprego; (Inciso incluído pela Lei n. 9.799, de 26-5-1999.)

V – impedir o acesso ou adotar critérios subjetivos para deferimento de inscrição ou aprovação em concursos, em empresas privadas, em razão de sexo, idade, cor, situação familiar ou estado de gravidez; (Inciso incluído pela Lei n. 9.799, de 26-5-1999.)

VI – proceder o empregador ou preposto a revistas íntimas nas empregadas ou funcionárias. (Inciso incluído pela Lei n. 9.799, de 26-5-1999.)

Parágrafo único. O disposto neste artigo não obsta a adoção de medidas temporárias que visem ao estabelecimento das políticas de igualdade entre homens e mulheres, em particular as que se destinam a corrigir as distorções que afetam a formação profissional, o acesso ao emprego e as condições gerais de trabalho da mulher. (Parágrafo incluído pela Lei n. 9.799, de 26-5-1999.)

Arts. 374 e 375. (Revogados pela Lei n. 7.855, de 24-10-1989.)

Art. 376. (Revogado pela Lei n. 10.244, de 27-6-2001.)

Art. 377. A adoção de medidas de proteção ao trabalho das mulheres é considerada de ordem pública, não justificando, em hipótese alguma, a redução de salário.

Art. 378. (Revogado pela Lei n. 7.855, de 24-10-1989.)

Seção II
Do trabalho noturno

Arts. 379 e 380. (Revogados pela Lei n. 7.855, de 24-10-1989.)

Art. 381. O trabalho noturno das mulheres terá salário superior ao diurno.

§ 1º Para os fins desse artigo, os salários serão acrescidos duma percentagem adicional de 20% (vinte por cento) no mínimo.

§ 2º Cada hora do período noturno de trabalho das mulheres terá 52 (cinquenta e dois) minutos e 30 (trinta) segundos.

Seção III
Dos períodos de descanso

Art. 382. Entre 2 (duas) jornadas de trabalho, haverá um intervalo de 11 (onze) horas consecutivas, no mínimo, destinado ao repouso.

Art. 383. Durante a jornada de trabalho, será concedido à empregada um período para refeição e repouso não inferior a 1 (uma) hora nem superior a 2 (duas) horas salvo a hipótese prevista no art. 71, § 3º.

Art. 384. (Revogado pela Lei n. 13.467, de 2017.)

Art. 385. O descanso semanal será de 24 (vinte e quatro) horas consecutivas e coincidirá no todo ou em parte com o domingo, salvo motivo de conveniência pública ou necessidade imperiosa de serviço, a juízo da autoridade competente, na forma das disposições gerais, caso em que recairá em outro dia.

Parágrafo único. Observar-se-ão, igualmente, os preceitos da legislação geral sobre a proibição de trabalho nos feriados civis e religiosos.

Art. 386. Havendo trabalho aos domingos, será organizada uma escala de revezamento quinzenal, que favoreça o repouso dominical.

Seção IV
Dos métodos e locais de trabalho

Art. 387. (Revogado pela Lei n. 7.855, de 24-10-1989.)

Art. 388. Em virtude de exame e parecer da autoridade competente, o Ministro do Trabalho e da Administração poderá estabelecer derrogações totais ou parciais às proibições a que alude o artigo anterior, quando tiver desaparecido, nos serviços considerados perigosos ou insalubres, todo e qualquer caráter perigoso ou prejudicial mediante a aplicação de novos métodos de trabalho ou pelo emprego de medidas de ordem preventiva.

Art. 389. Toda empresa é obrigada:

I – a prover os estabelecimentos de medidas concernentes à higienização dos métodos e locais de trabalho, tais como ventilação e iluminação e outros que se fizerem necessários à segurança e ao conforto das mulheres, a critério da autoridade competente;

II – a instalar bebedouros, lavatórios, aparelhos sanitários; dispor de cadeiras ou bancos, em número suficiente, que permitam às mulheres trabalhar sem grande esgotamento físico;

III – a instalar vestiários com armários individuais privativos das mulheres, exceto os estabelecimentos comerciais, escritórios, bancos e atividades afins, em que não seja exigida a troca de roupa e outros, a critério da autoridade competente em matéria de segurança e higiene do trabalho, admitindo-se como suficientes as gavetas ou escaninhos, onde possam as empregadas guardar seus pertences;

IV – a fornecer, gratuitamente, a juízo da autoridade competente, os recursos de proteção individual, tais como óculos, máscaras, luvas e roupas especiais, para a defesa dos olhos, do aparelho respiratório e da pele, de acordo com a natureza do trabalho. (*Caput* e incisos com redação dada pelo Dec.-lei n. 229, de 28-2-1967.)

§ 1º Os estabelecimentos em que trabalharem pelo menos 30 (trinta) mulheres com mais de 16 (dezesseis) anos de idade terão local apropriado onde seja permitido às empregadas guardar sob vigilância e assistência os seus filhos no período da amamentação. (Redação dada pelo Dec.-lei n. 229, de 28-2-1967.)

§ 2º A exigência do § 1º poderá ser suprida por meio de creches distritais mantidas, diretamente ou mediante convênios, com outras entidades públicas ou privadas, pelas próprias empresas, em regime comunitário, ou a cargo do SESI, do SESC, da LBA ou de entidades sindicais. (Redação dada pelo Dec.-lei n. 229, de 28-2-1967.)

Art. 390. Ao empregador é vedado empregar a mulher em serviço que demande o emprego de força muscular superior a 20 (vinte) quilos para o trabalho contínuo, ou 25 (vinte e cinco) quilos para o trabalho ocasional.

Parágrafo único. Não está compreendida na determinação deste artigo a remoção de material feita por impulsão ou tração de vagonetes sobre trilhos, de carros de mão ou quaisquer aparelhos mecânicos.

Art. 390-A. (*Vetado.*) (Artigo incluído pela Lei n. 9.799, de 26-5-1999.)

Art. 390-B. As vagas dos cursos de formação de mão de obra, ministrados por instituições governamentais, pelos próprios empregadores ou por qualquer órgão de ensino profissionalizante, serão oferecidas aos empregados de ambos os sexos. (Artigo incluído pela Lei n. 9.799, de 26-5-1999.)

Art. 390-C. As empresas com mais de 100 (cem) empregados, de ambos os sexos, deverão manter programas especiais de incentivos e aperfeiçoamento profissional da mão de obra. (Artigo incluído pela Lei n. 9.799, de 26-5-1999.)

Art. 390-D. (*Vetado*). (Artigo incluído pela Lei n. 9.799, de 26-5-1999.)

Art. 390-E. A pessoa jurídica poderá associar-se a entidade de formação profissional, sociedades civis, sociedades cooperativas, órgãos e entidades públicas ou entidades sindicais, bem como firmar convênios para o desenvolvimento de ações conjuntas, visando à execução de projetos relativos ao incentivo ao trabalho da mulher. (Artigo incluído pela Lei n. 9.799, de 26-5-1999.)

Seção V
Da proteção à maternidade

Art. 391. Não constitui justo motivo para a rescisão do contrato de trabalho da mulher o fato de haver contraído matrimônio ou de encontrar-se em estado de gravidez.

Parágrafo único. Não serão permitidos em regulamentos de qualquer natureza contratos coletivos ou individuais de trabalho, restrições ao direito da mulher ao seu emprego, por motivo de casamento ou de gravidez.

Art. 391-A. A confirmação do estado de gravidez advindo no curso do contrato de trabalho, ainda que durante o prazo do aviso prévio trabalhado ou indenizado, garante à empregada gestante a estabilidade provisória prevista na alínea *b* do inciso II do art. 10 do Ato das Disposições Constitucionais Transitórias. (Artigo incluído pela Lei n. 12.812/2013.)

Parágrafo único. O disposto no *caput* deste artigo aplica-se ao empregado adotante ao qual tenha sido concedida guarda provisória para fins de adoção. (Incluído pela Lei n. 13.509, de 2017.)

Art. 392. A empregada gestante tem direito à licença-maternidade de 120 (cento e vinte) dias, sem prejuízo do emprego e do salário. (Redação dada pela Lei n. 10.421, de 15-4-2002.)

§ 1º A empregada deve, mediante atestado médico, notificar o seu empregador da data do início do afastamento do emprego, que poderá ocorrer entre o 28º (vigésimo oitavo) dia antes do parto e ocorrência deste. (Redação dada pela Lei n. 10.421, de 15-4-2002.)

§ 2º Os períodos de repouso, antes e depois do parto, poderão ser aumentados de 2 (duas) semanas cada um, mediante atestado médico. (Redação dada pela Lei n. 10.421, de 15-4-2002.)

§ 3º Em caso de parto antecipado, a mulher terá direito aos 120 (cento e vinte) dias previstos neste artigo. (Redação dada pela Lei n. 10.421, de 15-4-2002.)

§ 4º É garantido à empregada, durante a gravidez, sem prejuízo do salário e demais direitos: (Parágrafo incluído pela Lei n. 9.799, de 26-5-1999.)

I – transferência de função, quando as condições de saúde o exigirem, assegurada a retomada da função anteriormente exercida, logo após o retorno ao trabalho; (Inciso incluído pela Lei n. 9.799, de 26-5-1999.)

II – dispensa do horário de trabalho pelo tempo necessário para a realização de, no mínimo, seis consultas médicas e demais exames complementares. (Inciso incluído pela Lei n. 9.799, de 26-5-1999.)

§ 5º (*Vetado*.)

Art. 392-A. À empregada que adotar ou obtiver guarda judicial para fins de adoção de criança ou adolescente será será concedida licença-maternidade nos termos do art. 392 desta Lei. (Redação dada pela Lei n. 13.509, de 2017.)

§§ 1º a 3º (Revogados pela Lei n. 12.010, de 3-8-2009.)

§ 4º A licença-maternidade só será concedida mediante apresentação do termo judicial de guarda à adotante ou guardiã.

§ 5º A adoção ou guarda judicial conjunta ensejará a concessão de licença-maternidade a apenas um dos adotantes ou guardiães empregado ou empregada. (§ 5º acrescentado pela Lei n. 12.873, de 24-10-2013.)

Art. 392-B. Em caso de morte da genitora, é assegurado ao cônjuge ou companheiro empregado o gozo de licença por todo o período da licença-maternidade ou pelo tempo restante a que teria direito a mãe, exceto no caso de falecimento do filho ou de seu abandono. (Artigo inserido pela Lei n. 12.873, de 24-10-2013.)

Art. 392-C. Aplica-se, no que couber, o disposto no art. 392-A e 392-B ao empregado que adotar ou obtiver guarda judicial para fins de adoção. (Artigo inserido pela Lei n. 12.873, de 24-10-2013.)

Art. 393. Durante o período a que se refere o art. 392, a mulher terá direito ao salário integral e, quando variável, calculado de acordo com a média dos 6 (seis) últimos meses de trabalho, bem como aos direitos e vantagens adquiridos, sendo-lhe ainda facultado reverter à função que anteriormente ocupava. (Redação dada pelo Dec.-lei n. 229, de 28-2-1967.)

Art. 394. Mediante atestado médico, à mulher grávida é facultado romper o compromisso resultante de qualquer contrato de trabalho, desde que este seja prejudicial à gestação.

Art. 394-A. Sem prejuízo de sua remuneração, nesta incluído o valor do adicional de Insalubridade, a empregada deverá ser afastada de:
I – atividades consideradas insalubres em grau máximo, enquanto durar a gestação;
II – atividades consideradas insalubres em grau médio ou mínimo, quando apresentar atestado de saúde, emitido por médico de confiança da mulher, que recomende o afastamento durante a gestação;
III – atividades consideradas insalubres em qualquer grau, quando apresentar atestado de saúde, emitido por médico de confiança da mulher, que recomende o afastamento durante a lactação.

§ 1º (Vetado.)

§ 2º Cabe à empresa pagar o adicional de Insalubridade à gestante ou à lactante, efetivando-se a compensação, observado o disposto no art. 248 da Constituição Federal, por ocasião do recolhimento das contribuições incidentes sobre a folha de salários e demais rendimentos pagos ou creditados, a qualquer título, à pessoa física que lhe preste serviço.

§ 3º Quando não for possível que a gestante ou a lactante afastada nos termos do *caput* deste artigo exerça suas atividades em local salubre na empresa, a hipótese será considerada como gravidez de risco e ensejará a percepção de salário-maternidade, nos termos da Lei n. 8.213, de 24 de julho de 1991, durante todo o período de afastamento. (Redação inserida pela Lei n. 13.467/2017.)

Art. 395. Em caso de aborto não criminoso, comprovado por atestado médico oficial, a mulher terá um repouso remunerado de 2 (duas) semanas, ficando-lhe assegurado o direito de retornar à função que ocupava antes de seu afastamento.

Art. 396. Para amamentar o próprio filho, inclusive se advindo de adoção, até que este complete 6 (seis) meses de idade, a mulher terá direito, durante a jornada de trabalho, a 2 (dois) descansos especiais de meia hora cada um. (Redação dada pela Lei n. 13.509, de 2017.)

§ 1º Quando o exigir a saúde do filho, o período de 6 (seis) meses poderá ser dilatado, a critério da autoridade competente. (Redação dada pela Lei n. 13.467, de 2017.)

§ 2º Os horários dos descansos previstos no *caput* deste artigo deverão ser definidos em acordo individual entre a mulher e o empregador. (Redação inserida pela Lei n. 13.467/2017.)

Parágrafo único. (Revogado pela Lei n. 13.467, de 2017.)

Art. 397. O SESI, o SESC, a LBA e outras entidades públicas destinadas à assistência à infância manterão ou subvencionarão, de acordo com suas possibilidades financeiras, escolas maternais e jardins de infância, distribuídos nas zonas de maior densidade de trabalhadores, destinados especialmente aos filhos das mulheres empregadas. (Redação dada pelo Dec.-lei n. 229, de 28-2-1967.)

Art. 398. (Revogado pelo Dec.-lei n. 229, de 28-2-1967.)

Art. 399. O Ministro do Trabalho e da Administração conferirá diploma de benemerência aos empregadores que se distinguirem pela organização e manutenção de creches e de instituições de proteção aos menores em idade pré-escolar, desde que tais serviços se recomendem por sua generosidade e pela eficiência das respectivas instalações.

Art. 400. Os locais destinados à guarda dos filhos das operárias durante o período da ama-

mentação deverão possuir, no mínimo, um berçário, uma saleta de amamentação, uma cozinha dietética e uma instalação sanitária.

Seção VI
Das penalidades

Art. 401. Pela infração de qualquer dispositivo deste Capítulo, será imposta ao empregador a multa de 2 (dois) valores de referência a 20 (vinte) valores de referência regionais, aplicada pelas Delegacias Regionais do Trabalho ou por autoridades que exerçam funções delegadas. (Nos termos da Lei n. 6.205, de 29-4-1975.)

§ 1º A penalidade será sempre aplicada no grau máximo:

a) se ficar apurado o emprego de artifício ou simulação para fraudar a aplicação dos dispositivos deste Capítulo;

b) nos casos de reincidência.

§ 2º O processo na verificação das infrações, bem como na aplicação e cobrança das multas, será o previsto no título "Do Processo de Multas Administrativas", observadas as disposições deste artigo.

Arts. 401-A e 401-B. (*Vetados.*)

●●●

▶ **Comentários**

1. ***Da igualdade entre o homem e a mulher***

Em conformidade com o art. 5º, I, da Constituição Federal de 1988:

"Homens e mulheres são iguais em direitos e obrigações".

O art. 7º, XX, da mesma Carta Magna, protege o mercado de trabalho da mulher, *mediante incentivos específicos, nos termos da lei*, proibindo, outrossim, *diferença de salários, de exercício de funções e de critério de admissão por motivo de sexo, idade, cor ou estado civil* (inciso XXX).

Assim considerando, há de ser vista como inconstitucional toda e qualquer restrição ao trabalho da mulher, salvo aquelas relacionadas com sua natureza, como, por exemplo, a licença-maternidade.

Atento a tais modificações, o Ministério do Trabalho editou, em 12 de outubro de 1988, a *Instrução Normativa n. 1* (*DOU*, 21-10-1988), vazada nos seguintes termos:

"O art. 5º da Constituição Federal preceitua que todos são iguais perante a lei e que não deve haver distinção de qualquer natureza.

Por outro lado, o inciso I do referido artigo preconiza que 'homem e mulher são iguais em direitos e obrigações', sendo que o inciso XXX, do art. 7º, proíbe diferença de exercício de funções, de critério de admissão e de salários, por motivo de sexo.

Face a esses dispositivos constitucionais, não cabe ao Poder Executivo, em especial ao Ministério do Trabalho, criar restrições ao trabalho da mulher.

Assim, no que concerne à jornada, seja quanto a hora extra ou compensação de horas, seja quanto ao trabalho noturno, aplicam-se à mulher os dispositivos que regulam o trabalho masculino. Deve-se observar as restrições ao trabalho da mulher apenas quando menor, conforme item 3, desta Instrução".

Em 24-10-1989, foi promulgada a Lei n. 7.855 (*DOU*, 29-10-1989), revogando vários artigos da CLT, que estabeleciam restrições ao trabalho da mulher. O art. 13 da referida lei assim dispõe:

"Revogam-se o parágrafo único do art. 16, os arts. 18, 19, 27, 28, 43, 44, 324, 374, 375, 378, 379, 380, 387, 418 e 446 da CLT e demais disposições em contrário".

Com a revogação do art. 387, ficou prejudicado também o 388.

Assim, restam os *incentivos específicos*, a que faz menção o inciso XX do art. 7º da CF/88, que, por depender de norma complementar, não foi, ainda, instituído, malgrado o tempo de promulgação da Carta Magna.

2. ***Jornada de trabalho da mulher***

A jornada de trabalho da mulher é, igualmente, de *8 horas diárias* (salvo horários especiais em decorrência de legislação específica para determinadas profissões), e 44 semanais – CF/88, art. 7º, XIII; CLT, art. 373.

3. ***Horas extras***

Por força da igualdade entre o homem e a mulher, não subsiste qualquer restrição à jornada extraordinária desta, não mais existindo a exigência de atestado médico, como

estabelecia o art. 375 (revogado), bem como a intervenção sindical para a adoção de compensação, bastando a aquiescência da obreira.

O trabalho extraordinário (salvo o sistema de compensação) deve ser remunerado com adicional de 50% (CF/88, art. 7º, XVI).

4. Trabalho noturno

Não subsiste qualquer restrição ao trabalho noturno da mulher (salvo se menor de dezoito anos), observada a redução da hora e o pagamento do adicional respectivo.

5. Trabalho insalubre e perigoso

A legislação anterior vedava o trabalho da gestante em atividade insalubre. A Reforma Trabalhista/2017, ao revés, busca manter o emprego, estabelecendo grau disciplinando a matéria. Em grau máximo impõe o afastamento imediato. Em grau médio e mínimo faculta o trabalho, salvo atestado médico recomendando o afastamento durante a gestação.

À lactante é permitido o trabalho em qualquer grau de insalubridade, salvo atestado médico recomendando o afastamento. Lactante é a mulher em período de amamentação.

Observe-se que a empregada pode ser transferida para outro ambiente salubre na mesma empresa, hipótese em que continuará recebendo adicional de insalubridade, descontada das contribuições previdenciárias.

A gestante goza de dois intervalos de 30 minutos, cada um, facultando-se as partes livre negociação mediante acordo individual a ser celebrado entre a mulher e o empregador.

6. Licença-maternidade

A Constituição Federal de 1988 estipula, no art. 7º, XVIII: "licença à gestante, sem prejuízo do emprego e do salário, com a duração de cento e vinte dias".

Alterou-se, assim, o prazo fixado no art. 392 da CLT, que era, anteriormente, de 84 dias. Esse prazo poderá, entretanto, ser aumentado, em casos excepcionais, mediante atestado médico, para duas semanas no período que antecede o parto, e duas semanas depois do parto (art. 392, § 2º, da CLT). Também, com a instituição do "Programa Empresa Cidadã", pela Lei n. 11.770/2008, a licença pode ser prorrogada por sessenta dias mediante incentivo fiscal.

O período da licença-maternidade, em que a mulher não trabalha, mas recebe seus salários, é de *interrupção* do contrato de trabalho, como lembra Pedro Paulo Teixeira Manus: "Trata-se, como em outros casos, de período de interrupção do contrato de trabalho, já que inexiste prestação de serviços, mas há pagamento de salário. Tanto assim é que o próprio legislador constitucional cuidou de afirmar que se trata de licença *sem prejuízo do emprego e do salário*"[171].

A licença-maternidade é, na verdade, um *benefício previdenciário*, custeado pelos empregadores como um todo – contribuições calculadas sobre a folha de pagamento.

Daí observar Valentin Carrion:

"Houve evolução do instituto, deixando de ser encargo direto do empregador que contratou a gestante para ser suportado pelo empresariado como um todo, transformando-se em um instituto previdenciário, com vantagens para a empresa contratante e principalmente para a própria mulher, que terá menos razões de ser discriminada na contratação. Por isso, por essa evolução do instituto, deve-se considerar que o acréscimo constitucional (12 semanas ou 84 dias para 120 dias, pela Constituição Federal de 1988), é um direito previdenciário, que não obriga ao pagamento pelo empregador, mas apenas a permitir a ausência da gestante nesses dias todos, com licença remunerada pelo INSS"[172].

Para Amauri Mascaro Nascimento, são *cinco os princípios constitucionais* relacionados ao direito de licença à gestante:

"O *primeiro princípio* é o direito à licença, assegurado à gestante, para que possa, no período próximo ao parto, afastar-se das obrigações decorrentes do contrato de trabalho.

O *segundo princípio* é a manutenção da remuneração durante o afastamento, que, em consequência, caracteriza-se como interrupção do contrato de trabalho. É como se não tivesse havido desligamento. Todos os direitos salariais devem ser mantidos, não só o salário-base, mas, também, os demais complementos

171. Ob. cit., p. 35, grifo nosso.
172. Ob. cit., p. 248.

de natureza remuneratória, sobre todos incidindo os mesmos encargos sociais previstos para todo e qualquer salário.

O *terceiro princípio* é a proibição de prejuízos ao emprego, questão que provoca discussões sobre a extensão dessa garantia. A Constituição garante a estabilidade da gestante no emprego (CF, art. 10, II, *b*, do Ato das Disposições Constitucionais Transitórias), desde a confirmação da gravidez até cinco meses após o parto. Logo, durante a licença-gestante, esta não poderá ser despedida imotivadamente.

O *quarto princípio* é o prazo de 120 dias.

Sensível à necessidade de proteção do trabalho da mulher contra discriminações decorrentes da concessão de direitos sociais, como a licença-maternidade, a Constituição fixa o princípio segundo o qual a lei ordinária estabelecerá critérios destinados à proteção do mercado de trabalho da mulher, *quinto princípio constitucional* dentre os que regem a matéria"[173].

A empregada gestante tem direito à estabilidade provisória prevista no art. 10, II, *b*, do Ato das Disposições Constitucionais Transitórias, mesmo na hipótese de admissão mediante contrato por tempo determinado.

A Lei Penal admite o aborto, praticado por médico, quando não há outro meio de salvar a vida da gestante, ou, ainda, quando a gravidez resulte de estupro e o aborto é consentido pela gestante, ou seu representante legal, se incapaz (CP, art. 128, I e II).

Fora dessas condições, todo aborto é criminoso.

Nos termos do art. 395 da CLT, na ocorrência de *aborto não criminoso*, comprovado por atestado médico oficial, a mulher tem direito a um repouso remunerado de duas semanas, com direito ao retorno ao trabalho, após esse período.

O *parto antecipado* não tira à mulher o direito à licença-maternidade de que é, igualmente, de *cento e vinte dias*, *ex vi* do disposto no § 3º do art. 392 da CLT, acrescido pela Lei n. 10.421, de 15-4-2002.

Licença-maternidade à mãe adotiva

Antes da edição da Lei n. 12.873/2013 a empregada gestante somente tinha estabilidade provisória se o contrato de trabalho dela fosse por prazo indeterminado.

Questão das mais controvertidas do Direito do Trabalho foi a da extensão da estabilidade provisória em contrato de trabalho por prazo determinado.

O item III da Súmula 244 do TST já havia estendido tal direito a empregada admitida *mesmo na hipótese de contrato por tempo determinado*.

A inovação legislativa[174], ao modificar a redação do art. 391-A ao 391-C da CLT, propiciou maior proteção ao nascituro e consequentemente ao seu guardião, pai ou mãe.

Atualmente *a confirmação do estado de gravidez advindo no curso do contrato de trabalho, ainda que durante o prazo do aviso prévio trabalhado ou indenizado, garante à empregada gestante a estabilidade provisória prevista na alínea b do inciso II do art. 10 do Ato das Disposições Constitucionais Transitórias.*

Dessa forma, a empregada gestante tem direito à percepção da licença-maternidade de, no mínimo 120 dias, a ser paga pelo INSS.

É de se ressaltar que tal direito se estende àquele que adotar ou obtiver guarda judicial para fins de adoção. Na eventualidade do falecimento da mãe – como afirma André Luiz Paes de Almeida[175].

7. Prorrogação da licença-maternidade mediante concessão de incentivo fiscal

A Lei n. 11.770, de 9-9-2008 (*DOU*, 10-9-2008), instituiu o denominado *Programa Empresa Cidadã*, destinado à prorrogação da licença-maternidade, mediante concessão de incentivo fiscal.

São pressupostos da prorrogação:

I – o prazo de prorrogação é de sessenta dias;

II – é facultativo, já que o empregador, pessoa jurídica, não está obrigado a concedê-la;

III – depende, outrossim, da solicitação da empregada, até o final do primeiro mês após o parto;

173. *Direito do Trabalho na Constituição de 1988*, cit., p. 184.

174. Lei n. 12.873/2013.
175. *CLT*, 11. ed., Ridel, p. 135.

IV – durante o período da prorrogação, a empregada terá direito à remuneração integral, nos mesmos moldes devidos no período de percepção do salário-maternidade pago pelo Regime Geral da Previdência Social;

V – no período da prorrogação, a empregada não poderá exercer qualquer atividade remunerada e a criança não poderá ser mantida em creche – sob pena de perda do direito de prorrogação;

VI – a pessoa jurídica (o empregador) tributada com base no lucro real poderá deduzir, do imposto devido em cada período de apuração, o total da remuneração integral da empregada pago nos sessenta dias da prorrogação de sua licença – vedada a dedução como despesa operacional.

8. *Estabilidade da gestante*

Considerando a natureza previdenciária da licença-maternidade e, obviamente, procurando zelar pela manutenção do emprego à gestante, o art. 10, II, *b*, do Ato das Disposições Constitucionais Transitórias (ADCT), instituiu a chamada *estabilidade da gestante*:

"Art. 10. Até que seja promulgada a lei complementar a que se refere o art. 7º, I, da Constituição:
(...)
II – fica vedada a dispensa arbitrária ou sem justa causa:
(...)
b) da empregada gestante, desde a confirmação da gravidez até cinco meses após o parto".

Em consequência, salvo a ocorrência de justa causa (art. 482 da CLT), a empregada gestante não poderá ser dispensada no período mencionado – "desde a confirmação da gravidez até cinco meses após o parto". É a chamada estabilidade da gestante.

Doutrina e jurisprudência agasalham entendimento diverso sobre a "confirmação da gravidez", entendendo vasta corrente tratar-se de *responsabilidade objetiva*, tornando irrelevante o conhecimento da gravidez pelo empregador, bastando esta para a confirmação da estabilidade no emprego:

"I – O desconhecimento do estado gravídico pelo empregador não afasta o direito ao pagamento da indenização decorrente da estabilidade (art. 10, II, *b*, do ADCT).

II – A garantia de emprego à gestante só autoriza a reintegração se esta se der durante o período de estabilidade. Do contrário, a garantia restringe-se aos salários e demais direitos correspondentes ao período de estabilidade.

III – A empregada gestante tem direito à estabilidade provisória prevista no art. 10, inciso II, alínea *b*, do Ato das Disposições Constitucionais Transitórias, mesmo na hipótese de admissão mediante contrato por tempo determinado" (Súmula 244 do TST).

À empregada doméstica é assegurada estabilidade da gestante, como dispõe o art. 4º da Lei n. 5.859, de 11-12-1972, com a redação dada pela Lei n. 11.324, de 19-7-2006:

"É vedada a dispensa arbitrária ou sem justa causa da empregada doméstica gestante desde a confirmação da gravidez até 5 (cinco) meses após o parto".

9. *Estabilidade da gestante: direito à reintegração*

Nos termos do item II da Súmula 244 do TST:

"A garantia de emprego à gestante só autoriza a reintegração se esta se der durante o período de estabilidade. Do contrário, a garantia restringe-se aos salários e demais direitos correspondentes ao período de estabilidade".

10. *Trabalho prejudicial à gestante*

Na eventualidade de o trabalho ser prejudicial à gestação, faculta o art. 394 da CLT a rescisão do contrato de trabalho pela mulher, independentemente de aviso prévio ou descontos de seu salário (art. 487, § 2º, da CLT).

11. *Repouso remunerado em caso de aborto não criminoso*

Aborto não criminoso é aquele decorrente de ato espontâneo para o qual a mulher não tenha concorrido, como hemorragia, entre outras causas, ou permitido pela legislação penal:

"I – se não há outro meio de salvar a vida da gestante; II – se a gravidez resulta de estupro e o aborto é precedido de consentimento da ges-

tante ou, quando incapaz, de seu representante legal" (art. 128).

Na ocorrência desses fatos, devidamente comprovados por atestado médico oficial, fará jus a empregada a um *repouso remunerado de duas semanas*, ficando-lhe assegurado o direito de retornar a sua função.

O salário pago à gestante, nesse período, é *prestação previdenciária*, decorrente das contribuições patronais, com base na folha de pagamento. O empregador efetua o pagamento, descontando-o das contribuições previdenciárias a que está obrigado por força de lei.

Trata-se, portanto, de *benefício previdenciário*.

12. Intervalo para amamentação

No período de seis meses, prorrogáveis quando o exigir a saúde do filho, a empregada tem direito a *dois intervalos*, de meia hora cada, durante a jornada de trabalho, para amamentá-lo.

O empregador, salvo a existência de creche (a que não está obrigado), deve, todavia, manter berçário, com sala de amamentação, cozinha dietética e instalação sanitária, quando possua pelo menos trinta empregadas com mais de dezesseis anos (arts. 389, § 1º, e 400 da CLT – *vide* CF/88, art. 7º, XXV).

A infração a tais regras implica multa administrativa.

▶ Jurisprudência

▷ **Súmula 244 do TST. Gestante. Estabilidade provisória.**
I – O desconhecimento do estado gravídico pelo empregador não afasta o direito ao pagamento da indenização decorrente da estabilidade (art. 10, II, *b*, do ADCT).
II – A garantia de emprego à gestante só autoriza a reintegração se esta se der durante o período de estabilidade. Do contrário, a garantia restringe-se aos salários e demais direitos correspondentes ao período de estabilidade.
III – A empregada gestante tem direito à estabilidade provisória prevista no art. 10, inciso II, alínea *b*, do Ato das Disposições Constitucionais Transitórias, mesmo na hipótese de admissão mediante contrato por tempo determinado.

▷ **OJ n. 44 da SDI-1 do TST. Gestante. Salário maternidade.** É devido o salário maternidade, de 120 dias, desde a promulgação da CF/88, ficando a cargo do empregador o pagamento do período acrescido pela carta.

▷ **OJ n. 30 da SDC do TST. Estabilidade da gestante. Renúncia ou transação de direitos constitucionais. Impossibilidade.** (Republicada em decorrência de erro material – *DEJT*, 19, 20 e 21-9-2011) Nos termos do art. 10, II, *b*, do ADCT, a proteção à maternidade foi erigida à hierarquia constitucional, pois retirou do âmbito do direito potestativo do empregador a possibilidade de despedir arbitrariamente a empregada em estado gravídico. Portanto, a teor do art. 9º da CLT, torna-se nula de pleno direito a cláusula que estabelece a possibilidade de renúncia ou transação, pela gestante, das garantias referentes à manutenção do emprego e salário.

▷ **Precedente Normativo n. 6 do TST. Garantia de salário no período de amamentação.** (positivo). É garantido às mulheres, no período de amamentação, o recebimento do salário, sem prestação de serviços, quando o empregador não cumprir as determinações dos §§ 1º e 2º do art. 389 da CLT.

▷ **Precedente Normativo n. 22 do TST. Creche.** (positivo). Determina-se a instalação de local destinado à guarda de crianças em idade de amamentação, quando existentes na empresa mais de 30 (trinta) mulheres maiores de 16 (dezesseis) anos, facultado o convênio com creches.

▷ **Precedente Normativo n. 113 do TST. Transporte de acidentados, doentes e parturientes.** (positivo). Obriga-se o empregador a transportar o empregado, com urgência, para local apropriado, em caso de acidente, mal súbito ou parto, desde que ocorram no horário de trabalho ou em consequência deste. (Ex-JN 821)

▷ **"[...] Ilegitimidade passiva *ad causam*. Obrigação de fazer. Instalação e disponibilização de creches (local destinado às empregadas para guarda, vigilância e amamentação dos filhos menores). Shopping center. Art. 389, § 1º, da CLT. Aplicação da teoria da causa madura.**

Art. 1.013, § 3º, do CPC/2015. Exame do mérito. A Corte regional entendeu pela ilegitimidade da reclamada para figurar no polo passivo desta demanda, sob o fundamento de que, "por sua mera condição de administradora do Shopping, não responde, nem mesmo em tese, pelas obrigações vinculadas ao direito postulado na peça inicial e, portanto, diante de sua restrita atuação, não detém legitimidade para figurar no polo passivo do feito e, em última análise, suportar eventual decisão condenatória". Para fins de aferição das condições da ação, o sistema jurídico brasileiro adota a Teoria da Asserção, pela qual a legitimidade passiva é constatada com base nos fatos narrados na inicial, da afirmação feita pelo autor, que assinalou ser a reclamada a responsável pela implementação do disposto no art. 389, § 1º, da CLT. Uma vez afastada a ilegitimidade passiva da reclamada e não havendo questão fática a ser examinada pelo Tribunal Regional e, portanto, tratando-se de questão apenas de mérito, nada obsta que esta Corte superior julgue de imediato a lide perante a metodologia do art. 515, § 3º, do CPC/1973 (art. 1.013, § 3º, do CPC/2015), tendo em vista a Teoria da Causa Madura e os princípios da economia e da celeridade processuais. Discute-se, no caso, a aplicação da exigência prevista no § 1º do art. 389 da CLT aos shoppings centers, no que se refere à instalação de creches ou à disponibilização de local adequado às empregadas, destinado à guarda, à vigilância ou à amamentação de seus filhos menores. O referido dispositivo legal tem o seguinte teor: "*Art. 389 – Toda empresa é obrigada: § 1º – Os estabelecimentos em que trabalharem pelo menos 30 (trinta) mulheres com mais de 16 (dezesseis) anos de idade terão local apropriado onde seja permitido às empregadas guardar sob vigilância e assistência os seus filhos no período da amamentação*" (grifou-se). Conforme se extrai da literalidade do § 1º do art. 389 da CLT, a obrigatoriedade de disponibilização de local adequado para guarda, vigilância e amamentação dos filhos das empregadas não se refere exclusivamente ao empregador, mas a todos os estabelecimentos em que estejam trabalhando pelo menos 30 (trinta) mulheres com mais de 16 (dezesseis) anos de idade. Importante ressaltar que, embora os shoppings centers, enquanto estabelecimento comercial, não se enquadram propriamente na posição de empregador das empregadas contratadas diretamente pelos lojistas que integram o conglomerado, trata-se de empreendimentos que se relacionam e até se beneficiam da atividade econômica por eles desempenhadas, como, por exemplo, quando são realizadas promoções ou liquidação de produtos, em troca de prêmios ofertados pelo próprio centro comercial, cujo resultado final buscado e muitas vezes atingido é o aumento do faturamento tanto dos lojistas individualmente quanto do próprio shopping center. Considerando, portanto, a peculiaridade da relação jurídica firmada entre os shoppings centers e os lojistas, em respeito aos princípios da valoração do trabalho, insculpido no art. 170 da Constituição da República, assim como a proteção ao trabalho da mulher e da criança em idade de amamentação, perfeitamente aplicável ao reclamado a exigência prevista no § 1º do art. 389 da CLT. Precedentes. Recurso de revista conhecido e provido."(TST-RR-62-91.2013.5.09.0007, 2ª Turma, rel. Min. José Roberto Freire Pimenta, julgado em 15-9-2021.)

▷ **"Agravo interno. Recurso extraordinário. Direito à maternidade. Proteção constitucional contra dispensa arbitrária da gestante. Exigência unicamente da presença do requisito biológico. Gravidez preexistente à dispensa arbitrária. Melhoria das condições de vida aos hipossuficientes, visando à concretização da igualdade social. Direito à indenização.** Trata-se de agravo interno interposto em face de decisão da Vice-Presidência do TST pela qual fora denegado seguimento ao recurso extraordinário com base em precedentes de repercussão geral. A Suprema Corte, ao examinar o Recurso extraordinário n. 629.053, concluiu que a incidência da estabilidade prevista no art. 10, inc. II, do ADCT, somente exige a anterioridade da gravidez à dispensa sem justa causa (Tema 497). Nesse contexto, ficam mantidos os fundamentos adotados pela decisão agravada. Agravo interno não pro-

vido" (Ag-ED-AgR-E-ED-RR-162500-70.2009.5.02.0081, Órgão Especial, Relator Ministro Renato de Lacerda Paiva, *DEJT* 7-5-2020).

▷ **Recurso de revista regido pela Lei n. 13.467/2017. 1. Transcendência social reconhecida**. Verifica-se a existência de transcendência social, nos termos do art. 896-A, § 1º, III, da CLT. **2. Estabilidade provisória. Gestante. Contrato de experiência.** O art. 10, II, *b*, do ADCT, veda a dispensa arbitrária ou sem justa causa da empregada gestante, desde a confirmação da gravidez até cinco meses após o parto, não estabelecendo nenhuma restrição quanto à modalidade do contrato de trabalho, mormente porque destinado à proteção do nascituro. Assim é que o Tribunal Superior do Trabalho alterou o teor da Súmula 244, III, consolidando a jurisprudência da Corte acerca do referido dispositivo constitucional, ajustando-a ao entendimento já pacificado no âmbito do Supremo Tribunal Federal. Recurso de revista conhecido e provido (RR-1001028-89.2017.5.02.0072, 2ª Turma, Relatora Ministra Delaide Miranda Arantes, *DEJT* 21-8-2020).

▷ **Recurso de revista. Acórdão regional publicado na vigência da Lei n. 13.015/2014 e antes da vigência da Lei n. 13.467/2017. Estabilidade provisória. Empregada gestante. Contratação pela administração pública sem concurso público. Contrato nulo. Garantia de emprego não assegurada. Conhecimento e provimento.** I – A Corte Regional entendeu que "a aplicação harmônica dos princípios da proporcionalidade e razoabilidade deve valorar a proteção da maternidade e do nascituro, em detrimento da proteção dos princípios da administração pública, tendo em vista a natureza e a finalidade dessa garantia ser a própria gestação. Assim, ante a nulidade contratual, é devido o pagamento de indenização substitutiva da garantia da estabilidade provisória da gestante e reflexos". II – O entendimento dominante neste Tribunal Superior é de que, após a promulgação da Constituição Federal de 1988, a contratação pela Administração Pública sem prévia aprovação em concurso público constitui ato nulo, sendo devido ao empregado apenas o pagamento da contraprestação pactuada em relação ao número de horas trabalhadas e dos valores referentes aos depósitos do FGTS (Súmula 363 do TST). Ainda nessa hipótese, não é assegurada à empregada gestante a garantia de estabilidade provisória no emprego prevista no art. 10, II, *b*, do ADCT, tampouco o pagamento de indenização substitutiva, em decorrência da nulidade do contrato de trabalho, nos termos dos art. 37, II, e § 2º, e 37, IX, da Constituição da República. Precedentes do Pleno e de Turmas do TST. III. Contrariedade à Súmula 363 do TST configurada. III – Recurso de revista de que se conhece e a que se dá provimento (RR-16868-63.2014.5.16.0011, 4ª Turma, Relator Ministro Alexandre Luiz Ramos, *DEJT* 21-8-2020).

▷ **"Agravo de instrumento em recurso de revista recurso interposto na vigência da Lei n. 13.467/2017 Contrato de aprendizagem. Estabilidade provisória da gestante. Súmula 244, item III, do TST.** O art. 10, inciso II, alínea *b*, do Ato das Disposições Constitucionais Transitórias veda a dispensa arbitrária da empregada gestante, desde a confirmação da gravidez até cinco meses após o parto. O citado dispositivo da Constituição Federal foi interpretado pela jurisprudência desta Corte, consoante o disposto na Súmula 244, item I, do TST, segundo a qual "o desconhecimento do estado gravídico pelo empregador não afasta o direito ao pagamento da indenização decorrente da estabilidade (art. 10, inciso II, alínea *b*, do ADCT)". É condição essencial para que seja assegurada a estabilidade à reclamante o fato de a gravidez ter ocorrido durante o transcurso do contrato de trabalho, não sendo exigido o conhecimento da gravidez pelo empregador. A jurisprudência prevalecente nesta Corte superior firmou-se no sentido da existência de estabilidade provisória da gestante, mesmo nos contratos por prazo determinado, conforme a nova redação dada ao item III da Súmula 244, que assim dispõe: "III – A empregada gestante tem direito à estabilidade provisória prevista no art. 10, inciso II, alínea *b*, do Ato

das Disposições Constitucionais Transitórias, mesmo na hipótese de admissão mediante contrato por tempo determinado". Logo, o entendimento adotado pela Corte regional está em consonância com a previsão do art. 10, inciso II, alínea *b*, do ADCT. (precedentes). Agravo de instrumento desprovido" (AIRR-1452-77.2016.5.10.0811, 2ª Turma, Relator Ministro Jose Roberto Freire Pimenta, *DEJT* 13-11-2020).

▷ **"Recurso de revista interposto na vigência da Lei n. 13.015/2014. Estabilidade gestante. Arts. 7º, XVIII, da CF e 10, II, *b*, do ADCT. Súmula 244/TST. Normas de ordem pública. Proteção ao nascituro. Indenização compensatória devida.** Nos termos dos arts. 7º, XVIII, da Constituição Federal e 10, II, *b*, do Ato das Disposições Constitucionais Transitórias – ADCT, foi assegurada estabilidade provisória à empregada gestante, desde a confirmação da gravidez até cinco meses após o parto, estabelecendo-se como único requisito à configuração do direito que a concepção tenha ocorrido durante o contrato de trabalho. A estabilidade conferida à gestante pela Constituição Federal objetiva amparar o nascituro, a partir da preservação das condições econômicas mínimas necessárias à tutela de sua saúde e de seu bem-estar, configurando norma de ordem pública, da qual a trabalhadora sequer pode dispor. Desse modo, o Tribunal Regional, ao deferir o pagamento da indenização substitutiva referente ao período de estabilidade gestacional, proferiu decisão em conformidade com a atual jurisprudência desta Corte, incidindo o óbice da Súmula 333/TST ao conhecimento do recurso de revista. Recurso de revista não conhecido" (RR-1001203-59.2015.5.02.0232, 5ª Turma, Relator Ministro Douglas Alencar Rodrigues, *DEJT* 22-3-2019).

▷ **"Agravo de instrumento em recurso de revista. Estabilidade provisória da gestante. Desconhecimento da gestação pelo empregador.** O Tribunal Regional consignou que a trabalhadora se encontrava grávida quando de sua dispensa. Dito isso, predomina nesta Corte Superior o entendimento segundo o qual os direitos decorrentes do disposto nos arts. 7º, XVIII, da Constituição Federal e 10, II, *b*, do Ato das Disposições Constitucionais Transitórias (ADCT) não têm sua eficácia condicionada ao prévio conhecimento pelo empregador, porquanto erigidos a partir da responsabilidade objetiva do Estado. Desse modo, cuidando-se de proteção ao nascituro, prevalecerão os benefícios constitucionais, ainda que a própria empregada ou o empregador, ao tempo da rescisão contratual, desconheça a gravidez. Nesse sentido foi editada a Súmula 244, I, do TST. Agravo de instrumento conhecido e não provido" (AIRR-1139-87.2017.5.10.0001, 8ª Turma, Relatora Ministra Dora Maria da Costa, *DEJT* 12-4-2019).

▷ **"Recurso de revista interposto na vigência da Lei n. 13.015/2014. Estabilidade gestante. Arts. 7º, XVIII, da CF e 10, II, *b*, do ADCT. Súmula 244/TST. Normas de ordem pública. Proteção ao nascituro. Indenização compensatória devida.** Nos termos dos arts. 7º, XVIII, da Constituição Federal e 10, II, *b*, do Ato das Disposições Constitucionais Transitórias – ADCT, foi assegurada estabilidade provisória à empregada gestante, desde a confirmação da gravidez até cinco meses após o parto, estabelecendo-se como único requisito à configuração do direito que a concepção tenha ocorrido durante o contrato de trabalho. A estabilidade conferida à gestante pela Constituição Federal objetiva amparar o nascituro, a partir da preservação das condições econômicas mínimas necessárias à tutela de sua saúde e de seu bem-estar, configurando norma de ordem pública, da qual a trabalhadora sequer pode dispor. Desse modo, o Tribunal Regional, ao deferir o pagamento da indenização substitutiva referente ao período de estabilidade gestacional, proferiu decisão em conformidade com a atual jurisprudência desta Corte, incidindo o óbice da Súmula 333/TST ao conhecimento do recurso de revista. Recurso de revista não conhecido" (RR-1001203-59.2015.5.02.0232, 5ª Turma, Relator Ministro Douglas Alencar Rodrigues, *DEJT* 22-3-2019).

Capítulo IV
Da proteção do trabalho do menor

Seção I
Disposições gerais

Art. 402. Considera-se menor para os efeitos desta Consolidação o trabalhador de 14 (quatorze) até 18 (dezoito) anos. (Redação dada pela Lei n. 10.097, de 19-12-2000.)

Parágrafo único. O trabalho do menor reger-se-á pelas disposições do presente Capítulo, exceto no serviço em oficinas em que trabalhem exclusivamente pessoas da família do menor e esteja este sob a direção do pai, mãe ou tutor, observado, entretanto, o disposto nos arts. 404, 405 e na Seção II. (Redação dada pelo Dec.-lei n. 229, de 28-2-1967.)

Art. 403. É proibido qualquer trabalho a menores de 16 (dezesseis) anos de idade, salvo na condição de aprendiz, a partir dos 14 (quatorze) anos. (Redação dada pela Lei n. 10.097, de 19-12-2000.)

Parágrafo único. O trabalho do menor não poderá ser realizado em locais prejudiciais à sua formação, ao seu desenvolvimento físico, psíquico, moral e social e em horários e locais que não permitam a frequência à escola. (Redação dada pela Lei n. 10.097, de 19-12-2000.)

a e *b*) (Revogadas pela Lei n. 10.097, de 19-12-2000.)

Art. 404. Ao menor de 18 (dezoito) anos é vedado o trabalho noturno, considerado este o que for executado no período compreendido entre as 22 (vinte e duas) e as 5 (cinco) horas.

Art. 405. Ao menor não será permitido o trabalho: (Redação dada pelo Dec.-lei n. 229, de 28-2-1967.)

I – nos locais e serviços perigosos ou insalubres, constantes de quadro para esse fim aprovado pela Secretaria de Segurança e Medicina do Trabalho; (Nos termos da Lei n. 6.514, de 22-12-1977.)

II – em locais ou serviços prejudiciais à sua moralidade. (Redação dada pelo Dec.-lei n. 229, de 28-2-1967.)

§ 1º (Revogado pela Lei n. 10.097, de 19-12-2000.)

§ 2º O trabalho exercido nas ruas, praças e outros logradouros dependerá de prévia autorização do Juiz da Infância e da Juventude, ao qual cabe verificar se a ocupação é indispensável à sua própria subsistência ou à de seus pais, avós ou irmãos e se dessa ocupação não poderá advir prejuízo à sua formação moral. (Redação dada pelo Dec.-lei n. 229, de 28-2-1967.)

§ 3º Considera-se prejudicial à moralidade do menor o trabalho:

a) prestado de qualquer modo em teatros de revista, cinemas, boates, cassinos, cabarés, *dancings* e estabelecimentos análogos;

b) em empresas circenses, em funções de acrobata, saltimbanco, ginasta e outras semelhantes;

c) de produção, composição, entrega ou venda de escritos, impressos, cartazes, desenhos, gravuras, pinturas, emblemas, imagens e quaisquer outros objetos que possam, a juízo da autoridade competente, prejudicar sua formação moral;

d) consistente na venda, a varejo, de bebidas alcoólicas. (Parágrafo e alíneas com redação dada pelo Dec.-lei n. 229, de 28-2-1967.)

§ 4º Nas localidades em que existirem, oficialmente reconhecidas, instituições destinadas ao amparo dos menores jornaleiros, só aos que se encontrem sob o patrocínio dessas entidades será outorgada a autorização do trabalho a que alude o § 2º. (Redação dada pelo Dec.-lei n. 229, de 28-2-1967.)

§ 5º Aplica-se ao menor o disposto no art. 390 e seu parágrafo único. (Redação dada pelo Dec.-lei n. 229, de 28-2-1967.)

Art. 406. O Juiz da Infância e da Juventude poderá autorizar ao menor o trabalho a que se referem as letras *a* e *b* do § 3º do art. 405:

I – desde que a representação tenha fim educativo ou a peça de que participe não possa ser prejudicial à sua formação moral;

II – desde que se certifique ser a ocupação do menor indispensável à própria subsistência ou à de seus pais, avós ou irmãos e não advir nenhum prejuízo à sua formação moral. (*Caput* e incisos com redação dada pelo Dec.-lei n. 229, de 28-2-1967.)

Art. 407. Verificado pela autoridade competente que o trabalho executado pelo menor é prejudicial à sua saúde, ao seu desenvolvimento físico ou à sua moralidade, poderá ela obrigá-lo a abandonar o serviço, devendo a respec-

tiva empresa, quando for o caso, proporcionar ao menor todas as facilidades para mudar de funções. (Redação dada pelo Dec.-lei n. 229, de 28-2-1967.)

Parágrafo único. Quando a empresa não tomar as medidas possíveis e recomendadas pela autoridade competente para que o menor mude de função, configurar-se-á a rescisão do contrato de trabalho, na forma do art. 483. (Redação dada pelo Dec.-lei n. 229, de 28-2-1967.)

Art. 408. Ao responsável legal do menor é facultado pleitear a extinção do contrato de trabalho, desde que o serviço possa acarretar para ele prejuízos de ordem física ou moral. (Redação dada pelo Dec.-lei n. 229, de 28-2-1967.)

Art. 409. Para maior segurança do trabalho e garantia da saúde dos menores, a autoridade fiscalizadora poderá proibir-lhes o gozo dos períodos de repouso nos locais de trabalho.

Art. 410. O Ministro do Trabalho poderá derrogar qualquer proibição decorrente do quadro a que se refere o inciso I do art. 405 quando se certificar haver desaparecido, parcial ou totalmente, o caráter perigoso ou insalubre, que determinou a proibição.

Seção II
Da duração do trabalho

Art. 411. A duração do trabalho do menor regular-se-á pelas disposições legais relativas à duração do trabalho em geral, com as restrições estabelecidas neste Capítulo.

Art. 412. Após cada período de trabalho efetivo, quer contínuo, quer dividido em 2 (dois) turnos, haverá um intervalo de repouso, não inferior a 11 (onze) horas.

Art. 413. É vedado prorrogar a duração normal diária do trabalho do menor, salvo:

I – até mais 2 (duas) horas, independentemente de acréscimo salarial, mediante convenção ou acordo coletivo nos termos do Título VI desta Consolidação, desde que o excesso de horas em um dia seja compensado pela diminuição em outro, de modo a ser observado o limite máximo de 48 (quarenta e oito) horas semanais ou outro inferior legalmente fixado;

II – excepcionalmente, por motivo de força maior, até o máximo de 12 (doze) horas, com acréscimo salarial de pelo menos, 25% (vinte e cinco por cento) sobre a hora normal e desde que o trabalho do menor seja imprescindível ao funcionamento do estabelecimento. (*Caput* e incisos com redação dada pelo Dec.-lei n. 229, de 28-2-1967.)

Parágrafo único. Aplica-se à prorrogação do trabalho do menor o disposto no art. 375, no parágrafo único do art. 376, no art. 378 e no art. 384 desta Consolidação. (Redação dada pelo Dec.-lei n. 229, de 28-2-1967.)

Art. 414. Quando o menor de 18 (dezoito) anos for empregado em mais de um estabelecimento, as horas de trabalho em cada um serão totalizadas.

Seção III
Da admissão em emprego e da Carteira de Trabalho e Previdência Social

Art. 415. Haverá a Carteira de Trabalho e Previdência Social para todos os menores de 18 anos, sem distinção do sexo, empregados em empresas ou estabelecimentos de fins econômicos e daqueles que lhes forem equiparados. (Revogado pelo Dec.-lei n. 926, de 10-10-1969.)

Parágrafo único. (Revogado pela Lei n. 13.874, de 2019.)

Art. 416. Os menores de 18 anos só poderão ser admitidos, como empregados, nas empresas ou estabelecimentos de fins econômicos e naqueles que lhes forem equiparados, quando possuidores da carteira a que se refere o artigo anterior, salvo a hipótese do art. 422. (*Vide* Dec.-lei n. 926, de 10-10-1969 e Lei n. 5.686, de 3-8-1971.)

Art. 417. (Revogado pela Lei n. 13.874, de 2019.)

Art. 418. (Revogado pela Lei n. 7.855, de 24-10-1989.)

Arts. 419 a 422. (Revogados pela Lei n. 13.874, de 2019.)

Art. 423. O empregador não poderá fazer outras anotações na carteira de trabalho e previdência social além das referentes ao salário, data da admissão, férias e saída. (*Vide* Lei n. 5.686, de 1971.)

Seção IV
Dos deveres dos responsáveis legais de menores e dos empregadores. Da aprendizagem

Art. 424. É dever dos responsáveis legais de menores, pais, mães, ou tutores, afastá-los de empregos que diminuam consideravelmente o seu tempo de estudo, reduzam o tempo de re-

pouso necessário à sua saúde e constituição física, ou prejudiquem a sua educação moral.

Art. 425. Os empregadores de menores de 18 (dezoito) anos são obrigados a velar pela observância, nos seus estabelecimentos ou empresas, dos bons costumes e da decência pública, bem como das regras de higiene e medicina do trabalho.

Art. 426. É dever do empregador, na hipótese do art. 407, proporcionar ao menor todas as facilidades para mudar de serviço.

Art. 427. O empregador, cuja empresa ou estabelecimento ocupar menores, será obrigado a conceder-lhes o tempo que for necessário para a frequência às aulas.

Parágrafo único. Os estabelecimentos situados em lugar onde a escola estiver a maior distância que 2 (dois) quilômetros, e que ocuparem, permanentemente, mais de 30 (trinta) menores analfabetos, de 14 (quatorze) a 18 (dezoito) anos, serão obrigados a manter local apropriado em que lhes seja ministrada a instrução primária.

Art. 428. Contrato de aprendizagem é o contrato de trabalho especial, ajustado por escrito e por prazo determinado, em que o empregador se compromete a assegurar ao maior de 14 (quatorze) e menor de 24 (vinte e quatro) anos, inscrito em programa de aprendizagem, formação técnico-profissional metódica, compatível com o seu desenvolvimento físico, moral e psicológico, e o aprendiz, a executar com zelo e diligência as tarefas necessárias a essa formação. (Redação dada pela Lei n. 11.180, de 23-9-2005.)

§ 1º A validade do contrato de aprendizagem pressupõe anotação na Carteira de Trabalho e Previdência Social, matrícula e frequência do aprendiz na escola, caso não haja concluído o ensino médio, e inscrição em programa de aprendizagem desenvolvido sob a orientação de entidade qualificada em formação técnico-profissional metódica. (§ 1º com redação determinada pela Lei n. 11.788, de 25-9-2008.)

§ 2º Ao aprendiz, salvo condição mais favorável, será garantido o salário mínimo hora. (Redação dada pela Lei n. 13.420, de 2017.)

§ 3º O contrato de aprendizagem não poderá ser estipulado por mais de 2 (dois) anos. (exceto quando se tratar de aprendiz portador de deficiência (§ 3º com redação determinada pela Lei n. 11.788, de 25-9-2008).

§ 4º A formação técnico-profissional a que se refere o *caput* deste artigo caracteriza-se por suas atividades teóricas e práticas, metodicamente organizadas em tarefas de complexidade progressiva desenvolvidas no ambiente de trabalho. (Parágrafo incluído pela Lei n. 10.097, de 19-12-2000.)

§ 5º A idade máxima prevista no *caput* não se aplica a aprendizes portadores de deficiência. (Parágrafo incluído pela Medida Provisória n. 251, de 14-6-2005.)

§ 6º Para os fins do contrato de aprendizagem, a comprovação da escolaridade de aprendiz com deficiência deve considerar, sobretudo, as habilidades e competências relacionadas com a profissionalização. (Redação dada pela Lei n. 13.146, de 2015.)

§ 7º Nas localidades onde houver oferta de ensino médio para o cumprimento do disposto no § 1º deste artigo, a contratação do aprendiz poderá ocorrer sem a frequência à escola, desde que ele já tenha concluído o ensino fundamental. (Parágrafo incluído pela Lei n. 11.788, de 25-9-2008.)

§ 8º Para o aprendiz com deficiência com 18 (dezoito) anos ou mais, a validade do contrato de aprendizagem pressupõe anotação na CTPS e matrícula e frequência em programa de aprendizagem desenvolvido sob orientação de entidade qualificada em formação técnico-profissional metódica. (Redação dada pela Lei n. 13.146, de 2015.)

Art. 429. Os estabelecimentos de qualquer natureza são obrigados a empregar e matricular nos cursos dos Serviços Nacionais de Aprendizagem número de aprendizes equivalente a 5% (cinco por cento), no mínimo, e 15% (quinze por cento), no máximo, dos trabalhadores existentes em cada estabelecimento, cujas funções demandem formação profissional. (Redação dada pela Lei n. 10.097, de 19-12-2000.)

a) (Revogada pela Lei n. 10.097, de 19-12-2000.)

b) (Revogada pelo Dec.-lei n. 9.576, de 12-8-1946.)

§ 1º-A. O limite fixado neste artigo não se aplica quando o empregador for entidade sem fins lucrativos, que tenha por objetivo a educação profissional. (Parágrafo incluído pela Lei n. 10.097, de 19-12-2000.)

§ 1º-B. Os estabelecimentos a que se refere o *caput* poderão destinar o equivalente a até 10%

(dez por cento) de sua cota de aprendizes à formação técnico-profissional metódica em áreas relacionadas a práticas de atividades desportivas, à prestação de serviços relacionados à infraestrutura, incluindo as atividades de construção, ampliação, recuperação e manutenção de instalações esportivas e à organização e promoção de eventos esportivos. (Redação dada pela Lei n. 13.420, de 2017.)

§ 1º As frações de unidade, no cálculo da percentagem de que trata o *caput*, darão lugar à admissão de um aprendiz. (Redação dada pela Lei n. 10.097, de 19-12-2000.)

§ 2º Os estabelecimentos de que trata o *caput* ofertarão vagas de aprendizes a adolescentes usuários do Sistema Nacional de Atendimento Socioeducativo (Sinase) nas condições a serem dispostas em instrumentos de cooperação celebrados entre os estabelecimentos e os gestores dos Sistemas de Atendimento Socioeducativo locais. (Parágrafo incluído pela Lei n. 12.594, de 18-1-2012.)

§ 3º Os estabelecimentos de que trata o *caput* poderão ofertar vagas de aprendizes a adolescentes usuários do Sistema Nacional de Políticas Públicas sobre Drogas – SISNAD nas condições a serem dispostas em instrumentos de cooperação celebrados entre os estabelecimentos e os gestores locais responsáveis pela prevenção do uso indevido, atenção e reinserção social de usuários e dependentes de drogas. (Incluído pela Lei n. 13.840, de 2019.)

Art. 430. Na hipótese de os Serviços Nacionais de Aprendizagem não oferecerem cursos ou vagas suficientes para atender à demanda dos estabelecimentos, esta poderá ser suprida por outras entidades qualificadas em formação técnico-profissional metódica, a saber:

I – Escolas Técnicas de Educação;

II – entidades sem fins lucrativos, que tenham por objetivo a assistência ao adolescente e à educação profissional, registradas no Conselho Municipal dos Direitos da Criança e do Adolescente. (*Caput* e incisos com redação dada pela Lei n. 10.097, de 19-12-2000.)

III – entidades de prática desportiva das diversas modalidades filiadas ao Sistema Nacional do Desporto e aos Sistemas de Desporto dos Estados, do Distrito Federal e dos Municípios. (Incluído pela Lei n. 13.420, de 2017.)

§ 1º As entidades mencionadas neste artigo deverão contar com estrutura adequada ao desenvolvimento dos programas de aprendizagem, de forma a manter a qualidade do processo de ensino, bem como acompanhar e avaliar os resultados. (Parágrafo incluído pela Lei n. 10.097, de 19-12-2000.)

§ 2º Aos aprendizes que concluírem os cursos de aprendizagem, com aproveitamento, será concedido certificado de qualificação profissional. (Parágrafo incluído pela Lei n. 10.097, de 19-12-2000.)

§ 3º O Ministério do Trabalho e Emprego fixará normas para avaliação da competência das entidades mencionadas no inciso II e III deste artigo. (Redação dada pela Lei n. 13.420, de 2017.)

§ 4º As entidades mencionadas nos incisos II e III deste artigo deverão cadastrar seus cursos, turmas e aprendizes matriculados no Ministério do Trabalho. (Incluído pela Lei n. 13.420, de 2017.)

§ 5º As entidades mencionadas neste artigo poderão firmar parcerias entre si para o desenvolvimento dos programas de aprendizagem, conforme regulamento. (Incluído pela Lei n. 13.420, de 2017.)

Art. 431. A contratação do aprendiz poderá ser efetivada pela empresa onde se realizará a aprendizagem ou pelas entidades mencionadas no inciso II e III do art. 430, caso em que não gera vínculo de emprego com a empresa tomadora dos serviços. (Redação dada pela Lei n. 13.420, de 2017.)

a, *b* e *c*) (Revogadas pela Lei n. 10.097, de 19-12-2000.)

Parágrafo único. (*Vetado.*) (Lei n. 10.097, de 19-12-2000.)

Art. 432. A duração do trabalho do aprendiz não excederá de 6 (seis) horas diárias, sendo vedadas a prorrogação e a compensação de jornada. (Redação dada pela Lei n. 10.097, de 19-12-2000.)

§ 1º O limite previsto neste artigo poderá ser de até 8 (oito) horas diárias para os aprendizes que já tiverem completado o ensino fundamental, se nelas forem computadas as horas destinadas à aprendizagem teórica. (Redação dada pela Lei n. 10.097, de 19-12-2000.)

§ 2º (Revogado pela Lei n. 10.097, de 19-12-2000.)

Art. 433. O contrato de aprendizagem extinguir-se-á no seu termo ou quando o aprendiz

completar 24 (vinte e quatro) anos, ressalvada a hipótese prevista no § 5º do art. 428 desta Consolidação, ou ainda antecipadamente nas seguintes hipóteses: (Redação dada pela Lei n. 11.180, de 23-9-2005.)

a e *b*) (Revogadas pela Lei n. 10.097, de 19-12-2000.)

I – desempenho insuficiente ou inadaptação do aprendiz, salvo para o aprendiz com deficiência quando desprovido de recursos de acessibilidade, de tecnologias assistivas e de apoio necessário ao desempenho de suas atividades; (Redação dada pela Lei n. 13.146, de 2015.)

II – falta disciplinar grave; (Inciso incluído pela Lei n. 10.097, de 19-12-2000.)

III – ausência injustificada à escola que implique perda do ano letivo; ou (Inciso incluído pela Lei n. 10.097, de 19-12-2000.)

IV – a pedido do aprendiz. (Inciso incluído pela Lei n. 10.097, de 19-12-2000.)

§ 1º (Revogado pela Lei n. 3.519, de 30-12-1958.)

§ 2º Não se aplica o disposto nos arts. 479 e 480 desta Consolidação às hipóteses de extinção do contrato mencionadas neste artigo. (Parágrafo incluído pela Lei n. 10.097, de 19-12-2000.)

Seção V
Das penalidades

Art. 434. Os infratores das disposições deste Capítulo ficam sujeitos à multa de valor igual a 1 (um) salário mínimo regional, aplicada tantas vezes quantos forem os menores empregados em desacordo com a lei, não podendo, todavia, a soma das multas exceder a 5 (cinco) vezes o salário mínimo, salvo no caso de reincidência, em que esse total poderá ser elevado ao dobro. (Redação dada pelo Dec.-lei n. 229, de 28-2-1967.)

Art. 435. Fica sujeita à multa de valor igual a 1 (um) salário mínimo regional e ao pagamento da emissão de nova via a empresa que fizer na Carteira de Trabalho e Previdência Social anotação não prevista em lei. (Redação dada pelo Dec.-lei n. 229, de 28-2-1967.)

Arts. 436 e 437. (Revogados pela Lei n. 10.097, de 19-12-2000.)

Art. 438. São competentes para impor as penalidades previstas neste Capítulo os Delegados Regionais do Trabalho ou os funcionários por eles designados para tal fim.[176]

Parágrafo único. O processo, na verificação das infrações, bem como na aplicação e cobrança das multas, será o previsto no título "Do Processo de Multas Administrativas", observadas as disposições deste artigo.

Seção VI
Disposições finais

Art. 439. É lícito ao menor firmar recibo pelo pagamento dos salários. Tratando-se, porém, de rescisão do contrato de trabalho, é vedado ao menor de 18 (dezoito) anos dar, sem assistência dos seus responsáveis legais, quitação ao empregador pelo recebimento da indenização que lhe for devida.

Art. 440. Contra os menores de 18 (dezoito) anos não corre nenhum prazo de prescrição.

Art. 441. O quadro a que se refere o item I do art. 405 será revisto bienalmente. (Redação dada pelo Dec.-lei n. 229, de 28-2-1967.)

▶ *Comentários*

1. **Normas constitucionais de proteção ao trabalho do menor**

A Constituição Federal de 1988, em seu art. 7º, XXXIII, estabelece as seguintes regras para o trabalho do menor: a) proibição de trabalho noturno, perigoso ou insalubre; b) proibição de qualquer trabalho a menores de dezesseis anos, salvo na condição de aprendiz, a partir de quatorze anos; c) no art. 227, § 3º, assegura-lhes os seguintes direitos: I – previdenciários e trabalhistas; II – acesso à escola.

176. Redação original alterada tendo em vista as disposições contidas na Lei n. 8.422, de 13-5-1992 – "Art. 11. As Delegacias Regionais de Trabalho (DRT), incorporadas às unidades descentralizadas do Instituto Nacional do Seguro Social (INSS) pela Lei n. 8.099, de 5 de dezembro de 1990, ficam reinstituídas, com as competências e atribuições dos titulares, especialmente as estabelecidas pela Consolidação das Leis do Trabalho". Vide também Lei n. 9.649, de 27-5-1998, e Medida Provisória n. 2.216-37, de 31-8-2001, que atribuem competência ao Ministério do Trabalho e Emprego para a "fiscalização do trabalho, inclusive do trabalho portuário, bem como aplicação das sanções previstas em normas legais ou coletivas" (art. 14, XIX, *c*).

O Estatuto da Criança e do Adolescente, por sua vez, estabelece disposições a serem observadas relativamente ao aprendizado (Lei n. 8.069, de 13-7-1990).

As Convenções Internacionais 138 e 182 da OIT tratam do trabalho infantil.

2. Idade mínima para o trabalho

A Constituição Federal de 1988, no seu art. 7º, XXXIII, proíbe o trabalho ao menor de *dezesseis anos*, salvo na condição de *aprendiz* (dos quatorze aos dezoito anos de idade).

As Constituições de *1824* (Imperial) e a Republicana de *1891* nada dispuseram a respeito. A primeira Constituição Federal a cuidar da questão foi a de *1934* (art. 121, letra *d*), seguindo-se-lhe a Constituição Federal de *1937* (art. 137, letra *j*), ambas estabelecendo o limite de *quatorze anos* para o trabalho, princípio mantido pela Carta Magna de *1946* (art. 157, IX). Esse limite foi reduzido para *doze anos*, pela Constituição Federal de *1967* (art. 158, X).

Originariamente, a Constituição Federal de 1988 fixava o limite de *quatorze anos*: "XXIII – proibição de trabalho noturno, perigoso ou insalubre aos menores de dezoito anos e de qualquer trabalho a menores de quatorze anos, salvo na condição de aprendiz".

A *Emenda n. 20*, de 15-12-1998, houve por bem elevar a proibição para *dezesseis anos*. Assim sendo, nenhum menor de dezesseis anos pode trabalhar, salvo em se tratando de *aprendizado metódico*, a partir dos *quatorze* até os dezoito anos.

3. Aprendizagem metódica

A Lei n. 8.069, de 13-7-1990 – Estatuto da Criança e do Adolescente, adaptando-se à Emenda Constitucional n. 20/98 e à promulgação da Convenção 182 e a Recomendação 190, da OIT, declara no seu art. 60 – "é proibido qualquer trabalho a menores de quatorze anos de idade, salvo na condição de aprendiz". E, no art. 62, dispõe que: "considera-se aprendizagem a formação técnico-profissional ministrada segundo as diretrizes e bases da legislação de educação em vigor".

Segundo o diploma legal nominado, a formação técnico-profissional obedecerá aos seguintes princípios:

I – garantia de acesso e frequência obrigatória ao ensino regular;

II – atividade compatível com o desenvolvimento do adolescente;

III – horário especial para o exercício das atividades.

A legislação infraconstitucional já trazia no seu bojo normas disciplinadoras do aprendizado – arts. 428 a 433 da CLT, com a execução das atividades teóricas ou práticas podendo ser executadas na modalidade à distância[177], por intermédio do teletrabalho.

O contrato de aprendizagem é, necessariamente, *escrito*, não podendo ser estipulado por prazo superior a *dois anos*, exceto quando se tratar de menor aprendiz portador de deficiência.

A formação técnico-profissional, enfatiza o art. 428, § 4º, da CLT, caracteriza-se por atividades teóricas e práticas, metodicamente organizadas em tarefas de complexidade progressiva desenvolvidas no ambiente de trabalho.

O art. 429 da CLT torna *obrigatório* aos estabelecimentos de qualquer natureza empregar e matricular, nos cursos dos Serviços Nacionais de Aprendizagem, número de aprendizes equivalentes a 5% no mínimo, e 15%, no máximo, dos trabalhadores neles existentes.

Observe-se que, a par do aprendizado mencionado, o empregador que empregue menores é *obrigado* a conceder-lhes tempo necessário para a frequência às aulas (art. 427 da CLT).

A jornada de trabalho do aprendiz não excederá de *6 horas diárias* (art. 432 da CLT). Este limite pode ser estendido até *8 horas diárias*, para aqueles que tiverem completado o ensino fundamental.

O contrato de aprendizagem extingue-se no término do prazo nele fixado (2 anos), ou quando o aprendiz completa dezoito anos.

4. Microempresas e empresas de pequeno porte

Em conformidade com o Estatuto da Microempresa e da Empresa de Pequeno Porte (LC n. 123/2006), tais empresas estão dispensadas de empregar aprendizes, mas, se o fizerem, como observa Julpiano Chaves Cortez (in *Comentários ao Estatuto da Microempresa e Empresa de Pequeno Porte*, Saraiva, 2008), estarão dispensadas de os matricular nos cursos profissionalizantes.

177. Portaria MPT n. 1.019, de 29-12-2021.

5. Jornada de trabalho do menor não sujeito a aprendizado (16 a 18 anos)

Nos termos do art. 411 da CLT, a duração do trabalho do menor rege-se pelas disposições pertinentes à duração do trabalho em geral (arts. 58 e seguintes) com as restrições estabelecidas nos arts. 412 a 414, a saber:

I – após cada período de trabalho, contínuo ou dividido em turnos, intervalo para repouso, nunca inferior a 11 horas;

II – *é proibido o trabalho extraordinário* – salvo para a compensação, normalmente com a supressão do expediente aos sábados – a chamada "semana inglesa", mediante acordo ou convenção coletiva, ou ainda na ocorrência de *força maior* (arts. 501 e s.).

6. Proibição do trabalho noturno, perigoso ou insalubre

Como já se observou, a Constituição Federal de 1988, no seu art. 7º, XXXIII, é de clareza cristalina, vedando o trabalho do menor em período noturno: "proibição do trabalho noturno, perigoso ou insalubre a menores de 18 (dezoito)...".

Assim, qualquer legislação infraconstitucional que admita o trabalho noturno ao menor está, incontestavelmente, revogada.

Observe-se que o trabalho noturno urbano é aquele que se processa das 22 às 5 horas, e, no setor rural, das 21 às 5 horas (na Lavoura), e das 21 às 4 horas (na Pecuária).

A mesma proibição subsiste com relação ao trabalho em condições de periculosidade e insalubridade: "proibição de trabalho... perigoso ou insalubre a menores de 18 (dezoito)...".

7. Quitação dos direitos trabalhistas

Em conformidade com o disposto no art. 439 da CLT, *é lícito ao menor passar recibo de salários*. Em se tratando de recibo, ou qualquer outro documento, de *rescisão e quitação* do contrato de trabalho, é indispensável a assinatura de seus responsáveis, ou mesmo da assistência do sindicato da categoria.

Sem o atendimento a uma ou outra exigência (responsáveis legais ou sindicato), a quitação é nula de pleno direito:

"Pedido de dispensa e termo de rescisão firmados por menor, sem assistência do responsável, hão de ser considerados nulos, por ausência de formalidade essencial"[178].

8. Prescrição

Contra os menores de dezoito anos não corre nenhum prazo de prescrição – art. 440 da CLT.

O princípio é comum tanto ao menor trabalhador urbano como ao menor que labora no setor rural[179], terceirizado.

9. Penalidades

Os arts. 434 a 438 da CLT cuidam das penalidades impostas àqueles que burlem a legislação pertinente aos menores, consistentes em penas pecuniárias, atualizadas na forma da lei.

10. Frequência às aulas

Objetivando a educação do menor, assegura-lhe a legislação (art. 427 da CLT) tempo necessário para a frequência às aulas.

O acesso à educação tanto é dever do Estado como, igualmente, dever de todos, ou seja, da família e das empresas, de um modo geral, como, aliás, enfatiza a Constituição Federal de 1988:

"Art. 227. É dever da família, da sociedade e do Estado assegurar à criança e ao adolescente, com absoluta prioridade, o direito à vida, à saúde, à alimentação, à educação, ao lazer, à profissionalização, à cultura, à dignidade, ao respeito, à liberdade e à convivência familiar e comunitária, além de colocá-los a salvo de toda forma de negligência, discriminação, exploração, violência, crueldade e opressão".

Por isso o ônus imposto ao empregador – a concessão de tempo suficiente para que o menor possa ingressar na sala de aula no horário prefixado pelas escolas.

Na eventualidade de a empresa possuir mais de trinta menores analfabetos, entre 14 e 18 anos, distanciando-se a escola mais de 2 Km, estará obrigada a manter local adequado para que as aulas sejam ministradas.

178. TRT/RJ, RO 15.756/93, 1ª T., Rel. Juiz Carlos José Schaefer, DJ/RJ, 31-7-1995, p. 215.
179. Lei n. 5.889, de 8-6-1973, art. 10, parágrafo único.

▶ *Jurisprudência*

▷ **OJ n. 26 da SDC do TST.** Salário normativo. Menor empregado. Art. 7º, XXX, da CF/88. Violação. Os empregados menores não podem ser discriminados em cláusula que fixa salário mínimo profissional para a categoria.

▷ **Súmula 533 STJ.** Para o reconhecimento da prática de falta disciplinar no âmbito da execução penal, é imprescindível a instauração de procedimento administrativo pelo diretor do estabelecimento prisional, assegurado o direito de defesa, a ser realizado por advogado constituído ou defensor público nomeado.

▷ **Ação civil pública. Município. Implementação de políticas públicas para prevenção e erradicação do trabalho infantil. Omissão do administrador público. Competência material da Justiça do Trabalho.** A Justiça do Trabalho é competente para apreciar e julgar ação civil pública objetivando que o município implemente políticas públicas constitucionalmente previstas para prevenir e erradicar o trabalho infantil. Prevaleceu o entendimento de que a competência inscrita no art. 114 da Constituição da República não se limita aos casos de relação de emprego existente, abrangendo, também, o exame de questões relativas ao direito subjetivo das crianças ao não trabalho, tutela ora pretendida pelo Ministério Público do Trabalho. Destacou-se, ainda, que as omissões inconstitucionais do administrador público inserem-se na função típica do Poder Judiciário, que poderá intervir na implantação de políticas públicas direcionadas à concretização de direitos fundamentais. Sob esses fundamentos, a SBDI-I, por unanimidade, conheceu dos embargos por divergência jurisprudencial e, no mérito, por maioria, deu-lhes parcial provimento para afastar a declaração de incompetência da Justiça do Trabalho apenas quanto aos pedidos relativos à elaboração e implementação de políticas públicas pelo Município de Campo Largo para combate e erradicação do trabalho infantil, mantida a declaração de incompetência quanto aos pedidos relativos à elaboração e implementação de políticas públicas para educação e profissionalização de crianças e adolescentes (...) TST-E-RR-44-64.2013.5.09.0009, SBDI-I, red. p/ acórdão Min. Alberto Luiz Bresciani de Fontan Pereira, 6-8-2020.

▷ **"Recurso de revista. Acórdão regional publicado na vigência da Lei n. 13.015/2014 e anteriormente à Lei n. 13.467/2017. Dano moral. Não fornecimento de EPI´s. Não configuração. Conhecimento e provimento.** I – O dano moral trabalhista concerne ao agravo ou ao constrangimento infligido quer ao empregado, quer ao empregador, mediante a violação de direitos fundamentais inerentes à personalidade (intimidade, privacidade, sigilo bancário, sigilo industrial, honra, dignidade, honestidade, imagem, bom nome, reputação, liberdade, dentre outros), como consequência ou como decorrência da relação de emprego. Não obstante as particularidades do dano moral trabalhista, a sua respectiva reparação ostenta natureza civil, porquanto tem arrimo nos arts. 186, 391 e 942 do Código Civil de 2002. II – Conforme o critério da teoria da responsabilidade civil subjetiva, somente surgirá o dever de reparação se resultar suficientemente provado o efetivo dano e o nexo de causalidade entre este e eventual ação ou omissão dolosa ou culposa que tenha sido perpetrada pelo empregador. III – À luz de tais premissas, o não fornecimento de EPI´s não configura, por si só, dano moral passível de reparação, mormente quando não registrado no acórdão regional dano ou prejuízo concreto ao empregado. Julgados. IV – Recurso de revista de que se conhece e a que se dá provimento" (RR-32-18.2014.5.17.0001, 4ª Turma, Relator Ministro Alexandre Luiz Ramos, *DEJT* 21-8-2020).

▷ **"I – Agravo de instrumento. Recurso de revista interposto pelo reclamante. Lei n. 13.467/2017. Acordo de compensação de jornada. Prestação habitual de horas extras. Invalidade. Item IV da Súmula 85 do TST. Inaplicabilidade.** 1. Há transcendência política no recurso de revista interposto pelo reclamante quando se constata, em análise preliminar, equivocada aplicação da instância recorrida da

jurisprudência sumulada do Tribunal Superior do Trabalho. 2. Aconselhável o provimento do agravo de instrumento para determinar o processamento do recurso de revista, em razão de aparente má aplicação da Súmula 85, item IV, do TST. 3. Agravo de instrumento a que se dá provimento. **II – recurso de revista. Lei n. 13.467/2017. Reclamante. Acordo de compensação de jornada. Prestação habitual de horas extras. Invalidade. Item IV da Súmula 85 do TST. Inaplicabilidade.** 1. Esta Corte Superior possui o entendimento de que a prestação habitual de horas extras não se trata de mera irregularidade formal no atendimento das exigências legais para compensação de jornada, mas descumprimento material do acordo de compensação de jornada, a invalidar todo o ajuste, tornando inaplicável a aplicação da Súmula 85, IV, do TST, no sentido de deferir apenas o adicional de horas extras àquelas horas destinadas à compensação. Julgados. 2. Recurso de revista a que se dá provimento" (RR-11287-18.2015.5.15.0122, 6ª Turma, Relatora Ministra Katia Magalhaes Arruda, *DEJT* 24-4-2020).

▷ "**Agravo de instrumento. Recurso de revista. Processo sob a égide da Lei n. 13.015/2014 e anterior à Lei n. 13.467/2017. 1. Necessidade do benefício do vale-transporte. Ausência de prequestionamento. Súmula 297/TST. 2. Responsabilidade civil do empregador. Indenização por danos morais e materiais. Acidente de trabalho na modalidade acidente de trajeto. Ausência de nexo causal entre a conduta do empregador e o acidente de percurso ocorrido. Não caracterização. Matéria fática. Súmula 126/TST.** O pleito de indenização por dano moral e material resultante de acidente do trabalho e/ou doença profissional ou ocupacional supõe a presença de três requisitos: *a*) ocorrência do fato deflagrador do dano ou do próprio dano, que se constata pelo fato da doença ou do acidente, os quais, por si sós, agridem o patrimônio moral e emocional da pessoa trabalhadora (nesse sentido, o dano moral, em tais casos, verifica-se pela própria circunstância da ocorrência do malefício físico ou psíquico); *b*) nexo causal, que se evidencia pela circunstância de o malefício ter ocorrido em face das circunstâncias laborativas; *c*) culpa empresarial, a qual se presume em face das circunstâncias ambientais adversas que deram origem ao malefício. Embora não se possa presumir a culpa em diversos casos de dano moral – em que a culpa tem de ser provada pelo autor da ação –, tratando-se de doença ocupacional, profissional ou de acidente do trabalho, essa culpa é presumida, em virtude de o empregador ter o controle e a direção sobre a estrutura, a dinâmica, a gestão e a operação do estabelecimento em que ocorreu o malefício. Contudo, o acidente de percurso equipara-se ao acidente de trabalho, regra geral, apenas no que se refere a repercussões de ordem previdenciária (benefícios e estabilidade acidentária). Assim, via de regra, inexiste responsabilização civil da empregadora nessa situação, caso inexista liame entre a conduta patronal e o acidente de percurso ocorrido. Na hipótese, consta na decisão recorrida que "não há como se imputar culpa direta da reclamada pelo acidente de trajeto sofrido. Com efeito, como bem consignou a origem, eventual negativa no fornecimento do vale-transporte configura infração trabalhista, mas não implica na assunção, pelo empregador, de riscos relacionados a potenciais danos que venham a ocorrer no trajeto, sob pena de criar hipótese de responsabilidade objetiva não prevista em lei". Diante desses dados fáticos, não se vislumbra a alegada relação de causalidade entre o acidente que sofreu o Reclamante e qualquer conduta patronal. Logo, não há que se falar em responsabilidade civil da Reclamada, inexistindo, portanto, o direito à indenização pleiteada. Ante o contexto fático dos autos, para reverter a decisão regional seria imprescindível o revolvimento de conteúdo fático-probatório, o que não é viável nesta instância recursal (Súmula 126/TST). Agravo de instrumento desprovido" (AIRR-1001247-31.2016.5.02.0301, 3ª Turma, Relator Ministro Mauricio Godinho Delgado, *DEJT* 21-2-2020).

Título IV
Do contrato individual do trabalho

Capítulo I
Disposições gerais

Art. 442. Contrato individual de trabalho é o acordo tácito ou expresso, correspondente à relação de emprego.

Parágrafo único. Qualquer que seja o ramo de atividade da sociedade cooperativa, não existe vínculo empregatício entre ela e seus associados, nem entre estes e os tomadores de serviços daquela. (Parágrafo incluído pela Lei n. 8.949, de 9-12-1994.)

Art. 442-A. Para fins de contratação, o empregador não exigirá do candidato a emprego comprovação de experiência prévia por tempo superior a 6 (seis) meses no mesmo tipo de atividade. (Artigo incluído pela Lei n. 11.644, de 10-3-2008, *DOU* 11-3-2008.)

Art. 442-B. A contratação do autônomo, cumpridas por este todas as formalidades legais, com ou sem exclusividade, de forma contínua ou não, afasta a qualidade de empregado prevista no no art. 3º desta Consolidação. (Incluído pela Lei n. 13.467, de 2017.)

▶ **Comentários**

1. **Conceito – natureza jurídica da relação de emprego**

A natureza jurídica da relação de emprego é, doutrinariamente, objeto de controvérsia, podendo-se, para fins didáticos, dividi-la em dois grandes grupos:

a) teoria anticontratualista;
b) teoria contratualista.

Para os adeptos da primeira corrente, não há falar em vínculo contratual, já que manifesta a ausência de vontade da parte, dos empregados, que se limitam a aceitar as condições unilateralmente ditadas pelos empregadores.

Dois são os argumentos básicos dos adeptos da teoria anticontratualista:

a) ausência de livre discussão por parte do empregado;

b) regras de ordem pública, imperativas e impostergáveis, que impedem a livre manifestação da vontade das partes.

Todavia, em que pesem as regras fundamentais ditadas pelo Estado (limitação da jornada de trabalho, salário mínimo, férias etc.) e o fato de o regulamento da empresa decorrer, em grande parte, da vontade do empregador, é inequívoca a liberdade do empregado para aceitar as condições estabelecidas previamente pelo empregador, característica que aproxima o contrato de trabalho com o contrato de adesão, conquanto com este não se confunda. Ressalte-se, por outro lado, que as normas de ordem pública não estão presentes apenas na relação de emprego, mas, a rigor, em todo relacionamento humano.

Daí a advertência de Russomano:

"A intervenção estatal, delimitando o campo de ação dos indivíduos, está longe de ser novidade na teoria dos contratos. É fonte do espírito da época em que vivemos, que tem conferido ao Estado papel ativo de disciplina e organização social"[180].

Como observa Álvaro Villaça Azevedo, "é a vontade do Estado. É a lei, o ordenamento jurídico positivo, que, fazendo surgir certas obrigações, como vimos, acaba por regular todas as outras"[181].

Com efeito, é sobretudo no contrato de trabalho que se faz presente a intervenção estatal, o que é admissível, como forma de se estabelecer o equilíbrio entre empregado e empregador, de molde a assegurar a igualdade entre os contratantes.

Malgrado tais aspectos, é inequívoca a natureza contratual do vínculo laboral, razão por que modernamente se pode falar em *contrato de trabalho*. E, conquanto contrato, com características manifestamente próprias,

180. *O Empregador e o Empregado no Direito Brasileiro*, 7. ed., Rio de Janeiro, Forense, p. 58.
181. *Teoria Geral das Obrigações*, 3. ed., São Paulo, Revista dos Tribunais, p. 34.

o que o distingue fundamentalmente dos contratos de Direito Civil.

A CLT, no artigo sob comento, consagra a natureza contratual da relação de emprego: "Contrato individual de trabalho é o acordo tácito ou expresso, correspondente à relação de emprego".

2. Características do contrato de trabalho

De manifesta natureza contratual, a relação de emprego, como todo contrato, pressupõe a capacidade das partes e objeto lícito, não havendo, a rigor, forma prescrita em lei (salvo excepcionalmente, como ocorre com o trabalho temporário, de aprendizagem etc.).

Possui, outrossim, características que, embora não lhe sejam exclusivas, dele fazem parte, a saber: é de *natureza privada* – em que pesem as disposições de ordem pública; é, ainda, *consensual*, não se subordinando a formas específicas; basta para configurá-lo o acordo de vontades, tácito ou escrito; ademais disso, é *sinalagmático*, o que põe em relevo sua natureza *bilateral*; é, por outro lado, *comutativo*, por isso que estabelece direitos e obrigações recíprocas – a do empregado, de prestar serviços ou colocar-se à disposição do empregador; a do empregador, de pagar salários.

Há, destarte, de ser permanente, habitual e não eventual ou instantâneo, devendo ser, portanto, de *trato sucessivo*.

3. Acordo tácito ou expresso

Um dos princípios fundamentais do Direito do Trabalho é o da *primazia da realidade sob a forma*. Assim, basta a presença dos elementos caracterizadores da relação de emprego para a existência de contrato de trabalho, independentemente de forma escrita (salvo as exceções expressamente previstas em lei).

Por isso, admite a legislação (art. 442 da CLT) o contrato de trabalho *verbal*, o que leva Sérgio Pinto Martins a afirmar, com manifesto acerto, que "a reiteração na prestação de serviços pelo empregado ao empregador, sem oposição do último, caracteriza um ajuste tácito. Em razão da reiteração da prestação de serviços, presume-se que houve um ajuste entre as partes"[182].

4. O contrato realidade

O Direito do Trabalho, como se sabe, possui princípios que lhe são próprios e que, por certo, conferem-lhe ampla autonomia no campo da Ciência do Direito.

São as denominadas linhas diretrizes, tão bem conceituadas por Américo Plá Rodriguez:

"...linhas diretrizes que informam algumas normas e inspiram uma série de soluções, pelo que podem servir para promover e embasar a aprovação de novas normas, orientar a interpretação das existentes e resolver casos não previstos"[183].

Para Alonso Garcia, em obra clássica, por princípios gerais do Direito do Trabalho se há de entender "aquelas linhas diretrizes ou postulados que inspiram o sentido das normas trabalhistas e configuram a regulamentação das relações de trabalho, conforme critérios distintos dos que podem encontrar-se em outros ramos do direito"[184].

Dentre tais princípios ou linhas diretrizes, assume especial relevância no Direito do Trabalho o *princípio tutelar*, que busca conferir igualdade jurídica ao hipossuficiente, em manifesta desigualdade fática com relação ao empregador.

Pedra angular do Direito do Trabalho, como observa Mauricio Godinho Delgado, "influi em todos os segmentos do Direito Individual do Trabalho, influindo na própria perspectiva desse ramo, ao construir-se, desenvolver-se e atuar como direito"[185].

A tutela jurídica se impõe, obviamente não significando isso a incapacidade mental do trabalhador, mas a necessidade de se lhe assegurar igualdade jurídica, em decorrência da manifesta desigualdade econômica com relação ao empregador.

A natureza tutelar do Direito do Trabalho, como põe em relevo Marilena Indira Winter[186], justifica-se porque "recai sobre uma

182. *Comentários à CLT*, cit., p. 361.

183. *Princípios de Direito do Trabalho*, São Paulo, LTr, 1978, p. 16.

184. *Derecho del Trabajo*, Barcelona, 1960, p. 247.

185. *Princípios de Direito Individual e Coletivo do Trabalho*, cit., p. 41.

186. Proteção jurídica do hipossuficiente no Direito do Trabalho e no Direito do Consumidor, in *Estudos de Direito do Trabalho*, São Paulo LTr, 1997, p. 465.

relação jurídica especial, onde a subordinação constitui elemento essencial. Sem ela, não existe relação de emprego, o que afasta a incidência da norma protetiva. Portanto, sempre onde atuar o Direito do Trabalho, haverá uma relação jurídica em que existe desigualdade – que se revela na subordinação. A subordinação, conceitualmente, pressupõe, iniludivelmente, uma sujeição".

Acrescente-se a tal elemento a desigualdade material em que se encontra o empregado, que tem tão somente no salário sua única fonte de subsistência, fatores que, de forma manifesta, justificam o princípio tutelar do Direito do Trabalho, principalmente considerando-se a fragilidade do trabalhador na relação laboral.

Como corolário do princípio tutelar, o Direito do Trabalho não se compraz com os aspectos meramente formais, mas sim com a realidade dos fatos, sobretudo considerando-se a prática usual, de grande número de empregadores, de simular atos negociais inexistentes, para desfigurar legítimas relações empregatícias. Na lição de Mauricio Godinho Delgado, a primazia da realidade sobre os aspectos formais "autoriza a descaracterização de uma pactuada relação civil (a que acrescentaríamos a mercantil), desde que no cumprimento do contrato despontem, concretamente, todos os elementos fático-jurídicos da relação de emprego"[187].

Nessa especializada Justiça, prevalece o princípio da primazia da realidade, sobre eventual documento que possa conspurcar direitos laborais do empregado.

Realidade que afasta os aspectos meramente formais, com a consequente primazia dos fatos.

A expressão "contrato-realidade", proposta por Mario de La Cueva[188], é, nos dias atuais, amplamente aceita, não podendo, por isso mesmo, ser ignorada pelo magistrado do trabalho:

"... em atenção a estas considerações, denomina-se ao contrato de trabalho *contrato-realidade*, pois existe não em decorrência do acordo abstrato de vontades, mas sim da realidade da prestação de serviços".

Assim, irrelevante rotular o obreiro de "representante comercial autônomo", ou ainda de "sócio", ou qualquer denominação análoga, com o propósito manifesto de acobertar legítima relação empregatícia.

Positivada a situação de subordinação, a pessoalidade na atividade exercida com habitualidade, patenteada está a relação de emprego.

Na oportuna observação de Jorge Luiz Souto Maior:

"... o ajuste de vontades firmado pelas partes nem sempre se direciona no sentido de reconhecer a existência de uma relação de emprego e apesar disso a relação de emprego, efeito daquele contrato firmado, aparece independente da vontade das partes"[189].

5. **Trabalho autônomo**

A relação de emprego se caracteriza por três elementos fundamentais: a) a *habitualidade*, que se traduz na prestação de serviços com frequência, com habitualidade (e não necessariamente todos os dias); b) a *pessoalidade*, com relação ao prestador de serviços. O empregado é sempre a mesma pessoa, não podendo fazer-se substituir por outrem, nem mesmo eventualmente; c) a *subordinação hierárquica*, ou seja, o empregado presta serviços mediante as ordens diretas do patrão, obrigando-se a cumpri-las fielmente. Tais ordens, porém, devem ser dadas em conformidade com as funções exercidas – não se pode determinar que um escriturário faça a limpeza do local de serviços, pois tais funções seriam do faxineiro, e assim sucessivamente.

O prestador de serviço autônomo, ao revés, trabalha com ampla liberdade, com escolha dos dias, fixando seu próprio horário, sem qualquer subordinação hierárquica, ou seja, não se submete às ordens do tomador de seus serviços.

Observe-se que, conquanto rotulado de autônomo, o indivíduo pode ter reconhecida sua situação de empregado pela Justiça do Trabalho, na forma do que prevê o art. 114 da

187. *Princípios de Direito Individual e Coletivo de Trabalho*, cit., p. 60.
188. *Derecho Mexicano del Trabajo*, cit., t. 1, p. 475.

189. *O Direito do Trabalho como Instrumento de Justiça Social*, São Paulo, LTr, 2000, p. 300.

Constituição Federal, convindo lembrar que, em conformidade com o art. 9º da CLT, são considerados nulos todos os atos praticados por tomadores de serviços que objetivem fraudar legítimas relações de emprego.

Ressalte-se, finalmente, que um autônomo, tornando seus serviços permanentes, habituais, e passando à condição de subordinado – trabalhando mediante ordens diretas de superiores hierárquicos –, pode ter sua situação convertida em empregado, para todos os fins de direito, buscando essa condição por meio de ação declaratória de vínculo empregatício na Justiça do Trabalho.

Há empresas que precisam de mão de obra especializada, não obstante, querem se esquivar do pagamento das obrigações constitucionais[190], assim, elas combinam com a pessoa física, que constitui uma pessoa jurídica (PJ) para lhe prestar serviços de forma subordinada, habitual, onerosa e com pessoalidade (SHOP), modernamente, conhecida como pejotização; tais práticas são repudiadas pela jurisprudência pátria e viola o art. 9º, da CLT.

A Reforma Trabalhista/2017, em manifesto arrepio ao "contrato realidade", à fraude na qualificação do empregado não raras vezes rotulado de autônomo, acrescentou à CLT o art. 442-B estabelecendo que "a contratação do autônomo, cumpridas por este todas as formalidades legais, com ou sem exclusividade, de forma contínua ou não, afasta a qualidade de empregado prevista no art. 3º desta consolidação".

Seguindo à risca tal disposição a minoria dos empregadores para fugir aos encargos trabalhistas – rotulará seus empregados de autônomos –, atendidas as formalidades legais.

A Justiça do Trabalho aceitará as "formalidades legais", quando presentes a pessoalidade, a dedicação exclusiva, a subordinação econômica e jurídica. A resposta só pode ser uma, presente os elementos caracterizadores do vínculo laboral, não restará senão a declaração da relação de emprego com todos os encargos legais (conforme n. 4 deste título).

6. Sociedade cooperativa e relação de emprego

A sociedade cooperativa distingue-se das demais, por suas características específicas. Do latim *cooperatio*, que significa *ação de cooperar*, deixa entrever seu principal objetivo – a aglutinação de esforços para fins comuns. Sociedade de pessoas, com capital variável, que se propõe, mediante a cooperação de todos os sócios, um fim econômico.

J. X. Carvalho de Mendonça já a definia como "institutos modernos, tendentes a melhorar as condições das classes sociais, especialmente dos pequenos capitalistas e operários. Elas procuram libertar essas classes de dependência das grandes indústrias por meio da união das forças econômicas de cada uma; suprimem aparentemente o intermediário, nesse sentido: as operações ou serviços que constituem o seu objeto são realizados ou prestados aos próprios sócios e é exatamente para esse fim que se organiza a empresa cooperativa; diminuem despesas, pois, representando o papel do intermediário, distribuem os lucros entre a própria clientela associada; em suma, concorrem para despertar e assinar o hábito da economia entre os sócios"[191].

Pedro Barbosa Pereira conceitua as sociedades cooperativas como: "sociedades de capital variável, com fluxo e defluxo de sócios. Destinam-se elas a prestar serviços e vantagens, tendo, em regra, como seus únicos fregueses, os seus sócios. É para eles e por eles que se constitui e opera. Todos os sócios cooperam com o seu capital, no mínimo para que possa ela alcançar o seu objetivo. São cooperadores e cooperados ao mesmo tempo"[192].

A sociedade cooperativa oscila entre fins ideais e especulativos, pois, muito embora seu objetivo não seja o lucro, no que se assemelha à associação, este não está de todo afastado, já que dificilmente se sustentará uma cooperativa deficitária.

Por outro lado, manifesta a cooperação individual, inquestionavelmente, o suporte fático do instituto, inexistindo, outrossim, número limitado de sócios (senão para sua constituição, quando é exigido o número *mínimo* necessário de sócios a compor a administração), o que torna o seu capital variá-

190. Arts. 6º e 7º da CF/1988.

191. *Tratado de Direito Comercial Brasileiro*, Freitas Bastos, p. 240.
192. *Direito Comercial*, 1965, p. 331.

vel, ao contrário do que sucede com as demais sociedades.

Tais elementos, que imprimem à sociedade cooperativa características exclusivas, permitem-nos conceituá-la como *sociedade de pessoas, com capital variável, que se propõe, mediante a cooperação de todos os sócios, a um fim econômico.*

O Código Civil de 2002 cuida da sociedade cooperativa no Livro II – Do Direito de Empresa (arts. 1.093/1.096) estabelecendo-lhe as características que lhe são próprias.

O art. 1.096 do Código nominado determina, na omissão da lei, a aplicação das disposições referentes às *sociedades simples*, sucedâneas da sociedade civil.

Por outro lado, ao dispor o art. 1.093 que "a sociedade cooperativa reger-se-á pelo disposto no presente capítulo, ressalvada a legislação especial", deixa claro o dispositivo legal que continua em vigor a Lei n. 5.764/71, com as modificações introduzidas pelo Código Civil atual.

A sociedade cooperativa pode assumir as mais diversas atividades:

1º) de produção agrícola;
2º) de produção industrial;
3º) *de trabalho (profissional ou de classe)*;
4º) de beneficiamento de produtos;
5º) de compras em comum;
6º) de vendas em comum;
7º) de consumo;
8º) de abastecimento;
9º) de crédito;
10º) de seguros;
11º) de construção de casas populares;
12º) de editoras e de cultura intelectual.

São cooperativas de trabalho aquelas que, constituídas entre operários de determinada profissão ou ofício, ou de ofícios de uma mesma classe, têm como finalidade primordial melhorar os salários e as condições de trabalho pessoal de seus associados e, dispensando a intervenção de patrão ou empresário, propõem-se a contratar e executar obras, tarefas, trabalhos ou serviços, públicos ou particulares, coletivamente, por todos ou por grupos de alguns.

No Direito do Trabalho, o conceito de empregado está, como se sabe, subordinado à natureza permanente da prestação de serviços. Daí a vinculação do empregado à empresa, princípio que decorre do art. 7º, XI, da Constituição Federal:

"São direitos dos trabalhadores urbanos e rurais, além de outros que visem à melhoria de sua condição social:

..

XI – participação nos lucros, ou resultados, desvinculada da remuneração, e, excepcionalmente, participação na gestão da empresa, conforme definido em lei".

Possuindo natureza específica e contornos próprios, não se confunde o contrato de trabalho, distinguindo-se por inteiro dos contratos nominados do Direito Civil, com manifesta preponderância da ordem institucional sobre a concepção contratualista, como acentua o saudoso Nélio Reis.

Tal ordem de princípios, que implica inequívoca revisão de conceitos, com manifesta ressonância na autonomia da vontade, põe em relevo a prevalência do interesse público, consubstanciado nas normas imperativas e impostergáveis que disciplinam a relação empregatícia, tornando inquestionavelmente suspeitos os "intermediários" na prestação de serviços, sejam empresas locadoras de mão de obra, sejam cooperativas de trabalho.

São de todos conhecidos os ardis de que normalmente lançam mão os empregadores inescrupulosos, com o deliberado propósito de desfigurar as legítimas relações de emprego, com o propósito de furtar-se ao cumprimento dos encargos trabalhistas.

Consistem tais manobras em forçar, por meio da chamada "pressão econômica" (ou aceita ou é despedido e, às vezes, nem sequer admitido), seus empregados a se inscrever como *autônomos*, a formar *sociedades prestadoras de serviços* ou constituir *cooperativas de trabalho*.

Estas últimas são as preferidas por determinados setores empresariais, sobretudo os hospitais, para a contratação de médicos e enfermeiros. As casas de saúde firmam com as cooperativas, constituídas pelos próprios médicos a serem admitidos, um contrato de fornecimento de mão de obra. Os médicos e enfermeiros assim contratados nenhum vínculo jurídico possuem com o contratante de tais serviços, não fazendo jus, por isso mesmo,

às férias, ao 13º salário, ao repouso semanal remunerado ou aos depósitos do Fundo de Garantia do Tempo de Serviço.

Dispensados *ad nutum*, nem sequer podem postular o aviso prévio. E, o que é mais grave, direito trabalhista algum podem postular das cooperativas, já que não se vinculam a elas por laços laborais.

Malgrado tudo isso, esses médicos e enfermeiros mantêm permanente ligação com os nosocômios, prestando-lhes serviços com manifesta subordinação hierárquica e dependência econômica, sem vantagem de qualquer espécie que justifique a existência das cooperativas, que, via de regra, em que pese sua existência formal, não possuem bens de qualquer espécie, instrumental de trabalho etc.

Por isso a Justiça do Trabalho, em mais de uma oportunidade, no exame de cada caso concreto, tem repelido tais cooperativas, não raras vezes instrumentos de fraude contra a aplicação das leis trabalhistas.

Situação que vem a agravar-se sobremaneira com a promulgação da Lei n. 8.949, de 9-12-1994, que acrescentou ao art. 442 da CLT o parágrafo único, vazado nos seguintes termos:

> "Art. 442. ...
> Parágrafo único. Qualquer que seja o ramo de atividade da sociedade cooperativa, não existe vínculo empregatício entre ela e seus associados, nem entre estes e os tomadores de serviços daquela".

Esse dispositivo legal é, inquestionavelmente, uma porta aberta à fraude, já que, constituídas as cooperativas de trabalho, nenhuma relação empregatícia haverá entre os associados e a cooperativa, tampouco entre os prestadores de serviços, sejam médicos, engenheiros, advogados e até mesmo trabalhadores braçais, e a tomadora desses serviços!

Note-se que, no caso em tela, não se trata nem mesmo de terceirização, já que nesta há sempre vínculo laboral (com os respectivos encargos) entre o trabalhador (intelectual ou braçal) e a empresa prestadora de serviços.

Na existência de cooperativas de trabalho simplesmente inexistirão direitos trabalhistas.

Na verdade, o inconveniente não está no instituto em si, mas em sua inescrupulosa utilização com o propósito manifesto de fraudar a aplicação da legislação social.

A cooperativa de trabalho pode ter papel preponderante no combate ao desemprego, contribuindo de forma significativa para o progresso econômico e a paz social.

Como bem observa José Eduardo Gibello Pastore, em excelente artigo inserido na revista *LTr*, 62-05/639:

> "Não é o instituto do cooperativismo que é perverso em si, mas a maneira com que o homem o utiliza que o torna nefasto ou benéfico à sociedade. Quando o tomador dos serviços desinformado, por exemplo, ou pseudo cooperativados visam unicamente utilizar a cooperativa para, com isso, obter a redução de custos sem se preocupar com o aprimoramento da produção e com a realização adequada do trabalho, tal procedimento não condirá com o escopo do cooperativismo. Por outro lado, quando verificamos na prática a atividade das cooperativas sadias, observamos o fenômeno do trabalho sendo concebido com absoluta dignidade e proporcionando, inclusive, a seus agentes, melhores condições de vida do que as oferecidas pelos sistemas de trabalho tradicionais".

Como põe em relevo o autor nominado, a cooperativa de trabalho legitima-se quando "provê fundos equivalentes às obrigações trabalhistas, amparando amplamente os cooperados, como, por exemplo, os fundos de descanso anual, poupança compulsória, assistência à saúde, responsabilidade previdenciária etc.".

Sem o atendimento de tais pressupostos, patenteando-se a utilização da cooperativa laboral com o único intuito de fraudar a aplicação da legislação social, não restará à Justiça do Trabalho, quando provocada, senão a aplicação do art. 9º da CLT, que inquina de nulidade os atos praticados com o propósito manifesto de desvirtuar ou impedir o cumprimento da legislação laboral.

É de se notar que o art. 17, § 1º, estabelece multa de R$ 500,00 por trabalhador prejudicado, dobrada em caso de reincidência, à Cooperativa que fraudar a lei sob comento. Resta saber se a fiscalização será eficiente.

7. Trabalho proibido e trabalho ilícito

Há manifesta distinção entre o *trabalho proibido* e o *trabalho ilícito*.

No primeiro, conquanto a atividade do empregador seja lícita, o trabalho é proibido, como é o caso do trabalho em atividades insalubres ou perigosas ao menor, vedado pelo art. 7º, XXXIII, da Constituição Federal.

O trabalho é ilícito quando o seu objeto é vedado em lei, quando ofende a moral e os bons costumes, como ocorre com o jogo do bicho, exploração do lenocínio etc.

Na primeira hipótese, o vínculo trabalhista há de ser reconhecido, assegurando-se ao trabalhador todos os direitos que lhe são conferidos por força de lei. Como observa Sérgio Pinto Martins, "no caso do trabalho proibido, não há como justificar a nulidade total do pacto laboral. Ao contrário, trata-se de um ato jurídico anulável, em que prepondera o interesse privado individual, embora com a garantia da norma cogente, sendo protegido o interesse particular. Por isso, desrespeitada a lei, como na hipótese de o menor trabalhar ou de o menor trabalhar à noite, em face do inciso XXXIII do art. 7º da Lei Maior, terá direito ao reconhecimento da relação de emprego, no primeiro caso, e ao pagamento do adicional noturno, no segundo caso. Nas atividades proibidas, embora o negócio jurídico seja anulável, são produzidos efeitos jurídicos"[193].

Em se tratando de atividade ilegal, há que se destacar a posição do TST, alicerçada na Orientação Jurisprudencial n. 199: "Jogo do bicho. Contrato de trabalho. Nulidade. Objeto ilícito. Arts. 82 e 145 do Código Civil" (obs.: os artigos mencionados são do Código Civil de 1916, correspondentes aos arts. 104 e 166 do Código Civil de 2002).

Corrente há, entretanto, que sustenta não poder a nulidade do contrato acarretar negação plena dos efeitos jurídicos do ato, devendo a Justiça do Trabalho obstar o enriquecimento sem causa, valorizando a força do trabalho despendida, hipótese em que os direitos trabalhistas devem ser reconhecidos, sem, contudo, proclamar-se a relação empregatícia.

Esta nos parece a posição do saudoso Valentin Carrion[194].

▶ Jurisprudência

▷ **Súmula 386 do TST. Policial militar. Reconhecimento de vínculo empregatício com empresa privada.** (Conversão da OJ n. 167 da SDI-1 – Res. 129/2005, *DJ*, 20-4-2005)
Preenchidos os requisitos do art. 3º da CLT, é legítimo o reconhecimento de relação de emprego entre policial militar e empresa privada, independentemente do eventual cabimento de penalidade disciplinar prevista no Estatuto do Policial Militar.

▷ **OJ n. 185 da SDI-1 do TST. Contrato de trabalho com a Associação de Pais e Mestres – APM. Inexistência de responsabilidade solidária ou subsidiária do Estado.**
O Estado-Membro não é responsável subsidiária ou solidariamente com a Associação de Pais e Mestres pelos encargos trabalhistas dos empregados contratados por esta última, que deverão ser suportados integral e exclusivamente pelo real empregador.

▷ **OJ n. 191 da SDI-1 do TST. Contrato de empreitada. Dono da obra de construção civil. Responsabilidade.** (Nova redação – Res. 175/2011, *DEJT*, 27, 30 e 31-5-2011)
Diante da inexistência de previsão legal específica, o contrato de empreitada de construção civil entre o dono da obra e o empreiteiro não enseja responsabilidade solidária ou subsidiária nas obrigações trabalhistas contraídas pelo empreiteiro, salvo sendo o dono da obra uma empresa construtora ou incorporadora.

▷ **OJ n. 199 da SDI-1 do TST. Jogo do bicho. Contrato de trabalho. Nulidade. Objeto ilícito** (título alterado e inserido dispositivo) – *DEJT* divulgado em 16, 17 e 18-11-2010 – É nulo o contrato de trabalho celebrado para o desempenho de atividade inerente à prática do jogo do bicho, ante a ilicitude de seu objeto, o que subtrai o requisito de validade para a formação do ato jurídico.

193. *Comentários à CLT*, cit.

194. *Comentários à CLT*, cit., p. 273, n. 5.

▷ **Precedente Normativo n. 20 do TST. Empregado rural. Contrato escrito** (positivo). Sendo celebrado contrato por tarefa, parceria ou meação, por escrito, obriga-se o empregador a fornecer uma via deste ao empregado, devidamente datada e assinada pelas partes. (Ex-PN n. 24)

▷ "**Agravo em agravo de instrumento em recurso de revista. Lei n. 13.015/2014. CPC/2015. Instrução Normativa n. 40 do TST. Negativa de prestação jurisdicional. Ausência de comprovação do efetivo prequestionamento. Requisito previsto no art. 896, § 1º-A, I, da CLT.** Em virtude da natureza especial do recurso de revista, decorre a necessidade de observância de requisitos próprios de admissibilidade, entre os quais o disposto no art. 896, § 1º-A, I, da CLT, introduzido pela Lei n. 13.015/2014, que disciplina ser ônus da parte a indicação do trecho da decisão recorrida que consubstancia o prequestionamento da controvérsia objeto do apelo. Transpondo tal exigência para os casos em que se busca o reconhecimento da negativa de prestação jurisdicional, a parte deverá demonstrar, de forma inequívoca, que provocou a Corte de origem, mediante a oposição de embargos declaratórios, no que se refere à matéria desprovida de fundamentação. Necessário, portanto, transcrever o trecho pertinente da petição de embargos e do acórdão prolatado no seu julgamento, para possibilitar o cotejo entre ambos. Inexistindo a delimitação dos pontos sobre os quais o Tribunal Regional, supostamente, teria deixado de se manifestar, torna-se inviável a análise da nulidade. Agravo conhecido e não provido. **Reconhecimento de vínculo de emprego. Fenômeno denominado "pejotização". Fraude. Terceirização de atividade-fim.** O fenômeno denominado "pejotização" constitui modalidade de precarização das relações de trabalho por intermédio da qual o empregado é compelido ou mesmo estimulado a formar pessoa jurídica, não raras vezes mediante a constituição de sociedade com familiares, e presta os serviços contratados, mas com inteira dependência, inclusive econômica, e controle atribuídos ao tomador. Tal prática vem sendo declarada ilegal pela Justiça do Trabalho, quando comprovado o intuito de fraudar a aplicação da lei trabalhista, em clara afronta ao disposto no art. 9º da CLT, diante da inteira e completa subordinação com o suposto contratante, situação incompatível com o próprio conceito de empresa e em clara afronta aos princípios protetivos clássicos do Direito do Trabalho. No caso, o Tribunal Regional constatou que as atividades exercidas pelo reclamante – de prestação de serviços de assistência técnica em instalações centralizadas de gases – ajustavam-se ao núcleo da dinâmica empresarial, de forma permanente, em função essencial à finalidade de seu empreendimento, tratando-se de realização de atividade-fim da reclamada, não pairando dúvidas de que a empresa se utilizou de contrato de prestação de serviços com pessoa jurídica constituída em nome do reclamante na tentativa de mascarar a relação de emprego, prática conhecida como pejotização. Ademais, é incontroverso que o autor desempenhava as mesmas funções anteriormente, sob o regime de vínculo de emprego, o que reforça a ocorrência de fraude. Decidir de forma diversa implica revolvimento do quadro fático-probatório, o que não se admite em face do teor da Súmula 126 desta Corte. Agravo conhecido e não provido" (Ag-AIRR-319-19.2012.5.03.0137, 7ª Turma, Relator Ministro Claudio Mascarenhas Brandao, *DEJT* 18-12-2020).

▷ "**Agravo de instrumento em recurso de revista do autor. Lei n. 13.467/2017. Empregado mensalista. Reflexos do auxílio-alimentação no repouso semanal remunerado. Ausência de transcendência da causa.** Em relação ao tema em epígrafe, não se constata a transcendência da causa, no aspecto econômico, político, jurídico ou social. Agravo de instrumento não provido, em razão da ausência de transcendência da causa. **Recurso de revista da ré. Lei n. 13.467/2017. Natureza jurídica do auxílio-alimentação pago ao autor antes da adesão da empresa ao pat e das normas coletivas que lhe atribuíram caráter indenizatório. Decisão em sintonia com a orientação jurisprudencial n. 413 da SDI-1 do TST. Ausência de transcendência da causa.** Em relação ao

tema em epígrafe, não se constata a transcendência da causa, no aspecto econômico, político, jurídico ou social. Recurso de revista não conhecido, em razão da ausência de transcendência da causa. **Recurso de revista da ré. Lei n. 13.467/2017. Honorários advocatícios. Princípio da reparação integral. Descumprimento da obrigação. Arts. 389, 395 e 404 do Código Civil. Aplicação ao processo do trabalho. Transcendência política reconhecida.** Segundo a jurisprudência da SBDI-1 desta Corte, os arts. 389, 395 e 404 do Código Civil não são aplicáveis ao processo trabalhista, conforme o julgamento do E-RR-20000-66.2008.5.03.0055, na sessão realizada em 20-3-2014. Ressalva de posicionamento do Relator. Recurso de revista conhecido e provido" (ARR-1529-15.2016.5.08.0206, 7ª Turma, Relator Ministro Claudio Mascarenhas Brandão, *DEJT* 4-9-2020).

▷ **"Embargos declaratórios – Reclamação perante o STF acolhida para cassar decisão anterior – Discussão em torno da licitude de "pejotização" – Enquadramento, pelo STF, no Tema 725 da tabela de repercussão geral – Provimento com efeito modificativo.** 1.Tendo este Relator reputado intranscendente controvérsia em torno da existência de vínculo empregatício nos casos de "pejotização", por não ser nova nesta Corte, a decisão recorrida não afrontar sua jurisprudência, nem ferir direito social constitucionalmente garantido, para uma condenação coletiva de R$ 100.000,00, não conhecendo dos embargos declaratórios posteriormente opostos, em face da irrecorribilidade da decisão, teve os despachos cassados por acórdão da 1ª Turma do STF, que determinou a aplicação, à hipótese, da tese do Tema 725 de sua Tabela de Repercussão Geral, mitigando-se os aspectos formais do recurso ao TST, de modo a priorizar o julgamento do mérito e interpretar sistematicamente o pedido, nos termos dos arts. 4º e 322, § 2º, do CPC. 2. Nesse sentido, cabendo a este Relator observar o comando emanado da referida decisão, chega-se à conclusão da subsunção da hipótese dos autos, de "pejotização", à tese do Tema 725, quando assenta que "é lícita a terceirização ou qualquer outra forma de divisão do trabalho entre pessoas jurídicas distintas, independentemente do objeto social das empresas envolvidas, mantida a responsabilidade subsidiária da empresa contratante". Isto porque a tese abarca não apenas a terceirização, mas igualmente outras formas de interação entre pessoas jurídicas e a hipótese da conhecida "pejotização" é a de contratação de empresa individual constituída sob a modalidade de pessoa jurídica, sendo assim tida como lícita pelo Pretório Excelso, na ampla liberdade de contratação que estabeleceu em seus precedentes. 3. Nesses termos, é de se acolher os embargos declaratórios da Reclamada, com efeito modificativo, para conhecer e prover o recurso de revista, julgando-se improcedente a ação civil pública na qual se postulava indenização por danos morais coletivos em face do procedimento empresarial. Embargos declaratórios acolhidos, com efeito modificativo" (ED-AIRR-100443-64.2016.5.01.0512, 4ª Turma, Relator Ministro Ives Gandra Martins Filho, *DEJT* 9-10-2020).

••

Art. 443. O contrato individual de trabalho poderá ser acordado tácita ou expressamente, verbalmente ou por escrito e por prazo determinado ou indeterminado, ou para prestação de trabalho intermitente. (Redação dada pela Lei n. 13.467, de 2017.)

§ 1º Considera-se como de prazo determinado o contrato de trabalho cuja vigência dependa de termo prefixado ou da execução de serviços especificados ou ainda da realização de certo acontecimento suscetível de previsão aproximada. (Parágrafo único renumerado pelo Dec.-lei n. 229, de 28-2-1967.)

§ 2º O contrato por prazo determinado só será válido em se tratando: (Parágrafo e alíneas incluídos pelo Dec.-lei n. 229, de 28-2-1967.)

a) de serviço cuja natureza ou transitoriedade justifique a predeterminação do prazo;

b) de atividades empresariais de caráter transitório;

c) de contrato de experiência.

§ 3º Considera-se como intermitente o Contrato de Trabalho no qual a prestação de serviços, com subordinação, não é contínua, ocor-

rendo com alternância de períodos de prestação de serviços e de inatividade, determinados em horas, dias ou meses, independentemente do tipo de atividade do empregado e do empregador, exceto para os aeronautas, regidos por legislação própria. (Redação inserida pela Lei n. 13.467/2017.)

▶ **Comentários**

1. **Contrato por prazo indeterminado**

O contrato por prazo indeterminado, como o próprio nome deixa entrever, é aquele que não tem termo prefixado. É o contrato-regra, o contrato-padrão, que se estende ao longo do tempo.

Na lição de José Augusto Rodrigues Pinto, "nossa legislação firmou a regra da duração indeterminada para o contrato individual de emprego. Presume-se que a necessidade de utilização da energia do empregado corresponda à vocação da empresa para a perenidade"[195]. Daí dizer Octavio Bueno Magano que o contrato por prazo indeterminado é o "próprio padrão dos contratos de trabalho"[196].

Para Sérgio Pinto Martins, "o contrato de trabalho é um contrato por tempo indeterminado, de duração, de trato continuado, de prestações sucessivas no tempo. Havendo pacto laboral, presume-se que ele deve ser por prazo indeterminado, de acordo com o princípio da continuidade do contrato de trabalho"[197].

Dentro desse universo, o contrato por prazo indeterminado é a regra e o contrato por prazo determinado, a exceção.

2. **Contrato por prazo determinado**

O contrato individual de trabalho, como dispõe o art. 443 da CLT, pode ser acordado tácita ou expressamente, verbalmente ou por escrito, *e por prazo indeterminado ou determinado*.

Este último, na atual sistemática, é uma exceção, já que o contrato-padrão ou regra é o contrato por prazo indeterminado.

195. *Curso de Direito Individual do Trabalho*, São Paulo, LTr, 1994, p. 209.
196. *Manual de Direito do Trabalho*, São Paulo, LTr, v. 2, p. 137.
197. *Comentários à CLT*, cit., p. 368.

O contrato de trabalho por prazo determinado, a teor do que dispõe o § 2º do dispositivo legal nominado, tem como suporte fático a natureza ou transitoriedade do serviço ou da atividade empresarial, ou ainda, quando busque apurar a experiência do obreiro e sua integração à coletividade empresarial, ou seja, o contrato de experiência:

"O contrato por prazo determinado só será válido em se tratando:

a) de serviço cuja natureza ou transitoriedade justifique a predeterminação do prazo;

b) de atividades empresariais de caráter transitório;

c) de contrato de experiência".

A contratação por prazo certo, portanto, só pode ser feita para atender àquelas situações, ou seja, quando o serviço é de natureza transitória, ou quando as atividades empresariais possuem esse caráter, e nos contratos de experiência.

Tal restrição à celebração do contrato por prazo determinado demonstra, à saciedade, a preocupação do legislador em evitar o pacto laboral por prazo certo, que, no mais das vezes, tem um só objetivo – fraudar os mais legítimos direitos trabalhistas.

E foi exatamente essa a preocupação do Decreto-lei n. 229, de 28 de fevereiro de 1967, responsável entre nós pela limitação dos contratos por prazo determinado, "impedindo sua celebração indiscriminada e restringindo sua legitimidade aos casos que especifica", como observa Russomano.

Com efeito, anteriormente à vigência do decreto-lei mencionado, admitiam-se três tipos de contrato por prazo determinado:

a) contrato com termo prefixado;

b) contrato tendo em vista a execução de serviço especificado, cuja duração é limitada no tempo;

c) contrato cujo termo deve coincidir com a verificação de determinado acontecimento suscetível de previsão aproximada.

Observe-se que a contratação, na primeira hipótese – *contrato com termo prefixado* –, não estava sujeita a nenhuma exigência ou pressuposto, ficando sua celebração à livre escolha do empregador, ao revés do que ocorre atualmente, em que a contratação a termo,

entre as limitações já referidas, teve seu prazo de duração reduzido de 4 para 2 anos, limitada sua prorrogação a uma única vez (art. 451 da CLT).

Mas o Decreto-lei n. 229/67, além das limitações ao contrato por prazo certo, trouxe também inovação de suma importância, adotando entre nós o contrato de experiência (art. 445, parágrafo único, da CLT), não acolhido até então pela nossa legislação social.

Acentuando as restrições legais ao contrato por prazo determinado, veda a lei atual sua celebração sucessivamente, excetuada, como já se frisou, uma única prorrogação. Daí considerar o art. 452 da CLT por prazo indeterminado "todo contrato que suceder, dentro de seis meses, a outro contrato por prazo determinado, salvo se a expiração deste dependeu da execução de serviços especializados ou da realização de certos acontecimentos".

Assim, fácil é verificar que "a finalidade dos textos legais foi a de desestimular o uso dos contratos de trabalho por tempo determinado, tendentes a frustrar a continuação no emprego, a contagem do tempo anterior e o pagamento de indenização por despedimento", como bem observa Valentin Carrion[198].

Como põe em relevo Pedro Paulo Teixeira Manus, o legislador preocupa-se em vedar a utilização de contratos a prazo sucessivo, ainda que com pequeno interregno, já que o ideal é a manutenção do vínculo entre as partes[199].

Com efeito, essa é uma tendência universal, pois a continuidade na prestação de serviços representa para o trabalhador a "segurança de uma ocupação duradoura e garantia para o sustento próprio e da família e, para o empregador, a formação de um quadro de empregados inseridos na empresa e habilitados para a execução dos serviços exigidos pela comunidade," na magnífica lição de Riva Sanseverino[200].

Exatamente com esse objetivo é que o art. 55 da Carta das Nações Unidas, de 1945, preconiza para os trabalhadores "níveis de vida mais elevados, *trabalho permanente para todos* e condições de progresso e desenvolvimento econômico e social".

A leitura atenta do art. 443, § 3º, da CLT deixa patente a limitação legal do contrato por prazo determinado a duas hipóteses:

a) serviços transitórios, em razão do trabalho a ser executado pelo empregado, ou em decorrência da atividade empresarial;

b) contrato de experiência.

Como assinala José Augusto Rodrigues Pinto, "constituem exemplos clássicos de contratos por tempo determinado, em face da transitoriedade do serviço do empregado, os celebrados na construção civil e os de safra agrícola. Na construção civil, porque em cada etapa da obra são necessários serviços profissionais especializados (armador, pedreiro, carpinteiro, bombeiro hidráulico, etc.), que, uma vez terminados, não justificam a permanência ociosa do empregado, na obra. Mesmo para aqueles empregados sem qualquer qualificação profissional, como os serventes, o término da obra determina a ociosidade da permanência no emprego"[201].

A atividade empresarial pode, igualmente, autorizar a contratação de empregados por tempo certo, como ocorre, por exemplo, nas empresas que se dedicam a explorar artigos de ocasião: festividades juninas, de Natal, Carnaval etc.

Nos termos do art. 445 da CLT, o contrato por prazo determinado não pode ser estipulado por mais de *2 anos*, devendo ser necessariamente *escrito*; pode ser prorrogado uma única vez, sob pena de ser considerado por prazo indeterminado, *ex vi* do disposto no art. 451.

3. *Contrato de experiência*

O *contrato de experiência* é outra hipótese de admissão mediante prazo certo. Esse contrato, antes de tudo, objetiva verificar as aptidões profissionais do empregado. Mas não é tudo: objetiva, igualmente, a adaptação e integração do trabalhador à comunidade empresarial.

Com manifesto acerto, escreve Francisco Antonio de Oliveira: "busca-se, através do contrato de experiência, também denominado período de prova, verificar se o trabalhador atende aos requisitos exigidos pela empresa,

198. Ob. cit., 26. ed., p. 271.
199. *Direito do Trabalho na Nova Constituição*, cit. p. 94.
200. *Curso de Direito do Trabalho*, trad. Elson Gottschalk, São Paulo, LTr, 1976, p. 262.

201. *Curso de Direito Individual do Trabalho*, cit.

com vistas à adaptação aos trabalhos a que estarão afetos, sem prescindir de razoável produção e produtividade, bem assim, de obediência às normas internas e de identificação com os objetivos da empresa e da adaptação e convivência pacífica perante o quadro funcional"[202].

É em razão desses aspectos que admitimos a contratação, por experiência, de qualquer trabalhador, ainda que não seja profissional qualificado:

"Contrato de experiência. Requisitos.

A lei não exige, para a validade de contratação experimental, qualquer qualificação profissional, nem a fundamentação empresarial quanto às razões do insucesso da experiência que levam à rescisão do pacto"[203].

Nos termos do art. 445, parágrafo único, da CLT, "o contrato de experiência não poderá exceder de *noventa dias*, sob pena de tornar-se contrato por prazo indeterminado".

Jurisprudência sumulada do Tribunal Superior do Trabalho admite sua prorrogação, observado, porém, o limite de noventa dias (Súmula 188 do TST).

Na eventualidade de o contrato de experiência ser rescindido pelo empregador, antes do seu término, faz jus o empregado ao aviso prévio:

Súmula 163 do TST:

"Aviso prévio. Contrato de experiência. Cabe aviso prévio nas rescisões antecipadas dos contratos de experiência, na forma do art. 481 da CLT".

4. **Comprovação de experiência prévia por tempo igual ou inferior a seis meses**

A Lei n. 11.644, de 10-3-2008, publicada no *DOU* de 11-3-2008, acrescentou à CLT o art. 442-A, vazado nos seguintes termos:

"Para fins de contratação, o empregador não exigirá do candidato a emprego comprovação de experiência prévia por tempo superior a 6 (seis) meses no mesmo tipo de atividade".

Fica, assim, vedada ao empregador exigência de experiência superior a seis meses – na mesma atividade.

São oportunos os comentários de Irani Ferrari a respeito do tema:

"Assim, em se tratando da mesma atividade, a contratação pelo empregador não poderá exigir do candidato a emprego prova de experiência anterior por tempo igual ou superior a seis (6) meses, eis que este é o limite fixado pela lei para ser observado a partir de sua publicação no *Diário Oficial da União*.

A norma legislativa em foco não prevê nenhuma sanção para o empregador que descumpri-la.

Apesar disso, temos que a exigência não será mais colocada em anúncios públicos, uma vez que ficaria evidenciada a discriminação com relação a tempo de serviço no tocante a experiência prévia, essa sim sujeita a enquadramento do empregador pelo MTE ou pelo Ministério Público do Trabalho, e até, eventualmente, a ação por candidato que se achar discriminado, por analogia ao que dispõe o art. 7º, inciso XXX, da Constituição da República.

Parece-nos, contudo, que tal analogia apontada na justificativa do Projeto que deu origem à norma legal em foco seria um tanto forçada, eis que o mencionado preceito constitucional não trata de tempo de serviço, para qualquer efeito, mormente para comprovação de experiência para fins de contratação de empregado.

É bem verdade, ainda, que a iniciativa dessa lei não se aplica ao candidato ao primeiro emprego, vez que não possui experiência prévia a ser comprovada.

As empresas, porém, segundo se pode supor, não anunciarão o tempo de serviço a ser comprovado, fazendo-o pela solicitação de currículos sem levar em conta o tempo de experiência anterior[204].

5. **Contrato por prazo determinado para acréscimo no número de empregados**

Em razão do número crescente de desempregados em todo o País, o Governo enviou ao Congresso Nacional o Projeto de Lei n.

202. Ob. cit., p. 293.
203. TRT/SP RO 8.219/86, 8ª T., j. 5-10-1987, Rel. Juiz Valentin Carrion.

204. *Suplemento Trabalhista – LTR*, 036/08.

1.724-E, de 1996, que se transformou na Lei n. 9.601, de 21 de janeiro de 1998.

A lei em apreço admite que se estabeleça, mediante *acordo ou convenção coletiva*, portanto com a direta intervenção dos respectivos sindicatos, a instituição de contrato por prazo determinado sem as restrições contidas no § 2º do art. 443 da CLT – ou seja, em qualquer atividade desenvolvida pela empresa.

Assim, pode o empresário, observadas as exigências estabelecidas no art. 3º da lei mencionada, admitir – sempre por *acordo* ou *convenção coletiva* – empregados por prazo determinado, prazo renovável ilimitadamente.

Instituído, necessariamente, por acordo ou convenção coletiva, deve o pacto normativo definir a multa devida na hipótese de rescisão antes do termo ajustado, bem como a multa a ser eventualmente aplicável na hipótese de descumprimento das cláusulas convencionais.

O prazo de duração de tais contratos é de *2 anos* (Decreto n. 2.490/98 – art. 3º).

O art. 3º da Lei n. 9.601/98 estabelece o limite de trabalhadores que podem ser contratados na forma aqui descrita.

Em conformidade com o dispositivo legal sob comento, o número de empregados por tempo determinado, objetivando o acréscimo de obreiros, não pode ultrapassar os seguintes percentuais:

I – 50% do número de trabalhadores, para parcela inferior a 50 empregados;

II – 35% para parcela entre 50 e 199 empregados;

III – 20% para parcela acima de 200 empregados.

Tais parcelas são calculadas sobre a média aritmética mensal do número de empregados contratados por prazo indeterminado do *estabelecimento*, e não da empresa, se esta eventualmente possui mais de um estabelecimento.

As vantagens transitórias objetivando a contratação sob o regime mencionado subsistiram por 18 meses, contados da publicação da Lei n. 9.601/98.

6. Trabalho temporário

Não raras vezes, vê-se a empresa sem condições de aproveitar o trabalho de determinado empregado, em consequência de férias ou qualquer outro fato que o afaste de suas funções. Não possuindo número suficiente de funcionários, a empregadora se vê na contingência de contratar, em caráter provisório, trabalhador que substitua aquele empregado no período de seu afastamento, ou, ainda, em condições excepcionais, em razão do incremento das vendas (festas natalinas, por exemplo), quando haja demanda de mão de obra.

Nessas condições, pode o empresário utilizar-se do denominado *trabalho provisório*, conceituado, no art. 2º da Lei n. 6.019, de 3 de janeiro de 1974, como "aquele prestado por pessoa física a uma empresa, para atender necessidade transitória de substituição de seu pessoal regular e permanente ou a acréscimo extraordinário de serviços".

Tais trabalhadores substitutos são vinculados às *empresas de trabalho temporário*, constituídas na forma prevista no art. 6º da lei nominada.

A empresa prestadora de serviços pode ser individual (pessoa física) ou coletiva (pessoa jurídica), cuja atividade consiste em colocar à disposição de outras empresas, temporariamente, trabalhadores qualificados.

Esses trabalhadores estão vinculados à empresa prestadora de serviços, e por ela são remunerados, inexistindo qualquer vínculo trabalhista com a empresa tomadora – "cabe à empresa de trabalho temporário remunerar e assistir os trabalhadores temporários relativamente aos seus direitos..." (art. 8º do Decreto regulamentador, n. 73.841/74).

Os direitos dos trabalhadores temporários estão declinados nos arts. 17 a 20 do decreto acima transcrito, publicado na Legislação Complementar.

O fornecimento dessa mão de obra é feito mediante contrato necessariamente *escrito* – com prazo de duração de *3 meses* –, salvo expressa autorização do órgão do Ministério do Trabalho e Emprego.

Nos termos da Súmula 331 do TST:

"I – A contratação de trabalhadores por empresa interposta é ilegal, formando-se o vínculo diretamente com o tomador dos serviços, salvo no caso de trabalho temporário (Lei n. 6.019, de 3-1-1974).

II – A contratação irregular de trabalhador, através de empresa interposta, não gera vínculo

de emprego com os órgãos da administração pública direta, indireta ou fundacional (art. 37, II, da CF/88).

III – Não forma vínculo de emprego com o tomador a contratação de serviços de vigilância (Lei n. 7.102, de 20-6-1983), de conservação e limpeza, bem como a de serviços especializados ligados à atividade-meio do tomador, desde que inexistente a pessoalidade e a subordinação direta.

IV – O inadimplemento das obrigações trabalhistas, por parte do empregador, implica a responsabilidade subsidiária do tomador dos serviços quanto àquelas obrigações, desde que haja participado da relação processual e conste também do título executivo judicial.

V – Os entes integrantes da Administração Pública direta e indireta respondem subsidiariamente, nas mesmas condições do item IV, caso evidenciada a sua conduta culposa no cumprimento das obrigações da Lei n. 8.666, de 21-6-1993, especialmente na fiscalização do cumprimento das obrigações contratuais e legais da prestadora de serviço como empregadora. A aludida responsabilidade não decorre de mero inadimplemento das obrigações trabalhistas assumidas pela empresa regularmente contratada.

VI – A responsabilidade subsidiária do tomador de serviços abrange todas as verbas decorrentes da condenação referentes ao período da prestação laboral".

Na eventualidade de a empresa prestadora de serviços vir a ter sua *falência* decretada, a empresa tomadora é solidariamente responsável pelo recolhimento das *contribuições previdenciárias* e pela *remuneração e indenização* devidas ao trabalhador, no período em que este lhe prestou serviços – art. 16 da Lei n. 6.019/74.

7. **Trabalho temporário para o trabalhador agrícola**

A Medida Provisória n. 410/2007[205], publicada do *Diário Oficial* de 29-12-2007, convertida na Lei n. 11.718/2008, alterou parcialmente a Lei n. 5.889/73, que regulamenta o trabalho rural, acrescentando o *contrato temporário para o trabalhador rural*.

Nos termos da Medida Provisória em apreço, o *produtor rural pessoa física* (excluídas as pessoas jurídicas) pode contratar, para serviços de natureza transitória, trabalhadores rurais, pelo prazo máximo de *dois meses* em cada ano.

Para tal contratação, não é exigida a anotação na Carteira Profissional, dispensando-se, outrossim, registro de tal admissão no Livro de Registro de Empregados.

Exige-se, contudo, sob pena de descaracterizar o contrato temporário, a inclusão do nome do trabalhador na GFIP (Guia de Recolhimento do FGTS e Informações à Previdência Social).

A Medida Provisória sob comento assegura ao trabalhador rural temporário as mesmas condições asseguradas aos admitidos por prazo indeterminado, inclusive a igualdade salarial (art. 7º, XXX, da CF)

Em face da exiguidade do tempo de serviço – dois meses – não fará a empregada rural jus à licença-maternidade, assegurada ao trabalhador a licença-paternidade de cinco dias.

8. **Contrato de trabalho intermitente**

Introduzido na legislação trabalhista brasileira, tal espécie de contrato vem disciplinar juridicamente o relacionamento de vasta categoria de prestadores de serviços, a seus tomadores, normalmente compostos de artistas de um modo geral, tais como músicos, garçons, copeiros, entre outros, os quais são convocados quando haja serviços em suas especialidades.

O contrato sob comento é peculiar, distinguindo-se do contrato padrão, possuindo, igualmente, regras específicas, nos termos do art. 452-A da CLT.

A saber: pressupõe contrato escrito; devendo conter especificadamente o valor da hora de trabalho, que não pode ser inferior ao valor hora do salário mínimo ou daquele percebido pelos demais empregados dos estabelecimentos que exerçam a mesma função; a prestação laboral é periódica, ou seja, com prévia fixação da jornada, com 3 dias de antecedência; o empregado tem um dia útil para atender a convocação; a recusa da oferta não descaracteriza subordinação para fins do contrato de trabalho intermitente; a inatividade não é computada como tempo de serviço e na eventualidade de não convocação pelo empregador, é facultado ao empregado prestar serviços a terceiros; o descumprimento das obrigações decorrentes do de trabalho implica pagamen-

205. O texto legal é transcrito no Livro III – Legislação, junto à Lei n. 5.889/73 (Do Trabalho Rural), Profissões Regulamentadas.

to da multa de 50% da remuneração que seria devida, facultada a compensação; no final de cada período de prestação de serviços o empregado deve receber: remuneração, férias proporcionais com acréscimo de 1/3, 13º salário proporcional, descanso semanal remunerado e adicionais legais. A cada 12 meses o empregado fará jus a um mês de férias.

▶ **Jurisprudência**

▷ **Súmula 125 do TST. Contrato de trabalho. Art. 479 da CLT.** O art. 479 da CLT aplica-se ao trabalhador optante pelo FGTS, admitido mediante contrato por prazo determinado, nos termos do art. 30, § 3º, do Decreto n. 59.820, de 20-12-66.

▷ **Súmula 163 do TST. Aviso prévio. Contrato de experiência.** Cabe aviso prévio nas rescisões antecipadas dos contratos de experiência, na forma do art. 481 da CLT. Ex-prejulgado n. 42.

▷ **Súmula 188 do TST. Contrato de trabalho. Experiência. Prorrogação.** O contrato de experiência pode ser prorrogado, respeitado o limite máximo de 90 dias.

▷ **Súmula 331 do TST. Contrato de prestação de serviços. Legalidade.** I – A contratação de trabalhadores por empresa interposta é ilegal, formando-se o vínculo diretamente com o tomador dos serviços, salvo no caso de trabalho temporário (Lei n. 6.019, de 3-1-1974).
II – A contratação irregular de trabalhador, através de empresa interposta, não gera vínculo de emprego com os órgãos da administração pública direta, indireta ou fundacional (art. 37, II, da CF/88).
III – Não forma vínculo de emprego com o tomador a contratação de serviços de vigilância (Lei n. 7.102, de 20-6-1983), de conservação e limpeza, bem como a de serviços especializados ligados à atividade-meio do tomador, desde que inexistente a pessoalidade e a subordinação direta.
IV – O inadimplemento das obrigações trabalhistas, por parte do empregador, implica a responsabilidade subsidiária do tomador dos serviços quanto àquelas obrigações, desde que haja participado da relação processual e conste também do título executivo judicial.
V – Os entes integrantes da Administração Pública direta e indireta respondem subsidiariamente, nas mesmas condições do item IV, caso evidenciada a sua conduta culposa no cumprimento das obrigações da Lei n. 8.666, de 21-6-1993, especialmente na fiscalização do cumprimento das obrigações contratuais e legais da prestadora de serviço como empregadora. A aludida responsabilidade não decorre de mero inadimplemento das obrigações trabalhistas assumidas pela empresa regularmente contratada.
VI – A responsabilidade subsidiária do tomador de serviços abrange todas as verbas decorrentes da condenação referentes ao período da prestação laboral. (Nova redação do item IV e inseridos os itens V e VI à redação – Res. 174/2011, *DEJT*, 27, 30 e 31-5-2011)

▷ **Súmula 195 do TST.** Contrato de trabalho para obra certa, ou de prazo determinado, transforma-se em contrato de prazo indeterminado, quando prorrogado por mais de quatro anos.

▷ **Precedente Normativo n. 20 do** TST. **Empregado rural. Contrato escrito** (positivo). Sendo celebrado contrato por tarefa, parceria ou meação, por escrito, obriga-se o empregador a fornecer uma via deste ao empregado, devidamente datada e assinada pelas partes.

▷ **"I – Agravo de instrumento em recurso de revista regido pela Lei n. 13.467/2017. Transcendência social reconhecida. Intervalo para recuperação térmica. Art. 253 da CLT. Exposição habitual e intermitente.** Demonstrada possível violação do art. 253 da CLT, impõe-se o provimento do agravo de instrumento para determinar o processamento do recurso de revista. Agravo de instrumento provido. **II – Recurso de revista regido pela Lei n. 13.467/2017. Transcendência social reconhecida. Intervalo para recuperação térmica. Art. 253 da CLT. Exposição habitual e intermitente.** 1. No caso dos autos, constou expressamente no acórdão regional que "a exposição do obreiro ao frio era habitual e intermitente". 2. Esta Corte tem se orientado no sentido de que o intervalo para recuperação térmica é devido mesmo quando a exposição se dá de forma intermitente. Assim, não é necessário que o tempo de exposição seja contínuo para que o trabalhador faça jus ao referido inter-

valo. 3. Desse modo, ao entender que a exposição intermitente não é suficiente para o direito ao intervalo para recuperação térmica, o Tribunal *a quo* decidiu de forma contrária ao entendimento da jurisprudência desta Corte Superior. Precedentes. Recurso de revista conhecido e provido" (RR-1001306-89.2018.5.02.0061, 2ª Turma, Relatora Ministra Delaide Miranda Arantes, *DEJT* 13-11-2020).

▷ **Agravo. Agravo de instrumento. Recurso de revista interposto sob a égide da Lei n. 13.015/2014. Responsabilidade subsidiária de órgão público. Conduta omissiva. Súmula 331, V e VI, do TST.** A parte agravante não apresenta argumentos capazes de desconstituir os fundamentos da decisão agravada, porquanto o recurso de revista não comprovou pressuposto intrínseco de admissibilidade recursal. Na espécie, o Tribunal Regional reconheceu a responsabilidade subsidiária do tomador dos serviços por conduta omissiva na fiscalização do cumprimento das obrigações contratuais e legais da empresa prestadora dos serviços como empregadora, nos moldes da Súmula 331, V e VI, do TST e nos limites da decisão do STF na ADC 16/DF (Tema 246 da Repercussão Geral do STF). Agravo a que se nega provimento (Ag-AIRR-16-68.2015.5.12.0001, 1ª Turma, Relator Ministro Walmir Oliveira da Costa, *DEJT* 24-8-2020).

▷ **Agravo de instrumento. Recurso de revista – Descabimento. 1. Cerceamento do direito de defesa. Prova emprestada.** Diante da redação do inciso I do § 1º-A do art. 896 da CLT, conferida pela Lei n. 13.015/2014, não se conhece do recurso de revista quando a parte não indicar o trecho da decisão recorrida que consubstancia o prequestionamento da controvérsia objeto do apelo. **2. Horas extras. Trabalho externo. Possibilidade de controle.** Porque o Direito do Trabalho é regido pelo princípio da realidade, não basta, para a caracterização de trabalhador externo, que tal circunstância esteja anotada em CTPS e na ficha de registro de empregado (CLT, art. 62, I). Fundamental é que a efetividade dos fatos referente os registros formais, sob pena de perecerem estes. Factível o controle de jornada, é impositivo o respeito ao limite diário a que alude o art. 7º, XIII, da Constituição Federal, com remuneração das horas extras que o excederem. **3. Aviso prévio indenizado. Retificação da CTPS.** Nos termos da Orientação Jurisprudencial n. 82 da SBDI-1/TST, "a data de saída a ser anotada na CTPS deve corresponder à do término do prazo do aviso prévio, ainda que indenizado". Estando a decisão regional moldada a tal parâmetro, o processamento do recurso de revista encontra óbice no art. 896, § 7º, da CLT. **4. Repouso semanal remunerado. Diferenças.** O TRT revela que a demandada não logrou infirmar as diferenças apontadas pelo autor, deixando de demonstrar a correção no pagamento das parcelas. Prepondera, assim, a realidade fática revelada no acórdão regional, infensa a reexame em sede extraordinária (Súmula 126/TST). **5. Participação nos lucors e resultados. Transcrição integral ou quase integral, em recurso de revista, do capítulo do acórdão regional. Não cumprimento dos requisitos previstos no art. 896, § 1º-A, da CLT.** A transcrição integral ou quase integral do capítulo do acórdão, sem qualquer destaque, não atende ao disposto no art. 896, § 1º-A, da CLT, uma vez que não há determinação precisa da tese regional combatida no apelo, nem demonstração analítica das violações apontadas. **6. Multa convencional por atraso na homologação rescisória.** O recurso de revista se concentra na avaliação do direito posto em discussão. Assim, em tal via, já não são revolvidos fatos e provas, campo em que remanesce soberana a instância regional. Diante de tal peculiaridade, o deslinde do apelo considerará, apenas, a realidade que o acórdão atacado revelar. Esta é a inteligência da Súmula 126 do TST. No caso, a Corte de origem concluiu que houve descumprimento de cláusula da norma coletiva, razão pela qual manteve o pagamento da referida multa. **7. Multa convencional.** Não prospera apelo lastreado somente em divergência jurisprudencial, quando os arestos apresentados ou são inservíveis ao dissenso (art. 896 da CLT) ou são inespecíficos (Súmula 296/TST). Agravo de instrumento conhecido e desprovido (AIRR-11431-98.2015.5.03.0033, 3ª Turma, Relator Minis-

Art. 444 Disposições Gerais

tro Alberto Luiz Bresciani de Fontan Pereira, *DEJT* 21-8-2020).

▷ **Agravo interposto pela reclamante. Recurso de revista julgado por decisão monocrática. Erro material no exame da responsabilidade subsidiária de empresa privada. Juízo de retratação.** Demonstrado o equívoco da decisão agravada, uma vez que, no caso, não é parte um órgão público, mas empresa privada, pelo que, no exercício do juízo de retratação (art. 1.021, § 2º, do Código de Processo Civil), impõe-se o reexame do recurso de revista interposto pela segunda reclamada, a fim de extirpar erro no julgamento. Agravo conhecido e provido. **Recurso de revista interposto pela segunda reclamada na vigência da Lei n. 13.015/2014. Terceirização de serviços. Responsabilidade subsidiária. Empresa privada.** O acórdão regional encontra-se em sintonia com a Súmula 331, IV, do TST, em face de a instância ordinária ter reconhecido que o inadimplemento das obrigações trabalhistas, por parte do empregador, implica a responsabilidade subsidiária da tomadora de serviços quanto àquelas obrigações. Recurso de revista não conhecido, no tema. **Honorários advocatícios. Requisitos na justiça do trabalho.** O acórdão recorrido foi proferido em contrariedade às Súmulas 219, I, e 329, ambas do TST, porquanto a reclamante não está assistida por sindicato da categoria profissional. Recurso de revista conhecido e provido, no particular (Ag-RR-10525-80.2014.5.04.0271, 1ª Turma, Relator Ministro Walmir Oliveira da Costa, *DEJT* 24-8-2020).

•••••••••••••••••••••••••••••••••••••••

Art. 444. As relações contratuais de trabalho podem ser objeto de livre estipulação das partes interessadas em tudo quanto não contravenha às disposições de proteção ao trabalho, aos contratos coletivos que lhes sejam aplicáveis e às decisões das autoridades competentes.

Parágrafo único. A livre estipulação a que se refere o *caput* deste artigo aplica-se às hipóteses previstas no art. 611-A desta Consolidação, com a mesma eficácia legal e preponderância sobre os instrumentos coletivos, no caso de empregado portador de diploma de nível superior e que perceba salário mensal igual ou superior a duas vezes o limite máximo dos benefícios do Regime Geral de Previdência Social. (Redação inserida pela Lei n. 13.467/2017.)

•••••••••••••••••••••••••••••••••••••••

▶ *Comentários*

Um dos princípios basilares do *Direito do Trabalho* é o *tutelar*, também denominado princípio da proteção, objetivando dar ao empregado igualdade jurídica na relação empregatícia, o que explica, entre outros aspectos, a imperatividade de parcela ponderável das normas trabalhistas e a indisponibilidade desses mesmos direitos.

Assim, conquanto sejam livres patrões e empregados para celebrar os contratos de trabalho, há que se observar, antes de tudo, "*as disposições de proteção ao trabalho*", instituídas no âmbito da Constituição Federal, na legislação infraconstitucional e nos acordos ou convenções coletivas.

Assim considerando, serão nulas quaisquer cláusulas contrárias à legislação protetora das relações de emprego.

"A vontade das partes na celebração do contrato de trabalho sofre acentuada limitação em virtude de numerosas normas de caráter imperativo", escreve Eduardo Gabriel Saad, que acrescenta, com inegável procedência: "o dirigismo contratual é uma das características peculiares do Direito do Trabalho moderno. A autonomia da vontade nos contratos é universalmente limitada, porque ninguém mais acredita no dogma da liberdade de o empregado concluir um contrato de trabalho. Sua inferioridade econômica diante da outra parte (o empregador) não lhe permite agir com a liberdade que só pode manifestar-se entre iguais, sobretudo do ponto de vista econômico"[206].

Por isso que "as cláusulas regulamentares que revoguem ou alterem vantagens deferidas anteriormente, só atingirão os trabalhadores admitidos após a revogação ou alteração do regulamento", a teor do que dispõe a Súmula 51 do TST.

"I – As cláusulas regulamentares, que revoguem ou alterem vantagens deferidas anteriormente, só atingirão os trabalhadores admitidos após a revogação ou alteração do regulamento.

206. *CLT Comentada*, cit.

II – Havendo a coexistência de dois regulamentos da empresa, a opção do empregado por um deles tem efeito jurídico de renúncia às regras do sistema do outro."

A Reforma Trabalhista/2017, houve por bem inserir o parágrafo único ao art. 444, da CLT, estabelecendo maior liberdade a celebração do contrato de trabalho, quando o empregado seja portador de nível superior, e perceba salário mensal igual ou superior a duas vezes o limite máximo dos benefícios pagos pelo regime geral da Previdência Social.

Face com isso, uma distinção entre o empregado de menor nível educacional, ou seja, o hipossuficiente e o empregado de nível superior, este último com maior facilidade em discutir melhores condições de seu contrato de trabalho, o que nos parece inverossímil, dado o alto nível de desemprego e o poder de pressão do empregador.

▶ *Jurisprudência*

▷ **"Recurso ordinário em dissídio coletivo de natureza jurídica – Pleito exordial de interpretação de norma de caráter geral – Pretensões de cunho condenatório – inadequação da via eleita – Orientação Jurisprudencial 7 da SDC do TST e art. 241, II, do RITST.** 1. A Orientação Jurisprudencial 7 da SDC do TST dispõe que "não se presta o dissídio coletivo de natureza jurídica à interpretação de normas de caráter genérico, a teor do disposto no art. 313, II, do RITST". 2. O art. 241, *caput* e II, do atual RITST preceitua que o s dissídios coletivos de natureza jurídica visam à interpretação de cláusulas de sentenças normativas, de instrumentos de negociação coletiva, acordos e convenções coletivas, de disposições legais particulares de categoria profissional ou econômica e de atos normativos. 3. *In casu*, ao apreciar o presente dissídio coletivo de natureza jurídica, o Regional extinguiu o feito sem julgamento do mérito, por inadequação da via eleita, ao concluir que as pretensões do Sindicato tinha cunho condenatório e envolviam a interpretação de norma legal de caráter genérico. 4. Da análise dos autos, verifica-se que o presente dissídio coletivo de natureza jurídica não visa à interpretação de cláusulas de instrumentos de negociação coletiva (acordos e convenções coletivas), conforme se infere dos pedidos deduzidos no rol exordial, mas à aplicação de normas legais de caráter genérico, postulando-se medidas relacionadas à pandemia causada pela Covid-19, quais sejam, a suspensão das atividades da empresa e a liberação dos funcionários para a quarentena, o fornecimento de equipamentos de proteção individual, o fornecimento de álcool gel e produtos para higienização, a liberação das atividades presenciais dos trabalhadores considerados de grupo de risco, a garantia de integridade física dos metroviários, o direito ao isolamento por no mínimo 14 dias aos trabalhadores que apresentarem sintomas gripais e fixação de multa de R$ 500.000,00 por descumprimento das obrigações estabelecidas. 5. É nítido que o Sindicato autor objetiva a interpretação de normas de caráter geral, quais sejam, da Lei n. 13.979/20 e da Orientação do Ministério da Saúde e Nota Técnica 02/2020, a par de os pedidos formulados possuírem caráter nitidamente condenatório, o que não se compatibiliza com a via eleita, à luz da Orientação Jurisprudencial 7 da SDC desta Corte e do art. 241, *caput* e II, do RITST. 6. Desse modo, ante a inadequação da via eleita, não merece reforma o acórdão regional. Recurso ordinário desprovido" (ROT-1000774-36.2020.5.02.0000, Seção Especializada em Dissídios Coletivos, Relator Ministro Ives Gandra Martins Filho, *DEJT* 22-4-2021)

▷ **Agravo. Agravo de instrumento em recurso de revista interposto na vigência da Lei n. 13.015/2014. Estabilidade da gestante. Incerteza sobre a data da concepção. Impossibilidade de revolvimento do conjunto fático-probatório. Óbice da Súmula 126 do TST.** 1. A Corte Regional, fundada no conjunto probatório produzido nos autos, concluiu que "a ultrassonografia morfológica realizada pela reclamante, em 23-11-2016 (doc. ID. 2dca2ff), confirmou que nesta data ela contava com cerca de 11 semanas e 2 dias de gestação (79 dias). Segundo tais parâmetros, a concepção teria ocorrido em 6-9-2016. Contudo, aplicando o desvio padrão esperado de 3 a 7 dias com base nessa data, tem-se que a concepção poderia ter ocorrido dentro do período de

30-8-2016 a 13-9-2016". 2. Acrescentou que "fazendo a contagem retroativa de 3-6-2017 (data do parto) até atingirmos 266 dias, conclui-se que a concepção ocorreu no dia 11-9-2016. Portanto, na data da concepção, a reclamante não era mais empregada da reclamada mesmo considerando-se o último dia do aviso prévio". 3. Infere-se, portanto, que o e. TRT examinou detalhadamente as provas trazidas aos autos e concluiu que a autora não era mais empregada da reclamada na data da concepção. 4. Destarte, tendo a Corte Regional, soberana na análise da prova, concluído que a autora não faz jus à indenização relativa à estabilidade da gestante, com fundamento nas provas produzidas nos autos, é inviável o processamento do apelo, pois, para se concluir de forma distinta, seria imprescindível a reapreciação da prova coligida aos autos, procedimento vedado nesta instância extraordinária, nos termos da Súmula 126 do TST. Agravo conhecido e desprovido (Ag--AIRR-1000079-43.2017.5.02.0435, 3ª Turma, Relator Ministro Alexandre de Souza Agra Belmonte, *DEJT* 21-8-2020).

•••••••••••••••••••••••••••••••••••••

Art. 445. O contrato de trabalho por prazo determinado não poderá ser estipulado por mais de 2 (dois) anos, observada a regra do art. 451. (Redação dada pelo Dec.-lei n. 229, de 28-2-1967.)

Parágrafo único. O contrato de experiência não poderá exceder de 90 (noventa) dias. (Parágrafo incluído pelo Dec.-lei n. 229, de 28-2-1967.)

•••••••••••••••••••••••••••••••••••••

▶ **Comentários**

O art. 445 da CLT estabelece o prazo máximo de duração dos contratos por prazo determinado e dos contratos de experiência, tema já abordado quando comentamos o art. 443.

O prazo de duração do contrato por prazo determinado é de, no máximo, *2 anos*, só podendo ser renovado uma vez (art. 451 da CLT), sob pena de transformar-se em contrato por prazo indeterminado.

Já o contrato de experiência tem duração máxima de *90 dias* (*vide* Súmulas 163 e 188 do TST).

De todo conveniente lembrar que o contrato por prazo determinado para incentivo à contratação de novos empregados é de *2 anos*, renovável sem as exigências do art. 451 da CLT.

Nos termos da Súmula 163 do TST:

"Cabe aviso prévio nas rescisões antecipadas dos contratos de experiência, na forma do art. 481 da CLT".

Outrossim, pode o contrato de experiência ser prorrogado:

Súmula 188 do TST:

"O contrato de experiência pode ser prorrogado, respeitado o limite máximo de 90 dias".

O contrato temporário para o trabalhador rural, como já afirmamos (item 7 dos comentários ao contrato por prazo determinado), é de dois meses (Lei n. 11.718/2008).

▶ **Jurisprudência**

▷ **Recurso de revista. Acórdão regional publicado na vigência da Lei n. 13.015/2014 e anteriormente à Lei n. 13.467/2017. 1. Dispensa de empregado com neoplasia maligna. Reintegração e compensação por dano moral. Conduta discriminatória. Não comprovação. Súmula 443 do TST. Presunção elidida. Não conhecimento.** I – Nos termos do art. 4º, *caput*, da Lei n. 9.029/1995, a reintegração prevista no seu inciso I exige que a extinção do contrato de trabalho tenha ocorrido por motivo de prática discriminatória por parte do empregador. II – Por outro lado, a Súmula 443 do TST dispõe que o direito à reintegração no emprego por presunção de despedida discriminatória abrange o empregado portador de "doença grave que suscite estigma ou preconceito". III – Assim, apenas a existência de doença grave por parte do empregado não atrai automaticamente a presunção de ato discriminatório da Reclamada ao dispensar o Reclamante, devendo-se comprovar com critérios objetivos que a enfermidade tenha causado estigma ou preconceito no ambiente de trabalho. E, muito embora a jurisprudência da SbDI-1 do TST presuma discriminatória a dispensa do empregado portador de neoplasia maligna, tal presunção é meramente relativa, podendo ser desconstituída por prova em contrário. É o caso retratado nos

autos. IV – O TRT de origem, sopesando as provas coligidas, assentou que, "apesar da comprovação de que o Autor era portador de doença grave (neoplasia maligna), referida enfermidade não suscita estigma ou preconceito". Registrou, ainda, que "o afastamento do Reclamante para tratamento de saúde no início de 2010 confirmam o conhecimento da doença, pela Ré, em período bem antecedente à saída do Autor (meados de 2013), o que faz presumir, portanto, a ausência de dispensa discriminatória". Destacou, em reforço, que a Reclamada dispensou diversos professores na mesma semana em que rescindido o contrato de emprego Reclamante. V – Presunção de dispensa discriminatória de empregado acometido de neoplasia maligna elidida. VI – Recurso de revista de que não se conhece" (RR-947-86.2014.5.09.0002, 4ª Turma, Relator Ministro Alexandre Luiz Ramos, *DEJT* 21-8-2020).

▷ **Recurso ordinário. Ação rescisória ajuizada sob a égide do CPC de 1973. Prescrição. Acidente de trabalho. Art. 485, V, do CPC de 1973. Violação literal de lei. Súmulas 298, I, e 410 do TST. Incidência.** 1. Acórdão rescindendo em que pronunciada a prescrição bienal contada da extinção do contrato de trabalho. 2. A tese nesta ação rescisória é de que não há prescrição a ser pronunciada porque incide o prazo de vinte anos de que cuida o art. 177 do Código Civil de 1916. 3. Constatado que não é conhecida a data do acidente ou da consolidação das lesões, não há como analisar a aplicação da tese defendida sem o revolvimento de fatos e provas do processo matriz, procedimento é vedado em sede de rescisória ajuizada com supedâneo no art. 485, V, do CPC de 1973. Incidência da Súmula 410 do TST. 4. De outro lado, a alegação de violação dos arts. 119, I, do Constituição Federal, 206, § 3º, e 2.028 do Código Civil de 2002 não auxilia o pretenso corte rescisório, pois carece do necessário pronunciamento explícito no acórdão rescindendo. Incidência do óbice da Súmula 298, I, do TST. 5. Cumpre ressaltar que, conquanto a reclamação trabalhista tenha sido ajuizada em 25-7-2003, antes, portanto, da entrada em vigor da Emenda Constitucional 45/2004, o que afastaria a incidência da prescrição bienal trabalhista, o autor, na ação rescisória, não apontou violação literal do art. 7º, XXIX, da Constituição Federal por má-aplicação, sendo certo que sua tese reside apenas na incidência do prazo civil, vintenário ou trienal contado da entrada em vigor do Código Civil de 2002, e, para o exame de tais teses, repita-se, seria necessário superar os óbices das Súmulas 410 e 298, I, do TST. Recurso ordinário conhecido e não provido" (RO-8395-19.2011.5.02.0000, Subseção II Especializada em Dissídios Individuais, Relatora Ministra Delaide Miranda Arantes, *DEJT* 21-8-2020).

• •

Art. 446. (Revogado pela Lei n. 7.855, de 24-10-1989.)

• •

▶ *Comentários*

O artigo mencionado estava assim redigido:

"Presume-se autorizado o trabalho da mulher casada e do menor de 21 (vinte e um) anos e maior de 18 (dezoito). Em caso de oposição conjugal ou paterna, poderá a mulher ou o menor recorrer ao suprimento da autoridade judiciária competente.

Parágrafo único. Ao marido ou pai é facultado pleitear a rescisão do contrato de trabalho, quando a sua continuação for suscetível de acarretar ameaça aos vínculos da família, perigo manifesto às condições peculiares da mulher ou prejuízo de ordem física ou moral para o menor".

O dispositivo legal nominado já estava manifestamente revogado com o Estatuto da Mulher Casada – Lei n. 4.121/62, que pôs fim à incapacidade relativa da mulher. A Constituição Federal de 1988, por sua vez, proclama em alto e bom som que "homens e mulheres são iguais em direitos e obrigações...".

A menoridade trabalhista vai até os 18 anos. O trabalho é proibido ao menor de 16, salvo o aprendizado metódico, dos 14 aos 16 anos.

• •

Art. 447. Na falta de acordo ou prova sobre condição essencial ao contrato verbal, esta se presume existente, como se a tivessem estatuído os interessados na conformidade dos preceitos jurídicos adequados à sua legitimidade.

• •

► **Comentários**

Nos termos do artigo sob comento, inexistindo acordo ou prova sobre condição essencial ao contrato, ainda que este seja verbal, é de concluir que o pacto laboral foi ajustado em conformidade com os preceitos legais que disciplinam a relação empregatícia.

Em conformidade com a Súmula 12 do Tribunal Superior do Trabalho:

"As anotações apostas pelo empregador na carteira profissional do empregado não geram presunção *juris et de jure*, mas apenas *juris tantum*".

Art. 448. A mudança na propriedade ou na estrutura jurídica da empresa não afetará os contratos de trabalho dos respectivos empregados.

Art. 448-A. Caracterizada a sucessão empresarial ou de empregadores prevista nos arts. 10 e 448 desta Consolidação, as obrigações trabalhistas, inclusive as contraídas à época em que os empregados trabalhavam para a empresa sucedida, são de responsabilidade do sucessor.

Parágrafo único. A empresa sucedida responderá solidariamente com a sucessora quando ficar comprovada fraude na transferência. (Redação inserida pela Lei n. 13.467/2017.)

► **Comentários**

O Direito do Trabalho, objetivando a preservação do emprego, desvinculou o empregado da pessoa física ou jurídica do empregador, vinculando-o à *empresa*. Esta última, como vimos nos comentários ao art. 2º da CLT, é a unidade econômica destinada à produção ou circulação de bens ou serviços, agrupamento de pessoas e bens destinados à exploração de uma atividade econômica organizada.

Assim, independentemente de quem seja o titular da empresa, o empregado a esta última está vinculado. Qualquer alteração na estrutura jurídica, mudança na propriedade ou cessão de quotas ou ações não afetará o contrato de trabalho.

O sucessor, *inter vivos* ou *causa mortis*, responde, em qualquer circunstância, pelos débitos trabalhistas.

O artigo sob comentário deve ser interpretado em consonância com o art. 10 da CLT: "qualquer alteração na estrutura jurídica da empresa não afetará os direitos adquiridos por seus empregados", respondendo o sucessor por tais obrigações.

A Reforma Trabalhista/2017, inseriu o art. 448-A, na CLT, para declarar a responsabilidade da sucessora pelas obrigações trabalhistas, declarando, igualmente, a responsabilidade solidaria da sucedida, na eventualidade de ficar comprovada a fraude na transferência.

A questão, já sedimentada na jurisprudência trabalhista, é igualmente prevista no art. 10 no Estatuto Laboral.

► **Jurisprudência**

▷ **Agravo de instrumento em recurso de revista. 1. Jornada externa. Horas extras.** Segundo o Tribunal de origem, a reclamante, em depoimento pessoal, reconheceu que, antes da sucessão de empregadores, tinha ampla liberdade com relação à jornada de trabalho externa, inclusive quanto à fruição do intervalo, não havendo controle pela reclamada. Diante desse contexto, a decisão do Regional, ao concluir estar a reclamante submetida a jornada de trabalho externa, sem controle ou fiscalização pela reclamada, não implica em violação do art. 62, I, da CLT. **2. Diferenças Salariais.** O Regional, ao verificar não ser hipótese de confissão do preposto da 1ª reclamada quanto à forma de remuneração da reclamante, e ao atribuir a esta o encargo probatório das diferenças salariais postuladas, de cujo encargo não se desincumbiu, fundamentou sua conclusão no exame dos fatos e da prova produzida, os quais denunciaram que, após a sucessão de empregadores, não houve redução salarial. Assim, incólumes os 818 e 843, § 1º, da CLT e 373 do CPC. Agravo de instrumento conhecido e não provido (AIRR-24320-64.2016.5.24.0001, 8ª Turma, Relatora Ministra Dora Maria da Costa, *DEJT* 21-8-2020).

▷ **"Recurso de revista. Acórdão publicado na vigência da Lei n. 13.015/2014. Sucessão trabalhista. Titular de cartório extrajudicial. Continuidade da prestação de serviços. Responsabilidade do sucessor.** Cinge-se a controvérsia a se perquirir sobre a responsabilidade pelas verbas trabalhistas no caso de mudança de titular de cartório extrajudicial. O Tribunal Regional concluiu que, mesmo havendo

continuidade na prestação de serviços, a mudança na titularidade do cartório não caracteriza sucessão trabalhista. Note-se que esta Corte sedimentou o entendimento de que caracteriza a sucessão de empregadores a alteração da titularidade do serviço notarial, quando houver a correspondente transferência da unidade econômico-jurídica que integra o estabelecimento e a continuidade na prestação dos serviços. Precedentes. Assim, a decisão regional, ao entender que não houve sucessão trabalhista, ainda que a trabalhadora tenha continuado a prestar serviços à nova titular do serviço notarial, violou os arts. 10 e 448 da CLT. Recurso de revista conhecido por violação dos arts. 10 e 448 da CLT e provido" (RR-10957-16.2014.5.18.0011, 3ª Turma, Relator Ministro Alexandre de Souza Agra Belmonte, *DEJT* 26-6-2020).

▷ "**Agravo. Agravo de instrumento em recurso de revista. Recurso regido pelo CPC/2015, pela Instrução Normativa n. 40/2016 do TST e pela Lei n. 13.467/2017 Sucessão de empresas prestadoras de serviços perante o mesmo tomador. Sucessão de empregadores não configurada. Procedimento licitatório regular. Unicidade contratual não caracterizada.** O reclamante reitera os argumentos do agravo de instrumento, já analisados na decisão monocrática. Todavia, não merece provimento o agravo no que concerne ao tema impugnado, pois não desconstitui os fundamentos da decisão monocrática pela qual foi negado provimento ao seu agravo de instrumento. Agravo desprovido" (Ag-AIRR-581-58.2017.5.09.0126, 2ª Turma, Relator Ministro Jose Roberto Freire Pimenta, *DEJT* 5-6-2020).

Art. 449. Os direitos oriundos da existência do contrato de trabalho subsistirão em caso de falência, concordata ou dissolução da empresa.

§ 1º Na falência, constituirão créditos privilegiados a totalidade dos salários devidos ao empregado e a totalidade das indenizações a que tiver direito. (Redação dada pela Lei n. 6.449, de 14-10-1977.)

§ 2º Havendo concordata na falência, será facultado aos contratantes tornar sem efeito a rescisão do contrato de trabalho e consequente indenização, desde que o empregador pague, no mínimo, a metade dos salários que seriam devidos ao empregado durante o interregno.

▶ **Comentários**

1. Os direitos trabalhistas na recuperação judicial e na falência do empregador

A atual Lei de Falências – Lei n. 11.101, de 9 de fevereiro de 2005, alterou profundamente a legislação falimentar brasileira.

Desapareceram as concordatas preventiva e suspensiva, substituída a primeira pela denominada *recuperação judicial*, que objetiva viabilizar a superação de crise econômica do devedor, promovendo, outrossim, a preservação da empresa, como enfatiza o art. 47 da lei nominada:

"A recuperação judicial tem por objetivo viabilizar a superação da situação de crise econômico-financeira do devedor, a fim de permitir a manutenção da fonte produtora, do emprego dos trabalhadores e dos interesses dos credores, promovendo, assim, a preservação da empresa, sua função social e o estímulo à atividade econômica".

2. O crédito trabalhista na recuperação judicial

Na recuperação judicial o devedor (no caso, o empregador) terá o prazo máximo de um ano para o pagamento dos débitos trabalhistas, vencidos até a data do pedido de recuperação.

Os créditos de natureza estritamente salarial, até o limite de *cinco salários mínimos*, igualmente vencidos nos três meses anteriores ao pedido de recuperação judicial, devem ser pagos no prazo máximo de trinta dias, como deixa claro o art. 54 da lei sob comento:

"Art. 54. O plano de recuperação judicial não poderá prever prazo superior a 1 (um) ano para pagamento dos créditos derivados da legislação do trabalho ou decorrentes de acidentes de trabalho vencidos até a data do pedido de recuperação judicial.

Parágrafo único. O plano não poderá, ainda, prever prazo superior a 30 (trinta) dias para o pagamento, até o limite de 5 (cinco) salários mínimos por trabalhador, dos créditos de natureza estritamente salarial vencidos nos 3

(três) meses anteriores ao pedido de recuperação judicial".

O trabalhador não é obrigado, obviamente, a tolerar o atraso no pagamento de seus salários (o salário tem natureza alimentar), podendo pleitear, perante a Justiça do Trabalho, a rescisão do seu contrato laboral (art. 483, *d*, da CLT), com os valores decorrentes da rescisão por culpa do empregador. Note-se que a recuperação judicial (sucedânea da concordata preventiva), como a falência, não são consideradas força maior ou caso fortuito, constituindo meros riscos da atividade econômica.

Numa hipótese ou outra, a ação trabalhista prossegue na Justiça do Trabalho, até a apuração do valor da condenação – "que será inscrito no quadro-geral de credores pelo valor determinado em sentença" (art. 6º, § 2º).

Na ocorrência de falência, fundamental a intimação do administrador que representará, no Juízo trabalhista, a massa falida, sob pena de nulidade do processo – art. 76, parágrafo único.

Tal como ocorria na legislação anterior, poderá o juiz do trabalho, tanto na recuperação judicial quanto na falência, oficiar ao juízo falimentar solicitando reserva de valor que estimar devida. Uma vez reconhecido líquido o direito, será o crédito incluído na classe própria.

É de observar que a legislação processual trabalhista prevê preferência em todas as fases processuais para o dissídio cuja decisão deva ser executada perante o juízo da falência (art. 768 da CLT).

3. **O crédito trabalhista na recuperação judicial da microempresa e empresa de pequeno porte**

A legislação falimentar prevê Plano Especial de Recuperação Judicial para Microempresas e Empresas de Pequeno Porte, assim consideradas aquelas sob a égide da Lei Complementar n. 123, de 14-12-2006.

O plano em apreço só abrange os *créditos quirografários*, não envolvendo, pois, os créditos trabalhistas, que devem ser saldados na época fixada na legislação social, legitimado o obreiro a acionar o empregador, na eventualidade de atraso nos pagamentos – art. 71, I.

4. **O crédito trabalhista na recuperação extrajudicial**

A nova legislação falimentar libera e reconhece a recuperação extrajudicial, vedada na lei anterior, no art. 2º, III.

A recuperação extrajudicial, como o próprio nome deixa entrever, é aquela acertada entre o devedor e seus respectivos credores, em que o primeiro obtém, dos segundos, a dilação, remissão de créditos ou cessão de bens, como forma de pagamento.

A recuperação extrajudicial não envolve créditos trabalhistas, como deixa claro o § 1º do art. 161 – "não se aplica o disposto neste Capítulo a titulares de créditos de natureza tributária, derivados da legislação do trabalho ou decorrentes de acidentes de trabalho...".

Observe-se, porém, a possibilidade de redução salarial objetivando favorecer a recuperação econômico-financeira da empresa, mediante acordo coletivo, segundo o disposto no art. 7º, VI, da CF.

5. **O crédito trabalhista na falência**

O crédito trabalhista na nova legislação subsiste com privilégio sobre todos os demais créditos, ao lado do crédito por acidente do trabalho, porém, limitado a *cento e cinquenta salários mínimos*; o que exceder deste valor é *crédito quirografário*, isto é, sem qualquer preferência, participando, portanto, das sobras:

"Art. 83. A classificação dos créditos na falência obedece à seguinte ordem:

I – os créditos derivados da legislação do trabalho, limitados a *150 (cento e cinquenta) salários mínimos por credor,* e os decorrentes de acidentes de trabalho".

A limitação do crédito trabalhista a *cento e cinquenta salários mínimos* (o restante é crédito quirografário) colide com o disposto no art. 449, § 1º, da CLT – "na falência, constituirão créditos privilegiados a totalidade dos salários devidos ao empregado e a totalidade das indenizações a que tiver direito".

Este conflito, por certo, ensejará acirrados debates doutrinários, não se afastando a hipótese de decisões jurisprudenciais discordantes.

Contudo, é de observar que a incompatibilidade do art. 83 da Lei Falimentar com o §

1º do art. 449 da CLT é absoluta, afastando qualquer possibilidade de conciliação de ambos os dispositivos.

Assim considerando, entendemos manifestamente revogado o § 1º do art. 449 da CLT. A lei nova revoga a anterior quando regula por inteiro a mesma matéria, de forma a afastar qualquer processo de conciliação.

O § 2º do art. 449 da CLT está, por outro lado, igualmente revogado.

A "concordata na falência" era, obviamente, a *concordata suspensiva*, que deixou de existir.

O *caput* do art. 449 da CLT – "os direitos oriundos da existência do contrato de trabalho subsistirão em caso de falência, concordata ou dissolução da empresa" – tem sentido próprio.

Tanto a falência quanto a recuperação judicial ou extrajudicial hão de respeitar os direitos trabalhistas, resgatados da forma explicitada nos itens 2, 3, 4 e 5 destes Comentários.

Ressalte-se, finalmente, que, consumada a falência, com o desaparecimento da concordata suspensiva, extinto está o contrato de trabalho, respeitados os direitos trabalhistas a serem satisfeitos pela massa falida na proporção fixada no art. 83, I, da Lei n. 11.101[207], ou seja: até *cento e cinquenta salários mínimos: crédito privilegiado*; o que exceder do valor nominado é crédito quirografário.

Em conformidade com o art. 151 da Lei de Falências – "os créditos trabalhistas de natureza estritamente salarial vencidos nos 3 (três) meses anteriores à decretação da falência, até o limite de 5 (cinco) salários mínimos por trabalhador, serão pagos tão logo haja disponibilidade em caixa".

6. Alienação dos bens do falido, qualquer que seja a sua forma, não implica sucessão tributária ou trabalhista

Qualquer que seja a forma de alienação do ativo da massa falida (alienação da empresa, venda dos estabelecimentos isoladamente, ou alienação dos bens individualmente), não haverá sucessão tributária ou trabalhista:

"Art. 141. ..
II – o objeto da alienação estará livre de qualquer ônus e não haverá sucessão do arrematante nas obrigações do devedor, inclusive as de natureza tributária, as derivadas da legislação do trabalho e as decorrentes de acidentes de trabalho".

Na eventualidade de o arrematante prosseguir na exploração das mesmas atividades do falido (nas hipóteses de alienação da empresa ou aquisição de um dos seus estabelecimentos), e aproveitamento da mesma mão de obra do falido, ou seja, da utilização dos mesmos empregados, estes serão admitidos mediante *novos contratos de trabalho*, não respondendo o arrematante pelas obrigações decorrentes do contrato anterior.

Esta regra, por certo, tem enorme repercussão no Direito do Trabalho, significando manifesta restrição ao alcance do disposto no art. 448 da CLT – "a mudança na propriedade ou na estrutura jurídica da empresa não afetará os contratos de trabalho dos respectivos empregados", salvo em se tratando de arrematação (da empresa ou do estabelecimento) em processo falimentar, como deixa claro a nova legislação.

Note-se que as atuais regras afetam, igualmente, o art. 10 da CLT – "qualquer alteração na estrutura jurídica da empresa não afetará os direitos adquiridos por seus empregados".

Imaginemos que, na falência do empregador, seus empregados percebam seus salários, observado o limite de cento e cinquenta salários mínimos, e nada mais recebam (o que ultrapassar do limite acima transcrito é crédito quirografário, que participa das sobras – se houver).

Ficam, portanto, tais empregados sem qualquer possibilidade de receber o restante de seus salários.

Adquirida a empresa, ou um dos seus estabelecimentos, quando da realização do ativo (art. 139 da Lei de Falências), o arrematante, ainda que venha a explorar a mesma atividade econômica do falido, não responderá pelas obrigações trabalhistas do devedor.

Ora, como se sabe, o que caracteriza a sucessão trabalhista é a aquisição do acervo e a continuação da mesma atividade econômica:

"O reconhecimento da sucessão de empresas depende do preenchimento de dois requisitos: é necessário que o estabelecimento, visto como

207. De 9 de fevereiro de 2005.

unidade econômico-jurídica, tenha a sua propriedade transferida para outro titular, e os serviços prestados pelos trabalhadores não sofram solução de continuidade"[208].

Fica, portanto, inteiramente afastada a hipótese de sucessão trabalhista e tributária, com a aquisição da unidade empresarial ou de estabelecimento comercial em hasta pública falimentar.

A intenção do legislador foi a de facilitar a aquisição da unidade econômica, com a continuidade da força produtora, mantendo, assim, a função social da empresa.

7. A sucessão na recuperação judicial

A mesma regra é adotada na recuperação judicial.

No capítulo concernente à recuperação judicial, o art. 50 da Lei Falimentar, ao estabelecer os meios de recuperação, prevê situações que, inequivocamente, alteram substancialmente a estrutura jurídica da empresa, merecendo destaque, entre outros, o trespasse do estabelecimento empresarial, alienação judicial de filiais ou de unidades produtivas isoladas.

Objetivando facilitar o bem do ônus da sucessão, dispõe o parágrafo único do art. 60 que:

"O objeto da alienação estará livre de qualquer ônus e não haverá sucessão do arrematante nas obrigações do devedor, inclusive as de natureza tributária, observado o disposto no § 1º do art. 141 desta Lei".

Ao revés do que dispõe o art. 141, II, da Lei Falimentar, que cuida da alienação na falência, o art. 60 não fala expressamente em obrigações de natureza trabalhista, levando inúmeros julgados a admitir a sucessão nas alienações havidas na recuperação judicial:

"O legislador no art. 60, parágrafo único, da Lei n. 11.101/2005, em relação à aquisição de filial ou unidade produtiva de empresa em recuperação judicial, silenciou quanto à sucessão nos créditos trabalhistas, diferente da falência (art. 141, II, da referida lei), em que desonerou o adquirente expressamente quanto à sucessão trabalhista. Nessa ordem de ideias, infere-se que, se pretendesse o legislador afastar a sucessão trabalhista na recuperação judicial, teria assim expressamente mencionado, como o faz em relação à falência. Desse modo, em caso de recuperação judicial (art. 60, parágrafo único, da Lei n. 11.101/2005), a aquisição de filial ou unidade produtiva da empresa conduz à sucessão trabalhista do adquirente"[209].

Com a devida vênia, discordamos da v. decisão. A aquisição de bens (filiais ou unidades isoladas) é fundamental à recuperação judicial das empresas. Admitir a sucessão trabalhista é tornar ineficaz a própria legislação e consequentemente a recuperação de empresas.

Irrelevante a circunstância de o art. 60, parágrafo único, da Lei Falimentar não se referir expressamente aos créditos de natureza trabalhista, dispondo, com clareza cristalina, que não haverá responsabilidade do adquirente por débitos de quaisquer espécie:

"O objeto da alienação estará livre de qualquer ônus e não haverá sucessão do arrematante nas obrigações do devedor..."

Obrigações no sentido amplo, inclusive as trabalhistas.

O STF na Ação Direta de Inconstitucionalidade (ADIn) n. 3.934, tendo como relator o Ministro Ricardo Lewandowski, decidiu pela constitucionalidade do art. 60, parágrafo único, da Lei n. 11.101/2005, com as seguintes observações:

"Por essas razões, entendo que os arts. 60, parágrafo único, e 141, II, do texto legal em comento mostram-se constitucionalmente hígidos no aspecto em que estabelecem a inocorrência de sucessão de créditos trabalhistas, particularmente porque o legislador ordinário, ao concedê-los, optou por dar concreção a determinados valores constitucionais, a saber, a livre--iniciativa e a função social da propriedade – de

208. TST, 3ª T., RR 268.333/96.3, Rel. Min. Fausto Paula de Medeiros.

209. TRT/19ª Região, RO 01168.2006.006.19.00.0, DJT 19ª Região, Ano I, n. 79, 26-8-2008, p. 3.

cujas manifestações a empresa é uma das mais conspícuas em detrimento de outros, com igual densidade axiológica, eis que os reputou mais adequados ao tratamento da matéria".

No magistério de Jorge Lobo:

"Para viabilizar a execução do plano de recuperação, que contemple alienação judicial de estabelecimento, a Lei de Recuperação Judicial prevê, taxativamente, que o arrematante não será responsável, como sucessor, das dívidas trabalhistas, de acidente do trabalho, fiscais, previdenciárias, comerciais, civis, etc."[210].

No mesmo sentido, José da Silva Pacheco:

"De acordo com o expressamente determinado pelo parágrafo único do art. 60, a filial ou unidade produtiva isolada que for alienada a terceiro em hasta pública será por este recebida livre de qualquer ônus.

O arrematante deve receber o que lhe foi alienado sem qualquer ônus, não respondendo pelas obrigações do devedor referentes à filial ou unidade adquirida.

Não sucede o arrematante nas obrigações do devedor, ainda que se trate de obrigação tributária, de acidente de trabalho ou decorrente da legislação trabalhista"[211].

Interpretação diversa é, como facilmente se percebe, ignorar o sentido da disposição – "o objeto da alienação estará livre de qualquer ônus e não haverá sucessão do arrematante nas obrigações do devedor". Obrigações no sentido amplo, inclusive, obviamente, trabalhistas.

Como põe em relevo o Juiz Alexandre Lazarini, titular da 1ª Vara da Falência e Recuperações Judiciais:

"A ação de recuperação judicial atende o princípio exposto no art. 8º, *caput*, parte final da Consolidação das Leis do Trabalho, onde consta que as normas devem ser aplicadas 'de maneira que nenhum interesse de classe ou particular prevaleça sobre o interesse público'.

No caso, o interesse público é manifestado pela Lei n. 11.101/2005 (art. 4º): a preservação da empresa e, por consequência, do emprego dos trabalhadores.

Atinge-se a função social da empresa, que deixa de ter uma natureza meramente privada, para ter uma forte tendência institucional, dadas as imposições públicas que lhe são feitas" (Conflito de Competência n. 7521, STJ).

8. Quadro geral dos credores na falência

A classificação dos créditos na falência obedece à seguinte ordem:

1º) *créditos trabalhistas* (até o limite de cento e cinquenta salários mínimos) por empregado[212]; *crédito de acidente de trabalho*;

2º) *créditos com garantia real*, até o limite do bem gravado;

3º) *crédito tributário*, excetuadas as multas tributárias;

4º) *créditos com privilégio especial*, sobre os bens declinados no art. 964 do Código Civil de 2002; créditos a que a lei confira direito de retenção sobre a coisa dada em garantia;

5º) *créditos com privilégio geral* sobre os bens do devedor (art. 965 do CC de 2002);

6º) *créditos quirografários*, dentre os quais os créditos trabalhistas que excedam o limite de cento e cinquenta salários mínimos.

Observe-se que os créditos trabalhistas cedidos a terceiros serão considerados quirografários na sua totalidade – art. 83, § 4º.

São considerados *créditos extra concursais*, sendo pagos com precedência sobre todos os demais:

1º) a remuneração do administrador judicial (o antigo síndico), seus respectivos auxiliares; salários dos empregados que tenham prestado serviços à massa falida (correspondente ao período respectivo);

2º) quantias fornecidas à massa falida pelos credores;

210. *Lei de Recuperação de Empresas e Falência*, Saraiva, 2005.

211. *Processo de Recuperação Judicial, Extrajudicial e Falência*, Forense, 2006.

212. Art. 44 da Lei n. 4.886/65: 'No caso de falência do representado as importâncias por ele devidas ao representante comercial, relacionadas com a representação, inclusive comissões vencidas e vincendas, indenização e aviso prévio, serão créditos da mesma natureza dos créditos trabalhistas'.

3º) despesas com a arrecadação dos bens, realização do ativo e custas do processo de falência;

4º) custas judiciais relativas às ações e execuções em que a massa falida tenha sido vencida;

5º) obrigações decorrentes de atos jurídicos válidos praticados durante a recuperação judicial, quando convolada em falência e tributos devidos após a decretação da quebra[213].

9. O juízo universal falimentar[214]

O juízo da falência é universal porque competente para todas as ações sobre bens e interesses da massa falida, como, aliás, enfatiza o art. 76 da Lei Falimentar:

"O juízo da falência é indivisível e competente para conhecer todas as ações sobre bens, interesses e negócios do falido, ressalvadas as causas trabalhistas, fiscais e aquelas não reguladas nesta Lei em que o falido figurar como autor ou litisconsorte ativo".

É, pois, no juízo da falência que se processam o concurso creditório, a arrecadação dos bens do falido, a habilitação dos créditos, os pedidos de restituição e todas as ações, reclamações e negócios de interesse da massa falida, daí decorrendo a sua indivisibilidade.

A universalidade redunda da chamada *vis attractiva* do juízo falimentar – ao juízo da falência devem concorrer todos os credores do devedor comum, comerciais ou civis, alegando e provando seus direitos.

Por juízo universal se há de entender, pois, a atração exercida pelo juízo da falência, sob cuja jurisdição concorrem todos os credores do devedor comum – o falido.

10. As ações trabalhistas e a vis attractiva *do juízo falimentar*

A força atrativa do juízo falimentar, todavia, não é absoluta: abrange exclusivamente as ações reguladas na Lei de Falências, não prevalecendo para as ações não reguladas no diploma legal nominado, como acentua o art. 76:

"O juízo da falência é indivisível e competente para conhecer todas as ações sobre bens, interesses e negócios do falido, *ressalvadas as causas trabalhistas, fiscais e aquelas não reguladas nesta lei*, em que o falido figurar como autor ou litisconsorte ativo".

Nessas condições, nas ações em que a massa falida seja autora ou litisconsorte, não prevalecerá a indivisibilidade do juízo falimentar, pois, como bem salientou venerando julgado do Tribunal de Justiça do Estado de São Paulo (*RT*, 128/671):

"As ações que devem ser tangidas no Juízo Universal da quebra são as intentadas contra a massa.

Trata-se de causas em que a massa é ré, não daquelas em que seja autora. Nestas, salvo quando consideradas na Lei de Falências, seguem-se as regras comuns relativas à competência".

Ressalte-se, porém, que nem todas as ações em que a massa figure como ré serão atraídas pelo juízo falimentar, pois, como já se observou, a indivisibilidade só alcança as ações reguladas na Lei de Falências.

Os conflitos surgidos em decorrência de relações disciplinadas pela legislação trabalhista devem ser dirimidos pela Justiça do Trabalho, não obstante o processo falimentar.

É que, por força do que dispõe o art. 114 da Constituição Federal, a justiça trabalhista é o único órgão do Poder Judiciário com competência para julgar os dissídios oriundos da relação empregatícia.

Nessas condições, se, no decorrer de uma ação trabalhista, sobrevier a falência do empregador, a ação em questão não será atraída para o juízo da falência, em razão da manifesta incompetência *ratione materiae* deste.

Ao revés, a ação trabalhista prosseguirá normalmente, até sentença final, devendo o juízo trabalhista, ciente da quebra, determinar a citação do respectivo administrador, que representará a massa falida.

Por outro lado, declarada a falência do empregador, ver-se-á o empregado constran-

213. Os créditos decorrentes de serviços prestados à massa falida, bem como os honorários do administrador judicial, são considerados créditos extraconcursais, sendo pagos com precedência sobre todos os demais.

214. Sobre o tema *supra*, v. Amador Paes de Almeida, *Curso de Falência e Recuperação de Empresas*, 28. ed., São Paulo, Saraiva, 2017, p. 150 e *Os Direitos Trabalhistas na Falência e Concordata do Empregador*, 2. ed., São Paulo, LTr, 1998.

gido a acioná-lo, visando seus direitos trabalhistas. Tal ação, da mesma forma, será proposta perante a Justiça do Trabalho e não no juízo da falência.

Somente depois de apurado o crédito laboral, na Justiça do Trabalho, é que o empregado, munido da sentença trabalhista transitada em julgado, habilitar-se-á no juízo falimentar, com o privilégio que a legislação lhe assegura.

Apenas após a apuração na Justiça do Trabalho é que o crédito trabalhista adquire a liquidez necessária à sua habilitação, o que equivale a dizer que, em se tratando de sentença ilíquida, a liquidação se processará, igualmente, perante a Justiça Trabalhista:

"O crédito trabalhista, para que adquira liquidez e assim possa ser habilitado em falência, necessita de prévia apuração na Justiça do Trabalho" (*RT*, 465/100).

Na hipótese de a ação trabalhista não se ultimar com a necessária urgência, de molde a facultar ao empregado habilitar tempestivamente o seu crédito, em que pese a regra estabelecida no art. 768 da CLT (que assegura preferência para o dissídio cuja decisão deva ser executada perante o juízo da falência), a solução se encontra no *pedido de reserva*, estabelecido no art. 6º, § 3º, da Lei Falimentar.

O pedido de reserva pode ser feito pelo próprio empregado, instruído com os documentos hábeis (certidão do juízo trabalhista), ou, como preconiza Orlando Gomes, por ofício do próprio juiz do trabalho:

"Embora o processo trabalhista reserve preferência para o julgamento dos dissídios sobre pagamento de salário que derivam da falência do empregador, nem sempre essas questões são resolvidas a tempo de alcançar o prazo de habilitação no Juízo falimentar.

Diante dessas inevitáveis procrastinações, com prazos e recursos na Justiça do Trabalho, a solução mais apropriada seria a expedição de comunicação pelo Juízo do Trabalho ao juiz falimentar, após o julgamento em primeira instância, ordenando o caucionamento da quantia necessária para liquidação do crédito salarial, até final decisão de última instância"[215].

Ressalte-se que o crédito trabalhista apurado na Justiça do Trabalho *não está sujeito a impugnação no processo de habilitação* perante o juízo da falência, já que a este não é dado reformar sentença trabalhista:

"Sentença trabalhista com trânsito em julgado – Impugnação do respectivo *quantum* – Inadmissibilidade – Coisa julgada – Sentença confirmada.

Tratando-se de crédito trabalhista, reconhecido definitivamente pela Justiça do Trabalho, ao ser ele habilitado em falência não poderá sofrer impugnação alguma quanto ao seu valor" (*RT*, 468/59).

A atual Lei Falimentar põe fim à execução paralela que, na prática, não só ensejava conflitos de competência, como sensíveis prejuízos aos trabalhadores, a pretexto de servi-los[216].

Assim, uma vez apurado o crédito trabalhista, fixado o valor da condenação e transitada em julgado a sentença, será o mesmo habilitado no juízo falimentar, observado o privilégio que lhe concede a lei, até o limite de cento e cinquenta salários mínimos – art. 6º, § 2º, da Lei de Falências.

▶ *Jurisprudência*

▷ **Súmula 86 do TST. Deserção. Massa falida. Empresa em liquidação extrajudicial.** (incorporada a Orientação Jurisprudencial n. 31 da SDI-1) – Res. 129/2005, *DJ*, 20-4-2005
Não ocorre deserção de recurso da massa falida por falta de pagamento de custas ou de depósito do valor da condenação. Esse privilégio, todavia, não se aplica à empresa em liquidação extrajudicial.

▷ **OJ n. 53 da SDI-2 do TST. Mandado de Segurança. Cooperativa em Liquidação Extrajudicial. Lei n. 5.764/71, art. 76. Inaplicável. Não suspende a execução.**

215. *Curso de Direito do Trabalho*, cit., v. 1, p. 408.

216. *Vide* nosso *Os Direitos Trabalhistas na Falência e Concordata do Empregador*, cit., LTr; Amauri Mascaro Nascimento, *Curso de Direito Processual do Trabalho*, 21. ed., São Paulo, Saraiva, 2002; José Ajuricaba da Costa e Silva, artigo em *LTr*, 45-5/519.

A liquidação extrajudicial de sociedade cooperativa não suspende a execução dos créditos trabalhistas existentes contra ela.

▷ **Agravo de instrumento. Recurso de revista da reclamada Vicunha Têxtil S.A. Apelo interposto na vigência da Lei n. 13.467/2017. Ausência de prequestionamento (Súmula 297 do TST). Execução. Falência da reclamada Têxtil Itatiba S.A. Juros após decretação de falência. Aproveitamento da limitação de juros pela responsavél solidária não falida (Vicunha Têxtil S.A.). Prejudicado o exame da transcendência.** Apesar de o art. 896-A da CLT estabelecer a necessidade de exame prévio da transcendência do recurso de revista, a jurisprudência da Sexta Turma do TST tem evoluído para entender que esta análise fica prejudicada quando o apelo carece de pressupostos processuais extrínsecos ou intrínsecos que impedem o alcance do exame meritório do feito. Embora aceite-se a transcrição integral da decisão referente ao tema recorrido quando esta for extremamente sucinta e objetiva, para fins de preenchimento do requisito do art. 896, § 1º-A, I, da CLT, o que ocorreu no presente caso, constata-se que há outro motivo que impede o conhecimento e provimento do recurso de revista. É que não houve prequestionamento da questão arguída em recurso de revista e agravo de instrumento (Súmula 297 do TST). A tese trazida nos recursos citados é no sentido de que a reclamada não falida (Vicunha Têxtil S.A.) deve ser beneficiada da limitação de juros decorrente da falência da outra responsável solidária (Têxtil Itatiba S.A.), que tem direito à limitação por ter sido declarada falida. Ocorre que a Turma Regional não expõe tese acerca de tal questão (limitação de juros para a responsável Vicunha Têxtil S.A.), analisando questões diversas, quais sejam, a de que tal reclamada consta no título executivo judicial como devedora solidária e responde pela condenação, não sendo necessária a habilitação na falência ou a necessidade de desconsideração da personalidade jurídica da falida. Agravo de instrumento não provido. Prejudicado o exame dos critérios de transcendência (AIRR-13158-82.2013.5.15.0145, 6ª Turma, Relator Ministro Augusto Cesar Leite de Carvalho, *DEJT* 21-8-2020).

▷ **Agravo de instrumento. Recurso de revista sob a égide da Lei n. 13.467/2017. Transcendência não reconhecida. Execução fiscal. Multa proveniente de infração à legislação trabalhista. Falência. Habilitação do crédito no juízo falimentar.** Discute-se, nos autos, a competência para proceder à execução dos créditos oriundos das decisões proferidas pela Justiça do Trabalho contra a massa falida. O Tribunal manteve o entendimento de que a execução do crédito referente à multa administrativa aplicada à executada por descumprimento da legislação trabalhista deve prosseguir no Juízo Falimentar. O exame prévio dos critérios de transcendência do recurso de revista revela a inexistência de qualquer deles a possibilitar o exame do apelo no TST. A par disso, irrelevante perquirir a respeito do acerto ou desacerto da decisão agravada, dada a inviabilidade de processamento, por motivo diverso, do apelo anteriormente obstaculizado. Agravo de instrumento não provido" (AIRR-11406-50.2018.5.18.0005, 6ª Turma, Relator Ministro Augusto Cesar Leite de Carvalho, *DEJT* 21-8-2020).

▷ **Agravo de instrumento. Recurso de revista. Execução pedido de sobrestamento do feito. ADPF 488/DF.** Em consulta ao andamento processual da referida Arguição de Descumprimento de Preceito Fundamental no sítio eletrônico do Supremo Tribunal Federal, foi possível verificar que, até o presente momento, não há qualquer determinação de sobrestamento de processos no âmbito da Justiça Trabalho que versem sobre a inclusão de parte no polo passivo na fase de execução. **Decretação de falência do Grupo Infinity.** No Recurso de Revista, a agravante sustentou a ocorrência de fato novo, em virtude da decretação da falência do Grupo Infinity, ocorrida em 11-7-2017. Entretanto, observa-se que os Embargos de Declaração foram interpostos à decisão proferida pelo Tribunal Regional em 13-7-2017, quando a parte já poderia ter suscitado manifestação a pretexto de fato novo sobre a questão, mas não o fez. Dessa forma, sendo trazida somente no Recurso

de Revista, restava preclusa, razão por que não se cogita da violação apontada. Ademais, a possibilidade de se promover a execução contra os integrantes do mesmo grupo econômico da empresa falida, não recaindo a constrição, assim, sobre os bens da massa falida de modo a atrair a competência do Juízo Falimentar. **Nulidade por negativa de prestação jurisdicional.** Consoante os termos do art. 896, § 1º-A, incs. I, II e III, da CLT, introduzido pela Lei n. 13.015/2014, afigura-se imprescindível à parte que, em recurso de revista, arguir a nulidade da decisão recorrida, por negativa de prestação jurisdicional, demonstrar nas razões do seu recurso, mediante a transcrição do trecho da petição dos embargos de declaração e do trecho do acórdão respectivo, que o Tribunal Regional se recusou a apreciar a questão objeto do recurso ou a apreciou de forma incompleta. **Inclusão da crt em fase de execução. Cerceamento do direito de defesa.** A inclusão na lide de empresas que compõem grupo econômico com a empresa devedora, na fase de execução, não viola o direito ao devido processo legal, ao contraditório e à ampla defesa se não há notícia de que a parte tenha sido tolhida dos meios de defesa inerentes a esta fase processual. **Necessidade de instauração de incidente de desconsideração de personalidade jurídica.** Não se tratou da desconsideração da personalidade jurídica, mas da configuração de grupo econômico, com redirecionamento da execução para outra empresa, a ora agravante, porque integrante daquele grupo econômico. Assim, não há falar na necessidade de instauração do incidente de desconsideração da personalidade jurídica. **Impenhorabilidade de bem público.** Conforme consignado pelo Tribunal Regional, o dinheiro penhorado encontrava-se em conta corrente pertencente à agravante, tendo sido registrado que os valores arrecadados através da cobrança de pedágio, em decorrência da concessão do serviço público, aderem ao patrimônio da empresa, podendo deles dispor livremente – desde que cumpridas as obrigações contratuais relativas à manutenção da via. Restou expressamente afastada a caracterização de dinheiro público, a obstar a penhora realizada pela Justiça do Trabalho. Hipótese de incidência da Súmula 126 desta Corte. Ademais, o fato de ser concessionária prestadora de serviço público não altera a natureza da pessoa jurídica de direito privado, assim como não impõe a extensão do regime de impenhorabilidade dos bens públicos àqueles que constituem seu patrimônio. **Grupo econômico. Configuração.** O Tribunal Regional do Trabalho decidiu a questão com suporte no conjunto fático-probatório inserto nos autos, concluindo por manter a responsabilidade solidária da agravante ao pagamento das parcelas devidas, por constatar a existência de grupo econômico, nos termos do art. 2º, § 2º, da CLT. Desse modo, a aferição da veracidade das asserções da parte recorrente, bem como a adoção de entendimento em sentido contrário só se viabilizaria mediante nova avaliação desses fatos e dessa prova sobre os quais se assenta a decisão ora recorrida, procedimento vedado nesta fase processual, conforme orientação contida na Súmula 126 desta Corte, cuja incidência na espécie, por si só, impede o exame do Recurso de Revista, por violação a dispositivo da Constituição da República. **Aquisição de participação societária em processo de recuperação judicial. Inexistência de sucessão do arrematante nas obrigações do devedor.** O Tribunal Regional tratou, apenas, da suspensão da tramitação do feito em virtude do IRR referido, não havendo adoção de tese sobre aquisição de participação societária em processo de recuperação judicial e de inviabilidade de sucessão do arrematante nas obrigações do devedor. Assim, não havendo prequestionamento da matéria no acórdão recorrido (Súmula 297 desta Corte), não se cogita de violação aos dispositivos indicados. Agravo de Instrumento a que se nega provimento (AIRR-10026-76.2015.5.03.0146, 8ª Turma, Relator Ministro João Batista Brito Pereira, *DEJT* 21-8-2020).

••

Art. 450. Ao empregado chamado a ocupar, em comissão, interinamente, ou em substituição eventual ou temporária, cargo diverso

do que exercer na empresa, serão garantidas a contagem do tempo naquele serviço, bem como volta ao cargo anterior.

▶ **Comentários**

1. **Cargos em comissão**

Na administração pública são considerados cargos em comissão aqueles de livre provimento, independentemente de concurso. Geralmente são pessoas de confiança pessoal da autoridade, que livremente os escolhe e com a mesma liberdade pode demiti-las.

No âmbito do Direito do Trabalho, cargo em comissão significa o exercício de funções de confiança *strictu sensu* do empregador. Equivale ao *cargo de confiança*, de que é exemplo o exercício da gerência.

Em conformidade com a Súmula 372 do TST, a gratificação de função paga ao empregado, por mais de *dez anos*, passa a integrar a sua remuneração, não podendo mais ser retirada, ainda que o empregado seja revertido ao cargo efetivo:

"Gratificação de função. Supressão ou redução. Limites.

I – Percebida a gratificação de função por dez ou mais anos pelo empregado, se o empregador, sem justo motivo, revertê-lo a seu cargo efetivo, não poderá retirar-lhe a gratificação tendo em vista o princípio da estabilidade financeira.

II – Mantido o empregado no exercício da função comissionada, não pode o empregador reduzir o valor da gratificação".

2. **Cargo em substituição**

Cargo em substituição, como o próprio nome deixa entrever, é aquele exercido em caráter eventual, interinamente, normalmente em substituição a outro empregado.

No exercício dos cargos em comissão, o empregado, usualmente, goza de determinadas vantagens, as quais, entretanto, não se incorporam a seus direitos, como ocorre com o gerente que retorna a suas funções originárias. Inexiste aí violação à regra disposta no art. 468 da CLT.

É de observar que durante a substituição eventual o substituto faz jus ao salário do substituído – Súmula 159 do TST.

Tornada, porém, definitiva a substituição, inexistirá isonomia salarial (TST, RR 125.373/94, 2ª T., Rel. Min. Vantuil Abdala, *DJU*, 30-6-1995, p. 20696).

A gratificação de função percebida por mais de dez anos incorpora-se aos direitos do trabalhador, a teor do que dispõe a Súmula 372 do TST.

O tempo de serviço em comissionamento ou em substituição conta-se, para todos os efeitos, no tempo de serviço.

▶ *Jurisprudência*

▷ **Súmula 159 do TST. Substituição de caráter não eventual e vacância do cargo.**
I – Enquanto perdurar a substituição que não tenha caráter meramente eventual, inclusive nas férias, o empregado substituto fará jus ao salário contratual do substituído.
II – Vago o cargo em definitivo, o empregado que passa a ocupá-lo não tem direito a salário igual ao do antecessor.

▷ **Agravo de instrumento interposto pela reclamada. Recurso interposto na vigência da Lei n. 13.467/2017. Diferenças salariais por equiparação salarial. Não reiteração das teses jurídicas do recurso de revista. Preclusão lógica. Transcendência não reconhecida. Não provimento.** A agravante não reitera as argumentações referentes ao tema "diferenças salariais por equiparação salarial", pelo que se entende que se conformou com a decisão denegatória no ponto, ocorrendo, assim, a preclusão. Nesse contexto, a incidência do aludido óbice processual é suficiente para afastar a transcendência da causa, uma vez que inviabilizará a aferição da existência de eventual questão controvertida no recurso de revista e, por conseguinte, não serão produzidos os reflexos gerais, nos termos previstos no § 1º do art. 896-A da CLT. Agravo de instrumento a que se nega provimento (AIRR-20800-80.2015.5.04.0812, 4ª Turma, Relator Ministro Guilherme Augusto Caputo Bastos, *DEJT* 21-8-2020).

▷ **Agravo de instrumento em recurso de revista. 1. Jornada externa. Horas extras.** Segundo o Tribunal de origem, a reclamante, em depoimento pessoal, reconheceu que, antes da sucessão de empre-

gadores, tinha ampla liberdade com relação à jornada de trabalho externa, inclusive quanto à fruição do intervalo, não havendo controle pela reclamada. Diante desse contexto, a decisão do Regional, ao concluir estar a reclamante submetida a jornada de trabalho externa, sem controle ou fiscalização pela reclamada, não implica em violação do art. 62, I, da CLT. **2. Diferenças salariais.** O Regional, ao verificar não ser hipótese de confissão do preposto da 1ª reclamada quanto à forma de remuneração da reclamante, e ao atribuir a esta o encargo probatório das diferenças salariais postuladas, de cujo encargo não se desincumbiu, fundamentou sua conclusão no exame dos fatos e da prova produzida, os quais denunciaram que, após a sucessão de empregadores, não houve redução salarial. Assim, incólumes os 818 e 843, § 1º, da CLT e 373 do CPC. Agravo de instrumento conhecido e não provido (AIRR-24320-64.2016.5.24.0001, 8ª Turma, Relatora Ministra Dora Maria da Costa, *DEJT* 21-8-2020).

• •

Art. 451. O contrato de trabalho por prazo determinado que, tácita ou expressamente, for prorrogado mais de uma vez passará a vigorar sem determinação de prazo.

Art. 452. Considera-se por prazo indeterminado todo contrato que suceder, dentro de 6 (seis) meses, a outro contrato por prazo determinado, salvo se a expiração deste dependeu da execução de serviços especializados ou da realização de certos acontecimentos.

Art. 452-A. O Contrato de Trabalho intermitente deve ser celebrado por escrito e deve conter especificamente o valor da hora de trabalho, que não pode ser inferior ao valor horário do salário mínimo ou àquele devido aos demais empregados do estabelecimento que exerçam a mesma função em contrato intermitente ou não.

§ 1º O empregador convocará, por qualquer meio de comunicação eficaz, para a prestação de serviços, informando qual será a jornada, com, pelo menos, três dias corridos de antecedência.

§ 2º Recebida a convocação, o empregado terá o prazo de um dia útil para responder ao chamado, presumindo-se, no silêncio, a recusa.

§ 3º A recusa da oferta não descaracteriza a subordinação para fins do contrato de trabalho intermitente.

§ 4º Aceita a oferta para o comparecimento ao trabalho, a parte que descumprir, sem justo motivo, pagará à outra parte, no prazo de trinta dias, multa de 50% (cinquenta por cento) da remuneração que seria devida, permitida a compensação em igual prazo.

§ 5º O período de inatividade não será considerado tempo à disposição do empregador, podendo o trabalhador prestar serviços a outros contratantes.

§ 6º Ao final de cada período de prestação de serviço, o empregado receberá o pagamento imediato das seguintes parcelas:

I – remuneração;
II – férias proporcionais com acréscimo de um terço;
III – décimo terceiro salário proporcional;
IV – repouso semanal remunerado; e
V – adicionais legais.

§ 7º O recibo de pagamento deverá conter a discriminação dos valores pagos relativos a cada uma das parcelas referidas no § 6º deste artigo.

§ 8º O empregador efetuará o recolhimento da contribuição previdenciária e o depósito do Fundo de Garantia do tempo de serviço, na forma da lei, com base nos valores pagos no período mensal e fornecerá ao empregado comprovante do cumprimento dessas obrigações.

§ 9º A cada doze meses, o empregado adquire direito a usufruir, nos doze meses subsequentes, um mês de Férias, período no qual não poderá ser convocado para prestar serviços pelo mesmo empregador. (Artigo, incisos e parágrafos inseridos pela Lei n. 13.467/2017.)

• •

▶ *Comentários*

O art. 451 foi por nós analisado quando comentamos o art. 443, que cuida, em seus §§ 1º e 2º, dos contratos por prazo determinado, e com ele está umbilicalmente ligado, já que cuida dos prazos dos contratos referidos.

Em conformidade com o art. 445, o contrato por prazo determinado (celebrado com atenção às exigências das alíneas *a*, *b* e *c* do § 2º do art. 443) não pode ser superior a 2 anos, podendo ser renovado por igual prazo, além do que se tornará contrato por prazo indeterminado (art. 451).

O contrato de experiência, de que já nos ocupamos (*vide* comentários ao art. 443), tem seu prazo máximo fixado em 90 dias.

Ao tema está relacionada a Súmula 188 do TST: "o contrato de experiência pode ser prorrogado, respeitado o limite de 90 dias".

Em conformidade com o disposto no art. 451, todo contrato por prazo determinado que se suceder a outro, dentro de 6 meses, será considerado por prazo indeterminado.

Ressalte-se, porém, a exceção prevista na Lei n. 9.601, de 21-1-1998, que, com o objetivo de incrementar o acréscimo do número de empregados, passou a admitir o contrato por prazo determinado sem as restrições contidas nos arts. 443, § 2º, e 451, de que cuidamos especificamente no item 4 dos comentários ao art. 443.

O contrato de trabalho intermitente foi introduzido no Direito do Trabalho, com a Reforma Trabalhista/2017, contrato este de que já cuidamos nos comentários ao art. 443, n. 8. Intermitente significa descontinuo, com interrupções. Erigido em uma das espécies de contrato de trabalho, com características próprias, disciplina juridicamente as relações de artistas, músicos, garçons, geralmente convocados quando haja serviços, mediante o pagamento do denominado "cachê". Tais prestadores de serviços, como assinalados anteriormente, são agora empregados.

Introduzido na legislação trabalhista brasileira, tal espécie de contrato, vem disciplinar juridicamente o relacionamento de vasta categoria de prestadores de serviços, a seus tomadores, normalmente compostos de artistas de um modo geral, tais como músicos, garçons, copeiros entre outros, os quais são convocados quando haja serviços em suas especialidades.

O contrato sob comento é peculiar, distinguindo-se do contrato padrão, possuindo, outrossim, regras específicas, nos termos do art. 452-A da CLT.

A saber: pressupõe contrato escrito; devendo conter especificadamente o valor da hora de trabalho, que não pode ser inferior ao valor hora do salário mínimo ou daquele percebido pelos demais empregados do estabelecimento que exerçam a mesma função; a prestação laboral é periódica, ou seja, com prévia fixação da jornada, com 3 dias de antecedência; o empregado tem um dia útil para atender a convocação; a recusa da oferta não descaracteriza subordinação para fins do contrato de trabalho intermitente; a inatividade não é computada como tempo de serviço e na eventualidade de não convocação pelo empregador é facultado ao empregado prestar serviços a terceiros; o descumprimento das obrigações decorrentes do de trabalho implica no pagamento da multa de 50% da remuneração que seria devida, facultada a compensação; no final de cada período de prestação de serviços o empregado deve receber: remuneração, férias proporcionais com acréscimo de 1/3, 13º salário proporcional, descanso semanal remunerado e adicionais legais. A cada 12 meses o empregado fará jus a um mês de férias.

▶ *Jurisprudência*

▷ **Súmula 188 do TST. Contrato de trabalho. Experiência. Prorrogação.** O contrato de experiência pode ser prorrogado, respeitado o limite máximo de 90 dias.

▷ **Súmula 195 do STF.** Contrato de trabalho para obra certa, ou de prazo determinado, transforma-se em contrato de prazo indeterminado, quando prorrogado por mais de quatro anos.

▷ **"[...] Recurso de revista da parte reclamante. Lei n. 13.015/2014. Trabalho a bordo de navio de cruzeiros marítimos. Sucessivos contratos de trabalho por prazo determinado.** O TRT manteve a sentença a qual indeferiu o pedido de unicidade contratual consignando que houve a celebração de vários contratos e que o reclamante afirmou que sabia que os contratos seriam por prazo determinado. Extrai-se dos autos que foram firmados contratos de 04-11-2014 a 6-6-2015, de 24-10-2015 a 11-4-2016 e de 27-5-2016 a 3-12-2016 e que o interregno entre os contratos variou de um a quatro meses. Assim, verifica-se que foi desrespeitado o prazo legal mínimo de seis meses para a sucessividade entre contratos de trabalho por prazo determinado, o que os torna por prazo indeterminado, conforme o disposto no art. 452 da CLT. Na realidade, os contratos de trabalho a termo firmados traduziram-se em verdadeiras prorrogações

contratuais, pois se somados os contratos de trabalho, o prazo ultrapassou o máximo de dois anos permitido nos arts. 445 e 451 da CLT. Depreende-se da leitura do acórdão Regional que a atividade empresarial da reclamada não ostentava caráter transitório, uma vez que as embarcações navegavam na costa brasileira em alguns períodos do ano e em águas internacionais nos demais períodos do ano. Recurso de revista conhecido por violação do art. 452 da CLT. Recurso de revista conhecido e provido. [...]" (TST-RRAg-1040-23.2017.5.09.0009, 2ª Turma, rel.Min. Maria Helena Mallmann, julgado em 4-8-2021.)

▷ **Agravo. Agravo de instrumento. Recurso de revista. Estabilidade provisória. Empregada gestante. Contrato de aprendizagem. Reintegração no emprego. Súmulas 244, II e III, do TST.** O Tribunal Regional manteve o direito da empregada gestante à estabilidade no emprego, a determinação de reintegração no emprego e a condenação ao pagamento de verbas trabalhistas, porque a autora estava grávida por ocasião do desligamento do contrato de aprendizagem. Nesse contexto, a decisão regional se amolda ao teor da Súmula 244, itens II e III, desta Corte Superior. Óbice da Súmula 333 do TST. Agravo não provido (Ag-AIRR-21009-15.2015.5.04.0015, 2ª Turma, Relatora Ministra Maria Helena Mallmann, *DEJT* 21-8-2020).

▷ **"Agravo de instrumento da reclamante 1. Agravo de instrumento interposto na vigência da Lei n. 13.467/2017. Auxílio-alimentação. Natureza salarial reconhecida em juízo. Reflexos. FGTS. Prescrição. Transcendência. Reconhecida.** Considerando a possibilidade de a decisão recorrida contrariar entendimento consubstanciado na Súmula 362, verifica-se a transcendência política, nos termos do art. 896-A, § 1º, II, da CLT. 2. **Auxílio-alimentação. Natureza salarial reconhecida em juízo. Reflexos. FGTS. Prescrição. Provimento.** Diante de possível violação do art. 7º, XXIX, da Constituição Federal, o processamento do recurso de revista é medida que se impõe. Agravo de instrumento a que se dá provimento. **Recurso de revista da reclamante 1. Recurso de revista interposto na vigência da Lei n. 13.467/2017. Auxílio-alimentação. Natureza salarial. Reflexos nas parcelas licença-prêmio e APIP. Transcendência. Reconhecida.** No caso, discute-se a respeito da incidência dos reflexos do auxílio-alimentação no cálculo da licença-prêmio e APIP. Conquanto a análise dessa matéria não seja nova no âmbito desta colenda Corte Superior, não há uniformidade nas decisões das Turmas, conforme se verifica nos seguintes precedentes RR-507-68.2010. 5.15.0033 e RR-60900-84.2008.5.03.0025. Dessa forma, deve ser reconhecida a transcendência jurídica, nos termos do art. 896-A, § 1º, IV, da CLT. **Auxílio-alimentação. Natureza salarial. Reflexos nas parcelas licença-prêmio e APIP. Provimento.** Quanto aos reflexos do auxílio-alimentação em licença-prêmio e ausência permitida para interesse particular (APIP), esta Corte Superior tem decidido, em sua maioria, que estes são devidos, considerando-se a natureza remuneratória do auxílio-alimentação, nos termos do art. 458 da CLT e da Orientação Jurisprudencial n. 413 da SDI-1. Precedentes. Na hipótese, o Tribunal Regional entendeu que não serem devidos os reflexos do auxílio-alimentação em licença-prêmio e APIP, indeferindo a pretensão da reclamante. Recurso de revista a que se dá provimento. **2. Auxílio-alimentação. Natureza salarial reconhecida em juízo. Reflexos. FGTS. Prescrição. Provimento.** O entendimento pacificado no âmbito desta Corte Superior, por meio da egrégia SBDI-1, é de que se tratando de demanda em que postula o reconhecimento da natureza salarial do auxílio-alimentação, pago durante a contratualidade, a prescrição aplicável será o estabelecido na Súmula 362, pois, na espécie, o Fundo de Garantia não assume feição de parcela acessória, mas de verba principal, apta a afastar a incidência da Súmula 206. Precedente. Dito isso, resta examinar qual a prescrição da Súmula 362 aplicável ao caso concreto, se quinquenal ou trintenária, levando-se em conta a modulação dos efeitos da decisão do STF sobre a matéria. Pois bem. O Supremo Tribunal Federal, no julgamento de mérito da repercussão geral reconhecida no Processo ARE 709.212/DF, declarou

a inconstitucionalidade dos arts. 23, § 5º, da Lei n. 8.036/90 e 55 do Decreto n. 99.684/90. Consolidou-se, na oportunidade, o entendimento de que a prescrição incidente sobre a pretensão de reclamar contra o não recolhimento da contribuição para o FGTS é quinquenal. Aquela Corte, todavia, modulou os efeitos da aludida decisão, com o fito de prestigiar o princípio da segurança jurídica. Dessa forma, determinou que a prescrição quinquenal incidirá de imediato para os casos cujo termo inicial do prazo prescricional ocorra após 13-11-2014. Para o que o prazo prescricional encontrava-se em curso antes do julgamento do ARE 709.212/D pelo STF, definiu que incidirá a prescrição trintenária ou a quinquenal, a depender do que ocorrer primeiro: 30 anos, contados do termo inicial (data em que o depósito deixou de ser feito) ou 5 anos, contados da decisão do STF (13-11-2014). Em face disso, o Pleno deste Tribunal Superior do Trabalho alterou a Súmula 362, adequando sua redação à decisão do STF. Na espécie, a reclamante postula o recolhimento de parcelas do FGTS incidentes sobre o auxílio-alimentação pago desde a sua admissão (em 5-8-1981). Trata-se, pois, de demanda em que a prescrição já se encontrava em curso em 13-11-2014. Nesse contexto, aplicando-se a modulação dos efeitos da decisão do STF, tem-se que o prazo prescricional que se consumará primeiro, induvidosamente, será o de trinta anos. Desse modo, uma vez que a reclamação trabalhista do presente processo foi proposta em 19-12-2016, somente está prescrita a pretensão relativa aos depósitos de FGTS anteriores a 19-12-1986. Incidindo, portanto, a prescrição trintenária, nos termos da Súmula 362, II. Recurso de revista a que se dá provimento" (RR-1002339-45.2016.5.02.0042, 4ª Turma, Relator Ministro Guilherme Augusto Caputo Bastos, *DEJT* 21-8-2020).

Art. 453. No tempo de serviço do empregado, quando readmitido, serão computados os períodos, ainda que não contínuos, em que tiver trabalhado anteriormente na empresa, salvo se houver sido despedido por falta grave, recebido indenização legal ou se aposentado espontaneamente. (Redação dada pela Lei n. 6.204, de 29-4-1975.)

§ 1º[217] (*Vide* ADIN 1.770-4.)

§ 2º O ato de concessão de benefício de aposentadoria a empregado que não tiver completado 35 (trinta e cinco) anos de serviço, se homem, ou 30 (trinta), se mulher, importa em extinção do vínculo empregatício. (Parágrafo incluído pela Lei n. 9.528, de 10-12-1997.)[218]

▶ **Comentários**

Dispõe o art. 453 da CLT que no tempo de serviço do empregado, quando readmitido, serão computados os períodos, ainda que não contínuos, em que tiver trabalhado anteriormente na empresa. É a chamada *soma de períodos descontínuos*.

Os períodos descontínuos só não serão somados na ocorrência de:

a) falta grave do empregado;
b) recebimento de indenização legal;
c) aposentadoria espontânea.

A falta grave (art. 482 da CLT) afasta, como se sabe, qualquer indenização.

O pagamento de indenização (leia-se verbas rescisórias) afasta, igualmente, a soma de períodos.

A aposentadoria espontânea, voluntária,

217. ADI 1.770: **"Ação direta de inconstitucionalidade. Readmissão de empregados de empresas públicas e sociedades de economia mista. Acumulação de proventos e vencimentos. Extinção do vínculo empregatício por aposentadoria espontânea. Não-conhecimento. Inconstitucionalidade.** (...) É inconstitucional o § 1º do art. 453 da CLT, com a redação dada pela Lei n. 9.528/1997, quer porque permite, como regra, a acumulação de proventos e vencimentos – vedada pela jurisprudência do Supremo Tribunal Federal –, quer porque se funda na idéia de que a aposentadoria espontânea rompe o vínculo empregatício. Pedido não conhecido quanto ao art. 11, e parágrafos, da Lei n. 9.528/1997. Ação conhecida quanto ao § 1º do art. 453 da Consolidação das Leis do Trabalho, na redação dada pelo art. 3º da mesma Lei 9.528/1997, para declarar sua inconstitucionalidade." (destaques acrescentados)

218. O Supremo Tribunal Federal, na ADIn 1.721-3, decidiu, em 19-12-1997, deferir a liminar requerida para "suspender, até a decisão final da ação, a eficácia do § 2º do art. 453 da Consolidação das Leis do Trabalho, introduzido pelo art. 3º da Lei n. 9.528, de 10-12-1997, em que se converteu a Medida Provisória n. 1.596-14, de 10-11-1997".

sob a égide dos §§ 1º e 2º do art. 453 da CLT, era causa de extinção do contrato de trabalho.

Ambos os dispositivos, porém, foram declarados inconstitucionais pelo Supremo Tribunal Federal – ADIn 1.721, Rel. Min. Carlos Britto, e ADIn 1.770, Rel. Min. Joaquim Barbosa.

Em consequência, como preleciona Arion Sayão Romita (*LTr* 70(12)/1415):

"As decisões definitivas de mérito, proferidas pelo Supremo Tribunal Federal, nas ações diretas de inconstitucionalidade, produzem efeitos contra todos (eficácia *erga omnes*) e efeito vinculante, relativamente aos órgãos do Poder Judiciário e à administração direta e indireta, nas esferas federal, estadual e municipal (art. 102, § 2º, da Constituição da República, introduzido pela Emenda Constitucional n. 45, de 8-12-2004[219]).

Não subsiste, portanto, a controvérsia: a aposentadoria espontânea do empregado não extingue automaticamente o contrato de trabalho".

Em consequência dos julgamentos mencionados, o Pleno do Tribunal Superior do Trabalho cancelou a Orientação Jurisprudencial n. 177, que dispunha de forma contrária, ou seja, considerando a aposentadoria espontânea como causa extintiva do contrato de trabalho, mesmo quando o empregado continuasse na empresa, hipótese em que o segundo período era considerado vínculo distinto do primeiro, o que afastava a multa de 40% do FGTS, em relação ao período anterior à aposentadoria.

Em conformidade com a nova orientação já decidiu o TST:

"Recurso de embargos – Aposentadoria espontânea – *Ausência de extinção do contrato de trabalho* – ADIn n. 1.721-3 – Incidência da multa de 40% sobre os depósitos do FGTS efetuados anteriormente à jubilação – O excelso Supremo Tribunal Federal, julgando a ADIn n. 1.721-3 e a ADIn n. 1.770-4, firmou posicionamento no sentido de que o contrato de trabalho permanece íntegro mesmo com a aposentadoria espontânea do trabalhador. Diante desse posicionamento, não resta dúvida de que a multa de 40% do FGTS, devida por ocasião do rompimento do contrato de trabalho por iniciativa da empresa, deve incidir sobre os depósitos do FGTS efetuados no período anterior à jubilação, sacados por força da aposentadoria espontânea. Embargos conhecidos e providos"[220] (grifos nossos).

▶ *Jurisprudência*

▷ **Súmula 138 do TST. Readmissão.** Em caso de readmissão, conta-se a favor do empregado o período de serviço anterior encerrado com a saída espontânea. Ex--Prejulgado n. 9.
▷ **Súmula 156 do TST. Prescrição. Prazo.** Da extinção do último contrato é que começa a fluir o prazo prescricional do direito de ação objetivando a soma de períodos descontínuos de trabalho. Ex-Prejulgado n. 31.
▷ **Súmula 363 do TST. Contrato nulo. Efeitos.** A contratação de servidor público, após a CF/1988, sem prévia aprovação em concurso público, encontra óbice no respectivo art. 37, II e § 2º, somente lhe conferindo direito ao pagamento da contraprestação pactuada, em relação ao número de horas trabalhadas, respeitado o valor da hora do salário mínimo, e dos valores referentes aos depósitos do FGTS.
▷ **Súmula 215 do STF.** Conta-se a favor de empregado readmitido o tempo de serviço anterior, salvo se houver sido despedido por falta grave ou tiver recebido a indenização legal.
▷ **Súmula 734 do STF.** Não cabe reclamação quando já houver transitado em julgado o ato judicial que se alega tenha desrespeitado decisão do Supremo Tribunal Federal.
▷ **OJ n. 42 da SDI-1 do TST. FGTS. Multa de 40%.** Inserida em 25-11-1996
I – É devida a multa do FGTS sobre os saques corrigidos monetariamente ocorridos na vigência do contrato de trabalho. Art. 18, § 1º, da Lei n. 8.036/1990 e art. 9º, § 1º, do Decreto n. 99.684/1990.
II – O cálculo da multa de 40% do FGTS

219. Lei n. 9.868, de 10 de novembro de 1999, art. 28, parágrafo único.

220. TST- E-RR-666.618/2000.3 – (Ac. SBDI-1) – Rel. Min. Aloysio Corrêa da Veiga, DJU, 19-12-2006, p. 1148.

deverá ser feito com base no saldo da conta vinculada na data do efetivo pagamento das verbas rescisórias, desconsiderada a projeção do aviso prévio indenizado, por ausência de previsão legal.

▷ **Recurso ordinário interposto pela autora. Ação rescisória sob a égide do CPC de 1973. Art. 485, V, do CPC/73. Aposentadoria espontânea – Extinção do contrato de trabalho – Proventos de aposentadoria e salário – Cumulação – Reintegração – Violação literal de lei – Configuração.** A hipótese de rescindibilidade contida no art. 485, V, do CPC/73 (violação literal de lei) somente é admissível em situações em que a lei, quando em confronto com o decisum rescindendo, reste manifestamente violada, ou seja, de forma frontal e latente, o que ocorreu na hipótese. O cerne da controvérsia gira em torno da validade da dispensa de empregado público, sob o fundamento de que a aposentadoria espontânea extingue o contrato de trabalho, em virtude da impossibilidade de cumulação de proventos de aposentadoria com a remuneração do emprego público. Cabe ressaltar que esta C. Corte editou a Orientação Jurisprudencial n. 361 da SBDI-1, segundo a qual "A aposentadoria espontânea não é causa de extinção do contrato de trabalho se o empregado permanece prestando serviços ao empregador após a jubilação". Desse modo, a aposentadoria espontânea não acarreta a extinção do contrato de trabalho. Ademais, não há que se falar em impossibilidade de cumulação de proventos de aposentadoria com remuneração do cargo, tendo em vista que o contrato de trabalho do reclamante, apesar de fazer parte de órgão da Administração Pública Indireta, é regido por normas celetistas e sua aposentadoria é regulada pelo Regime Geral da Previdência Social. A vedação constitucional prevista no art. 37, § 10, dirige-se apenas à hipótese em que o servidor percebe proventos decorrentes dos regimes previdenciários dos servidores públicos (previstos nos arts. 40, 42 e 142 da Constituição da República), e não à hipótese em que a aposentadoria decorre do Regime Geral de Previdência Social (RGPS). Assim, não há que se falar em acumulação ilegal de vencimentos e proventos. Em conclusão, o v. acórdão rescindindo, ao dispor que a aposentadoria espontânea extingue o contrato de trabalho do empregado público, violou a literalidade do art. 37, § 10, da Constituição Federal. Precedentes da SBDI-2. Recurso ordinário conhecido e provido (RO-211-35.2015.5.02.0000, Subseção II Especializada em Dissídios Individuais, Relator Ministro Renato de Lacerda Paiva, *DEJT* 21-8-2020).

▷ **"Recurso de revista. Acórdão regional publicado na vigência das Leis n. 13.015/2014 e 13.467/2017. 1. Plano de saúde. Manutenção ao ex-empregado aposentado. Ausência de contribuição para custeio do plano por parte dos empregados. Coparticipação. Transcendência política reconhecida. Conhecimento e provimento.** I – O art. 31, *caput*, da Lei n. 9.656/1998 garante aos aposentados que preencham os requisitos elencados nesse dispositivo a manutenção do plano de saúde, desde que observadas as regras previstas no art. 30 desse diploma legal. Uma dessas regras, prevista no § 6º do referido dispositivo, determina que a coparticipação do empregado no custeio de consultas e exames não pode ser considerada como contribuição para o plano de saúde, de modo que, nesses casos, considera-se que o benefício é custeado integralmente pelo empregador. Assim, nos casos em que a empresa custeia integralmente o plano de saúde, o empregado não terá direito à manutenção do benefício após a sua aposentadoria. II – No caso em apreço, o Tribunal Regional consignou que o plano de saúde era custeado integralmente pelo empregador e que as despesas sob encargo do Reclamante limitavam-se à sua coparticipação quando da utilização do benefício, no custeio de exames e consultas. III – Assim, ao decidir que o Reclamante tem direito à manutenção do plano de saúde, mesmo depois de constatar que a fonte de custeio do benefício provinha integralmente do empregador, a Corte Regional proferiu decisão em contrariedade à jurisprudência deste Tribunal Superior, razão pela qual se constata a transcendência política da causa (art. 896-A, § 1º, II, da CLT), no particular.

IV – Recurso de revista de que se conhece, por divergência jurisprudencial, e a que se dá provimento" (RR-961-77.2018.5.07.0037, 4ª Turma, Relator Ministro Alexandre Luiz Ramos, *DEJT* 7-8-2020).

•••••••••••••••••••••••••••••••••••

Art. 454. Na vigência do contrato de trabalho, as invenções do empregado, quando decorrentes de sua contribuição pessoal e da instalação ou equipamento fornecidos pelo empregador, serão de propriedade comum, em partes iguais, salvo se o contrato de trabalho tiver por objeto, implícita ou explicitamente, pesquisa científica. (*Vide* Lei n. 9.279, de 14-5-1996.)

Parágrafo único. Ao empregador caberá a exploração do invento, ficando obrigado a promovê-la no prazo de um ano da data da concessão da patente, sob pena de reverter em favor do empregado da plena propriedade desse invento. (*Vide* Lei n. 9.279, de 14-5-1996.)[221]

•••••••••••••••••••••••••••••••••••

▶ **Comentários**

O artigo sob comento cuida das invenções do empregado na vigência do contrato de trabalho, entendemos, no entanto, que tal artigo teria sido revogado pela Lei n. 9.279, de 14-5-1996, denominada Lei da Propriedade Industrial.

Inventar, do latim *invenio*, significa criar. A invenção não se confunde com a simples descoberta. Inventar é criar algo absolutamente inexistente. Em decorrência de sua repercussão econômica, a invenção é objeto de especial atenção da lei, assegurando-se a seu autor o direito de obter patente, isto é, o privilégio oficial que lhe garanta a propriedade e o uso exclusivo do invento.

Sem o registro, a invenção perde sua exclusividade, caindo sob o domínio público; isso implica perda pelo inventor de sua comercialização ou industrialização exclusiva.

Daí dizer o art. 6º, § 1º, da Lei n. 9.279/96 (Lei da Propriedade Industrial):

"Salvo prova em contrário, presume-se o requerente legitimado a obter a patente".

221. A Lei n. 9.279, de 14-5-1996, regula os direitos e obrigações relativos à propriedade industrial.

Não raras vezes, a invenção é do empregado, daí decorrendo três situações distintas:

a) resulta da pesquisa ou atividade inventiva decorrente do contrato de trabalho, cuja execução ocorra no Brasil;

b) decorre da natureza dos serviços para os quais o empregado foi contratado;

c) resulta da exclusiva atividade inventiva do empregado, sem qualquer relação com o seu contrato de trabalho, ou que não tenham sido utilizados recursos, meios materiais, instalações ou equipamentos do empregador.

Nas duas primeiras hipóteses, a patente pertencerá exclusivamente ao empregador, que, todavia, poderá conceder ao empregado, autor do invento, participação nos ganhos; esta, porém, não se incorporará, a qualquer título, a seu salário (art. 89 da Lei n. 9.279/96).

Na terceira hipótese, quando a invenção não tenha qualquer relação com o contrato de trabalho, ou quando o empregado não tenha utilizado recursos do empregador, o invento é do empregado.

Na eventualidade de o empregado ter-se utilizado de recursos do empregador, ainda que a invenção não tenha relação com o contrato de trabalho, a propriedade da invenção é comum, em partes iguais.

Presume-se desenvolvido na vigência do contrato de trabalho o invento cuja patente tenha sido requerida pelo empregado até um ano após a extinção da relação empregatícia.

A exploração da patente pelo empregador na eventualidade de a invenção pertencer-lhe (art. 88) deve ser feita em um ano a contar da data da concessão (art. 91, § 3º), sob pena de sua transferência ao empregado.

▶ **Jurisprudência**

▷ **"Agravo. Recurso de revista. Acórdão publicado na vigência da Lei n. 13.467/2017. Prescrição. Ausência de transcendência.** O acórdão recorrido consignou que a presente ação foi ajuizada para reivindicar "diferenças dos índices de reajustes das complementações de aposentadorias, pelos índices suprimidos de 10,2743%, a partir de maio de 1995, e de 3,3700%, a partir de maio de 1996, parcelas vencidas e vincendas", sob o fundamento de que tal direito teria sido assegurado em decisão transitada em julgado proferida nos

autos de ação declaratória pretérita. Contudo, a pretensão de diferenças de complementação de aposentadoria veiculada nestes autos possui natureza condenatória, o que não se confunde com o objeto do título judicial auferido na ação declaratória pretérita, razão pela qual a prescrição a ser levada em consideração, nestes autos, está cercada pelo art. 7º, XXIX, da Constituição Federal e possui como actio nata da pretensão obreira a data da ruptura do contrato de trabalho, e não o trânsito em julgado da ação declaratória pretérita. Precedentes da SDI-1 do TST. O próprio acórdão regional deixa claro que a ação declaratória anterior foi ajuizada quando todos os autores já se encontravam desligados da empresa, sendo certo que, nesse contexto, o ajuizamento da presente reclamatória não escapa aos efeitos da prescrição total deflagrada quando do alcance do biênio posterior à ruptura dos respectivos contratos de trabalho, já que a ação anterior, por ter como objeto pretensão meramente declaratória, não interrompe a contagem prescricional do direito às diferenças, ora vindicadas em juízo, exatamente porque a ação declaratória não fixa direito atual, mas tão somente declara situação jurídica pretérita. Assim, em que pese não se comungue da tese do Regional sobre a contagem do prazo bienal somente após o trânsito em julgado da ação declaratória, o fato é que a prescrição total foi alcançada, pelo transcurso do biênio posterior ao próprio desligamento obreiro da empresa, o que conduz à conclusão de que, embora por fundamento diverso, a prescrição total decretada encontra amparo na parte final da Súmula 327 do TST, que dispõe: " A pretensão a diferenças de complementação de aposentadoria sujeita-se à prescrição parcial e quinquenal, salvo se o pretenso direito decorrer de verbas não recebidas no curso da relação de emprego e já alcançadas pela prescrição, à época da propositura da ação." Sendo assim, incide o óbice da Súmula 333 do TST. A existência de obstáculo processual apto a inviabilizar o exame da matéria de fundo veiculada, como no caso, acaba por evidenciar, em última análise, a própria ausência de transcendência do recurso de revista, em qualquer das suas modalidades. Precedentes.

Ante a improcedência do recurso, aplica-se à parte agravante a multa prevista no art. 1.021, § 4º, do CPC. Agravo não provido, com imposição de multa e determinação de baixa dos autos à origem" (Ag-RR-101747-08.2017.5.01.0078, 5ª Turma, Relator Ministro Breno Medeiros, *DEJT* 2-7-2021).

▷ **"A) Agravo de instrumento em recurso de revista. Julgamento anterior pela turma. Devolução para o exercício de eventual juízo de retratação. Responsabilidade subsidiária.** Em juízo de retratação, na forma do disposto nos arts. 1.039, *caput*, e 1.040, II, do CPC/2015, ante a demonstração de possível violação do art. 71, § 1º, da Lei n. 8.666/93, merece processamento o recurso de revista. Agravo de instrumento conhecido e provido. **B) Recurso de revista. Responsabilidade subsidiária. Ente público. Conduta culposa não configurada. Presunção de fiscalização ineficaz pelo mero inadimplemento das obrigações trabalhistas.** 1. Segundo a diretriz perfilhada pelo Supremo Tribunal Federal no julgamento da ADC n. 16 e a tese fixada no RE n. 760.931, em sede de repercussão geral (Tema n. 246), a configuração da responsabilidade subsidiária dos entes integrantes da Administração Pública depende da efetiva comprovação da sua conduta culposa quanto à fiscalização da prestadora de serviço, o que não decorre do mero inadimplemento das obrigações trabalhistas. 2. No caso, o Tribunal de origem reputou configurada a conduta culposa ancorado na presunção de ineficácia da fiscalização realizada pelo ente público, porquanto não impediu o inadimplemento das obrigações trabalhistas por parte da prestadora dos serviços. Contudo, essa conclusão não se coaduna com os referidos precedentes, pois a atribuição de responsabilidade subsidiária ao ente público exige comprovação efetiva da culpa consistente na completa ausência de fiscalização, o que não restou identificado, razão pela qual a condenação imposta deve ser afastada. Recurso de revista conhecido e provido, em juízo de retratação, na forma dos arts. 1.039, *caput*, e 1.040, II, do CPC/2015" (RR-5570-58.2006.5.05.0012, 8ª Turma, Relatora Ministra Dora Maria da Costa, *DEJT* 27-4-2020).

Art. 455. Nos contratos de subempreitada responderá o subempreiteiro pelas obrigações derivadas do contrato de trabalho que celebrar, cabendo, todavia, aos empregados, o direito de reclamação contra o empreiteiro principal pelo inadimplemento daquelas obrigações por parte do primeiro.

Parágrafo único. Ao empreiteiro principal fica ressalvada, nos termos da lei civil, ação regressiva contra o subempreiteiro e a retenção de importâncias a este devidas, para a garantia das obrigações previstas neste artigo.

▶ **Comentários**

A empreitada é um instituto do Direito Civil. Na conceituação de Washington de Barros Monteiro, "é o contrato em que uma das partes se propõe a fazer ou a mandar fazer certa obra, mediante remuneração determinada ou proporcional ao serviço executado"[222].

Distingue-se a empreitada da relação de emprego, sobretudo, em face da ausência de subordinação do empreiteiro, que age com autonomia, contratando, por sua exclusiva responsabilidade, os operários indispensáveis à realização da obra e, não raras vezes, firmando com outros o chamado contrato de subempreitada.

A subempreitada é utilizada em larga escala pelas grandes empreiteiras ou construtoras: há empresas individuais ou coletivas, especializadas na construção de telhados, azulejamento, jardinagem etc.

Os empregados contratados pelas subempreiteiras, na eventualidade de não receberem seus salários (ou por qualquer outra razão que implique inadimplemento de obrigações), tanto podem acionar o subempreiteiro como o próprio empreiteiro – "o direito de reclamação contra o empreiteiro principal..."

Trata-se, como facilmente se percebe, de responsabilidade solidária, razão por que entendemos lícita a propositura de ação contra ambos, ou diretamente contra o empreiteiro principal, já que o parágrafo único do dispositivo em exame enseja ação regressiva deste último contra o subempreiteiro.

Observe-se que o artigo sob comento cuida exclusivamente do empreiteiro principal, não fazendo qualquer alusão ao *dono da obra*, que, salvo manifesta comprovação de fraude, não responde pelo inadimplemento das obrigações, tanto do empreiteiro quanto do subempreiteiro.

▶ **Jurisprudência**

▷ **Súmula 331 do TST. Contrato de prestação de serviços. Legalidade**. I – A contratação de trabalhadores por empresa interposta é ilegal, formando-se o vínculo diretamente com o tomador dos serviços, salvo no caso de trabalho temporário (Lei n. 6.019, de 3-1-1974). II – A contratação irregular de trabalhador, mediante empresa interposta, não gera vínculo de emprego com os órgãos da administração pública direta, indireta ou fundacional (art. 37, II, da CF/1988). III – Não forma vínculo de emprego com o tomador a contratação de serviços de vigilância (Lei n. 7.102, de 20-6-1983) e de conservação e limpeza, bem como a de serviços especializados ligados à atividade-meio do tomador, desde que inexistente a pessoalidade e a subordinação direta. IV – O inadimplemento das obrigações trabalhistas, por parte do empregador, implica a responsabilidade subsidiária do tomador dos serviços quanto àquelas obrigações, desde que haja participado da relação processual e conste também do título executivo judicial. V – Os entes integrantes da Administração Pública direta e indireta respondem subsidiariamente, nas mesmas condições do item IV, caso evidenciada a sua conduta culposa no cumprimento das obrigações da Lei n. 8.666, de 21-6-1993, especialmente na fiscalização do cumprimento das obrigações contratuais e legais da prestadora de serviço como empregadora. A aludida responsabilidade não decorre de mero inadimplemento das obrigações trabalhistas assumidas pela empresa regularmente contratada. VI – A responsabilidade subsidiária do tomador de serviços abrange todas as verbas decorrentes da condenação referentes ao período da prestação laboral.

222. *Curso de Direito Civil*, São Paulo, Saraiva, v. 2, p. 213.

▷ **OJ n. 191 da SDI-1 do TST. Contrato de empreitada. Dono da obra de construção civil. Responsabilidade.** Diante da inexistência de previsão legal específica, o contrato de empreitada de construção civil entre o dono da obra e o empreiteiro não enseja responsabilidade solidária ou subsidiária nas obrigações trabalhistas contraídas pelo empreiteiro, salvo sendo o dono da obra uma empresa construtora ou incorporadora. (Nova redação – Res. 175/2011, *DEJT*, 27, 30 e 31-5-2011)

▷ **"Agravo de instrumento em recurso de revista. 1. Salário por fora.** O Tribunal Regional, instância soberana na análise do conjunto probatório, consignou que foi comprovado que havia pagamento de comissões por tarefa, à margem da remuneração fixa pactuada inicialmente. Assim, manteve a sentença que determinou a integração do salário por fora. Nesse contexto, a pretensão recursal encontra óbice na Súmula 126 do TST, pois demandaria revolvimento de fatos e provas, procedimento vedado nesta instância recursal. **2. Responsabilidade solidária. Contrato de subempreitada. Empresa do ramo da construção civil.** Diante do quadro fático delineado, insuscetível de reexame nesta instância recursal, a teor da Súmula 126 do TST, em que foi evidenciado não se tratar de hipótese de terceirização de serviços, e sim de contrato de subempreitada de construção civil, não se divisa violação dos arts. 455 da CLT e 265 do Código Civil nem contrariedade à Súmula 331 do TST. Ademais, verifica-se que, por ser a recorrente empresa construtora, esta se insere na exceção prevista na OJ n. 191 da SDI-1 do TST, a ensejar sua responsabilidade solidária pelas obrigações contraídas pelo empreiteiro. Agravo de instrumento conhecido e não provido" (AIRR-2021-73.2018.5.10.0111, 8ª Turma, Relatora Ministra Dora Maria da Costa, *DEJT* 2-7-2021).

▷ **Agravo de instrumento em recurso de revista. Recurso interposto na vigência das Leis n. 13.015/2014, 13.105/2015 e da IN 40 do TST, mas antes da edição da Lei n. 13.467/2017. Requisito do art. 896, § 1º-A, inciso I, da CLT. Não observância. Ausência de indicação dos trechos do acórdão recorrido que consubstanciam o prequestionamento. Inviabilidade.** Em relação à responsabilização subsidiária da ora agravante, verifica-se que, muito embora a parte tenha transcrito algumas passagens do acórdão regional, não transcreveu todos os trechos do acórdão regional que consubstanciam o prequestionamento da controvérsia. A transcrição realizada pela parte não representa todos os fundamentos trazidos pela decisão. Com efeito, a transcrição realizada pela parte não abrange aspectos essenciais à exata compreensão do quanto decidido pela Corte Regional, não tendo sido transcritos, especialmente, trechos fundamentais para embasar o entendimento da Corte Regional no sentido da responsabilização subsidiária da Petrobras. Não constou das razões recusais a fração do acórdão recorrido no qual o TRT consignou que não restou provada a efetiva fiscalização e acompanhamento do contrato firmado com a empresa intermediadora, razão pela qual concluiu pela responsabilização subsidiária da tomadora. Ao não indicar os trechos da decisão recorrida em que se encontram analisadas as matérias objeto do recurso de revista, transcrevendo apenas uma fração do julgado, a parte agravante não logrou preencher o requisito previsto no inciso I do § 1º-A do art. 896. Precedentes. Agravo de instrumento não provido (AIRR-100455-29.2016.5.01.0205, 7ª Turma, Relator Ministro Renato de Lacerda Paiva, *DEJT* 21-8-2020).

▷ **Agravo de instrumento em recurso de revista. Processo regido pela Lei n. 13.467/2017. Transcendência econômica reconhecida. Contrato de subempreitada. Responsabilidade solidária do empreiteiro (orientação final da OJ 191 da SBDI-1 do TST e tese jurídica vinculante definida no IRR-190-53.2015.5.03.0090).** A decisão do TRT que condenou solidariamente a empreiteira principal por ter firmado contrato de subempreitada com a primeira reclamada para executar serviços para a qual fora contratada está em sintonia com o disposto na orientação final da OJ 191 da SBDI-1 do TST e na tese jurídica vinculante definida no IRR-190-53.2015.5.03.0090. Precedentes.

Não merece ser provido agravo de instrumento que visa a liberar recurso de revista que não preenche os pressupostos contidos no art. 896 da CLT. Agravo de instrumento não provido (AIRR-1087-30.2016.5.06.0101, 2ª Turma, Relatora Ministra Delaide Miranda Arantes, *DEJT* 21-8-2020).

▷ **Recurso de revista interposto na vigência da Lei n. 13.467/2017 e da IN 40 do TST. Responsabilidade solidária. Contrato de subempreitada. OJ 191 da SBDI-1 do TST. Transcendência não reconhecida. Requisitos do art. 896, § 1º-A, da CLT, atendidos.** O Regional considerou ser aplicável a responsabilidade solidária das reclamadas, ante o ajuste de subempreitada pactuado entre as empresas, ambas do ramo da construção civil. A recorrente defende que sua responsabilização solidária contraria o entendimento da OJ 191 da SBDI-1 do TST, sendo cabível apenas a responsabilidade subsidiária. Aponta contrariedade à OJ 191 da SBDI-1 do TST e violação do art. 455 da CLT, colacionando arestos. O exame prévio dos critérios de transcendência do recurso de revista revela a inexistência de qualquer deles a possibilitar o exame do apelo no TST. Recurso de revista não conhecido (RR-605-52.2018.5.21.0018, 6ª Turma, Relator Ministro Augusto Cesar Leite de Carvalho, *DEJT* 21-8-2020).

●●●●●●●●●●●●●●●●●●●●●●●●●●●●●●●●●●●●●●●

Art. 456. A prova do contrato individual do trabalho será feita pelas anotações constantes da Carteira de Trabalho e Previdência Social ou por instrumento escrito e suprida por todos os meios permitidos em direito.

Parágrafo único. À falta de prova ou inexistindo cláusula expressa a tal respeito, entender-se-á que o empregado se obrigou a todo e qualquer serviço compatível com a sua condição pessoal.

Art. 456-A. Cabe ao empregador definir o padrão de vestimenta no meio ambiente laboral, sendo lícita a inclusão no uniforme de logomarcas da própria empresa ou de empresas parceiras e de outros itens de identificação relacionados à atividade desempenhada.

Parágrafo único. A higienização do uniforme é de responsabilidade do trabalhador, salvo nas hipóteses em que forem necessários procedimentos ou produtos diferentes dos utilizados para a higienização das vestimentas de uso comum. (Artigo com redação inserida pela Lei n. 13.467/2017.)

●●●●●●●●●●●●●●●●●●●●●●●●●●●●●●●●●●●●●●●

▶ *Comentários*

O artigo sob comento consagra o princípio da *primazia da realidade sobre a forma*. O contrato de trabalho resulta comprovado, antes de tudo, das anotações constantes da Carteira Profissional, que são, assim, a prova por excelência da existência de vínculo empregatício. Tais anotações, entretanto, como proclama a *Súmula 12 do TST*, "... não geram presunção *juris et de jure*, mas apenas *juris tantum*".

Contudo, não existindo as anotações mencionadas, todos os meios de prova são admitidos para positivar a existência do contrato de trabalho. São meios de prova admitidos em juízo: a confissão (do trabalhador ou do preposto), os atos processados em juízo, documentos públicos ou particulares, testemunhas, presunções, exames, vistorias e arbitramento.

O parágrafo único do artigo em exame deixa clara a necessidade de especificação das funções a serem exercidas pelo empregado. Na ausência de cláusula expressa a respeito, deve-se concluir que o empregado se obrigou a todo e qualquer serviço compatível com sua condição profissional.

Disciplinando a utilização do uniforme dos empregados, a Reforma Trabalhista/2017, estabeleceu o direito do empregador, definir seu padrão com a inclusão da logomarca do empregador ou de empresas parceiras.

A responsabilidade pela higienização do uniforme é de responsabilidade do empregado, salvo a necessidade de procedimento ou produto especial

▶ *Jurisprudência*

▷ **Súmula 12 do TST. Carteira profissional.** As anotações apostas pelo empregador na carteira profissional do empregado não geram presunção "juris et de jure", mas apenas "juris tantum".

▷ **Súmula 212 do TST. Despedimento. Ônus da prova.** O ônus de provar o térmi-

no do contrato de trabalho, quando negados a prestação de serviço e o despedimento, é do empregador, pois o princípio da continuidade da relação de emprego constitui presunção favorável ao empregado.

▷ "**Recurso de embargos em recurso de revista. Interposição sob a égide da Lei n. 13.015/2014. Ação civil pública. Vestimentas específicas exigidas para a prestação de serviços. Responsabilidade do empregador pelo fornecimento ou pelo ressarcimento das despesas decorrentes da sua aquisição.** 1. É certo que o empregador, por força de seu poder diretivo, pode definir o padrão de vestimenta a ser adotado pelos empregados no ambiente laboral. 2. Contudo, se é exigida a utilização de peças específicas para a prestação de serviços – o que caracteriza o uso de uniforme –, as mesmas devem ser fornecidas gratuitamente ao empregado, que não pode ser responsabilizado pelos custos do trabalho prestado. 3. Com efeito, nos termos do art. 2º da CLT, consagrador do princípio da alteridade, "considera-se empregador a empresa, individual ou coletiva, que, assumindo os riscos da atividade econômica, admite, assalaria e dirige a prestação pessoal de serviço". 4. Assim, sob pena de ofensa ao art. 2º da CLT – e também de inobservância ao princípio da irredutibilidade salarial –, é inviável exigir que o trabalhador disponha de parte dos seus ganhos para custear o uniforme exigido pelo empregador. 5. Nesse sentido é, inclusive, o entendimento consubstanciado no Precedente Normativo 115 do TST: "determina-se o fornecimento gratuito de uniformes, desde que exigido seu uso pelo empregador". 6. No caso, a teor do acórdão embargado, a empresa ré exigia de seus empregados "um padrão nas vestimentas: calça social preta, camisa social preta, sapato de salto para as mulheres e calça e camisa social, ambos na cor preta, e sapato social para os homens". 7. Está configurada, pois, a hipótese de uso obrigatório de uniforme pelos empregados, de modo que cabe à empresa ré o fornecimento das peças que o compõem ou o ressarcimento das despesas decorrentes da sua aquisição. 8. Tal conclusão não é alterada pela possibilidade de utilização de tais peças fora do ambiente laboral, sendo suficiente para fins de responsabilização da empregadora a circunstância de as mesmas serem necessárias para a prestação dos serviços. Recurso de embargos conhecido e provido" (E-RR-813-50.2013.5.09.0663, Subseção I Especializada em Dissídios Individuais, Relator Ministro Hugo Carlos Scheuermann, *DEJT* 12-2-2021).

▷ **Agravo de instrumento em recurso de revista. Recurso interposto na vigência das Leis n. 13.015/2014, 13.105/2015 e da IN 40 do TST, mas antes da edição da Lei n. 13.467/2017. Requisito do art. 896, § 1º-A, inciso I, da CLT. Não observância. Ausência de indicação dos trechos do acordão recorrido que consubstanciam o prequestionamento. Inviabilidade.** Em relação à responsabilização subsidiária da ora agravante, verifica-se que, muito embora a parte tenha transcrito algumas passagens do acórdão regional, não transcreveu todos os trechos do acórdão regional que consubstanciam o prequestionamento da controvérsia. A transcrição realizada pela parte não representa todos os fundamentos trazidos pela decisão. Com efeito, a transcrição realizada pela parte não abrange aspectos essenciais à exata compreensão do quanto decidido pela Corte Regional, não tendo sido transcritos, especialmente, trechos fundamentais para embasar o entendimento da Corte Regional no sentido da responsabilização subsidiária da Petrobras. Não constou das razões recusais a fração do acórdão recorrido no qual o TRT consignou que não restou provada a efetiva fiscalização e acompanhamento do contrato firmado com a empresa intermediadora, razão pela qual concluiu pela responsabilização subsidiária da tomadora. Ao não indicar os trechos da decisão recorrida em que se encontram analisadas as matérias objeto do recurso de revista, transcrevendo apenas uma fração do julgado, a parte agravante não logrou preencher o requisito previsto no inciso I do § 1º-A do art. 896. Precedentes. Agravo de instrumento não provido (AIRR-100455-29.2016.5.01.0205, 7ª Turma, Relator Ministro Renato de Lacerda Paiva, *DEJT* 21-8-2020).

▷ **Agravo de instrumento em recurso de revista. Processo regido pela Lei n. 13.467/2017. Transcendência econômica reconhecida. Contrato de subempreitada. Responsabilidade solidária do empreiteiro (orientação final da OJ 191 da SBDI-1 do TST e tese jurídica vinculante definida no IRR-190-53.2015.5.03.0090).** A decisão do TRT que condenou solidariamente a empreiteira principal por ter firmado contrato de subempreitada com a primeira reclamada para executar serviços para a qual fora contratada está em sintonia com o disposto na orientação final da OJ 191 da SBDI-1 do TST e na tese jurídica vinculante definida no IRR-190-53.2015.5.03.0090. Precedentes. Não merece ser provido agravo de instrumento que visa a liberar recurso de revista que não preenche os pressupostos contidos no art. 896 da CLT. Agravo de instrumento não provido (AIRR-1087-30.2016.5.06.0101, 2ª Turma, Relatora Ministra Delaide Miranda Arantes, *DEJT* 21-8-2020).

▷ **Recurso de revista interposto na vigência da Lei n. 13.467/2017 e da IN 40 do TST. Responsabilidade solidária. Contrato de subempreitada. OJ 191 da SBDI-1 do TST. Transcendência não reconhecida. Requisitos do art. 896, §1º-A, da CLT, atendidos.** O Regional considerou ser aplicável a responsabilidade solidária das reclamadas, ante o ajuste de subempreitada pactuado entre as empresas, ambas do ramo da construção civil. A recorrente defende que sua responsabilização solidária contraria o entendimento da OJ 191 da SBDI-1 do TST, sendo cabível apenas a responsabilidade subsidiária. Aponta contrariedade à OJ 191 da SBDI-1 do TST e violação do art. 455 da CLT, colacionando arestos. O exame prévio dos critérios de transcendência do recurso de revista revela a inexistência de qualquer deles a possibilitar o exame do apelo no TST. Recurso de revista não conhecido (RR-605-52.2018.5.21.0018, 6ª Turma, Relator Ministro Augusto Cesar Leite de Carvalho, *DEJT* 21-8-2020).

Capítulo II
Da remuneração

Art. 457. Compreendem-se na remuneração do empregado, para todos os efeitos legais, além do salário devido e pago diretamente pelo empregador, como contraprestação do serviço, as gorjetas que receber. (Redação dada pela Lei n. 1.999, de 1º-10-1953.)

§ 1º Integram o salário a importância fixa estipulada, as gratificações legais e as comissões pagas pelo empregador. (Redação alterada pela Lei n. 13.467/2017.)

§ 2º As importâncias, ainda que habituais, pagas a título de ajuda de custo, auxílio-alimentação, vedado seu pagamento em dinheiro, diárias para viagem, prêmios e abonos não integram a remuneração do empregado, não se incorporam ao Contrato de Trabalho e não constituem base de incidência de qualquer encargo trabalhista e previdenciário. (Redação alterada pela Lei n. 13.467/2017.)

§ 3º Considera-se gorjeta não só a importância espontaneamente dada pelo cliente ao empregado, como também o valor cobrado pela empresa, como serviço ou adicional, a qualquer título, e destinado à distribuição aos empregados. (Redação dada pela Lei n. 13.419, de 2017.)

§ 4º Consideram-se prêmios as liberalidades concedidas pelo empregador em forma de bens, serviços ou valor em dinheiro a empregado ou a grupo de empregados, em razão de desempenho superior ao ordinariamente esperado no exercício de suas atividades. (Redação inserida pela Lei n. 13.467/2017.)

§ 5º Inexistindo previsão em convenção ou acordo coletivo de trabalho, os critérios de rateio e distribuição da gorjeta e os percentuais de retenção previstos nos §§ 6º e 7º deste artigo serão definidos em assembleia geral dos trabalhadores, na forma do art. 612 desta Consolidação.

§ 6º As empresas que cobrarem a gorjeta de que trata o § 3º deverão:

I – para as empresas inscritas em regime de tributação federal diferenciado, lançá-la na respectiva nota de consumo, facultada a retenção de até 20% (vinte por cento) da arrecadação correspondente, mediante previsão em convenção ou acordo coletivo de trabalho, para custear os encargos sociais, previdenciários e trabalhistas derivados da sua integração à remuneração

dos empregados, devendo o valor remanescente ser revertido integralmente em favor do trabalhador;

II – para as empresas não inscritas em regime de tributação federal diferenciado, lançá-la na respectiva nota de consumo, facultada a retenção de até 33% (trinta e três por cento) da arrecadação correspondente, mediante previsão em convenção ou acordo coletivo de trabalho, para custear os encargos sociais, previdenciários e trabalhistas derivados da sua integração à remuneração dos empregados, devendo o valor remanescente ser revertido integralmente em favor do trabalhador;

III – anotar na Carteira de Trabalho e Previdência Social e no contracheque de seus empregados o salário contratual fixo e o percentual percebido a título de gorjeta.

§ 7º A gorjeta, quando entregue pelo consumidor diretamente ao empregado, terá seus critérios definidos em convenção ou acordo coletivo de trabalho, facultada a retenção nos parâmetros do § 6º deste artigo.

§ 8º As empresas deverão anotar na Carteira de Trabalho e Previdência Social de seus empregados o salário fixo e a média dos valores das gorjetas referente aos últimos doze meses.

§ 9º Cessada pela empresa a cobrança da gorjeta de que trata o § 3º deste artigo, desde que cobrada por mais de doze meses, essa se incorporará ao salário do empregado, tendo como base a média dos últimos doze meses, salvo o estabelecido em convenção ou acordo coletivo de trabalho.

§ 10. Para empresas com mais de sessenta empregados, será constituída comissão de empregados, mediante previsão em convenção ou acordo coletivo de trabalho, para acompanhamento e fiscalização da regularidade da cobrança e distribuição da gorjeta de que trata o § 3º deste artigo, cujos representantes serão eleitos em assembleia geral convocada para esse fim pelo sindicato laboral e gozarão de garantia de emprego vinculada ao desempenho das funções para que foram eleitos, e, para as demais empresas, será constituída comissão intersindical para o referido fim.

§ 11. Comprovado o descumprimento do disposto nos §§ 4º, 6º, 7º e 9º deste artigo, o empregador pagará ao trabalhador prejudicado, a título de multa, o valor correspondente a 1/30 (um trinta avos) da média da gorjeta por dia de atraso, limitada ao piso da categoria, assegurados em qualquer hipótese o contraditório e a ampla defesa, observadas as seguintes regras:

I – a limitação prevista neste parágrafo será triplicada caso o empregador seja reincidente;

II – considera-se reincidente o empregador que, durante o período de doze meses, descumpre o disposto nos §§ 4º, 6º, 7º e 9º deste artigo por mais de sessenta dias." (NR) (§§ 5º ao 11 inseridos pela Lei n. 13.419, de 2017.)

Art. 458. Além do pagamento em dinheiro, compreende-se no salário, para todos os efeitos legais, a alimentação, habitação, vestuário ou outras prestações *in natura* que a empresa, por força do contrato ou do costume, fornecer habitualmente ao empregado. Em caso algum será permitido o pagamento com bebidas alcoólicas ou drogas nocivas. (Redação dada pelo Dec.-lei n. 229, de 28-2-1967.)

§ 1º Os valores atribuídos às prestações *in natura* deverão ser justos e razoáveis, não podendo exceder, em cada caso, os dos percentuais das parcelas componentes do salário mínimo (arts. 81 e 82). (Parágrafo incluído pelo Dec.-lei n. 229, de 28-2-1967.)

§ 2º Para os efeitos previstos neste artigo, não serão consideradas como salário as seguintes utilidades concedidas pelo empregador: (§ 2º e incisos com redação dada pela Lei n. 10.243, de 19-6-2001.)

I – vestuários, equipamentos e outros acessórios fornecidos aos empregados e utilizados no local de trabalho, para a prestação do serviço;

II – educação, em estabelecimento de ensino próprio ou de terceiros, compreendendo os valores relativos a matrícula, mensalidade, anuidade, livros e material didático;

III – transporte destinado ao deslocamento para o trabalho e retorno, em percurso servido ou não por transporte público;

IV – assistência médica, hospitalar e odontológica, prestada diretamente ou mediante seguro-saúde;

V – seguros de vida e de acidentes pessoais;

VI – previdência privada;

VII – (*vetado*);

VIII – o valor correspondente ao vale-cultura. (Incluído pela Lei n. 12.761, de 2012.)

§ 3º A habitação e a alimentação fornecidas como salário-utilidade deverão atender aos fins a que se destinam e não poderão exceder, respecti-

vamente, a 25% (vinte e cinco por cento) e 20% (vinte por cento) do salário-contratual. (Parágrafo incluído pela Lei n. 8.860, de 24-3-1994.)

§ 4º Tratando-se de habitação coletiva, o valor do salário-utilidade a ela correspondente será obtido mediante a divisão do justo valor da habitação pelo número de coocupantes, vedada, em qualquer hipótese, a utilização da mesma unidade residencial por mais de uma família. (Parágrafo incluído pela Lei n. 8.860, de 24-3-1994.)

§ 5º O valor relativo à assistência prestada por serviço médico ou odontológico, próprio ou não, inclusive o reembolso de despesas com medicamentos, óculos, aparelhos ortopédicos, próteses, órteses, despesas médico-hospitalares e outras similares, mesmo quando concedido em diferentes modalidades de planos e coberturas, não integram o salário do empregado para qualquer efeito nem o salário de contribuição, para efeitos do previsto na alínea q do § 9º do art. 28 da Lei n. 8.212, de 24 de julho de 1991. (Redação inserida pela Lei n. 13.467/2017.)

Art. 459. O pagamento do salário, qualquer que seja a modalidade do trabalho, não deve ser estipulado por período superior a 1 (um) mês, salvo no que concerne a comissões, percentagens e gratificações.

Parágrafo único. Quando o pagamento houver sido estipulado por mês, deverá ser efetuado, o mais tardar, até o quinto dia útil do mês subsequente ao vencido. (Redação dada pela Lei n. 7.855, de 24-10-1989.)

Art. 460. Na falta de estipulação do salário ou não havendo prova sobre a importância ajustada, o empregado terá direito a perceber salário igual ao daquele que, na mesma empresa, fizer serviço equivalente, ou do que for habitualmente pago para serviço semelhante.

Art. 461. Sendo idêntica a função, a todo trabalho de igual valor, prestado ao mesmo empregador, no mesmo estabelecimento empresarial, corresponderá igual salário, sem distinção de sexo, etnia, nacionalidade ou idade. (Redação alterada pela Lei n. 13.467/2017.)

§ 1º Trabalho de igual valor, para os fins deste Capítulo, será o que for feito com igual produtividade e com a mesma perfeição técnica, entre pessoas cuja diferença de tempo de serviço para o mesmo empregador não seja superior a quatro anos e a diferença de tempo na função não seja superior a dois anos. (Redação alterada pela Lei n. 13.467/2017.)

§ 2º Os dispositivos deste artigo não prevalecerão quando o empregador tiver pessoal organizado em quadro de carreira ou adotar, por meio de norma interna da empresa ou de negociação coletiva, plano de cargos e salários, dispensada qualquer forma de homologação ou registro em órgão público. (Redação alterada pela Lei n. 13.467/2017.)

§ 3º No caso do § 2º deste artigo, as promoções poderão ser feitas por merecimento e por antiguidade, ou por apenas um destes critérios, dentro de cada categoria profissional.

§ 4º O trabalhador readaptado em nova função por motivo de deficiência física ou mental atestada pelo órgão competente da Previdência Social não servirá de paradigma para fins de equiparação salarial. (Parágrafo incluído pela Lei n. 5.798, de 31-8-1972.)

§ 5º A equiparação salarial só será possível entre empregados contemporâneos no cargo ou na função, ficando vedada a indicação de paradigmas remotos, ainda que o paradigma contemporâneo tenha obtido a vantagem em ação judicial própria. (Inserido pela Lei n. 13.467/2017.)

§ 6º No caso de comprovada discriminação por motivo de sexo ou etnia, o juízo determinará, além do pagamento das diferenças salariais devidas, multa, em favor do empregado discriminado, no valor de 50% (cinquenta por cento) do limite máximo dos benefícios do regime geral de previdência social. (§§ 5º e 6º inseridos pela Lei n. 13.467/2017.)

Art. 462. Ao empregador é vedado efetuar qualquer desconto nos salários do empregado, salvo quando este resultar de adiantamentos, de dispositivos de lei ou de contrato coletivo.

§ 1º Em caso de dano causado pelo empregado, o desconto será lícito, desde que esta possibilidade tenha sido acordada ou na ocorrência de dolo do empregado. (Parágrafo único renumerado pelo Dec.-lei n. 229, de 28-2-1967.)

§ 2º É vedado à empresa que mantiver armazém para venda de mercadorias aos empregados ou serviços estimados a proporcionar-lhes prestações *in natura* exercer qualquer coação ou induzimento no sentido de que os empregados se utilizem do armazém ou dos serviços. (Parágrafo incluído pelo Dec.-lei n. 229, de 28-2-1967.)

§ 3º Sempre que não for possível o acesso dos empregados a armazéns ou serviços não mantidos pela empresa, é lícito à autoridade

competente determinar a adoção de medidas adequadas, visando a que as mercadorias sejam vendidas e os serviços prestados a preços razoáveis, sem intuito de lucro e sempre em benefício dos empregados. (Parágrafo incluído pelo Dec.--lei n. 229, de 28-2-1967.)

§ 4º Observado o disposto neste Capítulo, é vedado às empresas limitar, por qualquer forma, a liberdade dos empregados de dispor do seu salário. (Parágrafo incluído pelo Dec.-lei n. 229, de 28-2-1967.)

Art. 463. A prestação, em espécie, do salário será paga em moeda corrente do País.

Parágrafo único. O pagamento do salário realizado com inobservância deste artigo considera-se como não feito.

Art. 464. O pagamento do salário deverá ser efetuado contra recibo, assinado pelo empregado; em se tratando de analfabeto, mediante sua impressão digital, ou, não sendo esta possível, a seu rogo.

Parágrafo único. Terá força de recibo o comprovante de depósito em conta bancária, aberta para esse fim em nome de cada empregado, com o consentimento deste, em estabelecimento de crédito próximo ao local de trabalho. (Parágrafo incluído pela Lei n. 9.528, de 10-12-1997.)

Art. 465. O pagamento dos salários será efetuado em dia útil e no local do trabalho, dentro do horário do serviço ou imediatamente após o encerramento deste, salvo quando efetuado por depósito em conta bancária, observado o disposto no artigo anterior. (Redação dada pela Lei n. 9.528, de 10-12-1997.)

Art. 466. O pagamento de comissões e percentagens só é exigível depois de ultimada a transação a que se referem.

§ 1º Nas transações realizadas por prestações sucessivas, é exigível o pagamento das percentagens e comissões que lhes disserem respeito proporcionalmente à respectiva liquidação.

§ 2º A cessação das relações de trabalho não prejudica a percepção das comissões e percentagens devidas na forma estabelecida por este artigo.

Art. 467. Em caso de rescisão de contrato de trabalho, havendo controvérsia sobre o montante das verbas rescisórias, o empregador é obrigado a pagar ao trabalhador, à data do comparecimento à Justiça do Trabalho, a parte incontroversa dessas verbas, sob pena de pagá-las acrescidas de 50% (cinquenta por cento). (Redação dada pela Lei n. 10.272, de 5-9-2001.)

Parágrafo único. O disposto no *caput* não se aplica à União, aos Estados, ao Distrito Federal, aos Municípios e às suas autarquias e fundações públicas. (Parágrafo incluído pela MP n. 2.180-35, de 24-8-2001.)

•••

▶ *Comentários*

1. **Remuneração e salário**

O art. 457 da CLT deixa patente o sentido lato dado à remuneração, gênero do qual o salário é espécie – "compreendem-se na remuneração do empregado, para todos os efeitos legais, além do salário devido e pago diretamente pelo empregador, como contraprestação do serviço, as gorjetas que receber".

A remuneração é, como facilmente se conclui da leitura do art. 457 da CLT, tudo que o empregado recebe, do empregador ou de terceiros (gorjetas), em decorrência da prestação de serviços.

Russomano, escrevendo sobre o tema, observa que:

"No direito brasileiro, há distinção bastante nítida entre remuneração e salário. O conceito de remuneração é mais amplo. Tudo quanto o empregado aufere como consequência do trabalho que desenvolve, constitui remuneração, mesmo quando o pagamento não é feito às expensas da empresa, como no caso da gorjeta e dos prêmios oferecidos por clientes em troca dos serviços do trabalhador. Tais pagamentos são classificados entre os meios remuneratórios do trabalhador, porque derivam do contrato individual; mas não constituem salário, pelo fato de que não é o empregador quem os efetua, diretamente, do seu próprio bolso"[223].

O conceito nos permite concluir que, se a remuneração compreende tudo que o empregado recebe (do patrão ou de terceiros), em decorrência da prestação de serviços, salário é a contraprestação paga diretamente pelo empregador.

Cesarino Júnior faz nítida distinção entre *salário direto* e *salário indireto*, observando que:

223. *O Empregado e o Empregador no Direito Brasileiro*, cit., p. 603.

"A Consolidação considera a remuneração um gênero, com duas espécies: o salário direto que é o pago pelo empregador em dinheiro ou em utilidade, e o salário indireto que é o recebido pelo empregado de outrem, que não o empregador, mas em consequência dos serviços a este prestados, ou as vantagens obtidas do próprio empregador, porém não consistentes de prestações em natureza ou em espécie"[224].

Orlando Gomes e Elson Gottschalk fazem a mesma distinção:

"A Consolidação das Leis do Trabalho, seguindo esta orientação uniforme das legislações sobre salário, propôs-se a distinguir, para determinados efeitos, este instituto da remuneração. Conceitua-se, assim, como salário, tão só as atribuições econômicas devidas e pagas diretamente pelo empregador contra prestação do serviço. Reserva, por outro lado, o termo remuneração para todos os proventos fruídos pelo empregado em função do emprego, inclusive os obtidos de terceiros, como as gorjetas"[225].

Remuneração, pois, é tudo aquilo que o empregado recebe, em decorrência de seus serviços, seja do empregador ou de terceiros. *Salário* é a contraprestação diretamente paga pelo empregador. A remuneração é gênero do qual o salário é espécie.

2. **Gratificações, comissões e percentagens, gorjetas, salário-utilidade, ajuda de custo, diárias para viagens e abonos**

O § 1º do art. 457 da CLT declara que integram o salário:

a) Gratificações

As gratificações podem ser conceituadas como espécie de recompensa do empregador pela qualidade ou dedicação de seu empregado, ou simplesmente em decorrência de liberalidade.

Sobre as gratificações escreve Arnaldo Süssekind:

"Originariamente, as gratificações constituíam recompensas ou prêmios que o patrão conferia, arbitrariamente, aos seus empregados.

Por ser liberalidade, o ato patronal podia beneficiar a todos que para ele trabalhavam ou, apenas, aos que considerava como merecedores da gratificação. Em regra, a referida mercê era concedida ao ensejo das festas natalinas; em alguns casos, em dias comemorativos de grandes efemérides"[226].

As gratificações (exceto a natalina, transformada por lei em 13º salário) ou são *expressamente ajustadas* ou decorrem do denominado *ajuste tácito*. Na primeira hipótese (do ajuste expresso), a gratificação é, desde logo, de forma inequívoca, parte integrante do salário (§ 1º do art. 457); na segunda hipótese (do ajuste tácito), "a habitualidade, a periodicidade e a uniformidade em que são concedidas estabelecem a presunção de que o patrão contraiu a obrigação de conferi-las, desde que configuradas as condições a que costume subordinar o seu pagamento"[227]. E, nesse caso, passa a fazer parte integrante do salário. Com a objetividade que lhe é própria, afirma Valentin Carrion: "Somente as não habituais deixam de ser consideradas como ajustadas; as demais integram-se na remuneração para todos os efeitos"[228].

É, aliás, o que proclama a Súmula 207 do STF: "As gratificações habituais, inclusive a de Natal, consideram-se tacitamente convencionadas, integrando o salário". Esclareça-se que a gratificação de Natal tornou-se obrigatória, tomando o nome de *13º salário* (Constituição Federal, art. 7º, VIII: "décimo terceiro salário com base na remuneração integral ou no valor da aposentadoria"[229]).

b) Comissões e percentagens

Comissão é uma forma de salário condicionada à produção do empregado.

José Martins Catharino, em consagrada

224. *Revista de Direito Social*, n. 22, 1994, p. 26.
225. *Curso Elementar de Direito do Trabalho*, 7. ed., Rio de Janeiro, Forense, p. 305.
226. *Instituições de Direito do Trabalho*, cit., v. 1, p. 399.
227. *Instituições de Direito do Trabalho*, cit., p. 402.
228. Ob. cit., p. 294.
229. *Vide* também a Lei n. 4.090 de 13-7-1962.

obra[230], conceitua-a como "salário variável, proporcional ao valor das transações ou negócios conseguidos pelo empregado".

Para Süssekind, comissão "constitui modalidade de retribuição condicionada ao serviço realizado pelo trabalhador"[231]. Segundo o renomado juslaboralista, confunde-se com a percentagem: "... é, assim, uma feição especial da remuneração por unidade de obra, correspondendo, normalmente, a uma *percentagem* ajustada sobre o valor do serviço ou negócio executado ou encaminhado pelo trabalhador".

Diversamente, Sérgio Pinto Martins faz nítida distinção entre comissões e percentagens, afirmando: "não se confundem, porém, a comissão com a percentagem: as comissões referem-se a um valor determinado, como: pagarei ao vendedor R$ 10,00 por cada unidade vendida. As percentagens, como o próprio nome indica, seriam um percentual sobre as vendas, não tendo valor em numerário determinado"[232].

Idêntico é o pensamento de Amauri Mascaro Nascimento: "não se confundem a comissão e a percentagem, porque pode haver comissão estipulada em bases não percentuais, mas sim em quantia fixa por unidade vendida"[233].

Considerando que normalmente os vendedores e pracistas são remunerados por comissões sobre as vendas, a Lei n. 3.207, de 18-7-1957, que regulamenta as atividades de tais profissionais, dispõe no art. 4º que o pagamento das comissões e percentagens deverá ser feito mensalmente, facultado às partes (empregado e empregador) ajustarem outra época de pagamento que, entretanto, não poderá exceder de três meses (parágrafo único)[234].

A Súmula 340 do TST dispõe que "o empregado, sujeito a controle de horário, remunerado à base de comissões, tem direito ao adicional de, no mínimo, 50% (cinquenta por cento) pelo trabalho em horas extras, calculado sobre o valor-hora das comissões recebidas no mês, considerando-se como divisor o número de horas efetivamente trabalhadas".

Atualíssima se nos afigura a advertência de Martins Catharino:

"A percentagem das comissões deve ser estipulada de modo a permitir ao empregado ganhar, ao menos, o salário vital determinado por lei, no caso que este mínimo já não esteja assegurado pela percepção de parcela fixa contratual. Isto posto, se o comissionado não consegue fazer jus, graças aos negócios que encaminha e conclui, ao mínimo vital, o empregador será obrigado a pagá-lo por inteiro ou simplesmente completá-lo"[235].

De todo conveniente acentuar que a Constituição Federal de 1988 assegura a todo trabalhador o salário mínimo (art. 7º, IV).

c) Gorjetas

Extremamente controvertidas na doutrina, afirma José Martins Catharino que "as gorjetas possuem características originais, daí a multiplicidade de teorias sobre sua natureza jurídica, todas procurando enfrentar suas duas particularidades principais: a de estarem subordinadas à vontade dos clientes e a de serem pagas por eles, sujeitos ocasionais e estranhos à relação de emprego"[236].

Amauri Mascaro Nascimento sustenta que "a gorjeta forma ao lado de outros efeitos econômicos correspondentes ao preço do trabalho, que mantêm uma posição de acessoriedade com o salário, e cujas peculiaridades em nada prejudicam venham a ser conceituadas como prestação de natureza retributiva"[237].

Espontaneamente concedidas pelos clientes, ou cobradas compulsoriamente (o que é mais comum em restaurantes e cafés), a gorjeta é parte integrante da remuneração, como proclama a Súmula 354 do TST:

"As gorjetas, cobradas pelo empregador na nota de serviço ou oferecidas espontaneamente pelos clientes, integram a remuneração do empregado, não servindo de base de cálculo para as parcelas de aviso prévio, adicional noturno, horas extras e repouso semanal remunerado".

230. *Tratado Jurídico do Salário*, cit., p. 519, n. 360.
231. *Instituições de Direito do Trabalho*, cit., v. 1, p. 395.
232. *Comentários à CLT*, cit., p. 396.
233. *O Salário*, cit., p. 293.
234. *Vide* Legislação Complementar.
235. *Tratado Jurídico do Salário*, cit., p. 521.
236. *Tratado Jurídico do Salário*, cit., p. 550.
237. *O Salário*, cit., p. 231.

Estes últimos títulos, aviso prévio (art. 487), adicional noturno (art. 73), horas extras (art. 59) e repouso semanal (art. 7º da Lei n. 605/49), são remunerados com base no salário do trabalhador.

Extremamente elucidativo v. acórdão do Tribunal Regional do Trabalho da 2ª Região – São Paulo, da lavra do saudoso Magistrado Valentin Carrion:

"Gorjetas – Repercussão.

As gorjetas integram a remuneração (CLT, art. 457, *caput*); não o salário. A lei, ao enunciar cada instituto, indica sua base de cálculo: salário ou remuneração. Assim, as gorjetas se refletem no cálculo das férias, FGTS e gratificação natalina. Entretanto, tal não ocorre quanto ao adicional noturno, aviso prévio, horas extras e repouso semanal remunerado, que levam em conta o salário *stricto sensu*"[238].

Disciplinando devidamente a gorjeta, a Lei n. 13.419[239], estabeleceu as regras fundamentais para a observância dessa forma de remuneração.

Conceituando a gorjeta diz o art. 3º do diploma legal nominado:

"Considera-se gorjeta não só a importância espontaneamente dada pelo empregador como também o valor cobrado pela empresa, como serviço adicional, a qualquer título, e destinado à distribuição aos empregados".

A denominada gorjeta compulsória, assim considerada, aquela lançada pelo empresário na nota fiscal, tem sua destinação especificada, o que representa uma advertência a empregadores inescrupulosos, que não raras vezes apropriam-se dos respectivos valores, não distribuindo-os a seus empregados:

"a gorjeta não constitui receita própria dos empregadores, destina-se aos trabalhadores e será distribuída segundo critérios de custeio e de rateio definidos em convenção ou acordo coletivo de trabalho".

Na inexistência de convenção ou acordo coletivo o que normalmente ocorre com os pequenos empresários, a distribuição da gorjeta será definida mediante assembleia geral dos empregados.

Aos empregadores é facultado a retenção de vinte por cento pelas empresas inscritas em regime de tributação federal diferenciada e de trinta por cento às empresas não inscritas.

A gorjeta espontaneamente entregue ao empregado pelos clientes, terá seus critérios definidos em acordo ou em convenção coletiva.

A gorjeta será incorporada ao salário, se, e somente se, cobrada por mais de doze meses, se eventualmente suprimida pelo empresário.

A solução dada pela legislação implica atenção especial ao empregador, forçosamente obrigando-o a criar setor próprio para a administração da gorjeta, com visível fiscalização a ser exercida pelos respectivos sindicatos. É, contudo, uma forma moralizadora para que se dê à gorjeta uma verdadeira finalidade social, com manifesto propósito de delinear sua natureza jurídica, fixando-a como parte integrante da remuneração, como bem ressalta o *caput* do art. 457 da CLT.

d) Salário "in natura"

O salário pode ser pago somente em dinheiro; pode ser pago parte em dinheiro (no mínimo 30%) e em utilidades. Do que se deduz que as utilidades podem somar 70% do salário.

As utilidades normalmente fornecidas pelo empregador são habitação, alimentação e vestuário, por isso postas em destaque no art. 458. Não são, porém, as únicas, como deixa claro o dispositivo legal nominado: "... ou outras prestações *in natura* que a empresa, por força do contrato ou do costume, fornecer habitualmente ao empregado".

Nos termos do § 3º do art. 458, a habitação e a alimentação fornecidas pelo empregador como salário-utilidade não podem corresponder a mais de 25% e 20%, respectivamente, do *salário contratual*.

Para o trabalhador rural, o desconto por fornecimento de moradia é de 20%, e de alimentação 25%, sobre o salário mínimo – Lei n. 5.889, de 8-6-1973.

O vale-refeição fornecido pelo empregador por força do contrato de trabalho tem

238. TRT/SP, Processo n. 12.633/97, 9ª T., Ac. 15.893/98.
239. De 12 de março de 2017.

caráter salarial, integrando a remuneração do empregado para todos os efeitos legais – Súmula 241 do TST.

Já o vale-refeição, nos moldes do Programa de Alimentação do Trabalhador (Lei n. 6.321/76), não tem natureza salarial, não autorizando o desconto pelo empregador – OJ n. 133 da SDI-I do TST.

O *vale-transporte* utilizado para o deslocamento do empregado *residência-trabalho e vice-versa* não tem natureza salarial[240].

Não podem ser vistas como salário, não autorizando o desconto pelo empregador, as utilidades diretamente vinculadas às funções e indispensáveis à execução dos serviços, como a moradia cedida gratuitamente a zelador de edifício:

"I – A habitação, a energia elétrica e veículo fornecidos pelo empregador ao empregado, quando indispensáveis para a realização do trabalho, não têm natureza salarial, ainda que, no caso de veículo, seja ele utilizado pelo empregado também em atividades particulares. II – O cigarro não se considera salário-utilidade em face de sua nocividade à saúde". (Súmula 367 do TST).

e) *Ajuda de custo e outras verbas*

A *ajuda de custo* tem manifesta natureza indenizatória, objetivando reembolsar despesas extraordinárias realizadas no decorrer do trabalho.

Com efeito, a leitura do atual § 2º do art. 457 esclarece qualquer equívoco. O parágrafo em questão estabelece que as contraprestações que o empregador paga habitualmente não integram a remuneração do empregado, por conseguinte, não se incorporam ao contrato de trabalho, por não constituir base de cálculo – do fato gerador, trabalho –, para o pagamento de verbas previdenciárias, trabalhistas, tampouco incidência ao FGTS.

A Reforma Trabalhista/2017, alterou a redação do art. 457, § 2º da CLT, eliminando do âmbito da remuneração tanto a ajuda de custo quanto as diárias "que não se incorporam ao contrato de trabalho e não se constituem em base de incidência de qualquer encargo trabalhista e previdenciário".

Assim a ajuda de custo deixa de integrar a remuneração, qualquer que seja seu percentual, por isso, entendemos que restou prejudicada a redação da Súmula 101 do TST, que diz:

"Integram o salário, pelo seu valor total e para efeitos indenizatórios, as diárias de viagem que excedam a 50% (cinquenta por cento) do salário do empregado, enquanto perdurarem as viagens.

f) *Abonos*

Abono é, antes de tudo, um adiantamento em dinheiro, na maioria das vezes representando um *plus* concedido pelo empregador, considerando os mais diversos fatores: produtividade, assiduidade, etc., no que se assemelha ao *prêmio* – "salário vinculado a fatores de ordem pessoal do trabalhador"[241].

A nosso ver, o abono e o prêmio, concedidos por liberalidade do empregador, provada sua eventualidade, não podem ser considerados salário.

A Lei n. 13.467/2017, houve por bem retirar a natureza salarial da das gratificações propriamente ditas, tais como – abonos, diárias, prêmios, auxílio alimentação, auxílio médico, ajuda de custo, deixando claro que tais liberalidades não se incorporam aos contratos de trabalhos, e não incidem nos encargos trabalhistas e previdenciários, com isso, o empregador poderá agraciar seus empregados, sem se preocupar com os reflexos de tais generosidades.

Instituídos em acordo ou convenção coletiva, têm inequívoca natureza salarial:

Súmula 209 do STF:

"O salário-produção, como outras modalidades de salário-prêmio, é devido, desde que verificada a condição a que estiver subordinado e não pode ser suprimido unilateralmente pelo empregador, quando pago com habitualidade".

3. *Periodicidade de pagamento – retenção de salário*

O pagamento de salário deve ser realizado pelo empregador no período máximo de 30 dias (salvo as comissões de vendedores e

240. Lei n. 7.418, de 16-12-1985.

241. Amauri Mascaro Nascimento, *O Salário*, cit., p. 322.

pracistas, que podem ajustar com o patrão época diversa, respeitado o limite de três meses – Lei n. 3.207/57, art. 4º). O salário pago mensalmente deve ser efetuado no *quinto dia útil* do mês subsequente ao vencido.

"Súmula 381 – Correção monetária. Salário. Art. 459 da CLT. O pagamento dos salários até o 5º dia útil do mês subsequente ao vencido não está sujeito à correção monetária. Se essa data limite for ultrapassada, incidirá o índice da correção monetária do mês subsequente ao da prestação dos serviços, a partir do dia 1º".

A retenção do salário de forma dolosa é crime, segundo o art. 7º, X, da CF – "proteção ao salário na forma da lei, constituindo crime sua retenção dolosa".

Dolo, como se sabe, é meio artificioso (*dolus*: astúcia; manha; ardil; engano; insídia[242]).

A retenção dolosa é aquela feita com propósito predeterminado, com a intenção de prejudicar o empregado.

Não tem esse caráter a retenção autorizada pelo art. 487, § 2º, da CLT, na falta de aviso prévio por parte do empregado.

4. Arbitramento e equiparação salarial

a) Arbitramento

O art. 460 da CLT estabelece critério para se fixar o salário quando não hajam as partes (empregado e empregador) convencionado expressamente seu valor, inexistindo, outrossim, qualquer prova nesse sentido.

Na ausência de quaisquer elementos orientadores, terá o empregado direito a perceber salário igual ao daquele que, na mesma empresa, execute serviços idênticos, ou do que for habitualmente pago para serviços semelhantes.

Em qualquer circunstância, há de ser observado o salário mínimo (CF/88, art. 7º, IV).

b) Equiparação salarial

A CF/88 proclama o princípio da *isonomia salarial*, vedando expressamente diferença e discriminação nesse âmbito:

"Art. 7º São direitos dos trabalhadores...:

XXX – proibição de diferença de salários, de exercício de funções e de critério de admissão por motivo de sexo, idade, cor ou estado civil;

XXXI – proibição de qualquer discriminação no tocante a salário e critérios de admissão do trabalhador portador de deficiência".

Manifestamente recepcionado pela Carta Magna, o art. 461 consagra idêntico princípio – "sendo idêntica a função, a todo trabalho de igual valor, prestado ao mesmo empregador, na mesma localidade, corresponderá igual salário sem distinção de sexo, nacionalidade ou idade".

Os pressupostos fundamentais à equiparação salarial são os seguintes:

a) *identidade de funções*, ou seja, serviços idênticos, trabalho igual. Exercício das mesmas tarefas;

b) *trabalho de igual valor* é aquele desenvolvido com igual produtividade e mesma perfeição técnica;

c) *mesmo empregador* – nos termos do art. 2º da CLT, empregador é a empresa individual ou coletiva;

d) tempo de serviço entre o empregado e o paradigma até 4 anos, para o mesmo empregador;

e) diferença de tempo de serviço na função não superior a 2 anos;

f) o quadro de carreira afasta o quadro de equiparação.

Os Tribunais Regionais do Trabalho e o TST, por ausência de lei específica, aplicavam a Súmula 6, I, do TST, com a seguinte redação:

"Para os fins previstos no § 2º do art. 461 da CLT, só é válido o quadro de pessoal organizado em carreira quando homologado pelo Ministério do Trabalho, excluindo-se, apenas, dessa exigência o quadro de carreira das entidades de direito público da administração direta, autárquica e fundacional aprovado por ato administrativo da autoridade competente".

A *diferença de 2 anos nas funções* igualmente afasta a equiparação salarial. Advirta-se, pois, conquanto fale em *tempo de serviço não superior a 2 anos*, jurisprudência sumulada do TST deixa claro tratar-se de tempo de serviço nas funções:

242. Francisco Torrinha, *Dicionário Latino-Português*, cit., p. 269.

Súmula 6, II, do TST:

"Para efeito de equiparação de salários em caso de trabalho igual, conta-se o tempo de serviço na função e não no emprego".

5. Descontos nos salários: descontos por dano ou por culpa do empregado

O art. 462 da CLT contém disposições que objetivam *proteger o salário*, proteção atualmente erigida em postulado constitucional, de molde a vedar descontos salariais indevidos:

a) Admitem-se apenas os descontos que resultem de adiantamentos (vales, por exemplo), ou que decorram de lei ou de acordo ou convenção coletiva; são admitidos descontos pelo fornecimento de utilidades, tais como moradia, alimentação, etc.; contribuição sindical; faltas injustificadas; contribuições previdenciárias; imposto de renda na fonte; retenção pelo não fornecimento de aviso prévio pelo empregado, entre outros.

b) Não se admite que o empregador forneça, em lugar de dinheiro, autorização por escrito para o consumo, em armazéns de propriedade deste, de produtos e bens que necessite o trabalhador, prática não raras vezes utilizada por fazendeiros, no interior do País, e que se nos afigura caso típico de crime contra o organização do trabalho, segundo o disposto no art. 203 do Código Penal – *frustração de direito assegurado por lei trabalhista*.

Descontos por dolo ou culpa

São admitidos descontos salariais por prejuízos causados pelo empregado, quando este tenha agido com *dolo*, intenção predeterminada de causar avarias, por exemplo, o motorista de um ônibus que, propositadamente, provoque abalroamentos, causando, com isso, perdas ao empregador.

A *culpa*, que decorre da *imprudência, imperícia* ou *negligência*, provocando lesão não desejada pelo empregador, só autoriza descontos salariais, como forma de ressarcimento de prejuízos, quando expressamente prevista no contrato de trabalho.

É óbvio que tanto o *dolo* quanto a *culpa* do empregado devem ser sobejamente demonstrados, ainda mesmo quando, na hipótese de culpa, o desconto esteja previsto no contrato de trabalho:

"Tendo em vista o princípio constitucional da irredutibilidade salarial (art. 7º, VI, da CF) e seu reflexo no disposto no art. 462 da CLT, tem-se por lógico o entendimento de que, em caso de dano causado pelo empregado, o desconto será lícito, desde que esta possibilidade tenha sido estipulada em contrato coletivo ou na ocorrência de dolo. É a interpretação que melhor se ajusta ao § 1º, em consonância com os elementos mencionados"[243].

6. Prova do pagamento de salário

O art. 464 da CLT deixa claro que a prova, por excelência, do pagamento de salário é o recibo – "o pagamento do salário deverá ser efetuado contra recibo".

Em se tratando de empregado analfabeto, válida sua impressão digital, admitindo-se assinatura a rogo, assim denominada aquela aposta em documento, a pedido de analfabeto.

Nos termos do art. 439 da CLT, é lícito ao menor firmar recibo de salário. Somente o recibo de quitação do contrato de trabalho pressupõe a assinatura de seus responsáveis.

Objetivando dar segurança às empresas e, também, aos empregados, admite-se o depósito bancário dos salários em conta aberta em nome destes últimos. O comprovante do depósito equivale ao recibo de salário[244].

7. Parte incontroversa das verbas rescisórias – pagamento em audiência

Ocorrendo rescisão do contrato de trabalho (qualquer que seja a causa do rompimento), na eventualidade de o empregado ingressar em juízo com ação trabalhista, o empregador deve, na primeira audiência, efetuar o pagamento das verbas rescisórias incontroversas – "sob pena de pagá-las acrescidas de cinquenta por cento".

É o que dispõe o art. 467 da CLT:

"Em caso de rescisão de contrato de trabalho, havendo controvérsia sobre o montante das verbas rescisórias, o empregador é obrigado a pagar ao trabalhador, à data do comparecimento à Justiça do Trabalho, a parte incontroversa

243. TST, RR 60.680/92.5, 3ª T., Acórdão n. 4.598/93, Rel. Min. Manoel Mendes de Freitas.
244. Lei n. 9.528/97.

dessas verbas, sob pena de pagá-las acrescidas de cinquenta por cento".

Observe-se que a antiga redação falava em "partes incontroversas do salário". A atual redação refere-se às *verbas rescisórias*.

Qual o alcance ou o sentido de "verbas rescisórias"? Normalmente se entende como tal o aviso prévio, férias e 13º salário proporcionais e depósitos fundiários com a respectiva multa.

Contudo, é de observar que a nova redação fala em caso de *rescisão*, em sentido amplo, para abranger, pois, todas as hipóteses de rompimento do contrato de trabalho.

Na ocorrência de rescisão por iniciativa do empregado, não há falar em aviso prévio ou levantamento dos depósitos fundiários, o que nos faz concluir que por verbas rescisórias se há de entender aquilo que é *incontroversamente devido pelo empregador*, sejam as verbas ditas rescisórias (acima enumeradas), seja o simples saldo salarial, ou, ainda, outros valores que sejam efetiva e claramente devidos pelo empregador.

Incontroverso é aquilo que não está sujeito a dúvida; que é *certíssimo*; incontestável.

Em um primeiro momento, oferecida a contestação, havendo discrepância de valores, incontroverso só será aquilo que o empregador confessar efetivamente devido. É de considerar o usual abuso nas pretensões contidas nas iniciais, com postulação de valores que jamais seriam devidos, não só em razão do salário do obreiro como pelo tempo de serviço, prática infelizmente constante, que observamos várias, inúmeras vezes, ao longo de 25 anos como juiz presidente de Juntas de Conciliação e Julgamento.

Assim, em princípio, incontroverso é aquilo que o empregador confessa ser devido, salvo a hipótese, controvertida, de o juiz, de ofício, e desde logo, fixar os valores que entenda incontroversos.

Ressalte-se que a disposição sob comento não se aplica à União, Estados, Municípios, autarquias e fundações públicas.

O art. 467 da CLT e a massa falida

Sempre sustentamos ser indevida a *dobra salarial* na ocorrência de falência do empregador[245]. É que, decretada a quebra, a atividade empresarial, normalmente, é encerrada quando o empresário é substituído pelo síndico.

Sujeito às regras disciplinadoras do processo falimentar (apuração do ativo, levantamento dos credores e posterior liquidação do passivo), não pode o síndico efetuar qualquer pagamento quando não haja numerário, tampouco sem autorização do juízo da falência.

E dinheiro em caixa só haverá se houver venda antecipada de bens, que prescinde de autorização judicial.

Em razão de tais aspectos é que não se pode condenar a massa falida no pagamento da dobra salarial, da mesma forma por que está a massa isenta do depósito recursal, a teor do que dispõe a Súmula 86 do TST:

"Não ocorre deserção de recurso da massa falida por falta de pagamento de custas ou de depósito do valor da condenação. Esse privilégio, todavia, não se aplica à empresa em liquidação extrajudicial".

Pelos mesmos motivos, não pode haver condenação da dobra salarial:

"Súmula 388 do TST. Massa falida. Arts. 467 e 477 da CLT. Inaplicabilidade. A massa falida não se sujeita à penalidade do art. 467 nem à multa do § 8º do art. 477, ambos da CLT".

▶ Jurisprudência

▷ **Súmula 6 do TST. Equiparação salarial. Art. 461 da CLT.**
I – Para os fins previstos no § 2º do art. 461 da CLT, só é válido o quadro de pessoal organizado em carreira quando homologado pelo Ministério do Trabalho, excluindo-se, apenas, dessa exigência o quadro de carreira das entidades de direito público da administração direta, autárquica e fundacional aprovado por ato administrativo da autoridade competente. II – Para efeito de equiparação de salários em caso de trabalho igual, conta-se o tempo de serviço

245. *Vide* nosso *Os Direitos Trabalhistas na Falência e Concordata do Empregador*, cit.

na função e não no emprego. III – A equiparação salarial só é possível se o empregado e o paradigma exercerem a mesma função, desempenhando as mesmas tarefas, não importando se os cargos têm, ou não, a mesma denominação. IV – É desnecessário que, ao tempo da reclamação sobre equiparação salarial, reclamante e paradigma estejam a serviço do estabelecimento, desde que o pedido se relacione com situação pretérita. V – A cessão de empregados não exclui a equiparação salarial, embora exercida a função em órgão governamental estranho à cedente, se esta responde pelos salários do paradigma e do reclamante. VI – Presentes os pressupostos do art. 461 da CLT, é irrelevante a circunstância de que o desnível salarial tenha origem em decisão judicial que beneficiou o paradigma, exceto: *a*) se decorrente de vantagem pessoal ou de tese jurídica superada pela jurisprudência de Corte Superior; *b*) na hipótese de equiparação salarial em cadeia, suscitada em defesa, se o empregador produzir prova do alegado fato modificativo, impeditivo ou extintivo do direito à equiparação salarial em relação ao paradigma remoto, considerada irrelevante, para esse efeito, a existência de diferença de tempo de serviço na função superior a dois anos entre o reclamante e os empregados paradigmas componentes da cadeia equiparatória, à exceção do paradigma imediato. VII – Desde que atendidos os requisitos do art. 461 da CLT, é possível a equiparação salarial de trabalho intelectual, que pode ser avaliado por sua perfeição técnica, cuja aferição terá critérios objetivos. VIII – É do empregador o ônus da prova do fato impeditivo, modificativo ou extintivo da equiparação salarial. IX – Na ação de equiparação salarial, a prescrição é parcial e só alcança as diferenças salariais vencidas no período de 5 (cinco) anos que precedeu o ajuizamento. X – O conceito de "mesma localidade" de que trata o art. 461 da CLT refere-se, em princípio, ao mesmo município, ou a municípios distintos que, comprovadamente, pertençam à mesma região metropolitana.

▷ **Súmula 13 do TST. Mora.** O só pagamento dos salários atrasados em audiência não elide a mora capaz de determinar a rescisão do contrato de trabalho.

▷ **Súmula 19 do TST. Quadro de carreira** (mantida). A Justiça do Trabalho é competente para apreciar reclamação de empregado que tenha por objeto direito fundado em quadro de carreira.

▷ **Súmula 27 do TST. Comissionista.** É devida a remuneração do repouso semanal e dos dias feriados ao empregado comissionista, ainda que pracista.

▷ **Súmula 63 do TST. Fundo de garantia** (mantida). A contribuição para o Fundo de Garantia do Tempo de Serviço incide sobre a remuneração mensal devida ao empregado, inclusive horas extras e adicionais eventuais.

▷ **Súmula 69 do TST. Rescisão do contrato. Nova redação.** A partir da Lei n. 10.272, de 5-9-2001, havendo rescisão do contrato de trabalho e sendo revel e confesso quanto à matéria de fato, deve ser o empregador condenado ao pagamento das verbas rescisórias, não quitadas na primeira audiência, com acréscimo de 50% (cinquenta por cento).

▷ **Súmula 84 do TST. Adicional regional** (nova redação) – Res. 121/2003, *DJ* 21-11-2003. O adicional regional, instituído pela Petrobras, não contraria o art. 7º, XXXII, da CF/1988.

▷ **Súmula 86 do TST. Deserção. Massa falida.** Não ocorre deserção de recurso da massa falida por falta de pagamento de custas ou de depósito do valor da condenação. Esse privilégio, todavia, não se aplica à empresa em liquidação extrajudicial.

▷ **Súmula 101 do TST. Diárias de viagem. Salário.** Integram o salário, pelo seu valor total e para efeitos indenizatórios, as diárias de viagem que excedam a 50% (cinquenta por cento) do salário do empregado, enquanto perdurarem as viagens.

▷ **Súmula 115 do TST. Horas extras. Gratificações semestrais** (nova redação) - Res. 121/2003, *DJ* 21-11-2003. O valor das horas extras habituais integra a remuneração do trabalhador para o cálculo das gratificações semestrais.

▷ **Súmula 127 do TST. Quadro de carreira.** Quadro de pessoal organizado em carreira, aprovado pelo órgão competente, excluída

a hipótese de equiparação salarial, não obsta reclamação fundada em preterição, enquadramento ou reclassificação.

▷ **Súmula 148 do TST. Gratificação natalina** (mantida) – Res. 121/2003, *DJ* 21-11-2003. É computável a gratificação de Natal para efeito de cálculo de indenização (ex-Prejulgado n. 20).

▷ **Súmula 152 do TST. Gratificação. Ajuste tácito** (mantida) – Res. 121/2003, *DJ* 21-11-2003. O fato de constar do recibo de pagamento de gratificação o caráter de liberalidade não basta, por si só, para excluir a existência de ajuste tácito (ex-Prejulgado n. 25).

▷ **Súmula 159 do TST. Substituição de caráter não eventual e vacância do cargo** (incorporada a Orientação Jurisprudencial n. 112 da SBDI-1) – Res. 129/2005, *DJ* 25-4-2005. I – Enquanto perdurar a substituição que não tenha caráter meramente eventual, inclusive nas férias, o empregado substituto fará jus ao salário contratual do substituído. (ex-Súmula 159); II – Vago o cargo em definitivo, o empregado que passa a ocupá-lo não tem direito a salário igual ao do antecessor. (ex-OJ n. 112 da SBDI-I)

▷ **Súmula 173 do TST. Salário. Empresa. Cessação de atividades.** Extinto, automaticamente, o vínculo empregatício com a cessação das atividades da empresa, os salários só são devidos até a data da extinção. Ex-Prejulgado n. 53.

▷ **Súmula 202 do TST. Gratificação por tempo de serviço. Compensação** (mantida) – Res. 121/2003, *DJ* 21-11-2003. Existindo, ao mesmo tempo, gratificação por tempo de serviço outorgada pelo empregador e outra da mesma natureza prevista em acordo coletivo, convenção coletiva ou sentença normativa, o empregado tem direito a receber, exclusivamente, a que lhe seja mais benéfica.

▷ **Súmula 203 do TST. Gratificação por tempo de serviço. Natureza salarial.** A gratificação por tempo de serviço integra o salário para todos os efeitos legais.

▷ **Súmula 225 do TST.** REPOUSO SEMANAL. CÁLCULO. GRATIFICAÇÕES POR TEMPO DE SERVIÇO E PRODUTIVIDADE (mantida) – Res. 121/2003, *DJ* 21-11-2003. As gratificações por tempo de serviço e produtividade, pagas mensalmente, não repercutem no cálculo do repouso semanal remunerado.

▷ **Súmula 226 do TST.** BANCÁRIO. GRATIFICAÇÃO POR TEMPO DE SERVIÇO. INTEGRAÇÃO NO CÁLCULO DAS HORAS EXTRAS (mantida) – Res. 121/2003, *DJ* 21-11-2003. A gratificação por tempo de serviço integra o cálculo das horas extras.

▷ **Súmula 241 do TST. Salário-utilidade. Alimentação.** O vale para refeição, fornecido por força do contrato de trabalho, tem caráter salarial, integrando a remuneração do empregado, para todos os efeitos legais.

▷ **Súmula 242 do TST. Indenização adicional. Valor.** A indenização adicional, prevista no art. 9º das Leis n. 6.708/79 e 7.238/84, corresponde ao salário mensal, no valor devido à data da comunicação do despedimento, integrado pelos adicionais legais ou convencionados, ligados à unidade de tempo mês, não sendo computável a gratificação natalina.

▷ **Súmula 247 do TST. Quebra de caixa. Natureza jurídica.** A parcela paga aos bancários sob a denominação "quebra de caixa" possui natureza salarial, integrando o salário do prestador de serviços, para todos os efeitos legais.

▷ **Súmula 253 do TST. Gratificação semestral. Repercussões**
A gratificação semestral não repercute no cálculo das horas extras, das férias e do aviso prévio, ainda que indenizados. Repercute, contudo, pelo seu duodécimo na indenização por antiguidade e na gratificação natalina.

▷ **Súmula 258 do TST. Salário-utilidade. Percentuais. Nova redação.** Os percentuais fixados em lei relativos ao salário *in natura* apenas se referem às hipóteses em que o empregado percebe salário mínimo, apurando-se, nas demais o real valor da utilidade.

▷ **Súmula 264 do TST. Hora suplementar. Cálculo** (mantida) – Res. 121/2003, *DJ* 21-11-2003. A remuneração do serviço suplementar é composta do valor da hora normal, integrado por parcelas de natureza salarial e acrescido do adicional previsto em lei, contrato, acordo, convenção coletiva ou sentença normativa.

▷ **Súmula 318 do TST. Diárias. Base de cálculo para sua integração ao salário.** Tratando-se de empregado mensalista, a integração das diárias ao salário deve ser feita tomando-se por base o salário mensal por ele percebido, e não o salário-dia, somente sendo devida a referida integração quando o valor das diárias, no mês, for superior à metade do salário mensal.

▷ **Súmula 340 do TST. Comissionista. Horas extras. Nova redação.** O empregado, sujeito a controle de horário, remunerado à base de comissões, tem direito ao adicional de, no mínimo, 50% (cinquenta por cento) pelo trabalho em horas extras, calculado sobre o valor-hora das comissões recebidas no mês, considerando-se como divisor o número de horas efetivamente trabalhadas.

▷ **Súmula 342 do TST. Descontos salariais. Art. 462, CLT.** Descontos salariais efetuados pelo empregador, com a autorização prévia e por escrito do empregado, para serem integrados em planos de assistência odontológica, médico-hospitalar, de seguro, de previdência privada, ou de entidade cooperativa, cultural ou recreativa associativa dos seus trabalhadores, em seu benefício e dos seus dependentes, não afrontam o disposto no art. 462 da CLT, salvo se ficar demonstrada a existência de coação ou de outro defeito que vicie o ato jurídico.

▷ **Súmula 348 do TST. Aviso prévio. Concessão na fluência da garantia de emprego. Invalidade** (mantida) – Res. 121/2003, DJ 21-11-2003. É inválida a concessão do aviso prévio na fluência da garantia de emprego, ante a incompatibilidade dos dois institutos.

▷ **Súmula 354 do TST. Gorjetas. Natureza jurídica. Repercussões. Revisão do Enunciado n. 290.** As gorjetas, cobradas pelo empregador na nota de serviço ou oferecidas espontaneamente pelos clientes, integram a remuneração do empregado, não servindo de base de cálculo para as parcelas de aviso prévio, adicional noturno, horas extras e repouso semanal remunerado.

▷ **Súmula 367 do TST. Utilidades *in natura*. Habitação. Energia elétrica. Veículo. Cigarro. Não integração ao salário.**
I – A habitação, a energia elétrica e veículo fornecidos pelo empregador ao empregado, quando indispensáveis para a realização do trabalho, não têm natureza salarial, ainda que, no caso de veículo, seja ele utilizado pelo empregado também em atividades particulares.
II – O cigarro não se considera salário-utilidade em face de sua nocividade à saúde.

▷ **Súmula 381 do TST. Correção monetária. Salário. Art. 459 da CLT.**
O pagamento dos salários até o 5º dia útil do mês subsequente ao vencido não está sujeito à correção monetária. Se essa data limite for ultrapassada, incidirá o índice da correção monetária do mês subsequente ao da prestação dos serviços, a partir do dia 1º.

▷ **Súmula 388 do TST. Massa falida. Arts. 467 e 477 da CLT. Inaplicabilidade** (conversão das Orientações Jurisprudenciais n. 201 e 314 da SBDI-1) – Res. 129/2005, DJ 20, 22 e 25-4-2005. A Massa Falida não se sujeita à penalidade do art. 467 e nem à multa do § 8º do art. 477, ambos da CLT. (ex-Ojs da SBDI-1 n. 201 - DJ 11-8-2003 – e 314 – DJ 8-11-2000)

▷ **Súmula 455 do TST. Equiparação salarial. Sociedade de economia mista. Art. 37, XIII, da CF/1988. Possibilidade.**
À sociedade de economia mista não se aplica a vedação à equiparação prevista no art. 37, XIII, da CF/1988, pois, ao admitir empregados sob o regime da CLT, equipara-se a empregador privado, conforme disposto no art. 173, § 1º, II, da CF/1988.

▷ **Súmula 202 do STF.** Na equiparação de salário, em caso de trabalho igual, toma-se em conta o tempo de serviço na função, e não no emprego.

▷ **Súmula 207 do STF.** As gratificações habituais, inclusive a de Natal, consideram-se tacitamente convencionadas, integrando o salário.

▷ **Súmula 209 do STF.** O salário-produção, como outras modalidades de salário-prêmio, é devido, desde que verificada a condição a que estiver subordinado, e não pode ser suprimido unilateralmente pelo empregador, quando pago com habitualidade.

▷ **Súmula 459 do STF.** No cálculo da indenização por despedida injusta, incluem-se os adicionais, ou gratificações, que, pela habitualidade, se tenham incorporado ao salário.

▷ **OJ n. 125 da SDI-1 do TST. Desvio de função. Quadro de carreira.** O simples desvio funcional do empregado não gera direito a novo enquadramento, mas apenas às diferenças salariais respectivas, mesmo que o desvio de função haja iniciado antes da vigência da CF/1988.

▷ **OJ n. 133 da SDI-1 do TST. Ajuda-alimentação. PAT. Lei n. 6.321/76. Não integração ao salário.** A ajuda-alimentação fornecida por empresa participante do programa de alimentação ao trabalhador, instituído pela Lei n. 6.321/76, não tem caráter salarial. Portanto, não integra o salário para nenhum efeito legal.

▷ **OJ n. 159 da SDI-1 do TST. Data de pagamento. Salários. Alteração.** Diante da inexistência de previsão expressa em contrato ou em instrumento normativo, a alteração de data de pagamento pelo empregador não viola o art. 468, desde que observado o parágrafo único do art. 459, ambos da CLT.

▷ **OJ n. 181 da SDI-1 do TST. Comissões. Correção monetária. Cálculo.** O valor das comissões deve ser corrigido monetariamente para em seguida obter-se a média para efeito de cálculo de férias, 13º salário e verbas rescisórias.

▷ **OJ n. 251 da SDI-1 do TST. Descontos. Frentista. Cheques sem fundos.** É lícito o desconto salarial referente à devolução de cheques sem fundos, quando o frentista não observar as recomendações previstas em instrumento coletivo.

▷ **OJ n. 235 da SDI-1 do TST. Horas extras. Salário por produção.** O empregado que recebe salário por produção e trabalha em sobrejornada tem direito à percepção apenas do adicional de horas extras, exceto no caso do empregado cortador de cana, a quem é devido o pagamento das horas extras e do adicional respectivo.

▷ **OJ n. 383 da SDI-1 do TST. Terceirização. Empregados da empresa prestadora de serviços e da tomadora. Isonomia. Art. 12, *a*, da Lei n. 6.019, de 3-1-1974.** (mantida) – Res. 175/2011, *DEJT* divulgado em 27, 30 e 31-5-2011. A contratação irregular de trabalhador, mediante empresa interposta, não gera vínculo de emprego com ente da Administração Pública, não afastando, contudo, pelo princípio da isonomia, o direito dos empregados terceirizados às mesmas verbas trabalhistas legais e normativas asseguradas àqueles contratados pelo tomador dos serviços, desde que presente a igualdade de funções. Aplicação analógica do art. 12, *a*, da Lei n. 6.019, de 3-1-1974.

▷ **OJ n. 397 da SDI-1 do TST. Comissionista misto. Horas extras. Base de cálculo. Aplicação da súmula 340 do TST.** O empregado que recebe remuneração mista, ou seja, uma parte fixa e outra variável, tem direito a horas extras pelo trabalho em sobrejornada. Em relação à parte fixa, são devidas as horas simples acrescidas do adicional de horas extras. Em relação à parte variável, é devido somente o adicional de horas extras, aplicando-se à hipótese o disposto na Súmula 340 do TST.

▷ **OJ n. 413 da SDI-1 do TST. Auxílio-alimentação. Alteração da natureza jurídica.** Norma coletiva ou adesão ao PAT. A pactuação em norma coletiva conferindo caráter indenizatório à verba "auxílio-alimentação" ou a adesão posterior do empregador ao Programa de Alimentação do Trabalhador – PAT – não altera a natureza salarial da parcela, instituída anteriormente, para aqueles empregados que, habitualmente, já percebiam o benefício, a teor das Súmulas 51, I e 241 do TST.

▷ **OJ n. 18 da SDC do TST. Descontos autorizados no salário pelo trabalhador. Limitação máxima de 70% do salário-base.** Os descontos efetuados com base em cláusula de acordo firmado entre as partes não podem ser superiores a 70% do salário-base percebido pelo empregado, pois deve-se assegurar um mínimo de salário em espécie ao trabalhador.

▷ **Precedente Normativo n. 14 do TST. Desconto no salário** (positivo). Proíbe-se o desconto no salário do empregado dos valores de cheques não compensados ou sem fundos, salvo se não cumprir as resoluções da empresa.

▷ **Precedente Normativo n. 58 do TST. Salário. Pagamento ao analfabeto** (positivo). O pagamento de salário ao empregado analfabeto deverá ser efetuado na presença de 2 (duas) testemunhas.

▷ **Precedente Normativo n. 65 do TST. Empregado rural. Pagamento de salário** (positivo). O pagamento do salário será efetuado em moeda corrente e no horário de serviço, para isso permitido o seu prolongamento até duas horas após o término da jornada de trabalho.

▷ **Precedente Normativo n. 67 do TST. Remuneração por produção** (positivo). Quando o serviço for contratado por produção, a remuneração não poderá ser inferior à diária correspondente ao salário normativo.

▷ **Precedente Normativo n. 72 do TST. Multa. Atraso no pagamento de salário** (positivo). Estabelece-se multa de 10% sobre o saldo salarial, na hipótese de atraso no pagamento de salário até 20 dias, e de 5% por dia no período subsequente.

▷ **Precedente Normativo n. 93 do TST. Comprovante de pagamento** (positivo). O pagamento do salário será feito mediante recibo, fornecendo-se cópia ao empregado, com a identificação da empresa, e do qual constarão a remuneração, com a discriminação das parcelas, a quantia líquida paga, os dias trabalhados ou o total da produção, as horas extras e os descontos efetuados, inclusive para a Previdência Social, e o valor correspondente ao FGTS.

▷ **Precedente Normativo n. 97 do TST. Proibição de estorno de comissões** (positivo). Ressalvada a hipótese prevista no art. 7º da Lei n. 3.207/57, fica vedado às empresas o desconto ou estorno das comissões do empregado, incidentes sobre mercadorias devolvidas pelo cliente, após a efetivação da venda.

▷ **Precedente Normativo n. 117 do TST. Pagamento do salário com cheque** (positivo). Se o pagamento do salário for feito em cheque, a empresa dará ao trabalhador o tempo necessário para descontá-lo, no mesmo dia.

▷ **Precedente Normativo n. 118 do TST. Quebra de material** (negativo). Não se permite o desconto salarial por quebra de material, salvo nas hipóteses de dolo ou recusa de apresentação dos objetos danificados, ou, ainda, havendo previsão contratual, de culpa comprovada do empregado.

▷ **"Agravo em agravo de instrumento em recurso de revista em face de decisão publicada na vigência da Lei n. 13.015/2014. Instrução Normativa n. 40 do TST. Responsabilidade civil do empregador. Danos morais causados ao empregado. Caracterização. Atos lesivos à honra da trabalhadora.** A responsabilidade civil do empregador pela reparação decorrente de danos morais causados ao empregado pressupõe a existência de três requisitos, quais sejam: a conduta (culposa, em regra), o dano propriamente dito (violação aos atributos da personalidade) e o nexo causal entre esses dois elementos. O primeiro é a ação ou omissão de alguém que produz consequências às quais o sistema jurídico reconhece relevância. É certo que esse agir de modo consciente é ainda caracterizado por ser contrário ao Direito, daí falar-se que, em princípio, a responsabilidade exige a presença da conduta culposa do agente, o que significa ação inicialmente de forma ilícita e que se distancia dos padrões socialmente adequados, muito embora possa haver o dever de ressarcimento dos danos, mesmo nos casos de conduta lícita. O segundo elemento é o dano que, nas palavras de Sérgio Cavalieri Filho, consiste na "[...] subtração ou diminuição de um bem jurídico, qualquer que seja a sua natureza, quer se trate de um bem patrimonial, quer se trate de um bem integrante da própria personalidade da vítima, como a sua honra, a imagem, a liberdade etc. Em suma, dano é lesão de um bem jurídico, tanto patrimonial como moral, vindo daí a conhecida divisão do dano em patrimonial e moral". Finalmente, o último elemento é o nexo causal, a consequência que se afirma existir e a causa que a provocou; é o encadeamento dos acontecimentos derivados da ação humana e os efeitos por ela gerados. No caso dos autos, o quadro fático registrado pelo Tribunal Regional revela que o preposto da ré praticou atos ofensivos à honra da autora. Para tanto, ressaltou que "... restou confirmado pela prova oral que houve o boato de que a reclamante estava grávida do (...). Muito embora a testemunha da ré tenha negado ter partido dela a origem dos boatos, as demais testemunhas foram

uníssonas em confirmar tal fato. Destarte, restam sobejamente provados pelas testemunhas da autora os fatos narrados na peça inicial, que caracterizam assédio moral e inaceitável ofensa à dignidade e à honra da trabalhadora". Evidenciado o dano, assim como a conduta culposa do empregador e o nexo causal entre ambos, deve ser mantido o acórdão regional que condenou a ré a indenizá-lo. Agravo conhecido e não provido. **Danos morais. Valor da indenização. Doença ocupacional. Ausência de concessão de auxílio-doença acidentário. Estabilidade provisória. Ausência de comprovação do efetivo prequestionamento. Requisito previsto no art. 896, § 1º-A, I, da CLT.** Em sede de recurso de revista, a parte deve, obrigatoriamente, transcrever, ou destacar (sublinhar/negritar), o fragmento da decisão recorrida que revele a resposta do tribunal de origem sobre a matéria objeto do apelo; ou seja, o ponto específico da discussão, contendo as principais premissas fáticas e jurídicas do acórdão regional acerca do tema invocado no apelo. Referido procedimento não foi atendido, conforme imposto pelo art. 896, § 1º-A, I, da CLT. Agravo conhecido e não provido. **Honorários periciais. Responsabilidade. Valor arbitrado.** No que se refere à condenação ao pagamento de honorários periciais, o art. 790-B da CLT positiva que a responsabilidade pelo pagamento é da parte sucumbente na pretensão objeto da perícia, salvo se beneficiária da Justiça Gratuita. Mantida a sentença que reconheceu o direito da parte autora à indenização por danos morais, tem-se por confirmada a sucumbência da ré. Quanto ao montante arbitrado, o Tribunal Regional, em avaliação ao trabalho elaborado pelo perito e com base na complexidade da demanda, fixou o valor a título de honorários em R$ 2.000,00. O arbitramento observou, assim, parâmetros objetivos, não havendo de se falar em desproporcionalidade entre o trabalho prestado e o *quantum* deferido. Agravo conhecido e não provido. **Julgamento extra petita. Nulidade da sentença. Obrigação de fazer fixada de ofício. Determinação de realização de curso de prevenção à prática de assédio moral.**

Para novo exame da matéria, dá-se provimento ao agravo para determinar o processamento do agravo de instrumento. **Agravo de instrumento em recurso de revista em face de decisão publicada na vigência da Lei n. 13.015/2014. Instrução Normativa n. 40 do TST. Julgamento extra petita. Nulidade da sentença. Obrigação de fazer de ofício. Determinação de realização de curso de prevenção à prática de assédio moral.** Agravo de instrumento a que se dá provimento para determinar o processamento do recurso de revista, em face de haver sido demonstrada possível afronta aos arts. 141 e 492 do CPC. **Recurso de revista em face de decisão publicada na vigência da Lei n. 13.015/2014. Instrução normativa n. 40 do TST. Julgamento extra petita. Nulidade da sentença. Obrigação de fazer fixada de ofício. Determinação de realização de curso de prevenção à prática de assédio moral**. I – Na imposição à empregadora de propiciar a realização de "palestra ou de curso sobre assédio moral no emprego de no mínimo duas horas de duração, com a distribuição de apostilas do assunto confeccionadas pelo Ministério do Trabalho e Emprego, a todos os empregados, encarregados e diretores" há uma efetiva condenação, com o agravante de ser uma condenação que transcende às próprias partes dessa ação. Quer dizer, vai além da postulação da reclamante para atingir terceiros não integrantes da lide. II – No caso, a parte reclamante pleiteou indenizações em face de assédio moral no trabalho e, decidida a controvérsia, o Magistrado, de ofício, condenou a parte reclamada em obrigação de fazer, que alcança da diretoria ao chão de fábrica, desbordando dos limites da lide. A propósito, entendendo ser o caso, o Magistrado dispõe de opções para tornar efetiva uma medida equivalente, pois examinando a lesão, acaso perceba que ela tem uma abrangência de cunho coletivo dentro da empresa, poderia oficiar ao Ministério Público para apuração e o Ministério Público poderia pedir os procedimentos de cunho sancionatório ou pedagógico, de modo a corrigir a lesão, não podendo o Magistrado, de ofício se antecipar a essas medidas. III

– A referida condenação configura violação direta dos arts. 141 e 492 do CPC de 2015, porque decidiu fora dos limites pedidos pela reclamante, dos quais se defendeu a parte reclamada. IV – Recurso de revista conhecido e provido" (RR-1093-36.2013.5.15.0119, 7ª Turma, Redator Ministro Evandro Pereira Valadão Lopes, *DEJT* 30-6-2021).

▷ **Danos morais. Atraso no pagamento das verbas rescisórias. Ausência de comprovação de dano efetivo. Indenização indevida. Transcendência política reconhecida conhecimento e provimento.** I – A jurisprudência desta Corte firmou o entendimento de que a ausência de regular quitação das verbas rescisórias, por si só, não dá ensejo à indenização por danos morais, quando não comprovado o efetivo dano sofrido pelo empregado. II – Na hipótese dos autos, a Corte Regional manteve a condenação ao pagamento de indenização por danos morais pela falta de pagamento das verbas rescisórias, sem registrar indício de abalo psicológico ou dificuldade financeira experimentada pelo empregado em decorrência do atraso no pagamento das verbas rescisórias. III – Demonstrada transcendência política da causa e violação do art. 186 do CC. IV – Cabe ressaltar que o reconhecimento de que a causa oferece transcendência política (art. 896-A, § 1º, II, da CLT) não se limita à hipótese em que haja verbete sumular sobre a matéria; haverá igualmente transcendência política quando demonstrado o desrespeito à jurisprudência pacífica e notória do Tribunal Superior do Trabalho sedimentada em Orientação Jurisprudencial ou a partir da fixação de tese no julgamento, entre outros, de incidentes de resolução de recursos repetitivos ou de assunção de competência, bem como, na hipótese do Supremo Tribunal Federal, no julgamento de recurso extraordinário com repercussão geral ou das ações de constitucionalidade. Trata-se de extensão normativa do conceito de transcendência política, prevista no art. 896-A, § 1º, II, da CLT, a partir, sobretudo, da sua integração com o novo sistema de resolução de demandas repetitivas inaugurado pelo Código de Processo Civil de 2015, cujas decisões possuam caráter vinculante (exegese dos arts. 489, § 1º, 926, 928 do CPC/2015). Ademais, ainda que assim não fosse, o próprio § 1º do art. 896-A da CLT estabelece que os indicadores de transcendência nele nominados não constituem cláusula legal exaustiva, mas possibilita o reconhecimento de indicadores "entre outros". V – Recurso de revista de que se conhece, por violação do art. 186 do Código Civil, e a que se dá provimento. Processo: RR-11750-23.2016.5.15.0122. Relator: Alexandre Luiz Ramos. Publicação: 19-6-2020

▷ **"I – Agravo de instrumento do reclamante recurso de revista interposto na vigência da Lei n. 13.015/2014. Promoções por merecimento. Ônus da prova.** Hipótese em que consta expressamente no acórdão regional que a reclamada logrou desincumbir-se de seu ônus de comprovar a regularidade das promoções por merecimento concedidas. Conforme a prova documental acostada aos autos, a reclamada concedeu as promoções por merecimento a contar de 2007. Desse modo, a distribuição do ônus da prova foi corretamente aplicada, não havendo violação do art. 333, I e II, do CPC. Agravo de instrumento a que se nega provimento. **II – Agravo de instrumento da reclamada promoção por antiguidade a partir 2007. Indicação de trecho que não contém os fundamentos utilizados pelo regional.** A indicação do trecho da decisão regional que consubstancia o prequestionamento da matéria objeto do recurso é encargo da recorrente, exigência formal intransponível ao conhecimento do recurso de revista. Neste caso, a parte limitou-se a transcrever no seu recurso trecho que não abrange os fundamentos utilizados pelo Tribunal Regional para deferir as promoções por antiguidade nos anos de 2007, 2009 e 2011, o que não atende o disposto no art. 896, § 1º-A, I, da CLT. Precedentes. Agravo de instrumento a que se nega provimento. **Plano de demissão voluntária. Diferenças de suplementação provisória de proventos. Inovação recursal.** A matéria "Diferenças De Suplementação Provisória De Proventos" não foi impugnada em recurso de revista, o que caracteriza inovação recursal, insuscetível de análise. Agravo de instrumento a que se nega provimento.

III – Recurso de revista da reclamada. Interposto na vigência da Lei n. 13.015/2014. Honorários advocatícios. Ausência de credencial sindical. Esta Corte já pacificou a controvérsia acerca da matéria por meio das Súmulas 219 e 329 do TST, segundo as quais a condenação ao pagamento de honorários advocatícios não decorre unicamente da sucumbência, sendo necessária a ocorrência concomitante de dois requisitos: a assistência por sindicato da categoria profissional e a comprovação da percepção de salário inferior ao dobro do mínimo legal ou de situação econômica que não permita ao empregado demandar sem prejuízo do próprio sustento ou da respectiva família. *In casu*, ausente a credencial sindical, indevida a condenação em honorários advocatícios. Com ressalva de entendimento da Relatora. Recurso de revista conhecido e provido" (ARR-20809-45.2014.5.04.0402, 2ª Turma, Relatora Ministra Maria Helena Mallmann, *DEJT* 9-10-2020).

▷ "Agravo de instrumento em recurso de revista interposto pela reclamada. Acórdão regional publicado na vigência da Lei n. 13.015/2014 e antes da vigência da Lei n. 13.467/2017. 1. Gorjetas. Integração pelos valores do pedido. Matéria fática. Impossibilidade de reexame em grau de recurso de revista. Súmula 126 do TST. Conhecimento e não provimento. I – Nos termos da Súmula 126 do TST, é incabível o recurso de revista para reexame de fatos e provas. II – No caso, a parte pretende o processamento do seu recurso de revista a partir de premissa fática diversa da constante no acórdão recorrido. Logo, para se concluir pela violação de preceito de lei, contrariedade a verbete sumular ou existência de dissenso jurisprudencial na forma como defendida pela parte Recorrente, faz-se necessário o revolvimento de matéria fático-probatória dos autos, o que é vedado na presente fase recursal. III – Agravo de instrumento de que se conhece e a que se nega provimento. **2. Gorjetas. Reflexos. Conhecimento e provimento.** I – A Corte Regional decidiu que é devido o pagamento dos reflexos de gorjetas no repouso semanal remunerado, nas férias mais 1/3, no 13º salário, no FGTS, na multa de 40%, no aviso prévio, nas horas extras e no adicional noturno. II – Demonstrada contrariedade à Súmula 354 do TST. III – Agravo de instrumento de que se conhece e a que se dá provimento, para determinar o processamento do recurso de revista, observando-se o disposto no ATC SEGJUD.GP N. 202/2019 do TST. **B) Recurso de revista interposto pela reclamada. Acórdão regional publicado na vigência da Lei n. 13.015/2014 e antes da vigência da Lei n. 13.467/2017. 1. Gorjetas. Reflexos. Conhecimento e provimento.** I – A jurisprudência consolidada desta Corte Superior é no sentido de que "as gorjetas, cobradas pelo empregador na nota de serviço ou oferecidas espontaneamente pelos clientes, integram a remuneração do empregado, não servindo de base de cálculo para as parcelas de aviso prévio, adicional noturno, horas extras e repouso semanal remunerado" (Súmula 354 do TST). II – No caso dos autos, consta do acórdão regional o deferimento dos reflexos das gorjetas para o cálculo do repouso semanal remunerado, das férias mais 1/3, do 13º salário, do FGTS, da multa de 40%, do aviso prévio, das horas extras e do adicional noturno. III – Logo, ao condenar a Reclamada ao pagamento dos reflexos de gorjetas no repouso semanal remunerado, no aviso prévio, nas horas extras e no adicional noturno, a Corte de origem contrariou a Súmula 354 do TST. V – Recurso de revista de que se conhece, por contrariedade à Súmula 354 do TST, e a que se dá provimento" (RR-484-27.2015.5.02.0028, 4ª Turma, Relator Ministro Alexandre Luiz Ramos, *DEJT* 15-5-2020).

Capítulo III
Da alteração

Art. 468. Nos contratos individuais de trabalho só é lícita a alteração das respectivas condições por mútuo consentimento, e ainda assim desde que não resultem, direta ou indiretamente, prejuízos ao empregado, sob pena de nulidade da cláusula infringente desta garantia.

§ 1º Não se considera alteração unilateral a determinação do empregador para que o res-

pectivo empregado reverta ao cargo efetivo, anteriormente ocupado, deixando o exercício de função de confiança. (Parágrafo renumerado pela Lei n. 13.467/2017.)

§ 2º A alteração de que trata o § 1º deste artigo, com ou sem justo motivo, não assegura ao empregado o direito à manutenção do pagamento da gratificação correspondente, que não será incorporada, independentemente do tempo de exercício da respectiva função. (Redação inserida pela Lei n. 13.467/2017 – *DOU* 14-7-2017.)

Art. 469. Ao empregador é vedado transferir o empregado, sem a sua anuência, para localidade diversa da que resultar do contrato, não se considerando transferência a que não acarretar necessariamente a mudança do seu domicílio.

§ 1º Não estão compreendidos na proibição deste artigo os empregados que exerçam cargos de confiança e aqueles cujos contratos tenham como condição, implícita ou explícita, a transferência, quando esta decorra de real necessidade de serviço. (Redação dada pela Lei n. 6.203, de 17-4-1975.)

§ 2º É lícita a transferência quando ocorrer extinção do estabelecimento em que trabalhar o empregado.

§ 3º Em caso de necessidade de serviço o empregador poderá transferir o empregado para localidade diversa da que resultar do contrato, não obstante as restrições do artigo anterior, mas, nesse caso, ficará obrigado a um pagamento suplementar, nunca inferior a 25% (vinte e cinco por cento) dos salários que o empregado percebia naquela localidade, enquanto durar essa situação. (Parágrafo incluído pela Lei n. 6.203, de 17-4-1975.)

Art. 470. As despesas resultantes da transferência correrão por conta do empregador. (Redação dada pela Lei n. 6.203, de 17-4-1975.)

▶ **Comentários**

1. **Princípio da inalterabilidade**

O art. 468 da CLT consagra o princípio da inalterabilidade do contrato de trabalho por ato unilateral de qualquer das partes (empregado e empregador), salvo se *por mútuo consentimento* e, ainda assim, desde que da alteração não resultem prejuízos diretos ou indiretos ao empregado.

É o denominado *princípio da inalterabilidade contratual lesiva*, tão bem exposto por Mauricio Godinho Delgado[246] e Nélio Reis[247].

Em decorrência, pois, de tal princípio, fica inteiramente afastada a alteração unilateral e mesmo a consensual, se dela resultar prejuízos ao empregado.

As alterações mais usuais na prática serão discutidas a seguir.

2. **Redução salarial**

O princípio da *intangibilidade salarial* é estabelecido no art. 7º, VI e VII, da CF/88 – "são direitos dos trabalhadores: irredutibilidade do salário, salvo o disposto em convenção ou acordo coletivo"; "proteção do salário na forma da lei, constituindo crime sua retenção dolosa".

Assim, salvo o disposto em acordo ou convenção coletiva, e consequente intervenção direta do respectivo sindicato, ao empregador é vedada redução salarial direta ou indireta, convindo acrescentar as formas sutis não raras vezes postas em prática, a saber: *redução das tarefas ou peças*, em se tratando de empregado que trabalhe nessa modalidade; *supressão ou redução dos percentuais* de empregados comissionistas.

A redução salarial autorizada pelo art. 503 da CLT – força maior ou prejuízos devidamente comprovados – está absolutamente revogada pelo art. 7º, VI, da CF/88.

Somente por meio de acordo ou convenção coletiva será possível a redução salarial.

3. **Transferência**

A transferência de uma localidade para outra é igualmente vedada (art. 469), não se considerando, todavia, transferência a que não acarretar, necessariamente, a mudança de domicílio do empregado. A expressão "domicílio" tem o sentido de *residência*, localidade onde o empregado tem moradia, onde reside.

Observe-se que, em determinados casos, conquanto não haja transferência para outra localidade, há visíveis prejuízos para o em-

246. *Princípios de Direito Individual e Coletivo do Trabalho*, cit.; *Alterações Contratuais Trabalhistas*, São Paulo, LTr.

247. *Alteração do Contrato de Trabalho*, Freitas Bastos, 1955.

pregado, quando é transferido de um extremo a outro das grandes cidades, como São Paulo, Rio de Janeiro, Belo Horizonte, etc. Tais transferências não implicam, necessariamente, mudança de domicílio (leia-se residência), mas obrigam o empregado a despender, diariamente, cerca de 2 a 4 horas nos transportes coletivos e consequentes gastos com as passagens, o que levou a mais alta Corte da Justiça do Trabalho a editar a

Súmula 29 do TST:

"Empregado transferido, por ato unilateral do empregador, para local mais distante de sua residência, tem direito a suplemento salarial correspondente ao acréscimo da despesa de transporte".

4. Extinção do estabelecimento

Na ocorrência de extinção do estabelecimento em que o empregado presta seus serviços, é lícita sua transferência para outra unidade da mesma empresa, como deixa claro o § 2º do art. 469, não se considerando extinção a supressão de seções ou departamentos.

5. Cargos de confiança

A transferência, em princípio vedada aos empregados em geral, é, todavia, admitida com relação àqueles que exercem cargos de confiança *stricto sensu*, como, por exemplo, o gerente (art. 62, II, da CLT).

6. Condição implícita ou explícita de transferência

Em determinadas profissões, ainda que não haja condição explícita de transferência, essa é uma decorrência natural da própria atividade desenvolvida pelo obreiro, ou pelo empregador: é o caso, à guisa de exemplo, daqueles que trabalham em circos, ou ainda daqueles que exercem cargos de inspeção.

A cláusula explícita de transferência é aquela inserida nos contratos de trabalho, estabelecendo o direito do empregador de, a qualquer momento, transferir o empregado para outra localidade.

Numa ou outra hipótese, objetivando evitar transferências abusivas, o TST editou a Súmula 43:

"Presume-se abusiva a transferência de que trata o § 1º do art. 469 da CLT, sem comprovação da necessidade do serviço".

Escreve Valentin Carrion:

"Por necessidade de serviço, entenda-se a impossibilidade de a empresa desenvolver a atividade a contento, sem o concurso do empregado que transfere. É o que a doutrina indica: não haver no local profissional habilitado"[248].

7. Real necessidade de serviço

Em conformidade com o que dispõe o § 3º do art. 469, em caso de necessidade imperiosa de serviço, lícita a transferência do empregado para outra localidade, desde que, porém, não haja, no local para onde foi transferido, trabalhador habilitado para o exercício das mesmas funções, sob pena de caracterizar-se a transferência abusiva, contra a qual pode o empregado interpor medida cautelar, segundo o disposto no art. 659 da CLT:

"Competem privativamente aos Presidentes das Juntas, além das que lhes forem conferidas neste Título e das decorrentes de seu cargo, as seguintes atribuições:

(...)

IX – conceder medida liminar, até decisão final do processo, em reclamações trabalhistas que visem a tornar sem efeito transferência disciplinada pelos parágrafos do art. 469 desta Consolidação".

A prova da necessidade da transferência é ônus do empregador.

8. Adicional de transferência

Na ocorrência de transferência do empregado, *em decorrência de necessidade de serviço* (com as restrições já expostas), sendo tal transferência em *caráter provisório*, faz jus o empregado ao *adicional respectivo*, nunca inferior a 25% dos seus salários.

Definitiva a transferência, não fará jus ao adicional nominado:

"A vantagem da percepção do adicional de transferência só é cabível quando se trata de transferência provisória e realizada por necessidade de serviço"[249].

248. Ob. cit., 25. ed., p. 326.
249. TRT/SP, Ac. 02950050667, RO 02930357740, 4ª T., *DOE/SP*, 17-2-1995, p. 149.

O art. 470 da CLT, como não poderia deixar de ser, imputa ao empregador a responsabilidade pelo pagamento das despesas resultantes da transferência. Nesse sentido a Súmula 29 do TST, anteriormente citada.

Advirta-se, porém, que tais despesas não têm natureza salarial, mas de ressarcimento pelo custo despendido com o transporte de móveis e utensílios – da mudança, enfim.

9. **Reversão ao cargo efetivo em função comissionada**

A Reforma Trabalhista/2017, introduziu ao art. 468, da CLT o § 2º, estabelecendo o direito do empregador em reverter o empregado comissionado às suas antigas funções, sem o percebimento da gratificação correspondente ao período do comissionamento, independentemente do tempo de serviço da respectiva função.

▶ *Jurisprudência*

▷ **Súmula 29 do TST. Transferência.** Empregado transferido, por ato unilateral do empregador, para local mais distante de sua residência, tem direito a suplemento salarial correspondente ao acréscimo da despesa de transporte.

▷ **Súmula 43 do TST. Transferência.** Presume-se abusiva a transferência de que trata o § 1º do art. 469 da CLT, sem comprovação da necessidade do serviço. Referência: CLT, art. 469, § 1º.

▷ **Súmula 51 do TST. Norma regulamentar. Vantagens e opção pelo novo regulamento. Art. 468 da CLT.**
I – As cláusulas regulamentares, que revoguem ou alterem vantagens deferidas anteriormente, só atingirão os trabalhadores admitidos após a revogação ou alteração do regulamento.
II – Havendo a coexistência de dois regulamentos da empresa, a opção do empregado por um deles tem efeito jurídico de renúncia às regras do sistema do outro.

▷ **Súmula 152 do TST 288. Gratificação. Ajuste tácito** (mantida) – Res. 121/2003, *DJ* 19, 20 e 21-11-2003. O fato de constar do recibo de pagamento de gratificação o caráter de liberalidade não basta, por si só, para excluir a existência de ajuste tácito (ex-Prejulgado n. 25).

▷ **Súmula 173 do TST. Salário. Empresa. Cessação de atividades.** Extinto, automaticamente, o vínculo empregatício com a cessação das atividades da empresa, os salários só são devidos até a data da extinção.

▷ **Súmula 288 do TST. Complementação dos proventos da aposentadoria** (nova redação para o item I e acrescidos os itens III e IV em decorrência do julgamento do processo TST-E-ED-RR-235-20.2010.5.20.0006 pelo Tribunal Pleno em 12.04.2016) – Res. 207/2016, *DEJT* divulgado em 18, 19 e 20-4-2016. I – A complementação dos proventos de aposentadoria, instituída, regulamentada e paga diretamente pelo empregador, sem vínculo com as entidades de previdência privada fechada, é regida pelas normas em vigor na data de admissão do empregado, ressalvadas as alterações que forem mais benéficas (art. 468 da CLT). II – Na hipótese de coexistência de dois regulamentos de planos de previdência complementar, instituídos pelo empregador ou por entidade de previdência privada, a opção do beneficiário por um deles tem efeito jurídico de renúncia às regras do outro. III – Após a entrada em vigor das Leis Complementares n. 108 e 109, de 29-5-2001, reger-se-á a complementação dos proventos de aposentadoria pelas normas vigentes na data da implementação dos requisitos para obtenção do benefício, ressalvados o direito adquirido do participante que anteriormente implementara os requisitos para o benefício e o direito acumulado do empregado que até então não preenchera tais requisitos. IV – O entendimento da primeira parte do item III aplica-se aos processos em curso no Tribunal Superior do Trabalho em que, em 12-4-2016, ainda não haja sido proferida decisão de mérito por suas Turmas e Seções.

▷ **Súmula 372 do TST. Gratificação de função. Supressão ou redução. Limites** (conversão das OJs 45 e 303 da SBDI-1) – Res. 129/2005, *DJ* 25-4-2005. I – Percebida a gratificação de função por dez ou mais anos pelo empregado, se o empregador, sem justo motivo, revertê-lo a seu cargo efetivo, não poderá retirar-lhe a gratificação tendo em vista o princípio da estabilidade finan-

ceira. II – Mantido o empregado no exercício da função comissionada, não pode o empregador reduzir o valor da gratificação.

▷ **Súmula 391 do TST. Petroleiros. Lei n. 5.811/72. Turno ininterrupto de revezamento. Horas extras e alteração da jornada para horário fixo** (*DJ* 25-4-2005). I – A Lei n. 5.811/1972 foi recepcionada pela CF/1988 no que se refere à duração da jornada de trabalho em regime de revezamento dos petroleiros. II – A previsão contida no art. 10 da Lei n. 5.811/1972, possibilitando a mudança do regime de revezamento para horário fixo, constitui alteração lícita, não violando os arts. 468 da CLT e 7º, VI, da CF/1988.

▷ **Súmula 209 do STF.** O salário-produção, como outras modalidades de salário-prêmio, é devido, desde que verificada a condição a que estiver subordinado, e não pode ser suprimido unilateralmente pelo empregador, quando pago com habitualidade.

▷ **Súmula 221 do STF.** A transferência de estabelecimento, ou a sua extinção parcial, por motivo que não seja de força maior, não justifica a transferência de empregado estável.

▷ **OJ n. 76 da SDI-1 do TST. Substituição dos avanços trienais por quinquênios. Alteração do contrato de trabalho. Prescrição total. CEEE.** A alteração contratual consubstanciada na substituição dos avanços trienais por quinquênios decorre de ato único do empregador, momento em que começa a fluir o prazo fatal de prescrição.

▷ **OJ n. 113 da SDI-1 do TST. Adicional de transferência. Cargo de confiança ou previsão contratual de transferência.** Devido. Desde que a transferência seja provisória. O fato de o empregado exercer cargo de confiança ou a existência de previsão de transferência no contrato de trabalho não exclui o direito ao adicional. O pressuposto legal apto a legitimar a percepção do mencionado adicional é a transferência provisória.

▷ **OJ n. 159 da SDI-1 do TST. Data de pagamento. Salários. Alteração.** Diante da inexistência de previsão expressa em contrato ou em instrumento normativo, a alteração de data de pagamento pelo empregador não viola o art. 468, desde que observado o parágrafo único do art. 459, ambos da CLT.

▷ **OJ n. 175 da SDI-1 do TST. Comissões. Alteração ou supressão. Prescrição total** (Inserida em 8-11-2000. Nova redação em decorrência da incorporação da OJ n. 248 da SBDI-1, *DJ*, 22-11-2005). A supressão das comissões, ou a alteração quanto à forma ou ao percentual, em prejuízo do empregado, é suscetível de operar a prescrição total da ação, nos termos da Súmula 294 do TST, em virtude de cuidar-se de parcela não assegurada por preceito de lei.

▷ **OJ n. 244 da SDI-1 do TST. Professor. Redução da carga horária. Possibilidade.** A redução da carga horária do professor, em virtude da diminuição do número de alunos, não constitui alteração contratual, uma vez que não implica redução do valor da hora-aula.

▷ **OJ n. 308 da SDI-1 do TST. Jornada de trabalho. Alteração. Retorno à jornada inicialmente contratada. Servidor público** (*DJ* 11-8-2003). O retorno do servidor público (administração direta, autárquica e fundacional) à jornada inicialmente contratada não se insere nas vedações do art. 468 da CLT, sendo a sua jornada definida em lei e no contrato de trabalho firmado entre as partes.

▷ **OJ n. 67 da SDI-2 do TST. Mandado de Segurança. Transferência. Art. 659, IX, da CLT.** Não fere direito líquido e certo a concessão de liminar obstativa de transferência de empregado, em face da previsão do inciso IX do art. 659 da CLT.

▷ **OJ Transitória n. 70 do TST. Caixa Econômica Federal. Bancário. Plano de cargos em comissão. Opção pela jornada de oito horas. Ineficácia. Exercício de funções meramente técnicas. Não caracterização de exercício de função de confiança.** (*DJ* 28-5-2010). Ausente a fidúcia especial a que alude o art. 224, § 2º, da CLT, é ineficaz a adesão do empregado à jornada de oito horas constante do Plano de Cargos em Comissão da Caixa Econômica Federal, o que importa no retorno à jornada de seis horas, sendo devidas como extras a sétima e a oitava horas laboradas. A diferença de gratificação de função recebida em

face da adesão ineficaz poderá ser compensada com as horas extraordinárias prestadas.

▷ **OJ Transitória n. 72 do TST. Petrobras. Domingos e feriados trabalhados. Regime de turnos ininterruptos de revezamento. Pagamento em dobro concedido por liberalidade do empregador. Incorporação ao contrato de trabalho. Supressão unilateral. Acordo coletivo posterior que valida a supressão. Retroação da norma coletiva. Impossibilidade.** (*DJ* 11-6-2010)
O pagamento em dobro, concedido por liberalidade da empresa, dos domingos e feriados trabalhados de forma habitual pelo empregado da Petrobras submetido ao regime de turnos ininterruptos de revezamento não pode ser suprimido unilateralmente, pois é vantagem incorporada ao contrato de trabalho, nos termos do art. 468 da CLT. Assim, o acordo coletivo, posteriormente firmado, somente opera efeitos a partir da data de sua entrada em vigor, sendo incabível a utilização da norma coletiva para regular situação pretérita.

▷ **Precedente Normativo n. 77 do Tribunal Superior do Trabalho. Empregado transferido. Garantia de emprego** (positivo). Assegura-se ao empregado transferido, na forma do art. 469 da CLT, a garantia de emprego por 1 (um) ano após a data da transferência.

▷ **Embargos. Adicional de transferência. Sucessividade de transferências. Provisoriedade configurada. Pagamento do adicional devido.** É devido o pagamento do adicional de transferência, no importe de 25%, previsto no art. 469, § 3º da CLT e tratado na Orientação Jurisprudencial n. 113 da SBDI-I do TST, no caso de sucessivas transferências durante o contrato de trabalho. Na espécie, houve diversas transferências no curso do contrato laboral, seis no total, sendo que a última durou mais de três anos. Sabe-se que, em relação ao critério temporal da transferência, a jurisprudência desta Corte Trabalhista entende como provisória aquela cuja duração não supere dois anos. Contudo, no caso em análise, em razão da sucessividade das transferências efetivadas, deferiu-se o pagamento do respectivo adicional. Sob esses fundamentos, a SBDI-I, por maioria, vencido o Ministro Breno Medeiros, conheceu dos Embargos por divergência jurisprudencial e, no mérito, por maioria, deu-lhes provimento para restabelecer a sentença e condenar o reclamado a pagar ao reclamante o adicional de transferência de 25% sobre as parcelas salariais, e reflexos, durante o período não prescrito, vencidos os Ministros Breno Medeiros, Alexandre Luiz Ramos, Renato de Lacerda Paiva e as Ministras Dora Maria da Costa e Maria Cristina Irigoyen Peduzzi. TST-E-RR-536-14.2012.5.09.0002, SBDI-I, rel. Min. Cláudio Mascarenhas Brandão, 12-8-2021.

▷ **Recurso de revista. Acórdão publicado na vigência da Lei n. 13.467/2017. Administração pública. Responsabilidade subsidiária. Culpa *in vigilando*. Tema n. 246 do STF. Transcendência jurídica.** O Supremo Tribunal Federal, em sede de repercussão geral, ao julgar o mérito do RE 760931/DF, fixou a seguinte tese a respeito da impossibilidade de transferência automática da responsabilidade subsidiária ao integrante da Administração Pública: "O inadimplemento dos encargos trabalhistas dos empregados do contratado não transfere automaticamente ao Poder Público contratante a responsabilidade pelo seu pagamento, seja em caráter solidário ou subsidiário, nos termos do art. 71, § 1º, da Lei n. 8.666/93". A egrégia SBDI-1 desta Corte, por sua vez, no julgamento do Processo E-RR-925-07.2016.5.05.0281, ocorrido em 12-12-2019, fixou o entendimento de que incumbe à Administração Pública o encargo processual de evidenciar ter exercido a fiscalização do cumprimento das obrigações trabalhistas por parte das empresas contratadas. A decisão regional está em harmonia com a compreensão do órgão uniformizador interno deste TST, segundo a qual a atribuição do encargo processual à Administração Pública não contraria o precedente firmado pelo STF no RE 760931/DF. Ressalva de entendimento do relator. Recurso de revista não conhecido (RR-100928-81.2017.5.01.0204, 5ª Turma, Relator Ministro Breno Medeiros, *DEJT* 21-8-2020).

▷ **A) Agravo de instrumento em recurso de revista interposto pelo reclamado**

(Banco Bradesco S.A.). Acórdão regional publicado na vigência da Lei n. 13.015/2014. Intervalo previsto no art. 384 da CLT. Prejudicado o julgamento do agravo de instrumento em recurso de revista do Banco Reclamado, em face da desistência da Reclamante quanto ao tema. **Recurso de revista interposto pela reclamante. Acórdão regional publicado na vigência da Lei n. 13.015/2014. Adicional de transferência. Mudança de domicílio. Não ocorrência. Não conhecimento.** I – A Corte de origem reformou a sentença, a fim de excluir da condenação o pagamento de adicional de transferência, ao fundamento de que a própria Reclamante afirmou que não houve mudança de domicílio. Nesse sentido, foi consignado no acórdão que não é possível "caracterizar o trabalho provisório da reclamante em São Paulo como transferência "e que" pode-se garantir o reembolso de despesas e todo e qualquer prejuízo que a trabalhadora eventualmente possa ter sofrido no período, mas não a percepção do adicional de transferência, pois esta não ocorreu, ante a expressa disposição legal". II – O art. 469, *caput*, da CLT dispõe que "ao empregador é vedado transferir o empregado, sem a sua anuência, para localidade diversa da que resultar do contrato, não se considerando transferência a que não acarretar necessariamente a mudança do seu domicílio" (destaques acrescidos). Portanto, verifica-se que a mudança de domicílio constitui requisito imprescindível ao pagamento do adicional de transferência. III – Dessa forma, não havendo mudança de domicílio é inviável o pagamento do adicional de transferência, ainda que o deslocamento do empregado tenha ocorrido em caráter provisório. IV – Recurso de revista de que não se conhece" (ARR-538-31.2013.5.04.0020, 4ª Turma, Relator Ministro Alexandre Luiz Ramos, *DEJT* 21-8-2020).

▷ **A) Agravo de instrumento em recurso de revista interposto pela reclamada AEC Centro de Contatos S.A. Acórdão regional publicado na vigência das Leis n. 13.015/2014 e 13.467/2017. Terceirização. Banco. Telemarketing. Licitude. ADPF n. 324 e RE n. 958.252. Tese firmada pelo STF em sede de repercussão geral. Aplicação da Súmula 331 do TST à luz dos precedentes do STF. Transcendência política reconhecida. Conhecimento e provimento.** I – A sistemática da repercussão geral, criada pela Emenda Constitucional n. 45/2004, tem por propósito racionalizar o acesso, via recurso extraordinário, à jurisdição constitucional da Suprema Corte, mediante processo de seleção das questões que atendam a critérios de relevância jurídica, política, social ou econômica (art. 1035, § 1º, do CPC/2015), desde que transcendam aos interesses individuais das partes. Essa racionalização do sistema recursal vem ao encontro das diretrizes principiológicas jurídico – constitucionais da segurança jurídica – na medida em que previne a fragmentação de decisões judiciais dissonantes no país; da eficiência da atividade jurisdicional – pois permite, pelo efeito multiplicador das teses firmadas pelo Supremo Tribunal Federal, a resolução em larga escala de processos cuja matéria tenha sido objeto de tema de repercussão geral; da razoável duração do processo – com redução do tempo de espera do julgamento de recursos; e, ainda, da economia processual, uma vez que, com a maior celeridade na resolução do litígio, possibilitam-se a otimização de gastos públicos com outros julgamentos e a redução das despesas que as partes têm que naturalmente suportar com a tramitação e o acompanhamento das demandas judiciais. Por fim, igualmente realiza o princípio da isonomia ao evitar-se que pessoas em igual situação tenham soluções diferentes para o seu caso, o que é inadmissível para o Direito. Sob esse enfoque é que se deve reconhecer que as teses firmadas pelo Supremo Tribunal Federal em temas de repercussão geral possuem efeito vinculante e erga omnes e, assim, obrigam todos os órgãos e instâncias do Poder Judiciário à sua observância e estrita aplicação. O alcance desta compreensão deve ser feito, principalmente, por ocasião do exame do recurso de revista, dada a vocação natural deste recurso como instrumento processual adequado à uniformização da jurisprudência trabalhista nacional pelo Tribunal Superior do Trabalho. Assim, no exame dos

pressupostos de admissibilidade do recurso de revista, há de se apreciar esse apelo extraordinário a partir de um prisma sistêmico integrativo, a fim de incluí-lo, em uma dimensão recursal mais ampla, também sob a lógica da segurança jurídica, da eficiência da atividade jurisdicional, da razoável duração do processo e da economicidade processual que norteia o sistema da repercussão geral. II – Verificado que o recurso de revista preenche seus pressupostos extrínsecos de admissibilidade, é despicienda a análise de quaisquer outros pressupostos recursais, para efeito de aplicação da tese firmada pelo STF em sistemática de repercussão geral. III – No presente caso, o Tribunal de origem entendeu pela ilicitude da terceirização em relação às atividades desenvolvidas pela parte Autora, com consequente reconhecimento de vínculo de emprego diretamente com o tomador de serviços, na forma da Súmula 331, I, do TST. Demonstrada transcendência política da causa, por contrariedade à tese fixada pelo Supremo Tribunal Federal no julgamento da ADPF n. 324 e do RE n. 958.252. IV – Agravo de instrumento de que se conhece e a que se dá provimento, para determinar o processamento do recurso de revista, observando-se o disposto no ATO SEGJUD. GP N. 202/2019 do TST. **B) Recurso de revista interposto pela reclamada AEC Centro de Contatos S.A. Acórdão regional publicado na vigência das Leis n. 13.015/2014 e 13.467/2017. Terceirização. Banco. Telemarketing. Licitude. ADPF n. 324 e RE n. 958.252. Tese firmada pelo STF em sede de repercussão geral. Aplicação da súmula 331 do TST à luz dos precedentes do STF. Transcendência política reconhecida. Conhecimento e provimento.** I – O Supremo Tribunal Federal reconheceu a repercussão geral em relação ao tema da terceirização, cujo deslinde se deu em 30-8-2018, com o julgamento do RE n. 958.252, de que resultou a fixação da seguinte tese jurídica: "é lícita a terceirização ou qualquer outra forma de divisão do trabalho entre pessoas jurídicas distintas, independentemente do objeto social das empresas envolvidas, mantida a responsabilidade subsidiária da empresa contratante". Na mesma oportunidade, ao julgar a ADPF n. 324, a Suprema Corte firmou tese de caráter vinculante de que "1. É lícita a terceirização de toda e qualquer atividade, meio ou fim, não se configurando relação de emprego entre a contratante e o empregado da contratada. 2. Na terceirização, compete à contratante: i) verificar a idoneidade e a capacidade econômica da terceirizada; e ii) responder subsidiariamente pelo descumprimento das normas trabalhistas, bem como por obrigações previdenciárias, na forma do art. 31 da Lei n. 8.212/1993". A partir de então, esse entendimento passou a ser de aplicação obrigatória aos processos judiciais em curso em que se discute a terceirização, impondo-se, inclusive, a leitura e a aplicação da Súmula 331 do TST à luz desses precedentes. II – No caso dos autos, o Tribunal de origem entendeu pela ilicitude da terceirização em relação às atividades desenvolvidas pela parte Autora, com consequente reconhecimento de vínculo de emprego diretamente com o tomador de serviços, na forma da Súmula 331, I, do TST. Esse entendimento diverge da jurisprudência atual, notória e de caráter vinculante do Supremo Tribunal Federal acerca da matéria, razão pela qual o provimento ao recurso de revista é medida que se impõe. III – Recurso de revista de que se conhece e a que se dá provimento" (RR-10037-60.2017.5.03.0106, 4ª Turma, Relator Ministro Alexandre Luiz Ramos, *DEJT* 21-8-2020).

Capítulo IV
Da suspensão e da interrupção

Art. 471. Ao empregado afastado do emprego, são asseguradas, por ocasião de sua volta, todas as vantagens que, em sua ausência, tenham sido atribuídas à categoria a que pertencia na empresa.

Art. 472. O afastamento do empregado em virtude das exigências do serviço militar, ou de outro encargo público, não constituirá motivo para alteração ou rescisão do contrato de trabalho por parte do empregador.

§ 1º Para que o empregado tenha direito a voltar a exercer o cargo do qual se afastou em

virtude de exigências do serviço militar ou de encargo público, é indispensável que notifique o empregador dessa intenção, por telegrama ou carta registrada, dentro do prazo máximo de 30 (trinta) dias, contados da data em que se verificar a respectiva baixa ou a terminação do encargo a que estava obrigado.

§ 2º Nos contratos por prazo determinado, o tempo de afastamento, se assim acordarem as partes interessadas, não será computado na contagem do prazo para a respectiva terminação.

§ 3º Ocorrendo motivo relevante de interesse para a segurança nacional, poderá a autoridade competente solicitar o afastamento do empregado do serviço ou do local de trabalho, sem que se configure a suspensão do contrato de trabalho. (Revogado expressamente pela Lei n. 8.630, de 25-2-1993, que afastou do ordenamento jurídico brasileiro a normatividade do Dec.-lei n. 3, de 27-1-1966.)

§ 4º O afastamento a que se refere o parágrafo anterior será solicitado pela autoridade competente diretamente ao empregador, em representação fundamentada com audiência da Procuradoria Regional do Trabalho, que providenciará desde logo a instauração do competente inquérito administrativo. (Revogado expressamente pela Lei n. 8.630, de 25-2-1993, que afastou do ordenamento jurídico brasileiro a normatividade do Dec.-lei n. 3, de 27-1-1966.)

§ 5º Durante os primeiros 90 (noventa) dias desse afastamento, o empregado continuará percebendo sua remuneração. (Revogado expressamente pela Lei n. 8.630, de 25-2-1993, que afastou do ordenamento jurídico brasileiro a normatividade do Dec.-lei n. 3, de 27-1-1966.)

Art. 473. O empregado poderá deixar de comparecer ao serviço sem prejuízo do salário: (Redação dada pelo Dec.-lei n. 229, de 28-2-1967.)

I – até 2 (dois) dias consecutivos, em caso de falecimento do cônjuge, ascendente, descendente, irmão ou pessoa que, declarada em sua Carteira de Trabalho e Previdência Social, viva sob sua dependência econômica; (Inciso incluído pelo Dec.-lei n. 229, de 28-2-1967.)

II – até 3 (três) dias consecutivos, em virtude de casamento; (Inciso incluído pelo Dec.-lei n. 229, de 28-2-1967.)

III – por 1 (um) dia, em caso de nascimento de filho, no decorrer da primeira semana; (Inciso incluído pelo Dec.-lei n. 229, de 28-2-1967.)[250]

IV – por 1 (um) dia, em cada 12 (doze) meses de trabalho, em caso de doação voluntária de sangue devidamente comprovada; (Inciso incluído pelo Dec.-lei n. 229, de 28-2-1967.)

V – até 2 (dois) dias consecutivos ou não, para o fim de se alistar eleitor, nos termos da lei respectiva; (Inciso incluído pelo Dec.-lei n. 229, de 28-2-1967.)

VI – no período de tempo em que tiver de cumprir as exigências do Serviço Militar referidas na letra c do art. 65 da Lei n. 4.375, de 17 de agosto de 1964 (Lei do Serviço Militar); (Inciso incluído pelo Dec.-lei n. 757, de 12-8-1969.)

VII – nos dias em que estiver comprovadamente realizando provas de exame vestibular para ingresso em estabelecimento de ensino superior; (Inciso incluído pela Lei n. 9.471, de 14-7-1997.)

VIII – pelo tempo que se fizer necessário, quando tiver que comparecer a juízo; (Inciso incluído pela Lei n. 9.853, de 27-10-1999.)

IX – pelo tempo que se fizer necessário, quando, na qualidade de representante de entidade sindical, estiver participando de reunião oficial de organismo internacional do qual o Brasil seja membro. (Inciso incluído pela Lei n. 11.304, de 11-5-2006)

X – até 2 (dois) dias para acompanhar consultas médicas e exames complementares durante o período de gravidez de sua esposa ou companheira; (Incluído dada pela Lei n. 13.257, de 2016.)

XI – por 1 (um) dia por ano para acompanhar filho de até 6 (seis) anos em consulta médica. (Incluído dada pela Lei n. 13.257, de 2016.)

XII – até 3 (três) dias, em cada 12 (doze) meses de trabalho, em caso de realização de exames preventivos de câncer devidamente comprovada. (Incluído pela Lei n. 13.767, de 2018.)

Art. 474. A suspensão do empregado por mais de 30 (trinta) dias consecutivos importa na rescisão injusta do contrato de trabalho.

Art. 475. O empregado que for aposentado por invalidez terá suspenso o seu contrato de trabalho durante o prazo fixado pelas leis de previdência social para a efetivação do benefício.

§ 1º Recuperando o empregado a capacidade de trabalho e sendo a aposentadoria cancelada, ser-lhe-á assegurado o direito à função que ocupava ao tempo da aposentadoria, facultado, porém, ao empregador, o direito de indenizá-lo por rescisão do contrato de trabalho, nos ter-

250. Prejudicado pelo art. 10, § 1º, do ADCT.

mos dos arts. 477 e 478, salvo na hipótese de ser ele portador de estabilidade, quando a indenização deverá ser paga na forma do art. 497. (Redação dada pela Lei n. 4.824, de 5-11-1965.)

§ 2º Se o empregador houver admitido substituto para o aposentado, poderá rescindir, com este, o respectivo contrato de trabalho sem indenização, desde que tenha havido ciência inequívoca da interinidade ao ser celebrado o contrato.

Art. 476. Em caso de seguro-doença ou auxílio-enfermidade, o empregado é considerado em licença não remunerada, durante o prazo desse benefício.

Art. 476-A. O contrato de trabalho poderá ser suspenso, por um período de 2 (dois) a 5 (cinco) meses, para participação do empregado em curso ou programa de qualificação profissional oferecido pelo empregador, com duração equivalente à suspensão contratual, mediante previsão em convenção ou acordo coletivo de trabalho e aquiescência formal do empregado, observado o disposto no art. 471 desta Consolidação. (Artigo e parágrafos incluídos pela MP n. 2.164-41, de 24-8-2001.)

§ 1º Após a autorização concedida por intermédio de convenção ou acordo coletivo, o empregador deverá notificar o respectivo sindicato, com antecedência mínima de 15 (quinze) dias da suspensão contratual.

§ 2º O contrato de trabalho não poderá ser suspenso em conformidade com o disposto no *caput* deste artigo mais de uma vez no período de 16 (dezesseis) meses.

§ 3º O empregador poderá conceder ao empregado ajuda compensatória mensal, sem natureza salarial, durante o período de suspensão contratual nos termos do *caput* deste artigo, com valor a ser definido em convenção ou acordo coletivo.

§ 4º Durante o período de suspensão contratual para participação em curso ou programa de qualificação profissional, o empregado fará jus aos benefícios voluntariamente concedidos pelo empregador.

§ 5º Se ocorrer a dispensa do empregado no transcurso do período de suspensão contratual ou nos 3 (três) meses subsequentes ao seu retorno ao trabalho, o empregador pagará ao empregado, além das parcelas indenizatórias previstas na legislação em vigor, multa a ser estabelecida em convenção ou acordo coletivo, sendo de, no mínimo, 100% (cem por cento) sobre o valor da última remuneração mensal anterior à suspensão do contrato.

§ 6º Se durante a suspensão do contrato não for ministrado o curso ou programa de qualificação profissional, ou o empregado permanecer trabalhando para o empregador, ficará descaracterizada a suspensão, sujeitando o empregador ao pagamento imediato dos salários e dos encargos sociais referentes ao período, às penalidades cabíveis previstas na legislação em vigor, bem como às sanções previstas em convenção ou acordo coletivo.

§ 7º O prazo limite fixado no *caput* poderá ser prorrogado mediante convenção ou acordo coletivo de trabalho e aquiescência formal do empregado, desde que o empregador arque com o ônus correspondente ao valor da bolsa de qualificação profissional, no respectivo período.

▶ *Comentários*

1. **Suspensão do contrato de trabalho**

Em determinadas circunstâncias, o empregado deixa de prestar serviços e o patrão, em contrapartida, também não paga salários, muito embora o vínculo laboral subsista. Daí dizer Russomano: "o contrato de trabalho, na aparência, deixa de existir, continuando, entretanto, no plano invisível do Direito, a ter vida legal"[251].

Distingue-se a suspensão da extinção (ou rescisão), porque esta última põe fim ao contrato de trabalho, enquanto a suspensão, como o próprio nome indica, apenas suspende os efeitos do pacto laboral, subsistindo, todavia, o vínculo jurídico. Não há prestação de serviços, tampouco pagamento salarial. O período da suspensão, outrossim, não é computado no tempo de serviço.

Escreve Arnaldo Süssekind:

"Em casos de suspensão, dado que o contrato não se executa em nenhum dos seus aspectos, vigora a regra de que o respectivo período não é computado para efeito da aplicação das normas de proteção ao trabalhador.

Os Tribunais do Trabalho, de um modo geral, têm observado essa norma; e a doutrina ressalta

251. *Comentários à CLT*, cit., v. 1, p. 493.

os seus fundamentos, esteada na noção jurídica de que, quando o contrato não se executa, não é possível computar-se, para qualquer efeito, o tempo relativo a essa inexecução"[252].

Na lição de Russomano:

"A suspensão provoca a inatividade momentânea de todas as cláusulas contratuais.

Nem o empregado trabalha, nem o empregador lhe paga salários. O contrato não se revela de forma alguma.

O contrato não está vigorando. Por esses motivos, o prazo de qualquer suspensão contratual não é incluído no tempo de serviço do trabalhador, quer para efeito de indenização, quer para efeito de estabilidade"[253].

Durante a suspensão não é dado ao empregador fornecer ao empregado *aviso prévio*, inexistindo, no período respectivo, direito de rescisão do contrato de trabalho, por isso que paralisado temporariamente.

Decorrido o período correspondente à suspensão, cessada esta, com o retorno do empregado às suas funções, são asseguradas a ele todas as vantagens que, na sua ausência, tenham sido atribuídas à categoria a que pertence na empresa.

São casos de suspensão do contrato de trabalho: licença não remunerada; *exercício de cargo público; mandato sindical; exercício do cargo de diretor de sociedade anônima*[254]; *aposentadoria provisória* (por invalidez); *participação em curso ou programação de qualificação profissional oferecida pelo empregador; participação em greve* (a participação em greve suspende o contrato de trabalho – art. 7º da Lei n. 7.783/89).

2. **Interrupção do contrato de trabalho**

Caracteriza-se a interrupção pela simples paralisação dos serviços; o empregado não presta serviços, mas o empregador paga seus salários; e o período de interrupção é computado no tempo de serviço.

Escreve Süssekind:

"Na interrupção o contrato não fica suspenso, tanto assim que o empregador é obrigado a remunerar (salário total ou parcial) o empregado, não obstante este não lhe prestar serviços; é um favor que a lei concede ao trabalhador"[255].

Os casos de interrupção são mais extensos: *férias; repouso semanal; feriados; estabilidade da gestante; casamento; licença-paternidade; falecimento do cônjuge, ascendentes ou descendentes; doação de sangue; alistamento militar; jurado; comparecimento a juízo; ausências justificadas pelo empregado; alistamento eleitoral; vestibular; afastamento do empregado por motivo de segurança nacional; acidente do trabalho* (não percebe salário, mas o período é computado no tempo de serviço, logo é de interrupção):

"O afastamento do empregado por motivo de acidente do trabalho e o consequente gozo de benefício previdenciário acarretam a interrupção do contrato de trabalho, e não a suspensão do mesmo, porque o tempo do afastamento é contado como de efetivo serviço..."[256].

3. **Suspensão do empregado por mais de trinta dias**

A punição do empregado por ato faltoso pode resumir-se em mera *advertência*, ou resultar em *suspensão* e, finalmente, culminar com a punição extrema do Direito do Trabalho, a *demissão*.

A suspensão, todavia, não pode ultrapassar trinta dias, sob pena de caracterizar a dispensa injusta, fazendo jus o empregado às verbas ditas rescisórias.

O afastamento disciplinar do empregado (observado o limite estabelecido no art. 474 da CLT), sem o percebimento de salários, é de *suspensão*, salvo posterior decisão judicial tornando nula a punição.

252. *Instituições de Direito do Trabalho*, cit., v. 1, p. 515.
253. *Comentários à CLT*, cit., v. 1, p. 493.
254. Súmula 269 do TST: "O empregado eleito para ocupar cargo de diretor tem o respectivo contrato de trabalho suspenso, não se computando o tempo de serviço deste período, salvo se permanecer a subordinação jurídica inerente à relação de emprego".
255. *Instituições de Direito do Trabalho*, cit., v. 1, p. 510.
256. TST, Ac. 1.496/86, RR 7.831/85-9, 1ª T., Rel. Min. Orlando Lobato.

4. Efeitos da suspensão e interrupção nos contratos por prazo determinado

Os contratos por prazo determinado, como se sabe, extinguem-se pelo decurso de prazo.

Ao firmarem, empregador e empregado, tal espécie de contrato (inclusive o de experiência), já fixam, desde logo, o dia de seu término.

Assim, o período de afastamento do empregado, seja em consequência da suspensão ou interrupção do contrato a termo, não altera seu curso regular; o contrato expira no dia predeterminado, salvo se as partes deliberaram subtrair o período de afastamento.

5. Suspensão do contrato de trabalho por enfermidade

O empregado doente e, por isso mesmo, impedido de exercer suas funções, tem direito ao denominado *auxílio-doença*, previsto no art. 59 da Lei n. 8.213, de 24-7-1991.

Em conformidade com a lei nominada, durante os primeiros quinze dias, consecutivos ao afastamento do empregado, a empresa deve remunerá-lo integralmente. A contar do 16º dia do afastamento, o empregado passará a receber o auxílio-doença, enquanto durar a enfermidade.

"No período de afastamento o contrato de trabalho estará *suspenso*. Os primeiros quinze dias do afastamento, quando é remunerado pelo empregador, são de *interrupção*. Numa hipótese ou outra, o empregado não pode ser despedido – salvo por justa causa"[257].

▶ Jurisprudência

▷ **Súmula 46 do TST. Acidente de trabalho.** As faltas ou ausências decorrentes de acidente do trabalho não são consideradas para os efeitos de duração de férias e cálculo da gratificação natalina.

▷ **Súmula 89 do TST. Falta ao serviço.** Se as faltas já são justificadas pela lei, consideram-se como ausências legais e não serão descontadas para o cálculo do período de férias.

▷ **Súmula 155 do TST. Ausência ao serviço.** As horas em que o empregado falta ao serviço para comparecimento necessário, como parte, à Justiça do Trabalho, não serão descontadas de seus salários.

▷ **Súmula 160 do TST. Aposentadoria por invalidez.** Cancelada a aposentadoria por invalidez, mesmo após cinco anos, o trabalhador terá direito de retornar ao emprego, facultado, porém, ao empregador, indenizá-lo na forma da lei. Ex-Prejulgado n. 37.

▷ **Súmula 269 do TST. Diretor eleito. Cômputo do período como tempo de serviço.** O empregado eleito para ocupar cargo de diretor tem o respectivo contrato de trabalho suspenso, não se computando o tempo de serviço deste período, salvo se permanecer a subordinação jurídica inerente à relação de emprego.

▷ **Súmula 198 do STF.** As ausências motivadas por acidente do trabalho não são descontáveis do período aquisitivo das férias.

▷ **Súmula 217 do STF.** Tem direito de retornar ao emprego, ou ser indenizado em caso de recusa do empregador, o aposentado que recupera a capacidade de trabalho dentro de cinco anos, a contar da aposentadoria, que se torna definitiva após esse prazo.

▷ **Súmula 220 do STF.** A indenização devida a empregado estável, que não é readmitido ao cessar sua aposentadoria, deve ser paga em dobro.

▷ **Súmula 279 do STF.** Para simples reexame de prova não cabe recurso extraordinário.

▷ **Súmula 463 do STF.** Para efeito de indenização e estabilidade, conta-se o tempo em que o empregado esteve afastado, em serviço militar obrigatório, mesmo anteriormente à Lei n. 4.072, de 1º-6-1962.

▷ **Súmula 346 do STJ.** É vedada aos militares temporários, para aquisição de estabilidade, a contagem em dobro de férias e licenças não-gozadas.

▷ **OJ n. 375 da SDI-1 do TST. Auxílio-doença. Aposentadoria por invalidez. Suspensão do contrato de trabalho. Prescrição. Contagem** (*DEJT* divulgado em 19, 20 e 22-4-2010). A suspensão do contrato de trabalho, em virtude da percepção do auxílio-doença ou da aposentadoria por invalidez, não impede a fluência da prescrição quinquenal, ressalvada a hipótese de absoluta impossibilidade de acesso ao Judiciário.

257. TST, RR 12.778/90.4, *DJU*, 27-9-1991.

▷ **Precedente Normativo n. 68 do TST. Empregado rural. Faltas ao serviço. Compras** (positivo). Autoriza-se o chefe de família, se empregado rural, a faltar ao serviço um dia por mês ou meio dia por quinzena, para efetuar compras, sem remuneração ou mediante compensação de horário, mas sem prejuízo do repouso remunerado, desde que não tenha falta injustificada durante o mês.

▷ **Precedente Normativo n. 70 do TST. Licença para estudante** (positivo). Concede-se licença não remunerada nos dias de prova ao empregado estudante, desde que avisado o patrão com 72 horas de antecedência e mediante comprovação.

▷ **Precedente Normativo n. 80 do TST. Serviço militar. Garantia de emprego ao alistando** (positivo). Garante-se o emprego do alistando, desde a data da incorporação no serviço militar até 30 dias após a baixa.

▷ **"Embargos de declaração. Recurso de revista com agravo. Licitude da terceirização. Retorno dos autos para análise dos pedidos sucessivos.** Embargos de declaração acolhidos, com efeito modificativo, para determinar o retorno dos autos à vara de origem a fim de que, considerando a licitude da terceirização, aprecie os pedidos sucessivos formulados pela autora na inicial, como entender de direito. Embargos de declaração acolhidos, com efeito modificativo " (ED-RRAg-1248-03.2012.5.03.0024, 2ª Turma, Relatora Ministra Maria Helena Mallmann, *DEJT* 12-3-2021).

▷ **Agravo de instrumento. Recurso de revista – Descabimento. Pedido de demissão. Falta de aviso prévio do empregado. Art. 487, § 2º, da CLT. Desconto devido.** O quadro fático delineado pelo Tribunal Regional evidencia a ruptura contratual em razão de pedido válido de demissão e a ausência de concessão de aviso prévio pelo autor, com o consequente desconto do salário referente ao prazo respectivo, nos termos do art. 487, § 2º, da CLT. Eventual reforma da decisão demandaria o reexame dos elementos instrutórios dos autos, procedimento defeso nesta fase (Súmula 126/TST). Agravo de instrumento conhecido e desprovido (AIRR-101194-31.2016.5.01.0551, 3ª Turma, Relator Ministro Alberto Luiz Bresciani de Fontan Pereira, *DEJT* 21-8-2020).

▷ **Agravo. Recurso de revista interposto antes da vigência da Lei n. 13.015/2014. 1. Nulidade. Supressão de instância. Não configuração. Incidência do art. 515, § 3º, do CPC/1973. 2. Auxílio-doença. Suspensão do contrato de trabalho. Restabelecimento de plano de saúde. Prescrição quinquenal. 3. Restabelecimento do plano de saúde. Súmula n. 440 do TST. 4. Horas extras. Regime de compensação. 5. Honorários advocatícios. Recurso mal aparelhado.** A parte agravante não apresenta argumentos capazes de desconstituir os fundamentos da decisão monocrática que negou seguimento ao recurso de revista. Agravo a que se nega provimento (Ag-RR-331-40.2013.5.04.0761, 1ª Turma, Relator Ministro Walmir Oliveira da Costa, *DEJT* 24-8-2020).

▷ **Agravo. Agravo de instrumento em recurso de revista. Prescrição. Unicidade contratual. Honorários advocatícios. Recurso de revista que não atende ao requisito disposto no art. 896, § 1º-A, inciso I, da CLT. Ausência de indicação do prequestionamento.** Constata-se que a parte, nas razões do agravo de instrumento, de fato, impugnou o óbice imposto no despacho denegatório do recurso de revista, referente à ausência de observação ao requisito disposto no art. 896, § 1º-A, da CLT, contrapondo-se ao fundamento específico da decisão denegatória. Assim, o agravo de instrumento enseja ser analisado, ultrapassado o óbice da ausência de dialeticidade imposto na decisão agravada. Observa-se, contudo, que as reclamadas, assim como detectado na decisão denegatória do recurso de revista (págs. 666 – 668 dos autos), em desatenção ao que ordena o art. 896, § 1º-A, inciso I, da CLT, quanto ao tema referente à prescrição – unicidade contratual, não indicou, adequadamente, na petição do recurso de revista, o trecho da decisão recorrida em que se encontra prequestionada a matéria objeto de sua irresignação, porquanto trouxe trecho que apenas delimita a conclusão adotada na decisão de 2º grau, sem expor os fundamentos fático-jurídicos embasadores dessa conclusão e que foram

adotados no deslinde da controvérsia. Quanto ao tema referente aos honorários advocatícios, a parte não indicou trecho nenhum, de forma que a exigência processual contida no mencionado dispositivo não foi satisfeita. Agravo desprovido" (Ag-AIRR-1048-46.2017.5.09.0026, 2ª Turma, Relator Ministro José Roberto Freire Pimenta, *DEJT* 21-8-2020).

▷ **Recurso ordinário. Dissídio coletivo de natureza econômica. Manutenção de cláusulas coletivas previstas no acordo coletivo imediatamente anterior (2016/2018). Normas preexistentes: cláusula V – pagamento do salário; cláusula XVI – auxílio educação/reabilitação; cláusula XVII – indenização por morte/invalidez permanente; cláusula XVIII – despesas hospitalares/acidente de trabalho; cláusula XXIII – licença prêmio; cláusula XXIV – repouso remunerado em viagem; cláusula XXV – licença aniversário; cláusula XXVI – dispensa imotivada; cláusula XXXIII – flexibilidade para registro de ponto; cláusula XXXIX – quadro de carreira; cláusula XLII – repasse de descontos em folha de pagamento. Não provimento.** O entendimento uniforme desta egrégia Seção consolidou-se no sentido de que as cláusulas que imponham encargos econômicos à categoria patronal somente poderão ser fixadas, por esta Justiça Especializada, no exercício de seu poder normativo, caso se trate de norma preexistente ou de conquista histórica da categoria. Considera-se como norma preexistente aquela prevista em instrumento de negociação coletiva ou em sentença normativa homologatória de acordo, vigentes no período imediatamente anterior. Para o reconhecimento da condição de conquista histórica da categoria, por sua vez, a cláusula econômica deve ter constado dos instrumentos normativos por, no mínimo, dez anos consecutivos. Cumpre destacar que não se trata de ultratividade da norma coletiva trabalhista, mas de aplicação do preceito inserto no § 2º do art. 114 da Constituição Federal. Segundo este dispositivo, caso o Poder Judiciário seja demandado a decidir o conflito coletivo de natureza econômica, este deverá respeitar as disposições mínimas de proteção ao trabalho convencionadas anteriormente. Na hipótese, as cláusulas em epígrafe, objeto de impugnação pela suscitada, nas razões do recurso ordinário em exame, foram mantidas pelo Tribunal Regional de origem, ante a constatação de que são reprodução das cláusulas constantes no Acordo Coletivo de trabalho relativo a 2016/2018, período imediatamente anterior, celebrado com a entidade sindical suscitante. Nesse contexto, não merece reparo o acórdão regional. Recurso ordinário a que se nega provimento, no particular. **Cláusula III – multa por descumprimento. Precedente Normativo n. 73. Provimento parcial.** A suscitada, nas razões recursais, não se insurge quanto à manutenção da Cláusula em questão. Postula apenas para que a sua redação seja adequada aos termos do Precedente Normativo no 73 desta Corte Superior. A multa em referência encontra-se disciplinada no art. 613, VIII, da CLT, segundo o qual os instrumentos coletivos devem conter, obrigatoriamente, as penalidades para as partes convenentes, em caso de violação aos seus dispositivos. De acordo com o verbete jurisprudencial invocado pela recorrente, em caso de descumprimento das obrigações de fazer, a multa deverá ser imposta no valor equivalente a 10% do salário básico e será destinada ao empregado prejudicado. Conquanto a Cláusula III em referência seja idêntica à previsão contida no anterior Acordo Coletivo, relativo ao período 2016/2018, verifica-se que a sua estipulação é mais gravosa que aquela contida no Precedente Normativo retromencionado, ao prever que a multa será imposta por infração. Nesse sentido, faz-se necessário proceder à adequação da redação da Cláusula III aos termos do Precedente Normativo no 73, a fim de excluir a expressão "por infração". Recurso ordinário a que se dá provimento quanto ao ponto. **Cláusula XL. Auxílio alimentação. Não provimento**. Nas razões recursais, a parte afirma já ter reajustado o auxílio alimentação, no percentual fixado na sentença normativa pelo Tribunal Regional de origem, além de ter efetuado o pagamento das diferenças desde a data-base da categoria profissional. Requer, contudo, que

esta Seção reconheça a natureza indenizatória da verba paga, uma vez que, segundo alega, o seu pagamento foi feito por mera liberalidade. Não merece, contudo, ser acolhida a pretensão da suscitada, uma vez que não compete a esta Corte, no exercício de seu poder normativo, declarar a natureza jurídica da verba em destaque, tendo em vista que essa questão sequer foi objeto de ajuste entre os entes coletivos. Tem-se, desse modo, que a fixação da natureza jurídica da parcela em sentença normativa, sem que as partes discutissem ou deliberassem a respeito da matéria, representaria verdadeira afronta às garantias constitucionais do contraditório e da autonomia negocial coletiva. Recurso ordinário a que se nega provimento, no particular(RO-80128-43.2018.5.22.0000, Seção Especializada em Dissídios Coletivos, Relator Ministro Guilherme Augusto Caputo Bastos, *DEJT* 24-8-2020).

▷ **Agravo de instrumento em recurso de revista. Rito sumaríssimo. Recurso de revista interposto na vigência da Lei n. 13.015/2014 e regido pela Instrução Normativa n. 39/2016. Estabilidade provisória. Dirigente sindical. Limitação a sete membros. Art. 522 da CLT. Súmula n. 369, Item II, do TST.** Mesmo diante da mais ampla liberdade sindical prevista no art. 8º, incisos I e VIII, da Constituição Federal, continua em vigor, no ordenamento jurídico brasileiro, a norma contida no art. 522 da CLT, que limita a sete o número de dirigentes sindicais. Incidência da Súmula 369, item II, do TST. Nesse contexto, o entendimento do Regional de que o sindicato deve observar a limitação do número de dirigentes sindicais estáveis está em sintonia com a jurisprudência desta Corte. Agravo de instrumento desprovido (AIRR-437-65.2018.5.22.0004, 2ª Turma, Relator Ministro José Roberto Freire Pimenta, *DEJT* 21-8-2020).

Capítulo V
Da rescisão

Art. 477. Na extinção do contrato de trabalho, o empregador deverá proceder à anotação na Carteira de Trabalho e Previdência Social, comunicar a dispensa aos órgãos competentes e realizar o pagamento das verbas rescisórias no prazo e na forma estabelecidos neste artigo. (Redação dada pela Lei n. 13.467, de 2017.)

§ 1º (Revogado pela Lei n. 13.467/2017.)

§ 2º O instrumento de rescisão ou recibo de quitação, qualquer que seja a causa ou forma de dissolução do contrato, deve ter especificada a natureza de cada parcela paga ao empregado e discriminado o seu valor, sendo válida a quitação, apenas, relativamente às mesmas parcelas. (Redação dada pela Lei n. 5.584, de 26-6-1970.)

§ 3º (Revogado pela Lei n. 13.467/2017.)

§ 4º O pagamento a que fizer jus o empregado será efetuado:

I – em dinheiro, depósito bancário ou em cheque visado, conforme acordem as partes; ou

II – em dinheiro ou depósito bancário quando o empregado for analfabeto. (Incisos alterados pela Lei n. 13.467/2017.)

§ 5º Qualquer compensação no pagamento de que trata o parágrafo anterior não poderá exceder o equivalente a 1 (um) mês de remuneração do empregado. (Redação dada pela Lei n. 5.584, de 26-6-1970.)

§ 6º A entrega ao empregado de documento que comprovem a comunicação da extinção contratual aos órgãos competentes bem como o pagamento dos valores constantes do instrumento de rescisão ou recibo de quitação deverão ser efetuados até 10 dias contados a partir do término do contrato. (Redação alterada pela Lei n. 13.467/2017.)

a e *b*) (Revogadas pela Lei n. 13.467/2017.)

§ 7º (Revogado pela Lei n. 13.467/2017.)

§ 8º A inobservância do disposto no § 6º deste artigo sujeitará o infrator à multa de 160 BTN, por trabalhador, bem assim ao pagamento da multa a favor do empregado, em valor equivalente ao seu salário, devidamente corrigido pelo índice de variação do BTN, salvo quando, comprovadamente, o trabalhador der causa à mora. (Parágrafo incluído pela Lei n. 7.855, de 24-10-1989.)[258]

258. Atente-se aqui para os termos da Lei n. 8.177, de 1º-3-1991, que, dentre outras providências, extinguiu o BTN a partir de 1º de fevereiro de 1991. Há que ser observada, ainda, toda a legislação posterior que alterou o sistema monetário do País e os termos da Lei n. 8.383, de 30-12-1991, que instituiu a UFIR.

§ 9º (*Vetado*.)

§ 10. A anotação da extinção do contrato na Carteira de Trabalho e Previdência Social é documento hábil para requerer o benefício do seguro-desemprego e a movimentação da conta vinculada no Fundo de Garantia do Tempo de Serviço, nas hipóteses legais, desde que a comunicação prevista no *caput* deste artigo tenha sido realizada. (Redação inserida pela Lei n. 13.467/2017.)

Art. 477-A. As dispensas imotivadas individuais, plúrimas ou coletivas equiparam-se para todos os fins, não havendo necessidade de autorização prévia de entidade sindical ou de celebração de convenção coletiva ou acordo coletivo de trabalho para sua efetivação. (Redação inserida pela Lei n. 13.467/2017.)

Art. 477-B. Plano de Demissão Voluntária ou Incentivada, para dispensa indi-vidual, plúrima ou coletiva, previsto em convenção coletiva ou acordo coletivo de trabalho, enseja quitação plena e irrevogável dos direitos decorrentes da relação empregatícia, salvo disposição em contrário estipulada entre as partes. (Redação inserida pela Lei 13.467/2017.)

Art. 478. A indenização devida pela rescisão de contrato por prazo indeterminado será de 1 (um) mês de remuneração por ano de serviço efetivo, ou por ano e fração igual ou superior a 6 (seis) meses.

§ 1º O primeiro ano de duração do contrato por prazo indeterminado é considerado como período de experiência, e, antes que se complete, nenhuma indenização será devida.

§ 2º Se o salário for pago por dia, o cálculo da indenização terá por base 25 (vinte e cinco) dias. (Atualmente são 30 dias – *vide* nota de rodapé referente ao § 3º deste artigo.)

§ 3º Se pago por hora, a indenização apurar-se-á na base de 200 (duzentas) horas por mês. (Atualmente são 220 horas.)[259]

§ 4º Para os empregados que trabalhem à comissão ou que tenham direito a percentagens, a indenização será calculada pela média das comissões ou percentagens percebidas nos últimos 12 (doze) meses de serviço. (Redação dada pelo Dec.-lei n. 229, de 28-2-1967.)

§ 5º Para os empregados que trabalhem por tarefa ou serviço feito, a indenização será calculada na base média do tempo costumeiramente gasto pelo interessado para realização de seu serviço, calculando-se o valor do que seria feito durante 30 (trinta) dias.

Art. 479. Nos contratos que tenham termo estipulado, o empregador que, sem justa causa, despedir o empregado será obrigado a pagar-lhe, a título de indenização, e por metade, a remuneração a que teria direito até o termo do contrato.

Parágrafo único. Para a execução do que dispõe o presente artigo, o cálculo da parte variável ou incerta dos salários será feito de acordo com o prescrito para o cálculo da indenização referente à rescisão dos contratos por prazo indeterminado.

Art. 480. Havendo termo estipulado, o empregado não se poderá desligar do contrato, sem justa causa, sob pena de ser obrigado a indenizar o empregador dos prejuízos que desse fato lhe resultarem.

§ 1º A indenização, porém, não poderá exceder àquela a que teria direito o empregado em idênticas condições. (Parágrafo único renumerado pelo Dec.-lei n. 6.353, de 20-3-1944.)

§ 2º (Revogado pela Lei n. 6.533, de 24-5-1978.)

Art. 481. Aos contratos por prazo determinado, que contiverem cláusula assecuratória do direito recíproco de rescisão antes de expirado o termo ajustado, aplicam-se, caso seja exercido tal direito por qualquer das partes, os princípios que regem a rescisão dos contratos por prazo indeterminado.

Art. 482. Constituem justa causa para rescisão do contrato de trabalho pelo empregador:

a) ato de improbidade;

b) incontinência de conduta ou mau procedimento;

c) negociação habitual por conta própria ou alheia sem permissão do empregador, e quando constituir ato de concorrência à empresa para a qual trabalha o empregado, ou for prejudicial ao serviço;

259. Com o advento da Lei n. 605, de 5-1-1949, que dispõe sobre o repouso semanal remunerado, o cálculo do salário mensal passou a ser efetuado na base do número de dias do mês, ou seja, 30 dias (art. 7º, § 2º). Por conseguinte, o número de horas mensais, considerando-se a jornada de 8 horas diárias, passou a ser 240. A Constituição Federal de 1988, ao limitar a jornada semanal a 44 horas, reduziu a base de cálculo do número de horas mensais para 220 – 44 semanais, seis dias úteis = 7h20min diários × 30 dias do mês = 220 horas mensais.

d) condenação criminal do empregado, passada em julgado, caso não tenha havido suspensão da execução da pena;
e) desídia no desempenho das respectivas funções;
f) embriaguez habitual ou em serviço;
g) violação de segredo da empresa;
h) ato de indisciplina ou de insubordinação;
i) abandono de emprego;
j) ato lesivo da honra ou da boa fama praticado no serviço contra qualquer pessoa, ou ofensas físicas, nas mesmas condições, salvo em caso de legítima defesa, própria ou de outrem;
k) ato lesivo da honra ou da boa fama ou ofensas físicas praticadas contra o empregador e superiores hierárquicos, salvo em caso de legítima defesa, própria ou de outrem;
l) prática constante de jogos de azar.
m) perda da habilitação ou dos requisitos estabelecidos em lei para o exercício da profissão, em decorrência de conduta dolosa do empregado. (Redação inserida pela Lei n. 13.467/2017.)
Parágrafo único. Constitui igualmente justa causa para dispensa de empregado a prática, devidamente comprovada em inquérito administrativo, de atos atentatórios contra a segurança nacional. (A redação do parágrafo único, dada pelo Dec.-lei n. 3, de 27-1-1966, foi expressamente revogada pela Lei n. 8.630, de 25-2-1993.)

Art. 483. O empregado poderá considerar rescindido o contrato e pleitear a devida indenização quando:
a) forem exigidos serviços superiores às suas forças, defesos por lei, contrários aos bons costumes, ou alheios ao contrato;
b) for tratado pelo empregador ou por seus superiores hierárquicos com rigor excessivo;
c) correr perigo manifesto de mal considerável;
d) não cumprir o empregador as obrigações do contrato;
e) praticar o empregador ou seus prepostos, contra ele ou pessoas de sua família, ato lesivo da honra e boa fama;
f) o empregador ou seus prepostos ofenderem-no fisicamente, salvo em caso de legítima defesa, própria ou de outrem;
g) o empregador reduzir o seu trabalho, sendo este por peça ou tarefa, de forma a afetar sensivelmente a importância dos salários.

§ 1º O empregado poderá suspender a prestação dos serviços ou rescindir o contrato, quando tiver de desempenhar obrigações legais, incompatíveis com a continuação do serviço.

§ 2º No caso de morte do empregador constituído em empresa individual, é facultado ao empregado rescindir o contrato de trabalho.

§ 3º Nas hipóteses das letras *d* e *g*, poderá o empregado pleitear a rescisão de seu contrato de trabalho e o pagamento das respectivas indenizações, permanecendo ou não no serviço até final decisão do processo. (Parágrafo incluído pela Lei n. 4.825, de 5-11-1965.)

Art. 484. Havendo culpa recíproca no ato que determinou a rescisão do contrato de trabalho, o tribunal de trabalho reduzirá a indenização à que seria devida em caso de culpa exclusiva do empregador, por metade.

Art. 484-A. O contrato de trabalho poderá ser extinto por acordo entre empregado e empregador, caso em que serão devidas as seguintes verbas trabalhistas: (*Caput*, incisos e alíneas inseridos pela Lei n. 13.467/2017.)
I – por metade:
a) o aviso prévio, se indenizado; e
b) a indenização sobre o saldo do Fundo de Garantia do Tempo de Serviço, prevista no § 1º do art. 18 da Lei n. 8.036, de 11-5-1990;
II – na integralidade, as demais verbas trabalhistas.

§ 1º A extinção do contrato prevista no *caput* deste artigo permite a movimentação da conta vinculada do trabalhador no Fundo de Garantia do Tempo de Serviço na forma do inciso I-A do art. 20 da Lei n. 8.036, de 11-5-1990, limitada até 80% (oitenta por cento) do valor dos depósitos.

§ 2º A extinção do contrato por acordo prevista no *caput* deste artigo não autoriza o ingresso no Programa de Seguro-Desemprego. (Redações inseridas pela Lei n. 13.467/2017.)

Art. 485. Quando cessar a atividade da empresa, por morte do empregador, os empregados terão direito, conforme o caso, à indenização a que se referem os arts. 477 e 497.

Art. 486. No caso de paralisação temporária ou definitiva do trabalho, motivada por ato de autoridade municipal, estadual ou federal, ou pela promulgação de lei ou resolução que impossibilite a continuação da atividade, prevalecerá o pagamento da indenização, que ficará a cargo do governo responsável. (Redação dada pela Lei n. 1.530, de 26-12-1951.)

§ 1º Sempre que o empregador invocar em sua defesa o preceito do presente artigo, o tribunal do trabalho competente notificará a pessoa de direito público apontada como responsável pela paralisação do trabalho, para que, no prazo de 30 (trinta) dias, alegue o que entender devido, passando a figurar no processo como chamada à autoria. (Parágrafo incluído pelo Dec.-lei n. 6.110, de 16-12-1943.)

§ 2º Sempre que a parte interessada, firmada em documento hábil, invocar defesa baseada na disposição deste artigo e indicar qual o juiz competente, será ouvida a parte contrária, para, dentro de 3 (três) dias, falar sobre essa alegação. (Parágrafo incluído pela Lei n. 1.530, de 26-12-1951.)

§ 3º Verificada qual a autoridade responsável, a Junta de Conciliação ou Juiz dar-se-á por incompetente, remetendo os autos ao Juiz Privativo da Fazenda, perante o qual correrá o feito nos termos previstos no processo comum. (Parágrafo incluído pela Lei n. 1.530, de 26-12-1951.)

▶ **Comentários**

1. **Dispensa do empregado sem justa causa**

O contrato de trabalho é um contrato sob condição potestativa de qualquer das partes, do que resulta que, nos contratos por prazo indeterminado, a qualquer tempo (salvo situações excepcionais), tanto o empregador quanto o empregado podem dar por rescindida a relação de emprego, obviamente cumpridas as exigências legais.

Russomano, com a proficiência que lhe é de todos reconhecida, alinha as formas por meio das quais pode ser extinto o contrato de trabalho:

"I – consentimento recíproco das partes contratantes;
II – morte do empregado;
III – motivo de força maior;
IV – rescisão pronunciada perante a Justiça do Trabalho;
V – rescisão unilateral, deliberada pelo empregado ou pelo empregador;
VI – transcurso do termo, nos contratos por prazo determinado"[260].

A rescisão unilateral do contrato de trabalho, por parte do empregador, como já acentuamos, só pode ocorrer nos contratos por prazo indeterminado, como, aliás, preleciona Süssekind:

"A dispensa do empregado, no sentido próprio, como um ato que traduz o exercício de um direito, somente pode ocorrer nos contratos de trabalho por tempo indeterminado. A resilição unilateral, de que a dispensa é uma espécie, é a própria dos contratos sucessivos, sem prazo.

No contrato de trabalho a termo, nenhuma das partes tem o direito de dissolver o vínculo antes de expirado o respectivo prazo, o que seria um contrassenso: o direito de não cumprir o contrato. Assim, o afastamento do empregado, no contrato de trabalho a termo, é uma decorrência de um ato faltoso, de inexecução contratual. Rompe indevidamente o contrato aquele que descumpre as suas obrigações.

Não há falar, aqui, tecnicamente, em dispensa do empregado, que pressupõe o exercício de um direito potestativo.

Daí por que a indenização devida, nessa hipótese, é um modo de execução substitutivo da execução normal"[261].

Afirmamos, linhas atrás, o direito de dispensa do empregado, nos contratos por prazo indeterminado, *salvo situações excepcionais*. A estabilidade decenal *era* uma delas. Por estabilidade decenal definimos aquela adquirida após dez anos de serviços na mesma empresa, obviamente sem opção pelo sistema do FGTS.

Tal estabilidade, todavia, foi, como se sabe, extinta pela Constituição Federal de 1988, que só adotou o sistema do FGTS. Assim, não há mais falar em tal estabilidade, salvo raríssimos casos de direito adquirido (CF/88, art. 5º, XXXVI).

Conquanto não exista o obstáculo da estabilidade decenal, há, entretanto, outros limites à dispensa imotivada, como, por exemplo, as denominadas *estabilidades especiais*: dirigentes sindicais, cipeiros (titulares e suplentes), empregada gestante, ou, ainda, no período de suspensão do pacto laboral.

260. *Comentários à CLT*, cit., v. 1, p. 508.

261. *Instituições de Direito do Trabalho*, cit., v. 1, p. 600.

Na ocorrência de tais fatos, "a consequência da nulidade da dispensa, verificada quando a lei não a permite, é a reintegração no emprego", como afirma Süssekind[262].

Na ocorrência de dispensa imotivada, impõe-se, antes de tudo, o dever do empregador de fornecer ao empregado o competente *aviso prévio*, de que nos ocuparemos mais adiante.

Ao sacramentar a dispensa, está obrigado o empregador a pagar ao empregado férias proporcionais, 13º salário proporcional (computado o período do aviso prévio), além de liberar-lhe os depósitos do FGTS, acrescidos da multa de 40% (CF/88, art. 10, II, das Disposições Transitórias), lembrando-se que a Lei Complementar n. 110, de 29 de junho de 2001, instituiu a *contribuição social*, devida pelos empregadores em caso de despedida sem justa causa, de 10% sobre o montante dos depósitos referentes ao FGTS, que, acrescentada à multa de 40%, eleva o valor para 50%. A contribuição em apreço tem duração de 60 meses a contar de sua exigibilidade.

A indenização a que se referem os arts. 477 e 478 só subsiste para a rescisão antecipada dos contratos por prazo determinado (art. 479), podendo-se admitir como tal a multa do FGTS (CF/88, art. 10, II, das Disposições Transitórias).

A CF/88, em seu art. 7º, I, fala em "relação de emprego protegida contra despedida arbitrária ou sem justa causa, nos termos de lei complementar, que preverá indenização compensatória".

Trata-se, porém, de dispositivo constitucional não autoaplicável, ainda não regulamentado pelo Congresso Nacional, malgrado datar-se a promulgação da Carta Magna de 5-10-1988!

a) Recibo de quitação do empregado

No ato da demissão, o empregado deve firmar um *recibo de quitação* dos valores recebidos, em decorrência da rescisão de seu contrato de trabalho. Dispensada a exigência de assistência sindical, por disposição expressa da Reforma Trabalhista/2017.

O menor de 18 anos pode assinar recibo de salário, mas o recibo de quitação do contrato de trabalho pressupõe a assinatura de seu responsável legal (art. 439 da CLT).

O recibo de quitação sem expressa ressalva tem efeito liberatório quanto às parcelas expressamente consignadas:

Súmula 330 do TST:

"A quitação passada pelo empregado, com assistência de entidade sindical de sua categoria, ao empregador, com observância dos requisitos exigidos nos parágrafos do art. 477 da CLT, tem eficácia liberatória em relação às parcelas expressamente consignadas no recibo, salvo se oposta ressalva expressa e especificada ao valor dado à parcela ou parcelas impugnadas. I – A quitação não abrange parcelas não consignadas no recibo de quitação e, consequentemente, seus reflexos em outras parcelas, ainda que essas constem desse recibo. II – Quanto a direitos que deveriam ter sido satisfeitos durante a vigência do contrato de trabalho, a quitação é válida em relação ao período expressamente consignado no recibo de quitação"[263].

b) Pagamento das verbas rescisórias

O pagamento das verbas rescisórias deve ser efetuado: I) até o primeiro dia útil imediato ao término do contrato; ou II) até o décimo dia, contado da notificação da demissão, quando da ausência de aviso prévio, ainda que indenizado, ou haja dispensa de seu cumprimento.

A inobservância dos prazos mencionados implica multa correspondente a um salário (§ 8º do art. 477).

c) A multa do art. 477, § 8º

A multa em apreço só é cabível no atraso do pagamento de parcelas rescisórias incontroversas, não incidindo sobre parcelas rescisórias de matéria controvertida concernente ao reconhecimento de relação empregatícia.

2. **Demissão espontânea do empregado**

Ao empregado é, igualmente, facultado dar por rescindido o contrato de trabalho por prazo indeterminado, sem que haja responsabilidade ou inadimplemento do empregador (não confundir com rescisão indireta).

262. *Instituições de Direito do Trabalho*, cit., v. 1, p. 603.

263. Redação dada pela Resolução n. 108/2001, *DJ*, 18-4-2001.

O empregado, simplesmente, não lhe convindo o emprego, pede demissão.

Na ocorrência de tal fato, está obrigado a fornecer ao empregador o respectivo aviso prévio, sob pena de lhe serem descontados os salários correspondentes ao prazo respectivo – art. 487, § 2º, da CLT.

3. Rescisão nos contratos por prazo determinado

Os arts. 479 a 481 estabelecem regras para a rescisão antecipada dos contratos a termo. Tais contratos, como já foi exposto, extinguem-se de pleno direito, com o simples decurso do prazo. Ao firmá-los, já sabem de antemão as partes o seu prazo de duração.

Contudo, não raras vezes, tanto o empregado (o que é menos usual) como o empregador (o que é mais usual) rescindem unilateralmente tais contratos, antes de seu término, o que implica, obviamente, ônus para a parte que tenha dado ensejo à rescisão.

A CLT estabelece regras para a ocorrência de rescisão unilateral antecipada desses contratos, a saber:

I – Nos contratos a termo *que não contenham cláusula assecuratória de rescisão antecipada*, a dispensa do empregado, sem justa causa, assegura-lhe uma indenização correspondente à metade da remuneração a que teria direito até o término do contrato.

Sendo do empregado a iniciativa da rescisão, cabe a este indenizar o empregador, indenização que não poderá exceder aquela a que teria direito na ocorrência de sua dispensa.

II – Aos contratos a prazo determinado *que contenham cláusula assecuratória de rescisão unilateral antecipada*, exercida pelo empregador, aplicam-se as regras dispostas para a rescisão dos contratos por prazo indeterminado, fazendo jus o empregado, portanto, ao aviso prévio, férias proporcionais, 13º salário proporcional e FGTS, com a respectiva multa.

Os contratos por *obra certa* e de *safra*, espécies de contrato a termo (art. 443, § 1º), regem-se, respectivamente, pela Lei n. 2.959, de 17-11-1956, e pela Lei n. 5.889, de 8-6-1973, a saber: "rescindido o contrato de trabalho em face do término da obra ou serviço, tendo o empregado mais de 12 (doze) meses de serviço, fica-lhe assegurada a indenização por tempo de trabalho na forma do art. 478 da CLT, com 30% (trinta por cento) de redução". "Expirado normalmente o contrato, a empresa pagará ao safrista, a título de indenização do tempo de serviço, importância correspondente a 1/12 (um doze avos) do salário mensal, por mês de serviço ou fração superior a 14 (quatorze) dias."

Em conformidade com a Súmula 125 do TST:

"O art. 479 da CLT aplica-se ao trabalhador optante pelo FGTS, admitido mediante contrato por prazo determinado, nos termos do art. 30, § 3º"[264].

O FGTS e o contrato por prazo são regidos pelas Leis n. 8.036/1990 e 9.60/1998.

4. Dispensa do empregado por justa causa

I – Obrigações fundamentais

O contrato de trabalho, como já vimos, entre ser consensual, é, igualmente, *sinalagmático* e *comutativo*, estabelecendo, por via de consequência, direitos e obrigações recíprocos.

Algumas dessas obrigações assumem especial relevância, podendo, por isso mesmo, ser conceituadas como *obrigações fundamentais*, a saber:

a) para o empregado, a de *prestar serviços* ou colocar-se à disposição do empregador;

b) para o empregador, a de *pagar salários*, instrumento fundamental à sobrevivência do obreiro e de sua família.

Em decorrência do contrato de trabalho, o empregado coloca à disposição do empregador toda a sua força laborativa a ser desenvolvida de forma pessoal e sob as diretrizes traçadas pelo titular da empresa.

A pessoalidade, ou seja, a prestação pessoal dos serviços, deriva da própria natureza da relação de emprego, que é, como vimos, *intuitu personae* com relação ao empregado, o qual, por isso mesmo, não pode fazer-se substituir por outrem sem prévia autorização do empregador.

Com inequívoca propriedade, ressalta Mario de la Cueva que:

264. Decreto n. 59.820, de 20-12-66.

"El trabajador se obliga a poner a disposición del patrono su energía de trabajo y faltaría al cumplimiento de esta obligación si, en el desempeño del servicio, se hiciera sustituir por otra persona"[265].

Ou seja, "O trabalhador compromete-se a colocar a sua energia de trabalho à disposição do empregador e deixaria de cumprir esta obrigação se, na execução do serviço, fosse substituído por outra pessoa".

Observe-se, porém, que, em determinadas circunstâncias, a prestação de serviços se torna impraticável por motivos inteiramente alheios à vontade do empregado.

É o que ocorre, por exemplo, com os trabalhadores na lavoura, na pecuária e até mesmo nos centros urbanos que, por motivos climáticos (chuva intensa, enchentes, etc.), não podem exercer suas funções normalmente.

Em tais condições, ainda que não prestem serviços, devem, todavia, colocar-se à disposição do empregador, sendo esta, a rigor, sua obrigação fundamental, como aliás se depreende da leitura do art. 4º da CLT:

"Considera-se como de serviço efetivo o período em que o empregado esteja à disposição do empregador, aguardando ou executando ordens, salvo disposição especial expressamente consignada".

Do que se conclui que, a rigor, a obrigação fundamental do empregado não é, unicamente, a de prestar serviços, mas a de colocar-se à disposição do empregador.

Por isso que afirma José Martins Catharino:

"A obrigação fundamental do empregado é a de colocar sua força – trabalho – à disposição do empregador. Desde que assim o faça, faz jus à remuneração, mesmo que o empregador, em mora como credor (*accipiem*), não a utilize, sob suas ordens"[266].

A obrigação fundamental do empregador é a de pagar os salários do empregado. "A principal obrigação do empregador é pagar o salário ajustado", enfatiza Arnaldo Süssekind[267].

No mesmo sentido acentua Mozart Victor Russomano:

"A obrigação fundamental do empregador é remunerar os serviços que o trabalhador lhe presta. Por outras palavras: é o dever de pagar o salário, nas condições ajustadas"[268].

O salário, que tem nítida natureza alimentar, é objeto de especial tutela do Estado, cercando-se, por isso mesmo, de específica proteção legal.

Por isso que seu pagamento de forma irregular enseja ao empregado a rescisão indireta do contrato de trabalho, segundo o disposto no art. 483, *d*, da CLT.

II – Obrigações secundárias

Além das obrigações fundamentais, acima postas em relevo, outras obrigações emergem do contrato de trabalho, algumas de nítido caráter moral, como, por exemplo, a urbanidade, que considera a condição humana dos pactuantes, exigindo, por parte do empregado e do empregador, recíproco tratamento condigno e respeitoso.

De modo geral, conquanto haja discrepância entre os autores, são os seguintes os deveres secundários, também denominados *obrigações complementares*:

a) Do empregado
Diligência e Fidelidade
O empregado deve dedicar-se a suas tarefas com especial atenção, tornando seu trabalho produtivo e útil, evitando o desleixo e a indolência, caracterizadores da *desídia*, falta grave ensejadora da dispensa por justa causa.

O dever de fidelidade se traduz na integração do trabalhador à comunidade empresarial, evitando violar segredos da empresa ou, ainda, fazer-lhe concorrência, atos que, igualmente, constituem falta grave.

Disciplina e Bom Comportamento

265. *Derecho Mexicano del Trabajo*, cit., p. 600.
266. *Compêndio de Direito do Trabalho*, 2. ed., São Paulo, Saraiva, 1981, v. 1, p. 7.

267. *Instituições de Direito do Trabalho*, cit., v. 1, p. 295.
268. *O Empregador e o Empregado no Direito Brasileiro*, cit., p. 10.

A observância do Regulamento Interno da empresa é dever indeclinável do empregado, constituindo a transgressão a tais regras indisciplina ensejadora da rescisão contratual.

O bom comportamento se traduz no respeito à honra e boa fama dos superiores hierárquicos, como também dos colegas de serviço, devendo o empregado agir com probidade, continência de conduta, evitando a embriaguez, o mau comportamento, etc.

Obediência às Ordens do Empregador

A subordinação hierárquica, como já vimos, é o traço marcante do contrato de trabalho. Em razão dela, o empregado deve obediência às ordens de serviço emanadas de seus superiores hierárquicos. A inobservância às ordens pessoais e diretas implica insubordinação, que é considerada falta grave ensejadora da rescisão do pacto laboral por justa causa.

b) Do empregador

As obrigações secundárias do empregador são as seguintes:

Assegurar ao Empregado Condições de Trabalho

É dever do empregador não só colocar à disposição do empregado todos os meios necessários ao exercício de suas funções (utensílios, instrumentos e matéria-prima) como, inclusive, assegurar-lhe as condições indispensáveis a sua segurança e bem-estar, fornecendo-lhe, outrossim, os meios indispensáveis de proteção previstos em leis de ordem pública e, por isso mesmo, imperativas e impostergáveis.

Utilização dos Serviços na Forma Prevista no Contrato

Ao empregador é vedado utilizar-se do empregado em funções diversas daquela convencionada.

Qualquer alteração unilateral nas condições de trabalho, seja com relação às funções, seja aos salários, ou horário, é expressamente vedada em lei, a teor do que dispõe o art. 468 da CLT:

"Nos contratos individuais de trabalho só é lícita a alteração das respectivas condições por mútuo consentimento, e ainda assim desde que não resultem, direta ou indiretamente, prejuízo ao empregado, sob pena de nulidade da cláusula infringente desta garantia".

Assim, a alteração unilateral é nula de pleno direito, e, mesmo que haja o consentimento do empregado, se da alteração resultam prejuízos diretos ou indiretos ao obreiro, o ato é de nenhuma validade.

É que, em casos tais, a lei trabalhista estabelece presunção *juris et de jure*, e, portanto, absoluta, de vício de vontade.

Com efeito, não é crível que o empregado, de livre e espontânea vontade, concorde com a alteração nas condições de trabalho que lhe seja desfavorável.

Em tais condições, não pode o empregador impor ao empregado o exercício de funções estranhas àquelas para as quais foi contratado. Na ocorrência desse fato, legítima será a recusa do empregado, que, inclusive, poderá postular perante a Justiça do Trabalho a rescisão de seu contrato laboral, com o percebimento de indenização legal.

Exercício Moderado do Poder Disciplinar

Poder disciplinar é a faculdade do empregador de zelar pela observância do Regulamento Interno da empresa, mantendo a ordem e disciplina na comunidade empresarial, dispondo, para isso, de sanções que vão da simples advertência à suspensão e à dispensa por justa causa.

Divergem os autores quanto à natureza jurídica do poder disciplinar. Para renomada corrente, tal faculdade do empregador constitui mera decorrência do pacto laboral, tendo, por via de consequência, natureza *contratual*.

É o que afirma Riva Sanseverino, para quem tal poder:

"... é inerente à relação constituída contratualmente, qual seja a de que o trabalhador se sujeita a uma prestação em forma subordinada, e visa à realização de obrigações nascidas do contrato..."[269].

Manifestamente majoritária, tal corrente tem merecido integral apoio dos mais ilustrados juslaboralistas brasileiros, destacando-se, entre outros, José Augusto Rodrigues Pinto[270],

269. *Curso de Direito do Trabalho*, trad. Elson Gottschalk, São Paulo, LTr, 1976, p. 211.
270. *Curso de Direito Individual do Trabalho*, cit., p. 262.

Arion Sayão Romita[271], Antonio Lamarca[272] e Délio Maranhão, afirmando este último:

"... o chamado *poder disciplinar*, que não é poder mas *faculdade*, já que o contrato de trabalho, como dissemos, não estabelece um vínculo de natureza pessoal, deriva, por isso mesmo, do contrato que, por outro lado, o limita"[273].

Não menos expressiva é a corrente que vê no *direito de propriedade* o fundamento do poder disciplinar. Segundo os adeptos dessa teoria, a faculdade de o empregador punir seus empregados seria mera decorrência da propriedade daquele sobre os bens de produção.

Fervoroso adepto de tal corrente, enfatiza Evaristo de Moraes Filho:

"Por que pertencem ao patrão os poderes hierárquico, diretivo e disciplinar? Por uma razão bem singela e sem mistério algum: porque são os proprietários do negócio, do estabelecimento, os que adquiriram a senhoria sobre o mesmo, de seu proprietário, através de algum meio lícito em direito (...) cabe ao proprietário, nos limites do ordenamento jurídico, é claro, dispor do que lhe pertence, escolhendo quem deve participar da coisa, do seu uso, do seu gozo e proibindo aqueles que não sejam do seu agrado ou do seu interesse"[274].

Para outros, todavia, o poder disciplinar teria seu suporte fático na natureza institucional da empresa, como sustenta entre nós, com inegável brilhantismo, Luiz José de Mesquita em obra clássica:

"... para a corrente institucional, esse poder deriva da própria natureza da empresa, que é um agrupamento social organizado, uma instituição ou corpo social. Sendo toda sociedade formada para realizar uma finalidade, desde que a mesma seja lícita, a comunidade tem o direito de constranger seus membros individuais a conformar suas atividades com esse fim que, por isso mesmo, é social e não individual. Donde poder dispor a comunidade dos meios necessários para tal, isto é, poder usar penas disciplinares. Daí se conclui que em toda sociedade: 1º) Deve haver um poder ou autoridade, pois esta é inerente a toda instituição; 2º) esse poder é social, não individual (quer dizer, não pertence a uma classe ou a uma parte dos elementos que compõem o grupo, mas à totalidade dele) pois ele é exercido não para o bem particular, mas para o bem da coletividade; 3º) tal poder deve dispor dos meios necessários para realizar sua finalidade, isto é, deve dispor de penas ou sanções disciplinares.

Como dizem Légal e Brethe, o poder disciplinar supõe a instituição, e a teoria institucionalista é a única capaz de explicar a existência de um poder disciplinar nos agrupamentos privados, de fornecer-lhes seus títulos autênticos"[275].

Na verdade, ao revés do que sustentam os adeptos das teorias mencionadas, todas elas constituem fases sucessivas de um estágio histórico.

Com efeito, se remontarmos ao tempo em que o direito de propriedade era absoluto, período que vai da Idade Média ao fim do Estado Liberal que sucedeu à Revolução Francesa, a única explicação lógica do poder disciplinar seria a do *direito de propriedade*.

Ressalte-se que nessa fase histórica inexiste efetiva intervenção do Estado na ordem econômico-social, observando-se que, malgrado os movimentos isolados de trabalhadores, a rigor, o moderno *Direito do Trabalho* só surgiria com a Constituição de Weimar, em 11-8-1919.

Entre nós, tal estado perduraria até a Revolução de 1930, quando, efetivamente, o Estado brasileiro volta sua atenção para os problemas sociais, surgindo, a partir daí, as leis trabalhistas mais expressivas e que culminariam com a Consolidação das Leis do Trabalho, promulgada por Getúlio Vargas, em 1º-5-1943.

Com a consagração do contrato de trabalho nos moldes atuais e a intervenção disciplinadora do Estado nas relações entre patrões

271. *O Poder Disciplinar do Empregador*, Rio de Janeiro, Freitas Bastos, 1983, p. 2.
272. *Manual das Justas Causas*, São Paulo, Revista dos Tribunais, p. 120.
273. *Instituições de Direito do Trabalho*, cit., p. 283.
274. *Sucessão nas Obrigações e a Teoria da Empresa*, Rio de Janeiro, Forense, 1960, p. 169.

275. *Direito Disciplinar do Trabalho*, cit., p. 82.

e empregados (quando o direito de propriedade sofre as limitações que o condicionam ao bem-estar social), conquanto o empregador, nos regimes capitalistas, continue o titular exclusivo dos bens de produção, o poder disciplinar não mais encontra suporte fático no direito de propriedade, mas no próprio contrato de trabalho.

Com efeito, ainda que bilateral e consensual, o contrato de trabalho possui matizes que o distinguem fundamentalmente dos contratos civis.

Uma dessas características, e por certo a mais significativa, é a que estabelece o poder diretivo do empregador e consequente subordinação do empregado.

Com efeito, pelo contrato de trabalho, obriga-se o empregado a desenvolver seu labor sob a direção e ordens do empregador.

A subordinação, como vimos quando examinamos o contrato de trabalho, é a essência da relação de emprego.

Não se trata, por certo, de uma subordinação física (como sucedia no regime da escravidão), mas de uma subordinação jurídica, pela qual o empregador pode dispor da energia laboral do empregado de acordo com as conveniências da produção.

Em decorrência do poder diretivo e da subordinação, surge o dever de obediência às diretrizes traçadas pelo empregador.

O poder diretivo deste último e a subordinação do empregado, as suas diretrizes estabelecem, dentro da organização empresarial, uma ordem hierárquica que justifica e caracteriza a natureza contratual do poder disciplinar.

Contudo, não se pode perder de vista a moderna tendência do Direito do Trabalho, que caminha inexoravelmente para a institucionalização da empresa, tendência já delineada na despersonalização da figura física ou jurídica do empregador, na continuidade do vínculo laboral independentemente das alterações levadas a efeito na estrutura jurídica da empresa, e que já acena com a cogestão e a participação dos empregados nos lucros dos negócios, como, aliás, enfatiza o art. 7º, XI, da atual CF.

Com efeito, nos dias atuais a empresa assume especial relevo, para ela se conjugando interesses os mais diversos. A própria finalidade lucrativa do empresário, antes especulativa e sem limites, está condicionada ao interesse coletivo, com a constante vigilância do Poder Público, por meio de leis contra o abuso do poder econômico, como, aliás, enfatiza a Constituição Federal (art. 173, § 4º):

"A lei reprimirá o abuso do poder econômico que vise à dominação dos mercados, à eliminação da concorrência e ao aumento arbitrário dos lucros".

Vislumbra-se, igualmente, na empresa, o instrumento de sobrevivência dos trabalhadores e suas famílias, por meio dos salários recebidos em decorrência dos serviços prestados.

O próprio Estado encontra, na empresa, um elemento fundamental de paz social, que decorre não só da manutenção de empregos, mas também do aprimoramento da produção indispensável à riqueza das nações, não se olvidando a tributação, receita indispensável à realização do bem-estar coletivo, do bem comum.

Vista sob tais ângulos, fácil é verificar que a empresa é muito mais que mero atributo da propriedade de seu titular, assumindo feição inequivocamente social.

E, se é verdade que não se pode igualá-la às instituições sociais tradicionais como a Igreja, a família, as Forças Armadas etc., certo é que, sobretudo, os grandes grupos empresariais, notadamente as multinacionais, perduram além da vida de seus respectivos membros (art. 448 da CLT), não raras vezes diluindo-se sua propriedade em ações de titularidade de seus próprios empregados. É o fenômeno da democratização do capital, no caminho da cogestão.

Exemplo claro do que afirmamos é o art. 11 da Constituição Federal, instituindo a figura do representante dos empregados nas empresas com mais de 200 obreiros.

Não sem razão afirma Nélio Reis:

"Entre as profundas revisões de conceitos, operadas por influência decisiva do Direito do Trabalho, situam-se as mais novas concepções quanto à figura da empresa, já não mais pacificamente encarada como mero atributo da propriedade, mas ela própria ganhando uma dimen-

são legal especial merecedora dos cuidados da ciência jurídica"[276].

E é exatamente essa dimensão legal que imprime ao contrato de trabalho, matizes próprios, não implicando equívoco a afirmação de que, considerada a empresa como verdadeira instituição social, o próprio poder disciplinar passaria a ser exercido pelo empregador, por delegação do Poder Público e, por isso mesmo, sujeito à manifestação final da Justiça do Trabalho.

O contrato de trabalho possui duas espécies de obrigações, a saber:

a) obrigações contratuais;
b) obrigações legais.

As primeiras, como o próprio nome deixa entrever, decorrem de contrato e visam, antes de tudo, aos interesses dos pactuantes, ou seja, à produção, ao lucro e aos respectivos salários.

As obrigações legais, ao revés, emanam do Estado, impostas que são pelo Poder Público, objetivando o equilíbrio entre patrões e empregados, o aprimoramento da produção, etc.

Tais obrigações, constantes da legislação trabalhista, coexistem com as obrigações contratuais, sobre estas últimas sobrepondo-se, na eventualidade de conflito.

Ora, em face da importância da empresa na comunidade, é indispensável que ela se submeta a um comando que, enquanto não alcança a almejada cogestão, há de ser exercido pelo empregador, nos limites das disposições legais.

Outrossim, para que esse comando se realize sem tropeços, impõe a lei uma série de restrições a ambos os pactuantes, devendo o poder disciplinar ser exercido pelo empregador com ponderação e equilíbrio, sob pena de caracterizar-se o chamado abuso de direito. Tal abuso ocorrerá sempre que houver desproporção entre a falta e a punição, hipótese em que ao Judiciário Trabalhista é dado anular a punição, como ocorre, por exemplo, com a legislação francesa[277].

No Brasil, malgrado o silêncio da CLT, vasta corrente doutrinária e jurisprudencial admite o reexame e dosagem pelo Judiciário Trabalhista, das sanções aplicadas ao empregado. Para os adeptos dessa corrente, o poder disciplinar não é discricionário, mas sujeito às restrições legais pertinentes, dentre as quais há de se pôr em relevo a teoria do abuso de direito. E, se é certo que o constituinte erigiu em mandamento constitucional a proteção contra a despedida arbitrária[278], não se podem, igualmente, admitir punições extremadas e injustas.

Por isso sustentamos, com a devida vênia de respeitáveis opiniões contrárias, que à Justiça do Trabalho cabe não só o exame da legalidade da punição imposta ao trabalhador, mas, igualmente, a fixação de sua justa dosagem, considerando, para isso, diversos fatores, inclusive, e, sobretudo a vida pregressa funcional do obreiro.

Dentro de tal contexto, não será heresia afirmar que o poder disciplinar, ainda exercido pelo empregador, venha, no futuro, a ser exercido conjuntamente com os próprios empregados, através de seus respectivos representantes, democraticamente escolhidos pela comunidade.

5. *Faltas graves do empregado*

A legislação brasileira adota o sistema enumerativo ou limitativo das faltas graves ensejadoras da dispensa do empregado por justa causa, bem como do empregador, e que possam, igualmente, dar causa à rescisão do pacto laboral por culpa deste último.

Na lição sempre lembrada de Dorval de Lacerda:

> "O tipo enumerativo ou limitativo, ao qual se subordina a lei brasileira, tal como indica a sua própria denominação, é aquele no qual a lei enumera as faltas graves, tanto do empregador como do empregado, e limita, naturalmente, a ação do juiz à apreciação das figuras faltosas especificadas, não sendo a ele lícito aceitar qualquer fato ou ato que não coincida nos respectivos conceitos"[279].

276. *Alteração do Contrato de Trabalho*, cit., p. 38.
277. O *Code du Travail*, art. 1º, 223-43, al. 2, faculta ao *Conseil du Proud'homnes* tornar sem efeito sanção disciplinar aplicada de forma irregular, injusta ou desproporcional.

278. Constituição Federal de 5-10-1988, art. 7º, I.
279. Dorval de Lacerda, *A Falta Grave no Direito do Trabalho*, Rio de Janeiro, Revista do Trabalho, 1947, p. 9.

Nesse caso, não é o juiz quem, em última análise, estabelece e admite a figura faltosa, mas a própria lei, restando àquele tão somente a função de estabelecer os conceitos e capitular os atos. A lei, então, diz o que entende ser a violação do pacto ou da relação de emprego, não sendo lícito a ninguém admitir uma nova figura faltosa, além daquelas que ela especifica. O critério de tal tipo legislativo é semelhante ao critério criminal: não haverá ato faltoso se não estiver enumerado na lei.

São atos faltosos do empregado, ensejadores da dispensa por justa causa (art. 482), os seguintes:

a) *ato de improbidade;*

b) *incontinência de conduta ou mau procedimento;*

c) *negociação habitual por conta própria ou alheia sem permissão do empregador, e quando constituir ato de concorrência à empresa para a qual trabalha o empregado, ou for prejudicial ao serviço;*

d) *condenação criminal do empregado, passada em julgado, caso não tenha havido suspensão da execução da pena;*

e) *desídia no desempenho das respectivas funções;*

f) *embriaguez habitual ou em serviço;*

g) *violação de segredo da empresa;*

h) *ato de indisciplina ou de insubordinação;*

i) *abandono de emprego;*

j) *ato lesivo da honra ou da boa fama praticado no serviço contra qualquer pessoa, ou ofensas físicas, nas mesmas condições, salvo em caso de legítima defesa, própria ou de outrem;*

k) *ato lesivo da honra ou da boa fama ou ofensas físicas praticadas contra o empregador e superiores hierárquicos, salvo em caso de legítima defesa, própria ou de outrem;*

l) *prática constante de jogos de azar.*

Vejamo-los isoladamente:

Improbidade

Etimologicamente significa "maldade, malícia, perversidade". *Ímprobo* é aquele que é moralmente mau; "que tem maus instintos; perverso, malvado; homem ímprobo"[280].

Malgrado conceituada de formas distintas pelos autores, no sentido que lhe empresta a corrente dominante, improbidade é todo ato de desonestidade do empregado, ou "atentado contra o patrimônio do empregador ou de terceiros, ou companheiros de trabalho", como a definem Orlando Gomes e Elson Gottschalk.

Dizem os renomados autores: "A jurisprudência inclina-se a configurá-la como um atentado contra o patrimônio do empregador, de terceiros, ou de companheiros de trabalho. Exige-se o dolo específico do *animus jurandi*, o locupletamento do infrator e o prejuízo da vítima"[281].

Antônio Lamarca, em sua consagrada obra *Manual das Justas Causas*[282], define a improbidade como "ação ou omissão dolosas do empregado subordinado, visando a uma vantagem para si ou para outrem, em decorrência do emprego, e com prejuízo real ou potencial para alguém".

A jurisprudência inclina-se para conceituar a improbidade como todo e qualquer ato do empregado contra o patrimônio do empregador, como, por exemplo, apropriação de dinheiro; desvio de material; ausência de prestação de contas; de vendas efetuadas; vendas sem nota, com apropriação do respectivo numerário, etc.

"A improbidade, ainda que cometida contra terceiros, autoriza a dispensa do empregado faltoso, na forma da alínea *a* do art. 482, da CLT"[283].

Incontinência de conduta

Incontinência etimologicamente significa sensualidade imoderada; incontinente é a pessoa submissa à luxúria, de vida sexual desregrada, censurável.

Russomano delineia seu exato perfil: "A incontinência de conduta importa em excessos censuráveis no modo de falar ou de agir. Esses excessos são, comumente, de *ordem sexual*. Devem ser de monta a criar incompatibilidade entre o trabalhador e o serviço; dependem da habitualidade do comportamento e do local em que os atos são praticados; dependem, acima de tudo, da condição pes-

280. Caldas Aulete, *Dicionário Contemporâneo da Língua Portuguesa*, cit., p. 2677.

281. *Curso Elementar de Direito do Trabalho*, cit., v. 2, p. 561.

282. Cit., p. 335.

283. TST, RR 3.401/80, *DJU*, 13-12-1986, p. 23268.

soal do faltoso. A função desempenhada pelo empregado é importantíssima. O operário, muitas vezes, vive maritalmente; frequenta lugares públicos com sua companheira – mas nem por isso é incontinente, passível de ser despedido. Mas, se um professor se exibe nas praças, nas ruas, nos cinemas, etc., acompanhado de concubinas e meretrizes, vivendo vida dissoluta, sem constrangimento e sem recato, o estabelecimento de ensino em que ele funciona poderá dispensá-lo, pois seu exemplo é nocivo às finalidades do trabalho que desenvolve"[284].

Para Dorval de Lacerda, "entende-se por incontinência de conduta o procedimento do indivíduo que traduz uma vida irregular e bastante para, por isto, fazer-lhe perder a respeitabilidade e sobretudo, em sendo empregado, a confiança como elemento imprescindível do contrato de trabalho"[285].

A incontinência de conduta, pois, revela um comportamento sexual irregular, que afronta os costumes sociais, ou, como diz Valentin Carrion, "afeta o nível da moralidade pública"[286].

Assédio sexual

Nos termos do art. 216-A do Código Penal, acrescido ao estatuto repressivo pela Lei n. 10.224, de 15-5-2001 (*DOU*, 16-5-2001), o crime de assédio sexual está assim capitulado:

"**Art. 216-A. Constranger alguém com o intuito de obter vantagem ou favorecimento sexual, prevalecendo-se o agente de sua condição de superior hierárquico ou ascendência inerentes ao exercício de emprego, cargo ou função**".

A CLT não faz qualquer referência ao assédio sexual, que pode partir de um(a) funcionário(a) hierarquicamente superior, portanto, de um(a) empregado(a) (diretor, chefe de departamento, etc.), a funcionário(a) subordinado(a), como do próprio empregador. Na primeira hipótese, envolvendo empregados, o assédio sexual se insere, de forma inequívoca, na *incontinência de conduta*. É incontinente o funcionário que, aproveitando-se de sua posição, constrange subalterno, visando atos libidinosos ou conjunção carnal.

É de observar que a vítima não é, necessariamente, a mulher, podendo ser também o homem. Observe-se, a propósito, que o dispositivo legal acima transcrito fala em "alguém", que tanto pode ser do sexo feminino como do masculino.

O assediador, conhecido o fato, pode ser despedido pela empresa por justa causa, consistindo o ato faltoso em incontinência de conduta.

De iniciativa do empregador, o assédio ensejará ao empregado dar por rescindido seu contrato de trabalho, com base no art. 483, *e*, da CLT, além de eventual ação de indenização por dano moral.

Mau procedimento

Esta figura faltosa, que facilmente poderia abranger inúmeras outras faltas, ou com elas confundir-se, tem, no Direito do Trabalho, *sentido restrito*, o que a afasta da incontinência de conduta, da improbidade ou da indisciplina e insubordinação.

Comete ou age com mau procedimento o empregado que, dolosamente, avaria maquinário, sabota a produção, faz ameaças a colegas de serviço, é agressivo ou hostil aos fregueses da empresa para a qual trabalha.

A incitação aos colegas de serviço para não cumprirem horas extras; a adulteração dos cartões de ponto, são, igualmente, formas de mau procedimento.

Negociação habitual

A negociação habitual só configura falta grave, ensejadora da dispensa por justa causa, quando para ela concorram os seguintes elementos:

I – *habitualidade*;

II – *ausência de permissão do empregador*;

III – *implicar concorrência à atividade do empregador*; ou

IV – *ser prejudicial ao serviço*.

A habitualidade pressupõe o caráter continuado, permanente, da negociação, não a caracterizando eventual venda de algum produto a colega de serviço, fora do expediente.

A proibição do empregador pode estar inserida no regulamento da empresa e, ainda que não haja expressa proibição, há de ser

284. *Comentários à CLT*, cit., v. 1, p. 559.
285. *A Falta Grave no Direito do Trabalho*, cit., p. 84.
286. Dorval de Lacerda, *A Falta Grave no Direito do Trabalho*, cit., p. 84.

vedada quando concorra com a atividade empresarial.

"Negociação habitual – Justa causa.

A existência de uma firma concorrente, do empregado, é o quanto basta para a configuração da figura da concorrência desleal, sendo secundário se houve ou não comercialização de produtos idênticos aos da empresa reclamada"[287].

Condenação criminal

A condenação criminal, passada em julgado, quando não haja suspensão condicional da pena (*sursis*), constitui justa causa para a dispensa do empregado.

Três, portanto, são seus requisitos:
1º) condenação criminal;
2º) que haja transitado em julgado; e
3º) inexista suspensão condicional de pena.

Não é, portanto, a condenação criminal em si, mas a impossibilidade física do empregado de continuar prestando serviços, como preleciona Russomano: "só servem como justas causas as condenações criminais que impedem a continuidade física da prestação do trabalho"[288].

Observe-se que determinados delitos podem tornar impossível a continuação da relação empregatícia, ainda que haja suspensão da pena, como é o caso de furtos de objetos de pequeno valor, sendo o réu primário: a hipótese, à luz do Direito do Trabalho, envolveria a figura da *improbidade*, afastando o elemento fidúcia, suporte fático do vínculo laboral. Da mesma forma, sua eventual absolvição no Juízo Criminal não afasta, por si só, a justa causa para a dispensa:

"A absolvição do empregado por insuficiência de provas, no Juízo Criminal, não afasta a possibilidade de ser reconhecida falta grave em reclamação trabalhista"[289].

Desídia

Desídia é sinônimo de preguiça, indolência, negligência. É desidioso o empregado que não cumpre com diligência suas funções.

Com inegável acerto, observa Dorval de Lacerda que negligência, e como tal a desídia, "é a falta de zelo, falta de interesse, falta de atenção na execução do serviço"[290].

Délio Maranhão, discorrendo sobre o tema, afirma que: "Desídia é negligência. E esta pressupõe a *culpa* do empregado", o que afastaria dessa figura faltosa do Direito do Trabalho o elemento intencional ou doloso (ao contrário do que sustenta Dorval de Lacerda), concluindo o renomado autor:

"Negligência se relaciona, principalmente, com desídia. O empregado que, intencionalmente, dolosamente, deixasse de executar o seu trabalho com o rendimento normal não seria negligente, desidioso. Estaria praticando verdadeiro ato de improbidade: sabotagem"[291].

As faltas injustificadas ao serviço são consideradas por inúmeros autores e remansosa jurisprudência como comportamento desidioso. Outros as situam como forma de indisciplina. A queda injustificada de produção, o abandono do posto de trabalho são outras demonstrações de desídia.

Embriaguez

Délio Maranhão, ao estudar a figura da embriaguez, faz oportuna observação quanto à existência de duas faltas: "uma importando violação da obrigação geral de conduta do empregado, refletindo-se no contrato de trabalho (embriaguez habitual); outra, violação da obrigação específica de execução do contrato (embriaguez em serviço)"[292].

A embriaguez habitual não se confunde com o hábito social de beber. Ao revés, patenteia um estado patológico extremamente nocivo à saúde física e mental do trabalhador, criando-lhe sérios embaraços às relações sociais, com sensíveis reflexos no desenvolvimento de seu trabalho.

Por isso que considerada falta grave ensejadora da dispensa por justa causa. Inspirou o legislador, como preleciona Dorval de Lacerda, "a necessidade de garantir a ordem

287. TRT/SP, RO 02940160605, 1ª T., Rel. Juiz Floriano Corrêa Vaz da Silva, *DOE/SP*, 19-12-1995, p. 28.
288. *Comentários à CLT*, cit., v. 1, p. 560.
289. TST, ROAR 11.929/94-7, Ac. SBDI-2 753/96, Rel. Min. Vantuil Abdala.

290. *A Falta Grave no Direito do Trabalho*, cit., p. 118.
291. *Instituições de Direito do Trabalho*, cit., v. 1, p. 622.
292. *Instituições de Direito do Trabalho*, cit., v. 1, p. 624.

interna do estabelecimento, a disciplina da empresa, a marcha normal do serviço e a boa execução do trabalho: a embriaguez degrada, desmoraliza e tira o senso de responsabilidade, sendo, destarte, justo que o empregador não pudesse confiar integralmente num empregado em tais condições"[293].

A embriaguez habitual, revelando "vício e desregramento", consubstancia manifesta *incontinência de conduta*; a embriaguez em serviço, ainda que eventual, assume extrema gravidade, ensejando, desde logo, a dispensa por justa causa.

Nesse sentido, a lição de José Martins Catharino: "a *habitual* é a que resulta de vício, costumeira, contumaz, mesmo não estando o empregado trabalhando, seja qual for seu agente ou via utilizada. É, portanto, falta crônica, que exige reiteração, podendo causar outras faltas, e não deixando de ser incontinência. A embriaguez *em serviço* é falta aguda, podendo ficar caracterizada mesmo em caso de 'pileque' ou 'porre' isolado, com grave repercussão no ambiente de trabalho, e quase sempre acompanhada de outras, como consequência: mau procedimento, indisciplina, insubordinação, ofensas, etc."[294].

A ingestão de outras drogas

Russomano, examinando a questão relacionada à ingestão de outras drogas nocivas ao comportamento ético do empregado, como morfina, cocaína, maconha e outras substâncias tóxicas, assim se manifesta:

"A embriaguez pode ser motivada pelo álcool (a sua forma mais comum), mas também pode ser resultante do uso de dezenas de outras substâncias tóxicas e entorpecentes: morfina, cocaína, ópio, seus derivados, bem como os estimulantes tão generalizados hoje em dia. A lei não distinguiu. Estipulou, somente, que a embriaguez, na forma referida, constitui justa causa. É de se entender, pois, que, qualquer que seja o tóxico usado, esse fato autoriza a dispensa do trabalhador, visto que as consequências que dele resultam para a relação de emprego são sempre as mesmas"[295].

Délio Maranhão tem idêntico pensamento:

"O empregado que, pelo fato de haver ingerido bebida alcoólica, ou tiver feito uso de outra substância inebriante (éter, ópio, cocaína, etc.), se apresentar no trabalho em tal grau de intoxicação, que seja capaz de perturbar o exato cumprimento de sua prestação, estará incorrendo em falta grave, ainda que isso ocorra uma única vez"[296].

A embriaguez habitual como enfermidade

Vasta corrente de juristas, dos mais renomados, sustenta, com base em estudos médicos, ser a embriaguez habitual muito mais uma enfermidade que ato faltoso do empregado.

Gyula Marcus, em seu *Manual Prático de Medicina Legal*[297], afirma categoricamente: "é o alcoolismo doença, com repercussões em todos os sistemas da economia, em razão da intoxicação crônica".

Almeida Júnior, em suas clássicas *Lições de Medicina Legal*[298], declara que "a embriaguez alcoólica pertence à psiquiatria".

A própria Organização Mundial de Saúde, de há muito, inclui o alcoolismo, em suas diversas fases, entre as doenças que provocam alterações mentais.

Tais fatos têm influenciado ponderável corrente doutrinária no sentido de excluir a embriaguez habitual das infrações trabalhistas, levando Amauri Mascaro Nascimento a afirmar que o empregado, nessas condições, precisa muito mais de assistência médica adequada que da perda do emprego, sugerindo, outrossim, seu encaminhamento à Previdência Social e a suspensão do contrato de trabalho, por auxílio-enfermidade[299].

O art. 132 da Lei n. 8.112[300], prevê as possibilidades – de demissão a bem do serviço público –, no entanto, afasta:

293. *A Falta Grave no Direito do Trabalho*, cit., p. 137.
294. *Compêndio de Direito do Trabalho*, cit., v. 2, p. 330.
295. *Comentários à CLT*, cit., v. 2, p. 562.
296. *Instituições de Direito do Trabalho*, cit., v. 1, p. 624.
297. *Manual Prático de Medicina Legal*, São Paulo, Sugestões Literárias, p. 59.
298. São Paulo, Ed. Nacional, 3. ed., 1956, p. 538.
299. *Compêndio de Direito do Trabalho*, São Paulo, LTr, p. 690.
300. De 11 de dezembro de 1990.

"a embriaguez habitual das infrações trabalhistas quando clinicamente comprovado o estado de alcoolismo crônico do trabalhador... Visa estabelecer, também, a garantia provisória de emprego ao alcoolista". É esse o entendimento do jurista, Pedro Paulo Teixeira Manus[301].

Atualmente, o TST tem considerando que a embriaguez habitual é doença ou moléstia profissional:

"**Agravo de instrumento. Recurso de revista. 1. Prescrição.** O Regional não examinou a questão pelo enfoque da data em que configurada a incapacidade do reclamante, mas por incidência da Súmula 422 do TST, motivo pelo qual a pretensão encontra óbice na Súmula 297 do TST. **2. Nulidade. Justa causa. Alcoolismo.** A decisão do Regional, quanto ao afastamento da justa causa, não merece reparos, porquanto está em consonância com o entendimento desta Corte Superior, inclusive da SBDI-1, no sentido de que o alcoolismo crônico é visto, atualmente, como uma doença, o que requer tratamento, e não punição. Incólume a Súmula 32 do TST. **3. Dano moral. Configuração.** Presentes os requisitos para a configuração do dano moral, o dever de indenizar não está atrelado necessariamente à comprovação do abalo moral sofrido, pois trata-se de dano *in re ipsa*, ou seja, pela mera ocorrência do evento descrito. **4. Valor arbitrado à condenação.** O fato de o reclamante ficar impossibilitado de auferir salários, receber tratamento médico e demais vantagens advindas do contrato de trabalho, sopesado à prevenção de futura negligência do empregador, sem que isso viesse a representar enriquecimento sem causa do reclamante, demonstra a utilização de parâmetros razoáveis e proporcionais na fixação do valor da condenação. Ileso o art. 944, parágrafo único, do CC. Agravo de instrumento conhecido e não provido[302].

Contudo, é de observar que, enquanto não aprovadas medidas legislativas autorizando a suspensão do contrato de trabalho e o encaminhamento do empregado à Previdência Social, para submetê-lo a tratamento adequado, não se pode obrigar o empregador a aceitar, na comunidade empresarial, um empregado altamente desagregador como é o alcóolatra, não raras vezes colocando em risco a segurança e a própria vida de terceiros.

Violação de segredo da empresa

Dorval de Lacerda conceitua o segredo da empresa como "todo fato, ato, ou coisa, que, de uso do conhecimento exclusivo desta, não possa ou não deva ser tornado público, sob pena de causar um prejuízo remoto, mediato ou provável àquela"[303].

Em princípio, "o obreiro deve ter ciência do segredo da empresa em razão das funções que nela exerce". É o dever de fidelidade. Um engenheiro que participa da elaboração de um desenho industrial (conjunto de linhas e cores destinado à ornamentação dos produtos de determinada empresa) tem o dever fundamental de não divulgá-lo. Fazendo-o, entretanto, terá cometido falta grave, ensejadora da dispensa por justa causa.

Não cometerá falta grave o empregado que não esteja ligado ao segredo: um faxineiro que, ao efetuar a limpeza de um galpão industrial, toma ciência das novas linhas de um automóvel a ser lançado pela empresa não está obrigado a guardar segredo, salvo se notificado pelo empregador. Assim se manifesta Wagner Giglio:

"Àqueles trabalhadores cuja evolução mental não lhes propicie discernir o que é segredo de empresa, deverá o empregador comunicar os atos, fatos ou coisas que deverão ser mantidos secretos. Se não o fizer, a revelação de tais fatos, atos ou coisas, por esses empregados, não configurará violação de segredo, por falta de intenção do revelador. Ao divulgá-los, tais empregados ignoravam sua natureza secreta"[304].

Indisciplina

A indisciplina se caracteriza pela inobservância de ordens de natureza geral, normal-

301. *Direito do Trabalho na Nova Constituição*, cit., p. 141.
302. Processo: AIRR-3082-89.2010.5.10.0000. 8ª Turma. Relatora: Dora Maria da Costa. Publicação: 10-6-2011.
303. *A Falta Grave no Direito do Trabalho*, cit., p. 196.
304. *Justa Causa para o Despedimento do Empregado*, Ed. Florença, p. 215.

mente inseridas no Regulamento da empresa. "A indisciplina", ensina Carlos de Bonhomme, "produz efeitos, ferindo o ordenamento interno da empresa, a ordem preestabelecida para a execução do trabalho e, assim, tinge a produção, quer em sua qualidade, quer em sua quantidade; já que se revela pela não obediência à ordem do serviço ou necessária ao trabalho"[305].

As ordens de serviço, como observa Russomano, "são de natureza geral, de índole disciplinar, dirigidas, abstratamente, a todos os empregados do estabelecimento"[306].

Cometeria ato de indisciplina o empregado que, contrariando norma geral e interna de proibição de fumar no local de serviço, atendendo a natureza das atividades empresariais (com risco de explosão e incêndio), insistisse no uso de cigarros em tal local.

Insubordinação

Enquanto a indisciplina é a desobediência a uma norma de ordem geral, normalmente disposta no Regulamento da empresa, a insubordinação é o descumprimento puro e simples de uma ordem pessoal.

Daí afirmar Délio Maranhão que "a indisciplina e a insubordinação importam violação da obrigação específica de obediência. Uma, em relação às normas de ordem geral, que regulam a execução do trabalho na empresa; e a outra, em relação a uma ordem especial dirigida a determinado empregado"[307].

Carlos de Bonhomme, com clareza e didática, observa que:

"A indisciplina e a insubordinação se distinguem e se destacam no Direito do Trabalho, cada qual assumindo feição peculiar e oferecendo conceito próprio e autônomo: a indisciplina é a violação ou quebra do princípio de ordem geral implantada na empresa pelo regulamento ou pelos usos; enquanto que a insubordinação é a violação ou quebra da ordem hierárquica, é o desrespeito a uma determinação especial e positiva dos superiores hierárquicos"[308].

305. *Despedida Justa*, Ed. Guaíra, 1944, p. 223.
306. *Comentários à CLT*, cit., v. 1, p. 562.
307. *Instituições de Direito do Trabalho*, cit., v. 1, p. 625.
308. *Despedida Justa*, cit., p. 229.

É de ressaltar que a insubordinação pressupõe *recusa injustificada* a uma ordem pessoal e direta de superior hierárquico. Caracterizaria a falta mencionada a recusa de um faxineiro a efetuar a limpeza de determinado recinto, quando tal ordem lhe tenha sido dada. Destarte, não haverá indisciplina na recusa de um professor a executar tal serviço, que, obviamente, não se insere em suas funções específicas.

A recusa do empregado, pois, em acatar ordens que não estejam relacionadas com suas funções não constitui falta grave, não caracterizando, portanto, insubordinação.

Abandono de emprego

Nos contratos por prazo indeterminado, qualquer das partes pode rescindi-lo unilateralmente, desde, porém, que pré-avise a outra dessa intenção (art. 487).

Entretanto, essa exigência legal nem sempre é cumprida; não raras vezes empregados simplesmente deixam os serviços, não mais retornando à empresa, caracterizando-se, após trinta dias, o *abandono de emprego*.

Para Délio Maranhão caracteriza-se "o abandono pela ausência reiterada ao serviço, sem justo motivo, e sem permissão do empregador"[309].

São elementos fundamentais para a configuração do abandono: a) o afastamento injustificado ao serviço por prazo igual ou superior a trinta dias; b) o elemento subjetivo, ou seja, a intenção de não retornar ao trabalho.

Nesse sentido, a jurisprudência dos Pretórios Trabalhistas:

"**Recurso de revista. Processo sob a égide da Lei n. 13.015/2014 e anterior à Lei n. 13.467/2017. 1. Plano de saúde. Art. 896, § 1º-A, I, da CLT. Exigência de transcrição dos fundamentos em que se identifica o prequestionamento da matéria objeto de recurso de revista. 2. Justa causa abandono de emprego. Ausência de pre-questionamento. Súmula 297/TST. 3. Intervalo intrajornada. Ausência de pré-assinalação. Ônus da prova. 4. Acidente de trabalho. Responsabilidade civil da empregadora pelo pagamento das indeniza-**

309. *Instituições de Direito do Trabalho*, cit., v. 1, p. 627.

ções por danos morais e estéticos. A indenização resultante de acidente do trabalho e/ou doença profissional ou ocupacional supõe a presença de três requisitos: *a*) ocorrência do fato deflagrador do dano ou do próprio dano, que se constata pelo fato da doença ou do acidente, os quais, por si sós, agridem o patrimônio moral e emocional da pessoa trabalhadora (nesse sentido, o dano moral, em tais casos, verifica-se pela própria circunstância da ocorrência do malefício físico ou psíquico); *b*) nexo causal ou concausal, que se evidencia pelo fato de o malefício ter ocorrido em face das condições laborativas; *c*) culpa empresarial, excetuadas as hipóteses de responsabilidade objetiva. Embora não se possa presumir a culpa em diversos casos de dano moral – em que a culpa tem de ser provada pelo autor da ação –, tratando-se de doença ocupacional, profissional ou de acidente do trabalho, essa culpa é presumida, em virtude de o empregador ter o controle e a direção sobre a estrutura, a dinâmica, a gestão e a operação do estabelecimento em que ocorreu o malefício. A Constituição Federal de 1988 assegura que todos têm direito ao meio ambiente do trabalho ecologicamente equilibrado, porque essencial à sadia qualidade de vida, razão pela qual incumbe ao Poder Público e à coletividade, na qual se inclui o empregador, o dever de defendê-lo e preservá-lo (arts. 200, VII, e 225, *caput*). Não é por outra razão que Raimundo Simão de Melo alerta que a prevenção dos riscos ambientais e/ou eliminação de riscos laborais, mediante adoção de medidas coletivas e individuais, é imprescindível para que o empregador evite danos ao meio ambiente do trabalho e à saúde do trabalhador. Acidentes do trabalho e/ou doença profissional ou ocupacional, na maioria das vezes, "são eventos perfeitamente previsíveis e preveníveis, porquanto suas causas são identificáveis e podem ser neutralizadas ou mesmo eliminadas; são, porém, imprevistos quanto ao momento e grau de agravo para a vítima" (MELO, Raimundo Simão de. Direito ambiental do trabalho e a saúde do trabalhador. 5.ed. São Paulo: Ltr, 2013, p. 316). Registre-se que tanto a higidez física como a mental, inclusive emocional, do ser humano são bens fundamentais de sua vida, privada e pública, de sua intimidade, de sua autoestima e afirmação social e, nesta medida, também de sua honra. São bens, portanto, inquestionavelmente tutelados, regra geral, pela Constituição (art. 5º, V e X). Assim, agredidos em face de circunstâncias laborativas, passam a merecer tutela ainda mais forte e específica da Constituição da República, que se agrega à genérica anterior (art. 7º, XXVIII, CF/88). Frise-se que é do empregador, evidentemente, a responsabilidade pelas indenizações por dano moral, material ou estético decorrentes de lesões vinculadas à infortunística do trabalho, sem prejuízo do pagamento pelo INSS do seguro social. No caso em tela, é incontroverso o acidente de trabalho típico sofrido pela Autora, quando, ao manusear uma panela de pressão, o utensílio explodiu causando-lhe queimaduras. Destacou, ainda, a Corte de origem que a capacidade laboral obreira estava preservada no momento da realização da perícia judicial. Quanto ao elemento culpa, o Tribunal Regional assentou que esta emergiu da conduta negligente da Reclamada em relação ao dever de cuidado à saúde, higiene, segurança e integridade física do trabalhador. (art. 6º e 7º, XXII, da CF, 186 do CCB/02), deveres anexos ao contrato de trabalho, "pois não comprovou ter atuado para evitar o acidente ocorrido com a autora". Anote-se, também, que, em relação ao dano moral, a existência de sequela de acidente de trabalho, por si só, viola a dignidade do ser humano (limitação de sua condição física, ainda que temporária), geradora de indiscutível dor íntima, desconforto e tristeza. Não há necessidade de prova de prejuízo concreto (nesse sentido, o dano moral, em tais casos, verifica-se pela própria circunstância da ocorrência do malefício físico ou psíquico), até porque a tutela jurídica, neste caso, incide sobre um interesse imaterial (art. 1º, III, da CF). Na hipótese, evidentes os prejuízos morais e estéticos sofridos pela autora, visto que a Reclamante é portadora de cicatrizes por queimadura decorrentes do acidente de trabalho. Como visto, a decisão recorrida está devidamente fundamentada na prova dos autos, sendo, portanto, inadmissíveis as assertivas recursais de que a Reclamante não comprovou a existência de dano ou a conduta atribuída ao empregador. Prejudicada, portanto, a discussão acerca do ônus da prova. Assim, afirmando o Juiz de Primeiro Grau, após minuciosa análise da prova, corroborada pelo julgado do TRT, o preenchimento dos requisitos

configuradores dos danos moral e estético, deve ser mantida a responsabilidade civil da Reclamada pelo pagamento das indenizações daí decorrentes, tornando-se inviável, em recurso de revista, reexaminar o conjunto probatório dos autos, por não se tratar o TST de suposta terceira instância, mas de Juízo rigorosamente extraordinário – limites da Súmula 126/TST. Recurso de revista não conhecido nos temas"[310].

Por isso que se recomenda aos empregadores a notificação extrajudicial ou carta postal com AR (aviso de recebimento) ao empregado, para que este retorne imediatamente ao trabalho, sob pena de configuração do abandono.

A Súmula 32 do TST dispõe que:

"Presume-se o abandono de emprego se o trabalhador não retornar ao serviço no prazo de 30 (trinta) dias após a cessação do benefício previdenciário nem justificar o motivo de não o fazer".

Ato lesivo da honra e boa fama: a) de qualquer pessoa; b) do empregador ou de superiores hierárquicos

Ato lesivo da honra e boa fama
Na lição de Clóvis Beviláqua:

"Honra é a dignidade da pessoa que vive honestamente, que pauta seu proceder pelos ditames da moral; boa fama é a estima social de que a pessoa goza por se conduzir segundo os bons costumes"[311].

"Tradicionalmente", escreve Dorval de Lacerda, "os atos lesivos à honra e boa fama são aqueles que o Código Penal denomina crimes contra a honra, ou sejam, a calúnia, a difamação e a injúria, transportando-nos para o campo especial do Direito do Trabalho, ou seja, para o ato faltoso em estudo, a realização deste consubstancia, portanto, uma daquelas três figuras"[312].

A falta sob comento pressupõe dois elementos: "a) que o ato seja capaz de causar lesão ou dor intensa e, b) que haja a intenção de causar a dor moral"[313].

A calúnia, a difamação ou a injúria compõem os elementos indispensáveis à configuração do ilícito trabalhista sob comento. Dá-se a calúnia quando se imputa falsamente a alguém fato criminoso; a difamação é a afirmação que visa desacreditar publicamente alguém, ofendendo-lhe a dignidade pessoal; injúria é a ofensa ao decoro, à decência de outrem.

a) Ofensa à honra e boa fama de terceiros

A hipótese prevê os casos de ofensas, no local de serviço, a fregueses ou a companheiros de trabalho. O empregado que ofende com termos de baixo calão fregueses ou colegas de serviço comete falta grave ensejadora de dispensa por justa causa.

b) Ofensa à honra e boa fama do empregador ou de superior hierárquico

As ofensas podem ser dirigidas ao empregador ou a superiores hierárquicos, assacando contra eles fatos extremamente ofensivos a sua dignidade pessoal e que, sabidamente, não são verdadeiros.

Entendemos que, sobretudo em relação ao empregador, irrelevante que tais ofensas tenham sido proferidas fora do local de serviço; alcançada repercussão na comunidade, caracterizada está a falta nominada.

Ofensas físicas

A ofensa física é a agressão corporal, independentemente de lesão ou ferimento, configurando justa causa para o despedimento do agressor. Um ato de agressão, de violência a um colega de serviço, a superior hierárquico ou ao empregador é uma ofensa física, constituindo-se, salvo legítima defesa.

A *legítima defesa*, meio moderado e necessário com que se repele injusta agressão (art. 25 do Código Penal), exclui a falta sob comento.

Prática constante de jogos de azar

Jogo de azar é aquele em que "o ganho e a perda dependem exclusiva ou principalmen-

310. Processo: RR-2428-97.2012.5.02.0051. 3ª Turma. Relator: Mauricio Godinho Delgado. Publicação: 26-6-2020.

311. *Código Civil Comentado*, 6. ed., Livr. Francisco Alves, 1940, v. 1, p. 473.

312. *A Falta Grave no Direito do Trabalho*, cit., p. 169.

313. Carlos de Bonhomme, *Despedida Justa*, cit., p. 237.

te da sorte" (art. 50, § 3º, *a*, da Lei das Contravenções Penais).

Com inequívoca propriedade, lembra Russomano que: "o jogo leva à corrupção moral, assim como a embriaguez leva à degradação física... O trabalhador que joga tem um convite permanente à desonestidade. Mesmo que não advenham, de imediato, prejuízos para o empregador, os riscos são tantos, tantas são as probabilidades de que esses prejuízos se concretizem, que o empregador, precavidamente, poderá dispensar o jogador habitual"[314].

Três são os pressupostos da falta em apreço, como preleciona o consagrado autor:

"a) *Habitualidade*, pois só a prática constante do jogo, como diz a lei, é que pode ferir a confiança depositada no trabalhador; b) *jogos de azar*, pois apenas estes são considerados nocivos à formação moral do homem; c) *prática fora do serviço*"[315].

Os jogos recreativos, sem apostas, nos intervalos para descanso não consubstanciam a falta ora examinada; no local de serviço, em hora de expediente, caracterizaria *indisciplina*.

Como adverte Dorval de Lacerda: "as apostas são equiparadas ao jogo: basta apostar no seu resultado, e o exemplo mais frisante disto é o das *corridas de cavalos*"[316].

Perda de habilitação profissional

Reforma Trabalhista/2017, inseriu no art. 482 da CLT, a alínea *m*, considerando falta grave do empregado a "Perda de habilitação ou de requisitos estabelecidos em lei para o exercício da profissão, em decorrência de dolosa conduta do empregado".

Exemplo que, desde logo, vem à mente é a do motorista profissional com sucessivas multas de trânsito, por condução irregular, e avarias de veículos de propriedade da empresa, o advogado que perde a carteira da OAB, o médico, em idêntica situação.

Cheques sem fundos de bancário

O art. 508 da CLT reservava uma falta grave aos bancários que, de forma contumaz, não pagavam suas dívidas:

"Considera-se justa causa, para a rescisão do contrato de trabalho do empregado bancário, a falta contumaz de dívidas legalmente exigíveis".

A Lei n. 12.347, de 10 de dezembro de 2010, revogou o dispositivo constante do art. 508 da CLT, que considerava falta grave a emissão de cheques sem provisão de fundos, e consequentemente, ensejava dispensa por justa causa do empregado bancário, isso não implica dizer que o empregado bancário está autorizado a emiti-los, não podendo mais ser o inadimplemento reincidente de dívidas por parte do empregado bancário – motivo de justa causa – para a rescisão de seu contrato de trabalho.

Outras faltas graves de empregados

Além das faltas capituladas nos arts. 482 e 508 da CLT, por nós postas em destaque, o Estatuto Consolidado contém outras disposições envolvendo atos faltosos ensejadores da dispensa por justa causa, a saber: art. 240 – recusa do ferroviário em cumprir jornada extraordinária em casos de urgência ou acidente; art. 432 – aprendiz que não frequenta curso de aprendizagem; Lei n. 7.783/89 (Lei de Greve) – prática de atos agressivos; Decreto n. 95.247/87 – declaração falsa ou uso indevido de vale-transporte.

6. Rescisão do contrato de trabalho por culpa do empregador

O art. 483 da CLT declina os atos faltosos do empregador que ensejam ao empregado dar por rescindido o contrato de trabalho, a saber:

a) *exigência de serviços superiores às forças do empregado;*

b) *tratamento com rigor excessivo;*

c) *risco de mal considerável;*

d) *descumprimento, pelo empregador, das obrigações fundamentais do contrato de trabalho;*

e) *atos lesivos à honra e boa fama do empregado ou de seus familiares;*

f) *ofensas físicas;*

g) *redução do trabalho com prejuízo dos salários;*

h) *morte do empregador pessoa física (empresa individual).*

Examinemos as hipóteses mencionadas:

314. *Comentários à CLT*, cit., v. 1, p. 564.
315. *Comentários à CLT*, cit., v. 1, p. 565.
316. *A Falta Grave no Direito do Trabalho*, cit., p. 210.

Exigência de serviços superiores às forças do empregado

O empregador deve exigir do empregado seus serviços nos limites de sua capacidade física ou intelectual. Valentin Carrion sintetiza, com objetividade, a falta em apreço: "serviços superiores às suas forças físicas (inapropriados à idade, saúde ou fortaleza), intelectuais ou de habilidades, alheios ao contrato: violando a qualificação profissional reconhecida pelo empregador"[317].

Observe-se que a disposição legal comentada fala em *forças do empregado*, sem, entretanto, defini-las, tornando absolutamente atuais os exemplos dados por Aluisio Gavazzoni:

"Exemplo 1 – Fulano, empregado da empresa X, tem como tarefa diária descarregar um caminhão de areia, o que lhe toma todo o dia de trabalho. Recebe ordens do patrão para, ao invés de descarregar um caminhão por dia, descarregar dois (serviço superior às forças do empregado).

Exemplo 2 – Fulano recebe ordens do patrão para trabalhar dezessete horas, quando a lei proíbe terminantemente que isso se dê (serviços defesos em lei).

Exemplo 3 – Fulana trabalha como recepcionista na empresa X. Recebe ordens do patrão para agradar, de qualquer maneira, os fregueses, inclusive aceitando propostas libidinosas dos mesmos (serviços contrários aos bons costumes).

Exemplo 4 – Fulano foi contratado para datilógrafo da empresa X. Entretanto, recebe ordens do patrão para trabalhar como contínuo (serviços alheios ao contrato)"[318].

Todos os exemplos acima transcritos demonstram formas de abuso de poder hierárquico, caracterizando, outrossim, as formas mais usuais de exigência de serviços superiores às forças do empregado. Ponha-se em relevo a advertência de Dorval de Lacerda: "a expressão forças refere-se não só às forças físicas, como também às forças mentais ou intelectuais"[319].

Tratamento com rigor excessivo

Um dos deveres fundamentais do empregador é tratar o empregado com urbanidade, com o respeito que se deve dedicar ao próximo, independentemente de sua condição social. O poder diretivo do empregador deve ser exercido sem arbitrariedade.

Como preleciona Aluisio Gavazzoni, "a falta de tratamento condizente com as boas normas de educação do patrão, ou seus prepostos, contra o empregado, é o que caracteriza o rigor excessivo, levando-se em conta fatores como grau de instrução, posição social, o meio onde os fatos ocorreram, etc., para atenuantes e mesmo desclassificantes da falta apontada"[320].

A figura faltosa é manifestação de intolerância, de grosseria inadmissível que, a nosso ver, independe de dolo, como ensina Dorval de Lacerda: "todo ato que exceder os limites naturais e jurídicos de tal comando e fiscalização é uma falta que pode incidir na figura do rigor excessivo"[321].

Objetiva e oportuna a observação de Francisco Antonio de Oliveira: "o rigor excessivo se traduz em comportamento anômalo por parte do patrão para com determinado empregado, destoando do tratamento normal que a todos distingue. O rigor excessivo destoa da média das coisas e demonstra intolerância em lugar da urbanidade que seria esperada"[322].

Exemplos de rigor excessivo podemos encontrar no empregador que se dirige a determinado empregado aos gritos, que procura humilhá-lo na presença de colegas de serviço. Como tal entendemos, também, a desproporção entre a falta e a punição: é excessiva a pena de suspensão ou dispensa a um empregado com abonadora vida pregressa funcional que tenha se atrasado alguns minutos no ingresso ao serviço.

Risco de mal considerável

O art. 157 da CLT estabelece obrigações às empresas, destacando-se dentre elas a de "cumprir e fazer cumprir as normas de segurança e medicina do trabalho".

317. Ob. cit., 23. ed, p. 383.
318. *Comentários à Consolidação das Leis do Trabalho*, Ed. Nacional, 1963, v. 2, p. 271.
319. *A Falta Grave no Direito do Trabalho*, cit., p. 228.
320. *Comentários à Consolidação das Leis do Trabalho*, cit., v. 2, p. 272.
321. *A Falta Grave no Direito do Trabalho*, cit., p. 261.
322. Ob. cit., p. 420.

A Constituição Federal de 1988, em seu art. 7º, XXII, assegura aos trabalhadores "redução dos riscos inerentes ao trabalho, por meio de normas de saúde, higiene e segurança".

Antonio Lamarca é extremamente feliz quando sintetiza em poucas palavras esta figura faltosa:

"Há profissões em que o risco é inerente (mineiros, aviadores, paraquedistas, escafandristas, homens-rãs, etc.).

Esses riscos, porém, devem ser os normais da profissão; se agravados pela incúria patronal, cabe o direito de resistência"[323].

Exemplo claro de mal considerável é o do médico que trata de doenças contagiosas e que não recebe da direção do hospital os meios indispensáveis de proteção, correndo o risco de adquirir a moléstia que procura combater.

Descumprimento pelo empregador das obrigações fundamentais do contrato de trabalho

O contrato de trabalho impõe a ambas as partes (empregado e empregador) uma série de obrigações; algumas fundamentais, outras de importância secundária, mas nem por isso menos significativas.

Dentre as obrigações mais relevantes impostas ao empregador, cumpre destacar a de pagar pontualmente os salários, instrumento fundamental à sobrevivência do trabalhador e de sua família.

Deve, ainda, o empregador assegurar ao empregado condições de trabalho, fornecendo-lhe os meios indispensáveis ao exercício de suas funções.

A utilização dos serviços do obreiro deve ser feita na forma prevista no contrato, não se admitindo alterações unilaterais, sobretudo se prejudiciais ao empregado.

Destarte, o poder disciplinar deve ser exercido de forma moderada, evitando excessos.

Das obrigações mencionadas ressalte-se, por sua importância, a pontualidade no pagamento dos salários – a mora salarial é intolerável para o obreiro, autorizando a rescisão indireta do contrato de trabalho.

Súmula 13 do TST:

"O só pagamento dos salários atrasados em audiência não elide a mora capaz de determinar a rescisão do contrato de trabalho".

O Tribunal Superior do Trabalho, tem entendimento consolidado, sobre atrasos de pagamentos e recolhimentos dos direitos dos empregados, no seguinte sentido:

"**I – Critério de transcendência – Parâmetros de análise – Transcendência política.** 1. Tratando-se de recurso de revista interposto contra acórdão regional publicado após a entrada em vigor da Lei n. 13.467/17, tem-se que o apelo ao TST deve ser analisado à luz do critério da transcendência previsto no art. 896-A da CLT. 2. *In casu*, a discussão gira em torno da rescisão indireta do contrato de trabalho em decorrência da ausência de recolhimento dos depósitos de FGTS na conta vinculada do Empregado em todos os meses do pacto laboral, questão em torno da qual a SBDI-1 do TST já se debruçou e uniformizou entendimento a respeito, contrário à decisão regional. Nesse sentido, resta reconhecida a transcendência política da questão trazida a lume. **II – REscisão indireta do contrato de trabalho – Ausência de recolhimento dos depósitos do FGTS – Aplicação do art. 483, *d*, da CLT – Violação configurada.** 1. O entendimento da SBDI-1 desta Corte Superior segue no sentido de que a ausência de recolhimento dos depósitos de FGTS na conta vinculada do empregado, ou seu recolhimento irregular, configura ato faltoso patronal suficiente para ensejar a rescisão indireta do contrato de emprego, a teor do art. 483, *d*, da CLT. 2. No caso, o Regional entendeu que a simples ausência de recolhimento dos depósitos fundiários, por si só, não configura falta grave apta a ensejar a rescisão indireta do contrato de emprego. 3. Ante a manifesta divergência entre a tese jurídica adotada pelo TRT e remansosa jurisprudência da SBDI-1 do TST acerca da aplicação do art. 483, *d*, da CLT, impõe-se o provimento do recurso de revista, a fim de que seja respeitado o entendimento pacificado por esta Corte Superior. Recurso de revista provido"[324].

323. *Manual das Justas Causas*, cit., p. 582.

324. RR-1000918-83.2017.5.02.0042, 4ª Turma, Relator Ministro Ives Gandra Martins Filho, *DEJT* 21-2-2020.

Atos lesivos à honra e boa fama do empregado ou de seus familiares

A ofensa à honra e boa fama – que atinge a dignidade do obreiro e violenta a estima social de que é merecedor na comunidade em que vive – enseja ao empregado dar por rescindido seu contrato de trabalho, como, inclusive, enseja-lhe ação de indenização por dano moral contra o empregador.

É o caso de um professor acusado, *indevidamente*, de assédio sexual a suas alunas: ainda que a falta não seja comprovada, tornada pública a acusação, sua vida profissional, na comunidade, estará irremediavelmente arruinada.

Note-se que a ofensa pode ser dirigida diretamente ao empregado, ou a seus familiares, esposa, companheira ou filhos.

Caluniosa, difamatória ou injuriosa, a ofensa à honra e boa fama do empregado ou de seus familiares enseja, igualmente, a ruptura da relação de emprego, por falta grave do empregador.

Ofensas físicas

A ofensa física tanto do empregador quanto do empregado é falta grave, ensejadora da rescisão do contrato de trabalho por justa causa. Se à lei repugna a agressão física ao empregador, da mesma forma repudia ofensa à integridade física do empregado.

Observe-se que a legítima defesa afasta a figura faltosa sob comento.

Redução do trabalho com prejuízo dos salários

Um dos artifícios mais sutis de alguns empregadores é a redução dos serviços do empregado, de forma a diminuir-lhe os salários, buscando induzi-lo a demitir-se. É o caso do empregado que recebe por peça ou tarefa e que, com a diminuição de seus serviços, tem reduzido seu salário.

A redução das comissões, com alteração nos ganhos do obreiro, ou a supressão pura e simples das comissões, envolvendo perda salarial, são formas de comportamento que consubstanciam falta grave do empregador, ensejadoras da ruptura do contrato laboral.

Morte do empregador pessoa física – empresa individual

A vinculação do empregado à empresa, e consequente despersonalização física ou jurídica do empregador, visou, inequivocamente, a preservação do emprego. Daí o princípio assentado no art. 448 da CLT de que "a mudança na propriedade ou na estrutura jurídica da empresa não afetará os contratos de trabalho dos respectivos empregados".

Em tais condições, o contrato de trabalho subsiste na ocorrência de sucessão *causa mortis* ou *inter vivos*.

A legislação obreira, porém, contém uma exceção a essa regra, facultando ao empregado dar por rescindido seu contrato de trabalho no caso de falecimento do empregador constituído em empresa individual, ou seja, do empregador pessoa física – art. 483, § 2º, da CLT.

Lembra Russomano que "pela circunstância de ser o empregador constituído em empresa individual pode o empregado ter feito o contrato em atenção às suas condições pessoais. Morto aquele, as condições vigorantes ficam abaladas, porque, exemplificando, pode o empregado não ter nos herdeiros a confiança que tinha no empregador falecido"[325].

Não se deve confundir a hipótese em exame com a extinção da empresa, por morte do empresário (art. 485 da CLT, ver Súmula 44 do TST).

Na hipótese sob comento, o empregado dá por rescindido o contrato de trabalho por morte do empregador pessoa física, por não lhe convir prestar serviços a seus herdeiros: "no caso de morte do empregador constituído em empresa individual, é facultado ao empregado rescindir o contrato de trabalho".

Na ocorrência do fato, não está o empregado na obrigação de cumprir o pré-aviso aos herdeiros do empresário, podendo, simplesmente, deixar os serviços, a eles não mais retornando.

Extinção da empresa por morte do empregador

Em determinadas circunstâncias, a morte do empregador traz como consequência o encerramento das atividades empresariais.

325. *Comentários à CLT*, cit., v. 1, p. 577.

Tal fato implica a rescisão do contrato de trabalho do obreiro, o que equivale a sua dispensa, fazendo-o credor das denominadas verbas rescisórias ou indenizatórias.

Desempenho de obrigações legais incompatíveis com a continuação do serviço

O § 1º do art. 483 da CLT contém hipótese de *suspensão* ou de *rescisão* do contrato de trabalho. É o caso de empregado eleito vereador de sua cidade e que, em razão de suas obrigações legais, vê-se impossibilitado de continuar prestando serviços – "o empregado poderá *suspender* a prestação dos serviços ou *rescindir* o contrato, quando desempenhar obrigações legais incompatíveis com a continuação do serviço".

Também nessa hipótese, não está obrigado a pré-avisar o empregador, tampouco fará jus a qualquer verba rescisória.

Rescisão indireta com permanência no emprego

O empregado pode, independentemente da ação trabalhista proposta, permanecer no emprego, aguardando o desfecho da ação, nas seguintes hipóteses: "não cumprir o empregador as obrigações do contrato" (normalmente mora salarial); "o empregador reduzir o seu trabalho, sendo este por peça ou tarefa, de forma a afetar sensivelmente a importância dos salários" (redução das peças, de comissões, etc.).

7. *Culpa recíproca*

A culpa recíproca ocorre quando há simultaneidade ou sucessão de faltas, como expõe Antonio Lamarca[326]. É a chamada "compensação de faltas que se configura quando as partes têm, simultaneamente, a responsabilidade pelo ocorrido" – Russomano[327].

Nélio Reis observa que é indispensável para a configuração da hipótese sob comento que: "a) a culpa recíproca seja concomitante; b) seja determinante da dissolução do contrato; c) a culpa consequente seja grave"[328].

Proclamada judicialmente a culpa recíproca, em conformidade com a Súmula 14 do TST:

"Reconhecida a culpa recíproca na rescisão do contrato de trabalho (art. 484 da CLT), o empregado tem direito a 50% (cinquenta por cento) do valor do aviso prévio, do décimo terceiro salário e das férias proporcionais".

Lembra Julpiano Chaves Cortez que, "em caso de culpa recíproca, a multa/indenização ou fundiária corresponderá à metade da prevista na situação da dispensa sem justa causa – Lei n. 8.036/90, art. 18, §§ 1º e 2º"[329].

Extinção do contrato de trabalho por comum acordo

Não raras vezes empregado e empregador resolvem, por mútuo acordo, rescindir o contrato de trabalho. A Reforma Trabalhista/2017, legitima esse acordo, inserindo na CLT, o art. 484-A, estabelecendo as regras que disciplinam tal procedimento.

A rescisão por mútuo acordo assegura ao empregado os seguintes direitos:

Aviso prévio, se indenizado, pela metade;
Saque de 80% dos depósitos do FGTS;
Férias proporcionais;
Décimo terceiro salário proporcional.

Extinção do contrato de trabalho na hipótese mencionada independe igualmente de assistência sindical.

Factum principis

Denomina-se *factum principis* o ato ou fato emanado de autoridade pública. Para Diogenes Gasparini, "é toda determinação estatal, positiva ou negativa, geral e imprescindível, que onera extraordinariamente ou que impede a execução do contrato e obriga a Administração Pública a compensar integralmente os prejuízos suportados pelo contratante particular"[330].

Assim, em conformidade com o art. 486 da CLT, havendo paralisação temporária ou definitiva do trabalho, motivada por ato de autoridade municipal, estadual ou federal, ou, ainda, pela promulgação de lei ou resolução que impossibilite a continuação da atividade empresarial, prevalecerá o pagamento de indenização, a cargo do governo responsável.

326. *Manual das Justas Causas*, cit., p. 287.
327. *Comentários à CLT*, cit., v. 1, p. 574.
328. *Alteração do Contrato de Trabalho*, cit., p. 337.
329. *Manual das Rescisões Trabalhistas*, 3. ed., São Paulo, LTr, p. 188.
330. *Direito Administrativo*, São Paulo, Saraiva, p. 265.

Cabe ao empregador invocar o *factum principis*, quando, então, notificar-se-á a autoridade pública indicada para que esta, no prazo de trinta dias, alegue o que entender de direito.

Obviamente a citação da autoridade pública estará sujeita ao crivo do Juiz do Trabalho, que, entretanto, poderá indeferi-la liminarmente, se entender não patenteado o *factum principis*.

Convencido da ocorrência do ato da autoridade, o Juiz do Trabalho dar-se-á por incompetente, determinando a remessa dos autos à Vara Privativa dos Feitos da Fazenda Pública (se municipal ou estadual), ou à Justiça Federal (se federal a autoridade).

Terminativa do feito na esfera da Justiça Trabalhista, dessa decisão caberá recurso ordinário para o Tribunal Regional do Trabalho.

Observe-se que não há falar em *factum principis*, na ocorrência de cancelamento de concessão, que é, como se sabe, transitória e precária, passível de revogação por ato unilateral da autoridade respectiva.

A portaria 620, do MPT[331], estabelece que, no Brasil – não se pode dispensar nenhum empregado por recusar a ser vacinado, contra a COVID-19 –, uma vez que tal possibilidade não está estampada no rol do art. 482, da CLT, portanto, o empregador que rescindir o contrato de trabalho, por ausência de vacina, terá que indenizá-lo com todos os consectários legais, decorrentes da dispensa sem justa causa, como multa de 40% sobre o saldo do FGTS, etc.

▶ **Jurisprudência**

▷ **Súmula 13 do TST. Mora.** O só pagamento dos salários atrasados em audiência não elide a mora capaz de determinar a rescisão do contrato de trabalho.

▷ **Súmula 14 do TST. Culpa recíproca. Nova redação.** Reconhecida a culpa recíproca na rescisão do contrato de trabalho (art. 484 da CLT), o empregado tem direito a 50% (cinquenta por cento) do valor do aviso prévio, do décimo terceiro salário e das férias proporcionais.

▷ **Súmula 32 do TST. Abandono de emprego. Nova redação.** Presume-se o abandono de emprego se o trabalhador não retornar ao serviço no prazo de 30 (trinta) dias após a cessação do benefício previdenciário nem justificar o motivo de não o fazer.

▷ **Súmula 62 do TST. Abandono de emprego.** O prazo de decadência do direito do empregador de ajuizar inquérito, contra o empregado que incorre em abandono de emprego, é contado a partir do momento em que o empregado pretendeu seu retorno ao serviço.

▷ **Súmula 73 do TST. Falta grave. Nova redação.** A ocorrência de justa causa, salvo a de abandono de emprego, no decurso do prazo do aviso prévio dado pelo empregador, retira do empregado qualquer direito às verbas rescisórias de natureza indenizatória.

▷ **Súmula 125 do TST. Contrato de trabalho. Art. 479 da CLT.** O art. 479 da CLT aplica-se ao trabalhador optante pelo FGTS, admitido mediante contrato por prazo determinado, nos termos do art. 30, § 3º, do Decreto n. 59.820, de 20-12-66.

▷ **Súmula 171 do TST. Férias proporcionais. Contrato de trabalho. Extinção. Nova redação.** Salvo na hipótese de dispensa do empregado por justa causa, a extinção do contrato de trabalho sujeita o empregador ao pagamento da remuneração das férias proporcionais, ainda que incompleto o período aquisitivo de 12 (doze) meses (art. 147 da CLT). Ex-prejulgado n. 51.

▷ **Súmula 173 do TST. Salário. Empresa. Cessação de atividades.** Extinto, automaticamente, o vínculo empregatício com a cessação das atividades da empresa, os salários só são devidos até a data da extinção. Ex-Prejulgado n. 53.

▷ **Súmula 244 do TST. Gestante. Estabilidade provisória.**
I – O desconhecimento do estado gravídico pelo empregador não afasta o direito ao pagamento da indenização decorrente da estabilidade (art. 10, II, *b* do ADCT).
II – A garantia de emprego à gestante só autoriza a reintegração se esta se der durante o período de estabilidade. Do contrário, a garantia restringe-se aos salários e demais direitos correspondentes ao período de estabilidade.

331. De 1º-11-2021.

III – A empregada gestante tem direito à estabilidade provisória prevista no art. 10, inciso II, alínea b, do Ato das Disposições Constitucionais Transitórias, mesmo na hipótese de admissão mediante contrato por tempo determinado.

▷ **Súmula 330 do TST. Quitação. Validade.**
A quitação passada pelo empregado, com assistência de entidade sindical de sua categoria, ao empregador, com observância dos requisitos exigidos nos parágrafos do art. 477 da CLT, tem eficácia liberatória em relação às parcelas expressamente consignadas no recibo, salvo se oposta ressalva expressa e especificada ao valor dado à parcela ou parcelas impugnadas. I – A quitação não abrange parcelas não consignadas no recibo de quitação e, consequentemente, seus reflexos em outras parcelas, ainda que essas constem desse recibo. II – Quanto a direitos que deveriam ter sido satisfeitos durante a vigência do contrato de trabalho, a quitação é válida em relação ao período expressamente consignado no recibo de quitação.

▷ **Súmula 339 do TST. CIPA. Suplente. Garantia de emprego. CF/1988.**
I – O suplente da CIPA goza da garantia de emprego prevista no art. 10, II, a, do ADCT a partir da promulgação da Constituição Federal de 1988.
II – A estabilidade provisória do cipeiro não constitui vantagem pessoal, mas garantia para as atividades dos membros da CIPA, que somente tem razão de ser quando em atividade a empresa. Extinto o estabelecimento, não se verifica a despedida arbitrária, sendo impossível a reintegração e indevida a indenização do período estabilitário.

▷ **Súmula 371 do TST. Aviso prévio indenizado. Efeitos. Superveniência de auxílio-doença no curso deste.**
A projeção do contrato de trabalho para o futuro, pela concessão do aviso prévio indenizado, tem efeitos limitados às vantagens econômicas obtidas no período de pré-aviso, ou seja, salários, reflexos e verbas rescisórias. No caso de concessão de auxílio-doença no curso do aviso prévio, todavia, só se concretizam os efeitos da dispensa depois de expirado o benefício previdenciário.

▷ **Súmula 378 do TST. Estabilidade provisória. Acidente do trabalho. Art. 118 da Lei n. 8.213/1991.**
I – É constitucional o art. 118 da Lei n. 8.213/1991 que assegura o direito à estabilidade provisória por período de 12 meses após a cessação do auxílio-doença ao empregado acidentado.
II – São pressupostos para a concessão da estabilidade o afastamento superior a 15 dias e a consequente percepção do auxílio-doença acidentário, salvo se constatada, após a despedida, doença profissional que guarde relação de causalidade com a execução do contrato de emprego.
III – O empregado submetido a contrato de trabalho por tempo determinado goza da garantia provisória de emprego decorrente de acidente de trabalho prevista no art. 118 da Lei n. 8.213/91.

▷ **Súmula 379 do TST. Dirigente sindical. Despedida. Falta grave. Inquérito judicial. Necessidade.**
O dirigente sindical somente poderá ser dispensado por falta grave mediante a apuração em inquérito judicial, inteligência dos arts. 494 e 543, § 3º, da CLT.

▷ **Súmula 388 do TST. Massa falida. Arts. 467 e 477 da CLT. Inaplicabilidade.**
A Massa Falida não se sujeita à penalidade do art. 467 e nem à multa do § 8º do art. 477, ambos da CLT.

▷ **Súmula 197 do STF.** O empregado com representação sindical só pode ser despedido mediante inquérito em que se apure falta grave.

▷ **Súmula 403 do STF.** É de decadência o prazo de trinta dias para instauração do inquérito judicial, a contar da suspensão, por falta grave, de empregado estável.

▷ **OJ n. 16 da SDC do TST. Taxa de homologação de rescisão contratual. Ilegalidade.** É contrária ao espírito da lei (art. 477, § 7º, da CLT) e da função precípua do Sindicato a cláusula coletiva que estabelece taxa para homologação de rescisão contratual, a ser paga pela empresa a favor do sindicato profissional.

▷ **OJ n. 14 da SDI-1 do TST. Aviso prévio cumprido em casa. Verbas rescisórias. Prazo para pagamento. (Art. 477, § 6º, b, da CLT)** Inserida em 25-11-1996 (Nova redação – Res. 129/2005, DJ, 20-4-2005)

Em caso de aviso prévio cumprido em casa, o prazo para pagamento das verbas rescisórias é até o décimo dia da notificação de despedida.

▷ **OJ n. 148 da SDI-1 do TST. Lei n. 8.880/1994, art. 31. Constitucionalidade.** Inserida em 27-11-1998 (Nova redação – Res. 129/2005, *DJ*, 20-4-2005)
É constitucional o art. 31 da Lei n. 8.880/94 que prevê a indenização por demissão sem justa causa.

▷ **OJ n. 162 da SDI-1 do TST. Multa. Art. 477 da CLT. Contagem do prazo. Aplicável o art. 132 do Código Civil de 2002.** Inserida em 26-3-1999 (Nova redação – Res. 129/2005, *DJ*, 20-4-2005)
A contagem do prazo para quitação das verbas decorrentes da rescisão contratual prevista no art. 477 da CLT exclui necessariamente o dia da notificação da demissão e inclui o dia do vencimento, em obediência ao disposto no art. 132 do Código Civil de 2002 (art. 125 do Código Civil de 1916).

▷ **OJ n. 238 da SDI-1 do TST. Multa. Art. 477 da CLT. Pessoa jurídica de direito público. Aplicável.** Inserida em 20-6-2001 (Nova redação – Res. 129/2005, *DJ*, 20-4-2005)
Submete-se à multa do art. 477 da CLT a pessoa jurídica de direito público que não observa o prazo para pagamento das verbas rescisórias, pois nivela-se a qualquer particular, em direitos e obrigações, despojando-se do *jus imperii* ao celebrar um contrato de emprego.

▷ **OJ n. 253 da SDI-1 do TST. Estabilidade provisória. Cooperativa. Lei n. 5.764/71. Conselho fiscal. Suplente. Não assegurada.** O art. 55 da Lei n. 5.764/71 assegura a garantia de emprego apenas aos empregados eleitos diretores de Cooperativas, não abrangendo os membros suplentes.

▷ **OJ n. 6 da SDI-2 do TST. Ação Rescisória. Cipeiro-Suplente. Estabilidade. ADCT da CF/88, art. 10, II, a. Súmula 83 do TST.** (Inserida em 20-9-2000. Nova redação – Res. 137/2005, *DJ*, 22-8-2005)
Rescinde-se o julgado que nega estabilidade a membro suplente de CIPA, representante de empregado, por ofensa ao art. 10, II, *a*, do ADCT da CF/88, ainda que se cuide de decisão anterior à Súmula 339 do TST. Incidência da Súmula 83 do TST.

▷ **OJ n. 16 da SDC do TST. Taxa de homologação de rescisão contratual. Ilegalidade.** É contrária ao espírito da lei (art. 477, § 7º, da CLT) e da função precípua do Sindicato a cláusula coletiva que estabelece taxa para homologação de rescisão contratual.

▷ **OJ n. 30 da SDC do TST. Estabilidade da gestante. Renúncia ou transação de direitos constitucionais. Impossibilidade.** (Republicada em deccrrência de erro material – *DEJT*, 19, 20 e 21-9-2011) Nos termos do art. 10, II, *b*, do ADCT, a proteção à maternidade foi erigida à hierarquia constitucional, pois retirou do âmbito do direito potestativo do empregador a possibilidade de despedir arbitrariamente a empregada em estado gravídico. Portanto, a teor do art. 9º da CLT, torna-se nula de pleno direito a cláusula que estabelece a possibilidade de renúncia ou transação, pela gestante, das garantias referentes à manutenção do emprego e salário.

▷ **OJ n. 31 da SDC do TST. Estabilidade do acidentado. Acordo homologado. Prevalência. Impossibilidade. Violação do art. 118, Lei 8.213/91.** Não é possível a prevalência de acordo sobre legislação vigente, quando ele é menos benéfico do que a própria lei, porquanto o caráter imperativo dessa última restringe o campo de atuação da vontade das partes.

▷ **Precedente Normativo n. 53 do TST. Empregado rural. Rescisão do contrato de trabalho do chefe de família** (positivo). A rescisão do contrato de trabalho rural, sem justa causa, do chefe da unidade familiar é extensiva à esposa, às filhas solteiras e aos filhos até 20 anos de idade, que exerçam atividades na propriedade, mediante opção destes.

▷ **Precedente Normativo n. 82 do TST. Dissídio coletivo. Garantia de salários e consectários.** (positivo). Defere-se a garantia de salários e consectários ao empregado despedido sem justa causa, desde a data do julgamento do dissídio coletivo até 90 dias após a publicação do acórdão, limitado o período total a 120 dias.

▷ **Precedente Normativo n. 93 do TST.**

Comprovante de pagamento (positivo). O pagamento do salário será feito mediante recibo, fornecendo-se cópia ao empregado, com a identificação da empresa, e do qual constarão a remuneração, com a discriminação das parcelas, a quantia líquida paga, os dias trabalhados ou o total da produção, as horas extras e os descontos efetuados, inclusive para a Previdência Social, e o valor correspondente ao FGTS. (Ex-PN n. 153)

▷ **OJ 270 SDI-1 TST. Programa de incentivo à demissão voluntária. Transação extrajudicial. Parcelas oriundas do extinto contrato de trabalho. Efeitos** (inserida em 27-9-2002). A transação extrajudicial que importa rescisão do contrato de trabalho ante a adesão do empregado a plano de demissão voluntária implica quitação exclusivamente das parcelas e valores constantes do recibo.

▷ **"Agravo de instrumento. Recurso de revista interposto a acórdão publicado na vigência da Lei n. 13.467/2017. Indenização por danos morais. Carteiro. Assalto à mão armada. Atividade de risco. Responsabilidade objetiva. Transcendência da causa não reconhecida.** 1. Cuida-se de controvérsia acerca da atribuição de responsabilidade objetiva ao empregador, independentemente de culpa, pelos danos morais sofridos pelo obreiro em decorrência do exercício de atividade de risco, assim considerada toda aquela que, por sua natureza, submete o trabalhador a maior exposição ao perigo e ao infortúnio, colocando em risco acentuado a sua integridade física. 2. Na hipótese dos autos, o Tribunal Regional consignou expressamente que o obreiro desempenhava a função de carteiro, bem como que resultou incontroverso nos autos ter sofrido três assaltos à mão armada em menos de um ano, ocorridos durante a entrega de mercadorias e correspondências, o que ensejou o reconhecimento do direito à indenização por danos morais. 3. Constatado o preenchimento dos demais requisitos processuais de admissibilidade, o exame do Recurso de Revista sob o prisma do pressuposto de transcendência revelou que: *a*) não demonstrada a transcendência política da causa, na medida em que o acórdão recorrido revela consonância com a jurisprudência pacífica e iterativa desta Corte superior, referendada por recente decisão proferida pelo Supremo Tribunal Federal, nos autos do Recurso Extraordinário n. STF-RE-828040/DF, no qual foi reconhecida repercussão geral (Tema n. 932), mediante a qual se estabeleceu o entendimento de que "o art. 927, parágrafo único, do Código Civil é compatível com o art. 7º, XXVIII, da Constituição Federal, sendo constitucional a responsabilização objetiva do empregador por danos decorrentes de acidentes de trabalho, nos casos especificados em lei, ou quando a atividade normalmente desenvolvida, por sua natureza, apresentar exposição habitual a risco especial, com potencialidade lesiva e implicar ao trabalhador ônus maior do que aos demais membros da coletividade" (Ata de Julgamento n. 7, publicada no *DJe* n. 65, de 20-3-2020); *b*) não se verifica a transcendência jurídica, visto que ausentes indícios da existência de questão nova acerca da controvérsia ora submetida a exame, mormente diante da incidência do disposto na Súmula 333 desta Corte superior, a obstacularizar a pretensão recursal; *c*) não identificada a transcendência social da causa, visto que não se cuida de pretensão recursal formulada em face de suposta supressão ou limitação de direitos sociais assegurados na legislação pátria; e *d*) não há falar em transcendência econômica, visto que o valor arbitrado à condenação não se revela elevado ou desproporcional ao pedido formulado e deferido na instância ordinária. 4. Configurado o óbice relativo ao não reconhecimento da transcendência da causa quanto ao tema sob exame, resulta inviável o processamento do Recurso de Revista, no particular. 5. Agravo de Instrumento não provido. **Agravo de instrumento. Recurso de revista interposto a acórdão publicado na vigência da Lei n. 13.467/2017. Indenização por danos morais. Assalto. Banco postal. Atividade de risco. Responsabilidade objetiva. Fixação do *quantum* indenizatório. Transcendência da causa não examinada.** 1. O exame da prova produzida nos autos é atribuição exclusiva das instâncias ordinárias, cujo pronunciamento, nesse aspecto, é soberano. Com efeito, a proximi-

dade do julgador, em sede ordinária, com a realidade cotidiana em que contextualizada a controvérsia a ser dirimida habilita-o a equacionar o litígio com maior precisão, sobretudo no que diz respeito à aferição de elementos de fato sujeitos a avaliação subjetiva, necessária à estipulação do valor da indenização por danos morais. Conclui-se, num tal contexto, que não cabe a esta instância superior, em regra, rever a valoração emanada das instâncias ordinárias em relação ao montante arbitrado a título de indenização por danos morais, para o que se faria necessário o reexame dos elementos de fato e das provas constantes dos autos. Excepcionam-se, todavia, de tal regra as hipóteses em que o *quantum* indenizatório se revele extremamente irrisório ou nitidamente exagerado, denotando manifesta inobservância aos princípios da razoabilidade e da proporcionalidade, aferível de plano, sem necessidade de incursão na prova. 2. No caso dos autos, tem-se que somente com o revolvimento do substrato fático-probatório – procedimento vedado nesta instância extraordinária – seria possível chegar a conclusão diversa daquela erigida pelo Tribunal Regional, no sentido de que o valor de R$ 10.000,00 (dez mil reais), arbitrado à condenação, revela-se adequado para indenizar os danos morais sofridos pelo obreiro. Incidência da Súmula 126 do Tribunal Superior do Trabalho. Em face da existência de óbice de natureza processual ao trânsito do recurso, deixa-se de examinar o requisito da transcendência. 3. Agravo de Instrumento a que se nega provimento" (AIRR-447-23.2020.5.10.0021, 6ª Turma, Relator Ministro Lelio Bentes Correa, *DEJT* 20-8-2021).

▷ **Agravo interno em agravo de instrumento em recurso de revista. CPC/1973. Negativa de prestação jurisdicional.** O exame dos autos revela que a Corte de origem proferiu decisão completa, válida e devidamente fundamentada, razão pela qual não prospera a alegada negativa de prestação jurisdicional. Agravo conhecido e não provido. **Cargo em comissão de livre nomeação e exoneração. Contratação pelo regime celetista. Desnecessidade de motivação. Verbas rescisórias.** A exoneração de empregado admitido para exercer cargo em comissão, ainda que contratado sob o regime jurídico celetista, não enseja o pagamento de verbas típicas da rescisão sem justa causa, em razão da precariedade da contratação, que pode ser rescindida *ad nutum* (por livre vontade da Administração). Precedentes. Óbice do art. 896, § 4º, da CLT e da Súmula 333 do TST. Agravo conhecido e não provido. **Horas extras. Indenização por danos morais. Ausência de impugnação aos fundamentos da decisão agravada. Agravo de instrumento desfundamentado.** Em atenção ao Princípio da Dialeticidade ou a discursividade dos recursos, cabe à parte agravante questionar os fundamentos específicos declinados na decisão recorrida. Se não o faz, como na hipótese dos autos, considera-se desfundamentado o apelo, nos termos dos arts. 514, II, e 524, II, do CPC/1973. Agravo conhecido e não provido" (Ag-AIRR-145800-16.2008.5.01.0070, 7ª Turma, Relator Ministro Claudio Mascarenhas Brandão, *DEJT* 21-8-2020).

▷ **I – Dissídio coletivo de greve – Pedido condenatório do sindicato profissional em contestação – Ausência de interesse processual – Preliminar arguida de ofício – Arts. 337, § 5º, e 485, VI, do CPC/2015.** 1. Na análise de pedido do sindicato profissional, o Eg. TRT ultrapassou os limites do Dissídio Coletivo ao condenar a Suscitante ao cumprimento de obrigação relativa à jornada de trabalho. 2. A C. SDC entende que decisões condenatórias não se adequam ao Dissídio Coletivo de Greve, salvo quando pertinentes à regulação específica dos efeitos da paralisação. 3. Preliminar de falta de interesse processual arguida de ofício, com base nos arts. 337, § 5º, e 485, VI, do CPC/2015. Extinção parcial do processo sem resolução do mérito. **II – Recurso ordinário da irmandade da Santa Casa de Misericória de Presidente Epitácio – Dissídio coletivo de greve suscitado na vigência da Lei n. 13.467/2017 – Paralisação em atividade essencial – Cumprimento dos requisitos formais – Atraso no pagamento do décimo terceiro salário – Art. 14, Parágrafo único, da Lei n. 7.783/1989 – Abusividade não

configurada – Pagamento dos salários dos dias parados – Estabilidade aos trabalhadores grevistas – Tópicos analisados em conjunto. 1. Deve ser mantida a declaração de não abusividade da greve, pois o sindicato profissional cumpriu os requisitos da Lei n. 7.783/1989. 2. Ademais, a Suscitante violou a lei trabalhista ao atrasar o pagamento do décimo terceiro salário. Com base no art. 14, parágrafo único, da Lei n. 7.783/1989, a C. SDC entende não ser abusiva a greve motivada por ato ilícito do empregador consubstanciado no descumprimento de norma coletiva e/ou lei trabalhista, mesmo que descumpridos os requisitos formais para sua deflagração. **Condenação ao pagamento de parcelas trabalhistas em atraso.** Adoto a ementa do Exmo. Ministro Relator: "O dissídio coletivo não serve de instrumento para a tutela de interesses individuais e concretos das Partes, mas para a discussão de interesses gerais e abstratos das categorias econômicas e profissionais, onde o provimento jurisdicional almejado não terá caráter condenatório, mas, em geral, caráter constitutivo (criando ou modificando a relação jurídica entre as categorias em conflito) ou declaratório. É certo que o provimento jurisdicional no dissídio coletivo de greve pode repercutir comandos de cunho condenatório e/ou mandamental, em face da necessidade de efetivação da decisão normativa prolatada ou de cumprimento de uma determinação judicial (exemplos: a condenação ao pagamento dos dias não trabalhados, em paralisações motivadas por descumprimento de cláusulas contratuais relevantes; e a fixação de percentual mínimo de trabalhadores em serviço para o atendimento das necessidades inadiáveis da população, no caso de greve em atividades essenciais). Contudo, se a pretensão condenatória envolver interesses individuais concretos de membros da categoria profissional, como é o caso do pagamento do 13º salário em atraso, a via processual adequada é a propositura de reclamação trabalhista, ainda que de caráter coletivo ou plúrimo, com cognição própria e posterior execução. Julgados desta SDC/TST". Recurso Ordinário provido parcialmente" (RO-5194-75.2019.5.15.0000, Seção Especializada em Dissídios Coletivos, Redatora Ministra Maria Cristina Irigoyen Peduzzi, *DEJT* 27-8-2020).

▷ **Embargos de declaração – Recurso ordinário em dissídio coletivo de natureza jurídica – Interpretação da cláusula 29 do ACT de 2008 firmado entre o sindicato dos professores universitários de curitiba e a associação paranaense de cultura – Indenização por promoções não realizadas – Forma de cálculo – Inclusão, ou não, do período de carência – Cláusula benéfica que deve ser interpretada restritivamente (CC, art. 114) – Inexistência de omissão e contradição – Rejeição.** 1. Os vícios autorizadores da oposição de embargos declaratórios são aqueles listados nos arts. 897-A da CLT e 1.022 do CPC, concernentes a omissão, contradição ou obscuridade do julgado, que obstaculizam o exercício do direito de recurso para a instância superior (excepcionalmente, para corrigir manifesto equívoco no exame dos pressupostos extrínsecos do recurso pela própria instância). 2. O acórdão embargado examinou de maneira clara e minuciosa a questão alusiva à interpretação da cláusula 29 do ACT de 2008 firmado entre as Partes, no tocante à indenização por promoções não realizadas, concluindo pela improcedência do dissídio coletivo de natureza jurídica, razão pela qual inexiste omissão e contradição a serem sanadas. 3. Na realidade, insatisfeito com o desfecho da lide, o Sindicato Obreiro almeja a reforma do julgado, o que, todavia, não se compatibiliza com a via eleita dos declaratórios, a teor dos arts. 1.022 do CPC e 897-A da CLT. Embargos de declaração rejeitados" (ED-RO-809-57.2016.5.09.0000, Seção Especializada em Dissídios Coletivos, Relator Ministro Ives Gandra Martins Filho, *DEJT* 27-8-2020).

▷ **I – Agravo de instrumento do reclamante. Recurso de revista. Lei n. 13.467/2017. Transcendência. Multa do art. 467 da CLT.** Delimitação do acórdão recorrido: "Excluo da condenação a multa do art. 467 da CLT, uma vez que a reclamada suscitou controvérsia ao alegar relação de trabalho no período anterior ao registro da CTPS e impugnou os pedidos alegando abandono de emprego". **Indenização por danos mo-**

rais. **Inadimplência das verbas rescisórias.** Delimitação do acórdão recorrido: "A inadimplência das verbas rescisórias, embora cause dissabores, não configura, por si, dano à esfera íntima do empregado. Razão pela qual, excluo da condenação a indenização por danos morais". Não há transcendência política, pois não constatado o desrespeito à jurisprudência sumulada do Tribunal Superior do Trabalho ou do Supremo Tribunal Federal. Não há transcendência social quando não é possível discutir, em recurso de reclamante, a postulação de direito social constitucionalmente assegurado, na medida em que a matéria probatória não pode ser revisada no TST, e, sob o enfoque de direito não se constata o desrespeito da instância recorrida à jurisprudência desta Corte Superior. Não há transcendência jurídica, pois não se discute questão nova em torno de interpretação da legislação trabalhista. Não se reconhece a transcendência econômica quando, a despeito dos valores da causa e da condenação, não se constata a relevância do caso concreto, pois a matéria probatória não pode ser revisada no TST, e, sob o enfoque de direito, não se constata o desrespeito da instância recorrida à jurisprudência desta Corte Superior. Não há outros indicadores de relevância no caso concreto (art. 896-A, § 1º, parte final, da CLT). Agravo de instrumento a que se nega provimento. **II – Recurso de revista da petrobras. Lei n. 13.467/2017. Ente público. Responsabilidade subsidiária.** Deve ser reconhecida a transcendência jurídica para exame mais detido da controvérsia devido às peculiaridades do caso concreto. O enfoque exegético da aferição dos indicadores de transcendência em princípio deve ser positivo, especialmente nos casos de alguma complexidade, em que se torna aconselhável o debate mais aprofundado do tema. Conforme o Pleno do STF (ADC n. 16/DF e Agravo Regimental em Reclamação n. 16.094) e o Pleno do TST (item V da Súmula 331), relativamente às obrigações trabalhistas, é vedada a transferência automática, para o ente público tomador de serviços, da responsabilidade da empresa prestadora de serviços; a responsabilidade subsidiária não decorre do mero inadimplemento da empregadora, mas da culpa do ente público no descumprimento das obrigações previstas na Lei n. 8.666/1993. No voto do Ministro Relator da ADC n. 16, Cezar Peluso, constou a ressalva de que a vedação de transferência consequente e automática de encargos trabalhistas, "não impedirá que a Justiça do Trabalho recorra a outros princípios constitucionais e, invocando fatos da causa, reconheça a responsabilidade da Administração, não pela mera inadimplência, mas por outros fatos". O Pleno do STF, em repercussão geral, com efeito vinculante, no RE n. 760931, Redator Designado Ministro Luiz Fux, fixou a seguinte tese: "O inadimplemento dos encargos trabalhistas dos empregados do contratado não transfere automaticamente ao Poder Público contratante a responsabilidade pelo seu pagamento, seja em caráter solidário ou subsidiário, nos termos do art. 71, § 1º, da Lei n. 8.666/93". Nos debates do julgamento do RE n. 760.931, o Pleno do STF deixou claro que o art. 71, § 1º, da Lei n. 8.666/1993 veda a transferência automática, objetiva, sistemática, e não a transferência fundada na culpa do ente público. Por disciplina judiciária, a Sexta Turma do TST vinha atribuindo o ônus da prova à parte reclamante. Inicialmente, a partir da Sessão de Julgamento de 25-3-2015, em observância a conclusões de reclamações constitucionais nas quais o STF afastava a atribuição do ônus da prova contra o ente público. Depois, levando em conta que nos debates do RE n. 760.931, em princípio, haveria a sinalização de que o STF teria se inclinado pela não aceitação da distribuição do ônus da prova contra o ente público. Porém, no julgamento de embargos de declaração do RE n. 760.931, a maioria julgadora no STF concluiu pela não inclusão da questão da distribuição do ônus da prova na tese vinculante, ficando consignado que em âmbito de Repercussão Geral foi adotado posicionamento minimalista focado na questão específica da responsabilidade subsidiária do ente público na terceirização de serviços nos termos da Lei n. 8.666/1993. Não havendo tese vinculante do STF sobre a distribuição do ônus da prova, matéria de natureza infraconstitucional, a Sexta Turma

do TST retoma a partir da Sessão de 6-11-2019 seu posicionamento originário de que é do ente público o ônus de provar o cumprimento das normas da Lei n. 8.666/1993, ante a sua melhor aptidão para se desincumbir do encargo processual, pois é seu o dever legal de guardar as provas pertinentes, as quais podem ser exigidas tanto na esfera judicial quanto pelos órgãos de fiscalização (a exemplo de tribunais de contas). No caso concreto o TRT afirmou categoricamente que nunca houve o pagamento de férias no curso da contratualidade, o que configura prova cabal da falta de fiscalização pelo ente público. Também a Corte regional registrou que o ente público não fez prova de que fiscalizasse. Constou no acórdão recorrido: "a cópia da CTPS de ID-6690458 com data de opção pelo FGTS posterior ao início do pacto laboral e os contracheques de ID-5284687, que demonstram que nunca houve o pagamento de férias, fazem prova da ausência de fiscalização por parte do ente público, evidenciando assim a culpa *in vigilando* da recorrente. Por outro lado, não há nos autos qualquer prova que afaste tal conclusão". Recurso de revista a que não se conhece" (ARR-306-70.2016.5.11.0003, 6ª Turma, Relatora Ministra Kátia Magalhães Arruda, *DEJT* 21-8-2020).

▷ **Agravo. Agravo de instrumento em recurso de revista. Recurso de revista regido pela Lei n. 13.015/2014. Justa causa revertida em juízo. Desídia. Falta grave não caracterizada. Indenização por danos morais. Indevida. Decisão denegatória com fundamento no art. 255, Inciso III, alíneas *a* e *b*, do regimento interno do tribunal superior do trabalho.** Não merece provimento o agravo que não desconstitui os fundamentos da decisão monocrática quanto ao tema "Justa Causa Revertida em Juízo. Desídia. Falta Grave não Caracterizada. Indenização por Danos Morais. Indevida" pela qual se negou provimento ao agravo de instrumento com fundamento no art. 255, inciso III, alíneas *a* e *b* do Regimento interno do Tribunal Superior do Trabalho. Agravo desprovido" (Ag-AIRR-942-46.2017.5.06.0001, 2ª Turma, Relator Ministro Jose Roberto Freire Pimenta, *DEJT* 21-8-2020).

▷ **Agravo de instrumento em recurso de revista. Nulidade da justa causa.** A Corte *a quo* consignou que o Banco reclamado se desincumbiu do ônus de provar que a reclamante teria realizado vários procedimentos em desacordo com as normas do estabelecimento bancário, relativos à intermediação de pagamento de corretagem por meio de sua conta pessoal nos contratos de financiamento imobiliários. Diante dos fatos, o Regional concluiu que a situação se amolda, ao menos, aos dispositivos legais pertinentes aos atos de mau procedimento e indisciplina. Diante do quadro fático exposto, a manutenção da justa causa aplicada pela origem não viola os arts. 7º, I, da CF e 482 da CLT. Decidir de maneira diversa encontra óbice na Súmula 126 deste Tribunal Superior. Agravo de instrumento conhecido e não provido" (AIRR-722-55.2018.5.11.0201, 8ª Turma, Relatora Ministra Dora Maria da Costa, *DEJT* 26-6-2020).

▷ **"Recurso de revista regido pela Lei n. 13.467/2017. Transcendência social reconhecida. Rescisão indireta. Irregularidade no recolhimento dos depósitos do FGTS. Imediatidade. Desnecessidade.** O descumprimento de obrigações contratuais pelo empregador, notadamente no que diz respeito à efetivação dos depósitos de FGTS, configura falta grave. Tal situação, nos termos do art. 483, *d*, da CLT, autoriza o rompimento indireto do vínculo empregatício e a consequente condenação do empregador ao pagamento das verbas rescisórias. Cumpre destacar que a configuração da rescisão indireta dispensa a observância do princípio da imediatidade, haja vista a hipossuficiência do trabalhador na relação contratual. Com efeito, em atenção aos princípios da proteção e da continuidade do pacto laboral, reputa-se compreensível que o empregado não reaja de imediato à falta cometida pelo patrão, em razão da necessidade de manter o emprego, única garantia de subsistência própria e de sua família. Precedentes. Recurso de revista conhecido e provido" (RR-487-10.2018.5.12.0024, 2ª Turma, Relatora Ministra Delaide Miranda Arantes, *DEJT* 29-5-2020).

Capítulo VI
Do aviso prévio

Art. 487. Não havendo prazo estipulado, a parte que, sem justo motivo, quiser rescindir o contrato deverá avisar a outra da sua resolução com a antecedência mínima de:

I – 8 (oito) dias, se o pagamento for efetuado por semana ou tempo inferior; (Inciso com redação pela Lei n. 1.530, de 26-12-1951.)[332]

II – 30 (trinta) dias aos que perceberem por quinzena ou mês, ou que tenham mais de 12 (doze) meses de serviço na empresa. (Inciso com redação pela Lei n. 1.530, de 26-12-1951.)

§ 1º A falta do aviso prévio por parte do empregador dá ao empregado o direito aos salários correspondentes ao prazo do aviso, garantida sempre a integração desse período no seu tempo de serviço.

§ 2º A falta de aviso prévio por parte do empregado dá ao empregador o direito de descontar os salários correspondentes ao prazo respectivo.

§ 3º Em se tratando de salário pago na base de tarefa, o cálculo, para os efeitos dos parágrafos anteriores, será feito de acordo com a média dos últimos 12 (doze) meses de serviço.

§ 4º É devido o aviso prévio na despedida indireta. (Parágrafo incluído pela Lei n. 7.108, de 5-7-1983.)

§ 5º O valor das horas extraordinárias habituais integra o aviso prévio indenizado. (Parágrafo incluído pela Lei n. 10.218, de 11-4-2001.)

§ 6º O reajustamento salarial coletivo, determinado no curso do aviso prévio, beneficia o empregado pré-avisado da despedida, mesmo que tenha recebido antecipadamente os salários correspondentes ao período do aviso, que integra seu tempo de serviço para todos os efeitos legais. (Parágrafo incluído pela Lei n. 10.218, de 11-4-2001.)

Art. 488. O horário normal de trabalho do empregado, durante o prazo do aviso, e se a rescisão tiver sido promovida pelo empregador, será reduzido de 2 (duas) horas diárias, sem prejuízo do salário integral.

Parágrafo único. É facultado ao empregado trabalhar sem a redução das 2 (duas) horas diárias previstas neste artigo, caso em que poderá faltar ao serviço, sem prejuízo do salário integral, por 1 (um) dia, na hipótese do inciso I, e por 7 (sete) dias corridos, na hipótese do inciso II do art. 487 desta Consolidação. (Parágrafo incluído pela Lei n. 7.093, de 25-4-1983.)

Art. 489. Dado o aviso prévio, a rescisão torna-se efetiva depois de expirado o respectivo prazo, mas, se a parte notificante reconsiderar o ato, antes de seu termo, à outra parte é facultado aceitar ou não a reconsideração.

Parágrafo único. Caso seja aceita a reconsideração ou continuando a prestação depois de expirado o prazo, o contrato continuará a vigorar, como se o aviso prévio não tivesse sido dado.

Art. 490. O empregador que, durante o prazo do aviso prévio dado ao empregado, praticar ato que justifique a rescisão imediata do contrato, sujeita-se ao pagamento da remuneração correspondente ao prazo do referido aviso, sem prejuízo da indenização que for devida.

Art. 491. O empregado que, durante o prazo do aviso prévio, cometer qualquer das faltas consideradas pela lei como justas para a rescisão, perde o direito ao restante do respectivo prazo.

▶ Comentários

1. Natureza jurídica do aviso prévio

O aviso prévio é, inquestionavelmente, uma notificação que uma das partes do contrato de trabalho faz à outra, dando-lhe ciência da rescisão do pacto laboral. É, portanto, uma comunicação em que se dá ciência a outrem do fim de um contrato de trabalho, por prazo indeterminado.

Se emanado do empregador, objetiva fazer com que o empregado, no período respectivo, obtenha um novo emprego, para o que a jornada de trabalho, no decurso do aviso prévio, é reduzida de 2 horas diárias, sem qualquer prejuízo dos salários.

Por outras palavras, caso o empregador pretenda despedir o empregado sem justa causa, em se tratando de contrato por prazo indeterminado, impõe-se o aviso prévio, quando, então, no prazo de 30 dias (salvo estipulação diversa em contrato coletivo), o empregado tem reduzida a jornada diária em

332. Este inciso foi tacitamente revogado pela promulgação da Constituição Federal de 1988, que estabelece 30 dias como o prazo mínimo de duração do aviso prévio. Vide comentários no item 1 – "Natureza jurídica do aviso prévio".

2 horas, ou seja, trabalha 6, ganhando, porém, as 8 horas.

No sistema legislativo brasileiro, o aviso prévio é uma *obrigação legal*, de ordem pública, imperativa e impostergável, por isso que a própria Constituição Federal estabelece sua obrigatoriedade (art. 7º, XXI):

"São direitos dos trabalhadores urbanos e rurais, além de outros que visem a melhoria de sua condição social:
(...)
XXI – aviso prévio proporcional ao tempo de serviço, sendo no mínimo de trinta dias, nos termos da lei".

Aviso prévio proporcional ao tempo de serviço

A Constituição Federal, no inciso XXI do art. 7º, revogando o inciso I do art. 487 da CLT, que estabelecia o aviso prévio de oito dias para os empregados que percebiam salários por semana, fixou o prazo do citado aviso em trinta dias, instituindo, outrossim, o aviso prévio proporcional ao tempo de serviço.

As normas constitucionais, quanto à sua aplicabilidade, são divididas em duas espécies:

a) normas constitucionais de eficácia plena (autoaplicáveis);

b) normas constitucionais programáticas (não autoaplicáveis).

As primeiras têm eficácia plena, independentemente de regulamentação. As segundas, ao revés, dependem, para a sua aplicabilidade, de norma regulamentadora, também denominada norma complementar.

Ao instituir entre nós o aviso prévio proporcional ao tempo de serviço, o constituinte relegou sua aplicabilidade à prévia criação, pelo legislador, de norma regulamentadora, também denominada legislação complementar. Daí a expressão "aviso prévio proporcional ao tempo de serviço... nos termos da lei" (art. 7º, XXI, da CF).

Tratava-se, portanto, de norma constitucional de eficácia limitada, denominada pelos autores norma programática.

A norma programática, após vinte e três anos, veio disciplinar e dar eficácia plena e imediata ao aviso prévio proporcional ao tempo de serviço – Lei n. 12.506/2011:

"Art. 1º O aviso prévio, de que trata o Capítulo VI do Título IV da Consolidação das Leis do Trabalho – CLT, aprovada pelo Decreto-lei n. 5.452, de 1º de maio de 1943, será concedido na proporção de 30 (trinta) dias aos empregados que contem até 1 (um) ano de serviço na mesma empresa.

Parágrafo único. Ao aviso prévio previsto neste artigo serão acrescidos 3 (três) dias por ano de serviço prestado na mesma empresa, até o máximo de 60 (sessenta) dias, perfazendo um total de até 90 (noventa) dias".

Por demais sucinta a lei em apreço permite, todavia, concluir que:

I – empregado com até um ano de serviço, na mesma empresa, na ocorrência de dispensa sem justa causa e na hipótese de despedida indireta – *aviso prévio de trinta dias*;

II – empregado com mais um ano na mesma empresa terá um *acréscimo de três dias por ano de serviço*;

III – o limite máximo de acréscimo do aviso prévio é de sessenta dias, que acrescido ao prazo de trinta dias perfaz um total de *noventa dias*.

Assim, fácil é concluir que ao empregado com mais de um ano de serviço na mesma empresa é devido aviso prévio de trinta dias, acrescido de três dias por ano que ultrapasse os primeiros doze meses. Nessa hipótese, portanto, o empregado, na ocorrência de dispensa, faria jus a um aviso prévio de trinta e três dias – em suma: ao aviso prévio de trinta dias acrescem-se três dias por ano de serviço prestado à mesma empresa.

O limite máximo é de noventa dias, período a que terá direito o empregado com mais de vinte anos de serviço.

O aviso prévio proporcional ao tempo de serviço não é aplicado ao empregador na ocorrência de pedido de demissão do empregado.

A leitura do art. 1º da Lei n. 12.506/2011 deixa patente que o aviso prévio proporcional ao tempo de serviço é benefício legal outorgado ao empregado, não sendo aplicado ao empregador na hipótese de demissão voluntária do obreiro.

Veja-se, a propósito – "o aviso prévio... será concedido... aos empregados...".

Em tais condições, na ocorrência de demissão espontânea do empregado, deve este pré-avisar ao empregador, com o prazo de trinta dias, não se aplicando a este último o aviso prévio proporcional ao tempo de serviço.

O aviso prévio proporcional ao tempo de serviço e o empregado doméstico

Questão que aguarda manifestação dos tribunais trabalhistas – sobretudo do TST – é a relacionada com a aplicação do aviso prévio proporcional ao tempo de serviço ao empregado doméstico.

Observe-se que a Lei n. 12.506/2011 fala de empregado em serviço prestado na mesma *empresa*, o que, por certo, não é o caso do doméstico, assim considerado aquele que *presta* serviços de forma contínua e de finalidade *não lucrativa à pessoa ou à família, no âmbito residencial desta* (Dec. n. 71.885/73, art. 3º, I).

Todavia, quando a Constituição Federal, no parágrafo único do art. 7º, fala nos direitos dos trabalhadores domésticos, assegura aos mesmos os direitos previstos no inciso XXI, ali incluído o aviso prévio proporcional ao tempo de serviço agora regulamentado.

Sendo o aviso prévio uma obrigação legal e não consensual, entendemos que sem qualquer amparo e, por via de consequência, nula de pleno direito a "renúncia" ou "transação" dele.

Tal entendimento, aliás, é hoje manso e pacífico, sedimentado em jurisprudência sumulada do Tribunal Superior do Trabalho, na forma do que dispõe a Súmula 276:

"O direito ao aviso prévio é irrenunciável pelo empregado. O pedido de dispensa de cumprimento não exime o empregador de pagar o valor respectivo, salvo comprovação de haver o prestador dos serviços obtido novo emprego".

Da mesma forma se nos afigura nulo de pleno direito o pagamento em dinheiro das horas que, pela dação do aviso prévio, deveriam ser reduzidas da jornada de trabalho, entendimento este também já amplamente acolhido pela jurisprudência trabalhista, a teor do que dispõe a Súmula 230 do C. TST:

"É ilegal substituir o período que se reduz da jornada de trabalho, no aviso prévio, pelo pagamento das horas correspondentes".

Do exposto se constata, pois, que, ao contrário do que ocorre em outras legislações, no Direito brasileiro o aviso prévio é obrigação legal, insuscetível de renúncia, firmando-se como direito constitucional do empregado na ocorrência de despedida injusta, em se tratando de contrato por prazo indeterminado.

2. Cômputo do prazo do aviso prévio no contrato de trabalho: consequências práticas

O § 1º do art. 487 da CLT determina que se compute o período do aviso prévio no contrato de trabalho para todos os efeitos:

"... garantida sempre a integração desse período no seu tempo de serviço".

Assim, concedido o aviso prévio no dia 30 de determinado mês, o contrato de trabalho não se extingue nessa mesma data, mas 30 dias após.

Prorrogando-se o contrato de trabalho pelo período do aviso prévio, várias são as consequências práticas: se, ao receber o aviso prévio, o empregado tinha 11 meses de serviço, com o cômputo do aviso prévio passa a ter 12 meses, ou um ano de serviço; e, se as férias eram proporcionais (11/12), passam a ser integrais (12/12), o mesmo ocorrendo com o 13º salário. Havendo reajuste salarial (por força de lei ou convenção ou acordo coletivo), no curso do aviso, o empregado é beneficiado, fazendo jus ao aumento, que se refletirá nas verbas rescisórias (aviso prévio, férias proporcionais, 13º salário proporcional e FGTS).

Integrando o tempo de serviço, para todos os efeitos (§ 1º do art. 487 da CLT), entendemos, embora haja divergência jurisprudencial, incidir sobre seu valor a contribuição previdenciária e o percentual do FGTS, como, aliás, já decidiu o Tribunal Regional do Trabalho da 2ª Região (São Paulo):

"Aviso prévio. Contribuição Previdenciária e FGTS. Incidência. O percentual fundiário incide sobre o valor correspondente ao período do aviso prévio, ainda que não cumprido. Essa paga tem natureza salarial, não só porque a lei denomina de salários, como também porque o período respectivo corresponde a tempo de serviço (§

1º, do art. 487, da CLT). Ao depois o empregado não pode sofrer nenhum prejuízo porque o empregador não lhe permitiu cumpri-lo"[333].

Em sentido contrário, há os que entendem o aviso prévio como de natureza indenizatória (STF, RE 89.328, 2ª T., *LTr*, 42, I, III).

3. *O aviso prévio indenizado*

Não raras vezes, o empregador, ao despedir o empregado, não tem maior interesse em mantê-lo em serviço no período de cumprimento do aviso prévio, com a redução da jornada de trabalho em 2 horas diárias (art. 488 da CLT), preferindo, por isso, dispensá-lo, desde logo, pagando-lhe o valor correspondente ao período – é o chamado aviso prévio indenizado.

Há quem sustente que tal aviso, em face de seu caráter indenizatório, fugiria à regra do § 1º do art. 487 da CLT, pelo que não haveria falar em cômputo do período no contrato de trabalho.

Tal entendimento não tem, *data venia*, nenhum suporte jurídico. Ainda que indenizado, o aviso prévio não perde nunca sua natureza jurídica, e, ainda que se constitua numa notificação legal, consubstanciando o direito potestativo de rescisão do contrato laboral, de natureza salarial, a ele faz jus o empregado despedido sem justa causa:

"O aviso prévio indenizado é considerado tempo de serviço para todos os efeitos legais, inclusive no referente à aplicação de multa prevista em contrato coletivo"[334].

4. *Reconsideração do aviso prévio pelo empregador*

Conquanto a rescisão do contrato de trabalho só se efetive expirado o prazo do aviso prévio (art. 489 da CLT), pode este, em várias circunstâncias, ser reconsiderado pelo empregador que, desistindo da dispensa, procura torná-lo sem efeito.

Tal reconsideração, todavia, só tem amparo legal e só gera efeitos se contar com a aquiescência do empregado, facultado a este aceitar ou não a reconsideração.

Assim, para que o empregador anule um aviso prévio concedido a seu empregado, é preciso que haja concordância deste último; conforme determina o art. 489 da CLT:

"Dado o aviso prévio, a rescisão torna-se efetiva depois de expirado o respectivo prazo, mas, se a parte notificante reconsiderar o ato, antes de seu termo, à outra parte é facultado aceitar ou não a reconsideração".

Aceita a reconsideração, o aviso prévio torna-se sem efeito, prosseguindo normalmente a relação de emprego, como se nada ocorrera.

5. *O aviso prévio nos contratos de experiência*

O contrato de experiência, conquanto uma espécie de contrato a termo, ou seja, por prazo determinado, com este não se confunde em razão de seu objetivo. Com efeito, como o próprio nome deixa entrever, o contrato de experiência visa a aprovação do empregado e, concomitantemente, a adaptação deste à comunidade empresarial. É, portanto, um *contrato de prova*. Bem-sucedido nesta, é o empregado admitido na empresa por prazo indeterminado.

Tal espécie de contrato pode ser celebrado de duas formas:

a) cláusula assecuratória do direito recíproco de rescisão antecipada;

b) com a cláusula assecuratória de tal direito.

Na primeira hipótese, se o contrato vem a ser rescindido pelo empregador antes do termo nele fixado (e que, como se sabe, não pode ultrapassar 90 dias), não está o empresário obrigado a pagar aviso prévio, mas tão somente a metade da remuneração a que o empregado teria direito até o término do contrato (art. 479 da CLT).

Assim, na dispensa antecipada de um empregado que percebesse R$ 1.200,00, faltando 15 dias para o término do contrato, o empregador teria de pagar-lhe R$ 300,00, ou seja, metade daquilo que lhe deveria ser pago até o término do contrato de experiência. Tal remuneração, no caso, é uma indenização pelo rompimento unilateral do contrato labo-

333. TRT/SP, 13.376/87-0, Ac. 7ª T. 351/89, *DJ*, 20-1-1989.

334. TRT/SP 02870053465, Ac. 1ª T., 12.344/88, *DJ*, 1º-7-1988.

ral, como expressamente define o dispositivo legal nominado: "... a título de indenização, e por metade, a remuneração a que teria direito até o termo do contrato".

Na segunda hipótese, ou seja, contendo o contrato de experiência cláusula assecuratória do direito recíproco da rescisão antecipada, dispensado o empregado, deve o empregador pagar-lhe aviso prévio, como se se tratasse de um contrato por prazo indeterminado. É o que dispõe expressamente o art. 481 da CLT:

"Aos contratos por prazo determinado, que contiverem cláusula assecuratória do direito recíproco de rescisão antes de expirado o termo ajustado, aplicam-se, caso seja exercido tal direito por qualquer das partes, os princípios que regem a rescisão dos contratos por prazo indeterminado".

Por tais aspectos é que se torna conveniente a primeira forma, que, por onerar menos o empregador, não deve conter cláusula assecuratória do direito de rescisão antecipada, e que comumente se traduz no seguinte:

"Fica, qualquer das partes, autorizada a rescindir por antecipação o presente contrato".

Irrelevante, outrossim, a utilização de sofismas:

"Caso haja, por parte do empregador, rescisão antecipada do presente contrato, ficará este obrigado a pagar ao empregado a indenização, pela metade, daquilo que seria devido até o termo do mesmo, na forma prevista no art. 479 da CLT".

Tal cláusula, de forma inequívoca, equivale ao direito de rescisão unilateral por antecipação, impondo o pagamento do aviso prévio.

Note-se que, em qualquer das duas hipóteses, torna-se obrigatório o pagamento das férias proporcionais, com abono de 1/3, o 13º salário proporcional e os depósitos fundiários.

Na extinção do contrato de experiência pelo simples decurso de prazo, tenha este ou não cláusula do direito de rescisão antecipada (no caso não exercida), não há falar em aviso prévio.

"O contrato de experiência finda-se *pleno jure*, no termo estipulado no pacto, sendo desnecessário que qualquer das partes notifique, formalmente, a outra de que não pretende manter o vínculo"[335].

6. Falta grave cometida pelo empregado no curso do aviso prévio

O aviso prévio, só por si, não extingue o contrato de trabalho, como já vimos, pois a rescisão só se opera com o decurso do respectivo prazo (art. 489 da CLT). Assim, ainda que fornecido o aviso prévio ao empregado, o contrato de trabalho continua em vigor, podendo, inclusive, haver reconsideração do empregador, com a aquiescência do empregado.

Em tais condições, até a expiração do prazo do aviso prévio, vigem todas as condições, direitos e obrigações contratuais, tanto com relação ao empregador quanto ao empregado.

Não é raro ocorrer que empregados que recebam o aviso prévio passem a ter comportamento inteiramente irregular, executando seus serviços com má vontade, em flagrante desídia e muitas vezes cometendo até mesmo faltas outras de extrema gravidade, ensejadoras, desde logo, da despedida por justa causa (art. 482 da CLT).

Cometidas tais faltas no curso do aviso prévio, o empregado perde o direito ao restante deste, tal como dispõe o art. 491 da CLT.

7. O pedido de demissão e o aviso prévio do empregado

A dação do aviso prévio é obrigação bilateral que decorre do contrato de trabalho. Assim, também o empregado, toda vez que espontaneamente pretenda deixar o emprego, deve, igualmente, pré-avisar o empregador de seu propósito.

A lei não faz qualquer restrição ao pedido de demissão feito pelo analfabeto. Contudo, ainda assim, entendemos de bom alvitre determinados cuidados, um dos quais, a nosso ver, fundamental para escoimar de dúvida tal pedido: comunicar, por escrito, a intenção do empregado a seu respectivo sindicato, solici-

335. TRT/SP, 02880021604, Ac. 1ª T. 11.806/89, *DJ*, 26-6-1989.

tando deste último carimbo de recebimento, na cópia; pagamento dos respectivos direitos no próprio sindicato, ainda que o empregado não tenha um ano de serviço.

Esses cuidados, que, a rigor, a lei não exige, são sugeridos porque inúmeras decisões, que não têm nosso apoio, insistem em ver com sérias restrições o pedido de demissão de empregados analfabetos, os quais, na Justiça do Trabalho, muitas vezes afirmam ter assinado o documento sem tomar ciência de seu conteúdo!

Por isso que, em tais casos, o empregador deve colher duas assinaturas de outros empregados que atestem o ânimo de deixar o emprego.

No caso do empregado menor, para as Leis Trabalhistas de 16 a 18 anos, a lei não estabelece qualquer restrição ao pedido de demissão. Contudo, ainda assim, entendemos conveniente que seu aviso prévio tenha ciência de seu responsável legal, normalmente o pai ou a mãe. Assim, em princípio, o aviso prévio firmado pelo menor é válido, só não o sendo o recibo de quitação, que deve, necessariamente, contar com a assistência de seus responsáveis legais, tal como dispõe o art. 439 da CLT:

"É lícito ao menor firmar recibo pelo pagamento dos salários. Tratando-se, porém, de rescisão do contrato de trabalho, é vedado ao menor de 18 (dezoito) anos dar, sem assistência dos seus responsáveis legais, quitação ao empregador pelo recebimento da indenização que lhe for devida".

É o que já decidiu o Tribunal Regional do Trabalho de São Paulo:

"O menor que se acha regularmente autorizado a trabalhar, investe-se da prerrogativa de contratar seus serviços bem como de pedir demissão do emprego..."[336].

Contudo, em que se pesem tais aspectos, a fim de evitar problemas na Justiça do Trabalho, é de todo conveniente exigir a ciência do responsável do menor, em aviso prévio por este assinado, na ocorrência, muito embora a lei não exija.

O pedido de dispensa do aviso prévio por parte do empregado demissionário também tem sido visto com grande reserva por inúmeros Juízes Trabalhistas, impondo-se determinados cuidados na concordância do empregador, como facilmente se depreende da decisão transcrita:

"O pedido de dispensa do cumprimento do aviso prévio por parte do empregado só deve ser admitido tendo em vista o caráter alimentar do salário, quando demonstrado que não resulta de vício de vontade"[337].

Por isso que ao pedido de dispensa de seu cumprimento sugerimos a assinatura de duas testemunhas e do responsável legal, se se tratar de empregado menor de 18 anos.

8. *O não fornecimento do aviso prévio e suas consequências*

Caso a iniciativa da rescisão parta do empregador, que por qualquer razão decida despedir o empregado sem que ocorra justa causa, deve ele, como já vimos, fornecer aviso prévio. Se não o faz, arcará, fatalmente, com o pagamento do salário correspondente ao período do aviso, ou seja, de 30 dias, incluídos no salário os reajustes salariais concedidos à categoria profissional no curso daquele.

Ressalte-se que mesmo nessa hipótese (§ 1º do art. 487 da CLT) o tempo do aviso prévio pago pelo empregador será devidamente computado no contrato de trabalho com as implicações aqui examinadas exaustivamente, como, por exemplo, o acréscimo de 1/12 nas férias proporcionais e no 13º salário proporcional.

Na eventualidade de o empregado deixar o emprego sem pré-avisar o empregador, fica este último com o direito de descontar os salários correspondentes ao prazo do aviso não fornecido – § 2º do art. 487 da CLT.

9. *Contagem do prazo do aviso prévio*

O art. 487 da CLT, que dispõe sobre o aviso prévio, é absolutamente omisso quanto à contagem do prazo.

Em se tratando de direito material, não há como aplicar subsidiariamente o CPC.

336. TRT/SP, 2ª T., Ac. 10.424/79, *DJ*, 19-10-1979.

337. TRT/PR, RO 2.456/86, Ac. 1ª T. 667/87.

O Código Civil, inequivocamente fonte subsidiária do Direito do Trabalho, no seu art. 132, dispõe que:

"Salvo disposição legal ou convencional em contrário, computam-se os prazos, excluído o dia do começo, e incluído o do vencimento".

É, aliás, o entendimento do TST, a teor da Súmula 380:

"Aplica-se a regra prevista no *caput* do art. 132 do Código Civil de 2002 à contagem do prazo do aviso prévio, excluindo-se o dia do começo e incluindo o do vencimento".

► *Jurisprudência*

▷ **Súmula 14 do TST. Culpa recíproca. Nova redação.** Reconhecida a culpa recíproca na rescisão do contrato de trabalho (art. 484 da CLT), o empregado tem direito a 50% (cinquenta por cento) do valor do aviso prévio, do décimo terceiro salário e das férias proporcionais.

▷ **Súmula 44 do TST. Aviso prévio.** A cessação da atividade da empresa, com o pagamento da indenização, simples ou em dobro, não exclui, por si só, o direito do empregado ao aviso prévio. (RA 41/73, *DJ*, 14-6-1973)

▷ **Súmula 73 do TST. Falta grave. Nova redação.** A ocorrência de justa causa, salvo a de abandono de emprego, no decurso do prazo do aviso prévio dado pelo empregador, retira do empregado qualquer direito às verbas rescisórias de natureza indenizatória.

▷ **Súmula 163 do TST. Aviso prévio. Contrato de experiência.** Cabe aviso prévio nas rescisões antecipadas dos contratos de experiência, na forma do art. 481 da CLT. Ex-Prejulgado n. 42. (RA 102/82, *DJ*, 11 e 15-10-1982)

▷ **Súmula 182 do TST. Aviso prévio. Indenização compensatória. Lei n. 6.708/79. Com alteração dada pela Res. 5/83, *DJ*, 9-11-1983.** O tempo do aviso prévio, mesmo indenizado, conta-se para efeito da indenização adicional do art. 9º da Lei n. 6.708/79. (Res. 3/83, *DJ*, 19-10-1983)

▷ **Súmula 230 do TST. Aviso prévio. Substituição pelo pagamento das horas reduzidas da jornada de trabalho.** É ilegal substituir o período que se reduz da jornada de trabalho, no aviso prévio, pelo pagamento das horas correspondentes. (Res. 14/85, *DJ*, 19-9-1985) Referência: CLT, arts. 9º, 442, 487, § 1º, e 488.

▷ **Súmula 253 do TST. Gratificação semestral. Repercussão nas férias, aviso prévio e horas extras. Nova redação.** A gratificação semestral não repercute nos cálculos das horas extras, das férias e do aviso prévio, ainda que indenizados. Repercute, contudo, pelo seu duodécimo na indenização por antiguidade e na gratificação natalina.

▷ **Súmula 276 do TST. Aviso prévio. Renúncia pelo empregado.** O direito ao aviso prévio é irrenunciável pelo empregado. O pedido de dispensa de cumprimento não exime o empregador de pagar o valor respectivo, salvo comprovação de haver o prestador dos serviços obtido novo emprego. (Res. 9/88, *DJ*, 1º-3-1988)

▷ **Súmula 305 do TST. Fundo de Garantia do Tempo de Serviço. Incidência sobre o aviso prévio.** O pagamento relativo ao período de aviso prévio, trabalhado ou não, está sujeito a contribuição para o FGTS. (Res. 3/92, *DJ*, 5-11-1992)

▷ **Súmula 348 do TST. Aviso prévio. Concessão na fluência da garantia de emprego. Invalidade.** É inválida a concessão do aviso prévio na fluência da garantia de emprego, ante a incompatibilidade dos dois institutos. (Res. 58/96, *DJ*, 28-6-1996)

▷ **Súmula 369 do TST. Dirigente sindical. Estabilidade provisória.**

I – É assegurada a estabilidade provisória ao empregado dirigente sindical, ainda que a comunicação do registro da candidatura ou da eleição e da posse seja realizada fora do prazo previsto no art. 543, § 5º, da CLT, desde que a ciência ao empregador, por qualquer meio, ocorra na vigência do contrato de trabalho.

II – O art. 522 da CLT foi recepcionado pela Constituição Federal de 1988. Fica limitada, assim, a estabilidade a que alude o art. 543, § 3º, da CLT a sete dirigentes sindicais e igual número de suplentes.

III – O empregado de categoria diferenciada eleito dirigente sindical só goza de estabili-

dade se exercer na empresa atividade pertinente à categoria profissional do sindicato para o qual foi eleito dirigente.

IV – Havendo extinção da atividade empresarial no âmbito da base territorial do sindicato, não há razão para subsistir a estabilidade.

V – O registro da candidatura do empregado a cargo de dirigente sindical durante o período de aviso prévio, ainda que indenizado, não lhe assegura a estabilidade, visto que inaplicável a regra do § 3º do art. 543 da Consolidação das Leis do Trabalho.

▷ **Súmula 371 do TST. Aviso prévio indenizado. Efeitos. Superveniência de auxílio-doença no curso deste.**
A projeção do contrato de trabalho para o futuro, pela concessão do aviso prévio indenizado, tem efeitos limitados às vantagens econômicas obtidas no período de pré-aviso, ou seja, salários, reflexos e verbas rescisórias. No caso de concessão de auxílio-doença no curso do aviso prévio, todavia, só se concretizam os efeitos da dispensa depois de expirado o benefício previdenciário.

▷ **Súmula 380 do TST. Aviso prévio. Início da contagem. Art. 132 do Código Civil de 2002.**
Aplica-se a regra prevista no *caput* do art. 132 do Código Civil de 2002 à contagem do prazo do aviso prévio, excluindo-se o dia do começo e incluindo o do vencimento.

▷ **OJ n. 14 da SDI-1 do TST. Aviso prévio cumprido em casa. Verbas rescisórias. Prazo para pagamento. (Art. 477, § 6º, *b*, da CLT)** Inserida em 25-11-1996
Em caso de aviso prévio cumprido em casa, o prazo para pagamento das verbas rescisórias é até o décimo dia da notificação de despedida.

▷ **OJ n. 82 da SDI-1 do TST. Aviso prévio. Baixa na CTPS.** A data de saída a ser anotada na CTPS deve corresponder à do término do prazo do aviso prévio, ainda que indenizado.

▷ **OJ n. 83 da SDI-1 do TST. Aviso prévio. Prescrição.** Começa a fluir no final da data do término do aviso prévio. Art. 487, § 1º, CLT.

▷ **Precedente Normativo n. 24 do TST. Dispensa do aviso prévio** (positivo). O empregado despedido fica dispensado do cumprimento do aviso prévio quando comprovar a obtenção de novo emprego, desonerando a empresa do pagamento dos dias não trabalhados.

▷ **Agravo de instrumento. Recurso de revista – Descabimento. 1. Cerceamento do direito de defesa. Prova emprestada.** Diante da redação do inciso I do § 1º-A do art. 896 da CLT, conferida pela Lei n. 13.015/2014, não se conhece do recurso de revista quando a parte não indicar o trecho da decisão recorrida que consubstancia o prequestionamento da controvérsia objeto do apelo. **2. Horas extras. Trabalho externo. Possibilidade de controle.** Porque o Direito do Trabalho é regido pelo princípio da realidade, não basta, para a caracterização de trabalhador externo, que tal circunstância esteja anotada em CTPS e na ficha de registro de empregado (CLT, art. 62, I). Fundamental é que a efetividade dos fatos referende os registros formais, sob pena de perecerem estes. Factível o controle de jornada, é impositivo o respeito ao limite diário a que alude o art. 7º, XIII, da Constituição Federal, com remuneração das horas extras que o excederem. **3. Aviso prévio indenizado. Retificação da CTPS.** Nos termos da Orientação Jurisprudencial n. 82 da SBDI-1/TST, "a data de saída a ser anotada na CTPS deve corresponder à do término do prazo do aviso prévio, ainda que indenizado". Estando a decisão regional moldada a tal parâmetro, o processamento do recurso de revista encontra óbice no art. 896, § 7º, da CLT. **4. Repouso semanal remunerado. Diferenças.** O TRT revela que a demandada não logrou infirmar as diferenças apontadas pelo autor, deixando de demonstrar a correção no pagamento das parcelas. Prepondera, assim, a realidade fática revelada no acórdão regional, infensa a reexame em sede extraordinária (Súmula 126/TST). **5. Participação nos lucors e resultados. Transcrição integral ou quase integral, em recurso de revista, do capítulo do acórdão regional. Não cumprimento dos requisitos previstos no art. 896, § 1º-A, da CLT.** A transcrição integral ou quase integral do capítulo do acórdão, sem qualquer destaque, não atende ao disposto no art. 896, § 1º-A, da CLT,

uma vez que não há determinação precisa da tese regional combatida no apelo, nem demonstração analítica das violações apontadas. **6. Multa convencional por atraso na homologação rescisória.** O recurso de revista se concentra na avaliação do direito posto em discussão. Assim, em tal via, já não são revolvidos fatos e provas, campo em que remanesce soberana a instância regional. Diante de tal peculiaridade, o deslinde do apelo considerará, apenas, a realidade que o acórdão atacado revelar. Esta é a inteligência da Súmula 126 do TST. No caso, a Corte de origem concluiu que houve descumprimento de cláusula da norma coletiva, razão pela qual manteve o pagamento da referida multa. **7. Multa convencional.** Não prospera apelo lastreado somente em divergência jurisprudencial, quando os arestos apresentados ou são inservíveis ao dissenso (art. 896 da CLT) ou são inespecíficos (Súmula 296/TST). Agravo de instrumento conhecido e desprovido (AIRR-11431-98.2015.5.03.0033, 3ª Turma, Relator Ministro Alberto Luiz Bresciani de Fontan Pereira, *DEJT* 21-8-2020).

▷ **Agravo interno em agravo de instrumento em recurso de revista. CPC/1973. Negativa de prestação jurisdicional.** O exame dos autos revela que a Corte de origem proferiu decisão completa, válida e devidamente fundamentada, razão pela qual não prospera a alegada negativa de prestação jurisdicional. Agravo conhecido e não provido. **Cargo em comissão de livre nomeação e exoneração. Contratação pelo regime celetista. Desnecessidade de motivação. Verbas rescisórias.** A exoneração de empregado admitido para exercer cargo em comissão, ainda que contratado sob o regime jurídico celetista, não enseja o pagamento de verbas típicas da rescisão sem justa causa, em razão da precariedade da contratação, que pode ser rescindida *ad nutum* (por livre vontade da Administração). Precedentes. Óbice do art. 896, § 4º, da CLT e da Súmula 333 do TST. Agravo conhecido e não provido. **Horas extras. Indenização por danos morais. Ausência de impugnação aos fundamentos da decisão agravada. Agravo de instrumento desfundamentado.** Em atenção ao Princípio da Dialeticidade ou a discursividade dos recursos, cabe à parte agravante questionar os fundamentos específicos declinados na decisão recorrida. Se não o faz, como na hipótese dos autos, considera-se desfundamentado o apelo, nos termos dos arts. 514, II, e 524, II, do CPC/1973. Agravo conhecido e não provido (Ag-AIRR-145800-16.2008.5.01.0070, 7ª Turma, Relator Ministro Claudio Mascarenhas Brandão, *DEJT* 21-8-2020).

▷ **Agravo. Agravo de instrumento em recurso de revista. Recurso de revista regido pela Lei n. 13.015/2014. Justa causa revertida em juízo. Desídia. Falta grave não caracterizada. Indenização por danos morais. Indevida. Decisão denegatória com fundamento no art. 255, Inciso III, alíneas *a* e *b*, do regimento interno do tribunal superior do trabalho.** Não merece provimento o agravo que não desconstitui os fundamentos da decisão monocrática quanto ao tema "Justa Causa Revertida em Juízo Desídia. Falta Grave não Caracterizada. Indenização por Danos Morais. Indevida" pela qual se negou provimento ao agravo de instrumento com fundamento no art. 255, inciso III, alíneas *a* e *b* do Regimento interno do Tribunal Superior do Trabalho. Agravo desprovido (Ag-AIRR-942-46.2017.5.06.0001, 2ª Turma, Relator Ministro Jose Roberto Freire Pimenta, *DEJT* 21-8-2020).

▷ **Agravo de instrumento. Recurso de revista – Descabimento. Forma de dissolução contratual. Justa causa.** A imposição da maior penalidade aplicável ao empregado, consistente na rescisão do contrato por justa causa, norteia-se pelos princípios da atualidade, proporcionalidade, gravidade e caráter determinante, necessitando, ainda, da produção de prova robusta sobre o cometimento da infração. Por força, também, do princípio da continuidade da relação de emprego que vigora no Direito do Trabalho, é ônus do empregador demonstrar, de forma inequívoca, a presença dos motivos e dos requisitos ensejadores da referida modalidade de dispensa. Assim, inexistindo elementos a corroborar a dispensa por justa causa, correta a decisão que concluiu pela extinção do contrato de tra-

balho de forma imotivada. Agravo de instrumento conhecido e desprovido (AIRR-1000131-64.2019.5.02.0501, 3ª Turma, Relator Ministro Alberto Luiz Bresciani de Fontan Pereira, *DEJT* 21-8-2020).

▷ **Agravo de instrumento em recurso de revista regido pela Lei n. 13.467/2017. Parcelamento de FGTS. Diferenças de recolhimento de depósito de FGTS (art. 896, *a*, da CLT; Súmula 333 do TST)**. Não merece ser provido agravo de instrumento que visa a liberar recurso de revista que não preenche os pressupostos contidos no art. 896 da CLT. Agravo de instrumento não provido (AIRR-10428-91.2018.5.15.0123, 2ª Turma, Relatora Ministra Delaíde Miranda Arantes, *DEJT* 21-8-2020).

▷ **Agravo em agravo de instrumento em recurso de revista. Lei n. 13.015/14. PDV. Validade. Eficácia liberatória geral.** Hipótese em que não foram desconstituídos os fundamentos do r. despacho agravado, conforme demonstrado no voto. Agravo conhecido e desprovido (Ag-AIRR-1000274-03.2015.5.02.0466, 3ª Turma, Relator Ministro Alexandre de Souza Agra Belmonte, *DEJT* 21-8-2020).

▷ **Agravo de instrumento. Recurso de revista – Descabimento. 1. Cerceamento do direito de defesa. Prova emprestada.** Diante da redação do inciso I do § 1º-A do art. 896 da CLT, conferida pela Lei n. 13.015/2014, não se conhece do recurso de revista quando a parte não indicar o trecho da decisão recorrida que consubstancia o prequestionamento da controvérsia objeto do apelo. **2. Horas extras. Trabalho externo. Possibilidade de controle.** Porque o Direito do Trabalho é regido pelo princípio da realidade, não basta, para a caracterização de trabalhador externo, que tal circunstância esteja anotada em CTPS e na ficha de registro de empregado (CLT, art. 62, I). Fundamental é que a efetividade dos fatos referende os registros formais, sob pena de perecerem estes. Factível o controle de jornada, é impositivo o respeito ao limite diário a que alude o art. 7º, XIII, da Constituição Federal, com remuneração das horas extras que o excederem. **3. Aviso prévio indenizado. Retificação da CTPS.** Nos termos da Orientação Jurisprudencial n. 82 da SBDI-1/TST, "a data de saída a ser anotada na CTPS deve corresponder à do término do prazo do aviso prévio, ainda que indenizado". Estando a decisão regional moldada a tal parâmetro, o processamento do recurso de revista encontra óbice no art. 896, § 7º, da CLT. **4. Repouso semanal remunerado. Diferenças.** O TRT revela que a demandada não logrou infirmar as diferenças apontadas pelo autor, deixando de demonstrar a correção no pagamento das parcelas. Prepondera, assim, a realidade fática revelada no acórdão regional, infensa a reexame em sede extraordinária (Súmula 126/TST). **5. Participação nos lucros e resultados. Transcrição integral ou quase integral, em recurso de revista, do capítulo do acórdão regional. Não cumprimento dos requisitos previstos no art. 896, § 1º-A, da CLT.** A transcrição integral ou quase integral do capítulo do acórdão, sem qualquer destaque, não atende ao disposto no art. 896, § 1º-A, da CLT, uma vez que não há determinação precisa da tese regional combatida no apelo, nem demonstração analítica das violações apontadas. **6. Multa convencional por atraso na homologação rescisória.** O recurso de revista se concentra na avaliação do direito posto em discussão. Assim, em tal via, já não são revolvidos fatos e provas, campo em que remanesce soberana a instância regional. Diante de tal peculiaridade, o deslinde do apelo considerará, apenas, a realidade que o acórdão atacado revelar. Esta é a inteligência da Súmula 126 do TST. No caso, a Corte de origem concluiu que houve descumprimento de cláusula da norma coletiva, razão pela qual manteve o pagamento da referida multa. **7. Multa convencional.** Não prospera apelo lastreado somente em divergência jurisprudencial, quando os arestos apresentados ou são inservíveis ao dissenso (art. 896 da CLT) ou são inespecíficos (Súmula 296/TST). Agravo de instrumento conhecido e desprovido (AIRR-11431-98.2015.5.03.0033, 3ª Turma, Relator Ministro Alberto Luiz Bresciani de Fontan Pereira, *DEJT* 21-8-2020).

▷ **Agravo interno em agravo de instrumento em recurso de revista. CPC/1973. Negativa de prestação jurisdicional.** O

exame dos autos revela que a Corte de origem proferiu decisão completa, válida e devidamente fundamentada, razão pela qual não prospera a alegada negativa de prestação jurisdicional. Agravo conhecido e não provido. **Cargo em comissão de livre nomeação e exoneração. Contratação pelo regime celetista. Desnecessidade de motivação. Verbas rescisórias.** A exoneração de empregado admitido para exercer cargo em comissão, ainda que contratado sob o regime jurídico celetista, não enseja o pagamento de verbas típicas da rescisão sem justa causa, em razão da precariedade da contratação, que pode ser rescindida *ad nutum* (por livre vontade da Administração). Precedentes. Óbice do art. 896, § 4º, da CLT e da Súmula 333 do TST. Agravo conhecido e não provido. **Horas extras. Indenização por danos morais. Ausência de impugnação aos fundamentos da decisão agravada. Agravo de instrumento desfundamentado.** Em atenção ao Princípio da Dialeticidade ou a discursividade dos recursos, cabe à parte agravante questionar os fundamentos específicos declinados na decisão recorrida. Se não o faz, como na hipótese dos autos, considera-se desfundamentado o apelo, nos termos dos arts. 514, II, e 524, II, do CPC/1973. Agravo conhecido e não provido (Ag-AIRR-145800-16.2008.5.01.0070, 7ª Turma, Relator Ministro Claudio Mascarenhas Brandão, *DEJT* 21-8-2020).

▷ **Agravo. Agravo de instrumento em recurso de revista. Recurso de revista regido pela Lei n. 13.015/2014. Justa causa revertida em juízo. Desídia. Falta grave não caracterizada. Indenização por danos morais. Indevida. Decisão denegatória com fundamento no art. 255, Inciso III, alíneas *a* e *b*, do regimento interno do tribunal superior do trabalho.** Não merece provimento o agravo que não desconstitui os fundamentos da decisão monocrática quanto ao tema "Justa Causa Revertida em Juízo. Desídia. Falta Grave não Caracterizada. Indenização por Danos Morais. Indevida" pela qual se negou provimento ao agravo de instrumento com fundamento no art. 255, inciso III, alíneas *a* e *b* do Regimento interno do Tribunal Superior do Trabalho. Agravo desprovido (Ag-AIRR-942-46.2017.5.06.0001, 2ª Turma, Relator Ministro Jose Roberto Freire Pimenta, *DEJT* 21-8-2020).

▷ **Agravo de instrumento. Recurso de revista – Descabimento. Forma de dissolução contratual. Justa causa.** A imposição da maior penalidade aplicável ao empregado, consistente na rescisão do contrato por justa causa, norteia-se pelos princípios da atualidade, proporcionalidade, gravidade e caráter determinante, necessitando, ainda, da produção de prova robusta sobre o cometimento da infração. Por força, também, do princípio da continuidade da relação de emprego que vigora no Direito do Trabalho, é ônus do empregador demonstrar, de forma inequívoca, a presença dos motivos e dos requisitos ensejadores da referida modalidade de dispensa. Assim, inexistindo elementos a corroborar a dispensa por justa causa, correta a decisão que concluiu pela extinção do contrato de trabalho de forma imotivada Agravo de instrumento conhecido e desprovido (AIRR-1000131-64.2019.5.02.0501, 3ª Turma, Relator Ministro Alberto Luiz Bresciani de Fontan Pereira, *DEJT* 21-8-2020).

▷ **Agravo de instrumento em recurso de revista regido pela Lei n. 13.467/2017. Parcelamento de FGTS. Diferenças de recolhimento de depósito de FGTS (art. 896, *a*, da CLT; Súmula 333 do TST)**. Não merece ser provido agravo de instrumento que visa a liberar recurso de revista que não preenche os pressupostos contidos no art. 896 da CLT. Agravo de instrumento não provido (AIRR-10428-91.2018.5.15.0123, 2ª Turma, Relatora Ministra Delaide Miranda Arantes, *DEJT* 21-8-2020).

▷ **Agravo em agravo de instrumento em recurso de revista. Lei n. 13.015/14. PDV. Validade. Eficácia liberatória geral.** Hipótese em que não foram desconstituídos os fundamentos do r. despacho agravado, conforme demonstrado no voto. Agravo conhecido e desprovido (Ag-AIRR-1000274-03.2015.5.02.0466, 3ª Turma, Relator Ministro Alexandre de Souza Agra Belmonte, *DEJT* 21-8-2020).

Capítulo VII
Da estabilidade

Art. 492. O empregado que contar mais de 10 (dez) anos de serviço na mesma empresa não poderá ser despedido senão por motivo de falta grave ou circunstância de força maior, devidamente comprovadas.

Parágrafo único. Considera-se como de serviço todo o tempo em que o empregado esteja à disposição do empregador.

Art. 493. Constitui falta grave a prática de qualquer dos fatos a que se refere o art. 482, quando por sua repetição ou natureza representem séria violação dos deveres e obrigações do empregado.

Art. 494. O empregado acusado de falta grave poderá ser suspenso de suas funções, mas a sua despedida só se tornará efetiva após o inquérito e que se verifique a procedência da acusação.

Parágrafo único. A suspensão, no caso deste artigo, perdurará até a decisão final do processo.

Art. 495. Reconhecida a inexistência de falta grave praticada pelo empregado, fica o empregador obrigado a readmiti-lo no serviço e a pagar-lhe os salários a que teria direito no período da suspensão.

Art. 496. Quando a reintegração do empregado estável for desaconselhável, dado o grau de incompatibilidade resultante do dissídio, especialmente quando for o empregador pessoa física, o tribunal do trabalho poderá converter aquela obrigação em indenização devida nos termos do artigo seguinte.

Art. 497. Extinguindo-se a empresa, sem a ocorrência de motivo de força maior, ao empregado estável despedido é garantida a indenização por rescisão do contrato por prazo indeterminado, paga em dobro.

Art. 498. Em caso de fechamento do estabelecimento, filial ou agência, ou supressão necessária de atividade, sem ocorrência de motivo de força maior, é assegurado aos empregados estáveis, que ali exerçam suas funções, direito à indenização, na forma do artigo anterior.

Art. 499. Não haverá estabilidade no exercício dos cargos de diretoria, gerência ou outros de confiança imediata do empregador, ressalvado o cômputo do tempo de serviço para todos os efeitos legais.

§ 1º Ao empregado garantido pela estabilidade que deixar de exercer cargo de confiança, é assegurada, salvo no caso de falta grave, a reversão ao cargo efetivo que haja anteriormente ocupado.

§ 2º Ao empregado despedido sem justa causa, que só tenha exercido cargo de confiança e que contar mais de 10 (dez) anos de serviço na mesma empresa, é garantida a indenização proporcional ao tempo de serviço nos termos dos arts. 477 e 478.

§ 3º A despedida que se verificar com o fim de obstar ao empregado a aquisição de estabilidade sujeitará o empregador a pagamento em dobro da indenização prescrita nos arts. 477 e 478.

Art. 500. O pedido de demissão do empregado estável só será válido quando feito com a assistência do respectivo Sindicato e, se não o houver, perante autoridade local competente do Ministério do Trabalho ou da Justiça do Trabalho. (Redação dada pela Lei n. 5.584, de 26-6-1970.)

▶ **Comentários**

1. **Estabilidade**

Estabilidade é a garantia ao emprego, assegurada por força de lei ou contrato. Na lição de Russomano, "o instituto da estabilidade é a garantia, dada por lei, de que o empregado não mais poderá ser despedido pela livre vontade do empregador, nem mesmo mediante o pagamento de indenizações"[338].

Erigida em postulado constitucional pela Carta Magna de 1937 (art. 137, *f*), subsistiu até a Constituição de 1967 (art. 167, XIII), nesta última ao lado do Fundo de Garantia do Tempo de Serviço (FGTS), criado pela Lei n. 5.107, de 13-9-1966.

A CLT, por sua vez, no art. 492, consagra o princípio no âmbito da legislação infraconstitucional, segundo o qual o empregado com mais de 10 anos na mesma empresa não poderia ser dispensado senão por motivo de falta grave ou circunstância de força maior, devidamente comprovadas, por meio de inquérito judicial – art. 494: "o empregado acusado de falta grave poderá ser suspenso

338. *Comentários à CLT*, cit., v. 1.

de suas funções, mas a sua despedida só se tornará efetiva após o inquérito e que se verifique a procedência da acusação".

O sistema alternativo instituído na Constituição Federal de 1967 – "estabilidade, com indenização ao trabalhador despedido ou fundo de garantia equivalente" – foi extinto com a Constituição Federal de 1988, que só manteve o FGTS (art. 7º, III). É bem verdade que o inciso I do artigo nominado fala em "relação de emprego protegida contra despedida arbitrária ou sem justa causa, nos termos da lei, que preverá indenização compensatória".

Trata-se, porém, de dispositivo constitucional não autoaplicável, que, como se sabe, necessita de lei infraconstitucional que o regulamente.

Na ausência de tal disposição, pode-se, sem receio, afirmar que presentemente não mais subsiste a *estabilidade decenal*, salvo para as situações excepcionalíssimas daqueles empregados que, à época da promulgação da atual Carta Magna, 5-10-1988, já eram estáveis.

O sistema atualmente vigente é o do FGTS, disciplinado pela Lei n. 8.036, de 11-5-1990 (*vide* Legislação Complementar).

A estabilidade raras vezes era concedida contratualmente, ou seja, instituída espontaneamente pelo empregador, ainda que o empregado não contasse com 10 anos de serviço, gerando todos os efeitos da denominada estabilidade decenal.

As estabilidades instituídas em convenção ou acordo coletivo têm prazos determinados, por isso denominadas, ainda que impropriamente, *provisórias*.

2. Estabilidades especiais

Em que pese a extinção da estabilidade decenal (10 anos na mesma empresa), subsistem as denominadas *estabilidades especiais*, conferidas: aos *dirigentes sindicais* (art. 8º, VIII, da CF/88); à *empregada gestante* (art. 7º, XVIII, da CF/88); *cipeiros* (art. 165 da CLT); *dirigentes de cooperativas* (Lei n. 5.764/71); *acidentados no trabalho* (Lei n. 8.213/91); *representantes dos empregados nas Comissões de Conciliação Prévia das empresas* (Lei n. 9.958/2000).

A Súmula 379 do Tribunal Superior do Trabalho proclama a necessidade de inquérito judicial para a dispensa, por falta grave, do *dirigente sindical*:

"O dirigente sindical somente poderá ser dispensado por falta grave mediante a apuração em inquérito judicial, inteligência dos arts. 494 e 543, § 3º, da CLT".

Estabelecida a necessidade de inquérito judicial para a dispensa, por justa causa, do empregado dirigente sindical, deve este ser proposto em 30 dias – sob pena de decadência:

Súmula 403 do STF:

"É de decadência o prazo de trinta dias para instauração do inquérito judicial, a contar da suspensão, por falta grave, de empregado estável".

As estabilidades especiais não determinam a reintegração, por isso que também chamadas *provisórias*, como, aliás, estabelece a Orientação Jurisprudencial n. 24 da SDI-II do TST, pois, "em juízo rescisório, restringe-se a condenação quanto aos salários e consectários até o termo final da estabilidade", quando já exaurido o respectivo período de estabilidade.

O mesmo, entretanto, não ocorre com o titular da *estabilidade decenal*, que, despedido sem justa causa, ou com inobservância da prévia existência de inquérito judicial, poderá pleitear em Juízo sua reintegração:

"Art. 495. Reconhecida a inexistência de falta grave praticada pelo empregado, fica o empregador obrigado a readmiti-lo no serviço e a pagar-lhe os salários a que teria direito no período da suspensão".

Observe-se que há direito adquirido daqueles empregados que já possuíam a estabilidade decenal antes da sua extinção em 5-10-1988, com a promulgação da Constituição Federal.

Verificada, porém, a incompatibilidade entre empregador e empregado, resultante do litígio, quando, não raras vezes, os ânimos se acerbam, o juiz processante pode converter o pedido de reintegração em indenização, como dispõe o art. 496:

"Quando a reintegração do empregado estável for desaconselhável, dado o grau de incompatibilidade resultante do dissídio, especialmente quando for o empregador pessoa física, o Tribunal do Trabalho poderá converter aquela

obrigação em indenização devida nos termos do artigo seguinte".

O dispositivo legal nominado (art. 497) fala em *indenização em dobro*: aplicável ao empregado titular da estabilidade decenal despedido sem justa causa, como também na hipótese de extinção da empresa sem a ocorrência de força maior.

A indenização em dobro aos estáveis é devida, igualmente, na ocorrência de fechamento do estabelecimento, filial ou agência, ou supressão necessária de atividade – art. 498.

3. Cargos que não geram estabilidade

O art. 499 deixa patente que os chamados *cargos de diretoria, gerência* ou outros de *confiança imediata* do empregador não ensejam estabilidade.

Os primeiros, *cargos de diretoria*, tanto se relacionam com as escolas nos diversos níveis como com as sociedades anônimas, em que são escolhidos empregados; a *gerência* está relacionada, sobretudo, com os estabelecimentos comerciais ou industriais, com as sociedades comerciais, sobretudo da sociedade limitada, em que, igualmente, são nomeados empregados de confiança *stricto sensu*. Por isso que sobre o tema assim se manifesta Süssekind: "não obstante pressuponha o contrato de trabalho a confiança mútua entre as partes, é certo que o exercício de determinadas funções exige uma confiança excepcional do empregador em relação aos empregados que a desempenham"[339].

Sérgio Pinto Martins lembra que "o cargo de confiança, a que se refere o art. 499, é o que a pessoa exerce com amplos poderes de mando, podendo admitir e dispensar empregados, comprar e vender em nome da empresa, ter procuração do empregador para gerir o negócio e salário mais elevado que os demais empregados"[340].

Para inúmeros autores o cargo de confiança a que se refere o artigo sob comento não se confunde com o cargo de *confiança bancária*, descrito no § 2º do art. 224 da CLT, "que não tem natureza especial e não necessita de amplos poderes", e que apenas se relaciona com a jornada de trabalho extraordinário do bancário.

4. Cômputo do tempo de serviço

Os cargos de diretoria, gerência ou quaisquer outros de confiança *stricto sensu* do empregador, como vimos, não geram estabilidade.

Contudo, o art. 499, *caput*, é de absoluta clareza; conquanto não ensejem estabilidade, é "ressalvado o cômputo do tempo de serviço para todos os efeitos legais".

Assim, diretores, gerentes ou quaisquer outros empregados compreendidos no quadro mencionado – cargos de efetiva confiança, muito embora não adquiram estabilidade em tais funções – têm o tempo de serviço computado para todos os efeitos legais.

A Súmula 269 do TST dispõe que:

"O empregado eleito para ocupar cargo de diretor tem o respectivo contrato de trabalho suspenso, não se computando o tempo de serviço deste período, salvo se permanecer a subordinação jurídica inerente à relação de emprego".

Há, como facilmente se verifica, entre a disposição contida no art. 499 – "ressalvado o cômputo do tempo de serviço para todos os efeitos legais" – e a conclusão da Súmula 269 do TST – "tem o respectivo contrato de trabalho suspenso, não se computando o tempo de serviço deste período" – manifesta antinomia. Se o dispositivo consolidado deixa claro que o período do exercício do cargo de confiança *stricto sensu* deve ser computado, é no mínimo estranhável a conclusão da jurisprudência sumulada em sentido diverso!

Daí afirmarmos que, na forma do art. 499 da CLT, o tempo de serviço prestado no exercício de cargo de confiança deve ser computado para configurar a estabilidade na função primitiva, inexistindo opção pelo FGTS.

No mesmo sentido a lição de Russomano[341]: "o prazo em que o empregado está no exercício do cargo de confiança, todavia, integra o seu tempo de serviço efetivo, em função do qual variam suas prerrogativas".

339. *Instituições de Direito do Trabalho*, cit., v. 1, p. 684.

340. *Comentários à CLT*, cit., p. 531.

341. *Comentários à CLT*, cit., v. 1, p. 605.

A questão, todavia, não oferece senão interesse acadêmico, em decorrência da extinção da estabilidade decenal.

5. Reversão ao cargo efetivo

Dispõe o § 1º do art. 499 que o empregado que exerça *cargo de confiança* pode, a qualquer momento, retornar ao cargo efetivo, sem que tal alteração implique violação à regra disposta no art. 468 da CLT.

6. Pedido de demissão de empregado estável

Objetivando evitar falsos pedidos de demissão de empregados estáveis (provisória), estabeleceu o art. 500 a obrigatoriedade da assistência do sindicato respectivo para a efetiva validade de tais demissões. Na ausência de órgão sindical na localidade da prestação de serviços, as Delegacias Regionais do Trabalho têm competência para tal assistência, podendo, outrossim, valer-se as partes da própria Justiça do Trabalho.

O dispositivo em apreço é de ordem pública e impostergável – "o pedido de demissão do empregado estável só será válido...", do que se conclui pela nulidade de qualquer pedido de demissão de empregado estável sem a assistência de qualquer dos órgãos mencionados.

7. Inquérito judicial (para a apuração de falta grave imputada a empregado estável)

O inquérito judicial é um dissídio de natureza específica, conquanto individual, por isso denominado dissídio individual especial (art. 494 da CLT). Objetiva a apuração de falta grave imputada ao empregado estável. É uma ação do empregador, em que este é denominado *suscitante* e o empregado, *suscitado*.

Na ocorrência de suspensão do empregado estável, acusado de falta grave, tem o empregador o prazo de *trinta dias* para o ajuizamento da ação, sob pena de decadência, nos termos da Súmula 403 do STF:

"É de decadência o prazo de trinta dias para instauração do inquérito judicial, a contar da suspensão, por falta grave, de empregado estável".

Não positivada a falta grave, fica o empregador obrigado a readmitir o empregado, pagando-lhe os salários a que teria direito no período da suspensão.

Desaconselhável que seja a reintegração, em razão da manifesta incompatibilidade entre empregador e empregado, pode o juiz do trabalho converter a reintegração em indenização, observada a regra da Súmula 28 do TST:

"No caso de se converter a reintegração em indenização dobrada, o direito aos salários é assegurado até a data da primeira decisão que determinou essa conversão".

A execução, nessa última hipótese, é levada a termo pelo próprio juízo da condenação, sem necessidade de propositura de outra ação.

▶ Jurisprudência

▷ **Súmula 28 do TST. Indenização. Nova redação.** No caso de converter a reintegração em indenização dobrada, o direito aos salários é assegurado até a data da primeira decisão que determinou essa conversão.

▷ **Súmula 54 do TST. Optante.** Rescindindo por acordo seu contrato de trabalho, o empregado estável optante tem direito ao mínimo de 60% do total da indenização em dobro, calculada sobre o maior salário percebido no emprego. Se houver recebido menos do que esse total, qualquer tenha sido a forma de transação, assegura-se-lhe a complementação até aquele limite.

▷ **Súmula 98 do TST. FGTS. Indenização. Equivalência. Compatibilidade.**
I – A equivalência entre os regimes do Fundo de Garantia do Tempo de Serviço e da estabilidade prevista na CLT é meramente jurídica e não econômica, sendo indevidos valores a título de reposição de diferenças.
II – A estabilidade contratual ou a derivada de regulamento de empresa são compatíveis com o regime do FGTS. Diversamente ocorre com a estabilidade legal (decenal, art. 492 da CLT), que é renunciada com a opção pelo FGTS.

▷ **Súmula 244 do TST. Gestante. Estabilidade provisória.**
I – O desconhecimento do estado gravídico pelo empregador não afasta o direito ao pagamento da indenização decorrente da estabilidade (art. 10, II, *b* do ADCT).

II – A garantia de emprego à gestante só autoriza a reintegração se esta se der durante o período de estabilidade. Do contrário, a garantia restringe-se aos salários e demais direitos correspondentes ao período de estabilidade.

III – A empregada gestante tem direito à estabilidade provisória prevista no art. 10, inciso II, alínea b, do Ato das Disposições Constitucionais Transitórias, mesmo na hipótese de admissão mediante contrato por tempo determinado.

▷ **Súmula 269 do TST. Diretor eleito. Cômputo do período como tempo de serviço.**
O empregado eleito para ocupar cargo de diretor tem o respectivo contrato de trabalho suspenso, não se computando o tempo de serviço deste período, salvo se permanecer a subordinação jurídica inerente à relação de emprego. (Res. 2/88, DJ, 1º-3-1988) Referência: CLT, arts. 2º, 3º, 4º e 499.

▷ **Súmula 339 do TST. CIPA. Suplente. Garantia de emprego. CF/1988.**
I – O suplente da CIPA goza da garantia de emprego prevista no art. 10, II, a, do ADCT a partir da promulgação da Constituição Federal de 1988.

II – A estabilidade provisória do cipeiro não constitui vantagem pessoal, mas garantia para as atividades dos membros da CIPA, que somente tem razão de ser quando em atividade a empresa. Extinto o estabelecimento, não se verifica a despedida arbitrária, sendo impossível a reintegração e indevida a indenização do período estabilitário.

▷ **Súmula 369 do TST. Dirigente sindical. Estabilidade provisória.**
I – É assegurada a estabilidade provisória ao empregado dirigente sindical, ainda que a comunicação do registro da candidatura ou da eleição e da posse seja realizada fora do prazo previsto no art. 543, § 5º, da CLT, desde que a ciência ao empregador, por qualquer meio, ocorra na vigência do contrato de trabalho.

II – O art. 522 da CLT foi recepcionado pela Constituição Federal de 1988. Fica limitada, assim, a estabilidade a que alude o art. 543, § 3º, da CLT a sete dirigentes sindicais e igual número de suplentes.

III – O empregado de categoria diferenciada eleito dirigente sindical só goza de estabilidade se exercer na empresa atividade pertinente à categoria profissional do sindicato para o qual foi eleito dirigente.

IV – Havendo extinção da atividade empresarial no âmbito da base territorial do sindicato, não há razão para subsistir a estabilidade.

V – O registro da candidatura do empregado a cargo de dirigente sindical durante o período de aviso prévio, ainda que indenizado, não lhe assegura a estabilidade, visto que inaplicável a regra do § 3º do art. 543 da Consolidação das Leis do Trabalho.

▷ **Súmula 371 do TST. Aviso prévio indenizado. Efeitos. Superveniência de auxílio-doença no curso deste.**
A projeção do contrato de trabalho para o futuro, pela concessão do aviso prévio indenizado, tem efeitos limitados às vantagens econômicas obtidas no período de pré-aviso, ou seja, salários, reflexos e verbas rescisórias. No caso de concessão de auxílio-doença no curso do aviso prévio, todavia, só se concretizam os efeitos da dispensa depois de expirado o benefício previdenciário.

▷ **Súmula 378 do TST. Estabilidade provisória. Acidente do trabalho. Art. 118 da Lei n. 8.213/1991.**
I – É constitucional o art. 118 da Lei n. 8.213/1991 que assegura o direito à estabilidade provisória por período de 12 meses após a cessação do auxílio-doença ao empregado acidentado.

II – São pressupostos para a concessão da estabilidade o afastamento superior a 15 dias e a consequente percepção do auxílio-doença acidentário, salvo se constatada, após a despedida, doença profissional que guarde relação de causalidade com a execução do contrato de emprego.

III – O empregado submetido a contrato de trabalho por tempo determinado goza da garantia provisória de emprego decorrente de acidente de trabalho prevista no art. 118 da Lei n. 8.213/91.

▷ **Súmula 379 do TST. Dirigente sindical. Despedida. Falta grave. Inquérito judicial. Necessidade.**
O dirigente sindical somente poderá ser dispensado por falta grave mediante a apuração em inquérito judicial. Inteligência dos arts. 494 e 543, § 3º, da CLT.

▷ **Súmula 396 do TST. Estabilidade provisória. Pedido de reintegração. Concessão do salário relativo ao período de estabilidade já exaurido. Inexistência de julgamento *extra petita*.**
I – Exaurido o período de estabilidade, são devidos ao empregado apenas os salários do período compreendido entre a data da despedida e o final do período de estabilidade, não lhe sendo assegurada a reintegração no emprego.
II – Não há nulidade por julgamento *extra petita* da decisão que deferir salário quando o pedido for de reintegração, dados os termos do art. 496 da CLT
▷ **Súmula 197 do STF.** O empregado com representação sindical só pode ser despedido mediante inquérito em que se apure falta grave.
▷ **Súmula 215 do STF.** Conta-se a favor de empregado readmitido o tempo de serviço anterior, salvo se houver sido despedido por falta grave ou tiver recebido a indenização legal.
▷ **Súmula 220 do STF.** A indenização devida a empregado estável, que não é readmitido ao cessar sua aposentadoria, deve ser paga em dobro.
▷ **Súmula 221 do STF.** A transferência de estabelecimento, ou a sua extinção parcial, por motivo que não seja de força maior, não justifica a transferência de empregado estável.
▷ **Súmula 403 do STF.** É de decadência o prazo de trinta dias para instauração do inquérito judicial, a contar da suspensão, por falta grave, de empregado estável.
▷ **Súmula 463 do STF.** Para efeito de indenização e estabilidade, conta-se o tempo em que o empregado esteve afastado, em serviço militar obrigatório, mesmo anteriormente à Lei 4.072, de 1º-6-1962.
▷ **OJ n. 253 da SDI-1 do TST. Estabilidade provisória. Cooperativa. Lei n. 5.764/71. Conselho fiscal. Suplente. Não assegurada.** O art. 55 da Lei n. 5.764/71 assegura a garantia de emprego apenas aos empregados eleitos diretores de Cooperativas, não abrangendo os membros suplentes.
▷ **OJ n. 6 da SDI-2 do TST. 06. Ação Rescisória. Cipeiro-Suplente. Estabilidade. ADCT da CF/88, art. 10, II, a. Súmula 83 do TST.** (Inserida em 20-9-2000. Nova redação – Res. 137/2005, *DJ*, 22-8-2005) Rescinde-se o julgado que nega estabilidade a membro suplente de CIPA, representante de empregado, por ofensa ao art. 10, II, *a*, do ADCT da CF/88, ainda que se cuide de decisão anterior à Súmula 339 do TST. Incidência da Súmula 83 do TST.
▷ **OJ n. 23 da SDI-2 do TST. Ação Rescisória. Estabilidade. Período Pré-Eleitoral. Violação de Lei. Súmula 83 do TST. Aplicável.** Não procede pedido de rescisão de sentença de mérito que assegura ou nega estabilidade pré-eleitoral, quando a decisão rescindenda for anterior à OJ n. 51, da Seção de Dissídios Individuais do TST (25-11-1996). Incidência da Súmula 83 do TST.
▷ **OJ n. 24 da SDI-2 do TST. Ação Rescisória. Estabilidade Provisória. Reintegração em período posterior. Direito limitado aos salários e consectários do período da estabilidade.** Rescinde-se o julgado que reconhece estabilidade provisória e determina a reintegração de empregado, quando já exaurido o respectivo período de estabilidade. Em juízo rescisório, restringe-se a condenação quanto aos salários e consectários até o termo final da estabilidade.
▷ **OJ n. 63 da SDI-2 do TST. Mandado de Segurança. Reintegração. Ação Cautelar.** Comporta a impetração de Mandado de Segurança o deferimento de reintegração no emprego em Ação Cautelar.
▷ **OJ n. 64 da SDI-2 do TST. Mandado de Segurança. Reintegração liminarmente concedida.** Não fere direito líquido e certo a concessão de tutela antecipada para reintegração de empregado protegido por estabilidade provisória decorrente de lei ou norma coletiva.
▷ **OJ n. 65 da SDI-2 do TST. Mandado de Segurança. Reintegração liminarmente concedida. Dirigente Sindical.** Ressalvada a hipótese do art. 494 da CLT, não fere direito líquido e certo a determinação liminar de reintegração no emprego de dirigente sindical, em face da previsão do inciso X do art. 659 da CLT.
▷ **OJ n. 30 da SDC do TST. Estabilidade da gestante. Renúncia ou transação de direitos constitucionais. Impossibilida-

de. (Republicada em decorrência de erro material – *DEJT*, 19, 20 e 21-9-2011) Nos termos do art. 10, II, *a*, do ADCT, a proteção à maternidade foi erigida à hierarquia constitucional, pois retirou do âmbito do direito potestativo do empregador a possibilidade de despedir arbitrariamente a empregada em estado gravídico. Portanto, a teor do art. 9º da CLT, torna-se nula de pleno direito a cláusula que estabelece a possibilidade de renúncia ou transação, pela gestante, das garantias referentes à manutenção do emprego e salário.

▷ **OJ n. 31 da SDC do TST. Estabilidade do acidentado. Acordo homologado. Prevalência. Impossibilidade. Violação do art. 118, Lei n. 8.213/91.** Não é possível a prevalência de acordo sobre legislação vigente, quando ele é menos benéfico do que a própria lei, porquanto o caráter imperativo dessa última restringe o campo de atuação da vontade das partes.

▷ **Precedente Normativo n. 86 do TST. Representantes dos trabalhadores. Estabilidade no emprego** (positivo). Nas empresas com mais de 200 empregados é assegurada a eleição direta de um representante, com as garantias do art. 543, e seus §§, da CLT. (Ex-PN n. 138)

▷ **Agravo. Recurso de revista interposto antes da vigência da Lei n. 13.015/2014. 1. Nulidade do acórdão regional. Negativa de prestação jurisdicional. 2. Cerceamento do direito de defesa. Não configuração. 3. Ilegitimidade passiva *"ad causam"* da empregadora. Ausência de dialeticidade recursal. 4. Vendedor que exerce atividade de transporte de valores. Assalto. Morte do empregado. Responsabilidade civil do empregador. Indenização por dano moral por ricochete. *Quantum* arbitrado. 5. Indenização por dano material. Valor arbitrado. Reexame de fatos e provas. 6. Multa pela interposição de embargos de declaração tidos por protelatórios. 7. Embargos de declaração protelatórios. Multa por litigância de má-fé. Abuso do direito de recorrer. Ausência de interesse recursal.** A parte agravante não apresenta argumentos capazes de desconstituir os fundamentos da decisão monocrática que deu provimento parcial ao recurso de revista. Agravo a que se nega provimento (Ag-RR-422-23.2013.5.07.0026, 1ª Turma, Relator Ministro Walmir Oliveira da Costa, *DEJT* 24-8-2020).

▷ **Agravo interno em agravo de instrumento em recurso de revista. CPC/1973. Negativa de prestação jurisdicional.** O exame dos autos revela que a Corte de origem proferiu decisão completa, válida e devidamente fundamentada, razão pela qual não prospera a alegada negativa de prestação jurisdicional. Agravo conhecido e não provido. **Cargo em comissão de livre nomeação e exoneração. Contratação pelo regime celetista. Desnecessidade de motivação. Verbas rescisórias.** A exoneração de empregado admitido para exercer cargo em comissão, ainda que contratado sob o regime jurídico celetista, não enseja o pagamento de verbas típicas da rescisão sem justa causa, em razão da precariedade da contratação, que pode ser rescindida *ad nutum* (por livre vontade da Administração). Precedentes. Óbice do art. 896, § 4º, da CLT e da Súmula 333 do TST. Agravo conhecido e não provido. **Horas extras. Indenização por danos morais. Ausência de impugnação aos fundamentos da decisão agravada. Agravo de instrumento desfundamentado.** Em atenção ao Princípio da Dialeticidade ou a discursividade dos recursos, cabe à parte agravante questionar os fundamentos específicos declinados na decisão recorrida. Se não o faz, como na hipótese dos autos, considera-se desfundamentado o apelo, nos termos dos arts. 514, II, e 524, II, do CPC/1973. Agravo conhecido e não provido (Ag-AIRR-145800-16.2008.5.01.0070, 7ª Turma, Relator Ministro Claudio Mascarenhas Brandão, *DEJT* 21-8-2020).

Capítulo VIII
Da força maior

Art. 501. Entende-se como força maior todo acontecimento inevitável, em relação à vontade do empregador, e para a realização do qual este não concorreu, direta ou indiretamente.

§ 1º A imprevidência do empregador exclui a razão de força maior.

§ 2º À ocorrência do motivo de força maior que não afetar substancialmente, nem for suscetível de afetar, em tais condições, a situação econômica e financeira da empresa, não se aplicam as restrições desta Lei referentes ao disposto neste Capítulo.

Art. 502. Ocorrendo motivo de força maior que determine a extinção da empresa, ou de um dos estabelecimentos em que trabalhe o empregado, é assegurada a este, quando despedido, uma indenização na forma seguinte:

I – sendo estável, nos termos dos arts. 477 e 478;

II – não tendo direito à estabilidade, metade da que seria devida em caso de rescisão sem justa causa;

III – havendo contrato por prazo determinado, aquela a que se refere o art. 479 desta Lei, reduzida igualmente à metade.

Art. 503. É lícita, em caso de força maior ou prejuízos devidamente comprovados, a redução geral dos salários dos empregados da empresa, proporcionalmente aos salários de cada um, não podendo, entretanto, ser superior a 25% (vinte e cinco por cento), respeitado, em qualquer caso, o salário mínimo da região.

Parágrafo único. Cessados os efeitos decorrentes do motivo de força maior, é garantido o restabelecimento dos salários reduzidos.

Art. 504. Comprovada a falsa alegação do motivo de força maior, é garantida a reintegração aos empregados estáveis, e aos não estáveis o complemento da indenização já percebida, assegurado a ambos o pagamento da remuneração atrasada.

• •

▶ **Comentários**

1. **Força maior e caso fortuito**

Força maior é o acontecimento emanado de terceiro, impossibilitando o cumprimento da obrigação. Daí afirmar Álvaro Villaça Azevedo que: "a força maior é o fato de terceiro, ou do credor; é a atuação humana, não do devedor, que impossibilita o cumprimento obrigacional", dando o conceituado jurista exemplo didático: "suponham que o devedor se obrigue a vender sua casa, recebendo parte do preço, sendo logo em seguida desapropriado esse imóvel, ou que alguém deixe de entregar determinada mercadoria em certo lugar, por nele ter eclodido uma sedição. Nenhuma culpa pode caber ao devedor, tanto do imóvel como da mercadoria".

Já o *caso fortuito* é, ainda na lição do conceituado jurista, todo "acontecimento provindo da natureza, sem qualquer intervenção da vontade humana, como, por exemplo, a inundação de um rio, em consequência de que se arrasta uma ponte, impossibilitando tal fato o devedor, com seu caminhão, de transportar o objeto da prestação ao local certo, no dia certo. Esse devedor estará exonerado da responsabilidade de indenizar"[342].

Tanto a força maior quanto o caso fortuito geram os mesmos efeitos – "desonerando o devedor de sua responsabilidade pelo inadimplemento da obrigação"[343].

O Código Beviláqua, atento aos efeitos, conceituou conjuntamente a força maior e o caso fortuito (art. 1.058).

O novo Código Civil mantém o mesmo critério:

"Art. 393. O devedor não responde pelos prejuízos resultantes de caso fortuito ou força maior, se expressamente não se houver por eles responsabilizado. Parágrafo único. O caso fortuito, ou de força maior, verifica-se no fato necessário, cujos efeitos não era possível evitar ou impedir".

Ambos, portanto, tanto a força maior quanto o caso fortuito, são eventos que não cabem na possibilidade de o devedor obviar ou resistir, como, aliás, ressalta o art. 501 da CLT: "entende-se como força maior todo acontecimento inevitável, em relação à vontade do empregador, e para a realização do qual este não concorreu, direta ou indiretamente".

A imprevidência do empregador, consoante dispõe o § 1º do art. 501 da CLT, "exclui a razão da força maior".

Em conformidade com o art. 502, a ocorrência de força maior que determine a extinção da empresa ou do estabelecimento em que trabalhe o empregado não desobriga o

342. *Teoria Geral das Obrigações*, cit., 1978, p. 329.
343. J. M. de Carvalho Santos, *Código Civil Brasileiro Interpretado*, cit.

empregador das indenizações, reduzindo-as, porém, à metade, com o pagamento, obviamente, das demais verbas rescisórias.

Na prática, os Tribunais Trabalhistas têm sido extremamente parcimoniosos no que diz respeito à ocorrência de força maior:

"A desapropriação do imóvel do empregador não pode ser tida como força maior"[344].

"Dificuldades financeiras e instabilidade econômica não caracterizam força maior para o fechamento de uma unidade produtiva da empresa, prevista no art. 502 da CLT"[345].

2. A força maior e a redução dos salários

O art. 503 da CLT, que autoriza, na ocorrência de *força maior* ou *prejuízos devidamente comprovados*, a redução salarial, observado o limite máximo de 25%, a nosso ver, está inteiramente *revogado* pelo art. 7º, VI, da CF/88, que só admite redução salarial pela via do acordo ou convenção coletiva, o que implica intervenção do sindicato dos empregados.

Deixa de existir, pois, na atual sistemática, a redução salarial unilateral, ainda que invocada a força maior ou prejuízos.

Comprovada a falsa alegação de força maior, farão jus os empregados, estáveis ou não, à complementação de suas indenizações.

▶ Jurisprudência

▷ **Súmula 221 do STF.** A transferência de estabelecimento, ou a sua extinção parcial, por motivo que não seja de força maior, não justifica a transferência de empregado estável.

▷ **Agravo de instrumento. Recurso de revista da reclamada Vicunha Têxtil S.A. Apelo interposto na vigência da Lei n. 13.467/2017. Ausência de prequestionamento (Súmula 297 do TST). Execução. Falência da reclamada Têxtil Itatiba S.A. Juros após decretação de falência. Aproveitamento da limitação de juros pela responsavél solidária não falida (Vicunha Têxtil S.A.). Prejudicado o exame da transcendência.** Apesar de o art. 896-A da CLT estabelecer a necessidade de exame prévio da transcendência do recurso de revista, a jurisprudência da Sexta Turma do TST tem evoluído para entender que esta análise fica prejudicada quando o apelo carece de pressupostos processuais extrínsecos ou intrínsecos que impedem o alcance do exame meritório do feito. Embora aceite-se a transcrição integral da decisão referente ao tema recorrido quando esta for extremamente sucinta e objetiva, para fins de preenchimento do requisito do art. 896, § 1º-A, I, da CLT, o que ocorreu no presente caso, constata-se que há outro motivo que impede o conhecimento e provimento do recurso de revista. É que não houve prequestionamento da questão arguída em recurso de revista e agravo de instrumento (Súmula 297 do TST). A tese trazida nos recursos citados é no sentido de que a reclamada não falida (Vicunha Têxtil S.A.) deve ser beneficiada da limitação de juros decorrente da falência da outra responsável solidária (Têxtil Itatiba S.A.), que tem direito à limitação por ter sido declarada falida. Ocorre que a Turma Regional não expõe tese acerca de tal questão (limitação de juros para a responsável Vicunha Têxtil S.A.), analisando questões diversas, quais sejam, a de que tal reclamada consta no título executivo judicial como devedora solidária e responde pela condenação, não sendo necessária a habilitação na falência ou a necessidade de desconsideração da personalidade jurídica da falida. Agravo de instrumento não provido. Prejudicado o exame dos critérios de transcendência (AIRR-13158-82.2013.5.15.0145, 6ª Turma, Relator Ministro Augusto Cesar Leite de Carvalho, *DEJT* 21-8-2020).

▷ **Recurso ordinário em mandado de segurança. Ato coator consubstanciado na determinação de pagamento de valor devido pelo depositário infiel. Pedido de reconsideração rejeitado. Não interrupção do curso do prazo decadencial. Orientação Jurisprudencial 127 da SBDI-2 do TST. Decadência.** Cuida-se de mandado de segurança impetrado contra

344. TST, RR 2.188/75, 2ª T., 1.653/75, Rel. Min. Barata Silva.
345. TRT/SP, RO 02950400463, *DJ/SP*, 3-4-1997, p. 39.

ato coator no qual se determinou, em sede de execução, o pagamento, pelo Reclamante, de valores devidos à Reclamada, sob pena de execução direta contra o depositário infiel (patrono da Reclamante). O Impetrante, ora Recorrente, sustenta ser o advogado da Reclamante no processo matriz. O art. 23 da Lei n. 12.016/2009 dispõe que o direito de impetrar o mandado de segurança extinguir-se-á decorridos 120 (cento e vinte) dias, contados da ciência, pelo interessado, do ato impugnado. Esta Subseção consolidou o entendimento de que esse prazo é contado da data da ciência do primeiro ato em que se firmou a tese hostilizada e não daquele que o ratificou (Orientação Jurisprudencial n. 127). No caso dos autos, verifica-se que a decisão na qual se determinou o pagamento de valor, em prol do Reclamado, sob pena de execução direta em desfavor do Impetrante foi proferida em 31-1-2017. O Impetrante formulou pedido de reconsideração, o qual foi analisado pelo juízo em 10-7-2017, com manutenção da decisão anterior. Portanto, o ajuizamento do presente mandado de segurança em 16-9-2017 se deu, inequivocamente, após o prazo de 120 dias contados da ciência do interessado do ato impugnado. Ressalta-se que o fato de ter O Impetrante protocolizado requerimento de reconsideração, com decisão contrária à sua pretensão, não posterga o início do prazo decadencial para impetração do writ. Portanto, não há como concluir que a impetração da ação mandamental deu-se dentro do prazo de que trata o art. 23 da Lei n. 12.016/2009. Recurso ordinário conhecido e desprovido (RO-80353-17.2017.5.07.0000, Subseção II Especializada em Dissídios Individuais, Relatora Ministra Maria Helena Mallmann, *DEJT* 21-6-2019).

Capítulo IX
Disposições especiais

Art. 505. São aplicáveis aos trabalhadores rurais os dispositivos constantes dos Capítulos I, II e VI do presente Título.

Art. 506. No contrato de trabalho agrícola é lícito o acordo que estabelecer a remuneração *in natura*, contanto que seja de produtos obtidos pela exploração do negócio e não exceda de 1/3 (um terço) do salário total do empregado.

Art. 507. As disposições do Capítulo VII do presente Título não serão aplicáveis aos empregados em consultórios ou escritórios de profissionais liberais.

Parágrafo único. (Revogado pela Lei n. 6.533, de 24-5-1978.)

Art. 507-A. Nos contratos individuais de trabalho cuja remuneração seja superior a duas vezes o limite máximo estabelecido para os benefícios do Regime Geral de Previdência Social, poderá ser pactuada cláusula compromissória de arbitragem, desde que por iniciativa do empregado ou mediante a sua concordância expressa, nos termos previstos na Lei n. 9.307, de 23 de setembro de 1996. (Inserido pela Lei n. 13.467/2017.)

Art. 507-B. É facultado a empregados e empregadores, na vigência ou não do contrato de emprego, firmar o termo de quitação anual de obrigações trabalhistas, perante o sindicato dos empregados da categoria. (Inserido pela Lei n. 13.467/2017.)

Parágrafo único. O termo discriminará as obrigações de dar e fazer cumpridas mensalmente e dele constará a quitação anual dada pelo empregado, com eficácia liberatória das parcelas nele especificadas. (Inserido pela Lei n. 13.467/2017.)

Arts. 508 e 509. (Revogados pelas Leis n. 12.347, de 10-12-2010 e 6.533, de 24-5-1978.)

Art. 510. Pela infração das proibições constantes deste Título, será imposta à empresa a multa de valor igual a 30 (trinta) vezes o valor de referência regional[346], elevada ao dobro, no caso de reincidência, sem prejuízo das demais cominações legais. (Redação dada pela Lei n. 5.562, de 12-12-1968.)

▶ *Comentários*

1. **Disposições celetistas aplicáveis aos trabalhadores rurais**

O trabalho rural está sob a égide da Lei n. 5.889, de 8-6-1973, que, definindo o empregado rural e o respectivo empregador, estabelece as

[346]. A redação anterior ("multa de valor igual a 1 salário mínimo regional") foi alterada considerando as disposições contidas no Decreto-lei n. 229/67, Lei n. 6.205/75, Lei n. 6.986/82, Lei n. 7.855/89 e Lei n. 8.383/91.

normas reguladoras dessa espécie de relação empregatícia (vide Legislação Complementar).

Contudo, aos trabalhadores rurais aplicam-se, igualmente, as normas dispostas no art. 7º e seus incisos da Constituição Federal vigente, por nós analisados na introdução a estes *Comentários*, sob o título "Os Direitos Sociais na Constituição Federal".

O art. 9º da Lei n. 5.889/73 disciplina as utilidades e os respectivos descontos por seu fornecimento, com o que fica manifestamente revogado o art. 506 da CLT.

2. Empregados em consultórios ou escritórios de profissionais liberais e artistas

O art. 507 das *Disposições Especiais*, sob comento, determinava a não aplicação do instituto da estabilidade aos empregados em consultórios ou escritórios de profissionais liberais – "as disposições do Capítulo VII do presente Título não são aplicáveis aos empregados em consultórios ou escritórios de profissionais liberais".

O parágrafo único do dispositivo legal nominado estava assim redigido:

"Não se aplicam ao trabalho de artistas os dispositivos dos arts. 451 e 452 que se referem à prorrogação ou renovação do contrato de trabalho de artistas de teatro e congêneres".

Tais regras, entretanto, estão hoje revogadas. O *caput*, por força da extinção da estabilidade decenal e generalidade a todos os trabalhadores do Fundo de Garantia do Tempo de Serviço – FGTS – art. 7º, VII, da Constituição Federal de 1988; o parágrafo único, relacionado aos artistas, por força da Lei n. 6.533/78, regulamentada pelo Decreto n. 82.385/78, que disciplina o trabalho desses profissionais.

3. Empregados em empresas teatrais

O art. 509, revogado pela Lei n. 6.533/78, dispunha sobre as despesas de viagem e transporte de empregados de empresas teatrais. Não mais subsiste.

4. Multas por infrações às disposições constantes deste título

As denominadas multas administrativas são de competência do Ministério do Trabalho, com valores periodicamente atualizados.

5. Arbitragem

A Reforma Trabalhista/2017, inseriu na CLT, o art. 507-A, admitindo a instituição de cláusula compromissória de arbitragem, pelas quais empregado e empregador se comprometem a valer-se de árbitros em caso de litígios trabalhistas em geral, desde que a remuneração do empregado seja superior ao dobro do limite do teto máximo do regime geral da previdência social (RGPS).

▶ Jurisprudência

▷ **Súmula 344 do TST. Salário-família. Trabalhador Rural. Revisão do Enunciado n. 227.** O salário-família é devido aos trabalhadores rurais, somente após a vigência da Lei 8.213/91. (Res. 51/95, *DJ*, 21-9-1995) Referência: CF-88, arts. 7º, inciso XII, 194, parágrafo único, inciso II, e 195, § 5º – Lei n. 8.213/91.

▷ **Súmula 196 do STF.** Ainda que exerça atividade rural, o empregado de empresa industrial ou comercial é classificado de acordo com a categoria do empregador.

▷ **Súmula 612 do STF.** Ao trabalhador rural não se aplicam, por analogia, os benefícios previstos na Lei n. 6.367, de 19-10-1976.

▷ **Súmula 613 do STF.** Os dependentes de trabalhador rural não têm direito a pensão previdenciária, se o óbito ocorreu anteriormente à vigência da Lei Complementar n. 11/71.

▷ **Precedente Normativo n. 20 do TST. Empregado rural. Contrato escrito** (positivo). Sendo celebrado contrato por tarefa, parceria ou meação, por escrito, obriga-se o empregador a fornecer uma via deste ao empregado, devidamente datada e assinada pelas partes.

▷ **Precedente Normativo n. 34 do TST. Empregado rural. Moradia** (positivo). Ao empregado que residir no local de trabalho fica assegurada a moradia em condições de habitabilidade, conforme exigências da autoridade local.

▷ **Precedente Normativo n. 50 do TST. Empregado rural. Defensivos agrícolas** (positivo). O empregador rural é obrigado a possuir o receituário agronômico de de-

fensivos agrícolas e a observar as medidas de prevenção nele contidas.

▷ **Precedente Normativo n. 53 do TST. Empregado rural. Rescisão do contrato de trabalho do chefe de família** (positivo). A rescisão do contrato de trabalho rural, sem justa causa, do chefe da unidade familiar é extensiva à esposa, às filhas solteiras e aos filhos até 20 anos de idade, que exerçam atividades na propriedade, mediante opção destes.

▷ **Precedente Normativo n. 62 do TST. Empregado rural. Conservação das casas** (positivo). Os empregadores são responsáveis pelos reparos nas residências que cedam aos empregados rurais, desde que os danos não decorram de culpa destes.

▷ **Precedente Normativo n. 64 do TST. Empregado rural. Horário e local de condução** (positivo). Fornecendo o empregador condução para o trabalho, informará ele aos empregados, previamente, os locais e horários do transporte.

▷ **Precedente Normativo n. 65 do TST. Empregado rural. Pagamento de salário** (positivo). O pagamento do salário será efetuado em moeda corrente e no horário de serviço, para isso permitido o seu prolongamento até duas horas após o término da jornada de trabalho.

▷ **Precedente Normativo n. 68 do TST. Empregado rural. Faltas ao serviço. Compras** (positivo). Autoriza-se o chefe de família, se empregado rural, a faltar ao serviço um dia por mês ou meio dia por quinzena, para efetuar compras, sem remuneração ou mediante compensação de horário, mas sem prejuízo do repouso remunerado, desde que não tenha falta injustificada durante o mês.

▷ **Precedente Normativo n. 69 do TST. Empregado rural. Pagamento de dia não trabalhado** (positivo). O empregado rural fará jus ao salário do dia, quando comparecer ao local de prestação de serviço ou ponto de embarque, se fornecida condução pelo empregador, e não puder trabalhar em consequência de chuva ou de outro motivo alheio à sua vontade.

▷ **Precedente Normativo n. 71 do TST. Empregado rural. Transporte. Condições de segurança** (positivo). Quando fornecidos pelo empregador, os veículos destinados a transportar trabalhadores rurais deverão satisfazer as condições de segurança e comodidade, sendo proibido o carregamento de ferramentas soltas junto às pessoas conduzidas.

▷ **Precedente Normativo n. 106 do TST. Empregado rural. Atividade insalubre. Fornecimento de leite** (positivo). Os empregadores que se dedicarem à pecuária leiteira fornecerão, diariamente, 1 (um) litro de leite aos trabalhadores que exerçam atividades insalubres.

▷ **Precedente Normativo n. 107 do TST. Empregado rural. Caixa de medicamentos** (positivo). Nos locais de trabalho no campo serão mantidos pelo empregador medicamentos e materiais de primeiros socorros.

▷ **Precedente Normativo n. 108 do TST. Empregado rural. Abrigo no local de trabalho** (positivo). Os empregadores rurais ficam obrigados a construir abrigos rústicos, nos locais de trabalho, para proteção de seus empregados.

▷ **Precedente Normativo n. 110 do TST. Empregado rural. Ferramentas. Fornecimento pelo empregador** (positivo). Serão fornecidas gratuitamente, pelo empregador, as ferramentas necessárias à execução do trabalho.

Título IV-A
Da representação dos empregados

Art. 510-A. Nas empresas com mais de duzentos empregados, é assegurada a eleição de uma comissão para representá-los, com a finalidade de promover-lhes o entendimento direto com os empregadores. (Artigo, parágrafos e incisos inseridos pela Lei n. 13.467/2017.)

§ 1º A comissão será composta:

I – nas empresas com mais de duzentos e até três mil empregados, por três membros;

II – nas empresas com mais de três mil e até cinco mil empregados, por cinco membros;

III – nas empresas com mais de cinco mil empregados, por sete membros.

§ 2º No caso de a empresa possuir empregados em vários Estados da Federação e no Distrito Federal, será assegurada a eleição de uma comissão de representantes dos empregados por Estado ou no Distrito Federal, na mesma forma estabelecida no § 1º deste artigo.

Art. 510-B. A comissão de representantes dos empregados terá as seguintes atribuições: (Artigo, incisos e parágrafos inseridos pela Lei n. 13.467/2017.)

I – representar os empregados perante a administração da empresa;

II – aprimorar o relacionamento entre a empresa e seus empregados com base nos princípios da boa-fé e do respeito mútuo;

III – promover o diálogo e o entendimento no ambiente de trabalho com o fim de prevenir conflitos;

IV – buscar soluções para os conflitos decorrentes da relação de trabalho, de forma rápida e eficaz, visando à efetiva aplicação das normas legais e contratuais;

V – assegurar tratamento justo e imparcial aos empregados, impedindo qualquer forma de discriminação por motivo de sexo, idade, religião, opinião política ou atuação sindical;

VI – encaminhar reivindicações específicas dos empregados de seu âmbito de representação;

VII – acompanhar o cumprimento das leis trabalhistas, previdenciárias e das convenções coletivas e acordos coletivos de trabalho.

§ 1º As decisões da comissão de representantes dos empregados serão sempre colegiadas, observada a maioria simples.

§ 2º A comissão organizará sua atuação de forma independente.

Art. 510-C. A eleição será convocada, com antecedência mínima de trinta dias, contados do término do mandato anterior, por meio de edital que deverá ser fixado na empresa, com ampla publicidade, para inscrição de candidatura. (Artigo e parágrafos inseridos pela Lei n. 13.467/2017.)

§ 1º Será formada comissão eleitoral, integrada por cinco empregados, não candidatos, para a organização e o acompanhamento do processo eleitoral, vedada a interferência da empresa e do sindicato da categoria.

§ 2º Os empregados da empresa poderão candidatar-se, exceto aqueles com contrato de trabalho por prazo determinado, com contrato suspenso ou que estejam em período de aviso prévio, ainda que indenizado.

§ 3º Serão eleitos membros da comissão de representantes dos empregados os candidatos mais votados, em votação secreta, vedado o voto por representação.

§ 4º A comissão tomará posse no primeiro dia útil seguinte à eleição ou ao término do mandato anterior.

§ 5º Se não houver candidatos suficientes, a comissão de representantes dos empregados poderá ser formada com número de membros inferior ao previsto no art. 510-A desta Consolidação.

§ 6º Se não houver registro de candidatura, será lavrada ata e convocada nova eleição no prazo de um ano.

Art. 510-D. O mandato dos membros da comissão de representantes dos empregados será de um ano. (Artigo e parágrafos inseridos pela Lei n. 13.467/2017.)

§ 1º O membro que houver exercido a função de representante dos empregados na comissão não poderá ser candidato nos dois períodos subsequentes.

§ 2º O mandato de membro de comissão de representantes dos empregados não implica suspensão ou interrupção do contrato de trabalho, devendo o empregado permanecer no exercício de suas funções.

§ 3º Desde o registro da candidatura até um ano após o fim do mandato, o membro da comissão de representantes dos empregados não poderá sofrer despedida arbitrária, entendendo-se como tal a que não se fundar em motivo disciplinar, técnico, econômico ou financeiro.

§ 4º Os documentos referentes ao processo eleitoral devem ser emitidos em duas vias, as quais permanecerão sob a guarda dos empregados e da empresa pelo prazo de cinco anos, à disposição para consulta de qualquer trabalhador interessado, do Ministério Público do Trabalho e do Ministério do Trabalho. Título IV-A inserido pela Lei n. 13.467/2017.

▶ **Comentários**

A Reforma Trabalhista/2017 vem complementar o art. 11 da Constituição Federal, que criou, na legislação laboral brasileira, a representação dos empregados nas empresas com mais de 200 obreiros.

Instituída com manifesta intenção de estabelecer uma relação mais estrita com os empregadores, o que nem sempre ocorre através dos sindicatos, a representação dos empregados recebe agora novo alento, com a sua esperada regulamentação.

A novidade é que, em lugar de um representante, como prevê o art. 11 da Constituição Federal, a representação instituída no art. 510-A da CLT é composta por 3 membros, para empresas com mais de 200 até 3.000 empregados; 5 membros, nas empresas com mais de 3.000 até 5.000 empregados; 7 membros, nas empresas com mais de 5.000.

Na eventualidade de a empresa exercer atividade em mais de um Estado da Federação, a representação far-se-á por cada uma das unidades estaduais. Excetuados os empregados com contrato de trabalho por tempo determinado, com contrato suspenso, ou ainda, em período de aviso prévio, todos os demais podem candidatar-se.

O mandato é de um ano sem direito à recondução. É assegurada relativa estabilidade durante o mandato, visto que a dispensa poderá ocorrer por motivo disciplinar, técnico ou financeiro.

O êxito da representação está, como facilmente se percebe, dependente de clima de entendimento com os empresários. As atribuições dos representantes são as seguintes:

I – representar os empregados perante a administração da empresa;

II – aprimorar o relacionamento entre a empresa e seus empregados com base nos princípios da boa-fé e do respeito mútuo;

III – promover o diálogo e o entendimento no ambiente de trabalho com o fim de prevenir conflitos;

IV – buscar soluções para os conflitos decorrentes da relação de trabalho, de forma rápida e eficaz, visando à efetiva aplicação das normas legais e contratuais;

V – assegurar tratamento justo e imparcial aos empregados, impedindo qualquer forma de discriminação por motivo de sexo, idade, religião, opinião política ou atuação sindical;

VI – encaminhar reivindicações específicas dos empregados de seu âmbito de representação;

VII – acompanhar o cumprimento das leis trabalhistas, previdenciárias e das convenções coletivas e acordos coletivos de trabalho.

▶ **Jurisprudência**

▷ **Dissídio coletivo de greve.** Comissão de fábrica. Previsão em regulamento interno da empresa há mais de 20 anos. Redução do número de empregados contratados. Extinção da comissão por ato unilateral da empresa. Invalidade. É ilícita a extinção unilateral pela empresa da comissão de fábrica prevista em regulamento interno desde 1992, sem qualquer vinculação a um número mínimo de empregados e com nítido intuito continuativo, ainda que reduzido o quadro de funcionários para menos de 200 empregados. Embora exista um condicionamento legal para a instituição cogente de comissão de representação dos trabalhadores nas empresas, dado pelo número mínimo de 200 empregados, é evidente que a Constituição da República autoriza às normas legais ordinárias, às normas internacionais ratificadas, à própria negociação coletiva trabalhista e até mesmo aos regulamentos internos empresariais que criem regras jurídicas mais favoráveis do que a fixada nos arts. 11 da Constituição da República e 510-A da CLT. No caso, o direito à

existência da comissão incorporou-se às relações jurídicas como condição mais favorável, independentemente do critério quantitativo fixado na lei. E, por se tratar de vantagem de natureza coletiva, prevista em regulamento empresarial, não poderia ser extirpada unilateralmente do patrimônio jurídico dos trabalhadores, sob pena de desrespeito aos princípios da inalterabilidade contratual lesiva, da incorporação da norma mais favorável, bem como da lealdade e transparência nas relações coletivas de trabalho. Sob esses fundamentos, a SDC, por maioria, negou provimento ao recurso ordinário da empresa quanto ao tema, vencidos os Ministros Ives Gandra da Silva Martins Filho, Relator, Emmanoel Pereira e a Ministra Maria Cristina Irigoyen Peduzzi, que votaram no sentido de dar provimento ao recurso ordinário para declarar extinta a comissão de representantes de trabalhadores, enquanto perdurar a situação empresarial de possuir menos de 200 empregados. TST-ROT-1002264-93.2020.5.02.0000, SDC, red. p/ acórdão Min. Mauricio Godinho Delgado, 20-9-2021.

▷ **"Agravo de instrumento. Recurso interposto na vigência da Lei n. 13.467/2017. Transcendência.** Embora a matéria relativa à não incidência da responsabilidade subsidiária nos contratos de representação comercial seja pacificada, ainda não há neste Tribunal Superior jurisprudência uniforme acerca da descaracterização do referido negócio jurídico quando existente cláusula de exclusividade. Assim, reconhece-se a transcendência jurídica, nos termos do art. 896-A, § 1º, II, da CLT. **Responsabilidade subsidiária. Contrato de representação comercial. Inexistência de terceirização de serviços. Provimento.** Ante uma possível contrariedade à Súmula 331, IV, o provimento do agravo de instrumento para o exame do recurso de revista é medida que se impõe. Agravo de instrumento a que se dá provimento. **Recurso de revista. Responsabilidade subsidiária. Contrato de representação comercial. Inexistência de terceirização de serviços. Inaplicabilidade da súmula 331, IV. Provimento.** Esta Corte Superior possui entendimento no sentido de que o contrato de representaçãocomercialnão se confunde com prestação de serviços, nos moldes da Súmula 331, IV, não ensejando, portanto, a responsabilidade subsidiária da empresa representada. A condenação subsidiária não é possível, quando evidenciada a existência de contrato mercantil entre as partes, ainda que contenha cláusula de exclusividade, em que a representante fique obrigada a vender os produtos da representada, porquanto não se trata de terceirização de mão de obra, mas decorre da possibilidade de ajuste contratual, conforme se vê no art. 31 da Lei n. 4.886/65. Precedentes. O contrato de representação comercial somente pode ser descaracterizado se houver comprovação de que as empresas pretendem mascarar uma relação de emprego. A contratação irregular de trabalhador, mediante empresa interposta, seja na modalidade de contrato de prestação de serviços ou de representação comercial, ficará caracterizada se existentes os elementos característicos da relação de emprego, ainda que a contratação seja feita de uma pessoa jurídica para outra, fraude conhecida como "pejotização". Na hipótese, o Tribunal Regional concluiu que, independentemente do nome dado ao ajuste entre as empresas como representação comercial, houve de fato a terceirização de serviços, consistente na venda de produtos da primeira reclamada, com exclusividade. Acontece que as premissas fáticas descritas no acórdão não permitem afastar a validade do contrato de representação comercial existente entre as empresas, nem demonstra que havia terceirização de serviços. Assim, a Corte Regional ao condenar a segunda reclamada em responsabilidade subsidiária, quando o contrato celebrado entre as empresas é de representação comercial, proferiu decisão que contraria a jurisprudência desta Corte Superior, sedimentada na Súmula 331, IV. Recurso de revista de que se conhece e a que se dá provimento" (RR-11017-50.2015.5.15.0071, 4ª Turma, Relator Ministro Guilherme Augusto Caputo Bastos, *DEJT* 4-9-2020).

Título V
Da organização sindical

Capítulo I
Da instituição sindical

Seção I
Da associação em sindicato

Art. 511. É lícita a associação para fins de estudo, defesa e coordenação dos seus interesses econômicos ou profissionais de todos os que, como empregadores, empregados, agentes ou trabalhadores autônomos, ou profissionais liberais, exerçam, respectivamente, a mesma atividade ou profissão ou atividades ou profissões similares ou conexas.

§ 1º A solidariedade de interesses econômicos dos que empreendem atividades idênticas, similares ou conexas constitui o vínculo social básico que se denomina categoria econômica.

§ 2º A similitude de condições de vida oriunda da profissão ou trabalho em comum, em situação de emprego na mesma atividade econômica ou em atividades econômicas similares ou conexas, compõe a expressão social elementar compreendida como categoria profissional.

§ 3º Categoria profissional diferenciada é a que se forma dos empregados que exerçam profissões ou funções diferenciadas por força de estatuto profissional especial ou em consequência de condições de vida singulares. (*Vide* Lei n. 12.998, de 2014.)

§ 4º Os limites de identidade, similaridade ou conexidade fixam as dimensões dentro das quais a categoria econômica ou profissional é homogênea e a associação é natural.

Art. 512. Somente as associações profissionais constituídas para os fins e na forma do artigo anterior e registradas de acordo com o art. 558 poderão ser reconhecidas como Sindicatos e investidas nas prerrogativas definidas nesta Lei.

Art. 513. São prerrogativas dos Sindicatos:

a) representar, perante as autoridades administrativas e judiciárias, os interesses gerais da respectiva categoria ou profissão liberal ou os interesses individuais dos associados relativos à atividade ou profissão exercida;

b) celebrar convenções coletivas de trabalho[347];

c) eleger ou designar os representantes da respectiva categoria ou profissão liberal;

d) colaborar com o Estado, como órgãos técnicos e consultivos, no estudo e solução dos problemas que se relacionam com a respectiva categoria ou profissão liberal;

e) impor contribuições a todos aqueles que participam das categorias econômicas ou profissionais ou das profissões liberais representadas.

Parágrafo único. Os Sindicatos de empregados terão, outrossim, a prerrogativa de fundar e manter agências de colocação.

Art. 514. São deveres dos Sindicatos:

a) colaborar com os poderes públicos no desenvolvimento da solidariedade social;

b) manter serviços de assistência judiciária para os associados;

c) promover a conciliação nos dissídios de trabalho;

d) sempre que possível, e de acordo com as suas possibilidades, manter no seu Quadro de Pessoal, em convênio com entidades assistenciais ou por conta própria, um assistente social com as atribuições específicas de promover a cooperação operacional na empresa e a integração profissional na Classe. (Alínea acrescentada pela Lei n. 6.200, de 16-4-1975.)

Parágrafo único. Os Sindicatos de empregados terão, outrossim, o dever de:

a) promover a fundação de cooperativas de consumo e de crédito;

b) fundar e manter escolas de alfabetização e pré-vocacionais.

Seção II
Do reconhecimento e investidura sindical

Art. 515. As associações profissionais deverão satisfazer os seguintes requisitos para serem reconhecidas como Sindicatos:

347. Nos termos do art. 20 do Decreto-lei n. 229, de 28-2-1967 (*DOU*, 28-2-1967), que deu nova redação ao Título VI da CLT, os contratos coletivos de trabalho passaram a ser denominados convenções coletivas de trabalho.

a) reunião de 1/3 (um terço), no mínimo, de empresas legalmente constituídas, sob a forma individual ou de sociedade, se se tratar de associação de empregadores; ou de 1/3 (um terço) dos que integrem a mesma categoria ou exerçam a mesma profissão liberal, se se tratar de associação de empregados ou de trabalhadores ou agentes autônomos ou de profissão liberal;

b) duração de 3 (três) anos para o mandato da diretoria; (Redação dada pelo Dec.-lei n. 771, de 19-8-1969.)

c) exercício do cargo de Presidente e dos demais cargos de administração e representação por brasileiros. (Nos termos da Lei n. 6.192, de 19-12-1974.)

Parágrafo único. O Ministro do Trabalho[348] poderá, excepcionalmente, reconhecer como Sindicato a associação cujo número de associados seja inferior ao terço a que se refere a alínea *a*.

Art. 516. Não será reconhecido mais de um Sindicato representativo da mesma categoria econômica ou profissional, ou profissão liberal, em uma dada base territorial.

Art. 517. Os Sindicatos poderão ser distritais, municipais, intermunicipais, estaduais e interestaduais. Excepcionalmente, e atendendo às peculiaridades de determinadas categorias ou profissões, o Ministro do Trabalho poderá autorizar o reconhecimento de Sindicatos nacionais.

§ 1º O Ministro do Trabalho outorgará e delimitará a base territorial do Sindicato.

§ 2º Dentro da base territorial que lhe for determinada é facultado ao Sindicato instituir delegacias ou seções para melhor proteção dos associados e da categoria econômica ou profissional ou profissão liberal representada.

Art. 518. O pedido de reconhecimento será dirigido ao Ministro do Trabalho instruído com exemplar ou cópia autenticada dos estatutos da associação.

§ 1º Os estatutos deverão conter:

a) a denominação e a sede da associação;

b) a categoria econômica ou profissional ou a profissão liberal cuja representação é requerida;

c) a afirmação de que a associação agirá como órgão de colaboração com os poderes públicos e as demais associações no sentido da solidariedade social e da subordinação dos interesses econômicos ou profissionais ao interesse nacional;

d) as atribuições, o processo eleitoral e das votações, os casos de perda de mandato e de substituição dos administradores;

e) o modo de constituição e administração do patrimônio social e o destino que lhe será dado no caso de dissolução;

f) as condições em que se dissolverá a associação.

§ 2º O processo de reconhecimento será regulado em instruções baixadas pelo Ministro do Trabalho.

Art. 519. A investidura sindical será conferida sempre à associação profissional mais representativa, a juízo do Ministro do Trabalho, constituindo elementos para essa apreciação, entre outros:

a) o número de associados;

b) os serviços sociais fundados e mantidos;

c) o valor do patrimônio.

Art. 520. Reconhecida como sindicato a associação profissional, ser-lhe-á expedida carta de reconhecimento, assinada pelo Ministro do Trabalho, na qual será especificada a representação econômica ou profissional, conferida e mencionada a base territorial outorgada.

Parágrafo único. O reconhecimento investe a associação nas prerrogativas do art. 513 e a obriga aos deveres do art. 514, cujo inadimplemento a sujeitará às sanções desta Lei.

Art. 521. São condições para o funcionamento do Sindicato:

a) proibição de qualquer propaganda de doutrinas incompatíveis com as instituições e os interesses da Nação, bem como de candidaturas a cargos eletivos estranhos ao Sindicato; (Redação dada pelo Dec.-lei n. 9.502, de 23-7-1946.)

b) proibição de exercício de cargo eletivo cumulativamente com o de emprego remunerado pelo Sindicato ou por entidade sindical de grau superior;

c) gratuidade do exercício dos cargos eletivos;

d) proibição de quaisquer atividades não compreendidas nas finalidades mencionadas no art. 511, inclusive as de caráter político-partidário; (Alínea incluída pelo Dec.-lei n. 9.502, de 23-7-1946.)

e) proibição de cessão gratuita ou remunerada da respectiva sede a entidade de índole político-partidária. (Alínea incluída pelo Dec.-lei n. 9.502, de 23-7-1946.)

348. Atualmente Ministro do Trabalho e Emprego.

Parágrafo único. Quando, para o exercício de mandato, tiver o associado de sindicato de empregados, de trabalhadores autônomos ou de profissionais liberais de se afastar do seu trabalho, poderá ser-lhe arbitrada pela Assembleia Geral uma gratificação nunca excedente da importância de sua remuneração na profissão respectiva.

Seção III
Da administração do sindicato

Art. 522. A administração do Sindicato será exercida por uma diretoria constituída, no máximo, de 7 (sete) e, no mínimo, de 3 (três) membros e de um Conselho Fiscal composto de 3 (três) membros, eleitos esses órgãos pela Assembleia Geral.

§ 1º A diretoria elegerá, dentre os seus membros, o Presidente do Sindicato.

§ 2º A competência do Conselho Fiscal é limitada à fiscalização da gestão financeira do Sindicato.

§ 3º Constituirão atribuição exclusiva da Diretoria do Sindicato e dos Delegados Sindicais, a que se refere o art. 523, a representação e a defesa dos interesses da entidade perante os poderes públicos e as empresas, salvo mandatário com poderes outorgados por procuração da Diretoria, ou associado investido em representação prevista em lei. (Parágrafo incluído pelo Dec.-lei n. 9.502, de 23-7-1946.)

Art. 523. Os Delegados Sindicais destinados à direção das delegacias ou seções instituídas na forma estabelecida no § 2º do art. 517 serão designados pela diretoria dentre os associados radicados no território da correspondente delegacia.

Art. 524. Serão sempre tomadas por escrutínio secreto, na forma estatutária, as deliberações da Assembleia Geral concernentes aos seguintes assuntos: (Redação dada pela Lei n. 2.693, de 23-12-1955.)

a) eleição de associado para representação da respectiva categoria prevista em lei; (Redação dada pelo Dec.-lei n. 9.502, de 23-7-1946.)

b) tomada e aprovação de contas da Diretoria; (Redação dada pelo Dec.-lei n. 9.502, de 23-7-1946.)

c) aplicação do patrimônio; (Redação dada pelo Dec.-lei n. 9.502, de 23-7-1946.)

d) julgamento dos atos da Diretoria, relativos a penalidades impostas a associados; (Redação dada pelo Dec.-lei n. 9.502, de 23-7-1946.)

e) pronunciamento sobre relações ou dissídio de trabalho. Neste caso, as deliberações da Assembleia Geral só serão consideradas válidas quando ela tiver sido especialmente convocada para esse fim, de acordo com as disposições dos estatutos da entidade sindical. O *quorum* para validade da Assembleia será de metade mais um dos associados quites; não obtido esse *quorum* em primeira convocação, reunir-se-á a Assembleia em segunda convocação com os presentes, considerando-se aprovadas as deliberações que obtiverem 2/3 (dois terços) dos votos. (Redação dada pela Lei n. 2.693, de 23-12-1955.)

§ 1º A eleição para cargos de diretoria e conselho fiscal será realizada por escrutínio secreto, durante 6 (seis) horas contínuas, pelo menos, na sede do Sindicato, na de suas delegacias e seções e nos principais locais de trabalho, onde funcionarão as mesas coletoras designadas pelos Delegados Regionais do Trabalho. (Parágrafo incluído pelo Dec.-lei n. 9.502, de 23-7-1946.)

§ 2º Concomitantemente ao término do prazo estipulado para a votação, instalar-se-á, em Assembleia Eleitoral pública e permanente, na sede do Sindicato, a mesa apuradora, para a qual serão enviadas, imediatamente, pelos presidentes das mesas coletoras, as urnas receptoras e as atas respectivas. Será facultada a designação de mesa apuradora supletiva sempre que as peculiaridades ou conveniências do pleito a exigirem. (Parágrafo incluído pelo Dec.-lei n. 9.502, de 23-7-1946. Nos termos da Lei n. 4.923, de 23-12-1965.)

§ 3º A mesa apuradora será presidida por membro do Ministério Público do Trabalho ou pessoa de notória idoneidade, designado pelo Procurador-Geral da Justiça do Trabalho ou Procuradores Regionais. (Parágrafo incluído pelo Dec.-lei n. 9.502, de 23-7-1946.)

§ 4º O pleito só será válido na hipótese de participarem da votação mais de 2/3 (dois terços) dos associados com capacidade para votar. Não obtido esse coeficiente, será realizada nova eleição dentro de 15 (quinze) dias, a qual terá validade se nela tomarem parte mais de 50% (cinquenta por cento) dos referidos associados. Na hipótese de não ter sido alcançado, na segunda votação, o coeficiente exigido, será realizado o terceiro e último pleito, cuja validade dependerá do voto de mais de 40% (quarenta por cento) dos aludidos associados, proclamando o Presidente da mesa apuradora em qualquer

dessas hipóteses os eleitos, os quais serão empossados automaticamente na data do término do mandato expirante, não tendo efeito suspensivo os protestos ou recursos oferecidos na conformidade da lei. (Parágrafo incluído pelo Dec.-lei n. 9.502, de 23-7-1946.)

§ 5º Não sendo atingido o coeficiente legal para eleição, o Ministério do Trabalho declarará a vacância da administração, a partir do término do mandato dos membros em exercício, e designará administrador para o Sindicato, realizando-se novas eleições dentro de 6 (seis) meses. (Parágrafo incluído pelo Dec.-lei n. 9.502, de 23-7-1946.)

Art. 525. É vedada a pessoas físicas ou jurídicas, estranhas ao Sindicato, qualquer interferência na sua administração ou nos seus serviços.

Parágrafo único. Estão excluídos dessa proibição:

a) os Delegados do Ministério do Trabalho especialmente designados pelo Ministro ou por quem o represente;

b) os que, como empregados, exerçam cargos no Sindicato mediante autorização da Assembleia Geral.

Art. 526. Os empregados do Sindicato serão nomeados pela diretoria respectiva *ad referendum*, da Assembleia Geral, não podendo recair tal nomeação nos que estiverem nas condições previstas nos itens II, IV, V, VI, VII e VIII do art. 530 e, na hipótese de o nomeador haver sido dirigente sindical, também nas do item I do mesmo artigo. (Redação dada pelo Dec.-lei n. 925, de 10-10-1969.)

Parágrafo único. (Revogado pela Lei n. 11.295, de 9-5-2006.)

§ 2º Aplicam-se ao empregado de entidade sindical os preceitos das leis de proteção do trabalho e de previdência social, inclusive o direito de associação em sindicato. (Redação dada pela Lei n. 11.295, de 9-5-2006.)

Art. 527. Na sede de cada Sindicato haverá um livro de registro, autenticado pelo funcionário competente do Ministério do Trabalho, e do qual deverão constar:

a) tratando-se de Sindicato de empregadores, a firma, individual ou coletiva, ou a denominação das empresas e sua sede, o nome, idade, estado civil, nacionalidade e residência dos respectivos sócios, ou, em se tratando de sociedade por ações, dos diretores, bem como a indicação desses dados quanto ao sócio ou diretor que representar a empresa no Sindicato;

b) tratando-se de Sindicato de empregados, ou de agentes ou trabalhadores autônomos ou de profissionais liberais, além do nome, idade, estado civil, nacionalidade, profissão ou função e residência de cada associado, o estabelecimento ou lugar onde exerce a sua profissão ou função, o número e a série da respectiva Carteira de Trabalho e Previdência Social e o número da inscrição no Instituto Nacional de Previdência Social. (Nos termos do Dec.-lei n. 72, de 21-11-1966.)

Art. 528. Ocorrendo dissídio ou circunstâncias que perturbem o funcionamento de entidade sindical ou motivos relevantes de segurança nacional, o Ministro do Trabalho poderá nela intervir, por intermédio de Delegado ou de Junta Interventora, com atribuições para administrá-la e executar ou propor as medidas necessárias para normalizar-lhe o funcionamento. (Revogado expressamente pela Lei n. 8.630, de 25-2-1993, que afastou do ordenamento jurídico brasileiro a normatividade do Dec.-lei n. 3, de 27-1-1966.)

Seção IV
Das eleições sindicais

Art. 529. São condições para o exercício do direito do voto como para a investidura em cargo de administração ou representação econômica ou profissional:

a) ter o associado mais de 6 (seis) meses de inscrição no Quadro Social e mais de 2 (dois) anos de exercício da atividade ou da profissão; (Redação dada pelo Dec.-lei n. 8.080, de 11-10-1945.)

b) ser maior de 18 (dezoito) anos;

c) estar no gozo dos direitos sindicais.

Parágrafo único. É obrigatório aos associados o voto nas eleições sindicais. (Parágrafo incluído pelo Dec.-lei n. 229, de 28-2-1967.)

Art. 530. Não podem ser eleitos para cargos administrativos ou de representação econômica ou profissional, nem permanecer no exercício desses cargos:

I – os que não tiverem definitivamente aprovadas as suas contas de exercício em cargos de administração;

II – os que houverem lesado o patrimônio de qualquer entidade sindical;

III – os que não estiverem, desde 2 (dois) anos antes, pelo menos, no exercício efetivo da atividade ou da profissão dentro da base terri-

torial do Sindicato, ou no desempenho de representação econômica ou profissional;

IV – os que tiverem sido condenados por crime doloso enquanto persistirem os efeitos da pena;

V – os que não estiverem no gozo de seus direitos políticos;

VI – (Revogado pela Lei n. 8.865, de 29-3-1994.)

VII – má conduta, devidamente comprovada; (Inciso incluído pelo Dec.-lei n. 507, de 18-3-1969.)

VIII – (Revogado pela Lei n. 8.865, de 29-3-1994.)

Art. 531. Nas eleições para cargos de Diretoria e do Conselho Fiscal serão considerados eleitos os candidatos que obtiverem maioria absoluta de votos em relação ao total dos associados eleitores.

§ 1º Não concorrendo à primeira convocação maioria absoluta de eleitores, ou não obtendo nenhum dos candidatos essa maioria, proceder-se-á a nova convocação para dia posterior, sendo então considerados eleitos os candidatos que obtiverem maioria dos eleitores presentes.

§ 2º Havendo somente uma chapa registrada para as eleições, poderá a Assembleia, em última convocação, ser realizada 2 (duas) horas após a primeira convocação, desde que do edital respectivo conste essa advertência.

§ 3º Concorrendo mais de uma chapa, poderá o Ministro do Trabalho designar o Presidente da sessão eleitoral, desde que o requeiram os associados que encabeçarem as respectivas chapas. (Redação dada pelo Dec.-lei n. 8.080, de 11-10-1945.)

§ 4º O Ministro do Trabalho expedirá instruções regulando o processo das eleições.

Art. 532. As eleições para a renovação da Diretoria e do Conselho Fiscal deverão ser procedidas dentro do prazo máximo de 60 (sessenta) dias e mínimo de 30 (trinta) dias, antes do término do mandato dos dirigentes em exercício. (Redação dada pelo Dec.-lei n. 8.080, de 11-10-1945.)

§ 1º Não havendo protesto na ata da Assembleia Eleitoral ou recurso interposto por algum dos candidatos, dentro de 15 (quinze) dias, a contar da data das eleições, a posse da Diretoria eleita independerá da aprovação das eleições pelo Ministério do Trabalho. (Redação dada pelo Dec.-lei n. 8.080, de 11-10-1945.)

§ 2º Competirá à Diretoria em exercício, dentro de 30 (trinta) dias da realização das eleições e não tendo havido recurso, dar publicidade ao resultado do pleito, fazendo comunicação ao órgão local do Ministério do Trabalho da relação dos eleitos, com os dados pessoais de cada um e a designação da função que vai exercer. (Redação dada pelo Dec.-lei n. 8.080, de 11-10-1945.)

§ 3º Havendo protesto na ata da Assembleia Eleitoral ou recurso interposto dentro de 15 (quinze) dias da realização das eleições, competirá à Diretoria em exercício encaminhar, devidamente instruído, o processo eleitoral ao órgão local do Ministério do Trabalho, que o encaminhará para decisão do Ministro de Estado. Nesta hipótese, permanecerão na administração, até despacho final do processo, a Diretoria e o Conselho Fiscal que se encontrarem em exercício. (Redação dada pelo Dec.-lei n. 8.080, de 11-10-1945.)

§ 4º Não se verificando as hipóteses previstas no parágrafo anterior, a posse da nova Diretoria deverá se verificar dentro de 30 (trinta) dias subsequentes ao término do mandato da anterior. (Redação dada pelo Dec.-lei n. 8.080, de 11-10-1945.)

§ 5º Ao assumir o cargo, o eleito prestará, por escrito e solenemente, o compromisso de respeitar, no exercício do mandato, a Constituição, as leis vigentes e os estatutos da entidade. (Parágrafo incluído pelo Dec.-lei n. 229, de 28-2-1967.)

Seção V
Das associações sindicais de grau superior

Art. 533. Constituem associações sindicais de grau superior as federações e confederações organizadas nos termos desta Lei.

Art. 534. É facultado aos Sindicatos, quando em número não inferior a 5 (cinco), desde que representem a maioria absoluta de um grupo de atividades ou profissões idênticas, similares ou conexas, organizarem-se em federação. (Redação dada pela Lei n. 3.265, de 22-9-1957.)

§ 1º Se já existir federação no grupo de atividades ou profissões em que deva ser constituída a nova entidade, a criação desta não poderá reduzir a menos de 5 (cinco) o número de Sindicatos que àquela devam continuar filiados. (Parágrafo incluído pela Lei n. 3.265, de 22-9-1957.)

§ 2º As federações serão constituídas por Estados, podendo o Ministro do Trabalho autorizar a constituição de Federações interestaduais ou nacionais. (§ 1º renumerado pela Lei n. 3.265, de 22-9-1957.)

§ 3º É permitido a qualquer federação, para o fim de lhes coordenar os interesses, agrupar os Sindicatos de determinado município ou região a ela filiados, mas a União não terá direito de representação das atividades ou profissões agrupadas. (§ 2º renumerado pela Lei n. 3.265, de 22-9-1957.)

Art. 535. As Confederações organizar-se-ão com o mínimo de 3 (três) federações e terão sede na Capital da República.

§ 1º As confederações formadas por federações de Sindicatos de empregadores denominar-se-ão: Confederação Nacional da Indústria, Confederação Nacional do Comércio, Confederação Nacional de Transportes Marítimos, Fluviais e Aéreos, Confederação Nacional de Transportes Terrestres, Confederação Nacional de Comunicações e Publicidade, Confederação Nacional das Empresas de Crédito e Confederação Nacional de Educação e Cultura.

§ 2º As confederações formadas por federações de Sindicatos de empregados terão a denominação de: Confederação Nacional dos Trabalhadores na Indústria, Confederação Nacional dos Trabalhadores no Comércio, Confederação Nacional dos Trabalhadores em Transportes Marítimos, Fluviais e Aéreos, Confederação Nacional dos Trabalhadores em Transportes Terrestres, Confederação Nacional dos Trabalhadores em Comunicações e Publicidade, Confederação Nacional dos Trabalhadores nas Empresas de Crédito e Confederação Nacional dos Trabalhadores em Estabelecimentos de Educação e Cultura.

§ 3º Denominar-se-á Confederação Nacional das Profissões Liberais a reunião das respectivas federações.

§ 4º As associações sindicais de grau superior da Agricultura e Pecuária serão organizadas na conformidade do que dispuser a lei que regular a sindicalização dessas atividades ou profissões.

Art. 536 e Parágrafo único. (Revogados pelo Dec.-lei n. 229, de 28-2-1967.)

Art. 537. O pedido de reconhecimento de uma federação será dirigido ao Ministro do Trabalho acompanhado de um exemplar dos respectivos estatutos e das cópias autenticadas das atas da Assembleia de cada Sindicato ou federação que autorizar a filiação[349].

§ 1º A organização das federações e confederações obedecerá às exigências contidas nas alíneas *b* e *c* do art. 515.

§ 2º A carta de reconhecimento das federações será expedida pelo Ministro do Trabalho, na qual será especificada a coordenação econômica ou profissional conferida e mencionada a base territorial outorgada.

§ 3º O reconhecimento das confederações será feito por decreto do Presidente da República.

Art. 538. A administração das federações e confederações será exercida pelos seguintes órgãos: (*Caput* e alíneas com redação dada pela Lei n. 2.693, de 23-12-1955.)

a) Diretoria;
b) Conselho de Representantes;
c) Conselho Fiscal.

§ 1º A Diretoria será constituída no mínimo de 3 (três) membros e de 3 (três) membros se comporá o Conselho Fiscal, os quais serão eleitos pelo Conselho de Representantes com mandato por 3 (três) anos. (Redação dada pelo Dec.-lei n. 771, de 19-8-1969.)

§ 2º Só poderão ser eleitos os integrantes dos grupos das federações ou dos planos das confederações, respectivamente.

§ 3º O Presidente da federação ou confederação será escolhido dentre os seus membros, pela Diretoria.

§ 4º O Conselho de Representantes será formado pelas delegações dos Sindicatos ou das Federações filiadas, constituída cada delegação de 2 (dois) membros, com mandato por 3 (três) anos, cabendo 1 (um) voto a cada delegação. (Redação dada pelo Dec.-lei n. 771, de 19-8-1969.)

§ 5º A competência do Conselho Fiscal é limitada à fiscalização da gestão financeira.

Art. 539. Para a constituição e administração das Federações serão observadas, no que for aplicável, as disposições das Seções II e III do presente Capítulo.

Seção VI
Dos direitos dos exercentes de atividades ou profissões e dos sindicalizados

Art. 540. A toda empresa ou indivíduo que exerçam respectivamente atividade ou profis-

349. Centrais Sindicais: ver Lei n. 11.648, de 31-3-2008 (*DOU*, 31-3-2008 – Ed. extra).

são, desde que satisfaçam as exigências desta Lei, assiste o direito de ser admitido no Sindicato da respectiva categoria, salvo o caso de falta de idoneidade, devidamente comprovada, com recurso para o Ministério do Trabalho.

§ 1º Perderá os direitos de associado o sindicalizado que, por qualquer motivo, deixar o exercício de atividade ou de profissão.

§ 2º Os associados de Sindicatos de empregados, de agentes ou trabalhadores autônomos e de profissões liberais que forem aposentados, estiverem em desemprego ou falta de trabalho ou tiverem sido convocados para prestação de serviço militar não perderão os respectivos direitos sindicais e ficarão isentos de qualquer contribuição, não podendo, entretanto, exercer cargo de administração sindical ou de representação econômica ou profissional.

Art. 541. Os que exercerem determinada atividade ou profissão onde não haja Sindicato da respectiva categoria, ou de atividade ou profissão similar ou conexa, poderão filiar-se a Sindicato de profissão idêntica, similar ou conexa, existente na localidade mais próxima.

Parágrafo único. O disposto neste artigo se aplica aos Sindicatos em relação às respectivas federações, na conformidade do Quadro de Atividades e Profissões a que se refere o art. 577.

Art. 542. De todo ato lesivo de direitos ou contrário a esta Lei, emanado da Diretoria, do Conselho ou da Assembleia Geral da entidade sindical, poderá qualquer exercente de atividade ou profissão recorrer, dentro de 30 (trinta) dias, para a autoridade competente do Ministério do Trabalho.

Art. 543. O empregado eleito para cargo de administração sindical ou representação profissional, inclusive junto a órgão de deliberação coletiva, não poderá ser impedido do exercício de suas funções, nem transferido para lugar ou mister que lhe dificulte ou torne impossível o desempenho das suas atribuições sindicais. (Redação dada pelo Dec.-lei n. 229, de 28-2-1967.)

§ 1º O empregado perderá o mandato se a transferência for por ele solicitada ou voluntariamente aceita. (Redação dada pelo Dec.-lei n. 229, de 28-2-1967.)

§ 2º Considera-se de licença não remunerada, salvo assentimento da empresa ou cláusula contratual, o tempo em que o empregado se ausentar do trabalho no desempenho das funções a que se refere este artigo. (Redação dada pelo Dec.-lei n. 229, de 28-2-1967.)

§ 3º Fica vedada a dispensa do empregado sindicalizado ou associado, a partir do momento do registro de sua candidatura a cargo de direção ou representação de entidade sindical ou de associação profissional, até 1 (um) ano após o final do seu mandato, caso seja eleito, inclusive como suplente, salvo se cometer falta grave devidamente apurada nos termos desta Consolidação. (Redação dada pela Lei n. 7.543, de 2-10-1986.)

§ 4º Considera-se cargo de direção ou de representação sindical aquele cujo exercício ou indicação decorre de eleição prevista em lei. (Redação dada pela Lei n. 7.223, de 2-10-1984.)

§ 5º Para os fins deste artigo, a entidade sindical comunicará por escrito à empresa, dentro de 24 (vinte e quatro) horas, o dia e a hora do registro da candidatura do seu empregado e, em igual prazo, sua eleição e posse, fornecendo, outrossim, a este, comprovante no mesmo sentido. O Ministério do Trabalho fará no mesmo prazo a comunicação no caso da designação referida no final do § 4º. (Parágrafo incluído pelo Dec.-lei n. 229, de 28-2-1967.)

§ 6º A empresa que, por qualquer modo, procurar impedir que o empregado se associe a sindicato, organize associação profissional ou sindical ou exerça os direitos inerentes à condição de sindicalizado fica sujeita à penalidade prevista na letra *a* do art. 553, sem prejuízo da reparação a que tiver direito o empregado. (Parágrafo incluído pelo Dec.-lei n. 229, de 28-2-1967.)

Art. 544. É livre a associação profissional ou sindical, mas ao empregado sindicalizado é assegurada, em igualdade de condições, preferência:

I – para a admissão nos trabalhos de empresa que explore serviços públicos ou mantenha contrato com os poderes públicos;

II – para ingresso em funções públicas ou assemelhadas, em caso de cessação coletiva de trabalho, por motivo de fechamento de estabelecimento;

III – nas concorrências para aquisição de casa própria, pelo Plano Nacional de Habitação ou por intermédio de quaisquer instituições públicas;

IV – nos loteamentos urbanos ou rurais, promovidos pela União, por seus órgãos de administração direta ou indireta ou sociedades de economia mista;

V – na locação ou compra de imóveis, de propriedade de pessoa de direito público ou sociedade de economia mista, quando sob ação de despejo em tramitação judicial;

VI – na concessão de empréstimos simples concedidos pelas agências financeiras do Governo ou a ele vinculadas;

VII – na aquisição de automóveis, outros veículos e instrumentos relativos ao exercício da profissão, quando financiados pelas autarquias, sociedades de economia mista ou agências financeiras do Governo;

VIII – (Revogado pela Lei n. 8.630, de 25-2-1993.)

IX – na concessão de bolsas de estudo para si ou para seus filhos, obedecida a legislação que regule a matéria. (Inciso incluído pelo Dec.-lei n. 229, de 28-2-1967.)

Art. 545. Os empregadores ficam obrigados a descontar na folha de pagamento dos seus empregados, desde que por eles devidamente autorizados, as contribuições ao Sindicato, quando por este notificados. O STF julgou a ADIn 5794 e entendeu constitucional a alteração legislativa Lei n. 13.467/2017.

Parágrafo único. O recolhimento à entidade sindical beneficiária do importe descontado deverá ser feito até o décimo dia subsequente ao do desconto, sob pena de juros de mora no valor de 10% (dez por cento) sobre o montante retido, sem prejuízo da multa prevista no art. 553 e das cominações penais relativas à apropriação indébita. (Parágrafo incluído pelo Dec.-lei n. 925, de 10-10-1969.)

Art. 546. Às empresas sindicalizadas é assegurada preferência, em igualdade de condições, nas concorrências para exploração de serviços públicos, bem como nas concorrências para fornecimento às repartições federais, estaduais e municipais e às entidades paraestatais.

Art. 547. É exigida a qualidade de sindicalizado para o exercício de qualquer função representativa de categoria econômica ou profissional, em órgão oficial de deliberação coletiva, bem como para o gozo de favores ou isenções tributárias, salvo em se tratando de atividades não econômicas.

Parágrafo único. Antes da posse ou exercício das funções a que alude o artigo anterior ou de concessão dos favores, será indispensável comprovar a sindicalização, ou oferecer prova, mediante certidão negativa da autoridade regional do Ministério do Trabalho, de que não existe Sindicato no local onde o interessado exerce a respectiva atividade ou profissão. (Nos termos da Lei n. 4.923, de 23-12-1965.)

Seção VII
Da gestão financeira do sindicato e sua fiscalização

Art. 548. Constituem o patrimônio das associações sindicais:

a) as contribuições devidas aos Sindicatos pelos que participem das categorias econômicas ou profissionais ou das profissões liberais representadas pelas referidas entidades, sob a denominação de imposto sindical, pagas e arrecadadas na forma do Capítulo III deste Título;

b) as contribuições dos associados, na forma estabelecida nos estatutos ou pelas Assembleias Gerais;

c) os bens e valores adquiridos e as rendas produzidas pelos mesmos;

d) as doações e legados;

e) as multas e outras rendas eventuais.

Art. 549. A receita dos Sindicatos, Federações e Confederações só poderá ter aplicação na forma prevista nos respectivos orçamentos anuais, obedecidas as disposições estabelecidas na lei e nos seus estatutos. (*Caput* e parágrafos com redação dada pela Lei n. 6.386, de 9-12-1976.)

§ 1º Para alienação, locação ou aquisição de bens imóveis, ficam as entidades sindicais obrigadas a realizar avaliação prévia pela Caixa Econômica Federal ou pelo Banco Nacional da Habitação ou, ainda, por qualquer outra organização legalmente habilitada a tal fim.

§ 2º Os bens imóveis das entidades sindicais não serão alienados sem a prévia autorização das respectivas assembleias gerais, reunidas com a presença da maioria absoluta dos associados com direito a voto ou dos Conselhos de Representantes com a maioria absoluta dos seus membros.

§ 3º Caso não seja obtido o *quorum* estabelecido no parágrafo anterior, a matéria poderá ser decidida em nova Assembleia Geral, reunida com qualquer número de associados com direito a voto, após o transcurso de 10 (dez) dias da primeira convocação.

§ 4º Nas hipóteses previstas nos §§ 2º e 3º a decisão somente terá validade se adotada pelo mínimo de 2/3 (dois terços) dos presentes, em escrutínio secreto.

§ 5º Da deliberação da Assembleia Geral, concernente à alienação de bens imóveis, caberá recurso voluntário, dentro do prazo de 15 (quinze) dias, ao Ministro do Trabalho, com efeito suspensivo.

§ 6º A venda do imóvel será efetuada pela Diretoria da entidade, após a decisão da Assembleia Geral ou do Conselho de Representantes, mediante concorrência pública, com edital publicado no *Diário Oficial da União* e na imprensa diária, com antecedência mínima de 30 (trinta) dias da data de sua realização.

§ 7º Os recursos destinados ao pagamento total ou parcelado dos bens imóveis adquiridos serão consignados, obrigatoriamente, nos orçamentos anuais das entidades sindicais.

Art. 550. Os orçamentos das entidades sindicais serão aprovados, em escrutínio secreto, pelas respectivas Assembleias Gerais ou Conselho de Representantes, até 30 (trinta) dias antes do início do exercício financeiro a que se referem, e conterão a discriminação da receita e da despesa, na forma das instruções e modelos expedidos pelo Ministério do Trabalho. (*Caput* e parágrafos com redação dada pela Lei n. 6.386, de 9-12-1976.)

§ 1º Os orçamentos, após a aprovação prevista no presente artigo, serão publicados, em resumo, no prazo de 30 (trinta) dias, contados da data da realização da respectiva Assembleia Geral ou da reunião do Conselho de Representantes, que os aprovou, observada a seguinte sistemática:

a) no *Diário Oficial da União* – Seção I – Parte II, os orçamentos das Confederações, Federações e Sindicatos de base interestadual ou nacional;

b) no órgão de Imprensa Oficial do Estado ou Território ou jornal de grande circulação local, os orçamentos das Federações estaduais e Sindicatos distritais municipais, intermunicipais e estaduais.

§ 2º As dotações orçamentárias que se apresentarem insuficientes para o atendimento das despesas, ou não incluídas nos orçamentos correntes, poderão ser ajustadas ao fluxo dos gastos, mediante a abertura de créditos adicionais solicitados pela Diretoria da entidade às respectivas Assembleias Gerais ou Conselhos de Representantes, cujos atos concessórios serão publicados até o último dia do exercício correspondente, obedecida a mesma sistemática prevista no parágrafo anterior.

§ 3º Os créditos adicionais classificam-se em:

a) suplementares, os destinados a reforçar dotações alocadas no orçamento; e

b) especiais, os destinados a incluir dotações no orçamento, a fim de fazer face às despesas para as quais não se tenha consignado crédito específico.

§ 4º A abertura dos créditos adicionais depende da existência de receita para sua compensação, considerando-se, para esse efeito, desde que não comprometidos:

a) o superávit financeiro apurado em balanço do exercício anterior;

b) o excesso de arrecadação, assim entendido o saldo positivo da diferença entre a renda prevista e a realizada, tendo-se em conta, ainda, a tendência do exercício; e

c) a resultante da anulação parcial ou total de dotações alocadas no orçamento ou de créditos adicionais abertos no exercício.

§ 5º Para efeito orçamentário e contábil sindical, o exercício financeiro coincidirá com o ano civil, a ele pertencendo todas as receitas arrecadadas e as despesas compromissadas.

Art. 551. Todas as operações de ordem financeira e patrimonial serão evidenciadas pelos registros contábeis das entidades sindicais, executadas sob a responsabilidade de contabilista legalmente habilitado, em conformidade com o plano de contas e as instruções baixadas pelo Ministério do Trabalho. (*Caput* e parágrafos com redação dada pela Lei n. 6.386, de 9-12-1976.)

§ 1º A escrituração contábil a que se refere este artigo será baseada em documentos de receita e despesa, que ficarão arquivados nos serviços de contabilidade, à disposição dos órgãos responsáveis pelo acompanhamento administrativo e da fiscalização financeira da própria entidade, ou do controle que poderá ser exercido pelos órgãos da União, em face da legislação específica.

§ 2º Os documentos comprobatórios dos atos de receita e despesa, a que se refere o parágrafo anterior, poderão ser incinerados, após decorridos 5 (cinco) anos da data de quitação das contas pelo órgão competente.

§ 3º É obrigatório o uso do livro Diário, encadernado, com folhas seguidas e tipograficamente numeradas, para a escrituração, pelo método das partidas dobradas, diretamente ou por reprodução, dos atos ou operações que modifiquem ou venham a modificar a situação patri-

monial da entidade, o qual conterá, respectivamente, na primeira e na última páginas, os termos de abertura e de encerramento.

§ 4º A entidade sindical que se utilizar de sistema mecânico ou eletrônico para sua escrituração contábil poderá substituir o Diário e os livros facultativos ou auxiliares por fichas ou formulários contínuos, cujos lançamentos deverão satisfazer a todos os requisitos e normas de escrituração exigidos com relação aos livros mercantis, inclusive no que respeita a termos de abertura e de encerramento e numeração sequencial e tipográfica.

§ 5º Na escrituração por processos de fichas ou formulários contínuos, a entidade adotará livro próprio para inscrição do balanço patrimonial e da demonstração do resultado do exercício, o qual conterá os mesmos requisitos exigidos para os livros de escrituração.

§ 6º Os livros e fichas ou formulários contínuos serão obrigatoriamente submetidos a registro e autenticação das Delegacias Regionais do Trabalho localizadas na base territorial da entidade.

§ 7º As entidades sindicais manterão registro específico dos bens de qualquer natureza, de sua propriedade, em livros ou fichas próprias, que atenderão às mesmas formalidades exigidas para o livro Diário, inclusive no que se refere ao registro e autenticação da Delegacia Regional do Trabalho local.

§ 8º As contas dos administradores das entidades sindicais serão aprovadas, em escrutínio secreto, pelas respectivas Assembleias Gerais ou Conselhos de Representantes, com prévio parecer do Conselho Fiscal, cabendo ao Ministro do Trabalho estabelecer prazos e procedimentos para a sua elaboração e destinação.

Art. 552. Os atos que importem em malversação ou dilapidação do patrimônio das associações ou entidades sindicais ficam equiparados ao crime de peculato julgado e punido na conformidade da legislação penal. (Redação dada pelo Dec.-lei n. 925, de 10-10-1969.)

Seção VIII
Das penalidades

Art. 553. As infrações ao disposto neste Capítulo serão punidas, segundo o seu caráter e a sua gravidade, com as seguintes penalidades:

a) multa de 2 (dois) valores de referência a 100 (cem) valores de referência regionais, dobrada na reincidência; (Nos termos da Lei n. 6.205, de 29-4-1975.)

b) suspensão de diretores por prazo não superior a 30 (trinta) dias;

c) destituição de diretores ou de membros de conselho;

d) fechamento de Sindicato, Federação ou Confederação por prazo nunca superior a 6 (seis) meses;

e) cassação da carta de reconhecimento;

f) multa de 1/3 (um terço) do salário mínimo regional, aplicável ao associado que deixar de cumprir, sem causa justificada, o disposto no parágrafo único do art. 529. (Alínea incluída pelo Dec.-lei n. 229, de 28-2-1967.)

§ 1º A imposição de penalidades aos administradores não exclui a aplicação das que este artigo prevê para a associação. (Parágrafo único renumerado pelo Dec.-lei n. 925, de 10-10-1969.)

§ 2º Poderá o Ministro do Trabalho determinar o afastamento preventivo de cargo ou representação sindicais de seus exercentes, com fundamento em elementos constantes de denúncia formalizada que constituam indício veemente ou início de prova bastante do fato e da autoria denunciados. (Acrescentado pelo Dec.--lei n. 925, de 10-10-1969.)

Art. 554. Destituída a administração, na hipótese da alínea *c* do artigo anterior, o Ministro do Trabalho nomeará um Delegado para dirigir a associação e proceder, dentro do prazo de 90 (noventa) dias, em Assembleia Geral por ele convocada e presidida, à eleição dos novos diretores e membros do Conselho Fiscal.

Art. 555. A pena de cassação da carta de reconhecimento será imposta à entidade sindical:

a) que deixar de satisfazer as condições de constituição e funcionamento estabelecidas nesta Lei;

b) que se recusar ao cumprimento de ato do Presidente da República, no uso da faculdade conferida pelo art. 536; (Alínea tacitamente revogada pelo Dec.-lei n. 229, de 28-2-1967, que revogou o art. 536.)

c) que criar obstáculos à execução da política econômica adotada pelo Governo. (Redação dada pelo Dec.-lei n. 8.080, de 11-10-1945.)

Art. 556. A cassação da carta de reconhecimento da entidade sindical não importará o cancelamento de seu registro, nem, consequen-

temente, a sua dissolução, que se processará de acordo com as disposições da lei que regulam a dissolução das associações civis.

Parágrafo único. No caso de dissolução, por se achar a associação incursa nas leis que definem crimes contra a personalidade internacional, a estrutura e a segurança do Estado e a ordem política e social, os seus bens, pagas as dívidas decorrentes das suas responsabilidades, serão incorporados ao patrimônio da União e aplicados em obras de assistência social.

Art. 557. As penalidades de que trata o art. 553 serão impostas:

a) as das alíneas *a* e *b*, pelo Delegado Regional do Trabalho, com recurso para o Ministro de Estado;

b) as demais, pelo Ministro de Estado.

§ 1º Quando se tratar de associações de grau superior, as penalidades serão impostas pelo Ministro de Estado, salvo se a pena for de cassação da carta de reconhecimento de confederação, caso em que a pena será imposta pelo Presidente da República.

§ 2º Nenhuma pena será imposta sem que seja assegurada defesa ao acusado.

Seção IX
Disposições gerais

Art. 558. São obrigadas ao registro todas as associações profissionais constituídas por atividades ou profissões idênticas, similares ou conexas, de acordo com o art. 511 e na conformidade do Quadro de Atividades e Profissões a que alude o Capítulo II deste Título. As associações profissionais registradas nos termos deste artigo poderão representar, perante as autoridades administrativas e judiciárias, os interesses individuais dos associados relativos à sua atividade ou profissão, sendo-lhes também extensivas as prerrogativas contidas na alínea *d* e no parágrafo único do art. 513.

§ 1º O registro a que se refere o presente artigo competirá às Delegacias Regionais do Ministério do Trabalho ou às repartições autorizadas em virtude da lei. (Redação dada pelo Dec.-lei n. 925, de 10-10-1969.)

§ 2º O registro das associações far-se-á mediante requerimento, acompanhado da cópia autêntica dos estatutos e da declaração do número de associados, do patrimônio e dos serviços sociais organizados.

§ 3º As alterações dos estatutos das associações profissionais não entrarão em vigor sem aprovação da autoridade que houver concedido o respectivo registro.

Art. 559. O Presidente da República, excepcionalmente e mediante proposta do Ministro do Trabalho, fundada em razões de utilidade pública, poderá conceder, por decreto, às associações civis constituídas para a defesa e coordenação de interesses econômicos e profissionais e não obrigadas ao registro previsto no artigo anterior, a prerrogativa da alínea *d* do art. 513 deste Capítulo.

Art. 560. Não se reputará transmissão de bens, para efeitos fiscais, a incorporação do patrimônio de uma associação profissional ao da entidade sindical, ou das entidades aludidas entre si.

Art. 561. A denominação "sindicato" é privativa das associações profissionais de primeiro grau, reconhecidas na forma desta Lei.

Art. 562. As expressões "federação" e "confederação", seguidas da designação de uma atividade econômica ou profissional, constituem denominações privativas das entidades sindicais de grau superior.

Art. 563. (Revogado pelo Dec.-lei n. 925, de 10-10-1969.)

Art. 564. Às entidades sindicais, sendo-lhes peculiar e essencial a atribuição representativa e coordenadora das correspondentes categorias ou profissões, é vedado, direta ou indiretamente, o exercício de atividade econômica.

Art. 565. As entidades sindicais reconhecidas nos termos desta Lei não poderão filiar-se a organizações internacionais, nem com elas manter relações, sem prévia licença concedida por decreto do Presidente da República. (Redação dada pela Lei n. 2.802, de 18-8-1956.)

Art. 566. Não podem sindicalizar-se os servidores do Estado e os das instituições paraestatais.

Parágrafo único. Excluem-se da proibição constante deste artigo os empregados das sociedades de economia mista, da Caixa Econômica Federal e das fundações criadas ou mantidas pelo Poder Público da União, dos Estados e Municípios. (Redação dada pela Lei n. 7.449, de 20-12-1985.)

Arts. 567 a 569. (Revogados pelo Dec.-lei n. 229, de 28-2-1967.)

Capítulo II
Do enquadramento sindical

Art. 570. Os Sindicatos constituir-se-ão, normalmente, por categorias econômicas ou profissionais específicas, na conformidade da discriminação do Quadro de Atividades e Profissões a que se refere o art. 577, ou segundo as subdivisões que, sob proposta da Comissão do Enquadramento Sindical, de que trata o art. 576, forem criadas pelo Ministro do Trabalho.

Parágrafo único. Quando os exercentes de quaisquer atividades ou profissões se constituírem, seja pelo número reduzido, seja pela natureza mesma dessas atividades ou profissões, seja pelas afinidades existentes entre elas, em condições tais que não se possam sindicalizar eficientemente pelo critério de especificidade de categoria, é-lhes permitido sindicalizar-se pelo critério de categorias similares ou conexas, entendendo-se como tais as que se acham compreendidas nos limites de cada grupo constante do Quadro de Atividades e Profissões.

Art. 571. Qualquer das atividades ou profissões concentradas na forma do parágrafo único do artigo anterior poderá dissociar-se do Sindicato principal, formando um Sindicato específico, desde que o novo Sindicato, a juízo da Comissão do Enquadramento Sindical, ofereça possibilidade de vida associativa regular e de ação sindical eficiente.

Art. 572. Os Sindicatos que se constituírem por categorias similares ou conexas, nos termos do parágrafo único do art. 570, adotarão denominação em que fiquem, tanto quanto possível, explicitamente mencionadas as atividades ou profissões concentradas, de conformidade com o Quadro de Atividades e Profissões, ou se se tratar de subdivisões, de acordo com o que determinar a Comissão do Enquadramento Sindical.

Parágrafo único. Ocorrendo a hipótese do artigo anterior, o Sindicato principal terá a denominação alterada, eliminando-se-lhe a designação relativa à atividade ou profissão dissociada.

Art. 573. O agrupamento dos Sindicatos em Federações obedecerá às mesmas regras que as estabelecidas neste Capítulo para o agrupamento das atividades e profissões em Sindicatos.

Parágrafo único. As Federações de Sindicatos de profissões liberais poderão ser organizadas independentemente do grupo básico da Confederação, sempre que as respectivas profissões se acharem submetidas, por disposições de lei, a um único regulamento. (§ 1º renumerado pelo Dec.-lei n. 229, de 28-2-1967.)

Art. 574. Dentro da mesma base territorial, as empresas industriais do tipo artesanal poderão constituir entidades sindicais, de primeiro e segundo graus, distintas das associações sindicais das empresas congêneres, de tipo diferente.

Parágrafo único. Compete à Comissão do Enquadramento Sindical definir, de modo genérico, com a aprovação do Ministro do Trabalho, a dimensão e os demais característicos das empresas industriais de tipo artesanal.

Art. 575. O Quadro de Atividades e Profissões será revisto de dois em dois anos, por proposta da Comissão do Enquadramento Sindical, para o fim de ajustá-lo às condições da estrutura econômica e profissional do País.

§ 1º Antes de proceder à revisão do Quadro, a Comissão deverá solicitar sugestões às entidades sindicais e às associações profissionais.

§ 2º A proposta de revisão será submetida à aprovação do Ministro do Trabalho.

Art. 576. A Comissão do Enquadramento Sindical será constituída pelo Diretor-Geral do Departamento Nacional do Trabalho, que a presidirá, e pelos seguintes membros: (Redação dada pela Lei n. 5.819, de 6-11-1972.)

I – 2 (dois) representantes do Departamento Nacional do Trabalho; (Redação dada pela Lei n. 5.819, de 6-11-1972.)

II – 1 (um) representante do Departamento Nacional de Mão de Obra; (Redação dada pela Lei n. 5.819, de 6-11-1972.)

III – 1 (um) representante do Instituto Nacional de Tecnologia, do Ministério da Indústria e do Comércio; (Redação dada pela Lei n. 5.819, de 6-11-1972.)

IV – 1 (um) representante do Instituto Nacional de Colonização e Reforma Agrária, do Ministério da Agricultura; (Redação dada pela Lei n. 5.819, de 6-11-1972.)

V – 1 (um) representante do Ministério dos Transportes; (Redação dada pela Lei n. 5.819, de 6-11-1972.)

VI – 2 (dois) representantes das categorias econômicas; e (Redação dada pela Lei n. 5.819, de 6-11-1972.)

VII – 2 (dois) representantes das categorias profissionais. (Redação dada pela Lei n. 5.819, de 6-11-1972.)

§ 1º Os membros da CES serão designados pelo Ministro do Trabalho, mediante: (Parágrafo incluído pelo Dec.-lei n. 229, de 28-2-1967.)

a) indicação dos titulares das Pastas, quanto aos representantes dos outros Ministérios; (Alínea incluída pelo Dec.-lei n. 229, de 28-2-1967.)

b) indicação do respectivo Diretor-Geral, quanto ao do DNMO; (Alínea incluída pelo Dec.-lei n. 229, de 28-2-1967.)

c) eleição pelas respectivas Confederações, em conjunto, quanto aos representantes das categorias econômicas e profissionais, de acordo com as instruções que forem expedidas pelo Ministro do Trabalho. (Alínea incluída pelo Dec.-lei n. 229, de 28-2-1967.)

§ 2º Cada membro terá um suplente designado juntamente com o titular. (Parágrafo incluído pelo Dec.-lei n. 229, de 28-2-1967.)

§ 3º Será de 3 (três) anos o mandato dos representantes das categorias econômica e profissional. (Redação dada pelo Dec.-lei n. 925, de 10-10-1969.)

§ 4º Os integrantes da Comissão perceberão a gratificação de presença que for estabelecida por decreto executivo. (Parágrafo incluído pelo Dec.-lei n. 229, de 28-2-1967.)

§ 5º Em suas faltas ou impedimentos o Diretor-Geral do DNT será substituído na presidência pelo Diretor substituto do Departamento ou pelo representante desse na Comissão, nesta ordem. (Redação dada pelo Dec.-lei n. 506, de 18-3-1969.)

§ 6º Além das atribuições fixadas no presente Capítulo e concernentes ao enquadramento sindical, individual ou coletivo, e à classificação das atividades e profissões, competirá também à CES resolver, com recurso para o Ministro do Trabalho, todas as dúvidas e controvérsias concernentes à organização sindical. (Parágrafo incluído pelo Dec.-lei n. 229, de 28-2-1967.)

Art. 577. O Quadro de Atividades e Profissões em vigor fixará o plano básico do enquadramento sindical.

Capítulo III
Da contribuição sindical

Seção I
Da fixação e do recolhimento da contribuição sindical

O STF julgou a ADIn 5794, entendeu constitucional as alterações legislativas sobre a facultatividade de o empregado pagar ou não as contribuições sindicais, conforme previsão da Lei n. 13.467/2017.

Art. 578. As contribuições devidas aos sindicatos pelos participantes das categorias econômicas ou profissionais ou das profissões liberais representadas pelas referidas entidades serão, sob a denominação de contribuição sindical, pagas, recolhidas e aplicadas na forma estabelecida neste Capítulo, desde que prévia e expressamente autorizadas. (Redação alterada alterada pela Lei n. 13.467/2017.)

Art. 579. O desconto da contribuição sindical está condicionada à autorização prévia e expressa que participarem de uma determinada categoria econômica ou profissional, ou de uma profissão liberal, em favor do sindicato representativo da mesma categoria ou profissão, ou, inexistindo este, na conformidade do disposto no art. 591 desta Consolidação. (Redação alterada da pela Lei n. 13.467/2017.)

Art. 580. A contribuição sindical será recolhida, de uma só vez, anualmente, e consistirá: (Redação dada pela Lei n. 6.386, de 9-12-1976.)

I – na importância correspondente à remuneração de um dia de trabalho, para os empregados, qualquer que seja a forma da referida remuneração; (Redação dada pela Lei n. 6.386, de 9-12-1976.)

II – para os agentes ou trabalhadores autônomos e para os profissionais liberais, numa importância correspondente a 30% (trinta por cento) do maior valor de referência fixado pelo Poder Executivo, vigente à época em que é devida a contribuição sindical, arredondada para Cr$ 1,00 (um cruzeiro) a fração porventura existente; (Redação dada pela Lei n. 7.047, de 1º-12-1982.)

III – para os empregadores, numa importância proporcional ao capital social da firma ou empresa, registrado nas respectivas Juntas Comerciais ou órgãos equivalentes, mediante a aplicação de alíquotas, conforme a seguinte Tabela progressiva: (Redação dada pela Lei n. 7.047, de 1º-12-1982.)

Classes de Capital	Alíquota %
1 – Até 150 vezes o maior valor de referência	0,8
2 – Acima de 150, até 1.500 vezes o maior valor de referência	0,2
3 – Acima de 1.500, até 150.000 vezes o maior valor de referência	0,1
4 – Acima de 150.000, até 800.000 vezes o maior valor de referência	0,02

§ 1º A contribuição sindical prevista na Tabela constante do item III deste artigo corresponderá à soma da aplicação das alíquotas sobre a porção do capital distribuído em cada classe, observados os respectivos limites. (Redação dada pela Lei n. 6.386, de 9-12-1976.)

§ 2º Para efeito do cálculo de que trata a Tabela progressiva inserta no item III deste artigo, considerar-se-á o valor de referência fixado pelo Poder Executivo, vigente à data de competência da contribuição, arredondando-se para Cr$ 1,00 (um cruzeiro) a fração porventura existente. (Redação dada pela Lei n. 6.386, de 9-12-1976.)

§ 3º É fixada em 60% (sessenta por cento) do maior valor de referência, a que alude o parágrafo anterior, a contribuição mínima devida pelos empregadores, independentemente do capital social da firma ou empresa, ficando, do mesmo modo, estabelecido o capital equivalente a 800.000 (oitocentas mil) vezes o maior valor de referência, para efeito do cálculo da contribuição máxima, respeitada a Tabela progressiva constante do item III. (Redação dada pela Lei n. 7.047, de 1º-12-1982.)

§ 4º Os agentes ou trabalhadores autônomos e os profissionais liberais, organizados em firma ou empresa, com capital social registrado, recolherão a contribuição sindical de acordo com a Tabela progressiva a que se refere o item III. (Parágrafo incluído pela Lei n. 6.386, de 9-12-1976.)

§ 5º As entidades ou instituições que não estejam obrigadas ao registro de capital social, considerarão como capital, para efeito do cálculo de que trata a Tabela progressiva constante do item III deste artigo, o valor resultante da aplicação do percentual de 40% (quarenta por cento) sobre o movimento econômico registrado no exercício imediatamente anterior, do que darão conhecimento à respectiva entidade sindical ou à Delegacia Regional do Trabalho, observados os limites estabelecidos no § 3º deste artigo. (Parágrafo incluído pela Lei n. 6.386, de 9-12-1976.)

§ 6º Excluem-se da regra do § 5º as entidades ou instituições que comprovarem, através de requerimento dirigido ao Ministério do Trabalho, que não exercem atividade econômica com fins lucrativos. (Parágrafo incluído pela Lei n. 6.386, de 9-12-1976.)

Art. 581. Para os fins do item III do artigo anterior, as empresas atribuirão parte do respectivo capital às suas sucursais, filiais ou agências, desde que localizadas fora da base territorial da entidade sindical representativa da atividade econômica do estabelecimento principal, na proporção das correspondentes operações econômicas, fazendo a devida comunicação às Delegacias Regionais do Trabalho, conforme localidade da sede da empresa, sucursais, filiais ou agências. (*Caput* e parágrafos com redação dada pela Lei n. 6.386, de 9-12-1976.)

§ 1º Quando a empresa realizar diversas atividades econômicas, sem que nenhuma delas seja preponderante, cada uma dessas atividades será incorporada à respectiva categoria econômica, sendo a contribuição sindical devida à entidade sindical representativa da mesma categoria, procedendo-se, em relação às correspondentes sucursais, agências ou filiais, na forma do presente artigo.

§ 2º Entende-se por atividade preponderante a que caracterizar a unidade de produto, operação ou objetivo final, para cuja obtenção todas as demais atividades convirjam, exclusivamente, em regime de conexão funcional.

Art. 582. Os empregadores são obrigados a descontar da folha de pagamento de seus empregados relativa ao mês de março de cada ano a contribuição sindical dos empregados que autorizaram prévia e expressamente o seu recolhimento aos respectivos Sindicatos. (Redação alterada pela Lei n. 13.467/2017.)

§ 1º Considera-se 1 (um) dia de trabalho para efeito de determinação da importância a que alude o item I do art. 580 o equivalente:

a) a 1 (uma) jornada normal de trabalho, se o pagamento ao empregado for feito por unidade de tempo;

b) a 1/30 (um trinta avos) da quantia percebida no mês anterior, se a remuneração for paga por tarefa, empreitada ou comissão.

§ 2º Quando o salário for pago em utilidades, ou nos casos em que o empregado receba, habitualmente, gorjetas, a contribuição sindical corresponderá a 1/30 (um trinta avos) da importância que tiver servido de base, no mês de janeiro, para a contribuição do empregado à Previdência Social.

Art. 583. O recolhimento da contribuição sindical referente aos empregados e trabalhadores avulsos será efetuado no mês de abril de cada ano, e o relativo aos agentes ou trabalhadores autônomos e profissionais liberais realizar-se-á no mês de fevereiro, observada a exi-

gência de autorização prévia e expressa prevista no art. 579 desta Consolidação. (Redação alterada pela Lei n. 13.467/2017.)

§ 1º O recolhimento obedecerá ao sistema de guias, de acordo com as instruções expedidas pelo Ministro do Trabalho.

§ 2º O comprovante de depósito da contribuição sindical será remetido ao respectivo Sindicato; na falta deste, à correspondente entidade sindical de grau superior, e, se for o caso, ao Ministério do Trabalho.

Art. 584. Servirá de base para o pagamento da contribuição sindical, pelos agentes ou trabalhadores autônomos e profissionais liberais, a lista de contribuintes organizada pelos respectivos Sindicatos e, na falta destes, pelas federações ou confederações coordenadoras da categoria. (Redação dada pela Lei n. 6.386, de 9-12-1976.)

Art. 585. Os profissionais liberais poderão optar pelo pagamento da contribuição sindical unicamente à entidade sindical representativa da respectiva profissão, desde que a exerça, efetivamente, na firma ou empresa e como tal sejam nelas registrados. (Redação dada pela Lei n. 6.386, de 9-12-1976.)

Parágrafo único. Na hipótese referida neste artigo, à vista da manifestação do contribuinte e da exibição da prova de quitação da contribuição, dada por Sindicato de profissionais liberais, o empregador deixará de efetuar, no salário do contribuinte, o desconto a que se refere o art. 582. (Redação dada pela Lei n. 6.386, de 9-12-1976.)

Art. 586. A contribuição sindical será recolhida, nos meses fixados no presente Capítulo, à Caixa Econômica Federal, ao Banco do Brasil S/A, ou aos estabelecimentos bancários nacionais integrantes do Sistema de Arrecadação dos Tributos Federais, os quais, de acordo com instruções expedidas pelo Conselho Monetário Nacional, repassarão à Caixa Econômica Federal as importâncias arrecadadas. (*Caput* e parágrafos com redação dada pela Lei n. 6.386, de 9-12-1976.)

§ 1º Integrarão a rede arrecadadora as Caixas Econômicas Estaduais, nas localidades onde inexistam os estabelecimentos previstos no *caput* deste artigo.

§ 2º Tratando-se de empregador, agentes ou trabalhadores autônomos ou profissionais liberais, o recolhimento será efetuado pelos próprios, diretamente ao estabelecimento arrecadador.

§ 3º A contribuição sindical devida pelos empregados e trabalhadores avulsos será recolhida pelo empregador e pelo Sindicato, respectivamente.

Art. 587. Os empregadores que optarem pelo recolhimento da contribuição sindical deverá fazê-lo no mês de janeiro de cada ano, ou, para os que venham a estabelecer após o referido mês, na ocasião em que requererem às repartições o registro ou a licença para o exercício da respectiva atividade. (Redação alterada pela Lei n. 13.467/2017.)

Art. 588. A Caixa Econômica Federal manterá conta corrente intitulada "Depósitos da Arrecadação da Contribuição Sindical", em nome de cada uma das entidades sindicais beneficiadas, cabendo ao Ministério do Trabalho cientificá-la das ocorrências pertinentes à vida administrativa dessas entidades. (*Caput* e parágrafos com redação dada pela Lei n. 6.386, de 9-12-1976.)

§ 1º Os saques na conta corrente referida no *caput* deste artigo far-se-ão mediante ordem bancária ou cheque com as assinaturas conjuntas do Presidente e do Tesoureiro da entidade sindical.

§ 2º A Caixa Econômica Federal remeterá, mensalmente, a cada entidade sindical, um extrato da respectiva conta corrente, e, quando solicitado, aos órgãos do Ministério do Trabalho.

Art. 589. Os empregadores que optarem pelo recolhimento da contribuição sindical deverão fazê-lo no mês de janeiro de cada ano, ou, para os que venham a se estabelecer após o referido mês, na ocasião em que requererem às repartições o registro ou a licença para o exercício da respectiva atividade. (Redação dada pela Lei n. 13.467, de 2017.)

I – para os empregadores (Redação dada pela Lei n. 11.648, de 31-3-2008.)

a) 5% (cinco por cento) para a confederação correspondente; (Incluída pela Lei n. 11.648, de 31-3-2008.)

b) 15% (quinze por cento) para a federação; (Incluída pela Lei n. 11.648, de 31-3-2008.)

c) 60% (sessenta por cento) para o sindicato respectivo; e (Incluída pela Lei n. 11.648, de 31-3-2008.)

d) 20% (vinte por cento) para a "Conta Especial Emprego e Salário"; (Incluída pela Lei n. 11.648, de 31-3-2008.)

II – para os trabalhadores: (Redação dada pela Lei n. 11.648, de 31-3-2008.)

a) 5% (cinco por cento) para a confederação correspondente; (Incluída pela Lei n. 11.648, de 31-3-2008.)

b) 10% (dez por cento) para a central sindical; (Incluída pela Lei n. 11.648, de 31-3-2008)

c) 15% (quinze por cento) para a federação; (Incluída pela Lei n. 11.648, de 31-3-2008.)

d) 60% (sessenta por cento) para o sindicato respectivo; e (Incluída pela Lei n. 11.648, de 31-3-2008.)

e) 10% (dez por cento) para a "Conta Especial Emprego e Salário"; (Incluída pela Lei n. 11.648, de 31-3-2008)

III e IV – (Revogados); (Redação dada pela Lei n. 11.648, de 31-3-2008.)

§ 1º O sindicato de trabalhadores indicará ao Ministério do Trabalho e Emprego a central sindical a que estiver filiado como beneficiária da respectiva contribuição sindical, para fins de destinação dos créditos previstos neste artigo. (Incluído pela Lei n. 11.648, de 31-3-2008.)

§ 2º A central sindical a que se refere a alínea *b* do inciso II do *caput* deste artigo deverá atender aos requisitos de representatividade previstos na legislação específica sobre a matéria. (Incluído pela Lei n. 11.648, de 31-3-2008.)

Art. 590. Inexistindo Confederação, o percentual previsto no art. 589 desta Consolidação caberá à federação representativa do grupo. (Redação dada pela Lei n. 11.648, de 31-3-2008.)

§§ 1º e 2º (Revogados pela Lei n. 11.648, de 31-3-2008.)

§ 3º Não havendo sindicato, nem entidade sindical de grau superior ou central sindical, a contribuição sindical será creditada, integralmente, à "Conta Especial Emprego e Salário". (Redação dada pela Lei n. 11.648, de 31-3-2008.)

§ 4º Não havendo indicação de central sindical, na forma do § 1º do art. 589 desta Consolidação, os percentuais que lhe caberiam serão destinados à "Conta Especial Emprego e Salário" (Incluído pela Lei n. 11.648, de 31-3-2008.)

Art. 591. Inexistindo sindicato, os percentuais previstos na alínea *c* do inciso I e na alínea *d* do inciso II do *caput* do art. 589 desta Consolidação serão creditados à federação correspondente à mesma categoria econômica ou profissional. (Redação dada pela Lei n. 11.648, de 31-3-2008.)

Parágrafo único. Na hipótese do *caput* deste artigo, os percentuais previstos nas alíneas *a* e *b* do inciso I e nas alíneas *a* e *c* do inciso II do *caput* do art. 589 desta Consolidação caberão à confederação. (Redação dada pela Lei n. 11.648, de 31-3-2008.)

Seção II
Da aplicação da contribuição sindical[350]

Art. 592. A contribuição sindical, além das despesas vinculadas à sua arrecadação, recolhimento e controle, será aplicada pelos Sindicatos, na conformidade dos respectivos estatutos, visando aos seguintes objetivos: (Artigo com redação dada pela Lei n. 6.386, de 9-12-1976.)

I – Sindicatos de Empregadores e de Agentes Autônomos:

a) assistência técnica e jurídica;

b) assistência médica, dentária, hospitalar e farmacêutica;

c) realização de estudos econômicos e financeiros;

d) agências de colocação;

e) cooperativas;

f) bibliotecas;

g) creches;

h) congressos e conferências;

i) medidas de divulgação comercial e industrial no País, e no estrangeiro, bem como em outras tendentes a incentivar e aperfeiçoar a produção nacional;

j) feiras e exposições;

l) prevenção de acidentes do trabalho;

m) finalidades desportivas.

II – Sindicatos de Empregados:

a) assistência jurídica;

b) assistência médica, dentária, hospitalar e farmacêutica;

c) assistência à maternidade;

d) agências de colocação;

e) cooperativas;

f) bibliotecas;

g) creches;

h) congressos e conferências;

i) auxílio-funeral;

j) colônias de férias e centros de recreação;

l) prevenção de acidentes do trabalho;

m) finalidades desportivas e sociais;

n) educação e formação profissional;

o) bolsas de estudo.

350. Redação alterada tendo em vista o disposto no Decreto-lei n. 229, de 28-2-1967.

III – Sindicatos de Profissionais Liberais:
a) assistência jurídica;
b) assistência médica, dentária, hospitalar e farmacêutica;
c) assistência à maternidade;
d) bolsas de estudo;
e) cooperativas;
f) bibliotecas;
g) creches;
h) congressos e conferências;
i) auxílio-funeral;
j) colônias de férias e centros de recreação;
l) estudos técnicos e científicos;
m) finalidades desportivas e sociais;
n) educação e formação profissional;
o) prêmios por trabalhos técnicos e científicos.
IV – Sindicatos de Trabalhadores Autônomos:
a) assistência técnica e jurídica;
b) assistência médica, dentária, hospitalar e farmacêutica;
c) assistência à maternidade;
d) bolsas de estudo;
e) cooperativas;
f) bibliotecas;
g) creches;
h) congressos e conferências;
i) auxílio-funeral;
j) colônias de férias e centros de recreação;
l) educação e formação profissional;
m) finalidades desportivas e sociais.

§ 1º A aplicação prevista neste artigo ficará a critério de cada entidade, que, para tal fim, obedecerá, sempre, às peculiaridades do respectivo grupo ou categoria, facultado ao Ministro do Trabalho permitir a inclusão de novos programas, desde que assegurados os serviços assistenciais fundamentais da entidade.

§ 2º Os Sindicatos poderão destacar, em seus orçamentos anuais, até 20% (vinte por cento) dos recursos da contribuição sindical para o custeio das suas atividades administrativas, independentemente de autorização ministerial.

§ 3º O uso da contribuição sindical prevista no § 2º não poderá exceder do valor total das mensalidades sociais consignadas nos orçamentos dos Sindicatos, salvo autorização expressa do Ministro do Trabalho. (Redação dada pela Lei n. 6.386, de 9-12-1976.)

Art. 593. As percentagens atribuídas às entidades sindicais de grau superior e às centrais sindicais serão aplicadas de conformidade com o que dispuserem os respectivos conselhos de representantes ou estatutos. (Redação dada pela Lei n. 11.648, de 31-3-2008.)

Parágrafo único. Os recursos destinados às centrais sindicais deverão ser utilizados no custeio das atividades de representação geral dos trabalhadores decorrentes de suas atribuições legais. (Incluído pela Lei n. 11.648, de 31-3-2008.)

Art. 594. (Revogado pela Lei n. 4.589, de 11-12-1964.)

Seção III
Da comissão da contribuição sindical

Arts. 595 a 597. (Revogados pela Lei n. 4.589, de 11-12-1964.)

Seção IV
Das penalidades

Art. 598. Sem prejuízo da ação criminal e das penalidades previstas no art. 553, serão aplicadas multas de 3/5 (três quintos) a 600 (seiscentos) valores de referência regionais[351], pelas infrações deste Capítulo, impostas pelas Delegacias Regionais do Trabalho.

Parágrafo único. A gradação da multa atenderá à natureza da infração e às condições sociais e econômicas do infrator.

Art. 599. Para os profissionais liberais, a penalidade consistirá na suspensão do exercício profissional, até a necessária quitação, e será aplicada pelos órgãos públicos ou autárquicos disciplinadores das respectivas profissões mediante comunicação das autoridades fiscalizadoras.

Art. 600. O recolhimento da contribuição sindical efetuado fora do prazo referido neste Capítulo, quando espontâneo, será acrescido da multa de 10% (dez por cento), nos 30 (trinta) primeiros dias, com o adicional de 2% (dois por cento) por mês subsequente de atraso, além de juros de mora de 1% (um por cento) ao mês e correção monetária, ficando, nesse caso, o infrator, isento de outra penalidade. (Caput e parágrafos com redação dada pela Lei n. 6.181, de 11-12-1974.)

351. A redação anterior foi alterada considerando as disposições contidas na Lei n. 6.205/75, Lei n. 6.986/82, Lei n. 7.855/89. Devemos, ainda, atentar para os termos da Lei n. 8.383/91.

§ 1º O montante das cominações previstas neste artigo reverterá sucessivamente:

a) ao Sindicato respectivo;

b) à Federação respectiva, na ausência de Sindicato;

c) à Confederação respectiva, inexistindo Federação.

§ 2º Na falta de Sindicato ou entidade de grau superior, o montante a que alude o parágrafo precedente reverterá à conta "Emprego e Salário".

Seção V
Disposições gerais

Art. 601. (Revogado pela Lei n. 13.347/2017.)

Art. 602. Os empregados que não estiverem trabalhando no mês destinado ao desconto da contribuição sindical e que venham autorizar prévia e expressamente o recolhimento serão descontados no primeiro mês subsequente ao do reinício do trabalho. (Redação alterada pela Lei n. 13.347/2017.)

Parágrafo único. De igual forma se procederá com os empregados que forem admitidos depois daquela data e que não tenham trabalhado anteriormente nem apresentado a respectiva quitação.

Art. 603. Os empregadores são obrigados a prestar aos encarregados da fiscalização os esclarecimentos necessários ao desempenho de sua missão e a exibir-lhes, quando exigidos, na parte relativa ao pagamento de empregados, os seus livros, folhas de pagamento e outros documentos comprobatórios desses pagamentos, sob pena da multa cabível.

Art. 604. (Revogado pela Lei n. 13.467, de 2017.)

Art. 605. As entidades sindicais são obrigadas a promover a publicação de editais concernentes ao recolhimento da contribuição sindical, durante 3 (três) dias, nos jornais de maior circulação local e até 10 (dez) dias da data fixada para depósito bancário.

Art. 606. Às entidades sindicais cabe, em caso de falta de pagamento da contribuição sindical, promover a respectiva cobrança judicial, mediante ação executiva, valendo como título de dívida a certidão expedida pelas autoridades regionais do Ministério do Trabalho. (Redação dada pelo Dec.-lei n. 925, de 10-10-1969.)

§ 1º O Ministério do Trabalho baixará as instruções regulando a expedição das certidões a que se refere o presente artigo, das quais deverá constar a individualização do contribuinte, a indicação do débito e a designação da entidade a favor da qual é recolhida a importância da contribuição sindical, de acordo com o respectivo enquadramento sindical.

§ 2º Para os fins da cobrança judicial da contribuição sindical, são extensivos às entidades sindicais, com exceção do foro especial, os privilégios da Fazenda Pública, para cobrança da dívida ativa.

Art. 607. São consideradas como documento essencial ao comparecimento às concorrências públicas ou administrativas e para o fornecimento às repartições paraestatais ou autárquicas a prova da quitação do respectivo imposto sindical e a de recolhimento da contribuição sindical, descontada dos respectivos empregados.

Art. 608. As repartições federais, estaduais ou municipais não concederão registro ou licenças para funcionamento ou renovação de atividades aos estabelecimentos de empregadores e aos escritórios ou congêneres dos agentes ou trabalhadores autônomos e profissionais liberais, nem concederão alvarás de licença ou localização, sem que sejam exibidas as provas de quitação da contribuição sindical, na forma do artigo anterior.

Parágrafo único. A não observância do disposto neste artigo acarretará, de pleno direito, a nulidade dos atos nele referidos, bem como dos mencionados no art. 607. (Parágrafo incluído pela Lei n. 6.386, de 9-12-1976.)

Art. 609. O recolhimento da contribuição sindical e todos os lançamentos e movimentos nas contas respectivas são isentos de selos e taxas federais, estaduais ou municipais.

Art. 610. As dúvidas no cumprimento deste Capítulo serão resolvidas pelo Diretor-Geral do Departamento Nacional do Trabalho, que expedirá as instruções que se tornarem necessárias à sua execução. (Redação dada pela Lei n. 4.589, de 11-12-1964.)

••

▶ *Comentários*

1. *Autonomia sindical*

A Constituição Federal de 1988, em seu art. 8º, declara *ser livre a associação sindical*, proclamando, outrossim, sua *autonomia plena* com relação ao Estado:

"I – a lei não poderá exigir a autorização do Estado para a fundação de sindicato, ressalvado o registro no órgão competente, vedadas ao Poder Público a interferência e a intervenção na organização sindical".

Em consequência, deixa de existir qualquer ingerência do Poder Público, pondo fim a CF/88 às constantes intervenções do Ministério do Trabalho, em passado não muito distante.

Os sindicatos, como pessoas jurídicas de direito privado, constituem-se como as sociedades ou associações privadas em geral, *deixando de existir a exigência de associação anterior a sua fundação*.

Como toda pessoa jurídica, pressupõem seus atos constitutivos (estatuto), devidamente registrados no órgão competente, que a Constituição Federal não especifica, tendo, porém, o Supremo Tribunal Federal concluído pela competência do Ministério do Trabalho[352], não obstante, infere-se que os cartórios ou serviços notariais[353] – são competentes para lavrar e registrar os atos praticados pelas pessoas naturais, pelas pessoas jurídicas, pelos entes despersonalizados –, por delegação do Poder Público[354].

No mesmo sentido, a OJ n. 15 da Seção de Dissídios Coletivos (SDC) do TST:

"Sindicato. Legitimidade *'ad processum'*. Imprescindibilidade do registro no Ministério do Trabalho.

A comprovação da legitimidade *ad processum* da entidade sindical se faz por seu registro no órgão competente do Ministério do Trabalho, mesmo após a promulgação da Constituição Federal de 1988", não mais por carta sindical.

2. Unicidade sindical

Objetivando evitar a pulverização dos sindicatos, o que fatalmente ocorreria se adotado o pluralismo, malgrado a opinião de abalizada corrente, houve por bem o constituinte de 1988 manter o sistema da *unicidade*

sindical, dispondo expressamente o art. 8º da CF/88:

"II – é vedada a criação de mais de uma organização sindical, em qualquer grau, representativa da categoria profissional ou econômica, na mesma base territorial, que será definida pelos trabalhadores ou empregadores interessados, não podendo ser inferior à área de um município", podendo abarcar as regiões metropolitanas.

3. Conceito de sindicato, categoria profissional e econômica, categoria diferenciada

a) Sindicato

É "um órgão de defesa e coordenação dos interesses econômicos ou profissionais de empregadores, empregados, agentes ou trabalhadores autônomos e profissionais liberais", ensina Segadas Vianna[355].

Barreto Prado assim o define: "associação que tem por objeto a representação e defesa dos interesses gerais da correspondente categoria empresarial, e supletivamente dos interesses individuais dos seus membros"[356].

Valentin Carrion conceitua o sindicato de empregados como o "agrupamento estável de membros de uma profissão, destinado a assegurar a defesa e representação da respectiva profissão para melhorar as condições de trabalho", observando que "o sindicato patronal congrega os empregadores com a finalidade de defender seus interesses econômicos"[357].

b) Categoria profissional

"É constituída pelos trabalhadores que, como empregados ou em caráter autônomo, prestam serviços em atividades componentes da mesma categoria econômica", doutrina Evaristo de Moraes Filho[358].

c) Categoria econômica

Ainda na lição de Evaristo de Moraes Filho, a categoria econômica "é constituída pelos empregadores que empreendem ativi-

352. STF, MI 1.448-SP, Ac. TP, Rel. Min. Sepúlveda Pertence.
353. Art. 236 e seus parágrafos da CF/1988.
354. Lei Federal n. 8.935/1994.

355. *Instituições de Direito do Trabalho*, cit., v. 2, p. 366.
356. *Curso de Direito Sindical*, 3. ed., São Paulo, LTr, p. 43.
357. Ob. cit., 25. ed., p. 402.
358. Anteprojeto do Código de Trabalho, *LTr*, 28/240.

dades idênticas, similares ou conexas, ainda que sem fins lucrativos, compondo um todo homogêneo"[359].

d) Categoria diferenciada

O § 3º do art. 511 da CLT define a categoria diferenciada como aquela "que se forma dos empregados que exerçam profissões ou funções diferenciadas por força de estatuto profissional especial ou em consequência de condições de vida singulares".

Integram tal categoria, pois, os empregados que estão sujeitos a regulamentação distinta ou a condições próprias, com relação aos demais empregados que trabalham na mesma empresa. A categoria diferenciada somente existe para os empregados, como, por exemplo, a dos aeronautas (L. n. 7.183/1984), dos domésticos (L. n. 5.859/1972) dentre outras.

Daí observar Valentin Carrion que: "categoria profissional diferenciada é a que tem regulamentação específica do trabalho diferente da dos demais empregados da mesma empresa, o que lhe faculta convenções ou acordos coletivos próprios, diferentes dos que possam corresponder à atividade preponderante do empregador, que é regra geral"[360].

Reza a Súmula 374 do TST que:

"Empregado integrante de categoria profissional diferenciada não tem o direito de haver de seu empregador vantagens previstas em instrumento coletivo no qual a empresa não foi representada por órgão de classe de sua categoria."

4. Prerrogativas e deveres dos sindicatos

Os poderes ou prerrogativas mais expressivas concedidas aos sindicatos estão, antes de tudo, proclamadas pela CF/88, em seu art. 8º:

"III – ao sindicato cabe a defesa dos direitos e interesses coletivos ou individuais da categoria, inclusive em questões judiciais ou administrativas;

(...)

VI – é obrigada a participação dos sindicatos nas negociações coletivas de trabalho".

A representação da categoria, e não exclusivamente dos associados, a defesa de seus interesses coletivos e individuais, constituem, sem dúvida, o papel preponderante dos sindicatos, lembrando, porém, com Octavio Bueno Magano, que "a finalidade do sindicato não consiste exclusivamente na defesa senão, também, na promoção dos respectivos interesses"[361].

Os direitos individuais da categoria, a serem preservados judicialmente (objeto de análise nos comentários aos "Direitos Sociais na Constituição Federal", introdução a este trabalho, n. 5, III), têm sido objeto de acirradas controvérsias.

Concluindo pela substituição processual ampla, Nelson Nery e Rosa Maria A. Nery afirmam:

"Interesses individuais da categoria são aqueles que cada membro da categoria, sindicalizado ou não, possui como direito subjetivo. Pela Constituição Federal, 8º, III, tem o sindicato legitimidade para, como substituto processual, defender esses direitos em juízo"[362].

No mesmo sentido Evaristo de Moraes Filho[363] e Pedro Paulo Teixeira Manus[364].

Admitindo a substituição ampla pelo Sindicato, o *Supremo Tribunal Federal*, no julgamento do Mandado de Injunção n. 347-5, de 7-5-1993.

A presença obrigatória dos sindicatos nos acordos ou convenções coletivas já era, de longa data, prerrogativa concedida a eles, segundo o disposto no art. 611 da CLT, a que se acrescenta a substituição processual, na denominada *ação de cumprimento* (art. 872 da CLT).

A *legitimatio ad causam* nos dissídios coletivos (art. 857 da CLT); a composição das Comissões de Conciliação Prévia intersindicais (art. 625-A, parágrafo único, da CLT) são outras prerrogativas das mais expressivas concedidas

359. Anteprojeto do Código de Trabalho, *LTr*, 28/240.
360. Ob. cit., 25. ed., p. 404.
361. *Manual de Direito do Trabalho* (Direito Coletivo do Trabalho), cit., v. 3, p. 79.
362. *Código de Processo Civil Comentado*, cit., p. 262.
363. *Congresso Latino-Americano de Direito do Trabalho*, Campinas, 11-8-1990.
364. *Direito do Trabalho na Nova Constituição*, cit., p. 283.

aos sindicatos, ressaltando seu papel preponderante na sociedade brasileira atual.

Não se olvide a prerrogativa concedida aos sindicatos para a instituição das denominadas contribuições sindicais (art. 513, *e*, da CLT) e assistenciais, a serem descontadas a favor do sindicato quando não haja oposição do empregado anteriormente ao desconto, todavia, esse entendimento está superado pelo Precedente Normativo (PN) 119, do TST, cuja redação é:

Contribuições sindicais – Inobservância de preceitos constitucionais – (mantido) – *DEJT* divulgado em 25-8-2014
"A Constituição da República, em seus arts. 5º, XX e 8º, V, assegura o direito de livre associação e sindicalização. É ofensiva a essa modalidade de liberdade cláusula constante de acordo, convenção coletiva ou sentença normativa estabelecendo contribuição em favor de entidade sindical a título de taxa para custeio do sistema confederativo, assistencial, revigoramento ou fortalecimento sindical e outras da mesma espécie, obrigando trabalhadores não sindicalizados. Sendo nulas as estipulações que inobservem tal restrição, tornam-se passíveis de devolução os valores irregularmente descontados."

Digna de menção a faculdade concedida às confederações ou entidades de classe de âmbito nacional de propor perante o STF *ação de inconstitucionalidade* (CF/88, art. 103, IX) e *mandado de segurança coletivo* (art. 5º, LXX, *b*, da CF/88).

Dentre os *deveres* dos sindicatos cumpre ressaltar a de manterem serviços de *assistência judicial*, para os associados ou não (Lei n. 5.584/70, art. 18).

Ressalte-se a redação dada aos arts. 789, § 10, e 793 da CLT, pela Lei n. 10.288, de 20-9-2001:

"Art. 789. ..
§ 10. O sindicato da categoria profissional prestará assistência judiciária gratuita ao trabalhador desempregado ou que perceber salário inferior a cinco salários mínimos ou que declare, sob responsabilidade, não possuir, em razão dos encargos próprios e familiares, condições econômicas de prover à demanda".

"Art. 793. A reclamação trabalhista do menor de 18 anos será feita por seus representantes legais e, na falta destes, pela Procuradoria da Justiça do Trabalho, atual Ministério Público do Trabalho (MPT), pelo sindicato, pelo Ministério Público estadual ou curador nomeado em juízo".

Outrossim, devem, ainda, promover a fundação de cooperativas de consumo e crédito (o que, todavia, não é observado por sindicatos de reduzida expressão ou recursos), mantendo, por outro lado, escolas de alfabetização.

5. ***Reconhecimento e investidura***

A autonomia sindical proclamada pela Constituição Federal (art. 8º, I) afasta, como já frisamos, qualquer ingerência pública para o reconhecimento e investidura sindical, salvo aquelas disposições comuns a todas as entidades, ainda que de direito privado, tais como número de diretores e respectivos mandatos etc.

O Ministério do Trabalho e Emprego, com relação aos sindicatos, funciona, atualmente, como órgão de registro, estando para os sindicatos como a Junta Comercial está para as sociedades comerciais.

Não há falar-se, pois, em reconhecimento do sindicato pelo Ministério do Trabalho e Emprego, estando revogados todos os dispositivos celetistas nesse sentido.

Deve-se observar, porém, a disposição concernente à *unicidade sindical*, não se admitindo com base inferior a um Município (ou região metropolitana) e estando proibido o sindicato distrital.

Destarte, de todo conveniente assinalar que não subsiste a exigência contida no art. 520 da CLT, da existência de prévia associação para a consolidação de sindicato.

O art. 521, igualmente, está inteiramente revogado pela CF/88, convindo observar que a finalidade do sindicato é a defesa dos interesses profissionais de seus representados. O desvio de finalidade enseja à assembleia geral a destituição dos respectivos diretores.

6. ***Órgãos diretivos***

São os seguintes os órgãos diretivos dos sindicatos:

a) Diretoria (com o mínimo de 3 e o máximo de 7 membros);

b) Conselho Fiscal (composto de 3 membros);

c) Assembleia Geral (que, como órgão máximo, elegerá os membros da diretoria e do Conselho Fiscal).

A fixação do número de diretores do Conselho Fiscal (exigência que não subsiste com relação às federações e confederações), considerada inconstitucional por ponderável corrente, é uma limitação ou disciplinação legal também existente com relação a outras sociedades ou associações de direito privado, como ocorre, à guisa de exemplo, com a sociedade anônima (Lei n. 6.404/76).

De todo conveniente lembrar que o dirigente sindical goza de estabilidade especial (provisória), prevista no art. 543, § 3º, CLT.

Assim considerando, a limitação ao número de diretores se nos afigura medida moralizadora, evitando, com isso, abusos de direito, como já estabelecido por intermédio da Súmula 369 do TST.

7. Administração e eleições sindicais

As normas relativas às eleições sindicais, à administração de tais entidades e que acenam com intervenção nestas, diante de ameaça a seu regular funcionamento, ou motivos relevantes de segurança nacional, estão revogadas pela CF/88.

As disposições concernentes à administração e às eleições são agora livremente dispostas em seus respectivos Estatutos, obviamente observadas as regras estabelecidas para todas as associações e sociedades de direito privado.

É de observar que o aposentado filiado tem o direito de votar e ser votado nas eleições sindicais (CF/88, art. 8º, VII); ao servidor público é garantido o direito à livre associação sindical (CF/88, art. 37, VI), direito que não assiste aos militares (CF/88, art. 142, IV).

8. Preservação do sistema confederativo

Nos termos do art. 8º, IV, da CF/88, resulta clara a preservação do sistema confederativo: *sindicato, federação e confederação*.

Como observa José Carlos Arouca:

"Com isto, cuidou-se de preservar a estrutura vertical existente na CLT: sindicatos, federações e confederações"[365].

9. Estabilidades provisórias

A estabilidade provisória, diferente da decenal, tem por escopo preservar direitos fundamentais[366], algumas vezes temporários, nem sempre respeitados por alguns empregadores. O empregado resguardado pelo manto da estabilidade provisória pode e deve exercer livremente seus direitos constitucionais, bem como suas funções, na empresa ou fora dela, sem se preocupar com eventuais perseguições, ou mesmo por dispensas imotivadas.

No Brasil, há estabilidades provisórias decorrentes da Lei, como é o caso da sindical, prevista no art. 540, § 3º, da CLT, recepcionada pelo art. 8º, VIII, da CF/88, que institui em nível constitucional a estabilidade do empregado eleito ao cargo de dirigente sindical, bem como as decorrentes dos entendimentos do TST.

Parágrafo 3º do art. 540, da CLT:

"É vedada a dispensa do empregado sindicalizado a partir do registro da candidatura a cargo de direção ou representação sindical e, se eleito, ainda que suplente, até um ano após o final do mandato, salvo se cometer falta grave nos termos da lei".

Imprescindível a instauração do inquérito judicial para a apuração da falta grave imputada ao dirigente sindical – Súmula 369 do TST.

A comunicação da inscrição como candidato a eventual eleição é obrigação da entidade sindical ao empregador, para a obtenção da estabilidade:

"Dirigente sindical. Estabilidade provisória.

I – É assegurada a estabilidade provisória ao empregado dirigente sindical, ainda que a comunicação do registro da candidatura ou da eleição e da posse seja realizada fora do prazo previsto no art. 543, § 5º, da CLT, desde que a ciência ao empregador, por qualquer meio, ocorra na vigência do contrato de trabalho".

365. Ob. cit., p. 50.
366. Art. 10, I e II, *b*, do ADCT.

Pelo fato de o legislador – não ter disciplinado o número de dirigentes sindicais, detentores de estabilidade provisória – coube ao TST delimitar, por intermédio da súmula 369, com isso, são "sete dirigentes sindicais e igual número de suplentes" que não podem ser dispensados, até um ano depois do término do mandato.

São, ainda, detentores de estabilidades provisórias, *os empregados representantes da CIPA, os titulares e suplentes*[367]; *a empregada gestante, desde a confirmação da gravidez até cinco meses após o parto*[368]; *empregado portador do vírus HIV ou de outra doença grave que suscite estigma ou preconceito*[369], dentre outros.

10. Liberdade de associação para empregadores e empregados

A CF/88, enfaticamente, declara, em seu art. 8º, V, que "ninguém será obrigado a filiar-se ou manter-se filiado a sindicato".

A disposição constitucional é abrangente, o que leva Valentin Carrion a ressaltar que "a liberdade sindical se verifica em relação ao Estado (independência), em relação à massa trabalhadora (liberdade de determinar o quadro associativo), em relação à empresa (não sofrer discriminações), e aos direitos individuais (direito de filiar-se e de demitir-se)"[370].

Isso patenteia a manifesta revogação de dispositivos discriminatórios, estabelecendo vantagens ou preferências a empregados ou empregadores sindicalizados.

11. Do enquadramento e desmembramento sindical

A CF/1988 consagrou, como se sabe, a unicidade sindical, assim entendida a existência de um único sindicato representativo de um mesmo grupo de trabalhadores ou de empresários em uma mesma região, dispondo o art. 8º, II:

"É vedada a criação de mais de uma organização sindical, em qualquer grau, representativa de categoria profissional ou econômica, na mesma base territorial, que será definida pelos trabalhadores ou empregadores interessados, não podendo ser inferior à área de um município".

Tal unicidade, contudo, há de ser interpretada em consonância com o espírito da atual Carta Magna, visivelmente inspirado na liberdade de associação profissional e sindical.

Com a autoridade que lhe é por todos, consagrada, preleciona José Afonso da Silva:

"A associação sindical foi constitucionalmente contemplada com uma série de poderes especiais, que lhe demarcam um regime jurídico próprio, com prerrogativas próprias, que são distintas das demais associações, mesmo as chamadas profissionais"[371].

Dentro desse prisma a unicidade sindical na Carta Magna de 1988 não tem, por certo, o caráter restrito estabelecido na Constituição autoritária de 1937, sob a égide da qual o Decreto-lei n. 1.402, de 5-7-1939, disciplinava a constituição e o funcionamento dos sindicatos, sob intensa e direta fiscalização e ingerência do Ministério do Trabalho e Emprego.

Tal decreto, manifestamente autoritário, inequivocamente, induzia a interpretação restritiva das disposições relativas à criação e ao funcionamento dos sindicatos.

À luz, porém, das novas disposições constitucionais, outro é o sentido a ser dado às normas jurídicas disciplinadoras do direito sindical. A linguagem do direito, na lição do consagrado mestre Miguel Reale, "não é fixa ou imutável".

Como afirma Amauri Mascaro Nascimento:

"Há diferença de contexto entre a unicidade de 1937, desejada pelo Estado e fruto da concepção autoritária que se pretendeu infundir no movimento sindical, e a unicidade de 1988, não imposta pelo Estado, meramente uma questão de preferência de relacionamento entre os próprios sindicatos, com o que são distintas sob o prisma histórico"[372].

O princípio da unicidade instituído no art. 8º, II, da CF atual, por certo, repousa na re-

367. Arts. 164, da CLT e 10, II, *a*, do ADCT.
368. Art. 10, II, *b*, do ADCT.
369. Súmula 443 do TST.
370. Ob. cit., 25. ed., p. 422.

371. *Curso de Direito Constitucional Positivo*, p. 335.
372. *Direito do Trabalho na Constituição de 1988*, cit., p. 229.

presentatividade da categoria profissional – em consequência do que a sindicalização é levada a efeito em razão dos interesses dos trabalhadores. Daí observar Mozart Victor Russomano que "a sindicalização se processa em função dos laços de solidariedade ou semelhança que aproximam certos empregados"[373].

Liberto da ingerência do Poder Público, o sindicato, na atual sistemática, decide sobre seu próprio *enquadramento*, definido por José Martins Catharino como "o ato que resulta da colocação das entidades sindicais em um todo sistemático, classificado e jurídico"[374].

Não se diga que, afastada a ingerência do Estado, o enquadramento sindical, agora espontâneo, tenha desaparecido. Como preleciona Arion Sayão Romita:

"O sistema de enquadramento sindical, sob controle do Ministério do Trabalho, foi abolido pela Constituição de 1988, *mas subsiste na prática*, porquanto a Lei Maior conservou a unicidade sindical e a sindicalização por categoria"[375].

Na expressão textual do saudoso Valentin Carrion, "o enquadramento oficial desapareceu com a Constituição Federal de 1988 (art. 8º), tendo sido substituído pelo espontâneo"[376].

O vínculo profissional é, antes de tudo, o suporte fático do enquadramento sindical relativamente aos empregados.

Contudo, a organização sindical pode abranger tanto atividade idêntica quanto as similares ou conexas.

Ressalte-se, ainda, a faculdade da sindicalização por profissão, como ocorre com as denominadas categorias diferenciadas.

Dentro do quadro mencionado, a aparente rigidez da unicidade sindical admite flexibilidades, dentre as quais se destaca o fenômeno denominado de *desmembramento sindical*.

Os sindicatos, com relação aos empregadores, constituem-se por categorias econômicas; relativamente aos empregados, *por categorias profissionais idênticas, similares ou conexas*.

Na ocorrência de concentração, quando o sindicato abrange categorias, similares ou conexas, facultada é a *dissociação*, a teor do que dispõe o art. 571, *caput*, da CLT:

"Qualquer das atividades ou profissões concentradas na forma do parágrafo único do artigo anterior poderá dissociar-se do sindicato principal, formando um sindicato específico..."

A parte final do dispositivo legal nominado, vazada nos seguintes termos: "... desde que o novo sindicato a juízo da Comissão de Enquadramento Sindical ofereça possibilidade de vida associativa regular e de ação sindical eficiente", foi inequivocamente revogada pelo inciso I do art. 8º da CF/88, que assim dispõe:

"A lei não poderá exigir autorização do Estado para a fundação de sindicato, ressalvado o registro no órgão competente, vedadas ao Poder Público a interferência e a intervenção na organização sindical".

De todo conveniente lembrar que o registro das entidades sindicais no Ministério do Trabalho e Emprego, a ser levado a efeito segundo as regras dispostas na Portaria GM/TEM n. 343, de 4-5-2000, não representa qualquer ingerência do Poder Público, constituindo-se, antes de tudo, na "verificação dos pressupostos legais", como afirma Eduardo Gabriel Saad[377] e como proclamou o STF (MI-144-SP, TP, ADIMC 1.121/RS), e, igualmente, o TST (SDC, RO-DC 80.163/93.4).

Assim, a dissociação ou desmembramento no sistema estabelecido após a promulgação da Constituição de 1988 independe de prévia anuência do Ministério do Trabalho e Emprego, bastando que os interessados, em assembleia geral, deliberem favoravelmente ao desmembramento e consequente criação de sindicato novo.

A dissociação não se cerca, na atual sistemática, do rigorismo formal do sistema celetista. Como adverte Wilson de Souza Campos Batalha:

"O sindicato é constituído por categorias definidas em seus estatutos. As categorias pro-

373. *Comentários à CLT*, cit., v. 4, p. 1053.
374. *Tratado Elementar de Direito Sindical*, São Paulo, LTr, 1977, p. 124.
375. *Revista de Direito do Trabalho*, São Paulo, Revista dos Tribunais, jan./mar. 2000, p. 14.
376. Ob. cit., 25. ed., p. 435.

377. *Suplemento Trabalhista LTr*, 92/2000.

fissionais e econômicas não são estanques ou imutáveis, como ao tempo de vigência da CLT e da Comissão de Enquadramento Sindical. O Estado não define as categorias, não impõe cláusulas estatutárias, não condiciona a existência dos Sindicatos. O registro a que alude o art. 8º, I, da Constituição, não tem natureza constitutiva, mas meramente declaratória"[378].

Lembra Wilson Ramos Filho, com manifesta propriedade, que "na prática, as forças sociais estão em movimento e desse movimento é que devem ser extraídos os conteúdos jurídicos, interpretando a norma não em sua literalidade, mas no conjunto de normas que a Constituição, dirigente, concebeu para a organização social do País"[379].

Ora, se dúvida não pode subsistir quanto à legalidade de desmembramento de sindicatos que representem categorias profissionais similares ou conexas, de todo conveniente pôr em relevo outras situações em que a dissociação é absolutamente legítima, a saber:

a) sindicatos que representem a categoria em mais de um município;

b) atividades específicas que propiciem a formação de sindicato próprio.

Na primeira hipótese, é de ressaltar que, em conformidade com o art. 8º, II, da Constituição Federal, o sindicato deve ter, necessariamente, como base a área de um município.

Na eventualidade de o sindicato estender sua representação a outros municípios, manifestamente legítimo o desmembramento, com a criação de sindicatos novos em municípios que extravasarem o limite da sede do primeiro, afirmando categoricamente Wilson Ramos Filho que "todos os sindicatos que representam a categoria em mais de um município podem sofrer desmembramento, respeitado o limite óbvio do município sede do sindicato anterior"[380].

Na segunda hipótese, o desmembramento dá-se em razão da própria representatividade, afirmando Wilson Ramos Filho que "sempre que determinada atividade se torne de tal forma específica que propicie aos trabalhadores o desejo de se constituir em sindicato específico, pode haver desmembramento de tal atividade, mesmo no âmbito do município sede do sindicato anterior".

E, numa advertência por demais significativa, conclui o eminente juslaborista:

"O sindicato antigo não tem o direito adquirido à sua base (territorial ou de representação), anterior, com fundamento único na sua Carta Sindical".

É, aliás, o que decidiu o Tribunal Superior do Trabalho, em caso de todo análogo.

12. *Contribuição sindical*

Reportamo-nos à Introdução de nossos Comentários, "Os direitos sociais na Constituição Federal", n. 5, IV.

Como lá foi dito:

Os autores indicam quatro espécies de contribuições sindicais: a *legal*, estabelecida para todos os trabalhadores (art. 548, *a*, da CLT), a *assistencial*, instituída em assembleia geral da respectiva categoria, vedada, pelo Precedente Normativo n. 119 do TST, sua inserção em acordos, convenções ou sentenças normativas.

Homero Batista Mateus da Silva, com o esmero que lhe é peculiar, em seus comentários a CLT[381], assinala quatro fontes de custeio sindical, a saber: *contribuição sindical*, aplicável a todos os integrantes da categoria; *contribuição confederativa*, paga pelos profissionais filiados ao sindicato; *contribuição assistencial*, facultativa e as *mensalidades associativas*, para quem se serve dos serviços oferecidos pelo sindicato.

A Reforma Trabalhista/2017, pondo fim a controvérsia de longa data, tornou todas as contribuições sindicais facultativas e, portanto, dependentes de prévia e expressa autorização por parte dos empregados. Sabe-se que a associação e a sindicalização[382] à entidade sindical é livre, tendo em vista que ACT e CCT não podem estabelecer taxas para custear sindicatos das categorias profissionais, uma vez que tal atitude é inconstitucional, passível

378. *Sindicato/Sindicalismo*, São Paulo, LTr, 1952, p. 55.
379. *LTr*, 56-10/1206.
380. *LTr*, 56-10/1206.

381. *CLT Comentada*, p. 579, 1ª edição, RT.
382. Arts. 5º, XX e 8º, V da CF/1988.

de cobrança dos valores descontados sem anuência expressa e de boa-fé por parte do trabalhador.

Sacramentando a legitimidade da cobrança da *contribuição assistencial* prevista em convenção coletiva, decidiu a 2ª Turma do Supremo Tribunal Federal, no Recurso Extraordinário n. 189.960-3, em decisão unânime, tendo como relator o Ministro Marco Aurélio (*DJU*, 10-8-2001 – Ata 22/2001), que:

"A contribuição prevista em convenção coletiva, fruto do disposto no art. 513, alínea *a*, da CLT, é devida por todos os integrantes da categoria profissional, não se confundindo com aquela versada na primeira parte do inciso IV do art. 8º, da Carta da República".

A *mensalidade*, paga espontaneamente pelos associados, e a *confederativa*, prevista no art. 8º, IV, da Constituição Federal, considerada por renomados juslaboralistas não autoaplicável, foi, contudo, proclamada como autoexecutável pelo Supremo Tribunal Federal – Recurso Extraordinário n. 287.227-0. Tal contribuição, entendemos, deve ser paga por todos os trabalhadores, independentemente de sua condição de associado ou não.

Essa interpretação, contudo, não é uniforme:

"As cláusulas coletivas que estabelecem contribuição em favor de entidade sindical, a qualquer título, obrigando trabalhadores não sindicalizados, são ofensivas ao direito de livre associação e sindicalização, constitucionalmente assegurado, e, portanto, nulas, sendo passíveis de devolução, por via própria, os respectivos valores eventualmente descontados" (Orientação Jurisprudencial n. 17 da SDC do TST).

"Contribuição Confederativa. Art. 8º, IV, da Constituição Federal.

13. *Penalidades*

As penalidades previstas nos arts. 553 a 557 estão todas revogadas, por força da autonomia sindical, consagrada no art. 8º, I, de CF/88 – "a lei não poderá exigir autorização do Estado para a fundação de sindicato, ressalvado o registro no órgão competente, vedadas ao Poder Público a interferência e a intervenção na organização sindical".

▶ *Jurisprudência*

▷ **Súmula 286 do TST. Sindicato. Substituição processual. Convenção e acordos coletivos. Com alteração dada pela Res. 98/2000, *DJ*, 18-9-2000.** A legitimidade do sindicato para propor ação de cumprimento estende-se também à observância de acordo ou de convenção coletivos.

▷ **Súmula 369 do TST. Dirigente sindical. Estabilidade provisória.**

I – É assegurada a estabilidade provisória ao empregado dirigente sindical, ainda que a comunicação do registro da candidatura ou da eleição e da posse seja realizada fora do prazo previsto no art. 543, § 5º, da CLT, desde que a ciência ao empregador, por qualquer meio, ocorra na vigência do contrato de trabalho.

II – O art. 522 da CLT foi recepcionado pela Constituição Federal de 1988. Fica limitada, assim, a estabilidade a que alude o art. 543, § 3º, da CLT a sete dirigentes sindicais e igual número de suplentes.

III – O empregado de categoria diferenciada eleito dirigente sindical só goza de estabilidade se exercer na empresa atividade pertinente à categoria profissional do sindicato para o qual foi eleito dirigente.

IV – Havendo extinção da atividade empresarial no âmbito da base territorial do sindicato, não há razão para subsistir a estabilidade.

V – O registro da candidatura do empregado a cargo de dirigente sindical durante o período de aviso prévio, ainda que indenizado, não lhe assegura a estabilidade, visto que inaplicável a regra do § 3º do art. 543 da Consolidação das Leis do Trabalho.

▷ **Súmula 379 do TST. Dirigente sindical. Despedida. Falta grave. Inquérito judicial. Necessidade.**

O dirigente sindical somente poderá ser dispensado por falta grave mediante a apuração em inquérito judicial, inteligência dos arts. 494 e 543, § 3º, da CLT.

▷ **Súmula 406 do TST. Ação Rescisória. Litisconsórcio. Necessário no polo passivo e facultativo no ativo. Inexistente quanto aos substituídos pelo sindicato.**

I – O litisconsórcio, na ação rescisória, é necessário em relação ao polo passivo da

demanda, porque supõe uma comunidade de direitos ou de obrigações que não admite solução díspar para os litisconsortes, em face da indivisibilidade do objeto. Já em relação ao polo ativo, o litisconsórcio é facultativo, uma vez que a aglutinação de autores se faz por conveniência e não pela necessidade decorrente da natureza do litígio, pois não se pode condicionar o exercício do direito individual de um dos litigantes no processo originário à anuência dos demais para retomar a lide.

II – O Sindicato, substituto processual e autor da reclamação trabalhista, em cujos autos fora proferida a decisão rescindenda, possui legitimidade para figurar como réu na ação rescisória, sendo descabida a exigência de citação de todos os empregados substituídos, porquanto inexistente litisconsórcio passivo necessário.

▷ **Súmula 197 do STF.** O empregado com representação sindical só pode ser despedido mediante inquérito em que se apure falta grave.

▷ **OJ n. 80 da SDI-1 do TST. Ação rescisória. Réu sindicato. Substituto processual na ação originária. Inexistência de litisconsórcio passivo necessário.** Quando o sindicato é réu na Ação Rescisória, por ter sido autor, como substituto processual na ação originária, é desnecessária a citação dos substituídos.

▷ **OJ n. 121 da SDI-1 do TST. Substituição processual. Diferença do adicional de insalubridade. Legitimidade.**
O sindicato tem legitimidade para atuar na qualidade de substituto processual para pleitear diferença de adicional de insalubridade.

▷ **OJ n. 65 da SDI-2 do TST. Mandado de Segurança. Reintegração liminarmente concedida. Dirigente Sindical.** Ressalvada a hipótese do art. 494 da CLT, não fere direito líquido e certo a determinação liminar de reintegração no emprego de dirigente sindical, em face da previsão do inciso X do art. 659 da CLT.

▷ **OJ n. 8 da SDC do TST. Dissídio coletivo. Pauta reivindicatória não registrada em ata. Causa de extinção.** A ata da assembleia de trabalhadores que legitima a atuação da entidade sindical respectiva em favor de seus interesses deve registrar, obrigatoriamente, a pauta reivindicatória, produto da vontade expressa da categoria.

▷ **OJ n. 9 da SDC do TST. Enquadramento sindical. Incompetência material da justiça do trabalho.** O dissídio coletivo não é meio próprio para o Sindicato vir a obter o reconhecimento de que a categoria que representa é diferenciada, pois esta matéria – enquadramento sindical – envolve a interpretação de norma genérica, notadamente do art. 577 da CLT.

▷ **OJ n. 15 da SDC do TST. Sindicato. Legitimidade "*ad processum*". Imprescindibilidade do registro no Ministério do Trabalho.** A comprovação da legitimidade "*ad processum*" da entidade sindical se faz por seu registro no órgão competente do Ministério do Trabalho, mesmo após a promulgação da Constituição Federal de 1988.

▷ **OJ n. 16 da SDC do TST. Taxa de homologação de rescisão contratual. Ilegalidade.** É contrária ao espírito da lei (art. 477, § 7º, da CLT) e da função precípua do Sindicato a cláusula coletiva que estabelece taxa para homologação de rescisão contratual, a ser paga pela empresa a favor do sindicato profissional.

▷ **OJ n. 17 da SDC do TST. Contribuições para entidades sindicais. Inconstitucionalidade de sua extensão a não associados.** As cláusulas coletivas que estabeleçam contribuição em favor de entidade sindical, a qualquer título, obrigando trabalhadores não sindicalizados, são ofensivas ao direito de livre associação e sindicalização, constitucionalmente assegurado, e, portanto, nulas, sendo passíveis de devolução, por via própria, os respectivos valores eventualmente descontados.

▷ **OJ n. 19 da SDC do TST. Dissídio coletivo contra empresa. Legitimação da entidade sindical. Autorização dos trabalhadores diretamente envolvidos no conflito** (inserido dispositivo) – *DEJT* divulgado em 16, 17 e 18-11-2010 – A legitimidade da entidade sindical para a instauração da instância contra determinada empresa está condicionada à prévia autorização dos trabalhadores da suscitada diretamente envolvidos no conflito.

▷ **OJ n. 20 da SDC do TST. Empregados sindicalizados. Admissão preferencial. Condição violadora do art. 8º, V, da CF/88** (inserido dispositivo) – *DEJT* divulgado em 16, 17 e 18-11-2010. Viola o art. 8º, V, da CF/88. Cláusula de instrumento normativo que estabelece a preferência, na contratação de mão de obra, do trabalhador sindicalizado sobre os demais.

▷ **OJ n. 22 da SDC DO TST. Legitimidade *ad causam* do sindicato. Correspondência entre as atividades exercidas pelos setores profissional e econômico envolvidos no conflito. Necessidade** (inserido dispositivo) – *DEJT* divulgado em 16, 17 e 18-11-2010. É necessária a correspondência entre as atividades exercidas pelos setores profissional e econômico, a fim de legitimar os envolvidos no conflito a ser solucionado pela via do dissídio coletivo.

▷ **OJ n. 23 da SDC do TST. Legitimidade *ad causam*. Sindicato representativo de segmento profissional ou patronal. Impossibilidade.** A representação sindical abrange toda a categoria, não comportando separação fundada na maior ou menor dimensão de cada ramo ou empresa.

▷ **OJ n. 36 da SDC do TST. Empregados de empresa de processamento de dados. Reconhecimento como categoria diferenciada. Impossibilidade.** É por lei e não por decisão judicial que as categorias diferenciadas são reconhecidas como tais. De outra parte, no que tange aos profissionais da informática, o trabalho que desempenham sofre alterações, de acordo com a atividade econômica exercida pelo empregador.

▷ **Precedente Normativo n. 41 do TST. Relação nominal de empregados** (positivo). As empresas encaminharão à entidade profissional cópia das guias de contribuição sindical e assistencial, com a relação nominal dos respectivos salários, no prazo máximo de 30 dias após o desconto.

▷ **Precedente Normativo n. 81 do TST. Atestados médicos e odontológicos** (positivo). Assegura-se eficácia aos atestados médicos e odontológicos fornecidos por profissionais do sindicato dos trabalhadores, para o fim de abono de faltas ao serviço, desde que existente convênio do sindicato com a Previdência Social, salvo se o empregador possuir serviço próprio ou conveniado.

▷ **Precedente Normativo n. 83 do TST. Dirigentes sindicais. Frequência livre** (positivo). Redação alterada pela Res. 123/2004, *DJU*, 6-7-2004. Assegura-se a frequência livre dos dirigentes sindicais para participarem de assembleias e reuniões sindicais devidamente convocadas e comprovadas, sem ônus para o empregador.

▷ **Precedente Normativo n. 91 do TST. Acesso de dirigente sindical à empresa** (positivo). Assegura-se o acesso dos dirigentes sindicais às empresas, nos intervalos destinados a alimentação e descanso, para desempenho de suas funções, vedada a divulgação de matéria político-partidária ou ofensiva.

▷ **Precedente Normativo n. 104 do TST. Quadro de avisos** (positivo). Defere-se a afixação, na empresa, de quadro de avisos do sindicato, para comunicados de interesse dos empregados, vedados os de conteúdo político-partidário ou ofensivo.

▷ **Precedente Normativo n. 111 do TST. Relação de empregados** (positivo). Obriga-se a empresa a remeter ao sindicato profissional, uma vez por ano, a relação dos empregados pertencentes à categoria.

▷ **Precedente Normativo n. 119 do TST. Contribuições sindicais. Inobservância de preceitos constitucionais** (positivo). Reformulação dada pela Res. 82/98 – *DJU*, 20-8-1998. A Constituição da República, em seus arts. 5º, XX, e 8º, V, assegura o direito de livre associação e sindicalização. É ofensiva a essa modalidade de liberdade cláusula constante de acordo, convenção coletiva ou sentença normativa estabelecendo contribuição em favor de entidade sindical a título de taxa para custeio do sistema confederativo, assistencial, revigoramento ou fortalecimento sindical e outras da mesma espécie, obrigando trabalhadores não sindicalizados. Sendo nulas as estipulações que não observem tal restrição, tornam-se passíveis de devolução os valores irregularmente descontados.

▷ **"Agravo em agravo de instrumento em recurso de revista da reclamada. Proces-

so regido pela Lei n. 13.467/2017. **1. Cerceamento de defesa. Óbice do art. 896, § 1º-A, I, da CLT.** A parte transcreveu no recurso de revista trecho do acórdão que não aborda o contexto fático necessário ao entendimento da questão controvertida, assim, correta a aplicação do óbice do art. 896, § 1º-A, I, da CLT. **2. Horas *in itinere*. Horas extras. Óbice da Súmula 221 do TST.** A ausência de indicação dos itens das Súmulas 90 e 338 do TST, apontadas como contrariadas pela agravante, destoa dos termos da Súmula 221 do TST, compreendendo fundamentação genérica incapaz de impulsionar o conhecimento do recurso de revista. **3. Equiparação salarial. Ônus da prova. Súmula 6, VIII, do TST.** De acordo com o acórdão do Tribunal Regional, a prova oral – depoimento do preposto da reclamada – demonstrou que o reclamante e o paradigma exerciam as mesmas atividades e que a reclamada não comprovou os fatos impeditivos à pretensão autoral. Neste contexto, a decisão está em consonância com os termos da Súmula 6, item VIII, do TST, segundo a qual "é do empregador o ônus da prova do fato impeditivo, modificativo ou extintivo da equiparação salarial". **4. Contribuição confederativa. Devolução. Cobrança de empregado não associado ao sindicato (OJ 17 da SDC e Precedente Normativo 119, ambos do TST).** A decisão de devolução de valores descontados a título de contribuição confederativa de trabalhador não filiado à entidade de classe está em conformidade com o entendimento do Precedente Normativo 119 e da Orientação Jurisprudencial 17, ambos da SDC, uma vez que a Constituição Federal assegura o direito de livre associação e sindicalização (arts. 5º, XX e 8º, V). **5. Participação nos lucros e resultados. Recurso desfundamentado.** O recurso encontra-se desfundamentado, na medida em que o agravante não aponta violação a qualquer dispositivo constitucional ou legal, tampouco traz divergência jurisprudencial ou contrariedade a súmulas, não atendendo, portanto às exigências do art. 896, *a*, *b* e *c*, da CLT. Agravo não provido" (Ag-AIRR-11006-16.2015.5.03.0019, 8ª Turma, Relatora Ministra Delaide Alves Miranda Arantes, *DEJT* 2-7-2021).

▷ **Agravo interno em agravo de instrumento em recurso de revista. Lei n. 13.015/2014. CPC/2015. Instrução Normativa n. 40 do TST. Aplicação de multa por litigância de má-fé ante a formulação de pretensão contrária a fato incontroverso. Exercício de mandato sindical. Horas extras. Condição de bancário.** Nos termos dos incisos do art. 80 do CPC, considera-se litigante de má-fé a parte que pretender utilizar o processo para conseguir objetivo ilegal, opuser resistência injustificada ao seu andamento, proceder de modo temerário em qualquer incidente ou ato processual e, ainda, provocar incidente manifestamente infundado. Na hipótese dos autos, a aplicação da penalidade por litigância de má-fé imposta em primeira instância e mantida pela Corte de Origem decorreu da formulação de pretensão contrária a fato incontroverso, consistente no pedido de pagamento de horas extras para empregado afastado das atividades bancárias, em face do exercício de mandato sindical, bem como da omissão desse afastamento quando do relato dos fatos na inicial, a ensejar o enquadramento da conduta processual no art. 80, I e II, do CPC. Vale notar que a incidência da referida penalidade não fica condicionada a requerimento da parte contrária, estando o Magistrado autorizado a aplicá-la de ofício, nos moldes do art. 81 do CPC, o que foi observado nestes autos. Nesse sentido, resultando incontroverso que o autor, desde 1995, exerce a função de dirigente sindical, desobrigado de anotar a jornada e de desempenhar suas tarefas de bancário junto ao réu, não há como se afastar a penalidade imposta, nem o indeferimento da pretensão ao pagamento de horas extras excedentes à sexta diária. Agravo conhecido e não provido (Ag-AIRR-20506-37.2014.5.04.0303, 7ª Turma, Relator Ministro Claudio Mascarenhas Brandão, *DEJT* 28-8-2020).

▷ **Processo posterior às Leis n. 13.015/2014 e 13.467/2017. Agravo em agravo de instrumento em recurso de revista. Contribuição sindical compulsória. Servidores públicos. Requisitos do art.

605 da CLT não atendidos. Editais genéricos. Constituição irregular do crédito tributário.** No caso, o Tribunal Regional consignou que a Federação autora não atendeu às formalidades exigidas pelo art. 605 da CLT, porquanto não foi comprovado que os jornais em que os editais foram publicados eram de grande circulação. Ademais, consta do acórdão que os editais eram genéricos e não houve prova da notificação pessoal dos devedores. Ocorre que, sendo a contribuição sindical uma espécie de tributo, a sua cobrança exige a regular constituição do crédito. Desse modo, além de ser necessário o fiel cumprimento do art. 605 da CLT, é requisito indispensável a notificação pessoal prévia do sujeito passivo da contribuição sindical, não sendo suficiente a publicação de editais genéricos. Precedentes. Agravo conhecido e desprovido (Ag-AIRR-168-17.2016.5.09.0567, 3ª Turma, Relator Ministro Alexandre de Souza Agra Belmonte, *DEJT* 28-8-2020).

▷ **Agravo de instrumento. Recurso de revista – Descabimento. 1. Regularidade do despacho de admissibilidade do recurso de revista.** O trancamento do recurso, na origem, nenhum preceito viola, na medida em que exercido o juízo de admissibilidade dentro dos limites da Lei (CLT, art. 896, § 1º). Ademais, o despacho agravado, no precário exame da admissibilidade recursal, não impede a devolução à Corte superior do exame de todos os pressupostos de cabimento do apelo. Ausente qualquer evidência de dano, o decreto de nulidade importaria retrocesso do procedimento, sem que nenhum benefício manifesto exsurgisse para o litigante irresignado (CLT, art. 794). **2. Ilegitimidade ativa. Substituição processual. Sindicato. Legitimação extraordinária. Art. 8º, III, da Constituição Federal. Limitação de alcance. Revisão da Súmula 310/TST – efeito. Precedentes do plenário do STF.** O art. 8º da Constituição Federal, textualmente, pontua, no *caput*, que "é livre a associação profissional ou sindical", esclarecendo, no inciso III, que "ao sindicato cabe a defesa dos direitos e interesses coletivos ou individuais da categoria, inclusive em questões judiciais ou administrativas". Não se pode deixar de notar que o legislador constituinte, buscando, justamente, preservar a liberdade de associação sindical, enquanto intentava o fortalecimento do sistema, não restringiu aos associados a função representativa do sindicato. Antes, elasteceu-a, expressamente, de forma a abranger toda a categoria, em todos os seus direitos e interesses individuais e coletivos. Ao manter-se o regramento sindical atrelado à unicidade, à liberdade de associação e à contribuição compulsoriamente exigível à categoria, na Constituição de 1988, não se pode conceber que a atuação sindical, em Juízo, esteja restrita, sob qualquer nível, de um lado, aos associados e, de outro, a determinados direitos. De outro norte, a natureza social do Direito do Trabalho faz necessária tal prerrogativa, em face da qualidade de interesses representados, viabilizando a reunião de pretensões individuais em um único processo, de forma a favorecer o acesso ao Judiciário e a economia e celeridade processuais. O Pretório Excelso, em controle difuso de constitucionalidade, tem adotado o mesmo entendimento. Na busca de interpretação do art. 8º, III, da Carta Magna, chega-se à conclusão de que, para postular qualquer direito relacionado ao vínculo empregatício, o sindicato profissional tem legitimação extraordinária plena para agir no interesse de toda a categoria. Agravo de instrumento conhecido e desprovido (AIRR-11929-44.2016.5.03.0007, 3ª Turma, Relator Ministro Alberto Luiz Bresciani de Fontan Pereira, *DEJT* 28-8-2020).

▷ **Agravo. Agravo de instrumento em recurso de revista. Acórdão publicado antes da vigência da Lei n. 13.015/2014. Preliminar de nulidade por negativa de prestação jurisdicional.** Deixa-se de apreciar a preliminar, tendo em vista a possibilidade de julgamento de mérito em favor da parte a quem aproveitaria a sua decretação (art. 249, § 2º, do CPC/73 e seu correlato, art. 282, § 2º, do CPC/2015). **Ação civil pública. Tutela inibitória. Obrigação de não fazer. Proibição de inclusão de cláusula ou outra similar nas futuras normas coletivas em que se impõe contribuição assistencial confederativa aos empregados não associados.** Agravo a que

se dá provimento para examinar o agravo de instrumento em recurso de revista. Agravo provido. **Agravo de instrumento em recurso de revista. Acórdão publicado antes da vigência da Lei n. 13.015/2014. Ação civil pública. Tutela inibitória. Obrigação de não fazer. Proibição de inclusão de cláusula ou outra similar nas futuras normas coletivas em que se impõe contribuição assistencial confederativa aos empregados não associados.** Demonstrada a divergência jurisprudencial, dá-se provimento ao agravo de instrumento para determinar o prosseguimento do recurso de revista. Agravo de instrumento provido. **Recurso de revista. Acórdão publicado antes da vigência da Lei n. 13.015/2014. Ação civil pública. Tutela inibitória. Obrigação de não fazer. Proibição de inclusão de cláusula ou outra similar nas futuras normas coletivas em que se impõe contribuição assistencial confederativa aos empregados não associados. Possibilidade.** Cinge-se a controvérsia acerca da possibilidade de o Ministério Público do Trabalho pleitear que não sejam incluídas, em futuras convenções e acordos coletivos, cláusulas que instituam cobrança de contribuições assistenciais de empregados que, apesar de pertencerem à categoria, não sejam associados. Pois bem, nos termos do art. 3º da Lei n. 7.347/85, "a ação civil pública poderá ter por objeto a condenação em dinheiro ou o cumprimento de obrigação de fazer ou não fazer". E, buscando-se a efetiva tutela do bem jurídico violado, "o juiz determinará o cumprimento da prestação devida ou a cessão da atividade nociva, sob pena de execução específica, ou de cominação de multa diária, se esta for suficiente ou compatível, independentemente de requerimento do autor" (art. 11 da Lei n. 7.347/85). Com efeito, a SBDI-1 desta Corte tem entendido ser cabível ação civil pública que vise à tutela inibitória ou preventiva, com o objetivo de prevenir, cessar ou impedir a repetição de um ilícito, por meio da condenação do réu ao cumprimento de uma obrigação de fazer ou de não fazer, não sendo necessária a ocorrência de dano concreto. Precedentes. Recurso de revista conhecido e provido (RR-1104-28.2010.5.02.0444, 5ª Turma, Relator Ministro Breno Medeiros, *DEJT* 28-8-2020).

▷ **Agravo interno. Agravo de instrumento em recurso de revista. Decisão monocrática. Regido pela Lei n. 13.015/2014. Contribuição assistencial. Devolução de descontos. Empregado não associado.** A decisão monocrática proferida deve ser confirmada, pois foi proferida em conformidade com a jurisprudência desta Corte, consubstanciada na Orientação Jurisprudencial n. 17 e no Precedente Normativo n. 119, ambos da SDC. Precedentes. Desprovido. **Cargo de confiança. Horas extras. Incidência da Súmula 126 do TST.** O quadro fático delineado pelo Regional aponta que as funções desempenhadas pelo reclamante eram estritamente técnicas na área de informática, não se coadunando com a situação do art. 62, inciso II, da CLT. Como a reclamada alega que vários dos fatores descritos no acórdão do Regional e apontados no recurso de revista, "evidenciam grande número de características que somadas levam a conclusão que o Agravado enquadra-se na hipótese no art. 62, II, da CLT", a pretensão de reforma encontra óbice na Súmula 126 do TST, na medida em que para o alcance da tese recursal, no sentido de que não são devidas as horas extras ao reclamante, pelo fato de ele exercer cargo de confiança, seria necessário o revolvimento de fatos e provas, procedimento vedado no âmbito desta Corte Superior. Agravo interno a que se nega provimento, com aplicação de multa (Ag-AIRR-1001994-60.2016.5.02.0016, 5ª Turma, Relator Desembargador Convocado João Pedro Silvestrin, *DEJT* 28-8-2020).

▷ **Agravo. Agravo de instrumento. Recurso de revista. Responsabilidade subsidiária. Recurso de revista que apresenta a transcrição integral do acórdão regional que identifica o prequestionamento da matéria objeto do apelo. Ausência de demonstração analítica da divergência jurisprudencial indicada.** Lei n. 13.015/2014. Com o advento da Lei n. 13.015/2014 o novel §1º-A do art. 896 da CLT exige em seu inciso I, como ônus da parte e sob pena de não conhecimento, a indicação do trecho da decisão recorrida

que consubstancia o prequestionamento da controvérsia objeto do recurso de revista. Por outro lado, o novel § 8º incumbe ao recorrente, dentre outros encargos na hipótese de o recurso pautar-se em dissenso de julgados, o de mencionar as circunstâncias que identifiquem ou assemelhem os casos confrontados. No caso concreto, o acórdão regional foi publicado na vigência da referida lei, e o recurso de revista apresenta a transcrição integral do trecho da decisão regional que consubstancia o prequestionamento da controvérsia objeto do apelo. As alterações legislativas no aspecto constituem pressuposto de adequação formal de admissibilidade do recurso de revista. A ausência desses requisitos formais torna inexequível o apelo. **Devolução de contribuição confederativa e assitencial. Empregado não associado.** Independentemente de eventual direito de oposição previsto em cláusula coletiva, certo é que o desconto de contribuições assistenciais ou confederativas de quem não é filiado ao sindicato profissional afronta o princípio constitucional da liberdade de associação, previsto no art. 5º, XX, da CF, bem como se opõe ao entendimento exarado tanto na Súmula Vinculante n. 40 quanto na OJ da SDC n. 17 e no Precedente Normativo n. 119. Julgados, inclusive da SDC e desta 3ª Turma. Ademais, é entendimento pacífico deste Colegiado que o trabalhador possui a prerrogativa de pleitear a devolução dos descontos indevidos diretamente do empregador. **Horas extras – DSR – Intervalo intrajornada. Juntada parcial dos cartões de ponto.** Segundo os termos da Súmula 338, I, do TST, "é ônus do empregador que conta com mais de 10 (dez) empregados o registro da jornada de trabalho na forma do art. 74, § 2º, da CLT". A não apresentação injustificada dos controles de frequência gera presunção relativa de veracidade da jornada de trabalho, a qual pode ser elidida por prova. *In casu*, a Corte Regional consignou que: "Assim, relativo ao período contratual em que não há os cartões de ponto, presumo que o reclamante, nos termos da S. 338, do C. TRT, praticava a jornada indicada na inicial, a qual fixo, para todos os efeitos: de segunda-feira a domingo, das 7h até às 18h, sendo que em dois dias da semana, a jornada se encerrava às 22 horas, com fruição de 1 hora de intervalo intrajornada". Dessa forma, não há contrariedade à Súmula 338 do TST, porquanto a presunção de veracidade da jornada de trabalho não foi elidida por outros elementos probatórios, sendo aplicável inclusive nos casos de juntada parcial dos cartões de ponto. **Verbas rescisórias.** Tendo em vista que as verbas rescisórias não foram adimplidas pela prestadora de serviços, é indiferente a argumentação de que inexistia vínculo empregatício entre o autor e a tomadora de serviços, uma vez que a responsabilidade subsidiária engloba todas as verbas decorrentes da condenação. Incidência da Súmula 331, VI do TST. **Competência da justiça do trabalho. Expedição de ofício.** Ressalta-se que a Corte Regional, ao aludir à competência da Justiça do Trabalho para esse fim, dirimiu a controvérsia de forma correta, porquanto a determinação de expedição de ofícios a órgãos públicos não se encontra fora do âmbito da competência da Justiça do Trabalho, pois inserida no amplo poder de condução e direção do processo, conferido ao magistrado por força do art. 765 da Consolidação das Leis do Trabalho, sendo certo, ainda, que os arts. 653, *f*, e 680, *g*, da CLT conferem competência aos magistrados para exercerem em geral, no interesse da Justiça do Trabalho, outras atribuições que decorram da sua jurisdição. Precedentes. Agravo conhecido e desprovido (Ag-AIRR-11100-30.2014.5.15.0062, 3ª Turma, Relator Ministro Alexandre de Souza Agra Belmonte, *DEJT* 28-8-2020).

Título VI
Das convenções coletivas de trabalho

Art. 611. Convenção Coletiva de Trabalho é o acordo de caráter normativo, pelo qual dois ou mais Sindicatos representativos de categorias econômicas e profissionais estipulam condições de trabalho aplicáveis, no âmbito das respectivas representações, às relações individuais do trabalho. (*Caput* e parágrafos com redação dada pelo Dec.-lei n. 229, de 28-2-1967.)

§ 1º É facultado aos Sindicatos representativos de categorias profissionais celebrar Acordos Coletivos com uma ou mais empresas da correspondente categoria econômica, que estipulem condições de trabalho, aplicáveis no âmbito da empresa ou das empresas acordantes às respectivas relações de trabalho.

§ 2º As Federações e, na falta destas, as Confederações representativas de categorias econômicas ou profissionais poderão celebrar convenções coletivas de trabalho para reger as relações das categorias a elas vinculadas, inorganizadas em Sindicatos, no âmbito de suas representações.

Art. 611-A. A convenção coletiva e o acordo coletivo de trabalho têm prevalência sobre a lei quando, entre outros, dispuserem sobre:

I – pacto quanto à jornada de trabalho, observados os limites constitucionais;

II – banco de horas anual;

III – intervalo intrajornada, respeitado o limite mínimo de trinta minutos para jornadas superiores a seis horas;

IV – adesão ao Programa Seguro-Emprego (PSE), de que trata a Lei n. 13.189, de 19-11-2015;

V – plano de cargos, salários e funções compatíveis com a condição pessoal do empregado, bem como identificação dos cargos que se enquadram como funções de confiança;

VI – regulamento empresarial;

VII – representante dos trabalhadores no local de trabalho;

VIII – teletrabalho, regime de sobreaviso, e trabalho intermitente;

IX – remuneração por produtividade, incluídas as gorjetas percebidas pelo empregado, e remuneração por desempenho individual;

X – modalidade de registro de jornada de trabalho;

XI – troca do dia de feriado;

XII – enquadramento do grau de Insalubridade;

XIII – prorrogação de jornada em ambientes insalubres, sem licença prévia das autoridades competentes do Ministério do Trabalho;

XIV – prêmios de incentivo em bens ou serviços, eventualmente concedidos em programas de incentivo;

XV – participação nos lucros ou resultados da empresa.

§ 1º No exame da convenção coletiva ou do acordo coletivo de trabalho, a Justiça do Trabalho observará o disposto no § 3º do art. 8º desta Consolidação.

§ 2º A inexistência de expressa indicação de contrapartidas recíprocas em convenção coletiva ou acordo coletivo de trabalho não ensejará sua nulidade por não caracterizar um vício do negócio jurídico.

§ 3º Se for pactuada cláusula que reduza o salário ou a jornada, a convenção coletiva ou o acordo coletivo de trabalho deverão prever a proteção dos empregados contra dispensa imotivada durante o prazo de vigência do instrumento coletivo.

§ 4º Na hipótese de procedência de ação anulatória de cláusula de convenção coletiva ou de acordo coletivo de trabalho, quando houver a cláusula compensatória, esta deverá ser igualmente anulada, sem repetição do indébito.

§ 5º Os sindicatos subscritores de convenção coletiva ou de acordo coletivo de trabalho deverão participar, como litisconsortes necessários, em ação individual ou coletiva, que tenha como objeto a anulação de cláusulas desses instrumentos. (Redação inserida pela Lei n. 13.467/2017.)

Art. 611-B. Constituem objeto ilícito de convenção coletiva ou de acordo coletivo de trabalho, exclusivamente, a supressão ou a redução dos seguintes direitos:

I – normas de identificação profissional, inclusive as anotações na Carteira de Trabalho e Previdência Social;

II – seguro-desemprego, em caso de desemprego involuntário;

III – valor dos depósitos mensais e da indenização rescisória do Fundo de Garantia do tempo de serviço (FGTS);

IV – salário mínimo;

V – valor nominal do décimo terceiro salário;

VI – remuneração do trabalho noturno superior à do diurno;

VII – proteção do salário na forma da lei, constituindo crime sua retenção dolosa;

VIII – salário-família;

IX – repouso semanal remunerado;

X – remuneração do serviço extraordinário superior, no mínimo, em 50% (cinquenta por cento) à do normal;

XI – número de dias de Férias devidas ao empregado;

XII – gozo de férias anuais remuneradas com, pelo menos, um terço a mais do que o salário normal;

XIII – licença-maternidade com a duração mínima de cento e vinte dias;

XIV – licença-paternidade nos termos fixados em lei;

XV – proteção do mercado de trabalho da mulher, mediante incentivos específicos, nos termos da lei;

XVI – aviso prévio proporcional ao tempo de serviço, sendo no mínimo de trinta dias, nos termos da lei;

XVII – normas de saúde, higiene e segurança do trabalho previstas em lei ou em normas regulamentadoras do Ministério do Trabalho;

XVIII – adicional de remuneração para as atividades penosas, insalubres ou perigosas;

XIX – aposentadoria;

XX – seguro contra acidentes de trabalho, a cargo do empregador;

XXI – ação, quanto aos créditos resultantes das relações de trabalho, com prazo prescricional de cinco anos para os trabalhadores urbanos e rurais, até o limite de dois anos após a extinção do Contrato de Trabalho;

XXII – proibição de qualquer discriminação no tocante a salário e critérios de admissão do trabalhador com deficiência;

XXIII – proibição de trabalho noturno, perigoso ou insalubre a menores de dezoito anos e de qualquer trabalho a menores de dezesseis anos, salvo na condição de aprendiz, a partir de quatorze anos;

XXIV – medidas de proteção legal de crianças e adolescentes;

XXV – igualdade de direitos entre o trabalhador com vínculo empregatício permanente e o trabalhador avulso;

XXVI – liberdade de associação profissional ou sindical do trabalhador, inclusive o direito de não sofrer, sem sua expressa e prévia anuência, qualquer cobrança ou desconto salarial estabelecidos em convenção coletiva ou acordo coletivo de trabalho;

XXVII – direito de greve, competindo aos trabalhadores decidir sobre a oportunidade de exercê-lo e sobre os interesses que devam por meio dele defender;

XXVIII – definição legal sobre os serviços ou atividades essenciais e disposições legais sobre o atendimento das necessidades inadiáveis da comunidade em caso de greve;

XXIX – tributos e outros créditos de terceiros;

XXX – as disposições previstas nos arts. 373-A, 390, 392, 392-A, 394, 394-A, 395, 396 e 400 desta Consolidação.

Parágrafo único. Regras sobre duração do trabalho e intervalos não são consideradas como normas de saúde, higiene e segurança do trabalho para os fins do disposto neste artigo. (Redação inserida pela Lei n. 13.467/2017.)

Art. 612. Os Sindicatos só poderão celebrar Convenções ou Acordos Coletivos de Trabalho, por deliberação de Assembleia Geral especialmente convocada para esse fim, consoante o disposto nos respectivos Estatutos, dependendo a validade da mesma do comparecimento e votação, em primeira convocação, de 2/3 (dois terços) dos associados da entidade, se se tratar de Convenção, e dos interessados, no caso de Acordo, e, em segunda, de 1/3 (um terço) dos membros.

Parágrafo único. O *quorum* de comparecimento e votação será de 1/8 (um oitavo) dos associados em segunda convocação, nas entidades sindicais que tenham mais de 5.000 (cinco mil) associados. (Redação dada pelo Dec.-lei n. 229, de 28-2-1967.)

Art. 613. As Convenções e os Acordos deverão conter obrigatoriamente: (*Caput* e incisos com redação dada pelo Dec.-lei n. 229, de 28-2-1967.)

I – designação dos Sindicatos convenentes ou dos Sindicatos e empresas acordantes;

II – prazo de vigência;

III – categorias ou classes de trabalhadores abrangidas pelos respectivos dispositivos;

IV – condições ajustadas para reger as relações individuais de trabalho durante sua vigência;

V – normas para a conciliação das divergências surgidas entre os convenentes por motivos da aplicação de seus dispositivos;

VI – disposições sobre o processo de sua prorrogação e de revisão total ou parcial de seus dispositivos;

VII – direitos e deveres dos empregados e empresas;

VIII – penalidades para os Sindicatos convenentes, os empregados e as empresas em caso de violação de seus dispositivos.

Parágrafo único. As Convenções e os Acordos serão celebrados por escrito, sem emendas nem rasuras, em tantas vias quantos forem os Sindicatos convenentes ou as empresas acordantes, além de uma destinada a registro. (Parágrafo único com redação dada pelo Dec.-lei n. 229, de 28-2-1967.)

Art. 614. Os Sindicatos convenentes ou as empresas acordantes promoverão, conjunta ou separadamente, dentro de 8 (oito) dias da assinatura da Convenção ou Acordo, o depósito de uma via do mesmo, para fins de registro e arquivo, no Departamento Nacional do Trabalho, em se tratando de instrumento de caráter nacional ou interestadual, ou nos órgãos regionais do Ministério do Trabalho e Previdência Social, nos demais casos. (*Caput* e parágrafos com redação dada pelo Dec.-lei n. 229, de 28-2-1967.)

§ 1º As Convenções e os Acordos entrarão em vigor 3 (três) dias após a data da entrega dos mesmos no órgão referido neste artigo.

§ 2º Cópias autênticas das Convenções e dos Acordos deverão ser afixadas de modo visível, pelos Sindicatos convenentes, nas respectivas sedes e nos estabelecimentos das empresas compreendidas no seu campo de aplicação, dentro de 5 (cinco) dias da data do depósito previsto neste artigo.

§ 3º Não será permitido estipular duração de convenção coletiva ou acordo coletivo de trabalho superior a 2 (dois) anos, sendo vedada a ultratividade. (Redação alterada pela Lei n. 13.467/2017.)

Art. 615. O processo de prorrogação, revisão, denúncia ou revogação total ou parcial de Convenção ou Acordo ficará subordinado, em qualquer caso, à aprovação de Assembleia Geral dos Sindicatos convenentes ou partes acordantes, com observância do disposto no art. 612. (*Caput* e parágrafos com redação dada pelo Dec.-lei n. 229, de 28-2-1967.)

§ 1º O instrumento de prorrogação, revisão, denúncia ou revogação de Convenção ou Acordo será depositado, para fins de registro e arquivamento, na repartição em que o mesmo originariamente foi depositado, observado o disposto no art. 614.

§ 2º As modificações introduzidas em Convenção ou Acordo, por força de revisão ou de revogação parcial de suas cláusulas, passarão a vigorar 3 (três) dias após a realização de depósito previsto no § 1º.

Art. 616. Os Sindicatos representativos de categorias econômicas ou profissionais e as empresas, inclusive as que não tenham representação sindical, quando provocados, não podem recusar-se à negociação coletiva. (*Caput* e parágrafos com redação dada pelo Dec.-lei n. 229, de 28-2-1967.)

§ 1º Verificando-se recusa à negociação coletiva, cabe aos Sindicatos ou empresas interessadas dar ciência do fato, conforme o caso, ao Departamento Nacional do Trabalho ou aos órgãos regionais do Ministério do Trabalho para convocação compulsória dos Sindicatos ou empresas recalcitrantes.

§ 2º No caso de persistir a recusa à negociação coletiva, pelo desatendimento às convocações feitas pelo Departamento Nacional do Trabalho ou órgãos regionais do Ministério de Trabalho ou se malograr a negociação entabulada é facultada aos Sindicatos ou empresas interessadas a instauração de dissídio coletivo.

§ 3º Havendo convenção, acordo ou sentença normativa em vigor, o dissídio coletivo deverá ser instaurado dentro dos 60 (sessenta) dias anteriores ao respectivo termo final, para que o novo instrumento possa ter vigência no dia imediato a esse termo.

§ 4º Nenhum processo de dissídio coletivo de natureza econômica será admitido sem antes se esgotarem as medidas relativas à formalização da Convenção ou Acordo correspondente.

Art. 617. Os empregados de uma ou mais empresas que decidirem celebrar Acordo Coletivo de Trabalho com as respectivas empresas darão ciência de sua resolução, por escrito, ao Sindicato representativo da categoria profissional, que terá o prazo de 8 (oito) dias para assumir a direção dos entendimentos entre os interessados, devendo igual procedimento ser observado

pelas empresas interessadas com relação ao Sindicato da respectiva categoria econômica. (*Caput* e parágrafos com redação dada pelo Dec.-lei n. 229, de 28-2-1967.)

§ 1º Expirado o prazo de 8 (oito) dias sem que o Sindicato tenha se desincumbido do encargo recebido, poderão os interessados dar conhecimento do fato à Federação a que estiver vinculado o Sindicato e, em falta dessa, à correspondente Confederação, para que, no mesmo prazo, assuma a direção dos entendimentos. Esgotado esse prazo, poderão os interessados prosseguir diretamente na negociação coletiva até final.

§ 2º Para o fim de deliberar sobre o Acordo, a entidade sindical convocará Assembleia Geral dos diretamente interessados, sindicalizados ou não, nos termos do art. 612.

Art. 618. As empresas e instituições que não estiverem incluídas no enquadramento sindical a que se refere o art. 577 desta Consolidação poderão celebrar Acordos Coletivos de Trabalho com os Sindicatos representativos dos respectivos empregados, nos termos deste Título. (Redação dada pelo Dec.-lei n. 229, de 28-2-1967.)

Art. 619. Nenhuma disposição de contrato individual de trabalho que contrarie normas de Convenção ou Acordo Coletivo de Trabalho poderá prevalecer na execução do mesmo, sendo considerada nula de pleno direito. (Redação dada pelo Dec.-lei n. 229, de 28-2-1967.)

Art. 620. As condições estabelecidas em acordo coletivo de trabalho sempre prevalecerão sobre as estipuladas em convenção coletiva de trabalho. (Redação alterada pela Lei n. 13.467/2017.)

Art. 621. As Convenções e os Acordos poderão incluir, entre suas cláusulas, disposição sobre a constituição e funcionamento de comissões mistas de consulta e colaboração, no plano da empresa e participação nos lucros. Estas disposições mencionarão a forma de constituição, o modo de funcionamento e as atribuições das comissões, assim como o plano de participação, quando for o caso. (Redação dada pelo Dec.-lei n. 229, de 28-2-1967.)

Art. 622. Os empregados e as empresas que celebrarem contratos individuais de trabalho, estabelecendo condições contrárias ao que tiver sido ajustado em Convenção ou Acordo que lhes for aplicável, serão passíveis da multa neles fixada. (Redação dada pelo Dec.-lei n. 229, de 28-2-1967.)

Parágrafo único. A multa a ser imposta ao empregado não poderá exceder da metade daquela que, nas mesmas condições, seja estipulada para a empresa. (Redação dada pelo Dec.-lei n. 229, de 28-2-1967.)

Art. 623. Será nula de pleno direito disposição de Convenção ou Acordo que, direta ou indiretamente, contrarie proibição ou norma disciplinadora da política econômico-financeira do Governo ou concernente à política salarial vigente, não produzindo quaisquer efeitos perante autoridades e repartições públicas, inclusive para fins de revisão de preços e tarifas de mercadorias e serviços. (Redação dada pelo Dec.-lei n. 229, de 28-2-1967.)

Parágrafo único. Na hipótese deste artigo, a nulidade será declarada, de ofício ou mediante representação, pelo Ministro do Trabalho ou pela Justiça do Trabalho, em processo submetido ao seu julgamento. (Redação dada pelo Dec.-lei n. 229, de 28-2-1967.)

Art. 624. A vigência de cláusula de aumento ou reajuste salarial, que implique elevação de tarifas ou de preços sujeitos à fixação por autoridade pública ou repartição governamental, dependerá de prévia audiência dessa autoridade ou repartição e sua expressa declaração no tocante à possibilidade de elevação da tarifa ou do preço e quanto ao valor dessa elevação. (Redação dada pelo Dec.-lei n. 229, de 28-2-1967.)

Art. 625. As controvérsias resultantes da aplicação de Convenção ou de Acordo celebrado nos termos deste Título serão dirimidas pela Justiça do Trabalho. (Redação dada pelo Dec.-lei n. 229, de 28-2-1967.)

▶ **Comentários**

1. Convenção coletiva (conceito)

O art. 611 da CLT conceitua a convenção coletiva como o "acordo de caráter normativo, pelo qual dois ou mais Sindicatos representativos de categorias econômicas e profissionais estipulam condições de trabalho aplicáveis, no âmbito das respectivas representações, às relações individuais de trabalho".

São seus traços fundamentais: a) é *bilateral*, porque decorre da livre negociação de dois sindicatos, de empregados e empregadores, do que resulta *consensual*; b) tem natureza *normativa*, porque cria direitos e obrigações

aplicáveis aos contratos individuais dos trabalhadores por ela beneficiados; c) tem, outrossim, *aplicação restrita*, porque só as categorias econômicas e profissionais por ela abrangidas estão obrigadas a observá-la; d) é, finalmente, *intersindical*, porque celebrada, necessariamente, entre sindicatos.

Como ensina Guillermo Cabanellas, "uma das mais importantes funções atribuídas aos sindicatos é, sem dúvida, a normativa, isto é, o poder que lhes é conferido para a elaboração de regulamentos de ordem geral, aplicável à parcela ou à totalidade da categoria profissional, obviamente observadas as obrigações gerais e obrigatórias emanadas do Estado"[383].

A convenção coletiva é um negócio jurídico de caráter normativo, estabelecendo condições de trabalho a serem aplicadas aos contratos individuais já existentes, ou que venham a ser celebrados, no âmbito da mesma categoria profissional. Tem, portanto, caráter amplo, abrangendo vasto setor econômico e profissional, no que se distingue do acordo coletivo, este último de alcance restrito a uma ou mais empresas.

2. *Acordo coletivo (conceito)*

É prerrogativa dos sindicatos a celebração de convenções ou acordos: "Art. 611, § 1º É facultado aos Sindicatos representativos de categorias profissionais celebrar Acordos Coletivos com uma ou mais empresas da correspondente categoria econômica, que estipulem condições de trabalho, aplicáveis no âmbito da empresa ou das acordantes respectivas relações de trabalho".

Tanto a convenção coletiva quanto o acordo coletivo têm a mesma natureza jurídica (doutrinariamente objeto de sérias controvérsias). A distinção fundamental entre ambos é que a convenção é intersindical, ou seja, celebrada entre sindicatos patronais e de empregados. Já o acordo é levado a efeito entre um sindicato profissional (de empregados) e uma ou mais empresas. Não há, no acordo, intervenção de sindicato patronal.

Com a propriedade que lhe é inerente, doutrina Russomano:

"No fundo, tanto a convenção coletiva quanto o chamado acordo coletivo têm a mesma natureza jurídica: as diferenças apenas residem em que a convenção é convênio necessariamente intersindical, enquanto o acordo se faz entre o sindicato de trabalhadores e uma ou mais empresas, sendo essa a razão do maior ou menor diâmetro do círculo de alcance de suas cláusulas"[384].

Escreve Francisco Antonio de Oliveira:

"A diferença entre a convenção e o acordo está em que aquela somente poderá formalizar-se em estando as partes devidamente representadas por seus respectivos sindicatos, e na falta do sindicato poderá funcionar a federação ou a confederação (art. 611, § 2º), e neste, o acordo, se formaliza com a presença tão somente do sindicato da categoria profissional, desnecessária a da categoria econômica"[385].

A faculdade de os empregados poderem, livremente, celebrar acordo coletivo com o titular da empresa, prevista no art. 617 da CLT, em que pesem abalizadas opiniões contrárias, parece-nos inteiramente revogada pelo art. 8º da CF/88, que estabelece a obrigatoriedade da participação do sindicato:

"VI – é obrigatória a participação dos sindicatos nas negociações coletivas de trabalho".

Tal disposição constitucional é, inequivocamente, autoaplicável, afastando, assim, qualquer possibilidade de o sindicato furtar-se ao cumprimento de um dever legal.

3. *Inexistência de homologação pelo Ministério do Trabalho e Emprego*

A CLT, anteriormente, previa a homologação da convenção ou acordo coletivo, pelo Ministério do Trabalho e Emprego, assim dispondo o art. 615, com a antiga redação, revogada pelo Decreto-lei n. 229/67:

"Compete ao Ministério do Trabalho, Indústria e Comércio, ou à autoridade por ele designada, homologar os contratos coletivos, devendo o seu registro e arquivamento ser processado no De-

383. *Derecho Sindical y Corporativo*, Buenos Aires, Editorial Atalaya, 1946, p. 326.

384. *Comentários à CLT*, cit., v. 2, p. 709.

385. Ob. cit., p. 510.

partamento Nacional do Trabalho, Indústria e Comércio, de acordo com as instruções expedidas pelo Ministro".

Atualmente, há tão somente a obrigação de os sindicatos convenentes fornecerem ao Ministério do Trabalho e Emprego uma cópia da convenção ou acordo coletivo, para registro e arquivamento.

Como adverte Russomano, "a autoridade administrativa – a lei é clara, nesse ponto – desempenha papel automático: não pode pôr em dúvida os termos e condições do convênio"[386].

Lembra Valentin Carrion que: "inexiste homologação da convenção coletiva, à diferença de que se dava no Direito anterior. A autoridade não pode recusar-se a receber o instrumento: a simples entrega no protocolo é suficiente; vedada a apreciação do seu mérito e dispensada a publicação no diário oficial; a incompatibilidade de suas cláusulas com a lei enseja apenas comunicação à chefia de fiscalização que denunciará à Procuradoria do Trabalho, quando for o caso"[387].

4. Prazo de duração (prorrogação, revisão e denúncia)

Em conformidade com o disposto no art. 614, § 3º, o prazo máximo de duração de uma convenção ou acordo coletivo é de 2 anos:

"Não será permitido estipular duração de convenção ou acordo superior a 2 (dois) anos".

Podem, contudo, ser *prorrogadas*, passar por *revisão, denúncia* ou *revogação* (art. 615).

5. Conteúdo da convenção e acordo coletivo

O art. 613 estabelece as cláusulas obrigatórias que deverão constar da convenção ou do acordo coletivo.

A Reforma Trabalhista/2017 inseriu na CLT o art. 611-B, instituindo uma longa lista de direitos insuscetíveis de alteração ou supressão por acordo ou convenção coletiva, conforme extensa descrição, na própria redação do mencionado artigo.

6. Prazo de vigência das cláusulas e condições estabelecidas nas convenções ou acordos coletivos

A ultratividade das disposições contidas nas convenções e acordos coletivos tem sido objeto de interpretações e até decisões judiciais controvertidas.

Por determinado espaço de tempo, entendeu-se que as cláusulas e condições estabelecidas nas convenções e acordos coletivos não se inseriam nos contratos de trabalho de forma definitiva; ao revés, tinham duração limitada no tempo de vigência do negócio jurídico, como deixava claro, a redação da Súmula 277 do TST.

Tal entendimento, contudo, contrariava ostensivamente o disposto no art. 114, § 2º da CF/88[388], vazado nos seguintes termos:

§ 2º Recusando-se qualquer das partes à negociação coletiva ou à arbitragem, é facultado às mesmas, de comum acordo, ajuizar dissídio coletivo de natureza econômica, podendo a Justiça do Trabalho decidir o conflito, *respeitadas as disposições mínimas* legais de proteção ao trabalho, bem como *as convencionadas anteriormente* (grifos nossos).

Por isso que, o próprio TST houve por bem alterar a redação da Súmula 277, fazendo-o com os seguintes termos:

Convenção coletiva de trabalho ou acordo coletivo de trabalho. Eficácia. Ultratividade. As cláusulas normativas dos acordos coletivos ou convenções coletivas integram os contratos individuais de trabalho e somente poderão ser modificadas ou suprimidas mediante negociação coletiva de trabalho.

A questão subsiste por força da ADPF n. 323/DF, de que é relator Ministro Gilmar Mendes, com liminar suspendendo a aplicabilidade da súmula do TST.

7. Negociado sobre o legislado

A Reforma Trabalhista/2017, inseriu na CLT o art. 611-A que, pela primeira vez consagra no Direito do Trabalho brasileiro a prevalência da convenção e do acordo coleti-

386. *Comentários à CLT*, cit., v. 2, p. 713.
387. Ob. cit., 25. ed., p. 452.

388. EC-45/2004.

vo sobre a lei, popularmente denominado "*o negociado sobre o legislado*", tema extremamente polêmico entre os juslaboralistas.

Há na atual legislação, aspectos visivelmente controvertidos, tais como fixação de intervalo intrajornada e prorrogação de jornada em ambientes insalubres, sem prévia autorização das autoridades competentes.

O art. 611-A enumera as hipóteses em que a CCT e o ACT têm prevalência sobre a legislação, não sem abrir espaço para outras incidências quando inclui a expressão entre outros.

8. Prevalência do acordo sobre a convenção coletiva

A Reforma Trabalhista/2017 introduziu na CLT o art. 620, que ressalta a prevalência das condições do acordo coletivo sobre as estipuladas na convenção coletiva.

A distinção encontra seu fundamento na proximidade mais estreita dos trabalhadores com a empresa signatária do acordo.

Na acurada lição de Homero Batista Mateus da Silva, "o acordo é mais específico por apanhar a realidade da empresa mais de perto".

▶ Jurisprudência

▷ **Súmula 85 do TST. Compensação de jornada**
I – A compensação de jornada de trabalho deve ser ajustada por acordo individual escrito, acordo coletivo ou convenção coletiva.
II – O acordo individual para compensação de horas é válido, salvo se houver norma coletiva em sentido contrário.
III – O mero não atendimento das exigências legais para a compensação de jornada, inclusive quando encetada mediante acordo tácito, não implica a repetição do pagamento das horas excedentes à jornada normal diária, se não dilatada a jornada máxima semanal, sendo devido apenas o respectivo adicional.
IV – A prestação de horas extras habituais descaracteriza o acordo de compensação de jornada. Nesta hipótese, as horas que ultrapassarem a jornada semanal normal deverão ser pagas como horas extraordinárias e, quanto àquelas destinadas à compensação, deverá ser pago a mais apenas o adicional por trabalho extraordinário.
V – As disposições contidas nesta súmula não se aplicam ao regime compensatório na modalidade "banco de horas", que somente pode ser instituído por negociação coletiva.

▷ **Súmula 202 do TST. Gratificação por tempo de serviço. Compensação.** Existindo, ao mesmo tempo, gratificação por tempo de serviço outorgada pelo empregador e outra da mesma natureza prevista em acordo coletivo, convenção coletiva ou sentença normativa, o empregado tem direito a receber, exclusivamente, a que lhe seja mais benéfica.

▷ **Súmula 264 do TST. Hora suplementar. Cálculo.** A remuneração do serviço suplementar é composta do valor da hora normal, integrado por parcelas de natureza salarial e acrescido do adicional previsto em lei, contrato, acordo, convenção coletiva ou sentença normativa.

▷ **Súmula 286 do TST. Sindicato. Substituição processual. Convenção e acordos coletivos.** (Com alteração dada pela Res. 98/2000, *DJ*, 18-9-2000) "A legitimidade do sindicato para propor ação de cumprimento estende-se também à observância de acordo ou de convenção coletivos."

▷ **Súmula 374 do TST. Norma coletiva. Categoria diferenciada. Abrangência**. (Conversão da Orientação Jurisprudencial n. 55 da SDI-1 – Res. 129/2005, *DJ*, 20-4-2005)
Empregado integrante de categoria profissional diferenciada não tem o direito de haver de seu empregador vantagens previstas em instrumento coletivo no qual a empresa não foi representada por órgão de classe de sua categoria.

▷ **Súmula 384 do TST. Multa convencional. Cobrança.**
I – O descumprimento de qualquer cláusula constante de instrumentos normativos diversos não submete o empregado a ajuizar várias ações, pleiteando em cada uma o pagamento da multa referente ao descumprimento de obrigações previstas nas cláusulas respectivas.
II – É aplicável multa prevista em instrumento normativo (sentença normativa,

convenção ou acordo coletivo) em caso de descumprimento de obrigação prevista em lei, mesmo que a norma coletiva seja mera repetição de texto legal.

▷ **Súmula 423 do TST. Turno ininterrupto de revezamento.** Estabelecida jornada superior a seis horas e limitada a oito horas por meio de regular negociação coletiva, os empregados submetidos a turnos ininterruptos de revezamento não têm direito ao pagamento da sétima e oitava horas como extras.

▷ **OJ n. 25 da SDI-2 do TST. Ação rescisória. Expressão "lei" do art. 485, V, do CPC. Não inclusão do ACT, CCT, Portaria, Regulamento, Súmula e OJ de Tribunal.** Não procede pedido de rescisão fundado no art. 485, V, do CPC quando se aponta contrariedade à norma de convenção coletiva de trabalho, acordo coletivo de trabalho, portaria do Poder Executivo, regulamento de empresa e súmula ou OJ de tribunal [art. 966, V, do CPC/2015].

▷ **OJ n. 2 da SDC do TST. Acordo homologado. Extensão a partes não subscreventes. Inviabilidade.** É inviável aplicar condições constantes de acordo homologado nos autos de dissídio coletivo, extensivamente, às partes que não o subscreveram, exceto se observado o procedimento previsto no art. 868 e seguintes, da CLT.

▷ **OJ n. 5 da SDC do TST. Dissídio coletivo. Pessoa jurídica de direito público. Possibilidade jurídica. Cláusula de natureza social.** Em face de pessoa jurídica de direito público que mantenha empregados, cabe dissídio coletivo exclusivamente para apreciação de cláusulas de natureza social. Inteligência da Convenção n. 151 da Organização Internacional do Trabalho, ratificada pelo Decreto Legislativo n. 206/2010.

▷ **"[...] 5. Seguro de vida em grupo. Negativa de pagamento do prêmio pela seguradora. Indenização substitutiva. Multa normativa. Determinação de remessa de ofício ao Ministério Público do Trabalho.** O presente caso trata de situação em que, embora seja incontroverso que a Reclamada cumpriu a sua obrigação na contratação do seguro previsto em norma coletiva, o TRT manteve a condenação da Empregadora ao pagamento da indenização substitutiva do prêmio de seguro, em razão da negativa de pagamento pela seguradora. A Corte *a quo* entendeu que o Reclamante comprovou que fazia *jus* à cobertura do seguro de vida instituído pela Reclamada, ante a sua incapacidade para o trabalho e em face da negativa injusta, pela seguradora. O Colegiado de origem concluiu que a Empregadora deve responder pelo pagamento da indenização substitutiva em razão de sua culpa *in eligendo*, nos seguintes termos: *"exsurge, assim, a culpa* in eligendo *da empregadora, por ter contratado seguradora que negou injustamente a cobertura securitária ao obreiro, devendo, por consequência, arcar com o pagamento correspondente".* Contudo, o contexto fático delineado no acórdão recorrido permite que esta Corte proceda ao enquadramento jurídico diverso da questão. Com efeito, a jurisprudência do TST vem se firmando no sentido de reconhecer que, se a Empregadora cumpre o seu encargo previsto na norma coletiva – de contratar seguro de vida –, fica isenta da responsabilidade pelas obrigações da seguradora frente aos beneficiários do seguro, salvo nos casos em que tenha dado causa à recusa da seguradora em pagar o valor do prêmio. Dessa forma, considerando o atual entendimento desta Corte, bem como o fato de que, no presente caso, não há indícios de que a recusa de pagamento do prêmio pela seguradora tenha sido causada pela Empregadora, essa não pode ser responsabilizada pelo pagamento de indenização substitutiva do referido prêmio. Portanto, tendo em vista que a Reclamada cumpriu a sua obrigação, nos termos previstos na norma coletiva – no que diz respeito à contratação do seguro de vida –, não há falar em sua responsabilização em razão da negativa/inadimplemento da seguradora. Recurso de revista conhecido e provido quanto ao tema." (TST-RR-10784-88.2015.5.03.0038), 3ª Turma, rel. Min. Mauricio Godinho Delgado, julgado em 15-9-2021.

▷ **I – Agravos de instrumento da Vivo S.A. e da Atento Brasil S.A. Recursos de revista interpostos anteriormente à vigência da Lei n. 13.015/2014. Conflito entre

convenção coletiva de trabalho e acordo coletivo de trabalho. **Norma coletiva mais favorável.** O Tribunal Regional, após cotejo de cláusulas normativas, concluiu pela aplicação da convenção coletiva de trabalho sob o fundamento de que é mais favorável ao reclamante do que o acordo coletivo de trabalho. Diante desse quadro fático, insuscetível de revisão por força da Súmula 126 do TST, a decisão recorrida está em consonância com a jurisprudência desta Corte, segundo a qual, nos termos do art. 620 da CLT (com a redação vigente à época) e da teoria do conglobamento, no caso de conflito entre acordo coletivo de trabalho e convenção coletiva do trabalho, deve prevalecer a norma mais favorável em sua integralidade. Precedentes. Óbice da Súmula 333 do TST e do art. 896, § 7º, da CLT. Agravo de instrumento a que se nega provimento (AIRR-210200-85.2007.5.18.0010, 2ª Turma, Relatora Ministra Maria Helena Mallmann, *DEJT* 4-9-2020).

▷ **Recurso de revista. Rito sumaríssimo. Horas extras. Regime especial de 12x36. Ausência de norma coletiva. Inaplicabilidade da súmula 85 do TST.** Nos termos da Súmula 444 desta Corte, "é válida, em caráter excepcional, a jornada de doze horas de trabalho por trinta e seis de descanso, prevista em lei ou ajustada exclusivamente mediante acordo coletivo de trabalho ou convenção coletiva de trabalho, assegurada a remuneração em dobro dos feriados trabalhados. O empregado não tem direito ao pagamento de adicional referente ao labor prestado na décima primeira e décima segunda horas". No caso em apreço, segundo o Regional (Súmula 126/TST), não há acordo coletivo com previsão de adoção da jornada de 12 horas de trabalho por 36 de descanso, sendo inválido o regime especial e, em consequência, devidas as diferenças de horas extras. A Súmula 85 do TST não se aplica aos regimes especiais de trabalho, como na hipótese, sendo devidas como extraordinárias aquelas que ultrapassarem a oitava diária. Recurso de revista conhecido e provido (RR-153-04.2019.5.06.0413, 3ª Turma, Relator Ministro Alberto Luiz Bresciani de Fontan Pereira, *DEJT* 28-8-2020).

Título VI-A
Das comissões de conciliação prévia

(Título incluído pela Lei n. 9.958, de 12-1-2000.)

Art. 625-A. As empresas e os sindicatos podem instituir Comissões de Conciliação Prévia, de composição paritária, com representante dos empregados e dos empregadores, com a atribuição de tentar conciliar os conflitos individuais do trabalho.

Parágrafo único. As Comissões referidas no *caput* deste artigo poderão ser constituídas por grupos de empresas ou ter caráter intersindical.

Art. 625-B. A Comissão instituída no âmbito da empresa será composta de, no mínimo, 2 (dois) e, no máximo, 10 (dez) membros, e observará as seguintes normas:

I – a metade de seus membros será indicada pelo empregador e a outra metade eleita pelos empregados, em escrutínio secreto, fiscalizado pelo sindicato da categoria profissional;

II – haverá na Comissão tantos suplentes quantos forem os representantes titulares;

III – o mandato dos seus membros, titulares e suplentes, é de 1 (um) ano, permitida uma recondução.

§ 1º É vedada a dispensa dos representantes dos empregados membros da Comissão de Conciliação Prévia, titulares e suplentes, até 1 (um) ano após o final do mandato, salvo se cometerem falta grave, nos termos da lei.

§ 2º O representante dos empregados desenvolverá seu trabalho normal na empresa afastando-se de suas atividades apenas quando convocado para atuar como conciliador, sendo computado como tempo de trabalho efetivo o despendido nessa atividade.

Art. 625-C. A Comissão instituída no âmbito do sindicato terá sua constituição e normas de funcionamento definidas em convenção ou acordo coletivo.

Art. 625-D. Qualquer demanda de natureza trabalhista será submetida à Comissão de Conciliação Prévia se, na localidade da prestação de serviços, houver sido instituída a Comissão no âmbito da empresa ou do sindicato da categoria.

§ 1º A demanda será formulada por escrito ou reduzida a termo por qualquer dos membros da Comissão, sendo entregue cópia datada e assinada pelo membro aos interessados.

§ 2º Não prosperando a conciliação, será fornecida ao empregado e ao empregador declaração da tentativa conciliatória frustrada com a descrição de seu objeto, firmada pelos membros da Comissão, que deverá ser juntada à eventual reclamação trabalhista.

§ 3º Em caso de motivo relevante que impossibilite a observância do procedimento previsto no *caput* deste artigo, será a circunstância declarada na petição inicial da ação intentada perante a Justiça do Trabalho.

§ 4º Caso exista, na mesma localidade e para a mesma categoria, Comissão de empresa e Comissão sindical, o interessado optará por uma delas para submeter a sua demanda, sendo competente aquela que primeiro conhecer do pedido.

Art. 625-E. Aceita a conciliação, será lavrado termo assinado pelo empregado, pelo empregador ou seu preposto e pelos membros da Comissão, fornecendo-se cópia às partes.

Parágrafo único. O termo de conciliação é título executivo extrajudicial e terá eficácia liberatória geral, exceto quanto às parcelas expressamente ressalvadas.

Art. 625-F. As Comissões de Conciliação Prévia têm prazo de 10 (dez) dias para a realização da sessão de tentativa de conciliação a partir da provocação do interessado.

Parágrafo único. Esgotado o prazo sem a realização da sessão, será fornecida, no último dia do prazo, a declaração a que se refere o § 2º do art. 625-D.

Art. 625-G. O prazo prescricional será suspenso a partir da provocação da Comissão de Conciliação Prévia, recomeçando a fluir, pelo que lhe resta, a partir da tentativa frustrada de conciliação ou do esgotamento do prazo previsto no art. 625-F.

Art. 625-H. Aplicam-se aos Núcleos Intersindicais de Conciliação Trabalhista em funcionamento ou que vierem a ser criados, no que couber, as disposições previstas neste Título, desde que observados os princípios da paridade e da negociação coletiva na sua constituição.

► *Comentários*

1. **Acréscimo de letras do alfabeto aos dispositivos pertinentes da CLT**

Tal como sucedeu com a lei que instituiu o procedimento sumaríssimo na Justiça do Trabalho (Lei n. 9.957/2000), a Lei das Comissões de Conciliação se compõe de aditivos a dispositivos da CLT, constantes de letras do alfabeto, como, por exemplo: "art. 625-A", e assim sucessivamente.

Dessa forma, a legislação em apreço incorpora-se em definitivo às normas consolidadas.

2. **A instituição das Comissões de Conciliação Prévia é facultativa**

Efetivamente, a redação dada ao art. 625-A da CLT, acrescentado pela Lei n. 9.958/2000, não pode deixar dúvida a respeito: "As empresas e os sindicatos *podem* instituir Comissões de Conciliação Prévia..."

Assim claro está que a instituição da CCP é facultativa, podendo ser criada que pelas empresas, que pelos sindicatos.

3. **Constituição das Comissões nas empresas e nos sindicatos**

Dispõe o art. 625-A da CLT que:

"As empresas e os sindicatos podem instituir Comissões de Conciliação Prévia, de composição paritária, com representantes dos empregados e dos empregadores, com a atribuição de tentar conciliar os conflitos individuais do trabalho".

Vê-se, pois, que as Comissões em apreço podem ser instituídas: a) por empresa; b) por grupo de empresas; c) por sindicatos.

Nas duas primeiras hipóteses, ou seja, na Comissão por empresa ou por grupo de empresas, a iniciativa poderá partir do empresário, de seus empregados ou de ambos conjuntamente.

Na eventualidade de a Comissão ser instituída por sindicatos, indispensável o acordo ou convenção coletiva (com a participação de entidades de patrões e empregados).

Resta saber se a criação dessas Comissões, no âmbito interno das empresas, sendo facultativa, interessará ao empregador, sobretudo considerando que aos representantes dos empregados é assegurada *estabilidade* – "é vedada a dispensa dos representantes dos empregados membros da Comissão de Conciliação Prévia, titulares e suplentes, até um ano após o final do mandato, salvo se cometerem falta grave, nos termos da lei" (§ 1º do art. 625-B).

Na eventualidade de existirem, no local da prestação de serviços, Comissões no âmbito da empresa e Comissão intersindical, cabe ao interessado, empregado ou empregador optar por uma delas – "sendo competente aquela que primeiro conhecer do pedido" (§ 4º do art. 625-D).

4. **Escolha dos membros das Comissões de empresas**

Em conformidade com o art. 625-B, a Comissão no âmbito da empresa terá no máximo 10 membros, sendo a metade indicada pelo empregador e a outra metade pelos empregados, mediante eleição secreta, devidamente fiscalizada pelo respectivo sindicato.

Para cada titular será escolhido um suplente – os suplentes do empregador serão por ele indicados, os dos empregados, escolhidos por escrutínio secreto, na mesma oportunidade da eleição dos respectivos titulares, naturalmente sob o crivo do sindicato da categoria profissional.

5. **Mandato dos representantes e suplentes**

A teor do que dispõe o art. 625-B, III, o mandato dos membros das Comissões é de *um ano*, permitida uma recondução. O prazo mencionado alcança os suplentes e, obviamente, é uniforme para os representantes dos empregados e dos empregadores, já que o dispositivo legal nominado não faz, a respeito, qualquer exceção.

Escolhidos livremente pelo empregador, seus representantes não gozam de qualquer estabilidade, já que a legislação enfatiza: "é vedada a dispensa dos representantes dos empregados..."

6. **Estabilidade dos representantes dos empregados**

Os representantes dos empregados gozarão de estabilidade (titulares e suplentes) até um ano após o final do mandato, só podendo ser dispensados na ocorrência de falta grave.

No âmbito da empresa, essa estabilidade,

por certo, ensejará fatalmente clima de animosidade entre os por ela beneficiados e o empregador, razão por que entendemos que teria sido melhor a criação de Comissões que funcionassem junto às Delegacias Regionais do Trabalho.

Gozando de estabilidade, a eventual dispensa desses empregados ficará condicionada à prévia instauração de inquérito judicial na Justiça do Trabalho? Observe-se que a Súmula 379 do TST preconiza tal medida com relação ao dirigente sindical:

"O dirigente sindical somente poderá ser dispensado por falta grave mediante a apuração em inquérito judicial, inteligência dos arts. 494 e 543, § 3º, da CLT".

7. Prestação de serviços dos representantes dos empregados

Em que pese a condição de membros das Comissões de Conciliação Prévia, os representantes dos empregados trabalharão normalmente, só se afastando de suas atividades quando convocados para atuar como conciliadores. O tempo despendido nessas funções será computado como de serviço regular, o que, na prática, constituirá, igualmente, motivo de animosidade com o respectivo empregador.

8. Da provocação da Comissão de Conciliação

Dispõe o art. 625-D, § 1º, que a demanda será formulada por escrito ou verbalmente, pelo interessado. Nesta última hipótese, a reclamação verbal será reduzida a termo por qualquer dos membros da Comissão de Conciliação.

A reclamação por escrito não se submete a qualquer formalismo, a ela não se estendendo os requisitos do art. 840 da CLT.

Não prevendo a legislação a presença obrigatória do advogado, o trabalhador pode, pessoalmente, provocar a Comissão de Conciliação, à instituição estendendo-se, pois, o *jus postulandi*.

O Supremo Tribunal Federal relativizou o entendimento do art. 625-D, da CLT, julgado em 1º-8-2018:

Ementa: Ações diretas de inconstitucionalidade. Arts. 625-D, §§ 1º a 4º, e 852-B, inc. II, da Consolidação das Leis do Trabalho – CLT, acrescidos pelas Leis n. 9.958, de 12 de janeiro de 2000, e 9.957, de 12 de janeiro de 2000. Comissão de Conciliação Prévia – CCP. Suposta obrigatoriedade de antecedente submissão do pleito trabalhista à comissão para posterior ajuizamento de reclamação trabalhista. Interpretação que permite a submissão facultativamente. Garantia do acesso à justiça. Art. 5º, inc. XXXV, da Constituição da República. Inviabilidade de utilização de citação por edital em rito sumaríssimo. Constitucionalidade. Respeito aos princípios da razoabilidade. Ação julgada parcialmente procedente para dar interpretação conforme a constituição ao art. 652-D, §§ 1º a 4º, da Consolidação das Leis do Trabalho – CLT. 1. O Supremo Tribunal Federal tem reconhecido, em obediência ao inc. XXXV do art. 5º da Constituição da República, a desnecessidade de prévio cumprimento de requisitos desproporcionais, procrastinatórios ou inviabilizadores da submissão de pleito ao Poder Judiciário. 2. Contraria a Constituição interpretação do previsto no art. 625-D e parágrafos da CLT [...] ADI 2160[389].

9. Da conciliação

Formulada a reclamação, a Comissão tem *10 dias* para a realização da *sessão de conciliação*:

"Art. 625-F. As Comissões de Conciliação Prévia têm prazo de dez dias para a realização da sessão de tentativa de conciliação a partir da provocação do interessado".

Na sessão de conciliação deverão estar presentes o empregado e seu respectivo empregador, este último podendo fazer-se representar por preposto.

Aceita a conciliação, lavrar-se-á o termo, assinado pelas partes e pelos membros da Comissão, dele se fornecendo cópia aos interessados.

Não se conciliando as partes, terá a Comissão de Conciliação esgotadas as suas funções, fornecendo-se certidão da tentativa frustrada de composição amigável, certidão essa que, fundamentando eventual reclama-

[389]. Órgão julgador: Tribunal Pleno. Relatora: Min. Cármen Lúcia. Publicação: 19-2-2019.

ção trabalhista perante a Justiça do Trabalho, será acrescentada à petição inicial.

Tal certidão será igualmente fornecida ao empregado e ao empregador se, em 10 dias, a contar da provocação do interessado, não se realizar a sessão de conciliação.

10. Título executivo extrajudicial

Até recentemente, o Processo do Trabalho só contava com um título executivo – o judicial, ou seja, a sentença líquida, transitada em julgado[390].

Inexistia, pois, no Processo Trabalhista, o denominado *título executivo extrajudicial*, de que são exemplo os títulos cambiais na Justiça Estadual[391].

Atualmente, porém, ao lado da sentença judicial trabalhista, o *termo de conciliação*, emanado das respectivas Comissões, é *título executivo extrajudicial*, com plena eficácia executiva, o mesmo ocorrendo com os denominados "termos de ajuste de conduta firmados perante o Ministério Público do Trabalho".

A execução se processará perante as Varas do Trabalho do local da prestação de serviço, como se deduz da leitura do art. 877-A: "É competente para a execução de título executivo extrajudicial o juiz que teria competência para o processo de conhecimento relativo à matéria".

Para a execução observar-se-ão as regras dispostas nos arts. 876 e s. da CLT, passando este (art. 876) a ter a seguinte redação:

"As decisões passadas em julgado ou das quais não tenha havido recurso com efeito suspensivo; os acordos, quando não cumpridos; os termos de ajuste de conduta firmados perante o Ministério Público do Trabalho e os termos de conciliação firmados perante as Comissões de Conciliação Prévia serão executados pela forma estabelecida neste Capítulo".

11. Título de quitação geral – salvo expressa ressalva

O termo de conciliação firmado nas Comissões de Conciliação tem efeito liberatório, implicando a quitação geral dos direitos trabalhistas – salvo quanto às parcelas expressamente ressalvadas (art. 625-E, parágrafo único).

12. Suspensão da prescrição

Nos termos do art. 625-G, "o prazo prescricional será suspenso a partir da provocação da Comissão de Conciliação Prévia, recomeçando a fluir, pelo que lhe resta, a partir da tentativa frustrada de conciliação ou do esgotamento do prazo previsto no art. 625-F".

Ora, na conformidade do disposto no art. 625-F, a Comissão tem *10 dias*, a partir da provocação do interessado, para realizar a sessão de conciliação, o que significa dizer que a prescrição estará suspensa por *10 dias*, já que incluído o dia da provocação – "a partir da provocação da Comissão de Conciliação Prévia..."

13. Obrigatoriedade ou não de consulta à comissão de conciliação prévia

O art. 625-D da CLT declara que:

"Qualquer demanda de natureza trabalhista será submetida à Comissão de Conciliação Prévia se, na localidade da prestação de serviços, houver sido instituída a Comissão no âmbito da empresa ou do sindicato da categoria".

A linguagem imperativa empregada no dispositivo legal transcrito... "**será submetida** à Comissão de Conciliação..." levou parcela ponderável de jus-laboralistas a concluir pela obrigatoriedade de prévia consulta a CCP como pressuposto da ação trabalhista. Nesse sentido o entendimento do Douto Ministro do TST João Oreste Dalazen, citado, aliás, por Marcello Ribeiro Silva:

"Como se sabe, o direito público subjetivo de ação não é absoluto e incondicionado, de mero acesso aos tribunais. Ao revés, constitui direito cujo exercício acha-se submetido às condições previstas em lei. Ao legislador ordinário somente não é dado estipular condições que importem, por via oblíqua, anular ou aniquilar o direito de ação, mas pode fixar requisitos de atendimento obrigatório para o ingresso em juízo, como,

390. A sentença ilíquida, necessariamente, é submetida ao processo de liquidação, indispensável à fixação do valor da condenação. A sentença de que haja recurso só enseja execução provisória, que abrange tão somente a penhora e avaliação, não ensejando atos de alienação.

391. Art. 784 do CPC de 2015.

aliás, costuma fazê-lo (CLT, art. 731 e CPC, art. 267, inc. VI)"[392], o artigo do CPC em comento, equivale ao atual 485, VI, do diploma processual de 2015.

Em que pesem as observações acima, de todo conveniente pôr em relevo decisão do Supremo Tribunal Federal na Medida Cautelar em Ação Direta de Inconstitucionalidade n. 2.139-7, considerando facultativa a consulta prévia à Comissão de Conciliação admitindo o "**acesso amplo e imediato ao judiciário**":
"Caminhe-se, assim, para a melhor equação da espécie. Os dispositivos atacados não chegam, de forma clara, precisa, direta, a revelar o obrigatório esgotamento da fase administrativa. É certo, versam sobre a atividade a ser desenvolvida pela Comissão de Conciliação Prévia, aludindo, até mesmo, à juntada do documento que venha a ser elaborado, no caso de insucesso na tentativa de conciliação, à petição inicial da ação trabalhista. Dispensável é esforço maior para atribuir-se ao que se contém no novo art. 625-D interpretação conforme o texto constitucional. Faço-o para assentar que as normas inseridas em nossa ordem jurídica pelo art. 1º da Lei n. 9.958/2000, mais precisamente pelo novo preceito da Consolidação das Leis do Trabalho, dele decorrente – art. 625-D —, não encerram obrigatória a fase administrativa, continuando os titulares de direito substancial a terem o acesso imediato ao Judiciário, desprezando a fase que é a revelada pela atuação da Comissão de Conciliação Prévia".

▶ *Jurisprudência*

▷ **Recursos de revista da 1ª reclamada (Oi S.A.) e da 2ª reclamada (ETE – Engenharia de Telecomunicações e Eletricidade Ltda.). Recursos interpostos antes da Lei n. 13.015/2014. Análise conjunta ação civil pública. Inexistência de coisa julgada material com efeito *erga omnes* (preliminar arguida pela 1ª reclamada)**. A jurisprudência da SBDI-1 do TST se firmou no sentido de que não há coisa julgada entre a ação individual do trabalhador e ação coletiva movida pelo Ministério Público ou pelo Sindicato da categoria, ainda que haja identidade de objeto e de causa de pedir, ante a ausência de identidade subjetiva. No caso, o TRT consigna que não há identidade de partes. Ademais, a sentença proferida em ação coletiva somente produz os efeitos da coisa julgada quando houver a procedência do pedido, não prejudicando interesses e direitos individuais dos integrantes da coletividade, do grupo, categoria ou classe, a teor do art. 103, § 1º, do CDC. Precedentes. Óbice da Súmula 333 do TST. Recurso de revista não conhecido. **Comissão de conciliação prévia. Eficácia liberatória.** A SBDI-1 do TST já teve a oportunidade de examinar esta matéria, mantendo o acórdão regional nos mesmos termos em que proferido nestes autos. Segundo o entendimento desta Corte Superior, em relação à reclamada ETE Engenharia de Telecomunicações e Eletricidade Ltda., o termo de conciliação firmado perante a comissão de conciliação prévia restringiu a eficácia liberatória quanto às parcelas e aos valores nele discriminados, limitação que deve ser observada. Precedentes. Recursos de revista não conhecidos. **Empresa de telecomunicações. Lei n. 9.472/1997. Terceirização. Licitude.** 1. Esta Corte Superior, com fundamento nos princípios que norteiam o Direito do Trabalho, adotava o entendimento de que o art. 94, II, da Lei n. 9.472/1997 não autorizava a terceirização de forma ampla e irrestrita da atividade-fim das operadoras de telefonia. Assim, nos termos do item I da Súmula 331/TST, decidia pela ilicitude da terceirização e, consequentemente, pelo reconhecimento do vínculo empregatício diretamente com o tomador dos serviços. 2. Contudo, no julgamento do RE 791.932, com repercussão geral, o Supremo Tribunal Federal, em acórdão publicado no *DJE* de 6-3-2019 e transitado em julgado em 14-3-2019, reafirmou o seu entendimento de que "é lícita a terceirização de toda e qualquer atividade, meio ou fim, não se configurando relação de emprego entre a contratante e o empregado da contratada". Fixou, então, a tese jurídica de que "é nula a decisão de órgão fracionário que se recusa a aplicar o art. 94, II, da Lei n. 9.472/1997,

392. João Oreste Dalazen, *LTr*, 62-10/1305-1312.

sem observar a cláusula de reserva de Plenário (CF, art. 97), observado o art. 949 do CPC". 3. Além disso, registre-se que a responsabilidade da tomadora de serviços nestes casos se mantém de forma subsidiária, a teor da tese já firmada pelo Supremo Tribunal Federal no julgamento da ADPF 324 e do RE 958.252, no sentido de que "é lícita a terceirização ou qualquer outra forma de divisão do trabalho entre pessoas jurídicas distintas, independentemente do objeto social das empresas envolvidas, mantida a responsabilidade subsidiária da empresa contratante". 4. Na hipótese dos autos, o Tribunal Regional, reputando ilícita a terceirização, declarou nulo o contrato havido entre a reclamante e a segunda reclamada e reconheceu o vínculo de emprego diretamente com a tomadora dos serviços. Logo, o Tribunal Regional decidiu em dissonância com a jurisprudência firmada sobre o tema no âmbito do Supremo Tribunal Federal, com efeito vinculante. Recursos de revista conhecidos e parcialmente providos (RR-362-24.2012.5.04.0461, 2ª Turma, Relatora Ministra Maria Helena Mallmann, *DEJT* 28-8-2020).

▷ **Agravo. Recurso de revista. Acórdão publicado na vigência da Lei n. 13.015/2014. Acordo firmado perante comissão de conciliação prévia com a empresa prestadora de serviços (ETE Engenharia de Telecomunicações e Eletricidade S.A.). Alcance da eficácia liberatória. Reclamação trabalhista ajuizada contra a empresa tomadora dos serviços (Oi S.A.). Pedido de vínculo de emprego e consectários.** A SBDI-I desta Corte, em sua composição plena, no julgamento do Processo n. E-RR-17400-43.2006.5.01.0073, de Relatoria do Exmo. Ministro Aloysio Corrêa da Veiga, publicado no *DEJT* de 17-5-2013, fixou jurisprudência no sentido de que o termo firmado perante a Comissão de Conciliação Prévia – CCP tem eficácia liberatória geral, exceto quanto às parcelas expressamente ressalvadas. No caso, extrai-se do acórdão regional que fora firmado acordo entre o reclamante e a empresa prestadora de serviços (ETE Engenharia de Telecomunicações e Eletricidade S.A.) na Comissão de Conciliação Prévia, não tendo o TRT anotado existir qualquer ressalva quanto à quitação das parcelas, tampouco vício de consentimento. Ocorre que este Tribunal também pacificou o entendimento de que a quitação outorgada no acordo firmado perante a Comissão de Conciliação Prévia se limita às partes que participaram do ajuste, não alcançando, assim, os pedidos decorrentes do reconhecimento de vínculo de emprego diretamente com a tomadora de serviços, como na hipótese dos autos, em face à OI S.A. Precedentes da SBDI-1. Com efeito, a eficácia liberatória daquele acordo não alcança a esta ação, haja vista não ter por objeto o contrato de trabalho firmado com a empresa prestadora de serviços (ETE), mas o reconhecimento do vínculo com a tomadora (OI S.A.) e as verbas salariais daí decorrentes. Desse modo, vê-se que o Colegiado de origem decidiu em estrita observância ao art. 625-E da CLT e à jurisprudência consolidada desta Corte. Agravo não provido (Ag-ARR-232-07.2014.5.04.0512, 5ª Turma, Relator Ministro Breno Medeiros, *DEJT* 28-8-2020).

▷ **Recurso de revista interposto antes da Lei n. 13.015/2014. Nulidade do acórdão regional por negativa de prestação jurisdicional.** Não se cogita de negativa de prestação jurisdicional, pois o Tribunal Regional consignou expressamente as razões pelas quais afastou a eficácia liberatória do acordo firmado perante a Comissão de Conciliação Prévia. Assentou aquela Corte que, conquanto não tenha sido aposta ressalva no termo de acordo, a prova produzida demonstrou vício de consentimento caracterizado pela coação. Segundo o acórdão, "a homologação da rescisão contratual, que foi presenciada pela segunda reclamada, se deu no mesmo dia em que assinado os termos de demanda e de conciliação, fato que indicia coação, quanto à permanência no emprego"; que "não há nos autos comprovação de que o Sindicato de classe tenha encaminhado à Comissão de Conciliação Prévia apenas os empregados que se mostraram insatisfeitos com o valor recebido a título de rescisão", concluindo que "A liberdade dispensada aos empregados para transacionar parcelas não ultrapassou os

limites da formalidade". A prestação jurisdicional foi devidamente entregue. Incólumes os arts. 93, IX, da CF e 832 da CLT. Recurso de revista não conhecido. **Julgamento *extra petita*. Declaração de nulidade do tero firmado perante a CCP.** A declaração de nulidade do termo de acordo celebrado perante a CCP se deu de forma incidental, com base no art. 9º da CLT, não se fazendo necessário pedido expresso. Logo, não configura julgamento *extra petita*. Incólumes os arts. 5º, LV, da CF, 128 e 460 do CPC. Recurso de revista não conhecido. **Comissão de conciliação prévia. Acordo. Vício de consentimento. Invalidade.** O Tribunal Regional, amparado no acervo fático-probatório delineado nos autos, concluiu pela invalidade do acordo firmado perante a Comissão de Conciliação Prévia diante da manipulação da vontade do autor, em especial quanto à homologação da resilição contratual no mesmo dia em que assinados os termos de demanda e de conciliação, além de haver conciliação sobre títulos que sequer foram pleiteados. Assim, comprovada a fraude por vício de consentimento, não há como se atribuir eficácia liberatória ao acordo firmado perante a CCP. Incólumes os arts. 5º, XXXVI, da CF, 625-A e 625-H da CLT. Recurso de revista não conhecido. **Empresa de telecomunicações. Lei n. 9.472/1997. Terceirização. Licitude.** 1. Esta Corte Superior, com fundamento nos princípios que norteiam o Direito do Trabalho, adotava o entendimento de que o art. 94, II, da Lei n. 9.472/1997 não autorizava a terceirização de forma ampla e irrestrita da atividade-fim das operadoras de telefonia. Assim, nos termos do item I da Súmula 331/TST, decidia pela ilicitude da terceirização e, consequentemente, pelo reconhecimento do vínculo empregatício diretamente com o tomador dos serviços. 2. Ocorre que a possibilidade de terceirização de forma ampla, nas atividades-meio e atividades-fim das empresas, foi tema objeto da Arguição de Descumprimento de Preceito Fundamental (ADPF) 324 e do Recurso Extraordinário (RE) 958252, julgados pelo Supremo Tribunal Federal em 30-8-2018 e publicados no *DJE* em 6-9-2019 e 13-9-2019, respectivamente. A Suprema Corte, em regime de repercussão geral, consolidou a tese jurídica no sentido de que "é lícita a terceirização ou qualquer outra forma de divisão do trabalho entre pessoas jurídicas distintas, independentemente do objeto social das empresas envolvidas, mantida a responsabilidade subsidiária da empresa contratante", afastando, assim, a configuração da relação de emprego com o tomador dos serviços. 3. Além disso, em 11-10-2018, no julgamento do Recurso Extraordinário (RE) 791.932, com repercussão geral, o Supremo Tribunal Federal, em acórdão publicado no *DJE* de 6-3-2019 e transitado em julgado em 14-3-2019, reafirmou o seu entendimento de que "é lícita a terceirização de toda e qualquer atividade, meio ou fim, não se configurando relação de emprego entre a contratante e o empregado da contratada". Fixou, então, a tese jurídica de que "é nula a decisão de órgão fracionário que se recusa a aplicar o art. 94, II, da Lei n. 9.472/1997, sem observar a cláusula de reserva de Plenário (CF, art. 97), observado o art. 949 do CPC". 4. Na hipótese, por reputar ilícita a terceirização das atividades de instalação e reparação de linhas telefônicas por empresas de telecomunicações, o Tribunal Regional manteve a sentença que reconhecera o vínculo de emprego diretamente com a tomadora dos serviços. Logo, o Tribunal Regional decidiu em dissonância com a jurisprudência firmada sobre o tema no âmbito do Supremo Tribunal Federal, com efeito vinculante. Recurso de revista conhecido e provido. **Horas extras. Labor externo. Controle de jornada.** Para a inserção do trabalhador nas disposições do art. 62, I, da CLT, é necessário que exista incompatibilidade entre a natureza da atividade exercida e a fixação do seu horário de trabalho. No caso dos autos, o quadro fático delineado pelo acórdão regional, imutável nos termos da Súmula 126/TST, demonstra que a reclamada exerce o controle da jornada de trabalho do reclamante, ainda que de forma indireta. Assim, correta a exclusão da atividade desempenhada pelo autor da exceção prevista no art. 62, I, da CLT. Recurso de revista não conhecido. **Multa pela oposição de embargos de declaração considerados protelatórios.**

A multa do art. 538, parágrafo único, do CPC/1973 (atual 1.022 do CPC/2015), é aplicável quando se verifica o intuito manifestamente protelatório dos embargos de declaração. No caso, verifica-se da petição de embargos de declaração que a reclamada objetivou o pronunciamento, entre outros, acerca dos efeitos do art. 94, II, da Lei n. 9.472/97. Nesse contexto, não há como se considerar protelação a utilização da medida com o intuito de instar o Tribunal Regional a se manifestar de forma clara e explícita sobre aspecto relevante da controvérsia. Recurso de revista conhecido e provido (RR-1126-74.2010.5.01.0263, 2ª Turma, Relatora Ministra Maria Helena Mallmann, *DEJT* 28-8-2020).

▷ **I – Agravo de instrumento da parte reclamante e recursos de revista da primeira e da segunda partes reclamadas. Recursos de revista interpostos anteriormente à vigência da Lei n. 13.015/2014. Matéria em comum. Apreciação conjunta. Comissão de conciliação prévia. Acordo sem ressalvas e sem vício de consentimento. Eficácia liberatória.** O STF, no julgamento ADI n. 2.237/DF, Relatora Ministra Carmem Lúcia, apreciando a constitucionalidade do art. 625-E, parágrafo único, da CLT, proferiu decisão no sentido de que "a eficácia liberatória geral do termo neles contido está relacionada ao que foi objeto da conciliação. Diz respeito aos valores discutidos e não se transmuta em quitação geral e indiscriminada de verbas trabalhistas" (*DJE* 20-2-2019 – ATA N. 14/2019. *DJE* n. 34, divulgado em 19-2-2019). No caso dos autos, o TRT delimitou que o empregado deu "plena quitação dos valores e parcelas expressamente consignadas no presente termo". Logo, a eficácia liberatória decorrente da quitação passada pelo trabalhador ao firmar o mencionado acordo atinge apenas o objeto de conciliação, quais sejam, as parcelas e os valores consignados pelas partes. A decisão recorrida, portanto, está em conformidade com o entendimento esposado pelo STF, no julgamento ADI n. 2.237/DF. Precedentes. Óbice na Súmula 333 do TST e no art. 896, § 7º, da CLT. Agravo de instrumento a que se nega provimento e recursos de revista não conhecidos. **II – Recursos de revista da primeira e da segunda parte reclamadas interpostos anteriormente à vigência da Lei n. 13.015/2014. Empresa de telecomunicações. Lei n. 9.472/97. Terceirização. Licitude.** 1. No julgamento do RE 791.932, com repercussão geral, o Supremo Tribunal Federal, em acórdão publicado no *DJE* de 6-3-2019 e transitado em julgado em 14-3-2019, reafirmou o seu entendimento de que "é lícita a terceirização de toda e qualquer atividade, meio ou fim, não se configurando relação de emprego entre a contratante e o empregado da contratada". Fixou, então, a tese jurídica de que "é nula a decisão de órgão fracionário que se recusa a aplicar o art. 94, II, da Lei n. 9.472/1997, sem observar a cláusula de reserva de Plenário (CF, art. 97), observado o art. 949 do CPC". 2. Na ocasião, a Suprema Corte reafirmou a tese aprovada no julgamento da Arguição de Descumprimento de Preceito Fundamental n. 324 e do Recurso Extraordinário n. 958252, com repercussão geral reconhecida, *in verbis*: "É lícita a terceirização ou qualquer outra forma de divisão do trabalho entre pessoas jurídicas distintas, independentemente do objeto social das empresas envolvidas, mantida a responsabilidade subsidiária da empresa contratante. 3. Dessa forma, necessário se faz o exame da matéria à luz da tese firmada pelo STF, reconhecendo a licitude da terceirização de serviços pelas empresas de telecomunicações. 4. No caso dos autos, o Tribunal Regional entendeu pela ilicitude da terceirização de serviços firmada entre as reclamadas, pelo reconhecimento do vínculo de emprego diretamente para com a tomadora dos serviços e pela condenação ao pagamento das parcelas trabalhistas daí decorrentes. Logo, o Tribunal Regional decidiu em dissonância com a jurisprudência firmada sobre o tema no âmbito do Supremo Tribunal Federal, com efeito vinculante. Recursos de revista conhecidos e providos (ARR-1102-33.2011.5.04.0811, 2ª Turma, Relatora Ministra Maria Helena Mallmann, *DEJT* 28-8-2020).

Título VII
Do processo de multas administrativas

Capítulo I
Da fiscalização, da autuação e da imposição de multas

Art. 626. Incumbe às autoridades competentes do Ministério do Trabalho, ou àquelas que exerçam funções delegadas, a fiscalização do fiel cumprimento das normas de proteção ao trabalho.

Parágrafo único. Os fiscais do Instituto Nacional de Seguridade Social e das entidades paraestatais em geral, dependentes do Ministério do Trabalho, serão competentes para a fiscalização a que se refere o presente artigo, na forma das instruções que forem expedidas pelo Ministro do Trabalho.

Art. 627. A fim de promover a instrução dos responsáveis no cumprimento das leis de proteção do trabalho, a fiscalização deverá observar o critério de dupla visita nos seguintes casos:

a) quando ocorrer promulgação ou expedição de novas leis, regulamentos ou instruções ministeriais, sendo que, com relação exclusivamente a esses atos, será feita apenas a instrução dos responsáveis;

b) em se realizando a primeira inspeção dos estabelecimentos ou dos locais de trabalho, recentemente inaugurados ou empreendidos.

Art. 627-A. Poderá ser instaurado procedimento especial para a ação fiscal, objetivando a orientação sobre o cumprimento das leis de proteção ao trabalho, bem como a prevenção e o saneamento de infrações à legislação mediante Termo de Compromisso, na forma a ser disciplinada no Regulamento da Inspeção do Trabalho. (Artigo incluído pela MP n. 2.164-41, de 24-8-2001.)

Art. 628. Salvo o disposto nos arts. 627 e 627-A, a toda verificação em que o Auditor-Fiscal do Trabalho concluir pela existência de violação de preceito legal deve corresponder, sob pena de responsabilidade administrativa, a lavratura de auto de infração. (Redação dada pela MP n. 2.164-41, de 24-8-2001.)

§ 1º Ficam as empresas obrigadas a possuir o livro intitulado "Inspeção do Trabalho", cujo modelo será aprovado por portaria ministerial. (Parágrafo incluído pelo Dec.-lei n. 229, de 28-2-1967.)

§ 2º Nesse livro, registrará o agente da inspeção sua visita ao estabelecimento, declarando a data e a hora do início e término da mesma, bem como o resultado da inspeção, nele consignando, se for o caso, todas as irregularidades verificadas e as exigências feitas, com os respectivos prazos para seu atendimento, e, ainda, de modo legível, os elementos de sua identificação funcional. (Parágrafo incluído pelo Dec.-lei n. 229, de 28-2-1967.)

§ 3º Comprovada a má-fé do agente da inspeção, quanto à omissão ou lançamento de qualquer elemento no livro, responderá ele por falta grave no cumprimento do dever, ficando passível, desde logo, da pena de suspensão até 30 (trinta) dias, instaurando-se, obrigatoriamente, em caso de reincidência, inquérito administrativo. (Parágrafo incluído pelo Dec.-lei n. 229, de 28-2-1967.)

§ 4º A lavratura de autos contra empresas fictícias e de endereços inexistentes, assim como a apresentação de falsos relatórios, constituem falta grave, punível na forma do § 3º. (Parágrafo incluído pelo Dec.-lei n. 229, de 28-2-1967.)

Art. 628-A. Fica instituído o Domicílio Eletrônico Trabalhista, regulamentado pelo Ministério do Trabalho e Previdência, destinado a: (Incluído pela Lei n. 14.261, de 2021.)

I – cientificar o empregador de quaisquer atos administrativos, ações fiscais, intimações e avisos em geral; e (Incluído pela Lei n. 14.261, de 2021.)

II – receber, por parte do empregador, documentação eletrônica exigida no curso das ações fiscais ou apresentação de defesa e recurso no âmbito de processos administrativos. (Incluído pela Lei n. 14.261, de 2021.)

§ 1º As comunicações eletrônicas realizadas pelo Domicílio Eletrônico Trabalhista dispensam a sua publicação no *Diário Oficial da União* e o envio por via postal e são consideradas pessoais para todos os efeitos legais. (Incluído pela Lei n. 14.261, de 2021.)

§ 2º A ciência por meio do sistema de comunicação eletrônica, com utilização de certificação digital ou de código de acesso, possuirá os requisitos de validade. (Incluído pela Lei n. 14.261, de 2021.)

Art. 629. O auto de infração será lavrado em duplicata, nos termos dos modelos e instruções

expedidos, sendo uma via entregue ao infrator, contra recibo, ou ao mesmo enviada, dentro de 10 (dez) dias da lavratura, sob pena de responsabilidade, em registro postal, com franquia e recibo de volta. (*Caput* e parágrafos com redação dada pelo Dec.-lei n. 229, de 28-2-1967.)

§ 1º O auto não terá o seu valor probante condicionado à assinatura do infrator ou de testemunhas, e será lavrado no local da inspeção, salvo havendo motivo justificado que será declarado no próprio auto, quando então deverá ser lavrado no prazo de 24 (vinte e quatro) horas, sob pena de responsabilidade.

§ 2º Lavrado o auto de infração, não poderá ele ser inutilizado, nem sustado o curso do respectivo processo, devendo o agente da inspeção apresentá-lo à autoridade competente, mesmo se incidir em erro.

§ 3º O infrator terá, para apresentar defesa, o prazo de 10 (dez) dias contados do recebimento do auto.

§ 4º O auto de infração será registrado com a indicação sumária de seus elementos característicos, em livro próprio que deverá existir em cada órgão fiscalizador, de modo a assegurar o controle do seu processamento.

Art. 630. Nenhum agente da inspeção poderá exercer as atribuições do seu cargo sem exibir a carteira de identidade fiscal, devidamente autenticada, fornecida pela autoridade competente. (*Caput* e parágrafos com redação dada pelo Dec.-lei n. 229, de 28-2-1967.)

§ 1º É proibida a outorga de identidade fiscal a quem não esteja autorizado, em razão do cargo ou função, a exercer ou praticar, no âmbito da legislação trabalhista, atos de fiscalização.

§ 2º A credencial a que se refere este artigo deverá ser devolvida para inutilização, sob as penas da lei em casos de provimento em outro cargo público, exoneração ou demissão bem como nos de licenciamento por prazo superior a 60 (sessenta) dias e de suspensão do exercício do cargo.

§ 3º O agente da inspeção terá livre acesso a todas dependências dos estabelecimentos sujeitos ao regime da legislação trabalhista, sendo as empresas, por seus dirigentes, ou prepostos, obrigadas a prestar-lhe os esclarecimentos necessários ao desempenho de suas atribuições legais e a exibir-lhe, quando exigidos, quaisquer documentos que digam respeito ao fiel cumprimento das normas de proteção ao trabalho.

§ 4º Os documentos sujeitos à inspeção deverão permanecer, sob as penas da lei, nos locais de trabalho, somente se admitindo, por exceção, a critério da autoridade competente, sejam os mesmos apresentados em dia e hora previamente fixados pelo agente da inspeção.

§ 5º No território do exercício de sua função, o agente da inspeção gozará de passe livre nas empresas de transportes, públicas ou privadas, mediante a apresentação da carteira de identidade fiscal.

§ 6º A inobservância do disposto nos §§ 3º, 4º e 5º configurará resistência ou embaraço à fiscalização e justificará a lavratura do respectivo auto de infração, cominada a multa de valor igual a 15 (quinze) vezes o valor de referência regional até 150 (cento e cinquenta) vezes esse valor, levando-se em conta, além das circunstâncias atenuantes ou agravantes, a situação econômico-financeira do infrator e os meios a seu alcance para cumprir a lei.

§ 7º Para o efeito do disposto no § 5º, a autoridade competente divulgará, em janeiro e julho de cada ano, a relação dos agentes da inspeção titulares da carteira de identidade fiscal.

§ 8º As autoridades policiais, quando solicitadas, deverão prestar aos agentes da inspeção a assistência de que necessitarem para o fiel cumprimento de suas atribuições legais.

Art. 631. Qualquer funcionário público federal, estadual ou municipal, ou representante legal de associação sindical, poderá comunicar à autoridade competente do Ministério do Trabalho as infrações que verificar.

Parágrafo único. De posse dessa comunicação, a autoridade competente procederá desde logo às necessárias diligências, lavrando os autos de que haja mister.

Art. 632. Poderá o autuado requerer a audiência de testemunhas e as diligências que lhe parecerem necessárias à elucidação do processo, cabendo, porém, à autoridade, julgar da necessidade de tais provas.

Art. 633. (Revogada pela Lei n. 13.874, de 2019.)

Art. 634. Na falta de disposição especial, a imposição das multas incumbe às autoridades regionais competentes em matéria de trabalho, na forma estabelecida por este Título.

§ 1º A aplicação da multa não eximirá o infrator da responsabilidade em que incorrer por infração das leis penais.

§ 2º Os valores das multas administrativas expressos em moeda corrente serão reajustados anualmente pela Taxa Referencial (TR), divul-

gada pelo Banco Central do Brasil, ou pelo índice que vier a substituí-lo. (Redação inserida pela Lei n. 13.467/2017.)

Capítulo II
Dos recursos

Art. 635. De toda decisão que impuser multa por infração das leis e disposições reguladoras do trabalho, e não havendo forma especial de processo, caberá recurso para o Diretor-Geral do Departamento ou Serviço do Ministério do Trabalho que for competente na matéria. (Redação dada pelo Dec.-lei n. 229, de 28-2-1967.)

Parágrafo único. As decisões serão sempre fundamentadas. (Parágrafo incluído pelo Dec.-lei n. 229, de 28-2-1967.)

Art. 636. Os recursos devem ser interpostos no prazo de 10 (dez) dias, contados do recebimento da notificação, perante autoridade que houver imposto a multa, a qual, depois de os informar, encaminhá-los-á à autoridade de instância superior. (*Caput* e parágrafos com redação dada pelo Dec.-lei n. 229, de 28-2-1967.)

§ 1º O recurso só terá seguimento se o interessado o instruir com a prova do depósito da multa. (Revogado tacitamente pela Súmula Vinculante n. 21.)

§ 2º A notificação somente será realizada por meio de edital, publicada no órgão oficial, quando o infrator estiver em lugar incerto e não sabido.

§ 3º A notificação de que trata este artigo fixará igualmente o prazo de 10 (dez) dias para que o infrator recolha o valor da multa, sob pena de cobrança executiva.

§ 4º As guias de depósito ou recolhimento serão emitidas em 3 (três) vias e o recolhimento da multa deverá proceder-se dentro de 5 (cinco) dias às repartições federais competentes, que escriturarão a receita a crédito do Ministério do Trabalho.

§ 5º A segunda via da guia de recolhimento será devolvida pelo infrator à repartição que a emitiu, até o sexto dia depois de sua expedição, para a averbação no processo.

§ 6º A multa será reduzida de 50% (cinquenta por cento) se o infrator, renunciando ao recurso, a recolher ao Tesouro Nacional dentro do prazo de 10 (dez) dias contados do recebimento da notificação ou da publicação do edital.

§ 7º Para a expedição da guia, no caso do § 6º, deverá o infrator juntar a notificação com a prova da data do seu recebimento, ou a folha do órgão oficial que publicou o edital.

Art. 637. De todas as decisões que proferirem em processos de infração das leis de proteção ao trabalho e que impliquem arquivamento destes, observado o disposto no parágrafo único do art. 635, deverão as autoridades prolatoras recorrer de ofício para a autoridade competente de instância superior. (Redação dada pelo Dec.-lei n. 229, de 28-2-1967.)

Art. 638. Ao Ministro do Trabalho é facultado avocar ao seu exame e decisão, dentro de 90 (noventa) dias do despacho final do assunto, ou no curso do processo, as questões referentes à fiscalização dos preceitos estabelecidos nesta Consolidação.

Capítulo III
Do depósito, da inscrição e da cobrança

Art. 639. Não sendo provido o recurso, o depósito se converterá em pagamento.

Art. 640. É facultado às Delegacias Regionais do Trabalho, na conformidade de instruções expedidas pelo Ministro de Estado, promover a cobrança amigável das multas antes do encaminhamento dos processos à cobrança executiva. (Redação dada pelo Dec.-lei n. 229, de 28-2-1967.)

Art. 641. Não comparecendo o infrator, ou não depositando a importância da multa ou penalidade, far-se-á a competente inscrição em livro especial, existente nas repartições das quais se tiver originado a multa ou penalidade, ou de onde tenha provindo a reclamação que a determinou, sendo extraída cópia autêntica dessa inscrição e enviada às autoridades competentes para a respectiva cobrança judicial, valendo tal instrumento como título de dívida líquida e certa.

Art. 642. A cobrança judicial das multas impostas pelas autoridades administrativas do trabalho obedecerá ao disposto na legislação aplicável à cobrança da dívida ativa da União, sendo promovida, no Distrito Federal e nas capitais dos Estados em que funcionarem Tribunais Regionais do Trabalho, pela Procuradoria da Justiça do Trabalho, e nas demais localidades, pelo Ministério Público Estadual, nos termos do Decreto-lei n. 960, de 17 de dezembro de 1938.

▶ *Comentários*

▶ *Execução das multas*

A EC-45 (8-12-2004) modificou a competência para a execução das multas administra-

tivas impostas pelos Auditores Fiscais do Trabalho. Dessa forma, hoje é a Justiça do Trabalho que executa tais penalidades, consoante ao que prevê o inciso VII do art. 114 da CF/88 "as ações relativas às penalidades administrativas impostas aos empregadores pelos órgãos de fiscalização das relações de trabalho".

Em conformidade com o parágrafo 2º do art. 634 da CLT:

"Os valores das multas administrativas expressos em moeda corrente serão reajustados anualmente pela Taxa Referencial (TR) divulgadas pelo Banco Central do Brasil".

▶ **Jurisprudência**
▷ "**Recurso de revista. Execução fiscal. Parcelamento do débito. Suspensão da execução. Não ocorrência de novação.** O parcelamento da dívida fiscal não implica extinção da execução por novação e sim a suspensão da exigibilidade do crédito tributário e, consequentemente, da execução fiscal, até a quitação do débito. Se descumprido o parcelamento, a execução deve ser processada nos autos originários na Justiça do Trabalho. Precedentes. Recurso de revista conhecido por violação do art. 151, VI, do Código Tributário Nacional e provido " (RR-10155-15.2015.5.03.0071, 3ª Turma, Relator Ministro Alexandre de Souza Agra Belmonte, *DEJT* 14-8-2020).

▷ "**Recurso de revista. Acórdão publicado antes da vigência da Lei n. 13.015/2014. Execução fiscal. Art. 14 da Lei n. 11.941/09. Remissão da dívida. Decretação de ofício. Impossibilidade.** De início, registre-se que em se tratando de processo de execução fiscal não se aplicam as restrições impostas pelo art. 896, § 2º, da CLT e pela Súmula 266/TST. Pois bem, estabelece o art. 14 da Lei n. 11.941/2009 que "os débitos com a Fazenda Nacional, inclusive aqueles com exigibilidade suspensa que, em 31 de dezembro de 2007, estejam vencidos há cinco anos ou mais e cujo valor total consolidado, nessa mesma data, seja igual ou inferior a R$ 10.000,00 (dez mil reais)" para que seja reconhecida a remissão da dívida. Reportando-se ao acórdão recorrido, constata-se ter o Regional explicitado que o juízo executório verificou o cumprimento de todas as condições necessárias para o reconhecimento da remissão. Destacou, inclusive, que apesar de a exequente ter tido várias oportunidades para se manifestar no processo e informar a existência de outros débitos em nome da executada, não o fez, vindo a se manifestar somente após concedida a remissão. Constata-se, desse modo, ter a Corte de origem reputado preclusa a manifestação do ente público, ao informar a existência de outros débitos, vencidos anteriormente a 31-12-2012, cujo valor consolidado ultrapassava o limite de R$ 10.000,00 (dez mil reais), após concedido o perdão fiscal. Com efeito, é pacífico o entendimento nesta Colenda Corte que não se pode considerar o valor isolado de cada execução fiscal, para fins de decretação da remissão. Nos termos do art. 172 do CTN, "a lei pode autorizar a autoridade administrativa a conceder, por despacho fundamentado, remissão total ou parcial do crédito tributário". Não se pode olvidar que a intenção do legislador, ao prever a extinção do crédito tributário, objetivou direcionar o recurso da Fazenda Pública para fins relevantes nos processos de cobrança do crédito público. Efetivamente, o juiz não pode, de ofício, se pronunciar sobre a remissão, sem ouvir a Fazenda Nacional, sob pena de afronta aos princípios do contraditório e da ampla defesa, visto não permitir à credora da dívida a oportunidade de informar a existência de outros débitos que inviabilizariam a executada de usufruir o referido benefício da legal. Precedentes do STJ e do TST. Na hipótese, todavia, não se extrai da delimitação contida no acórdão regional elementos que evidenciam ter a exequente sido cientificada para se pronunciar sobre os efeitos do art. 14 da Lei n. 11.941/09. Nesse passo, considerando que a União apenas foi notificada para se manifestar sobre a aplicação do disposto no art. 20 da CLT, que culminou no arquivamento provisório da dívida em análise, tal comunicação, por si só, não é suficiente para que o magistrado decrete de ofício, o benefício da remissão, sem oportunizar manifestação da exequente sobre a existência de outros débitos. Recurso de revista conhecido e provido" (RR-2475400-78.2005.5.11.0012, 5ª Turma, Relator Ministro Breno Medeiros, *DEJT* 5-10-2018).

Título VII-A
Da prova de inexistência de débitos trabalhistas

Art. 642-A. É instituída a Certidão Negativa de Débitos Trabalhistas (CNDT), expedida gratuita e eletronicamente, para comprovar a inexistência de débitos inadimplidos perante a Justiça do Trabalho.

§ 1º O interessado não obterá a certidão quando em seu nome constar:

I – o inadimplemento de obrigações estabelecidas em sentença condenatória transitada em julgado proferida pela Justiça do Trabalho ou em acordos judiciais trabalhistas, inclusive no concernente aos recolhimentos previdenciários, a honorários, a custas, a emolumentos ou a recolhimentos determinados em lei; ou

II – o inadimplemento de obrigações decorrentes de execução de acordos firmados perante o Ministério Público do Trabalho ou Comissão de Conciliação Prévia.

§ 2º Verificada a existência de débitos garantidos por penhora suficiente ou com exigibilidade suspensa, será expedida Certidão Positiva de Débitos Trabalhistas em nome do interessado com os mesmos efeitos da CNDT.

§ 3º A CNDT certificará a empresa em relação a todos os seus estabelecimentos, agências e filiais.

§ 4º O prazo de validade da CNDT é de 180 (cento e oitenta) dias, contado da data de sua emissão. (Título incluído pela Lei n. 12.440, de 7-7-2011.)

▶ **Comentários**

A fiscalização do cumprimento das normas de proteção ao trabalho é da competência do Ministério do Trabalho e Previdência[393], por intermédio de seus respectivos fiscais.

Como lembra Valentin Carrion, "os direitos do trabalhador estão protegidos em dois níveis distintos: a inspeção ou fiscalização do trabalho, de natureza administrativa, e a proteção judicial através dos tribunais da Justiça do Trabalho"[394].

Na oportuna crítica de Francisco Antonio de Oliveira: "a fiscalização do trabalho tem caráter preventivo, de velar pelo cumprimento da legislação que rege a espécie, tem também atuação repressiva, quando presente o descumprimento, pela correção do ato e pela aplicação da pena pecuniária ou sanções outras, como o fechamento temporário ou mesmo definitivo do estabelecimento"[395].

O ideal seria que a fiscalização do Ministério do Trabalho e Emprego fosse, antes de tudo, orientadora, preventiva e não meramente repressiva, sobretudo com relação às micro e médias empresas, as quais, normalmente, não possuem estrutura administrativa ou jurídica capaz de esclarecê-las de forma adequada quanto às exigências da legislação do trabalho.

É bem verdade que a leitura do art. 628, §§ 2º e 3º, da CLT deixa claro que a orientação e as exigências para o saneamento das irregularidades precedem, necessariamente, a imposição de multas.

O princípio da ampla defesa, consagrado no art. 5º, LV, da CF assegura ao empresário autuado a utilização de defesa e recursos, não só na fase administrativa como na esfera judicial:

"aos litigantes, em processo judicial ou administrativo, e aos acusados em geral, são assegurados o contraditório e ampla defesa, com os meios e recursos a eles inerentes".

A pena pecuniária não afasta a eventualidade de sanção criminal, *ex vi* do disposto no Título IV do Código Penal: *Dos crimes contra a organização do trabalho*.

De todo conveniente frisar que o empresário que não repasse as contribuições previdenciárias, recolhidas de seus empregados, à Previdência Social comete o crime de apropriação indébita previdenciária, segundo o disposto no art. 168-A do Código Penal, acres-

393. Lei n. 13.844, de 18-6-2019.
394. Ob. cit., 25. ed., p. 462.

395. Ob. cit., p. 520.

cido ao Estatuto Repressivo pela Lei n. 9.983, de 14-7-2000.

A punibilidade se extingue se o empresário efetua o pagamento das contribuições indevidamente retidas (§ 1º, I, da lei nominada).

A Reforma Trabalhista/2017 introduziu na CLT o art. 883-A, que faculta o protesto de sentença trabalhista, tal como já ocorre com o CPC, art. 517, quando o executado por débitos trabalhistas não paga, e tampouco efetua a garantia do juízo.

▶ **Jurisprudência**

▷ "**A) Agravo de instrumento em recurso de revista. Adicional de insalubridade. Grau máximo. Indeferimento de prova pericial. Prova emprestada. Cerceamento de defesa. Caracterização.** Ante a demonstração de possível violação do art. 5º, LV, da CF, merece processamento o recurso de revista. Agravo de instrumento conhecido e provido. **B) Recurso de revista. Adicional de insalubridade. Grau máximo. Indeferimento de prova pericial. Prova emprestada. Cerceamento de defesa. Caracterização.** A obrigatoriedade de realização da perícia, segundo a exegese do art. 195, § 2º, da CLT, decorre da existência de controvérsia quanto às reais condições de labor do empregado. Ademais, a própria OJ n. 278 da SDI-1 do TST dispõe que "A realização de perícia é obrigatória para a verificação de insalubridade. Quando não for possível sua realização, como em caso de fechamento da empresa, poderá o julgador utilizar-se de outros meios de prova". No caso, segundo a reclamada, a reclamante" exerce função que pela sua própria natureza já a faz receber o adicional compatível com o grau de insalubridade a que se encontra exposta no desempenho das suas atividades laborais", fato que somente seria efetivamente esclarecido em nova prova pericial. Recurso de revista conhecido e provido" (RR-335-07.2017.5.20.0013, 8ª Turma, Relatora Ministra Dora Maria da Costa, *DEJT* 23-10-2020).

▷ "**Agravo de instrumento em recurso de revista regido pela Lei n. 13.467/2017. Administração Pública. Terceirização. Responsabilidade subsidiária. Ônus da prova. Súmula 331, V, do TST. Decisão proferida pela subseção 1 especializada em dissídios individuais (SBDI-1), no julgamento do E-RR-925-07.2016.5.05.0281, em 12-12-2019. Atribuição ao ente público do ônus probatório acerca da regular fiscalização do contrato de terceirização. Transcendência jurídica.** 1. De acordo com o art. 896-A da CLT, o Tribunal Superior do Trabalho, no recurso de revista, deve examinar previamente se a causa oferece transcendência com relação aos reflexos gerais de natureza econômica, política, social ou jurídica. No presente caso, o Tribunal Regional decidiu a questão com amparo no ônus probatório acerca da conduta culposa do tomador de serviços. A SBDI-1 desta Corte, no recente julgamento do E-RR-925-07.2016.5.05.0281, de relatoria do Ministro Cláudio Mascarenhas Brandão, em 12-12-2019, com sua composição plena, entendeu que o Supremo Tribunal Federal não firmou tese acerca do ônus da prova da culpa *in vigilando* ou da culpa *in eligendo* da Administração Pública tomadora dos serviços, concluindo caber ao ente público o ônus de provar a efetiva fiscalização do contrato de terceirização. Trata-se, portanto, de "questão nova em torno da interpretação da legislação trabalhista", nos termos do art. 896-A, IV, da CLT, o que configura a transcendência jurídica da matéria em debate. 2. A Suprema Corte, ao julgar a ADC 16/DF e proclamar a constitucionalidade do § 1º do art. 71 da Lei n. 8.666/93, não afastou a possibilidade de imputação da responsabilidade subsidiária aos entes da Administração Pública, por dívidas trabalhistas mantidas por empresas de terceirização por eles contratadas, desde que configurada conduta culposa, por omissão ou negligência, no acompanhamento da execução dos contratos de terceirização celebrados, nos moldes da Súmula 331, V, do TST. Ainda, no julgamento do RE 760931, o Supremo Tribunal Federal, em regime de repercussão geral, consolidou a tese jurídica no sentido de que "O inadimplemento dos encargos trabalhistas dos empregados do contratado não transfere automaticamente ao Poder Público contratante a responsabilidade pelo seu pagamento, seja em caráter solidário ou

subsidiário, nos termos do art. 71, § 1º, da Lei n. 8.666/93". A partir da análise dos fundamentos lançados no debate travado no âmbito do Supremo Tribunal Federal para se concluir acerca da responsabilização do Ente da Administração Pública, em caráter excepcional, deve estar robustamente comprovada sua conduta culposa, não se cogitando de responsabilidade objetiva ou de transferência automática da responsabilidade pela quitação dos haveres em razão do simples inadimplemento das obrigações trabalhistas pela prestadora de serviços. 3. A SBDI-1 desta Corte, após análise dos debates e dos votos proferidos no julgamento do RE 760931, entendeu que o Supremo Tribunal Federal não firmou tese acerca do ônus da prova da culpa *in vigilando* ou *in eligendo* da Administração Pública tomadora de serviços. Ponderou que o STF rejeitou o voto lançado pelo redator designado, Ministro Luiz Fux, no julgamento dos embargos declaratórios opostos em face da referida decisão, no qual ressaltou a impossibilidade da inversão do ônus da prova ou da culpa presumida da Administração Pública. Asseverou que, após o aludido julgamento, o entendimento de que não teria havido posicionamento acerca do ônus probatório – se do empregado ou da Administração Pública – passou a prevalecer, inclusive na resolução de Reclamações Constitucionais apresentadas perante aquela Corte. Destacou que a definição quanto ao ônus da prova acerca da regular fiscalização do contrato de terceirização fica a cargo desta Corte. Concluiu, assim, que o Ente Público, ao anotar a correta fiscalização da execução do contrato de terceirização, acena com fato impeditivo do direito do empregado, atraindo para si o ônus probatório, nos termos dos arts. 333, II, do CPC/73, 373, II, do CPC/2015 e 818 da CLT, acrescentando que atribuir ao empregado o ônus de provar a fiscalização deficiente por parte do Poder Público significa conferir-lhe o encargo de produzir provas de difícil obtenção (E-RR-925-07.2016.5.05.0281, Relator Ministro: Cláudio Mascarenhas Brandão, Julgado em: 12-12-2019). 4. Nesse cenário, a Corte Regional, ao destacar que competia ao Ente Público provar que fiscalizou a execução do contrato de prestação de serviços, proferiu acórdão em conformidade com o atual entendimento da SBDI-1 desta Corte, incidindo a Súmula 333/TST e o art. 896, § 7º, da CLT como óbices ao processamento da revista. Agravo de instrumento não provido" (AIRR-100638-97.2018.5.01.0053, 5ª Turma, Relator Ministro Douglas Alencar Rodrigues, *DEJT* 2-10-2020).

▷ **"Recurso ordinário em mandado de segurança do impetrante. Decadência. Orientação Jurisprudencial n. 127 da SBDI-2 do TST.** *In casu*, trata-se de Mandado de Segurança impetrado contra ato praticado pelo magistrado que, na fase de execução, procedeu à desconsideração da personalidade jurídica da empresa reclamada, com a inclusão dos sócios no polo passivo da execução, e, posteriormente, determinou a inclusão do impetrante no BNDT – Banco Nacional dos Devedores Trabalhistas. Extrai-se dos documentos carreados pela parte impetrante que, conquanto o impetrante tenha apontado como ato coator aquele que determinou a sua inclusão no BNDT, o certo é que o efetivo ato impugnado é aquele que, em virtude da desconsideração da personalidade jurídica, procedeu à sua inclusão no polo passivo da execução. Assim, diante do disposto na Orientação Jurisprudencial n. 127 da SBDI-2 do TST, que prevê que" Na contagem do prazo decadencial para ajuizamento de mandado de segurança, o efetivo ato coator é o primeiro em que se firmou a tese hostilizada e não aquele que a ratificou", tem-se que o prazo decadencial iniciou-se a partir da ciência da decisão que determinou o redirecionamento da execução e não da intimação do indeferimento do pedido de reconsideração. Nesse contexto, tendo sido o efetivo ato coator praticado em 28-9-2017, impõe-se o reconhecimento da decadência do mandamus impetrado apenas em 14-9-2018, pois transcorrido, em muito, o prazo de 120 dias, previsto no art. 23 da Lei n. 12.016/2009. Recurso Ordinário conhecido e não provido" (RO-101694-33.2018.5.01.0000, Subseção II Especializada em Dissídios Individuais, Relator Ministro Luiz José Dezena da Silva, *DEJT* 7-2-2020).

Título VIII
Da justiça do trabalho

Capítulo I
Introdução

Art. 643. Os dissídios, oriundos das relações entre empregados e empregadores, bem como de trabalhadores avulsos e seus tomadores de serviços, em atividades reguladas na legislação social, serão dirimidos pela Justiça do Trabalho, de acordo com o presente Título e na forma estabelecida pelo processo judiciário do trabalho. (Redação dada pela Lei n. 7.494, de 17-6-1986.)

§ 1º As questões concernentes à Previdência Social serão decididas pelos órgãos e autoridades previstos no Capítulo V deste Título e na legislação sobre seguro social.

§ 2º As questões referentes a acidentes do trabalho continuam sujeitas a justiça ordinária, na forma do Decreto n. 24.637, de 10 de julho de 1934, e legislação subsequente.

§ 3º A Justiça do Trabalho é competente, ainda, para processar e julgar as ações entre trabalhadores portuários e os operadores portuários ou o Órgão Gestor de Mão de obra – OGMO decorrentes da relação de trabalho. (Parágrafo incluído pela MP n. 2.164-41, de 24-8-2001.)

▶ **Comentários**

1. ***Competência material da Justiça do Trabalho***

Como facilmente se verifica, a Justiça do Trabalho deixa de restringir-se à composição das lides referentes à relação de emprego, para tornar-se, efetivamente, a Justiça do Trabalho.

Adquire, com a Emenda Constitucional n. 45, de 8-12-2004, competência material não só para julgar as controvérsias entre empregados e empregadores (relação de emprego), como, inclusive, os conflitos oriundos do trabalho.

Observe-se que a nova redação dada ao art. 114 da Constituição Federal substituiu a expressão "*trabalhadores e empregadores*" por "ações oriundas da relação de trabalho".

Em edições anteriores já advertíamos para a expressão "*trabalhadores*", contida no art. 114 da Constituição Federal, e que tinha ali significado de "empregados".

Na nova sistemática a Justiça do Trabalho passa a ser competente para processar e julgar as questões oriundas do *trabalho*, ainda que inexistam nelas as figuras do empregado e empregador.

Em tais condições, sua competência material ganha amplitude – é competente para processar e julgar as questões ou dissídios entre empregadores e empregados.

Sua competência típica, como observa Valentin Carrion, é a de "compor as lides referentes à relação de emprego (o chamado trabalho subordinado ou de integração na empresa) não eventual, entre os próprios interessados singulares (dissídios individuais), ou entre uma categoria profissional e a categoria econômica ou a respectiva empresa (dissídios coletivos)"[396].

A Justiça do Trabalho continua, pois, a ser competente para processar e julgar as questões ou dissídios entre empregadores e empregados, pouco importando, como ensina Amauri Mascaro Nascimento, "o tipo de relação de emprego: seja a urbana, a rural, a doméstica, o emprego em domicílio, etc., basta estar-se diante de relação empregatícia para a questão situar-se no âmbito da competência material da Justiça do Trabalho"[397].

A Emenda Constitucional n. 45, de 8-12-2004, alterando a redação dada ao art. 114 da Constituição Federal de 1988 ampliou sensivelmente a competência material da Justiça do Trabalho, como deixa claro o dispositivo constitucional nominado:

"Art. 114. Compete à Justiça do Trabalho processar e julgar:

I – as ações oriundas da relação de trabalho, abrangidos os entes de direito público externo e

396. Ob. cit., 25. ed., p. 470.
397. *Curso de Direito Processual do Trabalho*, cit., p. 180.

da administração pública direta e indireta da União, dos Estados, do Distrito Federal e dos Municípios;

II – as ações que envolvam exercício do direito de greve;

III – as ações sobre representação sindical, entre sindicatos, entre sindicatos e trabalhadores, e entre sindicatos e empregadores;

IV – os mandados de segurança, *habeas corpus* e *habeas data*, quando o ato questionado envolver matéria sujeita à sua jurisdição;

V – os conflitos de competência entre órgãos com jurisdição trabalhista, ressalvado o disposto no art. 102, I, *o*;

VI – as ações de indenização por dano moral ou patrimonial, decorrentes da relação de trabalho;

VII – as ações relativas às penalidades administrativas impostas aos empregadores pelos órgãos de fiscalização das relações de trabalho;

VIII – a execução, de ofício, das contribuições sociais previstas no art. 195, I, *a*, e II, e seus acréscimos legais, decorrentes das sentenças que proferir;

IX – outras controvérsias decorrentes da relação de trabalho, na forma da lei".

2. Outras controvérsias decorrentes da relação de trabalho – Acidentes do Trabalho – Servidor público

Após a Emenda Constitucional n. 45, de 8-12-2004, a competência material da Justiça do Trabalho já não se limita à solução dos conflitos empregatícios, abrangendo, igualmente, as demais controvérsias oriundas da relação de trabalho.

Note-se que nem todo trabalho envolve emprego, que só se consubstancia quando presentes a subordinação hierárquica, a habitualidade e a pessoalidade, com relação ao empregado.

Por outras palavras, trabalho é gênero do qual o emprego é espécie. Trabalho é todo esforço intelectual ou físico destinado à produção. Todos trabalham; nem todos, porém, são empregados.

Se é empregado, dúvida não pode haver: a Justiça do Trabalho é competente para decidir as controvérsias eventualmente surgidas com o empregador.

Mas, ainda que não haja emprego, a Justiça do Trabalho é, agora, competente em razão da matéria, para processar e julgar as controvérsias oriundas do trabalho, ainda que autônomo, independentemente de lei.

Observe-se que o empreiteiro *operário ou artífice*, conquanto não fosse empregado, já podia postular seus direitos na Justiça do Trabalho, segundo o disposto no art. 652, III, da CLT.

Da mesma forma, a Medida Provisória n. 2.164-41, de 24-8-2001, já havia estendido a competência material da Justiça do Trabalho à apreciação e julgamento das reclamações de operários portuários contra o órgão gestor de mão de obra, embora não haja entre eles relação de emprego – art. 643, § 3º, da CLT.

Em consequência da Emenda Constitucional sob comento, serão processadas e julgadas pela Justiça do Trabalho todas as questões oriundas do trabalho, envolvam ou não a relação de emprego.

Igualmente a *prestação civil de serviço*[398] passa ao âmbito da Justiça do trabalho; a *empreitada*[399], da mesma forma, já não mais restrita ao empreiteiro operário ou artífice.

As ações relativas à representatividade dos sindicatos, anteriormente de competência da Justiça Estadual, inserem-se, também, na competência material da Justiça do Trabalho, bem como as ações de indenização por dano moral ou patrimonial da relação de trabalho (e não somente da relação de emprego).

A execução, de ofício, das contribuições sociais[400] decorrentes das sentenças que proferir continua de competência da Justiça do Trabalho.

Outras controvérsias decorrentes de relação de trabalho podem, na forma da lei, ser atribuídas à competência da Justiça trabalhista.

Como observa Grijalbo Fernandes Coutinho[401] – "ao invés dos termos restritos do original do art. 114 da Constituição Federal, que disciplinava a relação *entre trabalhadores e empregadores*, agora o texto novo da reforma manda julgar *as ações oriundas da relação de*

398. Arts. 593 a 609 do CC de 2002.
399. Arts. 610 a 626 do CC de 2002.
400. Art. 195, I e II, da CF.
401. *Informativo Anamatra*, n. 56.

trabalho, sem delimitar os atores deste processo. Havendo relação de trabalho *lato sensu*, seja de emprego ou não, os seus contornos serão apreciados pelo juiz do trabalho".

Os *acidentes do trabalho* e as indenizações deles decorrentes permanecem de competência da Justiça Estadual (art. 109, I, da CF).

"Compete à Justiça Estadual processar e julgar os litígios decorrentes de acidente do trabalho" (STJ, Súmula 15).

"Compete à justiça ordinária estadual o processo e o julgamento, em ambas as instâncias, das causas de acidente do trabalho, ainda que promovidas contra a União, suas autarquias, empresas públicas ou sociedades de economia mista" (STF, Súmula 501).

Ressalte-se que a indenização decorrente de culpa ou dolo do empregador, na ocorrência de acidente do trabalho, que não se confunde com o seguro obrigatório com o INSS, é de competência da Justiça do Trabalho.

As questões que envolvam os funcionários públicos *stricto sensu* (estatutários) continuam sob a égide da Justiça Estadual (se funcionários estaduais ou municipais) ou da Justiça Federal (se funcionários federais), como decidiu o Supremo Tribunal Federal na Ação Direta de Inconstitucionalidade n. 3.395, interposta pela Associação dos Juízes Federais do Brasil.

Há controvérsia doutrinária quanto à competência para julgar as ações decorrentes da prestação de serviços por trabalhadores autônomos, como, por exemplo, honorários de profissionais liberais.

A fim de se evitar tais conflitos que, irremediavelmente já começam a refletir-se nos julgados, há, na Câmara dos Deputados, o Projeto de Lei n. 6.542 de 2006, regulamentando o inciso XI do art. 114 da CF para dispor sobre competência da Justiça do Trabalho, referente à relação de trabalho, vazado nos seguintes termos:

"Art. 1º O art. 652 do Decreto-lei n. 5.452, de 1º de maio de 1943, que aprova a Consolidação das Leis do Trabalho, passa a vigorar acrescido da seguinte alínea *f*:

'Art. 652..

f) compete ainda ao juiz do trabalho processar e julgar os litígios decorrentes de relações de trabalho que, não configurando vínculo empregatício, envolvam, entre outras, as ações:

I – de cobrança de crédito resultante de comissões de representante comercial ou de contrato de agenciamento e distribuição, quando o representante, agente ou distribuidor for pessoa física;

II – de cobrança de quota-parte de parceria agrícola, pesqueira, pecuária, extrativa vegetal e mineral, em que o parceiro outorgado desenvolva seu trabalho direta e pessoalmente, admitida a ajuda da família;

III – decorrentes de execução e de extinção de contratos agrários, entre o proprietário rural e o parceiro outorgado, quando este desenvolva seu trabalho direta e pessoalmente, ainda que com a ajuda dos membros da família;

IV – de cobrança de honorários decorrentes de exercício de mandato oneroso, exceto os que se qualifiquem como relação de consumo, nos termos da Lei n. 8.078, de 1990;

V – de cobrança de créditos de corretagem, inclusive de seguro, em face da corretora, em se tratando de corretor autônomo;

VI – de cobrança de honorários de leiloeiros, em face da casa de leilões;

VII – entre trabalhadores portuários e operadores portuários ou o Órgão Gestor de Mão de obra – OGMO;

VIII – entre empreiteiro e subempreiteiro, ou qualquer destes e o dono da obra, nos contratos de pequena empreitada, sempre que os primeiros concorrerem pessoalmente com seu trabalho para a execução dos serviços, ainda que mediante o concurso de terceiros;

IX – entre cooperativas de trabalho e seus associados;

X – de conflitos envolvendo as demais espécies de trabalhadores autônomos, tais como encanador, eletricista, digitador, jardineiro, entre outros;

XI – decorrentes de assédio moral'.

Art. 2º Ficam revogados os incisos III e V da alínea *a* do art. 652 do Decreto-lei n. 5.452, de 1º de maio de 1943".

A lei em apreço não porá fim às controvérsias acerca da competência material da

Justiça do Trabalho, em face da Emenda Constitucional n. 45/2004. Antes de tudo porque é meramente exemplificativa (não poderia mesmo ser exaustiva). Por outro lado, excluindo as relações qualificadas de consumo, deixa grave dúvida, já que o art. 2º do Código do Consumidor considera como tal "toda pessoa física ou jurídica que adquire ou utiliza produto ou **serviço** como depositário final".

Inclui-se, pois, como consumidor toda pessoa física que utiliza determinado serviço. Serviço, como preleciona Cretella Jr., "é a ação de servir. Consiste em atos do homem, atividades, desempenhos, prestações".

Interpretado no sentido amplo afastaria da Justiça do Trabalho competência para processar e julgar demanda envolvendo profissionais liberais, como médicos, advogados, etc., reduzindo sobremaneira a competência material da Justiça Obreira, como, aliás, já se observa com julgados dos próprios pretórios trabalhistas:

"**Agravo de petição – Contrato de prestação de serviços advocatícios – Incompetência da Justiça do Trabalho –** Tratando-se a hipótese de prestação de serviços advocatícios a pessoa física, em processos específicos e de forma esporádica, não pode ser inserida no conceito de 'relação de trabalho', mas sim de consumo. Isto porque o cliente, ou seja, o consumidor, deles se utiliza para satisfazer uma necessidade própria. Assim, ainda que se considerem as alterações promovidas pela Emenda Constitucional n. 45/2004 que conferiu nova redação ao art. 114 da Constituição da República, ampliando a competência material da Justiça do Trabalho, para incluir as lides alusivas às relações de trabalho e não apenas relação de emprego, não há como afastar esta conclusão. A relação de consumo é regida pelo Código de Defesa do Consumidor (Lei n. 8.078/96), não configurando, nos termos da lei, relação de trabalho, para fins de aplicação do art. 114, I, da Constituição. Aliás, o CDC (Lei n. 8.078/90) exclui todas as relações de caráter trabalhista, conforme exposto a seguir: 'Art. 2º Consumidor é toda pessoa física ou jurídica que adquire ou utiliza produto ou serviço como destinatário final. Parágrafo único. Equipara-se a consumidor a coletividade de pessoas, ainda que indetermináveis, que haja intervindo nas relações de consumo. Art. 3º Fornecedor é toda pessoa física ou jurídica, pública ou privada, nacional ou estrangeira, bem como os entes despersonalizados, que desenvolvem atividade de produção, montagem, criação, construção, transformação, importação, exportação, distribuição ou comercialização de produtos ou prestação de serviços. § 1º Produto é qualquer bem, móvel ou imóvel, material ou imaterial. § 2º Serviço é qualquer atividade fornecida no mercado de consumo, mediante remuneração, inclusive as de natureza bancária, financeira, de crédito e securitária, salvo as decorrentes das relações de caráter trabalhista'. Portanto, inexiste relação de trabalho na atividade executada pelo advogado a um cliente, sendo incompetente a Justiça do Trabalho para apreciar e executar o feito. Agravo a que se nega provimento"[402].

No mesmo sentido a Súmula 363 do STJ:

"Compete à Justiça estadual processar e julgar a ação de cobrança ajuizada por profissional liberal contra cliente".

3. Reconhecimento do vínculo empregatício

Um dos princípios basilares do Direito do Trabalho é o da primazia dos fatos sobre os aspectos formais, denominado *princípio da realidade*, sobre o qual tecemos considerações anteriores.

Em muitas oportunidades ou o trabalhador, embora subordinado, é rotulado de autônomo, ou simplesmente "é contratado", sem registro ou qualquer direito.

Em tais condições, se o vínculo empregatício não é, espontaneamente, reconhecido pelo beneficiário dos serviços, ao trabalhador não resta outra alternativa senão buscar a prestação jurisdicional do Estado, requerendo a proclamação do contrato de trabalho com seus consectários legais.

402. TRT 3ª Reg. AP 00996-2006-016-03-00-6 – (Ac. 4ª T.) – Rel. Juiz Julio Bernardo do Carmo. *DJMG*, 16-12-2006, p. 19.

A Justiça competente para o reconhecimento da relação empregatícia é a do trabalho.

4. Contribuições sociais (INSS)

A Emenda Constitucional n. 20, de 15-12-1998, acrescentou ao art. 114 da CF o § 3º, assim redigido:

"Compete ainda à Justiça do Trabalho executar, de ofício, as contribuições sociais previstas no art. 195, I, *a*, e II, e seus acréscimos legais, decorrentes das sentenças que proferir".

O recolhimento das contribuições devidas à Previdência é feito de ofício, ou seja, independentemente de qualquer provocação das partes e, mesmo, da Previdência Social. É, outrossim, devido em todas as decisões cognitivas ou homologatórias.

A Lei n. 10.035, de 25-10-2000, objetivando regulamentar a execução das contribuições sociais, em face da Emenda Constitucional n. 20/98, acrescentou ao art. 832 da CLT os §§ 3º e 4º, que assim dispõem:

"§ 3º As decisões cognitivas ou homologatórias deverão sempre indicar a natureza jurídica das parcelas constantes da condenação ou do acordo homologado, inclusive o limite de responsabilidade de cada parte pelo recolhimento da contribuição previdenciária, se for o caso.

§ 4º O INSS será intimado, por via postal, das decisões homologatórias de acordos que contenham parcela indenizatória, sendo-lhe facultado interpor recurso relativo às contribuições que lhe forem devidas".

A Emenda Constitucional n. 45, de 8-12-2004, mantém a competência da Justiça do Trabalho para a execução de tais contribuições – "a execução, de ofício, das contribuições sociais previstas no art. 195, I, *a*, e II, e seus acréscimos legais, decorrentes das sentenças que proferir" (art. 114, VIII, da CF).

Esses dispositivos e suas implicações no andamento do processo trabalhista são analisados nos comentários ao art. 832.

▶ Jurisprudência

▷ **Súmula 19 do TST. Quadro de carreira.**
A Justiça do Trabalho é competente para apreciar reclamação de empregado que tenha por objeto direito fundado no quadro de carreira.

▷ **Súmula 300 do TST. Competência da Justiça do Trabalho. Cadastramento no PIS.** Compete à Justiça do Trabalho processar e julgar ações de empregados contra empregadores, relativas ao cadastramento no Plano de Integração Social (PIS). (Res. 10/89, *DJ*, 14-4-1989) Referência: CF, art. 114 – CLT, art. 652, inc. IV – Leis Complementares n. 7/70 e 26/75.

▷ **Súmula 368 do TST. Descontos previdenciários. Imposto de renda. Competência. Responsabilidade pelo pagamento. Forma de cálculo.** Fato gerador (aglutinada a parte final da Orientação Jurisprudencial n. 363 da SBDI-I à redação do item II e incluídos os itens IV, V e VI em sessão do Tribunal Pleno realizada em 26-6-2017) – Res. 219/2017, republicada em razão de erro material – *DEJT* divulgado em 12, 13 e 14-7-2017

I – A Justiça do Trabalho é competente para determinar o recolhimento das contribuições fiscais. A competência da Justiça do Trabalho, quanto à execução das contribuições previdenciárias, limita-se às sentenças condenatórias em pecúnia que proferir e aos valores, objeto de acordo homologado, que integrem o salário de contribuição.

II – É do empregador a responsabilidade pelo recolhimento das contribuições previdenciárias e fiscais, resultante de crédito do empregado oriundo de condenação judicial. A culpa do empregador pelo inadimplemento das verbas remuneratórias, contudo, não exime a responsabilidade do empregado pelos pagamentos do imposto de renda devido e da contribuição previdenciária que recaia sobre sua quota-parte. (ex-OJ n. 363 da SBDI-1, parte final)

III – Em se tratando de descontos previdenciários, o critério de apuração encontra-se disciplinado no art. 276, § 4º, do Decreto n. 3.048/99 que regulamentou a Lei n. 8.212/91 e determina que a contribuição do empregado, no caso de ações trabalhistas, seja calculada mês a mês, aplicando-se as alíquotas previstas no art. 198, observado o limite máximo do salário de contribuição.

IV – Considera-se fato gerador das contribuições previdenciárias decorrentes de créditos trabalhistas reconhecidos ou homologados em juízo, para os serviços prestados até 4-3-2009, inclusive, o efetivo pagamento das verbas, configurando-se a mora a partir do dia dois do mês seguinte ao da liquidação (art. 276, *caput*, do Decreto n. 3.048/1999). Eficácia não retroativa da alteração legislativa promovida pela Medida Provisória n. 449/2008, posteriormente convertida na Lei n. 11.941/2009, que deu nova redação ao art. 43 da Lei n. 8.212/91.

V – Para o labor realizado a partir de 5-3-2009, considera-se fato gerador das contribuições previdenciárias decorrentes de créditos trabalhistas reconhecidos ou homologados em juízo a data da efetiva prestação dos serviços. Sobre as contribuições previdenciárias não recolhidas a partir da prestação dos serviços incidem juros de mora e, uma vez apurados os créditos previdenciários, aplica-se multa a partir do exaurimento do prazo de citação para pagamento, se descumprida a obrigação, observado o limite legal de 20% (art. 61, § 2º, da Lei n. 9.430/96).

VI – O imposto de renda decorrente de crédito do empregado recebido acumuladamente deve ser calculado sobre o montante dos rendimentos pagos, mediante a utilização de tabela progressiva resultante da multiplicação da quantidade de meses a que se refiram os rendimentos pelos valores constantes da tabela progressiva mensal correspondente ao mês do recebimento ou crédito, nos termos do art. 12-A da Lei n. 7.713, de 22-12-1988, com a redação conferida pela Lei n. 13.149/2015, observado o procedimento previsto nas Instruções Normativas da Receita Federal do Brasil.

▷ **Súmula 389 do TST. Seguro-desemprego. Competência da Justiça do Trabalho. Direito à indenização por não liberação de guias.**
I – Inscreve-se na competência material da Justiça do Trabalho a lide entre empregado e empregador tendo por objeto indenização pelo não fornecimento das guias do seguro-desemprego.
II – O não fornecimento pelo empregador da guia necessária para o recebimento do seguro-desemprego dá origem ao direito à indenização.

▷ **Súmula Vinculante n. 22 do STF.** A Justiça do Trabalho é competente para processar e julgar as ações de indenização por danos morais e patrimoniais decorrentes de acidente de trabalho propostas por empregado contra empregador, inclusive aquelas que ainda não possuíam sentença de mérito em primeiro grau quando da promulgação da Emenda Constitucional n. 45/04.

▷ **Súmula 235 do Supremo Tribunal Federal.** É competente para a ação de acidente do trabalho a justiça cível comum, inclusive em segunda instância, ainda que seja parte autarquia seguradora.

▷ **Súmula 736 do Supremo Tribunal Federal.** Compete à Justiça do Trabalho julgar as ações que tenham como causa de pedir o descumprimento de normas trabalhistas relativas à segurança, higiene e saúde dos trabalhadores.

▷ **Súmula 10 do STJ.** Instalada a junta de conciliação e julgamento, cessa a competência do juiz de direito em matéria trabalhista, inclusive para a execução das sentenças por ele proferidas.

▷ **Súmula 15 do STJ.** Compete à justiça estadual processar e julgar os litígios decorrentes de acidente do trabalho.

▷ **Súmula 82 do STJ.** Compete à Justiça Federal, excluídas as reclamações trabalhistas, processar e julgar os feitos relativos à movimentação do FGTS.

▷ **Súmula 97 do STJ.** Compete à Justiça do Trabalho processar e julgar reclamação de servidor público relativamente a vantagens trabalhistas anteriores à instituição do regime jurídico único.

▷ **Súmula 137 do STJ.** Compete à justiça comum estadual processar e julgar ação de servidor público municipal, pleiteando direitos relativos ao vínculo estatutário.

▷ **Súmula 161 do STJ.** É da competência da justiça estadual autorizar o levantamento dos valores relativos ao PIS/PASEP e FGTS, em decorrência do falecimento do titular da conta.

▷ **Súmula 165 do STJ.** Compete à justiça federal processar e julgar crime de falso testemunho cometido no processo trabalhista.

▷ **Súmula 170 do STJ.** Compete ao juízo onde primeiro for intentada a ação envolvendo acumulação de pedidos, trabalhista e estatutário, decidi-la nos limites da sua jurisdição, sem prejuízo do ajuizamento de nova causa, com o pedido remanescente, no juízo próprio.

▷ **Súmula 173 do STJ.** Compete à justiça federal processar e julgar o pedido de reintegração em cargo público federal, ainda que o servidor tenha sido dispensado antes da instituição do regime jurídico único.

▷ **Súmula 180 do STJ.** Na lide trabalhista, compete ao TRT dirimir conflito de competência verificado, na respectiva região, entre juiz estadual e junta de conciliação e julgamento.

▷ **Súmula 218 do STJ.** Compete à Justiça dos Estados processar e julgar ação de servidor estadual decorrente de direitos e vantagens estatutárias no exercício de cargo em comissão.

▷ **Súmula 225 do STJ.** Compete ao Tribunal Regional do Trabalho apreciar recurso contra sentença proferida por órgão de primeiro grau da Justiça Trabalhista, ainda que para declarar-lhe a nulidade em virtude de incompetência.

▷ **Súmula 236 do STJ.** Não compete ao STJ dirimir conflitos de competência entre juízes trabalhistas vinculados a Tribunais do Trabalho diversos.

▷ **OJ n. 26 da SDI-1 do TST. Competência da Justiça do Trabalho. Complementação de pensão requerida por viúva de ex-empregado.** Inserida em 1º-2-1995. (Nova redação – Res. 129/2005, *DJ*, 20-4-2005)
A Justiça do Trabalho é competente para apreciar pedido de complementação de pensão postulada por viúva de ex-empregado, por se tratar de pedido que deriva do contrato de trabalho.

▷ **OJ n. 138 da SDI-1 do TST. Competência residual. Regime jurídico único. Limitação da execução.** Inserida em 27-11-1998. (Nova redação em decorrência da incorporação da OJ n. 249 da SDI-1 – Res. 129/2005, *DJ*, 20-4-2005)
Compete à Justiça do Trabalho julgar pedidos de direitos e vantagens previstos na legislação trabalhista referente a período anterior à Lei n. 8.112/1990, mesmo que a ação tenha sido ajuizada após a edição da referida lei. A superveniência de regime estatutário em substituição ao celetista, mesmo após a sentença, limita a execução ao período celetista.

▷ **"Recurso de revista. Acórdão regional publicado na vigência da Lei n. 13.015/2014. Auxílio-alimentação. Vale refeição/alimentação e vale cesta. Natureza jurídica. Custeio parcial pelo empregado.** I – Esta Corte Superior tem decidido reiteradamente que o Auxílio-Alimentação não possui natureza salarial na hipótese em que o trabalhador também contribui para seu custeio, mediante descontos salariais, ainda que em pequenos valores. II – Extrai-se do acórdão recorrido não se tratar, o presente caso, de Auxílio-Alimentação (vale refeição/alimentação e vale cesta) fornecido pelo empregador a título gratuito, porquanto a Reclamante custeava parte do benefício. III – Assim sendo, a decisão regional, em que se entendeu pela natureza salarial do Auxílio-Alimentação, não obstante a participação do empregado no custeio da parcela, contraria a jurisprudência desta Corte Superior. IV – Recurso de revista de que se conhece, por divergência jurisprudencial, e a que se dá provimento" (RR-20563-51.2016.5.04.0702, 4ª Turma, Relator Ministro Alexandre Luiz Ramos, *DEJT* 19-6-2020).

▷ **Recurso de revista dos reclamantes. Danos morais reflexos. Acidente do trabalho. Legitimidade ativa da mãe do empregado sobrevivente.** 1. A Corte de origem consignou que "a dor que a mãe da vítima possa experimentar vendo o filho mutilado no auge da vida merece respeito", mas lhe confere "legitimidade ativa para postular qualquer indenização na Justiça do Trabalho", pois "não há óbito". 2. No caso, a mãe do empregado que sofreu acidente do trabalho, tendo as duas pernas amputadas, não está postulando direito alheio em nome próprio. 3. Os pedidos formulados por essa reclamante não dizem respeito aos danos causados ao empregado em decorrência do acidente do trabalho por ele sofrido, mas, sim, ao suposto dano moral por ela experimentado em decorrência das lesões impostas ao seu filho. 4. Trata-se, pois,

de pretensão relacionada a dano reflexo ou em ricochete. 5. Nesse contexto, em que a mãe do empregado postula direito personalíssimo e autônomo, forçoso concluir pela sua legitimidade ativa, sendo irrelevante a circunstância de não se tratar de acidente do trabalho com óbito. Recurso de revista conhecido e provido. Processo: ARR-1000544-58.2016.5.02.0606. Relator: Hugo Carlos Scheuermann. Publicação: 15-6-2020.

Art. 644. São órgãos da Justiça do Trabalho: (*Caput* e alíneas com redação dada pelo Dec.-lei n. 9.797, de 9-9-1946.)

a) o Tribunal Superior do Trabalho;
b) os Tribunais Regionais do Trabalho;
c) as Juntas de Conciliação e Julgamento[403] ou os Juízos de Direito.

Art. 645. O serviço da Justiça do Trabalho é relevante e obrigatório, ninguém dele podendo eximir-se, salvo motivo justificado.

Art. 646. Os órgãos da Justiça do Trabalho funcionarão perfeitamente coordenados, em regime de mútua colaboração, sob a orientação do Presidente do Tribunal Superior do Trabalho.

▶ *Comentários*

O art. 111 da Constituição Federal declara que são órgãos da Justiça do Trabalho:
I – o Tribunal Superior do Trabalho;
II – os Tribunais Regionais do Trabalho;
III – Juízes do Trabalho.
IV – Conselho Superior da Justiça do Trabalho.

A Emenda Constitucional n. 45/2004 instituiu o Conselho Superior da Justiça do Trabalho a ser regulamentado por lei, cabendo-lhe exercer a supervisão administrativa, orçamentária, financeira e patrimonial da Justiça do Trabalho (1º e 2º graus) com decisões que terão efeito vinculante (art. 111-A, § 2º, II, da CF).

A Emenda Constitucional n. 24[404], extinguiu a representação classista na Justiça do Trabalho.

Em consequência, a redação do art. 644 da CLT foi alterada: deixando de existir as Juntas de Conciliação e Julgamento, surgiram em seu lugar as *Varas do Trabalho*, integradas por um só juiz: *o Juiz do Trabalho*.

Outrossim, a alta relevância dos serviços prestados pela Justiça do Trabalho, como órgão do Poder Judiciário (CF/88, art. 111), torna esses mesmos serviços obrigatórios, daí resultando, como adverte Russomano, que todo "aquele que for chamado para prestar à Justiça do Trabalho sua colaboração não se pode furtar a esse chamamento"[405].

▶ *Jurisprudência*

▷ **Súmula 192 do TST. Ação rescisória. Competência e possibilidade jurídica do pedido.** (atualizada em decorrência do CPC de 2015) – Res. 212/2016, *DEJT* divulgado em 20, 21 e 22-9-2016. I – Se não houver o conhecimento de recurso de revista ou de embargos, a competência para julgar ação que vise a rescindir a decisão de mérito é do Tribunal Regional do Trabalho, ressalvado o disposto no item II. II – Acórdão rescindindo do Tribunal Superior do Trabalho que não conhece de recurso de embargos ou de revista, analisando arguição de violação de dispositivo de lei material ou decidindo em consonância com súmula de direito material ou com iterativa, notória e atual jurisprudência de direito material da Seção de Dissídios Individuais (Súmula 333), examina o mérito da causa, cabendo ação rescisória da competência do Tribunal Superior do Trabalho. III – Sob a égide do art. 512 do CPC, é juridicamente impossível o pedido explícito de desconstituição de sentença quando substituída por acórdão do Tribunal Regional ou superveniente sentença homologatória de acordo que puser fim ao litígio. IV – Na vigência do CPC de 1973, é manifesta a impossibilidade jurídica do pedido de rescisão de julgado proferido

403. Tendo em vista o disposto na Emenda Constitucional n. 24/99, que extinguiu a representação classista na Justiça do Trabalho, as Juntas de Conciliação e Julgamento passaram a ser denominadas *Varas do Trabalho*, integradas exclusivamente pelo Juiz do Trabalho.

404. De 9-12-1999.
405. *Comentários à CLT*, cit., v. 2, p. 793.

em agravo de instrumento que, limitando-se a aferir o eventual desacerto do juízo negativo de admissibilidade do recurso de revista, não substitui o acórdão regional, na forma do art. 512 do CPC (ex-OJ n. 105 da SBDI-2 – *DJ* 29-4-2003). V – A decisão proferida pela SBDI, em sede de agravo regimental, calcada na Súmula 333, substitui acórdão de Turma do TST, porque emite juízo de mérito, comportando, em tese, o corte rescisório (ex-OJ n. 133 da SBDI-2 – *DJ* 4-5-2004). O artigo citado, no atual CPC/2015, é o 1.008.

▷ **Precedente Normativo n. 29 do TST. Greve. Competência dos Tribunais para declará-la abusiva** (positivo). Compete aos Tribunais do Trabalho decidir sobre o abuso do direito de greve.

▷ **"Recurso ordinário – Interdito proibitório – Preliminar suscitada nas contrarrazões ao recurso ordinário – Extinção do feito sem resolução do mérito por perda do objeto – Ausência de greve.** 1. As empresas ajuizaram interdito proibitório que, de forma equivocada, foi recebido pelo Tribunal Regional como ação de dissídio coletivo de greve. O pedido liminar formulado na petição de ingresso do interdito proibitório foi de que o sindicato profissional assegurasse a manutenção integral da frota de veículos em operação, sob pena de multa diária, o que foi parcialmente deferido. 2. No acórdão regional constou que não se pode afirmar que houve greve propriamente dita por parte da categoria profissional representada pelo sindicato réu, pois o transporte público funcionou regularmente, salvo no centro da cidade em face do movimento popular que ocorreu no local. Desse modo, não havendo prova demonstrando a subsistência dos fatos que ensejaram o pleito, impõe-se o reconhecimento da perda do objeto do interdito proibitório, o que dá ensejo à extinção do processo sem resolução do mérito, nos termos do art. 485, VI, do CPC. Processo extinto, sem resolução do mérito, ante a perda do objeto" (ROT-790-46.2019.5.09.0000, Seção Especializada em Dissídios Coletivos, Redator Ministro Luiz Philippe Vieira de Mello Filho, *DEJT* 2-7-2021).

Capítulo II
Das juntas de conciliação e julgamento[406] (Varas do Trabalho)

Seção I
Da composição e funcionamento

Art. 647. Cada Junta de Conciliação e Julgamento terá a seguinte composição: (*Caput* e alíneas com redação dada pelo Dec.-lei n. 9.797, de 9-9-1946.)

a) 1 (um) juiz do trabalho, que será seu Presidente;

b) 2 (dois) Juízes classistas, sendo um representante dos empregadores e outro dos empregados.

Parágrafo único. Haverá um suplente para cada Juiz classista. (Parágrafo único com redação dada pelo Dec.-lei n. 9.797, de 9-9-1946.)

Art. 648. São incompatíveis entre si, para os trabalhos da mesma Junta, os parentes consanguíneos e afins até o terceiro grau civil.

Parágrafo único. A incompatibilidade resolve-se a favor do primeiro Juiz classista designado ou empossado, ou por sorteio, se a designação ou posse for da mesma data.

Art. 649. As Juntas poderão conciliar, instruir ou julgar com qualquer número, sendo, porém, indispensável a presença do Presidente, cujo voto prevalecerá em caso de empate. (*Caput* e parágrafos com redação dada pelo Dec.-lei n. 8.737, de 19-1-1946.)

§ 1º No julgamento de embargos deverão estar presentes todos os membros da Junta.

§ 2º Na execução e na liquidação das decisões funciona apenas o Presidente.

▶ *Comentários*

1. ***Das Varas do Trabalho***

A leitura dos dispositivos declinados (arts. 647 a 667) deve ser interpretada em consonância com a Emenda Constitucional n.

[406]. Com o advento da Emenda Constitucional n. 24/99, as JCJs passaram a ser denominadas Varas do Trabalho.

24/99, que não só extinguiu a representação classista como as Juntas de Conciliação e Julgamento, criando, em lugar destas últimas, as *Varas do Trabalho*, órgãos de 1º grau, tal como as Varas Cíveis e Criminais da Justiça Estadual.

2. Composição e funcionamento das Varas do Trabalho

As Varas do Trabalho são compostas de um só Juiz, o do Trabalho, o que implica reconhecer que o art. 647 está parcialmente revogado, em face da extinção dos denominados juízes classistas, não subsistindo, outrossim, os arts. 648 e 649.

Os embargos a que se refere o § 1º do art. 649, interpostos para as próprias Juntas de Conciliação e Julgamento, foram suprimidos do Processo do Trabalho[407].

Agora, juízo singular ou monocrático, os órgãos de 1º grau da Justiça do Trabalho funcionam, necessariamente, com seu *juiz titular*, contando, em determinadas Varas, com o respectivo juiz auxiliar, designado entre os juízes substitutos.

Cada Vara, portanto, conta com o respectivo *juiz titular*, dispondo, ainda, de uma *Secretaria*, que corresponde ao Cartório das Varas da Justiça Estadual, secretarias estas dirigidas por seu respectivo *diretor*, cujas funções são declinadas nos arts. 711 e 712 da CLT.

Conta, ainda, a Vara do Trabalho, além dos servidores de praxe, com os *oficiais de Justiça*, a quem incumbe a realização dos atos decorrentes da execução dos julgados, funcionando, concomitantemente, como *avaliadores* – art. 721 da CLT.

Em conformidade com o art. 112 da Constituição Federal, com a redação dada pela Emenda Constitucional n. 45, de 8-12-2004:

"A lei criará varas da Justiça do Trabalho, podendo, nas comarcas não abrangidas por sua jurisdição, atribuí-la aos juízes de direito, com recurso para o respectivo Tribunal Regional do Trabalho".

407. Lei n. 5.442, de 24-5-1968.

▶ *Jurisprudência*

▷ **Súmula 192 do TST.** Ação rescisória. Competência (atualizada em decorrência do CPC de 2015) – Res. 212/2016, *DEJT* divulgado em 20, 21 e 22-9-2016. I – Se não houver o conhecimento de recurso de revista ou de embargos, a competência para julgar ação que vise a rescindir a decisão de mérito é do Tribunal Regional do Trabalho, ressalvado o disposto no item II. II – Acórdão rescindindo do Tribunal Superior do Trabalho que não conhece de recurso de embargos ou de revista, analisando arguição de violação de dispositivo de lei material ou decidindo em consonância com súmula de direito material ou com iterativa, notória e atual jurisprudência de direito material da Seção de Dissídios Individuais (Súmula 333), examina o mérito da causa, cabendo ação rescisória da competência do Tribunal Superior do Trabalho. III – Sob a égide do art. 512 do CPC, é juridicamente impossível o pedido explícito de desconstituição de sentença quando substituída por acórdão do Tribunal Regional ou superveniente sentença homologatória de acordo que puser fim ao litígio. IV – Na vigência do CPC de 1973, é manifesta a impossibilidade jurídica do pedido de rescisão de julgado proferido em agravo de instrumento que, limitando-se a aferir o eventual desacerto do juízo negativo de admissibilidade do recurso de revista, não substitui o acórdão regional, na forma do art. 512 do CPC. (ex-OJ n. 105 da SBDI-2 – *DJ* 29-4-2003). V – A decisão proferida pela SBDI, em sede de agravo regimental, calcada na Súmula 333, substitui acórdão de Turma do TST, porque emite juízo de mérito, comportando, em tese, o corte rescisório. (ex-OJ n. 133 da SBDI-2 – *DJ* 4-5-2004). O artigo citado, no atual CPC/2015, é o 1.008.

▷ **Súmula 222 do STF.** O princípio da identidade física do juiz não é aplicável às Juntas de Conciliação e Julgamento da Justiça do Trabalho, atualmente, leia-se Varas do Trabalho.

▷ **"Embargos de declaração em embargos de declaração em recurso de revista com agravo. Nulidade da sentença por violação do princípio da identidade física do

juiz e por cerceamento do direito de defesa. Omissão. 1. Melhor explicitada a omissão apontada em relação Às alegadas nulidade da sentença por violação Do princípio da identidade física do juiz e por cerceamento do direito de defesa, constata-se tal vício, que deve ser sanado da seguinte forma: 2. Em relação à controvérsia em torno do princípio da identidade física do juiz, sem razão a empresa porque, conquanto o cancelamento da Súmula 136/TST tenha materializado nesta Corte o entendimento de que o princípio da identidade física do juiz se compatibiliza com o processo do trabalho, os primados da economia e da celeridade devem sempre ser observados no julgamento das controvérsias apresentadas à Justiça Especializada, mormente porque, via de regra, tais demandas envolvem créditos de natureza alimentar. Ou seja, a causa primária invocada pela empresa não deve se revestir de caráter absoluto, não se justificando a nulidade da sentença por ter sido o juiz que a prolatou, diverso daquele que conduziu a audiência de instrução. Precedentes. No caso dos autos, não há premissa fática no acórdão regional apta a ensejar a nulidade da sentença. Correto, portanto, o despacho que aplicou o óbice da Súmula 333/TST. Da mesma forma, não se sustenta a tese patronal de que há nulidade por cerceamento do direito de defesa, em razão de indeferimento de pergunta à testemunha da reclamante, ensejando violação do art. 5º, LIV e LV, da CF, uma vez que expressamente ressaltado pela Corte Regional que os questionamentos já haviam sido relatados pela depoente, tendo em sede de embargos de declaração registrado, ainda, que "os cartões de ponto colacionados aos autos registraram horários britânicos, ao passo em que a testemunha do reclamado confirmou a versão da obreira de que aqueles não refletiam a real jornada de trabalho. Portanto, a pergunta acerca das horas extras no turno que se encerrava às 22h, quando a reclamante já havia respondido as perguntas acerca de sua jornada de trabalho, não tinha o condão de elidir o conjunto probatório dos autos, não havendo contradição na condenação do embargante ao pagamento de horas extras" (pág. 611). Nesse contexto, para se concluir da forma pretendida pela empresa seria necessário incursionar em todo o conjunto probatório, o que encontra óbice na Súmula 126/TST, conforme constou do despacho agravado. Ademais, gozando de autonomia na direção do processo (art. 765 da CLT), o julgador pode dispensar a produção de provas e diligências que considere inúteis ou desnecessárias à solução da lide e à formação do seu convencimento (art. 370 do NCPC), caso dos autos, sendo que a ele – juiz – é destinada a prova. O fato de o Juízo *a quo* ter analisado as provas do processo e formado seu convencimento de modo diverso do que gostaria a parte, em nada se confunde com o devido processo legal, que, de maneira clara, foi respeitado. Nesse contexto, o inconformismo da empresa com o indeferimento da oitiva testemunha não é motivação idônea para que se decrete a nulidade do processo, uma vez que as provas coligidas aos autos foram suficientes para formar o convencimento do juiz, não se havendo falar em violação do art. 5º, LIV e LV, da CF, restando irreparável o despacho agravado; 3. Nesses termos, impõe-se o provimento dos embargos de declaração para, sanando omissão, anular a decisão declaratória anterior e complementar a que negou provimento ao agravo de instrumento, sem efeito modificativo. Embargos de declaração conhecidos e providos, sem efeito modificativo" (ED-ED-ARR-1083-34.2010.5.19.0006, 3.ª Turma, Relator Ministro Alexandre de Souza Agra Belmonte, *DEJT* 28-8-2020).

.....................................

Seção II
Da jurisdição e competência das Juntas (Varas do Trabalho)

Art. 650. A jurisdição de cada Junta de Conciliação e Julgamento abrange todo o território da Comarca em que tem sede, só podendo ser estendida ou restringida por lei federal. (Redação dada pela Lei n. 5.442, de 24-5-1968).

Parágrafo único. As leis locais de Organização Judiciária não influirão sobre a competência de Juntas de Conciliação e Julgamento já criadas, até que lei federal assim determine. (Parágrafo incluído pela Lei n. 5.442, de 24-5-1968.)

Art. 651. A competência das Juntas de Conciliação e Julgamento é determinada pela localidade onde o empregado, reclamante ou reclamado, prestar serviços ao empregador, ainda que tenha sido contratado noutro local ou no estrangeiro.

§ 1º Quando for parte no dissídio agente ou viajante comercial, a competência será da Junta da localidade em que a empresa tenha agência ou filial e a esta o empregado esteja subordinado e, na falta, será competente a Junta da localização em que o empregado tenha domicílio ou a localidade mais próxima. (Redação dada pela Lei n. 9.851, de 27-10-1999.)

§ 2º A competência das Juntas de Conciliação e Julgamento, estabelecida neste artigo, estende-se aos dissídios ocorridos em agência ou filial no estrangeiro, desde que o empregado seja brasileiro e não haja convenção internacional dispondo em contrário.

§ 3º Em se tratando de empregador que promova realização de atividades fora do lugar do contrato de trabalho, é assegurado ao empregado apresentar reclamação no foro da celebração do contrato ou no da prestação dos respectivos serviços.

Art. 652. Compete às Varas do Trabalho:

a) conciliar e julgar:

I – os dissídios em que se pretenda o reconhecimento da estabilidade de empregado;

II – os dissídios concernentes a remuneração, férias e indenizações por motivo de rescisão do contrato individual de trabalho;

III – os dissídios resultantes de contratos de empreitadas em que o empreiteiro seja operário ou artífice;

IV – os demais dissídios concernentes ao contrato individual de trabalho;

V – as ações entre trabalhadores portuários e os operadores portuários ou o Órgão Gestor de Mão de obra – OGMO decorrentes da relação de trabalho; (Inciso acrescido pela MP n. 2.164-41, de 24-8-2001.)

b) processar e julgar os inquéritos para apuração de falta grave;

c) julgar os embargos opostos às suas próprias decisões;

d) impor multas e demais penalidades relativas aos atos de sua competência; (Redação dada pelo Dec.-lei n. 6.353, de 20-3-1944.)

e) (Alínea suprimida pelo Dec.-lei n. 6.353, de 20-3-1944.)

f) decidir quanto à homologação de acordo extrajudicial em matéria de competência da Justiça do Trabalho. (Redação inserida pela Lei n. 13.467/2017.)

Parágrafo único. Terão preferência para julgamento os dissídios sobre pagamento de salário e aqueles que derivarem da falência do empregador, podendo o Presidente da Junta, a pedido do interessado, constituir processo em separado, sempre que a reclamação também versar sobre outros assuntos.

Art. 653. Compete, ainda, às Juntas de Conciliação e Julgamento:

a) requisitar às autoridades competentes a realização das diligências necessárias ao esclarecimento dos feitos sob sua apreciação, representando contra aquelas que não atenderem a tais requisições;

b) realizar as diligências e praticar os atos processuais ordenados pelos Tribunais Regionais do Trabalho ou pelo Tribunal Superior do Trabalho; (Redação dada pelo Dec.-lei n. 6.353, de 20-3-1944.)

c) julgar as suspeições arguidas contra os seus membros;

d) julgar as exceções de incompetência que lhes forem opostas;

e) expedir precatórias e cumprir as que lhes forem deprecadas;

f) decidir quanto à homologação de acordo extrajudicial em matéria de competência da Justiça do Trabalho. (Incluído pela Lei n. 13.467, de 2017.)

Seção III
Dos presidentes das Juntas[408]

Art. 654. O ingresso na magistratura do trabalho far-se-á para o cargo de Juiz do Trabalho Substituto. As nomeações subsequentes por promoção, alternadamente, por antiguidade e merecimento. (Redação dada pelo Dec.-lei n. 229, de 28-2-1967.)

§ 1º Nas 7ª e 8ª Regiões da Justiça do Trabalho, nas localidades fora das respectivas sedes, haverá suplentes de juiz do trabalho presidente de Junta, sem direito a acesso, nomeados pelo Presidente da República, dentre brasileiros, bacharéis em direito, de reconhecida idoneidade

408. Cada Vara do Trabalho passou a possuir um Juiz Titular, nos termos da EC n. 24/99.

moral, especializados em direito do trabalho, pelo período de 2 (dois) anos, podendo ser reconduzidos. (Prejudicado pela Lei n. 7.221, de 2-10-1984.)

§ 2º Os suplentes de juiz do trabalho receberão, quando em exercício, vencimentos iguais aos dos juízes que substituírem. (Prejudicado pela Lei n. 7.221, de 2-10-1984.)

§ 3º Os Juízes Substitutos serão nomeados após aprovação em concurso público de provas e títulos realizado perante o Tribunal Regional do Trabalho da Região, válido por 2 (dois) anos e prorrogável, a critério do mesmo órgão, por igual período, uma só vez, e organizado de acordo com as instruções expedidas pelo Tribunal Superior do Trabalho. (Redação dada pela Lei n. 6.087, de 16-7-1974.)

§ 4º Os candidatos inscritos só serão admitidos ao concurso após apreciação prévia, pelo Tribunal Regional do Trabalho da respectiva Região, dos seguintes requisitos: (Redação dada pelo Dec.-lei n. 229, de 28-2-1967.)

a) idade maior de 25 (vinte e cinco) anos e menor de 45 (quarenta e cinco) anos; (Redação dada pelo Dec.-lei n. 229, de 28-2-1967.)

b) idoneidade para o exercício das funções. (Redação dada pelo Dec.-lei n. 229, de 28-2-1967.)

§ 5º O preenchimento dos cargos de Presidente de Junta, vagos ou criados por lei, será feito dentro de cada Região: (Redação dada pelo Dec.-lei n. 229, de 28-2-1967).

a) pela remoção de outro Presidente, prevalecendo a antiguidade no cargo, caso haja mais de um pedido, desde que a remoção tenha sido requerida, dentro de 15 (quinze) dias, contados da abertura da vaga, ao Presidente do Tribunal Regional, a quem caberá expedir o respectivo ato; (Redação dada pela Lei n. 6.090, de 16-7-1974.)

b) pela promoção de substituto, cuja aceitação será facultativa, obedecido o critério alternado de antiguidade e merecimento. (Redação dada pelo Dec.-lei n. 229, de 28-2-1967.)

§ 6º Os Juízes do Trabalho, Presidentes de Junta, Juízes Substitutos e suplentes de Juiz tomarão posse perante o Presidente do Tribunal da respectiva Região. Nos Estados que não forem sede de Tribunal Regional do Trabalho, a posse dar-se-á perante o Presidente do Tribunal de Justiça, que remeterá o termo ao Presidente do Tribunal Regional da jurisdição do empossado. Nos Territórios, a posse dar-se-á perante o presidente do Tribunal Regional do Trabalho da respectiva Região. (Redação dada pelo Dec.-lei n. 229, de 28-2-1967.)

Art. 655. (Revogado pelo Dec.-lei n. 229, de 28-2-1967.)

Art. 656. O Juiz do Trabalho Substituto, sempre que não estiver substituindo o Juiz-Presidente de Junta, poderá ser designado para atuar nas Juntas de Conciliação e Julgamento. (*Caput* e parágrafos com redação dada pela Lei n. 8.432, de 11-6-1992.)

§ 1º Para o fim mencionado no *caput* deste artigo, o território da Região poderá ser dividido em zonas, compreendendo a jurisdição de uma ou mais Juntas, a juízo do Tribunal Regional do Trabalho respectivo.

§ 2º A designação referida no *caput* deste artigo será de atribuição do Juiz-Presidente do Tribunal Regional do Trabalho ou, não havendo disposição regimental específica, de quem este indicar.

§ 3º Os Juízes do Trabalho Substitutos, quando designados ou estiverem substituindo os Juízes Presidentes de Juntas, perceberão os vencimentos destes.

§ 4º O Juiz-Presidente do Tribunal Regional do Trabalho ou, não havendo disposição regimental específica, que este indicar, fará a lotação e a movimentação dos Juízes Substitutos entre as diferentes zonas da Região na hipótese de terem sido criadas na forma do § 1º deste artigo.

Art. 657. Os Presidentes de Junta e os Presidentes Substitutos perceberão a remuneração ou os vencimentos fixados em lei. (Redação dada pelo Dec.-lei n. 8.737, de 19-1-1946.)

Art. 658. São deveres precípuos dos Presidentes das Juntas, além dos que decorram do exercício de sua função: (*Caput* e alíneas com redação dada pelo Dec.-lei n. 8.737, de 19-1-1946.)

a) manter perfeita conduta pública e privada;

b) abster-se de atender a solicitações ou recomendações relativamente aos feitos que hajam sido ou tenham de ser submetidos à sua apreciação;

c) residir dentro dos limites de sua jurisdição, não podendo ausentar-se sem licença do Presidente do Tribunal Regional;

d) despachar e praticar todos os atos decorrentes de suas funções, dentro dos prazos estabelecidos, sujeitando-se ao desconto correspondente a 1 (um) dia de vencimento para cada dia de retardamento.

Art. 659. Competem privativamente aos Presidentes das Juntas, além das que lhes forem conferidas neste Título e das decorrentes de seu cargo, as seguintes atribuições:

I – presidir às audiências das Juntas;

II – executar as suas próprias decisões, as proferidas pela Junta e aquelas cuja execução lhes for deprecada;

III – dar posse aos Juízes classistas nomeados para a Junta, ao chefe de Secretaria e aos demais funcionários da Secretaria;

IV – convocar os suplentes dos Juízes classistas, no impedimento destes;

V – representar ao Presidente do Tribunal Regional da respectiva jurisdição, no caso de falta de qualquer Juiz classista a 3 (três) reuniões consecutivas, sem motivo justificado, para os fins do art. 727;

VI – despachar os recursos interpostos pelas partes, fundamentando a decisão recorrida antes da remessa ao Tribunal Regional, ou submetendo-os à decisão da Junta, no caso do art. 894;

VII – assinar as folhas de pagamento dos membros e funcionários da Junta;

VIII – apresentar ao Presidente do Tribunal Regional, até 15 de fevereiro de cada ano, o relatório dos trabalhos do ano anterior;

IX – conceder medida liminar, até decisão final do processo, em reclamações trabalhistas que visem a tornar sem efeito transferência disciplinada pelos parágrafos do art. 469 desta Consolidação;

X – conceder medida liminar, até decisão final do processo, em reclamações trabalhistas que visem reintegrar no emprego dirigente sindical afastado, suspenso ou dispensado pelo empregador.

Seção IV
Dos juízes classistas das Juntas[409]

Art. 660. Os Juízes classistas das Juntas são designados pelo Presidente do Tribunal Regional da respectiva jurisdição.

Art. 661. Para o exercício da função de Juiz classista da Junta ou suplente deste são exigidos os seguintes requisitos:

a) ser brasileiro; (Redação dada pelo Dec.-lei n. 229, de 28-2-1967.)

b) ter reconhecida idoneidade moral;

c) ser maior de 25 (vinte e cinco) anos e ter menos de 70 (setenta) anos; (Redação dada pelo Dec.-lei n. 229, de 28-2-1967.)

d) estar no gozo dos direitos civis e políticos;

e) estar quite com o serviço militar;

f) contar mais de 2 (dois) anos de efetivo exercício na profissão e ser sindicalizado.

Parágrafo único. A prova da qualidade profissional a que se refere a alínea f deste artigo é feita mediante declaração do respectivo Sindicato.

Art. 662. A escolha dos Juízes classistas das Juntas e seus suplentes far-se-á dentre os nomes constantes das listas que, para esse efeito, forem encaminhadas pelas associações sindicais de primeiro grau ao Presidente do Tribunal Regional.

§ 1º Para esse fim, cada Sindicato de empregadores e de empregados, com base territorial extensiva à área de jurisdição da Junta, no todo ou em parte, procederá, na ocasião determinada pelo Presidente do Tribunal Regional, à escolha de 3 (três) nomes que comporão a lista, aplicando-se à eleição o disposto no art. 524 e seus §§ 1º a 3º. (Redação dada pela Lei n. 5.657, de 4-6-1971.)

§ 2º Recebidas as listas pelo Presidente do Tribunal Regional, designará este, dentro de 5 (cinco) dias, os nomes dos Juízes classistas e dos respectivos suplentes, expedindo para cada um deles um título, mediante a apresentação do qual será empossado.

§ 3º Dentro de 15 (quinze) dias, contados da data da posse, pode ser contestada a investidura do Juiz classista ou do suplente, por qualquer interessado, sem efeito suspensivo, por meio de representação escrita, dirigida ao Presidente do Tribunal Regional.

§ 4º Recebida a contestação, o Presidente do Tribunal designará imediatamente relator, o qual, se houver necessidade de ouvir testemunhas ou de proceder a quaisquer diligências, providenciará para que tudo se realize com a maior brevidade, submetendo, por fim, a contestação ao parecer do Tribunal, na primeira sessão. (Redação dada pela Lei n. 2.244, de 23-6-1954.)

§ 5º Se o Tribunal julgar procedente a contestação, o Presidente providenciará a designação de novo Juiz classista ou suplente. (Redação dada pelo Dec.-lei n. 229, de 28-2-1967.)

§ 6º Em falta de indicação pelos Sindicatos, de nomes para representantes das respectivas

409. A Emenda Constitucional n. 24/99 extinguiu a representação classista na Justiça do Trabalho, estando, pois, revogados os arts. 660 a 667.

categorias profissionais e econômicas nas Juntas de Conciliação e Julgamento, ou nas localidades onde não existirem Sindicatos, serão esses representantes livremente designados pelo Presidente do Tribunal Regional do Trabalho, observados os requisitos exigidos para o exercício da função. (Parágrafo incluído pelo Dec.-lei n. 229, de 28-2-1967.)

Art. 663. A investidura dos Juízes classistas das Juntas e seus suplentes é de 3 (três) anos, podendo, entretanto, ser dispensado, a pedido, aquele que tiver servido, sem interrupção, durante metade desse período. (Redação dada pela Lei n. 2.244, de 23-6-1954.)

§ 1º Na hipótese da dispensa do Juiz classista a que alude este artigo, assim como nos casos de impedimento, morte ou renúncia, sua substituição far-se-á pelo suplente, mediante convocação do Presidente da Junta. (Redação dada pela Lei n. 2.244, de 23-6-1954.)

§ 2º Na falta do suplente, por impedimento, morte ou renúncia serão designados novo Juiz classista e o respectivo suplente, dentre os nomes constantes das listas a que se refere o art. 662, servindo os designados até o fim do período.

Art. 664. Os Juízes classistas das Juntas e seus suplentes tomam posse perante o Presidente da Junta em que têm de funcionar.

Art. 665. Enquanto durar sua investidura, gozam os Juízes classistas das Juntas e seus suplentes das prerrogativas asseguradas aos jurados.

Art. 666. Por audiência a que comparecerem, até o máximo de 20 (vinte) por mês, os Juízes classistas das Juntas e seus suplentes perceberão a gratificação fixada em lei. (Redação dada pela Lei n. 4.439, de 27-10-1964.)

Art. 667. São prerrogativas dos Juízes classistas das Juntas, além das referidas no art. 665:

a) tomar parte nas reuniões do Tribunal a que pertençam;

b) aconselhar às partes a conciliação;

c) votar no julgamento dos feitos e nas matérias de ordem interna do Tribunal, submetidas às suas deliberações;

d) pedir vista dos processos pelo prazo de 24 (vinte e quatro) horas;

e) formular, por intermédio do Presidente, aos litigantes, testemunhas e peritos, as perguntas que quiserem fazer, para esclarecimento do caso.

Capítulo III
Dos juízos de direito

Art. 668. Nas localidades não compreendidas na jurisdição das Juntas de Conciliação e Julgamento, os Juízes de Direito são os órgãos de administração da Justiça do Trabalho, com a jurisdição que lhes for determinada pela lei de organização judiciária local.

Art. 669. A competência dos Juízes de Direito, quando investidos na administração da Justiça do Trabalho, é a mesma das Juntas de Conciliação e Julgamento, na forma da Seção II do Capítulo II.

§ 1º Nas localidades onde houver mais de um Juízo de Direito a competência é determinada, entre os Juízes do Cível, por distribuição ou pela divisão judiciária local, na conformidade da lei de organização respectiva.

§ 2º Quando o critério de competência da lei de organização judiciária for diverso do previsto no parágrafo anterior, será competente o Juiz do Cível mais antigo.

• •

▶ **Comentários**

1. **Jurisdição**

Dá-se o nome de jurisdição (jus = direito e dicere = declarar) à faculdade atribuída a um juiz de declarar o direito Vicente Greco Filho a define como "o poder função e atividade de aplicar o direito a um fato concreto, pelos órgãos públicos destinados a tal, obtendo-se a justa composição da lide"[410].

Jurisdição é, portanto, o poder de declarar o direito, atribuído ao juiz. Na expressão "sintética" de José Augusto Rodrigues Pinto, "é o poder de julgar"[411].

A Lei federal n. 10.770, de 21-11-2003, publicada no DOU de 24-11-2003, no seu art. 28, faculta aos respectivos Tribunais Regionais do Trabalho, no âmbito da sua Região, alterar e estabelecer a jurisdição das Varas do Trabalho,

410. Direito Processual Civil Brasileiro, cit., v. 1, p. 173.
411. Processo Trabalhista de Conhecimento, São Paulo, LTr, p. 109.

bem como transferir-lhes a sede de um Município para outro, de acordo com a necessidade de agilizar a prestação jurisdicional trabalhista.

2. Competência territorial das Varas do Trabalho

Se a jurisdição é o "poder de julgar", competência é o limite da jurisdição. É, portanto, uma limitação da própria jurisdição, podendo referir-se às pessoas (*ratione personae*) ou ao local (*ratione loci*).

3. Competência em razão das pessoas

Determina-se a competência em razão das pessoas considerando-se a qualidade do autor ou do réu.

Russomano, doutrinando a respeito do tema, assim ensina:

"A competência de um tribunal pode ser fixada debaixo de três critérios: *ratione materiae*, isto é, em função da natureza do vínculo jurídico que é objeto do dissídio; *ratione personae*, isto é, em função das pessoas que formam esse vínculo jurídico; *ratione loci*, isto é, em função do lugar onde os fatos se desenrolam"[412].

4. Competência funcional

Não se pode olvidar a competência funcional pela qual se especificam os órgãos que devem atuar em determinado processo[413].

José Augusto Rodrigues Pinto, com a didática de consagrado mestre, lembra que por competência funcional se entende "a competência que deflui da hierarquia dos órgãos judiciários. É a competência em razão dos graus de jurisdição ou das instâncias a que cabe conhecer da matéria (instâncias de conhecimento)"[414].

5. Competência territorial ratione loci das Varas do Trabalho

A competência territorial pode ser definida como aquela fixada para delimitar territorialmente a jurisdição. Como já vimos, as questões oriundas dos contratos de trabalho devem ser dirimidas perante a Justiça do Trabalho. Esta, porém, por seus órgãos de 1º grau – as Varas do Trabalho –, encontra-se sediada nas mais diversas comarcas do País, impondo ao interessado uma indagação: em que Vara do Trabalho deve ser proposta a ação?

A legislação processual civil, como se sabe, fixa-se no *domicílio do réu* como um dos critérios determinantes da competência *ratione loci* (CPC/2015, art. 46).

Observa Moacyr Amaral Santos:

"A justificação do princípio é simples. Compreende-se tenha o autor a faculdade de propor a ação quando bem entender. Mas seria conceder-se-lhe regalia demasiadamente exagerada permitir propô-la onde bem entender, pois isso redundaria em grande sacrifício do réu, ao qual devem ser asseguradas condições de defender-se sem maiores incômodos. O foro do domicílio, portanto, constitui um benefício do réu, a quem se resguarda dos caprichos do autor e dos incômodos das despesas além das que necessariamente deverá suportar por motivo de processo"[415].

Esse mesmo propósito orientou o legislador, ao estabelecer a competência territorial, fixando o foro (circunscrição jurisdicional do órgão do Poder Judiciário) onde deve ser proposta a ação trabalhista.

Com efeito, o direito do trabalho é, como já se observou, flagrantemente protecionista, visando assegurar ao trabalhador as condições indispensáveis à satisfação de suas necessidades básicas.

Por isso que, ao fixar o foro onde deve ser proposta a ação trabalhista, decidiu o legislador pelo *local da prestação de serviços*.

Local da prestação de serviços

Dispõe o art. 651 da CLT:

"A competência das Juntas de Conciliação e Julgamento[416] é determinada pela localidade onde o empregado, reclamante ou reclamado, prestar serviços ao empregador, ainda que tenha sido contratado noutro local ou no estrangeiro".

412. *Comentários à CLT*, cit., v. 2, p. 745.
413. Frederico Marques, *Manual de Direito Processual Civil*, São Paulo, Saraiva, v. 1, p. 199.
414. *Processo Trabalhista de Conhecimento*, cit., p. 116.

415. *Primeiras Linhas de Direito Processual Civil*, cit., v. 1, p. 192.
416. Varas do Trabalho.

Assim sendo, seja o empregado autor ou réu, deve a ação trabalhista ser proposta no foro ou no local da prestação de serviços, muito embora tenha o serviço sido contratado ou ajustado em outro local ou no estrangeiro.

Com propriedade, Amauri Mascaro Nascimento adverte contra equívocos que possam surgir da leitura do dispositivo legal transcrito, afirmando:

"Não se confunda o princípio para concluir, erradamente, que tanto poderá ser movido o processo no local de trabalho ou no local da prestação de serviços. Não é isso que está no texto. A regra é uma só: a localidade onde o empregado trabalhou ou trabalha. Não a localidade onde o serviço foi ajustado. Assim, se o empregado é recrutado em São Paulo para trabalhar em Manaus, a ação deve ser movida em Manaus. Se mover a ação em São Paulo, haverá incompetência. Geralmente, coincidem o local da prestação de serviços com o do estabelecimento. Porém, pode não haver a coincidência; prevalecerá, em princípio, a mesma regra. Não é o local onde a empresa está estabelecida, mas o local em que o serviço desenvolveu-se que determinará a competência"[417].

O foro optativo: local da prestação de serviços ou da contratação

Essa regra, contudo, comporta exceção, em se tratando de empregador que desenvolva atividades em locais diversos, com a contratação do empregado em um local para prestação de serviços em outro:

"§ 3º Em se tratando de empregador que promova realização de atividades fora do lugar do contrato de trabalho, é assegurado ao empregado apresentar reclamação no foro da celebração do contrato ou no da prestação dos respectivos serviços" (CLT, art. 651).

À guisa de exemplo, imaginemos um empregado de uma empresa de ônibus (que faça o itinerário São Paulo-Campinas) que tenha sido contratado em Campinas e, logo em seguida, transferido para São Paulo. Na eventualidade de promover ação trabalhista, poderá esse empregado optar pelo foro de Campinas (TRT da 15ª Região) ou de São Paulo (TRT da 2ª Região). Qualquer dos locais mencionados que seja escolhido terá competência *ratione loci* para processar e julgar o feito.

Em idêntica situação ficam os trabalhadores daquelas empresas que, em razão de suas atividades, deslocam-se de um lugar para outro, como, por exemplo, os espetáculos circenses, teatrais etc.

6. *Empregados que trabalham no exterior*

No processo do trabalho o foro-padrão é o do local da prestação de serviços (art. 651 da CLT).

Contudo, não raras vezes, mas, ao revés, a cada dia com mais frequência, empresas sediadas no Brasil deslocam trabalhadores para agências ou filiais situadas no exterior.

Na ocorrência desse fato, os direitos são regidos pela legislação do país em que os serviços são prestados.

Todavia, conquanto sujeito à legislação social do país para o qual foi deslocado, pode o empregado postular seus direitos trabalhistas perante as Varas da Justiça do Trabalho, em face do que dispõe o art. 651, § 2º, da CLT: "A competência das Varas do Trabalho, estabelecida neste artigo, estende-se aos dissídios ocorridos em agência ou filial no estrangeiro, desde que o empregado seja brasileiro e não haja convenção internacional dispondo em contrário".

A exigência de ser brasileiro, a nosso ver, não subsiste, estendendo-se tal direito também aos empregados estrangeiros domiciliados no Brasil, segundo o disposto no art. 317 do Código de Bustamante, a que o País aderiu:

"A competência *ratione materiae* e *ratione personae*, na ordem das relações internacionais, não se deve basear, por parte dos Estados contratantes, na condição de nacionais ou estrangeiros das pessoas interessadas, em prejuízo destas".

É fundamental que, na hipótese em exame, a empresa esteja sediada no Brasil ou que aqui possua agências ou filiais.

É evidente que o trabalhador contratado para prestar serviços no exterior tanto pode optar pela jurisdição das Varas da Justiça do

417. *Curso de Direito Processual do Trabalho*, cit., p. 81.

Trabalho como postular na própria Justiça do país em que se encontre.

7. Empregados em embaixadas ou consulados estrangeiros

Questão anteriormente objeto de acirrada controvérsia, hoje não oferece, todavia, qualquer dúvida. Os empregados celetistas que prestam serviços a embaixadas ou consulados estrangeiros estão sob a égide da competência da Justiça do Trabalho, a teor do que dispõe o art. 114 da Constituição Federal:

"Compete à Justiça do Trabalho processar e julgar: I – as ações oriundas da relação de trabalho, abrangidos os entes de direito público externo e da administração pública direta e indireta da União, dos Estados, do Distrito Federal e dos Municípios;"

Estabelece-se, assim, a denominada competência internacional da Justiça Especializada. Por entes de direito público externo entendem-se "os Estados estrangeiros, suas missões diplomáticas, suas agências consulares, as missões especiais, as coletividades não estatais e os organismos internacionais e suas agências".

Ressalte-se que a competência em apreço estende-se unicamente àqueles servidores contratados no Estado onde se situem os entes públicos externos, ou seja, o chamado "Estado acreditado", tais como copeiros, cozinheiros, jardineiros, motoristas etc., e que não se confundem com os agentes diplomáticos, constante da Convenção de Viena de 1961.

É de observar que vasta e respeitável corrente sustenta a manifesta distinção entre os *atos de império* e os *atos de gestão* dos entes públicos externos – embaixadas e consulados.

Os primeiros, isto é, os atos de império, cercam-se de *imunidade absoluta*, são atos de soberania. Os atos de gestão, ao revés, são aqueles relacionados com a administração interna, atos rotineiros e sem qualquer relação com os negócios públicos. Carlos Roberto Husek, conquanto faça restrição ao caráter científico da distinção, entende que o contrato de trabalho "é ato de simples gestão"[418], o que justifica a competência da Justiça do Trabalho para processar e julgar os litígios entre empregados e embaixadas e consulados estrangeiros, como, aliás, decidiu o Superior Tribunal de Justiça:

"Constitucional – Imunidade de Jurisdição – Reclamação trabalhista. Estado estrangeiro.

Sofrendo o princípio da imunidade absoluta de jurisdição certos temperamentos em face da evolução do direito consuetudinário internacional, não é ele aplicável a determinados litígios decorrentes de relações rotineiras entre o Estado estrangeiro e os súditos do país em que o mesmo atua, de que é exemplo a reclamação trabalhista"[419].

Mas, se a competência da Justiça do Trabalho, em casos tais, é atualmente incontroversa, o problema relacionado à execução permanece sujeito à renúncia à imunidade jurisdicional de tais órgãos, já que não existe contra estes execução forçada.

Como acentua Carlos Roberto Husek, "renunciando à sua imunidade o Estado poderá oferecer bens à penhora. Caso a renúncia exista, a sentença deve ser encaminhada, por via rogatória, ao Estado do agente diplomático para que lá possa ser eventualmente cumprida".

8. O foro dos viajantes e agentes

Para o empregado viajante ou agente, há regra especial quanto à competência de foro, segundo o disposto no § 1º do art. 651 da CLT:

"Quando for parte no dissídio agente ou viajante comercial, a competência será da Vara da localidade em que a empresa tenha agência ou filial e a esta o empregado esteja subordinado e, na falta, será competente a Vara da localização em que o empregado tenha domicílio ou a localidade mais próxima".

O dispositivo legal nominado, com a redação dada pela Lei n. 9.851, de 27-10-1999, fixa a competência da Vara do Trabalho da localidade em que o empregador tenha agência ou filial, desde que o agente ou viajante a elas esteja subordinado. Caso contrário, competen-

418. *Caderno Jurídico*, Amatra, São Paulo, set. 1998.

419. Ac. 2-DF Reg. n. 898.751-7, Rel. Min. Barros Monteiro, 4ª T., v. u., *DJU*, 3-9-1990, *EJSTJ*, 4:95, ementa n. 226.

te será a Vara do Trabalho sediada no *domicílio do empregado*, ou, não havendo ali a Justiça do Trabalho, na localidade mais próxima.

9. **A inexistência do foro de eleição no Processo do Trabalho**

O Código Civil brasileiro, em seu art. 78, admite que as partes, nos contratos escritos, especifiquem o domicílio onde se exercitam e cumpram os direitos e obrigações deles decorrentes. É o chamado *forum domicilii* ou *fórum contratual*, que já era encontrado no direito romano, e que entre nós é denominado foro contratual ou de eleição.

O mesmo princípio já estava estatuído no ordenamento jurídico pátrio, constantes dos arts. 62 e 63, do atual CPC, que assim dispõem:

"Art. 62. A competência determinada em razão da matéria, da pessoa ou da função é inderrogável por convenção das partes".

"Art. 63. As partes podem modificar a competência em razão do valor e do território, elegendo foro onde será proposta a ação oriunda de direitos e obrigações".

Vale dizer que o foro de eleição só é admissível nas questões patrimoniais, ou seja, nas causas decorrentes de direitos e obrigações.

O foro contratual ou de eleição obriga não só as partes como, também, seus herdeiros ou sucessores.

No direito do trabalho e no direito processual do trabalho não há lugar para o *forum contractus* ou foro de eleição, prevalecendo as disposições contidas no art. 651 da CLT, que podem, por isso mesmo, ser consideradas de ordem pública, imperativas e impostergáveis.

10. **Dos juízes das Varas do Trabalho**

Como já se observou, com a extinção do juiz classista, as Juntas de Conciliação e Julgamento foram transformadas em *Varas do Trabalho*, passando a funcionar com um único juiz, o *juiz togado do trabalho*, deixando de existir, por via de consequência, o "juiz presidente", que pressupunha a existência de órgão colegiado.

Cada Vara possui um *juiz titular*, que, eventualmente, poderá contar com um *juiz auxiliar*, designado dentre os juízes substitutos do trabalho (1º grau, na carreira do magistrado trabalhista).

O juiz do trabalho, juiz togado e de carreira, é, necessariamente, bacharel em Direito, recrutado para a magistratura por meio de concurso público, de provas e de títulos (art. 93, I, CF/1988).

Uma vez aprovado, é nomeado juiz do trabalho substituto.

Durante o período em que permanece como juiz substituto, ora auxilia o juiz titular, ora o substitui nas férias e eventuais impedimentos.

Sua promoção a titular dá-se pelo critério de antiguidade ou merecimento.

Não se aplicando ao processo do trabalho o princípio do *juiz certo* – "o juiz, titular ou substituto, que concluir a audiência julgará a lide..." (CPC /1973, art. 132) –, não sofre o juiz substituto qualquer restrição no exercício de suas funções, podendo, inclusive, julgar os feitos anteriormente instruídos pelo juiz titular.

O juiz do trabalho substituto é promovido a juiz titular por antiguidade ou merecimento:

"Art. 654. O ingresso na magistratura do trabalho far-se-á para o cargo de juiz do trabalho substituto. As nomeações subsequentes por promoção, alternadamente, por antiguidade e merecimento" (CLT).

Para ingressar na magistratura trabalhista o candidato deve ser maior de 25 anos e ter menos de 70 anos, devendo, ainda, possuir a necessária idoneidade para o exercício das funções.

Uma vez promovido para juiz titular, tem o magistrado o dever de:

I – manter perfeita conduta pública e privada;

II – abster-se de atender a solicitações ou recomendações relativamente aos feitos que hajam ou tenham de ser submetidos a sua apreciação;

III – residir dentro dos limites de sua jurisdição, não podendo ausentar-se sem licença do presidente do respectivo Tribunal Regional do Trabalho;

IV – despachar e praticar todos os atos decorrentes de suas funções, dentro dos prazos estabelecidos.

É da sua competência exclusiva:

1º) presidir as audiências;

2º) executar suas próprias decisões e aquelas cuja execução lhe for deprecada;

3º) despachar os recursos interpostos pelas partes;

4º) conceder liminar, até decisão final do processo, em reclamações trabalhistas que visem a tornar sem efeito transferência disciplinada pelos parágrafos do art. 469 da Consolidação das Leis do Trabalho;

5º) conceder medida liminar até decisão final do processo, em reclamações que visem reintegrar no emprego dirigente sindical afastado, suspenso ou dispensado pelo empregador.

Com a extinção da representação classista e a instituição do juízo singular ou unipessoal, caem por terra aquelas decisões anteriormente reservadas ao órgão colegiado, o que, sem dúvida, amplia sobremaneira a atuação do magistrado do trabalho.

11. Dos juízes classistas das Juntas

A Emenda Constitucional n. 24, de 9-12-1999, pôs fim à representação classista na Justiça do Trabalho, em seus três órgãos: Varas do Trabalho, Tribunais Regionais e Tribunal Superior do Trabalho.

Em consequência, estão revogados os arts. 660 a 667 da CLT.

12. O juiz de direito nas comarcas não abrangidas por jurisdição da Justiça do Trabalho

Declara o art. 668 da CLT que nas localidades não compreendidas na jurisdição das Varas do Trabalho os juízes de direito são os órgãos da administração da Justiça do Trabalho. A disposição, pois, deixa claro que, nas comarcas onde não haja Varas do Trabalho, desde que sobre elas não se estenda jurisdição de Vara próxima, o juiz de direito local tem competência trabalhista.

Esclareça-se, contudo, que, conquanto investido de jurisdição trabalhista, na hipótese acima transcrita, o juiz de direito não é um órgão da Justiça do Trabalho, mas da Justiça Estadual, como todos sabemos.

Contudo, uma vez investido de tal jurisdição, sua competência é a mesma dos juízes do trabalho, sem qualquer restrição, e os recursos porventura interpostos de suas decisões trabalhistas são endereçados ao respectivo Tribunal Regional do Trabalho e não ao Tribunal de Justiça.

A competência do juiz de direito em matéria trabalhista se explica porque, como já verificamos, as Varas do Trabalho estão, normalmente, sediadas em comarcas de grande movimento fabril, exigindo-se, para sua instalação, um mínimo de 24 mil empregados ou o ajuizamento, de média igual ou superior, no último triênio, de, pelo menos, 240 reclamações anuais.

Assim, as comarcas que não preencham tais exigências não contam com órgãos da Justiça do Trabalho, e, se sobre elas não se estende jurisdição de Vara Trabalhista próxima, a competência trabalhista é entregue ao juiz de direito.

Nesse sentido o art. 112 da CF, com a redação dada pela EC-45:

"A lei criará varas da Justiça do Trabalho, podendo, nas comarcas não abrangidas por sua jurisdição, atribuí-la aos juízes de direito, com recurso para o respectivo Tribunal Regional do Trabalho".

13. Justiça Itinerante

Com o manifesto objetivo de facilitar o acesso dos mais humildes ao Judiciário, sobretudo nas regiões com dificuldades sérias de transporte (há regiões no Brasil que só podem ser alcançadas com a utilização de embarcações fluviais), a Emenda Constitucional n. 45/2004 instituiu a chamada *Justiça Itinerante*, prática, aliás, que já vinha sendo adotada em regiões do Norte do País.

Trata-se do deslocamento de juízes e seus respectivos auxiliares, com a fixação temporária em determinada localidade, obviamente na jurisdição do respectivo tribunal, para o recebimento de reclamações de trabalhadores (celetistas e autônomos), realização de audiências e julgamento.

Para o exercício de tais atividades a Justiça do Trabalho poderá utilizar-se de equipamentos públicos e comunitários, segundo o § 1º do art. 115 da Constituição Federal:

"Os Tribunais Regionais do Trabalho instalarão a justiça itinerante, com a realização de audiências e demais funções de atividade jurisdicional, nos limites territoriais da respectiva

jurisdição, servindo-se de equipamentos públicos e comunitários".

▶ **Jurisprudência**

▷ **Súmula 10 do STJ.** Instalada a junta de conciliação e julgamento, cessa a competência do juiz de direito em matéria trabalhista, inclusive para a execução das sentenças por ele proferidas.
▷ **Súmula 170 do STJ.** Compete ao juízo onde primeiro for intentada a ação envolvendo acumulação de pedidos, trabalhista e estatutário, decidi-la nos limites da sua jurisdição, sem prejuízo do ajuizamento de nova causa, com o pedido remanescente, no juízo próprio.
▷ **Súmula 180 do STJ.** Na lide trabalhista, compete ao TRT dirimir conflito de competência verificado, na respectiva região, entre juiz estadual e junta de conciliação e julgamento.
▷ **OJ n. 232 da SDI-1 do TST. FGTS. Incidência. Empregado transferido para o exterior. Remuneração.** O FGTS incide sobre todas as parcelas de natureza salarial pagas ao empregado em virtude de prestação de serviços no exterior.
▷ "**1. Agravo de instrumento. Recurso de revista. Lei n. 13.015/2014. Incompetência da justiça do trabalho. Representação sindical. Servidores públicos estatutários.** Em face da plausibilidade da indicada violação ao art. 114, inc. III, da Constituição da República, dá-se provimento ao Agravo de Instrumento para o amplo julgamento do Recurso de Revista. Agravo de Instrumento a que se dá provimento. **2. Recurso de revista. Lei n. 13.015/2014. Incompetência da justiça do trabalho. Representação sindical. Servidores públicos estatutários.** A interpretação da regra de competência da Justiça do Trabalho para apreciação da lide que envolve eleição de sindicato de servidores públicos estatutários deve ser realizada em conjunto com os incs. I e III do art. 114 da Constituição República. A controvérsia envolve eleição sindical, e o fato dos filiados ao sindicato serem servidores públicos estatutários exclui a citada competência. Recurso de Revista de que se conhece e a que se dá provimento. **3. Agravo de instrumento interposto pelo reclamante.** Em face do provimento do Recurso de Revista interposto pelo Município reclamado para, declarando a incompetência da Justiça do Trabalho para apreciar o presente feito, FICA PREJUDICADO o exame do Agravo de Instrumento interposto pelo reclamante" (RRAg-80594-46.2014.5.22.0107, 8ª Turma, Relator Ministro João Batista Brito Pereira, *DEJT* 8-9-2020).
▷ "**A) Agravo de instrumento. Recurso de revista. Processo sob a égide da Lei n. 13.015/2014 E anterior à Lei n. 13.467/2017. Cargo em comissão do art. 37, II, CF. Entidade estatal. Regime celetista. Verbas rescisórias. Indevidas.** Demonstrado no agravo de instrumento que o recurso de revista preenchia os requisitos do art. 896 da CLT, dá-se provimento ao agravo de instrumento para melhor análise de arguição de violação do art. 37, II, da CF, suscitada no recurso de revista. Agravo de instrumento provido. **B) Recurso de revista. Processo sob a égide da Lei n. 13.015/2014 e anterior à Lei n. 13.467/2017. Cargo em comissão do art. 37, II, CF. Entidade estatal. Regime celetista. Verbas rescisórias. Indevidas.** O entendimento desta Corte, de acordo com a atual jurisprudência da SBDI-1/TST, é de que, em se tratando de empregado de cargo em comissão de livre nomeação e exoneração, em razão de seu caráter precário, no caso de ruptura do pacto por ato do empregador público, o trabalhador não fará jus ao recebimento das verbas rescisórias, mesmo que regido pela CLT, sendo garantido ao empregado apenas o depósito do FGTS. Assim, à luz da atual jurisprudência da SDI-I, encontra-se superado o entendimento desta 3ª Turma sobre a matéria, no sentido de que a contratação de empregado público para cargo em comissão, mediante regime jurídico celetista, enquadraria a dinâmica do contrato e de sua ruptura por ato do empregador público no modelo celetista padrão, com direito a depósitos de FGTS com 40%, aviso prévio e demais verbas rescisórias. Recurso de revista conhecido e provido" (RR-21532-68.2017.5.04.0011, 3ª

Turma, Relator Ministro Mauricio Godinho Delgado, *DEJT* 4-9-2020).

▷ **"Embargos de declaração em embargos de declaração em recurso de revista com agravo. Nulidade da sentença por violação do princípio da identidade física do juiz e por cerceamento do direito de defesa. Omissão.** 1. Melhor explicitada a omissão apontada em relação Às alegadas nulidade da sentença por violação Do princípio da identidade física do juiz e por cerceamento do direito de defesa, constata-se tal vício, que deve ser sanado da seguinte forma: 2. Em relação à controvérsia em torno do princípio da identidade física do juiz, sem razão a empresa porque, conquanto o cancelamento da Súmula 136/TST tenha materializado nesta Corte o entendimento de que o princípio da identidade física do juiz se compatibiliza com o processo do trabalho, os primados da economia e da celeridade devem sempre ser observados no julgamento das controvérsias apresentadas à Justiça Especializada, mormente porque, via de regra, tais demandas envolvem créditos de natureza alimentar. Ou seja, a causa primária invocada pela empresa não deve se revestir de caráter absoluto, não se justificando a nulidade da sentença por ter sido o juiz que a prolatou, diverso daquele que conduziu a audiência de instrução. Precedentes. No caso dos autos, não há premissa fática no acórdão regional apta a ensejar a nulidade da sentença. Correto, portanto, o despacho que aplicou o óbice da Súmula 333/TST. Da mesma forma, não se sustenta a tese patronal de que há nulidade por cerceamento do direito de defesa, em razão de indeferimento de pergunta à testemunha da reclamante, ensejando violação do art. 5º, LIV e LV, da CF, uma vez que expressamente ressaltado pela Corte Regional que os questionamentos já haviam sido relatados pela depoente, tendo em sede de embargos de declaração registrado, ainda, que "os cartões de ponto colacionados aos autos registraram horários britânicos, ao passo em que a testemunha do reclamado confirmou a versão da obreira de que aqueles não refletiam a real jornada de trabalho. Portanto, a pergunta acerca das horas extras no turno que se encerrava às 22h, quando a reclamante já havia respondido as perguntas acerca de sua jornada de trabalho, não tinha o condão de elidir o conjunto probatório dos autos, não havendo contradição na condenação do embargante ao pagamento de horas extras" (pág. 611). Nesse contexto, para se concluir da forma pretendida pela empresa seria necessário incursionar em todo o conjunto probatório, o que encontra óbice na Súmula 126/TST, conforme constou do despacho agravado. Ademais, gozando de autonomia na direção do processo (art. 765 da CLT), o julgador pode dispensar a produção de provas e diligências que considere inúteis ou desnecessárias à solução da lide e à formação do seu convencimento (art. 370 do NCPC), caso dos autos, sendo que a ele – juiz – é destinada a prova. O fato de o Juízo *a quo* ter analisado as provas do processo e formado seu convencimento de modo diverso do que gostaria a parte, em nada se confunde com o devido processo legal, que, de maneira clara, foi respeitado. Nesse contexto, o inconformismo da empresa com o indeferimento da oitiva testemunha não é motivação idônea para que se decrete a nulidade do processo, uma vez que as provas coligidas aos autos foram suficientes para formar o convencimento do juiz, não se havendo falar em violação do art. 5º, LIV e LV, da CF, restando irreparável o despacho agravado; 3. Nesses termos, impõe-se o provimento dos embargos de declaração para, sanando omissão, anular a decisão declaratória anterior e complementar a que negou provimento ao agravo de instrumento, sem efeito modificativo. Embargos de declaração conhecidos e providos, sem efeito modificativo" (ED-ED-ARR-1083-34.2010.5.19.0006, 3ª Turma, Relator Ministro Alexandre de Souza Agra Belmonte, *DEJT* 28-8-2020).

▷ **Competência territorial. Domicílio do reclamante. Possibilidade.** Desnecessidade de coincidir com o local da prestação de serviços ou com o da contratação ou arregimentação. Empresa de atuação nacional. Aplicação ampliativa do art. 651, *caput* e § 3º, da CLT. É possível reconhecer a competência territorial do foro do domicílio do reclamante quando a empresa contratante tiver atuação em âmbito nacional, não ha-

vendo necessidade de coincidir o domicílio do empregado com o local da prestação de serviço ou com o da contratação ou arregimentação. Trata-se de interpretação ampliativa dos critérios objetivos do art. 651, *caput*, e § 3º, da CLT, de modo a garantir o acesso amplo à Justiça sem prejuízo do direito de defesa. No caso, restou consignado que a contratação do reclamante pela Petrobras, empresa notoriamente de atuação nacional, se deu em Salvador/BA, com prestação de serviços no Estado da Bahia e em Macaé/RJ, mas a ação foi ajuizada no domicílio do empregado, em Aracaju/SE, onde também se localiza uma das sedes da empresa reclamada. Sob esse entendimento, a SBDI-I, por unanimidade, conheceu dos embargos, por divergência jurisprudencial, e, no mérito, por maioria, negou-lhes provimento. Vencidos os Ministros Márcio Eurico Vitral Amaro, relator, Walmir Oliveira da Costa e Alexandre Luiz Ramos. TST-E-ED-RR-278-87.2015.5.20.0003, SBDI-I, rel. Min. Márcio Eurico Vitral Amaro, red. p/ acórdão Min. Breno Medeiros, 6.6.2019 (Cf. Informativos TST n.s 146, 156).

▷ **"Agravo de instrumento. Recurso de revista sob a égide da Lei n. 13.467/17. Estado estrangeiro. Competência da justiça do trabalho. Horas extras. Diferenças salariais. Transcendência jurídica.** Reconhece-se a transcendência jurídica em razão de o debate sobre a competência da Justiça do Trabalho brasileira na hipótese de atos de gestão de estado estrangeiro ainda gerar oscilação jurisprudencial. **Competência da justiça do trabalho. Estado estrangeiro.** A jurisprudência desta Corte reconhece a competência da Justiça Trabalhista para julgar reclamação trabalhista ajuizada por ex-empregado de embaixada. O estado estrangeiro goza de imunidade relativa que o protege de atos de império e não abrange atos de gestão, incluindo contratos de relações trabalhistas. A existência de lei estrangeira que regulamenta a relação não afasta a jurisdição. Agravo de instrumento não provido. **Jornada de trabalho. Horas extras. Diferença salarial. Transcendência não reconhecida.** Trata-se de pretensão de demonstrar que a jornada de trabalho contratada seria diferente daquela consignada pelo Regional, bem como de não ter existido pagamento em valor inferior ao da remuneração devida. O exame prévio dos critérios de transcendência do recurso de revista revela a inexistência de qualquer deles a possibilitar o exame do apelo no TST. A par disso, irrelevante perquirir a respeito do acerto ou desacerto da decisão agravada, dada a inviabilidade de processamento, por motivo diverso, do apelo anteriormente obstaculizado. Agravo de instrumento não provido" (AIRR-342-03.2015.5.10.0016, 6ª Turma, Relator Ministro Augusto Cesar Leite de Carvalho, *DEJT* 23-8-2019).

▷ **Em razão do lugar. Ajuizamento da reclamação trabalhista em localidade diversa do domicílio do autor, do local do contrato e do local da prestação do serviço. Art. 651, *caput*, da CLT.** 1. Caso em que o Tribunal Regional manteve a decisão proferida em primeiro grau, para declarar a incompetência territorial do juízo de Porto Alegre – RS, sob o fundamento de que o Reclamante é domiciliado, foi contrato e prestou serviços na mesma localidade – São Paulo – SP. Destacou que "não se aplica ao caso o parágrafo 3º do art. 651 da CLT, haja vista que o reclamante não realizava suas atividades fora do lugar do contrato de trabalho (São Paulo), pois, conforme seu depoimento, sua atuação era nacional, mas sempre vinculada à sede da empresa, em São Paulo, onde sempre o autor esteve lotado". 2. Salvo em casos excepcionais, os critérios previstos no art. 651 e §§ da CLT devem ser estritamente observados, razão pela qual a fixação da competência em foro que não o do local do trabalho ou da contratação viola o art. 651, *caput*, da CLT. 3. Esta Corte tem flexibilizado a regra prevista no art. 651 da CLT nas hipóteses em que inviabilizado o acesso ao Poder Judiciário, diante da hipossuficiência do Reclamante e em face da distância entre seu domicílio e o local da prestação dos serviços, em razão do princípio constitucional do amplo acesso à jurisdição (art. 5º, XXXV, da CF) e do princípio trabalhista da proteção. 4. Todavia, essa possibilidade não aplica ao caso dos autos, não sendo hipótese de flexibilização da referida regra. De fato, conforme destacado pelo Tribunal Regional, o Reclamante

não era domiciliado em Porto Alegre – RS (local do ajuizamento da ação), não sendo hipótese de inviabilizar o acesso à justiça. Ademais, ao contrário do que alega o Reclamante, o contrato de trabalho estabelece a prestação de serviço vinculada à sede do Reclamado em São Paulo – SP. 5. Nesse cenário, o acórdão regional, em que acolhida a exceção de incompetência territorial e determinada a remessa dos autos ao local em que ocorreu a contratação e a prestação dos serviços, portanto, encontra-se em conformidade com o art. 651, *caput* e § 3º, da CLT. Recurso de revista não conhecido" (RR-21030-36.2016.5.04.0021, 5ª Turma, Relator Ministro Douglas Alencar Rodrigues, *DEJT* 28-6-2019).

Capítulo IV
Dos Tribunais Regionais do Trabalho

Seção I
Da composição e do funcionamento

Art. 670. Os Tribunais Regionais comporse-ão: 1ª Região, de 54 (cinquenta e quatro) juízes, sendo 36 (trinta e seis) togados, vitalícios, e 18 (dezoito) classistas, temporários; 2ª Região, de 64 (sessenta e quatro) juízes, sendo 42 (quarenta e dois) togados, vitalícios e 22 (vinte e dois) classistas, temporários; 3ª Região, de 36 (trinta e seis) juízes, sendo 24 (vinte e quatro) togados, vitalícios e 12 (doze) classistas, temporários; 4ª Região, de 36 (trinta e seis) juízes, sendo 24 (vinte e quatro) togados, vitalícios e 12 (doze) classistas, temporários; 5ª Região, de 29 (vinte e nove) juízes, sendo 19 (dezenove) togados, vitalícios e 10 (dez) classistas, temporários; 6ª Região, de 18 (dezoito) juízes, sendo 12 (doze) togados, vitalícios, e 6 (seis) classistas, temporários; 7ª Região, de 8 (oito) juízes, sendo 6 (seis) togados, vitalícios, e 2 (dois) classistas, temporários; 8ª Região, de 23 (vinte e três) juízes, sendo 15 (quinze) togados, vitalícios, e 8 (oito) classistas, temporários; 9ª Região, de 28 (vinte e oito) juízes, sendo 18 (dezoito) togados, vitalícios, e 10 (dez) classistas, temporários; 10ª Região, de 17 (dezessete) juízes, sendo 11 (onze) togados, vitalícios, e 6 (seis) classistas, temporários; 11ª Região, de 8 (oito) juízes, sendo 6 (seis) togados, vitalícios, e 2 (dois) classistas, temporários; 12ª Região, de 18 (dezoito) juízes, sendo 12 (doze) togados, vitalícios, e 6 (seis) classistas, temporários; 13ª Região, de 8 (oito) juízes, sendo 6 (seis) togados, vitalícios, e 2 (dois) classistas, temporários; 14ª Região, de 8 (oito) juízes, sendo 6 (seis) togados, vitalícios, e 2 (dois) classistas, temporários; 15ª Região, de 36 (trinta e seis) juízes, sendo 24 (vinte e quatro) togados, vitalícios, e 12 (doze) classistas, temporários; 16ª Região, de 8 (oito) juízes, sendo 6 (seis) togados, vitalícios, e 2 (dois) classistas, temporários; 17ª Região, de 8 (oito) juízes, sendo 6 (seis) togados, vitalícios, e 2 (dois) classistas, temporários; 18ª Região, de 8 (oito) juízes, sendo 6 (seis) togados, vitalícios, e 2 (dois) classistas, temporários; 19ª Região, de 8 (oito) juízes, sendo 6 (seis) togados, vitalícios e 2 (dois) classistas, temporários; 20ª Região, de 8 (oito) juízes, sendo 6 (seis) togados, vitalícios e 2 (dois) classistas, temporários; 21ª Região, de 8 (oito) juízes, sendo 6 (seis) togados, vitalícios e 2 (dois) classistas, temporários; 22ª Região, de 8 (oito) juízes, sendo 6 (seis) togados, vitalícios e 2 (dois) classistas, temporários; 23ª Região, de 8 (oito) juízes, sendo 6 (seis) togados, vitalícios e 2 (dois) classistas, temporários; 24ª Região, de 8 (oito) juízes, sendo 6 (seis) togados, vitalícios e 2 (dois) classistas, temporários, todos nomeados pelo Presidente da República[420].

§ 1º (*Vetado.*)

§ 2º Nos Tribunais Regionais constituídos de 6 (seis) ou mais Juízes togados, e menos de 11 (onze), 1 (um) deles será escolhido dentre advogados, 1 (um) dentre membros do Ministério Público da União junto à Justiça do Trabalho e os demais dentre Juízes do Trabalho, Presidentes de Junta da respectiva Região, na forma prevista no parágrafo anterior. (Redação dada pela Lei n. 5.442, de 24-5-1968.)

§ 3º (*Vetado.*)

§ 4º Os Juízes classistas referidos neste artigo representarão, paritariamente, empregadores e empregados. (Parágrafo incluído pela Lei n. 5.442, de 24-5-1968.)

§ 5º Haverá 1 (um) suplente para cada Juiz classista. (Parágrafo incluído pela Lei n. 5.442, de 24-5-1968.)

420. Redação dada pela Lei n. 5.442, de 24-5-1968 e posteriores alterações.

§ 6º Os Tribunais Regionais, no respectivo regimento interno, disporão sobre a substituição de seus Juízes, observados, na convocação de Juízes inferiores, os critérios de livre escolha e antiguidade, alternadamente. (Parágrafo incluído pela Lei n. 5.442, de 24-5-1968.)

§ 7º Dentre os seus Juízes togados, os Tribunais Regionais elegerão os respectivos Presidente e Vice-Presidente, assim como os Presidentes de Turmas, onde as houver. (Parágrafo incluído pela Lei n. 5.442, de 24-5-1968.)

§ 8º Os Tribunais Regionais da 1ª e 2ª Regiões dividir-se-ão em Turmas, facultada essa divisão aos constituídos de, pelo menos, 12 (doze) Juízes. Cada Turma se comporá de 3 (três) Juízes togados e 2 (dois) classistas, um representante dos empregados e outro dos empregadores. (Parágrafo incluído pela Lei n. 5.442, de 24-5-1968.)

Art. 671. Para os trabalhos dos Tribunais Regionais existe a mesma incompatibilidade prevista no art. 648, sendo idêntica a forma de sua resolução.

Art. 672. Os Tribunais Regionais, em sua composição plena, deliberarão com a presença, além do Presidente, da metade e mais um, do número de seus Juízes, dos quais, no mínimo, um representante dos empregados e outro dos empregadores. (*Caput* e parágrafos com redação dada pela Lei n. 5.442, de 24-5-1968.)

§ 1º As Turmas somente poderão deliberar presentes, pelo menos, 3 (três) dos seus Juízes, entre eles os 2 (dois) classistas. Para a integração desse *quorum*, poderá o Presidente de uma Turma convocar Juízes de outra, da classe a que pertencer o ausente ou impedido.

§ 2º Nos Tribunais Regionais, as decisões tomar-se-ão pelo voto da maioria dos Juízes presentes, ressalvada, no Tribunal Pleno, a hipótese de declaração de inconstitucionalidade de lei ou ato do poder público (art. 116 da Constituição).

§ 3º O Presidente do Tribunal Regional, excetuada a hipótese de declaração de inconstitucionalidade de lei ou ato do poder público, somente terá voto de desempate. Nas sessões administrativas, o Presidente votará como os demais Juízes, cabendo-lhe, ainda, o voto de qualidade.

§ 4º No julgamento de recursos contra decisão ou despacho do Presidente, do Vice-Presidente ou do Relator, ocorrendo empate, prevalecerá a decisão ou despacho recorrido.

Art. 673. A ordem das sessões dos Tribunais Regionais será estabelecida no respectivo Regimento Interno.

Seção II
Da jurisdição e competência

Art. 674. Para efeito da jurisdição dos Tribunais Regionais, o território nacional é dividido nas 24 (vinte e quatro) Regiões seguintes:

1ª Região – Estado do Rio de Janeiro;
2ª Região – Estado de São Paulo (capital, grande São Paulo e Baixada Santista);
3ª Região – Estado de Minas Gerais;
4ª Região – Estado do Rio Grande do Sul;
5ª Região – Estado da Bahia;
6ª Região – Estado de Pernambuco;
7ª Região – Estado do Ceará;
8ª Região – Estados do Pará e do Amapá;
9ª Região – Estado do Paraná;
10ª Região – Distrito Federal e o Estado do Tocantins;
11ª Região – Estados do Amazonas e de Roraima;
12ª Região – Estado de Santa Catarina;
13ª Região – Estado da Paraíba;
14ª Região – Estados de Rondônia e Acre;
15ª Região – Interior do Estado de São Paulo (área não abrangida pela jurisdição estabelecida na 2ª Região);
16ª Região – Estado do Maranhão;
17ª Região – Estado do Espírito Santo;
18ª Região – Estado de Goiás;
19ª Região – Estado de Alagoas;
20ª Região – Estado de Sergipe;
21ª Região – Estado do Rio Grande do Norte;
22ª Região – Estado do Piauí;
23ª Região – Estado do Mato Grosso;
24ª Região – Estado do Mato Grosso do Sul.

Parágrafo único. Os Tribunais têm sede nas cidades: Rio de Janeiro (1ª Região), São Paulo (2ª Região), Belo Horizonte (3ª Região), Porto Alegre (4ª Região), Salvador (5ª Região), Recife (6ª Região), Fortaleza (7ª Região), Belém (8ª Região), Curitiba (9ª Região), Brasília (10ª Região), Manaus (11ª Região), Florianópolis (12ª Região), João Pessoa (13ª Região), Porto Velho (14ª Região), Campinas (15ª Região), São Luís (16ª Região), Vitória (17ª Região), Goiânia (18ª Região), Maceió (19ª Região), Aracaju (20ª Região), Natal (21ª Região), Teresina (22ª Região), Cuiabá (23ª Região) e Campo Grande (24ª Região).

Art. 675. (Revogado pela Lei n. 5.442, de 24-5-1968.)

Art. 676. O número de regiões, a jurisdição e a categoria dos Tribunais Regionais, estabelecidos nos artigos anteriores, somente podem ser alterados pelo Presidente da República. (Redação dada pelo Dec.-lei n. 9.797, de 9-9-1946. Tacitamente revogado pela Lei n. 5.442, de 24-5-1968, e pela CF/88, art. 96, II.)

Art. 677. A competência dos Tribunais Regionais determina-se pela forma indicada no art. 651 e seus parágrafos e, nos casos de dissídio coletivo, pelo local onde este ocorrer.

Art. 678. Aos Tribunais Regionais, quando divididos em Turmas, compete: (*Caput*, incisos e alíneas com redação dada pela Lei n. 5.442, de 24-5-1968.)

I – ao Tribunal Pleno, especialmente:

a) processar, conciliar e julgar originariamente os dissídios coletivos;

b) processar e julgar originariamente:

1) as revisões de sentenças normativas;

2) a extensão das decisões proferidas em dissídios coletivos;

3) os mandados de segurança;

4) as impugnações à investidura de juízes classistas e seus suplentes nas Juntas de Conciliação e Julgamento;

c) processar e julgar em última instância:

1) os recursos das multas impostas pelas Turmas;

2) as ações rescisórias das decisões das Juntas de Conciliação e Julgamento, dos Juízes de Direito investidos na jurisdição trabalhista, das Turmas e de seus próprios acórdãos;

3) os conflitos de jurisdição entre as suas Turmas, os Juízes de Direito investidos na jurisdição trabalhista, as Juntas de Conciliação e Julgamento, ou entre aqueles e estas;

d) julgar em única ou última instância:

1) os processos e os recursos de natureza administrativa atinentes aos seus serviços auxiliares e respectivos servidores;

2) as reclamações contra atos administrativos de seu presidente ou de qualquer de seus membros, assim como dos Juízes de primeira instância e de seus funcionários;

II – às Turmas:

a) julgar os recursos ordinários previstos no art. 895, *a*;

b) julgar os agravos de petição e de instrumento, estes de decisões denegatórias de recursos de sua alçada;

c) impor multas e demais penalidades relativas a atos de sua competência jurisdicional, e julgar os recursos interpostos das decisões das Juntas dos Juízes de Direito que as impuserem.

Parágrafo único. Das decisões das Turmas não caberá recurso para o Tribunal Pleno, exceto no caso do inciso I da alínea *c* do item 1 deste artigo. (Redação dada pela Lei n. 5.442, de 24-5-1968.)

Art. 679. Aos Tribunais Regionais não divididos em Turmas, compete o julgamento das matérias a que se refere o artigo anterior, exceto a de que trata o inciso I da alínea *c* do item 1, como os conflitos de jurisdição entre Turmas. (Redação dada pela Lei n. 5.442, de 24-5-1968.)

Art. 680. Compete, ainda, aos Tribunais Regionais, ou suas Turmas: (*Caput* e alíneas com redação dada pela Lei n. 5.442, de 24-5-1968.)

a) determinar às Juntas e aos Juízes de Direito a realização dos atos processuais e diligências necessárias ao julgamento dos feitos sob sua apreciação;

b) fiscalizar o cumprimento de suas próprias decisões;

c) declarar a nulidade dos atos praticados com infração de suas decisões;

d) julgar as suspeições arguidas contra seus membros;

e) julgar as exceções de incompetência que lhes forem opostas;

f) requisitar às autoridades competentes as diligências necessárias ao esclarecimento dos feitos sob apreciação, representando contra aquelas que não atenderem a tais requisições;

g) exercer, em geral, no interesse da Justiça do Trabalho, as demais atribuições que decorram de sua Jurisdição.

Seção III
Dos presidentes dos Tribunais Regionais

Art. 681. Os presidentes e vice-presidentes dos Tribunais Regionais do Trabalho tomarão posse perante os respectivos Tribunais. (Redação dada pela Lei n. 6.320, de 5-4-1976.)

Parágrafo único. (Revogado pela Lei n. 6.320, de 5-4-1976.)

Art. 682. Competem privativamente aos Presidentes dos Tribunais Regionais, além das que forem conferidas neste e no título e das decorrentes do seu cargo, as seguintes atribuições:

I – (Revogado pela Lei n. 5.442, de 24-5-1968.)

II – designar os Juízes classistas das Juntas e seus suplentes; (Redação dada pela Lei n. 8.737, de 19-1-1946.)

III – dar posse aos Presidentes de Juntas e Presidentes Substitutos, aos Juízes classistas e suplentes e funcionários do próprio Tribunal e conceder férias e licenças aos mesmos e aos Juízes classistas e suplentes das Juntas;

IV – presidir às sessões do Tribunal;

V – presidir às audiências de conciliação nos dissídios coletivos;

VI – executar suas próprias decisões e as proferidas pelo Tribunal;

VII – convocar suplentes dos Juízes classistas do Tribunal, nos impedimentos destes;

VIII – representar ao Presidente do Tribunal Superior do Trabalho contra os Presidentes e os Juízes classistas, nos casos previstos no art. 727 e seu parágrafo único;

IX – despachar os recursos interpostos pelas partes;

X – requisitar às autoridades competentes, nos casos de dissídio coletivo, a força necessária, sempre que houver ameaça de perturbação da ordem;

XI – exercer correição, pelo menos uma vez por ano, sobre as Juntas, ou parcialmente sempre que se fizer necessário, e solicitá-la, quando julgar conveniente, ao Presidente do Tribunal de Justiça, relativamente aos Juízes de Direito investidos na administração da Justiça do Trabalho;

XII – distribuir os feitos, designando os Juízes classistas que os devem relatar;

XIII – designar, dentre os funcionários do Tribunal e das Juntas existentes em uma mesma localidade, o que deve exercer a função de distribuidor;

XIV – assinar as folhas de pagamento dos Juízes classistas e servidores do Tribunal.

§ 1º Na falta ou impedimento do Presidente da Junta e do substituto da mesma localidade, é facultado ao Presidente do Tribunal Regional designar substituto de outra localidade, observada a ordem de antiguidade entre os substitutos desimpedidos.

§ 2º Na falta ou impedimento do Juiz classista da Junta e do respectivo suplente, é facultado ao Presidente do Tribunal Regional designar suplente de outra Junta, respeitada a categoria profissional ou econômica do representante e a ordem de antiguidade dos suplentes desimpedidos.

§ 3º Na falta ou impedimento de qualquer Juiz representante classista e seu respectivo suplente, é facultado ao Presidente do Tribunal Regional designar um dos Juízes classistas de Junta de Conciliação e Julgamento para funcionar nas sessões do Tribunal, respeitada a categoria profissional ou econômica do representante. (Parágrafo incluído pela Lei n. 3.440, de 27-8-1958.)

Art. 683. Na falta ou impedimento dos Presidentes dos Tribunais Regionais, e como auxiliares destes, sempre que necessário, funcionarão seus substitutos. (*Caput* e parágrafos com redação dada pelo Dec.-lei n. 8.737, de 19-1-1946.)

§ 1º Nos casos de férias, por 30 (trinta) dias, licença, morte ou renúncia, a convocação competirá diretamente ao Presidente do Tribunal Superior do Trabalho.

§ 2º Nos demais casos, mediante convocação do próprio Presidente do Tribunal ou comunicação do secretário deste, o Presidente Substituto assumirá imediatamente o exercício, ciente o Presidente do Tribunal Superior do Trabalho.

Seção IV
Dos Juízes representantes classistas dos Tribunais Regionais[421]

Art. 684. Os Juízes representantes classistas dos Tribunais Regionais são designados pelo Presidente da República.

Parágrafo único. Aos Juízes representantes classistas dos empregados e dos empregadores, nos Tribunais Regionais, aplicam-se as disposições do art. 661. (§ 1º renumerado pela Lei n. 5.442, de 24-5-1968.)

Art. 685. A escolha dos juízes classistas e suplentes dos Tribunais Regionais, representantes dos empregadores e empregados, é feita dentre os nomes constantes das listas para esse fim encaminhadas ao Presidente do Tribunal Superior do Trabalho pelas associações sindicais de grau superior com sede nas respectivas Regiões.

§ 1º Para o efeito deste artigo, o Conselho de Representantes de cada associação sindical de grau superior, na ocasião determinada pelo Presidente do Tribunal Superior do Trabalho, orga-

421. Atente-se, mais uma vez, à EC n. 24/99, que extinguiu (revogou) a representação classista.

nizará, por maioria de votos, uma lista de 3 (três) nomes.

§ 2º O Presidente do Tribunal Superior do Trabalho submeterá os nomes constantes das listas ao Presidente da República, por intermédio do Ministro da Justiça. (Redação dada pela Lei n. 2.244, de 23-6-1954.)

Art. 686. (Suprimido pelo Dec.-lei n. 9.797, de 9-9-1946.)

Art. 687. Os Juízes representantes classistas dos Tribunais Regionais tomam posse perante o respectivo Presidente.

Art. 688. Aos Juízes representantes classistas dos Tribunais Regionais aplicam-se as disposições do art. 663, sendo a nova escolha feita dentre os nomes constantes das listas a que se refere o art. 685, ou na forma indicada no art. 686 e, bem assim, as dos arts. 665 e 667.

Art. 689. Por sessão a que comparecerem, até o máximo de 15 (quinze) por mês, perceberão os Juízes representantes classistas e suplentes a gratificação fixada em lei. (Redação dada pelo Dec.-lei n. 8.737, de 19-1-1946.)

Parágrafo único. Os Juízes representantes classistas que retiverem processos além dos prazos estabelecidos no Regimento Interno dos Tribunais Regionais sofrerão automaticamente, na gratificação mensal a que teriam direito, desconto equivalente a 1/30 (um trinta avos) por processo retido. (Parágrafo incluído pelo Dec.-lei n. 8.737, de 19-1-1946.)

•••

▶ **Comentários**

1. ***Os Tribunais Regionais do Trabalho***

Pelo princípio do chamado *duplo grau de jurisdição*, consagrado pelo Direito brasileiro (com raras exceções, como, por exemplo, os processos submetidos ao *rito sumário*, instituído pela Lei n. 5.584/70, denominado vulgarmente "processo de alçada"), as causas devem ser apreciadas por dois órgãos jurisdicionais sucessivamente.

Esse princípio, conquanto severamente combatido por renomados juristas – Gabriel de Rezende Filho, entre outros –, constitui garantia efetiva assegurada ao litigante, admitindo o reexame da causa por Tribunais Superiores.

Como observa Moacyr Amaral Santos, o duplo grau de jurisdição "satisfaz a uma exigência humana. Ninguém se conforma com uma única decisão, que lhe seja desfavorável. Em segundo lugar, não se pode olvidar a possibilidade de sentenças injustas ou ilegais, e até mesmo proferidas por juízes movidos pelo temor (coação) ou sentimentos menos dignos (peita). Daí a segurança da justiça aconselhar o reexame das causas por meio dos recursos".

Por isso que existem os órgãos de 2º grau – os *Tribunais*.

Na Justiça do Trabalho, os órgãos de 2º grau ou 2ª instância são os *Tribunais Regionais do Trabalho*. Estes, como o próprio nome deixa entrever, são divididos em regiões, com jurisdição nos respectivos territórios.

Conquanto determinadas regiões estejam ainda abrangidas por um só Tribunal, a atual Constituição determina um Tribunal para cada Estado (art. 112).

Na verdade, conquanto órgãos de 2º grau e, portanto, verdadeira *corte de apelação*, os Tribunais Regionais têm duas competências:

1ª) recursal;

2ª) originária.

A primeira é própria dos Tribunais de Apelação, como "complemento lógico e natural do juízo, dando ao vencido o meio de obter a reforma da sentença", para usarmos a expressão de Gabriel de Rezende Filho.

A segunda, ao revés, diz respeito às questões que devam ser, desde logo, propostas perante os próprios Tribunais, aos quais cabe delas conhecer originariamente, como ocorre, por exemplo, com os dissídios coletivos.

Dividindo-se o Tribunal em Pleno e Turmas, cabe ao primeiro, ao *Pleno*:

I – processar, conciliar e julgar, originariamente, os dissídios coletivos;

II – processar e julgar, originariamente, as revisões de sentenças normativas; a extensão das decisões proferidas em dissídios coletivos; os mandados de segurança;

III – processar e julgar, em última instância, os recursos das multas impostas pelas Turmas; as ações rescisórias das decisões das Varas do Trabalho, dos juízes de direito investidos na jurisdição trabalhista, das Turmas e de seus próprios acórdãos; os conflitos de jurisdição entre as suas Turmas, os juízes de direito investidos na jurisdição trabalhista, as Varas do Trabalho, ou entre aqueles e estas;

IV – julgar, em única ou última instância, os processos e os recursos de natureza administrativa atinentes a seus serviços auxiliares e respectivos servidores; as reclamações contra atos administrativos de seu presidente ou de qualquer de seus membros, assim como dos juízes de 1ª instância e de seus funcionários.

Compete às *Turmas*:

I – julgar os recursos ordinários;

II – julgar os agravos de petição e de instrumento, estes de decisões denegatórias de recursos de sua alçada;

III – impor multas e demais penalidades relativas a atos de sua competência jurisdicional, e julgar os recursos interpostos das decisões das Varas do Trabalho e dos juízes de direito que as impuseram.

2. Composição

Com o fim da representação classista, os Tribunais Regionais do Trabalho são integrados atualmente por uma única espécie de juiz – o juiz togado, recrutado por concurso de provas e títulos, oriundo das Varas do Trabalho (promovido por antiguidade ou merecimento), e o juiz do denominado *quinto constitucional* (art. 94 da Constituição Federal), composto de membros do Ministério Público e de advogados, indicados estes últimos pela Ordem dos Advogados do Brasil.

3. Funcionamento

A composição dos Tribunais Regionais do Trabalho e seu respectivo funcionamento foram substancialmente alterados com a extinção dos juízes classistas, que, por isso mesmo, não só não mais integram as Cortes de Justiça mencionadas como, igualmente, não compõem seus diversos órgãos, do que resultam manifestamente alteradas as disposições contidas nos arts. 670 a 672 da CLT.

Os Tribunais Regionais do Trabalho podem funcionar, segundo o número de seus membros, divididos ou não em Turmas.

Na eventualidade de funcionar dividido em Turmas, reservar-se-á ao *Pleno* a matéria prevista no art. 678 da CLT, já especificada, cumprindo às *Turmas* processar e julgar as questões relacionadas no inciso III, *a, b* e *c*, do dispositivo legal nominado.

A Lei n. 7.701/88 dispõe, em seu art. 6º, que "os Tribunais Regionais do Trabalho que funcionarem divididos em Grupos de Turmas promoverão a especialização de um deles com a competência exclusiva para a conciliação e julgamento de dissídios coletivos", denominado *Seção Especializada em Dissídios Coletivos*.

Há, ainda, o *Órgão Especial*, nos Tribunais com mais de 25 juízes, para o exercício de atribuições administrativas e jurisdicionais, segundo o disposto no art. 93, XI, da CF.

O art. 115 da Constituição Federal, com a redação dada pela EC- 45[422], dispõe que:

"Os Tribunais Regionais do Trabalho compõem-se de, no mínimo, sete juízes, recrutados, quando possível, na respectiva região, e nomeados pelo Presidente da República dentre brasileiros com mais de trinta e menos de sessenta e cinco anos, sendo:

I – um quinto dentre advogados com mais de dez anos de efetiva atividade profissional e membros do Ministério Público do Trabalho com mais de dez anos de efetivo exercício, observado o disposto no art. 94;

II – os demais, mediante promoção de juízes do trabalho por antiguidade e merecimento, alternadamente.

§ 1º Os Tribunais Regionais do Trabalho instalarão a justiça itinerante, com a realização de audiências e demais funções de atividade jurisdicional, nos limites territoriais da respectiva jurisdição, servindo-se de equipamentos públicos e comunitários.

§ 2º Os Tribunais Regionais do Trabalho poderão funcionar descentralizadamente, constituindo Câmaras regionais, a fim de assegurar o pleno acesso do jurisdicionado à justiça em todas as fases do processo".

4. Câmaras Regionais dos Tribunais Regionais

Objetivando assegurar pleno acesso das partes às diversas fases do processo, em grau de recurso ou nos de competência originária dos TRTs, podem estes tribunais instituir *Câmaras Regionais*, com o deslocamento de uma determinada turma para

422. De 8-12-2004.

outras localidades que não a sede da Corte trabalhista, obviamente nos limites da sua jurisdição.

É o que prevê o § 2º do art. 115 da CF, por força da Emenda Constitucional n. 45/2004:

"Os Tribunais Regionais do Trabalho poderão funcionar descentralizadamente, constituindo Câmaras regionais, a fim de assegurar o pleno acesso do jurisdicionado à justiça em todas as fases do processo".

5. Escola Nacional de Formação e Aperfeiçoamento de Magistrados do Trabalho

Destinada à formação e aperfeiçoamento dos magistrados do trabalho, passa a funcionar junto ao TST a escola do mesmo nome, cabendo-lhe, dentre outras funções, regular os cursos oficiais para ingresso e promoção na carreira da magistratura trabalhista (art. 111-A, § 2º, II, da CF com redação da EC n. 45/2004).

TRIBUNAIS REGIONAIS DO TRABALHO NO BRASIL

REGIÃO	JURISDIÇÃO	SEDE
1ª Região	Estado do Rio de Janeiro	Rio de Janeiro – RJ
2ª Região	Estado de São Paulo[421]	São Paulo – SP
3ª Região	Estado de Minas Gerais	Belo Horizonte – MG
4ª Região	Estado do Rio Grande do Sul	Porto Alegre – RS
5ª Região	Estado da Bahia	Salvador – BA
6ª Região	Estado de Pernambuco	Recife – PE
7ª Região	Estado do Ceará	Fortaleza – CE
8ª Região	Estados do Pará e do Amapá	Belém – PA
9ª Região	Estado do Paraná	Curitiba – PR
10ª Região	Distrito Federal	Brasília – DF
11ª Região	Estados do Amazonas e de Roraima	Manaus – AM
12ª Região	Estado de Santa Catarina	Florianópolis – SC
13ª Região	Estado da Paraíba	João Pessoa – PB
14ª Região	Estados de Rondônia e Acre	Porto Velho – RO
15ª Região	Estado de São Paulo[422]	Campinas – SP
16ª Região	Estado do Maranhão	São Luís – MA
17ª Região	Estado do Espírito Santo	Vitória – ES
18ª Região	Estado de Goiás	Goiânia – GO

423. Corrigido nos termos das Leis n. 9.697, de 2-9-1998, e 10.770, de 21-11-2003, que restringiram à 2ª Região a Capital do Estado e os municípios de Arujá, Barueri, Biritiba-Mirim, Caieiras, Cajamar, Carapicuíba, Cotia, Cubatão, Diadema, Embu, Embu-Guaçu, Ferraz de Vasconcelos, Francisco Morato, Franco da Rocha, Guararema, Guarujá, Guarulhos, Itapecerica da Serra, Itapevi, Itaquaquecetuba, Jandira, Juquitiba, Mairiporã, Mauá, Moji das Cruzes, Osasco, Pirapora do Bom Jesus, Poá, Praia Grande, Ribeirão Pires, Rio Grande da Serra, Salesópolis, Santa Isabel, Santana de Parnaíba, Santo André, Santos, São Bernardo do Campo, São Caetano do Sul, São Vicente, Suzano, Taboão da Serra, Vargem Grande e Vicente de Carvalho.

424. Área não abrangida pela jurisdição estabelecida na 2ª Região.

19ª Região	Estado de Alagoas	Maceió – AL
20ª Região	Estado de Sergipe	Aracaju – SE
21ª Região	Estado do Rio Grande do Norte	Natal – RN
22ª Região	Estado do Piauí	Teresina – PI
23ª Região	Estado do Mato Grosso	Cuiabá – MT
24ª Região	Estado do Mato Grosso do Sul	Campo Grande – MS

Os arts. 684 a 689 estão revogados pela Emenda Constitucional n. 24/99, que extinguiu a representação classista na Justiça do Trabalho.

O *Tribunal Regional do Trabalho da 2ª Região – São Paulo* compõe-se dos seguintes órgãos:

1. Tribunal Pleno;
2. Órgão Especial;
3. Seção Especializada em Dissídios Coletivos e Individuais de Competência Originária (SDC e SDI);
4. Turmas;
5. Corregedoria Regional.

▶ **Jurisprudência**

▷ **Súmula 158 do TST. Ação rescisória.** Da decisão de Tribunal Regional do Trabalho, em ação rescisória, cabível é o recurso ordinário para o TST, em face da organização judiciária trabalhista. Ex-prejulgado n. 35.

▷ **Súmula 192 do TST. Ação rescisória. Competência e possibilidade jurídica do pedido.** (atualizada em decorrência do CPC de 2015) – Res. 212/2016, *DEJT* divulgado em 20, 21 e 22-9-2016. I – Se não houver o conhecimento de recurso de revista ou de embargos, a competência para julgar ação que vise a rescindir a decisão de mérito é do Tribunal Regional do Trabalho, ressalvado o disposto no item II. II – Acórdão rescindendo do TST que não conhece de recurso de embargos ou de revista, analisando arguição de violação de dispositivo de lei material ou decidindo em consonância com súmula de direito material ou com iterativa, notória e atual jurisprudência de direito material da Seção de Dissídios Individuais (Súmula nº 333), examina o mérito da causa, cabendo ação rescisória da competência do TST. III – Sob a égide do art. 512 do CPC de 1973, é juridicamente impossível o pedido explícito de desconstituição de sentença quando substituída por acórdão do Tribunal Regional ou superveniente sentença homologatória de acordo que puser fim ao litígio. IV – Na vigência do CPC de 1973, é manifesta a impossibilidade jurídica do pedido de rescisão de julgado proferido em agravo de instrumento que, limitando-se a aferir o eventual desacerto do juízo negativo de admissibilidade do recurso de revista, não substitui o acórdão regional, na forma do art. 512 do CPC. V – A decisão proferida pela SBDI, em sede de agravo regimental, calcada na Súmula 333, substitui acórdão de Turma do TST, porque emite juízo de mérito, comportando, em tese, o corte rescisório.

▷ **Súmula 201 do TST. Recurso ordinário em mandado de segurança. Revisão do Enunciado n. 154.** Da decisão de Tribunal Regional do Trabalho em mandado de segurança cabe recurso ordinário, no prazo de 8 dias, para o TST, correspondendo igual dilação para o recorrido e interessados apresentarem razões de contrariedade.

▷ **Súmula 214 do TST. Decisão interlocutória. Irrecorribilidade.** Na Justiça do Trabalho, nos termos do art. 893, § 1º, da CLT, as decisões interlocutórias não ensejam recurso imediato, salvo nas hipóteses de decisão: *a*) de Tribunal Regional do Trabalho contrária à Súmula ou Orientação Jurisprudencial do TST; *b*) suscetível de impugnação mediante recurso para o mesmo Tribunal; *c*) que acolhe exceção de incompetência territorial, com a remessa dos autos para Tribunal Regional distinto daquele a que se vincula o juízo excepcionado, consoante o disposto no art. 799, § 2º, da CLT.

▷ **Súmula 285 do TST. Recurso de revista. Admissibilidade parcial pelo Juiz-Presidente do Tribunal Regional do Trabalho. Efeito.** O fato de o juízo primeiro de admissibilidade do recurso de revista entendê-lo cabível apenas quanto à parte das matérias veiculadas não impede a apreciação integral pela Turma do TST, sendo imprópria a interposição de agravo de instrumento.

▷ **Súmula 303 do TST. Fazenda Pública. Duplo grau de jurisdição.**
I – Em dissídio individual, está sujeita ao duplo grau de jurisdição, mesmo na vigência da CF/1988, decisão contrária à Fazenda Pública, salvo: a) quando a condenação não ultrapassar o valor correspondente a 60 (sessenta) salários mínimos; b) quando a decisão estiver em consonância com decisão plenária do Supremo Tribunal Federal ou com súmula ou orientação jurisprudencial do TST.
II – Em ação rescisória, a decisão proferida pelo juízo de primeiro grau está sujeita ao duplo grau de jurisdição obrigatório quando desfavorável ao ente público, exceto nas hipóteses das alíneas *a* e *b* do inciso anterior.
III – Em mandado de segurança, somente cabe remessa *ex officio* se, na relação processual, figurar pessoa jurídica de direito público como parte prejudicada pela concessão da ordem. Tal situação não ocorre na hipótese de figurar no feito como impetrante e terceiro interessado pessoa de direito privado, ressalvada a hipótese de matéria administrativa.

▷ **Súmula 433 do Supremo Tribunal Federal.** É competente o Tribunal Regional do Trabalho para julgar mandado de segurança contra ato de seu presidente em execução de sentença trabalhista.

▷ **Súmula 505 do Supremo Tribunal Federal.** Salvo quando contrariarem a Constituição, não cabe recurso para o Supremo Tribunal Federal, de quaisquer decisões da Justiça do Trabalho, inclusive dos presidentes de seus tribunais.

▷ **Súmula 225 do STJ.** Compete ao Tribunal Regional do Trabalho apreciar recurso contra sentença proferida por órgão de primeiro grau da Justiça Trabalhista, ainda que para declarar-lhe a nulidade em virtude de incompetência.

▷ **Súmula 236 do STJ.** Não compete ao STJ dirimir conflitos de competência entre juízes trabalhistas vinculados a Tribunais do Trabalho diversos.

▷ **OJ n. 34 da SDC do TST.** Acordo extrajudicial. Homologação. Justiça do Trabalho. Prescindibilidade. É desnecessária a homologação, por Tribunal Trabalhista, do acordo extrajudicialmente celebrado, sendo suficiente, para que surta efeitos, sua formalização perante o Ministério do Trabalho (art. 614 da CLT e art. 7º, inciso XXXV, da Constituição Federal).

▷ **"Agravo de instrumento. Recurso ordinário. Acórdão do TRT de origem que nega provimento a agravo regimental em reclamação disciplinar. Interposição de recurso ordinário. Decisão irrecorrível.** 1. Agravo de instrumento objetivando destrancar Recurso Ordinário em Agravo Regimental em Reclamação Disciplinar inadmitido, ante o óbice do disposto no art. 76, inciso II, alínea *p* do Regimento Interno do TST e da Orientação Jurisprudencial n. 5 do Tribunal Pleno do TST. 2. O Agravante busca seguimento do Recurso Ordinário em Agravo Regimental em Reclamação Disciplinar, contra o qual não caberia a interposição de quaisquer recursos dirigidos à esta Corte Trabalhista Superior, visto que a prestação jurisdicional esgotou-se no âmbito do próprio Tribunal Regional, dada a natureza tipicamente administrativa da decisão corregedora. 3. Cabe destacar que o ordenamento jurídico não prevê o manejo de recurso contra acórdão proferido por TRT, que, ratificando decisão da Corregedoria Regional, julga improcedente a "reclamação disciplinar". Revela-se, assim, a inadequação do recurso ordinário interposto. 4. Agravo de Instrumento a que se nega provimento" (AIRO-619-89.2016.5.02.0000, Órgão Especial, Relator Ministro Alexandre Luiz Ramos, *DEJT* 12-2-2021).

▷ **"Procedimento de controle administrativo. Resolução n. 35/2019 Editada pelo tribunal pleno. Exoneração da secretaria-geral da presidência. Competência atribuída à presidência. Impossibilidade de avocação pelo tribunal pleno.** A ordenação dos trabalhos internos da Presidência, neles incluída a escolha do Secretá-

rio-Geral, é questão afeta ao próprio Presidente, não sendo possível a sua avocação, por se tratar de mero ato administrativo editado no âmbito interno da Presidência. Tal ato não se confunde, portanto, com os atos de gestão e administração praticados pela Presidência do TRT no exercício da competência delegada prevista no art. 37, I e II, do RITRT8. Procedimento de Controle Administrativo que se julga procedente" (CSJT-PCA-6604-88.2019.5.90.0000, Conselho Superior da Justiça do Trabalho, Relator Conselheiro Lelio Bentes Correa, *DEJT* 5-11-2019).

Capítulo V
Do Tribunal Superior do Trabalho

Seção I
Disposições preliminares

Art. 690. O Tribunal Superior do Trabalho, com sede na Capital da República e jurisdição em todo o território nacional, é a instância superior da Justiça do Trabalho. (Redação dada pela Lei n. 2.244, de 23-6-1954.)

Parágrafo único. O Tribunal funciona na plenitude de sua composição ou dividido em Turmas, com observância da paridade de representação de empregados e empregadores. (Redação dada pela Lei n. 2.244, de 23-6-1954.)

Arts. 691 e 692. (Suprimidos pelo Dec.-lei n. 8.737, de 19-1-1946.)

Seção II
Da composição e funcionamento do Tribunal Superior do Trabalho

Art. 693. O Tribunal Superior do Trabalho compõe-se de 17 (dezessete) Juízes com a denominação de Ministros, sendo: (Tacitamente revogado.)[425]

a) 17 (dezessete) togados e vitalícios, nomeados pelo Presidente da República, depois de aprovada a escolha pelo Senado Federal, dentre brasileiros natos, maiores de 35 (trinta e cinco) anos, de notável saber jurídico e reputação ilibada; (Redação dada pela Lei n. 5.442, de 24-5-1968.)

b) 10 (dez) classistas, com mandato de 3 (três) anos, em representação paritária dos empregadores e dos empregados, nomeados pelo Presidente da República de conformidade com o disposto nos §§ 2º e 3º deste artigo. (Redação dada pela Lei n. 5.442, de 24-5-1968.)

§ 1º Dentre os Juízes Togados do Tribunal Superior do Trabalho, alheios aos interesses profissionais, serão eleitos o Presidente, o Vice-Presidente e o Corregedor, além dos Presidentes das Turmas, na forma estabelecida em seu regimento interno. (Redação dada pela Lei n. 2.244, de 23-6-1954.)

§ 2º Para nomeação trienal dos Juízes classistas, o Presidente do Tribunal Superior do Trabalho publicará edital, com antecedência mínima de 15 (quinze) dias, convocando as associações sindicais de grau superior, para que cada uma, mediante maioria de votos do respectivo Conselho de Representantes, organize uma lista de três nomes, que será encaminhada, por intermédio daquele Tribunal, ao Ministro da Justiça e Negócios Interiores dentro do prazo que for fixado no edital[426]. (Redação dada pela Lei n. 2.244, de 23-6-1954.)

§ 3º Na lista de que trata o parágrafo anterior figurarão somente brasileiros natos, de reconhecida idoneidade, maiores de 25 (vinte e cinco) anos, quites com o serviço militar, que estejam no gozo de seus direitos civis e políticos e contem mais de 2 (dois) anos de efetivo exercício da profissão ou se encontrem no desempenho de representação profissional prevista em lei. (Redação dada pela Lei n. 9.797, de 9-9-1956.)

§ 4º (*Vetado.*)

Art. 694. Os juízes togados escolher-se-ão: 7 (sete), dentre magistrados da Justiça do Trabalho, 2 (dois), dentre advogados no efetivo exercício da profissão, e 2 (dois), dentre membros do Ministério Público da União junto à Justiça do Trabalho. (Tacitamente revogado.)

Art. 695. (Suprimido pelo Dec.-lei n. 9.797, de 9-9-1946.)

425. *Vide* arts. 111 a 116 da Constituição Federal de 1988, já alterados pela EC n. 24/99.

426. *Vide* arts. 111 e 111-A da CF de 1988, já alterados pela EC-24/99, que extinguiu a representação classista na Justiça do Trabalho, e Súmula 190 do TST.

Art. 696. Importará em renúncia o não comparecimento do membro do Tribunal, sem motivo justificado, a mais de 3 (três) sessões ordinárias consecutivas. (Redação dada pelo Dec.-lei n. 8.737, de 19-1-1946.)[427]

§ 1º Ocorrendo a hipótese prevista neste artigo, o Presidente do Tribunal comunicará imediatamente o fato ao Ministro da Justiça e Negócios Interiores, a fim de que seja feita a substituição do juiz renunciante, sem prejuízo das sanções cabíveis. (Prejudicado pela LC n. 35, de 14-3-1979.)

§ 2º Para os efeitos do parágrafo anterior, a designação do substituto será feita dentre os nomes constantes das listas de que trata o § 2º do art. 693. (Redação dada pela Lei n. 2.244, de 23-6-1954.)

Art. 697. Em caso de licença superior a 30 (trinta) dias, ou de vacância, enquanto não for preenchido o cargo, os Ministros do Tribunal poderão ser substituídos mediante convocação de Juízes, de igual categoria, de qualquer dos Tribunais Regionais do Trabalho, na forma que dispuser o Regimento do Tribunal Superior do Trabalho. (Redação dada pela Lei n. 6.289, de 11-12-1975.)

Art. 698. (Suprimido pelo Dec.-lei n. 8.737, de 19-1-1946.)

Art. 699. O Tribunal Superior do Trabalho não poderá deliberar, na plenitude de sua composição senão com a presença de pelo menos 9 (nove) de seus juízes, além do Presidente. (Prejudicado pela Lei n. 7.701, de 21-12-1988.)

Parágrafo único. As turmas do Tribunal, compostas de 5 (cinco) Juízes, só poderão deliberar com a presença de pelo menos, 3 (três) de seus membros, além do respectivo presidente, cabendo também a este funcionar como relator ou revisor nos feitos que lhe forem distribuídos conforme estabelecer o regimento interno. (Prejudicado pela Lei n. 7.701, de 21-12-1988.)

Art. 700. O Tribunal reunir-se-á em dias previamente fixados pelo Presidente, o qual poderá, sempre que for necessário, convocar sessões extraordinárias. (Redação dada pelo Dec.-lei n. 8.737, de 19-1-1946.)

Art. 701. As sessões do Tribunal serão públicas e começarão às 14 (quatorze) horas, terminando às 17 (dezessete) horas, mas poderão ser prorrogadas pelo Presidente em caso de manifesta necessidade. (*Caput* e parágrafos com redação dada pelo Dec.-lei n. 8.737, de 19-1-1946.)

§ 1º As sessões extraordinárias do Tribunal só se realizarão quando forem comunicadas aos seus membros com 24 (vinte e quatro) horas, no mínimo, de antecedência.

§ 2º Nas sessões do Tribunal, os debates poderão tornar-se secretos, desde que, por motivo de interesse público, assim resolver a maioria de seus membros.

Seção III
Da competência do Tribunal Pleno

Art. 702. Ao Tribunal Pleno compete: (Redação dada pela Lei n. 2.244, de 23-6-1954, *vide* Lei n. 7.701, de 1988 e arts. 24, IV, e 145, II, da CF)

I – em única instância:

a) decidir sobre matéria constitucional, quando arguido, para invalidar lei ou ato do poder público;

b) conciliar e julgar os dissídios coletivos que excedam a jurisdição dos Tribunais Regionais do Trabalho, bem como estender ou rever suas próprias decisões normativas, nos casos previstos em lei;

c) homologar os acordos celebrados em dissídios de que trata a alínea anterior;

d) julgar os agravos dos despachos do presidente, nos casos previstos em lei;

e) julgar as suspeições arguidas contra o presidente e demais juízes do Tribunal, nos feitos pendentes de sua decisão;

f) estabelecer ou alterar súmulas e outros enunciados de jurisprudência uniforme, pelo voto de pelo menos dois terços de seus membros, caso a mesma matéria já tenha sido decidida de forma idêntica por unanimidade em, no mínimo, dois terços das turmas em pelo menos dez sessões diferentes em cada uma delas, podendo, ainda, por maioria de dois terços de seus membros, restringir os efeitos daquela declaração ou decidir que ela só tenha eficácia a partir de sua publicação no *Diário Oficial*; (Redação dada pela Lei n. 13.467, de 2017).

g) aprovar tabelas de custas emolumentos, nos termos da lei;

h) elaborar o Regimento Interno do Tribunal e exercer as atribuições administrativas previstas em lei, ou decorrentes da Constituição Federal.

II – em última instância:

427. Artigo prejudicado pela LC n. 35/79 e pelo art. 95 da CF.

a) julgar os recursos ordinários das decisões proferidas pelos Tribunais Regionais em processos de sua competência originária;

b) julgar os embargos opostos às decisões de que tratam as alíneas *b* e *c* do inciso I deste artigo;

c) julgar embargos das decisões das Turmas, quando esta divirjam entre si ou de decisão proferida pelo próprio Tribunal Pleno, ou que forem contrárias à letra de lei federal; (Redação dada pelo Dec.-lei n. 229, de 28-2-1967).

d) julgar os agravos de despachos denegatórios dos presidentes de turmas, em matéria de embargos na forma estabelecida no regimento interno; (Redação dada pela Lei n. 2.244, de 23-6-1954.)

e) julgar os embargos de declaração opostos aos seus acórdãos. (Redação dada pela Lei n. 2.244, de 23-6-1954.)

§ 1º Quando adotada pela maioria de dois terços dos juízes do Tribunal Pleno, a decisão proferida nos embargos de que trata o inciso II, alínea *c*, deste artigo, terá força de prejulgado, nos termos dos §§ 2º e 3º, do art. 902. (Redação dada pela Lei n. 2.244, de 23-6-1954.)

§ 2º É da competência de cada uma das turmas do Tribunal: (Redação dada pela Lei n. 2.244, de 23-6-1954.)

a) julgar, em única instância, os conflitos de jurisdição entre Tribunais Regionais do Trabalho e os que se suscitarem entre juízes de direito ou juntas de conciliação e julgamento de regiões diferentes; (Alínea incluída pela Lei n. 2.244, de 23-6-1954.)

b) julgar, em última instância, os recursos de revista interpostos de decisões dos Tribunais Regionais e das Juntas de Conciliação e julgamento ou juízes de direito, nos casos previstos em lei; (Alínea incluída pela Lei n. 2.244, de 23-6-1954.)

c) julgar os agravos de instrumento dos despachos que denegarem a interposição de recursos ordinários ou de revista; (Alínea incluída pela Lei n. 2.244, de 23-6-1954.)

d) julgar os embargos de declaração opostos aos seus acórdãos; (Alínea incluída pela Lei n. 2.244, de 23-6-1954.)

e) julgar as habilitações incidentes e arguições de falsidade, suspeição e outras nos casos pendentes de sua decisão. (Alínea incluída pela Lei n. 2.244, de 23-6-1954.)

§ 3º As sessões de julgamento sobre estabelecimento ou alteração de súmulas e outros enunciados de jurisprudência deverão ser públicas, divulgadas com, no mínimo, trinta dias de antecedência, e deverão possibilitar a sustentação oral pelo Procurador-Geral do Trabalho, pelo Conselho Federal da Ordem dos Advogados do Brasil, pelo Advogado-Geral da União e por confederações sindicais ou entidades de classe de âmbito nacional. (Incluído pela Lei n. 13.467, de 2017.)

§ 4º O estabelecimento ou a alteração de súmulas e outros enunciados de jurisprudência pelos Tribunais Regionais do Trabalho deverão observar o disposto na alínea f do inciso I e no § 3º deste artigo, com rol equivalente de legitimados para sustentação oral, observada a abrangência de sua circunscrição judiciária. (Incluído pela Lei n. 13.467, de 2017.)

Seção IV
Da competência da Câmara de Justiça do Trabalho

Arts. 703 a 705. (Suprimidos pelo Dec.-lei n. 8.737, de 19-1-1946.)

Seção V
Da competência da Câmara de Previdência Social

Art. 706. (Suprimido pelo Dec.-lei n. 8.737, de 19-1-1946.)

Seção VI
Das atribuições do Presidente do Tribunal Superior do Trabalho

Art. 707. Compete ao Presidente do Tribunal: (*Caput* e alíneas com redação dada pelo Dec.-lei n. 8.737, de 19-1-1946.)

a) presidir às sessões do Tribunal, fixando os dias para a realização das sessões ordinárias e convocando as extraordinárias;

b) superintender todos os serviços do Tribunal;

c) expedir instruções e adotar as providências necessárias para o bom funcionamento do Tribunal e dos demais órgãos da Justiça do Trabalho;

d) fazer cumprir as decisões originárias do Tribunal, determinando aos Tribunais Regionais e aos demais órgãos da Justiça do Trabalho a realização dos atos processuais e das diligências necessárias;

e) submeter ao Tribunal os processos em que tenha de deliberar e designar, na forma do Regimento Interno, os respectivos relatores;

f) despachar os recursos interpostos pelas partes e os demais papéis em que deva deliberar;

g) determinar as alterações que se fizerem necessárias na lotação do pessoal da Justiça do Trabalho, fazendo remoções *ex officio* de servidores entre os Tribunais Regionais, Juntas de Conciliação e Julgamento e outros órgãos; bem como conceder as requeridas que julgar convenientes ao serviço, respeitada a lotação de cada órgão;

h) conceder licenças e férias aos servidores do Tribunal, bem como impor-lhes as penas disciplinares que excederem da alçada das demais autoridades;

i) dar posse e conceder licença aos membros do Tribunal, bem como conceder licenças e férias aos Presidentes dos Tribunais Regionais;

j) apresentar ao Ministro da Justiça, até 31 de março de cada ano, o relatório das atividades do Tribunal e dos demais órgãos da Justiça do Trabalho.

Parágrafo único. O Presidente terá 1 (um) secretário por ele designado dentre os funcionários lotados no Tribunal, e será auxiliado por servidores designados nas mesmas condições. (Parágrafo único com redação dada pelo Dec.-lei n. 8.737, de 19-1-1946.)

Seção VII
Das atribuições do Vice-Presidente

Art. 708. Compete ao Vice-Presidente do Tribunal: (Redação dada pela Lei n. 2.244, de 23-6-1954.)

a) substituir o Presidente e o Corregedor em suas faltas e impedimentos; (Redação dada pela Lei n. 2.244, de 23-6-1954.)

b) (Suprimida pela Lei n. 2.244, de 23-6-1954.)

Parágrafo único. Na ausência do Presidente e do Vice-Presidente, será o Tribunal presidido pelo Juiz togado mais antigo, ou pelo mais idoso quando igual a antiguidade. (Redação dada pela Lei n. 2.244, de 23-6-1954.)

Seção VIII
Das atribuições do Corregedor

Art. 709. Compete ao Corregedor, eleito dentre os Ministros togados do Tribunal Superior do Trabalho: (Redação dada pelo Decreto-lei n. 229, de 28-2-1967.)

I – exercer funções de inspeção e correição permanente com relação aos Tribunais Regionais e seus Presidentes; (Redação dada pelo Dec.-lei n. 229, de 28-2-1967.)

II – decidir reclamações contra os atos atentatórios da boa ordem processual praticados pelos Tribunais Regionais e seus Presidentes, quando inexistir recurso específico; (Redação dada pelo Dec.-lei n. 229, de 28-2-1967.)

III – (Revogado pela Lei n. 5.442, de 24-5-1968.)

§ 1º Das decisões proferidas pelo Corregedor, nos casos do artigo, caberá o agravo regimental, para o Tribunal Pleno. (Parágrafo incluído pelo Dec.-lei n. 229, de 28-2-1967.)

§ 2º O Corregedor não integrará as Turmas do Tribunal, mas participará, com voto, das sessões do Tribunal Pleno, quando não se encontrar em correição ou em férias, embora não relate nem revise processos, cabendo-lhe, outrossim, votar em incidente de inconstitucionalidade, nos processos administrativos e nos feitos em que estiver vinculado por visto anterior à sua posse na Corregedoria. (Redação dada pela Lei n. 7.121, de 8-9-1983.)

••

▶ *Comentários*

Tribunal Superior do Trabalho – composição e funcionamento

Por força da EC n. 45/2004 (art. 111-A da CF), o Tribunal Superior do Trabalho compor-se-á de vinte e sete ministros, recrutados entre os juízes de carreira dos Tribunais Regionais do Trabalho, advogados com mais de dez anos de efetivo exercício da profissão indicados pela OAB e membros do Ministério Público do Trabalho, o denominado "quinto constitucional".

A Justiça do Trabalho possui três graus:

1º) as Varas do Trabalho;
2º) os Tribunais Regionais do Trabalho;
3º) o Tribunal Superior do Trabalho.

O Tribunal Superior do Trabalho é, pois, o órgão superior da Justiça do Trabalho, tendo, por isso mesmo, jurisdição sobre todo o País, como, aliás, proclama o art. 690 da Consolidação das Leis do Trabalho.

Funciona com os seguintes órgãos:

I – Tribunal Pleno;
II – Órgão Especial;

III – Seção Especializada em Dissídios Coletivos;
IV – Seção Especializada em Dissídios Individuais;
V – Turmas;
VI – Presidência;
VII – Corregedoria-Geral;
VIII – Conselho da Ordem do Mérito Judiciário do Trabalho;
IX – Conselho Superior da Justiça do Trabalho (criado pela EC n. 45/2004).

Ao *Tribunal Pleno* compete dar posse aos membros eleitos para os cargos de direção e aos ministros nomeados para o Tribunal; declarar a inconstitucionalidade ou constitucionalidade de lei; aprovar súmulas; julgar incidentes de uniformização de jurisprudência em dissídios coletivos; elaborar o Regimento Interno do Tribunal.

O *Órgão Especial* tem competência judiciária e administrativa.

Em matéria judiciária compete-lhe:
a) decidir arguição de inconstitucionalidade de lei ou ato normativo do Poder Público, quando considerada relevante pelas Seções Especializadas ou Turmas;
b) aprovar, modificar ou revogar enunciado da súmula de jurisprudência predominante em dissídios individuais e os precedentes normativos em dissídios coletivos;
c) julgar os incidentes de uniformização da jurisprudência em dissídios individuais;
d) processar e julgar as reclamações alusivas a matéria de sua competência;
e) julgar mandado de segurança impetrado contra atos do presidente ou de qualquer ministro do Tribunal, ressalvada a competência das Seções Especializadas;
f) julgar os recursos interpostos de decisões dos Tribunais Regionais do Trabalho em mandado de segurança de interesse de juízes e servidores da Justiça do Trabalho;
g) julgar os recursos interpostos de decisão em matéria de concurso para a magistratura do trabalho;
h) julgar agravos regimentais interpostos contra decisões proferidas pelo corregedor-geral em matéria situada no âmbito da competência do órgão;
i) deliberar sobre as demais matérias jurisdicionais não incluídas na competência dos outros órgãos do Tribunal.

Compete à *Seção Especializada em Dissídios Coletivos*:
I – *originariamente:*
a) julgar os dissídios coletivos que excedam a jurisdição dos Tribunais Regionais do Trabalho e estender ou rever suas próprias sentenças normativas, nos casos previstos em lei;
b) homologar as conciliações celebradas nos dissídios coletivos;
c) julgar as ações rescisórias propostas contra suas sentenças normativas;
d) julgar os mandados de segurança contra os atos praticados pelo presidente do Tribunal ou por qualquer dos ministros integrantes da Seção Especializada em Dissídios Coletivos;
e) julgar os conflitos de competência entre Tribunais Regionais do Trabalho em processos de dissídio coletivo;
f) processar e julgar as medidas cautelares incidentais nos processos de dissídio coletivo;
g) processar e julgar as ações em matéria de greve, quando o conflito exceder a jurisdição de Tribunal Regional do Trabalho;
II – *em última instância*, julgar:
a) os recursos ordinários interpostos contra as decisões proferidas pelos Tribunais Regionais do Trabalho em dissídios coletivos de natureza econômica ou jurídica;
b) os recursos ordinários interpostos contra as decisões proferidas pelos Tribunais Regionais do Trabalho em ações rescisórias e mandados de segurança pertinentes a dissídios coletivos;
c) os embargos infringentes interpostos contra decisão não unânime proferida em processo de dissídio coletivo de sua competência originária, salvo se a decisão atacada estiver em consonância com precedente normativo do Tribunal Superior do Trabalho ou da súmula de sua jurisprudência predominante;
d) os agravos regimentais pertinentes aos dissídios coletivos;
e) os agravos de instrumento interpostos contra despacho denegatório de recurso ordinário nos processos de sua competência;
f) os agravos regimentais interpostos contra decisões proferidas pelo corregedor-geral em matéria de direito coletivo do trabalho.

Compete à *Seção Especializada em Dissídios Individuais*:
I – *originariamente*, julgar

a) as ações rescisórias propostas contra suas decisões e as das Turmas do Tribunal;

b) os mandados de segurança contra os atos praticados pelo presidente do Tribunal ou por qualquer dos ministros integrantes da Seção Especializada em Dissídios Individuais;

II – *em única instância*, julgar:

a) os agravos regimentais interpostos em dissídios individuais;

b) os conflitos de competência entre Tribunais Regionais e aqueles que envolvem juízes de direito investidos da jurisdição trabalhista e Varas do Trabalho em processos e dissídios individuais;

III – *em última instância*, julgar:

a) os recursos ordinários interpostos contra decisões dos Tribunais Regionais em processos de dissídio individual de sua competência originária;

b) os embargos interpostos das decisões divergentes das Turmas, ou destas com decisão da Seção de Dissídios Individuais, ou com enunciado de súmula e as que violarem literalmente preceito de lei federal ou da Constituição da República;

c) os agravos regimentais de despachos denegatórios proferidos pelos presidentes das Turmas, em matéria de embargos, na forma estabelecida no Regimento Interno do Tribunal Superior do Trabalho;

d) os agravos de instrumento interpostos contra despacho denegatório de recurso ordinário em processo de sua competência.

Às *Turmas* compete:

I – eleger seu presidente;

II – julgar:

a) recursos de revistas interpostos de decisão dos Tribunais Regionais do Trabalho nos casos previstos em lei;

b) agravos de instrumento dos despachos de presidente de Tribunal Regional que denegarem seguimento a recurso de revista, explicitando em que efeito a revista deve ser processada, caso provido;

c) agravos regimentais interpostos contra despachos dos relatores que negarem prosseguimento a recurso nos termos da lei e do Regimento Interno.

Ao *Órgão Especial, às Seções Especializadas e às Turmas* cabe, ainda, nos processos de sua competência:

I – julgar:

a) os embargos de declaração opostos a suas decisões;

b) as ações cautelares incidentais e as demais arguições;

c) os incidentes que lhes forem submetidos;

d) a restauração de autos perdidos, em se tratando de processo de sua competência;

e) homologar os pedidos de desistência dos recursos e o registro das desistências das ações, quanto aos feitos já incluídos em pauta para julgamento;

II – representar à autoridade quando, em autos ou documentos de que conhecer, houver indício de crime de ação pública.

O art. 702 estava tacitamente revogado pela Lei n. 7.701/1988. Em que pese sua revogação a Reforma Trabalhista/2017, inadvertidamente acrescentou-lhe as alíneas *f* e §§ 3º e 4º, estabelecendo regras para a elaboração ou alteração de súmulas. Vale uma observação – tem validade dispositivos inseridos em artigo de lei revogado? A última palavra, com certeza, será do STF.

A *Câmara de Justiça do Trabalho*, de que cuidavam os arts. 703 a 705, foi substituída pelo TST, razão por que os dispositivos legais acima transcritos foram revogados.

A *Câmara de Previdência Social*, cuja competência vinha disciplinada no art. 706, foi suprimida pelo Decreto-lei n. 8.737, de 19-1-1946.

O *Conselho Superior da Justiça do Trabalho*, criado pela Emenda Constitucional n. 45/2004, é órgão encarregado de exercer, na forma da lei, a supervisão administrativa, orçamentária, financeira e patrimonial da Justiça do Trabalho, de 1º e 2º graus, como órgão central do sistema, com decisões vinculantes (art. 111-A, § 2º, I e II, da CF).

O art. 707 e suas alíneas declina as atribuições fundamentais do *Presidente* do Tribunal Superior do Trabalho.

O art. 709, por sua vez, disciplina as atividades exercidas pelo Ministro *Corregedor-Geral* do TST.

Ao *Vice-Presidente* cabe substituir o Presidente e o Corregedor em suas faltas e impedimentos.

▶ *Jurisprudência*

▷ **Súmula 190 do TST. Poder normativo do TST. Condições de trabalho. Inconstitucionalidade. Decisões contrárias ao STF.** Decidindo ação coletiva ou homologando acordo nela havido, o Tribunal Superior do Trabalho exerce o poder normativo constitucional, não podendo criar ou homologar condições de trabalho que o Supremo Tribunal Federal julgue iterativamente inconstitucionais. (Res. 12/83, *DJ*, 9-11-1983)

▷ **Súmula 401 do STF.** Não se conhece do recurso de revista, nem dos embargos de divergência, do processo trabalhista, quando houver jurisprudência firme do Tribunal Superior do Trabalho no mesmo sentido da decisão impugnada, salvo se houver colisão com a jurisprudência do Supremo Tribunal Federal.

▷ **Súmula 457 do STF.** O Tribunal Superior do Trabalho, conhecendo da revista, julgará a causa, aplicando o direito à espécie.

▷ **"Agravo em reclamação. Garantia de observância de súmula do tribunal superior do trabalho. Competência funcional do tribunal pleno.** Insere-se na competência funcional do Tribunal Pleno do TST o julgamento de reclamação constitucional nas hipóteses do art. 75, XI, do RITST aprovado pela Resolução Administrativa n. 1937/2017, em novembro de 2017, na qual se insere aquela cuja causa de pedir consista em suposta inobservância por Tribunal Regional do Trabalho de súmula do TST. **Reclamação. Garantia de observância de súmula do tribunal superior do trabalho. Não cabimento.** Nos termos dos arts. 111-A, § 3º, da Constituição Federal, 988, I a IV, do CPC, e 210, III, do Regimento Interno do TST, é incabível, por falta de previsão legal, reclamação fundada em suposta inobservância de súmula do Tribunal Superior do Trabalho. Agravo interno a que se nega provimento" (Rcl-1000623-61.2019.5.00.0000, Tribunal Pleno, Relator Ministro Marcio Eurico Vitral Amaro, *DEJT* 14-12-2020).

▷ **"Conflito negativo de competência. Incompetência relativa territorial. Reclamação trabalhista. Declaração *ex officio*. Impossibilidade. Orientação jurisprudencial 149 da SBDI-2 do TST**. O Juízo Suscitado (5ª Vara do Trabalho da Zona Leste de São Paulo/SP) declarou *ex officio* a incompetência para apreciar e julgar a causa, sob o fundamento de que os locais onde o reclamante prestou serviços não estão abrangidos na área delimitada pela Portaria GP n. 88/2013 do TRT da 2ª Região. A competência de foro está relacionada à eleição do lugar onde a ação será proposta e tem cunho relativo, conforme previsto no art. 63 do CPC/2015. Portanto, só pode ser declarada mediante alegação pelo réu em preliminar de contestação ou pelo Ministério Público, nos termos do art. 65 e parágrafo único, do CPC/2015, o que não ocorreu na hipótese. Inteligência da Orientação Jurisprudencial 142 da SBDI-2 do TST. Precedentes. Conflito de competência admitido" (CC-10657-24.2016.5.15.0090, Subseção II Especializada em Dissídios Individuais, Relatora Ministra Maria Helena Mallmann, *DEJT* 14-12-2018).

▷ **"Conflito negativo de competência. Ação de rescisão de contrato de prestação de serviços cumulada com cobrança e indenização. Competência territorial. Declaração de ofício. Impossibilidade.** 1. Caso em que o Juízo Suscitado declinou de ofício da competência, com base nos arts. 94, IV, e 100, *d*, do CPC de 1973, após observar que a pretensão deduzida nos autos da ação de rescisão de contrato de prestação de serviços, cumulada com cobrança e indenização, não resultava de relação de emprego típica. Ao receber os autos, o d. Juízo Suscitante observou que não foi arguida exceção pela parte ré, disso resultando a prorrogação automática da competência territorial, de natureza relativa, a teor dos arts. 112 e 114 do CPC de 1973. 2. Por ser relativa e, portanto, prorrogável, a incompetência territorial demanda expressa e inequívoca arguição pela parte demandada, sob pena de prorrogação (art. 114 do CPC). Tal compreensão, no campo das ações trabalhistas típicas, está expressa na OJ 142 da SBDI-2 deste TST, segundo a qual "não cabe declaração de ofício de incompetência territorial no caso do uso, pelo trabalhador, da faculdade prevista no art. 651, § 3º, da CLT. Nessa hipótese, resolve-se

o conflito pelo reconhecimento da competência do juízo do local onde a ação foi proposta". Portanto, ao declarar de ofício da incompetência territorial, o Juízo da 42ª Vara do Trabalho Belo Horizonte/MG, agiu em desconformidade com a lei processual. Precedentes. Conflito de competência admitido para declarar competente o Juízo da 42ª Vara do Trabalho de Belo Horizonte/MG, suscitado" (CC-211-57.2015.5.05.0192, Subseção II Especializada em Dissídios Individuais, Relator Ministro Douglas Alencar Rodrigues, *DEJT* 15-6-2018).

Capítulo VI
Dos serviços auxiliares da Justiça do Trabalho

Seção I
Da secretaria das Juntas de Conciliação e Julgamento

Art. 710. Cada Junta terá 1 (uma) secretaria, sob a direção de funcionário que o Presidente designar, para exercer a função de chefe de secretaria, e que receberá, além dos vencimentos correspondentes ao seu padrão, a gratificação de função fixada em lei. (Redação dada pelo Dec.-lei n. 8.737, de 19-1-1946.)

Art. 711. Compete à secretaria das Juntas:

a) o recebimento, a autuação, o andamento, a guarda e a conservação dos processos e outros papéis que lhe forem encaminhados;

b) a manutenção do protocolo de entrada e saída dos processos e demais papéis;

c) o registro das decisões;

d) a informação, às partes interessadas e seus procuradores, do andamento dos respectivos processos, cuja consulta lhes facilitará;

e) a abertura de vista dos processos às partes, na própria secretaria;

f) a contagem das custas devidas pelas partes, nos respectivos processos;

g) o fornecimento de certidões sobre o que constar dos livros ou do arquivamento da secretaria;

h) a realização das penhoras e demais diligências processuais;

i) o desempenho dos demais trabalhos que lhe forem cometidos pelo Presidente da Junta,

para melhor execução dos serviços que lhe estão afetos.

Art. 712. Compete especialmente aos chefes de secretaria das Juntas de Conciliação e Julgamento: (*Caput* e alíneas com redação dada pelo Dec.-lei n. 8.737, de 19-1-1946.)

a) superintender os trabalhos da secretaria, velando pela boa ordem do serviço;

b) cumprir e fazer cumprir as ordens emanadas do Presidente e das autoridades superiores;

c) submeter a despacho e assinatura do Presidente o expediente e os papéis que devam ser por ele despachados e assinados;

d) abrir a correspondência oficial dirigida à Junta e ao seu Presidente, a cuja deliberação será submetida;

e) tomar por termo as reclamações verbais nos casos de dissídios individuais;

f) promover o rápido andamento dos processos, especialmente na fase de execução, e a pronta realização dos atos e diligências deprecadas pelas autoridades superiores;

g) secretariar as audiências da Junta, lavrando as respectivas atas;

h) subscrever as certidões e os termos processuais;

i) dar aos litigantes ciência das reclamações e demais atos processuais de que devam ter conhecimento, assinando as respectivas notificações;

j) executar os demais trabalhos que lhe forem atribuídos pelo Presidente da Junta.

Parágrafo único. Os serventuários que, sem motivo justificado, não realizarem os atos, dentro dos prazos fixados, serão descontados em seus vencimentos, em tantos dias quantos os do excesso.

Seção II
Dos distribuidores

Art. 713. Nas localidades em que existir mais de uma Junta de Conciliação e Julgamento haverá um distribuidor.

Art. 714. Compete ao distribuidor:

a) a distribuição, pela ordem rigorosa de entrada, e sucessivamente a cada Junta, dos feitos que, para esse fim, lhe forem apresentados pelos interessados;

b) o fornecimento, aos interessados, do recibo correspondente a cada feito distribuído;

c) a manutenção de 2 (dois) fichários dos feitos distribuídos, sendo um organizado pelos nomes dos reclamantes e o outro dos reclamados, ambos por ordem alfabética;

d) o fornecimento a qualquer pessoa que o solicite, verbalmente ou por certidão, de informações sobre os feitos distribuídos;

e) a baixa na distribuição dos feitos, quando isto lhe for determinado pelos Presidentes das Juntas, formando, com as fichas correspondentes, fichários à parte, cujos dados poderão ser consultados pelos interessados, mas não serão mencionados em certidões.

Art. 715. Os distribuidores são designados pelo Presidente do Tribunal Regional, dentre os funcionários das Juntas e do Tribunal Regional, existentes na mesma localidade, e ao mesmo Presidente diretamente subordinados.

Seção III
Do cartório dos Juízos de Direito

Art. 716. Os cartórios dos Juízos de Direito, investidos na administração da Justiça do Trabalho, têm, para esse fim, as mesmas atribuições e obrigações conferidas na Seção I às secretarias das Juntas de Conciliação e Julgamento.

Parágrafo único. Nos Juízos em que houver mais de um cartório, far-se-á entre eles a distribuição alternada e sucessiva das reclamações.

Art. 717. Aos escrivães dos Juízos de Direito, investidos na administração da Justiça do Trabalho, competem especialmente as atribuições e obrigações dos chefes de secretaria das Juntas; e aos demais funcionários dos cartórios, as que couberem nas respectivas funções, dentre as que competem às secretarias das Juntas, enumeradas no art. 711.

Seção IV
Das secretarias dos Tribunais Regionais

Art. 718. Cada Tribunal Regional tem 1 (uma) secretaria, sob a direção do funcionário designado para exercer a função de secretário, com a gratificação de função fixada em lei. (Redação dada pelo Dec.-lei n. 8.737, de 19-1-1946.)

Art. 719. Competem à secretaria dos Tribunais, além das atribuições estabelecidas no art. 711, para a secretaria das Juntas, mais as seguintes:

a) a conclusão dos processos ao Presidente e sua remessa, depois de despachados, aos respectivos relatores;

b) a organização e a manutenção de um fichário de jurisprudência do Tribunal, para consulta dos interessados.

Parágrafo único. No regimento interno dos Tribunais Regionais serão estabelecidas as demais atribuições, o funcionamento e a ordem dos trabalhos de suas secretarias.

Art. 720. Competem aos secretários dos Tribunais Regionais as mesmas atribuições conferidas no art. 712 aos chefes de secretaria das Juntas, além das que lhes forem fixadas no regimento interno dos Tribunais. (Redação dada pelo Dec.-lei n. 9.797, de 9-9-1946, e pela Lei n. 409, de 25-9-1948.)

Seção V
Dos Oficiais de Justiça

Art. 721. Incumbe aos Oficiais de Justiça e Oficiais de Justiça Avaliadores da Justiça do Trabalho a realização dos atos decorrentes da execução dos julgados das Juntas de Conciliação e Julgamento e dos Tribunais Regionais do Trabalho, que lhes forem cometidos pelos respectivos Presidentes. (*Caput* e parágrafos com redação dada pela Lei n. 5.442, de 24-5-1968.)

§ 1º Para efeito de distribuição dos referidos atos, cada Oficial de Justiça ou Oficial de Justiça Avaliador funcionará perante uma Junta de Conciliação e Julgamento, salvo quando da existência, nos Tribunais Regionais do Trabalho, de órgão específico, destinado à distribuição de mandados judiciais.

§ 2º Nas localidades onde houver mais de uma Junta, respeitado o disposto no parágrafo anterior, a atribuição para o cumprimento do ato deprecado ao Oficial de Justiça ou Oficial de Justiça Avaliador será transferida a outro Oficial, sempre que, após o decurso de 9 (nove) dias, sem razões que o justifiquem, não tiver sido cumprido o ato, sujeitando-se o serventuário às penalidades da lei.

§ 3º No caso de avaliação, terá o Oficial de Justiça Avaliador, para cumprimento do ato, o prazo previsto no art. 888.

§ 4º É facultado aos Presidentes dos Tribunais Regionais do Trabalho cometer a qualquer Oficial de Justiça ou Oficial de Justiça Avaliador a realização dos atos de execução das decisões desses Tribunais.

§ 5º Na falta ou impedimento do Oficial de Justiça ou Oficial de Justiça Avaliador, o Presidente da Junta poderá atribuir a realização do ato a qualquer serventuário.

► **Comentários**

1. Das Secretarias das Varas do Trabalho

As Secretarias das Varas do Trabalho equivalem aos cartórios das Varas Cíveis e Criminais da Justiça Estadual.

A cada Vara corresponde uma Secretaria, dirigida pelo *diretor* (cargo equivalente ao de escrivão dos Cartórios das Varas da Justiça Estadual).

Em conformidade com o que dispõe o art. 96, *b*, da CF, compete privativamente aos tribunais: "organizar suas secretarias e serviços auxiliares...".

Cabe à *Secretaria da Vara* a autuação, o andamento, a guarda e conservação dos processos, fornecendo, outrossim, às partes ou a seus advogados as informações que lhe sejam solicitadas, entre outras funções.

Ao *diretor* cumpre a superintendência dos serviços auxiliares da secretaria, zelando, outrossim, pelo rápido andamento dos processos, submetendo ao juiz os despachos e demais expedientes que devam por ele ser proferidos e assinados.

É de ressaltar que os despachos meramente ordinatórios não prescindem da assinatura do juiz, podendo ser ultimados pelo diretor da secretaria, *ex vi* do disposto no art. 162 do Código de Processo Civil, de aplicação subsidiária no Processo do Trabalho: "art. 203 do atual CPC: os pronunciamentos do juiz consistirão em sentenças, decisões interlocutórias e despachos".

2. Dos distribuidores

Existindo, na localidade, mais de uma Vara do Trabalho, o que normalmente ocorre nos centros de intensa atividade industrial ou comercial, haverá necessidade de um *distribuidor*, cuja função precípua, é distribuir, de forma idêntica, os processos que dão entrada em juízo.

3. Dos Cartórios dos Juízes de Direito

Como assinala o art. 668 da CLT, nas localidades não compreendidas na jurisdição das Varas do Trabalho, os juízes de direito estão, automaticamente, investidos da jurisdição trabalhista.

Na ocorrência desse fato, ao Cartório do Juízo Cível caberão as atividades exercidas pelas Secretarias das Varas do Trabalho.

4. Das secretarias dos Tribunais Regionais do Trabalho

Da mesma forma que ocorre com as Varas do Trabalho, a cada Tribunal Regional caberá uma Secretaria, que, além das atribuições das primeiras, tem também a de determinar a conclusão de processos ao Presidente e aos respectivos relatores.

O Tribunal Regional do Trabalho de São Paulo, como ocorre com os Regionais de intenso número de feitos, possui, na forma do seu Regimento e Regulamento Internos, as seguintes Secretarias:

1. Secretaria-Geral da Presidência
1.1. Secretaria de Assessoramento em Comunicação Social
1.2. Secretaria de Assessoramento Jurídico em Admissibilidade de Recursos
1.3. Secretaria de Assessoramento Jurídico em Expedição de Precatórios
1.4. Secretaria de Assessoramento Jurídico em Assuntos Administrativos
1.5. Secretaria de Assessoramento Jurídico aos Magistrados Convocados
1.6. Secretaria de Assessoramento Jurídico-Cultural
1.7. Secretaria da Escola da Magistratura
2. Secretaria da Vice-Presidência Administrativa
3. Secretaria da Vice-Presidência Judicial
4. Secretaria da Corregedoria Regional
5. Gabinetes de Juiz do Tribunal (64)
6. Gabinetes de Juiz Presidente de Vara do Trabalho (139)
7. Diretoria-Geral de Coordenação Judiciária
7.1. Secretaria do Tribunal Pleno e Órgão Especial
7.2. Serviço de Registro, Autuação e Distribuição dos Feitos na 2ª Instância
7.3. Secretaria de Apoio Judiciário
7.4. Serviço de Depósitos Judiciais
7.5. Setor de Contadoria Judiciária
7.6. Setor de Taquigrafia
7.7. Secretaria de Dissídios Coletivos
7.8. Secretaria de Dissídios Individuais
7.9. Secretarias das Turmas (10)
7.10. Secretarias das Juntas de Conciliação e Julgamento (139)
7.11. Serviços de Distribuição dos Feitos de 1º Grau (15)

8. Diretoria Geral da Administração
8.1. Secretaria de Apoio Administrativo
8.2. Secretaria de Pessoal
8.3. Secretaria de Coordenação Orçamentária e Financeira
8.4. Secretaria de Documentação
8.5. Secretaria de Informática
8.6. Secretaria de Assistência à Saúde e Outros Benefícios Sociais
9. Secretaria de Controle Interno.

5. Dos oficiais de justiça avaliadores

Os oficiais de justiça são auxiliares dos juízes, com a função precípua de efetuar intimações e outras diligências dentro da respectiva circunscrição judiciária.

Na Justiça do Trabalho a essas atribuições acrescenta-se a da penhora e avaliação, na fase executória.

Em conformidade com o que dispõe o art. 721, § 2º, sob comento, o oficial de justiça tem o prazo de *9 dias* para o cumprimento dos mandados que lhe sejam encaminhados, salvo a ocorrência de razões que justifiquem eventual atraso.

Em se tratando de avaliação de bem penhorado, o prazo é de *10 dias* (art. 888 da CLT).

6. Das penalidades contra os membros da Justiça do Trabalho

As disposições concernentes aos representantes classistas estão revogadas pela EC-24/99.

O juiz da Vara do Trabalho está sujeito às disposições da *Lei Orgânica da Magistratura*.

Aos funcionários das Varas aplicam-se as disposições do Código Penal relativas aos crimes contra a Administração Pública.

7. Multa contra o empregador

Os §§ 1º e 2º do art. 729 não subsistem, em razão da extinção do cargo de representante classista.

O *caput* do artigo sob comento impõe multa ao empregador que se recusa a cumprir sentença transitada em julgado, determinando a readmissão ou reintegração de empregado, constituindo, na expressão de Russomano, uma "penalidade imposta ao devedor que insiste em se recusar a cumprir aquilo que a lei e a sentença lhe impõem, desrespeitando, assim, a vontade do legislador e o pronunciamento soberano do magistrado"[428].

8. Multa aos que se recusam a depor como testemunhas

Salvo as hipóteses previstas no art. 448 do CPC (de aplicação subsidiária no Processo do Trabalho), a testemunha não pode recusar-se a depor em juízo. Intimada a depor, se se recusa a comparecer em juízo, poderá o juiz, de ofício, multá-la, determinando, outrossim, sua condução coercitiva.

9. Multa ao empregado que, sem relevante razão, enseja o arquivamento de reclamação trabalhista

Os arts. 731 e 732 cominam pena ao reclamante que, apresentando reclamação verbal ao distribuidor, não se apresenta à secretaria da Vara do Trabalho no prazo de 5 dias, para reduzi-la a termo. Na mesma pena incorre o reclamante que, por duas vezes seguidas, der causa ao arquivamento.

Na prática, a tomada a termo da reclamação é feita no próprio ato da distribuição, evitando o inconveniente de retorno do reclamante exclusivamente para essa previdência.

A perda do direito de ação por 6 meses ocorre se o reclamante der causa a dois arquivamentos seguidos. Ciente o juiz do segundo arquivamento, deve aplicar ao reclamante a punição em apreço.

O prazo de 6 meses é contado a partir da data em que é aplicada a punição[429].

Russomano acentua que "o art. 732 não exige que os arquivamentos sucessivos se verifiquem na mesma reclamação, nem sequer que as reclamações sejam dirigidas contra o mesmo empregador. Entendemos, por isso, que, verificados dois arquivamentos sucessivos, embora em reclamações distintas, o empregado será passível da penalidade mencionada na lei, pois o que se pretende punir é a incúria do trabalhador, verificada e comprovada em qualquer das duas hipóteses"[430].

428. *A Execução das Obrigações de Fazer no Processo do Trabalho*, Rio de Janeiro, Konfino, 1956, p. 24.

429. Wagner Giglio, *Direito Processual do Trabalho*, 10. ed., São Paulo, Saraiva, 1997, p. 170.

430. *Comentários à CLT*, cit., v. 2, p. 823.

O art. 733 fixa o valor das multas na ocorrência dos fatos de que nos ocupamos.

O art. 734 deixa patente a obrigação das repartições públicas e dos sindicatos fornecerem aos juízes do trabalho as informações que lhes sejam solicitadas, convindo acrescentar que o art. 653 confere ao juiz do trabalho poderes para requisitar às autoridades competentes a realização das diligências necessárias ao esclarecimento dos feitos sob sua apreciação.

▶ **Jurisprudência**

▷ **Agravo de instrumento em recurso de revista. Execução. Constrição de bens. Avaliação. Excesso de penhora.** O Tribunal *a quo* refutou o alegado excesso de penhora, consignando que o devedor tem a livre disponibilidade de substituir o bem penhorado por dinheiro antes da hasta e ainda remir a dívida. Ressaltou-se que o levantamento da penhora de quaisquer dos imóveis elencados apresenta risco ao fim almejado pela execução, porque de difícil presunção quanto aos valores oferecidos no leilão judicial, observando-se ainda o vultoso débito contraído. Quanto à avaliação dos imóveis, o Regional consignou que a fé pública reconhecida ao Oficial de Justiça somente poderia sofrer algum abalo diante de prova cabal e inequívoca, não produzida nos autos, asseverando que a sobra da expropriação será devolvida à parte executada, depois do pagamento de outras despesas processuais eventualmente existentes, não havendo, por conseguinte, possibilidade das executadas sofrerem prejuízo. Ileso o art. 5º, XXII e LV, da CF. Agravo de instrumento conhecido e não provido (AIRR-11071-47.2016.5.15.0017, 8ª Turma, Relatora Ministra Dora Maria da Costa, *DEJT* 9-10-2020).

▷ **"Recurso de revista regido pelo CPC/2015 e pela Instrução Normativa n. 40/2016 do TST e interposto na vigência da Lei n. 13.015/2014. Astreintes. Determinação judicial de recolhimento dos valores relativos ao FGTS. Obrigação de fazer.** Para o correto deslinde da controvérsia dos autos, é necessário definir, primeiramente, se a determinação judicial de recolhimento dos valores do FGTS constitui obrigação de fazer ou de dar. As obrigações de fazer consistem em prestações positivas de fatos, consubstanciadas na prática de um ato por parte do devedor. O dever de recolher os valores na conta vinculado do empregado, a título de FGTS, está previsto no art. 15 da Lei n. 8.036/90, segundo o qual" todos os empregadores ficam obrigados a depositar, até o dia 7 (sete) de cada mês, em conta bancária vinculada, a importância correspondente a 8 (oito) por cento da remuneração paga ou devida, no mês anterior, a cada trabalhador". Verifica-se, pois, que o dever do empregador de efetuar os depósitos relativos ao FGTS consiste em obrigação de fazer, pois está consubstanciado na prática de um ato, qual seja recolher os valores na conta vinculada do trabalhador. Fixada essa premissa, passa-se à análise do cabimento de fixação de astreintes por descumprimento de decisão judicial que determina o depósito dos valores referentes ao FGTS. O ordenamento jurídico pátrio faculta expressamente ao julgador, com o propósito de assegurar o cumprimento de obrigação de fazer, a imposição de multa diária ao réu, independentemente de pedido formulado na exordial pelo autor. A multa imposta na sentença não constitui sanção de cunho administrativo por descumprimento da legislação trabalhista, mas fixação das denominadas astreintes, que se destinam ao cumprimento do comando decisório com previsão no art. 536, § 1º, do CPC de 2015. As astreintes, perfeitamente compatíveis com a sistemática da Consolidação das Leis do Trabalho, podem ser fixadas pelo julgador, na sentença, até mesmo de ofício, e tem por escopo assegurar que o devedor cumpra sua obrigação de fazer fixada judicialmente. Acrescenta-se que a jurisprudência desta Corte tem preconizado a possibilidade de fixação da multa prevista no art. 536, § 1º, do CPC de 2015 em decorrência do descumprimento da obrigação de fazer. Nesse contexto, verifica-se que são devidas as astreintes caso o reclamado não cumpra a determinação judicial de recolher os valores relativos ao FGTS, pois constitui verdadeira obrigação de fazer a ele imposta. Recurso de revista conhecido e provido" (RR-654-10.2017.5.05.0492, 2ª Turma, Rela-

tor Ministro Jose Roberto Freire Pimenta, *DEJT* 26-6-2020).
▷ "**Monitoramento de auditorias e obras. Auditoria n. CSJT-A-13705-21.2015.5.90.0000. Deliberações na área de gestão de pessoas. Concessão de licença-prêmio a magistrado com o cômputo da assiduidade após 14-5-1979. Tribunal Regional do Trabalho da 6ª região**. 1. Constatado pela CCAUD que o Tribunal Regional do Trabalho da 6ª Região, em obediência às deliberações deste Conselho nos autos da Auditoria CSJT-A-13705-21.2015.5.90.0000, absteve-se de conceder a magistrados o direito, o usufruto e a indenização de licença-prêmio por assiduidade, respeitados apenas os decênios de efetivo exercício completados antes de 14-5-1979, com exceção de uma magistrada, que obtivera o direito por meio de decisão judicial transitada em julgado, bem como procedeu à desaverbação dos assentos funcionais dos magistrados das licenças-prêmios referentes a períodos implementados após 14-5-1979, e não usufruídos, impõe-se homologar o relatório de monitoramento realizado pela CCAUD para considerar cumpridas, pelo TRT da 6ª Região, as determinações constantes do referido acórdão e determinar o arquivamento dos presentes autos. Monitoramento de Auditorias e Obras conhecido e homologado" (CSJT-MON-6904-84.2018.5.90.0000, Conselho Superior da Justiça do Trabalho, Relator Conselheiro Lelio Bentes Correa, *DEJT* 7-3-2019).

Capítulo VII
Das Penalidades

Seção I
Do *lock-out* e da greve

Art. 722. Os empregadores que, individual ou coletivamente, suspenderem os trabalhos dos seus estabelecimentos, sem prévia autorização do Tribunal competente, ou que violarem, ou se recusarem a cumprir decisão proferida em dissídio coletivo, incorrerão nas seguintes penalidades:

a) multa de 300 (trezentos) a 3.000 (três mil) valores de referência regionais[431];

b) perda do cargo de representação profissional em cujo desempenho estiverem;

c) suspensão, pelo prazo de 2 (dois) a 5 (cinco) anos, do direito de serem eleitos para cargos de representação profissional.

§ 1º Se o empregador for pessoa jurídica, as penas previstas nas alíneas *b* e *c* incidirão sobre os administradores responsáveis.

§ 2º Se o empregador for concessionário de serviço público, as penas serão aplicadas em dobro. Nesse caso, se o concessionário for pessoa jurídica o Presidente do Tribunal que houver proferido a decisão poderá, sem prejuízo do cumprimento desta e da aplicação das penalidades cabíveis, ordenar o afastamento dos administradores responsáveis, sob pena de ser cassada a concessão.

§ 3º Sem prejuízo das sanções cominadas neste artigo, os empregadores ficarão obrigados a pagar os salários devidos aos seus empregados, durante o tempo de suspensão do trabalho.

Arts. 723 a 725. (Revogados pela Lei n. 9.842, de 7-10-1999.)

Seção II
Das penalidades contra os membros da Justiça do Trabalho

Art. 726. Aquele que recusar o exercício da função de Juiz classista de Junta de Conciliação e Julgamento ou de Tribunal Regional, sem motivo justificado, incorrerá nas seguintes penas:

a) sendo representante de empregadores, multa de 6 (seis) a 60 (sessenta) valores de referência regionais e suspensão do direito de representação profissional por 2 (dois) a 5 (cinco) anos;

b) sendo representante de empregados, multa de 6 (seis) valores de referência regionais e suspensão do direito de representação profissional por 2 (dois) a 5 (cinco) anos[432].

431. A redação anterior foi alterada considerando as disposições contidas nas Leis n. 6.205/75, 6.986/82 e 7.855/89. Devemos, ainda, atentar para os termos da Lei n. 8.383/91.

432. Alíneas *a* e *b* com a redação alterada nos termos das disposições contidas nas Leis n. 6.205/75, 6.986/82 e 7.855/89. Devemos, ainda, atentar para os termos das Leis n. 8.383/91, 9.782/99 e 10.522/2002.

Art. 727. Os Juízes classistas das Juntas de Conciliação e Julgamento, ou Juízes representantes classistas dos Tribunais Regionais, que faltarem a 3 (três) reuniões ou sessões consecutivas, sem motivo justificado, perderão o cargo, além de incorrerem nas penas do artigo anterior.

Parágrafo único. Se a falta for de presidente, incorrerá ele na pena de perda do cargo, além da perda dos vencimentos correspondentes aos dias em que tiver faltado às audiências ou sessões consecutivas.

Art. 728. Aos presidentes, membros, juízes, Juízes classistas, e funcionários auxiliares da Justiça do Trabalho, aplica-se o disposto no Título XI do Código Penal.

Seção III
De outras penalidades[433]

Art. 729. O empregador que deixar de cumprir decisão passada em julgado sobre a readmissão ou reintegração de empregado, além do pagamento dos salários deste, incorrerá na multa de 3/5 (três quintos) a 3 (três) valores de referência por dia, até que seja cumprida a decisão.

§ 1º O empregador que impedir ou tentar impedir que empregado seu sirva como vogal em Tribunal de Trabalho, ou que perante este preste depoimento, incorrerá na multa de 30 (trinta) a 300 (trezentos) valores de referência regionais.

§ 2º Na mesma pena do parágrafo anterior incorrerá o empregador que dispensar seu empregado pelo fato de haver servido como vogal ou prestado depoimento como testemunha, sem prejuízo da indenização que a lei estabeleça.

Art. 730. Aqueles que se recusarem a depor como testemunhas, sem motivo justificado, incorrerão na multa de 3 (três) a 30 (trinta) valores de referência regionais.

Art. 731. Aquele que, tendo apresentado ao distribuidor reclamação verbal, não se apresentar, no prazo estabelecido no parágrafo único do art. 786, à Junta ou Juízo para fazê-lo tomar por termo, incorrerá na pena de perda, pelo prazo de 6 (seis) meses, do direito de reclamar perante a Justiça do Trabalho.

Art. 732. Na mesma pena do artigo anterior incorrerá o reclamante que, por 2 (duas) vezes seguidas, der causa ao arquivamento de que trata o art. 844.

Art. 733. As infrações de disposições deste Título, para as quais não haja penalidades cominadas, serão punidas com a multa de 3 (três) a 300 (trezentos) valores de referência regionais, elevada ao dobro na reincidência.

Capítulo VIII
Disposições gerais

Art. 734. (Prejudicado pelo Dec.-lei n. 72, de 21-11-1966.)

Art. 735. As repartições públicas e as associações sindicais são obrigadas a fornecer aos Juízes e Tribunais do Trabalho e à Procuradoria da Justiça do Trabalho as informações e os dados necessários à instrução e ao julgamento dos feitos submetidos à sua apreciação.

Parágrafo único. A recusa de informações ou dados a que se refere este artigo, por parte de funcionários públicos, importa na aplicação das penalidades previstas pelo Estatuto dos Funcionários Públicos por desobediência.

▶ *Comentários*

1. **Do "lock-out"**

Lock-out é a paralisação das atividades empresariais, como forma de pressão, no sentido de obrigar os respectivos empregados a aceitar as condições de trabalho pretendidas pelos empregadores.

Russomano assim o define: "O *lock-out* é a greve patronal: o encerramento provisório das atividades econômicas das empresas, com o intuito de obrigar os trabalhadores à aceitação de determinadas imposições do empregador"[434].

Considerada atividade ilícita, o *lock-out* era, na Constituição Federal de 1937, visto como "recurso antissocial nocivo ao trabalho e ao capital e incompatível com os superiores interesses da produção nacional" (art. 139)

433. Alterações nos valores das penalidades a serem aplicadas feitas com base nas disposições contidas nas Leis n. 6.205/75, 6.986/82 e 7.855/89. Devemos, ainda, atentar para os termos da Lei n. 8.383/91.

434. *Comentários à CLT*, cit., v. 2, p. 805.

A CLT, em seu art. 722, comina multa aos empregadores na ocorrência de *lock-out* e, da mesma forma, estabelece sanção pecuniária aos que se recusarem a cumprir decisões proferidas em dissídios coletivos.

Na decretação de *lock-out* pelos empregadores, ficam estes responsáveis pelo pagamento dos salários de seus empregados, durante o período de suspensão do trabalho (art. 17 da Lei n. 7.783/ 1989).

2. O direito de greve

A Constituição Federal, em seu art. 9º, assegura o direito de greve, "competindo aos trabalhadores decidir sobre a oportunidade de exercê-lo e sobre os interesses que devam por meio dele defender".

A leitura do dispositivo constitucional nominado deixa claro que compete aos próprios trabalhadores decidir sobre os interesses que devam, por meio da greve, defender. Não se deve inferir daí que os interesses dos grevistas são livremente estabelecidos. O direito de greve não é um direito absoluto e sem limites. Os interesses mencionados, obviamente, estão diretamente relacionados com a melhoria das condições de trabalho da respectiva categoria. Toda greve que não vise melhoria salarial ou novas condições de trabalho é abusiva, como devem ser vistos os movimentos paredistas com conotação política ou de solidariedade.

A inserção do direito de greve no capítulo dos *direitos sociais* é prova eloquente dessa limitação.

Como bem observa v. julgado do Tribunal Superior do Trabalho:

> "A greve é direito assegurado em sede constitucional (arts. 9º e 37, inciso VII, da Carta Magna). Inobstante não é direito absoluto, posto que o Estado de Direito é incompatível com a existência de direitos absolutos. É medida extrema e como tal sofre limitações legais, as quais não observadas dão azo à declaração de abusividade do direito de greve, mormente em se tratando de serviços essenciais de transporte coletivo urbano (Lei n. 7.783, de 28 de junho de 1989)[435]".

3. A greve nos serviços essenciais

O art. 9º da Constituição Federal não faz qualquer distinção entre atividades acessórias e essenciais, ao contrário do que ocorria sob a égide da Constituição Federal de 1967 (com a Emenda n. 1/69), que, no art. 162, proibia a greve nos serviços públicos e atividades essenciais.

Não o fazendo, lícito não seria à lei regulamentadora estabelecer qualquer proibição de greve em atividades fundamentais.

Por serviços fundamentais se há de entender aqueles essenciais à comunidade, tais como os serviços de água, energia, luz, gás, esgotos, transportes, serviço funerário, hospitais e maternidades, farmácias e drogarias, entre outros.

Contudo, como não poderia deixar de ser, a Lei n. 7.783/89, em seus arts. 9º e 10, determina aos grevistas a manutenção de equipes encarregadas de assegurar os serviços cuja paralisação resultem prejuízos irreparáveis de bens e maquinários, bem como daqueles essenciais ao atendimento das necessidades inadiáveis da comunidade.

Nos termos da lei nominada, são consideradas essenciais as seguintes atividades: serviços de água, energia elétrica, gás e combustíveis, serviços médicos e hospitalares, medicamentos e alimentação, serviço funerário, transporte coletivo, esgoto e lixo, telecomunicação, guarda, uso e controle de substâncias radioativas e nucleares, processamento de dados, controle de tráfego aéreo e compensação bancária.

Releva notar que, na prática, os sindicatos nem sempre cumprem tal exigência, com graves prejuízos para a coletividade, o que tem levado os TRT's a imporem pesadas multas àqueles – nem sempre executadas, porém.

Note-se que a não observância de tais exigências legais constitui abuso de direito de greve.

4. Condições para o exercício do direito de greve

A greve só pode ser deflagrada após frustrada a negociação com os respectivos empregadores ou seus órgãos de representação – "Art. 3º Frustrada a negociação ou verificada a impossibilidade de recurso via arbitral, é facultada a cessação coletiva do trabalho".

435. TST, RO 488.299/98.8, Ac. SDC/99, Rel. Min. Valdir Righetto.

A Orientação Jurisprudencial n. 11 da Seção de Dissídios Coletivos (SDC) do Tribunal Superior do Trabalho considera abusiva a greve levada a efeito sem prévia tentativa de conciliação – "Imprescindibilidade de tentativa direta e pacífica da solução do conflito. Etapa negocial prévia. É abusiva a greve levada a efeito sem que as partes hajam tentado, direta e pacificamente, solucionar o conflito que lhe constitui o objeto".

Frustrada a conciliação prévia, imprescindível a *assembleia geral*, que decidirá sobre a paralisação, definindo, outrossim, as reivindicações da categoria.

Nos termos do art. 4º, § 1º, da Lei n. 7.783/89, o estatuto da entidade sindical deve disciplinar as formalidades da convocação e o *quorum* de deliberação, quando então serão estabelecidas as reivindicações da categoria.

A categoria profissional, por seu respectivo sindicato, notificará ao empregador, com 48 horas de antecedência, da paralisação. Nas atividades fundamentais, o prazo é de 72 horas.

5. A greve abusiva (responsabilidade civil do sindicato)

A inobservância de tais regras caracteriza a abusividade do movimento paredista (art. 14 da Lei n. 7.783/89), impondo ao respectivo sindicato as cominações legais, dentre as quais não se pode olvidar a *responsabilidade civil*.

Observe-se que a abusividade da greve impede a acolhida das pretensões dos grevistas, como deixa claro a Orientação Jurisprudencial n. 10 da Seção de Dissídios Coletivos (SDC) do TST:

"Greve abusiva não gera efeitos. É incompatível com a declaração de abusividade de movimento grevista o estabelecimento de quaisquer vantagens ou garantias a seus partícipes, que assumiram os riscos inerentes à utilização do instrumento de pressão máximo".

► Jurisprudência

▷ **Súmula 189 do TST. Greve. Competência da Justiça do Trabalho. Abusividade. Nova redação.** A Justiça do Trabalho é competente para declarar a abusividade, ou não, da greve.

▷ **Súmula 316 do STF.** A simples adesão a greve não constitui falta grave.

▷ **OJ n. 10 da SDC do TST.** Greve abusiva não gera efeitos. É incompatível com a declaração de abusividade de movimento grevista o estabelecimento de quaisquer vantagens ou garantias a seus partícipes, que assumiram os riscos inerentes à utilização do instrumento de pressão máximo.

▷ **OJ n. 11 da SDC do TST.** Greve. Imprescindibilidade de tentativa direta e pacífica da solução do conflito. Etapa negocial prévia. É abusiva a greve levada a efeito sem que as partes hajam tentado, direta e pacificamente, solucionar o conflito que lhe constitui o objeto.

▷ **OJ n. 38 da SDC do TST.** Greve. Serviços essenciais. Garantia das necessidades inadiáveis da população usuária. Fator determinante da qualificação jurídica do movimento. É abusiva a greve que se realiza em setores que a lei define como sendo essenciais à comunidade, se não é assegurado o atendimento básico das necessidades inadiáveis dos usuários do serviço, na forma prevista na Lei n. 7.783/89.

▷ **Precedente Normativo n. 29 do TST. Greve. Competência dos tribunais para declará-la abusiva** (positivo). Compete aos Tribunais do Trabalho decidir sobre o abuso do direito de greve.

▷ "I – Dissídio coletivo de greve – pedido condenatório do sindicato profissional em contestação – ausência de interesse processual – preliminar arguida de ofício – arts. 337, § 5º, e 485, VI, do CPC/2015. 1. Na análise de pedido do sindicato profissional, o Eg. TRT ultrapassou os limites do Dissídio Coletivo ao condenar a Suscitante ao cumprimento de obrigação relativa à jornada de trabalho. 2. A C. SDC entende que decisões condenatórias não se adequam ao Dissídio Coletivo de Greve, salvo quando pertinentes à regulação específica dos efeitos da paralisação. 3. Preliminar de falta de interesse processual arguida de ofício, com base nos arts. 337, § 5º, e 485, VI, do CPC/2015. Extinção parcial do processo sem resolução do mérito. II – Recurso ordinário da irmandade da Santa Casa de Misericória de Pre-

sidente Epitácio – dissídio coletivo de greve suscitado na vigência da Lei n. 13.467/2017 – Paralisação em atividade essencial – cumprimento dos requisitos formais – atraso no pagamento do décimo terceiro salário – art. 14, Parágrafo único, da Lei n. 7.783/1989 – Abusividade não configurada – pagamento dos salários dos dias parados – estabilidade aos trabalhadores grevistas – tópicos analisados em conjunto 1. Deve ser mantida a declaração de não abusividade da greve, pois o sindicato profissional cumpriu os requisitos da Lei n. 7.783/1989. 2. Ademais, a Suscitante violou a lei trabalhista ao atrasar o pagamento do décimo terceiro salário. Com base no art. 14, parágrafo único, da Lei n. 7.783/1989, a C. SDC entende não ser abusiva a greve motivada por ato ilícito do empregador consubstanciado no descumprimento de norma coletiva e/ou lei trabalhista, mesmo que descumpridos os requisitos formais para sua deflagração. Condenação ao Pagamento de Parcelas Trabalhistas em Atraso Adoto a ementa do Exmo. Ministro Relator: "O dissídio coletivo não serve de instrumento para a tutela de interesses individuais e concretos das Partes, mas para a discussão de interesses gerais e abstratos das categorias econômicas e profissionais, onde o provimento jurisdicional almejado não terá caráter condenatório, mas, em geral, caráter constitutivo (criando ou modificando a relação jurídica entre as categorias em conflito) ou declaratório. É certo que o provimento jurisdicional no dissídio coletivo de greve pode repercutir comandos de cunho condenatório e/ou mandamental, em face da necessidade de efetivação da decisão normativa prolatada ou de cumprimento de uma determinação judicial (exemplos: a condenação ao pagamento dos dias não trabalhados, em paralisações motivadas por descumprimento de cláusulas contratuais relevantes; e a fixação de percentual mínimo de trabalhadores em serviço para o atendimento das necessidades inadiáveis da população, no caso de greve em atividades essenciais). Contudo, se a pretensão condenatória envolver interesses individuais concretos de membros da categoria profissional, como é o caso do pagamento do 13º salário em atraso, a via processual adequada é a propositura de reclamação trabalhista, ainda que de caráter coletivo ou plúrimo, com cognição própria e posterior execução. Julgados desta SDC/TST". Recurso Ordinário provido parcialmente" (RO-5194-75.2019.5.15.0000, Seção Especializada em Dissídios Coletivos, Redatora Ministra Maria Cristina Irigoyen Peduzzi, *DEJT* 27-8-2020).

▷ **"*a*) Recurso ordinário interposto pelo sindicato dos trabalhadores nas indústrias da construção, do mobiliário e montagem industrial de São José dos Campos. Dissídio coletivo de greve ajuizado pela empresa Engevale Construtora E Incorporadora Ltda., Com análise de cláusulas econômicas. 1. Abusividade da greve.** Não se constatam as hipóteses que poderiam legitimar a forma de pressão adotada pelos trabalhadores sem o cumprimento dos requisitos formais exigidos pela Lei n. 7.783/1989. Desse modo, restando evidenciado que o movimento deflagrado pelos empregados da suscitante não atendeu aos comandos dos arts. 3º e 4º da Lei de Greve, não há como reformar a decisão que declarou o movimento abusivo. Nega-se provimento ao recurso. 2. Desconto de 50% dos dias parados. Com base nas disposições do art. 7º da Lei n. 7.783/1989 e das diretrizes traçadas pelo Supremo Tribunal Federal, esta SDC firmou o entendimento de que, independentemente de a greve ser considerada abusiva, ou não, o empregador não pode ser compelido a pagar os dias não trabalhados, a não ser em situações excepcionais – a exemplo da mora salarial –, as quais não ocorreram no caso em tela. Apesar disso, nos casos de greve de longa duração – como a deste dissídio coletivo, que perdurou por cerca de cinco meses – a maioria deste Colegiado tem decidido pelo desconto de 50% dos dias parados e pela compensação, pelos empregados, dos outros 50%, como forma de minimizar o impacto financeiro que o desconto de todos os dias acarretaria ao trabalhador. E assim decidiu o Tribunal Regional. Salienta-se que a pactuação alegada pelo recorrente,

quanto ao pagamento de todos os dias parados, se referiu à greve deflagrada no dia 18-4-2019 e não àquela que teve início no dia 15-5-2019, objeto deste dissídio coletivo. Nega-se provimento ao recurso. 3. Estabilidade. Dispensa de empregados grevistas. Pedido de nulidade do ato e de consequente reintegração dos trabalhadores dispensados. Uma vez que o reconhecimento do direito à garantia de emprego é consectário da qualificação jurídica da greve, nos moldes da Orientação Jurisprudencial n. 10 da SDC do TST, e em face do que ficou decidido neste dissídio coletivo acerca da abusividade do movimento, não há que ser reformada a decisão que não concedeu a estabilidade provisória aos grevistas. De outro lado, conquanto o suscitado alegue que houve dispensa em massa de trabalhadores, em razão da greve, os elementos constantes dos autos atestam a dispensa de apenas dois empregados, frise-se, em uma greve considerada abusiva. Ademais, a pretensão de anular a dispensa de alguns empregados, no caso, comprovadamente dois, com a consequente reintegração ao trabalho, não se adequa à via processual eleita, por estar relacionada a interesses individuais concretos, e não coletivos. Precedentes. Decisão regional que se mantém. Nega-se provimento ao recurso. 4. Determinação de retorno ao trabalho, sob pena de multa. As alegações do recorrente de que todos os trabalhadores grevistas foram dispensados, impossibilitando o cumprimento da determinação relativa ao retorno imediato aos seus postos de trabalho, sob pena de multa, não foram comprovadas pelo sindicato, de forma a se reformar a decisão. Nega-se provimento ao recurso. Recurso ordinário conhecido e não provido. b) Recurso ordinário interposto pela empresa engevale construtora e incorporadora ltda. Dissídio coletivo de greve, com análise de cláusulas econômicas. 1. Compensação, pelos trabalhadores, de 50% dos dias não trabalhados, em razão da greve. Conforme já exposto anteriormente, a maioria dos membros desta Seção Especializada admite que, em greves de longa duração – o que ocorreu, no caso em tela, em que a greve durou cerca de cinco meses –, sejam compensados, pelos trabalhadores, 50% dos dias parados, como forma de minimizar o impacto financeiro que o desconto da totalidade dos dias poderia acarretar ao trabalhador, trazendo prejuízos à sua sobrevivência e à de sua família. Nega-se provimento ao recurso, no tópico. 2. Condutas abusivas e atos antissindicais praticados durante a greve. À exceção dos transtornos inevitáveis que a deflagração da greve, por si só, acarreta, não há evidências nos autos quanto a excessos no movimento grevista ou à utilização de meios violentos por parte do sindicato profissional ou dos próprios trabalhadores para aliciar empregados ou para provocar danos ao patrimônio da empresa, de forma a que as disposições do art. 6º da Lei n. 7.783/1989 fossem contrariadas. Nega-se provimento ao recurso, no aspecto. 3. Reivindicações formuladas. Extensão, à empresa suscitante, de cláusulas constantes do acordo coletivo de trabalho 2019/2020 firmado entre o sindicato profissional, ora suscitado, e outras empresas que não foram partes neste dissídio coletivo. Impossibilidade. Análise das normas sob a égide da preexistência das condições. O Tribunal Regional, considerando que, por ocasião da 5ª Audiência de Mediação – da qual participaram o sindicato profissional, ora suscitado, e as empresas que prestam serviços na Unidade de Tratamento de Gás de Monteiro Lobato – UTGCA –, houve a concordância das partes, inclusive da Engevale, quanto à fixação das cláusulas relativas ao reajuste, à PLR, à cesta natalina, à ajuda de custo e à contribuição assistencial; e que as outras empresas já haviam formalizado o Acordo Coletivo de Trabalho 2019/2020, decidiu estender à empresa suscitante as cláusulas 1ª – Reajuste, 13 – autorização para desconto em folha de pagamento de mensalidade associativa profissional, 33 – contribuição assistencial de representação profissional, 34 – ajuda de custo/ticket supermercado, 35 – fornecimento de cesta natalina, 36 – participação nos lucros e resultados e 37 – regra do programa de participação nos lucros, nos termos constantes do referido instrumento negocial. De um lado, o entendimento

desta Seção Especializada é o de que as contrapropostas apresentadas pela empresa, durante a fase de negociação, não vinculam o empregador a seus termos, uma vez que foram elaboradas com vistas à celebração de acordo ou convenção coletiva de trabalho, que, no caso, não se concretizou. Por outro lado, a extensão de cláusulas, no caso destes autos, mostra-se inviável, não se amoldando aos termos da Orientação Jurisprudencial n. 2 da SDC do TST. Ressalta-se que, ainda que afastado o fundamento relativo à possibilidade de extensão das normas coletivas, não há óbice a que o TST proceda ao reexame do mérito das cláusulas econômicas apreciadas no âmbito do Tribunal Regional do Trabalho. Assim, analisando as normas impugnadas, na forma da jurisprudência desta SDC acerca da preexistência das condições, nos moldes do § 2º do art. 114 da Constituição Federal, dá-se provimento ao recurso para excluir da sentença normativa as cláusulas 13 – Autorização para desconto em folha de pagamento de mensalidade associativa profissional, 34 – ajuda de custo/ticket supermercado, 35 – fornecimento de cesta natalina, 36 – participação nos lucros e resultados, e 37 – regra do programa de participação nos lucros, mantendo a cláusula 1ª – reajuste, nos termos propostos pela suscitante. Recurso ordinário parcialmente conhecido e parcialmente provido" (RO-7199-70.2019.5.15.0000, Seção Especializada em Dissídios Coletivos, Relatora Ministra Dora Maria da Costa, *DEJT* 21-8-2020).

▷ **"I – Recurso ordinário interposto pelo sindicato das empresas de transporte coletivo urbano do vale dos sinos. Dissídio coletivo de greve. Abusividade do movimento.** O TRT julgou não abusiva a greve realizada no período de 11 a 15-8-2018, uma vez que a paralisação foi motivada pelo não pagamento do reajuste salarial estabelecido em sentença normativa. O recorrente alega que não foram observados os requisitos da Lei de Greve e a paralisação deve ser declarada abusiva. Greve é o instrumento de pressão, de natureza constitucional, exercida pela categoria profissional, a fim de obter da categoria econômica a satisfação dos interesses dos trabalhadores, aos quais compete "decidir sobre a oportunidade de exercê-lo e sobre os interesses que devam por meio dele defender" (art. 9º da CF/88). Quando a greve é provocada pela falta de pagamento de salário, como no caso dos autos, prevalece nesta Corte o entendimento no sentido de admitir que os trabalhadores paralisem suas atividades, mesmo sem o cumprimento dos requisitos formais da Lei n. 7.783/89. Essa é exatamente a hipótese dos autos. Não há controvérsia de que a categoria empresarial deixou de implementar o reajuste salarial deferido em sentença normativa anterior, portanto, houve desrespeito à decisão judicial, o que ampara a medida de pressão adotada pelos trabalhadores (paralisação), inclusive sem a observância dos requisitos estabelecidos na Lei de Greve. Portanto, nos termos da jurisprudência prevalente nesta Corte, não foi abusiva a greve levada a efeito no período de 11-8-2018 a 15-8-2018, devendo ser mantida a decisão da Corte regional. Recurso ordinário a que se nega provimento. Multa. Matéria comum constante nos recursos ordinários do suscitante e do suscitado. Análise em conjunto. O TRT condenou o sindicato representante da categoria dos trabalhadores (suscitado) ao pagamento de multa única no valor R$ 10.000,00 (dez mil reais), em face do descumprimento da ordem expedida no dia 10-8-2018. A Corte regional determinou ainda que o valor da multa fosse revertido à Fundação FUNCRIANÇA. Suscitante e suscitado interpuseram recursos ordinários. O suscitado afirmou que a greve foi motivada pela conduta da categoria patronal, inclusive com a prática de *lock out*. Alegou também que o valor da multa é elevado e o seu pagamento agravaria a situação de dificultada financeira em que passa a entidade. Pugnou pela exclusão ou, ao menos, pela redução do valor da multa. Por sua vez, o suscitante postulou a majoração do valor da multa, para R$ 100.000,00, por hora, a ser revertida em seu favor. Prevaleceu na sessão o entendimento de que "a circunstância de a greve ter sido deflagrada por justo motivo (mora salarial) – a afastar a

declaração de sua abusividade por eventual descumprimento dos pressupostos exigidos pela Lei de Greve e também a determinação de que os dias parados em razão da greve sejam descontados – não exime o sindicato profissional do cumprimento da ordem judicial relativa à fixação do contingente mínimo de trabalhadores para a prestação dos serviços durante o movimento, mormente ao se considerar que se trata de serviços essenciais à comunidade, a teor do art. 10, V, da Lei n. 7.783/1989". Nesse contexto, prevaleceu o entendimento de que foi correta a decisão da Corte regional, que aplicou a multa ao sindicato suscitado. Recurso ordinário a que se nega provimento, mantendo-se integralmente a decisão da Corte regional quanto a este tópico, vencida a relatora. II – Recurso ordinário interposto pelo sindicato dos trabalhadores em transporte rodoviário de novo hamburgo. Abusividade da greve nos dias 31-7-2018 e 10-8-2018. A Corte regional declarou a abusividade do movimento paredista, levado a efeito pelo sindicato representante da categoria profissional, apenas com relação aos dias 31-7-2018 e 10-8-2018. O presente dissídio coletivo cuida de conflito que envolve greve ocorrida no ramo do transporte coletivo, que, nos termos da lei, é considerado como atividade essencial (art. 10, V, da Lei n. 7.783/93). A lei estabelece que nos "serviços ou atividades essenciais, os sindicatos, os empregadores e os trabalhadores ficam obrigados, de comum acordo, a garantir, durante a greve, a prestação dos serviços indispensáveis ao atendimento das necessidades inadiáveis da comunidade." (art. 11 da Lei n. 7.783/93). No caso, é incontroverso que a categoria profissional paralisou totalmente as atividades nos dia 31-7-2018 e 10-8-2018, ou seja, especificamente nesses dias, apesar da obrigação estabelecida na lei, reforçada pela ordem judicial, a população não foi atendida pela prestação dos serviços indispensáveis. Não se olvida que a greve foi motivada, inicialmente, pelo não cumprimento parcial da categoria patronal de norma prevista em sentença normativa. O que, em princípio, tornaria a greve integralmente não abusiva. Porém, a não prestação dos serviços indispensáveis ao atendimento das necessidades inadiáveis da comunidade, nos dias 31-7-2018 e 10-8-2018, decorrente da paralisação total dos trabalhadores, é causa superveniente, que contrariou ordem judicial e disposição legal, atraindo o reconhecimento de abusividade do movimento nas referidas datas. Portanto, forçoso reconhecer que o direito de greve foi exercido de forma abusiva, especificamente nos dias 31-7-2018 e 10-8-2018, o que implica na manutenção da decisão da corte regional que declarou a abusividade do movimento paredista apenas nos referidos dias. Recurso ordinário a que se nega provimento, neste ponto. Greve motivada pelo não pagamento do reajuste salarial deferido em sentença normativa anterior. Pagamento dos dias parados. Em observância às disposições do art. 7º da Lei n. 7.783/1989 e à jurisprudência do Supremo Tribunal Federal, esta Seção Especializada firmou o entendimento de que a greve suspende o contrato de trabalho, razão pela qual, via de regra, não pode ser imposta ao empregador a obrigação de pagar os dias em que os trabalhadores não executaram seus serviços. Entretanto, em determinadas situações, como nos casos em que a greve decorra de conduta reprovável do empregador, como, por exemplo, o atraso no pagamento de salários, é devido o pagamento dos dias parados aos grevistas. No caso em exame, é fato incontroverso que a motivação da greve foi a mora no implemento do reajuste salarial deferido por sentença normativa. Nesse cenário, prevalece o entendimento firmado na jurisprudência de que é devido o pagamento dos dias parados aos trabalhadores. Recurso ordinário a que se dá provimento, a fim de reformar a decisão da corte regional, para determinar o pagamento integral dos salários" (RO-21836-66.2018.5.04.0000, Seção Especializada em Dissídios Coletivos, Relatora Ministra Kátia Magalhães Arruda, *DEJT* 16-7-2020).

▷ "**Greve dos rodoviários de Manaus – Recurso ordinário em dissídio coletivo de greve – Paralisação total do serviço público de transporte urbano rodoviário – Abusividade do movimento pare-**

dista – Multa por descumprimento da liminar que determinava a abstenção do suscitado em realizar o movimento paredista – Honorários advocatícios expungidos. I – Abusividade da greve. 1. O direito de greve é o poder do trabalhador sobre a prestação de serviços, para fazer frente ao poder do empregador sobre a remuneração, quando frustradas as vias negociais para compor conflito coletivo surgido entre eles. 2. É certo ainda que a greve em serviços essenciais tem seus parâmetros traçados pela Constituição Federal (art. 9º) e pela Lei 7.783/89 (comunicação com antecedência prévia de 72 horas e manutenção de contingente de trabalhadores necessário ao atendimento das necessidades inadiáveis da população), sujeitando os abusos às penas da lei. 3. *In casu*, a greve dos rodoviários de Manaus, ocorrida no dia 26-6-2017, enquadra-se no conceito de greve abusiva, pelos vários ângulos pelos quais se analise o movimento paredista: *a*) o motivo alegado pelo sindicato da categoria profissional para a deflagração da greve, qual seja, o reajuste salarial anual, já era objeto de Dissídio Coletivo (processo n. 0000235-43.2017.5.11.0000), ajuizado pela própria entidade sindical ora suscitada; *b*) o procedimento do STTRM, de descumprir ordens judiciais sobre garantia das necessidades inadiáveis da população, já é conhecido da Corte Regional, por sua reiteração (6 dissídios de greve em 6 meses); *c*) o alegado desconhecimento do Sindicato obreiro quanto à paralisação não o desonera do dever, enquanto legítimo representante da categoria profissional (CF, art. 8º, III), de intervir ativamente no sentido de fazer cumprir a ordem judicial, evitando a qualificação do movimento como abusivo. 4. Considerando, por fim, que o princípio da imediação conduz a que se busque prestigiar, ao máximo, a valoração probatória feita pelo juízo *a quo* – que entendeu comprovada a existência e o abuso do movimento paredista, bem como o protagonismo sindical na sua deflagração – deve-se manter a decisão Regional, no particular. Recurso ordinário desprovido, no particular. II – Multa por descumprimento da liminar que determinava a abstenção do suscitado em realizar o movimento paredista. 1. A Lei de Greve (Lei n. 7.783/89), regulamentando o direito de greve assegurado pelo art. 9º da CF, impõe o dever da manutenção de quantitativo mínimo de trabalhadores em se tratando de greve em serviços essenciais, como é o caso dos transportes, de modo a atender as necessidades básicas da população (art. 11). Por óbvio que tal exigência legal, como a de ordem judicial que estabeleça percentual elevado, dependendo dos serviços, não frustra o direito de greve, pois só a redução do número de veículos trafegando já causa um impacto substancial na vida da população e da empresa. 2. O ordenamento jurídico brasileiro, de modo a garantir a observância das determinações judiciais mandamentais, tal como a proferida nos autos, permite, dentre outras providências, a imposição de multas em caso de descumprimento, nos termos dos arts. 536 e 537 do CPC. 3. Os valores dessas multas devem ser fixados de modo suficiente e compatível com a obrigação, de acordo com as particularidades do caso concreto, sempre levando em conta o caráter pedagógico das astreintes, isto é, a sua função de influenciar as partes no cumprimento da decisão. 4. *In casu*, constata-se que o Sindicato Recorrente descumpriu, sem justificativa plausível, o mandamento judicial que assegurava o funcionamento do transporte coletivo urbano no dia da paralisação, mesmo sob a cominação de multa horária considerável. 5. Diante desse quadro, ainda que a paralisação tenha ocorrido por apenas sete horas, houve manifesto prejuízo à população – desguarnecida do serviço essencial de transporte coletivo rodoviário, em horário crítico de dia útil (das 4h às 11h do dia 26-6-2017, segunda-feira) –, além de clara atitude contrária à lealdade e boa-fé processuais, manifestada tanto pela tentativa de eximir-se da autoria do movimento, quanto pelo descumprimento da determinação judicial. 6. Do exposto, considerando o interesse público envolvido, o reiterado desrespeito do STTRM às decisões liminares proferidas pelo Tribunal *a quo* e, por derradeiro, a finalidade de se assegurar a

efetividade das decisões judiciais, nega-se provimento ao recurso ordinário, mantendo a cominação da multa de R$ 350.000,00 (trezentos e cinquenta mil reais), já mitigada em 50% pelo próprio Regional em relação ao que deveria ser cobrado em face do tempo de paralisação. Recurso ordinário desprovido, quanto ao tema. III – Honorários advocatícios. Tratando-se de ação ajuizada antes da entrada em vigor da Lei 13.467/17, não são devidos honorários advocatícios por parte do Sindicato-Réu, nos termos da jurisprudência pacificada desta SDC (cfr. TST-RO-1002036-94.2015.5.02.0000, Rel. Min. Maria Cristina Irigoyen Peduzzi, *DEJT* de 14-12-2017; TST-RO-10788-11.2016.5.03.0000, Rel. Min. Kátia Magalhães Arruda, *DEJT* de 19-12-2017; TST-RO-220-72.2015.5.10.0000, Rel. Min. Mauricio Godinho Delgado, *DEJT* de 18-6-2018; TST-RO-1001849-52.2016.5.02.0000, Rel. Min. Dora Maria da Costa, *DEJT* de 18-6-2018; TST-RO-606-88.2017.5.08.0000, Rel. Min. Dora Maria da Costa, *DEJT* de 16-3-2018). Recurso ordinário provido, no particular" (RO-293-46.2017.5.11.0000, Seção Especializada em Dissídios Coletivos, Relator Ministro Ives Gandra Martins Filho, *DEJT* 6-3-2020).

Título IX
Do Ministério Público do Trabalho

(LC 75, de 1993, nos arts. 83/115, abrange a competência do Ministério Público do Trabalho, envolve não só competência, mas também órgãos e a Carreira do MPT, portanto, entendemos que o Título IX está revogado tacitamente pela LC/75)

Capítulo I
Disposições gerais

Art. 736. O Ministério Público do Trabalho é constituído por agentes diretos do Poder Executivo, tendo por função zelar pela exata observância da Constituição Federal, das leis e demais atos emanados dos poderes públicos, na esfera de suas atribuições.

Parágrafo único. Para o exercício de suas funções, o Ministério Público do Trabalho reger-se-á pelo que estatui esta Consolidação e, na falta de disposição expressa, pelas normas que regem o Ministério Público Federal.

Art. 737. O Ministério Público do Trabalho compõe-se da Procuradoria da Justiça do Trabalho e da Procuradoria da Previdência Social, aquela funcionando como órgão de coordenação entre a Justiça do Trabalho e o Ministério do Trabalho, ambas diretamente subordinadas ao Ministro de Estado. (Redação dada pelo Dec.-lei n. 8.737, de 19-1-1946.)

Art. 738. (Revogado pelo art. 196 da CF/69, com a redação dada pela EC n. 7, de 13-4-1977.)

Art. 739. Não estão sujeitos a ponto os procuradores-gerais e os procuradores.

Capítulo II
Da procuradoria da Justiça do Trabalho

Seção I
Da organização

Art. 740. A Procuradoria da Justiça do Trabalho compreende:

a) 1 (uma) Procuradoria-Geral, que funcionará junto ao Tribunal Superior do Trabalho;

b) 24 (vinte e quatro)[436] Procuradorias Regionais, que funcionarão junto aos Tribunais Regionais do Trabalho. (Nos termos da Lei n. 8.470, de 5-10-1992.)

Art. 741. As Procuradorias Regionais são subordinadas diretamente ao procurador-geral.

Art. 742. A Procuradoria-Geral é constituída de 1 (um) procurador-geral e de procuradores.

Parágrafo único. As Procuradorias Regionais compõem-se de 1 (um) procurador regional, auxiliado, quando necessário, por procuradores adjuntos.

Art. 743. Haverá, nas Procuradorias Regionais, substitutos de procurador adjunto ou, quando não houver este cargo, de procurador regional, designados previamente por decreto do Presidente da República, sem ônus para os cofres públicos.

§ 1º O substituto tomará posse perante o respectivo procurador regional, que será a autoridade competente para convocá-lo.

§ 2º O procurador regional será substituído em suas faltas e impedimentos pelo procurador adjunto, quando houver, e, havendo mais de um, pelo que for por ele designado.

§ 3º O procurador adjunto será substituído, em suas faltas e impedimentos, pelo respectivo procurador substituto.

§ 4º Será dispensado, automaticamente, o substituto que não atender à convocação, salvo motivo de doença, devidamente comprovada.

§ 5º Nenhum direito ou vantagem terá o substituto além do vencimento do cargo do substituído e somente durante o seu impedimento legal.

Art. 744. A nomeação do procurador-geral deverá recair em bacharel em ciências jurídicas e sociais, que tenha exercido, por 5 (cinco) ou

436. Redação dada pelo Decreto-lei n. 9.797, de 9-9-1946 e posteriormente alterada por outras, por fim, pela Lei n. 8.431/92, que criou a 24ª Região.

mais anos, cargo de magistratura ou de Ministério Público, ou a advocacia.

Art. 745. Para a nomeação dos demais procuradores, atender-se-á aos mesmos requisitos estabelecidos no artigo anterior, reduzido a 2 (dois) anos, no mínimo, o tempo de exercício.

Seção II
Da competência da Procuradoria-Geral

Art. 746. Compete à Procuradoria-Geral da Justiça do Trabalho: (*Caput* e alíneas com redação dada pelo Dec.-lei n. 8.737, de 19-1-1946.)

a) oficiar, por escrito, em todos os processos e questões de trabalho de competência do Tribunal Superior do Trabalho;

b) funcionar nas sessões do mesmo Tribunal, opinando verbalmente sobre a matéria em debate e solicitando as requisições e diligências que julgar convenientes, sendo-lhe assegurado o direito de vista do processo em julgamento sempre que for suscitada questão nova, não examinada no parecer exarado;

c) requerer prorrogação das sessões do Tribunal, quando essa medida for necessária para que se ultime o julgamento;

d) exarar, por intermédio do procurador-geral, o seu "ciente" nos acórdãos do Tribunal;

e) proceder às diligências e inquéritos solicitados pelo Tribunal;

f) recorrer das decisões do Tribunal, nos casos previstos em lei;

g) promover, perante o Juízo competente, a cobrança executiva das multas impostas pelas autoridades administrativas e judiciárias do trabalho;

h) representar às autoridades competentes contra os que não cumprirem as decisões do Tribunal;

i) prestar às autoridades do Ministério do Trabalho as informações que lhe forem solicitadas sobre os dissídios submetidos à apreciação do Tribunal e encaminhar aos órgãos competentes cópia autenticada das decisões que por eles devam ser atendidas ou cumpridas;

j) requisitar, de quaisquer autoridades, inquéritos, exames periciais, diligências, certidões e esclarecimentos que se tornem necessários no desempenho de suas atribuições;

l) defender a jurisdição dos órgãos da Justiça do Trabalho;

m) suscitar conflitos de jurisdição.

Seção III
Da competência das Procuradorias Regionais

Art. 747. Compete às Procuradorias Regionais exercer, dentro da jurisdição do Tribunal Regional respectivo, as atribuições indicadas na Seção anterior.

Seção IV
Das atribuições do procurador-geral

Art. 748. Como chefe da Procuradoria-Geral da Justiça do Trabalho, incumbe ao procurador-geral: (*Caput* e alíneas com redação dada pelo Dec.-lei n. 8.737, de 19-1-1946.)

a) dirigir os serviços da Procuradoria-Geral, orientar e fiscalizar as Procuradorias Regionais, expedindo as necessárias instruções;

b) funcionar nas sessões do Tribunal Superior do Trabalho, pessoalmente ou por intermédio do procurador que designar;

c) exarar o seu "ciente" nos acórdãos do Tribunal;

d) designar o procurador que o substitua nas faltas e impedimentos e o chefe da secretaria da Procuradoria;

e) apresentar, até o dia 31 de março, ao Ministro do Trabalho, relatório dos trabalhos da Procuradoria-Geral no ano anterior, com as observações e sugestões que julgar convenientes;

f) conceder férias aos procuradores e demais funcionários que sirvam na Procuradoria e impor-lhes penas disciplinares, observada, quanto aos procuradores, a legislação em vigor para o Ministério Público Federal;

g) funcionar em Juízo, em primeira instância, ou designar os procuradores que o devam fazer;

h) admitir e dispensar o pessoal extranumerário da secretaria e prorrogar o expediente remunerado dos funcionários e extranumerários.

Seção V
Das atribuições dos procuradores

Art. 749. Incumbe aos procuradores com exercício na Procuradoria-Geral: (*Caput* e alíneas com redação dada pelo Dec.-lei n. 8.737, de 19-1-1946.)

a) funcionar, por designação do procurador-geral, nas sessões do Tribunal Superior do Trabalho;

b) desempenhar os demais encargos que lhes forem atribuídos pelo procurador-geral.

Parágrafo único. Aos procuradores é facultado, nos processos em que oficiarem, requerer ao procurador-geral as diligências e investigações necessárias. (Redação dada pelo Dec.-lei n. 8.737, de 19-1-1946.)

Seção VI
Das atribuições dos procuradores regionais

Art. 750. Incumbe aos procuradores regionais: (*Caput* e alíneas com redação dada pelo Dec.-lei n. 8.737, de 19-1-1946.)

a) dirigir os serviços da respectiva Procuradoria;

b) funcionar nas sessões do Tribunal Regional, pessoalmente ou por intermédio do procurador adjunto que designar;

c) apresentar, semestralmente, ao procurador-geral, um relatório das atividades da respectiva Procuradoria, bem como dados e informações sobre a administração da Justiça do Trabalho na respectiva região;

d) requerer e acompanhar perante as autoridades administrativas ou judiciárias as diligências necessárias à execução das medidas e providências ordenadas pelo procurador-geral;

e) prestar ao procurador-geral as informações necessárias sobre os feitos em andamento e consultá-lo nos casos de dúvidas;

f) funcionar em juízo, na sede do respectivo Tribunal Regional;

g) exarar o seu "ciente" nos acórdãos do Tribunal;

h) designar o procurador que o substitua nas faltas e impedimentos e o secretário da Procuradoria.

Art. 751. Incumbe aos procuradores adjuntos das Procuradorias Regionais: (*Caput* e alíneas com redação dada pelo Dec.-lei n. 8.737, de 19-1-1946.)

a) funcionar por designação do procurador regional, nas sessões do Tribunal Regional;

b) desempenhar os demais encargos que lhes forem atribuídos pelo procurador regional.

Seção VII
Da secretaria

Art. 752. A secretaria da Procuradoria-Geral funcionará sob a direção de um chefe designado pelo procurador-geral e terá o pessoal designado pelo Ministro do Trabalho. (Redação dada pelo Dec.-lei n. 8.737, de 19-1-1946.)

Art. 753. Compete à secretaria:

a) receber, registrar e encaminhar os processos ou papéis entrados;

b) classificar e arquivar os pareceres e outros papéis;

c) prestar informações sobre os processos ou papéis sujeitos à apreciação da Procuradoria;

d) executar o expediente da Procuradoria;

e) providenciar sobre o suprimento do material necessário;

f) desempenhar os demais trabalhos que lhes forem cometidos pelo procurador-geral, para melhor execução dos serviços a seu cargo.

Art. 754. Nas Procuradorias Regionais, os trabalhos a que se refere o artigo anterior serão executados pelos funcionários para esse fim designados.

Capítulo III
Da procuradoria de Previdência Social

Seção I
Da organização

Art. 755. A Procuradoria de Previdência Social compõe-se de um procurador geral e de procuradores.

Art. 756. Para a nomeação do procurador geral e dos demais procuradores atender-se-á ao disposto nos arts. 744 e 745. (Ambos artigos revogados tacitamente pelo Dec.-lei n. 72, de 21-11-1966.)

Seção II
Da competência da Procuradoria

(Entendemos que o art. 757 e suas alíneas foram revogados tacitamente pelo Dec.-lei n. 72, de 21-11-1966, no entanto, o art. 83 da LC/75 trata especificamente da competência do Ministério Público do Trabalho e exercícios das atribuições)

Art. 757. Compete à Procuradoria da Previdência Social:

a) oficiar, por escrito, nos processos que tenham de ser sujeitos à decisão do Conselho Superior de Previdência Social;

b) oficiar, por escrito, nos pedidos de revisão das decisões do mesmo Conselho;

c) funcionar nas sessões do mesmo Conselho, opinando verbalmente sobre a matéria em debate e solicitando as requisições e diligências que julgar convenientes, sendo-lhe assegurado o direito de vista do processo em julgamento, sempre que for suscitada questão nova, não examinada no parecer exarado;

d) opinar, quando solicitada, nos processos sujeitos à deliberação do Ministro de Estado, do Conselho Técnico do Departamento Nacional de Previdência Social ou do Diretor do mesmo Departamento, em que houver matéria jurídica a examinar;

e) funcionar, em primeira instância, nas ações propostas contra a União, no Distrito Federal, para anulação de atos e decisões do Conselho Superior de Previdência Social ou do Departamento Nacional de Previdência Social, bem como do Ministro do Trabalho, Industria e Comercio, em matéria de previdência social;

f) fornecer ao Ministério Público as informações por este solicitadas em virtude de ações propostas nos Estados e Territórios para execução ou anulação de atos e decisões dos órgãos ou da autoridade a que se refere a alínea anterior;

g) promover em juízo, no Distrito Federal, qualquer procedimento necessário ao cumprimento das decisões do Conselho Superior de Previdência Social e do Departamento Nacional de Previdência Social, bem como do Ministro do Trabalho, Industria e Comércio, em matéria de previdência social;

h) recorrer das decisões dos órgãos e autoridades competentes em matéria de previdência social e requerer revisão das decisões do Conselho Superior de Previdência Social, que lhe pareçam contrárias à lei.

Seção III
Das atribuições do procurador-geral

Art. 758. Como chefe da Procuradoria da Previdência Social, incumbe ao Procurador-Geral: (Redação dada pelo Dec.-lei n. 8.737, de 19-1-1946).

a) dirigir os serviços da Procuradoria, expedindo as necessárias instruções;

b) funcionar nas sessões do Conselho Superior de Previdência Social, pessoalmente ou por intermédio do procurador que designar;

c) designar o procurador que o substitua nas faltas e impedimentos e o chefe da Secretaria da Procuradoria;

d) conceder férias aos procuradores e demais funcionários lotados na Procuradoria e impor-lhes penas disciplinares, observada, quanto aos procuradores, a legislação em vigor para o Ministério Público Federal;

e) funcionar em juízo, em primeira instância, ou designar os procuradores que devam fazê-lo;

f) admitir e dispensar o pessoal extranumerário da Secretária e prorrogar o expediente renumerado dos funcionários e extranumerários;

g) apresentar, até 31 de março de cada ano, ao Ministro do Trabalho, Indústria e Comercio, o relatório dos trabalhos da Procuradoria no ano anterior, com as observações e sugestões que julgar convenientes.

Seção IV
Das atribuições dos procuradores

Art. 759. Aos procuradores e demais funcionários incumbe desempenhar os encargos que lhes forem cometidos pelo procurador geral. (Entendemos que o artigo e seu parágrafo único foram revogados tacitamente pelo Dec.-lei n. 72, de 21-11-1966.)

Parágrafo único. Aos procuradores é facultado, nos processos em que oficiarem, requerer ao procurador geral as diligências e investigações necessárias.

Seção V
Da secretaria

Arts. 760. A Procuradoria da Previdência Social terá uma Secretaria dirigida por um chefe designado pelo Procurador Geral. (Redação dada pelo Dec.-lei n. 8.737, de 19-1-1946.)

Art. 761. A Secretaria terá o pessoal designado pelo Ministro do Trabalho, Industria e Comércio.

Art. 762. À Secretaria da Procuradoria de Previdência Social compete executar serviços idênticos aos referidos no art. 753.

● ●

▶ *Comentários*

1. ***O Ministério Público***

O Ministério Público, no Brasil, era órgão do Poder Executivo, que promovia e fisca-

lizava a execução das leis no interesse da sociedade.

Na verdade, as funções do Ministério Público são de grande complexidade, revestindo-se do mais alto significado, situa-o em plano bem mais elevado, erigindo-o em verdadeira "instituição permanente, essencial à função jurisdicional do Estado, incumbindo-lhe a defesa da ordem jurídica, do regime democrático e dos interesses sociais e individuais indisponíveis", conforme preceitua o art. 127, da CF/1988.

No Brasil Colônia, os promotores de justiça fiscalizavam a execução das leis e patrocinavam as acusações penais, nas ordenações Manuelinas[437] e as ordenações Filipinas[438], não obstante, a denominação Ministério Público, é utilizada desde o século XIX, no Código de Processo Criminal[439] do Império.

No século XX, o Código Civil[440] previu a atuação do Ministério Público (MP), entretanto, somente na Constituição de 1934, foi consignado expressamente a instituição do MP, consequentemente, o Código Penal[441] e o Processual Penal[442] editados posteriormente, atribuíram prerrogativas a figura do Ministério Público.

A atual Constituição Federal, em seu Capítulo IV, põe em destaque o Ministério Público, proclamando suas funções como *essenciais à Justiça*, declarando o art. 127 que:

"O Ministério Público é instituição permanente, essencial à função jurisdicional do Estado, incumbindo-lhe a defesa da ordem jurídica, do regime democrático e dos interesses sociais e individuais indisponíveis"[443].

Nos termos do § 1º do dispositivo constitucional nominado, "são princípios institucionais do Ministério Público a *unidade*, a *indivisibilidade* e a *independência funcional*".

O Ministério Público compreende:

I – *Ministério Público da União*, que, por sua vez, abrange:

a) o Ministério Público Federal;

b) o Ministério Público do Trabalho;

c) o Ministério Público do Distrito Federal e Territórios;

II – *os Ministérios Públicos dos Estados*.

"Todavia, é importante destacar que grande parte dos dispositivos relativos ao Ministério Público do Trabalho, constantes na CLT, não se encontram em consonância com a ordem jurídica vigente, não tendo sido, propriamente, recepcionados pela Constituição Federal, apesar da ausência de expressa revogação.

Grande parte destes artigos foram idealizados em um contexto diferente, em que o Ministério Público Brasileiro não possuía todas as atribuições conferidas pela Carta Maior"[444].

2. *Das atribuições do Ministério Público do Trabalho*

Cumprindo-lhe, pois, tutelar os interesses da sociedade, em nome da qual, aliás, promove a aplicação da lei, o Ministério Público está presente na Justiça do Trabalho, por intermédio do *Ministério Público do Trabalho*.

Compete à Procuradoria-Geral da Justiça do Trabalho:

a) oficiar, por escrito, em todos os processos e questões de trabalho de competência do Tribunal Superior do Trabalho;

b) funcionar nas sessões do mesmo Tribunal, opinando verbalmente sobre a matéria em debate e solicitando as requisições e diligências que julgar convenientes, sendo-lhe assegurado o direito de vista do processo em julgamento sempre que for suscitada questão nova, não examinada no parecer exarado;

c) requerer prorrogação das sessões do Tribunal, quando essa medida for necessária para que se ultime o julgamento;

d) exarar, por intermédio do procurador-geral, o seu "ciente" nos acórdãos do Tribunal;

437. Ano de 1521.
438. Ano de 1603.
439. Lei de 29-11-1832.
440. De 1-1-1916.
441. De 3-10-1940.
442. De 3-10-1941.
443. O Ministério Público está subordinado às normas previstas na Lei Orgânica Nacional do Ministério Público — Lei n. 8.625/93.

444. Paula Bueno Ravena, Procuradora do Ministério Público do Trabalho.

e) proceder às diligências e inquéritos solicitados pelo Tribunal;

f) recorrer das decisões do Tribunal, nos casos previstos em lei;

g) promover, perante o juízo competente, a cobrança executiva das multas impostas pelas autoridades administrativas e judiciárias do trabalho;

h) representar às autoridades competentes contra os que não cumprirem as decisões do Tribunal;

i) prestar às autoridades do Ministério do Trabalho e Emprego e do Ministério da Previdência e Assistência Social as informações que lhe forem solicitadas sobre os dissídios submetidos à apreciação do Tribunal e encaminhar aos órgãos competentes cópia autenticada das decisões que por eles devam ser atendidas ou cumpridas;

j) requisitar de quaisquer autoridades inquéritos, exames periciais, diligências, certidões e esclarecimentos que se tornem necessários no desempenho de suas atribuições;

k) defender a jurisdição dos órgãos da Justiça do Trabalho.

Compete às procuradorias regionais:

a) dirigir os serviços da procuradoria-geral, orientar e fiscalizar as procuradorias regionais, expedindo as necessárias instruções;

b) funcionar nas sessões do Tribunal Superior do Trabalho, pessoalmente, ou por intermédio do procurador que designar;

c) exarar o seu "ciente" nos acórdãos do Tribunal Regional;

d) designar o procurador que o substitua nas faltas e impedimentos e o chefe da secretaria da procuradoria;

e) apresentar, até o dia 31 de março, ao Ministro do Trabalho e Emprego relatório dos trabalhos da procuradoria-geral anterior, com as observações e sugestões que julgar convenientes;

f) conceder férias aos procuradores e demais funcionários que sirvam na procuradoria e impor-lhes penas disciplinares, observada, quanto aos procuradores, a legislação em vigor para o Ministério Público Federal;

g) funcionar em juízo, em 1ª instância, ou designar os procuradores que o devam fazer;

h) admitir e dispensar o pessoal extranumerário da secretaria e prorrogar o expediente remunerado dos funcionários e extranumerários.

"Atualmente, as atribuições do MPT podem ser verificadas nos arts. 83 e 84 da LC 75/93, visto que, em consonância com a ordem constitucional. Senão vejamos"[445]:

"Art. 83. Compete ao Ministério Público do Trabalho o exercício das seguintes atribuições junto aos órgãos da Justiça do Trabalho:

I – promover as ações que lhe sejam atribuídas pela Constituição Federal e pelas leis trabalhistas;

II – manifestar-se em qualquer fase do processo trabalhista, acolhendo solicitação do juiz ou por sua iniciativa, quando entender existente interesse público que justifique a intervenção;

III – promover a ação civil pública no âmbito da Justiça do Trabalho, para defesa de interesses coletivos, quando desrespeitados os direitos sociais constitucionalmente garantidos;

IV – propor as ações cabíveis para declaração de nulidade de cláusula de contrato, acordo coletivo ou convenção coletiva que viole as liberdades individuais ou coletivas ou os direitos individuais indisponíveis dos trabalhadores;

V – propor as ações necessárias à defesa dos direitos e interesses dos menores, incapazes e índios, decorrentes das relações de trabalho;

VI – recorrer das decisões da Justiça do Trabalho, quando entender necessário, tanto nos processos em que for parte, como naqueles em que oficiar como fiscal da lei, bem como pedir revisão dos Enunciados da Súmula de Jurisprudência do Tribunal Superior do Trabalho;

VII – funcionar nas sessões dos Tribunais Trabalhistas, manifestando-se verbalmente sobre a matéria em debate, sempre que entender necessário, sendo-lhe assegurado o direito de vista dos processos em julgamento, podendo solicitar as requisições e diligências que julgar convenientes;

VIII – instaurar instância em caso de greve, quando a defesa da ordem jurídica ou o interesse público assim o exigir;

445. Paula Bueno Ravena, Procuradora do Ministério Público do Trabalho.

IX – promover ou participar da instrução e conciliação em dissídios decorrentes da paralisação de serviços de qualquer natureza, oficiando obrigatoriamente nos processos, manifestando sua concordância ou discordância, em eventuais acordos firmados antes da homologação, resguardado o direito de recorrer em caso de violação à lei e à Constituição Federal;

X – promover mandado de injunção, quando a competência for da Justiça do Trabalho;

XI – atuar como árbitro, se assim for solicitado pelas partes, nos dissídios de competência da Justiça do Trabalho;

XII – requerer as diligências que julgar convenientes para o correto andamento dos processos e para a melhor solução das lides trabalhistas;

XIII – intervir obrigatoriamente em todos os feitos nos segundo e terceiro graus de jurisdição da Justiça do Trabalho, quando a parte for pessoa jurídica de Direito Público, Estado estrangeiro ou organismo internacional.

Art. 84. Incumbe ao Ministério Público do Trabalho, no âmbito das suas atribuições, exercer as funções institucionais previstas nos Capítulos I, II, III e IV do Título I, especialmente:

I – integrar os órgãos colegiados previstos no § 1º do art. 6º, que lhes sejam pertinentes;

II – instaurar inquérito civil e outros procedimentos administrativos, sempre que cabíveis, para assegurar a observância dos direitos sociais dos trabalhadores;

III – requisitar à autoridade administrativa federal competente, dos órgãos de proteção ao trabalho, a instauração de procedimentos administrativos, podendo acompanhá-los e produzir provas;

IV – ser cientificado pessoalmente das decisões proferidas pela Justiça do Trabalho, nas causas em que o órgão tenha intervido ou emitido parecer escrito;

V – exercer outras atribuições que lhe forem conferidas por lei, desde que compatíveis com sua finalidade"[446].

Dentre as funções atribuídas pela Constituição Federal de 1988, cumpre pôr em relevo a de "promover inquérito civil e a ação civil pública, para a proteção do patrimônio público e social, do meio ambiente e de outros interesses difusos e coletivos", o que lhe confere legitimidade para firmar *termo de ajuste de conduta*.

Em conformidade com o art. 5º, § 6º, da Lei n. 7.347/85, que instituiu a *ação civil pública*:

"Os órgãos públicos legitimados poderão tomar dos interessados compromisso de ajustamento de sua conduta às exigências legais, mediante cominações, que terá eficácia de título executivo extrajudicial".

É por meio do inquérito civil, de manifesta natureza administrativa, que o Ministério Público apura agressão ao meio ambiente do trabalho ou violação a outras exigências legais de natureza laboral, o que normalmente culmina com a celebração, com as empresas, do denominado *termo de ajuste ou compromisso*, com a cominação de multa, na eventualidade de seu descumprimento.

O termo em apreço tem eficácia executiva, por força do que dispõe o art. 876 da CLT, com a redação dada pela Lei n. 9.958, de 12-1-2000:

"As decisões passadas em julgado ou das quais não tenha havido recurso com efeito suspensivo; os acórdãos, quando não cumpridos; os termos de ajuste de conduta firmados perante o Ministério Público do Trabalho e os termos de conciliação firmados perante as Comissões de Conciliação Prévia serão executados pela forma estabelecida neste Capítulo".

A Emenda Constitucional n. 45/2004 dá legitimidade ao Ministério Público do Trabalho para ajuizar dissídio coletivo, em caso de greve em atividade essencial, em que haja possibilidade de lesão do interesse público (art. 114, § 3º, da CF).

A Lei Complementar n. 75/1993, trata do Ministério Público nos arts. 83 a 115.

3. Da Procuradoria da Previdência Social

Entendemos que os arts. 755 a 762 da CLT foram revogados tacitamente pelo Decreto-lei n. 72, de 21-11-1966, que criou o INPS, atual INSS – Instituto Nacional do Seguro Social.

446. Arts. 83 e 84 da Lei Complementar n. 75, de 20-5-1993.

Há quem questione a natureza jurídica da intervenção do INSS, nos processos da Justiça do Trabalho, uma vez que ele não é parte, nem fiscal da ordem jurídica; há quem afirme, ainda, ser uma intervenção anômala.

O INSS – é representado judicialmente e extrajudicialmente pela Procuradoria-Geral Federal[447] –, órgão da Advocacia Geral da União, perante a Justiça do Trabalho[448].

O Decreto n. 7.078, de 26-1-2010, dispõe sobre a competência do Conselho Superior da Previdência Social.

▶ *Jurisprudência*

▷ **Súmula 407 do TST. Ação rescisória. Ministério Público. Legitimidade** *ad causam* **prevista no art. 967, III,** *a* **e** *b***, do CPC/2015. As hipóteses são meramente exemplificativas.** (Nova redação em decorrência do CPC de 2015) – Res. 208/2016, *DEJT* divulgado em 22, 25 e 26-4-2016) A legitimidade *ad causam* do Ministério Público para propor ação rescisória, ainda que não tenha sido parte no processo que deu origem à decisão rescindenda, não está limitada às alíneas *a* e *b* do inciso III do art. 967 do CPC de 2015 (art. 487, III, *a* e *b*, do CPC de 1973), uma vez que traduzem hipóteses meramente exemplificativas (ex--OJ n. 83 da SBDI-2 – inserida em 13-3-2002).

▷ **OJ n. 130 da SDI-1 do TST. Prescrição. Ministério Público. Arguição.** *"Custos legis"*. **Ilegitimidade.** (atualizada em decorrência do CPC de 2015) – Res. 209/2016, *DEJT* divulgado em 1, 2 e 3-6-2016. Ao exarar o parecer na remessa de ofício, na qualidade de *custos legis*, o Ministério Público não tem legitimidade para arguir a prescrição em favor de entidade de direito público, em matéria de direito patrimonial.

▷ **OJ n. 237 da SDI-1 do TST. Ministério Público do Trabalho. Ilegitimidade para recorrer.** Sociedade de Economia Mista. Empresa Pública (incorporada a Orientação Jurisprudencial n. 338 da SBDI-I) – Res. 210/2016, *DEJT* divulgado em 30-6-2016 e 1 e 4-7-2016.

O Ministério Público do Trabalho não tem legitimidade para recorrer na defesa de interesse patrimonial privado, ainda que de empresas públicas e sociedades de economia mista. II – Há legitimidade do Ministério Público do Trabalho para recorrer de decisão que declara a existência de vínculo empregatício com sociedade de economia mista ou empresa pública, após a Constituição Federal de 1988, sem a prévia aprovação em concurso público, pois é matéria de ordem pública.

▷ **"Recurso de revista. Execução de título extrajudicial. Termo de ajuste de conduta. Procedimento.** I – O Tribunal Regional manteve a sentença em que se extinguiu o processo de execução, sem resolução do mérito. Entendeu, em síntese, ser incabível a execução do Termo de Ajuste de Conduta, em razão da inadequação do procedimento escolhido. II – O Termo de Ajustamento de Conduta firmado perante o Ministério Público do Trabalho possui eficácia de título executivo extrajudicial, podendo ser executado diretamente na Justiça do Trabalho, na forma do art. 876 e seguintes da CLT. III – Na hipótese dos autos, depreende-se do acórdão regional que o Exequente pretende a execução das obrigações firmadas no Termo de Ajuste de Conduta, em conformidade com o disposto no art. 876 da CLT. IV – Desse modo, ao manter a extinção do processo com fundamento na inadequação do procedimento executivo, a decisão regional afronta a garantia constitucional da inafastabilidade da jurisdição, consagrada no art. 5º, XXXV, da Constituição Federal. V – Recurso de revista de que se conhece e a que se dá provimento" (RR-48100-12.2008.5.16.0009, 7ª Turma, Relator Desembargador Convocado Ubirajara Carlos Mendes, *DEJT* 31-8-2018).

▷ **"Recurso de revista do Ministério Público do Trabalho. Processo anterior à Lei n. 13.467/2017. Decisão recorrida anterior à vigência da Lei n. 13.015/2014. Ação civil pública. Legitimidade ativa do MPT. Horas extras e reflexos.** O entendimento desta Corte Superior é no sentido de que o Ministério Público do Trabalho tem legitimidade para ajuizar ação civil pública, não apenas para a defesa de inte-

447. Arts. 9º e 10, da Lei 10.480 de 2-7-2002.
448. Art. 18-A, da Lei 11.457, de 16-3-2007.

resses difusos, mas também para tutelar direito coletivo e individual homogêneo, desde que demonstrada a relevância social. Portanto, de acordo com a ordem jurídica vigente, o Ministério Público do Trabalho é parte legítima para ajuizar ação civil pública visando proteger interesses individuais indisponíveis, homogêneos, sociais, difusos e coletivos. Na hipótese dos autos, o acórdão regional manteve a sentença que extinguira o processo sem resolução do mérito, por ilegitimidade de parte, em relação aos pedidos de pagamento de horas extras e seus reflexos, concluindo pela sua legitimidade em relação aos demais pedidos formulados. Observa-se, no entanto, que o objeto da ação civil pública diz respeito a direito individual que, por ostentar origem comum – uma vez que decorre de irregularidade praticada pela empregadora, a atingir todo um grupo de trabalhadores –, qualifica-se como direito individual homogêneo, atraindo, assim, a legitimidade do Ministério Público do Trabalho para a causa. Precedentes do STF e do TST. Recurso de revista do MPT conhecido por divergência jurisprudencial e provido. Conclusão: Recurso de revista do MPT conhecido e provido. Prejudicado o exame dos demais temas do recurso de revista do MPT. Prejudicada a análise do agravo de instrumento da ré" (ARR-541-76.2010.5.02.0042, 3ª Turma, Relator Ministro Alexandre de Souza Agra Belmonte, *DEJT* 25-5-2018).

▷ **"Agravo de instrumento em recurso de revista.** Execução. 1. Nulidade por negativa de prestação jurisdicional. O Tribunal *a quo* manifestou-se expressamente sobre todas as questões postas à sua apreciação, exarando, de forma motivada e fundamentada, as razões do seu convencimento no tocante à impossibilidade de limitação territorial da decisão exequenda a obras/empregados da empresa executada no Estado de Minas Gerais. Não há falar em hipótese de prestação jurisdicional incompleta. Ileso o art. 93, IX, da CF. 2. Coisa julgada. Ação civil pública. Alcance. O Tribunal Regional rechaçou a possibilidade de limitação territorial da decisão exequenda a obras/empregados da empresa executada no Estado de Minas Gerais, uma vez que não existe essa limitação no comando exequendo. Ainda, ao dar provimento ao agravo de petição do MPT, o Regional considerou outro aspecto, qual seja que a presente discussão já foi travada nestes autos, estando a matéria preclusa. Nessa perspectiva, não merece reparos o acórdão regional que deu provimento ao agravo de petição do MPT para reconhecer o efeito erga omnes do comando exequendo. Por conseguinte, descabe falar em ofensa ao art. 5º, XXXVI, da CF, pois não se verifica a hipótese de desrespeito ao título executivo transitado em julgado, mas, sim, observância ao nele contido, ou seja à coisa julgada. Agravo de instrumento conhecido e não provido" (AIRR-127000-74 2000.5.03.0001, 8ª Turma, Relatora Ministra Dora Maria da Costa, *DEJT* 6-4-2018).

Título X
Do processo judiciário do trabalho

Capítulo I
Disposições preliminares

Art. 763. O processo da Justiça do Trabalho, no que concerne aos dissídios individuais e coletivos e à aplicação de penalidades, reger-se-á, em todo o território nacional, pelas normas estabelecidas neste Título.

Art. 764. Os dissídios individuais ou coletivos submetidos à apreciação da Justiça do Trabalho serão sempre sujeitos à conciliação.

§ 1º Para os efeitos deste artigo, os juízes e Tribunais do Trabalho empregarão sempre os seus bons ofícios e persuasão no sentido de uma solução conciliatória dos conflitos.

§ 2º Não havendo acordo, o juízo conciliatório converter-se-á obrigatoriamente em arbitral, proferindo decisão na forma prescrita neste Título.

§ 3º É lícito às partes celebrar acordo que ponha termo ao processo, ainda mesmo depois de encerrado o juízo conciliatório.

Art. 765. Os Juízos e Tribunais do Trabalho terão ampla liberdade na direção do processo e velarão pelo andamento rápido das causas, podendo determinar qualquer diligência necessária ao esclarecimento delas.

Art. 766. Nos dissídios sobre estipulação de salários, serão estabelecidas condições que, assegurando justos salários aos trabalhadores, permitam também justa retribuição às empresas interessadas.

Art. 767. A compensação, ou retenção, só poderá ser arguida como matéria de defesa. (Redação nos termos do Dec.-lei n. 6.353, de 20-3-1944.)

Art. 768. Terá preferência em todas as fases processuais o dissídio cuja decisão tiver de ser executada perante o Juízo da falência.

Art. 769. Nos casos omissos, o direito processual comum será fonte subsidiária do direito processual do trabalho, exceto naquilo em que for incompatível com as normas deste Título.

► **Comentários**

1. ***O processo trabalhista***

A tutela jurisdicional do Estado é direito assegurado a todos, por força do que dispõe o art. 5º, XXXV, da CF/88. A forma de provocar a tutela jurisdicional é a ação – "direito público subjetivo de natureza constitucional"[449].

Processo é o movimento da ação em juízo. "Complexo de atos coordenados tendentes ao exercício da função jurisdicional"[450]. Dividido em dois grandes grupos, *individual* e *coletivo*, o processo do trabalho rege-se pelas normas estabelecidas na CLT, que é, assim, a um só tempo, coletânea de leis materiais (o direito do trabalho) e processuais (o direito processual do trabalho).

No entanto, para o professor Luiz Fabre[451]:

Não existe direito individual do trabalho, em sentido estrito, *pois a lesão trabalhista é essencialmente coletiva*, tendo em vista que *o empregador quando deixa de pagar salários*, não observa as regras de jornada, *não recolhe FGTS – o faz em face de todos trabalhadores...* (grifos nossos).

Tal raciocínio faz sentido, uma vez que, no caso concreto, o empregador omisso com as obrigações trabalhistas, não viola direito individual, pois, se ele deixa de repassar à autarquia federal o valor mensal descontado do INSS, do recibo de salário do trabalhador, a ausência de repasse atingirá todos empregados, não apenas a um único empregado, logo, a lesão será em face da pluralidade de trabalhadores.

2. ***Juízo conciliatório***

A EC n. 45/2004 alterou a redação do art. 114 da CF, não só ampliando sensivelmente a competência material da Justiça do Traba-

449. José Frederico Marques, *Manual de Direito Processual Civil*, 8. ed., São Paulo, Saraiva, v. 1, p. 170.

450. Moacyr Amaral Santos, *Primeiras Linhas de Direito Processual Civil*, cit., v. 1, p. 234.

451. Citando o jurista Manoel Carlos Palomeque López, da Universidade Salamanca, Espanha.

lho (*ver* o Capítulo VIII), mas também eliminando do seu texto a palavra *conciliar*. Com efeito, rezava o art. 114 que à Justiça do Trabalho competia "conciliar e julgar". Na atual redação compete à Justiça do Trabalho *processar e julgar*.

A tarefa de conciliar os conflitos oriundos da relação de emprego, a rigor, é da incumbência das *Comissões de Conciliação Prévia* (Lei n. 9.958/2000).

Isso não significa, porém, que ao juiz do trabalho não seja dado propor conciliação. É de lembrar que o art. 764 da CLT prevê a atuação do juiz no sentido de conciliar reclamante e reclamado – "os dissídios individuais ou coletivos submetidos à apreciação da Justiça do Trabalho serão sempre sujeitos à conciliação".

Observe-se, com Manoel Antonio Teixeira Filho, que "a conciliação constitui um traço marcante dos órgãos da Justiça do Trabalho" (*LTr, 69*:1-13).

Para isso os juízes devem empregar todos os esforços – "seus bons ofícios e persuasão".

No procedimento sumaríssimo (art. 852-E da CLT), em qualquer fase do processo, o juiz "criará os meios adequados de persuasão para a solução conciliatória do litígio". No procedimento ordinário, a proposta de conciliação é formulada logo na abertura da audiência (art. 846) e reiterada quando do encerramento da instrução, antes de ser proferida a decisão (art. 850).

Somente quando rejeitada a proposta inicial de conciliação é que se processará o feito, colhendo-se a defesa, ouvindo-se as partes, prepostos, testemunhas.

Rejeitada a proposta final de conciliação é que o juiz proferirá decisão.

Observe-se, porém, que, independentemente da intervenção do juiz, as partes podem, em qualquer fase em que se encontre o processo, celebrar acordo, pondo fim ao litígio.

3. Poderes do juiz

Representando o Estado, o juiz dirige o processo, como órgão que é do Poder Judiciário. Para isso, como observa Moacyr Amaral Santos, dispõe de dois poderes:

a) jurisdicional;

b) de polícia.

O poder jurisdicional é aquele que o juiz exerce no processo, como parte integrante da relação processual, "desde o instante em que é provocada a sua formação até a sua extinção".

São espécies do poder jurisdicional os poderes: ordinatórios, instrutórios, decisórios e executórios.

O poder de polícia é aquele exercido como autoridade judiciária, tal como estabelece o art. 360 do CPC:

"O juiz exerce o poder de polícia, competindo-lhe:

I – manter a ordem e o decoro na audiência;

II – ordenar que se retirem da sala da audiência os que se comportarem inconvenientemente;

III – requisitar, quando necessário, a força policial;

IV – tratar com urbanidade as partes, os advogados, os membros do Ministério Público e da Defensoria Pública e qualquer pessoa que participe do processo;

V – registrar em ata, com exatidão, todos os requerimentos apresentados em audiência".

Conquanto lhe imponha a legislação processual uma série de restrições – não pode conhecer senão das questões suscitadas; não pode decidir senão nos limites em que a lide foi proposta –, gozava o juiz moderno de "um vastíssimo campo de atividade autonômica", na expressão textual de Carlos Maximiliano, sobressaindo pela importância a faculdade de decidir os litígios segundo sua livre convicção, obviamente fundada nas provas carreadas aos autos.

O processo trabalhista, por força de suas próprias características, reserva ao magistrado do trabalho um dinamismo que, a rigor, não se observa no processo civil, quanto ao juiz de direito.

É que no processo do trabalho predomina o princípio inquisitorial, seja no dissídio individual, seja no dissídio coletivo.

Diz o art. 765 da CLT:

"Os Juízos e Tribunais do Trabalho terão ampla liberdade na direção do processo e velarão pelo andamento rápido das causas, podendo determinar qualquer diligência necessária ao esclarecimento delas".

A execução de ofício no processo do trabalho, por força da Reforma Trabalhista, Lei n. 13.467/2017, somente é permitida quando as partes não estiverem representadas por advogados:

"A execução será promovida pelas partes, permitida a execução de ofício pelo juiz ou Presidente do Tribunal apenas nos casos em que as partes não estiverem representadas por advogado" (grifos nossos).

Por isso, sustentamos, com Nelson Nicoliello, a natureza ultrapeticional da sentença trabalhista, posição que, parece-nos, é defendida, também, por Coqueijo Costa.

Mas nós vamos mais longe, admitindo, inclusive, a sentença *extra petita*, que, aliás, ocorre com frequência no processo trabalhista, em exemplos excelentes colhidos de Wagner Giglio:

"O processo trabalhista, contudo, por exceção e em alguns casos, autoriza expressamente o julgamento ultra petita. A conciliação, que equivale à sentença irrecorrível, poderá estender-se a controvérsias não contidas na inicial e na defesa, como acontece na hipótese, relativamente frequente, de serem estipuladas condições para o rompimento contratual em reclamação que visava outro objetivo.

O empregado estável afastado sem prévia autorização judicial deverá ser reintegrado no emprego. O pedido inicial, nesse sentido, poderá ser desprezado pela sentença, entretanto, quando a Corte reconhecer incompatibilidade entre as partes que torne desaconselhável a reintegração. A decisão que determinar a conversão da reintegração em pagamento da indenização em dobro será proferida *extra petita*, como faculta o art. 496 da CLT"[452].

E, até mesmo em hipóteses não contempladas por lei, admitem-se sentenças que extravasem as pretensões iniciais, como assinala o jurista nominado:

"Além disso, a jurisprudência autoriza a condenação, mesmo sem pedido inicial, no pagamento do dobro das verbas salariais, incontroversamente devidas e não satisfeitas na data do comparecimento da reclamada à audiência, ocorrendo rescisão do contrato de trabalho (CLT, art. 467). Em tais casos, o reclamante pede, na petição inicial, a quantia X, e a sentença final, ultrapassando os contornos do litígio, lhe concede 2 X, no exemplo mais flagrante de julgamento ultra petita autorizado por lei" (*Direito processual*, cit.).

Não sem razão, antes com inegável propriedade, afirma Amauri Mascaro Nascimento:

"Trata-se de um direito processual social, destinado, principalmente, à tutela jurisdicional de grupos ou coletividades, e não um direito processual individual. Como consequências, seguem-se as necessidades de um mínimo de formalismos, a maior liberdade interpretativa e criativa do juiz, a maior celeridade, o menor custo, a maior distributividade e menos comutatividade nos seus atos" (*Curso de direito processual do trabalho*, Saraiva).

4. **Dissídios sobre estipulação de salários**

O art. 766 estabelece princípio a ser observado nos dissídios coletivos – art. 856 da CLT.

5. **Compensação ou retenção: matéria de defesa**

Compensação é, a rigor, a extinção de obrigações recíprocas entre pessoas devedoras uma da outra. "Dá-se a compensação quando duas pessoas reúnem ao mesmo tempo as qualidades de credora e devedora uma da outra"[453].

A compensação, no processo do trabalho, está restrita aos créditos de natureza trabalhista, sendo comum o empregador arguir, na eventualidade de a ação ser julgada procedente, compensação por adiantamento de parcela do 13º salário, ou vales por conta de salários:

Súmula 18 do TST:

"A compensação, na Justiça do Trabalho, está restrita a dívidas de natureza trabalhista".

452. *Direito processual do trabalho*, 5. ed., LTr.

453. Pedro Orlando, *Novíssimo Dicionário Jurídico Brasileiro*, Editora Lep, 1959, p. 138.

Retenção é o direito de conservar coisa de outrem, até que este satisfaça obrigação que nos deve. A retenção pressupõe, como lembra Sérgio Pinto Martins: "a) ser o retentor credor; b) deter o credor legitimamente a cousa; c) haja relação de conexidade entre crédito e a cousa retida; d) não existir nenhum impedimento legal ou convencional para o seu exercício"[454].

O art. 487, § 2º, da CLT faculta ao empregador o direito de reter salários, correspondentes ao aviso prévio, que não lhe tenha sido dado por empregado que espontaneamente deixa emprego.

Momento de arguição: tanto a compensação quanto a retenção devem ser arguidas com a defesa:

Súmula 48 do TST:

"A compensação só poderá ser arguida com a contestação".

O TST estabeleceu, na Súmula 259, que o termo conciliatório ou acordo realizado em juízo somente é impugnável mediante ação rescisória.

6. Processo trabalhista e falência do empregador

A competência da Justiça do Trabalho, na ocorrência de falência do empregador, estabelecida no art. 114 da CF/88, não envolve (malgrado respeitosas opiniões em sentido contrário) os atos executórios. Apurado o crédito laboral no juízo trabalhista, quando este adquire a liquidez necessária, sua habilitação (meramente formal e sem oportunidade de qualquer impugnação) far-se-á no juízo universal da falência:

"Execução trabalhista – Competência – Falência.

A execução trabalhista que sobrevém à declaração da falência é de competência do juízo falimentar, que disporá sobre o pagamento do crédito julgado pela Justiça do Trabalho"[455].

No juízo falimentar, o crédito trabalhista, limitado a cento e cinquenta salários mínimos por credor, goza de preferência absoluta ao lado dos decorrentes de acidente de trabalho, em conformidade com o art. 83, I, da Lei de Recuperação Judicial e Extrajudicial de Empresa e Falência, alterado pela Lei n. 14.112/2020: I – os créditos derivados da legislação trabalhista, limitados a 150 (cento e cinquenta) salários mínimos por credor, e aqueles decorrentes de acidentes de trabalho.

Como forma de apressar a habilitação do crédito trabalhista no juízo universal da falência é que se dá preferência aos processos trabalhistas em andamento, quando haja sido decretada a falência do empregador – "Art. 768: terá preferência em todas as fases processuais o dissídio cuja decisão tiver de ser executada perante o juízo da falência"[456].

7. Procedimentos judiciais em que figure pessoa com idade superior a 60 anos

Considerando a demora no andamento dos processos foi introduzido ao CPC, artigos que demonstram a prioridade na tramitação de processos como se transcreve:

"Art. 1.048 do atual CPC. Terão prioridade de tramitação, em qualquer juízo ou tribunal, os procedimentos judiciais:

I – em que figure como parte ou interessado pessoa com idade igual ou superior a 60 (sessenta) anos ou portadora de doença grave, assim compreendida qualquer das enumeradas no art. 6º, XIV, da Lei n. 7.713/1988;

II – regulados pela Lei n. 8.069/1990 (ECA).

§ 1º A pessoa interessada na obtenção do benefício, juntando prova de sua condição, deverá requerê-lo à autoridade judiciária competente para decidir o feito, que determinará ao cartório do juízo as providências a serem cumpridas.

§ 2º Deferida a prioridade, os autos receberão identificação própria que evidencie o regime de tramitação prioritária.

454. *Comentários à CLT*, cit., p. 743.
455. STJ, Ccomp 12.955.9, Rel. Min. Antônio Torreão Braz, j. 26-4-1995, *DJU*, 16-5-1995, p. 13546.
456. Sobre o tema, ver nossos *Curso de Falência e Recuperação de Empresas*, Editora Saraiva.

§ 3º Concedida a prioridade, essa não cessará com a morte do beneficiado, estendendo-se em favor do cônjuge supérstite ou companheiro em união estável.

§ 4º A tramitação prioritária independe de deferimento pelo órgão jurisdicional e deverá ser imediatamente concedida diante da prova da condição de beneficiário".

De natureza eminentemente processual, sua aplicação ao processo do trabalho se nos afigura sem qualquer conflito com os princípios gerais deste, considerando o que dispõe o art. 769 da CLT.

8. Aplicação subsidiária do processo civil

O processo do trabalho não é mero apêndice do processo civil. *Data maxima venia*, equivocam-se os que, escudados em rançoso preconceito, negam sua autonomia.

Como preleciona Alfredo Rocco: "para que um corpo de doutrinas tenha razão de existir e de ser considerado como ciência autônomo, é necessário e suficiente: 1º) que ele seja bastante vasto a ponto de merecer um estudo adequado e particular; 2º) que ele contenha doutrinas homogêneas, dominadas por conceitos gerais comuns e distintos dos conceitos gerais informadores de outras disciplinas; 3º) que possua um método próprio isto é, que empregue processos especiais para o conhecimento das verdades que constituem objeto das suas investigações"[457].

Tais elementos estão, inquestionavelmente, presentes no processo do trabalho – nos dias atuais, toda faculdade de direito mantém curso de direito processual trabalhista; outrossim, a existência de princípios que lhe são próprios; a utilização de métodos peculiares, destinados à aplicação do direito material nos casos concretos, constituem realidade que não pode ser posta em dúvida.

Isis de Almeida, sustentando a autonomia do processo do trabalho, enumera suas peculiaridades, observando que "há distinções profundas entre a prestação jurisdicional do Estado na área trabalhista e nas áreas civil e comercial, não se justificando, de maneira alguma, a absorção, pelo processo civil, das normas do processo trabalhista, ainda que se admita a existência de institutos básicos comuns a ambos"[458].

Magistralmente observa José Augusto Rodrigues Pinto que:

"Colocadas as noções de processo e direito processual, concluímos pela unidade ontológica deste último. Não há *processus*, pois o direito processual se submete a um corpo único de preceitos fundamentais vivificadores de sua função dentro do direito. Mas, tratando-se o direito processual de um sistema em si mesmo, e uma extensão do direito material, diversifica-se, a partir do tronco único para amoldar-se, através de seus ramos internos, aos respectivos desdobramentos do direito material. Assim, cada ramo interno se desenvolve em redor de um núcleo de preceitos fundamentais e adquire identidade própria mediante outros tantos que só a ele interessam ou dizem respeito"[459].

Wagner Giglio, ardoroso defensor da autonomia científica do Direito Processual do Trabalho, após longas considerações, conclui a respeito, com as seguintes observações: "Do ponto de vista científico, entendemos que o Direito Processual do Trabalho já é autônomo, pois possui institutos, princípios e fins próprios"[460].

Malgrado sua autonomia, o processo do trabalho carece de um código que o solidifique, dando-lhe a robustez de que necessita, e que, por certo, poria fim às omissões que, à luz do art. 769 da CLT, admitem a aplicação subsidiária do direito processual civil – "Nos casos omissos, o direito processual comum será fonte subsidiária do direito processual do trabalho, exceto naquilo em que for incompatível com as normas deste título".

Portanto, são dois os requisitos para a aplicação subsidiária do processo civil:

457. *Princípios de Direito Comercial*, trad. Cabral de Moncada (Faculdade de Coimbra), São Paulo, Saraiva, 1931, p. 72.

458. *Curso de Direito Processual do Trabalho*, São Paulo, Sugestões Literárias, p. 6.

459. *Processo Trabalhista de Conhecimento*, cit., p. 30.

460. *Direito Processual do Trabalho*, cit., p. 75.

a) omissão da legislação processual trabalhista;

b) compatibilidade da norma processual civil subsidiária com os princípios gerais do processo do trabalho.

O atual CPC incorporou muitos preceitos trabalhistas à sua redação, especialmente a celeridade (tempo razoável), a conciliação, o impulso oficial[461].

O art. 8º da CLT prevê que a Justiça do Trabalho, na falta de disposições legais... poderá utilizar do direito comparado...", portanto, o Código de Processo do Trabalho (CPT) de Portugal estabelece que nos casos omissos recorre-se sucessivamente a aplicação subsidiária do processo comum, civil ou penal... aos casos análogos... quando não forem incompatíveis com a índole do processo trabalhista[462].

Na redação do atual CPC, o art. 15, prevê:

Na ausência de normas que regulem processos eleitorais, trabalhistas ou administrativos, as disposições deste Código lhes serão aplicadas supletiva e subsidiariamente.

Assim, há quem afirme que: *supletivamente*, deve ser usado para completar falha interpretativa, com escopo de reforçar a legislação trabalhista (norma existente) e *subsidiariamente*, deve ser usado para completa lacuna normativa.

▶ *Jurisprudência*

▷ **Súmula 18 do TST. Compensação.** A compensação, na Justiça do Trabalho, está restrita a dívidas de natureza trabalhista.

▷ **Súmula 48 do TST. Compensação.** A compensação só poderá ser arguida com a contestação.

▷ **Súmula 259 do TST. Termo de conciliação. Ação Rescisória.** Só por ação rescisória é impugnável o termo de conciliação previsto no parágrafo único do art. 831 da CLT.

▷ **OJ 392 da SDI-1 do TST. Prescrição. Interrupção. Ajuizamento do protesto judicial. Marco inicial.** O protesto judicial é medida aplicável no processo do trabalho, por força do art. 769 da CLT, sendo que o seu ajuizamento, por si só, interrompe o prazo prescricional, em razão da inaplicabilidade do art. 240, § 2º do CPC/2015, que impõe ao autor da ação o ônus de promover a citação do réu, por ser ele incompatível com o disposto no art. 841 da CLT.

▷ **"Agravo de instrumento em recurso de revista.** Execução Fiscal. Falência. Exaurimento da competência da Justiça do Trabalho. Habilitação do crédito no juízo falimentar. Decretada a falência ou deferido o processamento da recuperação judicial, a competência da Justiça do Trabalho para executar créditos contra massa falida ou empresa em recuperação judicial estende-se até a individualização e a quantificação do crédito, após o que cabe ao credor habilitá-lo no Juízo Universal da Falência. Inteligência do art. 6º, *caput* e § 2º, da Lei n. 11.101/2005. Nesse contexto, escorreita se mostra a decisão recorrida que determinou a expedição de certidão de crédito, referente à multa administrativa aplicada à executada por descumprimento da legislação trabalhista, para habilitação no Juízo Falimentar. Agravo de instrumento conhecido e não provido" (AIRR-11977-34.2016.5.03 0029, 8ª Turma, Relatora Ministra Dora Maria da Costa, *DEJT* 4-9-2020).

▷ **"I – Agravo em agravo de instrumento em recurso de revista.** Compensação da gratificação de função com horas extras. Impossibilidade. Súmula 109 do TST. Constatada possível contrariedade à Súmula 109 do TST é de se prover o agravo. Agravo provido. II – Agravo de instrumento em recurso de revista. Compensação da gratificação de função com horas extras. Impossibilidade. Súmula 109 do TST. Demonstrada possível contrariedade à Súmula 109 do TST, impõe-se o provimento do agravo de instrumento para determinar o processamento do recurso de revista. Agravo de instrumento provido. III – Recurso de revista. Compensação da gratificação de função com horas extras. Impossibilidade. Súmula 109 do TST. O bancário não enquadrado no § 2º do art. 224 da CLT, que receba gratifi-

461. Arts. 2º, 3º e 6º do CPC de 2015.
462. Art. 1º, itens 2 e 3 do *Código Processo do Trabalho Anotado* (Portugal), Abílio Neto, Ediforum, 5ª ed., 2011.

cação de função, não pode ter o salário relativo a horas extras compensado com o valor daquela vantagem. Aplicação da Súmula 109 do TST. Recurso de revista conhecido e provido" (RR-2032-97.2010.5.02.0049, 2ª Turma, Relatora Ministra Delaide Miranda Arantes, *DEJT* 14-9-2018).

▷ "**Agravo regimental.** Recurso de revista. Lei n. 13.015/2014. Reclamada. Recurso interposto na vigência da Lei n. 13.015/2014 e da IN n. 40 e anterior à Lei n. 13.467/2017. Exequente. Compensação. Adicional de periculosidade e insalubridade. Violação da coisa julgada. 1. Os argumentos da parte não conseguem desconstituir os fundamentos da decisão agravada. 2. Conforme consignado na decisão recorrida, a decisão exequenda não autorizou expressamente a compensação do adicional de insalubridade recebido ao longo da contratualidade com o adicional de periculosidade deferido. Por conseguinte, considerando que a compensação, que se constitui matéria de defesa, não foi deferida anteriormente, não é possível autorizar a compensação na fase da execução, ainda que sob o fundamento de a lei vedar a percepção cumulada do adicional de periculosidade e insalubridade, sob pena de violação do art. 5º, XXXVI, da CF. 3. Agravo regimental a que se nega provimento" (AgR-RR-30-74.2011.5.04.0305, 6ª Turma, Relatora Ministra Kátia Magalhães Arruda, *DEJT* 9-2-2018).

Capítulo II
Do processo em geral

Seção I
Dos atos, termos e prazos processuais

Art. 770. Os atos processuais serão públicos salvo quando o contrário determinar o interesse social, e realizar-se-ão nos dias úteis das 6 (seis) às 20 (vinte) horas.

Parágrafo único. A penhora poderá realizar-se em domingo ou dia feriado, mediante autorização expressa do juiz ou presidente.

Art. 771. Os atos e termos processuais poderão ser escritos a tinta, datilografados ou a carimbo.

Art. 772. Os atos e termos processuais, que devam ser assinados pelas partes interessadas, quando estas, por motivo justificado, não possam fazê-lo, serão firmados a rogo, na presença de 2 (duas) testemunhas, sempre que não houver procurador legalmente constituído.

Art. 773. Os termos relativos ao movimento dos processos constarão de simples notas, datadas e rubricadas pelos chefes de secretaria ou escrivães. (Redação nos termos da Lei n. 409, de 25-9-1948.)

Art. 774. Salvo disposição em contrário, os prazos previstos neste Título contam-se, conforme o caso, a partir da data em que for feita pessoalmente, ou recebida a notificação, daquela em que for publicado o edital no jornal oficial ou no que publicar o expediente da Justiça do Trabalho, ou, ainda, daquela em que for afixado o edital na sede da Junta, Juízo ou Tribunal. (Redação dada pela Lei n. 2.244, de 23-6-1954.)

Parágrafo único. Tratando-se de notificação postal, no caso de não ser encontrado o destinatário ou no de recusa de recebimento, o Correio ficará obrigado, sob pena de responsabilidade do servidor, a devolvê-la, no prazo de 48 (quarenta e oito) horas, ao Tribunal de origem. (Parágrafo incluído pelo Dec.-lei n. 8.737, de 19-1-1946.)

Art. 775. Os prazos estabelecidos neste Título serão contados em dias úteis, com exclusão do dia do começo e inclusão do dia do vencimento.

§ 1º os prazos podem ser prorrogados pelo tempo estritamente necessário, nas seguintes hipóteses:

I – quando o juízo entender necessário;

II – em virtude de força maior, devidamente comprovada.

§ 2º Ao juízo incumbe dilatar os prazos processuais e alterar a ordem de produção dos meios de prova, adequando-os às necessidades do conflito de modo a conferir maior efetividade à tutela do direito. (Redação alterada pela Lei n. 13.467/2017.)

Art. 775-A. Suspende-se o curso do prazo processual nos dias compreendidos entre 20 de dezembro e 20 de janeiro, inclusive. (Incluído dada pela Lei n. 13.545, de 2017.)

§ 1º Ressalvadas as férias individuais e os feriados instituídos por lei, os juízes, os membros do Ministério Público, da Defensoria Pública e da Advocacia Pública e os auxiliares da Justiça exercerão suas atribuições durante o

período previsto no *caput* deste artigo. (Incluído dada pela Lei n. 13.545, de 2017.)

§ 2º Durante a suspensão do prazo, não se realizarão audiências nem sessões de julgamento. (Incluído dada pela Lei n. 13.545, de 2017.)

Art. 776. O vencimento dos prazos será certificado nos processos pelos escrivães ou chefes de secretaria. (Redação nos termos da Lei n. 409, de 25-9-1948.)

Art. 777. Os requerimentos e documentos apresentados, os atos e termos processuais, as petições ou razões de recursos e quaisquer outros papéis referentes aos feitos formarão os autos dos processos, os quais ficarão sob a responsabilidade dos escrivães ou chefes de secretaria. (Redação nos termos da Lei n. 409, de 25-9-1948.)

Art. 778. Os autos dos processos da Justiça do Trabalho não poderão sair dos cartórios ou secretarias, salvo se solicitados por advogado regularmente constituído por qualquer das partes, ou quando tiverem de ser remetidos aos órgãos competentes, em caso de recurso ou requisição. (Redação dada pela Lei n. 6.598, de 1º-12-1978.)

Art. 779. As partes, ou seus procuradores, poderão consultar, com ampla liberdade, os processos nos cartórios ou secretarias.

Art. 780. Os documentos juntos aos autos poderão ser desentranhados somente depois de findo o processo, ficando traslado.

Art. 781. As partes poderão requerer certidões dos processos em curso ou arquivados, as quais serão lavradas pelos escrivães ou chefes de secretaria. (Redação nos termos da Lei n. 409, de 25-9-1948.)

Parágrafo único. As certidões dos processos que correrem em segredo de justiça dependerão de despacho do juiz ou presidente.

Art. 782. São isentos de selo as reclamações, representações, requerimentos, atos e processos relativos à Justiça do Trabalho.

▶ **Comentários**

1. **Dos atos processuais**

O processo se desenvolve por meio de atos sucessivos – são os atos processuais, que, na lição de Moacyr Amaral Santos, constituem, conservam, desenvolvem, modificam ou extinguem a relação processual. Como preleciona Frederico Marques: "o processo forma-se, desenvolve-se e finda-se através de vários atos praticados pelos sujeitos que dele participam, e que são os atos processuais. Estes atos constituem espécie de atos jurídicos em geral, distinguindo-se por um traço característico, que é o de pertencerem ao processo, e de produzirem efeitos diretos e imediatos sobre a relação processual, porquanto são eles que a constituem, movimentam e encerram"[463].

Sob o ângulo do processo, os atos processuais se constituem em manifestação de vontade – são os atos das partes, atos do juiz e atos de terceiros, tais como a petição inicial, a contestação, os despachos, a sentença, a citação, a intimação, o laudo pericial etc.

2. **Atos processuais por fac-símile**

A Lei n. 9.800, de 26-5-1999, instituiu, entre nós, o sistema de utilização de fac-símile para a prática de atos processuais que normalmente dependiam de petição escrita.

A utilização da sistemática da Lei, não prejudicava o cumprimento dos prazos, os originais eram entregues, necessariamente, em até 5 dias da data do seu término, exigência indispensável à convocação do ato. A medida facilitava a tarefa do advogado, que, em inúmeras situações, não tinha condições de cumprir, em prazos exíguos, determinações dos juízes, convindo acrescentar que os prazos peremptórios não podiam ser alterados por vontade das partes. Ademais, a providência acolhia os modernos métodos de comunicação, como já se fez com o *telegrama*, o *radiograma* art. 413 do CPC.

Na Justiça do Trabalho o juiz tinha por hábito conceder ao empregador prazo de 48 horas para juntar aos autos carta de preposição, procuração etc. A exiguidade do prazo, sobretudo quando a audiência se realizava em comarcas diversas, pois criava sérios embaraços à parte, sanada, porém, com a utilização de sistema de transmissão de dados e imagens tipo fac-símile.

É indispensável que haja plena concordância entre a peça remetida pelo fac-símile e o original a ser entregue ao juízo, sob pena de a parte ser considerada litigante de má-fé, com as sequelas daí decorrentes.

A sistemática obriga os tribunais a dotar as Varas do Trabalho dos meios indispensáveis

463. *Manual de Direito Processual Civil*, cit., v. 1, p. 317.

à utilização do uso de fac-símile para o encaminhamento de petições e documentos.

Contudo é de se observar que o sistema do fac-símile está, de há muito superado, convindo assinalar que o TST tem entendimento de que os documentos enviados por e-mail – tem a mesma validade que o fac-símile.

Como bem assinala Teresa Arruda Alvim Wambier[464] "trata-se de regra que poderia ter sido suprimida do atual CPC, pois, além de se referir à tecnologia que caminha ao desuso, o telegrama e radiograma possuem a mesma eficácia que qualquer outro documento particular, quando for possível atestar a sua autenticidade".

Assinale-se, outrossim, que o sistema adotado atualmente é o Processo Judicial Eletrônico (PJe), ou seja, processo que alguns denominam de eletrônico ou processo digital.

3. Dos termos processuais

Ainda na lição de Frederico Marques:

"Termo processual em sentido lato é o ato escrito lavrado por funcionário ou servidor do juízo, no procedimento, para documentar e formalizar declarações de vontade e atos processuais complexos, bem como assinalar datas e passagens do andamento e curso do processo. Em sentido estrito, o termo processual é ato escrito simples, redigido pelo escrivão, para o qual não prevê a lei conteúdo especificado"[465].

O art. 771 da CLT declara que "os atos e termos processuais poderão ser escritos a tinta, datilografados ou a carimbo", mas necessariamente no vernáculo, ou seja, em português.

4. Prazos processuais

Prazo é o espaço de tempo dentro do qual devem ser praticados os atos processuais:

"O processo visa solucionar a lide, realizando o direito. Logo, este é o seu objetivo principal. Para alcançá-lo, a ciência recomendaria agir sem pressa, tal como sucede nos laboratórios de pesquisa, onde o tempo não conta. Mas a solução do litígio não pode aguardar o resultado perfeito, pois, enquanto não vem, a vida corre e as partes sofrem prejuízo. Daí a solução oposta do jurista, agir com a menor perda de tempo, alcançar o final dentro do mais breve espaço entre dois ideais, o de rapidez e o de certeza", preleciona Moniz de Aragão[466].

Prazos legais, judiciais e convencionais

Os prazos, quanto à origem, são de três espécies: *legais, judiciais* e *convencionais*. Os primeiros provêm das leis, tal como ocorre com o prazo recursal e com a Lei n. 5.584, de 20-7-1970, que, uniformizando os prazos para recursos, no processo do trabalho, fixou-os em 8 dias úteis.

Os prazos judiciais são aqueles estabelecidos pelo juiz, como ocorre, por exemplo, na hipótese prevista no art. 222 do CPC. Os prazos convencionais são os livremente estabelecidos pelas partes, como sucede com a suspensão do processo, nos termos do art. 313 do Código de Processo Civil.

Prazos dilatórios e peremptórios

Os prazos, quanto à natureza, são:
a) *dilatórios*;
b) *peremptórios*.

Dilatórios são os prazos alteráveis por consenso das partes. Peremptórios, ao revés, são os improrrogáveis, os fatais. Os prazos dilatórios podem ser reduzidos ou prorrogados, como expressamente admite o Código de Processo Civil, o mesmo, porém, não ocorrendo com os prazos peremptórios, por isso que fatais.

Nos termos do art. 775, da CLT, os prazos podem ser prorrogados pelo tempo estritamente necessários:

I – Quando o juiz entender necessário;
II – Em virtude de força maior.

Suspende-se o prazo nos dias compreendidos entre 20 de dezembro e 20 de janeiro do ano imediatamente subsequente.

Durante o período de suspensão não correm prazos, não se realizarão audiências, nem julgamentos.

Contagem dos prazos

Com o advento da Reforma Trabalhista/2017, a contagem dos prazos serão conta-

464. *Novo CPC*, RT, p. 414.
465. *Manual de Direito Processual Civil*, cit., v. 1, p. 334.
466. *Comentários ao Código de Processo Civil*, Rio de Janeiro, Forense, v. 2, p. 82.

dos em dias úteis[467], excluindo-se o dia do começo, incluindo-se o do vencimento, salvo se este cair em domingo, feriado ou em dia em que não houver expediente na Justiça laboral.

Note-se que, se o começo do prazo não cair em dia útil, este só terá início no primeiro dia útil subsequente:

"Se a intimação ocorreu em véspera de feriado, domingo, início de férias ou de recesso, ou em dia em que não haja expediente normal no fórum, o prazo terá a contagem instaurada no primeiro dia útil subsequente", ensina Moniz de Aragão[468].

Para o Poder Público e o Ministério Público, o prazo é contado em quádruplo para a contestação, e em dobro para o recurso (art. 180 do CPC).

Dispõe a Súmula 262, I, do TST:

"I – Intimada ou notificada a parte no sábado, o início do prazo se dará no primeiro dia útil imediato e a contagem, no subsequente".

5. Prazos processuais trabalhistas

Apresentada a reclamação trabalhista, tem o reclamante 5 dias de prazo, após a distribuição, para reduzir a termo sua postulação (CLT, art. 786, parágrafo único). Recebida e protocolada a reclamação, o chefe da secretaria da Vara tem 48 horas para remeter a segunda via da petição, ou do termo da reclamação, ao reclamado, notificando-o, nessa mesma oportunidade, para comparecer à audiência de instrução e julgamento, devendo haver, entre a audiência e a notificação, um interregno de, no mínimo, 5 dias (CLT, art. 841).

A notificação postal (citação) será considerada cumprida 48 horas depois de sua regular postagem (TST, Súmula 16).

Na audiência, tem o reclamado 20 minutos para apresentar sua defesa (CLT, art. 847), admitindo-se, na prática, a apresentação de contestação escrita. Ao juiz é concedido o prazo de 15 minutos (tolerância), após a hora marcada para início da primeira audiência, para estar presente no ato (CLT, art. 815), não obstante, tal prazo não se aplica as partes, conforme previsão da OJ 245, SDI-1, TST.

Apresentada exceção de suspeição ou incompetência, terá o excepto vista dos autos por 24 horas, devendo a decisão sobre a exceção ser proferida na audiência seguinte (CLT, art. 800), salvo, evidentemente, se a execução versar sobre a competência da Justiça do Trabalho, sob a alegação de inexistência de relação de emprego, quando só após regular instrução do feito poderá ser apreciada e, então, será julgada, a final, juntamente com o mérito.

Nas exceções de suspeição do juiz este designará audiência dentro de 48 horas (CLT, art. 802). As audiências devem ser realizadas na sede do juízo ou Tribunal, em dias úteis, entre 8 e 18 horas, não podendo ultrapassar 5 horas seguidas, salvo em se tratando de matéria urgente (CLT, art. 813).

Encerrada a instrução, têm as partes (reclamante e reclamado) 10 minutos para aduzir razões finais orais (CLT, art. 850), sendo, a seguir, proferida a decisão. A ata de audiência deve ser assinada pelo juiz em 48 horas (CLT, art. 851).

Na eventualidade de recurso ordinário, o prazo para sua interposição é de 8 dias (o prazo para todos os recursos trabalhistas é de 8 dias, o mesmo ocorrendo para as contrarrazões, por força da uniformização estabelecida no art. 6º da Lei n. 5.584/70). As custas processuais devem ser pagas em 5 dias da data da interposição do apelo, sob pena de deserção. Contudo, se tais custas não tiverem sido calculadas, em conformidade com a Súmula 53 do TST, o prazo de 5 dias é contado da intimação do cálculo. Em se tratando de massa falida, dispõe a Súmula 86 do TST não ocorrer deserção de recurso por falta de pagamento de custas ou de depósito do valor da condenação.

Transitada em julgado a decisão, o executado terá 48 horas para pagar ou garantir a execução (CLT, art. 880). Não garantida a execução, seguir-se-á a penhora de bens do executado, para o que terá o oficial de justiça 9 dias para cumprir o mandado (CLT, art. 721, § 2º), ultimando-se a avaliação em 10 dias (CLT, art. 888), uma vez que a execução laboral não exclui a remição por parte do devedor (Súmula 458, STF).

467. Art. 775, *caput*, da CLT.
468. *Comentários ao Código de Processo Civil*, cit., v. 2, p. 108.

Penhorados os bens, terá o executado 5 dias para opor embargos à execução (CLT, art. 884), seguindo-se a audiência de provas em 5 dias (CLT, art. 884, § 2º), em igual prazo devendo ser proferida a decisão quando não haja protesto por provas (CLT, art. 885).

Subsistente a penhora, designar-se-á a praça, que será anunciada por edital, com antecedência mínima de 20 dias (CLT, art. 888).

O arrematante, garantindo o lanço com o sinal de 20%, tem o prazo de 24 horas para completar o preço.

Em se tratando de inquérito judicial (dissídio individual especial) na ocorrência de suspensão do empregado estável, terá o empregador 30 dias de prazo para propor a ação, sob pena de decadência (CLT, art. 853).

As ações rescisórias devem ser propostas em 2 anos, a contar do trânsito em julgado da decisão que se pretende rescindir (art. 836 da CLT, c/c o art. 975 do CPC).

Ressalte-se o prazo prescricional dos créditos trabalhistas é de 5 anos (até o limite de 2 anos para propositura da ação, após a extinção do contrato de trabalho) na forma do que prescreve o art. 7º, XXIX, da CF/1988.

Prazos Processuais Trabalhistas

1. Redução a termo da reclamação: 5 dias, após a distribuição (art. 786 da CLT).
2. Remessa da 2ª via da petição ao reclamado: 48 horas, após o recebimento e protocolo da reclamação, designada audiência depois de 5 dias (art. 841 da CLT).
3. Prazo de cumprimento da notificação postal: 48 horas depois de sua regular postagem (Súmula 16 do TST).
4. Prazo para contestação oral em audiência: 20 minutos (art. 847 da CLT).
5. Manifestação do excepto na apresentação de exceção de incompetência: vista dos autos por 24 horas, salvo manifestação em audiência.
6. Julgamento das exceções de suspeição do juiz: 48 horas (art. 802 da CLT).
7. Horário das audiências: das 8 às 18 horas (art. 813 da CLT).
8. Razões finais orais: 10 minutos após o encerramento da instrução (art. 850 da CLT).
9. Prazo para os recursos e contrarrazões trabalhistas: 8 dias (art. 6º da Lei n. 5.584/70).
10. Pagamento das custas em recursos: dentro do prazo recursal (Lei n. 10.537/2002 – Súmula 53 do TST).
11. Prazo para a interposição de embargos declaratórios: 5 dias (art. 897 da CLT).
12. Depósito recursal: dentro do prazo para o recurso (8 dias) – Lei n. 5.584/70, Súmula 245 do TST.
13. Pagamento ou garantia da execução: 48 horas (art. 880 da CLT).
14. Cumprimento da penhora pelo oficial de justiça avaliador: 9 dias (art. 721, § 2º, da CLT).
15. Prazo para opor embargos à execução: 5 dias, cabendo igual prazo para impugnação à sentença de liquidação (art. 884, § 3º, da CLT). É de ressaltar que o Tribunal Pleno do TST, na sessão realizada no dia 2-9-2013, decidiu suspender os efeitos da declaração de inconstitucionalidade formal[469] da MP n. 2.180-35/2001, que, no seu art. 4º, dilatou o prazo de 5 para 30 dias de entes públicos para oposição de embargos à execução; não obstante, o prazo de 30 dias encontra respaldo nos arts. 889, da CLT e 16 da LEF (L. 6.830/1980).
16. Audiência de provas em embargos à execução ou impugnação à conta de liquidação: 5 dias (art. 884, § 2º, da CLT).
17. Praça dos bens penhorados: 20 dias (art. 888 da CLT).
18. Garantia do lance por arrematante: 20% do seu valor (art. 888, § 2º, da CLT).
19. Inquérito judicial contra empregado estável: 30 dias, contados da suspensão do empregado (art. 853 da CLT).
20. Prazo para interposição de ação rescisória: 2 anos, contados do trânsito em julgado da decisão (art. 975 do CPC/2015).
21. Alegação de nulidade (protesto): na primeira vez em que deva falar nos autos ou em audiência (art. 795 da CLT).

6. *Contagem de prazo*

As regras dispostas nos arts. 774 e 775 da CLT são as mesmas dos arts. 219 e 224 do CPC/2015 – excluindo-se o dia em que a parte é notificada ou intimada, contando-se o prazo a partir do dia seguinte (se dia útil). Na eventualidade de o término do prazo ocorrer em dia em que não haja expediente forense,

469. RR-140100-50.1998.5.04.0043, 1ª Turma, Relator Desembargador Convocado Jose Maria Quadros de Alencar, *DEJT* 8-11-2013.

prorroga-se o vencimento para o dia útil subsequente.

Intimada ou notificada a parte em uma sexta-feira, o prazo só começa a ser contado a partir da segunda-feira (se dia útil); caindo em um feriado, o prazo só começa na terça-feira:

Súmula 1 do TST:

"Quando a intimação tiver lugar na sexta-feira ou a publicação com efeito de intimação for feita nesse dia, o prazo judicial será contado da segunda-feira imediata, inclusive, salvo se não houver expediente, caso em que fluirá no dia útil que se seguir".

No sábado, como se sabe, não há expediente, razão por que, intimada ou notificada a parte neste dia, o prazo só começa no dia útil subsequente, ou seja, na terça-feira:

Súmula 262 do TST:

"I – Intimada ou notificada a parte no sábado, o início do prazo se dará no primeiro dia útil imediato e a contagem, no subsequente. II – O recesso forense e as férias coletivas dos Ministros do Tribunal Superior do Trabalho suspendem os prazos recursais"[470].

7. **Notificação postal**

De acordo com o art. 774, parágrafo único, da CLT, em se tratando de notificação postal, presume-se que o destinatário dela tomou conhecimento se, decorridas 48 horas da sua expedição, o Correio não a devolver à Vara do Trabalho respectiva:

Súmula 16 do TST:

"Presume-se recebida a notificação 48 horas depois de sua regular postagem. O seu não recebimento ou a entrega após o decurso desse prazo constituem ônus de prova do destinatário".

8. **Vista dos autos**

As partes e seus respectivos advogados podem consultar os autos, nas Secretarias das Varas do Trabalho, durante o expediente. Os advogados podem retirar os autos mediante carga.

470. Art. 177, § 1º, do Regimento Interno TST.

O Estatuto da Advocacia e a Ordem dos Advogados (Lei n. 8.906, de 4-7-1994), em seu art. 7º, XV, declara que:

"São direitos do advogado:

(...)

XV – ter vista dos processos judiciais ou administrativos de qualquer natureza, em cartório ou na repartição competente, ou retirá-los pelos prazos legais".

O advogado que não devolver os autos senão depois de intimado perde o direito de vista fora da Secretaria da Vara, incorrendo, outrossim, em multa, segundo o disposto no art. 234, §§ 1º e 2º do CPC), sujeitando-se a procedimento disciplinar perante a Ordem dos Advogados.

▶ *Jurisprudência*

▷ **Súmula 1 do TST. Prazo judicial.** Quando a intimação tiver lugar na sexta-feira, ou a publicação com efeito de intimação for feita nesse dia, o prazo judicial será contado da segunda-feira imediata, inclusive, salvo se não houver expediente, caso em que fluirá no dia útil que se seguir.

▷ **Súmula 16 do TST. Notificação.** Presume-se recebida a notificação 48 horas depois de sua regular postagem. O seu não recebimento ou a entrega após o decurso desse prazo constituem ônus de prova do destinatário.

▷ **Súmula 30 do TST. Intimação da sentença.** Quando não juntada a ata ao processo em 48 horas, contadas da audiência de julgamento (art. 851, § 2º, da CLT), o prazo para recurso será contado da data em que a parte receber a intimação da sentença.

▷ **Súmula 53 do TST. Custas.** O prazo para pagamento das custas, no caso de recurso, é contado da intimação do cálculo.

▷ **Súmula 62 do TST. Abandono de emprego.** O prazo de decadência do direito do empregador de ajuizar inquérito, contra o empregado que incorre em abandono de emprego, é contado a partir do momento em que o empregado pretendeu seu retorno ao serviço.

▷ **Súmula 156 do TST. Prescrição. Prazo.** Da extinção do último contrato é que come-

ça a fluir o prazo prescricional do direito de ação objetivando a soma de períodos descontínuos de trabalho.

▷ **Súmula 197 do TST. Prazo.** O prazo para recurso da parte que, intimada, não comparecer à audiência em prosseguimento para a prolação da sentença conta-se de sua publicação.

▷ **Súmula 245 do TST. Depósito recursal. Prazo.** O depósito recursal deve ser feito e comprovado no prazo alusivo ao recurso, sendo que a interposição antecipada deste não prejudica a dilação legal.

▷ **Súmula 262 do TST. Prazo judicial. Notificação ou intimação em sábado. Recesso forense.**
I – Intimada ou notificada a parte no sábado, o início do prazo se dará no primeiro dia útil imediato e a contagem, no subsequente.
II – O recesso forense e as férias coletivas dos Ministros do Tribunal Superior do Trabalho (art. 177, § 1º, do RITST) suspendem os prazos recursais.

▷ **Súmula 308 do TST. Prescrição quinquenal**.
I – Respeitado o biênio subsequente à cessação contratual, a prescrição da ação trabalhista concerne às pretensões imediatamente anteriores a cinco anos, contados da data do ajuizamento da reclamação e, não, às anteriores ao quinquênio da data da extinção do contrato.
II – A norma constitucional que ampliou o prazo de prescrição da ação trabalhista para 5 (cinco) anos é de aplicação imediata e não atinge pretensões já alcançadas pela prescrição bienal quando da promulgação da CF/1988.

▷ **Súmula 350 do TST. Prescrição. Termo inicial. Ação de cumprimento. Sentença normativa.** O prazo de prescrição com relação à ação de cumprimento de decisão normativa flui apenas a partir da data de seu trânsito em julgado.

▷ **Súmula 385 do TST. Feriado local. Ausência de expediente forense. Prazo recursal. Prorrogação. Comprovação. Necessidade. Ato administrativo do juízo** *"a quo"*.
I – Incumbe à parte o ônus de provar, quando da interposição do recurso, a existência de feriado local que autorize a prorrogação do prazo recursal.
II – Na hipótese de feriado forense, incumbirá à autoridade que proferir a decisão de admissibilidade certificar o expediente nos autos.
III – Na hipótese do inciso II, admite-se a reconsideração da análise da tempestividade do recurso, mediante prova documental superveniente, em Agravo Regimental, Agravo de Instrumento ou Embargos de Declaração.

▷ **Súmula 387 do TST. Recurso. Fac-símile. Lei n. 9.800/1999.**
I – A Lei n. 9.800/1999 é aplicável somente a recursos interpostos após o início de sua vigência. II – A contagem do quinquídio para apresentação dos originais de recurso interposto por intermédio de fac-símile começa a fluir do dia subsequente ao término do prazo recursal, nos termos do art. 2º da Lei n. 9.800/1999, e não do dia seguinte à interposição do recurso, se esta se deu antes do termo final do prazo. III – Não se tratando a juntada dos originais de ato que dependa de notificação, pois a parte, ao interpor o recurso, já tem ciência de seu ônus processual, não se aplica a regra do art. 224 do CPC/2015 (art. 184 do CPC de 1973) quanto ao *dies a quo*, podendo coincidir com sábado, domingo ou feriado. IV – A autorização para utilização do fac-símile, constante do art. 1º da Lei n. 9.800, de 26-5-1999, somente alcança as hipóteses em que o documento é dirigido diretamente ao órgão jurisdicional, não se aplicando à transmissão ocorrida entre particulares.

▷ **Súmula 310 do STF.** Quando a intimação tiver lugar na sexta-feira, ou a publicação com efeito de intimação for feita nesse dia, o prazo judicial terá início na segunda-feira imediata, salvo se não houver expediente, caso em que começará no primeiro dia útil que se seguir.

▷ **Súmula 392 do STF.** O prazo para recorrer de acórdão concessivo de segurança conta-se da publicação oficial de suas conclusões, e não da anterior ciência à autoridade para cumprimento da decisão.

▷ **Súmula 428 do STF.** Não fica prejudicada a apelação entregue em cartório no prazo legal, embora despachada tardiamente.

▷ **Súmula 485 do STF.** O processo da execução trabalhista não exclui a remição pelo executado.

▷ **OJ n. 120 da SDI-1 do TST. Recurso. Assinatura da petição ou das razões recursais. Validade.**
O recurso sem assinatura será tido por inexistente. Será considerado válido o apelo assinado, ao menos, na petição de apresentação ou nas razões recursais.

▷ **OJ n. 192 da SDI-1 do TST. Embargos declaratórios. Prazo em dobro. Pessoa jurídica de direito público. Decreto-lei n. 779/69.** É em dobro o prazo para a interposição de embargos declaratórios por Pessoa Jurídica de Direito Público.

▷ **OJ n. 91 da SDI-2 do TST. Mandado de segurança. Autenticação de cópias pelas secretarias dos Tribunais Regionais do Trabalho. Requerimento indeferido. Art. 789, § 9º, da CLT.** Não sendo a parte beneficiária da assistência judiciária gratuita, inexiste direito líquido e certo à autenticação, pelas secretarias dos Tribunais, de peças extraídas do processo principal, para formação do agravo de instrumento.

▷ **OJ n. 245 da SDI-1 do TST.** Inexiste previsão legal tolerando atraso no horário de comparecimento da parte na audiência.

▷ "**I – Agravo de instrumento. Recurso de revista – descabimento. Responsabilidade solidária da segunda reclamada. Sucessão trabalhista. Empresa submetida a processo de recuperação judicial. Alienação de bens. Arrematação judicial. Lei n. 11.101/2005.** Nos termos do art. 60 da Lei n. 11.101/2005, não haverá sucessão do arrematante quando da alienação da unidade produtiva de empresa em processo de recuperação judicial. Agravo de instrumento conhecido e desprovido. **II – Recurso de revista responsabilidade subsidiária. Apelo desfundamentado. Súmula 422 do TST.** A fundamentação é pressuposto de admissibilidade recursal, na medida em que delimita o espectro de insatisfação do litigante. Não merece conhecimento o recurso, quando inexiste impugnação aos fundamentos da decisão recorrida. Inteligência da Súmula 422 do TST. Recurso de revista não conhecido" (ARR-1000028-98.2017.5.02.0316, 3ª Turma, Relator Ministro Alberto Luiz Bresciani de Fontan Pereira, *DEJT* 4-9-2020).

▷ "**Agravo de instrumento. Recurso de revista – descabimento. 1. Nulidade. Negativa de prestação jurisdicional.** Havendo manifestação acerca da matéria debatida nos autos, não há que se cogitar de nulidade por negativa de prestação jurisdicional. **2. Contribuição sindical rural. Prova da condição de contribuinte.** O acórdão regional revela a ausência dos requisitos ensejadores da cobrança da contribuição sindical rural, impossibilitando sua incidência. Agravo de instrumento conhecido e desprovido" (AIRR-1000073-43.2018.5.02.0001, 3ª Turma, Relator Ministro Alberto Luiz Bresciani de Fontan Pereira, *DEJT* 21-2-2020).

▷ "**A) Agravo de instrumento do reclamado. Processo sob a égide da Lei n. 13.015/2014 e anterior à Lei n. 13.467/2017. Instrução normativa n. 40 do TST. 1. Preliminar de negativa de prestação jurisdicional. Admissibilidade do recurso ordinário. Matéria analisada em sede de agravo de instrumento em recurso ordinário. Súmula 218/TST. 2. Nulidade absoluta. Intimação de advogado sem procuração. Súmula 218/TST. 3. Tempestividade do recurso ordinário. Interrupção de prazo recursal. Súmula 218/TST. 4. Multa do art. 477 da CLT. 5. Restituição de despesas. Uso de veículo.** Relativamente aos temas "negativa de prestação jurisdicional – inadmissibilidade do recurso ordinário da Reclamada", "nulidade absoluta – intimação da sentença – advogado sem procuração" e "tempestividade do recurso ordinário – interrupção de prazo recursal", inadmissível o recurso de revista, porquanto tais assuntos foram tratados pelo TRT de origem no julgamento do agravo de instrumento em recurso ordinário interposto pelo Reclamado. Nos termos da Súmula 218/TST, é incabível recurso de revista interposto em face de acórdão regional prolatado em agravo de instrumento, não abrindo qualquer exceção. Agravo de instrumento desprovido. **B) Recurso de revista do reclamado. Processo sob a égide da Lei n. 13.015/2014 e anterior à Lei n. 13.467/2017. Instrução normativa n. 40

do TST. **1. Negativa de prestação jurisdicional. Reembolso de despesas. Uso de veículo. Não configuração. 2. Estorno de comissões.** No tocante às comissões, o art. 466, *caput* da CLT, dispõe que o pagamento das comissões somente é exigível depois de ultimada a transação. Esta Corte Superior, ao interpretar o referido dispositivo celetista, consolidou entendimento no sentido que a expressão "ultimada a transação" diz respeito ao momento em que o negócio é efetivado e não àquele em que há o cumprimento das obrigações decorrentes desse negócio jurídico. Considera-se, desse modo, ultimada a transação quando aceita pelo comprador nos termos em que lhe foi proposta, sendo, portanto, irrelevante ulterior inadimplemento contratual ou desistência do negócio. Tal entendimento está em harmonia com o princípio justrabalhista da alteridade, que coloca, como se sabe, os riscos concernentes aos negócios efetuados em nome do empregador sob ônus deste (art. 2º, *caput*, CLT). Assim, a jurisprudência desta Corte firmou-se no sentido de que, uma vez ultimada a venda, é indevido o estorno das comissões, ainda que inadimplente o comprador, sob pena de transferir para o empregado os riscos da atividade econômica. Julgados desta Corte. Recurso de revista não conhecido" (ARR-1087-14.2013.5.09.0663, 3ª Turma, Relator Ministro Mauricio Godinho Delgado, *DEJT* 6-12-2019).

▷ **"A) Agravo de instrumento em recurso de revista. Nulidade da citação. Ente público. Citação postal. Revelia.** Evidenciada a possível violação do art. 247, III, do CPC/15, dá-se provimento ao agravo de instrumento para mandar processar a revista. **B) Recurso de revista. Nulidade da citação. Ente público. Citação postal.** Revelia. Tratando-se de ente público municipal, a citação deve ser pessoal e não pode ser realizada por via postal, sobretudo quando fica caracterizado o prejuízo decorrente do não comparecimento do reclamado à audiência, sofrendo os efeitos da revelia. Isto porque o disposto no art. 841, § 1º, da CLT, quanto às notificações na Justiça do Trabalho, não afasta a disposição específica prevista no art. 247, III, do CPC, que, expressamente, exige a citação pessoal quando se tratar de pessoa jurídica de direito público. Recurso de revista conhecido e provido" (RR-90-74.2018.5.07.0028, 8ª Turma, Relatora Ministra Dora Maria da Costa, *DEJT* 18-10-2019).

▷ **"Agravo de instrumento. Recurso de revista anterior à égide da Lei n. 13.015/2014. Recurso ordinário e contrarrazões da reclamada união. Tempestividade. Início da contagem do prazo processual. Ciência prévia da procuradoria-geral federal. Necessidade de intimação da procuradoria da união para o decurso do prazo processual.** Agravo de instrumento provido ante possível violação do art. 9º da Lei Complementar 73/93. **Recurso de revista anterior à égide da Lei n. 13.015/2014. Recurso ordinário e contrarrazões da reclamada união. Tempestividade. Início da contagem do prazo processual. Ciência prévia da procuradoria-geral federal. Necessidade de intimação da procuradoria da união para o decurso do prazo processual.** A retirada dos autos em carga pela Procuradoria-Geral Federal não implica o início da contagem do prazo processual para a União interpor recurso ordinário ou oferecer contrarrazões, em processo em que figura como reclamada. O marco inicial da contagem do prazo para a interposição de recurso ordinário pela União, neste caso, é a data da intimação da Procuradoria da União. Precedente da 6ª Turma do TST. Recurso de revista conhecido e parcialmente provido" (RR-464-94.2010.5.04.0403, 6ª Turma, Relator Ministro Augusto Cesar Leite de Carvalho, *DEJT* 7-6-2019).

▷ **"Recurso de revista interposto pela reclamada. Acórdão publicado na vigência da Lei n. 13.015/2014. 1. Horas extras. Troca de uniforme. Tempo à disposição do empregador.** A tese patronal de que o tempo para troca e higienização de uniforme não configuraria "tempo à disposição do empregador" já foi pacificado por esta Corte Superior na Súmula 366 do TST. O conhecimento do apelo encontra óbice na Súmula 333 e art. 896, § 7º, da CLT. Recurso de revista de que não se conhece. **2. Invalidade do regime 12x36. Descaracterização**

do regime. Horas extras habituais. Conforme o entendimento sedimentado desta Corte Superior, o regime 12x36 é descaracterizado na hipótese em que há horas extras habituais. No caso concreto, o Tribunal Regional inferiu que o Reclamante prestava 45 minutos além da décima segunda hora de trabalho todos os dias, a fim de trocar e higienizar o uniforme. Ileso o dispositivo constitucional apontado como violado e superados os arestos trazidos à cotejo. Precedente da SBDI-I do TST. Recurso de revista de que não se conhece. **3. Juros de mora. Recolhimento do depósito recursal.** Verifica-se que o Tribunal Regional não proferiu tese a respeito do tema, tampouco houve requerimento da parte para que o fizesse, por meio de embargos de declaração, carecendo o apelo, no tema, de prequestionamento (Súmula 297 do TST). Recurso de revista de que não se conhece" (RR-55-34.2014.5.09.0664, 7ª Turma, Relator Desembargador Convocado Roberto Nóbrega de Almeida Filho, *DEJT* 17-5-2019).

▷ "**Agravo de instrumento em recurso de revista interposto sob a égide da Lei n. 13.015/2014 e do NCPC – Execução – Nulidade da citação – Cerceamento de defesa – Notificação por edital, após via postal e oficial de justiça** Uma vez evidenciado que a notificação por edital somente foi realizada após várias tentativas de notificação postal e também via oficial de justiça, e que não foi produzida prova do funcionamento da empresa à época das diligências, não há falar em nulidade da citação inicial no processo de conhecimento ou cerceamento de defesa. O Juízo atendeu ao disposto no art. 841, *caput* e § 1º, da CLT. Agravo de Instrumento a que se nega provimento" (AIRR-2554-29.2012.5.18.0011, 8ª Turma, Relatora Ministra Maria Cristina Irigoyen Peduzzi, *DEJT* 31-1-2019).

Seção II
Da distribuição

Art. 783. A distribuição das reclamações será feita entre as Juntas de Conciliação e Julgamento, ou os Juízes de Direito do Cível, nos casos previstos no art. 669, § 1º, pela ordem rigorosa de sua apresentação ao distribuidor, quando o houver.

Art. 784. As reclamações serão registradas em livro próprio, rubricado em todas as folhas pela autoridade a que estiver subordinado o distribuidor.

Art. 785. O distribuidor fornecerá ao interessado um recibo do qual constarão, essencialmente, o nome do reclamante e do reclamado, a data da distribuição, o objeto da reclamação e a Junta ou o Juízo a que coube a distribuição.

Art. 786. A reclamação verbal será distribuída antes de sua redução a termo.

Parágrafo único. Distribuída a reclamação verbal, o reclamante deverá, salvo motivo de força maior, apresentar-se no prazo de 5 (cinco) dias, ao cartório ou à secretaria, para reduzi-la a termo, sob a pena estabelecida no art. 731.

Art. 787. A reclamação escrita deverá ser formulada em 2 (duas) vias e desde logo acompanhada dos documentos em que se fundar.

Art. 788. Feita a distribuição, a reclamação será remetida pelo distribuidor à Junta ou Juízo competente, acompanhada do bilhete de distribuição.

▶ *Comentários*

1. Distribuição

Distribuição é o meio de designação dos juízes com competência para conhecer, conciliar, processar e julgar as causas propostas em determinada vara trabalhista ou comarca.

Como assinala Moniz de Aragão, tem dois objetivos:

"1º) além de se destinar a fixar a competência entre juízos que o tenham igual;

2º) destina-se a equilibrar, entre eles, a quantidade de trabalho a ser desempenhado"[471].

Nelson Nery Jr. e Rosa Maria Andrade Nery ensinam que:

"A distribuição existe para dividir o trabalho entre juízos da mesma competência, evitando a sobrecarga de um deles relativamente aos demais.

471. *Comentários ao Código de Processo Civil*, cit., v. 2, p. 21.

Na verdade é manifestação de divisão de competência de juízo e não de foro. Essa divisão deve ser o mais equânime possível, propiciando o mesmo número de feitos aos juízos da respectiva comarca ou justiça. Ocorre a divisão desde que haja mais de um juízo ou mais de um cartório"[472].

Note-se que, nas localidades em que não haja mais de uma Vara do Trabalho, obviamente inexiste distribuidor, devendo as reclamações ser apresentadas na própria Secretaria da Vara.

2. Registro das reclamações

As reclamações apresentadas ao distribuidor são, atualmente, digitadas no computador, que, imediatamente, o TRT designado, fornece aos interessados (parte ou advogado) a Vara a que foi distribuído o feito, por intermédio do processo judicial eletrônico (PJe).

3. Reclamações verbais e escritas

As *reclamações verbais* são apresentadas no setor do mesmo nome, sendo encaminhadas ao distribuidor, que indicará a Vara a que foi distribuído o processo, com o comparecimento do reclamante à Secretaria daquela para redução a termo de sua reclamação.

As *reclamações escritas* são apresentadas ao distribuidor em duas vias, acompanhadas dos documentos em que se fundar a pretensão.

Note-se que, se a petição vier desacompanhada dos documentos fundamentais à propositura da ação, o juiz determinará que o reclamante a emende ou complete, no prazo de 15 dias, na forma do art. 321 do CPC/2015, de inequívoca aplicação subsidiária.

Atente-se para a Súmula 8 do Tribunal Superior do Trabalho: "A juntada de documentos na fase recursal só se justifica quando provado o justo impedimento para sua oportuna apresentação ou se referir a fato posterior à sentença".

▶ Jurisprudência

▷ **Súmula 425 do TST.** O *jus postulandi* das partes, estabelecido no art. 791 da CLT, limita-se às Varas do Trabalho e aos Tribunais Regionais do Trabalho, não alcançando a ação rescisória, a ação cautelar, o mandado de segurança e os recursos de competência do Tribunal Superior do Trabalho.

▷ **"I – Recurso de revista do réu interposto sob a égide das Leis n. 13.015/2014 e 13.105/2015. Processo anterior à Lei n. 13.467/2017. Irregularidade de representação. Exercício do *jus postulandi* nesta instância recursal. Impossibilidade. Incidência da Súmula 425 do TST.** À luz da Súmula 425/TST, "o *jus postulandi* das partes, estabelecido no art. 791 da CLT, limita-se às Varas do Trabalho e aos Tribunais Regionais do Trabalho, não alcançando a ação rescisória, a ação cautelar, o mandado de segurança e os recursos de competência do Tribunal Superior do Trabalho". Para a hipótese dos autos, o profissional subscritor do recurso de revista é um dos sócios do escritório de advocacia que figura como réu na lide e, consequentemente, se utilizou do *jus postulandi* ao interpor o apelo, não contando com procuração nos autos e, tampouco, desfrutando de mandato tácito. Registre-se não ser a hipótese de conceder à parte prazo para sanar o vício, porquanto não se trata da existência de procuração ou substabelecimento irregular já constante dos autos, mas de ausência desses documentos. Assim, é de se observar o disposto no item II da Súmula 383 desta Corte. Nesse esteio, uma vez que o recurso de revista foi subscrito por advogado sem mandato, mostra-se juridicamente inexistente, razão pela qual não merece prosperar. Recurso de revista não conhecido. **II – Agravo de instrumento. Recurso de revista do réu interposto sob a égide das Leis n. 13.015/2014 e 13.105/2015. Processo anterior à Lei n. 13.467/2017. Recurso de revista do réu. Irregularidade de representação. Exercício do *jus postulandi* nesta instância recursal. Impossibilidade. Incidência da Súmula 425 do TST. Ausência de pressuposto extrínseco de admissibilidade do recurso de revista.** 1. À luz da Súmula 425/TST, "o *jus postulandi* das partes, estabelecido no art. 791 da CLT, limita-se às Varas do Trabalho e aos Tribunais Regionais do Trabalho, não alcançando a ação resci-

472. *Código de Processo Civil Comentado*, cit., p. 524.

sória, a ação cautelar, o mandado de segurança e os recursos de competência do Tribunal Superior do Trabalho". Para a hipótese dos autos, o profissional subscritor do recurso de revista é um dos sócios do escritório de advocacia que figura como réu na lide e, consequentemente, se utilizou do *jus postulandi* ao interpor o apelo, não contando com procuração nos autos e, tampouco, desfrutando de mandato tácito. Registre-se não ser a hipótese de conceder à parte prazo para sanar o vício, porquanto não se trata da existência de procuração ou substabelecimento irregular já constante dos autos, mas de ausência desses documentos. Assim, é de se observar o disposto no item II da Súmula 383 desta Corte. Nesse esteio, uma vez que o recurso de revista foi subscrito por advogado sem mandato, mostra-se juridicamente inexistente, razão pela qual não merece prosperar. 2. Por outra face, a irregularidade de representação do recurso de revista impede o exame do mérito do agravo de instrumento e também do próprio apelo de natureza extraordinária. Assim, com base no inciso LXXVIII do art. 5º da Constituição Federal, que preconiza o princípio da duração razoável do processo e atendidos os pressupostos do art. 489, § 1º, do CPC/2015, também não prospera o presente agravo de instrumento. Agravo de instrumento conhecido e desprovido. **Conclusão**: Recurso de revista não conhecido. Agravo de instrumento conhecido e desprovido" (ARR-30-65.2016.5.17.0005, 3ª Turma, Relator Ministro Alexandre de Souza Agra Belmonte, *DEJT* 5-4-2019).

Seção III
Das custas e emolumentos

(Seção com redação dada pela Lei n. 10.537, de 27-8-2002)

Art. 789. Nos dissídios individuais e nos dissídios coletivos do trabalho, nas ações e procedimentos de competência da Justiça do Trabalho, bem como nas demandas propostas perante a Justiça Estadual, no exercício da jurisdição trabalhista, as custas relativas ao processo de conhecimento incidirão à base de 2% (dois por cento), observado o mínimo de R$ 10,64 (dez reais e sessenta e quatro centavos) e o máximo de quatro vezes o limite máximo dos benefícios do Regime Geral de Previdência Social, e serão calculadas: (Redação alterada pela Lei n. 13.467/2017.)

I – quando houver acordo ou condenação, sobre o respectivo valor;

II – quando houver extinção do processo, sem julgamento do mérito, ou julgado totalmente improcedente o pedido, sobre o valor da causa;

III – no caso de procedência do pedido formulado em ação declaratória e em ação constitutiva, sobre o valor da causa;

IV – quando o valor for indeterminado, sobre o que o juiz fixar.

§ 1º As custas serão pagas pelo vencido, após o trânsito em julgado da decisão. No caso de recurso, as custas serão pagas e comprovado o recolhimento dentro do prazo recursal.

§ 2º Não sendo líquida a condenação, o juízo arbitrar-lhe-á o valor e fixará o montante das custas processuais.

§ 3º Sempre que houver acordo, se de outra forma não for convencionado, o pagamento das custas caberá em partes iguais aos litigantes.

§ 4º Nos dissídios coletivos, as partes vencidas responderão solidariamente pelo pagamento das custas, calculadas sobre o valor arbitrado na decisão, ou pelo Presidente do Tribunal.

Art. 789-A. No processo de execução são devidas custas, sempre de responsabilidade do executado e pagas ao final, de conformidade com a seguinte tabela:

I – autos de arrematação, de adjudicação e de remição: 5% (cinco por cento) sobre o respectivo valor, até o máximo de R$ 1.915,38 (um mil, novecentos e quinze reais e trinta e oito centavos);

II – atos dos oficiais de justiça, por diligência certificada:

a) em zona urbana: R$ 11,06 (onze reais e seis centavos);

b) em zona rural: R$ 22,13 (vinte e dois reais e treze centavos);

III – agravo de instrumento: R$ 44,26 (quarenta e quatro reais e vinte e seis centavos);

IV – agravo de petição: R$ 44,26 (quarenta e quatro reais e vinte e seis centavos);

V – embargos à execução, embargos de terceiro e embargos à arrematação: R$ 44,26 (quarenta e quatro reais e vinte e seis centavos);

VI – recurso de revista: R$ 55,35 (cinquenta e cinco reais e trinta e cinco centavos);

VII – impugnação à sentença de liquidação: R$ 55,35 (cinquenta e cinco reais e trinta e cinco centavos);

VIII – despesa de armazenagem em depósito judicial – por dia: 0,1% (um décimo por cento) do valor da avaliação;

IX – cálculos de liquidação realizados pelo contador do juízo – sobre o valor liquidado: 0,5% (cinco décimos por cento) até o limite de R$ 638,46 (seiscentos e trinta e oito reais e quarenta e seis centavos).

Art. 789-B. Os emolumentos serão suportados pelo Requerente, nos valores fixados na seguinte tabela:

I – autenticação de traslado de peças mediante cópia reprográfica apresentada pelas partes – por folha: R$ 0,55 (cinquenta e cinco centavos de real);

II – fotocópia de peças – por folha: R$ 0,28 (vinte e oito centavos de real);

III – autenticação de peças – por folha: R$ 0,55 (cinquenta e cinco centavos de real);

IV – cartas de sentença, de adjudicação, de remição e de arrematação – por folha: R$ 0,55 (cinquenta e cinco centavos de real);

V – certidões – por folha: R$ 5,53 (cinco reais e cinquenta e três centavos).

Art. 790. Nas Varas do Trabalho, nos Juízos de Direito, nos Tribunais e no Tribunal Superior do Trabalho, a forma de pagamento das custas e emolumentos obedecerá às instruções que serão expedidas pelo Tribunal Superior do Trabalho.

§ 1º Tratando-se de empregado que não tenha obtido o benefício da justiça gratuita, ou isenção de custas, o sindicato que houver intervindo no processo responderá solidariamente pelo pagamento das custas devidas.

§ 2º No caso de não pagamento das custas, far-se-á execução da respectiva importância, segundo o procedimento estabelecido no Capítulo V deste Título.

§ 3º É facultado aos juízes, órgãos julgadores e presidentes dos tribunais do trabalho de qualquer instância conceder, a requerimento ou de ofício, o benefício da justiça gratuita, inclusive quanto a traslados e instrumentos, àqueles que perceberem salário igual ou inferior a 40% (quarenta por cento) do limite máximo dos benefícios do Regime Geral de Previdência Social. (Redação alterada pela Lei n. 13.467/2017.)

§ 4º O benefício da justiça gratuita será concedido à parte que comprovar insuficiência de recursos para o pagamento das custas do processo. (Redação inserida pela Lei n. 13.467/2017.)

Art. 790-A. São isentos do pagamento de custas, além dos beneficiários de justiça gratuita:

I – a União, os Estados, o Distrito Federal, os Municípios e respectivas autarquias e fundações públicas federais, estaduais ou municipais que não explorem atividade econômica;

II – o Ministério Público do Trabalho.

Parágrafo único. A isenção prevista neste artigo não alcança as entidades fiscalizadoras do exercício profissional, nem exime as pessoas jurídicas referidas no inciso I da obrigação de reembolsar as despesas judiciais realizadas pela parte vencedora.

Art. 790-B. A responsabilidade pelo pagamento dos honorários periciais é da parte sucumbente na pretensão objeto da perícia, perícia, ainda que beneficiária da justiça gratuita. (Redação alterada pela Lei n. 13.467/2017.)

§ 1º Ao fixar o valor dos honorários periciais, o juízo deverá respeitar o limite máximo estabelecido pelo Conselho Superior da Justiça do Trabalho.

§ 2º O juízo poderá deferir parcelamento dos honorários periciais.

§ 3º O juízo não poderá exigir adiantamento de valores para realização de perícias.

§ 4º Somente no caso em que o beneficiário da justiça gratuita não tenha obtido em juízo créditos capazes de suportar a despesa referida no *caput*, ainda que em outro processo, a União responderá pelo encargo. (Parágrafos inseridos pela Lei n. 13.467/2017.)

▶ **Comentários**

1. **Custas processuais**

Eliézer Rosa, em seu consagrado *Dicionário de Processo Civil*[473], ensina que "custas são aquela parte das despesas judiciais que, relativas à formação, propulsão e terminação do processo, taxadas por lei; e hão de ser contadas contra a parte vencida segundo o princípio geral de direito processual – *victus victori expensas condenatur*, que é suscetível, em todo caso, de maior ou menor atenuação pela lei".

473. Rio de Janeiro, Editora de Direito, 1957, p. 165.

As custas são, pois, verdadeiras taxas judiciárias, cuja natureza tributária já foi proclamada pelo Supremo Tribunal Federal[474].

Despesas, ao revés, de sentido amplo, e, consequentemente, abrangendo as custas, são todos os gastos efetuados para levar um processo às suas finalidades[475].

As custas, nos dissídios individuais ou coletivos e ações e procedimentos de competência da Justiça do Trabalho, relativas ao processo de conhecimento, incidem à base de 2%, observado o mínimo de R$ 10,64 (dez reais e sessenta e quatro centavos), e o teto de quatro vezes o valor máximo dos benefícios previdenciários (RGPS), conforme Reforma Trabalhista/2017, sendo calculadas de acordo com as seguintes regras:

a) nos *dissídios individuais*, havendo *acordo*, salvo o que for convencionado em contrário, as custas são pagas em partes iguais, pelos respectivos litigantes, ou seja, divididas igualmente, já que outra interpretação do § 3º, do art. 789 (com a redação dada pela Lei n. 10.537/2002), levaria ao absurdo de pagamento dobrado das custas!

Assim, repetimos, salvo disposição contrária dos litigantes, *havendo acordo*, as custas, fixadas sobre o seu valor, serão divididas em partes iguais.

Na prática, os juízes, atendendo às situações reais do empregado, em decorrência de desemprego, ou estado de miserabilidade, isentam-no do pagamento da sua parte, com o seguinte despacho:

"Custas em partes iguais, isento o Reclamante".

A isenção de custas ao empregado é faculdade concedida pelo § 3º do art. 790 – é facultado ao juiz, a requerimento, ou de ofício, o benefício da Justiça Gratuita (que equivale à isenção de custas e emolumentos) aos que perceberem salário igual ou inferior a 40% do limite máximo dos benefícios do Regime Geral de Previdência Social (RGPS). O benefício da justiça gratuita é concedido à parte que comprovar a insuficiência de recursos para o pagamento das custas processuais ou declarem que não estejam em condições de pagá-las sem prejuízo de seu sustento e de sua família.

Negada que seja a isenção de custas, havendo o patrocínio jurídico de sindicato, este responderá solidariamente pelo pagamento;

b) na ocorrência de condenação (obviamente na procedência parcial ou total da ação), as custas são pagas pelo vencido na demanda, fixadas sobre o valor da causa;

c) sendo o valor indeterminado, tais custas são estabelecidas sobre o montante que o juiz fixar;

d) sendo ilíquida a condenação (hipótese em que o *quantum debeatur* é apurado em liquidação de sentença), o juiz arbitrar-lhe-á um valor e sobre este o montante das custas;

e) na extinção do processo sem julgamento do mérito, ou quando totalmente improcedente a ação, as custas são fixadas sobre o valor da causa, podendo haver, em tais hipóteses, isenção ao empregado que a ela faça jus;

f) nos *dissídios coletivos*, as partes vencidas responderão solidariamente pelo pagamento das custas, calculadas sobre o valor arbitrado na decisão.

No processo de execução são devidas custas, de responsabilidade do executado, e pagas a final, observada a tabela fixada no art. 789-A, acrescido à CLT pela Lei n. 10.537/2002.

Segundo dispõe o art. 790, a forma de pagamento das custas e emolumentos observará instrução do Tribunal Superior do Trabalho.

Os honorários do perito do Juízo são de responsabilidade do vencido no pedido objeto da perícia, mesmo que beneficiário da justiça gratuita.

"Nas ações plúrimas as custas incidem sobre o respectivo valor global" – Súmula 36 do TST.

As pessoas jurídicas de direito público, União, Estados, Municípios e respectivas autarquias não estão sujeitas a prévio pagamento de custas, respondendo, porém, pelo reembolso das despesas judiciais realizadas pela parte vencedora.

Observe-se que em se tratando de *Massa Falida*, não há falar em deserção de recurso, por falta do pagamento das custas ou do depósito recursal:

Súmula 86 do TST:

474. RE 116.208-2, Ac. Tribunal Pleno, 20-4-1990, Rel. Min. Moreira Alves.

475. *RT*, 621/168.

"Não ocorre deserção de recurso da massa falida por falta de pagamento de custas ou de depósito do valor da condenação. Esse privilégio, todavia, não se aplica à empresa em liquidação extrajudicial".

As custas são pagas pelo vencido, após o *trânsito em julgado* da decisão, salvo na hipótese de recurso, em que o pagamento há de ser feito dentro do prazo recursal:
Art. 789, § 1º, da CLT:

"§ 1º As custas serão pagas pelo vencido, após o trânsito em julgado da decisão. No caso de recurso, as custas serão pagas e comprovado o recolhimento dentro do prazo recursal".

Nos inquéritos judiciais destinados à apuração de falta grave de empregados estáveis, o pagamento das custas é feito no prazo determinado pelo juiz:
Na eventualidade de reforma de decisão pelo órgão de grau superior (TRT ou TST), a parte vencedora em grau inferior está obrigada a pagar as custas:

Súmula 25 do TST:
"A parte vencedora na primeira instância, se vencida na segunda, está obrigada, independentemente de intimação, a pagar as custas fixadas na sentença originária, das quais ficara isenta a parte então vencida".

Os *emolumentos*, "despesas que se fazem na sustentação do pleito com extração de certidões, traslados de documentos"[476], devem ser pagos em 48 horas, a contar da sua extração pelo requerente, observados os valores fixados na tabela constante do art. 789-B[477].

O *benefício da Justiça Gratuita* afasta a cobrança de custas e emolumentos, preceito de ordem constitucional: "o Estado prestará assistência judiciária jurídica integral e gratuita aos que comprovarem insuficiência de recursos"[478].

É expressamente vedado aos juízes de direito investidos de jurisdição trabalhista e seus servidores receber custas processuais – CF/88, art. 95, parágrafo único, II.

A ADIn 5766 indagou a constitucionalidade da obrigatoriedade de o beneficiário da justiça gratuita, em pagar os honorários periciais e de sucumbência, no processo laboral, todavia, o STF[479], por maioria de votos, declarou a inconstitucionalidade dos dispositivos em comento (Lei n. 13.467/2017), denominada Reforma Trabalhista/2017.

▶ **Jurisprudência**

▷ **Súmula 25 do TST. Custas Processuais. Inversão do ônus da sucumbência.** (alterada a Súmula e incorporadas as Orientações Jurisprudenciais n. 104 e 186 da SBDI-1) – Res. 197/2015 – *DEJT* divulgado em 14, 15 e 18-5-2015. I – A parte vencedora na primeira instância, se vencida na segunda, está obrigada, independentemente de intimação, a pagar as custas fixadas na sentença originária, das quais ficará isenta a parte então vencida. II – No caso de inversão do ônus da sucumbência em segundo grau, sem acréscimo ou atualização do valor das custas e se estas já foram devidamente recolhidas, descabe um novo pagamento pela parte vencida, ao recorrer. Deverá ao final, se sucumbente, reembolsar a quantia; (ex-OJ n. 186 da SBDI-I). III – Não caracteriza deserção a hipótese em que, acrescido o valor da condenação, não houve fixação ou cálculo do valor devido a título de custas e tampouco intimação da parte para o preparo do recurso, devendo ser as custas pagas ao final; (ex-OJ n. 104 da SBDI-I). IV – O reembolso das custas à parte vencedora faz-se necessário mesmo na hipótese em que a parte vencida for pessoa isenta do seu pagamento, nos termos do art. 790-A, parágrafo único, da CLT.

▷ **Súmula 36 do TST. Custas.** Nas ações plúrimas as custas incidem sobre o respectivo valor global.

▷ **Súmula 53 do TST. Custas.** O prazo para pagamento das custas, no caso de recurso, é contado da intimação do cálculo.

476. Eliézer Rosa, ob. cit., p. 206.
477. Acrescentado à CLT pela Lei n. 10.537/2002.
478. Art. 5º, LXXIV, da CF/88.

479. Em 20-10-2021.

▷ **Súmula 86 do TST. Deserção. Massa falida. Empresa em liquidação extrajudicial.**
Não ocorre deserção de recurso da massa falida por falta de pagamento de custas ou de depósito do valor da condenação. Esse privilégio, todavia, não se aplica à empresa em liquidação extrajudicial.

▷ **Súmula 170 do TST. Sociedade de economia mista. Custas.** Os privilégios e isenções no foro da Justiça do Trabalho não abrangem as sociedades de economia mista, ainda que gozassem desses benefícios anteriormente ao Dec.-lei n. 779, de 1969. Ex-prejulgado n. 50.

▷ **Súmula 457 do TST. Honorários periciais. Beneficiário da justiça gratuita. Responsabilidade da união pelo pagamento. Resolução n. 66/2010 DO CSJT. Observância.**
A União é responsável pelo pagamento dos honorários de perito quando a parte sucumbente no objeto da perícia for beneficiária da assistência judiciária gratuita, observado o procedimento disposto nos arts. 1º, 2º e 5º da Resolução n. 66/2010 do Conselho Superior da Justiça do Trabalho – CSJT.

▷ **Súmula 223 do STF.** Concedida isenção de custas ao empregado, por elas não responde o sindicato que o representa em juízo.

▷ **OJ n. 33 da SDI-1 do TST. Deserção. Custas. Carimbo do banco. Validade.** O carimbo do banco recebedor na guia de comprovação do recolhimento das custas supre a ausência de autenticação mecânica.

▷ **OJ n. 104 da SDI-1 do TST. Custas. Condenação acrescida. Inexistência de deserção quando as custas não são expressamente calculadas e não há intimação da parte para o preparo do recurso, devendo, então, ser as custas pagas ao final.** Não caracteriza deserção a hipótese em que, acrescido o valor da condenação, não houve fixação ou cálculo do valor devido a título de custas e tampouco intimação da parte para o preparo do recurso, devendo, pois, as custas ser pagas ao final.

▷ **OJ n. 140 da SDI-1 do TST. Depósito recursal e custas. Diferença ínfima. Deserção. Ocorrência.**
Ocorre deserção do recurso pelo recolhimento insuficiente das custas e do depósito recursal, ainda que a diferença em relação ao *quantum* devido seja ínfima, referente a centavos.

▷ **OJ n. 148 da SDI-2 do TST. Custas. Mandado de Segurança. Recurso Ordinário. Exigência do pagamento.**
É responsabilidade da parte, para interpor recurso ordinário em mandado de segurança, a comprovação do recolhimento das custas processuais no prazo recursal, sob pena de deserção.

▷ **OJ n. 158 da SDI-1 do TST. Custas. Comprovação de recolhimento. Darf eletrônico. Validade.** O denominado "DARF ELETRÔNICO" é válido para comprovar o recolhimento de custas por entidades da administração pública federal, emitido conforme a IN-SRF 162, de 4-11-1988.

▷ **OJ n. 186 da SDI-1 do TST. Custas. Inversão do ônus da sucumbência. Deserção. Não ocorrência.** No caso de inversão do ônus da sucumbência em segundo grau, sem acréscimo ou atualização do valor das custas e se estas já foram devidamente recolhidas, descabe um novo pagamento pela parte vencida, ao recorrer. Deverá ao final, se sucumbente, ressarcir a quantia.

▷ **OJ n. 88 da SDI-2 do TST. Mandado de segurança. Valor da causa. Custas processuais. Cabimento.** Incabível a impetração de mandado de segurança contra ato judicial que, de ofício, arbitrou novo valor à causa, acarretando a majoração das custas processuais, uma vez que cabia à parte, após recolher as custas, calculadas com base no valor dado à causa na inicial, interpor recurso ordinário e, posteriormente, agravo de instrumento no caso de o recurso ser considerado deserto.

▷ **OJ n. 27 da SDC do TST. Custas. Ausência de intimação. Deserção. Caracterização.** A deserção se impõe mesmo não tendo havido intimação, pois incumbe à parte, na defesa do próprio interesse, obter os cálculos necessários para efetivar o preparo.

▷ **"Recurso de revista em face de decisão publicada na vigência da Lei n. 13.467/2017. Honorários periciais. Responsabilidade pelo pagamento. Beneficiário da justiça gratuita. Presença de trans-

cendência política. De plano, há de se reconhecer a transcendência política, na medida em que a decisão regional encontra-se contrária à jurisprudência desta Corte, consubstanciada na Súmula 457 do TST. **Honorários periciais. Beneficiário da justiça gratuita.** O Tribunal Regional decidiu que "ainda que concedido o benefício da justiça gratuita, cabe à parte autora arcar com os honorários periciais, quando sucumbente no objeto da perícia, porém limitado o ressarcimento à 10% do crédito recebido". No entanto, o único requisito exigido pelo art. 790-B da CLT (com redação anterior à Lei n. 13.467/2017) e pela Súmula 457 do TST, para a dispensa do pagamento dos honorários periciais, é que a parte sucumbente seja beneficiária da justiça gratuita, de modo que o fato de o empregado ter logrado êxito parcial na demanda e possuir créditos a receber na reclamação trabalhista não revogam a condição de hipossuficiência econômico-financeira de imediato. Recurso de revista conhecido por contrariedade à Súmula 457 do TST e provido" (RR-647-69.2016.5.09.0127, 3ª Turma, Relator Ministro Alexandre de Souza Agra Belmonte, *DEJT* 27-11-2020).

•••••••••••••••••••••••••••••••••

Seção IV
Das partes
e dos procuradores

Art. 791. Os empregados e os empregadores poderão reclamar pessoalmente perante a Justiça do Trabalho e acompanhar as suas reclamações até o final.

§ 1º Nos dissídios individuais os empregados e empregadores poderão fazer-se representar por intermédio do sindicato, advogado, solicitador, ou provisionado, inscrito na Ordem dos Advogados do Brasil.

§ 2º Nos dissídios coletivos é facultada aos interessados a assistência por advogado.

Art. 791-A. Ao advogado, ainda que atue em causa própria, serão devidos honorários de sucumbência, fixados entre o mínimo de 5% (cinco por cento) e o máximo de 15% (quinze por cento) sobre o valor que resultar da liquidação da sentença, do proveito econômico obtido ou, não sendo possível mensurá-lo, sobre o valor atualizado da causa.

§ 1º Os honorários são devidos também nas ações contra a Fazenda Pública e nas ações em que a parte estiver assistida ou substituída pelo sindicato de sua categoria.

§ 2º Ao fixar os honorários, o juízo observará:
I – o grau de zelo do profissional;
II – o lugar de prestação do serviço;
III – a natureza e a importância da causa;
IV – o trabalho realizado pelo advogado e o tempo exigido para o seu serviço.

§ 3º Na hipótese de procedência parcial, o juízo arbitrará honorários de sucumbência recíproca, vedada a compensação entre os honorários.

§ 4º Vencido o beneficiário da justiça gratuita, desde que não tenha obtido em juízo, ainda que em outro processo, créditos capazes de suportar a despesa, as obrigações decorrentes de sua sucumbência ficarão sob condição suspensiva de exigibilidade e somente poderão ser executadas se, nos dois anos subsequentes ao trânsito em julgado da decisão que as certificou, o credor demonstrar que deixou de existir a situação de insuficiência de recursos que justificou a concessão de gratuidade, extinguindo-se, passado esse prazo, tais obrigações do beneficiário.

§ 5º São devidos honorários de sucumbência na reconvenção. (Artigo, parágrafos e incisos inseridos pela Lei n. 13.467/2017.)

Art. 792. Os maiores de 18 (dezoito) e menores de 21 (vinte e um) anos e as mulheres casadas poderão pleitear perante a Justiça do Trabalho sem a assistência de seus pais, tutores ou maridos.

Art. 793. A reclamação trabalhista do menor de 18 (dezoito) anos será feita por seus representantes legais e, na falta destes, pela Procuradoria da Justiça do Trabalho, pelo sindicato, pelo Ministério Público estadual ou curador nomeado em juízo. (Redação dada pela Lei n. 10.288, de 20-9-2001.)

•••••••••••••••••••••••••••••••••

▶ *Comentários*

1. **"Jus postulandi"**

Em conformidade com o que dispõe o art. 103 do CPC, as partes, para ingressar em juízo, necessitam da presença do advogado:

"A parte será representada em juízo por advogado legalmente inscrito na Ordem dos Advogados do Brasil".

Nos termos, pois, do dispositivo legal nominado, só o advogado legalmente habilitado, assim considerado o bacharel em Direito devidamente inscrito na Ordem dos Advogados do Brasil (OAB), pode praticar atos processuais, que lhe são privativos.

No processo do trabalho, com o manifesto propósito de facilitar a prestação jurisdicional ao trabalhador, adotou o legislador critério diverso, acolhendo o chamado *jus postulandi* – direito de postular independentemente de advogado –, como expressamente estatui o art. 791 da CLT:

"Os empregados e empregadores poderão reclamar pessoalmente perante a Justiça do Trabalho e acompanhar as suas reclamações até o final".

Ressalte-se que, embora o propósito do legislador tenha sido o de facilitar ao acesso do trabalhador, economicamente sempre mais fraco que o empregador, ao juízo, o *jus postulandi* estende-se também a este último, que pode responder às ações que contra si sejam movidas ou propor as que lhe sejam próprias sem a necessidade da outorga de mandato a advogado.

A faculdade, obviamente, estende-se também àqueles que, por força de lei, possam postular na Justiça do Trabalho, como, por exemplo, o empreiteiro, operário ou artífice (CLT, art. 652, III).

Não alcança, porém, aqueles que, alheios à demanda, venham a sofrer turbação ou esbulho na posse de seus bens por ato de apreensão judicial decorrente de penhora, arresto, sequestro, alienação judicial, etc., e que, por via de consequência, devam interpor embargos de terceiro, os quais fatalmente necessitarão de advogados. O *jus postulandi*, de todo conveniente ressaltar, não impede, porém, que o empregado ou o empregador se façam representar por advogados.

Ressalte-se, outrossim, que, em conformidade com a Súmula 425 do TST: "o *jus postulandi* das partes, estabelecido no art. 791 da CLT, limita-se às Varas do Trabalho e aos TRTs, não alcançando a ação rescisória, a ação cautelar, o mandado de segurança e os recursos de competência do TST".

2. **Maiores de 18 anos**

A maioridade trabalhista é de *18 anos*, idêntica, portanto, à do direito penal e, igualmente, à do Código Civil.

Plenamente capaz para o Direito do Trabalho, o empregado com 18 anos pode, livremente, mover contra o empregador ação trabalhista, utilizando-se do *jus postulandi*, ou por advogado por si constituído, podendo valer-se, igualmente, da assistência de seu sindicato ou mesmo da advocacia voluntária, existentes em alguns Estados da Federação, como é o caso do TRT da 18ª Região.

3. **Menores de 18 anos**

Com a redação dada pela Lei n. 10.288, de 20-9-2001, o art. 793 dispõe que:

"A reclamação trabalhista do menor de 18 (dezoito) anos será feita por seus representantes legais e, na falta destes, pela Procuradoria da Justiça do Trabalho, pelo sindicato, pelo Ministério Público estadual ou curador nomeado em juízo".

4. **Mulher casada**

A mulher, desde o advento da Lei n. 4.121[480], denominada "Estatuto da Mulher Casada", deixou de ser relativamente incapaz, cessando toda e qualquer restrição ou discriminação a seus direitos, conforme prevê o art. 5º, *caput* e inciso I, da CF/88, que proclama: "homens e mulheres são iguais em direitos e obrigações...".

Assim, a mulher casada é apta para, independentemente da assistência de seu marido, exercer todos os direitos que lhe são outorgados pelas leis do País.

Louve-se, entretanto, a CLT, que pioneiramente já proclamava o direito de a mulher casada postular na Justiça do Trabalho, sem assistência do marido.

5. **Honorários advocatícios**

A Reforma Trabalhista/2017 acrescentou o art. 791-A e seus parágrafos à CLT, dispondo sobre os honorários advocatícios na Justiça do Trabalho. Assim, sem abolir o *jus postulandi*, que subsiste; a disciplina da matéria tinha o condão de instituir regras próprias, afastan-

480. De 17-8-1962.

do, outrossim, dúvida sobre o princípio da sucumbência no processo trabalhista.

Houve, inegavelmente, pontos controvertidos com decisões do TST, favoráveis e contra a Lei, que previa a sucumbência recíproca[481], objeto da ADI 5766, perante o STF, não obstante, por maioria de votos, a Suprema Corte, em 20-10-2021, decidiu pela inconstitucionalidade de o hipossuficiente ser obrigado a pagar honorários advocatícios, fixados entre o mínimo de 5% e o máximo de 15%, sobre o valor da liquidação da sentença.

As disposições estabeleciam os parâmetros para o juiz fixar os honorários advocatícios, a saber:

I – o grau de zelo do profissional;
II – o lugar de prestação do serviço;
III – a natureza e a importância da causa;
IV – o trabalho realizado pelo advogado e o tempo exigido para o seu serviço.

Em se tratando de beneficiário de justiça gratuita, as obrigações que lhe recaiam, ficariam sob condição suspensiva, até a prova, pelo credor, da suficiência de bens para a execução; decorridos dois anos, extinguiam as obrigações do empregado beneficiário de justiça gratuita.

Os honorários advocatícios seriam também devidos nas ações movidas contra a Fazenda Pública, na reconvenção e, igualmente, nas ações em que haja assistência do sindicato.

▶ **Jurisprudência**

▷ **Súmula 425 do TST.** *Jus postulandi* na justiça do trabalho. Alcance. Res. 165/2010, *DEJT* divulgado em 30-4-2010 e 3 e 4-5-2010.
O *jus postulandi* das partes, estabelecido no art. 791 da CLT, limita-se às Varas do Trabalho e aos Tribunais Regionais do Trabalho, não alcançando a ação rescisória, a ação cautelar, o mandado de segurança e os recursos de competência do Tribunal Superior do Trabalho.

▷ **OJ n. 120 da SDI-1 do TST. Recurso. Assinatura da petição ou das razões recursais. Validade.**
O recurso sem assinatura será tido por inexistente. Será considerado válido o apelo assinado, ao menos, na petição de apresentação ou nas razões recursais.

▷ **Súmula 481 do STJ.** Faz jus ao benefício da justiça gratuita a pessoa jurídica com ou sem fins lucrativos que demonstrar sua impossibilidade de arcar com os encargos processuais.

▷ **"Recurso de revista – Condenação do reclamante ao pagamento de honorários advocatícios de sucumbência recíproca – Compatibilidade do art. 791-A, § 3º, da CLT com o art. 5º, XXXV, da CF – Transcendência jurídica reconhecida – Recurso conhecido e provido.** 1. Nos termos do art. 896-A, § 1º, IV, da CLT, constitui transcendência jurídica da causa a existência de questão nova em torno da interpretação da legislação trabalhista. 2. O debate jurídico que emerge do presente processo diz respeito à compatibilidade do § 3º do art. 791-A da CLT, introduzido pela Lei n. 13.467/17, que determina o pagamento de honorários advocatícios de sucumbência recíproca, nas hipóteses de parcial procedência dos pedidos autorais, com o princípio do livre acesso ao Judiciário, esculpido no inciso XXXV do art. 5º da Constituição Federal. 3. Como é cediço, a Reforma Trabalhista, promovida pela Lei n. 13.467/17, ensejou diversas alterações no campo do Direito Processual do Trabalho, a fim de tornar o processo laboral mais racional, simplificado, célere e, principalmente, responsável, sendo essa última característica marcante, visando coibir as denominadas "aventuras judiciais", calcadas na facilidade de se acionar a Justiça, sem nenhum ônus ou responsabilização por postulações carentes de embasamento fático. 4. Nesse contexto, foram inseridos os §§ 3º e 4º no art. 791-A da CLT pela Lei n. 13.467/17, responsabilizando-se a parte sucumbente, seja a autora ou a demandada, pelo pagamento dos honorários advocatícios, ainda que beneficiárias da justiça gratuita, o que reflete a intenção do legislador de desestimular lides temerárias, conferindo tratamento isonômico aos litigantes. Tanto é que o § 5º do art. 791-A da CLT expressamente dispôs acerca do pagamento da verba honorária na reconvenção. Isso porque, apenas

481. Arts. 790-B e 791-A, ambos da CLT.

se tiver créditos judiciais a receber é que o empregado reclamante terá de arcar com os honorários se fizer jus à gratuidade da justiça, pois nesse caso já não poderá escudar-se em pretensa insuficiência econômica. 5. Percebe-se, portanto, que o art.791-A, § 3º, da CLT não colide com o art. 5º, *caput* e XXXV, da CF, ao revés, busca preservar a jurisdição em sua essência, como instrumento responsável e consciente de tutela de direitos elementares do ser humano trabalhador, indispensáveis à sua sobrevivência e à da família. 6. Assim, havendo sucumbência parcial na presente lide, em razão da improcedência de um dos pedidos autorais, devidos pelo Autor o pagamento dos honorários advocatícios de sucumbência recíproca, nos termos do art. 791-A, § 3º, da CLT. Recurso de revista conhecido e provido" (RR-10666-34.2018.5.15.0019, 4ª Turma, Relator Ministro Ives Gandra Martins Filho, *DEJT* 26-2-2021).

...

Seção IV-A
Da responsabilidade por dano processual

Art. 793-A. Responde por perdas e danos aquele que litigar de má-fé como reclamante, reclamado ou interveniente.

Art. 793-B. Considera-se litigante de má-fé aquele que:

I – deduzir pretensão ou defesa contra texto expresso de lei ou fato incontroverso;

II – alterar a verdade dos fatos;

III – usar do processo para conseguir objetivo ilegal;

IV – opuser resistência injustificada ao andamento do processo;

V – proceder de modo temerário em qualquer incidente ou ato do processo;

VI – provocar incidente manifestamente infundado;

VII – interpuser recurso com intuito manifestamente protelatório.

Art. 793-C. De ofício ou a requerimento, o juízo condenará o litigante de má-fé a pagar multa, que deverá ser superior a 1% (um por cento) e inferior a 10% (dez por cento) do valor corrigido da causa, a indenizar a parte contrária pelos prejuízos que esta sofreu e a arcar com os honorários advocatícios e com todas as despesas que efetuou.

§ 1º Quando forem dois ou mais os litigantes de má-fé, o juízo condenará cada um na proporção de seu respectivo interesse na causa ou solidariamente aqueles que se coligaram para lesar a parte contrária.

§ 2º Quando o valor da causa for irrisório ou inestimável, a multa poderá ser fixada em até duas vezes o limite máximo dos benefícios do Regime Geral de Previdência Social.

§ 3º O valor da indenização será fixado pelo juízo ou, caso não seja possível mensurá-lo, liquidado por arbitramento ou pelo procedimento comum, nos próprios autos.

Art. 793-D. Aplica-se a multa prevista no art. 793-C desta Consolidação à testemunha que intencionalmente alterar a verdade dos fatos ou omitir fatos essenciais ao julgamento da causa.

Parágrafo único. A execução da multa prevista neste artigo dar-se-á nos mesmos autos.

(Título X, Capítulo II, Seção IV-A inseridos pela Lei n. 13.467/2017.)

...

▶ *Comentários*

1. ***Da Responsabilidade por Dano Processual – Litigância de má-fé***

Pouco a pouco o Processo do Trabalho vem adotando certas regras e princípios do Processo Civil, como vem de ocorrer com a Reforma Trabalhista/2017, que introduziu na CLT os arts. 793-A, 793-B, 793-C e 793-D, estabelecendo responsabilidade por dano processual, ou seja, a denominada litigância de má-fé, a ser aplicada àquele que a cometer, independentemente se ser cometida pelo empregado ou pelo empregador.

As hipóteses de litigância de má-fé estão declinadas nos artigos acima nominados, considerando-se como tal:

I – deduzir pretensão ou defesa contra texto expresso de lei ou fato incontroverso;

II – alterar a verdade dos fatos;

III – usar do processo para conseguir objetivo ilegal;

IV – opuser resistência injustificada ao andamento do processo;

V – proceder de modo temerário em qualquer incidente ou ato do processo;

VI – provocar incidente manifestamente infundado;

VII – interpuser recurso com intuito manifestamente protelatório.

Em tais hipóteses fica patente o ânimo do litigante, demonstrando que a má-fé é o suporte fático, sem o que, não se pode falar em litigância de má-fé.

Como assinala Teresa Arruda Alvim Wambier, nos seus consagrados Comentários ao Novo Código de Processo Civil[482], em lição inequivocamente aplicável ao Processo do Trabalho, "para a caracterização da conduta exige-se má-fé e não bastando a ingenuidade ou interpretação equivocada da lei".

Observa que, na ocorrência de litigância de má-fé, as indenizações, suportadas pelo litigante, são as seguintes:

I – indenização assim compreendida, as despesas efetuadas pelo oponente;

II – indenização pelos prejuízos causados à parte contrária com a propositura da ação e reflexos econômicos decorrentes da demanda;

III – honorários advocatícios da parte contrária;

IV – multa pecuniária (que normalmente é entendida como sendo revertida a favor dos cofres públicos e não à parte contrária) de 1% a 10% do valor da causa atualizado (lembrando que o valor da causa saiu das sombras e passou a figurar como elemento obrigatório da petição inicial – art. 840, § 1º, da CLT – sob pena de não processamento da demanda).

Seção V
Das nulidades

Art. 794. Nos processos sujeitos à apreciação da Justiça do Trabalho só haverá nulidade quando resultar dos atos inquinados manifesto prejuízo às partes litigantes.

Art. 795. As nulidades não serão declaradas senão mediante provocação das partes, as quais deverão argui-las à primeira vez em que tiverem de falar em audiência ou nos autos.

§ 1º Deverá, entretanto, ser declarada *ex officio* a nulidade fundada em incompetência de foro. Nesse caso, serão considerados nulos os atos decisórios.

§ 2º O juiz ou Tribunal que se julgar incompetente determinará, na mesma ocasião, que se faça remessa do processo, com urgência, à autoridade competente, fundamentando sua decisão.

Art. 796. A nulidade não será pronunciada:

a) quando for possível suprir-se a falta ou repetir-se o ato;

b) quando arguida por quem lhe tiver dado causa.

Art. 797. O juiz ou Tribunal que pronunciar a nulidade declarará os atos a que ela se estende.

Art. 798. A nulidade do ato não prejudicará senão os posteriores que dele dependam ou seja consequência.

▶ **Comentários**

A ação é, como se sabe, o meio de provocar a prestação jurisdicional do Estado. Não pressupõe, como já se pretendeu, um direito material concreto. Ao revés, quer vista como direito subjetivo público, quer encarada como direito de natureza privada que se volta contra o demandado, não está a ação condicionada à existência de um direito material efetivo.

Proposta a ação, como meio de provocar a prestação jurisdicional do Estado, este se utiliza do *processo* como meio, instrumento, de sua função jurisdicional. Daí dizer que o processo é o *instrumento da jurisdição* (Moacyr Amaral Santos).

Este, o processo, desenvolve-se por meio de uma série de atos – *os atos processuais*.

"Atos processuais são atos do processo – ensina Moacyr Amaral Santos. A relação jurídica processual que se contém no processo se reflete em atos. São atos processuais os atos que têm importância jurídica para a relação processual, isto é, aqueles atos que têm por efeito a constituição, a conservação, o desenvolvimento, a modificação ou a cessação da relação processual."

Os atos processuais estão sujeitos a certos formalismos. Na expressão do eminente processualista nominado:

"No processo, mais que em qualquer outro ramo do direito, vige o princípio do formalismo. Direito processual é direito formal. É que as formas correspondem a uma necessidade de ordem, de certeza, de eficiência prática, e a sua

482. Ed. Revista dos Tribunais, pág. 158.

regular observância representa uma garantia de regular e leal desenvolvimento do processo e garantia do direito das partes".

Os atos processuais, pois, têm, cada um deles, uma forma. No processo civil, conquanto consagrado o *princípio instrumental* – os atos processuais constituem-se em meios de que se servem as partes para alcançar um fim –, o fim do processo, observa-se, em que pese a linguagem do art. 277 do CPC/2015, acentuado rigorismo, ao contrário do que ocorre no processo trabalhista. Este último, com efeito, em razão, sobretudo, de sua finalidade social e do próprio *jus postulandi*, abranda sensivelmente tais princípios, proclamando que as nulidades só ocorrerão se delas resultar manifesto prejuízo às partes:

"Art. 794. Nos processos sujeitos à apreciação da Justiça do Trabalho só haverá nulidade quando resultar dos atos inquinados manifesto prejuízo às partes litigantes" (CLT).

As nulidades no processo do trabalho devem ser suscitadas pelas próprias partes, e só excepcionalmente devem ser arguidas ou proclamadas de ofício.

Com efeito, declara o art. 795 da CLT que:

"As nulidades não serão declaradas senão mediante provocação das partes, as quais deverão argui-las à primeira vez em que tiverem de falar em audiência ou nos autos".

Nos termos do § 1º do dispositivo legal transcrito, só a nulidade fundada na *incompetência de foro* deve ser arguida ou declarada de ofício, o que, todavia, implica manifesto equívoco do legislador. A incompetência de foro, como se sabe, insere-se na chamada *incompetência relativa*, que envolve a incompetência decorrente do valor da causa e de foro, devendo ser suscitada pela parte interessada no momento processual oportuno, ou seja, por meio de exceção (arts. 64 e 799, respectivamente, do CPC e da CLT).

Não arguida na ocasião oportuna, dá-se a prorrogação de competência de foro.

Assim, na verdade, tal como ocorre no processo civil, a incompetência a ser declarada de ofício, na verdade, seria a *absoluta*, ou seja, a material (*ratione materiae*).

Entendemos lícita, também a proclamação de ofício da nulidade de citação, cuja regularidade é imprescindível para a validade do processo, segundo o disposto no art. 239 do CPC/2015, de inequívoca aplicação subsidiária.

Ressalte-se, finalmente, a impossibilidade de acolhida de nulidade, quando suscitada por quem lhe tenha dado causa.

Por outro lado, sempre que se possa suprir a nulidade, esta não há de ser proclamada.

▶ *Jurisprudência*

▷ **Súmula 225 do STJ.** Compete ao Tribunal Regional do Trabalho apreciar recurso contra sentença proferida por órgão de primeiro grau da Justiça Trabalhista, ainda que para declarar-lhe a nulidade em virtude de incompetência.

▷ **OJ n. 7 da SDI-1 do TST. Advogado. Atuação fora da seção da OAB onde o advogado está inscrito. Ausência de comunicação (Lei n. 4.215/1963, § 2º, art. 56). Infração disciplinar. Não importa nulidade.** Inserida em 29-3-1996 (Nova redação – Res. 129/2005, *DJ*, 20-4-2005)
A despeito da norma então prevista no art. 56, § 2º, da Lei n. 4.215/1963, a falta de comunicação do advogado à OAB para o exercício profissional em seção diversa daquela na qual tem inscrição não importa nulidade dos atos praticados, constituindo apenas infração disciplinar, que cabe àquela instituição analisar.

▷ **OJ n. 115 da SDI-1 do TST. Recurso de revista. Nulidade por negativa de prestação jurisdicional.** (Alterada em decorrência da redação do inciso II do art. 894 da CLT, incluído pela Lei n. 11.496/2007 – Res. 182/2012, *DEJT*, 19, 20 e 23-4-2012).
O conhecimento do recurso de revista, quanto à preliminar de nulidade por negativa de prestação jurisdicional, supõe indicação de violação do art. 832 da CLT, do art. 458 do CPC ou do art. 93, IX, da CF/1988.

▷ **OJ n. 142 da SDI-1 do TST. Embargos de declaração. Efeito modificativo. Vista à parte contrária** (inserido dispositivo) – *DEJT* divulgado em 16, 17 e 18-11-2010. É passível de nulidade decisão que acolhe embargos de declaração com efeito modifi-

cativo sem que seja concedida oportunidade de manifestação prévia à parte contrária.

▷ **"Recurso de embargos em recurso de revista. Acórdão publicado na vigência da Lei n. 13.015/2014 e antes da Lei n. 13.467/2017. Preliminar de nulidade. Notificação dos embargos de declaração opostos à sentença em nome de advogado diverso daquele expressamente indicado. Matéria alegada pela primeira vez em embargos de declaração opostos contra o acórdão do TRT.** Com arrimo no art. 795 da CLT, a Turma manteve o entendimento do TRT de que os embargos de declaração opostos pelos reclamados não seriam o meio próprio para arguir a preliminar de nulidade do processo, desde a apresentação de embargos de declaração contra sentença de primeiro grau, em razão de a notificação dessa decisão ter sido realizada em nome de advogado diverso do indicado (Súmula 427 do TST). Isso porque, de acordo com a Corte local, "tendo as embargantes tomado ciência da decisão que julgou improcedentes os embargos de declaração opostos em face da sentença de mérito apenas com a publicação do acórdão", deveriam "ter ingressado com recurso ordinário no primeiro momento em que tiveram ciência da nulidade processual, não sendo os presentes embargos de declaração o meio adequado, quando o acórdão sequer apreciou matéria de interesse das embargantes". Consoante a Súmula 427 desta Corte, "havendo pedido expresso de que as intimações e publicações sejam realizadas exclusivamente em nome de determinado advogado, a comunicação em nome de outro profissional constituído nos autos é nula, salvo se constatada a inexistência de prejuízo". Na hipótese dos autos, é incontroverso o fato de que a intimação da decisão de primeiro grau proferida em sede de embargos de declaração foi realizada em nome de advogado diverso do requerido na defesa pelos reclamados HIPERCARD e OUTRO. Contudo, para que se declare a nulidade pretendida, indispensável que a parte a alegue no primeiro momento em que tiver que falar nos autos, conforme dispõe o art. 795 da CLT. No caso, extrai-se do acórdão embargado que os reclamados, embora tenham apresentado contrarrazões ao recurso ordinário adesivo da reclamante, arguiram a nulidade processual de que trata a Súmula 427 do TST somente após a publicação do acórdão regional, em sede de embargos declaração, sobressaindo, assim, preclusa a discussão acerca dessa matéria. Precedentes. Recurso de embargos conhecido e desprovido". (E-ARR-356-79.2012.5.06.0002, Subseção I Especializada em Dissídios Individuais, Relator Ministro Breno Medeiros, *DEJT* 19-2-2021).

▷ **"I – Agravo de instrumento. Recurso de revista – provimento. Nulidade. Cerceamento de direito de defesa. Indeferimento de prova testemunhal. Protesto em audiência. Momento oportuno. Preclusão não configurada.** Diante de potencial violação do art. 5º, LV, da Carta Magna, merece processamento o recurso de revista. Agravo de instrumento conhecido e provido. **II – Recurso de revista. Nulidade. Cerceamento de direito de defesa. Indeferimento de prova testemunhal. Protesto em audiência. Momento oportuno. Preclusão não configurada.** 1. Nos termos do art. 795 da CLT, "as nulidades não serão declaradas senão mediante provocação das partes, as quais deverão argui-las à primeira vez em que tiverem de falar em audiência ou nos autos". 2. Na esteira do entendimento desta Corte, inexiste preclusão quando a parte registra os protestos logo após o indeferimento da oitiva das testemunhas. Precedentes. Recurso de revista conhecido e provido" (RR-3319-31.2013.5.02.0004, 3ª Turma, Relator Ministro Alberto Luiz Bresciani de Fontan Pereira, *DEJT* 19-6-2020).

• •

Seção VI
Das exceções

Art. 799. Nas causas da jurisdição da Justiça do Trabalho, somente podem ser opostas, com suspensão do feito, as exceções de suspeição ou incompetência. (*Caput* e parágrafos com redação dada pelo Dec.-lei n. 8.737, de 19-1-1946.)

§ 1º As demais exceções serão alegadas como matéria de defesa.

§ 2º Das decisões sobre exceções de suspeição e incompetência, salvo, quanto a estas, se terminativas do feito, não caberá recurso, podendo, no entanto, as partes alegá-las novamente no recurso que couber da decisão final.

Art. 800. Apresentada a exceção de incompetência territorial no prazo de cinco dias a contar da notificação, antes da audiência e em peça que sinalize a existência desta exceção, seguir-se-á o procedimento estabelecido neste artigo.

§ 1º Protocolada a petição, será suspenso o processo e não se realizará a audiência a que se refere o art. 843 desta Consolidação até que se decida a exceção.

§ 2º Os autos serão imediatamente conclusos ao juiz, que intimará o reclamante e, se existentes, os litisconsortes, para manifestação no prazo comum de cinco dias.

§ 3º Se entender necessária a produção de prova oral, o juízo designará audiência, garantindo o direito de o excipiente e de suas testemunhas serem ouvidos, por carta precatória, no juízo que este houver indicado como competente.

§ 4º Decidida a exceção de incompetência territorial, o processo retomará seu curso, com a designação de audiência, a apresentação de defesa e a instrução processual perante o juízo competente. *Caput* alterado e parágrafos inseridos pela Lei n. 13.467/2017.

Art. 801. O juiz, presidente ou juiz classista, é obrigado a dar-se por suspeito, e pode ser recusado, por algum dos seguintes motivos, em relação à pessoa dos litigantes:

a) inimizade pessoal;
b) amizade íntima;
c) parentesco por consanguinidade ou afinidade até o terceiro grau civil;
d) interesse particular na causa.

Parágrafo único. Se o recusante houver praticado algum ato pelo qual haja consentido na pessoa do juiz, não mais poderá alegar exceção de suspeição, salvo sobrevindo novo motivo. A suspeição não será também admitida, se do processo constar que o recusante deixou de alegá-la anteriormente, quando já a conhecia, ou que, depois de conhecida, aceitou o juiz recusado ou, finalmente, se procurou de propósito o motivo de que ela se originou.

Art. 802. Apresentada a exceção de suspeição, o juiz ou Tribunal designará audiência dentro de 48 (quarenta e oito) horas, para instrução e julgamento da exceção.

§ 1º Nas Juntas de Conciliação e Julgamento e nos Tribunais Regionais, julgada procedente a exceção de suspeição, será logo convocado para a mesma audiência ou sessão, ou para a seguinte, o suplente do membro suspeito, o qual continuará a funcionar no feito até decisão final. Proceder-se-á da mesma maneira quando algum dos membros se declarar suspeito.

§ 2º Se se tratar de suspeição de Juiz de Direito, será este substituído na forma da organização judiciária local.

••

▶ *Comentários*

1. *Exceções*

Exceção é uma defesa de natureza processual que objetiva denunciar os vícios de constituição do processo ou fatos impeditivos do prosseguimento normal da relação processual.

O Código de Processo Civil afere três espécies de exceção:

a) *de incompetência;*
b) *de impedimento;*
c) *de suspeição.*

Há duas espécies de incompetência: 1ª) *a absoluta;* 2ª) *a relativa.* A primeira diz respeito à matéria e à hierarquia, devendo ser proclamada *ex officio*, independentemente, portanto, de arguição das partes, não podendo ser objeto de exceção. A segunda, a incompetência relativa, relacionada com o território (incompetência *ratione loci*) e com o valor da causa, deve, necessariamente, ser arguida em exceção.

As exceções de impedimento e suspeição envolvem os fatos relacionados nos arts. 144 e 145 do CPC, fatos esses que ou impedem o juiz de exercer suas funções ou são de molde a tornar fundada a suspeita de parcialidade do julgador, a saber:

Impedimentos

Em conformidade com o art. 144, do CPC, o magistrado está impedido de atuar, na condição de juiz, nos seguintes processos:

"Há impedimento do juiz, sendo-lhe vedado exercer as suas funções nos processos:

I – em que interveio como mandatário da parte, oficiou como perito, funcionou como órgão do Ministério Público ou prestou depoimento como testemunha;

II – que conheceu em outro grau de jurisdição, tendo proferido decisão;

III – quando nele estiver postulando, como defensor público, advogado ou membro do Ministério Público seu cônjuge ou companheiro, ou qualquer parente, consanguíneo ou afim, em linha reta ou colateral, até o terceiro grau, inclusive;

IV – quando for parte no processo ele próprio, seu cônjuge ou companheiro, ou parente consanguíneo ou afim, em linha reta ou colateral, até o terceiro grau, inclusive;

V – quando for sócio ou membro de direção ou de administração de pessoa jurídica, parte no processo;

VI – quando for herdeiro presuntivo, donatário ou empregador de qualquer das partes;

VII – em que figure como parte instituição de ensino com a qual tenha relação de emprego ou decorrente de contrato de prestação de serviços;

VIII – em que figure como parte cliente do escritório de advocacia de seu cônjuge, companheiro ou parente, consanguíneo ou afim, em linha reta ou colateral, até o terceiro grau, inclusive, mesmo que patrocinado por advogado de outro escritório;

IX – quando promover ação contra a parte ou seu advogado".

Suspeição

Em consonância com o art. 145, do CPC, há suspeição do magistrado, quando for:

"I – amigo íntimo ou inimigo de qualquer das partes ou de seus advogados;

II – que receber presentes de pessoas que tiverem interesse na causa antes ou depois de iniciado o processo, que aconselhar alguma das partes acerca do objeto da causa ou que subministrar meios para atender às despesas do litígio;

III – quando qualquer das partes for sua credora ou devedora, de seu cônjuge ou companheiro ou de parentes destes, em linha reta até o terceiro grau, inclusive;

§ 1º Poderá o juiz declarar-se suspeito por motivo de foro íntimo, sem necessidade de declarar suas razões.

§ 2º Será ilegítima a alegação de suspeição quando:

I – houver sido provocada por quem a alega;

II – a parte que a alega houver praticado ato que signifique manifesta aceitação do arguido".

O juiz pode, do mesmo modo, declarar-se suspeito por *motivo íntimo*, independentemente de explicação ou fundamentação.

2. As exceções no processo do trabalho

O processo trabalhista, contudo, por força do que dispõe o art. 799 da CLT, conhece apenas duas exceções:

a) de suspeição;
b) de incompetência.

Exceção de suspeição

A exceção de suspeição, como o próprio nome esclarece, envolve fatos que torna o juiz de 1º grau suspeito de parcialidade e, eventualmente, o Tribunal. A expressão *suspeição* empregada no dispositivo consolidado é abrangente, envolvendo, via de consequência, todos os fatos relacionados no *impedimento* e na *suspeição*, conforme estampados nos arts. 144 e 145 do CPC.

Exceção de incompetência

A Consolidação das Leis do Trabalho, em face do que dispõe o art. 799 – "Nas causas da jurisdição da Justiça do Trabalho, somente podem ser opostas, com suspensão do feito, as exceções de suspeição ou incompetência" –, não estabelece qualquer restrição à incompetência absoluta ou relativa, e, por conseguinte, tanto uma quanto outra pode ser arguidas em exceção.

O art. 801 da CLT alinha as hipóteses de suspeição, a saber:

a) inimizade pessoal;
b) amizade íntima;
c) parentesco por consanguinidade ou afinidade até o terceiro grau civil;
d) interesse particular na causa.

A exceção de incompetência[483] territorial foi sensivelmente alterada pela Reforma Trabalhista/2017, que estabeleceu procedimento preliminar para a apreciação pelo juiz da sua arguição. Proposta a ação trabalhista pelo empregado, normalmente no local da prestação de serviços, o reclamado (excipiente) terá

483. Incompetência, no CPC, consta no art. 340.

o prazo de 5 dias para arguir a exceção, o que deve fazer nos autos do processo, ou seja, na localidade em que foi proposta a reclamação trabalhista.

Arguida a exceção, terá o empregado (excepto) o prazo de 5 dias para impugná-la. Da decisão do magistrado que julgar a exceção não cabe recurso imediatamente, mas sim, o Recurso Ordinário ao final.

3. Procedimento

A exceção no processo trabalhista não precisa ser arguida por petição separada, como ocorre no processo civil art. 146 do CPC, devendo ser interposta na oportunidade da contestação, em audiência. Assim, contrariamente ao que sucede no processo civil, não pode ser oposta em qualquer tempo ou grau de jurisdição, devendo ser articulada na audiência, por escrito ou verbalmente, para o que contará o excipiente com o prazo de 20 minutos.

Oposta a exceção, se de *incompetência* (art. 64 do CPC), abrir-se-á vista ao excepto, por 24 horas, devendo a sentença ser proferida na primeira audiência que se seguir; se se tratar de exceção de *suspeição*, o juiz designará audiência, dentro de 48 horas, para instrução e julgamento.

A exceção, portanto, suspende o andamento do feito principal. Contudo, em se tratando de exceção de incompetência material por inexistência de vínculo empregatício, quando o reclamado proclama a ocorrência de trabalho autônomo, não têm os juízes do trabalho observado tal princípio, mas, ao revés, relegado para apreciação final, determinando a instrução. E isso por uma razão muito simples: o Direito do Trabalho não se compraz com os aspectos meramente formais, buscando, isso sim, a verdade intrínseca para a exata verificação da existência ou inexistência de relação de emprego, já que, como se sabe, grande número de empregadores insiste em disfarçar de autônomas verdadeiras e perfeitas relações empregatícias.

Das decisões proferidas nas exceções não cabe recurso (CLT, art. 799, § 2º), salvo se terminativas do feito. Assim, somente na oportunidade do recurso próprio poderá o interessado arguir novamente a exceção, como preliminar.

Inúmeros julgados, porém, têm admitido recurso, quando se trata de decisão que, acolhendo a exceção interposta, determina a remessa dos autos à Justiça Federal ou ordinária dos Estados. Argumentam tais acórdãos que a expressão *terminativa do feito* refere-se à jurisdição trabalhista. Assim, se uma sentença, acolhendo a exceção, determina o envio dos autos a outra Justiça, essa decisão foi terminativa do feito na Justiça do Trabalho.

▶ Jurisprudência

▷ **Súmula 357 do TST. Testemunha. Ação contra a mesma reclamada. Suspeição.** "Não torna suspeita a testemunha o simples fato de estar litigando ou de ter litigado contra o mesmo empregador".

▷ **Súmula 252 do STF.** Na ação rescisória, não estão impedidos juízes que participaram do julgamento rescindendo.

▷ **"Agravo em agravo de instrumento em recurso de revista. Ausência de transcendência. 1. Suspeição da testemunha. 2. Comissões. Ônus da prova. 3. Reconvenção. Aviso prévio.** Conforme destacado na decisão agravada, o quadro fático delineado pelo Regional, insuscetível de reexame em sede extraordinária (Súmula 126 do TST), não evidenciou a amizade íntima entre reclamante e a sua testemunha. Por sua vez, as provas dos autos confirmaram a tese autoral relativa ao pagamento de comissões, sem que reclamada tenha se insurgido quanto ao pagamento desses valores, restando evidente que a controvérsia foi equacionada com espeque na valoração do conjunto probatório e não com base nas regras de distribuição do ônus da prova. Por fim, restou evidenciada a concordância da empresa com a dispensa do aviso prévio em razão da ausência de desconto do valor correspondente no acerto rescisório. Assim, não foi constatada contrariedade à jurisprudência desta Corte Superior ou do Supremo Tribunal Federal, nem ofensa à garantia social assegurada no texto constitucional, tampouco questão inédita acerca da legislação trabalhista. Ademais, não se vislumbrou expressiva repercussão econômica que ultrapasse os contornos meramente subjetivos da lide.

Irrepreensível, portanto, a conclusão adotada quanto à inadmissibilidade da revista, tendo em vista a ausência de transcendência da causa com relação aos reflexos gerais de natureza econômica, política, social ou jurídica, na forma do art. 896-A da CLT. Agravo conhecido e não provido" (Ag-AIRR- 1488-31.2017.5.12.0035, 8ª Turma, Relatora Ministra Dora Maria da Costa, *DEJT* 25-6-2021).

▷ "**Recurso de revista. Acórdão regional publicado na vigência da Lei n. 13.015/2014 E anteriormente à Lei n. 13.467/2017. Nulidade. Cerceamento de defesa. Testemunha. Suspeição. Conhecimento e provimento**. I – O simples fato de a testemunha litigar em face do mesmo empregador, ainda que a pretensão deduzida em juízo seja idêntica, não configura suspeição. Inteligência da Súmula 357 do TST. II – O interesse na causa determinante de suspeição não se presume, sob pena de comprometer o direito de defesa das partes, mormente quando importe absoluto cerceamento de produção de prova testemunhal, essencial no processo trabalhista. III – Afronta o princípio constitucional da ampla defesa acórdão regional que mantém o indeferimento de inquirição de testemunha por considerá-la suspeita pelo simples fato de estar litigando contra o mesmo empregador e deduzir idêntico pedido. IV. Recurso de revista de que se conhece e a que se dá provimento" (RR-1000268-27.2016.5.02.0703, 4ª Turma, Relator Ministro Alexandre Luiz Ramos, *DEJT* 4-9-2020)

▷ "**Recurso de embargos. Acórdão publicado na vigência da Lei n. 11.496/2007. Competência territorial. Domicílio do reclamante não coincidente com o local da prestação de serviços, tampouco com o da contratação ou arregimentação.** Trata-se de debate atinente à exceção de incompetência em razão do lugar, diante da pretensão do autor de ajuizamento da ação trabalhista em localidade distinta da contratação e da prestação dos serviços. Com efeito, a regra geral para fixação da competência das Varas do Trabalho está prevista no art. 651, "*caput*", da CLT, que dispõe: "Art. 651 – A competência das Juntas de Conciliação e Julgamento é determinada pela localidade onde o empregado, reclamante ou reclamado, prestar serviços ao empregador, ainda que tenha sido contratado noutro local ou no estrangeiro". Extrai-se do referido entendimento que, como regra geral, a competência territorial é determinada pelo local da prestação de serviços. Os demais parágrafos do art. 651 da CLT trazem exceções ao comando previsto no seu *caput*, e o § 3º do mencionado dispositivo assim dispõe: "§ 3º – Em se tratando de empregador que promova realização de atividades fora do lugar do contrato de trabalho, é assegurado ao empregado apresentar reclamação no foro da celebração do contrato ou no da prestação dos respectivos serviços". Neste contexto, nos casos em que o empregador promova realização de atividades fora do lugar do contrato de trabalho, é assegurado ao empregado, por eleição, apresentar reclamação no foro da celebração do contrato ou no local em que tenha ocorrido a prestação dos respectivos serviços. A dt. SBDI-1, interpretando tais dispositivos, fixou o entendimento da aplicação ampliativa do § 3º do art. 651 da CLT, de modo mais favorável ao reclamante, permitindo-se o ajuizamento da reclamação trabalhista no seu domicílio, quando a reclamada atua em âmbito nacional. Precedente. No caso concreto, é incontroverso que o reclamante foi contratado e prestou serviços na cidade de São Luís do Maranhão e pretendeu o prosseguimento da ação perante a Vara Trabalhista de Crateús-CE, por se tratar do juízo do seu atual domicílio. Não há elementos nos autos que indiquem tratarem-se as reclamadas de empresa com atuação em âmbito nacional. Assim, subsiste a competência territorial no foro da celebração do contrato ou no local em que tenha ocorrido a prestação dos respectivos serviços. Recurso de embargos conhecido e desprovido" (E-RR-776-51.2013.5.07.0025, Subseção I Especializada em Dissídios Individuais, Relator Ministro Breno Medeiros, *DEJT* 2-10-2020).

▷ "**Recurso de revista interposto pelo reclamante. Acórdão regional publicado na vigência da Lei n. 13.015/2014 e antes da vigência da Lei n. 13.467/2017. 1. Cerceamento de defesa. Testemunha que litiga contra o mesmo empregador. Ações com identidade de pedidos. Pre-

sunção de suspeição. Impossibilidade. Conhecimento e provimento. I – A jurisprudência desta Corte Superior é no sentido de que não torna suspeita a testemunha o simples fato de estar litigando ou de ter litigado contra o mesmo empregador, ainda que as ações ajuizadas pelo demandante e sua testemunha possuam identidade de pedidos. Firmou-se o entendimento de que somente a comprovação inequívoca da troca de favores torna suspeita a testemunha. Inteligência da Súmula 357 desta Corte. II – Na hipótese, a Corte Regional acolheu a suspeição da testemunha do Autor, ao fundamento de que "na situação em análise, há uma particularidade, consistente na identidade dos pedidos formulados nas duas Reclamatórias trabalhistas, que leva este Julgador a firmar o entendimento no sentido de que o disposto na Súmula 357, do C. TST, que estabelece não tornar 'suspeita a testemunha o simples fato de estar litigando ou de ter litigado contra o mesmo empregador' não se aplica quando são idênticos os pedidos e as testemunhas funcionam nos Processos diversos contra o mesmo Empregador, concomitantemente, posto caracterizado, de forma nítida, a troca de favores e consequente suspeição, na forma do disposto no art. 405, § 3º, inciso IV, do Código de processo Civil". III – Nesse contexto, a decisão regional contraria o entendimento consolidado na Súmula 357 desta Corte Superior. IV. Recurso de revista de que se conhece, por contrariedade à Súmula 357, do TST, e a que se dá provimento" (RR-207-21.2016.5.20.0013, 4ª Turma, Relator Ministro Alexandre Luiz Ramos, *DEJT* 3-4-2020).

• •

Seção VII
Dos conflitos de jurisdição

Art. 803. Os conflitos de jurisdição podem ocorrer entre:

a) Juntas de Conciliação e Julgamento[484] e Juízes de Direito investidos na administração da Justiça do Trabalho;

b) Tribunais Regionais do Trabalho;

c) Juízos e Tribunais do Trabalho e órgãos da Justiça Ordinária;

d) (Revogada pelo Dec.-lei n. 8.737, de 19-1-1946.)

Art. 804. Dar-se-á conflito de jurisdição:

a) quando ambas as autoridades se considerarem competentes;

b) quando ambas as autoridades se considerarem incompetentes.

Art. 805. Os conflitos de jurisdição podem ser suscitados:

a) pelos juízes e Tribunais do Trabalho;

b) pelo procurador-geral e pelos procuradores regionais da Justiça do Trabalho;

c) pela parte interessada, ou o seu representante.

Art. 806. É vedado à parte interessada suscitar conflitos de jurisdição quando já houver oposto na causa exceção de incompetência.

Art. 807. No ato de suscitar o conflito deverá a parte interessada produzir a prova de existência dele.

Art. 808. Os conflitos de jurisdição de que trata o art. 803 serão resolvidos: (Redação nos termos do Dec.-lei n. 6.353, de 20-3-1944.)

a) pelos Tribunais Regionais, os suscitados entre Juntas e entre Juízos de Direito, ou entre uma e outras, nas respectivas regiões;

b) pelo Tribunal Superior do Trabalho, os suscitados entre Tribunais Regionais, ou entre Juntas e Juízos de Direito sujeitos à jurisdição de Tribunais Regionais diferentes;

c) (Revogada pelo Dec.-lei n. 9.797, de 9-9-1946.)

d) pelo Supremo Tribunal Federal, os suscitados entre as autoridades da Justiça do Trabalho e as da Justiça Ordinária.

Art. 809. Nos conflitos de jurisdição entre as Juntas e os Juízos de Direito observar-se-á o seguinte:

I – o juiz ou presidente mandará extrair dos autos as provas do conflito e, com a sua informação, remeterá o processo assim formado, no mais breve prazo possível, ao Presidente do Tribunal Regional competente;

II – no Tribunal Regional, logo que der entrada o processo, o presidente determinará a distribuição do feito, podendo o relator ordenar imediatamente às Juntas e aos Juízos, nos casos de conflito positivo, que sobrestejam o andamento dos respectivos processos, e solicitar,

484. Hoje, com o advento da EC n. 24/99, Varas do Trabalho.

ao mesmo tempo, quaisquer informações que julgue convenientes. Seguidamente, será ouvida a Procuradoria, após o que o relator submeterá o feito a julgamento na primeira sessão;

III – proferida a decisão, será a mesma comunicada, imediatamente, às autoridades em conflito, prosseguindo no foro julgado competente.

Art. 810. Aos conflitos de jurisdição entre os Tribunais Regionais aplicar-se-ão as normas estabelecidas no artigo anterior.

Art. 811. Nos conflitos suscitados na Justiça do Trabalho entre as autoridades desta e os órgãos da Justiça Ordinária, o processo do conflito, formado de acordo com o inciso I do art. 809, será remetido diretamente ao presidente do Supremo Tribunal Federal.

Art. 812. A ordem processual dos conflitos de jurisdição entre as Câmaras do Tribunal Superior do Trabalho será a estabelecida no seu regimento interno. (Entendemos que o artigo está revogado pelo Dec.-lei n. 9.797, de 9-9-1946.)

▶ **Comentários**

1. **Conflito de competência**

A expressão "conflito de jurisdição" foi substituída, no Processo Civil, por "conflito de competência", pois é de competência que se trata.

"Conflito de competência é a circunstância de fato que se caracteriza quando mais de um juízo se dá por competente (conflito positivo) ou incompetente (conflito negativo) para o julgamento da mesma ação. Deve ser dirimido para que apenas um seja declarado competente e possa julgar a causa", ensinam Nelson Nery Jr. e Rosa Maria Andrade Nery[485].

2. **Conflito positivo**

Ocorre o conflito positivo quando dois ou mais juízes se dão por competentes para processar e julgar a mesma causa.

3. **Conflito negativo**

O conflito negativo é exatamente o inverso do conflito positivo. No conflito nega-

tivo, um ou mais juízes dão-se por incompetentes. Nelson e Rosa Nery dão a exata ideia da ocorrência: "se o juízo para quem foi endereçada a causa se der por incompetente e remetê-la para o que julga ser o competente, não existirá, ainda, o conflito se este também se der por incompetente e remeter os autos a um terceiro juízo. O conflito negativo só se caracteriza quando um deles se der por incompetente e afirmar a competência de um dos juízos que já se declarara incompetente"[486].

4. **Formas de conflito na Justiça do Trabalho**

O art. 803 da CLT declina os conflitos de competência que podem ocorrer na Justiça do Trabalho:

I – juízes do trabalho e juízes de Direito investidos de jurisdição trabalhista;

II – Tribunais Regionais do Trabalho;

III – juízos e tribunais do trabalho e órgãos da Justiça Ordinária (leia-se Justiça Estadual).

Conquanto a CLT não faça menção, o conflito de competência pode ocorrer, igualmente, entre juízes e juízos trabalhistas e juízes e juízos federais, conquanto ambos tenham competência bem definida na Constituição Federal.

Os conflitos de competência podem ser suscitados:

a) pelos juízes e tribunais do trabalho;

b) pelo procurador-geral e procuradores regionais do trabalho;

c) pela parte interessada, autor ou réu, ou seus respectivos procuradores.

Observe-se que, em conformidade com o art. 806, é vedada à parte suscitar conflito de competência se já houver oposto exceção de incompetência, que, a rigor, tem a mesma finalidade.

A arguição de conflito de competência deve vir acompanhada de fundamentação e provas.

5. **Solução dos conflitos**

Entre juiz de vara do trabalho e juiz de direito investido de jurisdição trabalhista: a competência é do Tribunal Regional do Trabalho da respectiva região.

485. *Código de Processo Civil Comentado*, cit., p. 425.

486. *Código de Processo Civil Comentado*, cit., p. 426.

Súmula 180 do Superior Tribunal de Justiça:

"Na lide trabalhista, compete ao Tribunal Regional do Trabalho dirimir conflito de competência verificado, na respectiva região, entre juiz estadual e junta de conciliação e julgamento"[487].

A Emenda Constitucional n. 45/2004, alterou a redação ao disposto no art. 114, V, da Constituição Federal, declara competir à Justiça do Trabalho processar e julgar "os conflitos de competência entre órgãos com jurisdição trabalhista".

Em consequência, cabe aos Tribunais Regionais decidirem conflitos de competência entre juízes de trabalho, entre juízes do trabalho e juízes de direito investidos de jurisdição trabalhista, cabendo ao Tribunal Superior do Trabalho processar e julgar os conflitos de competência entre Tribunais Regionais.

Entre juízes do trabalho e juízes federais, a competência é do Superior Tribunal de Justiça, como dispõe o art. 105, I, *d*, da Constituição Federal.

Entre o Tribunal Superior do Trabalho, juízes de direito e juízes federais: a competência é do Supremo Tribunal Federal, em conformidade com o disposto no art. 102, I, *o*, da Constituição Federal:

"Art. 102. Compete ao Supremo Tribunal Federal, precipuamente, a guarda da Constituição, cabendo-lhe processar e julgar, originariamente:
(...)
o) os conflitos de competência entre o Superior Tribunal de Justiça e quaisquer tribunais, *entre tribunais superiores, ou entre estes e qualquer outro tribunal*".

Entre o Tribunal Superior do Trabalho e o Superior Tribunal de Justiça: a competência é do Supremo Tribunal Federal (art. 102, *o*): "entre tribunais superiores".

O art. 812 foi expressamente revogado pelo Dec.-lei n. 9.797, de 9-9-1946.

487. Agora denominada Vara do Trabalho.

▶ *Jurisprudência*

▷ **Súmula 59 do STJ.** Não há conflito de competência se já existe sentença com trânsito em julgado, proferida por um dos juízos conflitantes.

▷ **Súmula 170 do STJ.** Compete ao juízo onde primeiro for intentada a ação envolvendo acumulação de pedidos, trabalhista e estatutário, decidi-la nos limites da sua jurisdição, sem prejuízo do ajuizamento de nova causa, com o pedido remanescente, no juízo próprio.

▷ **Súmula 180 do STJ.** Na lide trabalhista, compete ao TRT dirimir conflito de competência verificado, na respectiva região, entre juiz estadual e junta de conciliação e julgamento.

▷ **Súmula 236 do STJ.** Não compete ao Superior Tribunal de Justiça dirimir conflitos de competência entre juízes trabalhistas vinculados a Tribunais do Trabalho diversos.

▷ **"I – Petição avulsa do arrematante. (Sérgio Guimarães Riera). Requerimento incidental: cassação da decisão cautelar proferida pelo TRT da 23ª região que suspendeu o andamento da carta precatória executória.** O arrematante do imóvel expropriado na presente ação (Sérgio Guimarães Riera), em petição avulsa, requer a cassação da decisão proferida pelo Presidente do TRT da 23ª Região nos autos principais, em que se suspende o andamento da Carta Precatória Executória até o término dos trâmites processuais, uma vez que foi negado provimento ao agravo de instrumento em agravo de petição do executado e embargante à arrematação (Louremberg Ribeiro Nunes Rocha). Não é possível o exame do requerimento por meio de petição avulsa em sede de agravo em agravo de instrumento interposto pela parte adversa, na medida em que as matérias objeto do recurso não têm relação direta com o ato questionado pelo peticionante. A questão suscitada deve ser veiculada perante o Juízo competente, por meio processual cabível. Petição indeferida. **II – Agravo. Agravo de instrumento. Recurso de revista. Execução. Executado e embargante à arrematação (Louremberg Ribeiro Nunes Rocha). Lei n. 13.467/2017.** Conforme

sistemática adotada na Sexta Turma à época da prolação da decisão monocrática, foi negado provimento ao agravo de instrumento porque não preenchidos pressupostos de admissibilidade do recurso de revista, ficando prejudicada a análise da transcendência. **Preliminar de nulidade do despacho denegatório do seguimento do recurso de revista por falta de prestação jurisdicional.** É imprescindível, para o reconhecimento da nulidade por negativa de prestação jurisdicional, a demonstração da recusa do julgador em se manifestar sobre questões relevantes à solução da controvérsia. Assim é que se faz necessária a oposição pela parte interessada de embargos de declaração perante o órgão jurisdicional de origem, sob pena de restar inviabilizado o exame da alegação de nulidade, ante o óbice da preclusão. É nesse sentido a Instrução Normativa n. 40 do TST, segundo a qual a arguição de nulidade da decisão agravada pressupõe a prévia oposição de embargos de declaração contra o despacho proferido pelo juízo primeiro de admissibilidade, o que não ocorreu no caso concreto. Nesse contexto, tal como assentado na decisão monocrática, incide o óbice da preclusão. Agravo a que se nega provimento. **Justiça gratuita. Não foram preenchidos os requisitos do art. 896, § 1º-A, da CLT.** O trecho indicado pela parte é insuficiente para os fins do art. 896, § 1º-A, da CLT porque, embora diga respeito à interpretação conferida pelo TRT ao art. 790, §§ 3º e 4º da CLT, alterado pela Lei n. 13.467/2017, não abrange todos os fundamentos de fato e de direito adotados pelo TRT para justificar a decisão proferida, como, por exemplo: o trecho em que o TRT consignou que desde a reforma trabalhista não é suficiente a simples declaração de hipossuficiência pelo interessado, e que a parte realmente não comprovou os requisitos para a concessão do benefício requerido (percepção de salário ou proventos em valor inferior a 40% do limite máximo dos benefícios do Regime Geral de Previdência Social, ou insuficiência de recursos para arcar com as despesas processuais sem prejuízo de seu sustento); o trecho em que o TRT consignou que o exequente provou em contrarrazões que o executado recebe proventos no importe de R$ 26.127,94; e o trecho em que o TRT afirma que há declaração de bens nos autos que revela " enorme acervo patrimonial", com diversos imóveis e veículos registrados em nome do executado. Assim, tal como consignado na decisão monocrática agravada, não foram preenchidos os requisitos previstos no art. 896, § 1º-A, I, da CLT. Ao deixar a parte recorrente de identificar todos os fundamentos de fato e de direito assentados no acórdão recorrido quanto ao tema constante do recurso de revista, ficou inviabilizado o cotejo analítico entre a tese encampada pelo TRT e o dispositivo tido por violado, e o aresto colacionado, pelo que também se depara com o desatendimento do disposto no art. 896, § 1º-A, inciso III, da CLT. Agravo a que se nega provimento. **Impenhorabilidade de bem de família. Falta de impugnação específica no recurso de revista dos fundamentos do acórdão do TRT.** No caso, o TRT negou provimento ao agravo de petição com fundamento na preclusão consumativa, uma vez que foi reconhecida a penhorabilidade do bem em questão por meio de decisão proferida em Embargos à Execução, tendo a decisão transitado em julgado. Também disse o TRT que é impossível a análise da impenhorabilidade do bem de família após a arrematação do bem, nos termos do art. 903 do CPC. A parte, por sua vez, ao se insurgir contra o acórdão do Regional, apenas reafirma a impenhorabilidade do bem de família. Assim, tal como assentado na decisão monocrática, o recurso de revista não está fundamentado, tendo em vista que a recorrente não enfrenta os fundamentos do acórdão do TRT. A não impugnação específica, nesses termos, leva à incidência da Súmula 422, I, do TST: "Não se conhece de recurso para o Tribunal Superior do Trabalho se as razões do recorrente não impugnam os fundamentos da decisão recorrida, nos termos em que proferida " (interpretação do art. 514, II, do CPC de 1973 correspondente ao art. 1.010, II e III, do CPC de 2015). Não está configurada a exceção prevista no inciso II da mencionada súmula ("O entendimento referido no item anterior não se aplica em relação à motivação secun-

dária e impertinente, consubstanciada em despacho de admissibilidade de recurso ou em decisão monocrática "). Agravo a que se nega provimento. **III – Agravo. Agravo de instrumento. Recurso de revista. Execução. Esposa do executado e embargante à arrematação (Ana Maria Barbosa Nunes Rocha). Lei n. 13.467/2017. Da petição n. 132369-01/2020 Apresentada nesta corte por Ana Maria Barbosa Nunes Rocha (esposa do agravante).** Trata-se de agravo interposto contra despacho de expediente que remeteu a análise do pedido formulado pela peticionante ao Juiz da execução, quando da baixa dos autos. Eis os fundamentos do despacho: "Após a distribuição do agravo de instrumento interposto por Louremberg Ribeiro Nunes Rocha (executado e embargante à arrematação), sua esposa, Ana Maria Barbosa Nunes Rocha apresentou petição que denominou 'questão de ordem'. Após narrar o histórico dos autos, afirma que ela e seu esposo foram intimados da penhora de seu imóvel em 10-11-2016, e que em 17 de setembro de 2018 apresentou exceção de pré-executividade (no qual alegava nulidade por falta de intimação pessoal acerca das datas do leilão). Porém, a partir de então foi intimada na pessoa de advogada que já não detinha poderes nos autos, de modo que não teve ciência da decisão proferida na exceção de pré-executividade. Sustenta que também não teve ciência acerca das decisões e recursos apresentados na sequência, advindo daí prejuízo para a defesa de seus direitos, pois ficou impossibilitada de apresentar provas e argumentos relevantes. Junta, com a petição dirigida a esta Corte, petição endereçada ao Juiz Titular da 3ª Vara do Trabalho de Cuiabá-MT, postulando o seguinte: Neste diapasão, por se tratar de **Questão Urgente** para apreciação de matérias que implicam na nulidade não só de todo o procedimento que culminou na arrematação de imóvel do qual é coproprietária, mas também (alternativamente) do cancelamento da arrematação por falta de pagamento, vem a terceira interessada perante Vossa Excelência requerer a juntada da petição anexa, endereçada ao juiz titular da MM. 03ª Vara do Trabalho de Cuiabá-MT. Requer, ainda, que Vossa Excelência se digne determinar a remessa dos autos à primeira instância, para apreciação imediata da petição anexa, ainda que não acolhida a nulidade de intimação suscitada nesta questão de ordem pela terceira interessada perante esse Col. Tribunal Superior do Trabalho. Por estas razões, **Requer**: O recebimento da presente **Questão de Ordem** para que seja **Chamado à Ordem o Processo**, com a devida declaração de nulidade de todos os atos processuais ocorridos no feito a partir de 17 de setembro de 2018, retomando-se a marcha processual a partir de então, sem prejuízo das demais nulidades absolutas que serão apresentadas perante o MM Juízo da execução, conforme cópia que segue acostada a esta petição, requerendo a remessa dos autos à origem, como visto no tópico anterior. O caso dos autos diz respeito a execução iniciada em 2014, que redundou na penhora, leilão e arrematação de imóvel pertencente a Louremberg Ribeiro Nunes Rocha (executado e embargante à arrematação), e sua esposa, Ana Maria Barbosa Nunes Rocha, ora peticionante. Na defesa da propriedade do imóvel em discussão, o casal tem se utilizado dos diversos meios previstos em lei (exceções de pré-executividade, ao menos dois embargos de terceiro, embargos à arrematação, etc.). Pois bem. O cerne da nulidade alegada pela peticionante é o prejuízo que teria sofrido pelo fato de ter sido intimada nestes autos na pessoa de advogada que não mais a representava, a partir da decisão constante à fl. 1104, datada de 17-9-2018 (tratava-se de exceção de pré-executividade recebida pelo julgador como simples petição). Diz que o prejuízo ocorreu porque a partir de então ficou sem conhecimento do andamento do processo e impossibilitada de impugnar referida decisão e as que se seguiram. No entanto, observa-se que foi trasladada nestes autos, às fls. 1791/1798, decisão proferida em 22-3-2019 nos autos de Embargos de Terceiro n.º 000673-90.2013.5.23.0003, apresentados por Ana Maria Barbosa Nunes Rocha, ora peticionante. No relatório de referida decisão em embargos de terceiro, o Juiz narra que a então embargante defendia o caráter de bem de família do imóvel

em discussão, e pretendia 'ver reconhecida a nulidade da penhora e de todos os atos subsequentes, inclusive a desconstituição da arrematação havida', afirmação que parece indicar que a senhora Ana Maria Barbosa Nunes Rocha teve conhecimento da arrematação ocorrida em 18-9-2018. Nesse contexto, a análise da alegada nulidade demandaria a incursão nas provas dos autos (não apenas para a verificação de eventual equívoco na intimação da decisão relativa à exceção de pré-executividade e daquelas que se seguiram nestes autos, mas também para a análise de existência de prejuízo ou de eventual preclusão, pois há indícios de que a peticionante teve conhecimento do andamento deste processo, em especial da arrematação do imóvel). Tal procedimento, entretanto, é vedado nesta Corte Superior à qual foi devolvida, por meio de agravo de instrumento em recurso de revista, matéria debatida no acórdão de agravo de petição apresentado pelo executado (Súmula 126 do TST). Assim sendo: a) deixo de analisar o pedido formulado pela peticionante, remetendo sua apreciação ao Juiz da execução, quando da baixa dos autos. Conforme se verifica, após a distribuição do agravo de instrumento interposto por Louremberg Ribeiro Nunes Rocha (executado e embargante à arrematação), sua esposa, Ana Maria Barbosa Nunes Rocha, apresentou petição que denominou "questão de ordem", a qual teve a sua apreciação remetida ao Juiz da execução, quando da baixa dos autos. Tal como assentado, o cerne da nulidade alegada pela peticionante é o prejuízo que teria sofrido pelo fato de ter sido intimada nestes autos na pessoa de advogada que não mais a representava, a partir da decisão constante à fl. 1104, datada de 17-9-2018 (tratava-se de exceção de pré-executividade recebida pelo julgador como simples petição). Ocorre que, para aferir se ocorreu o alegado prejuízo, porque não teria tomado conhecimento do andamento do processo, o que lhe teria impossibilitado a impugnação da decisão de f. 1104 e das que se seguiram, seria necessário a incursão nas provas dos autos. Isso porque se observa que foi trasladada nestes autos, às fls. 1791/1798, decisão proferida em 22-3-2019 nos autos de Embargos de Terceiro n. 000673-90.2018.5.23.0003, apresentados por Ana Maria Barbosa Nunes Rocha, ora peticionante. E, no relatório de referida decisão em embargos de terceiro, o Juiz narra que a então embargante defendia o caráter de bem de família do imóvel em discussão, e pretendia "ver reconhecida a nulidade da penhora e de todos os atos subsequentes, inclusive a desconstituição da arrematação havida", afirmação que parece indicar que a senhora Ana Maria Barbosa Nunes Rocha teve conhecimento da arrematação ocorrida em 18-9-2018. Diante desse contexto, para verificação de eventual equívoco na intimação da decisão relativa à exceção de pré-executividade e daquelas que se seguiram nestes autos, e também para a análise de existência de prejuízo ou de eventual preclusão – pois há indícios de que a peticionante teve conhecimento do andamento deste processo, em especial da arrematação do imóvel –, seria necessária a incursão nas provas dos autos. Tal procedimento, entretanto, é vedado nesta Corte Superior à qual foi devolvida, por meio de agravo de instrumento em recurso de revista, apenas matéria debatida no acórdão de agravo de petição apresentado pelo executado (Súmula 126 do TST). Agravo a que se nega provimento" (Ag-AIRR-553-23.2013.5.23.0003, 6ª Turma, Relatora Ministra Katia Magalhaes Arruda, *DEJT* 9-4-2021).

Seção VIII
Das audiências

Art. 813. As audiências dos órgãos da Justiça do Trabalho serão públicas e realizar-se-ão na sede do Juízo ou Tribunal em dias úteis previamente fixados, entre 8 (oito) e 18 (dezoito) horas, não podendo ultrapassar 5 (cinco) horas seguidas, salvo quando houver matéria urgente.

§ 1º Em casos especiais, poderá ser designado outro local para a realização das audiências, mediante edital afixado na sede do Juízo ou Tribunal, com a antecedência mínima de 24 (vinte e quatro) horas.

§ 2º Sempre que for necessário, poderão ser convocadas audiências extraordinárias, observado o prazo do parágrafo anterior.

Art. 814. Às audiências deverão estar presentes, comparecendo com a necessária antecedência, os escrivães ou chefes de secretaria. (Redação nos termos da Lei n. 409, de 25-9-1948.)

Art. 815. À hora marcada, o juiz ou presidente declarará aberta a audiência, sendo feita pelo chefe de secretaria ou escrivão a chamada das partes, testemunhas e demais pessoas que devam comparecer.

Parágrafo único. Se, até 15 (quinze) minutos após a hora marcada, o juiz ou presidente não houver comparecido, os presentes poderão retirar-se, devendo o ocorrido constar do livro de registro das audiências. (Redação nos termos da Lei n. 409, de 25-9-1948.)

Art. 816. O juiz ou presidente manterá a ordem nas audiências, podendo mandar retirar do recinto os assistentes que a perturbarem.

Art. 817. O registro das audiências será feito em livro próprio, constando de cada registro os processos apreciados e a respectiva solução, bem como as ocorrências eventuais.

Parágrafo único. Do registro das audiências poderão ser fornecidas certidões às pessoas que o requererem.

▶ **Comentários**

1. **Audiência e publicidade dos atos processuais**

 Na objetiva definição de Eliézer Rosa, "audiência é ato processual público, solene e substancial do processo, presidido pelo juiz, onde se instrui, discute e decide a causa"[488].

 Como preleciona Vicente Greco Filho:

 "a audiência atende às ideias de imediatidade do juiz, concentração e publicidade"[489].

 Por isso que as audiências são públicas, salvo a hipótese de segredo de justiça, de rara ocorrência na Justiça do Trabalho.

 Em conformidade com o art. 93, IX, da Constituição Federal:

 "todos os julgamentos dos órgãos do Poder Judiciário serão públicos, e fundamentadas todas as decisões, sob pena de nulidade, podendo a lei, se o interesse público o exigir, limitar a presença, em determinados atos, às próprias partes e a seus advogados, ou somente a estes".

2. **Presença do juiz, das partes, dos advogados e testemunhas**

 À hora designada para a audiência devem estar presentes, além dos servidores (diretor de secretaria; oficial judiciário), o juiz, as partes, seus procuradores, se houver (observe-se que as partes podem postular independentemente de advogados – o *jus postulandi*), e as testemunhas.

 O parágrafo único do art. 815 da CLT concede ao juiz do trabalho uma tolerância de 15 minutos de atraso, após o que os presentes (exceto obviamente os servidores) podem retirar-se, consignando-se o fato na ata da audiência.

 A tolerância em apreço é exclusivamente com relação ao juiz, não se estendendo às partes ou a seus advogados.

3. **Poder de polícia do juiz**

 Em conformidade com o art. 816, "o juiz do trabalho manterá a ordem nas audiências, podendo mandar retirar do recinto os assistentes que a perturbarem".

 É o denominado *poder de polícia* conferido ao juiz e, igualmente, proclamado no art. 360 do CPC:

 "O juiz exerce o poder de polícia, incumbindo-lhe:

 I – manter a ordem e o decoro na audiência;

 II – ordenar que se retirem da sala da audiência os que se comportarem inconvenientemente;

 III – requisitar, quando necessário, a força policial".

 Os fatos e atos ocorridos nas audiências são anotados em pastas ou livros, podendo ser fornecidas certidões aos interessados.

▶ **Jurisprudência**

▷ **Súmula 9 do TST. Ausência do reclamante.** A ausência do reclamante, quando adiada a instrução após contestada a ação em audiência, não importa arquivamento do processo. (RA 28/69, DO/GB, 21-8-1969)

488. *Dicionário de Processo Civil*, cit., p. 134.
489. *Direito Processual Civil Brasileiro*, cit., v. 2, p. 223.

▷ **Súmula 74 do TST. Confissão.**
I – Aplica-se a confissão à parte que, expressamente intimada com aquela cominação, não comparecer à audiência em prosseguimento, na qual deveria depor.
II – A prova pré-constituída nos autos pode ser levada em conta para confronto com a confissão ficta (arts. 442 e 443, do CPC de 2015 – art. 400, I, do CPC de 1973), não implicando cerceamento de defesa o indeferimento de provas posteriores.
III – A vedação à produção de prova posterior pela parte confessa somente a ela se aplica, não afetando o exercício, pelo magistrado, do poder/dever de conduzir o processo.

▷ **Súmula 122 do TST. Revelia. Atestado médico.**
A reclamada, ausente à audiência em que deveria apresentar defesa, é revel, ainda que presente seu advogado munido de procuração, podendo ser ilidida a revelia mediante a apresentação de atestado médico, que deverá declarar, expressamente, a impossibilidade de locomoção do empregador ou do seu preposto no dia da audiência.

▷ **Súmula 197 do TST. Prazo.** O prazo para recurso da parte que, intimada, não comparecer à audiência em prosseguimento para a prolação da sentença conta-se de sua publicação.

▷ **OJ n. 245 da SDI-1 do TST. Revelia. Atraso. Audiência.** Inexiste previsão legal tolerando atraso no horário de comparecimento da parte na audiência.

▷ **"Recurso ordinário trabalhista em ação rescisória. Art. 485, V, do CPC de 1973. Violação do art. 5º, LIV e LV, da CF. Direito à produção de prova. Cerceamento. Nova perícia. OJ 97 da SDI-2 e Súmula 298, I, do TST.** 1. Ação rescisória calcada na alegação de violação do art. 5º, LIV e LV, da CF, ao argumento de que o indeferimento do requerimento de nova perícia (psicológica) – para avaliar o nexo de causalidade entre a doença e a prestação de serviços – teria caracterizado cerceamento ao direito de produção de provas na reclamação trabalhista originária 2. Existindo, no ordenamento jurídico, dispositivos legais que se enquadram especificamente na situação trazida pela Autora, não há falar em violação literal das normas dos incisos LIV e LV do art. 5º da CF, incidindo ao caso o óbice da OJ 97 da SBDI-2 do TST. 3. Ademais, nada foi dito na sentença rescindenda a respeito de requerimento de realização de nova perícia ou de nulidade processual por cerceamento de defesa (direito à produção de prova). O Juízo julgou improcedente o pedido de indenização por dano moral e material, ante a não comprovação de nexo de causalidade entre a doença e a atividade laboral exercida pela Autora, na esteira da prova pericial efetivamente produzida no feito originário. Não sendo hipótese de vício originado na decisão que se pretende rescindir, e sem que tenham sido examinadas, na sentença rescindenda, as matérias veiculadas na presente ação rescisória, não há espaço para o corte rescisório amparado em afronta à literalidade do art. 5º, LIV e LV, da CF. Óbice da Súmula 298, I, do TST. **Art. 485, VIII, do CPC de 1973. Fundamento para invalidar a transação. Garantia de emprego. Período pré aposentadoria. Sentença de improcedência. Acordo extrajudicial. Coação não demonstrada. Improcedência do pedido.** 1. Cuida-se de pretensão desconstitutiva calcada no art. 485, VIII, do CPC de 1973, deduzida pela reclamante, sob a alegação de que foi assediada e coagida a aceitar o acordo extrajudicial e a renunciar à estabilidade pré aposentadoria. 2. O corte rescisório fundado no art. 485, VIII, do CPC de 1973 depende de demonstração inequívoca de que a transação impugnada foi celebrada com fundamento em erro, dolo ou coação (arts. 171, II, e 849, *caput*, do Código Civil). O vício de que trata esta hipótese de rescindibilidade não está na sentença, mas no negócio jurídico que lhe deu ensejo. 3. No caso, as partes celebraram acordo extrajudicial, no qual o empregador se responsabilizou pelos recolhimentos previdenciários do período entre a dispensa e a data em que a reclamante poderia efetivamente se aposentar por tempo de contribuição (dois anos e onze meses). Na sentença rescindenda, o pedido de reintegração e indenização decorrente da garantia de emprego prevista na cláusula 29 da CCT da categoria ao trabalhador em período de pré-aposentadoria, foi julgado

improcedente. Fundamentou o Julgador que a empregada renunciou expressamente ao benefício, quando do acordo extrajudicial, o qual foi firmado perante o sindicato da categoria, reputando válida a transação. Além disso, consignou que, na rescisão contratual, houve pagamento de indenização pelo período da garantia de emprego. 4. Na ação rescisória, não foi produzida prova da alegada coação ou assédio. O depoimento prestado pela reclamante, ora Autora, na instrução processual da reclamação trabalhista não pode ser aproveitado como meio de prova de suas próprias alegações. Ademais, a quantia supostamente irrisória do valor ajustado, por si só, também não é capaz de invalidar o acordo, pois a transação pressupõe concessões recíprocas. 5. Com efeito, não se tratando de hipótese de vício de consentimento na manifestação de vontade das partes quanto ao negócio jurídico em que se baseou a sentença, não procede o pedido de corte rescisório com calcado no art. 485, VIII, do CPC de 1973. Recurso conhecido e não provido" (RO-21153-05.2013.5.04.0000, Subseção II Especializada em Dissídios Individuais, Relator Ministro Douglas Alencar Rodrigues, *DEJT* 3-9-2021).

· ·

Seção IX
Das provas

Art. 818. O ônus da prova incumbe:

I – ao reclamante, quanto ao fato constitutivo de seu direito;

II – ao reclamado, quanto à existência de fato impeditivo, modificativo ou extintivo do direito do reclamante.

§ 1º Nos casos previstos em lei ou diante de peculiaridades da causa relacionadas à impossibilidade ou à excessiva dificuldade de cumprir o encargo nos termos deste artigo ou à maior facilidade de obtenção da prova do fato contrário, poderá o juízo atribuir o ônus da prova de modo diverso, desde que o faça por decisão fundamentada, caso em que deverá dar à parte a oportunidade de se desincumbir do ônus que lhe foi atribuído.

§ 2º A decisão referida no § 1º deste artigo deverá ser proferida antes da abertura da instrução e, a requerimento da parte, implicará o adiamento da audiência e possibilitará provar os fatos por qualquer meio em direito admitido.

§ 3º A decisão referida no § 1º deste artigo não pode gerar situação em que a desincumbência do encargo pela parte seja impossível ou excessivamente difícil. (*Caput* alterado e parágrafos inseridos pela Lei n. 13.467/2017.)

Art. 819. O depoimento das partes e testemunhas que não souberem falar a língua nacional será feito por meio de intérprete nomeado pelo juiz ou presidente.

§ 1º Proceder-se-á da forma indicada neste artigo, quando se tratar de surdo-mudo, ou de mudo que não saiba escrever.

§ 2º As despesas decorrentes do disposto neste artigo correrão por conta da parte sucumbente, salvo se beneficiária de justiça gratuita. (Redação dada pela Lei n. 13.660, de 2018.)

Art. 820. As partes e testemunhas serão inquiridas pelo juiz ou presidente, podendo ser reinquiridas, por seu intermédio, a requerimento dos juízes classistas, das partes, seus representantes ou advogados.

Art. 821. Cada uma das partes não poderá indicar mais de 3 (três) testemunhas, salvo quando se tratar de inquérito, caso em que esse número poderá ser elevado a 6 (seis). (Redação dada pelo Dec.-lei n. 8.737, de 19-1-1946.)

Art. 822. As testemunhas não poderão sofrer qualquer desconto pelas faltas ao serviço, ocasionadas pelo seu comparecimento para depor, quando devidamente arroladas ou convocadas.

Art. 823. Se a testemunha for funcionário civil ou militar, e tiver de depor em hora de serviço, será requisitada ao chefe da repartição para comparecer à audiência marcada.

Art. 824. O juiz ou presidente providenciará para que o depoimento de uma testemunha não seja ouvido pelas demais que tenham de depor no processo.

Art. 825. As testemunhas comparecerão a audiência independentemente de notificação ou intimação.

Parágrafo único. As que não comparecerem serão intimadas, *ex officio* ou a requerimento da parte, ficando sujeitas a condução coercitiva, além das penalidades do art. 730, caso, sem motivo justificado, não atendam à intimação.

Art. 826. (Tacitamente revogado pela Lei n. 5.584, de 26-6-1970.)

Art. 827. O juiz ou presidente poderá arguir os peritos compromissados ou os técnicos, e ru-

bricará, para ser junto ao processo, o laudo que os primeiros tiverem apresentado.

Art. 828. Toda testemunha, antes de prestar o compromisso legal, será qualificada, indicando o nome, nacionalidade, profissão, idade, residência, e, quando empregada, o tempo de serviço prestado ao empregador, ficando sujeita, em caso de falsidade, às leis penais.

Parágrafo único. Os depoimentos das testemunhas serão resumidos, por ocasião da audiência, pelo chefe de secretaria da Junta ou funcionário para esse fim designado, devendo a súmula ser assinada pelo Presidente do Tribunal e pelos depoentes. (Redação nos termos da Lei n. 409, de 25-9-1948.)

Art. 829. A testemunha que for parente até o terceiro grau civil, amigo íntimo ou inimigo de qualquer das partes, não prestará compromisso, e seu depoimento valerá como simples informação.

Art. 830. O documento em cópia oferecido para prova poderá ser declarado autêntico pelo próprio advogado, sob sua responsabilidade pessoal. (Redação nos termos da Lei n. 11.925, de 17-4-2009.)

Parágrafo único. Impugnada a autenticidade da cópia, a parte que a produziu será intimada para apresentar cópias devidamente autenticadas ou o original, cabendo ao serventuário competente proceder à conferência e certificar a conformidade entre esses documentos. (Parágrafo incluído pela Lei n. 11.925, de 17-4-2009.)

• •

▶ **Comentários**

1. **Conceito**

Prova é tudo aquilo que positiva a veracidade de uma proposição ou a realidade de um fato. Significa, pois, mostra, sinal, indício[490].

No sentido jurídico, prova é meio com que as partes procuram firmar a convicção do juiz.

Moacyr Amaral Santos distingue a prova em duas espécies:

a) prova objetiva;

b) prova subjetiva.

A primeira constitui o meio destinado a fornecer ao juiz "o conhecimento da verdade dos fatos deduzidos em juízo". A segunda, isto é, a prova subjetiva, é "aquela que se forma no espírito do juiz, seu principal destinatário, quanto à verdade desses fatos. A prova, então, consiste na convicção que as provas produzidas no processo geram no espírito do juiz quanto à existência ou inexistência dos fatos".

"Compreendida a prova judiciária como um todo, reunindo seus dois caracteres, objetivo e subjetivo, que se completam e não podem ser tomados separadamente, apreciada como fato e como indução lógica, ou, como diz João Monteiro, como 'meio com que se estabelece a existência positiva ou negativa do fato probando e como a própria certeza dessa existência', definimo-la: *prova é a soma dos fatos produtores da convicção, apurados no processo*"[491].

2. **Natureza**

Amauri Mascaro Nascimento enumera as cinco tendências que procuram mostrar a natureza da prova ou do direito probatório:

"Existem cinco tendências que procuram mostrar a natureza do direito probatório. A primeira teoria é da prova como fenômeno de *direito material*, sustentada por Salvatore Satta. A segunda é a teoria da prova como fenômeno de *natureza mista, material e processual*, considerando que há normas que regulam a prova fora do processo para fins extraprocessuais e outras normas dirigidas ao Juiz para que as aplique no processo. A terceira teoria é a da *natureza unicamente processual* das normas sobre provas, uma vez que são destinadas ao convencimento do Juiz. A quarta teoria é a da divisão das normas sobre prova em dois ramos, cada qual com sua natureza própria, *processual ou material*, como sustenta Jaime Guasp. A quinta teoria é a das normas sobre provas pertencentes ao denominado *direito judicial*, assim entendido o direito que tenha por objeto uma relação jurídica existente entre a justiça estatal e o indivíduo"[492].

490. Caldas Aulete, *Dicionário Contemporâneo da Língua Portuguesa*, cit., v. 4, p. 4122.

491. *Primeiras Linhas de Direito Processual Civil*, cit. v. 2, p. 288.

492. *Curso de Direito Processual do Trabalho*, cit., p. 403-404.

3. Objeto

Pelo que expusemos, fácil é verificar que a prova objetiva convencer o julgador da existência de um direito ou da veracidade de um fato. E, como acentua o consagrado Moacyr Amaral Santos, esse é o objeto da prova.

Como preleciona Wagner Giglio, "os princípios gerais que informam a teoria da prova são estudados no Direito Processual Civil, e se aplicam ao processo trabalhista. As diferenças entre o processo originário e o trabalhista, nessa matéria, são poucas, pequenas e, regra geral, apenas de procedimento"[493]. Dependem de prova *os fatos controvertidos*, ou seja, aqueles não admitidos ou contestados.

"Os fatos por provar devem ser controvertidos ou controversos. Onde não haja controvérsia quanto aos fatos alegados pelos litigantes, a questão se traduz à mera aplicação do direito. Impõe-se a prova quando há *questão de fato*. Em consequência, reclamam prova os fatos contestados ou não admitidos verdadeiros pela parte contrária à que os alega"[494].

Todavia isso não significa que os fatos não contrariados não possam ser objeto de prova, pois ao juiz, em face do princípio inquisitório, é dado exigir prova do alegado, ainda que não contestado, "para o fim de formar com mais segurança o seu convencimento", ou ainda que se faça necessária a prova do ato jurídico, quando a lei exija que esta se revista de forma especial.

Não necessitam ser provados os *fatos notórios*, assim considerados aqueles de domínio geral, conhecidos pela coletividade, o mesmo ocorrendo com os fatos confessados, se compatíveis com as demais provas dos autos.

4. Ônus da prova

Diz o art. 818 da CLT que "o ônus da prova incumbe":

Em princípio, pois o ônus da prova é de quem alega o fato. Esse princípio, devidamente interpretado, leva à seguinte conclusão:

a) ao reclamante cumpre provar os fatos constitutivos do seu direito;

b) ao reclamado incumbe a prova dos fatos impeditivos, modificativos ou extintivos do direito do reclamante.

"Fato constitutivo" – diz Valentin Carrion – "é o fato capaz de produzir o direito que a parte pleiteia; geralmente é formado por vários elementos: desse complexo é que surge o direito (Lopes da Costa. *Direito Processual Civil*, III). A existência do trabalho subordinado ou de contratação do empregado são fatos constitutivos para quem pretende qualquer direito que deles decorra. Os fatos impeditivos são as circunstâncias excepcionais que retiram todos ou alguns efeitos, porque sua ausência constitui uma anomalia, eis que costumam acompanhar os fatos constitutivos (Chiovenda, *Instituições*, II, n. 277); a lei, quando os prevê expressamente, costuma dizer *exceto se, a não ser que, salvo se* (Ibidem, Lopes da Costa, *Direito Processual Civil*, III). Ao autor cabe provar os fatos constitutivos da demanda; ele não tem que provar todas e cada uma das circunstâncias que normalmente acompanham o fato constitutivo: a seriedade e validade do consentimento, a capacidade das partes, a licitude do objeto e, assim por diante; aquele que negar estas circunstâncias é que está obrigado a provar que, no caso, elas não existiram (Eliézer Rosa, citando Liebman, ob. cit., p. 233). Os fatos extintivos são os que fazem desaparecer um direito que se reconhece preexistiu (satisfação da pretensão, pagamento, prescrição, renúncia ou transação). Fato modificativo é o que substituiu alguns dos efeitos previstos por outros novos ou os alterou; é o caso da novação, quando o devedor contrai nova dívida com o credor para substituir a antiga. O trabalho em horário extraordinário é fato constitutivo; a existência de quadro de carreira para promoção é fato impeditivo do direito à equiparação; a prescrição do mesmo é causa extintiva"[495].

5. Inversão do ônus da prova

A Reforma Trabalhista/2017, introduziu na legislação processual laboral, a inversão do ônus da prova, já adotada no Código de Processo Civil (art. 373), atribuindo ao juiz determinar "o ônus da prova de modo diver-

493. *Direito Processual do Trabalho*, cit.
494. Moacyr Amaral Santos, *Primeiras Linhas de Direito Processual Civil*, cit., v. 2, p. 294.
495. Ob. cit., 25. ed., p. 601.

so", regra igualmente consagrada no Código de Defesa do Consumidor (art. 6º, VIII).

VIII – a facilitação da defesa de seus direitos, inclusive com a inversão do ônus da prova, a seu favor, no processo civil, quando, a critério do juiz, for verossímil a alegação ou quando for ele hipossuficiente, segundo as regras ordinárias de experiências;

Na verdade, conquanto extremamente sintético, o art. 818, da CLT, de longa data, a jurisprudência trabalhista inclinava-se pela inversão do ônus da prova, aplicando subsidiariamente o CPC (art. 769, da CLT).

Buscava-se a interpretação do art. 818, da CLT, à luz dos princípios gerais do Processo do Trabalho, considerando-se a manifesta desigualdade entre o empregado e o empregador, nos meios industriais do nosso País. Não se pode perder de vista, que o Direito do Trabalho tem natureza protecionista ao hipossuficiente.

A inversão do ônus da prova não fica ao arbítrio do juiz, pois submete-se a determinadas regras, exigindo decisão fundamentada.

6. *Espécies de provas*

a) Depoimentos pessoais

No processo trabalhista o comparecimento à audiência é, como já observamos, *obrigatório*, não havendo, pois, necessidade de as partes o requererem. Presentes os litigantes, na inexistência de acordo, o juiz do trabalho ouvi-los-á em depoimentos pessoais.

São unânimes os autores em afirmar que a oitiva das partes objetiva a obtenção da *confissão*, que consiste no reconhecimento de um fato contra si alegado. Há confissão judicial ou extrajudicial, diz o art. 389 do CPC, "quando a parte admite a verdade de um fato contrário ao seu interesse e favorável ao do adversário".

A confissão extraída de depoimento pessoal é chamada *provocada*, que se distingue da *espontânea*, ou seja, da manifestada por petição, exatamente porque arrancada do depoimento.

O depoimento pessoal, na lição de Moacyr Amaral Santos, "não é prova, mas meio de prova". "Prova será a confissão dele resultante, com o reconhecimento da verdade dos fatos arguidos pelo adversário como fundamento do seu direito"[496]. Distingue-se do interrogatório porque este último poderá ser determinado de ofício, a critério exclusivo do juiz:

"Cabe à parte requerer o depoimento pessoal da outra parte, a fim de que esta seja interrogada na audiência de instrução e julgamento, sem prejuízo do poder do juiz de ordená-lo de ofício".

O interrogatório, portanto, pode ser determinado, de ofício, em qualquer fase do processo:

"O interrogatório das partes não se confunde com o depoimento pessoal das mesmas: aquele pode ser determinado mais de uma vez, em qualquer fase do processo, ao passo que o segundo é colhido apenas uma vez, em audiência"[497].

O interrogatório e o depoimento pessoal são institutos distintos, este com previsão no art. 385 do CPC.

O primeiro, isto é, o interrogatório, visa esclarecer o juiz sobre pontos obscuros, facilitando sua convicção, indispensável à prolação da sentença. O depoimento pessoal, como já se observou, objetiva extrair a confissão da parte.

A rigor, o depoimento pessoal não é prova. A confissão resultante do depoimento sim é que é prova.

Consoante jurisprudência sumulada do TST: Súmula 6, VIII, do TST:

"É do empregador o ônus da prova do fato impeditivo, modificativo ou extintivo da equiparação salarial".

Súmula 212 do TST:

"O ônus de provar o término do contrato de trabalho, quando negados a prestação de serviço e o despedimento, é do empregador, pois o princípio da continuidade da relação de emprego constitui presunção favorável ao empregado".

496. *Primeiras Linhas de Direito Processual Civil*, cit., v. 2, p. 390.

497. *Bol. AASP*, 1.690:124, e *Ajuris*, 54:288, correspondia aos arts. 342 e 343, do CPC/1973.

Súmula 338, I, do TST:

"I – É ônus do empregador que conta com mais de 10 (dez) empregados o registro da jornada de trabalho na forma do art. 74, § 2º, da CLT. A não apresentação injustificada dos controles de frequência gera presunção relativa de veracidade da jornada de trabalho, a qual pode ser elidida por prova em contrário".

b) Testemunhas

Testemunha é a pessoa que, não se confundindo com as partes, é convocada para depor em juízo sobre fato ou ato de que tenha conhecimento. É, pois, meio de prova consistente na declaração de uma pessoa física (que não as partes) sobre fatos ou atos controvertidos entre os litigantes.

Na lição do eminente processualista Moacyr Amaral Santos, os elementos característicos da testemunha são os seguintes:

1º) é uma pessoa física, não se admitindo o testemunho de pessoa jurídica, que só pode prestar informações, as quais, todavia, inserem-se na prova documental;

2º) é, sempre, uma pessoa estranha ao feito, não se confundindo com as partes;

3º) deve conhecer dos fatos litigiosos, direta ou indiretamente, para atestar quanto a sua existência;

4º) deve ser capaz de depor, preenchendo, via de consequência, determinados requisitos.

Com efeito, em conformidade com o que dispõe o art. 447 do CPC, são proibidos de depor, os incapazes, os impedidos ou pessoas suspeitas:

Os *incapazes*, assim considerados os *interditos por demência*; os que, acometidos por enfermidade ou debilidade mental ao tempo em que ocorreram os fatos, não possam discerni-los, ou, ao tempo em que devem depor, não estão habilitados a transmitir as percepções; o *menor de 16 anos*, o *cego* e o *surdo*, quando a ciência do fato depender dos sentidos que lhes faltam.

Os *impedidos*. Determinadas pessoas, ainda que sejam *capazes*, estão, todavia, impedidas de ser testemunhas. São elas: o *juiz*, que é, como se sabe, parte integrante da relação processual e que, por isso mesmo, jamais poderá ser testemunha nos processos em que funcione como magistrado. Note-se, entretanto, que nada impede seja um juiz testemunha em processo no qual não funcione.

Impedida, igualmente, de depor é a *própria parte*, pois, como já frisamos, testemunha é pessoa estranha à lide. As declarações das pessoas envolvidas no feito não constituem prova testemunhal.

Por outro lado, há pessoas que, conquanto não se confundam com as partes, com elas se identificam de uma forma ou de outra e, em consequência, intervêm no processo, tais como o *tutor*, o *representante legal da pessoa jurídica* e os respectivos *advogados*.

Finalmente, atendendo ao grau de afeto e solidariedade que normalmente os prendem às partes, estão impedidos de testemunhar o *cônjuge*, os *ascendentes* e *descendentes* ou *colaterais* até o terceiro grau, exceto se o contrário exigir o interesse público ou se se tratar de causa relativa ao estado da pessoa.

Os *suspeitos*. Conquanto em princípio nenhum impedimento ocorra, certas pessoas, em razão de determinadas circunstâncias, são vistas como suspeitas, não podendo, por isso, ser testemunhas. São elas: a) o condenado por crime de falso testemunho, desde que com sentença com trânsito em julgado; b) o que, em razão de seus costumes, não for digno de fé, tal como o condenado por ilícitos penais, as meretrizes, o ébrio contumaz, etc.; c) o inimigo capital ou amigo íntimo de uma das partes; d) o que tiver interesse no litígio. As testemunhas *impedidas ou suspeitas* podem, eventualmente, ser ouvidas, desde que estritamente necessário (art. 447 do CPC), mas, em tais circunstâncias, não prestarão compromisso de dizer a verdade, e o juiz lhes atribuirá o valor que possam merecer.

c) A prova testemunhal no processo do trabalho

A Consolidação das Leis do Trabalho é absolutamente omissa quanto às disposições acima transcritas, não podendo haver dúvida quanto à aplicação subsidiária do Código de Processo Civil.

No processo trabalhista cada parte pode indicar até 3 testemunhas, à exceção do *inquérito judicial* (rescisão do contrato de trabalho de empregado estável), em que esse número se eleva a 6, e do *procedimento sumarís-*

simo, que o reduz a 2 testemunhas para cada litigante (art. 852-H da CLT[498]).

As próprias partes devem conduzir suas testemunhas à audiência, independentemente de notificação (CLT, art. 825). Somente na recusa destas em comparecer espontaneamente é que a parte interessada requererá sua notificação, quando então estarão obrigadas ao comparecimento, sob pena de condução coercitiva.

No *procedimento sumaríssimo*, a intimação da testemunha está condicionada à prova de prévio convite (§ 3º do art. 852-H da CLT):

"Só será deferida intimação de testemunha que, comprovadamente convidada, deixar de comparecer. Não comparecendo a testemunha intimada, o juiz poderá determinar sua imediata condução coercitiva".

Há, portanto, necessidade de comprovar, em juízo, o convite prévio à testemunha. A prova irrefutável de tal convite é, inegavelmente, a carta postal, com o respectivo *AR*.

Inexistindo prova de prévio convite, a afirmação da parte deve ser apreciada pelo juiz, considerando, sobretudo, o ônus da prova, evitando-se, outrossim, nulidade insanável por cerceio de direito de defesa.

As testemunhas são ouvidas logo após a tomada dos depoimentos pessoais das partes (reclamante e reclamado). Ouvem-se preliminarmente as testemunhas do reclamante e, a seguir, as do reclamado. Nessa oportunidade, após as indagações que o juiz entenda necessárias, podem os advogados, por intermédio do magistrado, formular suas próprias perguntas.

Observe-se que, em conformidade com a Súmula 357 do TST:

"Não torna suspeita a testemunha o simples fato de estar litigando ou de ter litigado contra o mesmo empregador".

Na eventualidade de se tratar de testemunha incapaz, impedida ou suspeita, pode o advogado da parte interessada arguir sua *contradita* e *protesto*.

d) Contradita e protesto

Contradita é ato pelo qual o advogado da parte contra a qual foi arrolada uma testemunha denuncia seu impedimento, incapacidade, suspeição ou interesse no objeto do da demanda. A contradita, na forma do que prevê o art. 457, § 1º, do CPC, é arguida antes da tomada do depoimento da testemunha. Acolhida a contradita, a testemunha será dispensada. Nesta hipótese poderá o advogado da parte que a arrolou requerer que se consigne seu protesto na ata de audiência, tal ato no processo do trabalho declara o inconformismo da parte, ensejando a arguição da questão no recurso ordinário, fazendo as vezes do *agravo de instrumento* (art. 1.015, *caput*, e I ao XIII, CPC).

Indeferida a contradita, igual protesto pode ser formulado pelo advogado da parte que a levantou.

Ressalte-se que, na oportunidade de sua arguição, pode o advogado que a formulou fazer prova de sua alegação, inclusive com documentos e testemunhas, no máximo 3, que são ouvidas em separado.

Facultado é ao juiz indeferir perguntas que entenda estranhas ao objeto da lide, hipótese em que a parte pode requerer que as perguntas indeferidas sejam consignadas na ata de audiência, conforme infere o art. 459,§ 3º, do CPC.

e) Documentos

Documento é o instrumento representativo de um fato ou acontecimento. Conquanto possa apresentar defeitos, inegavelmente se constitui, em consequência de sua estabilidade, como a forma mais segura de "perpetuar a história dos fatos e as cláusulas dos contratos celebrados pelas partes", na feliz expressão de Neves e Castro em seu clássico livro *Teoria das Provas e sua Aplicação aos Atos Civis*.

Compreende a prova documental as mais diversas espécies: contratos, recibos, fichas, carteira de trabalho, telegramas, declarações, fotografias, etc.

No processo do trabalho, os documentos só eram aceitos se no original ou em certidão autenticada. Contudo, com a atual redação dada ao art. 830 da CLT, o documento em cópia oferecido para prova poderá ser declarado autêntico pelo próprio advogado, sob sua responsabilidade pessoal.

498. Redação dada pela Lei n. 9.957/2000.

E, na ocorrência de impugnação, a parte que a produziu será intimada para que apresente cópias devidamente autenticadas ou o original, cabendo ao serventuário competente proceder à conferência e certificar a conformidade entre os documentos em referência.

A juntada do documento pelo reclamante há de ser feita com a petição inicial e, pelo reclamado, com a defesa. Admite-se, todavia, a juntada posterior de documentos que se relacionem com fatos supervenientes.

Em um caso ou em outro, é fundamental que se dê vista à parte contrária, sob pena de anulação do processo pela instância superior:

"Se uma das partes junta documento, qualquer que seja a fase do processo, impõe-se ao juiz ouvir, sobre o mesmo, a parte contrária. Anula-se o processo a partir de fls., para que seja, desde logo, ouvida a mesma sobre o documento, principalmente porque nesse documento baseia-se a decisão recorrida. Aplicação à hipótese também do art. 794 da CLT"[499].

Em razão da aplicação subsidiária do Código de Processo Civil, na eventualidade de o documento encontrar-se em poder da parte contrária, o juiz poderá ordenar sua exibição, desde que o interessado formule pedido nesse sentido, individuando o documento, assinalando a finalidade da prova e indicando os fatos relacionados com o documento cuja exibição se pretenda, não sem detalhar as circunstâncias em que se fundou para afirmar que o documento existe e se encontra em poder da parte contrária.

A recusa na exibição (positivado que a parte possui o documento) implica admitir como verdadeiros os fatos que, por meio deste, se pretenda provar.

f) A prova pericial

Nem sempre dispõem as partes dos meios necessários para provar determinados fatos que, por sua própria natureza, não podem ser positivados por documentos ou testemunhas. Por outro lado, nem sempre estará o juiz em condições de verificar o fato, por lhe faltarem os conhecimentos técnicos indispensáveis.

Em todas essas oportunidades a prova pericial surge como o instrumento adequado e indispensável, louvando-se o magistrado nos trabalhos elaborados por especialistas denominados *peritos*.

Deferida a prova pericial requerida, ou determinada de ofício pelo juiz, a perícia será realizada por perito único designado pelo magistrado, podendo as partes indicar assistentes[500].

Firmado compromisso pelo perito do juízo (os assistentes não prestam compromisso), uma vez apresentados os quesitos, deverá o perito ultimar seu laudo no prazo fixado pelo magistrado.

A prova pericial deve ser cogitada após a juntada da contestação aos autos e levada a efeito antes que se realize a audiência, ensejando às partes a oitiva do perito, se necessária (CLT, art. 827).

Honorários do perito

Com o advento da Reforma Trabalhista/2017, ficou estabelecido que a "responsabilidade pelo pagamento dos honorários periciais é da parte sucumbente na pretensão objeto da perícia, ainda que beneficiária da justiça gratuita", consoante ao disposto no art. 790-B, da CLT, no entanto, o STF julgou tal dispositivo inconstitucional, ao apreciar a ADIn 5766.

Não contando com corpo de peritos próprios e, por isso mesmo, utilizando-se de peritos particulares, veem-se os juízes obrigados a determinar o depósito prévio dos honorários periciais, sem o que os louvados declinam da nomeação.

A disposição do CPC, a rigor, não apresenta qualquer discrepância com os princípios gerais do processo trabalhista só encontrando obstáculo nos parcos recursos materiais do trabalhador.

A Lei n. 5.584/1970, no art. 3º, aborda os exames periciais.

Já os honorários do *assistente*, facultativamente indicado pelas partes, nos termos da Súmula 341 do TST, são de responsabilidade da própria parte que o tenha contratado:

499. TST, RR 5.007/78, Rel. Min. Rezende Puech, *DJU*, 4-6-1980, p. 5125.

500. Lei n. 5.584, de 20-7-1970.

"A indicação do perito assistente é faculdade da parte, a qual deve responder pelos respectivos honorários, ainda que vencedora no objeto da perícia".

► *Jurisprudência*

▷ **Súmula 8 do TST. Juntada de documento.** A juntada de documentos na fase recursal só se justifica quando provado o justo impedimento para sua oportuna apresentação ou se referir a fato posterior à sentença.

▷ **Súmula 74 do TST. Confissão.**
I – Aplica-se a confissão à parte que, expressamente intimada com aquela cominação, não comparecer à audiência em prosseguimento, na qual deveria depor.
II – A prova pré-constituída nos autos pode ser levada em conta para confronto com a confissão ficta (art. 442, I, CPC/2015), não implicando cerceamento de defesa o indeferimento de provas posteriores.
III – A vedação à produção de prova posterior pela parte confessa somente a ela se aplica, não afetando o exercício, pelo magistrado, do poder/dever de conduzir o processo.

▷ **Súmula 212 do TST. Despedimento. Ônus da prova.** O ônus de provar o término do contrato de trabalho, quando negados a prestação de serviço e o despedimento, é do empregador, pois o princípio da continuidade da relação de emprego constitui presunção favorável ao empregado.

▷ **Súmula 217 do TST. Depósito recursal. Credenciamento bancário. Prova dispensável.** O credenciamento dos bancos para o fim de recebimento do depósito recursal é fato notório, independendo da prova.

▷ **Súmula 338 do TST. Jornada de trabalho. Registro. Ônus da prova.**
I – É ônus do empregador que conta com mais de 10 (dez) empregados o registro da jornada de trabalho na forma do art. 74, § 2º, da CLT. A não apresentação injustificada dos controles de frequência gera presunção relativa de veracidade da jornada de trabalho, a qual pode ser elidida por prova em contrário.
II – A presunção de veracidade da jornada de trabalho, ainda que prevista em instrumento normativo, pode ser elidida por prova em contrário.
III – Os cartões de ponto que demonstram horários de entrada e saída uniformes são inválidos como meio de prova, invertendo-se o ônus da prova, relativo às horas extras, que passa a ser do empregador, prevalecendo a jornada da inicial se dele não se desincumbir.

▷ **Súmula 341 do TST. Honorários do Assistente Técnico.** A indicação do perito assistente é faculdade da parte, a qual deve responder pelos respectivos honorários, ainda que vencedora no objeto da perícia.

▷ **Súmula 357 do TST. Testemunha. Ação contra a mesma reclamada. Suspeição.** Não torna suspeita a testemunha o simples fato de estar litigando ou de ter litigado contra o mesmo empregador.

▷ **Súmula 402 do TST. Ação rescisória. Documento novo. Dissídio coletivo. Sentença normativa.** Documento novo é o cronologicamente velho, já existente ao tempo da decisão rescindenda, mas ignorado pelo interessado ou de impossível utilização, à época, no processo. Não é documento novo apto a viabilizar a desconstituição de julgado: a) sentença normativa proferida ou transitada em julgado posteriormente à sentença rescindenda; b) sentença normativa preexistente à sentença rescindenda, mas não exibida no processo principal, em virtude de negligência da parte, quando podia e deveria louvar-se de documento já existente e não ignorado quando emitida a decisão rescindenda.

▷ **Súmula 415 do TST. Mandado de segurança. Art. 321 do CPC/2015. Aplicabilidade.** Exigindo o mandado de segurança prova documental pré-constituída, inaplicável se torna o art. 321 do CPC/2015 quando verificada, na petição inicial do *mandamus*, a ausência de documento indispensável ou de sua autenticação.

▷ **Súmula 225 do STF.** Não é absoluto o valor probatório das anotações da carteira profissional.

▷ **Súmula 259 do STF.** Para produzir efeito em juízo não é necessária a inscrição, no registro público, de documentos de procedência estrangeira, autenticados por via consular.

▷ **Súmula 149 do STJ.** A prova exclusivamente testemunhal não basta à comprovação da atividade rurícola, para efeito da obtenção de benefício previdenciário.

▷ **Súmula 232 do STJ.** A Fazenda Pública, quando parte no processo, fica sujeita à exigência do depósito prévio dos honorários do perito.

▷ **OJ n. 36 da SDI-1 do TST. Instrumento normativo. Cópia não autenticada. Documento comum às partes. Validade.** Inserida em 25-11-1996.
O instrumento normativo em cópia não autenticada possui valor probante, desde que não haja impugnação ao seu conteúdo, eis que se trata de documento comum às partes.

▷ **OJ n. 134 da SDI-1 do TST. Autenticação. Pessoa jurídica de direito público. Dispensada. Medida Provisória n. 1.360, de 12-3-1996.** São válidos os documentos apresentados, por pessoa jurídica de direito público, em fotocópia não autenticada, posteriormente à edição da Medida Provisória n. 1.360/1996 e suas reedições.

▷ **OJ n. 215 da SDI-1 do TST. Vale-transporte. Ônus da prova.** É do empregado o ônus de comprovar que satisfaz os requisitos indispensáveis à obtenção do vale-transporte.

▷ **OJ n. 233 da SDI-1 do TST. Horas extras. Comprovação de parte do período alegado.**
A decisão que defere horas extras com base em prova oral ou documental não ficará limitada ao tempo por ela abrangido, desde que o julgador fique convencido de que o procedimento questionado superou aquele período.

▷ **OJ n. 76 da SDI-2 do TST. Ação Rescisória. Ação cautelar para suspender execução. Juntada de documento indispensável. Possibilidade de êxito na rescisão do julgado.** É indispensável a instrução da ação cautelar com as provas documentais necessárias à aferição da plausibilidade de êxito na rescisão do julgado. Assim sendo, devem vir junto com a inicial da cautelar as cópias da petição inicial da ação rescisória principal, da decisão rescindenda, da certidão do trânsito em julgado e informação do andamento atualizado da execução.

▷ **"Recurso de revista interposto na vigência da Lei n. 13.015/2014. Revista pessoal e corporal. Abusividade. Dano moral. Indenização.** 1. A jurisprudência desta Corte Superior é firme no sentido de que o procedimento de revistas realizado nos pertences pessoais de todos os empregados, indiscriminadamente, sem contato físico, insere-se no âmbito do poder diretivo e fiscalizatório do empregador, não gerando constrangimento apto a ensejar dano moral indenizável. 2. Na hipótese em apreciação, todavia, o Tribunal Regional registrou que os encarregados apalpavam o corpo na busca de desvio de mercadorias. 3. Assim, a revista realizada mediante contato físico extrapolou os limites de seu poder diretivo, configurando situação vexatória que afronta a intimidade e a dignidade do trabalhador, ensejando, por consequência, o pagamento de indenização por dano moral. Precedentes. Recurso de revista conhecido e provido. **Hora noturna de 60 (sessenta) minutos. Previsão em norma coletiva. Adicional noturno superior ao previsto em lei. Validade.** Deve ser respeitada a norma coletiva que, ao fixar a duração normal de sessenta minutos para a hora noturna, prevê, em contrapartida, o pagamento de adicional noturno em percentual superior ao valor garantido no art. 73 da CLT, na medida em que não se configura mera supressão ou mesmo redução do direito legalmente previsto, mas a efetiva situação de mútuas concessões, mediante negociação coletiva de que trata o art. 7º, XXVI, da Constituição Federal. Tendo sido o acórdão regional proferido em consonância com a jurisprudência deste Tribunal Superior, incide como óbice a disposição contida no art. 896, § 7º, da CLT. Recurso de revista de que não se conhece. **Rescisão do contrato de trabalho. Atraso na homologação. Multa prevista no art. 477 da CLT.** A jurisprudência desta Corte Superior é firme no sentido de que a multa prevista no art. 477, § 8º, da CLT não incide em caso de atraso na homologação da rescisão contratual, quando efetuado o pagamento das verbas rescisórias no prazo legal. Incidência do art. 896, § 7º, da CLT. Recurso de revista de que não se conhece. **Horas extras. Compen-

sação de horário. Na espécie, malgrado o tema de mérito, o recurso de revista não observou o requisito processual de admissibilidade previsto no art. 896, § 1º-A, I, da CLT. Recurso de revista de que não se conhece. **Horas extras. Jornada de trabalho de 7h20min.** O Tribunal de origem, com fundamento na prova documental, inclusive o acordo de compensação de horas, e os cartões de ponto, concluiu que o autor foi contratado para a jornada de trabalho de 44 (quarenta e quatro) horas semanais, e se ativava em jornada de 8 (oito) horas diárias. Diante desse contexto, não resulta demonstrada a alegada ofensa ao art. 7, XIII, da Constituição Federal. Recurso de revista de que não se conhece. **Doença ocupacional. Reintegração no emprego. Indenização por dano moral e danos materiais.** Na hipótese, ausente a comprovação da existência de doença ocupacional, ou de incapacidade para o trabalho, o autor não demonstrou a ofensa aos dispositivos da Constituição Federal e de lei (art. 896, § 1º-A, III, da CLT e Súmula 126 do TST) apontados, tampouco o conflito de teses com os arestos colacionados ao cotejo (art. 896, § 8º, da CLT). Recurso de revista de que não se conhece. **Horas extras. Critério de compensação.** Conforme a jurisprudência iterativa e notória desta Corte, consubstanciada na Orientação Jurisprudencial n. 415 da SBDI-1: "A dedução das horas extras comprovadamente pagas daquelas reconhecidas em juízo não pode ser limitada ao mês de apuração, devendo ser integral e aferida pelo total das horas extraordinárias quitadas durante o período imprescrito do contrato de trabalho". Incidência do art. 896, § 7º, da CLT. Recurso de revista de que não se conhece. **Correção monetária. Época própria.** Conforme a jurisprudência uniforme desta Corte, consubstanciada na Súmula 381: "O pagamento dos salários até o 5º dia útil do mês subsequente ao vencido não está sujeito à correção monetária. Se essa data limite for ultrapassada, incidirá o índice da correção monetária do mês subsequente ao da prestação dos serviços, a partir do dia 1º". Incidência do art. 896, § 7º, da CLT. Recurso de revista de que não se conhece" (RR-860-17.2014.5.09.0654, 1ª Turma, Relator Desembargador Convocado Marcelo Lamego Pertence, DEJT 23-8-2021).

▷ **"Recurso de revista. Suspeição. Testemunha que litiga contra o mesmo empregador. Reciprocidade de prova testemunhal. Ausência de efetiva comprovação de troca de favores.** Nos termos da Súmula 357 deste TST, " Não torna suspeita a testemunha o simples fato de estar litigando ou de ter litigado contra o mesmo empregador". O referido verbete sumulado alcança até mesmo a hipótese em que os objetos das reclamações trabalhistas da testemunha e do reclamante sejam idênticos e em que o reclamante depôs na ação ajuizada pela testemunha. No caso concreto, não há efetiva comprovação de troca de favores, a qual apenas foi presumida pelo Tribunal *a quo*. Assim, o fato de a testemunha ajuizar reclamatória trabalhista contra a mesma empresa e com similaridade ou identidade de objeto, por si só, não afasta a isenção de seu depoimento prestado em Juízo. Recurso de revista conhecido e provido" (RR-10737-11.2018.5.15.0092, 8ª Turma, Relatora Ministra Dora Maria da Costa, *DEJT* 2-7-2021).

▷ **"I – Agravo de instrumento da executada marcopolo S/A. Recurso de revista interposto na vigência da Lei n. 13.015/2014. Execução. Nulidade por cerceamento do direito de defesa. Ausência de intimação.** Ante a possível afronta ao art. 5º, LIV e LV, da CRFB/88, deve-se dar provimento ao agravo de instrumento. Agravo de instrumento a que se dá provimento. **II – Recurso de revista da executada marcopolo S/A interposto na vigência da Lei n.13.015/2014. Execução. Nulidade por cerceamento do direito de defesa. Ausência de intimação.** A parte exequente, em face do deferimento do pedido de recuperação judicial da executada principal, Gatron Inovação em Compósitos S/A, requereu ao Juízo de primeiro grau, em fase de execução, o reconhecimento de grupo econômico para com as sócias Artecola Termoplásticos Ltda. e Marcopolo S/A, o que foi indeferido. Em face da decisão que indeferiu o pedido de reconhecimento de grupo econômico, a parte exequente interpôs agravo de petição, que foi

conhecido e provido para reconhecer a existência de grupo econômico entre a executada principal e suas sócias. Do acórdão regional por meio do qual se reconheceu a existência de grupo econômico, foram intimados a parte exequente e a executada principal, mas não as sócias. Ainda, diante da ausência de interposição de recursos, houve o trânsito em julgado da decisão regional. Retornado os autos ao Juízo da Execução, a executada foi incluída no polo passivo, procedeu à garantia da execução e apresentou embargos à execução, quando então arguiu a nulidade por cerceamento do direito de defesa, por não ter sido intimada a se manifestar quanto ao reconhecimento da existência de grupo econômico para com a executada principal. De fato, da análise do andamento processual constata-se que a executada Marcopolo S/A, durante todo o andamento processual quanto à controvérsia da existência de grupo econômico, não foi intimada a se manifestar, o que lhe causou manifesto prejuízo, dada a existência de acórdão regional, transitado em julgado, por meio do qual se reconheceu a formação de grupo econômico entre a executada principal e as suas sócias Artecola Termoplásticos Ltda. e Marcopolo S/A. Logo, considerando que a executada, ora recorrente, arguiu a nulidade processual por cerceamento do direito de defesa na primeira oportunidade que teve de falar aos autos, nos termos do art. 795 da CLT, e que a ausência de intimação para participar da controvérsia quanto à existência, ou não, de grupo econômico lhe causou prejuízo de ordem processual, conclui-se que houve o descumprimento dos princípios do devido processo legal e do contraditório e da ampla defesa, previstos no art. 5º, LIV e LV, da CRFB/88, a ensejar a pretendida nulidade. Recurso de revista conhecido e provido" (RR-20164-15.2017.5.04.0402, 2ª Turma, Relatora Ministra Maria Helena Mallmann, *DEJT* 20-8-2021).

▷ "**I – Agravo de instrumento em recurso de revista. Reclamada. Vigência da Lei n. 13.467/17. Transcendência. Preliminar de nulidade por cerceamento de defesa. Processo judicial eletrônico. Intimação pessoal da parte para comparecimento em audiência de instrução. Ausência. Intimação apenas da advogada. Impossibilidade de reconhecimento da confissão ficta.** 1. Deve ser reconhecida a transcendência jurídica para exame mais detido da controvérsia devido às peculiaridades do caso concreto. O enfoque exegético da aferição dos indicadores de transcendência em princípio deve ser positivo, especialmente nos casos de alguma complexidade, em que se torna aconselhável o debate mais aprofundado do tema. 2. Aconselhável o provimento do agravo de instrumento, para determinar o processamento do recurso de revista, em razão da provável violação do art. 385, § 1º, do CPC. 3. Agravo de instrumento a que se dá provimento. **II – Recurso de revista. Reclamada. Vigência da Lei n. 13.467/17. Preliminar de nulidade por cerceamento de defesa. Processo judicial eletrônico. Intimação pessoal da parte para comparecimento em audiência de instrução. Ausência. Intimação apenas da advogada. Impossibilidade de reconhecimento da confissão ficta.** 1. O art. 385, § 1º, do CPC/15 dispõe que "se a parte, pessoalmente intimada para prestar depoimento pessoal e advertida da pena de confesso, não comparecer" (grifo nosso), lhe será aplicada a pena de confissão ficta. 2. Nesse sentido, nos termos da Súmula 74, I, do TST, a ausência de intimação prévia e pessoal para que a parte compareça à audiência para prestar depoimento impede o reconhecimento da confissão ficta em hipótese de sua ausência no referido ato processual. 3. Assim, a SDI-2 do TST firmou entendimento de que a comunicação via sistema PJE dirigida apenas ao advogado, ainda que advertido de que haveria depoimento, bem como das consequências para o caso de não comparecimento, não supre a exigência legal de intimação pessoal da própria parte. O reconhecimento de confissão ficta, em tais circunstâncias, enseja inclusive o cabimento de ação rescisória, em virtude da afronta direta à norma jurídica disposta no art. 385, § 1º, do CPC/15 (art. 966 do CPC/15). 4. No caso, o TRT rejeitou a preliminar de nulidade por cerceamento de defesa e manteve o reconhecimento da

confissão ficta, ao fundamento de que houve notificação da advogada para o comparecimento na audiência de instrução. Para tanto, registrou: "verifica-se do documento de ID. cc5d867 – Pág. 1, que a advogada [da reclamada, Sra. Juliana Costa Carvainaes Ribeiro, foi devidamente notificada para a audiência de instrução, nos seguintes termos: "Fica(m) a(s) parte(s) indicada no campo "DESTINATÁRIO" notificada{s) para comparecer(em) à audiência que se realizara no dia 23-5-2017 08:30 horas, na sala de audiências da Vara do Trabalho de Santa Inês". 5. Recurso de revista de que se conhece e a que se dá provimento" (RR-16185-04.2015.5.16.0007, 6ª Turma, Relatora Ministra Kátia Magalhães Arruda, *DEJT* 11-12-2020).

▷ **"Agravo de instrumento em recurso de revista. 1. Cerceamento de defesa.** O Regional rejeitou a arguição de nulidade por cerceamento de defesa ao fundamento de que o reclamante não comprovou a impossibilidade de comparecimento da sua testemunha. Nesse contexto, é inviável cogitar-se em cerceamento de defesa e na consequente violação dos arts. 5º, LV, da CF e 825 e 845 da CLT e não se vislumbra o dissenso pretoriano indicado. Incidência das Súmulas n. 126 e 296 do TST. **2. Horas extras. Trabalho externo. Cargo de gerente.** O Tribunal Regional, instância soberana no exame de fatos e provas, nos moldes da Súmula 126 do TST, concluiu que o reclamante ocupou cargo de gestão, com recebimento de remuneração diferenciada, motivo pelo qual estava inserido na exceção do art. 62, II, da CLT, não fazendo jus, portanto, ao recebimento de horas extras. Por outro lado, concluiu que não havia efetivo controle da jornada de trabalho do reclamante, o qual exercia atividade externa, destacando que tal circunstância estava anotada em sua ficha de registro e em seu contrato de trabalho. Assim, a conclusão do Regional sobre a inexistência de controle da jornada, bem como pela existência de fidúcia diferenciada com a percepção de gratificação de função, a caracterizar o enquadramento do reclamante na exceção prevista no inciso II do art. 62 da CLT, encontra respaldo no conteúdo fático-probatório constante dos autos, cuja reanálise seria necessária para se concluir de maneira diversa, o que é vedado nesta Instância, a teor da Súmula 126/TST. **3. Diferenças De Repouso Semanal Remunerado.** O Regional asseverou não haver previsão normativa de pagamento do sábado como dia de repouso, mas apenas de sua compensação em caso de labor nesse dia, sendo que, embora não trabalhado, é considerado dia útil, razão pela qual integra o cálculo do DSR. Ademais, a regra do art. 7º, *c*, da Lei n. 605/49 se refere ao empregado que trabalha por tarefa ou peça, o que não é o caso. Nesse contexto, não há como vislumbrar afronta ao aludido dispositivo. Agravo de instrumento conhecido e não provido" (AIRR-100556-81.2017.5.01.0221, 8ª Turma, Relatora Ministra Dora Maria da Costa, *DEJT* 3-11-2020).

▷ **"Agravo. Agravo de instrumento. Recurso de revista. Lei n. 13.015/2014. Duração do trabalho. Horas extras. Ônus da prova.** O TRT dirimiu a controvérsia com base nas provas dos autos, pois, conforme constatou a Corte de origem, apresentados os cartões de ponto pela reclamada, o reclamante cumpriu a contento o seu ônus de desconstituir a prova documental produzida, haja vista que o Tribunal Regional evidenciou que, na hipótese, "o sopesamento das provas apresentadas pelas partes levou o magistrado a desconsiderar o valor probante dos cartões de ponto". Fixadas as premissas fáticas pelo Tribunal Regional, insuscetíveis de revisão nesta instância extraordinária (Súmula 126 do TST), verifica-se que a decisão regional está em sintonia com diretriz consubstanciada na Súmula 338, II, do TST. Com efeito, a pertinente aplicação da mencionada súmula não implica ofensa aos arts. 5º, LIV, LV, da Constituição Federal. A controvérsia não foi dirimida como base na distribuição do ônus da prova, mas sim nas provas dos autos (Súmula 126 do TST), de modo que estão incólumes os arts. 818 da CLT, 373 do NCPC. Inviável o processamento do recurso de revista, ante os óbices da Súmula 333 do TST e do art. 896, § 7º, da CLT. Não merece reparos a decisão. **Gratificações. Incorporações. Ônus da prova.** O acórdão regional constatou que, na hipótese, os comprovan-

tes de pagamento "demonstram o pagamento de gratificação variável, restando a presunção de que estas eram efetivamente quitadas por fora da folha de pagamento destarte, deverá a reclamada integrar o valor das gratificações variáveis ao salário do Autor e pagar-lhe a média das gratificações variáveis pelo valor apontado na peça inicial". Desse modo, tem-se que a controvérsia foi dirimida pelo TRT com base nas provas dos autos, razão pela qual conclusão diversa da registrada pelo TRT, como pretende a agravante, implicaria, necessariamente, o reexame das provas dos autos, o que encontra óbice na Súmula 126 do TST. A incidência da mencionada súmula impede a análise das violações indicadas. A lide não foi solucionada na distribuição do ônus da prova, mas sim nas provas constantes nos autos, de modo que não há falar em violação dos arts. 818 da CLT, 373 do NCPC. Agravo não provido" (Ag-AIRR-1002023-75.2017.5.02.0372, 2ª Turma, Relatora Ministra Maria Helena Mallmann, *DEJT* 29-10-2020).

▷ **"Agravo de instrumento. Recurso de revista.** Lei n. 13.467/2017. Configurada a divergência jurisprudencial, dá-se provimento ao Agravo de Instrumento para o amplo julgamento do Recurso de Revista. Agravo de Instrumento a que se dá provimento. **Recurso de revista. Instrutor de ensino. Enquadramento como professor. Princípio da primazia da realidade.** Cinge-se a controvérsia à possibilidade de enquadramento como professor os empregados registrados como instrutor de ensino técnico profissionalizante. Esta Corte reconhece a condição de professor do empregado admitido para as funções de instrutor de ensino profissionalizante oferecido pelo Serviço Nacional de Aprendizagem Industrial – SENAI. É entendimento deste Tribunal que a exigência prevista no art. 317 da CLT é de natureza formal para o exercício da profissão de professor, devendo ser observado primordialmente o princípio da primazia da realidade. Precedentes. Recurso de Revista de que se conhece e a que se dá provimento" (RR-10257-36.2016.5.09.0006, 8ª Turma, Relator Ministro Joao Batista Brito Pereira, *DEJT* 9-10-2020).

▷ **"Agravo. Agravo de instrumento. Recurso de revista. Horas extras. Ausência de pré-assinalação do intervalo intrajornada. Ônus da prova.** Impõe-se confirmar a decisão agravada que não conheceu do recurso de revista interposto pela primeira reclamada, na fração de interesse, no sentido de que a decisão regional registrou que os controles de ponto apresentados não contêm pré-assinalação do intervalo para refeição, na forma prevista no art. 74, § 2º, da CLT. Desse modo, cabia a primeira reclamada (empregadora) o ônus de provar a fruição do intervalo para descanso e alimentação, por se tratar de fato extintivo do direito da autora, o que encontra amparo em precedentes desta Corte Superior. Agravo a que se nega provimento" (Ag-ARR-11002-71.2016.5.03.0171, 1ª Turma, Relator Ministro Walmir Oliveira da Costa, *DEJT* 25-9-2020).

▷ **"Agravo. Recurso de revista. Acórdão publicado na vigência da Lei n. 13.015/2014. Teto de percentual das comissões.** Reportando-se ao acórdão recorrido, constata-se ter o Regional explicitado que o próprio reclamante admitiu, em audiência, que a produtividade variava, de modo que às vezes poderia superar o paradigma e outras vezes não, realçando, inclusive, que o autor não se desvencilhou do ônus de demonstrar a existência de diferença nos percentuais percebidos pelo paradigma apontado. Na ocasião, o Colegiado de origem, com base nos fatos e na prova produzida, acrescentou que, na política de remuneração da empresa havia um escalonamento do percentual de incidência para as comissões, procedimento que não se revela discriminatório, porquanto a variação de acordo com o volume de transações é um critério objetivo, aplicado a qualquer trabalhador. Além disso, o reclamante exercia atividades inerentes ao cargo de operador de negócios, de modo que não havia acúmulo de função pelo exercício de cobrar clientes inadimplentes e que as tarefas desempenhadas não prejudicavam o atingimento do percentual máximo de 3,5%. Logo, qualquer apreciação acerca da aplicação do percentual de 3,5% para o cálculo de comissões independentemente do valor da

produção efetivada, ensejaria o reexame do conjunto fático-probatório dos autos, procedimento inviável, contudo, nesta instância de natureza extraordinária. Incidência da Súmula 126 desta Corte. Agravo não provido. **Horas extras. Base de cálculo. Súmula 340 do TST.** Tal como proferida, a decisão regional está em perfeita harmonia com a jurisprudência desta Corte, no sentido de ser aplicável a diretriz contida na Súmula 340 do TST ao empregado cujo salário é composto de parte fixa e parte variável (comissões), a teor da Orientação Jurisprudencial n. 397 da SBDI-1 do TST, vindo à baila a Súmula 333 do TST e do art. 896, §7º, da CLT como obstáculo ao recurso. Considerando a improcedência do recurso, aplica-se à parte agravante a multa prevista no art. 1.021, § 4º, do CPC. Agravo não provido, com aplicação de multa" (Ag-RR-457-64.2013.5.09.0660, 5ª Turma, Relator Ministro Breno Medeiros, *DEJT* 26-6-2020).

▷ "**Agravo de instrumento. Recurso de revista – descabimento. Ajuizamento de ação de execução de título extrajudicial. Pretensão de execução direta de instrumento particular de confissão de dívida – parcela de contribuição assistencial. Ausência de violação direta da Constituição Federal.** 1. A Corte Regional negou provimento ao agravo de petição do exequente, mantendo a sentença pela qual o Juízo de primeiro grau extinguiu o processo sem resolução do mérito, na forma do art. 485, IV, do CPC, em razão do não enquadramento do Instrumento Particular de Confissão de Dívida firmado no rol do art. 876 da CLT. 2. A matéria foi decidida no plano infraconstitucional, situação que afasta a possibilidade de ofensa direta e literal aos arts. 5º, XXXV e LIV, e 7º, XXIX, da CF, sequer prequestionados no acórdão regional (Súmula 297/TST). 3. Interposto à deriva dos requisitos traçados no art. 896, § 2º, da CLT, não merece processamento o recurso de revista interposto contra acórdão prolatado em fase de execução (Súmula 266 do TST). Agravo de instrumento conhecido e desprovido" (AIRR-1000663-68.2018.5.02.0373, 3ª Turma, Relator Ministro Alberto Luiz Bresciani de Fontan Pereira, *DEJT* 19-6-2020).

▷ "**I – Agravo de instrumento em recurso de revista. Reclamada. Leis n. 13.015/2014 e 13.467/2017. Instrução Normativa n. 40 do TST. Transcendência. Rito sumaríssimo. Preliminar de nulidade por cerceamento do direito de defesa. Indeferimento do depoimento pessoal das partes.** 1. Há transcendência política quando se constata em exame preliminar o desrespeito da instância recorrida à jurisprudência majoritária, predominante ou prevalecente no TST. 2. Aconselhável o provimento do agravo de instrumento para melhor exame do recurso de revista quanto à alegada violação do art. 5º, LV, da Constituição Federal. 3. Agravo de instrumento a que se dá provimento. **II – Recurso de revista. Reclamada. Leis n. 13.015/2014 e 13.467/2017. Instrução Normativa n. 40 do TST. Rito sumaríssimo. Preliminar de nulidade por cerceamento do direito de defesa. Indeferimento do depoimento pessoal das partes.** 1. A colheita de depoimento pessoal não se revela faculdade de livre exercício pelo magistrado. De tal modo, sua dispensa, em especial quando requerido o ato pela parte, exige fundamentação jurídica pertinente. 2. No caso sob exame, observa-se que o TRT indefere o requerimento, registrando tão somente que "o Juiz tem ampla liberdade na direção do processo (art. 765 da CLT), cabendo-lhe determinar as provas necessárias à instrução do feito, indeferindo as diligências inúteis ou protelatórias (CPC, arts. 370 e 371)" e que "convencido dos fatos e do direito a ser aplicado à lide, o Juízo pode dispensar o depoimento das partes, com fundamento na celeridade e economia processuais, sem que tal atitude caracterize cerceamento ao direito de prova". Nesse particular, o TRT nada diz quanto à desnecessidade de colheita do depoimento pessoal à luz das provas apresentadas nos autos. 3. O indeferimento do depoimento pessoal das partes, nesse contexto, configurou cerceamento do direito de defesa da reclamada, em clara ofensa ao art. 5º, LV, da Constituição Federal. 4. Recurso de revista de que se conhece e a que se dá provimento. Prejudicada a análise dos temas remanescentes" (RR-568-24.2018.5.06.0412, 6ª Turma, Rela-

tora Ministra Kátia Magalhães Arruda, *DEJT* 6-3-2020).

Seção X
Da decisão e sua eficácia

Art. 831. A decisão será proferida depois de rejeitada pelas partes a proposta de conciliação.

Parágrafo único. No caso de conciliação, o termo que for lavrado valerá como decisão irrecorrível, salvo para a Previdência Social quanto às contribuições que lhe forem devidas. (Redação dada pela Lei n. 10.035, de 25-10-2000.)

Art. 832. Da decisão deverão constar o nome das partes, o resumo do pedido e da defesa, a apreciação das provas, os fundamentos da decisão e a respectiva conclusão.

§ 1º Quando a decisão concluir pela procedência do pedido, determinará o prazo e as condições para o seu cumprimento.

§ 2º A decisão mencionará sempre as custas que devam ser pagas pela parte vencida.

§ 3º As decisões cognitivas ou homologatórias deverão sempre indicar a natureza jurídica das parcelas constantes da condenação ou do acordo homologado, inclusive o limite de responsabilidade de cada parte pelo recolhimento da contribuição previdenciária, se for o caso. (Parágrafo incluído pela Lei n. 10.035, de 25-10-2000.)

§ 3º-A. Para os fins do § 3º deste artigo, salvo na hipótese de o pedido da ação limitar-se expressamente ao reconhecimento de verbas de natureza exclusivamente indenizatória, a parcela referente às verbas de natureza remuneratória não poderá ter como base de cálculo valor inferior: (Incluído pela Lei n. 13.876, de 2019.)

I – ao salário mínimo, para as competências que integram o vínculo empregatício reconhecido na decisão cognitiva ou homologatória; ou (Incluído pela Lei n. 13.876, de 2019.)

II – à diferença entre a remuneração reconhecida como devida na decisão cognitiva ou homologatória e a efetivamente paga pelo empregador, cujo valor total referente a cada competência não será inferior ao salário mínimo. (Incluído pela Lei n. 13.876, de 2019.)

§ 3º-B Caso haja piso salarial da categoria definido por acordo ou convenção coletiva de trabalho, o seu valor deverá ser utilizado como base de cálculo para os fins do § 3º-A deste artigo. (Incluído pela Lei n. 13.876, de 2019.)

§ 4º A União será intimada das decisões homologatórias de acordos que contenham parcela indenizatória, na forma do art. 20 da Lei n. 11.033, de 21 de dezembro de 2004, facultada a interposição de recurso relativo aos tributos que lhe forem devidos. (Parágrafo acrescido pela Lei n. 11.457, de 16-3-2007.)

§ 5º Intimada da sentença, a União poderá interpor recurso relativo à discriminação de que trata o § 3º deste artigo. (Parágrafo acrescido pela Lei n. 11.457, de 16-3-2007.)

§ 6º O acordo celebrado após o trânsito em julgado da sentença ou após a elaboração dos cálculos de liquidação de sentença não prejudicará os créditos da União. (Parágrafo acrescido pela Lei n. 11.457, de 16-3-2007.)

§ 7º O Ministro de Estado da Fazenda poderá, mediante ato fundamentado, dispensar a manifestação da União nas decisões homologatórias de acordos em que o montante da parcela indenizatória envolvida ocasionar perda de escala decorrente da atuação do órgão jurídico. (Parágrafo acrescido pela Lei n. 11.457, de 16-3-2007.)

Art. 833. Existindo na decisão evidentes erros ou enganos de escrita, de datilografia ou de cálculo, poderão os mesmos, antes da execução, ser corrigidos, *ex officio*, ou a requerimento dos interessados ou da Procuradoria da Justiça do Trabalho.

Art. 834. Salvo nos casos previstos nesta Consolidação, a publicação das decisões e sua notificação aos litigantes, ou seus patronos, consideram-se realizadas nas próprias audiências em que forem as mesmas proferidas.

Art. 835. O cumprimento do acordo ou da decisão far-se-á no prazo e condições estabelecidas.

Art. 836. É vedado aos órgãos da Justiça do Trabalho conhecer de questões já decididas, excetuados os casos expressamente previstos neste Título e a ação rescisória, que será admitida na forma do disposto no Capítulo IV do Título IX da Lei n. 5.869, de 11 de janeiro de 1973 – Código de Processo Civil, sujeita ao depósito prévio de 20% (vinte por cento) do valor da causa, salvo prova de miserabilidade jurídica do autor. (Com a redação dada pela Lei n. 11.495, de 22-6-2007.)

Parágrafo único. A execução da decisão proferida em ação rescisória far-se-á nos próprios autos da ação que lhe deu origem, e será instruída com o acórdão da rescisória e a respectiva

certidão de trânsito em julgado. (Parágrafo incluído pela MP n. 2.180-35, de 24-8-2001.)

▶ **Comentários**

1. A sentença trabalhista

O art. 831 da CLT fala em decisão, referindo-se, obviamente, ao "pronunciamento do juiz, que é a sentença", conforme, também, prevê o art. 203 do atual CPC.

O CPC de 2015 alterou sensivelmente o conceito de sentença que já foi: decisão de juiz que colocava *fim ao processo*.

A redação do § 1º, do art. 203, do CPC/2015 é a seguinte:

"§ 1º Ressalvadas as disposições expressas dos procedimentos especiais, sentença é o pronunciamento por meio do qual o juiz, com fundamento nos arts. 485 e 487, põe fim a fase cognitiva do procedimento comum, bem como extingue a execução".

Na primeira hipótese (art. 485), *haverá resolução do processo sem exame do mérito*, quando ocorra um dos fatos previstos nos incisos do dispositivo legal nominado, como, por exemplo, quando o juiz indeferir a petição inicial, quando verificar a ausência de pressupostos de constituição e de desenvolvimento válido e regular do processo, quando reconhecer a existência de perempção, de litispendência ou de coisa julgada etc.

Haverá decisão com resolução de mérito (art. 487), no atual CPC, quando o juiz:

I) acolher ou rejeitar o pedido formulado na ação ou na reconvenção;

II) decidir, de ofício ou a requerimento, sobre a ocorrência de decadência ou prescrição;

III) homologar:

a) o reconhecimento da procedência do pedido formulado na ação ou na reconvenção;

b) transação;

c) a renúncia à pretensão formulada na ação ou na reconvenção.

Parágrafo único. Ressalvada a hipótese do § 1º do art. 332, a prescrição e a decadência não serão reconhecidas sem que antes seja dada às partes oportunidade de manifestar-se.

Há diversas espécies de sentenças. As mais comuns no processo do trabalho são:

a) definitivas;
b) terminativas;
c) interlocutórias.

As primeiras são as sentenças de mérito, ou seja, aquelas que põem fim ao processo, resolvendo a lide. As segundas, isto é, as sentenças terminativas, são aquelas que decidem o processo, sem, contudo, apreciar o mérito. São interlocutórias as que decidem os incidentes processuais.

Quanto à natureza jurídica, as sentenças são:

a) declaratórias;
b) constitutivas;
c) condenatórias;
d) mandamental.

São declaratórias quando se limitam a declarar a existência ou inexistência de uma relação jurídica. Constitutivas quando criam, alteram ou extinguem um estado ou uma relação jurídica. São condenatórias quando envolvem obrigação de dar, fazer ou não fazer alguma coisa, ensejando execução.

Em que pesem as restrições impostas ao magistrado – não pode conhecer senão das questões suscitadas e não pode decidir senão nos limites em que a ação foi proposta –, goza o juiz moderno de ampla autonomia na apreciação das provas, sobressaindo pela importância a faculdade de decidir os litígios segundo sua livre convicção. No âmbito do processo do trabalho, por força de suas próprias características, um papel dinâmico é reservado ao juiz do trabalho, inclusive como decorrência da predominância do chamado princípio inquisitorial. Daí dizer o art. 765 da CLT que os juízos e Tribunais do Trabalho têm ampla liberdade na direção do processo. Por outro lado, nos termos do art. 4º da Lei n. 5.584/70, pode e deve o juiz do trabalho impulsionar de ofício o processo trabalhista no procedimento sumário, bem como naqueles em que o empregado ou empregador utilize o *jus postulandi*, isto é, reclamando pessoalmente, sem a assistência de profissional legalmente habilitado.

A sentença mandamental, o próprio nome deixa entrever, tem uma ordem de fazer ou de não fazer; ou seja, pode ter cunho constitutivo positivo ou negativo, entretanto, há

nela um mandamento, uma obrigação de fazer algo ou de não fazer alguma coisa.

A sentença que determina a reintegração de um empregado, detentor de estabilidade provisória, com cominação de pagamento de multa diária, tem aptidão mandamental, tendo em vista que seu descumprimento, acarretará, obrigatoriamente sanção pecuniária àquele que a descumpre.

2. Da conciliação

Em conformidade com o disposto no art. 831 sob comento, a proposta de conciliação precede à sentença, que só deve ser proferida se rejeitada a solução amigável do conflito – "a decisão será proferida depois de rejeitada pelas partes a proposta de conciliação".

A EC-45 de 2004, alterou a redação do art. 114 da CF/1988, ao estabelecer que compete à Justiça do Trabalho *processar e julgar* as ações oriundas da relação de trabalho. Não faz, portanto, qualquer alusão à *conciliação*.

Contudo, na magistral observação de Manoel Antônio Teixeira Filho, "a conciliação constitui traço marcante dos órgãos da Justiça do Trabalho, mesmo se considerarmos que, a partir da EC-45 de 2004, a Justiça do Trabalho terá competência para solucionar conflitos oriundos das relações de trabalho, em sentido amplo, e não apenas, os ocorrentes entre trabalhadores e empregadores, a possibilidade de o juiz formular propostas de conciliação *é fundamental*, sob todos os aspectos que se possa examinar"[501].

E o art. 764 da CLT, dando ênfase à conciliação, declara que "os dissídios individuais ou coletivos submetidos à apreciação da Justiça do Trabalho serão sempre sujeitos à conciliação", concluindo que, para isso, "os juízes e Tribunais do Trabalho empregarão sempre os seus bons ofícios e persuasão no sentido de uma solução conciliatória dos conflitos", deixando claro o § 2º do dispositivo legal mencionado que só após frustrados esses esforços é que será proferida decisão.

Observe-se que no *procedimento sumaríssimo* não existem momentos processuais em que a conciliação deva ser formulada, dispondo expressamente o art. 852-E da CLT: "Aberta a sessão, o juiz esclarecerá as partes presentes sobre as vantagens da conciliação e usará os meios adequados de persuasão para a solução conciliatória do litígio, em qualquer fase da audiência".

3. Sentença homologatória de conciliação

Conciliadas às partes, deve a conciliação ser homologada pelo juiz. A sentença de homologação é das mais simples – "homologa-se a conciliação para que esta tenha efeitos de direito. Pagas as custas, arquive-se", ou simplesmente "homologue-se". Essa homologação, entretanto, é verdadeira sentença que põe fim ao processo, apresentando, outrossim, outra peculiaridade – é insuscetível de recurso, transitando desde logo em julgado.

Eventualmente, porém, na hipótese, remota, aliás, de a conciliação estar eivada de vício, será a sentença homologatória atacável pela via de *ação rescisória*, a ser proposta perante o Tribunal Regional do Trabalho.

Ao contrário do que comumente se afirma, a sentença homologatória de conciliação é sentença de mérito, como, aliás, enfatiza Vicente Greco Filho:

"Observe-se, porém, que não é meramente homologatória a sentença que homologa a transação ou conciliação. Estas são sentenças de mérito"[502], correspondente ao art. 487, III, *b*, do CPC de 2015.

Com efeito, a sentença homologatória de conciliação estabelece regras e consequências próprias das sentenças definitivas, dentre as quais cumpre pôr em relevo a eficácia executiva (art. 515, II, do CPC):

"São títulos executivos judiciais, cujo cumprimento dar-se-á de acordo com os artigos previstos neste Título:

I – as decisões proferidas no processo civil que reconheçam a exigibilidade de obrigação de pagar quantia, de fazer, de não fazer ou de entregar coisa;

II – a decisão homologatória de autocomposição judicial;

III – a decisão homologatória de autocomposição extrajudicial de qualquer natureza;

501. LTr, 69:1-13.

502. *Direito Processual Civil Brasileiro*, cit., v. 2, p. 372.

IV – o formal e a certidão de partilha, exclusivamente em relação ao inventariante, aos herdeiros e aos sucessores a título singular ou universal;

V – o crédito de auxiliar da justiça, quando as custas, emolumentos ou honorários tiverem sido aprovados por decisão judicial;

VI – a sentença penal condenatória transitada em julgado;

VII – a sentença arbitral;

VIII – a sentença estrangeira homologada pelo Superior Tribunal de Justiça;

IX – a decisão interlocutória estrangeira, após a concessão do exequatur à carta rogatória pelo Superior Tribunal de Justiça".

Daí decisão da lavra do eminente juiz e douto processualista Antonio Marcato[503]:

"A transação é ato homologável por sentença, à qual a lei empresta caráter de mérito, buscando com isso obter consequências que só das sentenças definitivas advêm"[504].

O mesmo princípio é consagrado no processo do trabalho, segundo o disposto no art. 846 da CLT.

"Aberta a audiência, o juiz proporá a conciliação.

§ 1º Se houver acordo, lavrar-se-á termo, assinado pelo juiz e pelos litigantes, consignando-se o prazo e demais condições para seu cumprimento.

§ 2º Entre as condições a que se refere o parágrafo anterior, poderá ser estabelecida a de ficar a parte que não cumprir o acordo obrigada a satisfazer integralmente o pedido ou pagar uma indenização convencionada, sem prejuízo do cumprimento do acordo".

A sentença homologatória de conciliação, na forma do que dispõe o art. 831, parágrafo único, da Consolidação das Leis do Trabalho, é irrecorrível – "no caso de conciliação, termo que for lavrado pelas partes, valerá como decisão irrecorrível".

Em consequência, como proclama a Súmula 259 do TST:

"Só por ação rescisória é atacável o termo de conciliação previsto no parágrafo único do art. 831 da CLT".

Não obstante, aos regramentos da CLT, o CPC de 2015, abarca a conciliação no art. 334.

O trânsito em julgado só não ocorre para a Previdência Social quanto às contribuições que lhe forem devidas.

4. **Partes da sentença**

Nos termos do art. 832 da CLT, "da decisão deverão constar o nome das partes, o resumo do pedido e da defesa, a apreciação das provas, os fundamentos da decisão e a respectiva conclusão". São as partes da sentença.

Do ponto de vista intrínseco, a sentença possui três partes:

a) *o relatório;*
b) *a fundamentação;*
c) *a conclusão.*

O *relatório* é a primeira parte da sentença, também chamada peça vestibular ou expositiva, na qual o juiz faz a individuação das partes, autor e réu, põe em destaque o pedido contido na inicial e a defesa, resumindo seus respectivos fundamentos.

O relatório objetiva, antes de tudo, expor ao próprio juiz processante a questão *sub judice,* no sentido de possibilitar-lhe juízo claro e seguro da lide.

No processo do trabalho, com inegável acerto, têm-se aceito sentenças com relatórios resumidos, muito embora necessariamente precisos:

"Não se há por que falar em nulidade de sentença se esta, embora de forma sintética, contém relatório, fundamentos de fato e de direito e conclusão"[505].

Em conformidade com o que dispõe o art. 832 da CLT, o relatório há de conter:

a) o nome das partes;
b) resumo dos pedidos e da defesa;

503. Extinto 2º Tribunal de Alçada Civil.
504. 2º TACiv., r. Sent. 161.676, 7ª Câm., j. 23-3-1993.
505. Calheiros Bonfim e Silvério dos Santos, *Dicionário de Decisões Trabalhistas,* 14. ed., ac. do TRT, 7ª R., Proc. 172/76.

c) resumo dos principais atos praticados na instrução e das questões incidentes.

O procedimento sumaríssimo (art. 852-I da CLT) dispensa o relatório:

"A sentença mencionará os elementos de convicção do juízo, com resumo dos fatos relevantes ocorridos em audiência, dispensando o relatório".

Segue-se a *fundamentação*, que é a própria motivação da sentença, com a necessária apreciação das provas e as razões que inspiraram a decisão.

Conquanto se possa admitir a fundamentação sintética, esta é, todavia, indispensável, sob pena de nulidade da sentença, já que o contrário "põe a administração da justiça a coberto da suspeita dos dois piores vícios que possam manchá-la: o arbítrio e a parcialidade".

A fundamentação da sentença está erigida em norma constitucional, segundo o disposto no art. 93 da CF/1988:

"IX – todos os julgamentos dos órgãos do Poder Judiciário serão públicos, e *fundamentais todas as decisões, sob pena de nulidade...*" (grifos nossos).

Finalmente, a *conclusão*, que contém a decisão da causa, também denominada da parte dispositiva.

Ressalte-se que a sentença pode ser *procedente* (na eventualidade de acolhida de todas as pretensões contidas na inicial); ou *procedente em parte* (na hipótese de serem acolhidas certas pretensões e rejeitadas outras), e, finalmente, *improcedente* (se admitida a veracidade dos fatos articulados na defesa), podendo, também, concluir pela *carência de ação* (se a relação de emprego não resultar provada), o que, para vasta corrente, implicaria a improcedência, considerando o exame do mérito.

Ressalte-se que a decisão ou sentença pode envolver obrigações de fazer – anotação da relação de emprego na carteira profissional; fornecimento de guias de seguro-desemprego, hipóteses em que deve fixar o prazo para o cumprimento do julgado (art. 835).

Da sentença devem, ainda, constar as custas, juros e correção monetária, bem como as contribuições a serem recolhidas à Previdência Social, e o Imposto de Renda devido à Fazenda Pública.

Em conformidade com jurisprudência sumulada:

Súmula 125 do STJ:

"O pagamento de férias não gozadas por necessidade do serviço não está sujeito à incidência do imposto de renda".

Súmula 211 do TST:

"Os juros de mora e a correção monetária incluem-se na liquidação, ainda que omisso o pedido inicial ou a condenação".

Súmula 215 do STJ:

"A indenização recebida pela adesão a programa de incentivo à demissão voluntária não está sujeita à incidência do imposto de renda".

Súmula 401 do TST:

"Ação rescisória. Descontos legais. Fase de execução. Sentença exequenda omissa. Inexistência de ofensa à coisa julgada. Os descontos previdenciários e fiscais devem ser efetuados pelo juízo executório, ainda que a sentença exequenda tenha sido omissa sobre a questão, dado o caráter de ordem pública ostentado pela norma que os disciplina. A ofensa à coisa julgada somente poderá ser caracterizada na hipótese de o título exequendo, expressamente, afastar a dedução dos valores a título de imposto de renda e de contribuição previdenciária".

5. Erros ou inexatidões materiais da sentença

"Ao publicar, baixando em Cartório, a sentença de mérito, o juiz cumpre e acaba o ofício jurisdicional. Com a sentença se esgota a atividade do juiz, o qual não mais poderá modificar a prestação jurisdicional dada, retratando-se, ainda que razões posteriores possam, até, demonstrar a injustiça da decisão. Somente por meio do recurso pode a parte obter o reexame da causa", proclama Vicente Greco Filho[506].

Contudo, em se tratando de inexatidões materiais ou erros de cálculo, pode o juiz, de

506. *Direito Processual Civil Brasileiro*, cit., v. 2, p. 233.

ofício, independentemente de provocação das partes, corrigi-las. A alteração ou emenda do julgado, contudo, só é possível quando haja embargos declaratórios (art. 897-A da CLT), de que cuidamos no Capítulo VI – Dos Recursos, arts. 893 e s.

6. Ciência da decisão

A audiência é, em princípio, contínua (art. 849), ou única (art. 852-C). Contudo, não sendo possível a conclusão do feito numa única audiência, esta será desdobrada em sessões subsequentes.

Processada e julgada a reclamação numa única audiência, as partes dela saem cientes da decisão.

Designada audiência de julgamento, cientes as partes dessa designação, são elas consideradas notificadas a partir da prolação do julgado.

Súmula 197 do TST:

"O prazo para recurso da parte que, intimada, não comparecer à audiência em prosseguimento para a prolação da sentença conta-se de sua publicação".

7. Coisa julgada

A sentença, como ato de vontade do Estado (Carnelutti), produz, antes de tudo, uma declaração de direito, daí por que afirmarem os autores que toda sentença é declaratória, na medida em que declara o direito, ainda que possa ser meramente declaratória, declaratória-constitutiva ou declaratória-condenatória, "em correspondência às ações em que é proferida" (Moacyr Amaral Santos).

Outro efeito da sentença a merecer destaque é o de produzir a *hipoteca judiciária*, da qual decorre o *direito de sequela*, a que já nos referimos anteriormente, e que consiste na faculdade de o vencedor da demanda perseguir os bens do condenado onde estes se encontrarem, segundo o disposto no art. 466 do estatuto processual anterior.

A redação é a do art. 495 do CPC/2015:

"A decisão que condenar o réu ao pagamento de prestação consistente em dinheiro e a que determinar a conversão de prestação de fazer, de não fazer ou de dar coisa em prestação pecuniária valerão como título constitutivo de hipoteca judiciária".

O efeito principal da sentença, entretanto, é a obtenção da coisa julgada (*res judicata*).

Há duas espécies de coisa julgada:
a) coisa julgada formal;
b) coisa julgada material.

A coisa julgada formal consiste na inimpugnabilidade da sentença como decorrência da preclusão:

"A coisa julgada formal consiste no fenômeno da imutabilidade da sentença pela preclusão dos prazos para recursos, seja porque dela não caibam mais recursos, seja porque estes não foram interpostos no prazo, ou porque do recurso se desistiu ou do interposto se renunciou..."[507]

Já a coisa julgada material é a imutabilidade da sentença, da qual decorre sua eficácia[508].

Na processualística do atual CPC, art. 502:

"Denomina-se coisa julgada material a eficácia que torna imutável e indiscutível a decisão de mérito não mais sujeita a recurso".

"A coisa julgada formal" – já proclamava Gabriel de Rezende Filho, com sua clareza de renomado mestre – "é de natureza processual, resultando da extinção dos recursos contra a sentença ou da preclusão dos prazos para a interposição dos recursos. A coisa julgada material ou substancial – condicionada à existência da coisa julgada formal – consiste na indiscutibilidade da existência da vontade concreta da lei, afirmada na sentença"[509].

A coisa julgada formal, que decorre da inimpugnabilidade da sentença, é o que se costuma chamar de *preclusão máxima*, ou seja, a circunstância de não haver mais possibilidade de ser reformada a decisão, por isso que a sentença transitou em julgado.

A coisa julgada material diz respeito ao conteúdo da sentença, como consequência da própria autoridade da *res judicata*, envolvendo, pois, o próprio direito. Formada a coisa julgada material, nenhum juiz, seja o

507. *Primeiras Linhas de Direito Processual Civil*, cit., v. 3, p. 38.
508. Redação do art. 467 do CPC/1973.
509. V. 3, p. 47.

prolator da sentença, seja outro qualquer, poderá examinar e decidir a mesma relação jurídica objeto da sentença.

É o que estabelece o art. 836 da CLT:

"É vedado aos órgãos da Justiça do Trabalho conhecer de questões já decididas, exceptuados os casos de ação rescisória", conforme o disposto no art. 966 e seguintes do Código de Processo Civil, sujeita ao depósito prévio de 5% (cinco por cento) do valor da causa, a ser convertido em multa, no caso de declaração de improcedência ou inadmissibilidade, por decisão unânime, observado o prazo de 2 anos, a contar do trânsito em julgado da decisão rescindenda.

8. *Ação rescisória*

Na ocorrência dos fatos expressamente consignados no art. 966 do CPC, a sentença de mérito pode ser rescindida, quando:

"I – se verificar que foi proferida por força de prevaricação, concussão ou corrupção do juiz;

II – for proferida por juiz impedido ou por juízo absolutamente incompetente;

III – resultar de dolo ou coação da parte vencedora em detrimento da parte vencida ou, ainda, de simulação ou colusão entre as partes, a fim de fraudar a lei;

IV – ofender a coisa julgada;

V – violar manifestamente norma jurídica;

VI – for fundada em prova cuja falsidade tenha sido apurada em processo criminal ou venha a ser demonstrada na própria ação rescisória;

VII – depois da sentença, obtiver o autor, posteriormente ao trânsito em julgado, prova nova cuja existência ignorava ou de que não pôde fazer uso, capaz, por si só, de lhe assegurar pronunciamento favorável;

VIII – for fundada em erro de fato verificável do exame dos autos.

§ 1º Há erro de fato quando a decisão rescindenda admitir fato inexistente ou quando considerar inexistente fato efetivamente ocorrido, sendo indispensável, em ambos os casos, que o fato não represente ponto controvertido sobre o qual o juiz deveria ter se pronunciado.

§ 2º Nas hipóteses previstas nos incisos do *caput*, será rescindível a decisão transitada em julgado que, embora não seja de mérito, impeça:

I – nova propositura da demanda; ou

II – admissibilidade do recurso correspondente.

§ 3º A ação rescisória pode ter por objeto apenas 1 (um) capítulo da decisão.

§ 4º Os atos de disposição de direitos, praticados pelas partes ou por outros participantes do processo e homologados pelo juízo, bem como os atos homologatórios praticados no curso da execução, estão sujeitos à anulação, nos termos da lei.

§ 5º Cabe ação rescisória, com fundamento no inciso V do *caput* deste artigo, contra decisão baseada em enunciado de súmula ou acórdão proferido em julgamento de casos repetitivos que não tenha considerado a existência de distinção entre a questão discutida no processo e o padrão decisório que lhe deu fundamento.

§ 6º Quando a ação rescisória fundar-se na hipótese do § 5º deste artigo, caberá ao autor, sob pena de inépcia, demonstrar, fundamentadamente, tratar-se de situação particularizada por hipótese fática distinta ou de questão jurídica não examinada, a impor outra solução jurídica."

As hipóteses acima declinadas, objetivamente explicitadas, são as seguintes:

I – *Prevaricação, concussão e corrupção do juiz*

a) Prevaricação: prevaricar significa faltar ao cumprimento do dever, abusando do exercício das funções, de que são exemplos o ódio, a inimizade, o sentimento de ingratidão a uma das partes.

Prevaricação – art. 319 do Código Penal:

"Retardar ou deixar de praticar, indevidamente, ato de ofício, ou praticá-lo contra disposição expressa de lei, para satisfazer interesse ou sentimento pessoal".

b) Concussão: é ilícito exclusivo do funcionário público que, em razão das suas funções, exige vantagem indevida.

Concussão – art. 316 do Código Penal:

"Exigir, para si ou para outrem, direta ou indiretamente, ainda que fora da função ou antes de assumi-la, mas em razão dela, vantagem indevida".

c) Corrupção: na corrupção o agente público solicita (não exige) ou aceita (recebe)

vantagens indevidas para, em razão das suas funções, favorecer terceiros.

Corrupção passiva – art. 317 do Código Penal:

"Solicitar ou receber, para si ou para outrem, direta ou indiretamente, ainda que fora da função ou antes de assumi-la, mas em razão dela, vantagem indevida, ou aceitar promessa de tal vantagem".

II – *Impedimento e incompetência absoluta*

"Art. 144 do CPC. Há impedimento do juiz, sendo-lhe vedado exercer suas funções no processo:

I – em que interveio como mandatário da parte, oficiou como perito, funcionou como membro do Ministério Público ou prestou depoimento como testemunha;

II – de que conheceu em outro grau de jurisdição, tendo proferido decisão;

III – quando nele estiver postulando, como defensor público, advogado ou membro do Ministério Público, seu cônjuge ou companheiro, ou qualquer parente, consanguíneo ou afim, em linha reta ou colateral, até o terceiro grau, inclusive;

IV – quando for parte no processo ele próprio, seu cônjuge ou companheiro, ou parente, consanguíneo ou afim, em linha reta ou colateral, até o terceiro grau, inclusive;

V – quando for sócio ou membro de direção ou de administração de pessoa jurídica parte no processo;

VI – quando for herdeiro presuntivo, donatário ou empregador de qualquer das partes;

VII – em que figure como parte instituição de ensino com a qual tenha relação de emprego ou decorrente de contrato de prestação de serviços;

VIII – em que figure como parte cliente do escritório de advocacia de seu cônjuge, companheiro ou parente, consanguíneo ou afim, em linha reta ou colateral, até o terceiro grau, inclusive, mesmo que patrocinado por advogado de outro escritório;

IX – quando promover ação contra a parte ou seu advogado.

§ 1º Na hipótese do inciso III, o impedimento só se verifica quando o defensor público, o advogado ou o membro do Ministério Público já integrava o processo antes do início da atividade judicante do juiz.

§ 2º É vedada a criação de fato superveniente a fim de caracterizar impedimento do juiz.

§ 3º O impedimento previsto no inciso III também se verifica no caso de mandato conferido a membro de escritório de advocacia que tenha em seus quadros advogado que individualmente ostente a condição nele prevista, mesmo que não intervenha diretamente no processo."

A rescisória, na espécie, independe de prequestionamento, convindo lembrar que aquela é ação e não recurso. Note-se que no processo do trabalho, a exceção de impedimento é julgada pelo próprio juiz da Vara do Trabalho.

O dispositivo processual fala em impedimento e não em *suspeição*, que não constitui, por isso mesmo, fundamento para a rescisória.

Incompetência absoluta

É a incompetência *ratione materiae* – art. 64, § 1º, do CPC, "a incompetência absoluta pode ser alegada em qualquer tempo e grau de jurisdição e deve ser declarada de ofício", pelo magistrado.

A *incompetência absoluta* não pode ser modificada por acordo entre as partes. É, portanto, inderrogável, conforme a redação da OJ 124 da SDI-II do TST.

III – *Dolo ou colusão*

Dolo é o artifício ou expediente astucioso empregado com o fim único de ofender direito alheio. No sentido que lhe empresta o art. 966, II, do CPC, é o dolo processual, de que se utiliza a parte, para prejudicar ou dificultar a atuação do adversário, nos autos do processo. Exemplo claro é a indicação de endereço inexato para a citação do réu, dificultando-lhe a defesa[510].

Colusão é o conluio entre as partes, que se utilizam do processo para a prática de ato simulado ou obtenção de fim ilícito, consoante ao que prevê a Súmula 403 do TST e as OJs 94 e 158 da SDI-II do TST. Nesta última hipó-

510. Revista de Jurisprudência do Tribunal de Alçada de Minas Gerais, 24:83.

tese, há legitimidade do MPT (art. 128, I, b) para a propositura de ação rescisória.

IV – *Ofensa à coisa julgada*
Objetiva a coisa julgada evitar que as demandas se eternizem. Coisa julgada, como se sabe, é o fato ou direito que a sentença torna certo, segundo a Súmula 401 do TST e as OJs 35, 101, 123, 132 e 157, todas da SDI-II do TST.

V – *Violação de literal disposição de lei*
Ocorre quando o juiz, ao decidir, infringe a lei, seja ela federal, estadual ou municipal, seja ela de direito material ou processual. No processo do trabalho, em face da competência exclusiva da União para legislar sobre direito do trabalho (art. 22, I, da CF), as ações rescisórias em geral envolvem a legislação social e processual pertinente.

Observe-se que a injustiça e a má interpretação da prova não autorizam, por si só, ação rescisória. Tampouco, havendo controvérsia nos tribunais acerca da interpretação da lei, existirá suporte fático para a propositura da ação nominada, a teor da Súmula 343 do STF:

"Não cabe ação rescisória por ofensa a literal disposição de lei, quando a decisão rescindenda se tiver baseado em texto legal de interpretação controvertida nos tribunais".

Nessa mesma esteira é a redação da Súmula 409 do TST e das OJs 25 e 97 da SI-II do TST.

VI – *Prova falsa*
a) material (composição de documento não verdadeiro);
b) ideológica (não conforme a verdade).
A falsidade da prova pode ser extraída nas esferas criminal, cível ou trabalhista, bem como na própria ação rescisória. É, outrossim, indispensável que a sentença rescindenda se tenha escudado na prova inquinada de falsa (*RT, 502*:161).

VII – *Documento novo*
Pressupõe necessariamente:
a) que o documento tenha sido obtido depois de prolatada a sentença rescindenda;
b) cuja existência ignorava; ou
c) dele não pudesse fazer uso no momento processual oportuno.

A expressão *documento novo* pode induzir a equívoco, fazendo crer tratar-se de documento recém-criado. Na verdade, por documento novo se há de entender documento já existente quando da prolação da sentença rescindenda, ignorado pela parte ou que lhe tenha sido impossível obter na oportunidade e que, por si só, fosse capaz de alterar, substancialmente, o resultado da demanda[511].

VIII – *Confissão, desistência ou transação*
a) Confissão: é a admissão, pela parte, de um fato que lhe é desfavorável "há confissão, quando a parte admite a verdade de um fato, contrário ao seu interesse e favorável ao adversário..." (art. 389 do CPC). Há duas espécies de confissão: a) judicial; b) extrajudicial. No primeiro caso, ela é espontânea ou provocada. Esta última é a extraída de depoimento pessoal.

b) Desistência: diz respeito a homologar a desistência da ação. Não se confunde com a renúncia, pois, ao revés desta última, não compõe a lide, possibilitando, por isso mesmo, propositura de nova ação. A desistência da ação não implica renúncia ao direito (art. 966, § 4º, do CPC).

Observe-se que, depois de decorrido o prazo para defesa, a desistência da ação pressupõe consentimento do réu.

c) Transação: de todo conveniente pôr em relevo a distinção entre conciliação e transação. A primeira, conquanto resulte da vontade das partes, decorre da intervenção direta do juiz. A transação, ao revés, é, em princípio, extrajudicial, assumindo feição judicial quando homologada em juízo.

A sentença que homologa a transação e a conciliação, no processo do trabalho, é irrecorrível, só podendo ser rescindida através de ação rescisória (Súmula 259 do TST).

Indispensável para fundamentar a ação rescisória, nas hipóteses acima referidas, é que a sentença rescindenda se tenha nelas baseado.

IX – *Erro de fato*
A hipótese é de erro de percepção do juiz, admitindo a existência de um fato inexistente,

511. STJ, REsp 15.007-0-RJ, Rel. Min. Sálvio de Figueiredo, *DJU*, 17 dez. 1992, p. 24248.

ou, ao revés, considerando inexistente um fato que efetivamente ocorreu, como, aliás, ressalta o § 1º do art. 966 do CPC:

"§ 1º Há erro de fato quando a decisão rescindenda admitir fato inexistente ou quando considerar inexistente fato efetivamente ocorrido, sendo indispensável, em ambos os casos, que o fato não represente ponto controvertido sobre o qual o juiz deveria ter se pronunciado".

Observe-se que o erro que autoriza a rescisória é aquele que decorre de desatenção do juiz quanto à prova. O acerto ou desacerto do julgado, por si só, não a autoriza.

A polêmica em torno da aplicação de tais disposições no processo trabalhista, *data venia*, não nos parece procedente. Entendemos, com Mozart V. Russomano, plenamente aplicáveis as hipóteses acima transcritas, exceto o depósito previsto no art. 968 do CPC.

"II – depositar a importância de cinco por cento sobre o valor da causa, que se converterá em multa caso a ação seja, por unanimidade de votos, declarada inadmissível ou improcedente".

A Súmula 169 do TST, que concluía pela aplicação do Código de Processo Civil de 1939, foi alterada pela Súmula 194 da mesma Corte de Justiça, também, já revogada, que dispunha:

"As ações rescisórias ajuizadas na Justiça do Trabalho serão admitidas, instruídas e julgadas conforme os arts. 485 *usque* 495 do Código de Processo Civil de 1973 (arts. 966 *usque* 975 do CPC/2015), sendo, porém, necessário o depósito prévio a que aludem os arts. 488, II, e 494 (arts. 968, II, e 974 do CPC/2015) do mesmo Código".

A ação rescisória não é um recurso, mas, como observa Luís Eulálio de Bueno Vidigal, "ação pela qual se pede a declaração de nulidade da sentença". É, pois, um remédio jurídico contra a coisa julgada. De início repelida pela Justiça do Trabalho (Súmula 338 do STF e Prejulgado n. 10 do TST), malgrado a favor da admissibilidade renomados autores como Russomano, Osiris Rocha e Alcides de Mendonça Lima, entre outros, foi, posteriormente, incluída no processo do trabalho, por força do Decreto-lei n. 229, de 26 de dezembro de 1967, que, alterando a redação dada ao art. 836 da CLT, deu lhe a seguinte redação:

"É vedado aos órgãos da Justiça do Trabalho conhecer de questões já decididas, excetuados os casos expressamente previstos neste Título e a ação rescisória, que será admitida, no prazo de 2 (dois) anos, nos termos dos arts. 798 a 800 do Código de Processo Civil" de 1973.

Seguiu se lhe o Prejulgado n. 16, de 1976, que revogou o Prejulgado n. 10, ambos do Tribunal Superior do Trabalho, admitindo a ação rescisória, prejulgado esse mais tarde transformado na Súmula 144, hoje cancelada:

Mais tarde, excluindo a exigência do depósito, previsto no Código de Processo Civil, a Súmula 169 dispunha sobre as hipóteses admitidas para a propositura da ação rescisória, (posteriormente cancelada):

Criava-se com isso uma anomalia, pois, em plena vigência do Código de Processo Civil de 1973, adotava a Súmula nominada regras de um Código revogado! Por isso, posteriormente, tal situação foi corrigida pela Súmula 194, que assim dispunha:

"As ações rescisórias ajuizadas na Justiça do Trabalho serão admitidas, instruídas e julgadas conforme os arts. 485 *usque* 495 do Código de Processo Civil de 1973...".

Na esteira dessa súmula, a Lei n. 7.351, de 27-8-1985, modificando a redação ao art. 836 da CLT:

"Art. 836. É vedado aos órgãos da Justiça do Trabalho conhecer de questões já decididas, excetuados os casos expressamente previstos neste Título e a ação rescisória, que será admitida na forma do disposto no Capítulo IV do Título IX da Lei n. 5.869, de 11 de janeiro de 1973 – Código de Processo Civil, dispensado o depósito referido nos arts. 488, inciso II, e 494 daquele diploma legal".

A ação rescisória deve ser interposta no prazo de dois anos. Note se que a antiga redação dada ao art. 836 da CLT falava expressamente no prazo, fixando-o em dois anos. A redação dada pela Lei n. 7.361/85, acima transcrita, não fala em prazo. Todavia, por expressa menção ao disposto no Livro III, do

Capítulo VII, do Título I, do CPC/2015, claro está que esse prazo continua sendo de 2 anos, por força do que dispõe o art. 975 do CPC:

"O direito à rescisória se extingue em 2 anos contados do trânsito em julgado da última decisão proferida no processo".

A Lei n. 11.495/2007 estabeleceu a obrigatoriedade do depósito prévio de 20% do valor da causa para a admissão e o processamento da ação rescisória, "salvo miserabilidade jurídica", ficando, assim, revogada a Súmula 194 do TST, que dispensava o depósito prévio.

A competência originária é dos TRTs, cabendo recurso ordinário para o TST, nos termos da Súmula 158. Em se tratando de ação rescisória contra decisão do TST, perante este deve ser proposta.

A petição inicial deve ser, sempre, acompanhada da certidão da sentença rescindenda, com a prova do seu trânsito em julgado.

Da decisão proferida pelo TRT (grupos de turmas ou Seção Especializada), cabe recurso ordinário para o TST:

"Súmula 158 – Da decisão do Tribunal Regional do Trabalho, em ação rescisória, cabível é o recurso ordinário para o Tribunal Superior do Trabalho, em face da organização judiciária trabalhista".

▶ **Jurisprudência**

▷ **Súmula 33 do TST. Mandado de segurança. Decisão judicial transitada em julgado.** Não cabe mandado de segurança contra decisão judicial transitada em julgado.

▷ **Súmula 83 do TST. Ação rescisória. Matéria controvertida.** I – Não procede pedido formulado na ação rescisória por violação literal de lei se a decisão rescindenda estiver baseada em texto legal infraconstitucional de interpretação controvertida nos Tribunais. II – O marco divisor quanto a ser, ou não, controvertida, nos Tribunais, a interpretação dos dispositivos legais citados na ação rescisória é a data da inclusão, na Orientação Jurisprudencial do TST, da matéria discutida.

▷ **Súmula 158 do TST. Ação rescisória.** Da decisão de Tribunal Regional do Trabalho, em ação rescisória, cabível é o recurso ordinário para o Tribunal Superior do Trabalho, em face da organização judiciária trabalhista.

▷ **Súmula 192 do TST.** (atualizada em decorrência do CPC de 2015) – Res. 212/2016, *DEJT* divulgado em 20, 21 e 22-9-2016.
I – Se não houver o conhecimento de recurso de revista ou de embargos, a competência para julgar ação que vise a rescindir a decisão de mérito é do Tribunal Regional do Trabalho, ressalvado o disposto no item II. II – Acórdão rescindendo do Tribunal Superior do Trabalho que não conhece de recurso de embargos ou de revista, analisando arguição de violação de dispositivo de lei material ou decidindo em consonância com súmula de direito material ou com iterativa, notória e atual jurisprudência de direito material da Seção de Dissídios Individuais (Súmula 333), examina o mérito da causa, cabendo ação rescisória da competência do Tribunal Superior do Trabalho. III – Sob a égide do art. 512 do CPC de 1973, é juridicamente impossível o pedido explícito de desconstituição de sentença quando substituída por acórdão de Tribunal Regional ou superveniente sentença homologatória de acordo que puser fim ao litígio. IV – Na vigência do CPC de 1973, é manifesta a impossibilidade jurídica do pedido de rescisão de julgado proferido em agravo de instrumento que, limitando-se a aferir o eventual desacerto do juízo negativo de admissibilidade do recurso de revista, não substitui o acórdão regional, na forma do art. 512 do CPC. V – A decisão proferida pela SBDI, em sede de agravo regimental, calcada na Súmula 333, substitui acórdão de Turma do TST, porque emite juízo de mérito, comportando, em tese, o corte rescisório.

▷ **Súmula 197 do TST. Prazo.** O prazo para recurso da parte que, intimada, não comparecer à audiência em prosseguimento para a prolação da sentença conta-se de sua publicação.

▷ **Súmula 211 do TST. Juros da mora e correção monetária. Independência do pedido inicial e do título executivo judicial.** Os juros de mora e a correção mo-

netária incluem-se na liquidação, ainda que omisso o pedido inicial ou a condenação.

▷ **Súmula 214 do TST. Decisão interlocutória. Irrecorribilidade.** Decisão Interlocutória. Irrecorribilidade. Na Justiça do Trabalho, nos termos do art. 893, § 1º, da CLT, as decisões interlocutórias não ensejam recurso imediato, salvo nas hipóteses de decisão: *a*) de Tribunal Regional do Trabalho contrária à Súmula ou Orientação Jurisprudencial do Tribunal Superior do Trabalho; *b*) suscetível de impugnação mediante recurso para o mesmo Tribunal; *c*) que acolhe exceção de incompetência territorial, com a remessa dos autos para Tribunal Regional distinto daquele a que se vincula o juízo excepcionado, consoante o disposto no art. 799, § 2º, da CLT.

▷ **Súmula 219 do TST. Honorários advocatícios. Cabimento** (alterada a redação do item I e acrescidos os itens IV a VI em decorrência do CPC de 2015) – Res. 204/2016, *DEJT* divulgado em 17, 18 e 21-3-2016
I – Na Justiça do Trabalho, a condenação ao pagamento de honorários advocatícios não decorre pura e simplesmente da sucumbência, devendo a parte, concomitantemente: *a*) estar assistida por sindicato da categoria profissional; *b*) comprovar a percepção de salário inferior ao dobro do salário mínimo ou encontrar-se em situação econômica que não lhe permita demandar sem prejuízo do próprio sustento ou da respectiva família. (art.14, § 1º, da Lei n. 5.584/1970). (ex-OJ n. 305 da SBDI-I).
II – É cabível a condenação ao pagamento de honorários advocatícios em ação rescisória no processo trabalhista.
III – São devidos os honorários advocatícios nas causas em que o ente sindical figure como substituto processual e nas lides que não derivem da relação de emprego.
IV – Na ação rescisória e nas lides que não derivem de relação de emprego, a responsabilidade pelo pagamento dos honorários advocatícios da sucumbência submete-se à disciplina do Código de Processo Civil (arts. 85, 86, 87 e 90).
V – Em caso de assistência judiciária sindical ou de substituição processual sindical, excetuados os processos em que a Fazenda Pública for parte, os honorários advocatícios são devidos entre o mínimo de dez e o máximo de vinte por cento sobre o valor da condenação, do proveito econômico obtido ou, não sendo possível mensurá-lo, sobre o valor atualizado da causa (CPC de 2015, art. 85, § 2º).
VI – Nas causas em que a Fazenda Pública for parte, aplicar-se-ão os percentuais específicos de honorários advocatícios contemplados no Código de Processo Civil.

▷ **Súmula 259 do TST. Termo de conciliação. Ação rescisória.** Só por ação rescisória é atacável o termo de conciliação previsto no parágrafo único do art. 831 da CLT.

▷ **Súmula 299 do TST. Ação rescisória. Decisão rescindenda. Trânsito em julgado. Comprovação. Efeitos.** (nova redação do item II em decorrência do CPC de 2015) – Res. 211/2016, *DEJT* divulgado em 24, 25 e 26-8-2016. I – É indispensável ao processamento da ação rescisória a prova do trânsito em julgado da decisão rescindenda. II – Verificando o relator que a parte interessada não juntou à inicial o documento comprobatório, abrirá prazo de 15 (quinze) dias para que o faça (art. 321 do CPC de 2015), sob pena de indeferimento. III – A comprovação do trânsito em julgado da decisão rescindenda é pressuposto processual indispensável ao tempo do ajuizamento da ação rescisória. Eventual trânsito em julgado posterior ao ajuizamento da ação rescisória não reabilita a ação proposta, na medida em que o ordenamento jurídico não contempla a ação rescisória preventiva. IV – O pretenso vício de intimação, posterior à decisão que se pretende rescindir, se efetivamente ocorrido, não permite a formação da coisa julgada material. Assim, a ação rescisória deve ser julgada extinta, sem julgamento do mérito, por carência de ação, por inexistir decisão transitada em julgado a ser rescindida.

▷ **Súmula 303 do TST. Fazenda Pública. Reexame necessário** (nova redação em decorrência do CPC de 2015) – Res. 211/2016, *DEJT* divulgado em 24, 25 e 26-8-2016
I – Em dissídio individual, está sujeita ao reexame necessário, mesmo na vigência da CF/1988, decisão contrária à Fazenda Pública, salvo quando a condenação não ultrapassar o valor correspondente a:

a) 1.000 (mil) salários mínimos para a União e as respectivas autarquias e fundações de direito público;
b) 500 (quinhentos) salários mínimos para os Estados, o Distrito Federal, as respectivas autarquias e fundações de direito público e os Municípios que constituam capitais dos Estados;
c) 100 (cem) salários mínimos para todos os demais Municípios e respectivas autarquias e fundações de direito público.
II – Também não se sujeita ao duplo grau de jurisdição a decisão fundada em:
a) súmula ou orientação jurisprudencial do Tribunal Superior do Trabalho;
b) acórdão proferido pelo Supremo Tribunal Federal ou pelo Tribunal Superior do Trabalho em julgamento de recursos repetitivos;
c) entendimento firmado em incidente de resolução de demandas repetitivas ou de assunção de competência;
d) entendimento coincidente com orientação vinculante firmada no âmbito administrativo do próprio ente público, consolidada em manifestação, parecer ou súmula administrativa.
III – Em ação rescisória, a decisão proferida pelo Tribunal Regional do Trabalho está sujeita ao duplo grau de jurisdição obrigatório quando desfavorável ao ente público, exceto nas hipóteses dos incisos anteriores.
IV – Em mandado de segurança, somente cabe reexame necessário se, na relação processual, figurar pessoa jurídica de direito público como parte prejudicada pela concessão da ordem. Tal situação não ocorre na hipótese de figurar no feito como impetrante e terceiro interessado pessoa de direito privado, ressalvada a hipótese de matéria administrativa.

▷ **Súmula 368 do TST. Descontos previdenciários. Imposto de renda. Competência. Responsabilidade pelo recolhimento. Forma de cálculo. Fato gerador.** (aglutinada a parte final da Orientação Jurisprudencial n. 363 da SBDI-I à redação do item II e incluídos os itens IV, V e VI em sessão do Tribunal Pleno realizada em 26-6-2017) – Res. 219/2017, republicada em razão de erro material – *DEJT* divulgado em 12, 13 e 14-7-2017
I – A Justiça do Trabalho é competente para determinar o recolhimento das contribuições fiscais. A competência da Justiça do Trabalho, quanto à execução das contribuições previdenciárias, limita-se às sentenças condenatórias em pecúnia que proferir e aos valores, objeto de acordo homologado, que integrem o salário de contribuição.
II – É do empregador a responsabilidade pelo recolhimento das contribuições previdenciárias e fiscais, resultante de crédito do empregado oriundo de condenação judicial. A culpa do empregador pelo inadimplemento das verbas remuneratórias, contudo, não exime a responsabilidade do empregado pelos pagamentos do imposto de renda devido e da contribuição previdenciária que recaia sobre sua quota-parte. (ex-OJ n. 363 da SBDI-1, parte final).
III – Os descontos previdenciários relativos à contribuição do empregado, no caso de ações trabalhistas, devem ser calculados mês a mês, de conformidade com o art. 276, § 4º, do Decreto n. 3.048/1999 que regulamentou a Lei n. 8.212/1991, aplicando-se as alíquotas previstas no art. 198, observado o limite máximo do salário de contribuição.
IV – Considera-se fato gerador das contribuições previdenciárias decorrentes de créditos trabalhistas reconhecidos ou homologados em juízo, para os serviços prestados até 4-3-2009, inclusive, o efetivo pagamento das verbas, configurando-se a mora a partir do dia dois do mês seguinte ao da liquidação (art. 276, *caput*, do Decreto n. 3.048/1999). Eficácia não retroativa da alteração legislativa promovida pela Medida Provisória n. 449/2008, posteriormente convertida na Lei n. 11.941/2009, que deu nova redação ao art. 43 da Lei n. 8.212/91.
V – Para o labor realizado a partir de 5-3-2009, considera-se fato gerador das contribuições previdenciárias decorrentes de créditos trabalhistas reconhecidos ou homologados em juízo a data da efetiva prestação dos serviços. Sobre as contribuições previdenciárias não recolhidas a partir da prestação dos serviços incidem juros de mora e, uma vez apurados os créditos previdenciários, aplica-se multa a partir do exaurimento do prazo de citação para pagamento, se descumprida a obrigação, observado o limite legal de 20% (art. 61, § 2º, da Lei n. 9.430/96).

VI – O imposto de renda decorrente de crédito do empregado recebido acumuladamente deve ser calculado sobre o montante dos rendimentos pagos, mediante a utilização de tabela progressiva resultante da multiplicação da quantidade de meses a que se refiram os rendimentos pelos valores constantes da tabela progressiva mensal correspondente ao mês do recebimento ou crédito, nos termos do art. 12-A da Lei n. 7.713, de 22-12-1988, com a redação conferida pela Lei n. 13.149/2015, observado o procedimento previsto nas Instruções Normativas da Receita Federal do Brasil.

▷ **Súmula 412 do TST. Ação rescisória. Regência pelo CPC de 1973. Sentença de mérito. Questão processual** (nova redação em decorrência do CPC de 2015) – Res. 217/2017 – *DEJT* divulgado em 20, 24 e 25-4-2017. Sob a égide do CPC de 1973, pode uma questão processual ser objeto de rescisão desde que consista em pressuposto de validade de uma sentença de mérito. (ex-OJ n. 46 da SBDI-2 – inserida em 20-9-2000).

▷ **Súmula 443 do TST. Dispensa discriminatória. Presunção. Empregado portador de doença grave. Estigma ou preconceito. Direito à reintegração** – Res. 185/2012, *DEJT* divulgado em 25, 26 e 27-9-2012
Presume-se discriminatória a despedida de empregado portador do vírus HIV ou de outra doença grave que suscite estigma ou preconceito. Inválido o ato, o empregado tem direito à reintegração no emprego.

▷ **Súmula 304 do STF.** Decisão denegatória de mandado de segurança, não fazendo coisa julgada contra o impetrante, não impede o uso da ação própria.

▷ **Súmula 514 do STF.** Admite-se ação rescisória contra sentença transitada em julgado, ainda que contra ela não se tenham esgotado todos os recursos.

▷ **OJ n. 21 da SDI-2 do TST. Ação Rescisória. Duplo Grau de Jurisdição. Trânsito em Julgado. Inobservância. Dl 779/1969, art. 1º, V. Incabível.** É incabível ação rescisória para a desconstituição de sentença não transitada em julgado porque ainda não submetida ao necessário duplo grau de jurisdição, na forma do Decreto-lei n. 779/69. Determina-se que se oficie ao Presidente do TRT para que proceda à avocatória do processo principal para o reexame da sentença rescindenda.

▷ **OJ n. 28 da SDI-2 do TST. Ação Rescisória. Juízo Rescisório. Restituição da parcela já recebida. Deve a parte propor ação própria.** (Cancelada pela Res. n. 149/2008.)

▷ **OJ n. 78 da SDI-2 do TST. Ação rescisória. Cumulação sucessiva de pedidos. Rescisão da sentença e do acórdão. Ação única. Art. 326 do CPC de 2015 e 289 do CPC de 1973. (atualizada em decorrência do CPC de 2015) – Res. 208/2016, *DEJT* divulgado em 22, 25 e 26-4-2016.** É admissível o ajuizamento de uma única ação rescisória contendo mais de um pedido, em ordem sucessiva, de rescisão da sentença e do acórdão. Sendo inviável a tutela jurisdicional de um deles, o julgador está obrigado a apreciar os demais, sob pena de negativa de prestação jurisdicional.

▷ **OJ n. 2 da SDC do TST. Acordo homologado. Extensão a partes não subscreventes. Inviabilidade.** É inviável aplicar condições constantes de acordo homologado nos autos de dissídio coletivo, extensivamente, às partes que não o subscreveram, exceto se observado o procedimento previsto no art. 868 e seguintes, da CLT.

▷ **OJ n. 31 da SDC do TST. Estabilidade do acidentado. Acordo homologado. Prevalência. Impossibilidade. Violação do art. 118, Lei n. 8.213/91.** Não é possível a prevalência de acordo sobre legislação vigente, quando ele é menos benéfico do que a própria lei, porquanto o caráter imperativo dessa última restringe o campo de atuação da vontade das partes.

▷ **OJ n. 34 da SDC do TST. Acordo extrajudicial. Homologação. Justiça do trabalho. Prescindibilidade.** É desnecessária a homologação, por Tribunal Trabalhista, do acordo extrajudicialmente celebrado, sendo suficiente, para que surta efeitos, sua formalização perante o Ministério do Trabalho (art. 614 da CLT e art. 7º, inciso XXXV, da Constituição Federal).

▷ **Ação rescisória. Definição da data do efetivo trânsito em julgado e do termo inicial do prazo para a propositura da**

ação desconstitutiva. Art. 132, § 3º, do Código Civil e Súmula 100, item I, do TST. A data do efetivo trânsito em julgado corresponde ao dia imediatamente subsequente ao último dia do prazo para a interposição do recurso, iniciando-se a contagem do prazo decadencial para ajuizamento da ação rescisória no dia seguinte, nos termos do inciso I da Súmula 100/TST, e findando-se no dia de igual número do de início, ou no imediato, se faltar exata correspondência, conforme art. 132, § 2º, do Código Civil. Com esse entendimento, a SBDI-II, por maioria, conheceu e deu provimento ao recurso ordinário para afastar a decadência de ação rescisória ajuizada em 11-10-2016, por concluir que o trânsito em julgado da sentença rescindenda, que extinguiu a reclamação trabalhista matriz com resolução do mérito, ante o reconhecimento da prescrição, deu-se em 10-10-2014, visto que as partes deixaram transcorrer *in albis* o octídio legal para a interposição de recurso ordinário, que se encerrou em 09-10-2014. Vencidos os Ministros Emmanoel Pereira, Relator, e Evandro Pereira Valadão Lopes. TST-RO-1293-83.2016.5.05.0000, SBDI-II, red. p/ acórdão Min. Renato de Lacerda Paiva, 10-8-2021.

▷ **Benefício previdenciário.** Danos materiais. Cumulação de pensão mensal decorrente de doença ocupacional com benefício previdenciário. Possibilidade. Natureza jurídica distinta. Violação do art. 950, *caput*, do Código Civil e do art. 121 da Lei n. 8.213/1991. Caracterização. Viola o art. 950, *caput*, do Código Civil e o art. 121 da Lei n. 8.213/91 decisão que indefere o pagamento de pensão mensal por danos morais decorrente de doença ocupacional ao fundamento de que o trabalhador recebe benefício previdenciário e não comprova prejuízo salarial. O fato de o empregado perceber benefício previdenciário não pode eximir o empregador de pagar a pensão que decorre de doença ocupacional, uma vez que constituem verbas de naturezas jurídicas distintas, uma derivada da relação previdenciária e a outra da relação de trabalho. Sob esses fundamentos a SBDI-II, à unanimidade, conheceu do recurso ordinário do reclamante, e, no mérito, deu-lhe provimento para, em juízo rescindente, desconstituir parcialmente o acórdão regional, no capítulo referente ao pensionamento vitalício, e, em juízo rescisório, restabelecer a sentença em relação à condenação da reclamada ao pagamento de pensão vitalícia. TST-ROT-24202-86.2019.5.24.0000, SBDI-II, rel. Min. Douglas Alencar Rodrigues, 10-8-2021.

▷ **"Recurso ordinário interposto pela autora. Ação rescisória sob a égide do CPC de 1973. Ação rescisória que busca desconstituir sentença com fundamento em nulidade da citação inicial – termo inicial da contagem do biênio decadencial contado do trânsito em julgado da decisão rescindenda – decadência configurada**. O cerne da controvérsia gira em torno do termo *a quo* do biênio decadencial da ação rescisória, quando o seu fundamento for o vício de citação na reclamação trabalhista, ou seja: se deve ser contado do dia imediatamente subsequente ao trânsito em julgado da última decisão proferida na causa, nos termos da Súmula 100/TST; ou se deve ser o momento em que a parte alega que efetivamente tomou ciência do ajuizamento da ação contra si. A C. SBDI-2 desta Corte e o C. STJ já possuem entendimento sedimentado no sentido de que, na hipótese em que se discute a nulidade de citação, é cabível a ação rescisória, ante a aplicação do princípio da fungibilidade, devendo-se, no entanto, ser respeitado o prazo decadencial de dois anos contados do trânsito em julgado previsto no art. 495 do CPC/73, o que não ocorreu na hipótese. Se ultrapassado o referido biênio, somente a querela nullitatis pode ser manejada, eis que, por possuir natureza declaratória, não há que se falar em prazo para seu ajuizamento. Assim, considerando que o prazo para apresentar a presente ação rescisória iniciou-se com o trânsito em julgado da sentença rescindenda, em 15-8-2012, com termo final em 15-8-2014, e que ajuizado o presente feito somente em 30-10-2014, o mesmo deve ser extinto, em face da decadência do direito da parte autora. Processo extinto, de ofício, com resolução do mérito" (RO-21540-83.2014.5.04.0000, Subseção II Especializada em Dissídios Individuais,

Relator Ministro Renato de Lacerda Paiva, *DEJT* 21-8-2020).

▷ "**Agravo de instrumento. Recurso de revista sob a égide da Lei n. 13.467/2017. Processo em fase de execução. Cálculos das horas extras. Parte da decisão não liquidada. Coisa julgada. Preclusão lógica e consumativa. Transcendência econômica configurada.** O valor bruto da condenação e a remuneração do empregado declarada na inicial permitem reconhecer a transcendência econômica. **Agravo de instrumento. Recurso de revista sob a égide da Lei n. 13.467/2017. Processo em fase de execução. Cálculos das horas extras. Parte da decisão não liquidada. Coisa julgada. Preclusão lógica e consumativa afastada. Violação da coisa julgada**. Deve ser provido o agravo de instrumento para melhor análise da alegada violação do art. 5º, XXXVI, da Constituição Federal. Agravo de instrumento provido. **Recurso de revista sob a égide da Lei n. 13.467/2017. Processo em fase de execução. Cálculos das horas extras. Parte da decisão não liquidada. Coisa julgada. Preclusão lógica e consumativa afastada. Violação da coisa julgada.** No presente caso, verifica-se que parte da decisão não fora liquidada. Assim, quanto a essa parte não se iniciou o processo de execução. Decisão superveniente, que impede essa liquidação, viola a coisa julgada. Recurso de revista conhecido e provido" (RR-2700-10.2014.5.02.0023, 6ª Turma, Relator Ministro Augusto Cesar Leite de Carvalho, *DEJT* 16-10-2020).

▷ "**Recurso ordinário em mandado de segurança. Decisão proferida na vigência do CPC/15. Erro material corrigido em sentença com deferimento da tutela provisória de urgência para reintegração do empregado, independentemente do trânsito em julgado da ação.** Trata-se de mandado de segurança impetrado contra decisão que corrigiu erro material contido na sentença e, em consequência, deferiu pedido de tutela provisória de urgência, determinando a imediata reintegração do empregado, independentemente do trânsito em julgado da ação. O eg. Tribunal Regional denegou a segurança e manteve a reintegração, registrando que o juiz pode corrigir erro material que seja facilmente verificável e que não demande esforços de interpretação do seu teor, ainda que a parte tenha interposto recurso, visto que o permissivo contido no art. 494 do CPC não delimita o momento em que tal correção pode ocorrer. Nesse contexto, inexiste direito líquido e certo a ser oposto contra a decisão que corrigiu erro material, afastando a possibilidade de se ter uma decisão teratológica, e deferiu a tutela provisória de urgência, à luz dos requisitos do art. 300 do CPC/15, porquanto presentes o *fumus boni iuris* e o *periculum in mora*. Recurso ordinário conhecido e desprovido" (RO-16182-65.2018.5.16.0000, Subseção II Especializada em Dissídios Individuais, Relator Ministro Alexandre de Souza Agra Belmonte, *DEJT* 7-2-2020).

..

Capítulo III
Dos dissídios individuais

Seção I
Da forma de reclamação e da notificação

Art. 837. Nas localidades em que houver apenas 1 (uma) Junta de Conciliação e Julgamento[512], ou 1 (um) escrivão do cível, a reclamação será apresentada diretamente à secretaria da Junta, ou ao cartório do Juízo.

Art. 838. Nas localidades em que houver mais de 1 (uma) Junta ou mais de 1 (um) Juízo, ou escrivão do cível, a reclamação será, preliminarmente, sujeita a distribuição, na forma do disposto no Capítulo II, Seção II, deste Título.

Art. 839. A reclamação poderá ser apresentada:

a) pelos empregados e empregadores, pessoalmente, ou por seus representantes, e pelos sindicatos de classe;

b) por intermédio das Procuradorias Regionais da Justiça do Trabalho.

Art. 840. A reclamação poderá ser escrita ou verbal.

512. Agora denominada Vara do Trabalho.

§ 1º Sendo escrita, a reclamação deverá conter a designação do juízo, a qualificação das partes, a breve exposição dos fatos de que resulte o dissídio, o pedido, que deverá ser certo, determinado e com indicação de seu valor, a data e a assinatura do reclamante ou de seu representante.

§ 2º Se verbal, a reclamação será reduzida a termo, em duas vias datadas e assinadas pelo escrivão ou secretário, observado, no que couber, o disposto no § 1º deste artigo. (Redações dos §§ 1º e 2º alteradas pela Lei n. 13.467/2017.)

§ 3º Os pedidos que não atendam ao disposto no § 1º deste artigo serão julgados extintos sem resolução do mérito. (Redação inserida pela Lei n. 13.467/2017.)

Art. 841. Recebida e protocolada a reclamação, o escrivão ou chefe de secretaria, dentro de 48 (quarenta e oito) horas, remeterá a segunda via da petição, ou do termo, ao reclamado, notificando-o ao mesmo tempo, para comparecer à audiência de julgamento, que será a primeira desimpedida, depois de 5 (cinco) dias. (Redação nos termos da Lei n. 409, de 25-9-1948.)

§ 1º A notificação será feita em registro postal com franquia. Se o reclamado criar embaraços ao seu recebimento ou não for encontrado, far-se-á a notificação por edital, inserto no jornal oficial ou no que publicar o expediente forense, ou, na falta, afixado na sede da Junta ou Juízo.

§ 2º O reclamante será notificado no ato da apresentação da reclamação ou na forma do parágrafo anterior.

§ 3º Oferecida a contestação, ainda que eletronicamente, o reclamante não poderá, sem o consentimento do reclamado, desistir da ação. (Redação inserida pela Lei n. 13.467/2017.)

Art. 842. Sendo várias as reclamações e havendo identidade de matéria, poderão ser acumuladas num só processo, se se tratar de empregados da mesma empresa ou estabelecimento.

● ●

▶ **Comentários**

1. **Apresentação da reclamação trabalhista**

Os arts. 837 e 838 da CLT cuidam da apresentação da reclamação trabalhista, matéria objeto de exame nos comentários aos arts. 783 a 787.

Nas localidades onde não haja senão uma Vara do Trabalho, a reclamação trabalhista é apresentada diretamente à secretaria.

Havendo, porém, na localidade, mais de uma Vara do Trabalho, a reclamação é apresentada ao distribuidor, que, por sua vez, a encaminha à respectiva Vara.

Nos termos do art. 839, a reclamação pode ser apresentada pelo próprio empregado ou pelo empregador (nas ações em que este seja autor), e pelos sindicatos, ou ainda pela Procuradoria da Justiça do Trabalho, o que normalmente ocorre em reclamações movidas por menores desassistidos de seus responsáveis legais.

2. **Formas de reclamação trabalhista – verbal ou escrita**

A petição inicial no processo do trabalho poderá ser *verbal* ou *escrita*, não havendo necessidade de ser subscrita por advogado, em razão do *jus postulandi*, ou seja, o direito de postular no juízo trabalhista, podendo o interessado, por si mesmo, praticar todos os atos processuais, em manifesto desuso, em razão, sobretudo, do alto nível da advocacia trabalhista e a complexidade do processo laboral.

Petição verbal

A petição verbal é formulada pelo próprio interessado (o reclamante), perante um funcionário da secretaria da Vara do Trabalho ou do cartório (se se tratar de localidade onde não haja Justiça do Trabalho, quando o juiz de direito acumula a jurisdição trabalhista), ou ainda perante o distribuidor (nas localidades onde haja mais de uma Vara Trabalhista).

Petição escrita

A petição escrita é adrede preparada pela própria parte, ou por seu procurador e advogado, via de regra datilografada; nela o interessado expõe os fatos e formula sua pretensão.

A Lei n. 9.800, de 26-5-1999, faculta a utilização do sistema de dados e imagens tipo fac-símile para a prática de atos processuais que dependem de petição escrita.

3. **Requisitos da petição inicial: o art. 840 da CLT e a Reforma Trabalhista**

Distribuída a petição, seja verbal ou escrita, recebe o reclamante um recibo:

"Art. 785. O distribuidor fornecerá ao interessado um recibo do qual constarão, essencialmente, o nome do reclamante e do reclamado, a data da distribuição, o objeto da reclamação e a Junta ou o Juízo a que coube a distribuição".

A segunda via desse recibo é anexada à reclamação, sendo ambas remetidas à Vara ou ao cartório respectivo.

Em se tratando de petição verbal, esta só será reduzida a termo após a distribuição (CLT, art. 786), o que é feito com a presença do reclamante, que, para isso, deve, salvo motivo de força maior, apresentar-se à secretaria ou cartório, no prazo de 5 dias, a contar da data da distribuição, sob pena de perda, pelo prazo de 6 meses, do direito de reclamar perante a Justiça do Trabalho:

"Art. 731. Aquele que, tendo apresentado ao distribuidor reclamação verbal, não se apresentar, no prazo estabelecido no parágrafo único do art. 786, à Junta ou Juízo para fazê-lo tomar por termo, incorrerá na pena de perda, pelo prazo de 6 (seis) meses, do direito de reclamar perante a Justiça do Trabalho".

Tais inconvenientes podem ser facilmente contornados com a redução a termo da petição verbal no próprio ato da distribuição, costume, aliás, normalmente observado.

Em decorrência, sobretudo, do *jus postulandi*, a petição inicial, seja ela verbal ou escrita, no processo trabalhista não se cerca do rigorismo formal instituído no processo civil, estabelecendo o art. 840 da CLT seus requisitos essenciais, a saber:

a) designação do juiz da Vara ou do juiz de direito a quem a petição for dirigida;

b) qualificação do reclamante e do reclamado;

c) breve exposição dos fatos de que resulte o dissídio;

d) o pedido;

e) o valor da causa.

O valor da causa deve corresponder à soma dos pedidos, necessariamente líquidos. Admitimos exceção a regra, nos pedidos relacionados às horas extras. Esclareça-se que tais horas têm natureza condicional, a elas não se aplicando o rigorismo do § 1º do art. 840, da CLT, introduzido na legislação processual pela Reforma Trabalhista/2017. Especificá-las em valores líquidos implica em ter prévio conhecimento da evolução salarial e dos valores já pagos pelos mesmos títulos; nem sempre em poder do empregado.

Certo é o pedido que define, desde logo, a pretensão do reclamante, delineando-lhe a qualidade e a quantidade. Determinado é o pedido que põe em relevo a providência jurisdicional solicitada.

Observe-se que, nas causas submetidas ao procedimento sumaríssimo, o pedido deve ser, necessariamente, certo ou determinado, indicando o valor correspondente – art. 852-B, I, da CLT, com a redação dada pela Lei n. 9.957/2000 –, vedando, assim, pedido ilíquido.

Outrossim, desnecessário o protesto por provas e requerimento de citação do réu (reclamado), e isso porque no processo trabalhista, a rigor, as provas se encontram na audiência:

"O reclamante e o reclamado comparecerão à audiência acompanhados das suas testemunhas, apresentando, nessa ocasião, as demais provas" (CLT, art. 845).

A citação do réu é levada a efeito de ofício, independentemente de solicitação da parte, como se constata da leitura do art. 841 da CLT.

Salvo as hipóteses do art. 330 do CPC, em conformidade com a Súmula 263 do TST, "o indeferimento da petição inicial, por encontrar-se desacompanhada de documento indispensável à propositura da ação ou não preencher outro requisito legal, somente é cabível se, após intimada para suprir a irregularidade em 15 dias, a parte não o fizer (art. 321 do CPC de 2015)".

4. **Notificação postal (citação)**

A CLT denomina *notificação* tanto a citação quanto a intimação, conquanto ambas têm, no processo, significado distinto.

Intimação, nos termos do art. 269 do CPC, "é o ato pelo qual se dá ciência a alguém dos atos e dos termos do processo", para que faça ou deixe de fazer alguma coisa.

A intimação no atual CPC não pode mais ser de ofício, há necessidade de ser promovida pelo advogado da outra parte, por intermédio dos correios, anexando-se aos autos o comprovante do aviso de recebimento (AR).

Na Justiça do Trabalho a notificação é postal – "art. 841, § 1º: a notificação será feita em registro postal..." –, excepcionalmente por edital, admitida, inclusive, a utilização de oficial de justiça, auxiliar que é do juízo.

Citação, como se sabe, é o chamamento de alguém a juízo para defender-se em ação contra si proposta ou ver-se-lhe instaurada a execução.

Define-a o art. 238 do CPC como "citação é o ato pelo qual são convocados o réu, o executado ou o interessado para integrar a relação processual".

Para a validade do processo é indispensável à citação inicial do réu, como expressamente dispõe o art. 239 do CPC. A nulidade, pois, decorrente da ausência de citação inicial não é suprível, anulando, desde o início, a ação, exceto se o réu ou executado comparecer espontaneamente em juízo, hipótese em que sua apresentação supre a falta ou a nulidade de citação.

Tamanha sua importância que a nulidade do processo pode ser reconhecida independentemente de provocação:

"O exame de anomalia na citação independe de provocação da parte, uma vez que ao Judiciário incumbe apreciar de ofício os pressupostos processuais, e as condições da ação (art. 485, § 3º, do CPC"[513].

Como preleciona Moniz de Aragão, o vício decorrente de nulidade de citação é dos mais graves, o que permite sua arguição "durante todo o curso da causa, a qualquer tempo em que o réu nela, e pela primeira vez, intervenha e enquanto lhe for possível interpor algum recurso, se já proferida a sentença, mesmo o extraordinário, que, nesse caso, não fica sujeito ao requisito do pré-questionamento, inexigível de quem, por defeito de citação, nada pudera, até então, questionar"[514].

5. *Espécies de citação*

Há várias espécies de citação:

Citação postal

Adotada tanto pela CLT quanto pelo CPC, a citação postal, como o próprio nome deixa entrever, é feita pelo Correio, por meio de registro postal com franquia, com aviso de recebimento (AR). No caso de não ser encontrado o destinatário ou na recusa de recebimento, está o Correio obrigado, por força de lei, a devolver a citação postal no prazo de quarenta e oito horas (CLT, art. 774, parágrafo único).

A respeito, dispõe a Súmula 16 do TST:

"Presume-se recebida a notificação 48 (quarenta e oito) horas depois de sua postagem. O seu não recebimento ou a entrega após o decurso desse prazo constitui ônus de prova do destinatário".

Por outro lado, ainda no processo do trabalho, não há necessidade de a carta (notificação postal) ser entregue diretamente ao destinatário (exigência estabelecida no art. 248, § 1º, do CPC, para o citando), podendo ser simplesmente depositada na caixa de correspondência, ou ainda entregue na portaria – o ônus da prova de que não foi entregue a quem de direito recai sobre o próprio destinatário:

"A notificação ou citação inicial por via postal (art. 841, § 1º, da CLT) presume-se realizada quando tenha sido entregue na empresa a empregado do réu, a zelador do prédio comercial ou depositada em caixa postal da empresa, como admite a jurisprudência, já que não há previsão legal de pessoalidade na entrega da comunicação"[515].

Citação por oficial de justiça – mandado

A CLT, ao contrário do CPC de 2015, só estabelece, expressamente, a citação por oficial de justiça na fase executória (art. 880, § 2º).

Isso não significa, porém, que a citação inicial não possa ser feita na Justiça do Trabalho por oficial ou por mandado. O oficial de justiça, como deixa patente o Capítulo VI da CLT, é um auxiliar do juízo e, como tal, está na obrigação de cumprir as determinações do juiz do trabalho. Nessas condições, na even-

513. STJ, 4ª T., REsp 22.487-5-MG, Rel. Min. Sálvio de Figueiredo, j. 2-6-1992, *DJU*, 29-9-1992, p. 10329
514. *Comentários ao Código de Processo Civil*, cit., v. 2, p. 172.

515. TST-E-RR 73-124/93-7, Ac. SBDI-I 2.144/96, Rel. Min. Vantuil Abdala.

tualidade de o demandado encontrar-se em perímetro interurbano, fora do alcance do serviço postal, ou mesmo tentando opor embaraços à regular citação, poderá o juiz determinar que esta se faça por oficial.

Citação por edital

A CLT, em seu art. 841, § 1º, prevê expressamente a citação por edital, sempre que o reclamado criar embaraços a seu recebimento ou estiver em local incerto e não sabido. O edital em apreço deve ser inserto no *Diário Oficial* ou em qualquer outro jornal que costume publicar o expediente forense. Na ausência de jornais na localidade, o edital será afixado na sede da Vara do Trabalho.

No *procedimento sumaríssimo*[516], a citação por edital é expressamente vedada – art. 852-B, I: "não se fará citação por edital, incumbindo ao autor à correta indicação do nome e endereço do reclamado", sob pena de arquivamento.

Citação por hora certa

A CLT é inteiramente omissa a respeito desta espécie de citação, estabelecida nos arts. 252 a 254 do atual CPC. Entretanto, por força do que dispõe o art. 769 da CLT, e na inexistência de qualquer incompatibilidade com os princípios gerais do processo trabalhista, inequívoca sua aplicação subsidiária.

Citação por precatória e rogatória

Dá-se a citação por *precatória* sempre que o reclamado residir em outra localidade sobre a qual o juízo processante não possua jurisdição.

Ocorre a citação por *rogatória* quando o reclamado reside no estrangeiro. Sua aplicação no processo do trabalho é manifesta.

6. Cumulação de ações

Em conformidade com o art. 842 da CLT, havendo várias reclamações com identidade de matéria, movidas contra a mesma empresa, podem essas reclamações ser cumuladas em um só processo.

É a denominada *cumulação de ações*, ou seja, a permissividade legal de acumular, de reunir diversas ações em um mesmo processo, conforme previsão do art. 327 do CPC.

Moacyr Amaral Santos preleciona a respeito do tema:

"Essa permissibilidade de cumularem-se ações no mesmo processo, visando a decisão das respectivas pretensões pela mesma sentença, encontra justificação e fundamento no princípio econômico que governa a doutrina processual contemporânea. Conforme esse princípio dever-se-á obter do processo o máximo resultado com o mínimo de energias processuais e com o menor dispêndio econômico", formulando, outrossim, a seguinte indagação: "Para que dois ou três processos, correspondentes a duas ou três ações, se estas podem cumular-se no mesmo processo, reduzindo-se o número dos atos processuais, o tempo e as despesas processuais, sem prejuízo para a justiça?"[517].

A cumulação de ações pressupõe:
a) compatibilidade dos pedidos;
b) competência do juízo;
c) procedimento adequado.

A cumulação de que trata o art. 842 sob comento é a inicial – *litisconsórcio ativo*, em que diversos empregados da mesma empresa ajuízam conjuntamente reclamação plúrima, ou ainda quando, verificada a identidade de matéria.

Há continência:

"Quando houver continência e a ação continente tiver sido proposta anteriormente, no processo relativo à ação contida será proferida sentença sem resolução de mérito, caso contrário, as ações serão necessariamente reunidas", art. 57, CPC.

A reconvenção (ação do réu contra o autor, no mesmo processo) é caso típico de cumulação de ações.

▶ Jurisprudência

▷ **Súmula 16 do TST. Notificação. Nova redação.** Presume-se recebida a notificação 48 (quarenta e oito) horas depois de sua postagem. O seu não recebimento ou a

516. Instituído pela Lei n. 9.957/2000.

517. *Primeiras Linhas de Direito Processual Civil*, cit., v. 1, p. 162.

entrega após o decurso desse prazo constitui ônus de prova do destinatário.

▷ **Súmula 30 do TST. Intimação da sentença.** Quando não juntada a ata ao processo em 48 horas, contadas da audiência de julgamento (art. 851, § 2º, da CLT), o prazo para recurso será contado da data em que a parte receber a intimação da sentença.

▷ **Súmula 262 do TST. Prazo judicial. Notificação ou intimação em sábado. Recesso forense.** (Redação do item II alterada na sessão do Tribunal Pleno realizada em 19-5-2014) – Res. 194/2014, *DEJT* divulgado em 21, 22 e 23-5-2014
I – Intimada ou notificada a parte no sábado, o início do prazo se dará no primeiro dia útil imediato e a contagem, no subsequente.
II – O recesso forense e as férias coletivas dos Ministros do Tribunal Superior do Trabalho suspendem os prazos recursais.

▷ **Súmula 263 do TST. Petição inicial. Indeferimento. Instrução obrigatória deficiente.** (nova redação em decorrência do CPC de 2015) – Res. 208/2016, *DEJT* divulgado em 22, 25 e 26-4-2016. Salvo nas hipóteses do art. 330 do CPC de 2015 (art. 295 do CPC de 1973), o indeferimento da petição inicial, por encontrar-se desacompanhada de documento indispensável à propositura da ação ou não preencher outro requisito legal, somente é cabível se, após intimada para suprir a irregularidade em 15 (quinze) dias, mediante indicação precisa do que deve ser corrigido ou completado, a parte não o fizer (art. 321 do CPC de 2015).

▷ **Súmula 384 do TST. Multa convencional. Cobrança.** (Conversão das Orientações Jurisprudenciais n. 150 e 239 da SDI-1 – Res. 129/2005, *DJ*, 20-4-2005)
I – O descumprimento de qualquer cláusula constante de instrumentos normativos diversos não submete o empregado a ajuizar várias ações, pleiteando em cada uma o pagamento da multa referente ao descumprimento de obrigações previstas nas cláusulas respectivas.
II – É aplicável multa prevista em instrumento normativo (sentença normativa, convenção ou acordo coletivo) em caso de descumprimento de obrigação prevista em lei, mesmo que a norma coletiva seja mera repetição de texto legal.

▷ **Súmula 406 do TST. Ação rescisória. Litisconsórcio. Necessário no polo passivo e facultativo no ativo. Inexistente quanto aos substituídos pelo sindicato.**
I – O litisconsórcio, na ação rescisória, é necessário em relação ao polo passivo da demanda, porque supõe uma comunidade de direitos ou de obrigações que não admite solução díspar para os litisconsortes, em face da indivisibilidade do objeto. Já em relação ao polo ativo, o litisconsórcio é facultativo, uma vez que a aglutinação de autores se faz por conveniência, e não pela necessidade decorrente da natureza do litígio, pois não se pode condicionar o exercício do direito individual de um dos litigantes no processo originário à anuência dos demais para retomar a lide.
II – O Sindicato, substituto processual e autor da reclamação trabalhista, em cujos autos fora proferida a decisão rescindenda, possui legitimidade para figurar como réu na ação rescisória, sendo descabida a exigência de citação de todos os empregados substituídos, porquanto inexistente litisconsórcio passivo necessário.

▷ **Súmula 408 do TST. Ação rescisória. Petição inicial. Causa de pedir. Ausência de capitulação ou capitulação errônea no art. 966 do CPC de 2015. Art. 485 do CPC de 1973. Princípio *"iura novit curia".*** (nova redação em decorrência do CPC de 2015) – Res. 208/2016, *DEJT* divulgado em 22, 25 e 26-4-2016.). Não padece de inépcia a petição inicial de ação rescisória apenas porque omite a subsunção do fundamento de rescindibilidade no art. 966 do CPC de 2015 (art. 485 do CPC de 1973) ou o capitula erroneamente em um de seus incisos. Contanto que não se afaste dos fatos e fundamentos invocados como causa de pedir, ao Tribunal é lícito emprestar-lhes a adequada qualificação jurídica (*"iura novit curia"*). No entanto, fundando-se a ação rescisória no art. 966, V, do CPC de 2015 (art. 485, inciso V, do CPC de 1973), é indispensável expressa indicação, na petição inicial da ação rescisória, da norma jurídica manifestamente violada (dispositivo legal violado sob o CPC de 1973), por se tratar de causa de pedir da rescisória, não se aplicando, no caso, o princípio *"iura novit curia"*.

▷ **Súmula 163 do STF.** Salvo contra a Fazenda Pública, sendo a obrigação ilíquida, contam-se os juros moratórios desde a citação inicial para a ação.

▷ **Súmula 216 do STF.** Para decretação da absolvição de instância pela paralisação do processo por mais de trinta dias, é necessário que o autor, previamente intimado, não promova o andamento da causa.

▷ **Súmula 106 do STF.** Proposta a ação no prazo fixado para o seu exercício, a demora na citação, por motivos inerentes ao mecanismo da justiça, não justifica o acolhimento da arguição de prescrição ou decadência.

▷ **OJ n. 120 da SDI-1 do TST. Recurso. Assinatura da petição ou das razões recursais. Art. 932, parágrafo único, do CPC de 2015.** (alterada em decorrência do CPC de 2015) Res. 212/2016, *DEJT* divulgado em 20, 21 e 22-9-2016
I— Verificada a total ausência de assinatura no recurso, o juiz ou o relator concederá prazo de 5 (cinco) dias para que seja sanado o vício. Descumprida a determinação, o recurso será reputado inadmissível (art. 932, parágrafo único, do CPC de 2015).
II— É válido o recurso assinado, ao menos, na petição de apresentação ou nas razões recursais.

▷ **OJ n. 54 da SDI-2 do TST. Mandado de Segurança. Embargos de Terceiro. Cumulação. Penhora. Incabível.** (atualizada em decorrência do CPC de 2015) – Res. 208/2016, *DEJT* divulgado em 22, 25 e 26-4-2016. Ajuizados embargos de terceiro (art. 674 do CPC de 2015 – art. 1.046 do CPC de 1973) para pleitear a desconstituição da penhora, é incabível a interposição de mandado de segurança com a mesma finalidade.

▷ **OJ n. 69 da SDI-2 do TST. Fungibilidade Recursal. Indeferimento Liminar de Ação Rescisória ou Mandado de Segurança. Recurso para o TST. Recebimento como Agravo Regimental e devolução dos autos ao TRT.** Recurso Ordinário interposto contra despacho monocrático indeferitório da petição inicial de Ação Rescisória ou de Mandado de Segurança pode, pelo princípio de fungibilidade recursal, ser recebido como Agravo Regimental. Hipótese de não conhecimento do recurso pelo TST e devolução dos autos ao TRT, para que aprecie o apelo como Agravo Regimental.

▷ **OJ n. 84 da SDI-2 do TST. Ação Rescisória. Petição inicial. Ausência da decisão rescindenda e/ou da certidão de seu trânsito em julgado devidamente autenticadas. Concessão de prazo para complementação da documentação** (alterada em decorrência do CPC de 2015) – Res. 220/2017, *DEJT* divulgado em 21, 22 e 25-9-2017. São peças essenciais para o julgamento da ação rescisória a decisão rescindenda e/ou a certidão do seu trânsito em julgado, devidamente autenticadas, à exceção de cópias reprográficas apresentadas por pessoa jurídica de direito público, a teor do art. 24 da Lei n. 10.522/2002, ou declaradas autênticas pelo advogado na forma do art. 830 da CLT com a redação dada pela Lei n. 11.925/2009. Em fase recursal, verificada a ausência de qualquer delas, cumpre ao Relator do recurso ordinário conceder o prazo de 5 (cinco) dias ao recorrente para que seja complementada a documentação exigível, nos termos do art. 932, parágrafo único, do CPC de 2015.

▷ **"Recurso ordinário em ação rescisória ajuizada sob a égide do CPC de 2015. Art. 966, VIII, do CPC de 2015. Nulidade da citação. Erro de fato. Não caracterização. Improcedência do pedido.** 1. Trata-se de ação rescisória calcada no art. 966, VIII, do CPC de 2015, com pedido liminar de suspensão da execução, em que se pretende a desconstituição da sentença prolatada na reclamação trabalhista, sob o argumento de que o magistrado, ao declarar a revelia, valendo-se da premissa de que ocorreu a citação no endereço da reclamada, ora Autora, incorreu em erro de fato, uma vez que na petição inicial da ação matriz havia sido indicado endereço incorreto da parte. 2. A Corte Regional julgou procedente o pedido de corte rescisório, e ntendendo configurada a ofensa ao art. 5º, LIV e LV, da CF. 3. Na esteira da diretriz contida na Súmula 408 do TST, não se faz viável o acolhimento da pretensão rescisória com amparo no inciso V do art. 966 do CPC de 2015 se a parte autora não indica expressamente a norma jurídica que teria sido violada na decisão rescindenda. 4. No caso, efetivamente, não cuidou a Autora de apontar, na

petição inicial, a afronta a qualquer norma jurídica, contexto no qual incabível o deferimento do pleito rescisório com espeque em violação do art. 5º, LIV e LV, da CF. 5. Quanto ao erro de fato invocado na petição inicial, não se observa a ocorrência do referido vício no julgamento que se pretende desconstituir. Ora, segundo a definição legal, há erro de fato quando o juiz considerar existente fato inexistente, ou inexistente fato efetivamente ocorrido, sendo relevante, em qualquer caso, que não tenha havido controvérsia ou pronunciamento judicial a respeito. O erro de fato apto a autorizar o corte rescisório não corresponde a simples equívoco no julgamento, mas a uma autêntica falha de percepção do juiz sobre ponto decisivo da controvérsia. Na situação vertente, a notificação citatória foi entregue no endereço indicado na petição inicial da ação trabalhista, conforme consta do comprovante dos Correios juntado aos autos, sem que houvesse qualquer indício de que algum detalhe na descrição do endereço da reclamada, ora Autora, estivesse errado, não se configurando, portanto, a hipótese de erro de percepção do magistrado no momento do julgamento. Recurso ordinário conhecido e provido" (RO-836-67.2016.5.08.0000, Subseção II Especializada em Dissídios Individuais, Relator Ministro Douglas Alencar Rodrigues, *DEJT* 23-4-2021).

▷ **"Agravo. Agravo de instrumento em recurso de revista interposto na vigência das Leis n. 13.015/2014 e 13.467/2017. Nulidade do acórdão regional por negativa de prestação jurisdicional.** 1. Não se mostra possível vislumbrar a configuração de negativa de prestação jurisdicional, quando a arguição detém caráter genérico, sem a indicação específica dos pontos sobre os quais não se pronunciou o Tribunal Regional, sendo improfícua a mera transcrição das razões dos embargos de declaração e do acórdão proferido em resposta. Isto porque, não incumbe ao Tribunal *ad quem* cotejar as razões recursais e o acórdão, a fim de procurar eventual defeito no julgado. Tal conduta violaria o dever de imparcialidade do julgador. Precedentes. 2. Nesse contexto, não afastados os fundamentos da decisão agravada, nenhum reparo merece a decisão.

Ademais, constatado o caráter manifestamente inadmissível do agravo, impõe-se a aplicação da multa prevista no art. 1.021, § 4º, do CPC/2015, no percentual de 5% sobre o valor dado à causa (R$ 200.000,00), o que perfaz o montante de R$ 10.000,00 (dez mil reais), a ser revertido em favor do Reclamante, devidamente atualizado, nos termos do referido dispositivo de lei. Agravo não provido, com aplicação de multa a ser revertida em favor do Reclamante" (Ag-AIRR-1324-85.2013.5.20.0002, 5ª Turma, Relator Ministro Douglas Alencar Rodrigues, *DEJT* 5-3-2021).

▷ **"A) Agravo de instrumento em recurso de revista. Grupo econômico. Responsabilidade solidária.** Em face da possível ofensa ao art. 2º, § 2º, da CLT, dá-se provimento ao agravo de instrumento para determinar o processamento do recurso de revista. Agravo de instrumento conhecido e provido. **B) Recurso de revista. Grupo econômico. Responsabilidade solidária.** A controvérsia dos autos se refere a período anterior à alteração do § 2º do art. 2º da CLT dada pela Lei n. 13.467/2017. E, nos moldes elencados pelo referido artigo, em vigência por ocasião da ocorrência dos fatos correlatos aos presentes autos e do ajuizamento da presente reclamatória trabalhista, a caracterização do grupo econômico depende de que uma empresa esteja sob direção, controle ou administração de outra. Nesse contexto, a mera existência de relação de coordenação entre as empresas não possui o condão de resultar na responsabilização solidária do recorrente, porquanto se faz necessária a configuração de hierarquia entre as empresas para a caracterização do grupo econômico, hipótese não verificada nos presentes autos. Nessa senda, das premissas fáticas lançadas pelo Tribunal *a quo*, não é possível verificar que havia direção, administração ou controle de sócio comum ou de uma empresa sobre a outra, não havendo provas da configuração de grupo econômico, mormente diante da inexistência de atos gerenciais de uma empresa sobre outra. Recurso de revista conhecido e provido" (RR-101679-97.2016.5.01.0044, 8ª Turma, Relatora Ministra Dora Maria da Costa, *DEJT* 21-2-2020).

▷ **"Recurso de revista interposto sob a égide da Lei n. 13.015/2014. Prescrição. Sucessão. Herdeiro menor de idade. Inaplicabilidade do art. 440 da CLT.** O acórdão regional adotou tese no sentido de que deve ser aplicada à menor herdeira, em isonomia, a regra do art. 440 da CLT, afastando-se, com isso, a prescrição. No julgamento de casos similares, este Tribunal Superior tem entendido que aplica-se o art. 198, I, do Código Civil, ou seja, não corre a prescrição contra os herdeiros menores absolutamente incapazes. Em complemento, esta Corte possui jurisprudência sedimentada de que não se aplica o disposto no art. 440 da CLT, uma vez que a discussão não versa sobre trabalho do menor, mas, sim, sobre a prescrição aplicável aos herdeiros do trabalhador falecido, cuja filha era menor ao tempo do óbito. O TRT consignou que a autora-herdeira completou 16 anos em 4-9-2002, quando teve reaberto o prazo prescricional, foi beneficiada com a regra de transição (art. 206 do CC), e teve estendido o direito de ação para até 11-1-2006. No entanto, o ajuizamento da reclamação se deu apenas aos 4-9-2006, ocorrendo a prescrição total das pretensões. Precedentes. Recurso de revista conhecido e provido. **Acidente de trabalho.** Matéria prejudicada em razão da declaração de prescrição apreciada no item anterior. Recurso de revista não conhecido" (RR-105100-24.2006.5.15.0152, 2ª Turma, Relatora Ministra Maria Helena Mallmann, *DEJT* 21-6-2019).

●●●●●●●●●●●●●●●●●●●●●●●●●●●●●●●●●●●

Seção II
Da audiência de julgamento

Art. 843. Na audiência de julgamento deverão estar presentes o reclamante e o reclamado, independentemente do comparecimento de seus representantes salvo, nos casos de Reclamatórias Plúrimas ou Ações de Cumprimento, quando os empregados poderão fazer-se representar pelo Sindicato de sua categoria. (Redação dada pela Lei n. 6.667, de 3-7-1979).

§ 1º É facultado ao empregador fazer-se substituir pelo gerente, ou qualquer outro preposto que tenha conhecimento do fato, e cujas declarações obrigarão o proponente.

§ 2º Se por doença ou qualquer outro motivo ponderoso, devidamente comprovado, não for possível ao empregado comparecer pessoalmente, poderá fazer-se representar por outro empregado que pertença à mesma profissão, ou pelo seu sindicato.

§ 3º O preposto a que se refere o § 1º deste artigo não precisa ser empregado da parte reclamada. (Redação inserida pela Lei n. 13.467/2017).

Art. 844. O não comparecimento do reclamante à audiência importa o arquivamento da reclamação, e o não comparecimento do reclamado importa revelia, além de confissão quanto à matéria de fato.

§ 1º Ocorrendo motivo relevante, poderá o juiz suspender o julgamento, designando nova audiência. (Redação alterada pela Lei n. 13.467, de 2017).

§ 2º Na hipótese de ausência do reclamante, este será condenado ao pagamento das custas calculadas na forma do art. 789 desta Consolidação, ainda que beneficiário da justiça gratuita, salvo se comprovar, no prazo de quinze dias, que a ausência ocorreu por motivo legalmente justificável. (Incluído pela Lei n. 13.467, de 2017).

§ 3º O pagamento das custas a que se refere o § 2º é condição para a propositura de nova demanda. (Incluído pela Lei n. 13.467, de 2017).

§ 4º A revelia não produz o efeito mencionado no *caput* deste artigo se: (Incluído pela Lei n. 13.467, de 2017).

I – havendo pluralidade de reclamados, algum deles contestar a ação; (Incluído pela Lei n. 13.467, de 2017)

II – o litígio versar sobre direitos indisponíveis; (Incluído pela Lei n. 13.467, de 2017)

III – a petição inicial não estiver acompanhada de instrumento que a lei considere indispensável à prova do ato; (Incluído pela Lei n. 13.467, de 2017).

IV – as alegações de fato formuladas pelo reclamante forem inverossímeis ou estiverem em contradição com prova constante dos autos. (Incluído pela Lei n. 13.467, de 2017).

§ 5º Ainda que ausente o reclamado, presente o advogado na audiência, serão aceitos a contestação e os documentos eventualmente apresentados. (Incluído pela Lei n. 13.467, de 2017).

Art. 845. O reclamante e o reclamado comparecerão à audiência acompanhados das suas

testemunhas, apresentando, nessa ocasião, as demais provas.

Art. 846. Aberta a audiência, o juiz ou presidente proporá a conciliação. (*Caput* e parágrafos com redação dada pela Lei n. 9.022, de 5-4-1995.)

§ 1º Se houver acordo lavrar-se-á termo, assinado pelo presidente e pelos litigantes, consignando-se o prazo e demais condições para seu cumprimento.

§ 2º Entre as condições a que se refere o parágrafo anterior, poderá ser estabelecida a de ficar a parte que não cumprir o acordo obrigada a satisfazer integralmente o pedido ou pagar uma indenização convencionada, sem prejuízo do cumprimento do acordo.

Art. 847. Não havendo acordo, o reclamado terá vinte minutos para aduzir sua defesa, após a leitura da reclamação, quando esta não for dispensada por ambas as partes. (Redação dada pela Lei n. 9.022, de 5-4-1995.)

Parágrafo único. A parte poderá apresentar defesa escrita pelo sistema de processo judicial eletrônico até a audiência. (Incluído pela Lei n. 13.467, de 2017.)

Art. 848. Terminada a defesa, seguir-se-á a instrução do processo, podendo o presidente, *ex officio* ou a requerimento de qualquer juiz temporário, interrogar os litigantes. (Redação dada pela Lei n. 9.022, de 5-4-1995.)

§ 1º Findo o interrogatório, poderá qualquer dos litigantes retirar-se, prosseguindo a instrução com o seu representante.

§ 2º Serão, a seguir, ouvidas as testemunhas, os peritos e os técnicos, se houver.

Art. 849. A audiência de julgamento será contínua; mas, se não for possível, por motivo de força maior, concluí-la no mesmo dia, o juiz ou presidente marcará a sua continuação para a primeira desimpedida, independentemente de nova notificação.

Art. 850. Terminada a instrução, poderão as partes aduzir razões finais, em prazo não excedente de 10 (dez) minutos para cada uma. Em seguida, o juiz ou presidente renovará a proposta de conciliação, e não se realizando esta, será proferida a decisão.

Parágrafo único. O Presidente da Junta, após propor a solução do dissídio, tomará os votos dos juízes classistas e, havendo divergência entre estes, poderá desempatar ou proferir decisão que melhor atenda ao cumprimento da lei e ao justo equilíbrio entre os votos divergentes e ao interesse social.

Art. 851. Os trâmites de instrução e julgamento da reclamação serão resumidos em ata, de que constará, na íntegra, a decisão. (*Caput* e parágrafos com redação dada pelo Dec.-lei n. 8.737, de 19-1-1946.)

§ 1º Nos processos de exclusiva alçada das Juntas, será dispensável, a juízo do presidente, o resumo dos depoimentos, devendo constar da ata a conclusão do Tribunal quanto à matéria de fato.

§ 2º A ata será, pelo presidente ou juiz, junta ao processo, devidamente assinada, no prazo improrrogável de 48 (quarenta e oito) horas, contado da audiência de julgamento, e assinada pelos juízes classistas[518] presentes à mesma audiência.

Art. 852. Da decisão serão os litigantes notificados, pessoalmente, ou por seu representante, na própria audiência. No caso de revelia, a notificação far-se-á pela forma estabelecida no § 1º do art. 841.

▶ *Comentários*

1. ***Da audiência de julgamento***

Conceito

Etimologicamente, audiência, do latim *audire*, significa ouvir, atender. Juridicamente, designa as sessões nas Varas do Poder Judiciário ou mesmo nos Tribunais, quando são ouvidas as partes (autor e réu) e suas respectivas testemunhas.

Em razão dos princípios gerais do processo trabalhista, que se concentra fundamentalmente na audiência, como decorrência da oralidade, esta assume especial relevância, por isso que nela se realizam os atos mais significativos do processo laboral, a saber:

1) presença obrigatória das partes;
2) proposta inicial de conciliação;
3) articulação da defesa oral (com o processo judicial eletrônico "PJe" a apresentação da defesa passou a ser eminentemente escri-

518. Tendo em vista o disposto na EC n. 24/99, que extinguiu a representação classista na Justiça do Trabalho, as Juntas de Conciliação e Julgamento passaram a ser denominadas *Varas do Trabalho*, integradas exclusivamente pelo Juiz do Trabalho, concursados.

ta, podendo o advogado colocá-la em sigilo, retirando-o na audiência);

4) depoimento pessoal das partes;
5) oitiva das testemunhas;
6) proposta final de conciliação;
7) razões finais orais;
8) sentença.

Em suma, enquanto a audiência no processo civil é apenas mais uma etapa do processo, no processo trabalhista ela abrange os atos mais significativos e de especial relevância.

Em princípio, a audiência, no processo do trabalho, é una, nela se concentrando todos os atos fundamentais do processo.

Nesse sentido dispõem os arts. 849 – "a audiência de julgamento será contínua..." – e 852-C – "as demandas sujeitas a rito sumaríssimo serão instruídas e julgadas em audiência única..." –, ambos da CLT.

Todavia, na impossibilidade da realização de todos os atos do processo numa única audiência, esta se desdobrará em sessões subsequentes.

2. Da presença das partes à audiência

Reclamante e reclamado

Em conformidade com o que dispõe o art. 843 da CLT, na audiência devem estar presentes o reclamante e o reclamado, independentemente de seus advogados, se os tiverem.

A presença obrigatória das partes no processo trabalhista está, a nosso ver, intimamente ligada à conciliação. Como se sabe, cabe à Justiça do Trabalho *conciliar e julgar* as questões decorrentes da relação de trabalho (art. 114, CF). Sua função primordial, pois, é conciliar, e só na eventualidade, de esta se tornar impraticável é que julgará.

A presença das partes facilita sobremaneira a conciliação, permitindo ao juiz um contato direto com o reclamante e com o reclamado.

Assim, atendendo a tal imperativo é que a presença das partes é obrigatória.

A substituição das partes – o preposto

Em que pese a disposição contida no art. 843 da CLT, admite-se a substituição das partes por terceiros.

O empregado pode fazer-se substituir por *colega de serviço* ou pelo *sindicato*, na ocorrên-cia de *motivo ponderoso*, relevante, quando o juiz, ciente do fato, adiará a audiência para outra data em que o reclamante possa comparecer, evitando-se, com isso, o arquivamento da reclamação.

O empregador pode, em qualquer circunstância, substituir-se por gerente ou *preposto*. Essa substituição do empregador, objetiva permitir-lhe a continuidade de suas atividades, sem interrupções prejudiciais à produção, como, aliás, ressalta Wagner Giglio:

"Seria grandemente inconveniente senão materialmente impossível, em alguns casos, que se exigisse o comparecimento pessoal do empregador: o tempo gasto em audiência seria furtado à sua função precípua de dirigir o empreendimento, com grandes prejuízos para a produção. Atentando para essa circunstância, a legislação trabalhista permitiu que o empregador se fizesse substituir por gerente ou qualquer outro preposto que tenha conhecimento do fato, e cujas declarações obrigarão o preponente"[519].

A figura do gerente não apresenta qualquer dificuldade. Como acentua Bento de Faria, "quando o comerciante não quer ou não pode atender pessoalmente aos negócios do seu estabelecimento comercial, ou de alguns deles, desde que possua mais de um, pode delegar poderes em alguém que toma o nome de feitor"[520], ou seja, o gerente, na acepção atual. Gerente é, pois, a pessoa encarregada da administração dos negócios, de acordo com os poderes delegados. A ele, pois, são conferidos poderes de gestão, com a faculdade de controlar empregados, admitindo-os, demitindo-os, e inclusive impondo-lhes suspensão, se for o caso.

O gerente pode ser um dos sócios expressamente designados no contrato social, ou um empregado de confiança *stricto sensu*.

O gerente, no Direito de Empresa (Código Civil de 2002), é denominado *administrador* (art. 1.011).

A figura do *preposto*, todavia, tem ensejado controvérsia, pois tanto pode designar o pró-

519. *Direito Processual do Trabalho*, cit.
520. *Código Comercial Brasileiro Anotado*, 3. ed., Rio de Janeiro, Ed. Jacinto Ribeiro dos Santos, 1920, v. 1, p. 99.

prio gerente, que é também um preposto, quanto qualquer outro auxiliar.

Mas a dúvida residia na necessidade de ser ou não tal preposto um *empregado*.

A jurisprudência dominante era no sentido de que o preposto deveria ser, necessariamente, empregado da empresa reclamada.

Sempre entendemos, todavia, de modo diverso. O preposto não há de ser, necessariamente, empregado. E a própria CLT, no art. 843, § 1º, deixa patente tal fato, quando declara: "qualquer outro preposto", nenhuma exigência fazendo no sentido de que este fosse empregado. Ao revés, a única exigência estabelecida é no sentido de que "tenha conhecimento do fato".

Idêntico é o ponto de vista de Isis de Almeida:

"O reclamado é substituído pelo gerente ou qualquer outro preposto que tenha conhecimento do fato, e nosso entendimento sempre foi no sentido de que, na falta de gerente, o preposto seria qualquer pessoa vinculada à empresa, para ter conhecimento do fato da reclamação e por ela credenciado, no feito.

Não importaria a existência de uma relação de emprego, pois a lei não a tornou indispensável expressamente, e preposto é aquele que assim for constituído pelo empregador, exigindo-se tão somente que tenha conhecimento do fato"[521].

Por isso, que entendíamos arbitrária e, *data venia*, ilegal decisão que exija vínculo empregatício entre o preposto e o preponente, como, aliás, ressaltava o v. acórdão do Tribunal Regional do Trabalho da 1ª Região (Rio de Janeiro):

"Preposto é substituto e não sinônimo de empregado. A lei faculta ao empregador fazer-se substituir por preposto e só quem pode nomeá-lo é o empregador. Não mencionando a lei que o preposto deva ser empregado, tal exigência por parte do julgador é arbitrária, ilegal e até descabida. Preposto deve ser de confiança irrestrita do empregador, por cuja confissão está obrigado a responder, e, por isso, pode muito bem não possuir empregado no qual deposite confiança de tal monta"[522].

A Reforma Trabalhista/2017, finalmente nos deu ganho de causa, ao proclamar que o preposto não precisa ser empregado da parte reclamada, seja ela pessoa jurídica, seja ela pessoa natural, conforme previsão do § 3º, do art. 843 da CLT.

Substituição na microempresa e empresa de pequeno porte

É de se ressaltar que a Lei Complementar n. 123[523], admite expressamente a indicação de preposto não empregado:

"Art. 54. É facultado ao empregador de microempresa ou de empresa de pequeno porte fazer-se substituir ou representar perante a Justiça do Trabalho por terceiros que conheçam dos fatos, ainda que não possuam vínculo trabalhista ou societário".

O *advogado preposto* não é admitido, segundo o disposto no art. 3º do Regulamento Geral do Estatuto da Advocacia e da Ordem dos Advogados do Brasil (OAB)[524]:

"É defeso ao advogado funcionar no mesmo processo, simultaneamente, como patrono e preposto do empregador ou cliente".

O não comparecimento das partes e suas consequências

As partes, como já vimos devem obrigatoriamente comparecer à audiência. O empregador pode fazer-se substituir por gerente ou preposto que tenha conhecimento dos fatos. O empregado, excepcionalmente, ou seja, na ocorrência de doença ou qualquer outro motivo ponderoso, poderá substituir-se por colega de serviço ou pelo respectivo sindicato da categoria.

Todavia, pode ocorrer que nem o reclamante, nem o reclamado compareçam à audiência, daí advêm diversas consequências, para ambos.

521. *Curso de Direito Processual do Trabalho*, cit.

522. TRT-1ª R., RO 199/80, Ac. 862/80.

523. Lei de 14-12-2006, Estatuto da Microempresa e Empresa de Pequeno Porte.

524. Lei n. 8.906, de 4-7-1994

O arquivamento

Antes da Reforma Trabalhista de 2017, a CLT (o *caput* do art. 844), permitia que o empregado deixasse de comparecer à audiência designada pelo juízo, por liberalidade ou por falta de responsabilidade com o tempo e com o dinheiro do empregador, sem que o trabalhador sofresse qualquer penalidade; não obstante, tal regra não prevalecia para o empregador, este, tinha (e tem) que elaborar defesa e comparecer, obrigatoriamente, à sessão na Vara do Trabalho.

Na eventualidade de o reclamante não comparecer à audiência inaugural, o processo será *arquivado*, com a condenação do ausente no pagamento das custas processuais, ainda que beneficiário da justiça gratuita. O pagamento das custas é condição indispensável para propositura de nova reclamação[525].

O arquivamento, entretanto, não impede que o reclamante proponha nova ação. Todavia, com a vigência[526] da Lei n. 13.467 foi imposto ao trabalhador o rigor da lei, no arquivamento do processo trabalhista, e ao reclamado as flexibilizações e os seus benefícios, uma vez que o § 2º do art. 844, da CLT determina o recolhimento das custas processuais inerente ao arquivamento, antes de propor outra ação; fato esse, que não ocorria antes do advento da Reforma Trabalhista.

A PGR (Procuradoria-Geral da República) propôs ADI[527], no STF, com escopo de ter declarada a inconstitucionalidade de parte da redação do texto do § 2º do art. 844, da CLT, qual seja: "ainda que beneficiário da justiça gratuita", portanto, a Suprema Corte no julgamento da ADI n. 5.766, entendeu pela inconstitucionalidade do referido texto.

O trabalhador sofrerá uma penalidade que consiste em não poder formular reclamação perante a Justiça do Trabalho pelo espaço de 6 meses, conforme já estava previsto no art. 732 da CLT.

Não especificando o dispositivo legal nominado a partir de que data se aplica tal punição, duas correntes se formaram: uma conclui que tal prazo deve ser contado da data da punição; a outra, mais benéfica para o empregado, opina pela aplicação da penalidade a partir da data do segundo arquivamento.

Note-se que o arquivamento somente tem lugar se o reclamante não comparece à audiência inaugural. Se, porém, tomada a contestação e adiada a audiência para prestar depoimento pessoal, já não há falar em arquivamento, impondo-se o julgamento do mérito.

Na atual processualística, havendo um ou dois arquivamentos, o reclamante (pessoa natural ou jurídica) está obrigado ao pagamento das custas, antes de protocolizar nova demanda (§ 3º do art. 844). Há quem alegue a inconstitucionalidade dessa previsão legal, por obstar o acesso à justiça e, consequentemente, por violar o direito fundamental de petição, previsto no art. 5º, da CF.

A revelia

Ausente o reclamado na audiência inaugural, aplicar-se-lhe-á a pena de revelia e confissão quanto à matéria de fato (CLT, art. 844).

A revelia, como se sabe, decorre da ausência de defesa e não propriamente da ausência do reclamado. Assim, se, embora ausente, comparece seu advogado, munido de defesa e da respectiva procuração, não há falar-se em revelia, em face do ânimo de defender-se. Sua ausência, porém, para prestar depoimento pessoal, redundará na pena de confissão ficta.

Equivocada se nos afigura a conclusão do TST na Súmula 122, considerando revel a reclamada se ausente à audiência em que deva apresentar defesa, ainda que presente seu advogado, munido de procuração.

Quer-nos parecer que o princípio da oralidade, que faculta às partes, ou a seus advogados, desde que munidos de procuração judicial, formular defesa oral (art. 847 da CLT), foi postergado pela Corte Trabalhista.

Foi está a conclusão do legislador, ao inserir no § 5º, no art. 844, da CLT, Reforma Trabalhista/2017: "Ainda que ausente o reclamado, presente o advogado na audiência, serão aceitos a contestação e os documentos eventualmente apresentados", não existindo, assim, a revelia.

A confissão ficta

A confissão ficta, como se verificou, é uma consequência da ausência da parte para prestar depoimento.

525. Art. 844, da CLT, redação dada pela Lei n. 13.467/2017.

526. Em 11-11-2017.

527. Ação Direta de Inconstitucionalidade.

A Súmula 74 do TST, pondo fim à controvérsia acerca da possibilidade de se aplicar ao reclamante a pena de confissão, assim dispôs:

"I – Aplica-se a confissão à parte que, expressamente intimada com aquela cominação, não comparecer à audiência em prosseguimento, na qual deveria depor. (ex-Súmula 74 – RA 69/1978, *DJ* 26-9-1978)

II – A prova pré-constituída nos autos pode ser levada em conta para confronto com a confissão ficta (arts. 442 e 443, do CPC de 2015 – art. 400, I, do CPC de 1973), não implicando cerceamento de defesa o indeferimento de provas posteriores.

III – A vedação à produção de prova posterior pela parte confessa somente a ela se aplica, não afetando o exercício, pelo magistrado, do poder/dever de conduzir o processo".

3. *Conciliação inicial*

Constatada a presença das partes (reclamante e reclamado), antes de tomada a defesa e, portanto, antes que se estabeleça o contraditório, o juiz proporá a denominada *conciliação inicial* – art. 846.

A conciliação é um ato jurisdicional, porque celebrado com a intervenção do magistrado, devendo ser proposta pelo juiz, obrigatoriamente, em dois momentos processuais:

a) antes da apresentação da defesa pelo reclamado;

b) após o encerramento da instrução, depois de aduzidas razões finais, e antes de ser proferida a sentença;

c) em qualquer fase da audiência no procedimento sumaríssimo.

A sentença que homologa conciliação transita desde logo em julgado e é, portanto, insuscetível de recurso, só podendo ser objeto de ação rescisória na ocorrência de uma das hipóteses previstas no art. 966 do CPC.

Observe-se que a conciliação, por força da EC n. 45/2004, não é mais imposição constitucional, conquanto subsistente na legislação infraconstitucional e de manifesto interesse público, como forma de solução conciliatória de conflitos.

4. *Contestação*

Não conciliadas as partes, terá o reclamado (réu) 20 minutos para aduzir sua defesa, admitida na prática a contestação escrita. É o que reza o art. 847 da CLT: "não havendo acordo, o reclamado terá vinte minutos para aduzir sua defesa...".

A contestação, no processo trabalhista, é, pois, formulada oralmente ou apresentada sob forma escrita. No peticionamento judicial eletrônico (PJe), a defesa é protocolizada com antecedência e poderá ficará sob sigilo, até a abertura da audiência, tendo em vista que, na prática, ela *não é mais apresentada, fisicamente, na própria audiência.*

A defesa ou contestação pode vir, e normalmente vem acompanhada de *preliminar*, que significa aquilo que precede o objeto. No âmbito do direito processual diz-se das objeções levantadas antes do mérito e que ao juiz cumpre solucionar de plano.

Podem ser arguidas como *preliminares* no processo trabalhista as seguintes matérias:

1) inexistência ou nulidade de citação;
2) incompetência absoluta e relativa;
3) incorreção do valor da causa;
4) inépcia da petição inicial;
5) perempção;
6) litispendência;
7) coisa julgada;
8) conexão;
9) incapacidade da parte, defeito de representação ou falta de autorização;
10) convenção de arbitragem;
11) ausência de legitimidade ou de interesse processual;
12) falta de caução ou de outra prestação que a lei exige como preliminar;
13) indevida concessão do benefício de gratuidade de justiça.

Inexistência ou nulidade de citação

A citação inicial, denominada no processo do trabalho notificação, é, como já se observou, postal. Não se cerca do rigorismo do processo civil, podendo ser depositada na caixa de correspondência ou simplesmente entregue na portaria. Seu não comparecimento, devidamente comprovado, implica nulidade desde o início de todo o processado, conforme a redação da Súmula 16 do TST.

Incompetência absoluta e relativa

A incompetência absoluta é aquela relacionada à matéria ou à função, que pode ser declarada de ofício. A incompetência relativa,

ao revés, fixa-se no critério territorial ou no valor da causa, não podendo ser declarada de ofício, a ser arguida em preliminar de contestação, sob pena de preclusão, consoante previsão da Súmula 33 do STJ.

Incorreção do valor da causa

A toda causa se atribuirá necessariamente um valor. Impugnado esse valor em preliminar de contestação, cabe ao reclamante manifestar-se facultado ao juiz de ofício determinar a retificação, caso observada discrepância com relação à pretensão econômica (art. 292, § 3º, do CPC).

Inépcia da petição inicial

A petição inicial é inepta quando, por lacunas e irregularidades, se torne ininteligível, fazendo impossível a verificação da exata pretensão, e dificultando sobremaneira a articulação da defesa. Ressalte-se, porém, que o informalismo do processo do trabalho faz com que o juízo trabalhista seja mais tolerante, admitindo-se, inclusive, a correção, em audiência, obviamente sem prejuízo da defesa, cujo prazo, aliás, deve ser devolvido.

Perempção

Perempção é a perda do direito de reiterar nova ação com o mesmo objeto, que ocorre quando o autor, por três vezes, der causa a sentença fundada em abandono da causa.

Na ocorrência de perempção deixa de existir o direito de ação visando, repita-se, ao mesmo objeto, conservando-se, porém, o direito, a ser arguido como matéria de defesa.

No Processo do Trabalho, a perempção está presente nas hipóteses dos arts. 731 e 732 da CLT – "incorrerá na perda, pelo prazo de 6 meses do direito de reclamar perante a Justiça do Trabalho" aquele que, nas reclamações verbais, não comparecer à secretaria do Juízo para reduzir a termo a reclamação.

Outrossim, na mesma pena está sujeito aquele que por duas vezes der causa à extinção da ação, por não comparecer à audiência inaugural (art. 844 da CLT).

Na oportuna observação de Teresa Arruda Alvim[528], na perempção há "perda da pretensão e não do direito em si".

Litispendência

Ocorre a litispendência quando uma ação é virtualmente reproduzida, ou seja, a exigência de duas causas envolvendo as mesmas partes e idêntico objeto. Positivada a existência de litispendência, deve o juiz julgar extinta a ação, sem o exame do mérito.

Coisa julgada

Dá-se a coisa julgada quando se reproduz ação já anteriormente ajuizada e com a sentença transitada em julgado, impondo-se a extinção do feito, igualmente sem exame do mérito.

Conexão

Ocorre a conexão quando uma ação guarda estreita relação com outra, sendo-lhes comum o objeto ou a causa de pedir. A ocorrência da conexão não redunda na extinção do feito, mas, ao revés, na remessa dos autos de um juízo para outro, observada a prevenção do juízo perante o qual tenha sido proposta a primeira ação.

Incapacidade da parte, defeito de representação ou falta de autorização

Para que a pessoa possa estar em juízo é indispensável ser titular de capacidade processual, também denominada legitimidade: capacidade de ser parte; capacidade de estar em juízo. No âmbito do Processo do Trabalho a capacidade de ser parte ocorre aos 18 anos (art. 792 da CLT).

Os menores e os incapazes são representados e/ou assistidos por quem de direito.

Capacidade processual e legitimidade de representação são pressupostos fundamentais para a regularidade do processo.

A postulação na esfera judicial civil é feita, como se sabe, por advogados regularmente inscritos na OAB. Na esfera trabalhista conquanto recomendável a presença de advogado é admitida a postulação pessoal das partes – o *jus postulandi*.

Convenção de arbitragem

A convenção de arbitragem é uma cláusula contratual mediante a qual as partes de um negócio jurídico se obrigam a submeter a solução de conflitos patrimoniais disponíveis, que eventualmente possam surgir a uma terceira pessoa. A cláusula em apreço afasta a solução de tais conflitos da esfera da jurisdição estatal.

528. Comentários ao CPC/2015, p. 587.

Hoje fartamente aceita no âmbito empresarial, é, contudo, parcialmente aceita na Justiça do Trabalho de que são exemplos a admissão do MPT, por solicitação das partes, como árbitro nos dissídios coletivos (art. 81, LC 75/93), e juízo arbitral nos dissídios coletivos (art. 114, § 1º, da CF).

Ausência de legitimidade ou de interesse processual

O juiz poderá indeferir, de ofício, a petição inicial se constatar a ausência dos pressupostos processuais – interesse e legitimidade, que se traduzem na imprescindível necessidade da prestação jurisdicional para que o autor faça valer o direito de que se julgue titular. A legitimidade é condição indispensável ao exercício da ação

Falta de caução ou de outra prestação que a lei exige como preliminar

Caução no sentido que lhe confere o inciso XII do art. 337 do atual CPC é o ato pelo qual é assegurada a garantia de indenização por dano ocasionado no decorrer de um processo, de que é exemplo a hipótese prevista no art. 83 do CPC/2015. O processo do trabalho não acolhe tal exigência e tampouco pressupõe prestação no sentido que lhe confere a lei processual civil.

Indevida concessão do benefício de gratuidade de justiça

Em conformidade com o que dispõe o art. 790, § 3º, da CLT[529], é facultado ao juiz conceder, de ofício ou a requerimento da parte interessada, o benefício da justiça gratuita, desde de que o postulante perceba salário igual ou inferior a 40% do limite mínimo dos benefícios previdenciários. O benefício mencionado envolve inclusive o pagamento das custas processuais.

Na eventualidade de concessão indevida de tal benefício a parte interessada poderá impugná-la em preliminar de contestação.

5. Desistência da ação

Nos termos do § 3º do art. 843 da CLT[530], oferecida a contestação, ainda que eletronicamente, o reclamante não poderá desistir da ação, sem a concordância do reclamado.

A inovação tem seu fundamento: A contestação é o meio através do qual o réu exerce o seu direito de defesa e de solicitação ao juiz de obtenção da sentença.

Na lição sempre lembrada de Eliézer Rosa[531]:

"desenvolvem-se dentro do processo dois tipos de relação: relação de ação e relação de defesa, cada qual com seu conteúdo próprio, unificando-se afinal pelo escopo comum da obtenção da sentença. Apresentada a contestação, já não pode o autor, sem o consentimento do réu, alterar o pedido, a causa de pedir, ou desistir da ação".

6. *Prescrição: arguição*

Prescrição, como se sabe, é a perda da oportunidade de propor a ação inerente a um direito violado, e, como lembra Bevilákua, é uma regra de ordem pública, de harmonia e de paz, imposta pela necessidade da certeza nas relações jurídicas.

Do ponto de vista do direito, é ela definida como o fato de se esgotar o prazo que alguém teria para pleitear seu direito, como preceitua a doutrina de Orlando de Castro. Conquanto se assemelhe à decadência, com ela não se confunde, pois, enquanto a prescrição é a perda do direito de ação, a decadência é a perda do próprio direito.

Duas são as espécies de prescrição:

a) extintiva;

b) aquisitiva.

"Na prescrição aquisitiva predomina a força que cria, na extintiva a força que extermina", preleciona Washington de Barros Monteiro.

A declaração de ofício da prescrição, prevista na legislação anterior (art. 219, § 5º, do CPC), subsiste por força do previsto no art. 487, II, do CPC/2015, com a seguinte redação:

Art. 487. Haverá resolução do mérito quando o juiz:

...

II. Decidir de ofício ou a requerimento, sobre a ocorrência de decadência ou prescrição.

529. Redação dada pela Lei n. 13.467/2017, Reforma Trabalhista.

530. Reforma Trabalhista/2017, Lei n. 13.467.

531. Editora de Direito, 1957, p. 16.

Na atual processualística, a determinação tem inequívoco caráter imperativo – "o juiz pronunciará, de ofício, a prescrição", independentemente de provocação da parte interessada.

É, pois, dever do juiz fazê-lo. Omissa a sentença, manifesta a oportunidade de embargos declaratórios.

A declaração de ofício da prescrição é objeto de controvérsia doutrinária. Sustentamos a sua aplicação no Processo do Trabalho, fazendo nosso o entendimento de Manoel Antonio Teixeira Filho – "a norma incidirá no Processo do Trabalho, pelo mesmo motivo que o arts. 59 e 240, do CPC, em sua redação anterior, era pacificamente aplicado ao processo do trabalho. Não haverá antagonismo com o art. 7º, inciso XXIX da Constituição Federal"[532].

Em sentido contrário, v. acórdão do TST:

"Recurso de revista interposto sob a égide da Lei n. 13.467/17 – Prescrição – Reconhecimento de ofício – Impossibilidade. No processo do trabalho, a prescrição é matéria de defesa e não pode ser pronunciada de ofício, não havendo falar em aplicação subsidiária do art. 487, II, do NCPC (art. 219, § 5º, do CPC de 1973). Julgados. Recurso de Revista conhecido e provido[533]".

A prescrição na fase executória há de ser superveniente à sentença.

Autores há, entretanto, dos mais renomados, que só admitem a arguição da prescrição na defesa, como sustenta Francisco Antonio de Oliveira:

"... não invocada em defesa, oportunidade hábil, restará viciada pela preclusão. Prescrição hoje é mérito (art. 487, II, do CPC). E, como tal, deverá ser invocada como matéria de defesa nos termos do art. 336 do CPC de 2015.

Idêntica opinião tem Eduardo Gabriel Saad:

"De fato, se a prescrição é matéria de mérito, é ela arguível na contestação, de sorte que a outra parte possa impugná-la. É o que deflui do art. 336 do CPC de 2015. Nossas considerações, porém, permitem que se admita a alegação da prescrição antes do encerramento da instrução, o que importa dizer que a outra parte terá o ensejo de reagir em consonância com os princípios do contraditório e da ampla defesa, constitucionalmente assegurados. Arguir a prescrição além do primeiro grau é contrariar os princípios que acabamos de enunciar"[534].

O TST, na Súmula 153, tem entendido possível a arguição da prescrição na instância ordinária:

"Não se conhece da prescrição não arguida na instância ordinária".

Com isso, firmou-se a mais Alta Corte Trabalhista no entendimento de que a prescrição pode ser invocada a qualquer momento dentro da instância ordinária, ou seja, na defesa, ou mediante recurso ordinário.

Ressalte-se que, em se tratando de prestações sucessivas decorrentes de alteração do pactuado, a prescrição é total, exceto quando o direito à parcela esteja assegurado por lei – Súmula 294 do TST.

Por longo espaço de tempo, o TST rejeitava a aplicação da prescrição intercorrente (Súmula 114), no Processo do Trabalho, contrariando assim, o entendimento antagônico do STF afirmando, textualmente "o direito do trabalho admite a prescrição intercorrente".

A Reforma Trabalhista/2017, em harmonia com o STF, vem de proclamar a prescrição nominada no Processo do Trabalho, afirmando, no art. 11-A, da CLT que:

"Ocorre a prescrição intercorrente no processo do trabalho no prazo de dois anos.

§ 1º A fluência do prazo prescricional intercorrente inicia-se quando o exequente deixa de cumprir determinação judicial no curso da execução.

§ 2º A declaração da prescrição intercorrente pode ser requerida ou declarada de ofício em qualquer grau de jurisdição".

532. *LTr*, 70-03/298.

533. RR-773-03.2017.5.10.0016, 8ª Turma, Relatora Ministra Maria Cristina Irigoyen Peduzzi, *DEJT* 5-4-2019.

534. *Suplemento Trabalhista*, n. 90/97, LTr, p. 439.

Em conformidade com o disposto no artigo em comento a "fluência do prazo prescricional inicia-se quando o exequente deixa de cumprir determinação judicial no curso da execução".

Não obstante, a prescricional intercorrente não deve ser aplicada aos créditos dos absolutamente ou relativamente incapaz[535], por força dos preceitos legais, dos arts. 198, do Código Civil, combinado com o 5º, XXXVI, da CF, uma vez que "a lei não prejudicará o direito adquirido, o ato jurídico perfeito e a coisa julgada".

Assim, repousa no interesse do exequente dar início aos atos processuais na fase de execução, e somente sua inércia, e a requerimento do devedor, poderá ensejar a prescrição intercorrente.

O STF[536], alterou o entendimento sobre prescrição para a cobrança do FGTS. A decisão foi tomada na sessão plenária do Supremo, no julgamento do recurso extraordinário com agravo (ARE) 709212, com repercussão geral reconhecida. Anteriormente, adotava-se a prescrição trintenária, atualmente, a prescrição é a mesma dos demais créditos trabalhistas, conforme consta do inciso XXIX, do art. 7º da CF/1988, aplicando-se a todas as ações que tratam da mesma matéria[537], exceto para as ações já em curso.

A Constituição cidadã prevê:

"XXIX – ação, quanto aos créditos resultantes das relações de trabalho, com prazo prescricional de cinco anos para os trabalhadores urbanos e rurais, até o limite de dois anos após a extinção do contrato de trabalho".

7. *Defesa de mérito*

Como já verificamos, uma defesa pode envolver questões de natureza processual (preliminares ou exceção), devendo, necessariamente no processo do trabalho, conter a *defesa de mérito*, que é aquela voltada contra a pretensão do reclamante, também chamada de "resistência à pretensão", na expressão de Coqueijo Costa, para quem a defesa de mérito pode, igualmente, ser direta ou indireta:

"Direta, na contestação, quando se dirige contra o pedido, nos seus fundamentos de fato e de direito. Consiste:

a) na negação dos fatos jurídicos afirmados pelo autor, como fundamento do seu pedido (não são verdadeiros ou são diversos dos alegados pelo autor);

b) na admissão dos fatos alegados pelo autor, mas negação concomitante das consequências jurídicas que o autor lhes atribui (da existência dos fatos não resulta que o réu seja juridicamente obrigado a satisfazer o pedido do autor).

Indireta, quando não obstante verdadeiros os fatos, opõe ao direito pleiteado pelo autor outros fatos que o impedem, extinguem ou obstam aos efeitos. É também chamada 'objeção' e consiste:

a) na admissão dos fatos constitutivos alegados pelo autor, na afirmação concomitante de outros, impeditivos ou extintivos (reconhece a dívida, mas já pagou);

b) na alegação de outros fatos que têm por conteúdo um direito do réu e obstam aos efeitos jurídicos afirmados pelo autor (se devo, o direito de cobrar está prescrito; devo, mas também sou credor). Esta objeção é a chamada 'exceção substancial'"[538].

O processo do trabalho não admite a contestação por negação geral, impõe-se a impugnação de cada uma das pretensões formuladas na inicial, sob pena de ser acolhida aquela que não tenha sido objeto específico de defesa.

Imaginemos, pois, que em uma petição inicial o reclamante pretenda verbas rescisórias, como aviso prévio, 13º salário proporcional, férias proporcionais, férias vencidas simples e férias vencidas em dobro (se for o caso), concomitantemente, pleiteie horas extras com incidência nos demais títulos, por força da habitualidade. Na hipótese de a contestação não impugnar as horas extras, fatalmente serão estas acolhidas, com a consequente incidência, já que nem sequer oposta

535. Art. 3º, do Código Civil.
536. Em 13-11-2014.
537. < http://www.tst.jus.br/noticia-destaque/-/asset_publisher/NGo1/content/stf-altera-entendimento-sobre-prescricao-para-cobranca-de-fgts > .

538. *Direito Judiciário do Trabalho*, Rio de Janeiro, Forense, p. 244.

qualquer objeção do reclamado. Assim, se impõe ao reclamado o especial cuidado, quando de sua defesa de mérito; o que é denominado pela doutrina de "ônus da impugnação especificada".

Por força do chamado *princípio da eventualidade*, toda a matéria de defesa deve ser concentrada na contestação, como, aliás, enfatiza o art. 336 do CPC:

"Incumbe ao réu alegar, na contestação, toda a matéria de defesa, expondo as razões de fato e de direito com que impugna o pedido do autor e especificando as provas que pretende produzir."

Note-se que, assim como ao autor não é permitido alterar a pretensão depois de citado o réu, a este também não é dado alterar ou aditar a defesa, salvo as exceções previstas nos arts. 341 e 342 do CPC, tais como o *direito ou fato superveniente*, ou seja, aquele decorrente de fato ocorrido posteriormente ao prazo fixado para a apresentação da contestação, como, por exemplo, as prestações sucessivas que se tornam exigíveis após a defesa; matéria que ao juiz é dado conhecer de ofício, como a existência ou não dos pressupostos processuais, e, finalmente, as questões que, por força de expressa autorização legal, possam ser formuladas em qualquer grau de jurisdição, como ocorre com a prescrição (art. 193 do CC).

8. Antecipação da tutela jurisdicional

A tutela antecipada é disposição adotada pela legislação nacional, e de grande alcance prático, sobretudo no processo do trabalho.

Consoante ao que prescreve os arts. 294 e 300 do atual CPC:

"Art. 294. A tutela provisória pode fundamentar-se em urgência ou evidência. Parágrafo único. A tutela provisória de urgência, cautelar ou antecipada, pode ser concedida em caráter antecedente ou incidental".

Objetivando a antecipação dos efeitos da prestação jurisdicional, conquanto possa guardar semelhança com as medidas cautelares, com estas não se confunde. As cautelares, como se sabe, visam garantir o resultado da prestação jurisdicional, tendo, por isso mesmo, finalidade provisória e instrumental.

Pressupõem, por outro lado, o *fumus boni iuris* e o *periculum in mora*.

A tutela antecipada, ao revés, adianta o provimento jurisdicional, pressupondo, tão somente, o *periculum in mora*. Não podendo ser decretada de ofício, depende de requerimento do interessado, residindo seu fundamento na prova inequívoca na "probabilidade do direito" (verossimilhança) de serem verdadeiras as alegações do autor, desde que haja fundado receio de "perigo de dano" irreparável ou "risco ao resultado útil do processo" de difícil reparação, ou, ainda, seja manifestamente protelatória a defesa (art. 300 do atual CPC).

A decisão que *concede, nega, modifica ou revoga* a antecipação da tutela jurisdicional, há de ser fundamentada –, o juiz motivará seu convencimento de modo claro e preciso" (art. 298 do CPC de 2015).

A execução, na hipótese de sua concessão, é provisória, não implicando, por isso mesmo, atos de alienação.

A tutela antecipada não será concedida quando houver perigo de irreversibilidade do provimento antecipado.

Ainda que seja concedida a tutela, o processo prosseguirá normalmente até sentença final, que poderá confirmar a antecipação ou revogá-la.

Conquanto silente os arts. 294 e 300 do CPC, de 2015 e seus parágrafos, quanto à interposição de recurso, afirmam Antonio Carlos Marcato e Nelson Nery Junior que a decisão que concede ou nega, bem como a que reforma a concessão da antecipação, "é impugnável por recurso de agravo".

Ora, o agravo de instrumento no processo do trabalho tem finalidade específica (CLT, art. 897, *b*), não sendo, portanto, o recurso adequado na ocorrência de tutela antecipada.

Não sendo definitiva a decisão, não há falar-se, igualmente, em recurso ordinário (CLT, art. 895, *a*), o que nos leva à conclusão de que da decisão em apreço não cabe, no processo do trabalho, qualquer recurso, podendo-se, todavia, ensejar a figura do *protesto* e, eventualmente, não se afastando a hipótese de mandado de segurança.

A tutela antecipada, como facilmente se constata, objetiva a celeridade processual, uma

das características do processo do trabalho, razão por que sua aplicação subsidiária se nos afigura indiscutível, sobretudo em questões que envolvam a reintegração de empregados estáveis, transferências abusivas e outras hipóteses comuns no Judiciário Trabalhista.

9. Reconvenção e compensação: momentos de arguição

Reconvenção é a ação proposta pelo réu, contra o autor, perante o mesmo juízo em que é demandado, devendo ser interposta concomitantemente com a contestação.

Oswaldo da Silva Rico ensina:

"A reconvenção é a ação autônoma ou a contra-ação proposta pelo réu (reconvinte) contra o autor (reconvindo), no mesmo processo (feito) e juízo em que é demandado"[539].

A *reconvenção* é, pois, ação e não meio de defesa. Na reconvenção, ao contrário da contestação e da exceção, o réu age formulando pedido próprio e autônomo, consoante a previsão do art. 343, do atual CPC.

Sua admissibilidade no processo trabalhista é aceita amplamente, muito embora haja restrições, inexistindo, como bem observa Wagner Giglio, qualquer incompatibilidade com os princípios gerais do Direito do Trabalho.

A *compensação*, por sua vez, é uma modalidade de extinção das obrigações e ocorre quando duas pessoas são, simultaneamente, credoras e devedoras, uma da outra, por dívida líquida, certa e exigível, ou seja, de valor determinado, sujeito e objeto definidos, e não subordinado a termo ou condição, isto sim exigível; na seara processual laboral – a *compensação* se dá entre as verbas dos mesmos títulos.

Sua admissibilidade no processo do trabalho não apresenta qualquer dúvida, limitada, porém, às dívidas de natureza trabalhista (TST, Súmula 18).

O momento de arguição da *reconvenção* e da *compensação* é na apresentação da defesa, que deve ser protocolizada antes da audiência (TST, Súmula 48).

10. Instrução processual

"Art. 848. Terminada a defesa, seguir-se-á a instrução do processo...".

No processo do trabalho, como decorrência do próprio princípio da oralidade, os atos processuais mais relevantes são realizados na audiência, ao contrário do que ocorre no processo civil.

Em razão do princípio nominado, a presença das partes se faz obrigatória na audiência de instrução e julgamento, quando então é formulada a defesa, para o que a parte tem 20 minutos, admitida a contestação escrita.

Nessa mesma audiência são formuladas, obrigatoriamente, as duas propostas de conciliação, e nessa oportunidade são tomados os depoimentos pessoais do reclamante e do reclamado (autor e réu), e ouvidas as testemunhas.

Ainda nessa mesma audiência, encerrada a instrução, são formuladas as razões finais orais, que equivalem ao memorial do processo civil, seguindo-se a sentença.

a) Depoimentos pessoais e interrogatórios

Preliminarmente, como já acentuamos nos comentários ao art. 818 – Das Provas –, são tomados os depoimentos pessoais do reclamante e do reclamado.

Doutrinam Nelson Nery e Rosa Maria Nery:

"O depoimento pessoal é mecanismo de que se vale o juiz para aclarar pontos do processo que ele repute importantes para a decisão da causa. Durante o interrogatório, pode sobrevir a confissão da parte"[540].

Inclina-se a doutrina e jurisprudência pela não aplicação ao processo do trabalho da regra disposta no art. 385, § 2º, do CPC de 2015, pois, "cabe à parte requerer o depoimento pessoal da outra..." e que é vedado "a quem ainda não depôs assistir ao interrogatório da outra parte".

As justificativas nesse sentido, porém, *data maxima venia*, não convencem. A rigor,

539. *Da Reconvenção e da Compensação no Direito Brasileiro*, São Paulo, Saraiva, p. 23.

540. *Código de Processo Civil Comentado*, cit., p. 623.

o único obstáculo à aplicação salutar do princípio é o *jus postulandi*.

Se, todavia, ambos os litigantes estiverem acompanhados de seus respectivos advogados, nada impede que o reclamado se retire, enquanto o reclamante prestar depoimento pessoal.

O argumento de que a CLT contém regras próprias a respeito não nos parece convincente, pois a omissão é manifesta, ensejando ao juiz do trabalho invocar o art. 769 da CLT, que autoriza a aplicação subsidiária do Direito Processual Civil.

A parte que não comparecer para prestar depoimento pessoal é declarada confessa, como consta da:

Súmula 74 do TST:

"I – Aplica-se a confissão à parte que, expressamente intimada com aquela cominação, não comparecer à audiência em prosseguimento, na qual deveria depor. II – A prova pré-constituída nos autos pode ser levada em conta para confronto com a confissão ficta (arts. 442 e 443, do CPC/2015 – art. 400, I, do CPC de 1973), não implicando cerceamento de defesa o indeferimento de provas posteriores. III – A vedação à produção de prova posterior pela parte confessa somente a ela se aplica, não afetando o exercício, pelo magistrado, do poder/dever de conduzir o processo".

Note-se que a presença das partes no processo do trabalho é obrigatória até a tomada ou dispensa dos depoimentos pessoais, após o que podem retirar-se – "findo o interrogatório, poderá qualquer dos litigantes retirar-se prosseguindo a instrução com o seu representante" (art. 848, § 1º, da CLT).

A Lei n. 9.022/95 e o depoimento pessoal no Processo do Trabalho

Dispõe o art. 848 da CLT, com a redação dada pela Lei n. 9.022/95, que:

"Terminada a defesa, seguir-se-á a instrução do processo, podendo o presidente, *ex officio*, ou a requerimento de qualquer juiz temporário, interrogar os litigantes", o termo presidente, aqui, se refere ao juiz, que dirige os trabalhos

A redação revogada tinha o seguinte teor:

"Não havendo acordo, seguir-se-á a instrução do processo, podendo o presidente, *ex officio* ou a requerimento de qualquer vogal, interrogar os litigantes".

A Lei n. 9.022/95, a rigor, procurou atualizar o dispositivo legal nominado, tendo em vista a nova investidura dada então aos vogais, transformados em *juízes classistas temporários*[541].

Em ambas as redações o legislador utilizou-se da expressão *interrogatório*.

Com a extinção do juiz classista (EC n. 24/99), o art. 848 encontra-se parcialmente revogado, o que, num esforço de atualização, ensejaria o seguinte entendimento:

"Terminada a defesa, seguir-se-á a instrução do processo, podendo o presidente, *ex officio*, interrogar os litigantes".

A redação em apreço, falando em *interrogatório*, sem menção ao depoimento pessoal das partes, tem levado inúmeros juízes do trabalho a sustentar extinto, no processo trabalhista, este último, o depoimento pessoal, indeferindo, sistematicamente, reperguntas às partes, de que é exemplo o r. despacho que transcrevemos:

"Registre-se que o juízo indeferiu o requerimento formulado pelo patrono da reclamada de formular reperguntas ao reclamante, tendo em vista a alteração legislativa ocorrida no processo do trabalho (art. 848 da CLT[542]), por força da qual o legislador adotou o sistema de interrogatório judicial, afastando o direito anteriormente previsto a respeito do depoimento pessoal".

Com tal entendimento ficam as partes na impossibilidade de tomada de depoimento pessoal, inclusive em questões eminentemente fáticas.

Ora, com a devida vênia, como demonstramos, a Lei n. 9.022/95 não alterou a redação anterior dada ao art. 848, quanto ao interrogatório, apenas atualizou o dispositivo legal quanto à figura dos vogais, na época convertidos em juízes temporários.

541. Constituição Federal de 1967, com a EC n. 1/69.
542. Com a redação da Lei n. 9.022/95.

Já na vigência da redação revogada pela Lei n. 9.022/95, afirmava Russomano, com a autoridade que lhe é amplamente reconhecida:

"A Consolidação está mal redigida. Não se pode negar o direito de um litigante tomar as declarações do litigante que se opõe às suas pretensões, para esclarecimento e fixação do debate. Não se lhe pode tolher a chance de arrancar, em juízo, uma confissão da parte contrária. Dessa forma, tanto a parte quanto seu procurador podem requerer o depoimento pessoal da parte contrária"[543].

A mesma crítica era, igualmente, formulada por Sebastião Ribeiro de Oliveira, em seus *Comentários à Consolidação das Leis do Trabalho*, em edição publicada anteriormente à Lei n. 9.022/95:

"A Consolidação, como observa Russomano (*Comentários*, II, p. 1.243), não foi feliz, na redação deste artigo, pois de sua leitura pode-se ter a impressão de que uma parte não seria admitida a formular perguntas para serem respondidas no depoimento de seu adversário, o que seria um absurdo. Não há, entretanto, quem defenda esta interpretação rigorista do dispositivo em causa. Basta, aliás, interpretá-lo em sistema com o art. 820 da própria CLT, para que se desfaça aquela primeira impressão. Por outro lado, o direito comum subsidiário, nesta como em outras omissões, prescreve que o depoimento pessoal será tomado pela mesma maneira prescrita para a tomada do depoimento das testemunhas, no qual é assegurada a formulação de quesitos pelas partes, sempre, é claro, por intermédio do juiz"[544].

Vê-se, pois, quanto equivocada é a afirmação de que a Lei n. 9.022/95 pôs fim ao depoimento pessoal no Processo do Trabalho. A lei nominada nada alterou com relação ao interrogatório, já contido na redação anterior, bastando que se consulte a CLT, anteriormente a 1995. Ambas as redações manifestamente equivocadas, e em inequívoco antagonismo à denominada Teoria Geral do Processo.

O interrogatório e o depoimento pessoal
Na lição de Luiz Dall' Agnol:

"O interrogatório das partes não se confunde com o depoimento pessoal das mesmas; aquele pode ser determinado mais de uma vez, em qualquer fase do processo, ao passo que o segundo, é colhido apenas uma vez, em audiência"[545], conforme arts. 385 e 139, VIII, do atual CPC.

Do que se conclui que o interrogatório (ato do juiz) pode ser determinado a qualquer momento no decorrer do processo, cabendo à parte postular, em audiência, o depoimento pessoal da parte contrária.

Coqueijo Costa, em obra consagrada, observa que:

"A interpretação do Direito Processual do Trabalho não pode fugir das regras básicas da interpretação do Direito Processual Civil"[546].

Dentre tais regras cumpre pôr em relevo o contraditório e a repartição das provas.

A inquisitoriedade do processo do trabalho não pode ser levada ao extremo do Direito Penal, acusatório em suas linhas gerais.

Com efeito, o princípio inquisitorial do Processo do Trabalho não significa afastamento dos princípios gerais do processo, dentre os quais merece destaque o direito concedido às partes à tomada de depoimento da parte contrária.

Como põe em relevo Jorge Pinheiro Castelo:

"A autonomia do direito processual do trabalho não pode significar isolamento.

Pelo contrário, o direito processual do trabalho integra o direito processual. Por isso, deve observar a unidade de raciocínio da teoria geral do processo ligada ao objetivo final e comum a todos os ramos do direito processual, que é atender os escopos do sistema processual de natureza social, política e jurídica. Além disto,

543. *Comentários à Consolidação das Leis do Trabalho*, 7. ed., Konfino, 1966, v. 5.

544. *Comentários à Consolidação das Leis do Trabalho*, Ed. Nacional de Direito, n. 1.963, v. 5, p. 219.

545. *Boletim da Associação dos Advogados de São Paulo*, n. 1.690, p. 124.

546. *Direito Judiciário do Trabalho*, Forense, 1978, p. 17.

deve aproveitar os conceitos extraídos da teoria geral do direito processual, ou de qualquer segmento do direito processual, que possam ser tidos como universais, ou, pelo menos, aproveitar o método de raciocínio utilizado"[547].

Observe-se, outrossim, que os objetivos do interrogatório e do depoimento pessoal são distintos. O interrogatório, determinado pelo juiz, em qualquer fase do processo, visa esclarecer o magistrado sobre os *fatos da causa*. O depoimento pessoal, ao revés, é o meio pelo qual se busca a denominada *confissão provocada*.

No magistério de Moacyr Amaral Santos:

"No interrogatório as partes comparecem para elucidar os fatos da causa, com a finalidade de facilitar sua instrução probatória ou o julgamento da lide. De tal modo, o interrogatório poderá ser um *único* ou *vários*, conforme o considerar necessário ou útil o juiz, à medida que o processo se movimente, diversamente do depoimento pessoal que é um único, a realizar-se na audiência de instrução e julgamento, salvo a hipótese de audiência antecipada (art. 847)"[548].

Por isso que, com precisão, o CPC, distinguindo o interrogatório do depoimento pessoal, não afasta o direito da parte à obtenção da confissão:

"Art. 385 Cabe à parte requerer o depoimento pessoal da outra parte, a fim de que esta seja interrogada na audiência de instrução e julgamento, sem prejuízo do poder do juiz de ordená-lo de ofício".

Observe-se que, considerando o comparecimento obrigatório das partes, no processo do trabalho (art. 843 da CLT), e a audiência única (art. 849 da CLT), o momento para postular o depoimento pessoal do *ex-adverso* é na própria audiência, independentemente de interrogatório do juiz.

Prova eloquente do equívoco da interpretação restritiva é a redação do art. 820 da CLT, deixando patente o direito das partes ao depoimento pessoal:

"As partes e testemunhas serão inquiridas pelo juiz ou presidente, podendo ser reinquiridas, por seu intermédio, a requerimento dos juízes classistas, *das partes*, seus representantes ou advogados".

Excluídos os juízes classistas (EC n. 24/99), subsiste, de forma inequívoca, o direito da parte ao depoimento pessoal.

Cerebrina se nos afigura a interpretação restritiva do art. 820 da CLT, no sentido de que a reinquirição dependa da inquirição. Inexistindo esta, inexistiria aquela.

Ao revés, robustecendo o direito ao depoimento pessoal, independentemente do interrogatório, conforme o que dispõe a Súmula 74 do TST:

"I – Aplica-se a confissão à parte que, expressamente intimada com aquela cominação, não comparecer à audiência em prosseguimento, na qual deveria depor".

Fácil é verificar, portanto, que o interrogatório não afasta o direito das partes ao depoimento pessoal, como, aliás, ressalta Bolívar Viegas Peixoto:

"Discute-se se o interrogatório pode ser requerido pelos litigantes.

Entendem alguns poucos que esta medida é privativa dos juízes.

Podemos concluir pelo texto da lei que não há limitação aos julgados para esta tomada de interrogatório porque a autorização àqueles não desautoriza o deferimento de qualquer das partes nesse sentido"[549].

Por isso, oportuna se nos afigura a advertência de Sérgio Pinto Martins:

"Não ouvir o reclamante ou o reclamado, quando há requerimento da parte, para esse fim, constituiria cerceamento de prova das partes, salvo se a matéria fática não fosse controvertida

547. *O Direito Processual do Trabalho na Moderna Teoria Geral do Processo*, LTr, 1993, p. 23.
548. *Comentários ao Código de Processo Civil*, Forense, 1976, v. IV, p. 86.

549. *Iniciação ao Processo Individual do Trabalho*, 4. ed., Forense, p. 295.

ou a questão fosse matéria de direito, pois a parte busca obter da outra a realidade do que teria ocorrido na relação entre ambos"[550].

Com inequívoca propriedade o pranteado Valentin Carrion observa que:

"O interrogatório dos litigantes é, com frequência, peça fundamental da instrução. Dificilmente a parte deixa de confessar algum ou muitos aspectos da controvérsia, seja por sinceridade, inadvertência ou definição de generalidades da pretensão.
Equivoca-se o magistrado que, por excesso de serviço e desejo de celeridade, dispensa o depoimento pessoal da parte, que poderá simplificar-lhe e às vezes tornar desnecessário o das testemunhas".

E, concluindo, afirma o douto magistrado e jurista:

"O texto do art. 848 'podendo o presidente...' contraria o mínimo senso de lógica e do princípio geral do processo. O depoimento dos litigantes é a mais pura e direta fonte de informação e convicção; o ônus da prova que pesa sobre cada uma das partes não pode depender da disposição do juiz em ouvir ou não o adversário, e seu indeferimento constitui gravíssimo cerceamento de defesa"[551].

Por violar o direito das partes, contrariando, outrossim, os princípios gerais do processo, facilmente se conclui pelo equívoco do legislador, não fazendo menção ao depoimento pessoal no art. 848 da CLT, não fosse conhecido o açodamento dos nossos legisladores.

À omissão, lamentável sobre todos os aspectos, e a certeza de que não houve intenção predeterminada de abolir-se o depoimento pessoal, facultado será ao advogado, diante ao radicalismo de alguns juízes, invocar a aplicação subsidiária do art. 385 do CPC, aplicação essa autorizada pelo art. 769 da CLT – "nos casos omissos, o Direito Processual Comum será fonte subsidiária do Direito Processual do Trabalho, exceto naquilo em que for incompatível com as normas deste Título".

Oportuno, por isso mesmo, v. acórdão da 6ª Turma, do TST, da lavra da Relatora Ministra Kátia Magalhães Arruda, *DEJT* 6-3-2020, no RR-568-24.2018.5.06.0412 transcrito na jurisprudência.

b) Testemunhas

Ouvidas as partes em depoimentos pessoais, "serão, a seguir, ouvidas as testemunhas...", de que nos ocupamos nos comentários ao art. 818 – Das provas.

Como já se acentuou, no procedimento ordinário, o número máximo de testemunhas para cada parte é 3; no procedimento sumaríssimo, esse número é reduzido para 2 testemunhas.

De suma importância reiterar que, em conformidade com o art. 825 da CLT, as próprias partes devem conduzir suas testemunhas à audiência, independentemente de notificação. Somente a recusa destas em comparecer espontaneamente é que autoriza sua notificação pelo juiz.

No procedimento sumaríssimo a intimação da testemunha está condicionada à prova de prévio convite (art. 852-H § 3º, da CLT).

c) Prova pericial

Exaustivamente vista nos comentários ao art. 818 da CLT – Das provas –, a perícia, via de regra, é levada a efeito na fase instrutória, mas não necessariamente, uma vez que largamente utilizada também na fase executória, em liquidação de sentença.

Tal meio de prova pode ser requerido pela parte interessada, como determinado de ofício, pelo juiz.

O perito é único, do juiz, podendo as partes indicar assistentes.

Os honorários do perito são de responsabilidade da parte sucumbente na pretensão relativa ao objeto da perícia, se imputada ao empregado subsistirá a condenação, ainda que beneficiário da justiça gratuita.

Os honorários dos assistentes são de responsabilidade das partes – Súmula 341 do TST.

d) Razões finais orais

As razões finais orais, para o que as partes têm 10 minutos, equivalem ao memorial escrito do processo civil, consistindo no uso da

550. *Comentários à CLT*, Atlas, 1998, p. 789.
551. *Comentários à Consolidação das Leis do Trabalho*, 29. ed., Saraiva, p. 681.

palavra, pelos respectivos advogados, em análise sucinta e objetiva da prova colhida na instrução, pugnando cada qual pela acolhida de seus argumentos.

Na eventualidade de o julgamento não ser realizado logo após o encerramento da instrução, com designação de nova data, podem os advogados substituir as razões orais por *memoriais escritos*, admitidos em larga escala pelos juízes do trabalho.

e) Proposta de conciliação final

"Art. 850. (...) Em seguida, o juiz ou presidente renovará a proposta de conciliação,..."

A conciliação final objetiva pôr fim à lide, evitando a sentença que, obviamente, ensejará inconformismo do vencido e, eventualmente, na hipótese de procedência parcial, de ambos os litigantes.

f) Sentença

Com a extinção da representação classista[552], o art. 850 da CLT ficou parcialmente revogado, já que deixou de existir o órgão colegiado a que ele se refere. O juízo de 1º grau, na Justiça do Trabalho, é, atualmente, monocrático, singular, e, por isso mesmo, o juiz do trabalho é o único julgador.

A sentença é transcrita na ata da audiência, assinada eletronicamente pelo juiz, não mais pelas partes, mesmo que presentes.

Na eventualidade de a sentença ser proferida em sessão posterior, convocadas as partes, o prazo para recurso tem início da data da publicação:

Súmula 197 do TST:

"O prazo para recurso da parte que, intimada, não comparecer à audiência em prosseguimento para a prolação da sentença conta-se de sua publicação".

Publicação, entenda-se, de sua juntada aos autos, que são, como se sabe, públicos.

Não juntada a ata de julgamento nos autos observar-se-á a regra disposta na Súmula 30 do TST:

"Quando não juntada a ata ao processo em 48 horas, contadas da audiência de julgamento (art. 851, § 2º, da CLT), o prazo para recurso será contado da data em que a parte receber a intimação da sentença".

▶ *Jurisprudência*

▷ **Súmula 9 do TST. Ausência do reclamante.** A ausência do reclamante, quando adiada a instrução após contestada a ação em audiência, não importa arquivamento do processo.

▷ **Súmula 18 do TST. Compensação.** A compensação, na Justiça do Trabalho, está restrita a dívidas de natureza trabalhista.

▷ **Súmula 62 do TST. Abandono de emprego.** O prazo de decadência do direito do empregador de ajuizar inquérito, contra o empregado que incorre em abandono de emprego, é contado a partir do momento em que o empregado pretendeu seu retorno ao serviço.

▷ **Súmula 74 do TST. Confissão.** (atualizada em decorrência do CPC de 2015) – Res. 208/2016, *DEJT* divulgado em 22, 25 e 26-4-2016)

I – Aplica-se a confissão à parte que, expressamente intimada com aquela cominação, não comparecer à audiência em prosseguimento, na qual deveria depor.

II – A prova pré-constituída nos autos pode ser levada em conta para confronto com a confissão ficta (arts. 442 e 443 do CPC de 2015 – art. 400, I, do CPC de 1973), não implicando cerceamento de defesa o indeferimento de provas posteriores.

III – A vedação à produção de prova posterior pela parte confessa somente a ela se aplica, não afetando o exercício, pelo magistrado, do poder/dever de conduzir o processo.

▷ **Súmula 114 do TST. Prescrição intercorrente.** É inaplicável na Justiça do Trabalho a prescrição intercorrente. Entendemos que tal súmula esteja prejudicada, em decorrência do art. 11-A, da CLT[553], portanto, há de prevalecer o entendimento da súmula do

552. Emenda Constitucional n. 24, de 9-12-1999.

553. Inserido pela Lei n. 13.467 de 2017.

STF n. 327, que afirma: o direito trabalhista admite a prescrição intercorrente.

▷ **Súmula 122 do TST. Revelia. Atestado médico.** (Incorporada a Orientação Jurisprudencial n. 74 da SDI-1) – Res. 129/2005, *DJ*, 20-4-2005
A reclamada, ausente à audiência em que deveria apresentar defesa, é revel, ainda que presente seu advogado munido de procuração, podendo ser ilidida a revelia mediante a apresentação de atestado médico, que deverá declarar, expressamente, a impossibilidade de locomoção do empregador ou do seu preposto no dia da audiência.

▷ **Súmula 153 do TST. Prescrição.** Não se conhece de prescrição não arguida na instância ordinária. Ex-Prejulgado n. 27.

▷ **Súmula 156 do TST. Prescrição. Prazo.** Da extinção do último contrato é que começa a fluir o prazo prescricional do direito de ação objetivando a soma de períodos descontínuos de trabalho.

▷ **Súmula 197 do TST. Prazo.** O prazo para recurso da parte que, intimada, não comparecer à audiência em prosseguimento para a prolação da sentença conta-se de sua publicação.

▷ **Súmula 199 do TST. Bancário. Pré-contratação de horas extras.** (Nova redação em decorrência da incorporação das Orientações Jurisprudenciais n. 48 e 63 da SDI-1 – Res. 129/2005, *DJ*, 20-4-2005)
I – A contratação do serviço suplementar, quando da admissão do trabalhador bancário, é nula. Os valores assim ajustados apenas remuneram a jornada normal, sendo devidas as horas extras com o adicional de, no mínimo, 50% (cinquenta por cento), as quais não configuram pré-contratação, se pactuadas após a admissão do bancário.
II – Em se tratando de horas extras pré-contratadas, opera-se a prescrição total se a ação não for ajuizada no prazo de cinco anos, a partir da data em que foram suprimidas.

▷ **Súmula 206 do TST. FGTS. Incidência sobre parcelas prescritas. Nova redação.** A prescrição da pretensão relativa às parcelas remuneratórias alcança o respectivo recolhimento da contribuição para o FGTS.

▷ **Súmula 259 do TST. Termo de conciliação. Ação rescisória.** Só por ação rescisória é atacável o termo de conciliação previsto no parágrafo único do art. 831 da CLT. (Res. 7/86, *DJ*, 31-10-1986)

▷ **Súmula 268 do TST. Prescrição. Interrupção. Demanda trabalhista arquivada. Nova redação.** A ação trabalhista, ainda que arquivada, interrompe a prescrição somente em relação aos pedidos idênticos. (Redação original – Res. 1/88, *DJ*, 1º-3-1988 – Res. 121/2003, *DJ*, 19-11-2003)

▷ **Súmula 275 do TST. Prescrição. Desvio de função e reenquadramento.** (Res. 8/1988, *DJ*, 1º-3-1988. Redação alterada – Res. 121/2003, *DJ*, 19-11-2003. Nova redação em decorrência da incorporação da OJ n. 144 da SDI-1 – Res. 129/2005, *DJ*, 20-4-2005)
I – Na ação que objetive corrigir desvio funcional, a prescrição só alcança as diferenças salariais vencidas no período de 5 (cinco) anos que precedeu o ajuizamento.
II – Em se tratando de pedido de reenquadramento, a prescrição é total, contada da data do enquadramento do empregado.

▷ **Súmula 294 do TST. Prescrição. Alteração contratual. Trabalhador urbano. Cancela os Enunciados ns. 168 e 198.** Tratando-se de demanda que envolva pedido de prestações sucessivas decorrente de alteração do pactuado, a prescrição é total, exceto quando o direito à parcela esteja também assegurado por preceito de lei.

▷ **Súmula 308 do TST. Prescrição quinquenal.** I – Respeitado o biênio subsequente à cessação contratual, a prescrição da ação trabalhista concerne às pretensões imediatamente anteriores a cinco anos, contados da data do ajuizamento da reclamação e, não, às anteriores ao quinquênio da data da extinção do contrato. II – A norma constitucional que ampliou o prazo de prescrição da ação trabalhista para 5 (cinco) anos é de aplicação imediata e não atinge pretensões já alcançadas pela prescrição bienal quando da promulgação da CF/1988.

▷ **Súmula 326 do TST. Complementação de aposentadoria. Prescrição total.** (Nova redação – Res. 174/2011, *DEJT*, 27, 30 e 31-5-2011)
A pretensão à complementação de aposentadoria jamais recebida prescreve em 2 (dois) anos contados da cessação do contrato de trabalho.

▷ **Súmula 327 do TST. Complementação de aposentadoria. Diferenças. Prescrição parcial.** (Nova redação – Res. 174/2011, *DEJT*, 27, 30 e 31-5-2011)
A pretensão a diferenças de complementação de aposentadoria sujeita-se à prescrição parcial e quinquenal, salvo se o pretenso direito decorrer de verbas não recebidas no curso da relação de emprego e já alcançadas pela prescrição, à época da propositura da ação.

▷ **Súmula 350 do TST. Prescrição. Termo inicial. Ação de cumprimento. Sentença normativa.** O prazo de prescrição com relação à ação de cumprimento de decisão normativa flui apenas a partir da data de seu trânsito em julgado.

▷ **Súmula 362 do TST. FGTS. Prescrição.** (nova redação) – Res. 198/2015, republicada em razão de erro material – *DEJT* divulgado em 12, 15 e 16-6-2015). I – Para os casos em que a ciência da lesão ocorreu a partir de 13-11-2014, é quinquenal a prescrição do direito de reclamar contra o não recolhimento da contribuição para o FGTS, observado o prazo de 2 (dois) anos após o término do contrato de trabalho;
II – Para os casos em que o prazo prescricional já estava em curso em 13-11-2014, aplica-se o prazo prescricional que se consumar primeiro: trinta anos, contados do termo inicial, ou cinco anos, a partir de 13-11-2014 (STF-ARE-709212/DF).

▷ **Súmula 373 do TST. Gratificação semestral. Congelamento. Prescrição parcial.** (Conversão da Orientação Jurisprudencial n. 46 da SDI-1 – Res. 129/2005, *DJ*, 20-4-2005)
Tratando-se de pedido de diferença de gratificação semestral que teve seu valor congelado, a prescrição aplicável é a parcial.

▷ **Súmula 377 do TST. Preposto. Exigência da condição de empregado.**
Exceto quanto à reclamação de empregado doméstico, ou contra micro ou pequeno empresário, o preposto deve ser necessariamente empregado do reclamado. Inteligência do art. 843, § 1º, da CLT e do art. 54 da Lei Complementar n. 123, de 14 de dezembro de 2006.

▷ **Súmula 382 do TST. Mudança de regime celetista para estatutário. Extinção do contrato. Prescrição bienal.** (Conversão da Orientação Jurisprudencial n. 128 da SDI-1 – Res. 129/2005, *DJ*, 20-4-2005)
A transferência do regime jurídico de celetista para estatutário implica extinção do contrato de trabalho, fluindo o prazo da prescrição bienal a partir da mudança de regime.

▷ **Súmula 150 do STF.** Prescreve a execução no mesmo prazo de prescrição da ação.

▷ **Súmula 327 do STF.** O direito trabalhista admite a prescrição intercorrente.

▷ **Súmula 341 do STF.** É presumida a culpa do patrão ou comitente pelo ato culposo do empregado ou preposto.

▷ **Súmula 349 do STF.** A prescrição atinge somente as prestações de mais de dois anos, reclamadas com fundamento em decisão normativa da justiça do trabalho, ou em convenção coletiva de trabalho, quando não estiver em causa a própria validade de tais atos.

▷ **Súmula 360 do STF.** Não há prazo de decadência para a representação de inconstitucionalidade prevista no art. 8º, parágrafo único, da Constituição Federal.

▷ **Súmula 403 do STF.** É de decadência o prazo de trinta dias para instauração do inquérito judicial, a contar da suspensão, por falta grave, de empregado estável.

▷ **Súmula 106 do STF.** Proposta a ação no prazo fixado para o seu exercício, a demora na citação, por motivos inerentes ao mecanismo da justiça, não justifica o acolhimento da arguição de prescrição ou decadência.

▷ **Súmula 225 do STF.** Compete ao Tribunal Regional do Trabalho apreciar recurso contra sentença proferida por órgão de primeiro grau da Justiça Trabalhista, ainda que para declarar-lhe a nulidade em virtude de incompetência.

▷ **Súmula 235 do STF.** A conexão não determina a reunião dos processos, se um deles já foi julgado.

▷ **OJ n. 38 da SDI-1 do TST. Empregado que exerce atividade rural. Empresa de reflorestamento. Prescrição própria do rurícola.** O empregado que trabalha em empresa de reflorestamento, cuja atividade está diretamente ligada ao manuseio da terra e de matéria-prima, é rurícola e não industriário, nos termos do Decreto n.

73.626, de 12-2-1974, art. 2º, § 4º, pouco importando que o fruto de seu trabalho seja destinado à indústria. Assim, aplica-se a prescrição própria dos rurícolas aos direitos desses empregados.

▷ **OJ n. 83 da SDI-1 do TST.** Aviso prévio. Prescrição. Começa a fluir no final da data do término do aviso prévio. Art. 487, § 1º, CLT.

▷ **OJ n. 115 da SDI-1 do TST. Recurso de revista. Nulidade por negativa de prestação jurisdicional.** (cancelada em decorrência da sua conversão na Súmula 459) – Res. 197/2015 – *DEJT* divulgado em 14, 15 e 18-5-2015)

▷ **OJ n. 129 da SDI-1 do TST. Prescrição. Complementação da pensão e auxílio-funeral.** A prescrição extintiva para pleitear judicialmente o pagamento da complementação de pensão e do auxílio-funeral é de 2 anos, contados a partir do óbito do empregado.

▷ **OJ n. 130 da SDI-1 do TST. Prescrição. Ministério Público. Arguição.** *Custos legis.* **Ilegitimidade.** (atualizada em decorrência do CPC de 2015) – Res. 209/2016, *DEJT* divulgado em 1, 2 e 3-6-2016. Ao exarar o parecer na remessa de ofício, na qualidade de *custos legis*, o Ministério Público não tem legitimidade para arguir a prescrição em favor de entidade de direito público, em matéria de direito patrimonial.

▷ **OJ n. 175 da SDI-1 do TST. Comissões. Alteração ou supressão. Prescrição total.** A supressão das comissões, ou a alteração quanto à forma ou ao percentual, em prejuízo do empregado, é suscetível de operar a prescrição total da ação, nos termos da Súmula 294 do TST, em virtude de cuidar-se de parcela não assegurada por preceito de lei.

▷ **OJ n. 242 da SDI-1 do TST. Prescrição total. Horas extras. Adicional. Incorporação.** Embora haja previsão legal para o direito à hora extra, inexiste previsão para a incorporação ao salário do respectivo adicional, razão pela qual deve incidir a prescrição total.

▷ **OJ n. 243 da SDI-1 do TST.** Prescrição total. Planos econômicos. Aplicável a prescrição total sobre o direito de reclamar diferenças salariais resultantes de planos econômicos.

▷ **OJ n. 245 da SDI-1 do TST. Revelia. Atraso. Audiência.** Inexiste previsão legal tolerando atraso no horário de comparecimento da parte na audiência.

▷ **OJ n. 12 da SDI-2 do TST. Ação rescisória. Decadência. Consumação antes ou depois da edição da Medida Provisória n. 1.577/97. Ampliação do prazo.** (atualizada em decorrência do CPC de 2015) – Res. 208/2016, *DEJT* divulgado em 22, 25 e 26-4-2016.

I – A vigência da Medida Provisória n. 1.577/97 e de suas reedições implicou o elastecimento do prazo decadencial para o ajuizamento da ação rescisória a favor dos entes de direito público, autarquias e fundações públicas. Se o biênio decadencial do art. 495 do CPC de 1973 (art. 975 do CPC/2015) findou após a entrada em vigor da referida medida provisória e até sua suspensão pelo STF em sede liminar de ação direta de inconstitucionalidade (ADIn 1753-2), tem-se como aplicável o prazo decadencial elastecido à rescisória.

II – A regra ampliativa do prazo decadencial para a propositura de ação rescisória em favor de pessoa jurídica de direito público não se aplica se, ao tempo em que sobreveio a Medida Provisória n. 1.577/97, já se exaurira o biênio do art. 495 do CPC de 1973 (art. 975 do CPC/2015). Preservação do direito adquirido da parte à decadência já consumada sob a égide da lei velha.

▷ **OJ n. 18 da SDI-2 do TST. Ação Rescisória. Decadência. União. Lei Complementar n. 73/1993, art. 67. Lei n. 8.682/1993, art. 6º.** O art. 67 da Lei Complementar n. 73/1993 interrompeu todos os prazos, inclusive o de decadência, em favor da União no período compreendido entre 14-2-1993 e 14-8-1993.

▷ **OJ n. 35 da SDI-2 do TST. Ação Rescisória. Planos Econômicos. Coisa Julgada. Limitação à data-base na fase de execução.** Não ofende a coisa julgada a limitação à data-base da categoria, na fase executória, da condenação ao pagamento de diferenças salariais decorrentes de planos econômicos, quando a decisão exequenda silenciar sobre a limitação, uma vez que

a limitação decorre de norma cogente. Apenas quando a sentença exequenda houver expressamente afastado a limitação à data-base é que poderá ocorrer ofensa à coisa julgada.

▷ **OJ n. 63 da SDI-2 do TST. Mandado de Segurança. Reintegração. Ação Cautelar.** Comporta a impetração de Mandado de Segurança o deferimento de reintegração no emprego em Ação Cautelar.

▷ **OJ n. 80 da SDI-2 do TST. Ação rescisória. Decadência. "*Dies a quo*". Recurso deserto. Enunciado n. 100/TST.** O não conhecimento do recurso por deserção não antecipa o *dies a quo* do prazo decadencial para o ajuizamento da ação rescisória, atraindo, na contagem do prazo, a aplicação do Enunciado n. 100 do TST.

▷ **"Recurso ordinário em ação rescisória ajuizada na vigência do CPC/15. Confissão ficta. Descumprimento de determinação judicial. Falta de comprovação da condição de empregada da preposta. Pretensão desconstitutiva fundada no art. 966, V e VIII, do CPC/15.** 1. Trata-se de ação rescisória amparada no art. 966, V e VIII, do CPC/15 e que visa desconstituir a r. sentença que declarou a confissão ficta da ora Autora quanto à matéria de fato, em razão de na audiência de instrução redesignada para o dia 23-2-2016 – ocasião em que a autora deveria comprovar a situação de empregada da preposta, ter comparecido apenas o advogado sócio da empresa, atuando simultaneamente como patrono e preposto do empregador, em descompasso com o art. 23 do Código de Ética e Disciplina dos Advogados, que dispõe: "É defeso ao advogado funcionar no mesmo processo, simultaneamente, como patrono e preposto do empregador ou cliente". 2. Ainda que a Autora afirme que juntou a documentação determinada na primeira audiência e alegue que, na condição de microempresa, seria desnecessário se fazer representar por preposto-empregado, não se verifica a alegada afronta ao art. 54 da Lei Complementar 123/2006 ou à Súmula 377 desta Corte. 3. A norma jurídica se limita a dispor sobre a faculdade de o empregador (microempresa) se fazer substituir por preposto não empregado, não abrangendo a circunstância de ter comparecido apenas o advogado sócio da empresa na audiência de instrução redesignada para a apresentação da prova determinada, fundamento para a aplicação da pena de confissão. 4. Também não se verifica o erro de fato, conforme previsto no art. 966, VIII, do CPC/15. 5. Isso porque, embora a Autora alegue ter juntado toda a documentação que comprova a relação de emprego da preposta antes da audiência de instrução redesignada para o dia 23-2-2016 e que houve erro de percepção do julgador ao concluir pela falta de comprovação da referida situação, a r. sentença rescindenda não está centrada na análise dos referidos fatos, mas na circunstância de ter comparecido na audiência de instrução em que deveria ter sido apresentada a referida prova apenas o advogado sócio da empresa, atuando simultaneamente como patrono e preposto do empregador. 6. Não configuradas as hipóteses de rescindibilidade previstas no art. 966, V e VIII, do CPC/15, deve ser mantida a decisão recorrida, que concluiu pela improcedência da ação. Recurso ordinário conhecido e desprovido. **Honorários advocatícios. Condenação na ação rescisória. Parte vencedora. Advogado constituído nos autos.** 1. O art. 85, *caput*, do CPC/15, c/c a Súmula 219, II e IV, do CPC/15 prevê a exigibilidade dos honorários advocatícios pela parte vencida na ação rescisória. 2. Apenas no caso de a parte vencedora não ter constituído advogado nos autos é que não haveria justificativa para a condenação. 3. No caso, embora a Ré, vencedora, não tenha apresentado contestação, constituiu advogado nos autos e apresentou contrarrazões, de forma que, mantida a improcedência da ação rescisória, faz jus aos honorários advocatícios, na forma em que decidido pelo eg. Tribunal Regional. 4. O art. 85, § 11, do CPC/15 apenas disciplina a possibilidade de readequação do valor dos honorários advocatícios pelo Tribunal, considerando o trabalho adicional realizado em fase recursal, em nada se relacionando com a pretensão da recorrente, de ser afastada a condenação quando constituído advogado apenas na instância recursal. Recurso ordinário conhecido e desprovido" (ROT-1003332-83.2017.5.02.0000, Subseção II Es-

pecializada em Dissídios Individuais, Relator Ministro Alexandre de Souza Agra Belmonte, *DEJT* 14-5-2021).

▷ "**I – Agravo de instrumento. Recurso de revista. Lei n. 13.015/2014. Indenização por danos morais. Quantum.** Ante a possível violação do art. 5º, V, da CF/1988, deve ser provido o agravo de instrumento. Agravo de instrumento conhecido e provido. **II – Recurso de revista. Indenização por danos morais. Motorista entregador de mercadorias. Transporte de valores por empregado sem qualificação específica. Majoração do valor de R$ 2.000,00 para R$ 20.000,00.** O TRT negou provimento ao recurso ordinário do reclamante, entregador de mercadorias, para manter o valor arbitrado a título de indenização por danos morais pelo transporte de numerário em R$ 2.000,00 (dois mil reais). A SDI-1 desta Corte consolidou posicionamento no sentido de ser devida a indenização por danos morais pelo transporte de numerário por trabalhador que, além de não ter sido contratado para essa finalidade, não recebeu a qualificação adequada, tratando-se de ato ilícito que revela a conduta culposa do empregador, ao expor seu empregado a risco grave de atividade alheia ao contrato de trabalho. Em relação ao *quantum* indenizatório, ante a falta de critérios objetivos para fixação do valor do dano moral, cabe ao julgador, diante das peculiaridades de cada caso, arbitrar o montante da indenização atendendo aos postulados da razoabilidade e proporcionalidade, de modo a permitir, ao mesmo tempo, que o valor da reparação não gere enriquecimento ilícito do reclamante (caráter reparatório) e que seja suficiente para reprimir a conduta ilícita do empregador (caráter punitivo). A jurisprudência desta Corte vem admitindo a interferência na valoração do dano moral com a finalidade de ajustar a decisão aos parâmetros da razoabilidade e da proporcionalidade contidos no art. 5, V, da Constituição Federal. Esta Segunda Turma, em casos semelhantes, tem decidido fixar o valor da indenização por danos morais em R$ 20.000,00 (vinte mil reais). Recurso de revista conhecido e provido" (RR-2012-37.2015.5.06.0141, 2ª Turma, Relatora Ministra Maria Helena Mallmann, *DEJT* 27-11-2020).

▷ "**Recurso de revista interposto pela reclamante. Acórdão regional publicado na vigência da Lei n. 13.015/2014 e antes da vigência da Lei n. 13.467/2017. 1. Protesto interruptivo da prescrição. Juntada de petição inicial. Revelia. Não conhecimento.** I. A Corte de origem manteve a aplicação da prescrição quanto ao pedido de horas extras, ao fundamento de que a Reclamante "deveria ter apresentado a petição inicial do protesto, para que fosse possível aferir se a pretensão é comum com a deduzida na presente demanda, sendo irrelevante a revelia do reclamado". II. A alegação de violação dos arts. 341 e 374, III, do CPC/2015 é impertinente e não viabiliza o conhecimento do recurso de revista, já que os preceitos enumerados não versam sobre o protesto interruptivo da prescrição, mas, sobre a ausência de impugnação de questões de fato pela parte e de fatos admitidos no processo como incontroversos. Nesse sentido, tais dispositivos legais não se aplicam ao caso dos autos, por se tratar a questão da interrupção da prescrição de matéria de direito. III. Recurso de revista de que não se conhece. **2. Prescrição quinquenal. Declaração de ofício. Incompatibilidade do art. 219, § 5º, do CPC/1973 com o processo do trabalho. Conhecimento e provimento.** I. A jurisprudência iterativa e notória desta Corte Superior é no sentido de que não se aplica ao processo do Trabalho o disposto no art. 219, § 5º, do CPC/1973, porquanto a declaração de ofício da prescrição é incompatível com os princípios que regem o Direito do Trabalho. II. Recurso de revista de que se conhece, por divergência jurisprudencial, e a que se dá provimento" (RR-5024-62.2015.5.10.0007, 4ª Turma, Relator Ministro Alexandre Luiz Ramos, *DEJT* 25-9-2020).

▷ "**I – Agravo de instrumento – Acordo extrajudicial homologado em juízo – Procedimento de jurisdição voluntária – arts. 855-B a 855-E da CLT – Quitação geral – Demonstração de divergência jurisprudencial.** Dá-se provimento ao agravo de instrumento em razão de possível divergência jurisprudencial com aresto

emanado do 23º TRT, que confere entendimento diverso quanto ao alcance da quitação passada em acordo extrajudicial a ser homologado pela Justiça do Trabalho, matéria nova, inserida pela Lei n. 13.467/17 na CLT, nos arts. 855-B ao 855-E. Agravo de instrumento provido. **II – Recurso de revista – Acordo extrajudicial homologado em juízo – Procedimento de jurisdição voluntária – arts. 855-B a 855-E da CLT – Quitação geral – Transcendência jurídica.** 1. Problema que sempre atormentou o empregador foi o relativo à rescisão do contrato de trabalho e da quitação dos haveres trabalhistas, de modo a não permanecer com a espada de Dâmocles sobre sua cabeça. 2. A ineficácia prática da homologação da rescisão contratual do sindicato, em face do teor da Súmula 330 do TST, dada a não quitação integral do contrato de trabalho, levou a SBDI-2 desta Corte a não reputar simulada a lide visando à homologação de acordo pela Justiça do Trabalho, pois só assim se conseguiria colocar fim ao conflito laboral e dar segurança jurídica às partes do distrato (cfr. TST-RO-AR-103900-90.2005.5.04.0000, Rel. Min. Ives Gandra Martins Filho, *DEJT* de 12-9-2008). 3. Para resolver tal problema, a Lei n. 13.467/17, em vigor desde 11-11-17, instituiu o procedimento de jurisdição voluntária na Justiça do Trabalho atinente à homologação, em juízo, de acordo extrajudicial, nos termos dos arts. 855-B a 855-E da CLT, juntamente com o fito de colocar termo ao contrato de trabalho. 4. Da simples leitura dos novos comandos de lei, notadamente do art. 855-C da CLT, extrai-se a vocação prioritária dos acordos extrajudiciais para regular a rescisão contratual e, portanto, o fim da relação contratual de trabalho. Não fosse a possibilidade da quitação geral do contrato de trabalho com a chancela do Judiciário e o Capítulo III-A não teria sido acrescido ao Título X da CLT, que trata do Processo Judiciário do Trabalho. 5. Curial, ainda, trazer à baila, que a ideia que indelevelmente adere ao acordo extrajudicial é a de que, retirada uma das cláusulas que o compõem, a parte a quem ela favoreceria não faria o acordo. A alternativa que caberia ao Judiciário, portanto, seria a homologação integral ou a rejeição da proposta, se eivada de vícios. Tal entendimento resta corroborado pelo STF quanto à circunstância de a validade do acordo depender da homologação integral ou de sua rejeição total, não podendo ser balanceado pelo Poder Judiciário (Voto do Min. Teori Zavascki no *leading case* STF-RE 590.715/SC, Rel. Min. Roberto Barroso, *DJe* de 29-5-2015). 6. Nesse sentido, o art. 855-B, §§ 1º e 2º, da CLT, que trata da apresentação do acordo extrajudicial à Justiça, a par dos requisitos gerais de validade dos negócios jurídicos que se aplicam ao direito do trabalho, nos termos do art. 8º, § 1º, da Lei Consolidada e que perfazem o ato jurídico perfeito (CC, art. 104 – agente capaz, objeto lícito e forma prescrita ou não vedada por lei), traçou as balizas para a apresentação do acordo extrajudicial apto à homologação judicial: petição conjunta dos interessados e advogados distintos, podendo haver assistência sindical para o trabalhador. 7. A petição conjuntamente assinada para a apresentação do requerimento de homologação ao juiz de piso serve à demonstração da anuência mútua dos interessados em por fim ao contratado, e, os advogados distintos, à garantia de que as pretensões estarão sendo individualmente respeitadas. Assim, a atuação do Judiciário Laboral na tarefa de jurisdição voluntária é binária: homologar, ou não, o acordo. Não lhe é dado substituir-se às partes e homologar parcialmente o acordo, se este tinha por finalidade quitar integralmente o contrato de trabalho extinto. Sem quitação geral, o Empregador não proporia o acordo, nem se disporia a manter todas as vantagens nele contidas. 8. No caso concreto, o Regional, mantendo a sentença, assentou que a ausência de discriminação das parcelas às quais os Acordantes conferiam quitação geral e irrestrita, feria o princípio da boa-fé e lealdade, registrando, todavia, o cumprimento dos requisitos do art. 855-B da CLT e daqueles gerais estatuídos pela lei civil para a celebração de negócios em geral. 9. Nesse sentido, a conclusão acerca da invalidade, total ou parcial, do pacto extrajudicial, por ausência de verificação de concessões mútuas e discriminação de parcelas diz menos com a validação extrínseca do negócio jurí-

dico do que com a razoabilidade intrínseca do acordo, cujo questionamento não cabe ao Judiciário nesse procedimento, pois lhe esvazia o sentido e estabelece limites e discussões não queridos pelos Requerentes ao ajuizar o procedimento. 10. Ora, estando presentes os requisitos gerais do negócio jurídico e os específicos preconizados pela lei trabalhista (CLT, art. 855-B), não há de se questionar a vontade das partes envolvidas e do mérito do acordado, notadamente quando a lei requer a presença de advogado para o empregado, rechaçando, nesta situação, o uso do *jus postulandi* do art. 791 da CLT, como se depreende do art. 855-B, § 1º, da CLT. 11. Assim sendo, é válido o termo de transação extrajudicial apresentado pelas Interessadas, com quitação geral e irrestrita do contrato havido, nessas condições, que deve ser homologado. Recurso de revista provido" (RR-1000325-56.2018.5.02.0709, 4ª Turma, Relator Ministro Ives Gandra Martins Filho, *DEJT* 26-6-2020).

▷ "**Recurso de revista. Acórdão regional publicado na vigência da Lei n. 13.015/2014 e anteriormente à Lei n. 13.467/2017. Nulidade processual. Cerceamento de defesa. Revelia. Desconsideração da prova pré-constituída. Documentos encaminhados eletronicamente com a contestação em momento anterior à audiência (PJe). Conhecimento e provimento.** I. Aplica-se a confissão à parte que, expressamente intimada com aquela cominação, não comparecer à audiência em prosseguimento, na qual deveria depor. A prova pré-constituída nos autos pode ser levada em conta para confronto com a confissão ficta (arts. 442 e 443, do CPC de 2015 – art. 400, I, do CPC de 1973). Inteligência da Súmula 74, itens I e II, primeira parte. II. Encaminhada eletronicamente a contestação e documentos antes da realização da audiência, em conformidade com as regras do Processo Judicial Eletrônico – Pje (art. 29 da Resolução CSJT n. 136/2014, vigente à época dos fatos), a decretação posterior da revelia não impede a apreciação pelo magistrado dos documentos como prova pré-constituída. III. Há que se ter em conta, ademais, que processo do trabalho não segue a rigidez do processo civil no tocante à oportunidade para a produção da prova documental em face de dispor de regra própria que permite a ambas as partes a exibição de documentos até o encerramento da audiência (CLT, art. 845). Nesse passo, a desconsideração de documentos, não obstante apresentados em momento anterior ao encerramento da instrução, traduz típico cerceamento de defesa, passível de declaração de nulidade processual. De resto, interessa ao próprio juízo a cabal elucidação dos fatos na busca da verdade real para bem aplicar o direito à espécie. IV. Recurso de revista de que se conhece, por violação do art. 5º, LV, da Constituição Federal, e a que se dá provimento" (RR-100310-17.2017.5.01.0082, 4ª Turma, Relator Ministro Alexandre Luiz Ramos, *DEJT* 26-6-2020).

▷ "**I – Agravo de instrumento em recurso de revista. Reclamada. Leis n. 13.015/2014 e 13.467/2017. Instrução normativa n. 40 do TST. Transcendência. Rito sumaríssimo. Preliminar de nulidade por cerceamento do direito de defesa. Indeferimento do depoimento pessoal das partes.** 1. Há transcendência política quando se constata em exame preliminar o desrespeito da instância recorrida à jurisprudência majoritária, predominante ou prevalecente no TST. 2. Aconselhável o provimento do agravo de instrumento para melhor exame do recurso de revista quanto à alegada violação do art. 5º, LV, da Constituição Federal. 3. Agravo de instrumento a que se dá provimento. **II – Recurso de revista. Reclamada. Leis n. 13.015/2014 e 13.467/2017. Instrução normativa n. 40 do TST. Rito sumaríssimo. Preliminar de nulidade por cerceamento do direito de defesa. Indeferimento do depoimento pessoal das partes.** 1. A colheita de depoimento pessoal não se revela faculdade de livre exercício pelo magistrado. De tal modo, sua dispensa, em especial quando requerido o ato pela parte, exige fundamentação jurídica pertinente. 2. No caso sob exame, observa-se que o TRT indefere o requerimento, registrando tão somente que "o Juiz tem ampla liberdade na direção do processo (art. 765 da CLT), cabendo-lhe determinar as provas necessárias

à instrução do feito, indeferindo as diligências inúteis ou protelatórias (CPC, arts. 370 e 371)" e que "convencido dos fatos e do direito a ser aplicado à lide, o Juízo pode dispensar o depoimento das partes, com fundamento na celeridade e economia processuais, sem que tal atitude caracterize cerceamento ao direito de prova". Nesse particular, o TRT nada diz quanto à desnecessidade de colheita do depoimento pessoal à luz das provas apresentadas nos autos. 3. O indeferimento do depoimento pessoal das partes, nesse contexto, configurou cerceamento do direito de defesa da reclamada, em clara ofensa ao art. 5º, LV, da Constituição Federal. 4. Recurso de revista de que se conhece e a que se dá provimento. Prejudicada a análise dos temas remanescentes" (RR-568-24.2018.5.06.0412, 6ª Turma, Relatora Ministra Kátia Magalhães Arruda, *DEJT* 6-3-2020).

Seção II-A
Do procedimento sumaríssimo

(Seção incluída pela Lei n. 9.957, de 12-1-2000.)

Art. 852-A. Os dissídios individuais cujo valor não exceda a 40 (quarenta) vezes o salário mínimo vigente na data do ajuizamento da reclamação ficam submetidos ao procedimento sumaríssimo.

Parágrafo único. Estão excluídas do procedimento sumaríssimo as demandas em que é parte a Administração Pública direta, autárquica e fundacional.

Art. 852-B. Nas reclamações enquadradas no procedimento sumaríssimo:

I – o pedido deverá ser certo ou determinado e indicará o valor correspondente;

II – não se fará citação por edital, incumbindo ao autor a correta indicação do nome e endereço do reclamado;

III – a apreciação da reclamação deverá ocorrer no prazo máximo de 15 (quinze) dias do seu ajuizamento, podendo constar de pauta especial, se necessário, de acordo com o movimento judiciário da Junta de Conciliação e Julgamento.

§ 1º O não atendimento, pelo reclamante, do disposto nos incisos I e II deste artigo importará no arquivamento da reclamação e condenação ao pagamento de custas sobre o valor da causa.

§ 2º As partes e advogados comunicarão ao juízo as mudanças de endereço ocorridas no curso do processo, reputando-se eficazes as intimações enviadas ao local anteriormente indicado, na ausência de comunicação.

Art. 852-C. As demandas sujeitas a rito sumaríssimo serão instruídas e julgadas em audiência única, sob a direção de juiz presidente ou substituto, que poderá ser convocado para atuar simultaneamente com o titular.

Art. 852-D. O juiz dirigirá o processo com liberdade para determinar as provas a serem produzidas, considerado o ônus probatório de cada litigante, podendo limitar ou excluir as que considerar excessivas, impertinentes ou protelatórias, bem como para apreciá-las e dar especial valor às regras de experiência comum ou técnica.

Art. 852-E. Aberta a sessão, o juiz esclarecerá as partes presentes sobre as vantagens da conciliação e usará os meios adequados de persuasão para a solução conciliatória do litígio, em qualquer fase da audiência.

Art. 852-F. Na ata de audiência serão registrados resumidamente os atos essenciais, as afirmações fundamentais das partes e as informações úteis à solução da causa trazidas pela prova testemunhal.

Art. 852-G. Serão decididos, de plano, todos os incidentes e exceções que possam interferir no prosseguimento da audiência e do processo. As demais questões serão decididas na sentença.

Art. 852-H. Todas as provas serão produzidas na audiência de instrução e julgamento, ainda que não requeridas previamente.

§ 1º Sobre os documentos apresentados por uma das partes manifestar-se-á imediatamente a parte contrária, sem interrupção da audiência, salvo absoluta impossibilidade, a critério do juiz.

§ 2º As testemunhas, até o máximo de duas para cada parte, comparecerão à audiência de instrução e julgamento independentemente de intimação.

§ 3º Só será deferida intimação de testemunha que, comprovadamente convidada, deixar de comparecer. Não comparecendo a testemunha intimada, o juiz poderá determinar sua imediata condução coercitiva.

§ 4º Somente quando a prova do fato o exigir, ou for legalmente imposta, será deferida prova

técnica, incumbindo ao juiz, desde logo, fixar o prazo, o objeto da perícia e nomear perito.

§ 5º (Vetado.)

§ 6º As partes serão intimadas a manifestar-se sobre o laudo, no prazo comum de 5 (cinco) dias.

§ 7º Interrompida a audiência, o seu prosseguimento e a solução do processo dar-se-ão no prazo máximo de 30 (trinta) dias, salvo motivo relevante justificado nos autos pelo juiz da causa.

Art. 852-I. A sentença mencionará os elementos de convicção do juízo, com resumo dos fatos relevantes ocorridos em audiência, dispensado o relatório.

§ 1º O juízo adotará em cada caso a decisão que reputar mais justa e equânime, atendendo aos fins sociais da lei e as exigências do bem comum.

§ 2º (Vetado.)

§ 3º As partes serão intimadas da sentença na própria audiência em que prolatada.

••

▶ **Comentários**

1. **A Lei n. 9.957/2000, que instituiu o procedimento sumaríssimo no processo do trabalho**

Como sustentamos em livro sobre o rito mencionado, à primeira vista a expressão *sumaríssimo* pode não ser bem interpretada, visão que, todavia, cede lugar a conclusão diversa se atentarmos para a existência, no processo do trabalho, do *rito sumário*, instituído pela Lei n. 5.584/70, de que nos ocupamos anteriormente.

Irrelevante a circunstância de a lei nominada não titular o rito de sumário ou da denominação que a praxe trabalhista consagrou "processo de alçada".

O rito a ser imprimido nas ações cujo valor não ultrapasse 2 salários mínimos (art. 2º, §§ 3º e 4º, da Lei n. 5.584/70) é, inequivocamente, sumário, o que significa, tal como o sumaríssimo, um procedimento despido de maiores formalidades, sucinto, rápido, breve, resumido, pouco importando o *nome que a lei usa* para classificá-lo.

Com propriedade, ao cuidar do tema, Wagner Giglio o faz sob o título "rito sumário", afirmando textualmente: "o rito sumário, entretanto, é reservado apenas aos dissídios individuais cujo valor não exceda o de duas vezes o salário mínimo (Lei n. 5.584/70, art. 2º, § 3º)"[554].

Assim, a instituição do rito sumaríssimo nada tem de estranho ou impróprio, ao revés do que sucedeu com o CPC, que previa o procedimento sumaríssimo sem que houvesse um procedimento sumário(!), o que levou o legislador a alterar a denominação para *sumário* pela Lei n. 8.952, de 13-12-1994.

O rito sumaríssimo tem importância das mais relevantes no processo do trabalho, visto que, ao disciplinar as reclamações trabalhistas submetidas ao procedimento nominado, fixou-se no valor de 40 vezes o salário mínimo, o que o faz abranger parcela ponderável das ações que tramitam na Justiça do Trabalho.

Ao revés do que sucedeu com o procedimento sumário, que foi instituído por lei especial (a Lei n. 5.584/70), a Lei n. 9.957/2000 compõe-se de aditivos a determinados dispositivos já contemplados na CLT. Exemplos:

"Art. 852-A. Os dissídios individuais cujo valor não exceda a quarenta vezes o salário mínimo vigente na data do ajuizamento da reclamação ficam submetidos ao procedimento sumaríssimo".

"Art. 852-B. Nas reclamações enquadradas no procedimento sumaríssimo...", e assim sucessivamente.

Houve, igualmente, a inserção de parágrafos nos arts. 895 e 896 da CLT, que cuidam, respectivamente, do recurso ordinário e do recurso de revista, assim como foi acrescentado o art. 897-A ao mesmo Estatuto, artigo este que autoriza o cabimento dos embargos de declaração da sentença ou acórdão proferido no procedimento de que cuidamos, e que, assim, insere-se no contexto da CLT, dela fazendo parte integrante.

2. **Dissídios nos quais é admitido o procedimento sumaríssimo**

O processo do trabalho conhece duas espécies de dissídios, como afirma Amauri Mascaro Nascimento:

554. *Direito Processual do Trabalho*, cit., p. 319.

"Sabemos que o processo trabalhista divide-se em dois tipos fundamentais não coincidentes em todos os seus aspectos e diferentes nos seus fins, os dissídios individuais e os dissídios coletivos"[555].

O dissídio individual caracteriza-se pela prevalência de interesses pessoais dos respectivos litigantes, ao contrário do que sucede no dissídio coletivo, em que prevalece o interesse de toda uma coletividade profissional.

Escreve Wagner Giglio:

"Nos dissídios individuais há conflito de interesses concretos de indivíduos determinados, enquanto nos dissídios coletivos se discutem interesses abstratos de uma categoria composta de número indeterminado de indivíduos"[556].

Os dissídios individuais podem, por sua vez, ser de três espécies:

a) dissídio individual simples;

b) dissídio individual plúrimo (litisconsórcio ativo);

c) dissídio individual especial (inquérito judicial para apuração de falta grave de empregado estável).

Em conformidade com o disposto no art. 852-A, acrescido à CLT pela Lei n. 9.957/2000, o procedimento sumaríssimo só pode ser observado no dissídio individual, sendo, por via de consequência, vedada sua adoção nos dissídios coletivos:

"Art. 852-A. Os *dissídios individuais*, cujo valor..."

Como é sabido, tais dissídios são propostos no juízo de 1º grau, ou seja, perante as *Varas do Trabalho*, denominação dada às antigas Juntas de Conciliação e Julgamento por força da Emenda Constitucional n. 24/1999, que pôs fim à representação classista na Justiça do Trabalho.

3. Causas submetidas ao procedimento sumaríssimo

a) Valor da causa

O legislador, ao disciplinar as reclamações trabalhistas submetidas ao procedimento sumaríssimo, fixou-se no *valor da causa*, tal como, aliás, ocorre no processo civil[557] e no art. 3º, I, da Lei dos Juizados Especiais.

No processo trabalhista ficam submetidos ao sumaríssimo os dissídios individuais cujo valor dado à causa não exceda 40 vezes o salário mínimo:

"Art. 852-A. Os dissídios individuais cujo valor não exceda a quarenta vezes o salário mínimo vigente na data do ajuizamento da reclamação ficam submetidos ao procedimento sumaríssimo".

b) O salário mínimo como parâmetro processual

A fixação do *salário mínimo* como parâmetro processual, em que pesem respeitosas opiniões em contrário, a nosso ver, nada tem de inconstitucional, não violando, pois, a regra instituída no art. 7º, IV, da CF/1988, bastando assinalar a posição adotada pela Seção de Dissídios Individuais – Subseção I – do Tribunal Superior do Trabalho, na Orientação Jurisprudencial n. 11: "Alçada. Vinculação do Salário Mínimo. Recorribilidade. O art. 5º, inciso LV, e o art. 7º, inciso IV, da CF/88, não revogaram o art. 2º, § 4º, da Lei n. 5.584/70", posteriormente convertida pela Resolução n. 75/97 (*DJ*, 19-12-1997) na Súmula 356 do TST:

"O art. 2º, § 4º, da Lei n. 5.584/70 foi recepcionado pela Constituição da República de 1988, sendo lícita a fixação do valor da alçada com base no salário mínimo".

Observa a Súmula 71 do TST que:

"A alçada é fixada pelo valor dado à causa na data do seu ajuizamento, desde que não impugnado, sendo inalterável no curso do processo".

4. Da inicial no procedimento sumaríssimo

Em conformidade com o art. 852-B, I, da CLT, com a redação dada pela Lei n. 9.957/2000, o pedido, no procedimento sumaríssimo, há de ser certo ou determinado, de valor líquido:

555. *Curso de Direito Processual do Trabalho*, cit., p. 293.
556. *Direito Processual do Trabalho*, cit., p. 147.

557. Inciso II e alíneas do art. 275 do CPC de 1973.

"O pedido deverá ser certo ou determinado e indicará o valor correspondente".

Ao instituir o procedimento sumaríssimo o CPC[558] vigente à época, dotou-se regra diversa, ao analisar o atual diploma processual, de 2015, art. 334, tem a seguinte redação: "O pedido deve ser determinado", percebe-se, pois, que o adjetivo "certo" não consta da redação do artigo em comento.

Certo é o pedido que define, desde logo, a pretensão do reclamante, delineando-lhe a qualidade e quantidade, indispensável no processo do trabalho. *Determinado* é o pedido que põe em relevo a providência jurisdicional solicitada.

Muito embora a conjunção "ou" indique alternativa – "certo ou determinado" –, na verdade ambos os requisitos se completam:

"O pedido é formulado com duas extensões ou dois alcances: em caráter imediato o autor pede uma determinada providência jurisdicional (condenação, declaração, constituição ou extinção da relação jurídica), e em caráter mediato, o autor pede uma providência que traduz um bem jurídico material (o pagamento, a desocupação do imóvel, a nulidade do contrato, etc.). Ambos os aspectos podem ficar contidos na mesma expressão verbal que o formula, mas distinguem-se na essência porque o primeiro (o imediato) tem conteúdo processual e o segundo (mediato) de direito material", preleciona Vicente Greco Filho[559].

Eliézer Rosa, em seu consagrado *Dicionário de Processo Civil*, chama a atenção para a importância da petição inicial, observando que:

"Na petição inicial o autor enunciará a matéria da lide e as questões que lhe dão lugar, delimitará o seu objeto, indicará os sujeitos ativo e passivo e concluirá formulando o pedido do efeito jurídico que o juiz deve declarar ou constituir. A petição inicial variará, assim, segundo a natureza do pedido do autor. Se este pleitear a mera declaração da existência ou inexistência da relação jurídica, a ação será declaratória. Se, ao invés, pleitear a rescisão de um contrato viciado por dolo ou fraude, a ação será constitutiva. Se, enfim, pretender receber um crédito, de que é titular, a ação será condenatória. Os elementos da petição inicial são essenciais, porque por ele se identifica a lide"[560].

Não se admitirá, no sumaríssimo, o denominado *pedido genérico*, que se refere ao valor da pretensão, quanto é devido, admitido no CPC e usual nos dissídios individuais trabalhistas, quando não se dispõe, de imediato, dos valores efetivamente devidos, na hipótese de a ação ser acolhida pelo juiz. É o caso, no processo do trabalho, de diferenças de comissões, valores devidos a título do FGTS, que, em princípio, alteram-se dia a dia, por força de juros e correção.

A exigência de petição certa ou determinada e de valor definido objetivava, sem dúvida, a obtenção de *sentença líquida*, prevista no § 2º, do art. 852, I: "Não se admitirá sentença condenatória por quantia ilíquida" – texto *vetado* pelo Executivo, sob o seguinte argumento:

"O § 2º, do art. 852-I, não admite sentença condenatória por quantia ilíquida, o que poderá, na prática, atrasar a prolação das sentenças, já que se impõe ao juiz a obrigação de elaborar cálculos, o que nem sempre é simples de realizar em audiência. Seria prudente vetar o dispositivo em relevo, já que a liquidação por simples cálculo se dará na fase de execução da sentença, que, aliás, poderá sofrer modificações na fase recursal".

Malgrado o *veto*, subsiste a regra da *petição líquida*, obrigando a parte (*jus postulandi*) ou seu advogado a formular cálculos das pretensões declinadas na inicial.

Note-se que não existe referência na Lei n. 9.957/2000 à faculdade de a parte emendar ou complementar a petição inicial, no prazo de 15 dias, expressamente prevista no art. 321 do CPC de 2015, o que, por certo, será elucidado pela jurisprudência que, fatalmente, se formará em torno da questão.

558. De 1973, art. 286.
559. *Direito Processual Civil Brasileiro*, cit., v. 2, p. 95.

560. *Dicionário de Processo Civil*, cit., p. 287.

Prima facie, parece-nos que a intenção do legislador foi afastar tal possibilidade, quando, no art. 852-B, § 1º, dispõe que:

"O não atendimento, pelo reclamante, do disposto nos incisos I e II deste artigo importará no arquivamento da reclamação e condenação ao pagamento de custas sobre o valor da causa".

Sempre acreditamos, que a jurisprudência acabaria por inclinar-se pela aplicação subsidiária do CPC, admitindo a emenda ou complementação da inicial, uma vez que a CLT não abarca regramento próprio.

5. Arquivamento da reclamação e custas processuais

O não atendimento das exigências declinadas no art. 852-B, I e II, respectivamente a que determina a liquidez do pedido e a que obriga o reclamante a indicar, com exatidão, o nome e o endereço do reclamado, implica o arquivamento da reclamação, com o consequente pagamento das custas processuais fixadas sobre o valor da causa.

O arquivamento da petição inicial não impede a apresentação de nova reclamação trabalhista, o que indica a conveniência da observância do disposto no art. 321 do CPC de 2015, que faculta ao reclamante emendar a inicial e, só na sua inércia, determinar o arquivamento da reclamação, por prestigiar, a economia processual, bem como o princípio da celeridade.

O juiz poderá isentar do pagamento das custas o empregado que perceba até 2 salários mínimos (art. 14, § 1º, da Lei n. 5.584/70). A mesma isenção sendo admitida nos tribunais àqueles que percebam "salário igual ou inferior ao dobro do mínimo legal ou provarem o seu estado de miserabilidade" (art. 789, da CLT).

Observe-se que o não comparecimento do reclamante à audiência também implicará o arquivamento da reclamação, a teor do que dispõe o art. 844 da CLT: "o não comparecimento do reclamante à audiência importa o arquivamento da reclamação...".

6. Exclusão da Administração Pública

O parágrafo único do art. 852-A da CLT, com a redação da Lei n. 9.957/2000, exclui, expressamente, do procedimento sumaríssimo a Administração Pública direta, autárquica e as fundações públicas:

"Estão excluídas do procedimento sumaríssimo as demandas em que é parte a Administração Pública direta, autárquica e fundacional".

A exclusão, a nosso ver, não se justifica, criando-se ao Poder Público mais um privilégio incompatível com a igualdade entre as partes, sobretudo quando se cogita, na reforma administrativa, já aprovada no Congresso Nacional, de submeter o servidor público ao regime da CLT.

Ressalte-se que, na esfera do Poder Judiciário como um todo, é exatamente o Poder Público que abarrota os pretórios com recursos manifestamente protelatórios, não bastassem os sucessivos escândalos de precatórios que se arrastam por anos a fio sem ser solucionados, contribuindo sobremaneira para a desmoralização da Justiça no Brasil.

Observe-se que no processo sumário, instituído na Justiça Estadual, não houve exclusão da Administração Pública; nem se afirme que a exclusão esteja vinculada aos prazos fixados em dobro, não mais em quádruplo, quando a parte for a Fazenda Pública, conforme preceitua o art. 183 do CPC de 2015.

Nada impediria que o legislador adotasse prazo diverso no procedimento sumaríssimo. Note-se que no sumário, da Justiça Estadual, houve redução desse mesmo prazo, do quádruplo para o *dobro*, sendo ré a Fazenda Pública, os prazos contar-se-ão em dobro, seja para a União, Estados, Ministério Público, seja para a Defensoria Pública, consoante aos arts. 180 e 186 do CPC.

Para fins didáticos, é de todo conveniente lembrar que a expressão *Administração Pública* designa o Poder Público, nas esferas da União, dos Estados, do Distrito Federal e Municípios, abrangidas as respectivas autarquias e fundações públicas.

Positivamente não foi feliz o legislador ao excluir do âmbito do procedimento sumaríssimo a Administração Pública.

7. Intervenção de terceiros

Absolutamente omissa a Lei n. 9.957/2000, a intervenção de terceiros fatalmente ensejará polêmica doutrinária e jurisprudencial.

Entendemos lícita a aplicação subsidiária do CPC, por força do que dispõe o art. 769 da CLT.

Em tais condições, independentemente da controvérsia quanto ao cabimento no processo do trabalho, não se deve admitir oposição, nomeação à autoria, denunciação à lide e chamamento ao processo no sumaríssimo trabalhista, regra instituída igualmente pela Lei n. 9.099/95 (que criou o Juizado Especial).

Também a assistência, "modalidade de intervenção voluntária de terceiro"[561], deve ser repelida.

O *litisconsórcio*, contudo, há de ser admitido. Com efeito, não raras vezes a pluralidade de reclamantes surge no processo do trabalho, quando presente a afinidade de pretensões, o mesmo ocorrendo com a pluralidade de reclamadas, por força da solidariedade. São os denominados litisconsórcios ativo e passivo.

Observe-se que o litisconsorte não é terceiro, e sim parte.

Em conformidade com o que dispõe o art. 113 do atual CPC:

Art. 113. "Duas ou mais pessoas podem litigar no mesmo processo, em conjunto, ativa ou passivamente, quando:

I – entre elas houver comunhão de direitos ou de obrigações relativamente à lide;

II – entre as causas houver conexão pelo pedido ou pela causa de pedir;

III – ocorrer afinidade de questões por um ponto comum de fato ou de direito".

8. *Citação – proibição da citação por edital*

Dispõe o art. 852-B, II, da CLT, que "não haverá citação por edital".

A regra criará sério obstáculo à prestação jurisdicional. Na eventualidade de o reclamado estar, de antemão, em local incerto e não sabido, poderá o advogado optar pelo *procedimento comum*, obviamente, desde que o valor da pretensão seja adequado ao limite de 40 salários mínimos.

A disposição é de ordem pública, imperativa e impostergável.

561. Celso Agrícola Barbi, *Comentários ao Código de Processo Civil*, cit., v. 1, p. 291, n. 318.

Note-se que não é raro ocorrer na Justiça do Trabalho o "desaparecimento" do empregador, quando pequenos empresários encerram abruptamente suas atividades empresariais, tomando rumo ignorado.

Contudo, não é de afastar tal ocorrência uma vez proposta a "reclamação sumaríssima" quando, então, o remédio jurídico seria, com certeza, a citação por edital!

Na ocorrência de tal fato deverá o juiz, de ofício, converter o procedimento sumaríssimo em ordinário, tornando possível a citação por edital, com o regular prosseguimento do feito?

Nos termos da Súmula 71 do TST, "a alçada é fixada pelo valor dado à causa na data do seu ajuizamento, desde que não impugnado, sendo inalterável no curso do processo".

A disposição contida no art. 852-A, introduzido na CLT pela Lei n. 9.957/2000, é, como já se afirmou, de ordem pública, imperativa e impostergável, não podendo, por isso mesmo, ser alterada pelas partes ou pelo juiz.

A conversão do rito, *ex officio*, só se nos afigura possível nas hipóteses em que o valor dado à causa indique procedimento diverso daquele erroneamente escolhido pelo reclamante. Aí sim cabe ao juiz converter o rito naquele adequado à espécie.

Deverá, então, o juiz, na impossibilidade da citação por edital, suspender o feito, aguardando providência do principal interessado, fornecendo o paradeiro do reclamado?

Tal medida, se tomada pelo juiz, não constituiria intolerável obstáculo à efetivação da prestação jurisdicional?

Caberia ao juiz julgar extinta a ação?

A hipótese se nos afigura absurda, por total falta de amparo legal.

Mais uma vez caberá aos tribunais solucionar, pela via da jurisprudência, o grave impasse criado com a proibição da citação por edital.

Em conformidade com o disposto no § 2º do art. 852-B da CLT:

"As partes e advogados comunicarão ao juízo as mudanças de endereço ocorridas no curso do processo, reputando-se eficazes as intimações enviadas ao local anteriormente indicado, na ausência de comunicação".

Trata-se, aqui, do endereço das partes e dos advogados, estando o princípio consagrado no art. 106, II, do atual CPC.

Na inobservância da comunicação, as intimações enviadas ao endereço constante dos autos serão consideradas eficazes.

Não inova, pois, a Lei n. 9.957/2000, apenas consagrando regra processual já existente.

Em caso relacionado, decidiu o Superior Tribunal de Justiça:

"Não tendo o procurador comunicado ao cartório sua mudança de endereço, válida se apresenta a intimação pela via postal encaminhada ao endereço constante dos autos"[562].

9. *Audiência una*

Determina o art. 852-C da CLT[563] a observância de *audiência una* para o procedimento que disciplina:

"As demandas sujeitas a rito sumaríssimo serão instruídas e julgadas em audiência única, sob a direção do juiz presidente ou substituto, que poderá ser convocado para atuar simultaneamente com o titular".

A audiência única não é novidade, já que prevista no procedimento ordinário: "A audiência é una, porém a praxe consagrou a sua divisão, dada a impossibilidade de realização de todos os atos numa e mesma sessão", adverte Amauri Mascaro Nascimento[564].

Buscou-se, no procedimento sumaríssimo, dar ênfase especial ao princípio da concentração, mediante o qual os atos fundamentais do processo são realizados em audiência única.

A fixação de prazo para o julgamento, a ser proferido na audiência, objetivou a celeridade processual:

"Art. 852-B, III – a apreciação da reclamação deverá ocorrer no prazo máximo de *15 (quinze) dias* do seu ajuizamento, podendo constar de pauta especial, se necessário, de acordo com o movimento judiciário da Junta de Conciliação e Julgamento"[565].

É bem verdade que a lei prevê *pauta especial* em audiências presididas por juiz auxiliar (substituto), o que de certa forma já ocorre, sem que a providência tenha dado resultado satisfatório.

Ressalte-se que na audiência o juiz proporá a conciliação, que, se rejeitada pelas partes, ensejará:

1) a defesa da reclamada;
2) a oitiva de testemunhas, limitadas ao número máximo de 2 para cada parte;
3) a sentença, a ser proferida finda a instrução, sendo, naturalmente, precedida da proposta final de conciliação.

A Lei n. 9.957/2000 não fala em *razões finais*, o que facultará ao juiz sua dispensa, mesmo porque, em conformidade com o art. 852-D, que diz:

"o juiz dirigirá o processo com liberdade para determinar as provas a serem produzidas, considerando o ônus probatório de cada litigante, podendo limitar ou excluir as que considerar excessivas, impertinentes ou protelatórias, bem como apreciá-las e dar especial valor às regras de experiência comum ou técnica".

Observe-se que na exigência de *prova técnica*, usual em inúmeras questões, e obrigatória em se tratando de insalubridade e periculosidade (art. 195, § 2º, da CLT), o juiz, fatalmente, adiará a audiência.

O § 7º do art. 852-H declara que, "interrompida a audiência, o seu prosseguimento e a solução do processo dar-se-ão no prazo máximo de *30 (trinta) dias*, salvo motivo relevante justificado nos autos pelo juiz da causa".

Assim há que considerar o adiamento na eventualidade de o perito, naturalmente em face da complexidade da matéria, não apresentar o laudo em tempo hábil.

É certo, porém, que os pedidos de insalubridade e periculosidade, sobretudo o primei-

562. *RF*, 309:118.
563. Redação dada pela Lei n. 9.957/2000.
564. *Curso de Direito Processual do Trabalho*, cit., p. 180.

565. A Lei n. 9.957/2000 fala ainda em Juiz Presidente e Junta de Conciliação e Julgamento, expressões suprimidas pela EC n. 24/99, que pôs fim à representação classista, denominando Varas do Trabalho as antigas Juntas de Conciliação e Julgamento.

ro, que prevê escalonamento do respectivo adicional em graus mínimo, médio e máximo (art. 192 da CLT), se afiguram incompatíveis com o rito sumaríssimo, o que, por certo, será mais bem definido pela jurisprudência.

Nos termos do art. 852-F da CLT, com a redação dada pela Lei n. 9.957/2000:

"Na ata de audiência serão registrados resumidamente os atos essenciais, as afirmações fundamentais das partes e as informações úteis à solução da causa trazidas pela prova testemunhal".

Também aqui não houve inovação, convindo acrescentar que o art. 851, § 1º, da CLT admite, nos processos de "alçada", que até mesmo o resumo dos depoimentos seja dispensado, a critério do juiz – "nos processos de exclusiva alçada das Juntas, *será dispensável*, a juízo do presidente, o resumo dos depoimentos, devendo constar da ata a conclusão do Tribunal quanto à matéria de fato".

10. *Da conciliação*

Em qualquer fase da audiência (que em princípio é una), o juiz envidará esforços no sentido de convencer as partes à conciliação. É o que reza o art. 852-E:

"Aberta a sessão, o juiz esclarecerá as partes presentes sobre as vantagens da conciliação e usará os meios adequados de persuasão para a solução conciliatória do litígio, em qualquer fase da audiência".

Observe-se que a conciliação, por força da EC n. 45/2004, não é mais imposição constitucional, conquanto subsistente na legislação infraconstitucional e de manifesto interesse público, como forma de solução conciliatória de conflitos.

No procedimento comum, em duas oportunidades a proposta de conciliação deve ser obrigatoriamente formulada pelo juiz: na primeira, logo após a abertura da audiência: "Aberta a audiência, o juiz ou presidente proporá a conciliação" (art. 846 da CLT); na segunda, após concluída a instrução: "... o juiz ou presidente renovará a proposta de conciliação, e não se realizando esta, será proferida a decisão" (art. 850 da CLT).

No procedimento sumaríssimo, considerando a audiência única e a pretendida celeridade processual, o juiz pode, a qualquer momento, formular sua proposta de conciliação, o que, a rigor, os juízes já fazem em qualquer processo em andamento na Justiça do Trabalho. O que desaparece é o formalismo das duas propostas e dos respectivos momentos de sua formulação.

De todo conveniente lembrar que a sentença que homologa a conciliação é sentença de mérito, que transita desde logo em julgado, sendo, portanto, insuscetível de recurso.

Assim, só na remota possibilidade de estar eivada de vício será a sentença homologatória atacável pela via da *ação rescisória*, a ser proposta perante o Tribunal Regional do Trabalho.

Nesse sentido, jurisprudência sumulada do TST (Súmula 259):

"Só por rescisória é atacável o termo de conciliação previsto no parágrafo único do art. 831 da CLT".

Tais princípios, como é óbvio, são também aplicáveis no procedimento sumaríssimo.

Observe-se que a Lei n. 9.957/2000, ao revés do que sucede no sumário do cível, é omissa quanto ao cabimento da ação rescisória, o que autoriza concluir pela aplicação do art. 966 do atual CPC.

11. *Da defesa no procedimento sumaríssimo*

A Lei n. 9.957/2000 estranhamente silenciou sobre a defesa! Com efeito, o art. 852-E declara que: "Aberta a sessão, o juiz esclarecerá as partes presentes sobre as vantagens da conciliação e usará os meios adequados de persuasão para a solução conciliatória do litígio, em qualquer fase da audiência".

De outro lado, o art. 852-F dispõe que: "Na ata de audiência serão registrados resumidamente os atos essenciais, as afirmações fundamentais das partes e as informações úteis à solução da causa trazidas pela prova testemunhal".

No silêncio da lei instituidora do rito sumaríssimo, é de concluir pela observância da regra estabelecida para o procedimento ordinário, previsto no art. 847 da CLT:

"Não havendo acordo, o reclamado terá 20 (vinte) minutos para aduzir sua defesa..."

A defesa, em princípio, deve ser oral (princípio da oralidade), sendo, contudo, largamente aceita a defesa escrita, que, inegavelmente, acelera o andamento do feito, não implicando nulidade sua adoção.

Como se sabe, tanto no cível quanto na Justiça do Trabalho não se admite a contestação por negação geral:

Os fatos narrados na petição inicial, não impugnados pelo réu, são presumidos como verdadeiros, conforme preceitua o art. 341 do CPC.

Com a defesa devem ser apresentados os documentos em que esta se alicerça, as preliminares e as exceções eventualmente arguidas.

Da reconvenção

Reconvenção é a ação proposta pelo réu, contra o autor, perante o mesmo juízo em que é demandado, devendo ser interposta concomitantemente com a contestação.

Escreve Oswaldo da Silva Rico:

"A reconvenção é ação autônoma ou contra ação proposta pelo Réu (reconvinte), contra o autor (reconvindo), no mesmo processo (feito) e Juízo em que é demandado"[566].

A reconvenção é, pois, ação e não meio de defesa. Nela, ao contrário da contestação, o réu age formulando pedido próprio e autônomo, independentemente de oferecimento de defesa.

Omissa a Lei n. 9.957/2000, entendemos ser a *reconvenção incompatível com o rito sumaríssimo*, tal, aliás, como ocorre no sumário do cível.

Lícito, porém, à reclamada, na contestação, "manifestar pretensão própria, conexa com ação principal ou com fundamento da defesa" (art. 343, do CPC).

Theotonio Negrão adverte que:

"As ações de rito sumário são consideradas dúplices. Por este motivo, não comportam reconvenção: na resposta, o réu poderá 'formular pedido, em seu favor, desde que fundado nos mesmos fatos referidos na inicial'"[567].

Observe-se que idêntico é o princípio acolhido pela Lei n. 9.099/95 (Juizados Especiais), art. 31: "Não se admitirá a reconvenção. É lícito ao réu, na contestação, formular pedido em seu favor, nos limites do art. 3º desta lei, desde que fundado nos mesmos fatos que constituem objeto da controvérsia".

É o chamado *pedido contraposto*, de que fala expressamente o parágrafo único do art. 17 da Lei n. 9.099/95.

12. *Dos incidentes e exceções*

a) Incidentes

Reza o art. 852-G que:

"Serão decididos, de plano, todos os incidentes e exceções que possam interferir no prosseguimento da audiência e do processo. As demais questões serão decididas na sentença".

A disposição, relativamente aos *incidentes processuais*, repete a redação dada ao art. 29 da Lei n. 9.099/95: "serão decididos de plano todos os incidentes que possam interferir no regular prosseguimento da audiência. As demais questões serão decididas na sentença".

Incidente, também denominado *circunstância incidente*, é toda questão de natureza processual levantada pelas partes no decorrer do processo.

São incidentes processuais, dentre outros, a impugnação ao valor da causa, a assistência, a habilitação, a falsidade, a contradita de testemunhas, etc.

Há, contudo, incidentes que, por sua complexidade, não podem ser solucionados na própria audiência, como é o caso, desde logo lembrado, do *incidente de falsidade*, em que é expressamente prevista a prova pericial (art. 432 do CPC), o que implicará, necessariamente, a sustação do andamento do feito.

Observe-se que as decisões proferidas nas questões incidentais, denominadas *interlocutórias*, são, no processo do trabalho, irrecorríveis:

"Art. 893...

§ 1º Os incidentes do processo serão resolvidos pelo próprio Juízo ou Tribunal, admitindo-se a apreciação do merecimento das decisões interlocutórias somente em recurso de decisão definitiva" (CLT).

566. *Da Reconvenção e da Compensação no Direito Brasileiro*, cit., p. 38.

567. *Código de Processo Civil e Legislação Processual em Vigor*, 28. ed., São Paulo, Saraiva, 1997, p. 265, n. 11.

Reiterando o princípio, a Súmula 214 do TST:

"Na Justiça do Trabalho, nos termos do art. 893, § 1º, da CLT, as decisões interlocutórias não ensejam recurso imediato, salvo nas hipóteses de decisão: a) de Tribunal Regional do Trabalho contrária à Súmula ou Orientação Jurisprudencial do Tribunal Superior do Trabalho; b) suscetível de impugnação mediante recurso para o mesmo Tribunal; c) que acolhe exceção de incompetência territorial, com a remessa dos autos para Tribunal Regional distinto daquele a que se vincula o juízo excepcionado, consoante o disposto no art. 799, § 2º, da CLT".

Contudo, em casos tais, imprescindível o *protesto*, ato que no processo do trabalho consigna o inconformismo da parte, ensejando a arguição da questão quando da interposição do respectivo recurso, sob pena de preclusão.

b) Exceções

Exceção é uma defesa de natureza processual que objetiva denunciar os vícios de constituição do processo ou fatos impeditivos do prosseguimento normal da relação processual.

O pranteado Valentin Carrion observa:

"Exceções, em sentido amplíssimo, são todos os meios de defesa quanto ao mérito ou ao processo que o réu pode opor. Em sentido menos amplo, são os meios de defesa indireta, processual, de rito ou preliminares ao mérito, como às vezes são chamadas; o réu não ataca a matéria de mérito, mas ataca o processo. Em sentido restrito e próprio, exceções são somente as processuais, que devem ser arguidas pelo réu, não podendo o juiz conhecê-las de ofício"[568].

O Código de Processo Civil contempla três exceções:

I – *A incompetência relativa* deve ser alegada na primeira oportunidade, sob pena de prorrogação, entretanto a *incompetência absoluta*, que pode ser declarada de ofício, pode ser arguida em qualquer fase e grau de jurisdição, devendo, contudo, de preferência, ser deduzida como preliminar de contestação – conforme art. 64, *caput* e § 1º, do CPC.

No processo do trabalho, em face do informalismo, nada impede, porém, sua arguição em exceção, observando-se a respeito a lição de Theotonio Negrão em suas consagradas anotações ao Código de Processo Civil:

"A incompetência absoluta não deve ser alegada sob a forma de exceção[569], mas sim na contestação. Mas o fato de ser a incompetência absoluta alegada como exceção, em peça apartada, não impede a sua apreciação, por se tratar de matéria que deve ser conhecida de ofício pelo magistrado. Neste caso, porém, o processo não fica suspenso"[570].

II – *O impedimento*, cujos motivos estão declinados no art. 144, e incisos, do CPC.

III – *A suspeição*, presente quando ocorre um dos fatos narrados no art. 145 e incisos do mesmo Estatuto Processual.

O processo do trabalho faz referência a duas exceções, segundo o disposto no art. 799 da CLT:

"Nas causas da jurisdição da Justiça do Trabalho, somente podem ser opostas, com suspensão do feito, as exceções de suspeição ou incompetência".

A exceção de incompetência, a nosso ver, sem as restrições do CPC, tem sentido abrangente na CLT, para alcançar a *incompetência material* e a *incompetência em razão do lugar*, ainda que o § 1º do art. 795 do mesmo Estatuto proclame a declaração de ofício da primeira, ou seja, da material.

A exceção de suspeição, no processo do trabalho, abrange, naturalmente, as hipóteses que, no processo civil, são consideradas impedimento.

A exceção, nos casos mencionados, deve ser arguida pelo reclamado, em audiência, juntamente com a defesa de mérito.

Ressaltam Nelson Nery Jr. e Rosa Maria Andrade Nery que:

"O réu é o legitimado exclusivo para opor exceção de incompetência. Ao autor não é dado

568. Ob. cit., 25. ed., p. 588.

569. *RT* 601/61, *RJTJSP* 98/399, *JTA* 49/88.
570. *Código de Processo Civil e Legislação Processual em Vigor*, cit., p. 282, n. 304.

ajuizá-la porque, quando da propositura da ação, já exerceu a sua opção referentemente à competência, não podendo alegar a sua torpeza. O Ministério Público, fiscal da lei, não pode opor exceção de incompetência porque essa faculdade é apenas do réu; se o demandado concordar com a competência (relativa) escolhida pelo autor e omitir-se, deixando de arguir a incompetência relativa, ocorre a prorrogação da competência: o Juízo que era originariamente relativamente incompetente, pela inércia do réu se torna competente"[571].

A decisão de plano de tais exceções, prevista no art. 852-G em exame, afigura-se-nos temeridade, visto que poderá ensejar arbitrariedade do juiz, cerceando provas e direitos que fatalmente redundarão em nulidade processual insanável. É que o art. 800 da CLT pressupõe, na arguição de incompetência, o adiamento da audiência com vista ao excepto por 24 horas, e, se arguida a exceção de suspeição, designação de audiência, dentro de 48 horas, para intimação e julgamento da própria exceção.

Ad argumentandum, para que o juiz instrua as exceções e as julgue de plano, tarefa hercúlea, fundamental será que todos os elementos contidos nos autos dispensem a instrução estabelecida nos dispositivos celetistas referentes à matéria.

13. Das provas

a) Considerações gerais

O procedimento sumaríssimo, como se sabe, busca um rito despido de maiores formalismos, sucinto, breve e simples, razão por que dispõe o art. 852-H que:

"Todas as provas serão produzidas na audiência de instrução e julgamento, ainda que não requeridas previamente".

Considerando a audiência una, significa isso que as próprias partes devem a ela comparecer, já devidamente munidas de suas respectivas provas, sem a necessidade de tê-las requerido previamente, conforme o art. 852-H, acima transcrito.

A disposição legal, conquanto bem-intencionada, não levou em conta circunstâncias outras que dificilmente ensejarão o *milagre da síntese*. Há provas, como a *pericial*, que implicam a concessão de prazo ao louvado, a fim de que este ultime seu laudo.

Determinadas testemunhas (servidor público, militar) devem ser previamente requisitadas à autoridade competente (art. 823 da CLT), não podendo comparecer espontaneamente à audiência.

Tais fatos, por certo ignorados ou postos de lado pelo legislador, levarão os juízes, até para que não se cerceiem direitos, ao adiamento da audiência, como ocorre com frequência no procedimento ordinário e no sumário[572].

O atual CPC não desfruta das nomenclaturas – procedimento sumário e sumaríssimo – que estavam estampadas no CPC revogado[573], no entanto, o processo do trabalho continua utilizando-se do sumário e sumaríssimo.

b) Prova documental

Documento, como se sabe, é o instrumento representativo de um fato ou acontecimento.

Na lição de Vicente Greco Filho, "documento é todo objeto do qual se extraem fatos em virtude da existência de símbolos, ou sinais gráficos, mecânicos, eletromagnéticos etc."[574].

Compreende, pois, as mais diversas espécies: contratos, recibos, fichas, carteira de trabalho, e-mail, declarações, fotografias etc.

No processo do trabalho os documentos só são aceitos se no original ou em certidão autenticada, ou quando conferida com a respectiva pública-forma ou cópia perante o juiz, bem como declarada sua autenticidade pelo próprio advogado. E, na eventualidade de estarem redigidos em idioma estrangeiro, desde que acompanhados das respectivas traduções.

Observe-se que a Lei n. 9.957/2000 não faz qualquer referência em torno da autenticação, razão por que, na omissão, impõe-se a observância da regra disposta no art. 830 da CLT.

571. *Código de Processo Civil Comentado*, cit., p. 586, n. 3.

572. Lei n. 5.584/70.
573. Lei n. 5.869, de 11-1-1973.
574. *Direito Processual Civil Brasileiro*, cit., v. 2, p. 201.

Os documentos devem ser, em princípio, fornecidos pelo reclamante com a inicial, quando indispensáveis à propositura da ação, como se nos afigura a certidão de julgamento nas ações de cumprimento previstas no art. 872 da CLT. É de ressaltar a admissão de juntada posterior de documentos relacionados a fatos supervenientes, assim como o dever de a reclamada juntá-los com a defesa.

Sobre eles devem as partes manifestar-se na audiência, o que, parece-nos, será, em determinados casos, uma temeridade. Há documentos que, por sua complexidade, tornam impraticável a manifestação imediata, sem análise mais completa.

Em tais circunstâncias, o indeferimento de prazo para vista desses documentos e manifestação sobre eles poderá ensejar cerceamento de defesa, com suas sérias implicações; não obstante, deve-se zelar pelo princípio da isonomia, oportunizando prazo para a parte contrária manifestar acerca dos documentos juntados, independentemente da fase em que se encontra o processo.

c) Prova testemunhal

Nos termos do § 2º do art. 852-H em exame:

"As testemunhas, até o máximo de duas para cada parte, comparecerão à audiência de instrução e julgamento independentemente de intimação".

Reduzido o número a 2 testemunhas para cada parte, devem estas comparecer à audiência independentemente de intimação.

O princípio é o mesmo já previsto no procedimento comum, segundo o disposto no art. 825 da CLT: "As testemunhas comparecerão à audiência independentemente de notificação ou intimação".

A apresentação das testemunhas à audiência é obrigação das partes. Estas, repita-se, devem comparecer à audiência acompanhadas das suas testemunhas, em número de 2 para cada parte.

Inexiste, tanto no procedimento comum como no sumário (Lei n. 5.584/70), e no sumaríssimo (Lei n. 9.957/2000), rol prévio de testemunhas.

Cabe à parte verificar se a testemunha se dispõe a comparecer espontaneamente à audiência. Normalmente as testemunhas do empregador cumprem determinação deste quando comparecem. A dificuldade maior é do reclamante; suas testemunhas, via de regra, sentem-se constrangidas, salvo se já não trabalham para o mesmo empregador.

Em qualquer caso, porém, a intimação é o procedimento mais prudente para essas testemunhas, razão por que deve o reclamante, por si ou por seu advogado, requerer tal intimação anteriormente à audiência, solicitando condução coercitiva caso não atendam à determinação judicial.

Na eventualidade de convite prévio para que tais testemunhas compareçam, é de todo conveniente fazê-lo por via postal, com o respectivo *AR*, em face da clareza do § 3º do dispositivo legal sob exame:

"Só será deferida intimação da testemunha que, comprovadamente convidada, deixar de comparecer. Não comparecendo a testemunha intimada, o juiz poderá determinar a sua imediata condução coercitiva".

Há, portanto, necessidade de se comprovar em juízo o convite prévio à testemunha, sem o que, fatalmente, o juiz indeferirá o pedido de intimação.

Inexistindo prova de prévio convite, a afirmação da parte será apreciada pelo juiz, considerando, sobretudo, o ônus da prova, evitando-se, outrossim, nulidade insanável por cerceio de direito de defesa.

Deferida que seja a intimação, não comparecendo a testemunha, o juiz determinará sua condução coercitiva.

d) Prova técnica

"Art. 852-H. (...) § 4º Somente quando a prova do fato o exigir, ou for legalmente imposta, será deferida prova técnica, incumbindo ao juiz, desde logo, fixar o prazo, o objeto da perícia e nomear perito".

Em conformidade com o disposto no art. 156 do CPC, "o juiz será assistido por perito quando a prova do fato depender de conhecimento técnico ou científico".

Nem sempre dispõe o juiz dos meios necessários para a verificação de determinados fatos, impondo-se a nomeação de especialistas – os peritos.

O procedimento sumaríssimo admite a prova pericial em duas hipóteses:

I – quando a prova do fato o exigir;

II – quando legalmente imposta.

Na primeira hipótese, o próprio fato reclama a realização da prova pericial, como ocorre com o exame grafotécnico em incidente de falsidade documental.

Na segunda hipótese, a prova pericial é expressamente exigida por lei, de que é exemplo a apuração da insalubridade ou periculosidade: "Arguida em juízo insalubridade ou periculosidade, seja por empregado, seja por Sindicato em favor de grupo de associados, o *juiz designará perito habilitado* na forma deste artigo, e, onde não houver, *requisitará perícia* ao órgão competente do Ministério do Trabalho" (art. 195, § 2º).

Verificada a necessidade da prova pericial, o juiz, desde logo, nomeará perito, estabelecendo prazo para apresentação do laudo, não sem antes fixar o objeto e a especificidade da perícia.

A Lei n. 9.957/2000 é absolutamente silente quanto a prazo para formulação de quesitos, já que expressamente vetado pelo Executivo o § 5º do art. 852-H, que assim dispunha:

"Faculta-se às partes, no prazo de 72 (setenta e duas) horas, a apresentação de quesitos, vedada a indicação de assistente técnico"[575].

O veto indica a necessidade de as partes formularem quesitos na própria audiência, o que não nos parece absurdo, pois facilmente terão os advogados condições de fazê-lo. Utilizado o *jus postulandi*, caberá ao juiz formulá-los.

O veto mencionado facultou a presença, no sumaríssimo, da figura dos *assistentes*, expressamente prevista no parágrafo único do art. 3º da Lei n. 5.584/70:

"Permitir-se-á a cada parte a indicação de um assistente, cujo laudo terá que ser apresentado no mesmo prazo assinado para o perito, sob pena de ser desentranhado dos autos".

Note-se que o perito é único, do juiz – art. 3º da Lei n. 5.584/70: "Os exames periciais serão realizados por perito único designado pelo juiz, que fixará prazo para entrega do laudo".

Já os honorários dos assistentes são de responsabilidade das respectivas partes:

Súmula 341 do TST:

"A indicação do perito assistente é faculdade da parte, a qual deve responder pelos respectivos honorários, ainda que vencedora no objeto da perícia".

O § 6º do art. 852-H determina a intimação das partes para que estas, em *5 dias*, se manifestem sobre o laudo. O prazo é comum:

"As partes serão intimadas a manifestar-se sobre o laudo, no prazo comum de 5 (cinco) dias".

Observe-se que o juiz não se vincula às conclusões do perito, podendo o magistrado ou determinar que o laudo preste esclarecimentos (faculdade que também é das partes), utilizar-se de provas emprestadas ou, ainda, determinar nova perícia, ou, simplesmente, decidir contrariamente ao laudo, esclarecendo suficientemente, na fundamentação do julgado, suas conclusões.

14. Da sentença

a) Prazo para o julgamento

O art. 852-B, III, da CLT (com a redação da Lei n. 9.957/2000) estabelece prazo para o julgamento no procedimento sumaríssimo, assim dispondo:

"A apreciação da reclamação deverá ocorrer no prazo máximo de *15 (quinze) dias* do seu ajuizamento, podendo constar de pauta especial, se necessário, de acordo com o movimento judiciário na Junta de Conciliação e Julgamento"[576].

575. *Razões do Veto*: "O veto ao § 5º do art. 852-H justifica-se porque o prazo de 72 horas para a apresentação de quesitos pode, em alguns casos, ser excessivo, já que tal ato processual poderá ser praticado na própria audiência, como de resto todos os demais, ou em prazo inferior a 72 horas, segundo o prudente critério do juiz. Ademais, em homenagem ao princípio da ampla defesa, não se justifica a vedação de indicação de assistente técnico, que em nada atrasa a prova pericial, pois seu laudo deve ser apresentado no mesmo prazo dado ao perito do Juízo".

576. Atualmente Vara do Trabalho.

Observe-se que, para o atendimento de tal disposição, é indispensável que a instrução, ainda que sumaríssima, se concretize numa audiência, o que nem sempre ocorrerá.

Ressalte-se, em abono da observação, que a audiência, em princípio única, poderá desdobrar-se em sessões subsequentes, a critério do juiz, em razão da impossibilidade prática de realizá-la numa única sessão.

É certo que o art. 852-D defere ao juiz liberdade para determinar as provas, podendo limitar ou excluir as que considerar excessivas, impertinentes ou protelatórias.

Essa faculdade é prevista também nos arts. 765 da CLT e 370 do CPC, sem que isso represente arbítrio absoluto do julgador.

O indeferimento puro e simples de provas, sem qualquer justificativa, implica nulidade insanável, importando em cerceamento de defesa:

"O indeferimento imotivado de prova testemunhal implica cerceamento de defesa e acarreta a nulidade da decisão. O mesmo ocorre com o indeferimento, sem qualquer justificação, de requisição de certidão necessária à prova de alegação da parte"[577].

b) Apreciação das provas e elementos de convicção do juiz

O procedimento sumaríssimo enseja ao juiz liberdade para apreciar as provas, dando-lhes o valor que entender de direito, segundo as "regras de experiência comum ou técnica" (art. 852-D).

O princípio decorre da livre convicção do juiz, presente no art. 371 do CPC:

"O juiz apreciará a prova constante dos autos, independentemente do sujeito que a tiver promovido, e indicará na decisão as razões da formação de seu convencimento".

A liberdade na apreciação da prova, obviamente, não importa em arbítrio, visto que, nos termos do art. 852-I da lei em exame, na sentença o juiz mencionará os elementos que firmaram sua convicção.

É o que se extrai de v. acórdão do STJ:

"A livre apreciação da prova, desde que a decisão seja fundamentada, considerada a lei e os elementos existentes nos autos, é um dos cânones do nosso sistema processual"[578].

Regras de *experiência comum* são aquelas que decorrem da observação dos fatos "inerentes à cultura da esfera social a que pertence o juiz", preleciona Moacyr Amaral Santos[579].

Regras de *experiência técnica* são aquelas que decorrem dos conhecimentos especializados – "regras de experiência técnica, diversamente das de experiência comum, de ordinário não são do geral conhecimento, como as que têm o juiz, mas provêm de conhecimentos especializados em ciências, arte ou profissão, solicitando o concurso do técnico para que sejam formuladas. São regras desconhecidas ou imperfeitamente conhecidas pelo juiz, que solicita para bom entendimento a cooperação do perito", ressalta Moacyr Amaral Santos[580].

c) Dispensa do relatório

Nos termos do art. 852-I, "a sentença mencionará os elementos de convicção do juízo, com resumo dos fatos relevantes ocorridos em audiência, *dispensando o relatório*".

A dispensa do relatório, facilmente se percebe, tem um objetivo: a agilização da prestação jurisdicional, visto que, em princípio, a sentença deve ser proferida em audiência única, salvo adiamento a critério do juiz.

A sentença, como se sabe, tem três requisitos essenciais (art. 489 do CPC):

"I – *o relatório*, que conterá os nomes das partes, a identificação do caso, com a suma do pedido e da contestação, e o registro das principais ocorrências havidas no andamento do processo;

II – *os fundamentos*, em que o juiz analisará as questões de fato e de direito;

III – *o dispositivo*, em que o juiz resolverá as questões principais que as partes lhe submeteram".

577. *RT*, 96:640 e 620:44.

578. STJ, 4ª T., REsp 7.870-SP, Rel. Min. Sálvio de Figueiredo, *DJU*, 3-9-1992, p. 469.

579. *Comentários ao Código de Processo Civil*, Rio de Janeiro, Forense, v. 4, p. 53.

580. *Comentários ao Código de Processo Civil*, cit., v. 4, p. 54.

Dispensando o relatório, não se consignará resumo do pedido inicial, tampouco da defesa.

d) Decisão justa e equânime, atenta aos fins sociais da lei e às exigências do bem comum

É a disposição contida no § 1º do art. 852-I: "o juízo adotará em cada caso a decisão que reputar mais justa e equânime, atendendo aos fins sociais da lei e às exigências do bem comum".

O princípio já vem consagrado[581] na Lei do Juizado Especial: "o juiz adotará em cada caso a decisão que reputar mais justa e equânime, atendendo aos fins sociais e às exigências do bem comum", e está presente no art. 5º da Lei de Introdução às Normas do Direito Brasileiro (LINDB):

"Na aplicação da lei, o juiz atenderá aos fins sociais a que ela se dirige e às exigências do bem comum".

Na verdade, a inovação, no âmbito do processo trabalhista, é a faculdade assegurada ao juiz de decidir por equidade.

e) Equidade

"Do ponto de vista objetivo e etimológico, equidade significa a adaptabilidade, a conveniência de uma norma a uma relação de fato, a sua correspondência com a natureza da própria relação, representando o princípio da igualdade entre os homens. Do ponto de vista subjetivo, significa o sentimento, a aspiração individual ou coletiva, no sentido de uma dada relação ser regulada de certo modo, pelo sentimento percebido como o mais adaptado e o mais conveniente àquela relação.

Não é mais que o abrandamento da lei, pois, consoante a própria jurisprudência dos tribunais, tornar a lei flexível e aplicá-la humanamente constitui a principal característica da equidade que, segundo Carlos Maximiliano, a ela não se deve recorrer senão para atenuar o rigor de um texto e o interpretar de modo compatível com o progresso do direito e solidariedade humana, e nunca se devendo invocar para se agir ou decidir contra prescrição positiva, clara e precisa", escreve Pedro Orlando[582].

Na lição sempre lembrada de Carlos Maximiliano, "a equidade tem algo de superior a toda fórmula escrita ou tradicional, é um conjunto de princípios imanentes, constituindo de algum modo a substância jurídica da humanidade, sendo a sua natureza e o seu fim"[583].

Nos termos do § 1º do art. 852-B, acima transcrito, em cada caso o juiz buscará a decisão mais justa (que é, sem sombra de dúvida, a preocupação de todo magistrado), podendo decidir por equidade, dispondo, portanto, de maior flexibilidade na aplicação da norma jurídica aos casos concretos.

f) Sentença condenatória

As sentenças, quanto a sua natureza jurídica, são:
a) declaratórias;
b) constitutivas;
c) condenatórias[584].

As *sentenças declaratórias*, como se sabe, limitam-se a declarar a existência ou inexistência de uma relação jurídica.

As *sentenças constitutivas*, por sua vez, são aquelas que criam, alteram ou extinguem um estado ou uma relação jurídica.

Condenatórias quando envolvem uma obrigação de dar, fazer ou não fazer alguma coisa.

g) Sentença líquida ou ilíquida

A sentença, como se sabe, é *líquida* ou *ilíquida*. A primeira envolve condenação em quantia certa ou determinada, fixando-lhe o *quantum debeatur*, constituindo título executório. Ilíquida é a sentença que não especifica o valor da condenação, impondo-se sua prévia liquidação – o processo de liquidação de sentença, previsto no art. 879 da CLT: "Sendo ilíquida a sentença exequenda, ordenar-se-á, previamente, a sua liquidação, que poderá ser feita por cálculo, por arbitramento ou por artigos".

581. No art. 95 da Lei n. 9.099/95.

582. *Novíssimo Dicionário Jurídico Brasileiro*, cit., p. 258.
583. *Hermenêutica e Aplicação do Direito*, cit., p. 185.
584. Pontes de Miranda sustenta a existência da sentença mandamental, não acolhida, entretanto, pela doutrina tradicional.

O § 2º do art. 852-I, aprovado pelo Congresso Nacional, exigia a liquidez da sentença proferida no rito sumaríssimo, disposição, entretanto, vetada pelo Executivo, com a justa ponderação de que tal exigência, entre atrasar a prolação das sentenças, impunha ao juiz a obrigação de elaborar cálculos, não raras vezes complexos, em plena audiência:

"O § 2º do art. 852-I não admite sentença condenatória por quantia ilíquida, o que poderá, na prática, atrasar a prolação das sentenças, já que se impõe ao juiz a obrigação de elaborar cálculos, o que nem sempre é simples de se realizar em audiência. Seria prudente vetar o dispositivo em relevo, já que a liquidação por simples cálculo se dará na fase de execução da sentença, que, aliás, poderá sofrer modificações na fase recursal".

Assim, é lícita a sentença ilíquida, que, obviamente, haverá de sujeitar-se ao processo de liquidação. A menção à apuração do valor da condenação por *cálculo* é mera fundamentação do veto, não implicando, obviamente, fixação de princípio. Desse modo, dependendo de cada caso concreto, a liquidação da sentença poderá observar qualquer das formas previstas no art. 879 da CLT, ou seja, por cálculo, arbitramento ou artigos de liquidação.

h) Intimação da sentença

Em conformidade com o que dispõe o § 3º do art. 852-I, "as partes serão intimadas da sentença na própria audiência em que é prolatada".

É, aliás, o que declara o art. 834 da CLT, para o procedimento comum: "Salvo nos casos previstos nesta Consolidação, a publicação das decisões e sua notificação aos litigantes, ou seus patronos, consideram-se realizadas nas próprias audiências em que foram as mesmas proferidas".

No mesmo sentido a Súmula 197 do TST:

"O prazo para recurso da parte que, intimada, não comparece à audiência em prosseguimento para a prolação da sentença, conta-se da sua publicação".

A súmula transcrita deixa claro que, na eventualidade de a audiência, em princípio único, ser adiada, as partes deverão, obviamente, sair intimadas e cientes de que, na audiência em prosseguimento, dar-se-á o julgamento.

Ressalte-se que a intimação da sentença tem consequências de ordem prática, visto que dela começa a fluir prazo para a interposição de recurso ordinário.

15. Dos embargos declaratórios

Nos termos do art. 1.022 do CPC, cabem embargos declaratórios quando:

"I – esclarecer obscuridade ou eliminar contradição;

II – suprir omissão de ponto ou questão sobre o qual deveria se pronunciar o juiz de ofício ou a requerimento;

III – corrigir erro material".

A sentença há de ser precisa, isto é, situar-se nos limites das questões propostas, devendo ainda cercar-se da necessária clareza. Assim, na ocorrência de *obscuridade*, *contradição* ou *omissão*, deve a parte interessada interpor os chamados embargos declaratórios.

As inexatidões materiais ou erros de cálculo, tais como palavras consignadas erroneamente ou valores equívocos, podem ser corrigidos de ofício, pelo juiz (art. 494, I, do CPC).

A sentença ou acórdãos proferidos no rito sumaríssimo podem, igualmente, ressentir-se dos vícios acima enumerados – *obscuridade*, *contradição* ou *omissão*.

A *obscuridade* se consubstancia na ausência de clareza, na linguagem que não se faz entender, pouco perceptível.

A *contradição* está presente nas proposições que não se conciliam. Normalmente ocorre quando há conflito entre a fundamentação e a conclusão ou dispositivo.

Há *omissão* quando determinada questão deixa de ser apreciada pelo julgador.

O art. 897-A e seu parágrafo único[585] dispõem que:

"Caberão embargos de declaração da sentença ou acórdão, no prazo de 5 (cinco) dias, devendo seu julgamento ocorrer na primeira audi-

585. Acrescentados pela Lei n. 9.957/2000.

ência ou sessão subsequente a sua apresentação, registrado na certidão, admitido efeito modificativo da decisão nos casos de omissão e contradição no julgado e manifesto equívoco no exame dos pressupostos extrínsecos do recurso.

§ 1º Os erros materiais poderão ser corrigidos de ofício ou a requerimento de qualquer das partes.

§ 2º Eventual efeito modificativo dos embargos de declaração somente poderá ocorrer em virtude da correção de vício na decisão embargada e desde que ouvida a parte contrária, no prazo de 5 (cinco) dias.

§ 3º Os embargos de declaração interrompem o prazo para interposição de outros recursos, por qualquer das partes, salvo quando intempestivos, irregular a representação da parte ou ausente a sua assinatura".

O dispositivo legal acima transcrito não discrepa das regras dispostas no art. 1.022 do CPC. Caberão embargos no 1º, 2º ou 3º graus (Varas do Trabalho, TRT ou TST) sempre que a decisão (sentença ou acórdão) ressentir-se de obscuridade, contradição ou omissão.

O prazo para oposição dos embargos declaratórios é de *5 dias* (contados da intimação da sentença ou acórdão) e é endereçado ao juiz prolator ou desembargador relator.

O art. 897-A reitera princípio consagrado no art. 494 do CPC – quanto ao *efeito modificativo* dos embargos declaratórios –, que assim dispõe:

"Publicada a sentença, o juiz só poderá alterá-la:

I – para corrigir-lhe de ofício ou a requerimento da parte, inexatidões materiais ou erros de cálculo;

II – *por meio de embargos de declaração*".

Nesse mesmo sentido a Súmula 278 do TST:

"A natureza da omissão suprida pelo julgamento de embargos declaratórios pode ocasionar efeito modificativo no julgado".

Opostos embargos declaratórios, fica *interrompido* o prazo para a arguição de outros recursos, por qualquer das partes (art. 1.026 do CPC).

Os embargos declaratórios "devem ser vistos como instrumento de aperfeiçoamento da prestação jurisdicional"[586], mas, se interpostos com finalidade flagrantemente protelatória, é facultado ao juiz condenar o embargante por litigância de má-fé (art. 80, VII, do CPC)[587].

A Lei n. 9.957/2000 traz inovação processual trabalhista, acolhendo embargos declaratórios de *despachos denegatórios de recursos*, proferidos em manifesto equívoco no exame dos pressupostos extrínsecos do apelo denegado.

Na eventualidade de utilização de *fac-símile* para a interposição de embargos declaratórios, o prazo de cinco dias para entrega dos originais é contínuo, não ocorrendo interrupção ou suspensão, no entanto, entendemos superada essa possibilidade, uma vez que o Processo Judicial eletrônico (PJe), conforme Lei n. 11.419[588], supre a necessidade do uso de *fac-símile*.

16. *Do recurso ordinário*

A Lei n. 9.957/2000 manteve o duplo grau de jurisdição no procedimento sumaríssimo, acrescentando § 1º ao art. 895 da CLT, vazado nos seguintes termos:

"Nas reclamações sujeitas ao procedimento sumaríssimo, o recurso ordinário".

Com a adoção do duplo grau de jurisdição, o legislador acolheu instrumento de inegável protelação da prestação jurisdicional, o que concorrerá para que o procedimento sumaríssimo tenha o mesmo destino inglório do sumário, instituído pela Lei n. 5.584/70.

Melhor seria a adoção da irrecorribilidade das decisões no sumaríssimo, à semelhança do princípio adotado no procedimento sumário.

A irrecorribilidade das decisões, nos processos de reduzido valor pecuniário, não se nos afigura inconstitucional, não violentando,

586. *Revista do Superior Tribunal de Justiça, 30*:378.
587. O inciso VII foi introduzido no art. 17 pela Lei n. 9.668, de 23-6-1998, para incluir nas hipóteses de litigância de má-fé a interposição de recurso com intuito manifestamente protelatório.
588. De 19 de dezembro de 2006.

absolutamente, a regra disposta no art. 5º, LV, da CF.

Observe-se que a própria Constituição acolhe o princípio da irrecorribilidade, ao dispor, no art. 121, § 3º, serem "irrecorríveis as decisões do Tribunal Superior Eleitoral, salvo as que contrariarem a Constituição e as denegatórias de *habeas corpus* ou mandado de segurança".

Pretendeu-se, é bem verdade, restringir as hipóteses do recurso ordinário, admitindo-o, tão somente, na ocorrência de *violação literal da lei, contrariedade a súmula de jurisprudência do TST* ou *violação direta da Constituição Federal*[589], entretanto, o dispositivo em apreço, foi vetado pelo Executivo.

Fica, pois, admitido o recurso ordinário para o TRT das decisões proferidas pelo juiz de 1º grau no procedimento sumaríssimo[590], sem restrições fáticas ou de direito.

a) Pressupostos

O recurso ordinário, tanto no procedimento comum quanto no sumaríssimo, para ser admitido, deve atender a determinados pressupostos:

a) subjetivos;

b) objetivos.

Os primeiros (*subjetivos*) dizem respeito às partes, à legitimidade para recorrer. Disciplina-os o art. 996 do CPC, de inequívoca aplicação subsidiária no processo do trabalho: "o recurso pode ser interposto pela parte vencida, pelo terceiro prejudicado e pelo Ministério Público, como parte ou como fiscal da ordem jurídica", a que acrescentamos – o juiz fará a remessa de ofício ao tribunal –, de sentença condenatória do Poder Público (Decreto-lei n. 779/69 e art. 496 do CPC).

Os pressupostos *objetivos* são: a existência de efetivo prejuízo (sucumbência); a recorribilidade da decisão; a tempestividade; o depósito recursal e o pagamento das custas processuais.

b) Procedimento

O recurso ordinário, no rito sumaríssimo, deve ser interposto no prazo de 8 dias, a contar da intimação da sentença – "as partes serão intimadas da sentença na própria audiência em que prolatada" (§ 3º do art. 852-I)[591].

Conquanto silente a Lei n. 9.957/2000, dar-se-á vista ao recorrido para manifestar-se em contrarrazões.

No Tribunal Regional do Trabalho, a distribuição ao relator deve ser imediata – eliminou-se a prévia manifestação da Procuradoria do Trabalho, que falará oralmente, quando do julgamento do apelo, dispensando-se a figura do *revisor*.

"Art. 895... § 1º...

II – será imediatamente distribuído, uma vez recebido no Tribunal, devendo o relator liberá-lo no prazo máximo de *10 (dez) dias*, e a Secretaria do Tribunal ou Turma colocá-lo imediatamente em pauta para julgamento, *sem revisor*.

III – terá parecer oral do representante do Ministério Público presente à sessão de julgamento, se este entender necessário o parecer, com registro na certidão".

O acórdão do Tribunal consistirá numa simples certidão de julgamento, com a indicação do processo, as razões de decidir do voto prevalente e a parte dispositiva, ou seja, a conclusão, a parte final da decisão.

Inspirou-se o legislador, facilmente se percebe, no art. 46 da Lei n. 9.099/95 (Juizado Especial): "o julgamento em segunda instância constará apenas da ata, com a indicação suficiente do processo, fundamentação sucinta e parte dispositiva. Se a sentença for confirmada pelos próprios fundamentos, a súmula do julgamento servirá como acórdão".

c) Turmas especializadas para apreciação de recursos ordinários interpostos no sumaríssimo

Buscando a celeridade dos julgamentos,

589. Art. 895, § 1º, I, da CLT, acrescentado pela Lei n. 9.957/2000.

590. A observância ou não do duplo grau de jurisdição é questão que tem dividido os autores, que, em grande número, veem-no como indispensável não só do ponto de vista constitucional (art. 5º, LV, da CF) como, inclusive, de efetiva justiça.

591. Art. 895 da CLT: "Cabe recurso ordinário para a instância superior: I – das decisões definitivas ou terminativas das Varas e Juízos, no prazo de 8 (oito) dias. (...) § 1º Nas reclamações sujeitas ao procedimento sumaríssimo, o recurso ordinário".

prevê o § 2º do art. 895 da CLT[592], a criação de *turmas especializadas* nos Tribunais Regionais do Trabalho, para o julgamento dos recursos ordinários interpostos no procedimento sumaríssimo:

"§ 2º Os Tribunais Regionais, divididos em turmas, poderão designar Turmas para o julgamento dos recursos ordinários interpostos das sentenças prolatadas nas demandas sujeitas ao procedimento sumaríssimo".

d) O agravo de instrumento

O agravo de instrumento tem, no processo do trabalho, uma finalidade específica – a reforma de despacho denegatório de recursos anteriormente interpostos.

Diz o art. 897 da CLT:

"Cabe agravo... b) de *instrumento*, dos despachos que denegarem a interposição de recursos".

Como preleciona Valentin Carrion, "qualquer que seja o recurso denegado, caberá agravo de instrumento, que outra finalidade não tem senão a de fazer subir ao Tribunal competente o recurso denegado"[593].

A omissão da Lei n. 9.957/2000 autoriza a aplicação do art. 897, *a*, da CLT, na eventualidade de denegação ao processamento do recurso ordinário (o mesmo se há de dizer do recurso de revista).

Observe-se que, na interposição do agravo de instrumento, este, nos termos da Lei n. 9.756/98 e da Lei n. 12.275/2010, deve forçosamente ser acompanhado de:

"I – ... cópias da decisão agravada, da certidão da respectiva intimação, das procurações outorgadas aos advogados do agravante e do agravado, da petição inicial, da contestação, da decisão originária, do depósito recursal referente ao recurso que se pretende destrancar, da comprovação do recolhimento das custas e do depósito recursal a que se refere o § 7º do art. 899 desta Consolidação;

II – facultativamente, com outras peças que o agravante reputar úteis ao deslinde da matéria de mérito controvertida" (art. 897, § 5º, I e II, da CLT).

O fornecimento de tais peças, como facilmente se percebe, objetiva a celeridade do julgamento. Assim, na eventualidade de se acolher o agravo de instrumento, a turma respectiva julgará, concomitantemente, o recurso ordinário: "provido o agravo a Turma deliberará sobre o julgamento do recurso principal..." (art. 897, § 7º, da CLT).

17. Do recurso adesivo

O veto ao inciso I do § 1º do art. 895 da CLT[594], que limitava a interposição de recurso ordinário no sumaríssimo e incluía proibição do recurso adesivo – "não se admitindo recurso adesivo" –, implica, obviamente, a acolhida de tal espécie recursal.

Assim, na omissão da Lei n. 9.957/2000, é de aplicar o *recurso adesivo*, expressamente admitido no processo do trabalho, por força da Súmula 283 do TST:

"O recurso adesivo é compatível com o processo do trabalho, onde cabe, no prazo de oito dias, nas hipóteses de interposição de recurso ordinário, de agravo de petição, de revista e de embargos, sendo desnecessário que a matéria nele veiculada esteja relacionada com a do recurso interposto pela parte contrária", conforme prevê o art. 997, §§ 1º e 2º, do CPC.

O recurso em apreço, obviamente, estará sujeito ao mesmo procedimento do recurso ordinário previsto na Lei n. 9.957/2000.

18. Do recurso de revista

No procedimento comum cabe recurso de revista para o Tribunal Superior do Trabalho, nos termos do art. 896 da CLT, das decisões proferidas pelo Tribunal Regional do Trabalho que:

"*a*) derem ao mesmo dispositivo de lei federal interpretação diversa da que lhe houver dado outro Tribunal Regional, no seu pleno ou Turma, ou a Seção de Dissídios Individuais do Tribunal Superior do Trabalho, ou contrariarem Súmula de Jurisprudência Uniforme dessa Corte ou Súmula Vinculante do Supremo Tribunal Federal[595];

592. Redação da Lei n. 9.957/2000.
593. Ob. cit., 25. ed., p. 769.
594. Redação da Lei n. 9.957/2000.
595. Redação alterada pela Lei n. 13.015, de 21-7-2014.

b) derem ao mesmo dispositivo de lei estadual, Convenção Coletiva de Trabalho, Acordo Coletivo, sentença normativa ou regulamento empresarial de observância obrigatória em área territorial que exceda a jurisdição do TRT prolator da decisão recorrida, interpretação divergente, na forma da alínea *a*;

c) proferidas com violação literal de disposição de lei federal, ou afronta direta e literal à Constituição Federal".

Em conformidade com o § 7º do art. 896 da CLT, "a divergência apta a ensejar o recurso de revista deve ser atual, não se considerando como tal a ultrapassada por súmula do Tribunal Superior do Trabalho ou do Supremo Tribunal Federal, ou superada por iterativa e notória jurisprudência do Tribunal Superior do Trabalho[596]".

No procedimento sumaríssimo houve manifesta restrição ao cabimento do recurso de revista, como se depreende da leitura do art. 896, § 9º, da CLT:

"Nas causas sujeitas ao procedimento sumaríssimo, somente será admitido recurso de revista por contrariedade a súmula de jurisprudência uniforme do Tribunal Superior do Trabalho ou a Súmula Vinculante do Supremo Tribunal Federal e por violação direta da Constituição Federal[597]".

Afasta-se, assim, a possibilidade da interposição de recurso de revista na ocorrência de violação à lei federal, não se admitindo, outrossim, arguição de violação por via oblíqua da Constituição, que ocorreria invocando-se a legislação infraconstitucional.

Observe-se que, negado processamento ao recurso de revista pelo juízo de admissibilidade (presidente do Tribunal Regional), pode a parte interpor agravo de instrumento para o Tribunal Superior do Trabalho, de que nos ocupamos neste Capítulo.

O recurso de revista, advirta-se, não se presta a reexame de fatos ou provas, como põe em relevo a Súmula 126 do TST:

"Incabível o recurso de revista ou de embargos (arts. 896 e 894, *b*, da CLT) para reexame de fatos e provas".

Ademais disso, para ser admitido o recurso de revista, é indispensável que a causa ofereça *transcendência* com relação aos reflexos gerais de natureza econômica, política, social ou jurídica[598], cujos indicadores constam dos parágrafos do art. 896-A, da CLT[599].

▶ **Jurisprudência**

▷ **Súmula 8 do TST. Juntada de documento** (mantida) – Res. 121/2003, *DJ* 19, 20 e 21-11-2003. A juntada de documentos na fase recursal só se justifica quando provado o justo impedimento para sua oportuna apresentação ou se referir a fato posterior à sentença.

▷ **Súmula 71 do TST. Alçada.** A alçada é fixada pelo valor dado à causa na data do seu ajuizamento, desde que não impugnado, sendo inalterável no curso do processo.

▷ **Súmula 74 do TST. Confissão.** (atualizada em decorrência do CPC de 2015) – Res. 208/2016, *DEJT* divulgado em 22, 25 e 26-4-2016. I – Aplica-se a confissão à parte que, expressamente intimada com aquela cominação, não comparecer à audiência em prosseguimento, na qual deveria depor. II – A prova pré-constituída nos autos pode ser levada em conta para confronto com a confissão ficta (arts. 442 e 443, do CPC de 2015 – art. 400, I, do CPC de 1973), não implicando cerceamento de defesa o indeferimento de provas posteriores. III. A vedação à produção de prova posterior pela parte confessa somente a ela se aplica, não afetando o exercício, pelo magistrado, do poder/dever de conduzir o processo.

▷ **Súmula 297 do TST. Prequestionamento. Oportunidade. Configuração** (nova redação) – Res. 121/2003, *DJ* 19, 20 e 21-11-2003. I – Diz-se prequestionada a matéria ou questão quando na decisão impugnada haja sido adotada, explicitamente, tese a respeito. II – Incumbe à parte interessada, desde

596. Parágrafo acrescentado pela Lei n. 13.015, de 21-7-2014.
597. Parágrafo acrescentado pela Lei n. 13.015, de 21-7-2014.
598. Nos termos da Medida Provisória n. 2.226.
599. Acrescidos pela Lei n. 13.467/2017.

que a matéria haja sido invocada no recurso principal, opor embargos declaratórios objetivando o pronunciamento sobre o tema, sob pena de preclusão. III – Considera-se prequestionada a questão jurídica invocada no recurso principal sobre a qual se omite o Tribunal de pronunciar tese, não obstante opostos embargos de declaração.

▷ **Súmula 303 do TST. Fazenda Pública. Duplo grau de jurisdição.** (Nova redação em decorrência do CPC de 2015) – Res. 211/2016, *DEJT* divulgado em 24, 25 e 26-8-2016.

I – Em dissídio individual, está sujeita ao reexame necessário, mesmo na vigência da CF/1988, decisão contrária à Fazenda Pública, salvo quando a condenação não ultrapassar o valor correspondente a: *a*) 1.000 (mil) salários mínimos para a União e as respectivas autarquias e fundações de direito público; *b*) 500 (quinhentos) salários mínimos para os Estados, o Distrito Federal, as respectivas autarquias e fundações de direito público e os Municípios que constituam capitais dos Estados; *c*) 100 (cem) salários mínimos para todos os demais Municípios e respectivas autarquias e fundações de direito público.

II – Também não se sujeita ao duplo grau de jurisdição a decisão fundada em: *a*) súmula ou orientação jurisprudencial do Tribunal Superior do Trabalho; *b*) acórdão proferido pelo Supremo Tribunal Federal ou pelo Tribunal Superior do Trabalho em julgamento de recursos repetitivos; *c*) entendimento firmado em incidente deresolução de demandas repetitivas ou de assunção de competência; *d*) entendimento coincidente com orientação vinculante firmada no âmbito administrativo do próprio ente público, consolidada em manifestação, parecer ou súmula administrativa.

III – Em ação rescisória, a decisão proferida pelo Tribunal Regional do Trabalho está sujeita ao duplo grau de jurisdição obrigatório quando desfavorável ao ente público, exceto nas hipóteses dos incisos anteriores. (ex-OJ n. 71 da SBDI-1 – inserida em 3-6-1996)

IV – Em mandado de segurança, somente cabe reexame necessário se, na relação processual, figurar pessoa jurídica de direito público como parte prejudicada pela concessão da ordem. Tal situação não ocorre na hipótese de figurar no feito como impetrante e terceiro interessado pessoa de direito privado, ressalvada a hipótese de matéria administrativa.

▷ **Súmula 356 do TST. Alçada recursal. Vinculação ao salário mínimo.** "O art. 2º, § 4º, da Lei n. 5.584/70 foi recepcionado pela Constituição da República de 1988, sendo lícita a fixação do valor da alçada com base no salário mínimo".

▷ **Súmula 365 do TST. Alçada. Ação rescisória e mandado de segurança.** Não se aplica a alçada em ação rescisória e em mandado de segurança.

▷ **Súmula 413 do TST. Ação rescisória. Sentença de mérito. Violação do art. 896, A, da CLT.** (Nova redação em decorrência do CPC de 2015) – Res. 209/2016, *DEJT* divulgado em 1, 2 e 3-6-2016.

É incabível ação rescisória, por violação do art. 896, *a*, da CLT, contra decisão transitada em julgado sob a égide do CPC de 1973 que não conhece de recurso de revista, com base em divergência jurisprudencial, pois não se cuidava de sentença de mérito (art. 485 do CPC de 1973). (ex-OJ n. 47 da SBDI-2 – inserida em 20-9-2000)

▷ **Súmula 458 do TST. Embargos. Procedimento sumaríssimo. Conhecimento. Recurso interposto após vigência da Lei n. 11.496, de 22-6-2007, que conferiu nova redação ao art. 894, da CLT.** (Conversão da Orientação Jurisprudencial n. 405 da SBDI-1 com nova redação) – Res. 194/2014, *DEJT* divulgado em 21, 22 e 23-5-2014.

Em causas sujeitas ao procedimento sumaríssimo, em que pese a limitação imposta no art. 896, § 6º, da CLT à interposição de recurso de revista, admitem-se os embargos interpostos na vigência da Lei n. 11.496, de 22-6-2007, que conferiu nova redação ao art. 894 da CLT, quando demonstrada a divergência jurisprudencial entre Turmas do TST, fundada em interpretações diversas acerca da aplicação de mesmo dispositivo constitucional ou de matéria sumulada.

▷ **Súmula 502 do STF.** Na aplicação do art. 839, do Código de Processo Civil, com a redação da Lei 4.290, de 5-12-1963, a relação

do valor da causa e salário mínimo vigente na capital do Estado, ou do território, para o efeito de alçada, deve ser considerada na data do ajuizamento do pedido.

▷ "I – Agravo de instrumento em recurso de revista – Regência pela Lei n. 13.015/2014 – Terceirização de serviços. Responsabilidade subsidiária. Contrato de representação comercial. Constatada divergência jurisprudencial,impõe-se o provimento do agravo de instrumento para determinar o processamento do recurso de revista. Agravo de instrumento conhecido e provido. II – Recurso de revista – Regência pela Lei n. 13.015/2014 – Terceirização de serviços. Responsabilidade subsidiária. Contrato de representação comercial. O contrato de representação comercial não se confunde com o de mera prestação de serviços, sendo incabível, no primeiro caso, a aplicação da Súmula 331, IV, do TST, porquanto não se trata da hipótese de intermediação de mão de obra. Recurso de revista conhecido e provido" (RR-1000639-06.2016.5.02.0601, 8ª Turma, Relator Ministro Marcio Eurico Vitral Amaro, *DEJT* 5-2-2021).

▷ "Recurso de revista da primeira reclamada (DEMAX). Contribuição assistencial. Empregado não sindicalizado. Cobrança indevida. Recurso interposto na vigência da Lei n. 13.467/2017. Transcendência. Não reconhecida. Não conhecimento. No caso da transcendência em recurso de revista, o § 1º do art. 896-A da CLT estabelece os parâmetros em que é possível reconhecer o interesse público no julgamento da causa e, por conseguinte, a sua transcendência, ao prever os indicadores de ordem econômica, política, jurídica e social. Na hipótese dos autos, consoante o posicionamento consolidado no Precedente Normativo n. 119 da SDC, ofende o direito de livre associação e sindicalização cláusula constante de norma coletiva estabelecendo contribuição em favor de entidade sindical a título de taxa para custeio do sistema confederativo, assistencial, revigoramento ou fortalecimento sindical e outras da mesma espécie, obrigando empregados não sindicalizados. Na mesma linha a Orientação Jurisprudencial n. 17 da SDC. Assim, encontra-se em harmonia com o entendimento prevalecente nesta Corte Superior a decisão regional que considera indevida a cobrança de contribuição assistencial a empregados não sindicalizados. Incidência da Súmula 333 e do art. 896, § 7º, da CLT. Dessa forma, a incidência do óbice da Súmula 333, a meu juízo, é suficiente para afastar a transcendência da causa, uma vez que inviabilizará a análise das violações invocadas no recurso de revista e, por conseguinte, da própria controvérsia, de modo que não serão produzidos os reflexos gerais, nos termos previstos no retrocitado § 1º do art. 896-A da CLT. Recurso de revista de que não se conhece. Recurso de revista da terceira reclamada (BEKA). Apelo interposto na vigência da Lei n. 13.467/2017. Responsabilidade solidária. Grupo econômico. Não configuração. Transcendência reconhecida.** Considerando a possibilidade de a decisão recorrida contrariar a jurisprudência atual, iterativa e notória desta Corte Superior, verifica-se a transcendência política, nos termos do art. 896-A, § 1º, II, da CLT. **Responsabilidade solidária. Grupo econômico. Não configuração. Provimento.** A jurisprudência desta Corte, inclusive em precedente da SBDI-1 (E-ED-RR-214940-39.2006.5.02.0472), julgado em 22-5-2014, ao interpretar o teor do art. 2º, § 2º, da CLT, pacificou o entendimento de que a mera existência de sócios em comum e de relação de coordenação entre as empresas não constitui elemento suficiente para a caracterização do grupo econômico. No caso, o egrégio Tribunal Regional considerou que o fato de as reclamadas terem o mesmo sócio-administrador, além da identidade dos objetos das atividades desenvolvidas, autorizava a declaração de formação de grupo econômico entre elas, bem como de responsabilização solidária, de forma que qualquer um dos sócios deveria responder integralmente pela dívida, nos termos do art. 2º, § 2º, da CLT. Assim, a decisão regional contraria o entendimento desta Corte Superior sobre a matéria, que exige a existência de controle e fiscalização de

uma empresa líder para a configuração do grupo econômico, circunstância não noticiada no acórdão recorrido. Recurso de revista de que se conhece e ao qual se dá provimento" (RR-1001041-26.2017.5.02.0610, 4ª Turma, Relator Ministro Guilherme Augusto Caputo Bastos, *DEJT* 18-9-2020).

▷ "**I – Juízo de retratação. Agravo de instrumento da A & C centro de contatos S.A. Rito sumaríssimo. Julgamento anterior pela segunda turma desta corte. Devolução para eventual emissão de juízo de retratação (art. 1.030, II, do CPC/2015 e art. 543-B, § 3º, do CPC/1973). Empresa de telecomunicações. Lei n. 9.472/1997. Terceirização. Licitude.** Hipótese em que esta Segunda Turma, ao fundamento de que houve terceirização ilícita, manteve a decisão que declarou nulo o contrato havido entre a reclamante e a primeira reclamada e reconheceu o vínculo de emprego diretamente com a tomadora dos serviços. Ocorre que, no julgamento do RE 791.932, com repercussão geral, o Supremo Tribunal Federal, em acórdão publicado no *DJE* de 6-3-2019 e transitado em julgado em 14-3-2019, reafirmou o seu entendimento de que "é lícita a terceirização de toda e qualquer atividade, meio ou fim, não se configurando relação de emprego entre a contratante e o empregado da contratada", fixando, então, a tese jurídica de que "é nula a decisão de órgão fracionário que se recusa a aplicar o art. 94, II, da Lei n. 9.472/1997, sem observar a cláusula de reserva de Plenário (CF, art. 97), observado o art. 949 do CPC". Assim, tendo em vista que a decisão anterior desta Turma foi proferida em dissonância com a orientação firmada pelo STF, submete-se, em juízo de retratação, o recurso interposto pela parte a novo exame, nos termos do art. 1.030, II, do CPC/2015 (art. 543-B, § 3º, do CPC/1973). Juízo de retratação exercido. **II – Agravo de instrumento da A & C centro de contatos S.A. Recurso de revista interposto antes da Lei n. 13.015/2014. Rito sumaríssimo. Empresa de telecomunicações. Lei n. 9.472/1997. Terceirização. Licitude.** Ante a possível violação do art. 5º, II, da CF, deve ser provido o agravo de instrumento. Agravo de instrumento conhecido e provido. **III – Recurso de revista da A & C centro de contatos S.A. Interposto antes da Lei n. 13.015/2014. Rito sumaríssimo. Empresa de telecomunicações. Lei n. 9.472/1997. Terceirização. Licitude.** 1. Esta Corte Superior, com fundamento nos princípios que norteiam o Direito do Trabalho, adotava o entendimento de que o art. 94, II, da Lei n. 9.472/1997 não autorizava a terceirização de forma ampla e irrestrita da atividade-fim das operadoras de telefonia. Assim, nos termos do item I da Súmula 331/TST, decidia pela ilicitude da terceirização e, consequentemente, pelo reconhecimento do vínculo empregatício diretamente com o tomador dos serviços. 2. Contudo, no julgamento do RE 791.932, com repercussão geral, o Supremo Tribunal Federal, em acórdão publicado no *DJE* de 6-3-2019 e transitado em julgado em 14-3-2019, reafirmou o seu entendimento de que "é lícita a terceirização de toda e qualquer atividade, meio ou fim, não se configurando relação de emprego entre a contratante e o empregado da contratada". Fixou, então, a tese jurídica de que "é nula a decisão de órgão fracionário que se recusa a aplicar o art. 94, II, da Lei n. 9.472/1997, sem observar a cláusula de reserva de Plenário (CF, art. 97), observado o art. 949 do CPC". 3. Além disso, registre-se que a responsabilidade da tomadora de serviços nestes casos se mantém de forma subsidiária, a teor da tese já firmada pelo Supremo Tribunal Federal no julgamento da ADPF 324 e do RE 958.252, no sentido de que "é lícita a terceirização ou qualquer outra forma de divisão do trabalho entre pessoas jurídicas distintas, independentemente do objeto social das empresas envolvidas, mantida a responsabilidade subsidiária da empresa contratante". 4. Na hipótese dos autos, o Tribunal Regional, reputando ilícita a terceirização, declarou nulo o contrato havido entre a reclamante e a primeira reclamada e reconheceu o vínculo de emprego diretamente com a tomadora dos serviços, responsabilizando solidariamente as reclamadas pelo adimplemento das verbas deferidas. Logo, o Tribunal Regional decidiu em dissonância com a jurisprudência firmada sobre o tema

no âmbito do Supremo Tribunal Federal, com efeito vinculante. Recurso de revista conhecido e provido" (RRAg-2288-02.2011.5.03.0106, 2ª Turma, Relatora Ministra Maria Helena Mallmann, *DEJT* 18-9-2020).

▷ **"Recurso de revista. Acórdão regional publicado na vigência da Lei n. 13.015/2014 e anteriormente à Lei n. 13.467/2017. Recurso ordinário. Conhecimento. Alçada. Valor inferior a dois salários mínimos. Nulidade de auto de infração decorrente do descumprimento de normas trabalhistas e terceirização de serviços. Caráter constitucional da controvérsia. Ausência. Não conhecimento.** I – A teor do art. 2º, § 4º, da Lei n. 5.584/70, recepcionado pela Constituição Federal de 1988 (Súmula 356 do TST), são irrecorríveis as sentenças proferidas em dissídios cujo valor atribuído à causa seja inferior a dois salários mínimos, "salvo se versarem sobre matéria constitucional". II – No caso, o TRT de origem não conheceu do recurso ordinário interposto pela Autora (Ação Anulatória de Auto de Infração e Débito Fiscal), sob o fundamento de que se trata de causa inferior a dois salários mínimos e de que a discussão não envolve matéria constitucional. III – O acórdão recorrido, na forma como proferido, está em conformidade com a jurisprudência atual e notória desta Corte Superior, sedimentada na Súmula 353 do TST. IV – Recurso de revista de que não se conhece" (RR-10047-73.2015.5.18.0101, 4ª Turma, Relator Ministro Alexandre Luiz Ramos, *DEJT* 26-6-2020).

Seção III
Do inquérito para apuração de falta grave

Art. 853. Para a instauração do inquérito para apuração de falta grave contra empregado garantido com estabilidade, o empregador apresentará reclamação por escrito à Junta ou Juízo de Direito, dentro de 30 (trinta) dias, contados da data da suspensão do empregado.

Art. 854. O processo do inquérito perante a Junta ou Juízo obedecerá às normas estabelecidas no presente Capítulo, observadas as disposições desta Seção.

Art. 855. Se tiver havido prévio reconhecimento da estabilidade do empregado, o julgamento do inquérito pela Junta ou Juízo não prejudicará a execução para pagamento dos salários devidos ao empregado, até a data da instauração do mesmo inquérito.

▶ *Comentários*

1. ***O dissídio individual especial (inquérito judicial)***

A CF/1988 pôs fim ao sistema da *estabilidade*, fixando um único regime – o do Fundo de Garantia do Tempo de Serviço (art. 7º, III).

Deixa, assim, de existir entre nós a estabilidade por tempo de serviço.

Existindo um só regime, deixa, igualmente, de existir a opção, já que todos, necessariamente, passam à condição de beneficiários dos depósitos do FGTS, inclusive aqueles não optantes que ainda não haviam alcançado a estabilidade. Os que já haviam adquirido a estabilidade obviamente têm *direito adquirido* (art. 5º, XXXVI) e, via de consequência, reger-se-ão por tal sistema.

Estabilidade, como se sabe, é o *direito ao emprego*, isto é, direito que o empregado adquire, como decorrência do tempo de serviço, de não ser despedido senão por motivo de falta grave ou circunstância de força maior, devidamente comprovadas.

O contrato de trabalho é, inquestionavelmente, de natureza potestativa, ensejando, consequentemente, a qualquer das partes resili-lo unilateralmente, seja por meio de despedida, seja por meio da demissão.

A estabilidade decenal, todavia, assegurando o direito do empregado, constitui-se em manifesto obstáculo à resilição unilateral, vedando, sobretudo, a dispensa do empregado, não obstante, há também a estabilidade provisória[600].

Por isso que, referindo-se à estabilidade, assim a define Cesarino Júnior:

"Garantia do emprego, assegurada a certas espécies de empregados, depois de determinado tempo de serviço na mesma empresa, ou em

600. Comentário após art. 543, da CLT.

grupo empresário, consistente na impossibilidade jurídica de serem despedidos"[601].

Adquiria-se a estabilidade decenal com o decurso de 10 anos na mesma empresa ou no mesmo grupo empresarial:

"Art. 492. O empregado que contar mais de 10 (dez) anos de serviço na mesma empresa não poderá ser despedido senão por motivo de falta grave ou circunstância de força maior, devidamente comprovadas" (CLT).

Estável, o empregado só é demissível na ocorrência de falta grave ou circunstância de força maior. Tais fatos, porém, devem ser comprovadamente demonstrados – em juízo, mediante inquérito judicial.

Na lição de Aluysio Sampaio, o *inquérito judicial* é "modalidade de ação prevista na lei processual trabalhista, constituindo o meio legal de que dispõe o empregador para resilir, através de autorização judicial, o contrato de trabalho de empregado estável acusado de prática de falta grave"[602].

Trata-se, pois, de *dissídio individual especial*, privativo do empregador, objetivando rescisão do contrato de trabalho de empregado estável. Disciplinam-no os arts. 853 e s. da CLT.

Em conformidade com o dispositivo legal nominado, o empregador, no inquérito judicial denominado *requerente*, deverá ingressar com ação contra o empregado, denominado *requerido*, para o que terá o prazo de 30 dias, a contar da suspensão do empregado, suspensão esta, todavia, facultativa, pois pode não ocorrer, como deixa claro o art. 494 do estatuto consolidado, que cuida especificamente da estabilidade:

"O empregado acusado de falta grave poderá ser suspenso de suas funções, mas a sua despedida só se tornará efetiva após o inquérito em que se verifique a procedência da acusação".

Assim sendo, duas hipóteses poderão ocorrer:

a) o empregado acusado de falta grave é suspenso;

b) o empregado não é suspenso.

Na primeira hipótese, suspenso o empregado, terá o empregador o prazo de 30 dias, a contar da suspensão, para promover o inquérito judicial. E, conquanto haja discordância, tem-se como de *decadência* esse prazo (STF, Súmula 403):

"É de decadência o prazo de trinta dias para instauração do inquérito judicial, a contar da suspensão, por falta grave, de empregado estável".

Na segunda hipótese, o empregado, conquanto acusado de falta grave, não é afastado, nem suspenso, o que ensejará ao empregador o prazo de 5 anos para mover o inquérito judicial, quando então ocorrerá a prescrição:

"Mas tudo depende de ter sido ou não suspenso o empregado: se o foi – conforme a faculdade atribuída neste sentido ao empregador, pelo art. 494 – o prazo é de decadência; caso contrário, o prazo será de prescrição", escreve Luiz José de Mesquita[603].

É evidente, porém, que, na ocorrência de falta grave de empregado estável, o mais aconselhável será sua suspensão prévia, com o pronto ajuizamento (30 dias) do inquérito judicial, já que o contrário poderá ensejar o entendimento de que terá havido o chamado *perdão tácito*. Em conformidade com a Súmula 62 do TST:

"O prazo de decadência do direito do empregador de ajuizar inquérito, contra o empregado que incorre em abandono de emprego, é contado a partir do momento em que o empregado pretendeu seu retorno ao serviço".

Nos termos da Súmula 197 do STF:

"O empregado com representação sindical só pode ser despedido mediante inquérito em que se apure falta grave".

601. *Direito Social Brasileiro*, São Paulo, Freitas Bastos, 1963, p. 480.
602. *Dicionário Jurídico Trabalhista*, Ed. Fulgor, p. 69.
603. *Comentários às Súmulas do Supremo Tribunal Federal*, São Paulo, LTr.

No mesmo sentido a Súmula 379 do TST:

"O dirigente sindical somente poderá ser dispensado por falta grave mediante a apuração em inquérito judicial, inteligência dos arts. 494 e 543, § 3º, da CLT".

Os salários do empregado estável, devidos anteriormente a sua suspensão, ou se esta não existiu, durante o processamento do inquérito, quando permanece trabalhando, é devido, podendo ser objeto de execução.

▶ *Jurisprudência*

▷ **Súmula 62 do TST. Abandono de emprego.** O prazo de decadência do direito do empregador de ajuizar inquérito, contra o empregado que incorre em abandono de emprego, é contado a partir do momento em que o empregado pretendeu seu retorno ao serviço.

▷ **Súmula 77 do TST. Punição.** Nula é a punição de empregado se não precedida de inquérito ou sindicância internos a que se obrigou a empresa, por norma regulamentar.

▷ **Súmula 379 do TST. Dirigente sindical. Despedida. Falta grave. Inquérito judicial. Necessidade.**
O dirigente sindical somente poderá ser dispensado por falta grave mediante a apuração em inquérito judicial, inteligência dos arts. 494 e 543, § 3º, da CLT.

▷ **Súmula 197 do STF.** O empregado com representação sindical só pode ser despedido mediante inquérito em que se apure falta grave.

▷ **Súmula 403 do STF.** É de decadência o prazo de trinta dias para instauração do inquérito judicial, a contar da suspensão, por falta grave, de empregado estável.

▷ **"Agravo regimental em embargos regidos pela Lei n. 13.015/2014. Servidor público celetista. Estabilidade do art. 19 do ADCT. Dispensa por justa causa. Inquérito judicial para apuração de falta grave. Interesse de agir.** A jurisprudência desta Corte vem sedimentando o entendimento de que é desnecessária a instauração do inquérito judicial previsto no art. 853 da CLT para apuração de falta grave, nos casos de empregado público detentor da estabilidade prevista no art. 19 do ADCT, não havendo, pois, interesse de agir – na vertente necessidade – no ajuizamento desta demanda. Agravo desprovido" (AgR-E-RR-20026-41.2014.5.04.0018, Subseção I Especializada em Dissídios Individuais, Relator Ministro Jose Roberto Freire Pimenta, *DEJT* 4-12-2020).

▷ **"Recurso ordinário em mandado de segurança. Dirigente sindical. Suspensão até decisão final do inquérito para apuração de falta grave. Art. 494 da CLT. Orientações jurisprudenciais 65 e 137 desta C. SBDI-2. Direito líquido e certo do empregador à suspensão. Segurança denegada.** Trata-se de mandado de segurança impetrado contra o indeferimento do pedido de reintegração no emprego de dirigente sindical, que fora suspenso até o julgamento definitivo do inquérito, em que se apura falta grave a ele imputada pelo empregador. Nos termos da Orientação Jurisprudencial n. 137 desta Subseção, "constitui direito líquido e certo do empregador a suspensão do empregado, ainda que detentor de estabilidade sindical, até a decisão final do inquérito em que se apure a falta grave a ele imputada, na forma do art. 494, '*caput*' e parágrafo único, da CLT". Além disso, a especificidade da exceção aposta na Orientação Jurisprudencial n. 65, também desta Subseção, não deixa dúvida: "Ressalvada a hipótese do art. 494 da CLT, não fere direito líquido e certo a determinação liminar de reintegração no emprego de dirigente sindical, em face da previsão do inciso X do art. 659 da CLT". Sob tal enfoque, conclui-se que a suspensão do empregado, dirigente sindical, para instauração de inquérito para apuração de falta grave, é direito do empregador previsto no art. 494 da CLT, tratando-se de exceção à aplicação da Orientação Jurisprudencial n. 142 desta Subseção, que não abarca tal situação específica. Por oportuno, dado o caráter precário e não exauriente do mandamus, tal entendimento não vincula a decisão de mérito a ser proferida no feito matriz. Recurso ordinário conhecido e desprovido" (RO-22055-79.2018.5.04.0000, Subseção II Especializada em Dissídios

Individuais, Relator Ministro Alexandre de Souza Agra Belmonte, *DEJT* 18-10-2019).

Seção IV
Do incidente de desconsideração da personalidade jurídica

(Incluído pela Lei n. 13.467, de 2017)

Art. 855-A. Aplica-se ao processo do trabalho o incidente de desconsideração da personalidade jurídica previsto nos arts. 133 a 137 da Lei n. 13.105, de 16 de março de 2015 – Código de Processo Civil. (Incluído pela Lei n. 13.467, de 2017)

§ 1º Da decisão interlocutória que acolher ou rejeitar o incidente: (Incluído pela Lei n. 13.467, de 2017)

I – na fase de cognição, não cabe recurso de imediato, na forma do § 1º do art. 893 desta Consolidação; (Incluído pela Lei n. 13.467, de 2017)

II – na fase de execução, cabe agravo de petição, independentemente de garantia do juízo; (Incluído pela Lei n. 13.467, de 2017)

III – cabe agravo interno se proferida pelo relator em incidente instaurado originariamente no tribunal. (Incluído pela Lei n. 13.467, de 2017)

§ 2º A instauração do incidente suspenderá o processo, sem prejuízo de concessão da tutela de urgência de natureza cautelar de que trata o art. 301 da Lei n. 13.105, de 16 de março de 2015 (Código de Processo Civil) (Incluído pela Lei n. 13.467, de 2017)

► **Comentários**

A natureza protecionista do direito do trabalho e a desvinculação do empregado da pessoa natural ou jurídica do empregador, com a sua vinculação à empresa, independente das alterações na estrutura jurídica desta, foram fatores preponderantes para a ampla acolhida, pela Justiça do Trabalho, da *disregard doctrine*, pioneiramente proclamada, como já observamos, no art. 2º, § 2º, da CLT.

Na verdade, nenhum ramo do direito se mostra tão adequado à aplicação da teoria da desconsideração do que o direito do trabalho, até porque os riscos da atividade econômica, na forma da lei, são exclusivos do empregador, tendo em vista o "princípio informador do direito do trabalho que se o empregado não participa dos lucros do empreendimento, não poderá correr riscos e sofrer prejuízos[604]..."

Nesse mesmo sentido põe em relevo Francisco Antonio de Oliveira:

"O direito do trabalho, informado por filosofia de proteção ao hipossuficiente, já se desprendeu de há muito do formalismo exacerbado. Razões de ordem fática e jurídica inexistem para que o sócio que corre o risco do empreendimento, que participa dos lucros, enriquece o seu patrimônio particular, seja colocado à margem de qualquer responsabilidade, quando a pessoa jurídica se mostre inidônea a responder por suas obrigações trabalhistas[605]".

Nesse sentido é o v. Acórdão do Tribunal Regional do Trabalho da 2ª Região (SP):

"No Processo do Trabalho, a responsabilidade dos sócios é objetiva, respondendo os mesmos com seus respectivos patrimônios no caso de descumprimento de obrigações trabalhistas, de forma a obstar o locupletamento indevido do trabalho alheio. É facultado ao Juiz, nesse caso, adotar a *teoria da despersonalização do empregador*, insculpida no '*caput*' do art. 2º da CLT, de modo que o crédito trabalhista persegue o patrimônio para onde quer que vá, como um direito de sequela. Se o patrimônio da empresa desaparecer, pouco importando a causa, os sócios, diretores e dirigentes respondem com seus patrimônios particulares[606]".

É, como facilmente se constata, a proclamação da teoria da desconsideração da personalidade jurídica no âmbito do direito do trabalho, e que vem, de forma inequívoca, ampliar as garantias do trabalhador, em face, sobretudo, do uso indevido das sociedades personalizadas.

Com efeito, com grande frequência, proposta a ação trabalhista contra determinada

604. TRT/SP, AI 02950234962, *Sumário Jurisprudencial*, 1995/15, p. 3.

605. Francisco Antonio de Oliveira, *Consolidação das Leis do Trabalho Comentada*, RT, 1996, p. 919.

606. TRT/SP, 8ª Turma, Processo n. 029603117006, Ac. 02970004580, *DOJ*, 16-1-1997.

empresa, já na fase executória, bens desta não são encontrados ou se mostram insuficientes à satisfação do crédito objeto da condenação e "tendo a reclamada oferecido bem à penhora insuficiente à satisfação do crédito do exequente, cabível prossiga a execução contra pessoa do sócio, mormente se informado pela própria executada que aqueles indicados eram os únicos disponíveis"[607].

No direito do trabalho a teoria da desconsideração da pessoa jurídica tem sido aplicada pelos juízes de forma ampla, tanto nas hipóteses de abuso de direito, excesso de poder, como em casos de violação da lei ou do contrato, ou, ainda, na ocorrência de meios fraudulentos, e, inclusive, na hipótese, não rara, de insuficiência de bens da empresa, adotando, por via de consequência, a regra disposta no art. 28 do CDC.

A Reforma Trabalhista inseriu na CLT o art. 855-A e parágrafos, acolhendo no processo do trabalho – o incidente da desconsideração da personalidade jurídica. É de se observar que a desconsideração nominada já era admitida na esfera laboral, segundo remansosa jurisprudência, e, o disposto no art. 6º da Instrução Normativa 39/2015.

Na forma inserida na CLT, a instauração do incidente suspende o processo sem prejuízo de concessão da tutela de urgência de natureza cautelar, de que trata o art. 301 do CPC.

Acolhido ou rejeitado o pedido incidente na fase de conhecimento, não cabe recurso imediato, mas recurso à final na forma do art. 893, § 1º, da CLT. Na fase de execução o recurso contra decisão que acolhe ou rejeita o incidente de desconsideração é o agravo de petição, independentemente de garantia do juízo. Proferida decisão pelo relator, em se tratando de incidente instaurado originariamente no tribunal, o recurso próprio é o agravo interno.

▶ **Jurisprudência**

▷ "**Agravo de instrumento. Recurso de revista. Apelo submetido à Lei n. 13.467/2017. Execução. Desconsideração da personalidade jurídica. Ausência de prequestionamento. Súmula 297 do TST. Ausência de trasncendência.** Deve ser confirmada a negativa de seguimento do recurso de revista. A admissibilidade do recurso de revista interposto na fase de execução está restrita à demonstração de ofensa à literalidade de dispositivo constitucional, nos termos do art. 396, §2º, da CLT. Da análise detida do acórdão combatido, verifica-se que o Tribunal Regional não analisou o tema à luz do quanto disposto no art. 5, LIV, da Constituição Federal, tampouco emitiu tese explícita acerca da vedação de dilação probatória no bojo do incidente de desconsideração da personalidade jurídica, de modo que não se observa o necessário prequestionamento da matéria na forma da Súmula 297 do TST, o que constitui óbice intransponível à conclusão de que teria havido violação do dispositivo mencionado. Não preenchido, assim, em nenhuma de suas vertentes, o requisito da transcendência, não há como dar prosseguimento ao recurso de revista obstado. Agravo de instrumento conhecido e não provido" (AIRR-186-20.2018.5.23.0004, 8ª Turma, Relator Desembargador Convocado João Pedro Silvestrin, *DEJT* 21-6-2021).

▷ "**Agravo. Agravo de instrumento. Recurso de revista. Lei n. 13.467/2017. Executado. Execução. Desconsideração da personalidade jurídica. Prosseguimento contra o sócio da reclamada.** 1. Conforme sistemática adotada na Sexta Turma à época da prolação da decisão monocrática, foi reconhecida a transcendência quanto ao tema objeto de recurso de revista, porém, ante o não preenchimento de outros requisitos de admissibilidade, foi negado provimento ao agravo de instrumento. 2. Os argumentos da parte não conseguem desconstituir os fundamentos da decisão monocrática. 3. O prosseguimento da execução contra o sócio da executada foi autorizado mediante instauração de incidente de desconsideração da personalidade jurídica, após esgotados os meios de execução e constatada a ausência de patrimônio da empresa executada, fato o qual afasta a violação dos dispositivos da Constituição Federal invocados pelo recorrente (arts. 5º,

607. TRT/SP, Ac. 02970211550, *DOJ*, 12-6-1997, Processo n. 02970073158.

II, XXXV, LIV e LV, da CF). Foram citados, inclusive, diversos julgados que trazem teses que levam em conta situações similares à examinada no caso concreto, demonstrando o entendimento desta Corte Superior sobre a matéria, o qual também deve ser aplicado neste processo. 4. Agravo a que se nega provimento" (Ag-AIRR-1411-60.2014.5.02.0017, 6ª Turma, Relatora Ministra Kátia Magalhães Arruda, *DEJT* 13-8-2021).

▷ **"Agravo desconsideração da personalidade jurídica. Cerceamento de defesa. Ausência da instauração do incidente. Provimento.** Deve ser provido o agravo quando constatada a possibilidade de equívoco no exame do agravo de instrumento. Agravo a que se dá provimento. **Agravo de instrumento. Interposto na vigência da Lei n. 13.467/2017. Transcendência.** Considerando tratar-se de matéria nova, inserida pelo CPC/2015 e pela Lei n. 13.467/2017, a qual exige interpretação acerca da sua aplicação no processo do trabalho, há que se reconhecer a transcendência jurídica da causa, nos termos do art. 896-A, § 1º, IV, da CLT. **Desconsideração da personalidade jurídica. Cerceamento de defesa. Ausência da instauração do incidente**. **Provimento.** Ante possível ofensa ao art. 5º, LIV, da Constituição Federal, o provimento do agravo de instrumento para o exame do recurso de revista é medida que se impõe. Agravo de instrumento a que se dá provimento. **Recurso de revista. Cerceamento de defesa. Desconsideração da personalidade jurídica. Ausência da instauração do incidente. Provimento.** O v. acórdão recorrido foi publicado já na vigência do Código de Processo Civil de 2015, bem como da Lei n. 13.467/2017 que alterou a CLT. A partir da vigência do Código de Processo Civil de 2015, para que haja a desconsideração da personalidade da pessoa jurídica é imprescindível que seja realizada a instauração do incidente de que tratam os arts. 133 a 137 do referido diploma legal. A Lei n. 13.467/2017, por sua vez, inseriu o art. 855-A na CLT e instituiu de forma expressa que o incidente se aplica aos processos da justiça do trabalho. Ressalte-se que o incidente de desconsideração da personalidade jurídica pode ser suscitado em qualquer fase do processo e, uma vez apresentado, cabe ao juiz verificar o preenchimento dos requisitos exigidos para abertura do mencionado procedimento. Caso entenda ser inadmissível, tal decisão não poderá ser proferida sem que sejam observados os princípios do contraditório e da ampla defesa, sob pena de nulidade. Precedentes. Na hipótese, o egrégio Tribunal Regional entendeu ser desnecessária a instauração do incidente de desconsideração da personalidade jurídica na fase de execução. Diante do exposto, forçoso concluir que o egrégio Colegiado Regional afrontou a garantia do devido processo legal, na forma insculpida no art. 5º, LIV, da Constituição Federal. Recurso de revista de que se conhece e a que se dá provimento" (RR-11387-14.2015.5.03.0184, 4ª Turma, Relator Ministro Guilherme Augusto Caputo Bastos, *DEJT* 18-12-2020).

Capítulo III-A
Do processo de jurisdição voluntária para homologação de acordo extrajudicial

(Incluído pela Lei n. 13.467, de 2017)

Art. 855-B. O processo de homologação de acordo extrajudicial terá início por petição conjunta, sendo obrigatória a representação das partes por advogado. (Incluído pela Lei n. 13.467, de 2017)

§ 1º As partes não poderão ser representadas por advogado comum. (Incluído pela Lei n. 13.467, de 2017)

§ 2º Faculta-se ao trabalhador ser assistido pelo advogado do sindicato de sua categoria. (Incluído pela Lei n. 13.467, de 2017)

Art. 855-C. O disposto neste Capítulo não prejudica o prazo estabelecido no § 6º do art. 477 desta Consolidação e não afasta a aplicação da multa prevista no § 8º art. 477 desta Consolidação. (Incluído pela Lei n. 13.467, de 2017)

Art. 855-D. No prazo de quinze dias a contar da distribuição da petição, o juiz analisará o acordo, designará audiência se entender necessário e proferirá sentença. (Incluído pela Lei n. 13.467, de 2017)

Art. 855-E. A petição de homologação de acordo extrajudicial suspende o prazo prescricional da ação quanto aos direitos nela especificados. (Incluído pela Lei n. 13.467, de 2017)

Parágrafo único. O prazo prescricional voltará a fluir no dia útil seguinte ao do trânsito em julgado da decisão que negar a homologação do acordo. (Incluído pela Lei n. 13.467, de 2017)

▶ *Comentários*

A Reforma Trabalhista/2017, estabeleceu no art. 855-B, da CLT, regras a serem observadas na homologação de acordo extrajudicial, a nosso ver, inteiramente bem-vindas. Antes de tudo porque, entre moralizar tal homologação, estabelece um procedimento que fica à distância de exigências descabidas de sindicatos ideologizados.

O sistema adotado possibilita ao juiz analisar o acordo, como enfatiza o art. 855-D, da CLT. Outrossim, a presença obrigatória de advogados de ambas as partes cerca o pedido da seriedade indispensável à homologação.

No prazo de 15 dias, a contar da distribuição, o juiz designará audiência (facultativa), após o que proferirá sentença, homologando ou não, o acordo extrajudicial.

Em conformidade com o dispositivo legal sob comento o pedido de homologação de acordo extrajudicial suspende o prazo prescricional da ação quanto aos direitos nele declinados.

O rito do procedimento é o seguinte:

1º petição conjunta com a representação das partes por advogado;

2º No prazo de 15 dias, a contar da distribuição, o juiz analisará o acordo, designando a audiência para a oitiva das partes. O juiz poderá homologar o acordo, sem a designação de audiência que é, portanto, facultativa;

3º A propositura do pedido de homologação não prejudica os dispositivos contidos nos parágrafos 6º e 8º do art. 477, da CLT (prazo de 10 dias corridos, após o desligamento para o pagamento dos valores constantes do instrumento de rescisão e multa de 160 BTN ao empregador que não efetuar o pagamento no prazo fixado em lei).

▶ *Jurisprudência*

▷ "**Recurso de revista. Acórdão regional publicado na vigência das Leis n. 13.015/2014 E 13.467/2017. 1. Processo de jurisdição voluntária. Art. 855-B da CLT. Acordo extrajudicial homologado parcialmente em juízo. Cláusula de quitação geral. Ausência de vícios. Transcendência jurídica reconhecida. Conhecimento e provimento.** I – O Tribunal Regional não homologou o acordo extrajudicial apresentada pelas partes postulantes. Entendeu que os documentos anexados ao acordo não permite concluir pela correta quitação das verbas rescisórias. II – Os arts. 855-B a 855-E da CLT, inseridos pela Lei n. 13.467/2017, regulam a homologação judicial de transações extrajudiciais. Referidas disposições prestigiam a composição dos conflitos e dá relevo à manifestação espontânea da vontade das partes. III – No caso, não há discussões acerca do preenchimento dos requisitos estabelecidos nos arts. 855-B a 855-E da CLT. Não se tem registros de descumprimento dos requisitos de validade do negócio jurídico, tampouco indícios de prejuízos manifestos ao trabalhador ou vícios na vontade por ele manifestada. Diante disso, inexiste óbice à homologação total do acordo firmado entre as partes. IV. Nesse sentido, fixa-se o entendimento no sentido de que em se tratando de processo de jurisdição voluntária para homologação de acordo extrajudicial, sob a vigência da Lei n. 13.467/2017, cabe ao magistrado o exame de todos os requisitos de validade do negócio jurídico, o que inclui a verificação da ocorrência de vícios de vontade e fraude, bem como do atendimento aos termos dos arts. 855-B a 855-E da CLT. Ausentes de vícios, inexiste óbice à homologação total do acordo firmado entre as partes, inclusive da cláusula de quitação geral e irrestrita do contrato de trabalho. V. Recurso de revista de que se conhece e a que se dá provimento" (RR-1000672-88.2020.5.02.0040, 4ª Turma, Relator Ministro Alexandre Luiz Ramos, *DEJT* 20-8-2021).

▷ "**Recurso de revista em face de decisão publicada após a vigência da Lei n. 13.467/2017. Acordo extrajudicial. Qui-**

tação pela extinta relação jurídica. **Homologação judicial. Possibilidade.** O Tribunal Regional manteve a r. sentença que homologara o acordo extrajudicial, não outorgando ampla, geral e irrestrita quitação. A Lei n. 13.467/17, em vigor desde 11-11-2017, instituiu o processo de jurisdição voluntária na Justiça do Trabalho, atinente à homologação, em juízo, de acordo extrajudicial. Da exegese dos arts. 855-B ao 855-E da CLT, conclui-se pela possibilidade de o acordo extrajudicial regular a terminação contratual nos moldes ajustados pelas partes, na medida em que não há uma lide, mas partes interessadas na homologação, não cabendo, assim, ao magistrado a postura natural do processo jurisdicional. Ele deve ficar adstrito à regularidade formal do acordo que lhe é submetido a exame, indagando se o ajustado corresponde à vontade das partes e esclarecendo os efeitos do ajuste. O judiciário pode até afastar cláusulas que considerar abusivas, fraudatórias ou ilegais, mas não lhe cabe, sem a identificação de vícios, restringir os efeitos do ato praticado, quando as partes pretendem a quitação total do contrato. As medidas de simplificação dos procedimentos de desligamento laboral asseguram ao empregado, pelo novo procedimento, a facilitação de cumprimento do pactuado com o empregador, pelo que a lei precisa ser interpretada não somente pelo princípio da boa fé, que rege os negócios jurídicos, como também pelo matiz dos princípios que informam a dinâmica das relações de trabalho atuais, como simplicidade, celeridade, redução da litigiosidade e a maior autonomia para os ajustes durante o contrato e os destinados à sua terminação. De qualquer sorte, o sistema jurídico coloca à disposição do jurisdicionado os meios adequados para a rescisão e a anulação, conforme o caso, dos ajustes viciados. Recurso de revista conhecido por violação do art. 855-B da CLT e provido." (TST-RR-1001432-05.2018.5.02.0720, 3ª Turma, rel. Min. Alexandre Agra Belmonte, julgado em 4-8-2021.)

▷ "**Recurso de revista regido pela Lei n. 13.467/2017. Acordo extrajudicial homologado em juízo – Processo de juris**dição voluntária arts. 855-B a 855-E da CLT – Quitação geral – Transcendência jurídica. A Lei n. 13.467/2017, em vigor desde 11-11-2017, instituiu, no âmbito da Justiça do Trabalho, o Processo de Jurisdição Voluntária com vistas à homologação de acordos celebrados extrajudicialmente, conforme arts. 855-B a 855-E da CLT. Assim, tratando-se de inovação à sistemática de homologação de acordo pela Justiça do Trabalho, que passa a atuar também mediante jurisdição voluntária ou graciosa, reconhece-se a transcendência jurídica da questão, a impulsionar o exame do tema, nos termos do art. 896-A, § 1º, IV, da CLT. Presentes os requisitos gerais do negócio jurídico e os específicos preconizados pela lei trabalhista, não há de se questionar a vontade das partes envolvidas e do mérito do acordado, notadamente quando a lei requer a presença de advogado para o empregado, rechaçando, nesta situação, o uso do *jus postulandi* do art. 791 da CLT, como se depreende do art. 855-B, § 1º, da CLT. Nesse cenário, estando presentes os requisitos de validade do acordo extrajudicial firmado, mostra-se inviável à aposição de ressalvas ou condições que não foram estabelecidas pelas partes, cabendo ao Juízo, tão somente, a homologação ou não do termo de transação. Recurso de revista conhecido e provido" (RR-1001214-64.2019.5.02.0712, 5ª Turma, Relator Desembargador Convocado Joao Pedro Silvestrin, *DEJT* 2-7-2021).

▷ "**I – Agravo de instrumento – Acordo extrajudicial homologado em juízo – Procedimento de jurisdição voluntária – Arts. 855-B a 855-E da CLT – Quitação geral – Transcendência jurídica – Provimento.** Dá-se provimento ao agravo de instrumento que trata do alcance da quitação passada em acordo extrajudicial a ser homologado pela Justiça do Trabalho, por possível violação do art. 5º, XXXVI, da CF, e por tratar-se de matéria nova, inserida pela Lei n. 13.467/17 na CLT, nos arts. 855-B ao 855-E, configurando a transcendência jurídica da causa. Agravo de instrumento provido. **II – Recurso de revista – Acordo extrajudicial homologado em juízo – Procedimento de jurisdição voluntária**

– **Arts. 855-B a 855-E da CLT – Quitação geral – Violação do art. 5º, XXXVI, da CF – Provimento.** 1. Problema que sempre atormentou o empregador foi o relativo à rescisão do contrato de trabalho e da quitação dos haveres trabalhistas, de modo a não permanecer com a espada de Dâmocles sobre sua cabeça. 2. A ineficácia prática da homologação da rescisão contratual do sindicato, em face do teor da Súmula 330 do TST, dada a não quitação integral do contrato de trabalho, levou a SBDI-2 desta Corte a não reputar simulada a lide visando à homologação de acordo pela Justiça do Trabalho, pois só assim se conseguiria colocar fim ao conflito laboral e dar segurança jurídica às partes do distrato (cfr. TST-RO-AR-103900-90.2005.5.04.0000, Rel. Min. Ives Gandra Martins Filho, *DEJT* de 12-9-2008). 3. Para resolver tal problema, a Lei n. 13.467/17, em vigor desde 11-11-2017, instituiu o procedimento de jurisdição voluntária na Justiça do Trabalho atinente à homologação, em juízo, de acordo extrajudicial, nos termos dos arts. 855-B a 855-E da CLT, juntamente com o fito de colocar termo ao contrato de trabalho. 4. Da simples leitura dos novos comandos de lei, notadamente do art. 855-C da CLT, extrai-se a vocação prioritária dos acordos extrajudiciais para regular a rescisão contratual e, portanto, o fim da relação contratual de trabalho. Não fosse a possibilidade da quitação geral do contrato de trabalho com a chancela do Judiciário e o Capítulo III-A não teria sido acrescido ao Título X da CLT, que trata do Processo Judiciário do Trabalho. 5. Curial, ainda, trazer à baila, que a ideia que indelevelmente adere ao acordo extrajudicial é a de que, retirada uma das cláusulas que o compõem, a parte a quem ela favoreceria não faria o acordo. A alternativa que caberia ao Judiciário, portanto, seria a homologação integral ou a rejeição da proposta, se eivada de vícios. Tal entendimento resta corroborado pelo STF quanto à circunstância de a validade do acordo depender da homologação integral ou de sua rejeição total, não podendo ser balanceado pelo Poder Judiciário (Voto do Min. Teori Zavascki no *leading case* STF-RE 590.715/SC, Rel. Min. Roberto Barroso, *DJe* de 29-5-2015). 6. Nesse sentido, o art. 855-B, §§ 1º e 2º, da CLT, que trata da apresentação do acordo extrajudicial à Justiça, a par dos requisitos gerais de validade dos negócios jurídicos que se aplicam ao direito do trabalho, nos termos do art. 8º, § 1º, da Lei Consolidada e que perfazem o ato jurídico perfeito (CC, art. 104 – agente capaz, objeto lícito e forma prescrita ou não vedada por lei), traçou as balizas para a apresentação do acordo extrajudicial apto à homologação judicial: petição conjunta dos interessados e advogados distintos, podendo haver assistência sindical para o trabalhador. 7. A petição conjuntamente assinada para a apresentação do requerimento de homologação ao juiz de piso serve à demonstração da anuência mútua dos interessados em por fim ao contratado, e, os advogados distintos, à garantia de que as pretensões estarão sendo individualmente respeitadas. Assim, a atuação do Judiciário Laboral na tarefa de jurisdição voluntária é binária: homologar ou não o acordo. Não lhe é dado substituir-se às partes e homologar parcialmente o acordo, se este tinha por finalidade quitar integralmente o contrato de trabalho extinto. Sem quitação geral, o empregador não proporia o acordo, nem se disporia a manter todas as vantagens nele contida. 8. No caso concreto, o Regional, mantendo a sentença, assentou que a ausência de discriminação das parcelas às quais os Acordantes conferiam quitação geral e irrestrita e extinguiam o contrato de trabalho, feria o princípio da boa-fé e lealdade, registrando, todavia, o cumprimento dos requisitos do art. 855-B da CLT e daqueles gerais estatuídos pela lei civil para a celebração de negócios em geral. 9. Assim, a conclusão acerca da invalidade, total ou parcial, do pacto extrajudicial, por ausência de verificação de concessões mútuas e discriminação de parcelas diz menos com a validação extrínseca do negócio jurídico do que com a razoabilidade intrínseca do acordo, cujo questionamento não cabe ao Judiciário nesse procedimento pois lhe esvazia o sentido e estabelece limites e discussões não queridos pelos Requerentes ao ajuizar o procedimento. 10. Ora, estando presentes os requisitos gerais do negócio jurídico e os específicos preconizados pela lei trabalhista

(CLT, art. 855-B), não há de se questionar a vontade das partes envolvidas e do mérito do acordado, notadamente quando a lei requer a presença de advogado para o empregado, rechaçando, nesta situação, o uso do *jus postulandi* do art. 791 da CLT, como se depreende do art. 855-B, § 1º, da CLT. 11. Assim, a não homologação integral do acordo, quando atendidos todos os requisitos legais, fere de morte o art. 5º, XXXVI, da CF, que protege o ato jurídico perfeito frente aos arreganhos da lei, quanto mais das decisões judiciais. 12. Assim sendo, é válido o termo de transação extrajudicial apresentado pelos Interessados, com quitação geral e irrestrita do contrato havido nessas condições, que deve ser homologado. Recurso de revista provido" (RR-95-88.2018.5.10.0812, 4ª Turma, Relator Ministro Ives Gandra Martins Filho, *DEJT* 23-10-2020).

▷ "**I – Agravo de instrumento – acordo extrajudicial homologado em juízo – Procedimento de jurisdição voluntária – Arts. 855-B a 855-E da CLT – Quitação geral – Demonstração de divergência jurisprudencial.** Dá-se provimento ao agravo de instrumento em razão de possível divergência jurisprudencial com aresto emanado do 23º TRT, que confere entendimento diverso quanto ao alcance da quitação passada em acordo extrajudicial a ser homologado pela Justiça do Trabalho, matéria nova, inserida pela Lei n. 13.467/17 na CLT, nos arts. 855-B ao 855-E. Agravo de instrumento provido. **II – Recurso de revista – Acordo extrajudicial homologado em juízo – Procedimento de jurisdição voluntária – Arts. 855-B a 855-E da CLT – Quitação geral – Transcendência jurídica.** 1. Problema que sempre atormentou o empregador foi o relativo à rescisão do contrato de trabalho e da quitação dos haveres trabalhistas, de modo a não permanecer com a espada de Dâmocles sobre sua cabeça. 2. A ineficácia prática da homologação da rescisão contratual do sindicato, em face do teor da Súmula 330 do TST, dada a não quitação integral do contrato de trabalho, levou a SBDI-2 desta Corte a não reputar simulada a lide visando à homologação de acordo pela Justiça do Trabalho, pois só assim se conseguiria colocar fim ao conflito laboral e dar segurança jurídica às partes do distrato (cfr. TST-RO-AR-103900-90.2005.5.04.0000, Rel. Min. Ives Gandra Martins Filho, *DEJT* de 12-9-2008). 3. Para resolver tal problema, a Lei n. 13.467/17, em vigor desde 11-11-2017, instituiu o procedimento de jurisdição voluntária na Justiça do Trabalho atinente à homologação, em juízo, de acordo extrajudicial, nos termos dos arts. 855-B a 855-E da CLT, juntamente com o fito de colocar termo ao contrato de trabalho. 4. Da simples leitura dos novos comandos de lei, notadamente do art. 855-C da CLT, extrai-se a vocação prioritária dos acordos extrajudiciais para regular a rescisão contratual e, portanto, o fim da relação contratual de trabalho. Não fosse a possibilidade da quitação geral do contrato de trabalho com a chancela do Judiciário e o Capítulo III-A não teria sido acrescido ao Título X da CLT, que trata do Processo Judiciário do Trabalho. 5. Curial, ainda, trazer à baila, que a ideia que indelevelmente adere ao acordo extrajudicial é a de que, retirada uma das cláusulas que o compõem, a parte a quem ela favoreceria não faria o acordo. A alternativa que caberia ao Judiciário, portanto, seria a homologação integral ou a rejeição da proposta, se eivada de vícios. Tal entendimento resta corroborado pelo STF quanto à circunstância de a validade do acordo depender da homologação integral ou de sua rejeição total, não podendo ser balanceado pelo Poder Judiciário (Voto do Min. Teori Zavascki no *leading case* STF-RE 590.715/SC, Rel. Min. Roberto Barroso, *DJe* de 29-5-2015). 6. Nesse sentido, o art. 855-B, §§ 1º e 2º, da CLT, que trata da apresentação do acordo extrajudicial à Justiça, a par dos requisitos gerais de validade dos negócios jurídicos que se aplicam ao direito do trabalho, nos termos do art. 8º, § 1º, da Lei Consolidada e que perfazem o ato jurídico perfeito (CC, art. 104 – agente capaz, objeto lícito e forma prescrita ou não vedada por lei), traçou as balizas para a apresentação do acordo extrajudicial apto à homologação judicial: petição conjunta dos interessados e advogados distintos, podendo haver assistência sindical para o trabalhador. 7. A petição conjuntamente assinada para a apresentação do requerimento de

homologação ao juiz de piso serve à demonstração da anuência mútua dos interessados em por fim ao contratado, e, os advogados distintos, à garantia de que as pretensões estarão sendo individualmente respeitadas. Assim, a atuação do Judiciário Laboral na tarefa de jurisdição voluntária é binária: homologar, ou não, o acordo. Não lhe é dado substituir-se às partes e homologar parcialmente o acordo, se este tinha por finalidade quitar integralmente o contrato de trabalho extinto. Sem quitação geral, o Empregador não proporia o acordo, nem se disporia a manter todas as vantagens nele contidas. 8. No caso concreto, o Regional, mantendo a sentença, assentou que a ausência de discriminação das parcelas às quais os Acordantes conferiam quitação geral e irrestrita, feria o princípio da boa-fé e lealdade, registrando, todavia, o cumprimento dos requisitos do art. 855-B da CLT e daqueles gerais estatuídos pela lei civil para a celebração de negócios em geral. 9. Nesse sentido, a conclusão acerca da invalidade, total ou parcial, do pacto extrajudicial, por ausência de verificação de concessões mútuas e discriminação de parcelas diz menos com a validação extrínseca do negócio jurídico do que com a razoabilidade intrínseca do acordo, cujo questionamento não cabe ao Judiciário nesse procedimento, pois lhe esvazia o sentido e estabelece limites e discussões não queridos pelos Requerentes ao ajuizar o procedimento. 10. Ora, estando presentes os requisitos gerais do negócio jurídico e os específicos preconizados pela lei trabalhista (CLT, art. 855-B), não há de se questionar a vontade das partes envolvidas e do mérito do acordado, notadamente quando a lei requer a presença de advogado para o empregado, rechaçando, nesta situação, o uso do *jus postulandi* do art. 791 da CLT, como se depreende do art. 855-B, § 1º, da CLT. 11. Assim sendo, é válido o termo de transação extrajudicial apresentado pelas Interessadas, com quitação geral e irrestrita do contrato havido, nessas condições, que deve ser homologado. Recurso de revista provido" (RR-1000325-56.2018.5.02.0709, 4ª Turma, Relator Ministro Ives Gandra Martins Filho, *DEJT* 26-6-2020).

Capítulo IV
Dos dissídios coletivos

Seção I
Da instauração da instância

Art. 856. A instância será instaurada mediante representação escrita ao Presidente do Tribunal. Poderá ser também instaurada por iniciativa do presidente, ou, ainda, a requerimento da Procuradoria da Justiça do Trabalho, sempre que ocorrer suspensão do trabalho. (Redação dada pelo Dec.-lei n. 7.321, de 14-2-1945.)

Art. 857. A representação para instaurar a instância em dissídio coletivo constitui prerrogativa das associações sindicais, excluídas as hipóteses aludidas no art. 856, quando ocorrer suspensão do trabalho. (Redação dada pelo Dec.--lei n. 7.321, de 14-2-1945.)

Parágrafo único. Quando não houver sindicato representativo da categoria econômica ou profissional, poderá a representação ser instaurada pelas federações correspondentes e, na falta destas, pelas confederações respectivas, no âmbito de sua representação. (Redação dada pela Lei n. 2.693, de 23-12-1955.)

Art. 858. A representação será apresentada em tantas vias quantos forem os reclamados e deverá conter:

a) designação e qualificação dos reclamantes e dos reclamados e a natureza do estabelecimento ou do serviço;

b) os motivos do dissídio e as bases da conciliação.

Art. 859. A representação dos sindicatos para instauração da instância fica subordinada à aprovação de assembleia, da qual participem os associados interessados na solução do dissídio coletivo, em primeira convocação, por maioria de 2/3 (dois terços) dos mesmos, ou, em segunda convocação, por 2/3 (dois terços) dos presentes.

Parágrafo único. (Revogado pelo Dec.-lei n. 7.321, de 14-2-1945.)

Seção II
Da conciliação e do julgamento

Art. 860. Recebida e protocolada a representação, e estando na devida forma, o Presidente do Tribunal designará a audiência de concilia-

ção, dentro do prazo de 10 (dez) dias, determinando a notificação dos dissidentes, com observância do disposto no art. 841.

Parágrafo único. Quando a instância for instaurada *ex officio*, a audiência deverá ser realizada dentro do prazo mais breve possível, após o reconhecimento do dissídio.

Art. 861. É facultado ao empregador fazer-se representar na audiência pelo gerente, ou por qualquer outro preposto que tenha conhecimento do dissídio, e por cujas declarações será sempre responsável.

Art. 862. Na audiência designada, comparecendo ambas as partes ou seus representantes, o Presidente do Tribunal as convidará para se pronunciarem sobre as bases da conciliação. Caso não sejam aceitas as bases propostas, o Presidente submeterá aos interessados a solução que lhe pareça capaz de resolver o dissídio.

Art. 863. Havendo acordo, o Presidente o submeterá à homologação do Tribunal na primeira sessão.

Art. 864. Não havendo acordo, ou não comparecendo ambas as partes ou uma delas, o presidente submeterá o processo a julgamento, depois de realizadas as diligências que entender necessárias e ouvida a Procuradoria. (Redação dada pelo Dec.-lei n. 8.737, de 19-1-1946.)

Art. 865. Sempre que, no decorrer do dissídio, houver ameaça de perturbação da ordem, o presidente requisitará à autoridade competente as providências que se tornarem necessárias.

Art. 866. Quando o dissídio ocorrer fora da sede do Tribunal, poderá o presidente, se julgar conveniente, delegar à autoridade local as atribuições de que tratam os arts. 860 e 862. Nesse caso, não havendo conciliação, a autoridade delegada encaminhará o processo ao Tribunal, fazendo exposição circunstanciada dos fatos e indicando a solução que lhe parecer conveniente.

Art. 867. Da decisão do Tribunal serão notificadas as partes, ou seus representantes, em registrado postal, com franquia, fazendo-se, outrossim, a sua publicação no jornal oficial, para ciência dos demais interessados.

Parágrafo único. A sentença normativa vigorará: (Parágrafo incluído pelo Dec.-lei n. 424, de 21-1-1969.)

a) a partir da data de sua publicação, quando ajuizado o dissídio após o prazo do art. 616, § 3º, ou, quando não existir acordo, convenção ou sentença normativa em vigor, da data do ajuizamento; (Alínea incluída pelo Dec.-lei n. 424, de 21-1-1969.)

b) a partir do dia imediato ao termo final de vigência do acordo, convenção ou sentença normativa, quando ajuizado o dissídio no prazo do art. 616, § 3º. (Alínea incluída pelo Dec.-lei n. 424, de 21-1-1969.)

Seção III
Da extensão das decisões

Art. 868. Em caso de dissídio coletivo que tenha por motivo novas condições de trabalho e no qual figure como parte apenas uma fração de empregados de uma empresa, poderá o Tribunal competente, na própria decisão, estender tais condições de trabalho, se julgar justo e conveniente, aos demais empregados da empresa que forem da mesma profissão dos dissidentes.

Parágrafo único. O Tribunal fixará a data em que a decisão deve entrar em execução, bem como o prazo de sua vigência, o qual não poderá ser superior a 4 (quatro) anos.

Art. 869. A decisão sobre novas condições de trabalho poderá também ser estendida a todos os empregados da mesma categoria profissional compreendida na jurisdição do Tribunal:

a) por solicitação de 1 (um) ou mais empregadores, ou de qualquer sindicato destes;

b) por solicitação de 1 (um) ou mais sindicatos de empregados;

c) *ex officio*, pelo Tribunal que houver proferido a decisão;

d) por solicitação da Procuradoria da Justiça do Trabalho.

Art. 870. Para que a decisão possa ser estendida, na forma do artigo anterior, torna-se preciso que 3/4 (três quartos) dos empregadores e 3/4 (três quartos) dos empregados, ou os respectivos sindicatos, concordem com a extensão da decisão.

§ 1º O Tribunal competente marcará prazo, não inferior a 30 (trinta) nem superior a 60 (sessenta) dias, a fim de que se manifestem os interessados.

§ 2º Ouvidos os interessados e a Procuradoria da Justiça do Trabalho, será o processo submetido ao julgamento do Tribunal.

Art. 871. Sempre que o Tribunal estender a decisão, marcará a data em que a extensão deva entrar em vigor.

Seção IV
Do cumprimento das decisões

Art. 872. Celebrado o acordo, ou transitada em julgado a decisão, seguir-se-á o seu cumprimento, sob as penas estabelecidas neste Título.

Parágrafo único. Quando os empregadores deixarem de satisfazer o pagamento de salários, na conformidade da decisão proferida, poderão os empregados ou seus sindicatos, independentes de outorga de poderes de seus associados, juntando certidão de tal decisão, apresentar reclamação à Junta ou Juízo competente, observado o processo previsto no Capítulo II deste Título, sendo vedado, porém, questionar sobre a matéria de fato e de direito já apreciada na decisão. (Redação dada pela Lei n. 2.275, de 30-7-1954.)

Seção V
Da revisão

Art. 873. Decorrido mais de 1 (um) ano de sua vigência, caberá revisão das decisões que fixarem condições de trabalho, quando se tiverem modificado as circunstâncias que as ditaram, de modo que tais condições se hajam tornado injustas ou inaplicáveis.

Art. 874. A revisão poderá ser promovida por iniciativa do Tribunal prolator, da Procuradoria da Justiça do Trabalho, das associações sindicais ou de empregador ou empregadores interessados no cumprimento da decisão.

Parágrafo único. Quando a revisão for promovida por iniciativa do Tribunal prolator ou da Procuradoria, as associações sindicais e o empregador ou empregadores interessados serão ouvidos no prazo de 30 (trinta) dias. Quando promovida por uma das partes interessadas, serão as outras ouvidas também por igual prazo.

Art. 875. A revisão será julgada pelo Tribunal que tiver proferido a decisão, depois de ouvida a Procuradoria da Justiça do Trabalho.

• •

▶ Comentários

1. Conflitos coletivos de trabalho

Conflitos coletivos de trabalho são aqueles havidos entre grupos ou categorias profissionais (empregados e empregadores), representados por seus respectivos sindicatos. Distinguem-se dos conflitos ou dissídios individuais porque, ao contrário destes, o interesse em jogo é abstrato, de determinada categoria econômica (empregadores) e profissional (empregados).

Como preleciona Russomano, "a diferença entre essas duas categorias de dissídio reside menos no número de litigantes do que no seu objetivo: enquanto nos dissídios individuais está em debate o interesse concreto de determinados indivíduos, nos dissídios coletivos se discute o interesse abstrato de determinada categoria profissional ou econômica"[608].

Amauri Mascaro Nascimento põe em relevo exatamente esta distinção, ao afirmar que: "de um modo geral, os conflitos trabalhistas são classificados em conflitos individuais e coletivos, segundo o interesse em choque, de indivíduos singularmente considerados ou de um grupo abstratamente compreendido. Os conflitos coletivos envolvem pessoas não determinadas mas unidas em torno de um ponto comum. Os individuais envolvem pessoas determinadas agindo no interesse próprio, direto e imediato"[609].

2. Formas de solução dos conflitos coletivos

O antagonismo entre o capital e o trabalho, a rigor, sempre existiu, agravado, naturalmente, com o fim do regime da escravidão e a revolução industrial, com seus modernos meios de produção.

Com a preocupação dos juristas, políticos e do próprio Estado, que se afastava da cômoda posição de mero espectador da questão social, e, sobretudo, em decorrência do agravamento dos conflitos coletivos do trabalho, várias formas de composição têm surgido na busca da tão almejada harmonização das relações entre patrões e empregados.

Modernamente podemos sintetizar as formas de solução dos conflitos coletivos de trabalho em três espécies:

a) livre negociação;
b) arbitragem;
c) jurisdicional.

A primeira solução, como o próprio nome deixa entrever, é encontrada e estabelecida pelas próprias partes interessadas, entre re-

608. *Comentários à CLT*, cit., v. 2, p. 930.
609. *Curso de Direito Processual do Trabalho*, cit., p. 4.

presentação sindical profissional e representação da respectiva categoria econômica, ou seja, dos empregadores, normalmente por meio dos sindicatos, federações e confederações. É a chamada *negociação coletiva*, por meio da qual os órgãos sindicais (de patrões e empregados) livremente (e sem qualquer ingerência estatal) fixam normas e condições de trabalho.

Ao contrário do que normalmente se apregoa, a negociação coletiva é amplamente acolhida no Direito do Trabalho do Brasil, como deixam claro o art. 611 da CLT e o inciso XXVI do art. 7º da CF:

"XXVI – reconhecimento das convenções e acordos coletivos de trabalho".

Convenções ou acordos coletivos são espécies de contrato, já que este último, o contrato, não é senão uma convenção entre partes que se obrigam a dar, fazer ou não fazer alguma coisa.

Na verdade, a convenção coletiva de trabalho é um contrato bilateral sinalagmático e oneroso, de natureza normativa.

A segunda forma é por meio da figura do *árbitro*, livremente escolhido pelos órgãos sindicais, É a chamada *arbitragem voluntária*, que, por consenso das partes, dirime os conflitos trabalhistas coletivos, fixando as soluções que lhes aprouverem, como enfatiza o art. 114, § 2º, da CF:

"Recusando-se qualquer das partes à negociação coletiva ou à arbitragem, é facultado às mesmas, de comum acordo, ajuizar dissídio coletivo...".

O árbitro, normalmente, é um especialista na matéria que lhe é apresentada.

Omissa a legislação trabalhista sobre a arbitragem no âmbito do direito do trabalho, aplicar-se-ão, analogicamente[610], naquilo que for compatível com o processo do trabalho, já que a arbitragem é um negócio jurídico processual que visa à declaração e ao acertamento das relações entre as partes, mediante poderes conferidos para tal fim a um terceiro, o árbitro.

A terceira forma é por meio do chamado *sistema jurisdicional* do Estado, que entre nós é exercido pela Justiça do Trabalho, conforme o que preceitua o § 2º do art. 114 da Constituição Federal:

"Recusando-se qualquer das partes à negociação coletiva ou à arbitragem, é facultado às mesmas, de comum acordo, ajuizar dissídio coletivo de natureza econômica, podendo a Justiça do Trabalho decidir o conflito, respeitadas as disposições mínimas legais de proteção ao trabalho, bem como as convencionadas anteriormente".

Não se olvide a mediação.

3. **Espécies de dissídios coletivos – poder normativo**

Há duas espécies de dissídios coletivos:
a) *de natureza jurídica;*
b) *de natureza econômica.*

Os primeiros, ou seja, os dissídios de natureza jurídica, objetivam a interpretação, pelo Tribunal Regional do Trabalho, ou eventualmente pelo Tribunal Superior, de uma norma jurídica convencional ou legal "de interesse delimitado a uma categoria profissional ou econômica", como põe em relevo Valentin Carrion:

"O dissídio de natureza econômica, na realidade o mais comum, objetiva a criação de novas condições de trabalho, como, por exemplo, o aumento salarial para determinada categoria profissional, com efeito manifestamente *constitutivo*, quando se faz presente, na amplitude, o chamado *poder normativo* da Justiça do Trabalho"[611].

Poder normativo, também denominado competência normativa, é a faculdade concedida à Justiça do Trabalho de criar novas condições de trabalho. É, pois, o poder constitucional atribuído à Justiça do Trabalho de criar novas condições laborais:

"Art. 114. ..
§ 2º Recusando-se qualquer das partes à negociação coletiva ou à arbitragem, é facultado

610. Lei n. 9.307, de 23-9-1999.

611. Ob. cit., 25. ed., p. 671.

às mesmas, de comum acordo, ajuizar dissídio coletivo de natureza econômica, podendo a Justiça do Trabalho decidir o conflito, respeitadas as disposições mínimas legais de proteção ao trabalho, bem como as convencionadas anteriormente".

A redação dada ao dispositivo constitucional transcrito tem levado renomados autores a circunscrever a competência normativa aos dissídios coletivos, como ocorre com Coqueijo Costa:

"A ação coletiva de natureza econômica ou jurídica envolve 'controvérsias de fixação de novas condições de trabalho', ou de 'aplicação', respectivamente (De Litala), e pode ser intentada, em qualquer caso, pela parte empresarial ou pela parte trabalhadora (Manoel Garcia).

A ação coletiva de natureza econômica envolve interesses coletivos abstratos, num conflito econômico ou de interesses, e quer obter um pronunciamento jurisdicional constitutivo do Tribunal Regional do Trabalho ou do Tribunal Superior do Trabalho (Plenos), para criar ou modificar condições de trabalho, sobretudo cláusulas salariais, provocando e obrigando o Juízo a proferir sentença 'dispositiva' (Carnelutti), 'constitutiva' (Chiovenda), ou 'determinativa' (Raseli), nunca condenatória (Jaeger); 'nella controversia colletiva di fissazioni di nuove condizione di lavoro' (Litala). É o poder normativo constitucional da Justiça do Trabalho em pleno exercício (art. 142, § 1º), pelo qual o Tribunal não aplica norma preexistente, mas cria novas condições de trabalho"[612].

Não obstante, diversamente pensa Pedro Vidal Neto, para quem o chamado *poder normativo* extravasa o limite da sentença normativa para estender-se, também, aos regimentos e organização dos serviços dos pretórios trabalhistas:

"É usual o emprego da expressão poder normativo da Justiça do Trabalho para designar sua faculdade de 'estabelecer normas e condições de trabalho', no julgamento de dissídios coletivos. Entretanto, os casos de expressão do poder normativo da Justiça do Trabalho, dentro de nossa perspectiva, comportam determinação mais extensa. O poder de elaborar normas jurídicas conferido aos Tribunais do Trabalho se exerce de modo precípuo na composição dos conflitos de trabalho, mas também se exprime quando esses tribunais estabelecem os seus próprios regimentos e a organização de seus serviços".

E, justificando sua posição, afirma:

"Sirvam de exemplo disposições de regimentos internos de tribunais trabalhistas concernentes a certos agravos, por isso mesmo denominados regimentais e aos embargos declaratórios, assim como inúmeros provimentos, dentre os quais o que se refere ao regimento de custas e os que, na Segunda Região da Justiça do Trabalho, disciplinam a assistência judiciária, a intimação de testemunhas e o procedimento de liquidação por cálculo"[613].

O poder normativo, pois, amplia-se sobremaneira, para extravasar os limites dos dissídios coletivos, alcançando campo mais vasto, como a elaboração de recursos regimentais (agravo regimental no TST) e a organização de seus próprios serviços.

A eliminação da expressão "estabelecer normas e condições", contida no § 2º do art. 114 da Constituição Federal, tem levado autores renomados a sustentar a extinção do Poder Normativo da Justiça do Trabalho.

É o que afirma Marcos Neves Fava:

"a expressão 'estabelecer normas e condições', antes vigente no § 2º do art. 114 da Constituição Federal, foi suprimida, afastando-se de forma integral o poder abstrato e irrestrito de criação de normas pela Justiça do Trabalho"[614].

Ponto de vista diverso sustentam Manoel Antônio Teixeira Filho e Ives Gandra da Silva Martins Filho. Observa o primeiro:

612. *Direito Judiciário do Trabalho*, cit., p. 86.

613. *Do Poder Normativo da Justiça do Trabalho*, Tese de Doutoramento, p. 146. O artigo mencionado refere-se à Constituição de 1969.

614. *Suplemento Trabalhista LTr*, 10:5.

"Verifica-se, em face disso, que a despeito de o Poder Normativo não haver sido anatematizado, banido (como muitos desejam), acabou sendo reduzido de modo expressivo".

Para Ives Gandra Filho:

"Com a promulgação da Emenda Constitucional n. 45/2004, verifica-se que o Poder Normativo atribuído à Justiça do Trabalho restou quantitativamente reduzido e qualitativamente alterado, na medida em que:

– apenas de comum acordo o dissídio coletivo poderá ser ajuizado, o que faz das Cortes trabalhistas verdadeiras *Cortes de Arbitragem*, pois a característica própria da arbitragem é a livre eleição das partes, mas uma vez eleito o árbitro, o procedimento para a composição do litígio é o judicial e legalmente já estabelecido, devendo sua decisão ser respeitada pelas partes; e

– os únicos dissídios coletivos genuínos serão aqueles propostos pelo Ministério Público, nos casos de greve em serviços essenciais, que comprometam o interesse público"[615].

Em verdade, houve, com a EC n. 45/2004, inequívoca restrição ao Poder Normativo, mas não necessariamente a sua extinção.

Observe-se que, na vigência do § 2º do art. 114, o STF já havia estabelecido limites ao poder normativo, decidindo a Suprema Corte que a Justiça do Trabalho, no exercício de tal faculdade, "pode criar obrigações para as partes envolvidas nos dissídios desde que atue no vazio deixado pelo legislador e não se sobreponha ou contrarie a legislação em vigor, sendo-lhe vedado estabelecer normas e condições vedadas pela Constituição ao domínio da lei formal"[616].

No mesmo sentido a Súmula 190 do TST:

"Ao julgar ou homologar ação coletiva ou acordo nela havido, o Tribunal Superior do Trabalho exerce o poder normativo constitucional, não podendo criar ou homologar condições de trabalho que o Supremo Tribunal Federal julgue iterativamente inconstitucionais".

Em tais condições, exercerá a Justiça do Trabalho o poder normativo, respeitadas as condições mínimas legais de proteção ao trabalho e às normas convencionais celebradas anteriormente.

O dissídio coletivo de *natureza jurídica*, a nosso ver, também subsiste. Observe-se que a redação anterior do § 2º do art. 114 da CF não contemplava tal espécie de dissídio, tal, aliás, como ocorre com a redação dada pela EC n. 45/2004. Contudo, está previsto na Lei n. 7.701/88 (que dispõe sobre a especialização de turmas dos tribunais em processos coletivos): "Art. 1º O Tribunal Superior do Trabalho, nos processos de sua competência, será dividido em turmas e seções especializadas para a *conciliação e julgamento de dissídios coletivos de natureza econômica ou jurídica* e de dissídios individuais...".

4. *Competência originária*

A competência originária nos dissídios coletivos é:

a) dos Tribunais Regionais do Trabalho;
b) do Tribunal Superior do Trabalho.

Aos primeiros, isto é, aos Tribunais Regionais do Trabalho, cabe conhecer dos dissídios entre categorias profissionais sob sua jurisdição.

Ao segundo, ao TST, os dissídios coletivos que excedam a jurisdição dos Tribunais Regionais.

Conquanto de competência originária dos Tribunais, a tentativa de conciliação e a instrução podem ser delegadas, pelos presidentes das cortes mencionadas, aos juízes de 1º grau (Varas do Trabalho), ou aos juízes de direito investidos de jurisdição trabalhista, sempre que o dissídio ocorra fora da sede do Tribunal.

Nessa hipótese, feita a proposta de conciliação e realizada a instrução pelo juízo de 1º grau, os autos são devolvidos à 2ª instância, que, ou homologará a conciliação, na eventualidade da sua ocorrência, ou julgará o dissídio. É o que dispõe o art. 866 da CLT.

Observe-se que, conquanto a Justiça do Trabalho já não tenha a obrigatoriedade constitucional de promover a conciliação – o art. 114 da Constituição Federal, com a redação dada pela EC n. 45/2004, declara expressamente: *"compete à Justiça do Trabalho processar*

615. Transcritos da revista *LTr* de janeiro de 2005.
616. RE 197911-9/PE, 24-9-1996, Rel. Min. Octavio Galloti.

e julgar" –, a legislação ordinária (art. 860 da CLT) prevê a audiência de conciliação, de manifesto interesse público.

No magistério de Manoel Antônio Teixeira Filho, "a conciliação constitui um traço marcante dos órgãos da Justiça do Trabalho, a ponto de a CLT declarar, enfaticamente, que os litígios submetidos a essa jurisdição especializada 'serão sempre sujeitos à conciliação'" (*LTr, 60*:1-13).

5. Instauração de instância: legitimidade ativa e passiva

Os dissídios coletivos podem ser instaurados pelas partes, de comum acordo – uma vez frustrada a negociação coletiva ou a arbitragem.

Em conformidade com o que dispõe o art. 8º, III, da CF, cabe aos *sindicatos* defender os direitos coletivos das respectivas categorias, abstratamente consideradas.

O inciso VI do mesmo dispositivo constitucional pressupõe a participação obrigatória do sindicato nas negociações coletivas.

De outro lado, dispõe o art. 857 da CLT ser prerrogativa dos sindicatos a representação para instaurar a instância em dissídio coletivo.

Na ocorrência de greve em atividade essencial[617], o Ministério Público do Trabalho poderá ajuizar dissídio coletivo – art. 114, § 3º, da CF.

Inexistindo sindicato, a representação da categoria pode ser feita pelas federações e, na falta destas, pelas confederações, a teor do que dispõe o parágrafo único do art. 857 da CLT.

6. Requisito prévio para a instauração de dissídio coletivo pelos sindicatos

Assembleia geral: em conformidade com o art. 859 da CLT, a instauração de dissídio coletivo está subordinada a prévia assembleia geral dos associados interessados na solução do dissídio, seja ele de natureza jurídica ou econômica, observado o *quorum* estabelecido no dispositivo legal sob comento: "em primeira convocação, por maioria de 2/3 dos mesmos, ou, em segunda convocação, por 2/3 dos presentes".

7. Procedimento no dissídio coletivo de natureza econômica

A Instrução Normativa n. 4 do TST, que uniformizava o procedimento nos dissídios coletivos de natureza econômica, foi revogada pela Resolução n. 116/2003[618].

O procedimento pressupõe, necessariamente, petição endereçada ao Presidente do TRT (ou do TST, se na esfera de jurisdição deste), acompanhada de ata de assembleia geral que autoriza o dissídio.

Observe-se que a petição deve ser assinada por ambas as partes, já que a instauração de dissídio coletivo depende de *comum acordo* – o que, na prática, significa o manifesto esvaziamento dos dissídios nominados.

As condições legais mínimas para instauração de dissídio são, entre outras concernentes ao trabalho, também aquelas estabelecidas nos arts. 616 e 856 a 859 da CLT.

Mencione-se que a instauração de dissídio coletivo, assim como a propositura de qualquer ação, deve preencher os requisitos legais e processuais para que se estabeleça validamente a relação processual.

Ninguém de bom senso arguirá a inconstitucionalidade do art. 485, VI, do CPC, que estabelece as condições para a propositura da ação, ou ainda o art. 319 do mesmo Estatuto, que disciplina os requisitos da petição inicial, princípio, aliás, a que não escapa a CLT, no seu art. 840.

A exigência dos pressupostos fundamentais à propositura da ação de forma alguma há de ser vista como violadora à regra prevista no art. 5º, XXXV, da CF/1988.

Com a sensatez que lhe é de todos reconhecida, afirma José Frederico Marques que:

> "A ação, por ser direito constitucional à tutela de jurisdição, tem de vir regulada como posição funcional que se integra em uma relação de direito estruturada segundo o devido processo legal"[619].

Daí dizer, com inequívoco acerto, o ínclito Juiz Eurico Cruz Neto:

617. Art. 10 e incisos da Lei n. 7.783/89, Lei de Greve.

618. TST – Resolução n. 116, de 20-3-2003.

619. *Manual de Direito Processual Civil*, cit., v. 1, p. 170.

"... em termos processuais, deve obedecer ao ordenamento jurídico, sendo indubitável que o direito de ação se subordina aos requisitos legais, enfim, se torna imprescindível o preenchimento dos requisitos processuais que fixam as condições básicas, para que se estabeleça a relação processual.

É fundamental a presença dos pressupostos subjetivos e objetivos, bem como as condições da ação, sem as quais se impõe a extinção do processo sem julgamento do mérito, em conformidade com o disposto no art. 267 do CPC[620], pois é imprescindível a legitimidade, o interesse de agir e a possibilidade jurídica do pedido"[621].

A EC n. 45/2004 estabeleceu um princípio fundamental a ser observado nos dissídios coletivos – a instauração de instância (salvo a hipótese de greve em atividades essenciais) depende da concordância de ambas as partes, o que equivale a dizer que desaparece a figura do suscitado, para figurarem tão somente os suscitantes.

A Emenda Constitucional citada, todavia, não criou regras procedimentais, razão por que, com as adaptações à exigência constitucional, prevalece, obviamente, o procedimento instituído na CLT, a saber:

PETIÇÃO INICIAL: endereçada ao presidente do Tribunal Regional do Trabalho

Observação: a petição inicial, necessariamente escrita, será assinada pelos presidentes dos respectivos sindicatos, ou advogados munidos de mandato, contendo a designação e qualificação dos suscitantes e a natureza do estabelecimento ou do serviço.

Outrossim, deve conter os motivos do dissídio (CLT, art. 858). Recomenda-se a juntada da ata da assembleia geral que autorizou a instauração do dissídio, bem como certidão da convenção coletiva ou sentença normativa até então em vigor.

AUDIÊNCIA DE CONCILIAÇÃO

Observação: na eventualidade de o dissídio ocorrer fora da sede do Tribunal Regional do Trabalho, poderá o juiz presidente deste delegar ao juiz titular da respectiva Vara do Trabalho competência para propor conciliação. Na ocorrência de conciliação, os autos serão devolvidos ao Tribunal Regional do Trabalho para a necessária homologação. Não havendo conciliação, o juiz titular da Vara do Trabalho encaminhará o processo ao Tribunal Regional do Trabalho, com circunstanciado relatório dos fatos, indicando a solução que lhe parecer mais conveniente (CLT, arts. 860, 862, 863 e 866).

INSTRUÇÃO

Observação: inexistindo acordo, nos termos do art. 864 da CLT, serão realizadas as diligências que se fizerem necessárias; estas diligências bem podem ser consideradas como a instrução dos dissídios coletivos.

VISTA À PROCURADORIA

Observação: levada a efeito sucinta instrução, dar-se-á vista dos autos à Procuradoria da Justiça do Trabalho.

AUDIÊNCIA DE JULGAMENTO

Observação: na audiência de julgamento é admitida sustentação oral pelos suscitantes (RITRT, 2ª Região, arts. 109 e s.), praxe trabalhista adotada pelos demais Tribunais Regionais.

Obs.: ver Instruções Normativas n. 40 e 41 do TST.

8. **Extensão e revisão**

As decisões proferidas nos dissídios de natureza econômica podem ser objeto de *extensão* e *revisão*.

A extensão ocorre quando o órgão jurisdicional trabalhista estende o âmbito de aplicação das normas coletivas de trabalho. A revi-

620. Art. 485 do CPC de 2015.
621. *LTr*, 1993, n. 193.

são consiste, como o próprio nome deixa entrever, na faculdade concedida ao órgão jurisdicional, de ofício, por provocação da Procuradoria, ou ainda do sindicato, de rever suas decisões proferidas em dissídios coletivos quando, *após um ano de vigência*, se tiverem modificado as circunstâncias que as ditaram, de modo que tais condições se hajam tornado injustas ou inaplicáveis.

9. Ação de cumprimento

As sentenças normativas (declaratórias constitutivas) não são exequíveis, já que não são condenatórias. Assim, na eventualidade de os empregadores por elas abrangidos não as cumprirem espontaneamente, poderá o interessado, ou seu sindicato, mover contra eles a chamada *ação de cumprimento*, prevista no art. 872, parágrafo único, da CLT:

"Quando os empregadores deixarem de satisfazer o pagamento de salários, na conformidade da decisão proferida, poderão os empregados ou seus sindicatos, independentes de outorga de poderes de seus associados, juntando certidão de tal decisão, apresentar reclamação à Junta[622] ou Juízo competente, observado o processo previsto no Capítulo II deste Título, sendo vedado, porém, questionar sobre a matéria de fato e de direito já apreciada na decisão".

A ação mencionada é, pois, o remédio jurídico próprio para reclamar direito assegurado em sentença normativa.

Por se desenvolver perante o órgão de 1º grau (Vara do Trabalho), é a ação de cumprimento um dissídio individual, conquanto de natureza especial (não confundi-la com o inquérito judicial), fundada necessariamente em sentença normativa – verdadeiro título de crédito judicial. Por isso que forçosamente instruída com certidão do acórdão cujo cumprimento se reclama.

Nesta espécie de ação não se pode discutir matéria de fato e de direito, já devidamente apreciada na sentença normativa em que se baseia, mesmo porque, ainda que não transitada em julgado, tal sentença é de competência originária dos tribunais. Pode, contudo, o empregador arguir, em sua defesa, incapaci-

dade econômico-financeira para o cumprimento do julgado[623].

A ação de cumprimento pode ser proposta pelo próprio empregado, obviamente integrante da categoria profissional beneficiada pela sentença normativa, como por seu respectivo sindicato, que, no caso, atua, como substituto processual, já que, agindo como reclamante, age por conta própria, sem procuração do empregado, embora em benefício deste.

Em conformidade com a Súmula 246 do TST:

"É dispensável o trânsito em julgado da sentença normativa para propositura da ação de cumprimento".

10. Vigência das cláusulas adotadas pela sentença normativa

Dispõe o art. 867 da CLT que a sentença normativa tem vigência a partir:

a) da data da publicação do acórdão, quando ajuizado o dissídio sem observância do prazo de 60 dias fixado no art. 616, § 3º, da CLT, ou quando não haja acordo ou convenção coletiva, ou ainda sentença normativa em plena vigência;

b) no dia imediato ao termo final da vigência do acordo, convenção coletiva ou sentença normativa, quando observado o prazo do art. 616, § 3º, da CLT – 60 dias.

Nos termos da Súmula 277 do TST:

"As cláusulas normativas dos acordos coletivos ou convenções coletivas integram os contratos individuais de trabalho e somente poderão ser modificadas ou suprimidas mediante negociação coletiva de trabalho".

11. Recurso

Quando a sentença normativa emana do Tribunal Regional do Trabalho, dela cabe *recurso ordinário* para o Tribunal Superior do Trabalho. Originária do Tribunal Superior do Trabalho, nos dissídios coletivos que extravasem o limite de jurisdição dos Tribunais Regionais do Trabalho, o recurso cabível é o de

622. Atualmente Vara do Trabalho.

623. Lei n. 6.708, de 30-10-1979.

embargos, no âmbito do próprio Tribunal Superior do Trabalho[624].

▶ **Jurisprudência**

▷ **Súmula 190 do TST. Poder normativo do TST. Condições de trabalho. Inconstitucionalidade. Decisões contrárias ao STF.** Decidindo ação coletiva ou homologando acordo nela havido, o Tribunal Superior do Trabalho exerce o poder normativo constitucional, não podendo criar ou homologar condições de trabalho que o Supremo Tribunal Federal julgue iterativamente inconstitucionais.

▷ **Súmula 246 do TST. Ação de cumprimento. Trânsito em julgado da sentença normativa.** É dispensável o trânsito em julgado da sentença normativa para propositura da ação de cumprimento.

▷ **Súmula 277 do TST. Convenção coletiva de trabalho ou acordo coletivo de trabalho. Eficácia. Ultratividade. Súmula cuja aplicação está suspensa nos termos da medida cautelar deferida nos autos do processo STF-ADPF n. 323/DF, Rel. Min. Gilmar Mendes** (Res. 185/2012, *DEJT* divulgado em 25, 26 e 27-9-2012) As cláusulas normativas dos acordos coletivos ou convenções coletivas integram os contratos individuais de trabalho e somente poderão ser modificadas ou suprimidas mediante negociação coletiva de trabalho.

▷ **Súmula 286 do TST. Sindicato. Substituição processual. Convenção e acordos coletivos – Com alteração dada pela Res. 98/2000, *DJ*, 18-9-2000.** "A legitimidade do sindicato para propor ação de cumprimento estende-se também à observância de acordo ou de convenção coletivos."

▷ **Súmula 350 do TST. Prescrição. Termo inicial. Ação de cumprimento. Sentença normativa.** "O prazo de prescrição com relação à ação de cumprimento de decisão normativa flui apenas a partir da data de seu trânsito em julgado."

▷ **Súmula 57 do STJ.** Compete à justiça comum estadual processar e julgar ação de cumprimento fundada em acordo ou convenção coletiva não homologados pela justiça do trabalho.

▷ **OJ n. 188 da SDI-1 do TST. Decisão normativa que defere direitos. Falta de interesse de agir para ação individual.** Falta interesse de agir para a ação individual, singular ou plúrima, quando o direito já foi reconhecido através de decisão normativa, cabendo, no caso, ação de cumprimento.

▷ **OJ n. 2 da SDC do TST.** Acordo homologado. Extensão a partes não subscreventes. Inviabilidade. É inviável aplicar condições constantes de acordo homologado nos autos de dissídio coletivo, extensivamente, às partes que não o subscreveram, exceto se observado o procedimento previsto no art. 868 e seguintes, da CLT.

▷ **OJ n. 5 da SDC do TST.** Dissídio coletivo. Pessoa jurídica de direito público. Possibilidade jurídica. Cláusula de natureza social. Em face de pessoa jurídica de direito público que mantenha empregados, cabe dissídio coletivo exclusivamente para apreciação de cláusulas de natureza social. Inteligência da Convenção n. 151 da Organização Internacional do Trabalho, ratificada pelo Decreto Legislativo n. 206/2010.

▷ **OJ n. 7 da SDC do TST. Dissídio coletivo. Natureza jurídica. Interpretação de norma de caráter genérico. Inviabilidade.** Não se presta o dissídio coletivo de natureza jurídica à interpretação de normas de caráter genérico, a teor do disposto no art. 313, II, do RITST.

▷ **OJ n. 8 da SDC do TST. Dissídio coletivo. Pauta reivindicatória não registrada em ata. Causa de extinção.** A ata da assembleia de trabalhadores que legitima a atuação da entidade sindical respectiva em favor de seus interesses deve registrar, obrigatoriamente, a pauta reivindicatória, produto da vontade expressa da categoria.

▷ **OJ n. 11 da SDC do TST. Greve. Imprescindibilidade de tentativa direta e pacífica da solução do conflito. Etapa negocial prévia.** É abusiva a greve levada a

624. A Lei n. 7.701, de 21-12-1988, no seu art. 2º, II, *c*, dispõe que cabem no Tribunal Superior do Trabalho "embargos infringentes interpostos contra decisão não unânime proferida em processo de dissídio coletivo de sua competência originária, salvo se a decisão atacada estiver em consonância com precedente jurisprudencial do Tribunal Superior do Trabalho ou Súmula de sua jurisprudência predominante".

efeito sem que as partes hajam tentado, direta e pacificamente, solucionar o conflito que lhe constitui o objeto.

▷ **OJ n. 19 da SDC do TST. Dissídio coletivo contra a empresa. Legitimação da entidade sindical. Autorização dos trabalhadores diretamente envolvidos no conflito.** (Inserido dispositivo) – *DEJT* divulgado em 16, 17 e 18-11-2010 – A legitimidade da entidade sindical para a instauração da instância contra determinada empresa está condicionada à prévia autorização dos trabalhadores da suscitada diretamente envolvidos no conflito.

▷ **OJ n. 29 da SDC do TST. Edital de convocação e ata da assembleia geral. Requisitos essenciais para instauração de dissídio coletivo.** O edital de convocação da categoria e a respectiva ata da AGT constituem peças essenciais à instauração do processo de dissídio coletivo.

▷ **OJ n. 32 da SDC do TST. Reivindicações da categoria. Fundamentação das cláusulas. Necessidade. Aplicação do PN 37 do TST.** É pressuposto indispensável à constituição válida e regular da ação coletiva a apresentação em forma clausulada e fundamentada das reivindicações da categoria, conforme orientação do item VI, letra *e*, da IN 04/93.

▷ **Precedente Normativo n. 10 do TST. Banco do Brasil como parte em DC no TRT** (positivo). Redação alterada pela Res. 86/98 – *DJU* 15-10-98. Os Tribunais Regionais do Trabalho são incompetentes para processar e julgar Dissídios Coletivos em que sejam partes o Banco do Brasil S.A. e entidades sindicais dos bancários.

▷ **Precedente Normativo n. 37 do TST. Dissídio coletivo. Fundamentação de cláusulas. Necessidade** (positivo). Nos processos de dissídio coletivo só serão julgadas as cláusulas fundamentadas na representação, em caso de ação originária, ou no recurso.

▷ **"Agravo. Agravo de instrumento em recurso de revista interposto na vigência das Leis n. 13.015/2014 e 13.467/2017. Nulidade do acórdão regional por negativa de prestação jurisdicional.** 1. Não se mostra possível vislumbrar a configuração de negativa de prestação jurisdicional, quando a arguição detém caráter genérico, sem a indicação específica dos pontos sobre os quais não se pronunciou o Tribunal Regional, sendo improfícua a mera transcrição das razões dos embargos de declaração e do acórdão proferido em resposta. Isto porque, não incumbe ao Tribunal *ad quem* cotejar as razões recursais e o acórdão, a fim de procurar eventual defeito no julgado. Tal conduta violaria o dever de imparcialidade do julgador. Precedentes. 2. Nesse contexto, não afastados os fundamentos da decisão agravada, nenhum reparo merece a decisão. Ademais, constatado o caráter manifestamente inadmissível do agravo, impõe-se a aplicação da multa prevista no art. 1.021, § 4º, do CPC/2015, no percentual de 5% sobre o valor dado à causa (R$ 200.000,00), o que perfaz o montante de R$ 10.000,00 (dez mil reais), a ser revertido em favor do Reclamante, devidamente atualizado, nos termos do referido dispositivo de lei. Agravo não provido, com aplicação de multa a ser revertida em favor do Reclamante" (Ag-AIRR-1324-85.2013.5.20.0002, 5ª Turma, Relator Ministro Douglas Alencar Rodrigues, *DEJT* 5-3-2021).

▷ **"A) Agravo de instrumento em recurso de revista interposto pelo sindicato autor. Representação sindical. Trabalhadores de movimentação de mercadorias em geral. Categoria diferenciada.** O agravo de instrumento merece provimento, com consequente processamento do recurso de revista, haja vista que o Sindicato autor logrou demonstrar a configuração de possível ofensa ao art. 511, § 3º, da CLT. Agravo de instrumento conhecido e provido. **B) Recurso de revista interposto pelo sindicato autor. Representação sindical. Trabalhadores de movimentação de mercadorias em geral. Categoria diferenciada.** Consoante o disposto no § 3º do art. 511 da CLT, "Categoria profissional diferenciada é a que se forma dos empregados que exerçam profissões ou funções diferenciadas por força de estatuto profissional especial ou em consequência de condições de vida singulares". Por sua vez, o entendimento desta Corte Superior é de que os sindicatos dos trabalhadores na movimentação de mercadorias em geral representam,

de forma ampla, todos os trabalhadores que exercem atividade de movimentação de mercadorias em geral, os quais são regulados pela Lei n. 12.023/2009, integrando categoria diferenciada, nos termos do comando consolidado suso mencionado, independentemente da atividade preponderante do empregador. Recurso de revista conhecido e provido" (RR-10682-17.2015.5.15.0011, 8ª Turma, Relatora Ministra Dora Maria da Costa, *DEJT* 5-2-2021).

▷ **"Recurso ordinário. Dissídio coletivo instaurado contra empresa. Legitimidade do suscitante. Comprovada a autorização dos trabalhadores diretamente envolvidos no conflito. Observância da orientação jurisprudencial n. 19 da SDC do TST.** O TRT da 8ª Região manteve a decisão monocrática, que decretou a extinção deste processo, sem resolução do mérito, por falta de comprovação da autorização dos trabalhadores diretamente interessados na solução do conflito. A lei estabelece que a representação dos sindicatos para o ajuizamento do dissídio coletivo fica subordinada à aprovação de assembleia "da qual participem os associados interessados na solução do dissídio coletivo, em primeira convocação, por maioria de 2/3 (dois terços) dos mesmos, ou, em segunda convocação, por 2/3 (dois terços) dos presentes." (art. 859, CLT). Por seu turno, esta Seção Especializada em dissídios coletivos entende que "a legitimidade da entidade sindical para a instauração da instância contra determinada empresa está condicionada à prévia autorização dos trabalhadores da suscitada diretamente envolvidos no conflito" (Orientação Jurisprudencial n. 19 da SDC do TST). No caso em exame, constata-se que o edital da assembleia convocou expressamente "todos os trabalhadores e trabalhadoras da Companhia de Saneamento do Pará (COSANPA) a participarem da assembleia geral extraordinária, que se realizará no dia 10 de março de 2016". Ademais, observa-se que os cabeçalhos das listas de presença registram expressamente que a assembleia reuniu os trabalhadores da Companhia de Saneamento do Pará – COSANPA. Nesse cenário, diante dos registros consignados tanto no edital de convocação como nas respectivas listas de presença, infere-se que efetivamente houve a participação na assembleia deliberativa e consequente autorização dos trabalhadores vinculados à companhia suscita e, portanto, diretamente envolvidos no conflito, conforme estabelecido no art. 859 da CLT e ainda em observância da Orientação Jurisprudencial n. 19 da SDC. Portanto, indubitável o reconhecimento da legitimidade da entidade profissional suscitante para ajuizar este dissídio coletivo em desfavor da suscitada. Recurso ordinário a que se dá provimento" (RO-10191-04.2016.5.08.0000, Seção Especializada em Dissídios Coletivos, Relatora Ministra Kátia Magalhães Arruda, *DEJT* 19-6-2020).

▷ **"Embargos de declaração. Agravo de instrumento. Recurso de revista. Reclamada. Vigência da Lei n. 13.015/2014 e da instrução normativa n. 40 do TST. Ação de declaração de ineficácia de convenção coletiva de trabalho. Assembleia de aprovação.** 1. Na sistemática vigente à época, foi reconhecida a transcendência na forma autorizada pelo art. 896-A, § 1º, parte final, da CLT (critério "e outros"). 2. Conquanto o acórdão turmário não padeça de erro material, contradições e omissões, devem ser acolhidos os embargos de declaração para prestar esclarecimentos. 3. A embargante sustenta que a decisão embargada incorreu em omissão, visto que, a seu ver, não se manifestou sobre o cerne da matéria controvertida, qual seja, a suposta "ausência de assembleia deliberativa de votação". Na espécie, esta Sexta Turma negou provimento ao agravo de instrumento da reclamada ao fundamento de que o TRT reconheceu a ocorrência de assembleia convocada especificamente para a discussão e celebração da norma coletiva, que, a despeito de não cumprir o quórum do art. 612 da CLT, observou as disposições previstas nos estatutos das entidades signatárias e permitiu a continuação de regular e exaustiva negociação sobre os termos da norma coletiva. 4. Para tanto, à luz do disposto no art. 896, § 1º-A, I, do TST, a Sexta Turma ateve-se ao trecho do acórdão transcrito nas razões do recurso de revista, que tratou da desnecessidade de observância do quórum disposto no art. 612 da CLT e da existência

de prosseguimento de negociações, após a assembleia, que demonstram "trâmites normais e regulares de conversas e tratativas ordinárias em um ambiente de negociação coletiva, tendo como base a razoabilidade e a boa-fé objetiva de todos os atores envolvidos, com a concessão, à recorrente, de todas as oportunidades para discutir suas pretensões e pontos de vista e se comunicar livremente com as federações, não havendo registro de qualquer falha de comunicação ou empecilho ao encaminhamento de propostas." À luz de tal contexto, e sob a ótica da Súmula 126 do TST, não é dado a esta Corte superior examinar suposta previsão não observada de nova assembleia – não mencionada pelo TRT. 5. Embargos de declaração acolhidos para prestar esclarecimentos, sem efeito modificativo" (ED-AIRR-298-02.2017.5.13.0004, 6ª Turma, Relatora Ministra Kátia Magalhães Arruda, *DEJT* 15-5-2020).

▷ "I – **Agravo de instrumento. Recurso de revista – Descabimento. 1. Horas extras. Intervalo intrajornada. Tópicos do acórdão transcritos na íntegra. Não cumprimento dos requisitos previstos no art. 896, § 1º-A, da CLT.** A transcrição integral dos tópicos do acórdão, sem destaque algum do trecho impugnado, não atende ao disposto no art. 896, § 1º-A, da CLT, uma vez que não há, nesse caso, determinação precisa da tese regional combatida no apelo. Precedentes. **2. Multa normativa.** Assinala a Corte regional que foi constatada a infração à cláusula normativa referente às horas extras. Eventual reforma da decisão demandaria o reexame dos elementos instrutórios dos autos, procedimento defeso nesta fase, a teor da Súmula 126/TST. Agravo de instrumento conhecido e desprovido. **II – Recurso de revista. Contribuição assistencial. Devolução dos descontos efetuados pelo empregador.** "A Constituição da República, em seus arts. 5º, XX, e 8º, V, assegura o direito de livre associação e sindicalização. É ofensiva a essa modalidade de liberdade cláusula constante de acordo, convenção coletiva ou sentença normativa estabelecendo contribuição em favor de entidade sindical a título de taxa para custeio do sistema confederativo, assistencial, revigoramento ou fortalecimento sindical e outras da mesma espécie, obrigando trabalhadores não sindicalizados. Sendo nulas as estipulações que inobservem tal restrição, tornam-se passíveis de devolução os valores irregularmente descontados". Inteligência do Precedente Normativo 119/SDC/TST. Óbice do art. 896, § 7º, da CLT e da Súmula 333 do TST. Recurso de revista não conhecido" (ARR-1002123-58.2016.5.02.0471, 3ª Turma, Relator Ministro Alberto Luiz Bresciani de Fontan Pereira, *DEJT* 6-3-2020).

Capítulo V
Da execução

Seção I
Das disposições preliminares

Art. 876. As decisões passadas em julgado ou das quais não tenha havido recurso com efeito suspensivo; os acordos, quando não cumpridos; os termos de ajuste de conduta firmados perante o Ministério Público do Trabalho e os termos de conciliação firmados perante as Comissões de Conciliação Prévia serão executados pela forma estabelecida neste Capítulo. (Redação dada pela Lei n. 9.958, de 12-1-2000.)

Parágrafo único. A Justiça do Trabalho executará, *de ofício*, as contribuições sociais previstas na alínea *a* do inciso I e no inciso II do *caput* do art. 195 da Constituição Federal, e seus acréscimos legais, relativas ao objeto da condenação constante das sentenças que proferir e dos acordos que homologar. (Redação dada pela Lei n. 13.467, de 2017.)

Art. 877. É competente para a execução das decisões o Juiz ou Presidente do Tribunal que tiver conciliado ou julgado originariamente o dissídio.

Art. 877-A. É competente para a execução de título executivo extrajudicial o juiz que teria competência para o processo de conhecimento relativo à matéria. (Artigo incluído pela Lei n. 9.958, de 12-1-2000.)

Art. 878. A execução será promovida pelas partes, permitida a execução de ofício pelo juiz ou pelo Presidente do Tribunal apenas nos casos em que as partes não estiverem representa-

das por advogado. (Alterado pela Lei n. 13.467, de 2017.)

Parágrafo único. (Revogado pela Lei n. 13.467, de 2017.)

Art. 878-A. Faculta-se ao devedor o pagamento imediato da parte que entender devida à Previdência Social, sem prejuízo da cobrança de eventuais diferenças encontradas na execução *ex officio*. (Artigo incluído pela Lei n. 10.035, de 25-10-2000.)

Art. 879. Sendo ilíquida a sentença exequenda, ordenar-se-á, previamente, a sua liquidação, que poderá ser feita por cálculo, por arbitramento ou por artigos. (Redação dada pela Lei n. 2.244, de 23-6-1954.)

§ 1º Na liquidação, não se poderá modificar, ou inovar, a sentença liquidanda, nem discutir matéria pertinente à causa principal. (Antigo parágrafo único transformado em § 1º pela Lei n. 8.432, de 11-6-1992.)

§ 1º-A. A liquidação abrangerá, também, o cálculo das contribuições previdenciárias devidas. (Parágrafo incluído pela Lei n. 10.035, de 25-10-2000.)

§ 1º-B. As partes deverão ser previamente intimadas para a apresentação do cálculo de liquidação, inclusive da contribuição previdenciária incidente. (Parágrafo incluído pela Lei n. 10.035, de 25-10-2000.)

§ 2º Elaborada a conta e tornada líquida, o Juiz deverá abrir às partes prazo comum de 8 (oito) dias para impugnação fundamentada com a indicação dos itens e valores objeto da discordância, sob pena de preclusão. (Redação dada pela Lei n. 13.467, de 2017.)

§ 3º Elaborada a conta pela parte ou pelos órgãos auxiliares da Justiça do Trabalho, o juiz procederá à intimação da União para manifestação, no prazo de 10 (dez) dias, sob pena de preclusão. (Com a redação dada pela Lei n. 11.457, de 16-3-2007.)

§ 4º A atualização do crédito devido à Previdência Social observará os critérios estabelecidos na legislação previdenciária. (Parágrafo incluído pela Lei n. 10.035, de 25-10-2000.)

§ 5º O Ministro de Estado da Fazenda poderá, mediante ato fundamentado, dispensar a manifestação da União quando o valor total das verbas que integram o salário de contribuição, na forma do art. 28 da Lei n. 8.212, de 24-7-1991, ocasionar perda de escala decorrente da atuação do órgão jurídico. (Com a redação dada pela Lei n. 11.457, de 16-3-2007.)

§ 6º Tratando-se de cálculos de liquidação complexos, o juiz poderá nomear perito para a elaboração e fixará, depois da conclusão do trabalho, o valor dos respectivos honorários com observância, entre outros, dos critérios de razoabilidade e proporcionalidade. (Parágrafo incluído pela Lei n. 12.405, de 16-5-2011.)

§ 7º A atualização dos créditos decorrentes de condenação judicial será feita pela Taxa Referencial (TR), divulgada pelo Banco Central do Brasil, conforme a Lei n. 8.177, de 1º de março de 1991. (Incluído pela Lei n. 13.467, de 2017.) (*Vide* ADC 58) (*Vide* ADC 59) (*Vide* ADI 6021) (*Vide* ADI 5867)

Seção II
Do mandado e da penhora

Art. 880. Requerida a execução, o juiz ou presidente do tribunal mandará expedir mandado de citação do executado, a fim de que cumpra a decisão ou o acordo no prazo, pelo modo e sob as cominações estabelecidas ou, quando se tratar de pagamento em dinheiro, inclusive de contribuições sociais devidas à União, para que o faça em 48 (quarenta e oito) horas ou garanta a execução, sob pena de penhora. (Com a redação dada pela Lei n. 11.457, de 16-3-2007.)

§ 1º O mandado de citação deverá conter a decisão exequenda ou o termo de acordo não cumprido.

§ 2º A citação será feita pelos oficiais de justiça.

§ 3º Se o executado, procurado por 2 (duas) vezes no espaço de 48 (quarenta e oito) horas, não for encontrado, far-se-á citação por edital, publicado no jornal oficial ou, na falta deste, afixado na sede da Junta ou Juízo, durante 5 (cinco) dias.

Art. 881. No caso de pagamento da importância reclamada, será este feito perante o escrivão ou chefe de secretaria, lavrando-se termo de quitação, em 2 (duas) vias, assinadas pelo exequente, pelo executado e pelo mesmo escrivão ou chefe de secretaria, entregando-se a segunda via ao executado e juntando-se a outra ao processo. (Redação nos termos da Lei n. 409, de 25-9-1948.)

Parágrafo único. Não estando presente o exequente, será depositada a importância, mediante guia, em estabelecimento oficial de crédito ou, em falta deste, em estabelecimento bancário idôneo. (Redação dada pela Lei n. 7.305, de 2-4-1985.)

Art. 882. O executado que não pagar a importância reclamada poderá garantir a execução mediante depósito da quantia correspondente, atualizada e acrescida das despesas processuais, apresentação de seguro-garantia judicial ou nomeação de bens à penhora, observada a ordem preferencial estabelecida no art. 835 da Lei n. 13.105, de 16 de março de 2015 – Código de Processo Civil. (Redação dada pela Lei n. 13.467, de 2017.)

Art. 883. Não pagando o executado, nem garantindo a execução, seguir-se-á penhora dos bens, tantos quantos bastem ao pagamento da importância da condenação, acrescida de custas e juros de mora, sendo estes, em qualquer caso, devidos a partir da data em que for ajuizada a reclamação inicial. (Redação dada pela Lei n. 2.244, de 23-6-1954.)

Art. 883-A. A decisão judicial transitada em julgado somente poderá ser levada a protesto, gerar inscrição do nome do executado em órgãos de proteção ao crédito ou no Banco Nacional de Devedores Trabalhistas (BNDT), nos termos da lei, depois de transcorrido o prazo de quarenta e cinco dias a contar da citação do executado, se não houver garantia do juízo. (Incluído pela Lei n. 13.467, de 2017.)

Seção III
Dos embargos à execução e da sua impugnação

Art. 884. Garantida a execução ou penhorados os bens, terá o executado 5 (cinco) dias[625] para apresentar embargos, cabendo igual prazo ao exequente para impugnação.

§ 1º A matéria de defesa será restrita às alegações de cumprimento da decisão ou do acordo, quitação ou prescrição da dívida.

§ 2º Se na defesa tiverem sido arroladas testemunhas, poderá o Juiz ou o Presidente do Tribunal, caso julgue necessários seus depoimentos, marcar audiência para a produção das provas, a qual deverá realizar-se dentro de 5 (cinco) dias.

§ 3º Somente nos embargos à penhora poderá o executado impugnar a sentença de liquidação, cabendo ao exequente igual direito e no mesmo prazo. (Redação dada pela Lei n. 2.244, de 23-6-1954.)

§ 4º Julgar-se-ão na mesma sentença os embargos e as impugnações à liquidação apresentadas pelos credores trabalhista e previdenciário. (Redação dada pela Lei n. 10.035, de 25-10-2000.)

§ 5º Considera-se inexigível o título judicial fundado em lei ou ato normativo declarados inconstitucionais pelo Supremo Tribunal Federal ou em aplicação ou interpretação tidas por incompatíveis com a Constituição Federal. (Parágrafo incluído pela MP n. 2.180-35, de 24-8-2001.)

§ 6º A exigência da garantia ou penhora não se aplica às entidades filantrópicas e/ou àqueles que compõem ou compuseram a diretoria dessas instituições. (Incluído pela Lei n. 13.467, de 2017.)

Seção IV
Do julgamento e dos trâmites finais da execução

Art. 885. Não tendo sido arroladas testemunhas na defesa, o juiz ou presidente, conclusos os autos, proferirá sua decisão, dentro de 5 (cinco) dias, julgando subsistente ou insubsistente a penhora.

Art. 886. Se tiverem sido arroladas testemunhas, finda a sua inquirição em audiência, o escrivão ou secretário fará, dentro de 48 (quarenta e oito) horas, conclusos os autos ao juiz ou presidente, que proferirá sua decisão, na forma prevista no artigo anterior.

§ 1º Proferida a decisão, serão da mesma notificadas as partes interessadas, em registrado postal, com franquia.

§ 2º Julgada subsistente a penhora, o juiz ou presidente mandará proceder logo à avaliação dos bens penhorados.

625. Prazo alterado para 30 dias, nos termos da Medida Provisória n. 2.180-35, de 24-8-2001, que, em seu art. 4º, acrescentou o art. 1º-B à Lei n. 9.494 de 10-9-1997: "O prazo a que se refere o *caput* dos arts. 730 do Código de Processo Civil, e 884 da Consolidação das Leis do Trabalho, aprovada pelo Decreto-lei n. 5.452, de 1º de maio de 1943, passa a ser de trinta dias".
É de ressaltar que o TST, nos autos do Processo RR 70/1992-011-04-00.7, por seu Tribunal Pleno, em v. acórdão do Min. Ives Gandra Martins Filho, vem declarar a inconstitucionalidade do art. 4º da MP n. 2.180-35, de 24-8-2001, vazado nos seguintes termos: "Medida Provisória ampliando o prazo fixado nos arts. 730 do CPC e 884 da CLT, de dez e cinco, respectivamente, para trinta dias, para os entes públicos oporem embargos à execução – Medida Provisória n. 2.180-35/01 – Inconstitucionalidade à luz do art. 62, *caput*, da Constituição Federal".

Art. 887. A avaliação dos bens penhorados em virtude da execução de decisão condenatória, será feita por avaliador escolhido de comum acordo pelas partes, que perceberá as custas arbitradas pelo juiz, ou presidente do tribunal trabalhista, de conformidade com a tabela a ser expedida pelo Tribunal Superior do Trabalho. (Prejudicado pela Lei n. 5.442, de 24-5-1968.)

§ 1º Não acordando as partes quanto à designação de avaliador, dentro de cinco dias após o despacho que determinou a avaliação, será o avaliador designado livremente pelo juiz ou presidente do tribunal. (Prejudicado pela Lei n. 5.442, de 24-5-1968.)

§ 2º Os servidores da Justiça do Trabalho não poderão ser escolhidos ou designados para servir de avaliador. (Prejudicado pela Lei n. 5.442, de 24-5-1968.)

Art. 888. Concluída a avaliação, dentro de 10 (dez) dias, contados da data da nomeação do avaliador, seguir-se-á a arrematação que será anunciada por edital afixado na sede do Juízo ou Tribunal e publicado no jornal local, se houver, com a antecedência de 20 (vinte) dias. (Artigo com redação dada pela Lei n. 5.584, de 26-6-1970.)

§ 1º A arrematação far-se-á em dia, hora e lugar anunciados e os bens serão vendidos pelo maior lance, tendo o exequente preferência para a adjudicação.

§ 2º O arrematante deverá garantir o lance com o sinal correspondente a 20% (vinte por cento) do seu valor.

§ 3º Não havendo licitante, e não requerendo o exequente a adjudicação dos bens penhorados, poderão os mesmos ser vendidos por leiloeiro nomeado pelo juiz ou Presidente.

§ 4º Se o arrematante, ou seu fiador, não pagar dentro de 24 (vinte e quatro) horas o preço da arrematação, perderá, em benefício da execução, o sinal de que trata o § 2º deste artigo, voltando à praça os bens executados.

Art. 889. Aos trâmites e incidentes do processo da execução são aplicáveis, naquilo em que não contravierem ao presente Título, os preceitos que regem o processo dos executivos fiscais para a cobrança judicial da dívida ativa da Fazenda Pública Federal.

Art. 889-A. Os recolhimentos das importâncias devidas, referentes às contribuições sociais, serão efetuados nas agências locais da Caixa Econômica Federal ou do Banco do Brasil S.A., por intermédio de documento de arrecadação da Previdência Social, dele se fazendo constar o número do processo. (Artigo incluído pela Lei n. 10.035, de 25-10-2000.)

§ 1º Concedido parcelamento pela Secretaria da Receita Federal do Brasil, o devedor juntará aos autos a comprovação do ajuste, ficando a execução da contribuição social correspondente suspensa até a quitação de todas as parcelas. (Com a redação dada pela Lei n. 11.457, de 16-3-2007.)

§ 2º As Varas do Trabalho encaminharão mensalmente à Secretaria da Receita Federal do Brasil informações sobre os recolhimentos efetivados nos autos, salvo se outro prazo for estabelecido em regulamento. (Com a redação dada pela Lei n. 11.457, de 16-3-2007.)

Seção V
Da execução por prestações sucessivas

Art. 890. A execução para pagamento de prestações sucessivas far-se-á com observância das normas constantes desta Seção, sem prejuízo das demais estabelecidas neste Capítulo.

Art. 891. Nas prestações sucessivas por tempo determinado, a execução pelo não pagamento de uma prestação compreenderá as que lhe sucederem.

Art. 892. Tratando-se de prestações sucessivas por tempo indeterminado, a execução compreenderá inicialmente as prestações devidas até a data do ingresso na execução.

▶ *Comentários*

1. **Processo de execução**

Transitada em julgado a sentença, tem início, como se sabe, a fase de execução.

A parte vencedora no processo de conhecimento não precisa mais de nova ação – para receber o bem da vida almejado, constante da sentença –, conforme o legislador já havia estabelecido[626], antes mesmo da vigência do atual CPC, pois o conceito de sentença foi alterado fundamentalmente; como, inclusive, dá dimensão diversa à execução por título judicial, que passa a ser vista como fase complementar do processo de conhecimento.

626. Lei n. 11.232, de 22-12-2005.

A sentença, por sua vez, já não pode ser conceituada como o ato do juiz que põe fim ao processo, para significar o reconhecimento, ou não, do direito, passando a execução a ser vista como fase de realização desse direito – "O processo tem de ser compreendido como o conjunto de atividades judiciais que vão desde o provocar o Estado-juiz a reconhecer o direito até a realizá-lo", afirma Cassio Scarpinella Bueno:

"Processo é a junção do binômio reconhecimento (do direito) e realização (do direito). O que se dá ao longo do processo é que o foco das atividades e da atuação do Estado-juiz altera-se conforme as necessidades imediatas. o Estado--juiz praticará uns tantos atos voltados precipuamente à realização do direito tal qual descrito pelas partes em suas manifestações e praticará outros tantos voltados precipuamente à realização concreta do que foi reconhecido. Não está errado, muito pelo contrário, sustentar que cada uma dessas atividades possa ser compreendida como uma etapa, como uma fase do processo. Mas cada uma destas etapas, cada uma destas fases são elementos, são partes que compõe o todo que é o processo. Não são o processo. São parte dele".

Em tais condições a execução por título judicial há de ser vista como complemento do processo de conhecimento, consagrando, a nosso ver, tese esposada por Gabriel de Rezende Filho de que a execução "é a fase lógica e complementar da ação", no mesmo sentido opinando Afonso Fraga:

"A execução, quer se desdobre na tela judiciária posteriormente à ação, como de ordinário ocorre, quer simultaneamente, como nos casos em que lhe empresta a forma e fases, apresenta--se sempre como o último esforço do direito para chegar à sua reintegração, como a fase coercitiva e derradeira da mesma ação, ou o epílogo de toda luta travada no pretório. É por esta razão que os juristas, com toda justeza, a consideram como um complemento da mesma ação, parte integrante do processo ou igualmente *consummatio judicati*".

"A procedimentalidade da execução por título judicial sofreu substancial mudança, já que vai orientar-se como complemento do processo de conhecimento", doutrina Ernane Fidélis dos Santos.

A execução por título judicial, portanto, está umbilicalmente ligada à sentença, sendo "fruto, essencialmente, da atividade jurisdicional do Estado", nas palavras textuais de José Augusto Rodrigues Pinto.

Ao contrário da execução por título judicial a execução por títulos extrajudiciais independe de fase preliminar de reconhecimento judicial, já que por disposição expressa de lei tais títulos têm força executória.

A execução no processo do trabalho fundamenta-se no título judicial (sentença), como pode alicerçar-se em título extrajudicial, de que são exemplos o denominado *termo de ajuste de conduta* (TAC), firmado perante o Ministério Público, e o termo de conciliação, celebrado perante as Comissões de Conciliação Prévia – art. 876 da CLT.

O processo de execução, no atual CPC, consta dos arts. 771 e seguintes.

2. *Sentenças exequíveis*

A execução definitiva, assim considerada aquela que enseja penhora e alienação de bens, pressupõe sentença transitada em julgado: "as decisões passadas em julgado". Sentença transitada em julgado é aquela de que já não cabe qualquer recurso e que, por isso mesmo, se torna "imutável e indiscutível", como enfatiza o art. 502 do CPC.

A sentença de que tenha havido recurso com efeito suspensivo só enseja *execução provisória*, que se processa com a extração de carta de sentença, envolvendo apenas a penhora, sem, todavia, implicar atos de alienação, como deixa claro o art. 899 da CLT: "permitida a execução provisória até a penhora".

3. *Juízo competente para a execução*

Reza o art. 877 da CLT que competente para a execução é o "juiz ou presidente do tribunal que tiver conciliado ou julgado originariamente o dissídio".

Com a extinção da representação classista, e instituição do juiz singular nas Varas do Trabalho, perdem sentido, estando revogados os dispositivos consolidados que pressupunham a presença de decisão colegiada, reservando os atos da execução exclusivamente ao juiz presidente, como estabelece o art. 649 da CLT.

Todos os atos processuais do juízo são praticados por um só juiz – o juiz do trabalho.

A execução se processa, portanto, perante o juiz prolator da sentença exequenda.

Na eventualidade de o executado não possuir bens no foro da execução, far-se-á esta por *carta precatória executória*, perante o juiz do foro onde estejam os bens, ali se processando os atos de alienação, inclusive o processamento e julgamento dos embargos à execução (art. 884 da CLT).

O art. 877-A[627], da CLT estabelece a competência para executar os títulos extrajudiciais, existentes no processo do trabalho, a saber: o *termo de ajuste* firmado perante o Ministério Público do Trabalho, o *termo de conciliação* celebrado perante as Comissões de Conciliação Prévia (CCP) e as *contribuições previdenciárias*, dispondo que: "é competente para a execução do título executivo extrajudicial o juiz que teria competência para o processo de conhecimento relativo à matéria".

4. Iniciativa da execução

A faculdade concedida ao juiz do trabalho, para dar início de ofício à execução de sentença, que, no dizer de Homero Batista Mateus da Silva, compunha uma das singularidades históricas do processo do trabalho, se não deixou de existir, sofreu, todavia, sérias restrições com a redação do art. 878, da CLT, modificado pela Reforma Trabalhista/2017 – "a execução será promovida pelas partes, permitida a execução de ofício pelo juiz ou presidente do tribunal apenas nos casos em que as partes não estiverem representadas por advogados".

Ao Ministério Público do Trabalho é atribuída legitimidade para promover a execução de decisões proferidas pelos Tribunais Regionais em processos de competência originária destes, ou, ainda, em dissídios individuais em que assistem incapazes ou menores, especialmente aqueles processos em que os genitores são omissos em relação aos direitos fundamentais das crianças.

5. Sentença líquida

Não basta o trânsito em julgado para que a sentença enseje execução definitiva, pois é imprescindível, igualmente, sua *liquidez*. Líquida é a sentença que envolve condenação em quantia certa ou determinada, fixando-lhe o valor ou objeto da obrigação. Ao revés, ilíquida é aquela que, conquanto condenatória, não especifica o valor da condenação.

6. Liquidação de sentença

O processo de liquidação de sentença objetiva tornar líquida a decisão, fazendo-a, assim, título executivo, de molde a ensejar a execução, na forma do que preceitua o art. 879 da CLT:

"Sendo ilíquida a sentença exequenda, ordenar-se-á, previamente, a sua liquidação, que poderá ser feita por cálculo, por arbitramento ou por artigos".

Ressalte-se que, em conformidade com o § 1º-A do art. 879, "a liquidação abrangerá, também, o cálculo das contribuições previdenciárias devidas".

a) Cálculos do contador

A liquidação *por cálculos* é levada a efeito pelo contador do juízo (liquidação por cálculos do contador), quando, para a apuração do *quantum debeatur*, bastar simples operação aritmética. É o caso, por exemplo, de uma sentença que condena o empregador a pagar ao empregado duas horas extras por dia, de segunda a sexta-feira. Ela é ilíquida porque não especifica o valor da condenação. Todavia, torna conhecidos os elementos da respectiva operação: duas horas extras por dia, de segunda a sexta-feira. Basta, pois, verificar o valor de tais horas, multiplicá-lo pelo número de dias correspondentes, acrescentando ao valor apurado os adicionais respectivos.

Os §§ 1º-B e 2º, do art. 879, da CLT[628], determinada a intimação prévia das partes para apresentar os cálculos de liquidação, inclusive, da contribuição previdenciária.

As regras para tanto são:

1) a impugnação há de ser fundamentada com a indicação dos itens e valores objeto da discordância;

2) pena de preclusão;

3) prazo comum de 8 dias.

627. Lei n. 9.958, de 12-1-2000.

628. Lei n. 10.035, de 25-10-2000.

A expressão "conta líquida", obviamente, é aquela elaborada pela Contadoria Judiciária, sobre a qual, aliás, nem sempre eram ouvidas as partes, exatamente em decorrência da omissão do art. 879 da CLT.

Nos termos da atual legislação[629], "elaborada a conta e tornada líquida o juiz deverá abrir às partes prazo comum de 8 dias para impugnação fundamentada".

A vista da conta era, anteriormente, facultativa – "o juiz poderá". Ao revés, com a nova redação, o juiz é obrigado, portanto – o juiz deverá.

O juízo dará vista às partes sobre as contas, ou, mais precisamente, sobre os cálculos da Contadoria Judiciária (e, na ausência, da Secretaria da respectiva Vara), evitando, assim, a homologação destes sem prévia manifestação e/ou eventual impugnação das partes.

Faz-se, agora, nítida e correta distinção entre *impugnação à conta* e *impugnação à sentença de liquidação*. A primeira deve ocorrer antes que o juízo homologue os cálculos: "elaborada a conta e tornada líquida, o juiz deverá abrir às partes prazo comum de 8 dias para impugnação fundamentada com a indicação dos itens e valores objeto da discordância...".

Diversa é a *impugnação à sentença de liquidação*, que é *a posteriori*, por isso que pressupõe decisão do juiz, fixando o valor da condenação, quando então se observará o § 3º do art. 884 da CLT: "somente nos embargos à penhora poderá o executado impugnar a sentença de liquidação, cabendo ao exequente igual direito e no mesmo prazo".

Adotada a impugnação antecipada, o silêncio de qualquer das partes implicava preclusão, como, aliás, deixa claro o § 2º do art. 879 da CLT, afastando, por via de consequência, a possibilidade de impugnar-se a sentença de liquidação em embargos à execução.

b) Arbitramento

Na liquidação por arbitramento, o juiz nomeia um perito (o perito do juízo), o qual, com a utilização de seus conhecimentos técnicos, formulará os cálculos e operações necessários para a fixação do valor da condenação.

c) Artigos de liquidação

A liquidação por artigos é a forma mais complexa de liquidação de sentença, sendo, todavia, a mais comum. Impõe-se toda vez que haja necessidade de alegar e provar fato novo. Não se imagine que por *fato novo* se há de entender pretensões fora do pedido ou da sentença, já que, em conformidade com o que dispõe o § 1º do art. 879 da CLT, "na liquidação, não se poderá modificar, ou inovar a sentença liquidanda, nem discutir matéria pertinente à causa principal". Por *fato novo*, como adverte Alcides de Mendonça Lima, se há de entender "aquele que se vá refletir na fixação do valor da condenação ou na individuação do seu objeto". Exemplificando: o reclamante, na inicial, postula horas extras, não as especificando, porém. A sentença acolhe o pedido, mas também não as fixa, declarando textualmente:

"Isto posto e o que mais dos autos consta, julgo *procedente* a presente ação e, por via de consequência, condeno a Reclamada ... a pagar ao Reclamante ... horas extras em número e valor a serem apurados em liquidação de sentença, por artigos de liquidação".

A sentença condena o empregador a pagar horas extras, sem, contudo, fixá-las, não estabelecendo, outrossim, o seu valor. Impõe-se, então, a liquidação por artigos para que se prove o número de horas extras trabalhadas e o seu respectivo valor. Estes os fatos novos.

A liquidação por artigos se sujeita ao rito ordinário, iniciando-se com petição do exequente, na qual o juiz despachará determinando o processamento. O executado é notificado (por via postal) para apresentar impugnação aos artigos, no prazo de 8 dias, sob pena de preclusão, com a indicação dos itens e valores objeto da discordância.

Contestado o feito, realizar-se-ão as provas pelas quais as partes tenham protestado, inclusive depoimentos pessoais e testemunhas. A parte cujo depoimento tenha sido requerido, uma vez ausente, sofrerá pena de confesso quanto à matéria de fato.

Encerrada a instrução, o juiz da respectiva Vara proferirá decisão, fixando o valor da condenação, incluindo, também, os valores devidos a título de contribuições previdenci-

629. Redação dada pela Lei n. 13.467/2017.

árias, com abertura de prazo de 10 dias para a União manifestar.

d) Da liquidação de sentença no CPC e suas implicações no Processo do Trabalho

As regras para a liquidação de sentença no Processo Civil de 2015, abordam a apuração do valor da condenação *por cálculos*; a liquidação por arbitramento e por artigos de liquidação, na forma prevista no art. 509, I, e § 2º, do CPC.

No que concerne à liquidação por cálculos, a novidade consiste em condicionar tal forma de apuração do valor da condenação a iniciativa do credor – "Quando a determinação do valor da condenação depender apenas de cálculo aritmético, o credor requererá o cumprimento da sentença, na forma do art. 523, §§ 1º e 3º, do CPC, instruindo o pedido com a memória discriminada e atualizada do cálculo".

O condicionamento à iniciativa do credor, com a Reforma Trabalhista/2017, se aplica ao Processo do Trabalho, que possui regras próprias, lembrando-se que, em conformidade com o art. 878 da CLT, "a execução será promovida pelas partes, permitida a execução de ofício pelo juiz ou pelo Presidente do Tribunal apenas nos casos em que as partes não estiverem representadas por advogado".

Aplica-se ao Processo do Trabalho as regras estabelecidas nos §§ 1º e 2º dos arts. 509, bem como do 524 do CPC, quando os dados fundamentais à elaboração dos cálculos estiverem em poder de terceiros, podendo o juiz requisitá-los, o que, aliás, o magistrado do trabalho, em casos tais, tem feito.

A utilização da contadoria do juízo (art. 524, § 1º, do CPC) é permitida pela legislação trabalhista – § 3º do art. 879 da CLT – "Elaborada a conta pelas partes ou pelos *órgãos auxiliares da Justiça do Trabalho...*", lembrando-se que o § 2º do citado diploma legal assegura às partes vista dos autos para eventual impugnação.

Não se olvide, ainda, a oportunidade para impugnação por ocasião dos *embargos à execução* (art. 884, § 3º, da CLT), assegurando o direito do agravo de petição para o TRT (art. 897, *a*, da CLT).

Pelas razões expostas é que entendemos não ser aplicável ao Processo do Trabalho o art. 524, § 1º, do CPC, que admite o prosseguimento da execução pelo valor originariamente pretendido pelo exequente, limitada a penhora ao valor encontrado pelo contador.

É de ressaltar que a execução provisória na Justiça do Trabalho vai até a penhora e avaliação (art. 899, *caput*, da CLT).

Quanto à *liquidação por arbitramento*, assim dispõe o art. 510 do CPC:

"Na liquidação por arbitramento, o juiz intimará as partes para a apresentação de pareceres ou documentos elucidativos, no prazo que fixar, e, caso não possa decidir de plano, nomeará perito, observando-se, no que couber, o procedimento da prova pericial".

Expressamente previsto no art. 879 da CLT, que não disciplina o seu procedimento, tem plena aplicação no Processo do Trabalho.

A *liquidação por artigos*, também adotada no Processo do Trabalho (art. 879 da CLT), é utilizada, como se sabe, quando, para determinar o valor da condenação, houver necessidade de alegar e provar fato novo – art. 509, II, do CPC.

Como já assinalamos na letra *c* deste Título, por fato novo se há de entender aquele que, embora já proclamado na sentença, deva ser dimensionado de forma a se fixar com exatidão o valor da condenação.

Na omissão da CLT quanto ao procedimento para a liquidação por artigos, é de se aplicar supletivamente a todas as causas o "procedimento comum, salvo disposição em contrário deste Código ou de lei", previsto no art. 318, do CPC.

7. *Impugnação à sentença de liquidação*

Fixado o valor da condenação, ao *executado* só é lícito impugná-la por meio de *embargos à execução*, verdadeira ação em que o executado é autor e o exequente é réu. Com efeito, reza o art. 884, § 3º, da Consolidação das Leis do Trabalho que "somente nos embargos à penhora poderá o executado impugnar a sentença de liquidação".

Contudo, para que o executado possa valer-se dos embargos nominados, fundamental é que garanta a execução, ou tenha penhorados seus bens, quando terá 5 dias para interpô-los.

Nessa mesma oportunidade, ou seja, no mesmo prazo, poderá o *exequente* impugnar a sentença de liquidação:

"... cabendo ao exequente igual direito e no mesmo prazo".

Assim, duas situações distintas ocorrem:

a) o executado, inconformado com a sentença de liquidação, poderá impugná-la nos embargos à execução;

b) o exequente, por sua vez, poderá impugná-la, utilizando-se do mesmo prazo estabelecido para a interposição dos embargos à execução.

Isso não significa, entretanto, que deva utilizar-se da via dos embargos à execução, que são exclusivos do executado.

Com efeito, tais embargos, como espécie de ação exclusiva do executado, não constituem veículo próprio do exequente:

"Para impedir ou desfazer o processo de execução, livrar-se dele ou destruir ou limitar a eficácia do título executivo, coloca-se o devedor na posição de quem ataca, de quem se opõe, o que vale dizer que age, exerce direito de ação. Com efeito, opondo embargos, o devedor provoca, mediante processo de conhecimento, uma sentença que impeça o processo de execução ou desfaça ou restrinja a eficácia do título executivo.

De conseguinte, os embargos têm o caráter de ação pela qual o devedor formula uma pretensão consistente na anulação da execução ou no desfazimento ou restrição da eficácia do título executivo", ensina Moacyr Amaral Santos, que, delineando a verdadeira natureza jurídica dos embargos, conclui afirmando tratar-se de uma ação constitutiva[630].

Os embargos à execução são, pois, uma ação do executado e não do exequente. Este, no prazo estabelecido para a interposição dos embargos, pura e simplesmente, impugna a sentença de liquidação com a qual não se conforma.

8. Da citação para pagar

Transitada em julgado a decisão, fixado o *quantum* da condenação, revestida estará a sentença de todos os requisitos fundamentais para a execução, que se inicia com a citação do executado para o cumprimento da sentença ou do julgado.

Citação, como já se viu, é o chamamento de alguém a juízo para defender-se de ação contra si proposta ou ver-lhe instaurada a execução.

Em princípio a execução deve ser promovida pelo exequente, ou seja, pelo vencedor da demanda. Todavia, em sua falta, têm seus herdeiros ou dependentes o direito de fazê-lo.

Expedido o *mandado de citação*, é ele cumprido por oficial de justiça, devendo dele constar, necessariamente, um resumo da decisão exequenda.

9. Da penhora

Citado, poderá o executado livrar-se da execução, pagando seu débito, para o que terá 48 horas, podendo ainda garantir a execução depositando o valor da condenação, ou ainda nomear bens à penhora.

Na eventualidade de o executado pretender liquidar seu débito, deverá comparecer à Secretaria da Vara do Trabalho, quando então se lavrará um *termo de pagamento e quitação*, em duas vias, permanecendo uma nos autos e a outra sendo entregue ao executado.

Desejando, entretanto, interpor embargos à execução, deverá o executado providenciar o depósito do valor correspondente à condenação, à disposição do juízo, ou ainda nomear bens à penhora.

A nomeação de bens à penhora há de ser feita por petição, discriminando devidamente os bens, respectivos valores e prova de sua propriedade, só sendo acolhida se houver concordância do exequente[631].

Aplicando-se à execução trabalhista os preceitos de natureza processual dos executi-

630. *Primeiras Linhas de Direito Processual Civil*, cit., 3. ed., v. 3, p. 380.

631. O capítulo destinado ao cumprimento da sentença, vedando ao devedor a nomeação de bens à penhora – art. 523, §§ 1º e 3º do CPC –, não tem aplicação no Processo do Trabalho, cujas disposições a respeito são absolutamente claras – art. 882 – "O executado que não pagar a importância reclamada poderá garantir a execução mediante depósito da garantia correspondente, atualizada e acrescida das despesas processuais, apresentação de seguro-garantia judicial ou nomeando bens à penhora, observada a ordem preferencial estabelecida no art. 835 da Lei n. 13.105, de 16 de março de 2015 – Código de Processo Civil. (Redação dada pela Lei n. 13.467, de 2017.)

vos fiscais (CLT, art. 889), há de ser observada a graduação de bens prevista no art. 11 da Lei n. 6.830, de 22-9-1980, a saber:

I – dinheiro;
II – título de dívida pública, bem como título de crédito, que tenham cotação em bolsa;
III – pedras e metais preciosos;
IV – imóveis;
V – navios e aeronaves;
VI – veículos;
VII – móveis e semoventes; e
VIII – direitos e ações.

"O executado poderá garantir a execução mediante depósito de quantia correspondente, atualizada, e acrescida das despesas processuais, como igualmente, apresentar seguro-garantia judicial", assim, entendemos lícita a invocação abordada, que prevê expressamente no art. 882, da CLT, a aplicação do art. 835, do CPC de 2015, na fase executória. Aceita a nomeação, será ela reduzida a termo, designando-se o respectivo depositário.

Não tomando o executado tais providências, ser-lhe-ão penhorados tantos bens quantos bastem ao pagamento do valor da condenação e demais encargos.

Penhora, na expressão simples e objetiva de Valentin Carrion, "é a apreensão e depósito de bens para garantir o pagamento da condenação". Definida por Frederico Marques como "ato coercitivo com que se prepara a expropriação dos bens do devedor", a penhora não priva o devedor da propriedade, mas apenas da disponibilidade:

Observa Frederico Marques:

"Os bens em que a penhora recai, embora continuando de propriedade do devedor, subordinados se encontram ao processo executivo, onde adquirem a destinação especial de constituírem objeto da responsabilidade processual do executado".

A penhora é levada a efeito pelo oficial de justiça, que, na Justiça do Trabalho, é também avaliador – oficial de justiça avaliador (Lei n. 5.645/70). Este, tão logo concretiza a penhora, ultima, igualmente, a avaliação dos bens penhorados.

Observe-se que a penhora não se aplica às entidades filantrópicas ou a seus diretores (art. 884, § 6º, da CLT).

Protesto de sentença

A Reforma Trabalhista/2017 inseriu na CLT o art. 883-A, admitindo na legislação processual trabalhista o protesto de sentença, tal como já o fez o CPC, no art. 517 – "a decisão judicial transitada em julgado poderá ser levada a protesto...".

Nos termos do art. 883-A, da CLT, transcorrido o prazo de 45 dias, a contar da citação do executado, sem que este garanta o juízo (pagamento, seguro-garantia judicial, nomeação de bens a penhora), a decisão judicial poderá ser protestada, gerando a inscrição do nome do devedor nos órgão de proteção ao crédito.

A certidão negativa de débitos trabalhistas (CNDT), prevista no art. 642-A, da CLT, conquanto tenha manifesto propósito de constranger o devedor a cumprir suas obrigações trabalhistas, a rigor, jamais alcançou a popularidade desejada, no mais das vezes utilizada tão somente pelas instituições financeiras, como forma de empréstimos e financiamentos.

O protesto de sentença ao alcance dos credores trabalhistas, por seus advogados, terá efeito mais eficaz, muito embora, se nos apresenta constrangedor.

10. Penhora de bens dos sócios (teoria da desconsideração da personalidade jurídica da sociedade)

A natureza protecionista do Direito do Trabalho e a desvinculação do empregado da pessoa física ou jurídica do empregador, com a sua vinculação à empresa, independentemente das alterações na estrutura jurídica desta, foram fatores preponderantes para a ampla acolhida, pela Justiça do Trabalho, da *disregard doctrine* – a teoria da desconsideração da personalidade jurídica.

Na verdade, nenhum ramo do Direito se mostra tão adequado à aplicação da doutrina mencionada do que o Direito do Trabalho, até porque os riscos da atividade econômica, na forma da lei, são exclusivos do empregador:

"... é princípio informador do direito do trabalho que se o empregado não participa dos

lucros do empreendimento, não poderá correr riscos e sofrer prejuízos..."⁶³².

Como põe em relevo Francisco Antonio de Oliveira:

"O direito do trabalho, informado por filosofia de proteção ao hipossuficiente, já se desprendeu de há muito do formalismo exacerbado. Razões de ordem fática e jurídica inexistem para que o sócio que corre o risco do empreendimento, que participa dos lucros, enriquece o seu patrimônio particular, seja colocado à margem de qualquer responsabilidade, quando a pessoa jurídica se mostre inidônea a responder por suas obrigações trabalhistas"⁶³³.

É, como facilmente se verifica, a proclamação da teoria da desconsideração da personalidade jurídica no âmbito do Direito do Trabalho, posição amplamente acolhida no TST, agora, inserida no art. 855-A, da CLT.

A teoria da desconsideração da pessoa jurídica foi consagrada na legislação brasileira, pioneiramente no art. 2º da CLT, posteriormente no art. 28 do Código de Defesa do Consumidor e, finalmente, no art. 50 do Código Civil:

"Em caso de abuso da personalidade jurídica, caracterizado pelo desvio de finalidade ou pela confusão patrimonial, pode o juiz, a requerimento da parte, ou do Ministério Público quando lhe couber intervir no processo, desconsiderá-la para que os efeitos de certas e determinadas relações de obrigações sejam estendidos aos bens particulares dos administradores ou sócios da pessoa jurídica beneficiados direta ou indiretamente pelo abuso"⁶³⁴.

§ 1º Para os fins do disposto neste artigo, desvio de finalidade é a utilização da pessoa jurídica com o propósito de lesar credores e para a prática de atos ilícitos de qualquer natureza. (Incluído pela Lei n. 13.874, de 2019.)

§ 2º Entende-se por confusão patrimonial a ausência de separação de fato entre os patrimônios, caracterizada por: (Incluído pela Lei n. 13.874, de 2019.)

I – cumprimento repetitivo pela sociedade de obrigações do sócio ou do administrador ou vice-versa; (Incluído pela Lei n. 13.874, de 2019.)

II – transferência de ativos ou de passivos sem efetivas contraprestações, exceto os de valor proporcionalmente insignificante; e (Incluído pela Lei n. 13.874, de 2019.)

III – outros atos de descumprimento da autonomia patrimonial. (Incluído pela Lei n. 13.874, de 2019.)

§ 3º O disposto no *caput* e nos §§ 1º e 2º deste artigo também se aplica à extensão das obrigações de sócios ou de administradores à pessoa jurídica. (Incluído pela Lei n. 13.874, de 2019.)

§ 4º A mera existência de grupo econômico sem a presença dos requisitos de que trata o *caput* deste artigo não autoriza a desconsideração da personalidade da pessoa jurídica. (Incluído pela Lei n. 13.874, de 2019.)

§ 5º Não constitui desvio de finalidade a mera expansão ou a alteração da finalidade original da atividade econômica específica da pessoa jurídica. (Incluído pela Lei n. 13.874, de 2019.).

Em nosso livro *Execução de Bens dos Sócios*⁶³⁵, sustentamos que o suporte fático da teoria da desconsideração reside no uso abusivo da sociedade, a fraude, como artifício para prejudicar terceiros, levado a efeito dentro de presumida legalidade, ou na ocorrência da denominada *confusão patrimonial*, que se dá com frequência nas sociedades em que o acionista ou quotista tem o domínio absoluto do capital social, inexistindo, em rigor, autonomia patrimonial da pessoa jurídica e, finalmente, na insuficiência do capital social para o exercício da atividade empresarial.

A desconsideração da personalidade jurídica e a consequente responsabilização dos sócios pelos débitos trabalhistas é por nós analisada com detalhes nos comentários ao art. 855-A, titulado de incidente da desconsideração da personalidade jurídica.

632. TRT/SP, AI 02950234962 – *Sumário Jurisprudencial*, 1995/15, p. 3.
633. Ob. cit., p. 919.
634. Redação dada pela Lei n. 13.874, de 2019.
635. 6. ed., Saraiva, p. 193.

11. Bem de família

Bem de família é o imóvel destinado ao domicílio desta. No magistério sempre atual de Washington de Barros Monteiro, "é o instituto pelo qual o chefe de família destina um prédio para domicílio ou residência de sua família"[636].

É, portanto, a reserva de um abrigo para a família. Na expressão de Antônio Chaves é "um patrimônio separado, constituído por bem imóvel isento de execução, por dívida posterior à sua instituição pelos cônjuges, por um deles ou por terceiros, vedada a sua alienação ou alteração de seu destino, que é o de garantir, obedecidos os requisitos, limites e formalidade da lei, a estabilidade e o centro do lar, durante a vida de cada um daqueles e dos seus filhos, enquanto menores"[637].

Em conformidade com o art. 1.712 do Código Civil, o bem de família consiste em *prédio residencial*, urbano ou rural *com suas pertenças e acessórios*, podendo, ainda, abranger *valores mobiliários* a serem aplicados na conservação do imóvel e sustento da família.

O registro na circunscrição imobiliária correspondente é imprescindível, a teor do que dispõe o art. 1.714 do Código Civil – "o bem de família, quer instituído pelos cônjuges ou por terceiros, constitui-se pelo registro de seu título no Registro de Imóveis".

O bem de família é impenhorável por dívidas posteriores à sua instituição, salvo as provenientes de tributos relativos ao imóvel (IPTU, por exemplo) ou de despesas de condomínio.

Tal disposição é de ordem pública, imperativa e impostergável, não se admitindo a penhora de bem de família por outras dívidas senão aquelas expressamente consignadas no art. 1.715 do Código Civil.

Não há falar-se, assim, em penhorabilidade de bem de família por débitos trabalhistas, ainda que se argumente com sua natureza alimentar, como põe em relevo lúcido acórdão do TST:

"**I – Agravo em agravo de instrumento em recurso de revista do executado interposto na vigência da Lei n. 13.467/2017. Execução. Bem de família. Caracterização. Impenhorabilidade (violação de dispositvo constitucional).** Constatada possível violação do art. 6º, *caput*, da Constituição Federal, é de se prover o agravo para adentrar no exame do agravo de instrumento. Agravo provido. **II – Agravo de instrumento em recurso de revista do executado interposto na vigência da Lei n. 13.467/2017. Execução. Bem de família. Caracterização. Impenhorabilidade (violação de dispositvo constitucional).** Demonstrada possível violação do art. 6º, da Constituição Federal, impõe-se o provimento do agravo de instrumento para determinar o processamento do recurso de revista. Agravo de instrumento provido. **III – Recurso de revista interposto pelo executado. Recurso regido pela Lei n. 13.467/2017. Bem de família. Caracterização. Impenhorabilidade.** 1. O art. 1º da Lei n. 8.009/90 dispõe ser impenhorável o imóvel residencial próprio do casal ou da entidade familiar, estabelecendo ainda o art. 5º que, para os efeitos de impenhorabilidade, de que trata a referida lei, considera-se residência um único imóvel utilizado pelo casal ou pela entidade familiar para moradia permanente, o que se verificou no presente caso. 2. No caso em exame, conforme consta no acórdão recorrido, é incontroverso que o imóvel penhorado é o único imóvel do executado, mas, ainda assim, o Tribunal Regional manteve a constrição sobre o imóvel, sob o fundamento de que o recorrente não comprovou que o bem em questão seja destinado à residência da família. 3. Todavia, o fato de o imóvel ser o único de propriedade dos executados é o bastante para assegurar a garantia da impenhorabilidade prevista na referida lei. Recurso de revista conhecido e provido" (RR-12900-20.2000.5.02.0071, 8ª Turma, Relatora Ministra Delaide Alves Miranda Arantes, *DEJT* 10-9-2021)".

12. Dos embargos à execução

Como já observamos (n. 3 desta Seção), os embargos à execução constituem verdadeira ação do executado. Ação constitutiva, na textual expressão de Moacyr Amaral Santos, visam eles "impedir ou desfazer o processo de execução, destruir ou limitar a eficácia do

636. *Curso de Direito Civil*; Parte Geral, Saraiva, p. 168.

637. *Tratado de Direito Civil*; Parte Geral, Revista dos Tribunais.

título executivo"[638], constituindo, por isso mesmo, ação do executado.

Garantido o juízo, ou com a nomeação de bens à penhora, pelo próprio executado, ou com a penhora levada a efeito pelo oficial de justiça, tem o executado 5 dias para opor *embargos à execução* (CLT, art. 884). Esse prazo tem início com a intimação da penhora e não da juntada aos autos do respectivo mandado, conforme preconiza o art. 16, III, da Lei n. 6.830, de aplicação subsidiária ao processo do trabalho (CLT, art. 889).

De acordo com a Medida Provisória n. 2.180-35, o prazo para oposição dos embargos à execução teria passado a ser, portanto, de *trinta dias*.

A alegação, de vasta corrente, de que tal prazo seria exclusivamente da Fazenda Pública, não nos convence, pois o diploma legal não nos leva a essa interpretação. Ao revés, parece-nos abrangente.

É de ressaltar que o TST, nos autos do Processo RR 70/1992-011-04-00-7, por seu Tribunal Pleno, em v. acórdão do Min. Ives Gandra Martins Filho, declarou a inconstitucionalidade do art. 4º da Medida Provisória n. 2.180-35[639].

Assim sendo, consoante a decisão do Tribunal Pleno do TST, não se aplica o prazo de 30 dias aos embargos à execução, por serem incompatíveis com o Processo do Trabalho.

A matéria dos embargos nominados é restrita às hipóteses enumeradas no § 1º do art. 884 da CLT: *cumprimento da decisão ou do acordo, quitação ou prescrição da dívida*.

O *cumprimento da decisão ou do acordo*, como facilmente se percebe, há de ser posterior à sentença, por isso que cumprimento da decisão, ou do acordo homologado pelo juízo. O mesmo se dirá da *quitação*, que há de ser superveniente à decisão, já que a quitação anterior à sentença deve ser, necessariamente, juntada aos autos na defesa, na contestação. A *prescrição* a que se refere o § 1º do art. 884 da CLT é a *prescrição intercorrente*, ou seja, aquela posterior ao julgado que se executa:

"A prescrição que se menciona é a do direito de executar a própria sentença, obviamente posterior, intercorrente", escreve Valentin Carrion[640].

Contudo, em manifesto equívoco e em flagrante violação à própria legislação processual trabalhista (art. 884, § 1º, da CLT), o Tribunal Superior do Trabalho editou a Súmula 114, declarando "inaplicável na Justiça do Trabalho a prescrição intercorrente".

Dois argumentos sustentam tal entendimento: a aplicação subsidiária do art. 40 da Lei n. 6.830[641], e a instauração de ofício da execução no processo do trabalho, para a parte sem advogado.

Conquanto o art. 889 da CLT preveja a aplicação dos preceitos dos executivos fiscais na execução trabalhista com a cautela elementar – "naquilo em que não contrariem ao presente título" –, não há falar-se em aplicação subsidiária na espécie, em face da clareza da legislação (CLT, art. 884, § 1º):

"A matéria de defesa será restrita às alegações de cumprimento da decisão ou do acordo, quitação ou *prescrição da dívida*".

Por outro lado, a disposição contida no art. 878 da CLT é facultativa:

"A execução *será* promovida pelas partes, permitida a execução de ofício pelo Juiz ou Presidente ou Tribunal apenas nos casos em que as partes não estiverem representadas por advogado"[642].

Assim, fazendo tábula rasa da legislação, a Súmula 114 do TST, eterniza as execuções com graves sequelas na vida econômica das empresas, favorecendo, inegavelmente, os litigantes negligentes.

Significativamente, porém, e concluindo de modo diverso, o STF declara na Súmula 327:

638. *Primeiras Linhas de Direito Processual Civil*, cit., 3. ed., v. 3, p. 380.

639. De 24-8-2001, acrescentou o art. 1º-B à Lei n. 9.494, de 10-9-1997, elevando o prazo do art. 884 da CLT para trinta dias: "Art. 1º-B. O prazo a que se refere o *caput* dos arts. 730 do CPC de 1973, e 884 da CLT, passa a ser de trinta dias".

640. *Comentários à CLT*, 25. ed., Saraiva, p. 706-707.

641. Lei dos Executivos Fiscais, de 22-9-1980.

642. Redação dada pela Lei n. 13.467, de 2017.

"O direito trabalhista admite a prescrição intercorrente".

Não tendo eficácia vinculativa, a decisão do Supremo não sensibilizou a revogação da Súmula 114, que, por isso mesmo, continuava prevalecendo na esfera trabalhista, já que sumariamente indeferido recurso de revista que contrariava "notória e atual jurisprudência" do TST (Súmula 333), única forma de levar a questão ao STF, por meio de recurso extraordinário.

Não obstante, se nos parece que a celeuma entre as Súmulas 114 do TST e a 327 do STF acabou, uma vez que a Reforma Trabalhista/2017 legislou, no sentido do entendimento do STF, que: "ocorre a prescrição intercorrente no processo do trabalho no prazo de dois anos", conforme previsão expressa do art.11-A da CLT; no nosso sentir, a prescrição intercorrente não pode alcançar os créditos dos menores de 18 anos, seja ele absolutamente ou relativamente incapaz.

A prescrição da execução tem o mesmo prazo da ação principal, na forma, aliás, da Súmula 150 do STF, e tem início do trânsito em julgado da sentença exequenda.

O atual CPC, pondo fim aos embargos do devedor, nas execuções por título judicial, erigindo em seu lugar a impugnação (art. 525, § 1º, do CPC), não altera o Processo do trabalho que possui regras próprias, admitindo os embargos à execução (art. 884 da CLT). Contudo, como sustentamos, a matéria concernente às impugnações do art. 525, § 1º do CPC, devem ser supletivamente aplicadas àquelas declinadas no § 1º do art. 884 da CLT.

E esta nos parece a posição mais correta e que, por isso mesmo, vem sendo amplamente aceita pela melhor doutrina[643].

Valentin Carrion alinha as seguintes hipóteses em que, igualmente, podem ser sustentadas nos embargos nominados:

"a) nulidades referentes ao título em si (falta de peças essenciais na carta de sentença, ou de assinatura do juiz e até falta de citação no processo de conhecimento, à revelia – conforme o CPC, art. 741, I [art. 525, § 1º, do CPC/2015], salvo se foi validamente intimado da sentença, CLT, art. 852 –, exercendo função de rescisória, segundo Coqueijo Costa (*Ação Rescisória*); b) falta de capacidade processual do exequente (menoridade, alienação mental); c) falta de legitimação para a causa (não ser o próprio da relação formada no processo de cognição o autor ou o réu; falta de qualidade em caso de sucessão do autor (falecimento, cessação) ou do réu (falecimento; empresa que não o sucedeu ou que não é a mesma contra a que foi pronunciada a sentença e nem responde pelos ônus trabalhistas daquela); d) incompetência do juízo; e) suspeição do juiz; f) nulidade da citação ou da penhora; g) inexistência do depósito; h) excesso de execução; decretação de falência, onde o crédito deverá ser habilitado"[644].

Pondo fim à antiga controvérsia quanto à competência para julgamento de embargos em execução por carta precatória – se o juízo deprecado ou o juízo deprecante –, do CPC, § 2º, do art. 914:

"Na execução por carta, os embargos serão oferecidos no juízo deprecante ou no juízo deprecado, mas a competência para julgá-los é do juízo deprecante, salvo se versarem unicamente vícios ou defeitos da penhora, da avaliação ou alienação dos bens efetuadas no juízo deprecado".

A questão, a rigor, não era relevante para o processo do trabalho, por força da aplicação subsidiária da Lei n. 6.830/80 (Lei dos Executivos Fiscais, CLT, art. 889), que, em seu art. 20, assim dispõe:

"Na execução por carta, os embargos do executado serão oferecidos no juízo deprecado, que os remeterá ao juízo deprecante, para instrução e julgamento.

Parágrafo único. Quando os embargos tiverem por objeto vício ou irregularidades de atos do próprio juízo deprecado, caber-lhe-á unicamente o julgamento dessa matéria".

643. Eduardo Gabriel Saad, *CLT Comentada*, cit.; Arnaldo Süssekind, *Instituições de Direito do Trabalho*, cit.; Tostes Malta, *CLT Comentada*, Ed. Trabalhistas, 1980; Sérgio Pinto Martins, *Direito Processual do Trabalho*, São Paulo, Atlas, 1994; Estêvão Mallet, *Temas de Direito do Trabalho,* São Paulo, LTr, 1998.

644. *Comentários à Consolidação das Leis do Trabalho*, cit., p. 711.

Como facilmente se observa, o art. 914, § 2º, do CPC tem hoje a mesma disposição do art. 20 da Lei dos Executivos Fiscais – ao juízo deprecado caberá competência para o julgamento exclusivamente quando a matéria suscitada nos embargos envolver "vícios ou defeitos da penhora, avaliação ou alienação de bens".

Note-se que, na forma dada à redação do art. 914, § 2º, do CPC, os embargos podem ser opostos no juízo deprecante ou no deprecado.

A Lei n. 6.830/80 (Lei dos Executivos Fiscais) é omissa quanto ao efeito suspensivo dos embargos à execução.

Omissa a CLT e a Lei dos Executivos Fiscais, quanto ao efeito suspensivo dos embargos (salvo se parciais), é de concluir por sua aplicação subsidiária no processo do trabalho.

13. Recurso na fase executória: agravo de petição

Da decisão proferida pelo juiz, nos embargos à execução, cabe *agravo de petição*, recurso em sentido restrito a ser interposto das decisões definitivas proferidas pelo juiz, na fase executória. Dele nos ocupamos nos comentários ao art. 897 da CLT.

14. O praceamento dos bens

Subsistente a penhora, cuidar-se-á dos atos de alienação dos bens penhorados, determinando o juiz a publicação de *edital de praça*, a ser feita no jornal local e afixado na sede do juízo, com antecedência mínima de 20 dias.

Omissa a CLT quanto aos requisitos do edital (art. 888), aplicar-se-ão subsidiariamente as seguintes disposições contidas nos arts. 881 e 886 do CPC:

"Art. 881. A alienação far-se-á em leilão judicial se não efetivada a adjudicação ou a alienação por iniciativa particular.

§ 1º O leilão do bem penhorado será realizado por leiloeiro público.

§ 2º Ressalvados os casos de alienação a cargo de corretores de bolsa de valores, todos os demais bens serão alienados em leilão público.

Art. 886. O leilão será precedido de publicação de edital, que conterá:

I – a descrição do bem penhorado, com suas características, e, tratando-se de imóvel, sua situação e suas divisas, com remissão à matrícula e aos registros;

II – o valor pelo qual o bem foi avaliado, o preço mínimo pelo qual poderá ser alienado, as condições de pagamento e, se for o caso, a comissão do leiloeiro designado;

III – o lugar onde estiverem os móveis, os veículos e os semoventes e, tratando-se de créditos ou direitos, a identificação dos autos do processo em que foram penhorados;

IV – o sítio, na rede mundial de computadores, e o período em que se realizará o leilão, salvo se este se der de modo presencial, hipótese em que serão indicados o local, o dia e a hora de sua realização;

V – a indicação de local, dia e hora de segundo leilão presencial, para a hipótese de não haver interessado no primeiro;

VI – menção da existência de ônus, recurso ou processo pendente sobre os bens a serem leiloados.

Parágrafo único. No caso de títulos da dívida pública e de títulos negociados em bolsa, constará do edital o valor da última cotação".

Ao contrário do que ocorre no processo civil, no processo trabalhista há apenas uma publicação, a partir da qual tem início o prazo de 20 dias fixado no art. 888 da CLT, quando então se realizará a praça.

O edital objetiva dar publicidade ao praceamento dos bens, visando maior concorrência, o que, sem dúvida, possibilita lanços mais elevados, evitando a alienação por preços vis. Daí dizer Amílcar de Castro não "ser válida a praça se não revestida de publicidade que lhe garanta, com a máxima plenitude, a livre concorrência dos pretendentes ou compradores"[645].

Praça ou hasta pública é uma das formas de *expropriação judicial*. O CPC de 1973 reservava a praça para a alienação de *bens imóveis* (art. 697) e o leilão para os demais bens (art. 704). A CLT não estabelece essa distinção. Os bens penhorados são alienados numa só praça, pelo maior lanço, sendo irrelevante o valor da avaliação (art. 888, § 1º). Não havendo licitan-

645. *Comentários ao Código de Processo Civil*, cit., Forense, v. 10, p. 282.

tes e inexistindo pedido de adjudicação, serão eles leiloados (CLT, art. 888, § 3º).

a) Intimação do devedor

Observe-se que, no processo trabalhista, ao revés do que sucede com o processo civil (art. 887, §§ 1º e 3º, do CPC de 2015), não há necessidade de prévia intimação do devedor, dando-lhe ciência do dia e hora da realização da praça ou leilão.

É que, em conformidade com o que dispõe o art. 888 da CLT, o praceamento do bem penhorado é previamente anunciado no edital (a ser fixado na sede do juízo ou publicado em jornal local). Por isso afirma Russomano, em seus consagrados *Comentários à Consolidação das Leis do Trabalho*, que "o edital deverá avisar *a todos* com antecedência de vinte dias, em que local e quando se realizará a 1ª praça".

A ciência às partes (e, obviamente, ao devedor) é feita, pois, por meio do edital.

Ressalte-se, outrossim, que o art. 889 da CLT determina a adoção "dos preceitos que regem o processo dos executivos fiscais", sendo certo que o § 2º do art. 22 da Lei n. 6.830/80 nenhuma menção faz à intimação do devedor, só prevendo a intimação da Fazenda Pública, o que afasta a aplicação subsidiária do art. 887, §§ 1º e 3º, do CPC atual.

Nada impede, porém, que, por medida de cautela, notifique-se o executado, dada sobretudo "a natureza violenta do ato, comprometendo o patrimônio do devedor", como bem adverte José Augusto Rodrigues Pinto em seu magnífico trabalho, *Execução Trabalhista*.

b) Arrematação

"Arrematação é a transferência coacta de bens penhorados mediante pagamento em dinheiro, para ulterior satisfação do exequente e, eventualmente, de outros credores do executado que tenham ingressado na execução", ensina Frederico Marques. Como *expropriação judicial*, é "ato jurisdicional de natureza executiva"[646].

A arrematação se consuma por intermédio de:

a) praça;

b) leilão.

A praça, como já se observou, deve ser precedida de edital, necessariamente, com os requisitos já por nós postos em evidência.

No processo do trabalho há apenas uma forma de alienação dos bens penhorados, que é realizada pelo maior lanço, independentemente de avaliação. Normalmente é levada a efeito na própria Vara do Trabalho por onde se processa a execução, podendo, entretanto, ser realizada em outro local, desde que previamente anunciado, observados os dias e horários estabelecidos para a realização dos atos processuais, ou seja, dias úteis, das 6 às 20 horas (CLT, art. 770).

No dia e hora fixados no edital, um funcionário da Vara faz o *pregão*, divulgando, em voz alta, os bens levados à praça. Feito o pregão, seguem-se os lanços, ou seja, as ofertas feitas pelos arrematantes, valendo, obviamente, a maior. O arrematante, aceito o seu lanço, deve garanti-lo com um sinal de 20% de seu valor, completando o preço em 24 horas, sob pena de perda do sinal.

O *leilão* é levado a efeito na inexistência de licitantes na praça, não tendo o exequente requerido adjudicação (CLT, art. 888, § 3º). Omisso o estatuto laboral quanto ao procedimento estabelecido para o leilão, há de ser observadas as prescrições contidas no art. 884 do CPC.

Após a nomeação pelo juiz, "incumbe ao leiloeiro público:

I – publicar o edital, anunciando a alienação;

II – realizar o leilão onde se encontrem os bens, ou no lugar designado pelo juiz;

III – expor aos pretendentes os bens ou as amostras das mercadorias;

IV – receber e depositar, dentro de 1 dia, à ordem do juiz, o produto da alienação;

VI – prestar contas nos 2 dias subsequentes ao depósito.

A arrematação, como ato jurisdicional, é franqueada a todos aqueles que estiverem na livre administração de seus bens, vedada, entretanto, aos tutores, curadores, testamenteiros, administradores, síndicos, liquidantes, quanto aos bens confiados a sua guarda e responsabilidade, ou, ainda, aos mandatários, juiz, secretário da Vara do Trabalho, depositário, avaliador e oficial de justiça.

646. *Manual de Direito Processual Civil*, cit., 4. ed., v. 4, p. 182.

Encerrada a arrematação, com a complementação do lanço, em 24 horas, deve ser lavrado o *auto* respectivo (auto de arrematação), a ser assinado pelo juiz, pelo diretor de secretaria, pelo arrematante e pelo funcionário que fez o pregão.

Assinado o auto, a arrematação estará "perfeita e acabada", tornando-se irretratável, só podendo ser desfeita na ocorrência das seguintes hipóteses:

I – por vício de nulidade;

II – se não for pago o preço ou se não for prestada a caução;

III – quando o arrematante provar, nos 5 (cinco) dias seguintes, a existência de ônus real ou de gravame (art. 886, VI, do CPC) não mencionado no edital;

IV – a requerimento do arrematante, na hipótese de embargos à arrematação.

c) Adjudicação

O exequente pode requerer ao juiz da execução que os bens penhorados lhe sejam transferidos, dando-se então a adjudicação (art. 876 do CPC), "ato executivo de expropriação em que o credor figura como adquirente de bem ou bens penhorados".

"Distingue-se a adjudicação da arrematação, porque o adquirente dos bens penhorados, naquela, é o próprio credor, e, ainda, por não haver conversão dos bens penhorados em dinheiro, ao contrário do que se verifica na arrematação.

De outro lado, esta ultima meio e modo para posterior satisfação ao credor (com o pagamento em dinheiro), enquanto que a adjudicação já constitui, por si, o ato instrumental com que é atendida a pretensão do credor", escreve Frederico Marques[647].

Assim, desinteressado do lanço dado pelos licitantes, e pretendendo os bens para si, pode o credor requerer a adjudicação. Para que a adjudicação se dê pelo valor do maior lanço, deve o exequente comparecer à praça ou ao leilão, quando então requererá a adjudicação. Inexistindo licitantes, a adjudicação se dará pelo valor da avaliação, constante do edital.

O processo civil não admite a adjudicação de bens móveis, mas apenas de bens imóveis:

"Só pode haver adjudicação de imóvel, ou usufruto de imóvel ou de empresa. Bens de outra espécie, como veículos, móveis, semoventes e outros que, sem passarem pela praça, vão diretamente a leilão, não podem ser adjudicados: se o credor pretender adquiri-los, só poderá arrematá-los", doutrina Amílcar de Castro[648].

Dessa forma, no processo civil, em se tratando de bens móveis, deve o exequente comparecer ao leilão (a praça é destinada apenas aos bens imóveis) e ali formular seu lanço, utilizando seu respectivo crédito.

O processo trabalhista não estabelece tal restrição, e a redação dada ao art. 888, § 1º, da CLT deixa clara a possibilidade de adjudicação de bens móveis e imóveis.

Ressalte-se que a adjudicação prefere à arrematação:

"A arrematação far-se-á em dia, hora e lugar anunciados e os bens serão vendidos pelo maior lance, *tendo o exequente preferência para a adjudicação*".

d) Remição

Remição, do verbo remir, significa adquirir de novo, no sentido de resgatar, quitar. Juridicamente, é o ato pelo qual o executado resgata os bens penhorados, com o pagamento de sua dívida:

"Remir a execução significa atender voluntariamente à obrigação, realizando a prestação devida, mais juros, custas e honorários advocatícios, e tornando incompossível com isso o processo executório, só admissível enquanto não se efetua a prestação pelo próprio obrigado", ensina Celso Neves[649].

Assim, a qualquer tempo, antes, porém, da arrematação e adjudicação, poderá o executado (ou qualquer por ele) remir os bens penhorados, pondo fim à execução. Para isso,

647. *Manual de Direito Processual Civil*, cit., 4. ed., v. 4, p. 182.

648. *Comentários ao Código de Processo Civil*, cit., v. 10, p. 360.

649. *Comentários ao Código de Processo Civil*, Rio de Janeiro, Forense, v. 7, p. 25.

deve depositar o valor total do débito, incluídos juros e correção monetária:

"Em qualquer hipótese, a remição só será deferível ao executado se este oferecer preço igual ao valor da condenação" (Lei n. 5.584/70, art. 13).

15. Embargos à arrematação e adjudicação

Omissa a CLT, plenamente admitidos no processo do trabalho os *embargos à arrematação* e à *adjudicação*[650]:

"Art. 746. É lícito ao executado, no prazo de 5 (cinco) dias, contados da adjudicação, alienação ou arrematação, oferecer embargos fundados em nulidade da execução, ou em causa extintiva da obrigação, desde que superveniente à penhora, aplicando-se, no que couber, o disposto neste Capítulo.

§ 1º Oferecidos embargos, poderá o adquirente desistir da aquisição.

§ 2º No caso do § 1º deste artigo, o juiz deferirá de plano o requerimento, com a imediata liberação do depósito feito pelo adquirente (art. 903, § 1º, do CPC de 2015).

§ 3º Caso os embargos sejam declarados manifestamente protelatórios, o juiz imporá multa ao embargante, não superior a 20% (vinte por cento) do valor da execução, em favor de quem desistiu da aquisição".

Note-se que os fatos a serem arguidos nos embargos nominados são praticamente os mesmos que ensejam embargos à execução (CLT, art. 884), a serem interpostos em 5 dias da penhora. Contudo, é de clareza elementar o dispositivo legal que o ampara, exigindo que tais fatos sejam *supervenientes à penhora*, enquanto os fatos a serem alegados nos embargos à execução devem ser supervenientes à sentença. Os embargos à arrematação e à adjudicação, contrariamente aos embargos à execução, que se voltam contra a execução propriamente dita, visam exclusivamente os atos processuais executórios relacionados com a arrematação e a adjudicação, como se depreende da lição de Celso Neves:

"Pressuposto essencial desses embargos está na superveniência à penhora dos fatos jurídicos apontados como suscetíveis de constituir matéria de ataque à arrematação e à adjudicação. Os vícios que porventura ocorram no processo de execução até a penhora, estes constituem objeto dos embargos à execução"[651].

O prazo para interposição de tais embargos é de cinco dias, contados da arrematação, para a qual o executado foi intimado pessoalmente, ou da intimação da adjudicação.

A legitimação ativa é do executado[652]: "é lícito ao executado, no prazo de cinco dias, contados da... arrematação oferecer embargos...".

Contudo, como litisconsorte necessário, indispensável a presença do arrematante:

"é indispensável a presença do arrematante, na qualidade de litisconsorte necessário, na ação de embargos à arrematação, porquanto o seu direito será discutido e decidido pela sentença. É pacífica a jurisprudência no sentido de que a falta de citação do litisconsorte necessário implica nulidade do processo"[653].

Os embargos à execução não têm efeito suspensivo (art. 919 do CPC/2015).

O prazo para oposição de tais embargos é de cinco dias, contados da adjudicação, alienação ou arrematação.

Todavia, quando se tratar de execução trabalhista, o procedimento a observar deve ser o do art. 884 e parágrafos da CLT.

Razão por que afirmamos que no processo do trabalho o prazo para a interposição dos embargos nominados é de 5 dias, a contar da arrematação.

16. Recurso

Da decisão proferida nos embargos à arrematação e à adjudicação cabe *agravo de petição*, recurso cabível das decisões proferidas pelo juiz, na fase executória, do qual nos ocupamos nos comentários ao art. 897 da CLT.

650. Previstos no art. 746 do CPC de 1973.

651. *Comentários ao Código de Processo Civil*, cit., v. 7, p. 240.

652. Como enfatiza o art. 746 do CPC de 1973.

653. STJ, 2ª T., REsp 18.550-0-SP, Rel. Min. Antônio de Pádua Ribeiro, *DJU*, 22-11-1993, p. 24931.

17. Embargos de terceiro

É comum, no processo de execução, a penhora ser levada a efeito sobre bens que não pertencem ao executado, quando é certo que, em princípio, só o devedor deve responder patrimonialmente para o cumprimento de suas obrigações.

Objetivando proteger aqueles que, não sendo partes numa demanda, nem atingidos pela sentença, sofram, todavia, penhora em seus bens é que existem os *embargos de terceiro*, conceituados por Hamilton de Moraes e Barros como "ação especial, de procedimento sumário, destinada a excluir bens de terceiro que estão sendo, ilegitimamente, objeto de ações alheias".

Na verdade, os embargos de terceiro, atualmente erigidos em *ação especial*, não objetivam apenas a exclusão de bens de terceiro, penhorados na execução de ações de que não tenham sido partes, podendo ser interpostos, também, contra ato judicial do qual decorra *constrição legítima*, em "qualquer feito, seja no processo de conhecimento, seja no de execução, seja no cautelar".

Voltam-se tais embargos, como facilmente se percebe, contra o ato judicial do qual decorre turbação ou esbulho na posse de bens de terceiro. Terceiro, como ensina Frederico Marques, "é a pessoa titular de um direito outro que não tenha sido atingido pela decisão judicial". Não é, portanto, a simples circunstância de não haver sido parte na demanda que caracteriza o terceiro, mesmo porque é lícito à própria parte opor embargos de terceiro, como deixa claro o parágrafo único do art. 675 do CPC:

"Caso identifique a existência de terceiro titular de interesse em embargar o ato, o juiz mandará intimá-lo pessoalmente".

Tendo em vista que o terceiro é aquele que não é parte, porém figure no processo, defende bens por ele adquirido ou mesmo aqueles que têm a posse independentemente do título.

No processo do trabalho, conquanto possam ser interpostos nas ações cautelares (arresto, sequestro, etc.), via de regra ocorrem no processo de execução, por ocasião da penhora, neste caso devendo ser opostos até 5 dias da arrematação, adjudicação ou remição, antes, porém, da assinatura da carta respectiva (art. 675 do CPC).

Distribuídos por dependência, são dirigidos, por via de consequência, à Vara do Trabalho por onde tramita o processo principal.

Autuados em separado, podem ser liminarmente acolhidos, desde que comprovadamente demonstrado que os bens penhorados não são do executado e tampouco podem ser alcançados pela execução. A acolhida liminar dos embargos não significa, todavia, sua procedência. Os embargos de terceiro constituem ação especial e, por isso mesmo, sujeitam-se à instrução, ainda que sumária:

"A imediata e definitiva procedência ou improcedência dos embargos, decretada de plano, é inconcebível", observa Hamilton de Moraes e Barros, que acrescenta ser "a citação inicial do embargado de rigor, pois que de ação se trata"[654].

Citado o embargado, terá este 15 dias para apresentar contestação, seguindo-se a feitura de provas pelas quais as partes haja protestado, com a prolação da sentença. Não contestado, o juiz deve julgá-los em 5 dias, nos termos dos arts. 679 c/c o art. 307 do CPC.

Recurso

Os autores divergem quanto ao recurso cabível da sentença proferida em embargos de terceiro, no processo do trabalho. Entende-se, de um lado, que, erigidos em ação especial, o recurso cabível seria o *ordinário*, ensejando-se, assim, remédio jurídico mais amplo para o reexame do julgado. É essa a observação de Antonio Lamarca:

"Os embargos de terceiro não mais podem ser considerados meros incidentes da execução e o recurso deve ser o ordinário, não o agravo de petição (terceiro tem direito à prestação jurisdicional de conhecimento). Na pior das hipóteses, por analogia, poder-se-ia atender ao disposto nos arts. 884 e seguintes da CLT (rito dos embargos à execução)"[655].

654. *Comentários ao Código de Processo Civil*, Rio de Janeiro, Forense, v. 9, p. 311.

655. *Roteiro Judiciário Trabalhista*, São Paulo, Revista dos Tribunais, 1975.

Outros, ao revés, sustentam ponto de vista contrário, preconizando o *agravo de petição*, em face dos termos do art. 897, *a*, da CLT, que estabelece tal espécie de recurso nas decisões proferidas pelo juiz, nas execuções, tal como ocorre com Wagner Giglio e Isis de Almeida, sustentando este último:

"Alguns juízes e autores vêm entendendo que, sendo os embargos de terceiro uma ação, teriam de ser apreciados e julgados, sempre, pelo juiz da Vara do Trabalho ou juiz de direito investido de jurisdição trabalhista, como reclamatória ordinária, e a decisão sofreria, não um agravo de petição, mas recurso ordinário para a turma do TRT. Do acórdão, caberia recurso de revista para a turma do TST, e, da decisão da turma, embargos para o pleno. A ponderação seria aceitável se os embargos de terceiro surgissem num arresto, antes da execução, portanto; mas não quando ocorressem de uma penhora, que é o caso mais comum no processo trabalhista. Aí, os embargos de terceiro seriam um incidente da execução, e se processariam perante o Juízo singular, o juiz da Vara do Trabalho ou o juiz de direito. Das decisões destes, como já dissemos, o recurso cabível seria o agravo de petição para a Turma do TRT, cuja decisão é irrecorrível, conforme dispõe o art. 896 da CLT, quando é proferida em execução de sentença.

Admitir que os embargos de terceiro, na execução, entrem como ação, isto é, como reclamatória ordinária, seria procrastinar injustificadamente o andamento do processo, contrariando os princípios de economia e celeridade inerentes ao Processo Judiciário do Trabalho"[656].

Interpostos na fase executória, por ocasião da penhora, o recurso efetivamente cabível é o *agravo de petição*, segundo o disposto no art. 897 da CLT.

"*a*) cabe agravo de petição, das decisões do juiz, nas execuções".

E, como deixa claro o art. 897, *a*, da CLT, acima transcrito, de suas decisões, na fase executória, o recurso cabível é o *agravo de petição*, endereçado ao TRT.

Da decisão proferida pelo Tribunal acima, havendo inequívoca e direta violação à Constituição Federal, cabe *recurso de revista* para o Tribunal Superior do Trabalho, a teor do que dispõe o art. 896, § 2º, da CLT[657]:

"Cabe Recurso de Revista para Turma do Tribunal Superior do Trabalho das decisões proferidas em grau de recurso ordinário, em dissídio individual, pelos Tribunais Regionais do Trabalho, quando:

(...)

§ 2º Das decisões proferidas pelos Tribunais Regionais do Trabalho ou por suas Turmas, em execução de sentença, inclusive em processo incidente de embargos de terceiro, não caberá Recurso de Revista, salvo na hipótese de ofensa direta e literal de norma da Constituição Federal".

Para a regular acolhida do processamento do recurso de revista, impõe-se, como se percebe, a demonstração de inequívoca violação à Carta Magna.

Com clareza a Súmula 266 do TST elucida a questão:

"A admissibilidade do recurso de revista contra acórdão proferido em agravo de petição, na liquidação de sentença ou em processo incidente na execução, inclusive os embargos de terceiro, depende de demonstração inequívoca de violência direta à Constituição Federal".

No mesmo sentido, decisão do STF:

"Constitucional. Trabalho. Recurso de Revista em execução de sentença. Ofensa direta à Constituição Federal. Lei n. 7.701, de 21-12-1988, art. 12, § 4º.

I – Das decisões proferidas pelos Tribunais Regionais do Trabalho, em execução de sentença, inclusive de embargos de terceiro, não caberá o recurso de revista, salvo na hipótese de ofensa direta à Constituição Federal, Lei n. 7.701, de 21-12-1988, art. 12, § 4º, Súmulas 210 e 266 do TST.

II – RE inadmitido. Agravo não provido"[658].

656. *Curso de Direito Processual do Trabalho*, cit., p. 111.

657. Com redação dada pelo art. 2º da Lei n. 9.756, de 17-12-1998.

658. AgRg-AI 209.792-1, *DJU*, 22-5-1998, p. 9.

18. As obrigações de fazer na Justiça do Trabalho

As condenações envolvendo obrigações de fazer são comuns no Judiciário Trabalhista. Caso típico é a reintegração de empregado em suas funções, em decorrência da estabilidade, de investidura sindical ou, ainda, de convenções normativas, tais como estabilidade da gestante, no período de prestação de serviço militar, etc.

No direito processual civil, fica a critério do credor utilizar-se, na eventualidade de o devedor não satisfazer a obrigação, da faculdade de exigir perdas e danos, segundo o disposto no art. 815 do CPC. Ocorre, pois, na espécie, o que em direito se convencionou chamar obrigação alternativa (CC/2002, art. 880).

As perdas e danos no Judiciário Trabalhista convertem-se em indenização, em conformidade com o que dispõe o art. 729 da CLT:

"O empregador que deixar de cumprir decisão passada em julgado sobre a readmissão ou reintegração de empregado, além do pagamento dos salários deste, incorrerá na multa de 3/5 a 3 valores de referência por dia, até que seja cumprida a decisão".

Todavia, tal situação pode eternizar-se, dando sequência a um litígio permanente, o que resultará numa situação de anormalidade, como observa Mozart Victor Russomano, que, em casos tais, preconiza a transformação da reintegração em indenizações, na forma prevista no art. 496 da CLT:

"A situação criada pela recusa do empregador, mesmo recaindo sobre ele o ônus de pagar a multa e de pagar os salários do empregado que fica inativo, é, entretanto, uma situação de anormalidade, de litígio permanente, de risco para a segurança social. Cabe, por isso, ao Juiz da execução, apreciar o caso com o devido cuidado. Não há interesse algum, para a própria Justiça do Trabalho, que seu pronunciamento, transformado em 'coisa julgada', possa ser desobedecido indefinidamente, mediante o pagamento da multa. Dessa forma, se se prolongar a situação, dela resultando incompatibilidade flagrante entre empregado e empregador, em nome do interesse coletivo que em nenhum caso pode ficar abaixo dos interesses individuais ou de classe (art. 8º, parte final); em nome do interesse do empregado – cuja situação é sempre insegura, visto que a cobrança dos salários, provavelmente terá que ser feita, de modo periódico, por execuções sucessivas; em nome do interesse da própria Justiça do Trabalho cuja sentença deve ser acatada, será certamente aconselhável que o Juiz da execução use da faculdade que a lei lhe dá, transformando a reintegração em indenizações segundo o disposto no art. 476. Será a solução prática e o meio útil de se evitar o dissídio fatalmente próximo; se o empregado e empregador são incompatíveis entre si, de que valerá a reintegração do primeiro, senão como motivo de nova controvérsia?"[659].

Irrelevante, para a transformação da reintegração em indenização, a circunstância de a sentença exequenda não estabelecer a alternativa, sendo, portanto, omissa a respeito. Ainda que omissa a sentença, pode e deve o próprio juízo da execução transformar a obrigação de fazer em indenizações, como ensina Mozart Victor Russomano[660]:

"O pagamento das indenizações – não mencionado na decisão exequenda – não é, a rigor, uma alteração da sentença. As indenizações correspondem à obrigação. Se a sentença não mencionou esta correspondência de modo expresso, fê-lo implicitamente ao condenar o vencido a fazer algo, eis que a obrigação, em face do inadimplemento do devedor, por sua própria natureza jurídica, se resolve por indenizações em pecúnia".

Assim, na expressão do consagrado jurista:

"O juiz não está obrigado a prever, na sentença, a conversão da obrigação em pagamento de reparações pecuniárias. Mas nada impede que ele a faça. Ao invés, tudo o aconselha".

Não cumprida a sentença que determinou sua reintegração, pode e deve, como já se observou, o juiz do feito transformar a rein-

659. *Comentários à CLT*, cit., v. 2, p. 805.
660. *A Execução das Obrigações de Fazer no Processo do Trabalho*, cit., p. 61 e s.

tegração em indenização, que, na espécie, constituir-se-á no pagamento dos salários e demais direitos devidos pelo empregador, além das verbas rescisórias (aviso prévio, 13º salário proporcional, férias proporcionais e FGTS), calculados até o término do período prefixado de estabilidade provisória[661].

19. *Execução contra a Fazenda Pública*

Não raras vezes o empregador é o próprio Poder Público (União, Estados e Municípios), o que ocorre quando o servidor é contratado sob a égide da CLT.

Em tais circunstâncias, eventual conflito entre o servidor celetista e o Poder Público, a competência material é da Justiça do Trabalho, por força do que dispõe o art. 114 da Constituição Federal.

Assim, procedente a ação, com o trânsito em julgado da decisão, a execução contra a Fazenda Pública se processa de forma diversa daquela movida contra os particulares. E isto porque os bens públicos são impenhoráveis (CC, art. 100).

Inexistindo penhora, a Fazenda Pública é citada para opor embargos à execução, observando-se as regras do art. 884 e seus parágrafos da CLT.

O prazo para fazê-lo é objeto de controvérsia, alguns entendem ser de 5 dias. Na verdade, o Decreto-lei n. 779/69 só admite prazos superiores à Fazenda Pública para *contestar e recorrer* (art. 1º, II e III), o mesmo ocorrendo com os arts. 180 e 183 do Código de Processo Civil – "computar-se-á em dobro o prazo para a Fazenda Pública ou o Ministério Público recorrer".

Observe-se que a Lei n. 6.830/80 é omissa a respeito, o que nos leva a concluir que o prazo para a Fazenda Pública interpor embargos à execução é de *5 dias* (CLT, art. 884).

É de lembrar que a Medida Provisória n. 2.180-35/2001, que acrescentou o art. 1º-B à Lei n. 9.494/97, elevando o prazo para 30 dias, para oposição de embargos à execução, foi declarada inconstitucional pelo TST, todavia, em julgamento plenário do STF, após discutir o tema, a Suprema Corte "entendeu que o estabelecimento de tratamento proces-

sual especial para a Fazenda Pública, fixando-se prazo de 30 dias para opor embargos à execução, não restringe de forma desproporcional os direitos fundamentais das partes adversas, mas, sim, busca dar máxima efetividade ao princípio de proteção ao interesse público".

Assim, o STF decidiu pela constitucionalidade[662] do prazo de 30 dias para a oposição de embargos à execução pela Fazenda Pública; entendimento esse, ratificado pelo art. 910, do atual CPC.

Julgados os embargos, o recurso cabível é o agravo de petição, observado para este o prazo em dobro, logo, não há falar-se em recurso de ofício.

20. *O precatório judiciário*

Inexistindo penhora dos bens públicos, a execução contra a Fazenda é feita por meio do *precatório*, que é uma requisição do Poder Judiciário à autoridade administrativa, como deixam claro o art. 100 e seus parágrafos da Constituição Federal.

O precatório judiciário é requisitado pelo juiz da Vara do Trabalho, em ofício ao presidente do respectivo TRT, acompanhado das peças necessárias, e que são as seguintes:

1) petição inicial;
2) sentença;
3) acórdão da 2ª instância;
4) cálculo de condenação;
5) sentença de liquidação;
6) citação da Fazenda Pública para oposição de embargos em 30 dias, nos termos do art. 910 do atual CPC;
7) certidão de vencimento do prazo respectivo dos embargos;
8) indicação do nome da pessoa a quem deve ser paga a importância requisitada;
9) procuração com poderes especiais para receber e dar quitação, na eventualidade de pagamento ao advogado;
10) número da conta na qual deverão ser efetuados os depósitos;
11) parecer da Procuradoria Municipal, Distrital, Estadual ou Federal, atestando que o precatório está em conformidade com os autos originais.

661. TST, 2ª T., RR 1.516/79, Ac. 2.655/79, Rel. Min. Mozart V. Russomano, *DJU*, 8-2-1980, p. 550.

662. Do art. 1º-B da Lei n. 9.494/1997, incluído pelo art. 4º da Medida Provisória 2.180-35/2001.

O precatório, assim formado, será encaminhado por ofício à autoridade administrativa competente para o respectivo pagamento.

A requisição é atendida por ordem cronológica de apresentação. A inobservância dessa ordem pode implicar sequestro da quantia necessária à satisfação do débito (art. 100, § 6º, da CF).

Tal sequestro, contudo, volta-se contra o credor que, indevidamente (porque em inobservância da ordem cronológica de apresentação), recebeu seu crédito[663].

21. *Execução das contribuições previdenciárias*

A EC n. 20/98, alterou a redação do art. 114 da CF, instituiu a competência da Justiça do Trabalho para executar as contribuições previdenciárias devidas em decorrência de relação empregatícia, assim dispondo o § 3º do dispositivo constitucional nominado:

"Compete ainda à Justiça do Trabalho executar, de ofício, as contribuições sociais previstas no art. 195, I, *a*, e II, e seus acréscimos legais, decorrentes das sentenças que proferir".

O art. 195, I, *a*, e II, da CF cuida exatamente das chamadas contribuições previdenciárias.

A EC referida, na verdade, afasta a polêmica acerca da constitucionalidade da legislação ordinária que, já anteriormente, dispunha sobre a mesma matéria[664].

É de todo conveniente lembrar que até a promulgação da EC n. 20/98, o Juiz do Trabalho limitava-se a oficiar ao INSS que, por sua vez, na esfera competente, providenciava a execução de eventual débito previdenciário.

É bem verdade que o art. 43 da Lei n. 8.212/91[665], dispunha que "nas ações trabalhistas de que resultar o pagamento de direitos sujeitos à incidência de contribuição previdenciária, o juiz, sob pena de responsabilidade, determinará o imediato recolhimento das importâncias devidas à Seguridade Social", disposição vista por parcela ponderável de juslaboralistas como flagrantemente inconstitucional.

Fruto, ou não, da voracidade fiscal do Poder Público, o fato é que a EC n. 20/98 ampliou a competência da Justiça do Trabalho, que pode, agora, executar, de ofício, as contribuições previdenciárias devidas em decorrência das sentenças por ela proferidas, competência enfatizada pela EC n. 45/2004 (art. 114, VIII).

Faltavam, contudo, normas procedimentais para a execução das mencionadas contribuições, já que havia divergência a respeito – seria o rito previsto na Lei dos Executivos Fiscais (n. 6.830/80)? Ou seria o processo de execução fundado em título judicial do CPC?

A questão veio a ser solucionada com a promulgação das Leis n. 10.035, de 25-10-2000, e 11.457, de 16-3-2007, que trouxeram alterações significativas nos arts. 831, 832, 876, 878, 879, 880, 884, 889-A e 897 da CLT.

O art. 831, no seu parágrafo único, proclama a *coisa julgada* da sentença homologatória de conciliação para as partes, excluindo a Previdência Social, que pode, assim, interpor recurso ordinário para o TRT:

"Art. 831. ..
Parágrafo único. No caso de conciliação, o termo que for lavrado valerá como decisão irrecorrível, salvo para a Previdência Social quanto às contribuições que lhe forem devidas".

Foi acrescido ao art. 832, da CLT os §§ 3º e 4º, que assim dispõem:

"§ 3º As decisões cognitivas ou homologatórias deverão sempre indicar a natureza jurídica das parcelas constantes da condenação ou do acordo homologado, inclusive o limite de responsabilidade de cada parte pelo recolhimento da contribuição previdenciária, se for o caso.

§ 4º A União será intimada das decisões homologatórias de acordos que contenham parcela indenizatória[666], facultada a interposição de recurso relativo aos tributos que lhe forem devidos".

663. Moacyr Amaral Santos, Amílcar de Castro, Frederico Marques, Vicente Greco Filho.

664. Leis n. 7.787, de 30-6-1989, 8.212, de 24-7-1991 e 8.620, de 15-1-1993.

665. Com a redação dada pela Lei n. 8.620/93.

666. Na forma do art. 20 da Lei n. 11.033, de 21-12-2004.

Note-se que das sentenças homologatórias de conciliação, das quais não cabe recurso para as partes, entretanto, poderá o INSS recorrer, seja opondo embargos declaratórios (de inegável natureza recursal), seja através de recurso ordinário para o respectivo TRT.

Ambos os recursos limitar-se-ão às verbas e valores sobre os quais haja incidência das contribuições sociais.

O prazo para a interposição de tais recursos deve ser contado em dobro, segundo o disposto no Decreto-lei n. 229/67.

O art. 876 foi acrescido do parágrafo único, vazado nos seguintes termos:

"Parágrafo único. A Justiça do Trabalho executará de ofício as contribuições sociais previstas na alínea *a* do inciso I e no inciso II do *caput* do art. 195 da Constituição Federal, e seus acréscimos legais, relativas ao objeto da condenação constante das sentenças que proferir e dos acordos que homologar"[667].

A execução do débito previdenciário tem, por isso, por fundamento, sentença trabalhista, ou seja, *título executivo judicial* que conterá, necessariamente, as parcelas constantes da condenação ou acordo e o limite de responsabilidade de cada parte pelo recolhimento das contribuições sociais.

O art. 878-A[668], tem a seguinte redação:

"Faculta-se ao devedor o pagamento imediato da parte que entender devida à Previdência Social, sem prejuízo da cobrança de eventuais diferenças encontradas na execução *ex officio*".

O pagamento em apreço não retira à Previdência a faculdade de pugnar por diferenças, podendo o próprio Juízo, de ofício, apurar a necessidade de pagamento complementar.

O art. 879 disciplina a apuração do valor de sentença, ilíquida, trazendo os seguintes parágrafos:

"§ 1º-A. A liquidação abrangerá, também, o cálculo das contribuições previdenciárias devidas.

§ 1º-B. As partes deverão ser previamente intimadas para a apresentação do cálculo de liquidação, inclusive da contribuição previdenciária incidente".

O processo de liquidação de sentença trabalhista, por conseguinte, passa a abranger, além do débito ao empregado, decorrente da legislação social, também o crédito da previdência.

Conquanto unitária a execução, devem ser discriminadas, com exatidão, as verbas e títulos trabalhistas e previdenciários, que não se confundem.

Sobre os valores devidos à Previdência, esta, uma vez intimada, deve manifestar-se em 10 dias – sob pena de preclusão.

Insatisfeita com a decisão do Juízo, nessa fase de apuração do valor da condenação, poderá a Previdência interpor *impugnação* à fixação do crédito previdenciário e, da decisão a ser proferida, interpor agravo de petição.

Não poderá, a nosso ver, opor *embargos à execução*, ação do executado e não do credor. Socorre-nos a redação dada ao § 4º do art. 884: "Julgar-se-ão na mesma sentença os embargos e as impugnações à liquidação apresentadas pelos credores trabalhista e previdenciário".

O art. 880, que cuida do mandado de citação do executado, para pagamento do valor da condenação, determina a inclusão do crédito da Previdência Social que passa, assim, a ser parte no Processo Trabalhista.

O art. 889-A, igualmente acrescentado à CLT pela lei sob comento, disciplina o recolhimento das contribuições previdenciárias e o seu eventual parcelamento:

"Os recolhimentos das importâncias devidas, referentes às contribuições sociais, serão efetuados nas agências locais da Caixa Econômica Federal ou do Banco do Brasil S/A, por intermédio de documento de arrecadação da Previdência Social, dele se fazendo constar o número do processo.

§ 1º Concedido parcelamento pela Secretaria da Receita Federal do Brasil, o devedor juntará aos autos a comprovação do ajuste, ficando a execução da contribuição social correspondente suspensa até a quitação de todas as parcelas.

§ 2º As Varas do Trabalho encaminharão mensalmente à Secretaria da Receita Federal do Brasil informações sobre os recolhimentos efeti-

667. Redação dada pela Lei n. 13.467, de 2017.
668. Acrescentado à CLT pela Lei n. 10.035/2000.

vados nos autos, salvo se outro prazo for estabelecido em regulamento".

O parcelamento do débito previdenciário, portanto, deve ser postulado diretamente no INSS, comprovando-se, mensalmente, o pagamento, nos autos do processo trabalhista, com o que estará suspensa a execução, obviamente, das contribuições sociais mencionadas.

O art. 897, § 8º, cuida da possibilidade de o recurso de *agravo* versar unicamente sobre as contribuições previdenciárias:

"§ 8º Quando o agravo de petição versar apenas sobre as contribuições sociais, o juiz da execução determinará a extração de cópias das peças necessárias, que serão autuadas em apartado, conforme dispõe o § 3º, parte final, e remetidas à instância superior para apreciação, após contraminuta".

O objetivo claro do dispositivo é a celeridade processual, pois a autuação em apartado do agravo de petição interposto pela Previdência não prejudicará a execução do crédito trabalhista.

Aspecto que merece relevância é o da necessidade de o *acordo* discriminar devidamente as parcelas e os títulos geradores da contribuição previdenciária, pois, na sua ausência, a contribuição recairá sobre o valor total do acordo, segundo o disposto no art. 276, §§ 2º e 3º, do Decreto n. 3.048/99:

"§ 2º Nos acordos homologados em que não figurarem, discriminadamente, as parcelas legais de incidência da contribuição previdenciária, esta incidirá sobre o valor total do acordo homologado.

§ 3º Não se considera como discriminação de parcelas legais de incidência de contribuição previdenciária a fixação de percentual de verbas remuneratórias e indenizatórias constantes dos acordos homologados, aplicando-se, nesta hipótese, o disposto no parágrafo anterior".

A concretização de acordo, sem reconhecimento do vínculo empregatício, também não isenta do pagamento das contribuições sob comento, dispondo o § 9º do art. 276 do Decreto n. 3.048/99 que, na hipótese, a responsabilidade pelo pagamento é do réu, na ação.

Em conformidade com a Lei n. 8.212/91 e o Decreto n. 3.048/99, a contribuição previdenciária incide sobre os seguintes títulos:

"– *horas extras*, com seus adicionais (Dec. n. 3.048/99, art. 214, I);

– *adicionais de periculosidade, insalubridade e noturno* (Lei n. 8.212/91, art. 28, I);

– *saldo de salário* (Dec. n. 3.048/99, art. 214, I);

– *13º salário* (Dec. n. 3.048/99, art. 214, § 6º);

– *auxílio-doença* (primeiros 15 dias) (Lei n. 8.212/91, art. 28, I);

– *aviso prévio trabalhado* (Lei n. 8.212/91, art. 28, I);

– *comissões* (Lei n. 8.212/91, art. 28, I);

– *diárias com valor acima de 50% da remuneração total* (Dec. n. 3.048/99, art. 214, § 8º);

– *férias normais* com 1/3 (Lei n. 8.212/91, art. 28, I);

– *gorjetas* (Lei n. 8.212/91, art. 28, I);

– *gratificações*, ajustadas ou contratuais (Lei n. 8.212/91, art. 28, I);

– *quebra de caixa dos bancários* (Súmula 247/TST) (Lei n. 8.212/91, art. 28, I);

– *salário-maternidade* (Lei n. 8.212/91, art. 28, § 2º) e *salário-utilidade* (art. 28, I);

– *salários* pagos na forma do disposto na alínea *b* do inciso II do art. 10 do ADCT, excluídos os casos de conversão em indenização previstos nos arts. 496 e 497 da CLT (Dec. n. 3.048/99, art. 214, § 12)" (César P. S. Machado, *Suplemento Trabalhista* 028/01, LTr).

Não incide contribuição previdenciária sobre os seguintes títulos:

"– *dobra do art. 467 da CLT* (Lei n. 8.212/91, art. 28, I);

– *aviso prévio indenizado* (Dec. n. 3.048/99, art. 214, § 9º, V, *f*);

– *diferenças de FGTS com 40%* (Dec. n. 3.048, art. 214, § 9º, V, *a*);

– *férias indenizadas com 1/3*, inclusive em dobro e proporcionais (Dec. n. 3.048/99, art. 214, § 9º, IV);

– *vale-transporte* (Dec. n. 3.048/99, art. 214, § 9º, VI);

– *seguro-desemprego* (Dec. n. 3.048/99, art. 214, § 9º, I);

– *multa pelo atraso no pagamento das verbas rescisórias* (Dec. n. 3.048/99, art. 214, § 9º, XXII);

– *ajuda de custo* recebida na forma do art. 470 da CLT (Dec. n. 3.048/99, art. 214, § 9º, V, *f*);

– *diárias até 50% da remuneração total* (Dec. n. 3.048/99, art. 214, § 9º, VIII);

– *incentivo à demissão* (Dec. n. 3.048/99, art. 214, § 9º, V, *e*);

– *participação nos lucros ou resultados da empresa* (Dec. n. 3.048/99, art. 214, § 9º, X);

– prêmios e abonos (Dec. n. 3.048/99, art. 214, § 9º, V);

– *salário-família* (Lei n. 8.212/91, art. 28, § 9º, *a*)" (César P. S. Machado, *Suplemento Trabalhista* 028/01, LTr).

▶ **Jurisprudência**

▷ **Súmula 114 do TST. Prescrição intercorrente.** É inaplicável na Justiça do Trabalho a prescrição intercorrente.

▷ **Súmula 128 do TST. Depósito recursal.** (Nova redação em decorrência da incorporação das Orientações Jurisprudenciais n. 139, 189 e 190 da SDI-1 – Res. 129/2005, *DJ*, 20-4-2005)
I – É ônus da parte recorrente efetuar o depósito legal, integralmente, em relação a cada novo recurso interposto, sob pena de deserção. Atingido o valor da condenação, nenhum depósito mais é exigido para qualquer recurso.
II – Garantido o juízo, na fase executória, a exigência de depósito para recorrer de qualquer decisão viola os incisos II e LV do art. 5º da CF/1988. Havendo, porém, elevação do valor do débito, exige-se a complementação da garantia do juízo.
III – Havendo condenação solidária de duas ou mais empresas, o depósito recursal efetuado por uma delas aproveita as demais, quando a empresa que efetuou o depósito não pleiteia sua exclusão da lide.

▷ **Súmula 211 do TST. Juros de mora e correção monetária. Independência do pedido inicial e o título executivo judicial.** Os juros de mora e a correção monetária incluem-se na liquidação, ainda que omisso o pedido inicial ou a condenação.

▷ **Súmula 266 do TST. Recurso de revista. Admissibilidade. Execução de sentença. Revisão do Enunciado 210.** A admissibilidade do recurso de revista contra acórdão proferido em agravo de petição, na liquidação de sentença ou em processo incidente na execução, inclusive os embargos de terceiro, depende de demonstração inequívoca de violência direta à Constituição Federal.

▷ **Súmula 399 do TST. Ação rescisória. Cabimento. Sentença de mérito. Decisão homologatória de adjudicação, de arrematação e de cálculos.** (Conversão das OJ n. 44, 45 e 85, primeira parte, da SDI-II – Res. 137/2005, *DJ*, 22-8-2005) I – É incabível ação rescisória para impugnar decisão homologatória de adjudicação ou arrematação. II – A decisão homologatória de cálculos apenas comporta rescisão quando enfrentar as questões envolvidas na elaboração da conta de liquidação, quer solvendo a controvérsia das partes quer explicitando, de ofício, os motivos pelos quais acolheu os cálculos oferecidos por uma das partes ou pelo setor de cálculos, e não contestados pela outra.

▷ **Súmula 405 do TST. Ação rescisória. Tutela provisória.** (Nova redação em decorrência do CPC de 2015 – Res. 208/2016, *DEJT* divulgado em 22, 25 e 26-4-2016) Em face do que dispõem a MP 1.984-22/2000 e o art. 969 do CPC de 2015, é cabível o pedido de tutela provisória formulado na petição inicial de ação rescisória ou na fase recursal, visando a suspender a execução da decisão rescindenda.

▷ **Súmula 416 do TST. Mandado de segurança. Execução. Lei n. 8.432/92. Art. 897, § 1º, da CLT. Cabimento.** (Conversão da OJ n. 55 da SDI-II – Res. 137/2005, *DJ*, 22-8-2005) Devendo o agravo de petição delimitar justificadamente a matéria e os valores objeto de discordância, não fere direito líquido e certo o prosseguimento da execução quanto aos tópicos e valores não especificados no agravo.

▷ **Súmula 417 do TST. Mandado de segurança. Penhora em dinheiro.** (Alterado o item I, atualizado o item II e cancelado o item III, modulando-se os efeitos da presente redação de forma a atingir unicamente

as penhoras em dinheiro em execução provisória efetivadas a partir de 18-3-2016, data de vigência do CPC de 2015) – Res. 212/2016, *DEJT* divulgado em 20, 21 e 22-9-2016) I – Não fere direito líquido e certo do impetrante o ato judicial que determina penhora em dinheiro do executado para garantir crédito exequendo, pois é prioritária e obedece à gradação prevista no art. 835 do CPC de 2015 (art. 655 do CPC de 1973). II – Havendo discordância do credor, em execução definitiva, não tem o executado direito líquido e certo a que os valores penhorados em dinheiro fiquem depositados no próprio banco, ainda que atenda aos requisitos do art. art. 840, I, do CPC de 2015 (art. 666, I, do CPC de 1973). (ex-OJ n. 61 da SBDI-2 – inserida em 20-9-2000).

▷ **Súmula 150 do STF.** Prescreve a execução no mesmo prazo de prescrição da ação.

▷ **Súmula 163 do STF.** Salvo contra a Fazenda Pública, sendo a obrigação ilíquida, contam-se os juros moratórios desde a citação inicial para a ação.

▷ **Súmula 254 do STF.** Incluem-se os juros moratórios na liquidação, embora omisso o pedido inicial ou a condenação.

▷ **Súmula 255 do STF.** Sendo líquida a obrigação, os juros moratórios, contra a Fazenda Pública, incluídas as autarquias, são contados do trânsito em julgado da sentença de liquidação.

▷ **Súmula 327 do STF.** O direito trabalhista admite a prescrição intercorrente.

▷ **Súmula 433 do STF.** É competente o Tribunal Regional do Trabalho para julgar mandado de segurança contra ato de seu presidente em execução de sentença trabalhista.

▷ **Súmula 458 do STF.** O processo da execução trabalhista não exclui a remição pelo executado.

▷ **Súmula 10 do STJ.** Instalada a junta de conciliação e julgamento, cessa a competência do juiz de direito em matéria trabalhista, inclusive para a execução das sentenças por ele proferidas.

▷ **Súmula 46 do STJ.** Na execução por carta, os embargos do devedor serão decididos no juízo deprecante, salvo se versarem unicamente vícios ou defeitos da penhora, avaliação ou alienação dos bens.

▷ **Súmula 134 do STJ.** Embora intimado da penhora em imóvel do casal, o cônjuge do executado pode opor embargos de terceiro para defesa de sua meação.

▷ **Súmula 232 do STJ.** A Fazenda Pública, quando parte no processo, fica sujeita à exigência do depósito prévio dos honorários do perito.

▷ **OJ n. 87 da SDI-1 do TST. Entidade pública. Exploração de atividade eminentemente econômica. Execução. Art. 883, da CLT.** (Inserida em 28-4-1997. Nova redação – *DJ*, 16-4-2004). É direta a execução contra a APPA e Minascaixa (§ 1º do art. 173, da CF/1988).

▷ **OJ n. 143 da SDI-1 do TST. Empresa em liquidação extrajudicial. Execução. Créditos trabalhistas. Lei n. 6.024/74.** A execução trabalhista deve prosseguir diretamente na Justiça do Trabalho mesmo após a decretação da liquidação extrajudicial. Lei n. 6.830/80, arts. 5º e 29, aplicados supletivamente (CLT, art. 889, e CF/1988, art. 114).

▷ **OJ n. 226 da SDI-1 do TST. Crédito trabalhista. Cédula de crédito rural. Cédula de crédito industrial. Penhorabilidade.** Inserida em 20-6-2001 (Nova redação – Res. 129/2005, *DJ*, 20-4-2005) Diferentemente da cédula de crédito industrial garantida por alienação fiduciária, na cédula rural pignoratícia ou hipotecária o bem permanece sob o domínio do devedor (executado), não constituindo óbice à penhora na esfera trabalhista. (Decreto-lei n. 167/1967, art. 69; CLT, arts. 10 e 30 e Lei n. 6.830/1980)

▷ **OJ n. 53 da SDI-2 do TST. Mandado de Segurança. Cooperativa em Liquidação Extrajudicial. Lei 5.764/71, art. 76. Inaplicável. Não suspende a execução. A liquidação extrajudicial de sociedade cooperativa não suspende a execução dos créditos trabalhistas existentes contra ela.**

▷ **OJ n. 54 da SDI-2 do TST. Mandado de segurança. Embargos de terceiro. Cumulação. Penhora. Incabível.** (atualizada em decorrência do CPC de 2015) – Res. 208/2016, *DEJT* divulgado em 22, 25 e 26-4-2016 Ajuizados embargos de terceiro (674 do CPC de 2015 – art. 1.046 do CPC de 1973) para pleitear a desconstituição da penhora,

é incabível a interposição de mandado de segurança com a mesma finalidade

▷ **OJ n. 59 da SDI-2 do TST. Mandado de Segurança. Penhora. Carta de Fiança Bancária. Seguro garantia judicial.** (Nova redação em decorrência do CPC de 2015) – Res. 209/2016, *DEJT* divulgado em 01, 02 e 3-6-2016
A Carta de Fiança Bancária e o seguro garantia judicial, desde que em valor não inferior ao do débito em execução, acrescido de trinta por cento, equivalem a dinheiro para efeito da gradação dos bens penhoráveis, estabelecida no art. 835 do CPC de 2015 (art. 655 do CPC de 1973).

▷ **OJ n. 66 da SDI-2 do TST. Mandado de Segurança. Sentença homologatória de Adjudicação. Incabível.** (atualizado o item I e incluído o item II em decorrência do CPC de 2015) Res. 212/2016, *DEJT* divulgado em 20, 21 e 22-9-2016. I – Sob a égide do CPC de 1973 é incabível o Mandado de Segurança contra sentença homologatória de adjudicação, uma vez que existe meio próprio para impugnar o ato judicial, consistente nos embargos à adjudicação (CPC de 1973, art. 746). II – Na vigência do CPC de 2015 também não cabe mandado de segurança, pois o ato judicial pode ser impugnado por simples petição, na forma do art. 877, *caput*, do CPC de 2015.

▷ **OJ n. 89 da SDI-2 do TST. "Habeas corpus". Depositário. Termo de depósito não assinado pelo paciente. Necessidade de aceitação do encargo. Impossibilidade de prisão civil.** A investidura no encargo de depositário depende da aceitação do nomeado que deve assinar termo de compromisso no auto de penhora, sem o que é inadmissível a restrição de seu direito de liberdade.

▷ **OJ n. 93 da SDI-2 do TST. Penhora sobre parte da renda de estabelecimento comercial. Possibilidade.** (alterada em decorrência do CPC de 2015) – Res. 220/2017, *DEJT* divulgado em 21, 22 e 25-9-2017. Nos termos do art. 866 do CPC de 2015, é admissível a penhora sobre a renda mensal ou faturamento de empresa, limitada a determinado percentual, que não comprometa o desenvolvimento regular de suas atividades, desde que não haja outros Bens penhoráveis ou, havendo outros bens, eles sejam de difícil alienação ou insuficientes para satisfazer o crédito executado.

▷ **Recurso ordinário em mandado de segurança. Penhora de vencimentos.** Ato coator praticado na vigência do CPC de 2015 para pagamento de prestação alimentícia e dentro do limite estabelecido em lei. Legalidade. É lícita a penhora de vencimentos determinada na vigência do CPC de 2015, para pagamento de prestação alimentícia e em percentual inferior ao limite estabelecido no art. 529, § 3º, do referido diploma legal. No caso em questão, a penhora determinada pelo ato coator preencheu todos os requisitos legais de validade, quais sejam: a) determinada na vigência do CPC de 2015; b) imposta para pagamento de créditos reconhecidos pela Justiça do Trabalho, os quais possuem nítido caráter alimentar; c) fixada em percentual condizente com o que preceitua o art. 529, § 3º, do CPC de 2015. Assim, deve-se reconhecer a legalidade do ato coator, confirmando o entendimento do Regional que impôs a penhora de 20% do salário do recorrente. Sob esses fundamentos, a SBDI-II, por unanimidade, conheceu do recurso ordinário do recorrente e negou--lhe provimento. TST-ROT-100876-81. 2018.5.01.0000, SBDI-II, rel. Min. Luiz José Dezena da Silva, 21-9-2021.

▷ **"[...] II – Recurso de revista – Execução fiscal. Multa administrativa. Falência do executado. Alteração legislativa (Lei n. 14.112/2020). Aplicabilidade. Art. 43 do CPC. Competência da justiça do trabalho.** *Stare decisis brasiliensis.* **Inaplicação de precedentes diante de aplicação de técnica de** *distinguishing***.** Este Tribunal, reiteradamente, vem decidindo no sentido de que, havendo o deferimento da recuperação judicial ou a decretação da falência da empresa executada, o crédito relativo à execução fiscal deve ser habilitado no juízo falimentar. Não obstante a existência de precedentes judiciais em tal sentido, a Lei n. 14.112/2020, publicada no *DOU* de 24-12-2020, trouxe significativas alterações à Lei de Falências, a convocarem uma nova análise da matéria. Conforme dispõe o art. 6º, § 11, da Lei de Falências, incluído pelo mencionado diploma, ainda que haja a

decretação da falência ou o deferimento do processamento da recuperação judicial, as execuções fiscais decorrentes de penalidades administrativas impostas aos empregadores pelos órgãos de fiscalização das relações de trabalho e as execuções de ofício das contribuições à seguridade social decorrentes das condenações trabalhistas devem ser processadas nesta Justiça Especializada, *"(...) vedados a expedição de certidão de crédito e o arquivamento das execuções para efeito de habilitação na recuperação judicial ou na falência".* Nesse cenário, impõe-se a adequação da jurisprudência à nova disciplina legal, de modo a declarar-se que, em tais casos, a Justiça do Trabalho é competente para processar a execução, sem prejuízo da competência do juízo da recuperação judicial para determinar a substituição dos atos de constrição que recaiam sobre bens de capital essenciais à manutenção da atividade empresarial até o encerramento da recuperação judicial, conforme §§ 7º-B e 11 do art. 6º da Lei n. 11.101/2005, incluídos pela Lei n. 14.112/2020. Considerando os precedentes judiciais existentes, o novo *status* normativo e as peculiaridades do julgamento diante do *stare decisis brasiliensis* (arts. 926, 927 e 489, § 1º, incisos V e VI, do CPC de 2015), incumbe proceder ao uso da técnica do *distinguishing* para deixar de aplicar ao caso *sub judice* os fundamentos determinantes das decisões do passado. Trata-se de hipótese de distinção em relação aos julgados anteriores, decorrente da superveniência da comentada alteração legislativa, a qual deve ser observada por esta Corte Superior, ainda que o debate sobre o tema tenha se iniciado anteriormente – no caso, o acórdão regional foi publicado em 31-7-2020 e o recurso de revista interposto em 3-8-2020 –, visto referir-se a alteração de *competência absoluta*, o que constitui exceção ao princípio da *perpetuatio jurisdictionis*. A propósito, nos termos do art. 43 do CPC, *"Determina-se a competência no momento do registro ou da distribuição da petição inicial, sendo irrelevantes as modificações do estado de fato ou de direito ocorridas posteriormente, salvo quando suprimirem órgão judiciário ou alterarem a competência absoluta."* (sem destaque no original). Em suas razões recursais, a exequente indica como violado o art. 5º da Lei n. 6.830/1980, que estabelece que *"A competência para processar e julgar a execução da Dívida Ativa da Fazenda Pública exclui a de qualquer outro Juízo, inclusive o da falência, da concordata, da liquidação, da insolvência ou do inventário"* Considerando-se a alteração legislativa, nova leitura do invocado preceito induz à admissão do recurso de revista e ao seu provimento, com a determinação de retorno dos autos à Vara do Trabalho de origem para que prossiga na execução do crédito. Recurso de revista conhecido, com fulcro no art. 896, § 10, da CLT, e provido." (TST-RR-10366-92. 2015.5.15.0014, 2ª Turma, rel. Des. Conv. Marcelo Lamego Pertence, julgado em 15-9-2021.)

▷ **"Recurso de revista. Reclamante. Lei n. 13.467/2017. Transcendência. Regime 24x72. Falta de previsão legal e de autorização em norma coletiva. Invalidade.** 1. Há transcendência política quando se constata em exame preliminar o desrespeito da instância recorrida à jurisprudência majoritária, predominante ou prevalecente no TST. 2. Na hipótese, apesar de na decisão recorrida constar a informação de que não havia Lei e nem acordo coletivo prevendo o regime 24X72 porque o sindicato da categoria não teve interesse em firmá-lo (tal como proposto pelo MPT e almejado pela reclamada), o Tribunal Regional entendeu pela validade de tal regime. 3. Todavia, a decisão do TRT está em desacordo com o entendimento desta Corte Superior no sentido de que esse regime é inválido. Julgados. 4. Recurso de revista de que se conhece e a que se dá provimento" (RR-1846-73.2017.5.20.0002, 6ª Turma, Relatora Ministra Kátia Magalhães Arruda, *DEJT* 18-6-2021).

▷ **"I – Agravo de instrumento. Recurso de revista. Lei n. 13.467/2017. Reclamante. Transcendência preliminar de nulidade do acórdão do TRT por negativa de prestação jurisdicional.** Fica prejudicada a análise da transcendência quando a matéria do recurso de revista não é renovada no agravo de instrumento. **Justiça gratuita. Benefício indeferido ao reclamante pelo TRT.** 1. A matéria do recurso de revista não foi examinada no despacho denega-

tório proferido pelo TRT e a parte não opôs embargos de declaração, apresentando diretamente o agravo de instrumento (Instrução Normativa n. 40/2016 do TST). Nessa hipótese fica configurado o óbice da preclusão. 2. Agravo de instrumento a que se nega provimento. Prejudicada a análise da transcendência. **Prescrição intercorrente. Execução individual de ação coletiva. Trânsito em julgado da sentença coletiva anterior à égide da Lei n. 13.467/17. Execução individual iniciada após a vigência da Lei n. 13.467/17. Não incidência do art. 11-A da CLT.** 1. Deve ser reconhecida a transcendência jurídica para exame mais detido da controvérsia devido às peculiaridades do caso concreto. O enfoque exegético da aferição dos indicadores de transcendência em princípio deve ser positivo, especialmente nos casos de alguma complexidade, em que se torna aconselhável o debate mais aprofundado do tema. 2. Aconselhável o provimento do agravo de instrumento, por se constatar possível violação do art. 5º XXXVI, da Constituição Federal. 3. Agravo de instrumento a que se dá provimento. **II – Recurso de revista. Lei n. 13.467/2017. Reclamante. Prescrição intercorrente. Execução individual de ação coletiva. Trânsito em julgado da sentença coletiva anterior à égide da Lei n. 13.467/17. Execução individual iniciada após a vigência da Lei n. 13.467/17. Não incidência do art. 11-A da CLT.** 1. Registra-se a respeito do art. 11-A da CLT (inserido pela Lei n. 13.467/17), as instruções trazidas pela IN n. 41 do TST quanto à aplicação temporal desse dispositivo: "Art. 2º O fluxo da prescrição intercorrente conta-se a partir do descumprimento da determinação judicial a que alude o § 1º do art. 11- A da CLT, desde que feita após 11 de novembro de 2017" (Lei n. 13.467/2017). 2. Desse modo, a prescrição intercorrente é incompatível com a dinâmica do processo trabalhista anterior à Reforma Trabalhista, o que impossibilita a punição do exequente por inércia e a perda da pretensão executiva. 3 – No caso, o TRT registrou as seguintes premissas fáticas: a) a sentença coletiva transitou em julgado em 8-6-2016; e b) a presente ação foi ajuizada em 5-6-2019. 4. Por conseguinte, não incide, no caso dos autos, a regra prevista no art. 11-A da CLT, uma vez que o trânsito em julgado da sentença coletiva ocorreu antes da vigência da Lei n. 13.467/2017. Julgado da Sexta Turma. 5. É certo que a coisa julgada material torna imutável e indiscutível a sentença. Em consequência, se tornam imutáveis também os efeitos por ela produzidos. Reconhecido o direito do reclamante à percepção dos valores pleiteados e atribuída à respectiva sentença a eficácia da coisa julgada, o juízo da execução somente conclui seu ofício quando integralmente satisfeita a obrigação correspondente. Não havendo renúncia, a satisfação dessa obrigação opera-se com a entrega dos valores em questão ao credor. Nos termos do art. 878 da CLT, não há como acolher o instituto da prescrição intercorrente no processo do trabalho, uma vez que a execução poderá ser promovida por qualquer interessado, ou de ofício pelo próprio juiz ou presidente ou Tribunal competente. Assim, não cabe aplicar a prescrição intercorrente por eventual "descuido" do exequente no andamento da execução, uma vez que outras pessoas poderão promovê-la. Logo, incide, no caso, a Súmula 114 do TST: "É inaplicável na Justiça do Trabalho a prescrição intercorrente". 6. Portanto, o entendimento adotado no acórdão recorrido contrapõe-se à jurisprudência desta Corte Superior, consolidada no sentido de que a declaração da prescrição intercorrente na Justiça do Trabalho (casos anteriores à Lei n. 13.467/2017) importa em ofensa ao art. 5º, inciso XXXVI, da Constituição, por impedir os efeitos da coisa julgada. Julgados. 7. Recurso de revista de que se conhece e a que se dá provimento" (RRAg-571-66.2019.5.17.0014, 6ª Turma, Relatora Ministra Katia Magalhaes Arruda, *DEJT* 4-6-2021).

▷ **"Agravo de instrumento. Execução. Penhora. Impenhorabilidade de bem de família. Direito de propriedade não comprovado. Transcendência. Não reconhecida. Não provimento.** O egrégio Tribunal Regional, a partir do conjunto fático probatório constante nos autos, constatou que não foi demonstrado que o imóvel objeto da penhora servia de residência ao

executado, inclusive já tendo sido dado em garantia de outras dívidas, motivo pelo qual deixou de reconhecer o imóvel como "bem de família" e manteve a penhora. Desse modo, a adoção de entendimento diverso, que autorize concluir pela impenhorabilidade do bem imóvel em questão, como requer o executado, implicaria, necessariamente, o reexame das provas produzidas no processo, procedimento vedado a esta Corte Superior, dada a natureza extraordinária do recurso de revista. Incide, portanto, o óbice contido na Súmula 126, ao processamento do apelo. A incidência do óbice preconizado na Súmula 126 é suficiente para afastar a transcendência da causa, uma vez que inviabilizará a análise da questão controvertida no recurso de revista e, por conseguinte, não serão produzidos os reflexos gerais, nos termos previstos no § 1º do art. 896-A da CLT. Agravo de instrumento a que se nega provimento" (AIRR-67800-42.2007.5.04.0332, 4ª Turma, Relator Ministro Guilherme Augusto Caputo Bastos, *DEJT* 7-5-2021).

▷ "**I – Juízo de retratação. Recurso de revista do estado de Alagoas interposto antes da Lei n. 13.015/2014. Julgamento anterior pela segunda turma desta corte. Devolução para eventual emissão de juízo de retratação (art. 1.030, II, do CPC/2015 e art. 543-B, § 3º, do CPC/1973). Execução. Prazo para interposição de embargos à execução. Fazenda pública. Art. 4º da medida provisória n. 2.180-35/2001. Constitucionalidade.** Esta Segunda Turma, em decisão anterior, negou provimento ao gravo de instrumento do reclamado, mantendo o acórdão regional que considerou correta a decisão do Juízo de origem que não conheceu dos embargos à execução por considerá-los intempestivos. A Turma adotou o entendimento que à época prevalecia nesta Corte, no sentido da inconstitucionalidade formal do art. 4º da Medida Provisória n. 2.180-35/2001. Contudo, no julgamento do RE 590.871/RS, o STF fixou a tese jurídica de que "É compatível com a Constituição da República de 1988 a ampliação para 30 (trinta) dias do prazo de oposição de embargos à execução pela Fazenda Pública". Assim, submete-se, em juízo de retratação, o recurso interposto pela parte a novo exame, nos termos do art. 1.030, II, do CPC/2015 (art. 543-B, § 3º, do CPC/1973). Juízo de retratação exercido. **II – Agravo de instrumento. Recurso de revista. Interposto antes da Lei n. 13.015/2014. Execução. Prazo para interposição de embargos à execução. Fazenda pública. Art. 4º da Medida Provisória n. 2.180-35/2001. Constitucionalidade.** Ante a possível violação do art. 5º, LV, da CF, deve ser provido o agravo de instrumento. **III – Recurso de revista do estado de Alagoas. Interposto antes da Lei n. 13.015/2014. Execução. Prazo para interposição de embargos à execução. Fazenda pública. Art. 4º da Medida Provisória n. 2.180-35/2001. Constitucionalidade.** O TRT considerou correta a decisão do Juízo de origem que não conheceu dos embargos à execução por considerá-los intempestivos, ao fundamento de que o C. TST declarou a inconstitucionalidade do art. 4ª da MP 2.180-35/2001, que ampliava para 30 dias os prazos fixados no art. 730 e 884 da CLT para os entes públicos ingressarem com embargos à execução. Ocorre que, no julgamento do Recurso Extraordinário 590.871/RS (*DEJT* 28-11-2019, trânsito em julgado em 6-12-2019), com repercussão geral, o Supremo Tribunal Federal fixou a tese jurídica correspondente ao Tema n. 137, de que "É compatível com a Constituição da República de 1988 a ampliação para 30 (trinta) dias do prazo de oposição de embargos à execução pela Fazenda Pública". Recurso de revista conhecido e provido" (RR-23940-44.2005.5.19.0008, 2ª Turma, Relatora Ministra Maria Helena Mallmann, *DEJT* 12-2-2021).

▷ "**Agravo de instrumento em recurso de revista. Execução. Nulidade da arrematação.** O processamento do recurso de revista não se viabiliza por afronta ao art. 5º, LIV, da CF, porque o devido processo legal foi observado, mediante a aplicação das regras processuais que regem a execução. Assim, segundo o acórdão recorrido, a arrematação realizada nestes autos está plenamente regular, já tendo sido entregue o bem, com o normal pagamento das parcelas de responsabilidade da arrematante, de

modo que a Corte de origem considerou que se trata de procedimento findo, perfeito e irretratável. Desse modo, o Regional declarou que, no caso em apreço, houve o oferecimento de caução idônea capaz de suportar qualquer irregularidade que venha a ser praticada pela arrematante, de modo que o simples fato de não ter havido o depósito de 25% à vista não pode tornar inválida a arrematação, já parcialmente cumprida e sem nenhuma falta de pagamento de quaisquer das parcelas estipuladas, dando-se, portanto, efetividade à execução. Agravo de instrumento conhecido e não provido" (AIRR-721-98.2016.5.08.0015, 8ª Turma, Relatora Ministra Dora Maria da Costa, *DEJT* 18-12-2020).

▷ "**I – Agravo de instrumento em recurso de revista. Decisão publicada após a vigência das Leis n. 13.015/2014 e 13.467/2017. Preliminar de nulidade do acórdão regional por cerceamento do direito de defesa. Execução provisória. Agravo de petição. Cabimento. Transcendência reconhecida.** O recurso de revista se viabiliza porque ultrapassa o óbice da transcendência com relação aos reflexos gerais de natureza política. **Preliminar de nulidade do acórdão regional por cerceamento do direito de defesa. Execução provisória. Agravo de petição. Cabimento.** Tendo em vista a provável violação do art. 5º, LV, da Constituição Federal, merece provimento o agravo de instrumento. Agravo de instrumento conhecido e provido para determinar o processamento do recurso de revista. **II – Recurso de revista. Preliminar de nulidade do acórdão regional por cerceamento do direito de defesa. Execução provisória. Agravo de petição. Cabimento.** Depreende-se da redação do art. 899 da CLT que não há vedação legal à prática de atos processuais e recursos pertinentes ao processo executivo, em sede de execução provisória. Com efeito, o que a CLT impediu foi a realização de atos que resultem em alienação do patrimônio do devedor (alienação do bem penhorado ou liberação do depósito efetuado à garantia da execução). Assim sendo, constitui cerceamento do direito de defesa a decisão da Corte de origem que não conhece do agravo de petição da executada, por reputá-lo incabível na fase de execução provisória, uma vez que cria óbice processual sem qualquer respaldo em lei. Precedentes. Recurso de revista conhecido por violação do art. 5º, LV, da Constituição Federal e provido. **Conclusão**: Agravo de instrumento conhecido e provido e recurso de revista conhecido e provido" (RR-107-47.2016.5.02.0052, 3ª Turma, Relator Ministro Alexandre de Souza Agra Belmonte, *DEJT* 19-6-2020).

▷ "**Recurso ordinário em dissídio coletivo interposto pelo suscitante. Greve envolvendo servidores celetistas vinculados a autarquia estadual. Preliminar de incompetência da justiça do trabalho. Tema 544 de repercussão geral fixada pelo supremo tribunal federal. Remessa dos autos à justiça comum estadual.** O Supremo Tribunal Federal, nos autos do RE-846.854-SP, fixou a tese de repercussão geral – Tema 544 – de que "a Justiça Comum Federal ou Estadual é competente para julgar a abusividade da greve de servidores públicos celetistas da administração direta, autarquias e fundações de direito público". No caso em tela, trata-se de ação na qual se discute a questão da greve deflagrada pelos técnicos, tecnólogos e auxiliares em radiologia, servidores públicos celetistas do Hospital das Clínicas da Faculdade de Medicina da Universidade de São Paulo, Autarquia Estadual criada pelo Decreto-lei Estadual n. 13.192/1943. Assim, a teor das disposições constantes do art. 64, § 1º, do CPC, deve ser acolhida a preliminar de incompetência absoluta da Justiça do Trabalho, arguida pelo suscitante, determinando-se a remessa dos autos à Justiça Comum Estadual, nos termos do § 3º do mencionado dispositivo. Recurso ordinário provido para acolher a preliminar de incompetência da Justiça do Trabalho e determinar a remessa dos autos à Justiça Comum Estadual" (RO-1001799-55.2018.5.02.0000, Seção Especializada em Dissídios Coletivos, Relatora Ministra Dora Maria da Costa, *DEJT* 13-3-2020).

Capítulo VI
Dos recursos

Art. 893. Das decisões são admissíveis os seguintes recursos: (Redação dada pela Lei n. 861, de 13-10-1949.)

I – embargos;
II – recurso ordinário;
III – recurso de revista;
IV – agravo.

§ 1º Os incidentes do processo são resolvidos pelo próprio Juízo ou Tribunal, admitindo-se a apreciação do merecimento das decisões interlocutórias somente em recursos da decisão definitiva. (Parágrafo único renumerado pelo Dec.-lei n. 8.737, de 19-1-1946.)

§ 2º A interposição de recurso para o Supremo Tribunal Federal não prejudicará a execução do julgado. (Parágrafo incluído pelo Dec.-lei n. 8.737, de 19-1-1946.)

Art. 894. No Tribunal Superior do Trabalho cabem embargos, no prazo de 8 (oito) dias: (Artigo alterado pela Lei n. 11.496, de 22-6-2007.)

I – de decisão não unânime de julgamento que:

a) conciliar, julgar ou homologar conciliação em dissídios coletivos que excedam a competência territorial dos Tribunais Regionais do Trabalho e estender ou rever as sentenças normativas do Tribunal Superior do Trabalho, nos casos previstos em lei; e

b) (Vetado.)

II – das decisões das Turmas que divergirem entre si ou das decisões proferidas pela Seção de Dissídios Individuais, ou contrárias a súmula ou orientação jurisprudencial do Tribunal Superior do Trabalho ou súmula vinculante do Supremo Tribunal Federal. (Alterado pela Lei n. 13.015, de 21-7-2014.)

Parágrafo único. (Revogado.)

§ 2º A divergência apta a ensejar os embargos deve ser atual, não se considerando tal a ultrapassada por súmula do Tribunal Superior do Trabalho ou do Supremo Tribunal Federal, ou superada por iterativa e notória jurisprudência do Tribunal Superior do Trabalho. (Incluído pela Lei n. 13.015, de 21-7-2014.)

§ 3º O Ministro Relator denegará seguimento aos embargos:

I – se a decisão recorrida estiver em consonância com súmula da jurisprudência do Tribunal Superior do Trabalho ou do Supremo Tribunal Federal, ou com iterativa, notória e atual jurisprudência do Tribunal Superior do Trabalho, cumprindo-lhe indicá-la;

II – nas hipóteses de intempestividade, deserção, irregularidade de representação ou de ausência de qualquer outro pressuposto extrínseco de admissibilidade. (Parágrafo incluído pela Lei n. 13.015, de 21-7-2014.)

§ 4º Da decisão denegatória dos embargos caberá agravo, no prazo de 8 (oito) dias. (Incluído pela Lei n. 13.015, de 21-7-2014.)

Art. 895. Cabe recurso ordinário para a instância superior:

I – das decisões definitivas ou terminativas das Varas e Juízos, no prazo de 8 (oito) dias; e (Redação nos termos da Lei n. 11.925, de 17-4-2009.)

II – das decisões definitivas ou terminativas dos Tribunais Regionais, em processos de sua competência originária, no prazo de 8 (oito) dias, quer nos dissídios individuais, quer nos dissídios coletivos. (Redação nos termos da Lei n. 11.925, de 17-4-2009.)

§ 1º Nas reclamações sujeitas ao procedimento sumaríssimo, o recurso ordinário: (Parágrafo incluído pela Lei n. 9.957, de 12-1-2000.)

I – (Vetado.)

II – será imediatamente distribuído, uma vez recebido no Tribunal, devendo o relator liberá-lo no prazo máximo de 10 (dez) dias, e a Secretaria do Tribunal ou Turma colocá-lo imediatamente em pauta para julgamento, sem revisor;

III – terá parecer oral do representante do Ministério Público presente à sessão de julgamento, se este entender necessário o parecer, com registro na certidão;

IV – terá acórdão consistente unicamente na certidão de julgamento, com a indicação suficiente do processo e parte dispositiva, e das razões de decidir do voto prevalente. Se a sentença for confirmada pelos próprios fundamentos, a certidão de julgamento, registrando tal circunstância, servirá de acórdão.

§ 2º Os Tribunais Regionais, divididos em Turmas, poderão designar Turma para o julgamento dos recursos ordinários interpostos das sentenças prolatadas nas demandas sujeitas ao procedimento sumaríssimo. (Parágrafo incluído pela Lei n. 9.957, de 12-1-2000.)

Art. 896. Cabe Recurso de Revista para Turma do Tribunal Superior do Trabalho das deci-

sões proferidas em grau de recurso ordinário, em dissídio individual, pelos Tribunais Regionais do Trabalho, quando: (Redação dada pela Lei n. 9.756, de 17-12-1998.)

a) derem ao mesmo dispositivo de lei federal interpretação diversa da que lhe houver dado outro Tribunal Regional do Trabalho, no seu Pleno ou Turma, ou a Seção de Dissídios Individuais do Tribunal Superior do Trabalho, ou contrariarem súmula de jurisprudência uniforme dessa Corte ou súmula vinculante do Supremo Tribunal Federal; (Alterada pela Lei n. 13.015, de 21-7-2014.)

b) derem ao mesmo dispositivo de lei estadual, Convenção Coletiva de Trabalho, Acordo Coletivo, sentença normativa ou regulamento empresarial de observância obrigatória em área territorial que exceda a jurisdição do Tribunal Regional prolator da decisão recorrida, interpretação divergente, na forma da alínea *a*; (Redação dada pela Lei n. 9.756, de 17-12-1998.)

c) proferidas com violação literal de disposição de lei federal ou afronta direta e literal à Constituição Federal. (Redação dada pela Lei n. 9.756, de 17-12-1998.)

§ 1º O recurso de revista, dotado de efeito apenas devolutivo, será interposto perante o Presidente do Tribunal Regional do Trabalho, que, por decisão fundamentada, poderá recebê-lo ou denegá-lo. (Alterado pela Lei n. 13.015, de 21-7-2014.)

§ 1º-A. Sob pena de não conhecimento, é ônus da parte: (Incluído pela Lei n. 13.015, de 21-7-2014.)

I – indicar o trecho da decisão recorrida que consubstancia o prequestionamento da controvérsia objeto do recurso de revista;

II – indicar, de forma explícita e fundamentada, contrariedade a dispositivo de lei, súmula ou orientação jurisprudencial do Tribunal Superior do Trabalho que conflite com a decisão regional;

III – expor as razões do pedido de reforma, impugnando todos os fundamentos jurídicos da decisão recorrida, inclusive mediante demonstração analítica de cada dispositivo de lei, da Constituição Federal, de súmula ou orientação jurisprudencial cuja contrariedade aponte.

IV – transcrever na peça recursal, no caso de suscitar preliminar de nulidade de julgado por negativa de prestação jurisdicional, o trecho dos embargos declaratórios em que foi pedido o pronunciamento do tribunal sobre questão veiculada no recurso ordinário e o trecho da decisão regional que rejeitou os embargos quanto ao pedido, para cotejo e verificação, de plano, da ocorrência da omissão. (Incluído pela Lei n. 13.467, de 2017.)

§ 2º Das decisões proferidas pelos Tribunais Regionais do Trabalho ou por suas Turmas, em execução de sentença, inclusive em processo incidente de embargos de terceiro, não caberá Recurso de Revista, salvo na hipótese de ofensa direta e literal de norma da Constituição Federal. (Redação dada pela Lei n. 9.756, de 17-12-1998.)

§§ 3º ao 6º (Revogados pela Lei n. 13.467/2017.)

§ 7º A divergência apta a ensejar o recurso de revista deve ser atual, não se considerando como tal a ultrapassada por súmula do Tribunal Superior do Trabalho ou do Supremo Tribunal Federal, ou superada por iterativa e notória jurisprudência do Tribunal Superior do Trabalho. (Incluído pela Lei n. 13.015, de 21-7-2014.)

§ 8º Quando o recurso fundar-se em dissenso de julgados, incumbe ao recorrente o ônus de produzir prova da divergência jurisprudencial, mediante certidão, cópia ou citação do repositório de jurisprudência, oficial ou credenciado, inclusive em mídia eletrônica, em que houver sido publicada a decisão divergente, ou ainda pela reprodução de julgado disponível na internet, com indicação da respectiva fonte, mencionando, em qualquer caso, as circunstâncias que identifiquem ou assemelhem os casos confrontados. (Incluído pela Lei n. 13.015, de 21-7-2014.)

§ 9º Nas causas sujeitas ao procedimento sumaríssimo, somente será admitido recurso de revista por contrariedade a súmula de jurisprudência uniforme do Tribunal Superior do Trabalho ou a súmula vinculante do Supremo Tribunal Federal e por violação direta da Constituição Federal. (Incluído pela Lei n. 13.015, de 21-7-2014.)

§ 10. Cabe recurso de revista por violação a lei federal, por divergência jurisprudencial e por ofensa à Constituição Federal nas execuções fiscais e nas controvérsias da fase de execução que envolvam a Certidão Negativa de Débitos Trabalhistas (CNDT), criada pela Lei n. 12.440, de 7 de julho de 2011. (Incluído pela Lei n. 13.015, de 21-7-2014.)

§ 11. Quando o recurso tempestivo contiver defeito formal que não se repute grave, o Tribu-

nal Superior do Trabalho poderá desconsiderar o vício ou mandar saná-lo, julgando o mérito. (Incluído pela Lei n. 13.015, de 21-7-2014.)

§ 12. Da decisão denegatória caberá agravo, no prazo de 8 (oito) dias. (Incluído pela Lei n. 13.015, de 21-7-2014.)

§ 13. Dada a relevância da matéria, por iniciativa de um dos membros da Seção Especializada em Dissídios Individuais do Tribunal Superior do Trabalho, aprovada pela maioria dos integrantes da Seção, o julgamento a que se refere o § 3º poderá ser afeto ao Tribunal Pleno. (Incluído pela Lei n. 13.015, de 21-7-2014.)

§ 14. O relator do recurso de revista poderá denegar-lhe seguimento, em decisão monocrática, nas hipóteses de intempestividade, deserção, irregularidade de representação ou de ausência de qualquer outro pressuposto extrínseco ou intrínseco de admissibilidade. (Incluído pela Lei n. 13.467, de 2017.)

Art. 896-A. O Tribunal Superior do Trabalho, no recurso de revista, examinará previamente se a causa oferece transcendência com relação aos reflexos gerais de natureza econômica, política, social ou jurídica. (Artigo incluído pela MP n. 2.226, de 4-9-2001.)

§ 1º São indicadores de transcendência, entre outros: (Incluído pela Lei n. 13.467, de 2017.)

I – econômica, o elevado valor da causa; (Incluído pela Lei n. 13.467, de 2017.)

II – política, o desrespeito da instância recorrida à jurisprudência sumulada do Tribunal Superior do Trabalho ou do Supremo Tribunal Federal; (Incluído pela Lei n. 13.467, de 2017.)

III – social, a postulação, por reclamante-recorrente, de direito social constitucionalmente assegurado; (Incluído pela Lei n. 13.467, de 2017.)

IV – jurídica, a existência de questão nova em torno da interpretação da legislação trabalhista. (Incluído pela Lei n. 13.467, de 2017.)

§ 2º Poderá o relator, monocraticamente, denegar seguimento ao recurso de revista que não demonstrar transcendência, cabendo agravo desta decisão para o colegiado. (Incluída pela Lei n. 13.467, de 2017.)

§ 3º Em relação ao recurso que o relator considerou não ter transcendência, o recorrente poderá realizar sustentação oral sobre a questão da transcendência, durante cinco minutos em sessão. (Incluído pela Lei n. 13.467, de 2017.)

§ 4º Mantido o voto do relator quanto à não transcendência do recurso, será lavrado acórdão com fundamentação sucinta, que constituirá decisão irrecorrível no âmbito do tribunal. (Incluído pela Lei n. 13.467, de 2017.)

§ 5º É irrecorrível a decisão monocrática do relator que, em agravo de instrumento em recurso de revista, considerar ausente a transcendência da matéria. (Incluído pela Lei n. 13.467, de 2017.)

§ 6º O juízo de admissibilidade do recurso de revista exercido pela Presidência dos Tribunais Regionais do Trabalho limita-se à análise dos pressupostos intrínsecos e extrínsecos do apelo, não abrangendo o critério da transcendência das questões nele veiculadas. (Incluído pela Lei n. 13.467, de 2017.)

Art. 896-B. Aplicam-se ao recurso de revista, no que couber, as normas da Lei n. 5.869, de 11 de janeiro de 1973 (Código de Processo Civil), relativas ao julgamento dos recursos extraordinário e especial repetitivos. (Incluído pela Lei n. 13.015, de 21-7-2014.)

Art. 896-C. Quando houver multiplicidade de recursos de revista fundados em idêntica questão de direito, a questão poderá ser afetada à Seção Especializada em Dissídios Individuais ou ao Tribunal Pleno, por decisão da maioria simples de seus membros, mediante requerimento de um dos Ministros que compõem a Seção Especializada, considerando a relevância da matéria ou a existência de entendimentos divergentes entre os Ministros dessa Seção ou das Turmas do Tribunal. (Incluído pela Lei n. 13.015, de 21-7-2014.)

§ 1º O Presidente da Turma ou da Seção Especializada, por indicação dos relatores, afetará um ou mais recursos representativos da controvérsia para julgamento pela Seção Especializada em Dissídios Individuais ou pelo Tribunal Pleno, sob o rito dos recursos repetitivos. (Incluído pela Lei n. 13.015, de 21-7-2014.)

§ 2º O Presidente da Turma ou da Seção Especializada que afetar processo para julgamento sob o rito dos recursos repetitivos deverá expedir comunicação aos demais Presidentes de Turma ou de Seção Especializada, que poderão afetar outros processos sobre a questão para julgamento conjunto, a fim de conferir ao órgão julgador visão global da questão. (Incluído pela Lei n. 13.015, de 21-7-2014.)

§ 3º O Presidente do Tribunal Superior do Trabalho oficiará os Presidentes dos Tribunais Regionais do Trabalho para que suspendam os recursos interpostos em casos idênticos aos afetados como recursos repetitivos, até o pronunciamento definitivo do Tribunal Superior do Trabalho. (Incluído pela Lei n. 13.015, de 21-7-2014.)

§ 4º Caberá ao Presidente do Tribunal de origem admitir um ou mais recursos representativos da controvérsia, os quais serão encaminhados ao Tribunal Superior do Trabalho, ficando suspensos os demais recursos de revista até o pronunciamento definitivo do Tribunal Superior do Trabalho. (Incluído pela Lei n. 13.015, de 21-7-2014.)

§ 5º O relator no Tribunal Superior do Trabalho poderá determinar a suspensão dos recursos de revista ou de embargos que tenham como objeto controvérsia idêntica à do recurso afetado como repetitivo. (Incluído pela Lei n. 13.015, de 21-7-2014.)

§ 6º O recurso repetitivo será distribuído a um dos Ministros membros da Seção Especializada ou do Tribunal Pleno e a um Ministro revisor. (Incluído pela Lei n. 13.015, de 21-7-2014.)

§ 7º O relator poderá solicitar, aos Tribunais Regionais do Trabalho, informações a respeito da controvérsia, a serem prestadas no prazo de 15 (quinze) dias. (Incluído pela Lei n. 13.015, de 21-7-2014.)

§ 8º O relator poderá admitir manifestação de pessoa, órgão ou entidade com interesse na controvérsia, inclusive como assistente simples, na forma da Lei n. 5.869, de 11 de janeiro de 1973 (Código de Processo Civil). (Incluído pela Lei n. 13.015, de 21-7-2014.)

§ 9º Recebidas as informações e, se for o caso, após cumprido o disposto no § 7º deste artigo, terá vista o Ministério Público pelo prazo de 15 (quinze) dias. (Incluído pela Lei n. 13.015, de 21-7-2014.)

§ 10. Transcorrido o prazo para o Ministério Público e remetida cópia do relatório aos demais Ministros, o processo será incluído em pauta na Seção Especializada ou no Tribunal Pleno, devendo ser julgado com preferência sobre os demais feitos. (Incluído pela Lei n. 13.015, de 21-7-2014.)

§ 11. Publicado o acórdão do Tribunal Superior do Trabalho, os recursos de revista sobrestados na origem: (Incluído pela Lei n. 13.015, de 21-7-2014.)

I – terão seguimento denegado na hipótese de o acórdão recorrido coincidir com a orientação a respeito da matéria no Tribunal Superior do Trabalho; ou

II – serão novamente examinados pelo Tribunal de origem na hipótese de o acórdão recorrido divergir da orientação do Tribunal Superior do Trabalho a respeito da matéria.

§ 12. Na hipótese prevista no inciso II do § 11 deste artigo, mantida a decisão divergente pelo Tribunal de origem, far-se-á o exame de admissibilidade do recurso de revista. (Incluído pela Lei n. 13.015, de 21-7-2014.)

§ 13. Caso a questão afetada e julgada sob o rito dos recursos repetitivos também contenha questão constitucional, a decisão proferida pelo Tribunal Pleno não obstará o conhecimento de eventuais recursos extraordinários sobre a questão constitucional. (Incluído pela Lei n. 13.015, de 21-7-2014.)

§ 14. Aos recursos extraordinários interpostos perante o Tribunal Superior do Trabalho será aplicado o procedimento previsto no art. 543-B da Lei n. 5.869, de 11 de janeiro de 1973 (Código de Processo Civil), cabendo ao Presidente do Tribunal Superior do Trabalho selecionar um ou mais recursos representativos da controvérsia e encaminhá-los ao Supremo Tribunal Federal, sobrestando os demais até o pronunciamento definitivo da Corte, na forma do § 1º do art. 543-B da Lei n. 5.869, de 11 de janeiro de 1973 (Código de Processo Civil). (Incluído pela Lei n. 13.015, de 21-7-2014.)

§ 15. O Presidente do Tribunal Superior do Trabalho poderá oficiar os Tribunais Regionais do Trabalho e os Presidentes das Turmas e da Seção Especializada do Tribunal para que suspendam os processos idênticos aos selecionados como recursos representativos da controvérsia e encaminhados ao Supremo Tribunal Federal, até o seu pronunciamento definitivo. (Incluído pela Lei n. 13.015, de 21-7-2014.)

§ 16. A decisão firmada em recurso repetitivo não será aplicada aos casos em que se demonstrar que a situação de fato ou de direito é distinta das presentes no processo julgado sob o rito dos recursos repetitivos. (Incluído pela Lei n. 13.015, de 21-7-2014.)

§ 17. Caberá revisão da decisão firmada em julgamento de recursos repetitivos quando se alterar a situação econômica, social ou jurídica, caso em que será respeitada a segurança jurídi-

ca das relações firmadas sob a égide da decisão anterior, podendo o Tribunal Superior do Trabalho modular os efeitos da decisão que a tenha alterado. (Incluído pela Lei n. 13.015, de 21-7-2014.)

Art. 897. Cabe agravo, no prazo de 8 (oito) dias: (Redação dada pela Lei n. 8.432, de 11-6-1992.)

a) de petição, das decisões do Juiz ou Presidente, nas execuções; (Redação dada pela Lei n. 8.432, de 11-6-1992.)

b) de instrumento, dos despachos que denegarem a interposição de recursos. (Redação dada pela Lei n. 8.432, de 11-6-1992.)

§ 1º O agravo de petição só será recebido quando o agravante delimitar, justificadamente, as matérias e os valores impugnados, permitida a execução imediata da parte remanescente até o final, nos próprios autos ou por carta de sentença. (Redação dada pela Lei n. 8.432, de 11-6-1992.)

§ 2º O agravo de instrumento interposto contra o despacho que não receber agravo de petição não suspende a execução da sentença. (Redação dada pela Lei n. 8.432, de 11-6-1992.)

§ 3º Na hipótese da alínea *a* deste artigo, o agravo será julgado pelo próprio tribunal, presidido pela autoridade recorrida, salvo se se tratar de decisão de Juiz do Trabalho de 1ª Instância ou de Juiz de Direito, quando o julgamento competirá a uma das Turmas do Tribunal Regional a que estiver subordinado o prolator da sentença, observado o disposto no art. 679, a quem este remeterá as peças necessárias para o exame da matéria controvertida, em autos apartados, ou nos próprios autos, se tiver sido determinada a extração de carta de sentença. (Redação dada pela Lei n. 10.035, de 25-10-2000.)

§ 4º Na hipótese da alínea *b* deste artigo, o agravo será julgado pelo Tribunal que seria competente para conhecer o recurso cuja interposição foi denegada. (Parágrafo incluído pela Lei n. 8.432, de 11-6-1992.)

§ 5º Sob pena de não conhecimento, as partes promoverão a formação do instrumento do agravo de modo a possibilitar, caso provido, o imediato julgamento do recurso denegado, instruindo a petição de interposição: (Parágrafo incluído pela Lei n. 9.756, de 17-12-1998.)

I – obrigatoriamente, com cópias da decisão agravada, da certidão da respectiva intimação, das procurações outorgadas aos advogados do agravante e do agravado, da petição inicial, da contestação, da decisão originária, do depósito recursal referente ao recurso que se pretende destrancar, da comprovação do recolhimento das custas e do depósito recursal a que se refere o § 7º do art. 899 desta Consolidação; (Redação dada pela Lei n. 12.275, de 29-6-2010.)

II – facultativamente, com outras peças que o agravante reputar úteis ao deslinde da matéria de mérito controvertida. (Inciso incluído pela Lei n. 9.756, de 17-12-1998.)

§ 6º O agravado será intimado para oferecer resposta ao agravo e ao recurso principal, instruindo-a com as peças que considerar necessárias ao julgamento de ambos os recursos. (Parágrafo incluído pela Lei n. 9.756, de 17-12-1998.)

§ 7º Provido o agravo, a Turma deliberará sobre o julgamento do recurso principal, observando-se, se for o caso, daí em diante, o procedimento relativo a esse recurso. (Parágrafo incluído pela Lei n. 9.756, de 17-12-1998.)

§ 8º Quando o agravo de petição versar apenas sobre as contribuições sociais, o juiz da execução determinará a extração de cópias das peças necessárias, que serão autuadas em apartado, conforme dispõe o § 3º, parte final, e remetidas à instância superior para apreciação, após contraminuta. (Parágrafo incluído pela Lei n. 10.035, de 25-10-2000.)

Art. 897-A. Caberão embargos de declaração da sentença ou acórdão, no prazo de 5 (cinco) dias, devendo seu julgamento ocorrer na primeira audiência ou sessão subsequente a sua apresentação, registrado na certidão, admitido efeito modificativo da decisão nos casos de omissão e contradição no julgado e manifesto equívoco no exame dos pressupostos extrínsecos do recurso. (Artigo incluído pela Lei n. 9.957, de 12-1-2000.)

§ 1º Os erros materiais poderão ser corrigidos de ofício ou a requerimento de qualquer das partes. (Incluído pela Lei n. 13.015, de 21-7-2014.)

§ 2º Eventual efeito modificativo dos embargos de declaração somente poderá ocorrer em virtude da correção de vício na decisão embargada e desde que ouvida a parte contrária, no prazo de 5 (cinco) dias. (Incluído pela Lei n. 13.015, de 21-7-2014.)

§ 3º Os embargos de declaração interrompem o prazo para interposição de outros recursos, por qualquer das partes, salvo quando in-

tempestivos, irregular a representação da parte ou ausente a sua assinatura. (Incluído pela Lei n. 13.015, de 21-7-2014.)

Art. 898. Das decisões proferidas em dissídio coletivo que afete empresa de serviço público, ou, em qualquer caso, das proferidas em revisão, poderão recorrer, além dos interessados, o Presidente do Tribunal e a Procuradoria da Justiça do Trabalho.

Art. 899. Os recursos serão interpostos por simples petição e terão efeito meramente devolutivo, salvo as exceções previstas neste Título, permitida a execução provisória até a penhora. (Redação dada pela Lei n. 5.442, de 24-5-1968.)

§ 1º Sendo a condenação de valor até 10 (dez) vezes o valor de referência regional, nos dissídios individuais, só será admitido o recurso inclusive o extraordinário, mediante prévio depósito da respectiva importância. Transitada em julgado a decisão recorrida, ordenar-se-á o levantamento imediato da importância do depósito, em favor da parte vencedora, por simples despacho do juiz. (Redação dada pela Lei n. 5.442, de 24-5-1968.)

§ 2º Tratando-se de condenação de valor indeterminado, o depósito corresponderá ao que for arbitrado para efeito de custas, pela Junta ou Juízo de Direito, até o limite de 10 (dez) vezes o valor de referência regional. (Redação dada pela Lei n. 5.442, de 24-5-1968.)

§ 3º (Revogado pela Lei n. 7.033, de 5-10-1982.)

§ 4º O depósito recursal será feito em conta vinculada ao juízo e corrigido com os mesmos índices da poupança. (Redação dada pela Lei n. 13.467, de 2017.)

§ 5º (Revogado pela Lei n. 13.467, de 2017.)

§ 6º Quando o valor da condenação, ou o arbitrado para fins de custas, exceder o limite de 10 (dez) vezes o valor de referência regional, o depósito para fins de recurso será limitado a este valor. (Parágrafo incluído pela Lei n. 5.442, de 24-5-1968.)

§ 7º No ato de interposição do agravo de instrumento, o depósito recursal corresponderá a 50% (cinquenta por cento) do valor do depósito do recurso ao qual se pretende destrancar. (Incluído pela Lei n. 12.275, de 29-6-2010.)

§ 8º Quando o agravo de instrumento tem a finalidade de destrancar recurso de revista que se insurge contra decisão que contraria a jurisprudência uniforme do Tribunal Superior do Trabalho, consubstanciada nas suas súmulas ou em orientação jurisprudencial, não haverá obrigatoriedade de se efetuar o depósito referido no § 7º deste artigo. (Incluído pela Lei n. 13.015, de 21-7-2014.)

§ 9º O valor do depósito recursal será reduzido pela metade para entidades sem fins lucrativos, empregadores domésticos, microempreendedores individuais, microempresas e empresas de pequeno porte. (Incluído pela Lei n. 13.467, de 2017.)

§ 10. São isentos do depósito recursal os beneficiários da justiça gratuita, as entidades filantrópicas e as empresas em recuperação judicial. (Incluído pela Lei n. 13.467, de 2017.)

§ 11. O depósito recursal poderá ser substituído por fiança bancária ou seguro garantia judicial. (Incluído pela Lei n. 13.467, de 2017.)

Art. 900. Interposto o recurso, será notificado o recorrido para oferecer as suas razões, em prazo igual ao que tiver o recorrente.

Art. 901. Sem prejuízo dos prazos previstos neste Capítulo, terão as partes vistas dos autos em cartório ou na secretaria.

Parágrafo único. Salvo quando estiver correndo prazo comum, aos procuradores das partes será permitido ter vista dos autos fora do cartório ou secretaria. (Parágrafo incluído pela Lei n. 8.638, de 31-3-1993.)

Art. 902. (Revogado pela Lei n. 7.033, de 5-10-1982.)

▶ **Comentários**

1. **Conceito (recurso voluntário e/ou por imperativo legal)**

Por uma série de circunstâncias as questões estão submetidas aos Tribunais sujeitas ao chamado *duplo grau de jurisdição*, em razão do qual é possível o reexame da sentença por um juízo superior. Daí a utilização do *recurso*, que, no sentido jurídico, significa o meio de que se vale a parte para o reexame da sentença que lhe tenha sido total ou parcialmente desfavorável, ou, como afirma João Monteiro, "provocação a novo exame dos autos para emenda ou modificação da primeira sentença"[669].

669. *Teoria do Processo Civil e Comercial*, São Paulo, Programa, 1905, v. 3, p. 54.

O duplo grau de jurisdição, que resulta na possibilidade de reexame da causa por um juízo superior (necessariamente colegiado, ou seja, composto de mais de um juiz de segundo grau, que geralmente os Regimentos Internos dos Tribunais denominam de desembargadores); na verdade constitui uma garantia aos litigantes, como bem observa Giuseppe Chiovenda, "na medida em que um reiterado julgamento torna, já por si, possível a correção de erros, ou ainda porque os dois julgamentos são confiados a juízes diversos"[670].

Note-se que o objetivo do recurso não é, a rigor, a modificação ou reforma da sentença, mas o *reexame* da decisão. Se fixarmos o objetivo do recurso na reforma da decisão recorrida, fatalmente teríamos de excluir do seu âmbito o chamado recurso por imperativo legal, também denominado "de ofício"[671]. A menos que façamos distinção entre o que poderíamos chamar de *recurso propriamente dito* e *recurso impropriamente dito*. O primeiro, objetivando o reexame, visa também a reforma e/ou modificação do julgado. O segundo, ao revés, só objetivaria o reexame.

Em razão, pois, do exposto é que fazemos nosso o conceito de recurso formulado por Oliveira e Cruz – "recurso é o meio pelo qual se provoca o reexame da decisão recorrida"[672] –, conceito que abrange, por conseguinte, o chamado recurso por imperativo legal ou de ofício, que Moacyr Amaral Santos denomina "quase recurso ou procedimento análogo".

2. **Pressupostos do recurso (subjetivos e objetivos)**

Os recursos para serem admitidos devem atender a determinados pressupostos, que são de duas ordens:

a) subjetivos;

b) objetivos.

Os pressupostos subjetivos estão intimamente vinculados à parte que pode recorrer, ou seja, a chamada *legitimidade para recorrer*. Disciplinando-a o art. 996 do CPC, de inequívoca aplicação subsidiária no processo trabalhista:

"O recurso pode ser interposto pela parte vencida, pelo terceiro prejudicado e pelo Ministério Público, como parte ou como fiscal da ordem jurídica".

O dispositivo legal transcrito deixa patente, pois, que o vencedor não pode recorrer. Com efeito, não teria sentido o recurso por parte de quem venceu a demanda, a menos que a decisão lhe tenha sido parcialmente desfavorável, hipótese em que terá plena legitimidade para recorrer da parte que lhe foi prejudicial. Quando o legislador fala em *parte vencida*, refere-se, obviamente, à parte vencida total ou parcialmente. Assim sendo, uma sentença *procedente em parte* poderá ensejar, e comumente enseja, dois recursos, interpostos por ambos os litigantes, inconformados com o resultado da ação. Note-se que o art. 1.002 do CPC é de absoluta clareza quando estabelece que "a decisão pode ser impugnada no todo ou em parte".

Na eventualidade de o feito abrigar diversos autores (litisconsórcio ativo) ou vários réus (litisconsórcio passivo), cada litisconsorte poderá recorrer da parte da (sentença) que lhe tenha sido desfavorável como consequência do chamado princípio da *autonomia dos litigantes*, consoante ao que prevê o art. 113, do CPC.

Possui legitimidade para recorrer o *terceiro prejudicado*, assim considerado aquele que, muito embora não tenha participado da relação jurídico-processual, tenha, portanto, sofrido prejuízo – é o chamado *recurso de terceiro prejudicado*.

Ensina Moacyr Amaral Santos:

"Terceiro prejudicado, com qualidade para recorrer, é, pois, todo aquele estranho à relação processual por ocasião do ato decisório impugnável, a quem causou prejuízo"[673].

É fundamental, portanto, que se positive a vinculação de seu interesse com a decisão recorrida, ou seja, "um nexo causal de inter-

670. *Instituições de Direito Processual Civil*, 3. ed., São Paulo, Saraiva, 1969, v. 3, p. 197.

671. Conforme o art. 469, do CPC.

672. João Claudino Oliveira e Cruz, *Dos Recursos no Código de Processo Civil*, 3. ed., Rio de Janeiro, Forense, p. 9.

673. *Primeiras Linhas de Direito Processual Civil*, cit., 3. ed., v. 3, p. 86.

dependência entre o seu interesse e a relação jurídica submetida à apreciação judicial".

Pode recorrer, também, o Ministério Público, não só nas ações em que tenha figurado como parte como naquelas em que oficiou na "defesa da ordem jurídica, do regime democrático e dos interesses e direitos sociais e individuais indisponíveis"[674], por ser indispensável à função jurisdicional do Estado.

Finalmente, está obrigado a recorrer – recurso por imperativo legal – o juiz que profere decisão contra a União, Estados, Distrito Federal e Municípios, e respectivas autarquias[675], conforme disposição contida no art. 496 do CPC.

Os pressupostos objetivos do recurso são: a existência de efetivo prejuízo, ou seja, a sucumbência; a recorribilidade da decisão; a tempestividade; o depósito recursal e o preparo das custas processuais.

Como já observamos, só o vencido, parcial ou total, pode recorrer, não se admitindo recurso por quem não tenha tido prejuízo. Assim sendo, só o prejuízo justifica o recurso.

Por outro lado, é indispensável que a decisão seja suscetível de recurso, já que nem todas as sentenças são recorríveis. No processo do trabalho, temos o procedimento sumário[676], o processo cujo valor dado à causa seja igual ou inferior a 2 salários mínimos vigentes, na sede da Vara do Trabalho e que é insuscetível de recurso.

A tempestividade é requisito imprescindível, isto é, o recurso deve ser interposto *em tempo hábil*, tempestivamente, sem o que não será admitido.

No processo do trabalho, ao contrário do que ocorre no processo civil, as partes e os próprios advogados têm maior facilidade para a interposição do recurso, em razão da uniformização dos prazos.

Com efeito, enquanto no processo civil os prazos variam segundo a espécie de recurso, no processo do trabalho o prazo é um só para todos os recursos – 8 dias –, excetuados os embargos à execução (CLT, art. 884, 5 dias), que, a rigor, não são recursos, mas ações incidentais (Liebman), e o recurso extraordinário, cujo prazo é de 15 dias (art. 1.030 do CPC).

Havendo condenação em pecúnia, no processo do trabalho, mister se faz o chamado *depósito recursal* (CLT, art. 899, § 1º).

Inexistindo condenação em pecúnia, o depósito se torna dispensável, segundo a Súmula 161 do TST:

"Não havendo condenação em pecúnia, descabe o depósito prévio de que tratam os §§ 1º e 2º do art. 899 da Consolidação das Leis do Trabalho".

Finalmente, para a acolhida do recurso impõe-se o pagamento das custas processuais, na eventualidade de este ser interposto pela parte que ao pagamento destas tenha sido condenada. Se tal condenação recai sobre o empregado, percebendo este até 2 salários mínimos, poderá ser dela isento, a critério do juiz.

Notem-se, os dispositivos do CPC, que, em conformidade com os §§ 1º e 3º, do art. 1.010, apresentadas as contrarrazões de recurso, no prazo de 15 dias, o juiz remeterá os autos ao tribunal para o reexame.

Em conformidade com o disposto na Súmula 53 do TST, "o prazo para pagamento das custas, no caso de recurso, é contado da intimação do cálculo".

Denegado o recurso, a parte prejudicada pode interpor agravo de instrumento.

PRESSUPOSTOS SUBJETIVOS DO RECURSO
- o vencido, no todo ou em parte
- o terceiro prejudicado
- o Ministério Público
- o juiz, nas decisões proferidas contra o Poder Público

PRESSUPOSTOS OBJETIVOS DO RECURSO
- existência de efetivo prejuízo
- recorribilidade da decisão
- tempestividade
- depósito recursal
- pagamento das custas processuais e emolumentos

Tendo em vista o desuso da interposição de recurso por intermédio do sistema *fac-símile*, a norma permanece vigente:

674. Arts. 127 da CF e 176 e seguintes do CPC.
675. Conforme dispõe o Dec.-lei n. 779, de 21-8-1969.
676. Instituído pela Lei n. 5.584/70.

"Válida a utilização do sistema fac-símile para a interposição de recursos, desde que apresentados os originais em tempo oportuno, vale dizer do prazo do recurso"[677].

3. Súmulas impeditivas de recurso

O "juiz não receberá o recurso de apelação quando a sentença estiver em conformidade com súmula do Superior Tribunal de Justiça ou do Supremo Tribunal Federal".

A CLT é omissa, pois não faz nenhuma referência a tal disposição; logo, se indaga se seria aplicável ou não os termos do CPC ao Processo do Trabalho.

Conquanto voltada para o Processo Civil, visando a sua celeridade, seu objetivo se harmoniza com a natureza do Processo Trabalhista de inegável caráter social.

É de ressaltar que em conformidade com o art. 769 da CLT, aplicar-se-á o direito processual comum nos casos omissos, quando compatíveis com os princípios gerais do processo trabalhista.

Por tais aspectos, é que se sustenta sua aplicação subsidiária ao Processo do Trabalho.

Manoel Antônio Teixeira Filho, em erudito estudo sobre as alterações do Processo Civil e seus reflexos no Processo do Trabalho[678], sustenta a compatibilidade da regra, afirmando que:

"No Processo do Trabalho a regra será aplicável em relação ao recurso ordinário, nos casos em que a sentença impugnada estiver em consonância com súmula do TST ou do STF. O art. 896, § 5º da CLT permite ao relator negar seguimento aos recursos de revista, de embargos e de agravo de instrumento, quando a decisão recorrida estiver em consonância com súmula do TST".

Logo, plenamente aplicável no Processo do Trabalho, segundo o consagrado juslaboralista, opinião de que comungamos. Observe-se que a súmula impeditiva de recurso não se confunde com a súmula vinculante, esta última de competência exclusiva do STF, conforme o disposto no art. 103-A da CF/88.

4. Espécies de recursos

"Art. 893. Das decisões são admissíveis os seguintes recursos:
I – embargos;
II – recurso ordinário;
III – recurso de revista;
IV – agravo."

O dispositivo legal sob comento é omisso, não atendendo, outrossim, à ordem cronológica dos recursos.

Os Embargos a que se refere o inciso I do art. 893, da CLT é um antigo recurso em vigor a época da representação classista, quando as juntas de conciliação e julgamento atuavam com três membros:

O juiz presidente, o vogal dos empregadores e o dos empregados. O recurso das sentenças proferidas pelo juízo de 1º grau é o ordinário, para o TRT, o que equivale a apelação, no processo civil.

Os embargos previstos no § 1º do art. 649, com redação dada em 1946[679], ou seja, são os embargos infringentes[680]. Modernamente, os embargos são infringentes (arts. 894, I, a, da CLT; 2º, II, c, da L. 7.701/88 e 232 do RITST) ou de divergência, julgados pela SDI do TST (art. 894, II, da CLT), das divergências entre os entendimentos dos TRTs, e, das Turmas do TST.

No processo do trabalho são admissíveis os seguintes recursos:

a) *recurso ordinário* (art. 895 da CLT);
b) *recurso adesivo* (art. 997, §§ 1º e 2º, do CPC, de aplicação subsidiária);
c) *recurso de revista* (art. 896 da CLT);
d) *agravo de instrumento* (art. 897, b, da CLT);
e) *agravo de petição* (art. 897, a, da CLT);
f) *embargos infringentes* (arts. 894, I, a, da CLT; 2º, II, c, L. 7.701/88 e 323 do RITST) e de *divergência* (art. 894, II, da CLT e arts. 2º e 3º da Lei n. 7.701 de 1988);
g) *agravo regimental* (art. 709, § 1º da CLT e RI/TST, art. 235);
h) *recurso de revisão* (Lei n. 5.584/70, art. 2º, § 2º);

677. STF, AR-AI, 141.810-0-SP, 2ª T., Rel. Min. Carlos Velloso.
678. In Revista *LTr*, março de 2006.
679. Redação dada pelo Decreto-lei n. 8.737, de 1946.
680. Os embargos infringentes estavam previstos no art. 530 do CPC (L. 5.869/1973), renovado.

i) *embargos declaratórios* (art. 897-A da CLT);

j) *recurso extraordinário* (CF/88, art. 102);

k) *correição parcial* (art. 682, XI, da CLT – medida de ordem disciplinar que objetiva impedir "andamentos tumultuários dos feitos ou sanar erros quando as leis processuais não dão meios para se chegar a este resultado");

l) *agravo interno* (arts. 894, § 4º e 896, § 12, da CLT).

Vejamo-los.

a) Recurso ordinário

O recurso ordinário equivale à apelação do processo civil. É, portanto, o recurso que pode ser interposto das decisões que põem fim ao processo, tenham ou não apreciado o mérito (definitivas e terminativas). Contrariamente, porém, ao que ocorre com a apelação do processo civil, que só é interposta da sentença proferida por juízo de 1º grau, o recurso ordinário tanto pode ser interposto da sentença proferida pela Vara do Trabalho (1º grau) como das decisões proferidas pelo TRT (2º grau), em processos de sua competência originária, tais como dissídio coletivo, ação rescisória, mandado de segurança:

"Art. 895. Cabe recurso ordinário para a instância superior:

I – das decisões definitivas ou terminativas das Varas e Juízos, no prazo de 8 (oito) dias; e

II – das decisões definitivas ou terminativas dos Tribunais Regionais, em processos de sua competência originária, no prazo de 8 (oito) dias, quer nos dissídios individuais, quer nos dissídios coletivos".

O recurso ordinário é admissível, portanto, das sentenças definitivas ou terminativas do feito na Justiça do Trabalho. Sentença definitiva, como já vimos, é aquela que, examinando o mérito, põe fim ao processo. Terminativa é a sentença que põe fim ao processo, sem, contudo, examinar o mérito. Nessas condições, suscetível de recurso ordinário a decisão que, julgando procedente exceção de incompetência material, declara incompetente a Justiça do Trabalho, determinando a remessa dos autos à Justiça Estadual ou Federal, na mais correta interpretação do art. 799, § 2º, da CLT.

Ressalte-se que o processo do trabalho não admite recurso contra decisões interlocutórias, como deixa claro o § 1º do art. 893:

"Os incidentes do processo serão resolvidos pelo próprio juízo ou tribunal admitindo-se a apreciação do merecimento das decisões interlocutórias somente em recurso da decisão definitiva".

Reitera o princípio a Súmula 214 do TST:

"Na Justiça do Trabalho, nos termos do art. 893, § 1º, da CLT, as decisões interlocutórias não ensejam recurso imediato, salvo nas hipóteses de decisão: a) de Tribunal Regional do Trabalho contrária à Súmula ou Orientação Jurisprudencial do Tribunal Superior do Trabalho; b) suscetível de impugnação mediante recurso para o mesmo Tribunal; c) que acolhe exceção de incompetência territorial, com a remessa dos autos para Tribunal Regional distinto daquele a que se vincula o juízo excepcionado, consoante o disposto no art. 799, § 2º, da CLT".

I – Recurso ordinário voluntário

Quando o recurso é interposto pela própria parte (necessariamente vencida no todo ou em parte), diz-se ser *voluntário*, por isso que espontaneamente proposto. Na lição de Moacyr Amaral Santos:

"Na consonância do princípio do duplo grau de jurisdição, concede-se à parte vencida o direito de recorrer da decisão para órgão jurisdicional hierarquicamente superior, a fim de que por este a matéria decidida seja reexaminada e novamente julgada. Trata-se de um direito concedido ao sucumbente que dele poderá valer-se ou não. Por isso mesmo, os recursos postos à disposição do sucumbente são todos eles voluntários. A exercibilidade do princípio está na dependência da vontade da parte vencida querer submeter a causa a reexame por órgão hierarquicamente superior"[681].

II – Recurso ordinário por imposição legal (*"ex officio"*)

Visando o resguardo de determinados interesses (da União, Estados, Municípios e

681. *Primeiras Linhas de Direito Processual Civil*, cit., 3. ed., v. 3, p. 78.

respectivas autarquias), o Decreto-lei n. 779/69 instituiu no âmbito do processo do trabalho o chamado *recurso por imposição legal*, também denominado *de ofício*, a ser suscitado pelo próprio juízo prolator da decisão que condena o Poder Público, ainda que não haja recurso das partes. Assim, todas as vezes em que o juiz da Vara do Trabalho condene qualquer das pessoas jurídicas de direito público, acima nominadas deverá o próprio juízo *a quo* recorrer de ofício de sua decisão.

A apreciação da sentença recorrida pelo TRT, em casos tais, constitui condição *sine qua non* para seu trânsito em julgado.

O recurso de ofício, cuja natureza é controvertida (recurso, quase recurso, recurso impropriamente dito), é interposto de forma simples e, como já observamos, não objetiva a reforma do julgado, mas tão somente o reexame da decisão, constituindo-se das seguintes expressões:

"Recorre-se de ofício da presente decisão, para o Egrégio Tribunal Regional do Trabalho"[682].

De todo conveniente ressaltar que o TST, na Súmula 303, decidiu que:

"I – Em dissídio individual, está sujeita ao reexame necessário, mesmo na vigência da CF/1988, decisão contrária à Fazenda Pública, salvo quando a condenação não ultrapassar o valor correspondente a: a) 1.000 (mil) salários mínimos para a União e as respectivas autarquias e fundações de direito público; b) 500 (quinhentos) salários mínimos para os Estados, o Distrito Federal, as respectivas autarquias e fundações de direito público e os Municípios que constituam capitais dos Estados; c) 100 (cem) salários mínimos para todos os demais Municípios e respectivas autarquias e fundações de direito público.

II – Também não se sujeita ao duplo grau de jurisdição a decisão fundada em: a) súmula ou orientação jurisprudencial do Tribunal Superior do Trabalho; b) acórdão proferido pelo Supremo Tribunal Federal ou pelo Tribunal Superior do Trabalho em julgamento de recursos repetitivos; c) entendimento firmado em incidente de resolução de demandas repetitivas ou de assunção de competência; d) entendimento coincidente com orientação vinculante firmada no âmbito administrativo do próprio ente público, consolidada em manifestação, parecer ou súmula administrativa.

III – Em ação rescisória, a decisão proferida pelo Tribunal Regional do Trabalho está sujeita ao duplo grau de jurisdição obrigatório quando desfavorável ao ente público, exceto nas hipóteses dos incisos anteriores. (ex-OJ n. 71 da SBDI-1 – inserida em 3-6-1996)

IV – Em mandado de segurança, somente cabe reexame necessário se, na relação processual, figurar pessoa jurídica de direito público como parte prejudicada pela concessão da ordem. Tal situação não ocorre na hipótese de figurar no feito como impetrante e terceiro interessado pessoa de direito privado, ressalvada a hipótese de matéria administrativa. (ex-OJs n. 72 e 73 da SBDI-1 – inseridas, respectivamente, em 25-11-1996 e 3-6-1996)".

Em mandado de segurança, somente cabe remessa *ex officio* se, na relação processual, figurar pessoa jurídica de direito público como parte prejudicada pela concessão da ordem. Tal situação não ocorre na hipótese de figurar no feito como impetrante e terceiro interessado pessoa de direito privado, ressalvada a hipótese de matéria administrativa.

Observe-se que a Súmula 303, supratranscrita, vem de adotar a regra disposta na seção – da remessa necessária – prevista no art. 496 e § 1º, do CPC de 2015, muito embora o Decreto-lei n. 779/69 não estabeleça limite ao recurso necessário ou de ofício:

"Art. 1º Nos processos perante a Justiça do Trabalho, constituem privilégio da União, dos Estados, do Distrito Federal, dos Municípios e das autarquias ou fundações de direito público federais, estaduais ou municipais que não explorem atividade econômica:
... I
V – o recurso ordinário '*ex officio*' das decisões que lhe sejam total ou parcialmente contrárias".

III – Efeitos do recurso ordinário

O recurso produz, uma vez interposto, dois efeitos:

[682]. Art. 1º, inciso V, do Dec.-lei n. 779, de 21 de agosto de 1969

a) devolutivo;
b) suspensivo.

O *efeito devolutivo* consiste no reexame, pelo juízo ad quem, da decisão recorrida. Daí dizer-se que o juízo *a quo* devolve ao juízo *ad quem* toda a matéria abordada em 1º grau.

Ensina Eliézer Rosa:

"A apelação é devolutiva no sentido de que, a partir do momento da sua interposição, o conhecimento da causa pertence ao Juízo '*ad quem*', perante o qual são postas novamente em litígio as questões de fato e de direito suscitadas e discutidas, ou apenas suscitadas na instância inferior, a respeito das quais foi interposta a apelação"[683].

O efeito devolutivo, pois, consiste em atribuir ao juízo de 2º grau toda a matéria arguida em 1º grau.

O *efeito suspensivo*, por sua vez, consiste na suspensão da eficácia executiva da sentença: "entende-se por efeito suspensivo – preleciona Moacyr Amaral Santos – o que impede a eficácia executiva do ato decisório, desde o momento da interposição do recurso, e até que este seja decidido"[684].

No processo do trabalho, os recursos, e como tais o ordinário (CLT, art. 899), têm efeito meramente devolutivo, o que permite a propositura da *execução provisória*, uma vez extraída a *carta de sentença*, que, todavia, não faculta atos de alienação, indo, portanto, até a penhora. Alguns recursos, podem, porém, ser recebidos no efeito suspensivo, como o recurso ordinário interposto pelo Ministério Público do Trabalho, nos dissídios coletivos (Lei n. 5.584/70, art. 8º).

Vê-se, pois, que o efeito devolutivo é a regra, sendo o efeito suspensivo uma exceção, como observa Coqueijo Costa ao referir-se ao recurso ordinário: "Não tem, nem pode ter, efeito suspensivo, pois este é exceção no processo do trabalho".

IV – Recurso ordinário no procedimento sumaríssimo

"Art. 895. ...

§ 1º Nas reclamações sujeitas ao procedimento sumaríssimo, o recurso ordinário:

I – (*Vetado*.)

II – será imediatamente distribuído, uma vez recebido no Tribunal, devendo o relator liberá-lo no prazo máximo de dez dias, e a Secretaria do Tribunal ou Turma colocá-lo imediatamente em pauta para julgamento, sem revisor;

III – terá parecer oral do representante do Ministério Público presente à sessão de julgamento, se este entender necessário o parecer, com registro na certidão;

IV – terá acórdão consistente unicamente na certidão de julgamento, com a indicação suficiente do processo e parte dispositiva, e das razões de decidir do voto prevalente. Se a sentença for confirmada pelos próprios fundamentos, a certidão de julgamento, registrando tal circunstância, servirá de acórdão.

§ 2º Os Tribunais Regionais, divididos em Turmas, poderão designar Turma para o julgamento dos recursos ordinários interpostos das sentenças prolatadas nas demandas sujeitas ao procedimento sumaríssimo"[685].

O procedimento sumaríssimo, como se sabe, tem o objetivo manifesto de acelerar o andamento dos processos cujo valor não ultrapasse 40 salários mínimos.

A expressão "sumaríssimo" designa um procedimento despido de formalismos, sucinto, breve, simples, rápido.

O recurso ordinário no procedimento sumaríssimo deve ser interposto no prazo de *8 dias*, a contar da intimação da sentença:

"As partes serão intimadas da sentença na própria audiência em que prolatada" (§ 3º do art. 852-I).

Conquanto silente a Lei n. 9.957/2000, interposto o recurso ordinário, dar-se-á vista ao recorrido para manifestar-se em contrarrazões.

No respectivo TRT, a distribuição ao relator deve ser imediata – eliminou-se a prévia manifestação do MPT, que, julgando necessário, falará oralmente, quando do julgamento

683. *Dicionário de Processo Civil*, cit., p. 85.
684. *Primeiras Linhas de Direito Processual Civil*, cit., 3. ed., v. 3, p. 103.
685. Parágrafos acrescentados ao art. 895 pela Lei n. 9.957, de 12-1-2000.

do apelo, dispensando-se, outrossim, a figura do revisor.

"Art. 895. ..
(...)
II – será imediatamente distribuído, uma vez recebido no Tribunal, devendo o relator liberá-lo no prazo máximo de dez dias, e a Secretaria do Tribunal ou Turma colocá-lo imediatamente em pauta para julgamento, sem revisor;
III – terá parecer oral do representante do Ministério Público presente à sessão de julgamento, se este entender necessário o parecer, com registro na certidão".

O acórdão do tribunal consiste numa simples certidão de julgamento, com a indicação do processo, as razões de decidir do voto prevalente e a parte dispositiva, ou seja, a parte final da decisão.

Buscando a celeridade dos julgamentos, prevê o § 2º, do art. 895, sob comento, a criação de *turmas especializadas* nos tribunais regionais, para o julgamento dos recursos ordinários interpostos no procedimento sumaríssimo:

"§ 2º Os Tribunais Regionais, divididos em Turmas, poderão designar Turma para o julgamento dos recursos ordinários interpostos das sentenças prolatadas nas demandas sujeitas ao procedimento sumaríssimo"[686].

b) Recurso adesivo

Instituído pelo CPC, tem cabimento nas ações julgadas *procedentes em parte*, quando os litigantes são, a um só tempo, vencedores e vencidos, ou, como preleciona Moacyr Amaral Santos, "reciprocamente sucumbentes"[687].

Julgada procedente em parte a ação, a rigor, surgem dois vencedores e, concomitantemente, dois vencidos, ainda que parcialmente. O autor, obviamente, pretende tudo o que é postulado na inicial; o réu, ao revés, não objetiva senão a total improcedência da ação. Todavia, julgando procedente em parte a ação, o juiz condena o réu a pagar ao autor parte do pedido. Daí a ocorrência de dois vencedores e vencidos.

Na eventualidade de tal fato, se apenas uma das partes recorre, facultado é à outra (que não interpôs recurso) *aderir* ao recurso em questão.

Em princípio, cada parte deve interpor seu próprio recurso, observados os prazos e demais exigências legais, como enfatiza o art. 997, §§ 1º e 2º, do CPC. Na ocorrência, porém, da hipótese acima mencionada, à parte que não recorreu é dado aderir ao recurso interposto pela parte contrária.

O recurso adesivo tem, pois, como pressuposto fundamental o sucumbimento recíproco (*RT, 481*:116).

Conquanto efetivamente seja recurso, "pois tem as funções deste e os seus caracteres"[688], não é, todavia, um recurso independente, mas subordinado ao principal, razão por que o eminente processualista observa que "melhor fora se lhe desse a denominação de *recurso condicionado*, porquanto o está à existência do recurso principal".

"A denominação recurso adesivo – escreve Theotonio Negrão – é inadequada. Não há adesão, porém, divergência. Melhor seria denominá-lo *recurso subordinado ou dependente*".

Note-se que não pode haver recurso adesivo na inexistência do recurso principal, já que o primeiro está, necessariamente, subordinado ao segundo. Por isso que, na ocorrência de desistência do recurso principal, sua deserção ou inadmissibilidade, o recurso adesivo não será, igualmente, conhecido. A desistência do recurso principal, por seu turno, independe da anuência do recorrido – "o recorrente poderá desistir do recurso, a qualquer tempo, sem a anuência do recorrido ou dos litisconsortes" art. 998 do CPC.

Não obstante, a desistência do recurso principal – "não impede a análise dos recursos extraordinários ou especiais repetitivos – com repercussão geral reconhecida"[689] pelo STF ou pelo STJ.

O recurso adesivo, no processo civil, só é admissível na apelação, nos embargos infringentes, no recurso extraordinário e no recur-

686. *Vide* nosso *O Procedimento Sumaríssimo na Justiça do Trabalho*, São Paulo, Saraiva, p. 91.
687. *Primeiras Linhas de Direito Processual Civil*, cit., v. 3, p. 179.
688. Moacyr Amaral Santos, *Primeiras Linhas de Direito Processual Civil*, cit., v. 3, p. 180.
689. Parágrafo único do art. 998, do CPC.

so especial (art. 997, § 2º, do CPC). O prazo para sua interposição é de 8 dias, a contar da intimação do despacho que admitir o recurso principal. Silente o CPC quanto ao prazo para contrarrazões, entendemos deva ser de 8 dias, como decorrência do princípio da igualdade entre as partes.

É, outrossim, um recurso privativo das partes, o que leva Moacyr Amaral Santos a observar que não se estende ao terceiro prejudicado ou ao Ministério Público, salvo quando este funciona como parte:

"... o recurso adesivo configura-se como benefício conferido às partes, reciprocamente vencedoras e vencidas, não a outrem: nessa ordem de ideias, não se admite recurso adesivo àquele interposto por terceiro prejudicado ou pelo Ministério Público, se este não funcionar como parte no processo"[690].

Observe-se que, se a parte, no prazo legal, apresentar recurso autônomo, não pode, concomitantemente, opor recurso adesivo:

"Ao interpor recurso extraordinário seu, a parte renuncia a recurso adesivo subsequente ao apelo extremo da outra parte"[691].

Conquanto extremamente ágil, por isso que simplifica a interposição de recursos, ao mesmo tempo que, representa um avanço no campo da lealdade processual, não foi o recurso adesivo, desde logo, aceito no âmbito trabalhista, levando o TST a proferir a Súmula 175, considerando-o incompatível com o processo laboral.

Veio prevalecer, todavia, a corrente que, com veemência, pugnava pela sua adoção[692], do que resultou a revogação da Súmula 175 pela de número 196, posteriormente revista pela *Súmula 283*:

"O recurso adesivo é compatível com o processo do trabalho, onde cabe, no prazo de oito dias, nas hipóteses de interposição de recurso ordinário, de agravo de petição, de revista e de embargos, sendo desnecessário que a matéria nele veiculada esteja relacionada com a do recurso interposto pela parte contrária".

Acolhido o recurso adesivo no processo do trabalho, houve, como facilmente se percebe da leitura da Súmula acima transcrita, uma adaptação dele, não só quanto ao prazo de *8 dias*[693] (que uniformizou os prazos recursais no âmbito do processo do trabalho) como, inclusive, sua admissão no recurso ordinário (que equivale à apelação do processo civil), no recurso de revista (que subsiste no processo trabalhista), nos embargos para o Pleno e no agravo de petição.

c) Recurso de revista

O recurso de revista, suprimido da legislação processual civil, e subsistente no processo do trabalho (CLT, art. 896), é um recurso que objetiva a uniformização da jurisprudência. Jurisprudência, como se sabe, em sentido amplo, significa os julgados dos tribunais. Em sentido restrito é a maneira constante e uniforme pela qual os tribunais resolvem determinadas questões de direito:

"Chama-se jurisprudência em geral – ao conjunto das soluções dadas pelos tribunais às questões de direito; relativamente a um caso particular, denomina-se jurisprudência – a decisão constante e uniforme dos tribunais sobre determinado ponto de direito"[694].

Fonte magnífica de interpretação do direito, a jurisprudência amolda o rigorismo legal à realidade social a que se destina a regra jurídica.

Para que se constitua jurisprudência, mister se faz a existência de inúmeros julgados num mesmo sentido. "Uma decisão isolada não constitui jurisprudência", adverte Carlos Maximiliano. "É fundamental que se repita, e sem variações de fundo. O precedente, para constituir jurisprudência, deve ser uniforme e constante. Quando esta satisfaz

690. *Primeiras Linhas de Direito Processual Civil*, cit., v. 3, p. 182

691. STF, 2ª T., RE 90.889-7-CE, j. 1º-6-1977, *DJU*, 3-7-1979, p. 5159.

692. Coqueijo Costa, *Direito Judiciário do Trabalho*, cit., p. 440.

693. Art. 6º Lei n. 5.584, de 26-6-1970.

694. Carlos Maximiliano, *Hermenêutica e Aplicação do Direito*, cit., p. 5-10.

os dois requisitos, granjeia sólido prestígio, impõe-se como revelação presuntiva do sentir geral, da consciência jurídica de um povo em determinada época, deve ser observada enquanto não surgem razões muito fortes em contrário". Daí a conveniência da sua uniformização. Como lembra Mário Guimarães, "quando uma câmara decide de um jeito, outra de outro, esta reforma o que estatuiu ontem, aquela restabelece jurisprudência abandonada, ninguém sabe a quantas anda. O direito torna-se loteria e os leigos, que ignoram serem essas flutuações decorrentes da mutabilidade do pensamento humano, perdem confiança nas leis e nas autoridades"[695].

Visando estabelecer harmonia nas decisões judiciais, o recurso de revista busca, igualmente, fazer prevalecer a norma federal, objetivando o que Bezerra Diniz denomina "unidade de interpretação".

O recurso de revista não admite, pelos motivos expostos, discussão de questões fáticas, mas tão só e exclusivamente questões de direito – *quaestio juris* –, obviamente vinculadas a casos concretos.

Daí proclamar a Súmula 126 do TST ser:

"Incabível o recurso de revista ou de embargos (arts. 896 e 894, letra *b*, da CLT) para reexame de fatos e provas".

Nos termos do art. 896 da CLT[696], cabe *recurso de revista*, para o TST, das decisões em grau de recurso ordinário, nos dissídios individuais, pelos Tribunais Regionais do Trabalho, quando:

"*a*) derem ao mesmo dispositivo de lei federal interpretação diversa da que lhe houver dado outro Tribunal Regional do Trabalho, no seu Pleno ou Turma, ou a Seção de Dissídios Individuais do Tribunal Superior do Trabalho, ou contrariarem súmula de jurisprudência uniforme dessa Corte ou súmula vinculante do Supremo Tribunal Federal[697];

b) derem ao mesmo dispositivo de lei estadual, Convenção Coletiva de Trabalho, Acordo Coletivo, sentença normativa ou regulamento empresarial de observância obrigatória em área territorial que exceda a jurisdição do Tribunal Regional prolator da decisão recorrida, interpretação divergente, na forma da alínea *a*;

c) proferidas com violação literal de disposição de lei federal ou afronta direta e literal à Constituição Federal".

Os pontos fundamentais extraídos da norma legal transcrita são os seguintes:

I – o recurso de revista é endereçado ao Tribunal Superior do Trabalho;

II – cabe de acórdãos proferidos pelos Tribunais Regionais, nos recursos ordinários oriundos de dissídios individuais;

III – pressupõe interpretação de lei federal diversa da que lhe houver dado outro Tribunal Regional, a Seção de Dissídios Individuais do Tribunal Superior do Trabalho, ou as Súmulas dessa mesma Corte (TST) e Súmula Vinculante do STF;

IV – ou quando haja divergência de interpretação de lei estadual, convenção coletiva, acordo coletivo, sentença normativa ou regulamento empresarial de observância obrigatória em área territorial que exceda a jurisdição do tribunal prolator do acórdão recorrido, como é, por exemplo, o regulamento de empresas do mesmo grupo, situadas em regiões diversas do País, como é o caso da Petrobras, bancos, etc.;

V – ou, ainda, na ocorrência de violação de literal disposição de lei federal ou afronta direta e literal à Constituição Federal.

No *procedimento sumaríssimo* o recurso de revista é mais restrito, só sendo admitido em duas únicas hipóteses:

a) contrariedade a súmula de jurisprudência uniforme do Tribunal Superior do Trabalho;

b) violação direta à Constituição Federal.

Comprovação de divergência

Nos termos da Súmula 337 do TST, para comprovação de divergência de jurisprudência, justificadora do recurso de revista, é necessário que o recorrente:

"I – Para comprovação da divergência justificadora do recurso, é necessário que o recorrente:

a) Junte certidão ou cópia autenticada do acórdão paradigma ou cite a fonte oficial ou o repositório autorizado em que foi publicado; e

695. *Recurso de Revista*, Livr. Martins, 1942, p. 26.
696. Redação dada pela Lei n. 9.756, de 17-12-1998
697. Redação alterada pela Lei n. 13.015, de 21-7-2014.

b) Transcreva, nas razões recursais, as ementas e/ou trechos dos acórdãos trazidos à configuração do dissídio, demonstrando o conflito de teses que justifique o conhecimento do recurso, ainda que os acórdãos já se encontrem nos autos ou venham a ser juntados com o recurso.

II – A concessão de registro de publicação como repositório autorizado de jurisprudência do TST torna válidas todas as suas edições anteriores.

III – A mera indicação da data de publicação, em fonte oficial, de aresto paradigma é inválida para comprovação de divergência jurisprudencial, nos termos do item I, *a*, desta súmula, quando a parte pretende demonstrar o conflito de teses mediante a transcrição de trechos que integram a fundamentação do acórdão divergente, uma vez que só se publicam o dispositivo e a ementa dos acórdãos;

IV – É válida para a comprovação da divergência jurisprudencial justificadora do recurso a indicação de aresto extraído de repositório oficial na internet, desde que o recorrente:

a) transcreva o trecho divergente;

b) aponte o sítio de onde foi extraído; e

c) decline o número do processo, o órgão prolator do acórdão e a data da respectiva publicação no *Diário Eletrônico da Justiça do Trabalho*;

V – A existência do código de autenticidade na cópia, em formato *pdf*, do inteiro teor do aresto paradigma, juntada aos autos, torna-a equivalente ao documento original e também supre a ausência de indicação da fonte oficial de publicação".

A divergência jurisprudencial ensejadora do recurso de revista, nos termos do § 4º do art. 896 da CLT, deve ser atual, não se admitindo seja ela ultrapassada por súmula do Tribunal Superior do Trabalho. No mesmo sentido a Súmula 333:

"Não ensejam recurso de revista decisões superadas por iterativa, notória e atual jurisprudência do Tribunal Superior do Trabalho".

Do prequestionamento

Os recursos extraordinários, aqui incluído o recurso de revista (que, aliás, teve essa denominação anteriormente à Lei n. 861/49), pressupõem, para seu regular processamento, que a questão suscitada tenha sido prequestionada no juízo recorrido.

É o que dispõe a Súmula 282 do STF:

"É inadmissível o recurso extraordinário, quando não ventilada, na decisão recorrida, a questão federal suscitada".

Com minudência, a Súmula 297 do TST estabelece idêntico princípio:

"1. Diz-se prequestionada a matéria ou questão quando na decisão impugnada haja sido adotada, explicitamente, tese a respeito. 2. Incumbe à parte interessada, desde que a matéria haja sido invocada no recurso principal, opor embargos declaratórios objetivando o pronunciamento sobre o tema, sob pena de preclusão. 3. Considera-se prequestionada a questão jurídica invocada no recurso principal sobre a qual se omite o Tribunal de pronunciar tese, não obstante opostos embargos de declaração".

A Súmula 184 da mesma Corte de Justiça (TST), por sua vez, informa que:

"Ocorre preclusão quando não forem opostos embargos declaratórios para suprir omissão apontada em recurso de revista ou de embargos".

A jurisprudência sumulada, tanto do Excelso Pretório quanto do Tribunal Superior do Trabalho, deixa patente a importância dos *embargos declaratórios*, que, como instrumento fundamental do pre-questionamento, não podem ser vistos como protelatórios, se interpostos com tal objetivo.

Da transcendência no recurso de revista

A *transcendência* no *recurso de revista*, instituída pela Medida Provisória n. 2.226, de 4-9-2001, inegavelmente aplicada aos processos submetidos ao rito sumaríssimo, constitui sério obstáculo ao processamento do recurso nominado.

A medida provisória em apreço, acrescenta à CLT o art. 896-A, que tem a seguinte redação:

"Art. 896-A. O Tribunal Superior do Trabalho, no recurso de revista, examinará previamente se a causa oferece transcendência com relação aos reflexos gerais de natureza econômica, política, social ou jurídica".

Há muito se questionava o que deve entender por transcendência? Entre os diversos sentidos que se pode dar à palavra: "excelência, superioridade, sagacidade, penetração, importância, sublime, metafísico, perspicaz, agudo, talento transcendente, filosofia transcendente (sistema filosófico que estuda as nossas faculdades debaixo do ponto de vista mais elevado da metafísica)"[698], tudo indicava que a palavra transcendência foi empregada pelo "legislador" como sinônimo de *relevância*. Transcendente, assim, é o que é relevante, transcendental com relação "aos seus reflexos gerais de natureza econômica, política, social ou jurídica".

Considerando a controvérsia em torno da matéria, houve por bem o legislador, por intermédio da Reforma Trabalhista/2017, inserir o parágrafo 1º ao art. 896-A, da CLT, esclarecendo os pressupostos fundamentais para o processamento do Recurso de Revista, esclarecendo, outrossim, os elementos caracterizadores da transcendência, a saber:

§ 1º São indicadores de transcendência, entre outros:

I – econômica, o elevado valor da causa;

II – política, o desrespeito da instância recorrida à jurisprudência sumulada do Tribunal Superior do Trabalho ou do Supremo Tribunal Federal;

III – social, a postulação, por reclamante--recorrente, de direito social constitucionalmente assegurado;

IV – jurídica, a existência de questão nova em torno da interpretação da legislação trabalhista.

De nossa parte, malgrado o subjetivismo da expressão transcendência, de longa data sustentamos que deveria obedecer aos seguintes aspectos:

I – jurídica, o desrespeito patente aos direitos humanos fundamentais ou aos interesses coletivos indisponíveis, com comprometimento da segurança e estabilidade das relações jurídicas;

II – política, o desrespeito notório ao princípio federativo ou à harmonia dos Poderes constituídos;

III – social, a existência de situação extraordinária de discriminação, de comprometimento do mercado de trabalho ou de perturbação notável à harmonia entre capital e trabalho;

IV – econômica, a ressonância de vulto da causa em relação a entidade de direito público ou economia mista, ou a grave repercussão da questão na política econômica nacional, no segmento produtivo ou no desenvolvimento regular da atividade empresarial.

Não havia previsão de recurso da decisão que nega o processamento do recurso de revista quando o órgão julgador concluir pela ausência de transcendência, levando Eduardo Gabriel Saad a afirmar que "a irresignação do interessado se traduzirá na interposição do recurso de embargos"[699].

Uniformização da jurisprudência

O instituto da uniformização, na concepção mais atual, é de natureza *incidental*, não tendo, portanto, feição de recurso[700].

Objetiva, como o próprio nome deixa entrever, a uniformização da jurisprudência. Tal incidente só pode ocorrer na oportunidade de julgamento, por iniciativa de qualquer dos juízes da respectiva turma, ou a requerimento da parte, devidamente fundamentado:

"Não se conhece de pedido da parte, se deficientemente instruído, sem indicação do repertório de jurisprudência ou certidão dos acórdãos divergentes"[701].

O requerimento da parte, devidamente instruído na forma do julgado acima transcrito, deve ser formulado em petição avulsa ou nas razões do recurso.

Proclamada a divergência, designar-se-á sessão de julgamento, com distribuição de

698. Caldas Aulete, *Dicionário Contemporáneo da Língua Portuguesa*, cit., v. 5, p. 5038.

699. *A Transcendência no Recurso de Revista*, Suplemento LTr, 149/01.

700. Barbosa Moreira, *Comentários ao Código de Processo Civil*, 6. ed., Rio de Janeiro, Forense, v. 5.

701. *Revista de Jurisprudência do Tribunal de Justiça do Estado de São Paulo*, 37:114.

cópia do acórdão aos juízes. Ouvir-se-á, sempre, o MPT, exigido *quorum* da maioria absoluta dos membros que integram o tribunal, constituindo-se a decisão em *precedente* na uniformização da jurisprudência. O precedente extraído na forma mencionada não enseja a admissibilidade de recurso de revista na eventualidade de contrariar súmula do TST.

O recurso de revista, de que nos ocupamos, tem efeito meramente *devolutivo* – § 1º do art. 896 da CLT –, devendo ser interposto no prazo de 8 dias. Esse prazo começa a correr da publicação do acórdão contra o qual se recorre. Conquanto endereçado ao TST, é encaminhado ao Presidente do respectivo TRT. Este último poderá recebê-lo, determinando seu regular processamento, ou denegá-lo, hipótese em que cabe agravo de instrumento.

Nos termos do § 2º do art. 896 da CLT, "das decisões proferidas pelos Tribunais Regionais do Trabalho ou por suas Turmas, em execução de sentença, inclusive em processo incidente de embargos de terceiro, não caberá Recurso de Revista, salvo na hipótese de ofensa direta e literal de norma da Constituição Federal".

A violação à norma constitucional, na hipótese aventada, há de ser direta, sob pena de o juízo de admissibilidade, exercido pelo Presidente do respectivo TRT, indeferir de plano o processamento do recurso nominado.

Multiplicidade de recurso de revista (recursos repetitivos)

A Lei n. 13.015, de 21-7-2014, instituiu, no processo do trabalho, os denominados *recursos repetitivos*, dispondo o art. 896-C da CLT que:

"Quando houver multiplicidade de recursos de revista fundados em idêntica questão de direito, a questão poderá ser afetada à Seção Especializada em Dissídios Individuais ou ao Tribunal Pleno, por decisão da maioria simples de seus membros, mediante requerimento de um dos Ministros que compõem a Seção Especializada, considerando a relevância da matéria ou a existência de entendimentos divergentes entre os Ministros dessa Seção ou das Turmas do Tribunal".

O *fundamento* para a instituição dos recursos nominados está na *multiplicidade de recurso*, ou seja, na ocorrência de recursos de revista repetitivos.

A *finalidade* dos recursos repetitivos é a uniformização da *interpretação do direito*, já adotado pelo CPC, no art. 1.036.

Não basta, porém, a existência de recursos repetitivos, pois é imprescindível que ele envolva idêntica questão de direito – "quando houver multiplicidade de recursos de revista fundados em idêntica questão de direito..." (art. 896-C da CLT).

Fica, pois, afastada a interposição de recursos repetitivos em se tratando de *questões de fato*, como, aliás, deixa patente a Súmula 126 do TST.

Em conformidade com o art. 896-C da CLT, na ocorrência de multiplicidade de recurso de revista, ou seja, de recursos repetitivos, envolvendo idêntica questão de direito, poderá o Ministro requerer que a questão seja submetida à apreciação da Seção Especializada em Dissídios Individuais ou do Tribunal Pleno do TST, seguindo-se o procedimento na forma prevista no art. 896-C e seus parágrafos da CLT, ou seja, seleção dos recursos repetitivos, suspensão (mediante ofício do presidente do TST aos presidentes dos Tribunais Regionais do Trabalho) dos recursos de revista idênticos aos recursos selecionados (afetados), até o pronunciamento definitivo do TST. Distribuído ao Ministro relator e ao respectivo revisor, seguir-se-ão as determinações que podemos chamar de instrutórias, com vista ao MPT, seguindo-se o julgamento.

Caso a questão julgada envolva matéria constitucional, a decisão proferida não obstará o conhecimento de eventuais recursos extraordinários para apreciação da questão constitucional pelo STF (art. 896-C, § 13, da CLT).

A sentença firmada em recurso repetitivo poderá ser revista na ocorrência de alteração da situação econômica, social ou jurídica, respeitada a "segurança jurídica das relações firmadas sob a égide de decisão anterior, podendo o TST modular os efeitos da decisão que a tenha alterado" (art. 896-C, § 17, da CLT).

d) Agravo de instrumento

O agravo de instrumento, no processo do trabalho, é um recurso em sentido restrito, por isso, cabe exclusivamente dos despachos que denegam outros recursos anteriormente interpostos.

À guisa de explicação: a parte, vencida no todo ou parcialmente, interpõe *recurso ordi-*

nário. O juiz da Vara do Trabalho concluiu pela intempestividade do recurso, ou seja, conclui que o recurso em apreço foi interposto fora do prazo. O recorrente, inconformado com essa decisão, interpõe *agravo de instrumento* para o TRT. Trata-se, portanto, de um recurso de decisão que conclui pelo indeferimento de processamento de recurso anteriormente protocolizado. Visa, pois, despachos denegatórios de recursos, como, aliás, enfatiza o art. 897, *b*, da CLT:

"Cabe agravo:......................................
b) de instrumento, dos despachos que denegarem a interposição de recursos".

Como leciona Valentin Carrion, "qualquer que seja o recurso denegado, caberá agravo de instrumento, que outra finalidade não tem senão a de fazer subir ao Tribunal competente o recurso denegado"[702].

O agravo de instrumento é o recurso[703] que tem força motriz de destrancar recurso, cujo segmento foi negado (ordinário, revista, extraordinário), consequentemente, o agravo de instrumento, tem como escopo carrear até a instância superior, o recurso trancado na instância inferior, levando-o as mãos do juízo hierarquicamente superior, seja da vara para o TRT, seja deste para o TST.

A autuação do agravo é em separado, com endereçamento completo, ao tribunal competente, aplicando-se, para a formação do instrumento[704], as regras previstas no CPC, com a indicação, pelo agravante, das peças do processo que devam ser trasladadas

O prazo para sua interposição é de 8 dias, devendo as custas respectivas ser pagas no mesmo prazo, conforme IN n. 3/93 do TST. O agravado terá igual prazo (8 dias) para apresentar suas contrarrazões (contraminuta), devendo, por sua vez, trasladar todas peças que entender indispensáveis. Interposto o agravo de instrumento, ao juízo *a quo* não é dado indeferi-lo (desde que, obviamente, preenchidos seus pressupostos), devendo remetê-lo ao juízo *ad quem*, que lhe dará ou não provimento.

Nas edições anteriores, afirmamos que a intempestividade na interposição do agravo de instrumento não era de molde a obstar sua remessa ao *juízo ad quem*, como havia decidido o STF, que assim decidira:

"Prevalece a regra ínsita à natureza do agravo de instrumento de despacho denegatório de recurso extraordinário, no sentido de que, mesmo intempestivo aquele agravo, não pode ele deixar de ser remetido pelo Presidente do tribunal *a quo* ao conhecimento do Supremo Tribunal Federal"[705].

Todavia, no nosso sentir, o entendimento do STF está superado, tendo em vista que o CPC de 2015 tem regras próprias e claras, acerca do agravo de instrumento, como já mencionado. A aplicação do CPC de modo subsidiário ao processo do trabalho, em face da omissão da CLT; sua inegável identidade com a natureza de recurso, de agravo de instrumento e sua finalidade específica no processo laboral, parece-nos incontroversa.

O recurso nominado só tem efeito devolutivo, muito embora facultado seja ao juiz recebê-lo, também, no efeito suspensivo. Salvo quando o agravo de instrumento é interposto contra o despacho que não receber agravo de petição, o efeito será meramente devolutivo, não suspendendo a execução da sentença, como dispõe o § 2º do art. 897 da CLT[706].

Ao juízo *a quo* é dado rever a decisão agravada em decorrência do chamado *juízo de reconsideração*, hipótese em que o agravo de instrumento fica prejudicado por perda do objeto.

Mantida a decisão, é determinada a remessa do agravo para o juízo competente, TRT ou TST, que o julgará por uma de suas turmas.

Ressalte-se que, no processo do trabalho, o agravo de instrumento rege-se pelo art. 897, *b*, §§ 2º e 4º, da CLT, limitado seu cabimento aos despachos que denegarem a interposição de recurso (art. 897, *b*, da CLT). Assim, ne-

702. *Comentários à Consolidação das Leis do Trabalho*, cit.

703. Previsto no art. 994, II do CPC.

704. Arts. 1.015 a 1.020, do CPC.

705. Reclamação n. 645-0, *DJU*, 7-11-1997.

706. Redação da Lei n. 8.432, de 11-6-1992.

nhum reflexo sofreu com a Lei n. 9.139/95, que introduziu alterações em seu processamento no âmbito do processo civil[707].

No processo do trabalho, o art. 897[708], introduziu regras para o processamento e julgamento do agravo de instrumento, está assim vazado:

"Art. 897. ..
§ 5º Sob pena de não conhecimento, as partes promoverão a formação do instrumento do agravo de modo a possibilitar, caso provido, o imediato julgamento do recurso denegado, instruindo a petição de interposição:

I – obrigatoriamente, com cópias da decisão, da certidão da respectiva intimação, das procurações outorgadas aos advogados do agravante e do agravado, da petição inicial, da contestação, da decisão originária, do depósio recursal referente ao recurso que se pretende destrancar, da comprovação do recolhimento das custas e do depósito recursal a que se refere o § 7º do art. 899 desta Consolidação;

II – facultativamente, com outras peças que o agravante reputar úteis ao deslinde da matéria de mérito controvertida.

§ 6º O agravado será intimado para oferecer resposta ao agravo e ao recurso principal, instruindo-a com as peças que considerar necessárias ao julgamento de ambos os recursos.

§ 7º Provido o agravo, a Turma deliberará sobre o julgamento do recurso principal, observando-se, se for o caso, daí em diante, o procedimento relativo a esse recurso".

A lei nominada objetiva, como facilmente se percebe, a celeridade dos julgamentos. Assim, na eventualidade de o tribunal *ad quem* dar provimento ao agravo de instrumento, a turma respectiva julgará concomitantemente o recurso principal – "provido o agravo, a Turma deliberará sobre o julgamento do recurso principal...".

Pela atual sistemática, o agravante deve formar o instrumento do agravo não só com as peças obrigatórias (cópias da decisão agravada, certidão da respectiva intimação, procurações outorgadas aos advogados do agravante e do agravado, da petição inicial, da contestação, da decisão originária, da comprovação do depósito recursal e do pagamento das custas), mas também com outras que permitam o julgamento do mérito na eventualidade de provimento do agravo.

Cumpre lembrar que, de acordo com a atual sistemática da Lei n. 12.275/2010, cumprirá ao agravante efetuar depósito recursal correspondente a 50% do valor do depósito do recurso ao qual se pretende destrancar.

Determinado o processamento do agravo, o agravado deve ser intimado para apresentar sua contraminuta e, na mesma oportunidade, as contrarrazões do recurso principal, bem como das peças que julgar convenientes à solução de ambos os recursos.

e) Agravo de petição

Há, no processo do trabalho, três espécies de agravos: *de petição, de instrumento* e *regimental (ou interno)*. Este último, como o próprio nome indica, um recurso previsto no Regimento Interno do TST (art. 243), por isso que denominado agravo regimental.

O agravo de petição, que não subsiste no atual CPC[709], continua em vigor na CLT (art. 897, *a*), podendo ser interposto das decisões do juiz da Vara do Trabalho, ou do juiz de direito investido de jurisdição trabalhista, nas execuções.

Não explicitando o art. 897, *a*, da CLT quais as decisões suscetíveis de agravo de petição, discrepam os autores quanto ao limite de sua interposição.

Amauri Mascaro Nascimento, manifestamente favorável à aplicação mais ampla do agravo de petição, enumera as hipóteses do seu cabimento:

"As duas oportunidades nas quais o juiz decide definitivamente na execução de sentença são os embargos à penhora e os embargos à praça. Pode, também, decidir os artigos de liquidação, julgando-os não provados. Nestes três casos cabe agravo de petição contra as decisões proferidas em embargos à penhora, embargos à praça e artigos de liquidação julgados não provados. Porém, a lei abre campo para que outras

707. Conforme Instrução Normativa n. 16 do TST.
708. Leis n. 9.756/98 e 12.275/2010.

709. Contemplado no CPC de 1939.

decisões de execução sejam agraváveis, já que não faz essa restrição. Assim, o despacho que determina o levantamento dos depósitos de execução é agravável. Também o despacho que negar o levantamento é passível de agravo".

E, se posicionado com relação às únicas restrições, a seu ver cabíveis, conclui:

"A única restrição natural ao agravo de petição refere-se, portanto, aos despachos simples, que são de mera rotina e andamento do processo e que, se agraváveis, seria impraticável o desenvolvimento do processo, truncado que ficaria com sucessivos recursos, impedindo a sua marcha para frente"[710].

Igual ponto de vista tem Valentin Carrion:

"Qualquer decisão do juiz na execução, após o julgamento de embargos do executado (art. 884), é suscetível de agravo de petição. Com base no art. 893, § 1º, da CLT, que somente admite recurso da decisão definitiva, pretende-se limitar sua interposição, a fim de evitar recursos protelatórios[711]; tal restrição não tem apoio em lei; decisão definitiva, na terminologia do CPC/73, art. 820, quando nasceu aquele parágrafo, equivale a sentença de mérito ou sentença terminativa sem ser de mérito (Pontes de Miranda, Comentários ao CPC de 1939); porém, o processo de execução não visa uma sentença, mas a atuação de uma sanção já declarada, a satisfação do direito do exequente; se for um pagamento (hipótese mais comum aqui), a rigor, o processo de execução aponta para o momento em que o exequente receberá em seu patrimônio a importância monetária; parece forçado a querer identificar uma sentença definitiva, após cada ato importante da execução (edital de praça, arrematação, etc.). O próprio texto do art. 897 (... 'das decisões do juiz nas execuções'), pela sua abertura desencoraja aquela limitação; só há uma que a lei impôs: estar seguro o juízo (art. 884 e § 3º). Quanto ao perigo fundamentado, de recursos procrastinadores, pode ser combatido com a arma legal: o recebimento do agravo sem suspensão do feito. Modificamos nosso pensamento anterior, para aceitarmos o cabimento do agravo de petição quando o juiz julgue não provados os artigos"[712].

Colocam-se em posição diversa Wagner Giglio e Coqueijo Costa, que só admitem o agravo de petição em decisões definitivas ou terminativas proferidas em execução, concluindo o ínclito membro do Tribunal Superior do Trabalho:

"Desde, porém, que os incidentes do processo serão resolvidos pelo próprio Juízo ou tribunal – e execução é processo – admitindo-se a apreciação das interlocutórias somente em recurso da decisão definitiva (CLT, art. 893, § 1º), o agravo de petição só se justifica contra sentenças terminativas ou definitivas, proferidas em execução"[713].

José Augusto Rodrigues Pinto, em sua excelente obra *Execução Trabalhista*, assim se posiciona sobre o controvertido tema:

"... o agravo de petição cabe, realmente:
a) das decisões definitivas em processo de execução trabalhista;
b) das decisões interlocutórias que envolvem matéria de ordem pública capaz de justificar o novo exame de seu conteúdo".

Manoel Antonio Teixeira Filho, por sua vez, reserva o agravo de petição:

"1) para a impugnação das sentenças proferidas na fase de execução propriamente dita (e não na de liquidação), que impliquem a extinção ou não, do correspondente processo; 2) a interponibilidade desse remédio específico em relação às interlocutórias somente deve ser admitida em casos excepcionais, como quando a lei não colocar ao alcance da parte prejudicada a oportunidade de manifestar, no recurso que vier a interpor da sentença, a sua insatisfação quanto à decisão interlocutória"[714].

710. *Curso de Direito Processual do Trabalho*, cit.
711. Giglio, *Novo DPT*, p. 314.
712. Ob. cit.
713. *Direito Processual do Trabalho*, cit.
714. *Execução no Processo do Trabalho*, cit., p. 274.

Bezerra Diniz, por seu turno, acerca da matéria, assim expõe sua conclusão:

"À luz da análise dos trechos em epígrafe, frisa-se para arrematar que: é admissível agravo de petição das decisões do juiz nas execuções (art. 897, *a*), desde que a decisão proferida não tenha conteúdo de mero despacho ou seja decisão interlocutória (salvo se envolver matéria de ordem pública capaz de justificar o novo exame de seu conteúdo), nas decisões proferidas em Embargos à Execução; em Embargos à Arrematação; em Embargos à Adjudicação; das decisões que indeferirem liminarmente Embargos de Terceiro, bem como das decisões nele proferidas"[715].

A questão, como se vê, resume-se na interpretação dada ao art. 893, § 1º, da CLT, que determina que "os incidentes do processo são resolvidos pelo próprio Juízo ou Tribunal, admitindo-se a apreciação do merecimento das decisões interlocutórias somente em recursos da decisão definitiva".

Pedro Vidal Neto, na ocorrência de dúvida quanto à interpretação do dispositivo legal nominado por parte do magistrado, sugere a acolhida do agravo de petição com seu processamento em apartado, tal como ocorre com o agravo de instrumento[716].

Cabe, pois, agravo de petição da sentença proferida em *embargos à execução*, ou que julga *arrematação* e *adjudicação*.

Não há recurso específico da sentença de liquidação, como deixa claro o § 3º do art. 884 da CLT:

"Somente nos embargos à penhora poderá o executado impugnar a sentença de liquidação, cabendo ao exequente igual direito e no mesmo prazo".

O agravo de petição, como, aliás, todos os recursos trabalhistas, deve ser interposto em 8 dias.

Pressupõe, para seu regular processamento, o pagamento das custas, em 5 dias, a contar do recebimento da respectiva notificação, dando-se vista ao agravado para contrarrazões.

Seu julgamento é feito por uma das turmas do TRT, ou pelo pleno, quando esse pretório não é dividido em turmas. Da decisão nele proferida não cabe recurso de revista para o TST, salvo na hipótese de ofensa direta e literal à Constituição Federal, como reza o art. 896, § 2º, da CLT.

O agravo de petição, tal como o agravo de instrumento, é endereçado ao Tribunal Regional, mas interposto perante a Vara do Trabalho, cabendo ao juiz desta determinar seu regular processamento.

Nos termos do § 1º do art. 897 da CLT[717], "o agravo de petição só será recebido quando o agravante delimitar, justificadamente, as matérias e os valores impugnados, permitida a execução imediata da parte remanescente até o final, nos próprios autos ou por carta de sentença".

Com a medida, se restringe a matéria a ser arguida no agravo de petição, evitando-se, como facilmente se percebe, recursos protelatórios, que, no mais das vezes, objetivam ganhar tempo. Em redação não muito clara e que já vem ensejando dúvidas e controvérsias, a lei nominada acima, na redação dada ao § 3º do art. 897 da CLT, dispõe que o agravo de petição será julgado pelo próprio tribunal, presidido pela autoridade recorrida, salvo se se tratar de decisão do juiz da Vara do Trabalho ou do juiz de direito, quando o julgamento competirá a uma das turmas do TRT a que estiver subordinado o prolator da sentença. Nesta última hipótese, o juízo de 1º grau remeterá as peças necessárias para o exame da matéria controvertida em *autos apartados*, o que não deixa bem claro se nessa hipótese o agravo de petição terá a mesma forma do agravo de instrumento, processando-se na forma da exigência estabelecida em autos apartados. Ainda, em conformidade com a alteração citada, o agravo de petição se processará nos próprios autos "se tiver determinada a extração de carta de sentença".

f) Embargos infringentes e de divergência

A expressão "embargos", conforme consta do inciso I do art. 893, da CLT, eram os em-

715. José Janguiê Bezerra Diniz, *Os Recursos no Processo do Trabalho*, 3. ed., São Paulo, p. 170.

716. *Do Poder Normativo da Justiça do Trabalho*, cit.

717. Redação dada pela Lei n. 8.432, de 11-6-1992.

bargos opostos[718] às decisões não unânimes – do colegiado, ou seja, da extinta Junta de Conciliação e Julgamento[719] –, entretanto, com o advento da EC-24, de 1999, nas varas do trabalho, prevalece o julgamento do juízo monocrático, tal qual estabelece o capítulo do Poder Judiciário, na CF,1988[720], ou seja, os *Tribunais e Juízes do Trabalho*, portanto, sem a existência dos juízes classistas.

No campo processual, tem, como bem assinala Vicente Greco Filho, sentido equívoco, ora definindo ação (embargos do devedor, embargos à execução), ora significando procedimento especial (embargos de terceiro), podendo, igualmente, significar *recurso*, como ocorre com os *embargos infringentes e de divergência*.

Vejamos as espécies.

Embargos infringentes

Cabe embargos *infringentes* no TST, no prazo de 8 dias[721], das "decisões não unânimes que conciliar, julgar ou homologar conciliação em dissídios coletivos que excedam a competência territorial dos Tribunais Regionais do Trabalho e estender ou rever as sentenças normativas do Tribunal Superior do Trabalho, nos casos previstos em lei".

A redação da CLT é praticamente a reprodução fidedigna da Lei n. 7.701/88, que assim já previa:

Art. 2º Compete à seção especializada em dissídios coletivos, ou seção normativa:

II – em última instância julgar:

c) os embargos infringentes interpostos contra decisão não unânime proferida em processo de dissídio coletivo de sua competência originária, salvo se a decisão atacada estiver em consonância com procedente jurisprudencial do Tribunal Superior do Trabalho ou da Súmula de sua jurisprudência predominante.

718. Conforme art. 74, *caput*, do Decreto-lei n. 1.237, de 1939.
719. Eram compostas por um juiz concursado e por mais dois juízes classistas, sendo um representante dos empregados, e um representante dos empregadores.
720. Art. 92, IV, da CF.
721. Art. 894, I, a, da CLT.

Os embargos nominados tem sua competência originária no TST, o prazo de 8 dias, e contados "da publicação do acórdão no órgão oficial, nos processos de Dissídios Coletivos de competência originária do Tribunal, restritos à cláusula em que há divergência..."[722].

Os embargos infringentes não serão admitidos, ainda que haja voto divergente, se a decisão atacada estiver em consonância com precedente ou súmula de jurisprudência predominante do TST[723].

Tampouco serão admitidos de decisões superadas, como proclama a Súmula 333:

"Não ensejam recurso de revista decisões superadas por iterativa, notória e atual jurisprudência do Tribunal Superior do Trabalho".

Da mesma forma serão incabíveis contra decisão proferida em agravo de instrumento oposto a despacho denegatório de recurso de revista, a teor do que dispõe a Súmula 353:

"Não cabem embargos para a Seção de Dissídios Individuais de decisão de Turma proferida em agravo, salvo: *a)* da decisão que não conhece de agravo de instrumento ou de agravo pela ausência de pressupostos extrínsecos; *b)* da decisão que nega provimento a agravo contra decisão monocrática do Relator, em que se proclamou a ausência de pressupostos extrínsecos de agravo de instrumento; *c)* para revisão dos pressupostos extrínsecos de admissibilidade do recurso de revista, cuja ausência haja sido declarada originariamente pela Turma no julgamento do agravo; *d)* para impugnar o conhecimento de agravo de instrumento; *e)* para impugnar a imposição de multas previstas nos arts. 1.021, § 4º, do CPC de 2015 ou 1.026, § 2º, do CPC de 2015 (art. 538, parágrafo único, do CPC de 1973, ou art. 557, § 2º, do CPC de 1973) *f)* contra decisão de Turma proferida em agravo em recurso de revista, nos termos do art. 894, II, da CLT.

Embargos infringentes => decisão não unânime em dissídio coletivo, julgado pela SDC, no TST.

722. Art. 232 do Regimento Interno do TST.
723. Lei n. 7.701/1988.

Embargos de divergência

Também denominados *embargos divergentes*, cabem, igualmente, das decisões proferidas pela Seção Especializada em Dissídios Individuais (SDI ou SBDI, do TST), tal como mandado de segurança, estão previstos nos arts. 894, II, da CLT e 3º, III, *b*, da Lei n. 7.701/88:

"Art. 3º Compete à Seção de Dissídios Individuais julgar:
III – em última instância:
b) os embargos das decisões das Turmas que divergirem entre si, ou das decisões proferidas pela Seção de Dissídios Individuais.

Os embargos de divergência objetivam uniformizar a jurisprudência.

No processo do trabalho pressupõem:
a) decisões divergentes das turmas (não são admitidos de acórdãos da mesma turma);
b) decisões das turmas divergentes da Seção de Dissídios Individuais;
c) decisões das turmas divergentes de súmulas; OJ e Súmula Vinculante do STF;
d) decisões das turmas que violarem lei federal ou a Constituição Federal.

A divergência há de ser comprovada pelo embargante na forma prevista na Súmula 337:

"I – Para comprovação da divergência justificadora do recurso, é necessário que o recorrente: *a*) Junte certidão ou cópia autenticada do acórdão paradigma ou cite a fonte oficial ou o repositório autorizado em que foi publicado; e *b*) Transcreva, nas razões recursais, as ementas e/ou trechos dos acórdãos trazidos à configuração do dissídio, demonstrando o conflito de teses que justifique o conhecimento do recurso. II – A concessão de registro de publicação como repositório autorizado de jurisprudência do TST torna válidas todas as suas edições anteriores. III – A mera indicação da data de publicação, em fonte oficial, de aresto paradigma é inválida para comprovação de divergência jurisprudencial, nos termos do item I, *a*, desta súmula, quando a parte pretende demonstrar o conflito de teses mediante a transcrição de trechos que integram a fundamentação do acórdão divergente, uma vez que só se publicam o dispositivo e a ementa dos acórdãos; IV – É válida para a comprovação da divergência jurisprudencial justificadora do recurso a indicação de aresto extraído de repositório oficial na internet, desde que o recorrente: *a*) transcreva o trecho divergente; *b*) aponte o sítio de onde foi extraído; e *c*) decline o número do processo, o órgão prolator do acórdão e a data da respectiva publicação no *Diário Eletrônico da Justiça do Trabalho*; V – A existência do código de autenticidade na cópia, em formato *pdf*, do inteiro teor do aresto paradigma, juntada aos autos, torna-a equivalente ao documento original e também supre a ausência de indicação da fonte oficial de publicação".

Os embargos nominados (infringentes e o de divergência) são interpostos perante o presidente da respectiva seção (individual ou coletiva), no prazo de 8 dias, a contar da publicação do acórdão, havendo necessidade de se comprovar o preparo, dentro do prazo recursal.

Admitidos para processamento, dar-se-á vista ao embargado para manifestar-se em 8 dias.

Ultimado o parecer da Procuradoria-Geral, sorteados relator e revisor, os embargos serão levados a julgamento.

Da decisão do Presidente da Seção que denegar o processamento dos embargos caberá *agravo regimental*.

Embargos de divergência = > decisão divergente em dissídio individual, julgado pela SDI ou SBDI, no TST.

g) Agravo regimental

Agravo regimental ou agravo interno destina-se, "exclusivamente, a impugnar decisão monocrática nas hipóteses previstas", sendo inaplicável o princípio da fungibilidade recursal, ante a configuração de erro grosseiro, conforme prevê a OJ 412, da SDI-1, do TST:

É incabível agravo interno[724] ou agravo regimental[725] contra decisão proferida por Órgão colegiado. Tais recursos destinam-se, exclusivamente, a impugnar decisão monocrática nas hipóteses previstas. Inaplicável, no caso, o princípio da fungibilidade ante a configuração de erro grosseiro.

724. Art. 1.021 do CPC de 2015, art. 557, §1º, do CPC de 1973.

725. Art. 235 do RITST.

Como decorrência do Poder Normativo, que, na lição de Pedro Vidal Neto, não se esgota com o estabelecimento de normas para a composição dos conflitos coletivos laborais, o TST, no uso da competência prevista no art. 96, I, a, da CF/88, editou seu Regimento Interno o *agravo regimental*, que, na esfera daquele Tribunal, faz as vezes ou assemelha-se, em seu fim-objetivo, ao agravo de instrumento, uma vez que é interposto contra decisões que deneguem o processamento de recursos.

O art. 709, § 1º, da CLT a ele faz menção, erigindo-o como recurso das decisões proferidas pelo corregedor.

O Regimento Interno do TST, em seu art. 235 e incisos, dispõe que cabe *agravo regimental*, no prazo de 8 dias, para o Tribunal Pleno, a Seção Especializada (em Dissídios Individuais ou Coletivos) e as Turmas, observada a competência dos respectivos órgãos, nas seguintes hipóteses:

"I – do despacho do Presidente do Tribunal que denegar seguimento aos embargos infringentes;

II – do despacho do Presidente do Tribunal que suspender execução de liminares ou de decisão concessiva de mandado de segurança;

III – do despacho do Presidente do Tribunal que conceder ou negar suspensão da execução de liminar ou da sentença em cautelar;

IV – do despacho do Presidente do Tribunal concessivo de liminar em mandado de segurança ou em ação cautelar;

V – do despacho do Presidente do Tribunal proferido em pedido de efeito suspensivo;

VI – das decisões e despachos proferidos pelo Corregedor-Geral da Justiça do Trabalho;

VII – do despacho do Relator que negar prosseguimento a recurso, ressalvada a hipótese do art. 239;

VIII – do despacho do Relator que indeferir inicial de ação de competência originária do Tribunal; e

IX – do despacho ou da decisão do Presidente do Tribunal, de Presidente de Turma ou Relator que causar prejuízo ao direito da parte, ressalvados aqueles contra os quais haja recursos próprios previstos na legislação ou neste Regimento;

X – da decisão do Presidente de Turma que denegar seguimento a embargos à Subseção I da Seção Especializada em Dissídios Individuais".

A Lei n. 7.701/88, por sua vez, prevê o agravo regimental em três situações:

a) da denegação de recursos em dissídio coletivo (art. 2º, II, *d*);

b) dos despachos denegatórios dos presidentes das turmas, em matéria de embargos infringentes e de divergência (art. 3º, III, *c*);

c) julgamento pelas turmas, em última instância, dos agravos nominados (art. 5º, *c*).

O agravo regimental, excetuado quando interposto das decisões do corregedor (caso em que envolve o mérito), é um recurso no sentido restrito, uma vez que se limita ao exame do despacho agravado. Tem, outrossim, efeito apenas devolutivo.

É interposto perante o prolator do despacho agravado, que, por sua vez, poderá reconsiderá-lo. Não o fazendo, determinará sua inclusão na pauta para o respectivo julgamento (RITST, art. 236).

Das decisões proferidas pelo juiz corregedor dos Tribunais Regionais cabe, igualmente, agravo regimental para o respectivo tribunal.

h) Recurso de revisão

Na eventualidade de o valor da causa ser indeterminado, cabe ao juiz da Vara do Trabalho, antes de dar início à instrução da causa, fixar-lhe o valor.

Em audiência, por ocasião das razões finais poderá qualquer das partes impugnar o valor fixado, e, se o juiz o mantiver poderá o interessado interpor o chamado *recurso de revisão*.

O recurso em apreço foi criado pela Lei n. 5.584/70 (dispõe sobre normas de direito processual do trabalho). É um recurso endereçado ao presidente do Tribunal Regional do Trabalho, e visa, como facilmente se verifica, a revisão da decisão do juiz que se recusa a acolher a impugnação ao valor por ele fixado para a causa.

O recurso de revisão, que a Lei n. 5.584/70 denomina *pedido de revisão*, há de ser interposto em *quarenta e oito horas* a contar da decisão do juiz. Não tem efeito suspensivo, devendo ser instruído com a petição inicial e a ata da audiência, em cópia autenticada pela secretaria da Vara.

Remetida ao presidente do Tribunal, deve ser julgada, por este, em igual prazo, ou seja, *48 horas*.

i) Embargos declaratórios

A sentença há de ser precisa, isto é, situar-se nos limites das questões propostas, devendo ainda cercar-se da necessária clareza. Na ocorrência, porém, de inexatidão material ou erro de cálculo, tais como palavras consignadas erroneamente ou valores equívocos, pode o juiz que a prolatou corrigi-la de ofício, independentemente de provocação (art. 494, II, do CPC).

Entretanto, na ocorrência de *obscuridade*, *contradição* ou *omissão*, deve a parte interessada interpor os chamados *embargos declaratórios*, que, como ensina Moacyr Amaral Santos, "visam obter do juiz que esclareça ou elimine a omissão ou a obscuridade da sentença que proferiu".

Controvertida é a natureza dos embargos de declaração, também denominados embargos declaratórios. Para renomados juristas, como Gabriel de Rezende Filho e Lopes da Costa, tais embargos "não se constituem tecnicamente em recurso, pois a finalidade destes é a reforma ou anulação da sentença".

Diversamente, porém, sustenta Moacyr Amaral Santos, no que é acompanhado por Pontes de Miranda e Frederico Marques, quanto a sua natureza recursal:

"Da sentença recorre o *prejudicado* com o gravame que lhe causa a obscuridade, a dúvida, a contradição ou a omissão de que a mesma se ressente. Esta circunstância, o fato de visarem os embargos de declaração à reparação dos prejuízos que os defeitos da sentença trazem ao embargante, os caracteriza como recurso. Recurso para o próprio juiz que proferiu a sentença"[726].

Não há dúvida já não pode existir quanto à natureza recursal dos embargos, tendo em vista que eles estão no título II, dos recursos, conforme previsão dos arts. 994 a 1.022 do CPC de 2015:

"Art. 994 do CPC/2015. Publicada a sentença, o juiz só poderá alterá-la:
(...)
IV – *por meio de embargos de declaração*".

Com a nova redação dada ao art. 1.022 do CPC, já não há qualquer distinção entre os embargos declaratórios de sentença ou de acórdão, distinção que, aliás, não se justificava, mesmo porque os pressupostos eram e são absolutamente idênticos.

Do rol de motivos ensejadores dos embargos suprimiu-se a expressão *dúvida*, com isso se afastando a discussão de certa forma estéril entre dúvida objetiva e subjetiva.

A dúvida objetiva, "resultante da ambiguidade, dubiedade ou indeterminação de proposições inibidoras da apreensão do sentido", na verdade, está presente na ocorrência de obscuridade ou contradição, nada justificando sua inserção no texto legal, como ressalta Antonio de Pádua Ferraz Nogueira.

Atualmente, pois, a obscuridade, a contradição ou a omissão são os únicos motivos a ensejarem a interposição dos embargos:

"Art. 1.022 do CPC/2015. Cabem embargos de declaração contra qualquer decisão judicial para:

I – esclarecer obscuridade ou eliminar contradição;

II – suprir omissão de ponto ou questão sobre o qual devia pronunciar o juiz de ofício ou a requerimento;

III – corrigir erro material;

Parágrafo único. Considera-se omissa a decisão que:

I – deixe de se manifestar sobre tese firmada em julgamento de casos repetitivos ou em incidente de assunção de competência aplicável ao caso sob julgamento;

II – incorra em qualquer das condutas descritas no art. 489, § 1º".

O prazo para a interposição dos embargos de declaração foi igualmente unificado, sendo atualmente de *5 dias*, tanto em se tratando de sentença de 1º grau como de acórdão de 2º grau.

Os embargos mencionados já não suspendem o prazo para a interposição de outros recursos, mas, ao revés, interrompem-no para ambos os litigantes, conforme prevê o texto do art. 1.026 do CPC de 2015.

Na suspensão, como se sabe, os prazos se somam, computando-se o tempo anterior. Na

726. Moacyr Amaral Santos, *Comentários ao Código de Processo Civil*, cit., v. 4, p. 449.

interrupção, ao contrário, o tempo anterior fica prejudicado.

À primeira vista, pois, pode parecer que a *interrupção* implique favorecimento aos embargos meramente procrastinatórios, não fosse a multa instituída no parágrafo único, que varia de 1% a 10% sobre o valor da causa, na ocorrência de reiteração.

Cumpre pôr em relevo que os embargos declaratórios podem ter efeito modificativo, como acentua a Súmula 278 do TST:

"A natureza da omissão suprida pelo julgamento de embargos declaratórios pode ocasionar efeito modificativo no julgado".

Prequestionamento
Observe-se que a omissão ou contradição não arguida em embargos declaratórios implica preclusão, não podendo ser suscitada em grau de recurso, na forma do que dispõe a Súmula 297 do TST:

"1. Diz-se prequestionada a matéria ou questão quando na decisão impugnada haja sido adotada, explicitamente, tese a respeito. 2. Incumbe à parte interessada, desde que a matéria haja sido invocada no recurso principal, opor embargos declaratórios objetivando o pronunciamento sobre o tema, sob pena de preclusão. 3. Considera-se prequestionada a questão jurídica invocada no recurso principal sobre a qual se omite o Tribunal de pronunciar tese, não obstante opostos embargos de declaração".

Ressalte-se que a Lei n. 9.957/2000 (do rito sumaríssimo) introduziu no processo do trabalho os embargos declaratórios de *despachos denegatórios de recursos*, quando haja "manifesto equívoco no exame dos pressupostos extrínsecos do recurso" (art. 897-A da CLT), a serem interpostos em qualquer dos ritos, sumário, sumaríssimo e ordinário.

Nos termos do art. 897-A da CLT, cabem embargos de declaração da sentença ou acórdão, no prazo de *5 dias*, das decisões omissas e contraditórias ou manifestos equívocos no exame dos pressupostos extrínsecos nos recursos.

Em conformidade com a Lei n. 13.015/2014, houve a inserção dos §§ 1º a 3º:

"§ 1º Os erros materiais poderão ser corrigidos de ofício ou a requerimento de qualquer das partes.

§ 2º Eventual efeito modificativo dos embargos de declaração somente poderá ocorrer em virtude da correção de vício na decisão embargada e desde que ouvida a parte contrária, no prazo de 5 (cinco) dias.

§ 3º Os embargos de declaração interrompem o prazo para interposição de outros recursos, por qualquer das partes, salvo quando intempestivos, irregular a representação da parte ou ausente a sua assinatura".

j) Recurso extraordinário

O Supremo Tribunal Federal é o órgão máximo do Poder Judiciário. Cumpre-lhe, entre outras funções, zelar pela prevalência da Constituição e das leis federais. Assim, em todas as ocasiões em que as decisões de outros Tribunais possam ser contrárias às disposições contidas na Constituição Federal ou na lei federal, poderá o Supremo Tribunal Federal ser invocado por meio do *recurso extraordinário*, que é, portanto, o recurso a ser interposto de decisões proferidas em única ou última instância, nos casos previstos no art. 102, III, *a*, *b* e *c*, da Carta Magna:

O recurso da sentença proferida em procedimento sumário só é admitido na eventualidade de versar sobre matéria constitucional – "salvo se versarem sobre matéria constitucional, nenhum recurso caberá das sentenças proferidas nos dissídios da alçada..."[727].

O apelo a ser interposto, na hipótese, em que pesem doutas opiniões contrárias, é, inegavelmente, o *recurso extraordinário*, segundo o disposto no art. 102, III, da CF:

"Art. 102. Compete ao Supremo Tribunal Federal, precipuamente, a guarda da Constituição, cabendo-lhe:

(...)

III – julgar, mediante recurso extraordinário, as causas decididas em única ou última instância, quando a decisão recorrida:

a) contrariar dispositivo desta Constituição;

b) declarar a inconstitucionalidade de tratado ou lei federal;

727. Lei n. 5.584/70, art. 2º, § 4º.

c) julgar válida lei ou ato de governo local contestado em face desta Constituição;

d) julgar válida lei local contestada em face de lei federal".

Ora, o próprio dispositivo constitucional transcrito deixa claro que o recurso extraordinário tanto pode ser admitido em decisões de última como de única instância: "... as causas decididas *em única ou última instância...*".

Não existe, no Texto Constitucional, qualquer referência a tribunal.

Observe-se que a exigência de que a decisão recorrida seja dos tribunais só é prevista na hipótese de *recurso especial* para o Superior Tribunal de Justiça:

"Art. 105. Compete ao Superior Tribunal de Justiça:

(...)

III – julgar, em recurso especial, as causas decididas, *em única ou última instância, pelos Tribunais Regionais Federais ou pelos tribunais dos Estados, do Distrito Federal e Territórios...*".

É, aliás, a lição de Barbosa Moreira: "... o confronto entre o art. 102, n. III, e o art. 105, n. III, ministra dado relevante. No segundo dispositivo, atinente ao *recurso especial*, cuidou-se de declarar claro que recorríveis só podem ser decisões de *tribunais*. Se a cláusula limitativa não figura no outro texto, conclui-se que, para o recurso extraordinário, não prevalece a limitação"[728].

Idêntica é a opinião de Vicente Greco Filho: "O art. 102, III da Constituição não mais exige que a decisão recorrida, para fins de recurso extraordinário, tenha sido proferida por tribunal. Basta que tenha sido a única ou última instância, de modo que caberá recurso no caso dos embargos infringentes das Leis n. 6.825, e 6.830, de 1980, *bem como nas decisões irrecorríveis da Justiça do Trabalho*, se presente um dos permissivos constitucionais"[729].

Em julgado do plenário do STF, foi decidido que nas causas de alçada, que discute matéria constitucional, cabe Recurso Extraordinário (RE), conforme prevê o art. 102, III, da CF/1988[730].

Por isso que, com a devida vênia, entendemos que a interposição do recurso extraordinário, ao contrário do que vem sendo observado na Justiça do Trabalho com relação ao processo sumário, independe da interposição de recursos na esfera do Judiciário Trabalhista, desde que, comprovadamente, se observe violação à Constituição Federal.

Ressalte-se a faculdade de as partes oporem embargos declaratórios da decisão proferida no processo sumário na ocorrência das hipóteses previstas no art. 1.022 do CPC.

O prazo para a interposição do mencionado recurso é de 15 dias, devendo o recorrido contrariá-lo em igual prazo (arts. 1.030 e 1.031 do CPC).

Findo o prazo para impugnação, serão os autos remetidos ao presidente do TST, o qual, em despacho fundamentado, admitirá ou não o recurso. Admitindo-o, recorrente e recorrido terão, cada um, o prazo de 10 dias para apresentação de suas razões, remetendo-se os autos, em seguida, ao Supremo.

O recurso extraordinário tem efeito apenas devolutivo, ensejando-se ao recorrido carta de sentença para execução provisória do julgado.

Denegado o recurso, o interessado terá *agravo de instrumento* no prazo de 10 dias, para o Supremo.

k) Correição parcial

Correição, do latim *correctio*, significa correção, reforma. De início, consistia a correição no poder detido pelo *monarca* de corrigir as irregularidades, erros e outras faltas ocorridas na Administração da Justiça.

De ordem antiquíssima, portanto, já existia ao tempo dos romanos, chegando aos portugueses por meio das Ordenações Filipinas e Manuelinas.

De início exclusiva dos reis e imperadores, a correição compreendia, entre outras atribuições, constatar as atividades de magistrados, verificando-lhes a probidade e eficiência.

Com a separação dos Poderes (Executivo, Legislativo e Judiciário), findas as monarquias absolutistas, tais funções passaram a ser exer-

728. *Comentários ao Código de Processo Civil*, cit., v. 5, p. 524.

729. *Direito Processual Civil Brasileiro*, cit., v. 2, p. 319.

730. RE 136154, publicado em 23-4-1993.

cidas pelo próprio Judiciário, por intermédio do *juiz corregedor*.

Definida por Márcio Munhoz[731] como "providência de ordem disciplinar, destinada a impedir andamento tumultuário dos feitos ou sanar erro, quando as leis processuais não dão meios para se chegar a esse resultado", é a correição parcial severamente combatida por renomados juristas, sobre ela assim se manifestando o eminente processualista Alfredo Buzaid:

"O processo civil caminha através de recursos, admissíveis contra decisões injustas ou ilegais proferidas pela autoridade judiciária; não através de correições, ou de direito de representação, que são expedientes incompatíveis com a natureza da relação processual e a sistemática adotada pelo Código de 1939. A inserção da correição parcial nas leis de organização judiciária significa, em última análise, uma subversão dos princípios que estruturam o processo civil, atribuindo função judicante a um órgão meramente administrativo e disciplinar e conferindo à reclamação a virtude de modificar decisões judiciais, consideradas irrecorríveis pelo Código de Processo Civil".

Frederico Marques, escrevendo sobre a correição parcial, chega a considerá-la "um aleijão":

"A correição parcial é um instituto que a praxe vem admitindo e que se tornou até mesmo reconhecido, em ligeira referência ao diploma legal que regula o mandado de segurança; todavia é ele o maior aleijão de que temos conhecimento em nosso Direito Positivo"[732].

Malgrado tais críticas, a correição parcial subsiste em nossas leis de organização judiciária, estando, inclusive, prevista no art. 682, XI, da CLT, existindo, ainda, a figura do juiz corregedor, com a especificação de suas atribuições, segundo o disposto nos incisos I e II do art. 709 do mesmo estatuto:

"I – exercer funções de inspeção e correição permanente com relação aos Tribunais Regionais e seus Presidentes;

II – decidir reclamações contra atos atentatórios da boa ordem processual praticados pelos Tribunais regionais e seus Presidentes, quando inexistir recurso específico".

A correição parcial, como facilmente se verifica, não é um recurso – com isso, aliás, estão de acordo todos os autores –, mas apenas providência de ordem disciplinar destinada a impedir tumulto ou erro, quando não existirem recursos específicos.

Na Justiça do Trabalho, a corregedoria é exercida, no âmbito da União com jurisdição sobre os Tribunais Regionais, pelo ministro corregedor do Tribunal Superior do Trabalho, e, no âmbito das Varas do Trabalho, pelo juiz corregedor do Tribunal Regional do Trabalho.

Das decisões proferidas pelo juiz corregedor cabe agravo regimental para a Seção especializada, em 8 dias[733].

5. *Depósito recursal*

Em conformidade com o que dispõe o art. 899, § 1º, da CLT, havendo condenação em pecúnia no processo do trabalho, mister se faz o chamado *depósito recursal*.

Inexistindo condenação em pecúnia, o depósito se torna dispensável, segundo dispõe a Súmula 161 do TST.

Em torno do depósito recursal as seguintes hipóteses podem ocorrer:

I – não havendo condenação em pecúnia (dinheiro), não há necessidade de depósito recursal;

II – havendo condenação em pecúnia de valor inferior ao teto máximo, impõe-se o depósito correspondente ao valor da condenação, se líquida, ou ao valor arbitrado pelo juízo, se ilíquida;

III – se o valor da condenação ou o valor arbitrado for superior ao teto máximo, o depósito recursal limitar-se-á a este;

IV – nas condenações em valor ilíquido, em grau de recurso, o órgão julgador arbitrará novo valor para fins de complementação do depósito já feito;

V – na interposição de recurso de revista para o Tribunal Superior do Trabalho, ultimar-se-á o depósito da diferença entre o limite

731. *RT*, 201:355.
732. *Manual de Direito Processual Civil*, cit., v. 1, p. 104-110.

733. RITRT/2ª R., art. 205; RITST, art. 235, IX.

máximo para o recurso ordinário e o limite estabelecido para a revista, desde, porém, que o valor da condenação seja igual ou superior a este último;

VI – na interposição de recurso de embargos infringentes, da mesma forma que ocorre com o recurso de revista, haverá complementação do depósito recursal, observando-se sempre o limite máximo;

VII – na interposição de agravo de instrumento, o depósito recursal deverá corresponder a cinquenta por cento do valor do depósito do recurso ao qual se pretende destrancar.

Ressalte-se que, efetuado o depósito máximo, nenhum outro valor haverá a ser acrescido.

Estas alterações[734], com redação não muito clara, por isso, objeto de interpretação pela Instrução Normativa n. 3/93 do TST, que poderá, periodicamente, rever os valores recursais, a teor do que dispõe o § 2º do inciso legal nominado[735].

Alteração significativa é a de que o depósito nominado deve ser feito em conta vinculada ao juízo, não mais na conta do FGTS, o que na prática, implica aumento do índice de correção monetária.

Houve, outrossim, a inserção dos parágrafos 9º, 10 e 11 do dispositivo legal nominado, com a redução do valor do depósito pela metade para entidades sem fins lucrativos, empregadores domésticos, microempreendedores individuais, microempresas e empresas de pequeno porte.

Destarte, são isentos de depósito recursal os beneficiários de justiça gratuita, entidades filantrópicas e as empresas em recuperação judicial.

Finalmente, a admissão de depósito recursal por fiança bancária, ou seguro-garantia judicial, o que, aliás, já era admitido pelo TST, conforme OJ 59, da SBDI-2.

O depósito recursal tem, como se sabe, uma função precípua, qual seja, a garantia do juízo, assegurando a solvência do empregador na fase executória.

734. Art. 40 da Lei n. 8.177, de 1º-3-1991.

735. Os valores correspondentes ao depósito recursal podem ser periodicamente revistos pelo TST, nos termos do inciso VI da Instrução Normativa n. 3/1993.

▶ *Jurisprudência*

▷ **Súmula 8 do TST. Juntada de documento.** A juntada de documentos na fase recursal só se justifica quando provado o justo impedimento para sua oportuna apresentação ou se referir a fato posterior à sentença.

▷ **Súmula 23 do TST. Recurso.** Não se conhece da revista ou dos embargos, quando a decisão recorrida resolver determinado item do pedido por diversos fundamentos, e a jurisprudência transcrita não abranger a todos.

▷ **Súmula 25 do TST. Custas.** A parte vencedora na primeira instância, se vencida na segunda, está obrigada, independentemente de intimação, a pagar as custas fixadas na sentença originária, das quais ficara isenta a parte então vencida.

▷ **Súmula 30 do TST. Intimação da sentença.** Quando não juntada a ata ao processo em 48 horas, contadas da audiência de julgamento (art. 851, § 2º, da CLT), o prazo para recurso será contado da data em que a parte receber a intimação da sentença.

▷ **Súmula 36 do TST. Custas.** Nas ações plúrimas as custas incidem sobre o respectivo valor global.

▷ **Súmula 53 do TST. Custas.** O prazo para pagamento das custas, no caso de recurso, é contado da intimação do cálculo.

▷ **Súmula 86 do TST. Deserção. Massa falida. Empresa em liquidação extrajudicial.** Não ocorre deserção de recurso da massa falida por falta de pagamento de custas ou de depósito do valor da condenação. Esse privilégio, todavia, não se aplica à empresa em liquidação extrajudicial.

▷ **Súmula 99 do TST. Ação rescisória. Deserção. Prazo.** Havendo recurso ordinário em sede de rescisória, o depósito recursal só é exigível quando for julgado procedente o pedido e imposta condenação em pecúnia, devendo este ser efetuado no prazo recursal, no limite e nos termos da legislação vigente, sob pena de deserção.

▷ **Súmula 126 do TST. Recurso. Cabimento.** Incabível o recurso de revista ou de embargos (arts. 896 e 894, letra *b*, da CLT) para reexame de fatos e provas.

▷ **Súmula 128 do TST. Depósito recursal.**
I – É ônus da parte recorrente efetuar o depósito legal, integralmente, em relação a

cada novo recurso interposto, sob pena de deserção. Atingido o valor da condenação, nenhum depósito mais é exigido para qualquer recurso.

II – Garantido o juízo, na fase executória, a exigência de depósito para recorrer de qualquer decisão viola os incisos II e LV do art. 5º da CF/1988. Havendo, porém, elevação do valor do débito, exige-se a complementação da garantia do juízo.

III – Havendo condenação solidária de duas ou mais empresas, o depósito recursal efetuado por uma delas aproveita as demais, quando a empresa que efetuou o depósito não pleiteia sua exclusão da lide.

▷ **Súmula 158 do TST. Ação rescisória.** Da decisão de Tribunal Regional do Trabalho, em ação rescisória, cabível é o recurso ordinário para o Tribunal Superior do Trabalho, em face da organização judiciária trabalhista. Ex-Prejulgado n. 35.

▷ **Súmula 161 do TST. Depósito. Condenação em pecúnia.** Não havendo condenação em pecúnia, descabe o depósito prévio de que tratam os §§ 1º e 2º do art. 899 da Consolidação das Leis do Trabalho.

▷ **Súmula 164 do TST.** Procuração. Juntada. Nova redação. O não cumprimento das determinações dos §§ 1º e 2º do art. 5º da Lei n. 8.906, de 4-7-1994, e do art. 37, parágrafo único, do Código de Processo Civil importa o não conhecimento de recurso, por inexistente, exceto na hipótese de mandato tácito.

▷ **Súmula 170 do TST. Sociedade de economia mista. Custas.** Os privilégios e isenções no foro da Justiça do Trabalho não abrangem as sociedades de economia mista, ainda que gozassem desses benefícios anteriormente ao Dec.-lei n. 779, de 1969.

▷ **Súmula 184 do TST. Embargos declaratórios. Omissão em revista. Preclusão.** Ocorre preclusão quando não forem opostos embargos declaratórios para suprir omissão apontada em recurso de revista ou de embargos.

▷ **Súmula 192 do TST. Ação rescisória. Competência.** (atualizada em decorrência do CPC de 2015) – Res. 212/2016, *DEJT* divulgado em 20, 21 e 22-9-2016.

I – Se não houver o conhecimento de recurso de revista ou de embargos, a competência para julgar ação que vise a rescindir a decisão de mérito é do Tribunal Regional do Trabalho, ressalvado o disposto no item II.

II – Acórdão rescindendo do Tribunal Superior do Trabalho que não conhece de recurso de embargos ou de revista, analisando arguição de violação de dispositivo de lei material ou decidindo em consonância com súmula de direito material ou com iterativa, notória e atual jurisprudência de direito material da Seção de Dissídios Individuais (Súmula 333), examina o mérito da causa, cabendo ação rescisória da competência do Tribunal Superior do Trabalho.

III – Sob a égide do art. 512 do CPC de 1973, é juridicamente impossível o pedido explícito de desconstituição de sentença quando substituída por acórdão do Tribunal Regional ou superveniente sentença homologatória de acordo que puser fim ao litígio.

IV – Na vigência do CPC de 1973, é manifesta a impossibilidade jurídica do pedido de rescisão de julgado proferido em agravo de instrumento que, limitando-se a aferir o eventual desacerto do juízo negativo de admissibilidade do recurso de revista, não substitui o acórdão regional, na forma do art. 512 do CPC.

V – A decisão proferida pela SBDI, em sede de agravo regimental, calcada na Súmula 333, substitui acórdão de Turma do TST, porque emite juízo de mérito, comportando, em tese, o corte rescisório.

▷ **Súmula 197 do TST. Prazo.** O prazo para recurso da parte que, intimada, não comparecer à audiência em prosseguimento para a prolação da sentença conta-se de sua publicação.

▷ **Súmula 201 do TST. Recurso ordinário em Mandado de Segurança. Revisão do Enunciado n. 154.** Da decisão de Tribunal Regional do Trabalho em mandado de segurança cabe recurso ordinário, no prazo de 8 dias, para o Tribunal Superior do Trabalho, correspondendo igual dilação para o recorrido e interessados apresentarem razões de contrariedade.

▷ **Súmula 214 do TST. Decisão Interlocutória. Irrecorribilidade.** Na Justiça do Trabalho, nos termos do art. 893, § 1º, da CLT, as decisões interlocutórias não ensejam recurso imediato, salvo nas hipóteses de decisão: a) de Tribunal Regional do Trabalho contrária à Súmula ou Orientação

Jurisprudencial do Tribunal Superior do Trabalho; b) suscetível de impugnação mediante recurso para o mesmo Tribunal; c) que acolhe exceção de incompetência territorial, com a remessa dos autos para Tribunal Regional distinto daquele a que se vincula o juízo excepcionado, consoante o disposto no art. 799, § 2º, da CLT.

▷ **Súmula 217 do TST. Depósito recursal. Credenciamento bancário. Prova dispensável.** O credenciamento dos bancos para o fim de recebimento do depósito recursal é fato notório, independendo da prova.

▷ **Súmula 218 do TST. Recurso de revista contra acórdão proferido em agravo de instrumento.** É incabível recurso de revista contra acórdão regional prolatado em agravo de instrumento. (Res. 14/85, *DJ*, 19-9-1985)

▷ **Súmula 221 do TST. Recurso de revista. Violação de lei. Indicação de preceito.**
I – A admissibilidade do recurso de revista por violação tem como pressuposto a indicação expressa do dispositivo de lei ou da Constituição tido como violado.

▷ **Súmula 245 do TST. Depósito recursal. Prazo.** O depósito recursal deve ser feito e comprovado no prazo alusivo ao recurso, sendo que a interposição antecipada deste não prejudica a dilação legal.

▷ **Súmula 266 do TST. Recurso de revista. Admissibilidade. Execução de sentença. Revisão do Enunciado n. 210.** A admissibilidade do recurso de revista contra acórdão proferido em agravo de petição, na liquidação de sentença ou em processo incidente na execução, inclusive os embargos de terceiro, depende de demonstração inequívoca de violência direta à Constituição Federal.

▷ **Súmula 278 do TST. Embargos de declaração. Omissão no julgado.** A natureza da omissão suprida pelo julgamento de embargos declaratórios pode ocasionar efeito modificativo no julgado.

▷ **Súmula 283 do TST. Recurso adesivo. Pertinência no processo do trabalho. Correlação de matérias. Revisão do Enunciado n. 196.** O recurso adesivo é compatível com o processo do trabalho, onde cabe, no prazo de oito dias, nas hipóteses de interposição de recurso ordinário, de agravo de petição, de revista e de embargos, sendo desnecessário que a matéria nele veiculada esteja relacionada com a do recurso interposto pela parte contrária.

▷ **Súmula 285 do TST. Recurso de revista. Admissibilidade parcial pelo Juiz-Presidente do Tribunal Regional do Trabalho. Efeito.** (cancelada a partir de 15 de abril de 2016) – Res. 204/2016, *DEJT* divulgado em 17, 18 e 21-3-2016. O fato de o juízo primeiro de admissibilidade do recurso de revista entendê-lo cabível apenas quanto à parte das matérias veiculadas não impede a apreciação integral pela Turma do Tribunal Superior do Trabalho, sendo imprópria a interposição de agravo de instrumento.

▷ **Súmula 296 do TST. Recurso. Divergência jurisprudencial. Especificidade.**
I – A divergência jurisprudencial ensejadora da admissibilidade, do prosseguimento e do conhecimento do recurso há de ser específica, revelando a existência de teses diversas na interpretação de um mesmo dispositivo legal, embora idênticos os fatos que as ensejaram.
II – Não ofende o art. 896 da CLT decisão de Turma que, examinando premissas concretas de especificidade da divergência colacionada no apelo revisional, conclui pelo conhecimento ou desconhecimento do recurso.

▷ **Súmula 297 do TST. Prequestionamento. Oportunidade. Configuração. Nova redação. 1.** Diz-se prequestionada a matéria ou questão quando na decisão impugnada haja sido adotada, explicitamente, tese a respeito. **2.** Incumbe à parte interessada, desde que a matéria haja sido invocada no recurso principal, opor embargos declaratórios objetivando o pronunciamento sobre o tema, sob pena de preclusão. **3.** Considera-se prequestionada a questão jurídica invocada no recurso principal sobre a qual se omite o Tribunal de pronunciar tese, não obstante opostos embargos de declaração.

▷ **Súmula 303 do TST. Fazenda Pública. Reexame necessário.** (nova redação em decorrência do CPC de 2015) – Res. 211/2016, *DEJT* divulgado em 24, 25 e 26-8-2016.
I – Em dissídio individual, está sujeita ao reexame necessário, mesmo na vigência da Constituição Federal de 1988, decisão contrária à Fazenda Pública, salvo quando a

condenação não ultrapassar o valor correspondente a: a) 1.000 (mil) salários mínimos para a União e as respectivas autarquias e fundações de direito público; b) 500 (quinhentos) salários mínimos para os Estados, o Distrito Federal, as respectivas autarquias e fundações de direito público e os Municípios que constituam capitais dos Estados; c) 100 (cem) salários mínimos para todos os demais Municípios e respectivas autarquias e fundações de direito público. II – Também não se sujeita ao duplo grau de jurisdição a decisão fundada em: a) súmula ou orientação jurisprudencial do Tribunal Superior do Trabalho; b) acórdão proferido pelo Supremo Tribunal Federal ou pelo Tribunal Superior do Trabalho em julgamento de recursos repetitivos; c) entendimento firmado em incidente deresolução de demandas repetitivas ou de assunção de competência; d) entendimento coincidente com orientação vinculante firmada no âmbito administrativo do próprio ente público, consolidada em manifestação, parecer ou súmula administrativa.
III – Em ação rescisória, a decisão proferida pelo Tribunal Regional do Trabalho está sujeita ao duplo grau de jurisdição obrigatório quando desfavorável ao ente público, exceto nas hipóteses dos incisos anteriores. (ex-OJ n. 71 da SBDI-1 – inserida em 3-6-1996)
IV – Em mandado de segurança, somente cabe reexame necessário se, na relação processual, figurar pessoa jurídica de direito público como parte prejudicada pela concessão da ordem. Tal situação não ocorre na hipótese de figurar no feito como impetrante e terceiro interessado pessoa de direito privado, ressalvada a hipótese de matéria administrativa. (ex-OJs n. 72 e 73 da SBDI-1 – inseridas, respectivamente, em 25-11-1996 e 3-6-1996).

▷ **Súmula 333 do TST. Recurso de Revista. Conhecimento. Revisão do Enunciado n. 42.** "Não ensejam recursos de revista ou de embargos decisões superadas por iterativa, notória e atual jurisprudência do Tribunal Superior do Trabalho."

▷ **Súmula 337 do TST. Comprovação de divergência jurisprudencial. Recursos de revista e de embargos.** (incluído o item V) – Res. 220/2017, *DEJT* divulgado em 21, 22 e 25-9-2017
I – Para comprovação da divergência justificadora do recurso, é necessário que o recorrente: a) Junte certidão ou cópia autenticada do acórdão paradigma ou cite a fonte oficial ou o repositório autorizado em que foi publicado; e b) Transcreva, nas razões recursais, as ementas e/ou trechos dos acórdãos trazidos à configuração do dissídio, demonstrando o conflito de teses que justifique o conhecimento do recurso, ainda que os acórdãos já se encontrem nos autos ou venham a ser juntados com o recurso.
II – A concessão de registro de publicação como repositório autorizado de jurisprudência do TST torna válidas todas as suas edições anteriores.
III – A mera indicação da data de publicação, em fonte oficial, de aresto paradigma é inválida para comprovação de divergência jurisprudencial, nos termos do item I, *a*, desta súmula, quando a parte pretende demonstrar o conflito de teses mediante a transcrição de trechos que integram a fundamentação do acórdão divergente, uma vez que só se publicam o dispositivo e a ementa dos acórdãos.
IV – É válida para a comprovação da divergência jurisprudencial justificadora do recurso a indicação de aresto extraído de repositório oficial na internet, desde que o recorrente: a) transcreva o trecho divergente; b) aponte o sítio de onde foi extraído; e c) decline o número do processo, o órgão prolator do acórdão e a data da respectiva publicação no *Diário Eletrônico da Justiça do Trabalho*.
V – A existência do código de autenticidade na cópia, em formato *pdf*, do inteiro teor do aresto paradigma, juntada aos autos, torna-a equivalente ao documento original e também supre a ausência de indicação da fonte oficial de publicação.

▷ **Súmula 353 do TST. Embargos. Agravo. Cabimento.** (atualizada em decorrência do CPC de 2015) – Res. 208/2016, *DEJT* divulgado em 22, 25 e 26-4-2016. Não cabem embargos para a Seção de Dissídios Individuais de decisão de Turma proferida em agravo, salvo: a) da decisão que não conhece de agravo de instrumento ou de agravo pela ausência de pressupostos extrínsecos;

b) da decisão que nega provimento a agravo contra decisão monocrática do Relator, em que se proclamou a ausência e pressupostos extrínsecos de agravo de instrumento; c) para revisão dos pressupostos extrínsecos de admissibilidade do recurso de revista, cuja ausência haja sido declarada originariamente pela Turma no julgamento do agravo; d) para impugnar o conhecimento de agravo de instrumento; e) para impugnar a imposição de multas previstas nos arts. 1.021, § 4º, do CPC de 2015 ou 1.026, § 2º, do CPC de 2015 (art. 538, parágrafo único, do CPC de 1973, ou art. 557, § 2º, do CPC de 1973).

▷ **Súmula 385 do TST. Feriado local ou forense. Ausência de expediente forense. Prazo recursal. Prorrogação. Comprovação. Necessidade.** (alterada em decorrência do CPC de 2015) – Res. 220/2017, *DEJT* divulgado em 21, 22 e 25-9-2017
I – Incumbe à parte o ônus de provar, quando da interposição do recurso, a existência de feriado local que autorize a prorrogação do prazo recursal(art. 1.003, § 6º, do CPC de 2015). No caso de o recorrente alegar a existência de feriado local e não o comprovar no momento da interposição do recurso, cumpre ao relator conceder o prazo de 5 (cinco) dias para que seja sanado o vício (art. 932, parágrafo único, do CPC de 2015), sob pena de não conhecimento se da comprovação depender a tempestividade recursal;
II – Na hipótese de feriado forense, incumbirá à autoridade que proferir a decisão de admissibilidade certificar o expediente nos autos.
III – Admite-se a reconsideração da análise da tempestividade do recurso, mediante prova documental superveniente, em agravo instrumento, agravo interno, agravo regimental, ou embargos de declaração, desde que, em momento anterior, não tenha havido a concessão de prazo para a comprovação da ausência de expediente forense.

▷ **Súmula 387 do TST. Recurso. Fac-símile. Lei n. 9.800/1999** (atualizada em decorrência do CPC de 2015) – Res. 208/2016, *DEJT* divulgado em 22, 25 e 26-4-2016
I – A Lei n. 9.800/1999 é aplicável somente a recursos interpostos após o início de sua vigência.
II – A contagem do quinquídio para apresentação dos originais de recurso interposto por intermédio de fac-símile começa a fluir do dia subsequente ao término do prazo recursal, nos termos do art. 2º da Lei n. 9.800/1999, e não do dia seguinte à interposição do recurso, se esta se deu antes do termo final do prazo.
III – Não se tratando a juntada dos originais de ato que dependa de notificação, pois a parte, ao interpor o recurso, já tem ciência de seu ônus processual, não se aplica a regra do art. 224 do CPC de 2015 (art. 184 do CPC de 1973) quanto ao dies *a quo*, podendo coincidir com sábado, domingo ou feriado.
IV – A autorização para utilização do fac-símile, constante do art. 1º da Lei n. 9.800, de 26-5-1999, somente alcança as hipóteses em que o documento é dirigido diretamente ao órgão jurisdicional, não se aplicando à transmissão ocorrida entre particulares.

▷ **OJ n. 33 da SDI-1 do TST. Deserção. Custas. Carimbo do banco. Validade.** O carimbo do banco recebedor na guia de comprovação do recolhimento das custas supre a ausência de autenticação mecânica.

▷ **OJ n. 95 da SDI-1 do TST. Embargos para SDI. Divergência oriunda da mesma turma do TST. Inservível.** Em 19-5-1997, a SDI-Plena, por maioria, decidiu que acórdãos oriundos da mesma Turma, embora divergentes, não fundamentam divergência jurisprudencial de que trata a alínea *b*, do art. 894 da Consolidação das Leis do Trabalho para embargos à Seção Especializada em Dissídios Individuais, Subseção I.

▷ **OJ n. 104 da SDI-1 do TST. Custas. Condenação acrescida. Inexistência de deserção quando as custas não são expressamente calculadas e não há intimação da parte para o preparo do recurso, devendo, então, ser as custas pagas ao final.** Não caracteriza deserção a hipótese em que, acrescido o valor da condenação, não houve fixação ou cálculo do valor devido a título de custas e tampouco intimação da parte para o preparo do recurso, devendo, pois, as custas ser pagas ao final.

▷ **OJ n. 111 da SDI-1 do TST. Recurso de revista. Divergência jurisprudencial. Aresto oriundo do mesmo Tribunal Regional. Lei n. 9.756/1998. Inservível ao conhecimento.** Não é servível ao co-

nhecimento de recurso de revista aresto oriundo de mesmo Tribunal Regional do Trabalho, salvo se o recurso houver sido interposto anteriormente à vigência da Lei n. 9.756/1998.

▷ **OJ n. 115 da SDI-1 do TST. Recurso de revista. Nulidade por negativa de prestação jurisdicional.** (Alterada em decorrência da redação do inciso II do art. 894 da CLT, incluído pela Lei n. 11.496/2007 – Res. 182/2012, *DEJT*, 19, 20 e 23-4-2012). O conhecimento do recurso de revista, quanto à preliminar de nulidade por negativa de prestação jurisdicional, supõe indicação de violação do art. 832 da CLT, do art. 458 do CPC (art. 489 do CPC/2015) ou do art. 93, IX, da CF/1988.

▷ **OJ n. 130 da SDI-1 do TST. Prescrição. Ministério Público. Arguição.** *Custos legis.* **Ilegitimidade.** Inserida em 20-4-1998 Ao exarar o parecer na remessa de ofício, na qualidade de *custos legis*, o Ministério Público não tem legitimidade para arguir a prescrição em favor de entidade de direito público, em matéria de direito patrimonial (arts. 194 do CC de 2002 e 219, § 5º, do CPC).

▷ **OJ n. 132 da SDI-1 do TST. Agravo regimental. Peças essenciais nos autos principais.** Inexistindo lei que exija a tramitação do AG em autos apartados, tampouco previsão no Regimento Interno do Regional, não pode o Agravante ver-se apenado por não haver colacionado cópia de peças dos autos principais, quando o AG deveria fazer parte dele.

▷ **OJ n. 140 da SDI-1 do TST. Depósito recursal e custas. Diferença ínfima. Deserção. Ocorrência.** Ocorre deserção do recurso pelo recolhimento insuficiente das custas e do depósito recursal, ainda que a diferença em relação ao *quantum* devido seja ínfima, referente a centavos.

▷ **OJ n. 142 da SDI-1 do TST. Embargos de declaração. Efeito modificativo. Vista à parte contrária.** I – É passível de nulidade decisão que acolhe embargos de declaração com efeito modificativo sem que seja concedida oportunidade de manifestação prévia à parte contrária. II – Em decorrência do efeito devolutivo amplo conferido ao recurso ordinário, o item I não se aplica às hipóteses em que não se concede vista à parte contrária para se manifestar sobre os embargos de declaração opostos contra sentença.

▷ **OJ n. 148 da SDI-2 do TST. Custas. Mandado de Segurança. Recurso Ordinário. Exigência do pagamento.** É responsabilidade da parte, para interpor recurso ordinário em mandado de segurança, a comprovação do recolhimento das custas processuais no prazo recursal, sob pena de deserção.

▷ **OJ n. 158 da SDI-1 do TST. Custas. Comprovação de recolhimento. Darf eletrônico. Validade.** O denominado "DARF ELETRÔNICO" é válido para comprovar o recolhimento de custas por entidades da administração pública federal, emitido conforme a IN-SRF 162, de 4-11-1988.

▷ **OJ n. 186 da SDI-1 do TST. Custas. Inversão do ônus da sucumbência. Deserção. Não ocorrência.** No caso de inversão do ônus da sucumbência em segundo grau, sem acréscimo ou atualização do valor das custas e se estas já foram devidamente recolhidas, descabe um novo pagamento pela parte vencida, ao recorrer. Deverá ao final, se sucumbente, ressarcir a quantia.

▷ **OJ n. 192 da SDI-1 do TST. Embargos declaratórios. Prazo em dobro. Pessoa jurídica de direito público. Dec.-lei n. 779/69.** É em dobro o prazo para a interposição de embargos declaratórios por Pessoa Jurídica de Direito Público.

▷ **OJ n. 217 da SDI-1 do TST. Agravo de instrumento. Traslado. Lei n. 9.756/98. Guias de custas e de depósito recursal.** Para a formação do Agravo de Instrumento, não é necessária a juntada de comprovantes de recolhimento de custas e de depósito recursal relativamente ao Recurso Ordinário, desde que não seja objeto de controvérsia no Recurso de Revista a validade daqueles recolhimentos.

▷ **OJ n. 219 da SDI-1 do TST. Recurso de revista ou de embargos fundamentado em orientação jurisprudencial do TST.** É válida, para efeito de conhecimento do recurso de revista ou de embargos, a invocação de Orientação Jurisprudencial do Tribunal Superior do Trabalho, desde que, das razões recursais, conste o seu número ou conteúdo.

▷ **OJ n. 237 da SDI-1 do TST. Ministério Público do Trabalho. Ilegitimidade para recorrer.** O Ministério Público não tem legitimidade para recorrer na defesa de interesse patrimonial privado, inclusive de empresas públicas e sociedades de economia mista.

▷ **OJ n. 54 da SDI-2 do TST. Mandado de segurança. Embargos de terceiro. Cumulação. Penhora. Incabível.** (atualizada em decorrência do CPC de 2015) – Res. 208/2016, *DEJT* divulgado em 22, 25 e 26.04.2016. Ajuizados embargos de terceiro (art. 1.046 do CPC de 2015 – art. 1.046 do CPC de 1973) para pleitear a desconstituição da penhora, é incabível a interposição de mandado de segurança com a mesma finalidade.

▷ **OJ n. 56 da SDI-2 do TST. Mandado de Segurança. Execução. Pendência de Recurso Extraordinário.** Não há direito líquido e certo à execução definitiva na pendência de Recurso Extraordinário, ou de Agravo de Instrumento visando a destrancá-lo.

▷ **OJ n. 66 da SDI-2 do TST.** Incabível o Mandado de Segurança contra sentença homologatória de adjudicação, uma vez que existe meio próprio para impugnar o ato judicial, consistente nos embargos à adjudicação (CPC, art. 746).

▷ **OJ n. 69 da SDI-2 do TST. Fungibilidade Recursal. Indeferimento Liminar de Ação Rescisória ou Mandado de Segurança. Recurso para o TST. Recebimento como Agravo Regimental e devolução dos autos ao TRT.** Recurso Ordinário interposto contra despacho monocrático indeferitório da petição inicial de Ação Rescisória ou de Mandado de Segurança pode, pelo princípio de fungibilidade recursal, ser recebido como Agravo Regimental. Hipótese de não conhecimento do recurso pelo TST e devolução dos autos ao TRT, para que aprecie o apelo como Agravo Regimental.

▷ **OJ n. 88 da SDI-2 do TST. Mandado de segurança. Valor da causa. Custas processuais. Cabimento.** Incabível a impetração de mandado de segurança contra ato judicial que, de ofício, arbitrou novo valor à causa, acarretando a majoração das custas processuais, uma vez que cabia à parte, após recolher as custas, calculadas com base no valor dado à causa na inicial, interpor recurso ordinário e, posteriormente, agravo de instrumento no caso de o recurso ser considerado deserto.

▷ **OJ n. 92 da SDI-2 do TST. Mandado de segurança. Existência de recurso próprio.** Não cabe mandado de segurança contra decisão judicial passível de reforma mediante recurso próprio, ainda que com efeito diferido.

▷ **OJ n. 27 da SDC do TST. Custas. Ausência de intimação. Deserção. Caracterização.** A deserção se impõe mesmo não tendo havido intimação, pois incumbe à parte, na defesa do próprio interesse, obter os cálculos necessários para efetivar o preparo.

▷ **OJ n. 5 do Tribunal Pleno do TST. Recurso ordinário. Cabimento.** (Conversão da Orientação Jurisprudencial n. 70 da SDI-1 – Res. 129/2005, DJ, 20-4-2005)
Não cabe recurso ordinário contra decisão em agravo regimental interposto em reclamação correicional ou em pedido de providência.

▷ **Súmula 223 do STF.** Concedida isenção de custas ao empregado, por elas não responde o sindicato que o representa em juízo.

▷ **Súmula 249 do STF.** É competente o Supremo Tribunal Federal para a ação rescisória quando, embora não tendo conhecido do recurso extraordinário, ou havendo negado provimento ao agravo, tiver apreciado a questão federal controvertida.

▷ **Súmula 267 do STF.** Não cabe mandado de segurança contra ato judicial passível de recurso ou correição.

▷ **Súmula 272 do STF.** Não se admite como ordinário recurso extraordinário de decisão denegatória de mandado de segurança.

▷ **Súmula 279 do STF.** Para simples reexame de prova não cabe recurso extraordinário.

▷ **Súmula 280 do STF.** Por ofensa a direito local não cabe recurso extraordinário.

▷ **Súmula 281 do STF.** É inadmissível o recurso extraordinário, quando couber, na justiça de origem, recurso ordinário da decisão impugnada.

▷ **Súmula 282 do STF.** É inadmissível o recurso extraordinário, quando não ventilada, na decisão recorrida, a questão federal suscitada.

▷ **Súmula 283 do STF.** É inadmissível o recurso extraordinário, quando a decisão recorrida assenta em mais de um fundamento suficiente e o recurso não abrange todos eles.

▷ **Súmula 284 do STF.** É inadmissível o recurso extraordinário, quando a deficiência na sua fundamentação não permitir a exata compreensão da controvérsia.

▷ **Súmula 286 do STF.** Não se conhece do recurso extraordinário fundado em divergência jurisprudencial, quando a orientação do plenário do Supremo Tribunal Federal já se firmou no mesmo sentido da decisão recorrida.

▷ **Súmula 287 do STF.** Nega-se provimento do agravo quando a deficiência na sua fundamentação, ou na do recurso extraordinário, não permitir a exata compreensão da controvérsia.

▷ **Súmula 288 do STF.** Nega-se provimento a agravo para subida de recurso extraordinário, quando faltar no traslado o despacho agravado, a decisão recorrida, a petição de recurso extraordinário ou qualquer peça essencial à compreensão da controvérsia.

▷ **Súmula 315 do STF.** Indispensável o traslado das razões da revista, para julgamento, pelo Tribunal Superior do Trabalho, do agravo para sua admissão.

▷ **Súmula 317 do STF.** São improcedentes os embargos declaratórios, quando não pedida a declaração do julgado anterior, em que se verificou a omissão.

▷ **Súmula 319 do STF.** O prazo do recurso ordinário para o Supremo Tribunal Federal, em *habeas corpus* ou mandado de segurança, é de cinco dias.

▷ **Súmula 354 do STF.** Em caso de embargos infringentes parciais, é definitiva a parte da decisão embargada em que não houve divergência na votação.

▷ **Súmula 355 do STF.** Em caso de embargos infringentes parciais, é tardio o recurso extraordinário interposto após o julgamento dos embargos, quanto à parte da decisão embargada que não fora por eles abrangida.

▷ **Súmula 356 do STF.** O ponto omisso da decisão, sobre o qual não foram opostos embargos declaratórios, não pode ser objeto de recurso extraordinário, por faltar o requisito do prequestionamento.

▷ **Súmula 369 do STF.** Julgados do mesmo tribunal não servem para fundamentar o recurso extraordinário por divergência jurisprudencial.

▷ **Súmula 399 do STF.** Não cabe recurso extraordinário, por violação de Lei Federal, quando a ofensa alegada for a regimento de tribunal.

▷ **Súmula 401 do STF.** Não se conhece do recurso de revista, nem dos embargos de divergência, do processo trabalhista, quando houver jurisprudência firme do Tribunal Superior do Trabalho no mesmo sentido da decisão impugnada, salvo se houver colisão com a jurisprudência do Supremo Tribunal Federal.

▷ **Súmula 423 do STF.** Não transita em julgado a sentença por haver omitido o recurso *ex officio*, que se considera interposto *ex lege*.

▷ **Súmula 432 do STF.** Não cabe recurso extraordinário com fundamento no art. 101, III, *d*, da Constituição Federal, quando a divergência alegada for entre decisões da Justiça do Trabalho.

▷ **Súmula 456 do STF.** O Supremo Tribunal Federal, conhecendo do recurso extraordinário, julgará a causa, aplicando o direito à espécie.

▷ **Súmula 457 do STF.** O Tribunal Superior do Trabalho, conhecendo da revista, julgará a causa, aplicando o direito à espécie.

▷ **Súmula 505 do STF.** Salvo quando contrariarem a Constituição, não cabe recurso para o Supremo Tribunal Federal, de quaisquer decisões da Justiça do Trabalho, inclusive dos presidentes de seus tribunais.

▷ **Súmula 46 do STJ.** Na execução por carta, os embargos do devedor serão decididos no juízo deprecante, salvo se versarem unicamente vícios ou defeitos da penhora, avaliação ou alienação dos bens.

▷ **Súmula 98 do STJ.** Embargos de declaração manifestados com notório propósito de pré-questionamento não têm caráter protelatório.

▷ **Súmula 116 do STJ.** A Fazenda Pública e o Ministério Público têm prazo em dobro para interpor agravo regimental no Superior Tribunal de Justiça.

▷ **Súmula 134 do STJ.** Embora intimado da penhora em imóvel do casal, o cônjuge do

executado pode opor embargos de terceiro para defesa de sua meação.
▷ **Súmula 168 do STJ.** Não cabem embargos de divergência, quando a jurisprudência do tribunal se firmou no mesmo sentido do acórdão embargado.
▷ **Súmula 169 do STJ.** São inadmissíveis embargos infringentes no processo de mandado de segurança.
▷ **Súmula 195 do STJ.** Em embargos de terceiro não se anula ato jurídico, por fraude contra credores.
▷ **Súmula 207 do STJ.** É inadmissível recurso especial quando cabíveis embargos infringentes contra o acórdão proferido no tribunal de origem.
▷ **Súmula 211 do STJ.** Inadmissível recurso especial quanto a questão que, a despeito da oposição de embargos declaratórios, não foi apreciada pelo tribunal *a quo*.
▷ **Súmula 223 do STJ.** A certidão de intimação do acórdão recorrido constitui peça obrigatória do instrumento de agravo.
▷ **Súmula 225 do STJ.** Compete ao Tribunal Regional do Trabalho apreciar recurso contra sentença proferida por órgão de primeiro grau da Justiça Trabalhista, ainda que para declarar-lhe a nulidade em virtude de incompetência.
▷ "**Agravo de instrumento. Recurso de revista. Julgamento anterior por esta 3ª turma. Devolução dos autos para eventual emissão de juízo de retratação. Art. 1.030, Inciso II, do CPC. Terceirização trabalhista. Entidades estatais. Entendimento fixado pelo STF na ADC n. 16-DF. Súmula 331, v, do TST. Art. 71, § 1º, da Lei n. 8.666/93. Responsabilidade subsidiária. Jurisprudência vinculante do STF. Necessidade de comprovação de conduta culposa no cumprimento das obrigações da Lei n. 8.666/93. Distribuição do ônus da prova no tocante à ausência de fiscalização. Encargo da administração pública, segundo interpretação da SBDI-1/TST à jurisprudência do STF, a partir da decisão dos embargos de declaração proferida nos autos do RE-760.931/DF.** Em observância ao entendimento fixado pelo STF na ADC n. 16-DF, passou a prevalecer a tese de que a responsabilidade subsidiária dos entes integrantes da Administração Pública direta e indireta não decorre de mero inadimplemento das obrigações trabalhistas assumidas pela empresa regularmente contratada, mas apenas quando explicitada no acórdão regional a sua conduta culposa no cumprimento das obrigações da Lei n. 8.666, de 21-6-1993, especialmente na fiscalização do cumprimento das obrigações contratuais e legais da prestadora de serviço como empregadora. E o STF, ao julgar, com repercussão geral reconhecida, o RE-760.931/DF, confirmou a tese já explicitada na anterior ADC n. 16-DF, no sentido de que a responsabilidade da Administração Pública não pode ser automática, cabendo a sua condenação apenas se houver prova inequívoca de sua conduta omissiva ou comissiva na fiscalização dos contratos. Provocado o STF, em sede de embargos de declaração, sobre o alcance da decisão proferida nos autos do RE-760.931/DF, sobretudo quanto ao ônus de prova da fiscalização do adimplemento das obrigações contratuais trabalhistas no curso do pacto celebrado entre o ente privado e a Administração Pública, o recurso foi desprovido. Em face dessa decisão, em que o Supremo Tribunal Federal não delimitou – como foi questionado nos embargos de declaração – a matéria atinente ao ônus da prova da fiscalização do contrato, compreendeu a SBDI-1 do TST, em julgamento realizado em 12-12-2019, nos autos dos Embargos E-RR-925-07.2016.5.05.0281, de relatoria do Ministro Cláudio Mascarenhas Brandão, que a deliberação acerca da matéria, dado o seu caráter eminentemente infraconstitucional, compete à Justiça do Trabalho. E, manifestando-se expressamente sobre o encargo probatório, fixou a tese de que é do Poder Público, tomador dos serviços, o ônus de demonstrar que fiscalizou de forma adequada o contrato de prestação de serviços, suplantando, assim, o entendimento de que seria do empregado tal encargo processual. Ressalte-se que, ainda que não haja transferência automática da responsabilidade (não incide, nesses casos, a culpa presumida, segundo o STF), tem o tomador de serviços estatal o ônus processual de comprovar seus plenos zelo e exação quanto ao adimplemento de seu

dever fiscalizatório (art. 818, II e § 1º, CLT; art. 373, II, CPC/2015). Por essas razões, se a entidade pública não demonstra a realização do efetivo controle sobre o contrato, deve ser responsabilizada subsidiariamente pela satisfação das obrigações trabalhistas inadimplidas pela empregadora. É preciso – reitere-se – deixar claro que, se a entidade estatal fizer prova razoável e consistente, nos autos, de que exerceu, adequadamente, o seu dever fiscalizatório, não pode ocorrer a sua responsabilização, pois isso configuraria desrespeito à jurisprudência vinculante do Supremo Tribunal Federal. Consequentemente, no caso concreto, em face de a decisão do TRT estar em consonância com o atual posicionamento desta Corte sobre a matéria e mantida a decisão que negou provimento ao agravo de instrumento, sem proceder ao juízo de retratação, nos termos do art. 543-B, § 3º, do CPC, devolvam-se os autos à Vice-Presidência desta Corte Superior" (AIRR-208-88.2011.5.09.0303, 3ª Turma, Relator Ministro Mauricio Godinho Delgado, *DEJT* 12-2-2021).

▷ "**I – Agravo em agravo de instrumento. Recurso de revista. Supressão de horas extras habituais. Resultado do trabalho do mpt e do tcu. Estabilidade financeira. Indenização devida. Súmula 291/TST.** Demonstrada possível contrariedade à Súmula 291/TST, dá-se provimento ao agravo para determinar o processamento do agravo de instrumento. Agravo conhecido e provido. **II – Agravo de instrumento. Recurso de revista. Supressão de horas extras habituais. Resultado do trabalho do mpt e do tcu. Estabilidade financeira. Indenização devida. Súmula 291/TST.** Demonstrada possível contrariedade à Súmula 291/TST, dá-se provimento ao agravo de instrumento para melhor exame do recurso de revista. Agravo de instrumento conhecido e provido. **III – Recurso de revista. Supressão de horas extras habituais. Resultado do trabalho do mpt e do tcu. Estabilidade financeira. Indenização devida. Súmula 291/TST.** Infere-se dos autos que houve supressão parcial de horas extras em virtude de ação do MPT juntamente com o TCU, objetivando a readequação da jornada, uma vez que havia excesso de horas extras, que vinham sendo prestadas pelos trabalhadores portuários. Na oportunidade, o Regional consignou que "ratificar o sistema adotado e cumprido pela empresa, em atenção à ação fiscalizadora do TCU e MPT, do qual não resultou prejuízo material para os trabalhadores, e redundou em melhor qualidade de vida para estes, é medida de Justiça que se impõe." No intuito de tutelar a estabilidade financeira do trabalhador, esta Corte, aplicando a Súmula 291 do TST, tem entendido que é devida a indenização pela supressão das horas extras habitualmente prestadas por pelo menos um ano, independentemente do motivo da supressão ou redução. Precedentes. Recurso de revista conhecido por contrariedade à Súmula 291/TST e provido" (RR-1001753-72.2016.5.02.0441, 3ª Turma, Relator Ministro Alexandre de Souza Agra Belmonte, *DEJT* 14-2-2020).

▷ "**Embargos de declaração em embargos infringentes – Dissídio coletivo para revisão de cláusula convencional aforado pela ECT – Decisão não unânime e restrição à cláusula em que há divergência – "Ausência de comum acordo", "não cabimento do dissídio de revisão" e "ausência de interesse de agir" – Não conhecimento – Cláusula 28ª do act de 2017/2018 (plano de saúde e forma de custeio) – Correiossaude – Alteração do modelo de custeio – Coparticipação – cláusula "*rebus sic stantibus*" – Teoria da imprevisão e da onerosidade excessiva – Desprovimento de ambos os embargos infringentes – Inexistência de omissão – Rejeição.** 1. Os vícios autorizadores da oposição de embargos declaratórios são aqueles listados nos arts. 897-A da CLT e 1.022 do CPC, concernentes a omissão, contradição ou obscuridade do julgado, que obstaculizam o exercício do direito de recurso para a instância superior (excepcionalmente, para corrigir manifesto equívoco no exame dos pressupostos extrínsecos do recurso pela própria instância). 2. O acórdão embargado foi claro e expresso ao tratar das questões alusivas ao não conhecimento dos embargos infringentes quanto "a ausência de comum acordo ao não cabimento do dissídio de revisão e à ausência de interesse

de agir, em face do disposto nos arts. 894, I, *a*, da CLT e 262, parágrafo, do RITST, e quanto ao desprovimento dos embargos infringentes no tocante à cláusula 28ª do ACT de 2017/2018, que trata do plano de saúde e da forma de custeio, razão pela qual inexiste omissão a ser sanada. 3. Desse modo, havendo pronunciamento sobre os temas suscitados, as razões declaratórias não se enquadram em nenhum dos permissivos dos arts. 1.022 do CPC e 897-A da CLT. Embargos de declaração rejeitados" (ED-EI-DC-1000295-05.2017.5.00.0000, Seção Especializada em Dissídios Coletivos, Relator Ministro Ives Gandra Martins Filho, *DEJT* 17-10-2019).

Capítulo VII
Da aplicação das penalidades

Art. 903. As penalidades estabelecidas no Título anterior serão aplicadas pelo Juiz, ou Tribunal, que tiver de conhecer da desobediência, violação, recusa, falta ou coação, *ex officio*, ou mediante representação de qualquer interessado ou da Procuradoria da Justiça do Trabalho. (Redação dada pelo Dec.-lei n. 8.737, de 19-1-1946.)

Art. 904. As sanções em que incorrerem as autoridades da Justiça do Trabalho serão aplicadas pela autoridade ou Tribunal imediatamente superior, conforme o caso, *ex officio*, ou mediante representação de qualquer interessado ou da Procuradoria. (Redação dada pelo Dec.--lei n. 8.737, de 19-1-1946.)

Parágrafo único. Tratando-se de membro do Tribunal Superior do Trabalho será competente para a imposição de sanções o Senado Federal[736].

Art. 905. Tomando conhecimento do fato imputado, o Juiz, ou Tribunal competente, mandará notificar o acusado, para apresentar, no prazo de 15 (quinze) dias, defesa por escrito.

§ 1º É facultado ao acusado, dentro do prazo estabelecido neste artigo, requerer a produção de testemunhas, até ao máximo de 5 (cinco). Nesse caso, será marcada audiência para a inquirição.

§ 2º Findo o prazo de defesa, o processo será imediatamente concluso para julgamento, que deverá ser proferido no prazo de 10 (dez) dias.

Art. 906. Da imposição das penalidades a que se refere este Capítulo, caberá recurso ordinário para o Tribunal Superior, no prazo de 10 (dez) dias, salvo se a imposição resultar de dissídio coletivo, caso em que o prazo será de 20 (vinte) dias.

Art. 907. Sempre que o infrator incorrer em pena criminal far-se-á remessa das peças necessárias à autoridade competente.

Art. 908. A cobrança das multas estabelecidas neste Título será feita mediante executivo fiscal, perante o Juiz competente para a cobrança de dívida ativa da Fazenda Pública Federal.

Parágrafo único. A cobrança das multas será promovida, no Distrito Federal e nos Estados em que funcionarem os Tribunais Regionais, pela Procuradoria da Justiça do Trabalho, e, nos demais Estados, de acordo com o disposto no Decreto-lei n. 960, de 17 de dezembro de 1938.

▶ *Comentários*

O art. 903 contém manifesto equívoco quando utiliza a expressão "título anterior". Como lembra Russomano, "o art. 903 parece referir-se ao Título VIII e não ao Título IX"[737].

As disposições concernentes às sanções aplicáveis aos membros da Justiça do Trabalho são atualmente disciplinadas pela CF de 1988 – art. 102, I, *c*; art. 105, *a*, e Lei Complementar n. 35/79 – Lei Orgânica da Magistratura.

▶ *Jurisprudência*

▷ **Agravo de instrumento. Recurso de revista. Interposição em face de acórdão publicado após a vigência da Lei n. 13.467/2017. Processo adminsitartivo disciplinar – PAD – Cerceamento de defesa – Desrespeito ao contraditório e à ampla defesa – Não caracterizado – Ausência de transcendência**. O processamento do recurso de revista na vigência da Lei n. 13.467/2017 exige que a causa apresente transcendência com relação aos as-

736. Revogado pela Constituição Federal de 1988, art. 102, I, *c*.

737. *Comentários à CLT*, cit.

pectos de natureza econômica, política, social ou jurídica (art. 896-A da CLT). Ocorre que o recurso de revista não atende nenhum dos requisitos referidos. A Corte *a quo* esclareceu que as testemunhas foram inquiridas em fase preliminar, anterior ao PAD, com fins de formar convencimento necessário para indiciamento do reclamante. Após o indiciamento, o autor foi devidamente intimado, sendo-lhe oportunizado apresentar defesa e contraditar as testemunhas, e que não apresentou rol de testemunhas, mas apenas pediu a reinquirição das já ouvidas, não havendo justificativa plausível para tal pedido. O Colegiado ainda firmou que foi garantida ao indiciado a oportunidade de defesa e de influir no desfecho do processo, bem como a reclamada cumpriu as regras estabelecidas em seu regulamento interno para apuração do ocorrido. Fixados esses parâmetros, verifica-se que só seria possível acolher a pretensão recursal, de que houve cerceamento de defesa, mediante o revolvimento do conjunto fático – probatório, o que não se admite no TST, segundo a Súmula 126 desta Corte. Agravo de instrumento a que se nega provimento" (AIRR-3375-10.2016.5.22.0002, 7ª Turma, Relator Ministro Renato de Lacerda Paiva, *DEJT* 22-10-2021).

▷ **Recurso administrativo interposto por servidor contra decisão da presidência do TRT da 14ª região. Devolução de valores alusivos a diárias que teriam sido calculadas equivocadamente. Competência originária do pleno do TRT 14ª região. Ausência de quórum no tribunal de origem. Incompetência funcional do TST. Remessa dos autos ao conselho superior da justiça do trabalho em respeito ao disposto no art. 6º, XVI e XIX, do regimento interno do conselho.** 1. Cuida-se de recurso administrativo interposto por servidor do TRT da 14ª Região contra decisão do Presidente da Corte Regional, que determinou a restituição de valores pagos indevidamente a título de diárias. Por ausência de quórum para julgamento, não foi possível o exame colegiado no âmbito do Tribunal local, contexto em que determinado o encaminhamento do feito ao TST. 2. Entre as competências do Órgão Especial do TST, em matéria administrativa, não se inclui sua atuação como órgão revisor das decisões administrativas proferidas pelos TRTs, exceto quanto aos recursos interpostos das decisões proferidas em processo administrativo disciplinar envolvendo magistrado, estritamente para controle da legalidade, e aos recursos ordinários aviados contra decisões em que apreciada decisão de presidente de Corte Regional em precatório (art. 76, II, *p* e *s*, do RITST). 3. De outro modo, conquanto não disponha especificamente sobre competência em processo administrativo não disciplinar envolvendo interesse de servidores da Justiça, o Regimento Interno do CSJT trata da competência do referido Conselho para o julgamento de processos administrativos na hipótese de falta de quórum no julgamento no âmbito dos TRTs (art. 6º, XVI e XIX, do Regimento Interno do CSJT). 4. Nesse cenário, em face da ausência de previsão no Regimento Interno do TST e diante da expressa previsão no Regimento Interno do CSJT, no que diz com deslocamento de competência na hipótese de ausência de quórum para exame de processos administrativos de interesse de servidores e magistrados, impõe-se o reconhecimento da incompetência do Órgão Especial do TST para a apreciação do recurso interposto, determinando-se o encaminhamento dos autos para exame da matéria pelo CSJT. Recurso administrativo não conhecido" (RecAdm-90699-95.2018.5.90.0000, Órgão Especial, Relator Ministro Douglas Alencar Rodrigues, *DEJT* 7-11-2019).

Capítulo VIII
Disposições finais

Art. 909. A ordem dos processos no TST será regulada em seu regimento interno.

Art. 910. Para os efeitos deste Título, equiparam-se aos serviços públicos os de utilidade pública, bem como os que forem prestados em armazéns de gêneros alimentícios, açougues, padarias, leiterias, farmácias, hospitais, minas, empresas de transportes e comunicações, bancos e estabelecimentos que interessem à segurança nacional.

► **Comentários**

O Regimento Interno do Tribunal Superior do Trabalho disciplina a ordem dos processos naquela Corte, e os Regimentos dos respectivos tribunais regionais, no âmbito de cada um, ressaltando-se que a Constituição Federal de 1988, em seu art. 96, I, *a*, faculta aos tribunais: "eleger seus órgãos diretivos e elaborar seus regimentos internos, com observância das normas de processo e das garantias processuais das partes, dispondo sobre a competência e funcionamento dos respectivos órgãos jurisdicionais e administrativos".

Outrossim, ressalta o art. 912 a prevalência das normas de caráter público, imperativas e impostergáveis, de aplicação imediata às relações iniciadas, mas não consumadas, antes da vigência da Consolidação.

O Ministério do Trabalho foi extinto[738], e transformado em uma secretaria especial do Ministério da Economia, e posteriormente[739], recriado oficialmente, como Ministério do Trabalho e Previdência Social, com isso, continua exercendo papel preponderante na aplicação da legislação trabalhista, "exercendo a orientação, coordenação e supervisão dos órgãos e entidades da administração federal na área de sua competência", como determina o art. 87, parágrafo único, I, da CF/88.

Os demais artigos que compõem as disposições finais e transitórias estão absolutamente revogados, inclusive quanto à relação das atividades e serviços essenciais, substituída pela enumeração contida no art. 10 da Lei n. 7.783/89 (Lei de Greve).

► **Processamento de Recursos**

A Lei n. 13.015/2014 trouxe inúmeras alterações no âmbito recursal do processo do trabalho, inovando nos capítulos relativos aos *embargos no TST* (art. 894, I e II, da CLT), recurso de revista (art. 896, alínea *a*, da CLT), *embargos declaratórios* (art. 897-A, §§ 2º e 3º, da CLT), *depósito pecuniário em agravo de instrumento* (art. 899, § 8º, da CLT).

No âmbito de tais recursos, o estabelecimento de regras próprias tais como: a inserção da *súmula vinculante* do STF nas hipóteses de admissibilidade do recurso de revista; *recurso de revista repetitivo* (multiplicidade de recursos de revista) procedimento e efeitos (art. 896-C da CLT).

738. Em 1º-1-2019.
739. Em 28-6-2021.

Título XI
Disposições finais e transitórias

Art. 911. Esta Consolidação entrará em vigor em 10 de novembro de 1943.

Art. 912. Os dispositivos de caráter imperativo terão aplicação imediata às relações iniciadas, mas não consumadas, antes da vigência desta Consolidação.

Art. 913. O Ministro do Trabalho, expedirá instruções, quadros, tabelas e modelos que se tornarem necessários à execução desta Consolidação.

Parágrafo único. O Tribunal Superior do Trabalho adaptará o seu regimento interno e o dos Tribunais Regionais do Trabalho às normas contidas nesta Consolidação.

Art. 914. Continuarão em vigor os quadros, tabelas e modelos, aprovados em virtude de dispositivos não alterados pela presente Consolidação.

Art. 915. Não serão prejudicados os recursos interpostos com apoio em dispositivos alterados ou cujo prazo para interposição esteja em curso à data da vigência desta Consolidação.

Art. 916. Os prazos de prescrição fixados pela presente Consolidação começarão a correr da data da vigência desta, quando menores do que os previstos pela legislação anterior.

Art. 917. O Ministro do Trabalho marcará prazo para adaptação dos atuais estabelecimentos às exigências contidas no Capítulo "Da Segurança e da Medicina do Trabalho". Compete ainda àquela autoridade fixar os prazos dentro dos quais, em cada Estado, entrará em vigor a obrigatoriedade do uso da Carteira de Trabalho e Previdência Social, para os atuais empregados. (Redação nos termos da Lei n. 6.514, de 22-12-1977.)

Parágrafo único. O Ministro do Trabalho fixará, para cada Estado e quando julgar conveniente, o início da vigência de parte ou de todos os dispositivos contidos no Capítulo "Da Segurança e da Medicina do Trabalho". (Redação nos termos da Lei n. 6.514, de 22-12-1977.)

Art. 918. Enquanto não for expedida a Lei Orgânica da Previdência Social, competirá ao presidente do Tribunal Superior do Trabalho julgar os recursos interpostos com apoio no art. 1º, alínea c, do Decreto-lei n. 3.710, de 14 de outubro de 1941, cabendo recurso de suas decisões nos termos do disposto no art. 734, alínea b, desta Consolidação[740].

Parágrafo único. Ao diretor do Departamento de Previdência Social incumbirá presidir as eleições para a constituição dos Conselhos Fiscais dos Institutos e Caixas de Aposentadoria e Pensões e julgar, com recurso para a instância superior, os recursos sobre matéria técnico-administrativa dessas instituições.

Art. 919. Ao empregado bancário, admitido até a data da vigência da presente Lei, fica assegurado o direito à aquisição da estabilidade nos termos do art. 15 do Decreto n. 24.615, de 9 de julho de 1934.

Art. 920. Enquanto não forem constituídas as confederações, ou, na falta destas, a representação de classes, econômicas ou profissionais, que derivar da indicação desses órgãos ou dos respectivos presidentes, será suprida por equivalente designação ou eleição realizada pelas correspondentes federações

Art. 921. As empresas que não estiverem incluídas no enquadramento sindical de que trata o art. 577 poderão firmar contratos coletivos de trabalho com os sindicatos representativos da respectiva categoria profissional.

Art. 922. O disposto no art. 301 regerá somente as relações de emprego iniciadas depois da vigência desta Consolidação. (Artigo incluído pelo Dec.-lei n. 6.353, de 20-3-1944.)

▶ **Comentários**

Promulgada em 1º de maio de 1943, no Governo de Getúlio Vargas, a CLT entrou em vigor em 10 de novembro de 1943, estabelecendo-se, assim, um período de adaptação à legislação trabalhista, pela primeira vez implantada no País.

Como já se frisou, a CF/88 atribui competência aos tribunais para elaborarem seus próprios regimentos internos. A prescrição

740. Artigo tacitamente revogado pela atual legislação previdenciária.

trabalhista é regida pelo art. 7º, XXIX da Constituição Federal: "ação quanto aos créditos resultantes das relações de trabalho, com prazo prescricional de cinco anos para os trabalhadores urbanos e rurais, até o limite de dois anos após a extinção do contrato de trabalho". Contra os trabalhadores, menores de 18 anos não corre nenhuma prescrição (art. 440 da CLT), entretanto, a Reforma Trabalhista de 2017, inseriu a prescrição intercorrente, na fase de execução.

As disposições concernentes à Previdência Social foram revogadas por legislação especial (Constituição Federal, art. 201 e s. e Lei Orgânica da Seguridade Social). O art. 919, que institui a estabilidade ao bancário, foi, igualmente, revogado.

Os contratos coletivos de trabalho, a que se refere o art. 921, foram substituídos pelos acordos e convenções coletivas (art. 611 da CLT).

O art. 922 refere-se ao trabalhador em minas de subsolo, a que se reportam os comentários ao art. 301.

Livro III

Legislação

Acesse o QRCode ou o link para acesso.

Livro IV

Súmulas, Orientações Jurisprudenciais, Precedentes e Instruções Normativas

Acesse o QRCode ou o link para acesso.

Índice Alfabético-Remissivo da CLT e legislação

ABANDONO DE EMPREGO
 justa causa para rescisão contratual ... art. 482, *i*, da CLT

ABONO PECUNIÁRIO DE FÉRIAS
 conversão de férias em abono .. art. 143 da CLT
 férias coletivas ..art. 143 § 2º, da CLT
 não integra a remuneração do empregado para efeito da legislação
 trabalhista e previdenciária .. art. 144 da CLT
 percentual relativo às férias .. art. 143 da CLT
 prazo de pagamento ... art. 145 da CLT
 prazo para requerer ..art. 143 § 1º, da CLT
 quitação .. art. 145, parágrafo único, da CLT

ABORTO
 ausência da empregada no serviço; não será considerada falta art. 131, II, da CLT
 comprovação por atestado médico oficial; repouso semanal e retorno à
 função .. art. 395 da CLT

ABREVIATURAS
 inadmissibilidade em fichas de declaração e Carteiras de Trabalho e
 Previdência Social .. art. 33 da CLT

AÇÃO EXECUTIVA
 cobrança judicial da contribuição sindical ... art. 606 da CLT
 julgamento ... art. 678 da CLT
 multas administrativas ... art. 642 da CLT
 termo de ajuste de conduta celebrado com o Ministério Público do
 Trabalho .. art. 876 da CLT
 termo de conciliação firmado perante as Comissões de Conciliação art. 876 da CLT

AÇÃO REGRESSIVA
 de empreiteiro principal contra subempreiteiro e retenção de importâncias
 a este devidas ... art. 455, parágrafo único, da CLT

AÇÃO RESCISÓRIA
 prazo de sua admissibilidade ... art. 836 da CLT

ACIDENTE DO TRABALHO
 anotações na Carteira de Trabalho e Previdência Social arts. 30 e 40, III, da CLT
 ausência no serviço por motivo de acidente do trabalho; não será considerada
 falta para efeito de férias ...art. 131, III, da CLT
 choque elétrico sofrido por empregado que trabalhe em serviços de eletricidade
 ou instalações elétricas; os demais empregados deverão estar familiarizados
 com o atendimento respectivo ...art. 181 da CLT

competência .. art. 643, § 2º, da CLT
cômputo na contagem do tempo de serviço do período em que o empregado
 estiver afastado do trabalho, para efeito de indenização e de
 estabilidade ... art. 4º, parágrafo único, parte final, da CLT
direitos sociais .. CF, art. 7º, XXVIII
indenização; cálculo, conforme anotação na Carteira de Trabalho e Previdência
 Social .. art. 40, III, da CLT
prevenção; comissão interna em cada empresa – CIPAarts. 163 a 165 da CLT
recebimento de prestações de acidente do trabalho ou de auxílio-doença por
 mais de seis meses; efeitos quanto às férias art. 133, IV, da CLT

ACIDENTE FERROVIÁRIO
elevação da duração do trabalho do empregado .. art. 240 da CLT

AÇÕES DE CUMPRIMENTO
substituído processualmente; desistência art. 872, parágrafo único, da CLT

ACORDO(S)
acréscimo de horas suplementares à duração normal do trabalho art. 59 da CLT
coletivo de trabalho ... arts. 611 a 625 da CLT
coletivo de trabalho; empresas estatais .. Decreto n. 908/1993
cumprimento; prazos e condições estabelecidos .. art. 835 da CLT
dissídios coletivos .. arts. 863 e 864 da CLT
dissídios individuais; lavratura do termo art. 847, §§ 1º e 2º, da CLT
não cumpridos; execução ... art. 876 da CLT
seguir-se-á instrução de processo, se não houver acordo art. 848 da CLT

ADIANTAMENTO DE SALÁRIO
descontos .. art. 462 da CLT

ADICIONAL
cômputo no salário-base de cálculo da remuneração de fériasart. 142, § 5º, da CLT
de insalubridade; cessação .. art. 194 da CLT
de insalubridade; opção do empregadoart. 193, § 2º, da CLT
de insalubridade; percentuais .. art. 192 da CLT
de periculosidade; cessação ... art. 194 da CLT
de periculosidade; empregado do setor de energia elétrica Lei n. 7.369/85
de periculosidade; percentualart. 193, § 1º, da CLT
de periculosidade; regulamentação da Lei n. 7.369/85 Decreto n. 93.412/86
média a ser computada no momento das fériasart. 142, § 6º, da CLT
noturno ... art. 73 da CLT
por trabalho extraordinário, noturno, insalubre ou perigoso; cômputo no salário
 que servirá de base ao cálculo da remuneração das férias..............art. 142, § 5º, da CLT
trabalhador portuário avulso; recolhimento; adicional de
 indenização ... Decreto n. 1.035/93
trabalho noturno da mulher ... art. 381, § 1º, da CLT

ADJUDICAÇÃO
preferência do exequente ... art. 888, § 1º, da CLT

ADMINISTRAÇÃO DE SINDICATO
intervenção do Ministro do Trabalho ... art. 528 da CLT
prerrogativas do empregado eleito para o exercício de cargo da administração
 sindical .. art. 543 da CLT

ADMISSÃO DE EMPREGADO
anotação falsa a respeito na Carteira de Trabalho e Previdência Social . art. 49, V, da CLT

aprendiz; admissão em estabelecimento industrial; direito de preferência art. 430 da CLT
data de admissão na empresa; anotação obrigatória e prazo respectivo art. 29 da CLT
exame médico obrigatório ... art. 168 da CLT
exigências proibidas ... Lei n. 9.029/95
recusa da empresa a fazer as anotações respectivas art. 36 da CLT
renovação de exame médico ..art. 168 § 3º, da CLT

ADVOGADOS
assistência nos dissídios coletivos ... art. 791 § 2º, da CLT
representação de empregado ou empregador em dissídios
 individuais.. art. 791 § 1º, da CLT
vista dos autos .. art. 778 da CLT

AERONAUTA
regulamento da profissão ... Lei n. 7.183/84

AEROVIÁRIO
regulamento da profissão .. Decreto n. 1.232/62

AFASTAMENTO DO EMPREGADO
contrato por prazo determinado; período do afastamento; não será
 computado .. art. 471 § 2º, da CLT
prestação de serviço militar ... art. 472 da CLT
segurança nacional .. art. 471 § 3º, da CLT
volta ao trabalho; vantagens asseguradas .. art. 471 da CLT

AGENTE COMUNITÁRIO DE SAÚDE
criação da função ... Lei n. 11.350/2007

AGRAVO
admissibilidade.. art. 893, IV, da CLT
cabimento .. art. 897 da CLT
de instrumento; cabimento ...art. 897, b, da CLT
de instrumento; interposição em caso de denegação de recurso de revista;
 prazo ... art. 896 § 3º, da CLT
de petição; cabimento ..art. 897, a, da CLT
prazo ... art. 897 § 1º, da CLT

AGRAVO DE INSTRUMENTO
cabimento ...art. 897, b, e §§ 2º e 4º, da CLT

AGRAVO DE PETIÇÃO
cabimento ..art. 897, a, e §§ 1º e 3º, da CLT

AGRÔNOMOS
regulamentação ... Lei n. 4.950-A/1996

AJUDAS DE CUSTO
não se incluem no salário .. art. 457 § 2º, da CLT

ALÇADA
no Processo do Trabalho ..Lei n. 5.584/70
procedimento sumaríssimo ...arts. 852-A/852-I da CLT

ALIMENTAÇÃO
horários obrigatórios ... art. 230 da CLT
imposto de renda; dedução pelas pessoas jurídicas.....................Lei n. 6.321/76
imposto de renda; dedução pelas pessoas jurídicas; regulamentaçãoDecreto n. 5/91
inclusão no salário...arts. 81 e 458 da CLT
regulamento; programa ...Decreto n. 5/91

ALISTAMENTO ELEITORAL DO EMPREGADO
 falta ao serviço por este motivo, sem prejuízo do salário arts. 131, I, e 473, V, da CLT

ALTERAÇÃO DO CONTRATO DE TRABALHO
 alteração do contrato ... arts. 468 a 470 da CLT
 mútuo consentimento .. art. 468 da CLT
 transferência de empregado; despesas; responsabilidade do empregador....art. 470 da CLT
 transferência de empregado em caso de extinção do
 estabelecimento .. art. 469, § 2º, da CLT
 transferência de empregado que exerça cargo de confiançaart. 469, § 1º, da CLT
 transferência de empregado sem anuência deste art. 469 da CLT

ALTERAÇÃO NA ESTRUTURA JURÍDICA DA EMPRESA
 não afetará os direitos adquiridos por seus empregadosarts. 10 e 448 da CLT

AMAMENTAÇÃO
 do próprio filho; períodos de descanso art. 369 da CLT

ANALFABETO
 Carteira de Trabalho e Previdência Social..art. 17, § 2º, da CLT
 recibo de salário mediante impressão digital..art. 464 da CLT
 rescisão contratual; pagamento em dinheiro...................................art. 477, § 4º, da CLT

ANALOGIA
 utilização nas decisões das autoridades administrativas e da Justiça do Trabalho,
 em caso de falta de disposições legais ou contratuais art. 8º da CLT

ANOTAÇÕES NA CARTEIRA DE TRABALHO E PREVIDÊNCIA SOCIAL
 arts. 29 a 34
 acidentes do trabalho .. art. 30 da CLT
 anotação... art. 53 da CLT
 anotação dos períodos aquisitivos das férias coletivas...................... art. 141, § 3º, da CLT
 crime de falsidade .. arts. 49 e 50 da CLT
 empresa que não anota, apesar de intimada... art. 54 da CLT
 falta ou recusa; reclamação .. arts. 36 a 39 da CLT
 relativas a alterações do estado civil ... art. 32 da CLT
 retenção... art. 53 da CLT
 valor... art. 40 da CLT

APLICAÇÃO DA LEI
 analogia .. art. 8º da CLT

APOSENTADO
 utilização deste critério nas promoções de empregados................... art. 461, § 2º, da CLT

APOSENTADORIA
 disposições; direitos sociais ... CF, art.7º, XXIV

APOSENTADORIA POR INVALIDEZ
 empregado sindicalizado; vantagens..art. 540, § 2º, da CLT

APRENDIZAGEM
 aprendiz... Decreto n. 5.598/2005
 responsabilidades ..arts. 424 a 433 da CLT

APRENDIZES
 admissão em estabelecimento industrial; direito de preferência art. 430 da CLT
 contrato de aprendizagem ... art. 428 da CLT
 contrato de aprendizagem; extinção ... art. 433 da CLT
 duração do trabalho ... art. 432 da CLT

fiscalização das condições de trabalho ... IN do MTE n. 26/2001
número obrigatório nos estabelecimentos industriais arts. 429 e 430 da CLT
requisitos para admissão .. art. 431 da CLT

APRESENTAÇÃO PARA SERVIÇO MILITAR
cômputo do tempo de trabalho anterior, para efeito de aquisição do direito
 a férias ... art. 132 da CLT

ARMAZÉM
da própria empresa; sua utilização pelo empregado não poderá ser
 obrigatória .. art. 462, § 2º, da CLT
de gêneros alimentícios; serviços prestados por tais estabelecimentos; equiparação
 a serviços públicos .. art. 910 da CLT

ARQUITETOS
regulamentação .. Lei n. 4.950-A/66

ARQUIVAMENTO
de reclamação, caso o reclamante não compareça à audiência de
 julgamento .. art. 844 e parágrafo único da CLT

ARREMATAÇÃO
anúncio mediante edital ... art. 888 e § 1º da CLT
arrematante; garantia do lance ... art. 888, § 2º, da CLT
falta de licitante; adjudicação não adquirida pelo exequente; venda dos bens
 por leiloeiros .. art. 888, § 3º, da CLT
prazo para o arrematante pagar o preço da arrematação; perda do sinal
 de 20% se não o fizer ... art. 888, § 4º, da CLT
quando será efetuada ... art. 888 da CLT

ARRESTO
medida cautelar admissível no processo do trabalho art. 813 do CPC

ARTISTA
menor; autorização judicial para o exercício da profissão em circos, teatros
 de revista, cinemas, boates e estabelecimentos análogos art. 406 da CLT
regulamentação .. Lei n. 6.533/78

ASSINATURA A ROGO
em Carteira de Trabalho e Previdência Social art. 17, § 2º, da CLT

ASSISTÊNCIA JUDICIÁRIA
prestação por sindicatos ... art. 514, b, da CLT

ASSISTENTE SOCIAL
regulamentação ... Lei n 8.662/93

ASSOCIAÇÃO EM SINDICATO
categoria profissional diferenciada, conceito art. 511, § 3º, da CLT
disposições iniciais ... arts. 511 a 514 da CLT
licitude .. art. 511 da CLT
prerrogativas dos sindicatos ... art. 513 da CLT

ASSOCIAÇÕES RECREATIVAS
equiparação ao empregador para efeitos exclusivos da relação de
 emprego .. art. 2º, § 1º, da CLT

ATA
dos trâmites de instrução e julgamento da reclamação art. 851 e §§ da CLT

ATESTADO DE CAPACIDADE FÍSICA
 obrigatoriedade ...art. 380, *b*, da CLT
ATESTADO DE ESTERILIZAÇÃO
 proibição de exigência para efeito admissional no trabalho Lei n. 9.029/95
ATESTADO DE GRAVIDEZ
 proibição de exigência para efeito admissional no trabalho Lei n. 9.029/95
ATESTADO DE ROBUSTEZ FÍSICA
 de operários estivadores .. art. 257, § 1º, 3, da CLT
ATESTADO DE VACINAÇÃO
 de operários estivadores .. art. 257, § 1º, 2, da CLT
ATESTADO MÉDICO
 em caso de aborto não criminoso; repouso remunerado da mulher e retorno à
 função anterior .. art. 395 da CLT
 rompimento do contrato por mulher grávida; admissibilidade, se
 apresentado .. art. 394 da CLT
ATIVIDADES E OPERAÇÕES INSALUBRES
 renovação de exame médico ... art. 168, § 3º, da CLT
ATIVIDADES INDUSTRIAIS E COMERCIAIS
 caracterização .. art. 352, § 1º, da CLT
ATIVIDADES INSALUBRES OU PERIGOSAS
 arts. 189 a 197 da CLT
 adicionais; percentuais ... art. 192 da CLT
 arguição em juízo; designação de perícia art. 195, §§ 2º e 3º, da CLT
 caracterização ... arts. 189 e 193 da CLT
 efeitos pecuniários; contagem ... art. 196 da CLT
 explosivos .. art. 193 da CLT
 inflamáveis .. art. 193 da CLT
 insalubridade; eliminação por neutralizaçãoart. 191 da CLT
 normas a respeito emitidas pelo Ministério do Trabalho art. 190 da CLT
ATLETA PROFISSIONAL DE FUTEBOL
 normas gerais de desportos (Lei Pelé) ..Lei n. 9.615/98
 normas gerais de desportos; regulamento ...Decreto n. 2.574/98
 relações de trabalho ...Lei n. 6.354/76
ATO DE IMPROBIDADE
 do empregado; justa causa para rescisão contratual art. 482, *h*, da CLT
ATO LESIVO DA HONRA E DA BOA FAMA
 praticado por empregado; justa causa para rescisão contratual art. 482, *j* e *k*, da CLT
 praticado por empregador; rescisão contratual e pedido de indenização pelo
 empregado ... art. 483, *e*, da CLT
ATOS ADMINISTRATIVOS
 informação à fiscalização ..art. 627, *a*, da CLT
ATOS ATENTATÓRIOS À SEGURANÇA NACIONAL
 praticados por empregado; justa causa para dispensa ... art. 482, parágrafo único, da CLT
ATOS E TERMOS PROCESSUAIS
 firma a rogo .. art. 772 da CLT
 horário ..art. 770 da CLT
 normas gerais ...arts. 770 a 782 da CLT
 prazos; contagem .. art. 774 da CLT

publicidade ..art. 770 da CLT

AUDIÊNCIA(S)
de conciliação, em dissídios coletivos ...arts. 860 a 864 da CLT
de julgamento...arts. 843 a 852 da CLT
de julgamento; não comparecimento do reclamado e do reclamante;
 efeitos.. art. 844 e parágrafo único da CLT
de julgamento; quem deverá estar presenteart. 843 e §§ da CLT
de julgamento; resumo em ata...art. 851 e §§ da CLT
disposições gerais ...arts. 813 a 817 da CLT
local ..art. 813 da CLT
razões finais; prazo .. art. 850 da CLT
registros em livro próprio..art. 817 e parágrafo único da CLT
será contínua; ressalva ... art. 849 da CLT

AUDIÊNCIA DE JULGAMENTO
acordo entre as partes; lavratura de termoart. 847 § 1º, da CLT
ata. ...art. 851 da CLT
conciliação proposta pelo juiz ... art. 847 da CLT
disposições gerais ..arts. 843 e 852 da CLT
inquérito para apuração de falta grave...arts. 853 a 855 da CLT
instrução do processo, caso não haja acordo ... art. 848 da CLT
interrogatório dos litigantes .. art. 848 da CLT
não comparecimento do reclamado; revelia e confissão quanto à
 matéria de fato .. art. 844 da CLT
não comparecimento do reclamante; arquivamento da reclamação......... art. 844 da CLT
notificação da decisão aos litigantes ... art. 852 da CLT
presença do reclamante e do reclamado... art. 843 da CLT
razões finais, ao término da instrução ... art. 850 da CLT
reclamado; tempo para aduzir a defesa ... art. 846 da CLT
será contínua .. art. 849 da CLT
testemunhas; acompanharão reclamante e reclamado art. 845 da CLT

AUMENTO SALARIAL
ou reajuste; cláusula que implique elevação de tarifas ou preços sujeitos à fixação
por autoridade pública ou repartição governamental; de que dependerá sua
vigência .. art. 624 da CLT

AUSÊNCIA
do empregado; justificação pela empresa; falta ao serviço não
 caracterizada .. art. 131, IV, da CLT

AUTARQUIA(S)
paraestatais; servidores; inaplicabilidade da Consolidação das Leis do Trabalho;
ressalva.. art. 7º, *caput*, *d*, da CLT

AUTO DE INFRAÇÃO
lavratura em duplicata; entrega de uma via ao infrator......................art. 629 e §§ da CLT
lavratura pelo agente da inspeção; responsabilidade administrativa art. 628 da CLT
registro... art. 629, § 4º, da CLT

AUTORIDADES ADMINISTRATIVAS
critérios de decisão, na falta de disposições legais ou contratuais............... art. 8º da CLT

AUTORIDADES POLICIAIS
assistência a agentes de inspeção do trabalhoart. 630, § 8º, da CLT

AUTOS PROCESSUAIS
 formação .. art. 777 da CLT
 responsabilidade a eles referente .. art. 777 da CLT
 retirada ... art. 778 da CLT
 vista .. art. 778 da CLT

AUTUAÇÃO
 multas administrativas ... arts. 626 a 634 da CLT

AUXÍLIO-DOENÇA
 incapacidade que propicie sua concessão; anuência do empregado;
 não será considerada falta ao serviço para efeito de férias art. 131, III, da CLT
 recebimento de prestações por mais de seis meses; efeitos quanto às
 férias .. art. 133, IV, da CLT

AUXÍLIO-ENFERMIDADE
 ou seguro-doença; licença não remunerada .. art. 476 da CLT

AUXÍLIO-MATERNIDADE
 disposições gerais .. art. 393 da CLT

AVALIAÇÃO DE BENS PENHORADOS
 prazo ... art. 721, § 3º, da CLT

AVISO PRÉVIO
 cabimento na despedida indireta ... art. 487, § 4º, da CLT
 contagem do prazo ... arts. 487 a 491 da CLT
 disposições gerais ... arts. 487 a 491 da CLT
 empregado; prática de falta considerada justa causa para a rescisão; perda de
 direito ... art. 491 da CLT
 empregador; prática de ato que justifique a rescisão imediata do contrato;
 sanção cabível ... art. 490 da CLT
 falta de aviso prévio por parte do empregado art. 487, § 2º, da CLT
 falta de aviso prévio por parte do empregador art. 487, § 1º, da CLT
 prazos .. art. 487 da CLT
 proporcional; direitos sociais .. CF, art. 7º, XXI
 reconsideração; aceitação; efeitos art. 489, parágrafo único, da CLT
 redução da jornada de trabalho permutada art. 488, parágrafo único, da CLT
 redução da jornada em duas horas, sem prejuízo do salário integral art. 488 da CLT
 salário pago na base de tarefa; cálculo do aviso prévio art. 487, § 3º, da CLT

BANCÁRIOS
 contínuos; regime especial .. art. 226 da CLT
 disposições gerais .. arts. 224 a 226 da CLT
 duração normal do trabalho ... art. 224 da CLT
 estabilidade; aquisição de tal direito ... art. 919 da CLT
 falta contumaz de pagamento de dívidas legalmente exigíveis; justa causa
 para rescisão contratual .. art. 508 da CLT
 porteiros; regime especial .. art. 226 da CLT
 prorrogação da duração do trabalho ... art. 225 da CLT
 quebra de caixa; integração de salário ... Súmula 247/TST

BANCOS
 equiparação de sua atividade a serviço público .. art. 910 da CLT

BEBEDOUROS
 instalação obrigatória pela empresa ... art. 389, II, da CLT

BEBIDAS ALCOÓLICAS E DROGAS NOCIVAS
proibição do pagamento de empregado na forma de tais
produtos ..art. 458, parte final, da CLT

BENS IMÓVEIS
alienação, locação ou aquisição por entidades sindicais; requisitosart. 549, § 1º, da CLT
de entidades sindicais; alienação; autorização..................................art. 549 § 2º, da CLT

BERÇÁRIO
em locais destinados à guarda dos filhos das operárias............................. art. 400 da CLT

BIBLIOTECÁRIO
disposições gerais ... Lei n. 9.674/98

BOLSAS DE ESTUDO
aplicação da contribuição sindical ... art. 592, I, *o*, da CLT

BRASILEIROS
proporcionalidade quanto a estrangeiros nas empresasarts. 352 a 358 da CLT

CALDEIRAS, FORNOS E RECIPIENTES SOB PRESSÃO
disposições gerais ..arts. 187 e 188 da CLT
inspeções de segurança.. art. 188 da CLT
normas suplementares; competência a respeito............ art. 187, parágrafo único, da CLT
projetos; aprovação...art. 188 § 3º, da CLT
prontuário de caldeiras; especificação ...art. 188 § 1º, da CLT
registro de segurança..art. 188 § 2º, da CLT
válvulas e outros dispositivos de segurança..art. 187 da CLT

CARÊNCIA
relativa à aquisição do direito a férias... art. 130 da CLT

CARGO DE CONFIANÇA
cômputo do tempo de serviço...art. 409, parte final, da CLT
dispensa sem justa causa de empregado com mais de dez anos de serviço na
mesma empresa; indenização proporcionalart. 499. § 2º, da CLT
estabilidade... art. 499 da CLT
reversão do empregado a cargo efetivo.......arts. 468, parágrafo único, e 499. § 1º, da CLT
transferência do empregado..art. 469. § 1º, da CLT

CARGO EM COMISSÃO
contagem de tempo e volta ao cargo anterior .. art. 450 da CLT

CARIMBO
para anotação de Carteira de Trabalho e Previdência Social, em caso de concessão
de férias coletivas a mais de 300 empregados; aprovação pelo Ministério
do Trabalho.. art. 141 e § 1º da CLT

CARTA DE SENTENÇA
execução provisória ...art. 896. § 2º, da CLT

CARTA PRECATÓRIA
atos processuais realizados fora dos limites territoriais da Comarca.........art. 200 do CPC
executória ...art. 747 do CPC

CARTEIRA DE IDENTIDADE SOCIAL
exibição obrigatória ... art. 630 da CLT

CARTEIRA DE TRABALHO E PREVIDÊNCIA SOCIAL
anotação da concessão de férias..art. 135, § 1º, da CLT
anotação da interrupção da prestação de serviços............................art. 133, § 1º, da CLT

anotação das datas dos períodos aquisitivos correspondentes às férias
 coletivas... art. 141, § 3º, da CLT
anotações ..arts. 29 a 34 e 40 da CLT
anotações: falta ou recusa a efetuá-las; reclamações arts. 36 a 39 da CLT
anotações relativas à alteração do estado civil e aos dependentes do portador;
 competência.. art. 20 da CLT
assinatura a rogo...art. 17, § 2º, da CLT
conteúdo .. art. 16 da CLT
declarações verbais para sua obtenção, na falta de documentos art. 17 da CLT
emissão; competência ... art. 14 da CLT
entrega .. arts. 25 e 26 da CLT
entrega por sindicato; não poderá ser cobrada
 remuneração ... art. 26, parágrafo único, da CLT
extravio .. art. 52 da CLT
falsidade; caracterização de tal crime ... arts. 49 e 50 da CLT
impressão digital ...art. 17, § 2º, da CLT
imprestabilidade ou esgotamento do espaço destinado a registros e
 anotações..art. 21 da CLT
inutilização ... art. 52 da CLT
modelos ...art. 13, § 2º, da CLT
obrigatoriedade... art. 13 da CLT
providências que deve tomar o interessado em obtê-la..................... arts. 15 e 16 da CLT
retenção indevida pela empresa; multa .. art. 53 da CLT
tipo igual ou semelhante; venda proibida sob pena de multaart. 51 da CLT

CARTÓRIO DOS JUÍZOS DE DIREITO
 atribuições e obrigações ..art. 716 da CLT
 distribuição das reclamações..art. 716, parágrafo único, da CLT
 escrivães; competência ..art. 717 da CLT
 funcionários; atribuições e obrigações.............................. art. 717, segunda parte, da CLT

CATEGORIA PROFISSIONAL
 diferenciada.. art. 511, § 3º, da CLT

CERTIDÃO NEGATIVA
 de Débitos Trabalhistas (CNDT) ..art. 642-A da CLT

CERTIDÕES
 de processos em curso ou arquivados..art. 781 da CLT
 de processos que correrem em segredo de justiça..........art. 781, parágrafo único, da CLT

CESSAÇÃO DA ATIVIDADE DA EMPRESA
 empregados estáveis; indenização ... art. 498 da CLT
 por morte do empregador; indenização dos empregados........................ art. 485 da CLT

CESSAÇÃO DO CONTRATO DE TRABALHO
 efeitos ..arts. 146 a 149 da CLT

CHAMAMENTO À AUTORIA
 de pessoa de direito público responsável pela paralisação do
 trabalho ... art. 486, § 1º, parte final, da CLT

CHEFES DE SECRETARIA
 lavratura de certidões..art. 781 da CLT

CHEQUE VISADO
 pagamento de empregado; ressalva quanto ao analfabeto................art. 477, § 4º, da CLT

CIPA (COMISSÃO INTERNA DE PREVENÇÃO DE ACIDENTES)
 vide ÓRGÃOS DE SEGURANÇA E DE MEDICINA DO TRABALHO NAS EMPRESAS

CIRURGIÃO-DENTISTA
 disposições gerais ..Lei n. 3.999/61

CITAÇÃO POR EDITAL
 de executado não localizado ..art. 880, § 3º, da CLT

COBRANÇA JUDICIAL
 contribuições e multas devidas ao FGTS.. Lei n. 8.844/94
 de contribuição sindical; ação executiva ... art. 606 da CLT

COMBUSTÍVEIS, INFLAMÁVEIS E EXPLOSIVOS
 disposições gerais ..arts. 196 a 198 da CLT
 proibição de postos com autoatendimento..Lei n. 9.956/2000

COMISSÃO DE CONCILIAÇÃO PRÉVIA
 composição.. art. 625-B da CLT
 conciliação; título executivo extrajudicial art. 625-E, parágrafo único, da CLT
 conciliador..art. 625-B, § 2º, da CLT
 constituição .. art. 625-A da CLT
 demandas a serem submetidas ...art. 625-D da CLT
 execução do título executivo; competência...art. 877-A da CLT
 membros da; garantia de emprego..art. 625-B, § 1º, da CLT
 Núcleos Intersindicais de Conciliação Trabalhista.................................art. 625-H da CLT
 prazo para conciliação .. art. 625-F da CLT
 prazo prescricional ... art. 625-G da CLT
 sindicato; constituição e funcionamento .. art. 625-C da CLT

COMISSÃO INTERNA DE PREVENÇÃO DE ACIDENTES (CIPA)
 vide ÓRGÃOS DE SEGURANÇA E DE MEDICINA DO TRABALHO NAS EMPRESAS

COMISSIONISTA
 cálculo da indenização ..art. 478, § 4º, da CLT

COMISSÕES
 vide, também, COMISSIONISTA
 integrarão o salário...art. 457, § 1º, da CLT
 pagamento; período em que será feito....................................art. 459, parte final, da CLT
 pagamento; quando será exigível...art. 466 e §§ da CLT

COMPARECIMENTO A JUÍZO
 pelo empregado; falta ao serviço pelo tempo que se fizer necessário; sem
 prejuízo do salário .. art. 473, VIII, da CLT

COMPENSAÇÃO
 de excesso de horas de trabalho; dispensa de acréscimo de salário ...art. 59, § 2º, da CLT
 no pagamento, em caso de rescisão contratual..................................art. 477, § 5º, da CLT

COMPETÊNCIA
 da Procuradoria-Geral da Justiça do Trabalho.. art. 746 da CLT
 da secretaria dos Tribunais Regionais do Trabalho art. 719 da CLT
 das Varas do Trabalho .. arts. 650, parágrafo único, e 651 a 653
 dissídios coletivos; conciliação e julgamento.. Lei n. 9.254/96
 do cartório dos juízes de direito ... art. 716 da CLT
 dos Tribunais Regionais do Trabalho ou suas turmas art. 680 da CLT
 dos Tribunais Regionais do Trabalho quando divididos em turmas........... art. 678 da CLT
 dos Tribunais Regionais do Trabalho quando não divididos em turmas.... art. 679 da CLT

escrivães dos juízos de direito ... art. 717 da CLT
fiscalização, apuração e cobrança judicial das contribuições e multas
 devidas ao FGTS .. Lei n. 8.844/94

CÔMPUTO DE TEMPO DE SERVIÇO
do período de serviço militar e de afastamento por motivo de acidente do
 trabalho ... art. 4º, parágrafo único, da CLT

CONCEITOS LEGAIS
de aprendiz .. art. 80, parágrafo único, da CLT
de atividade preponderante .. art. 581, § 2º, da CLT
de atividades ou operações insalubres art. 189 da CLT
de atividades ou operações perigosas art. 193 da CLT
de aviso prévio ... art. 487 da CLT
de cargo de direção ou representação sindical art. 543, § 4º, da CLT
de categoria profissional diferenciada art. 511, § 3º, da CLT
de contrato de trabalho por prazo indeterminado art. 452 da CLT
de contrato individual de trabalho .. art. 442 da CLT
de convenção coletiva de trabalho .. art. 611 da CLT
de empregado ... art. 3º da CLT
de empregador ... art. 2º, § 1º, da CLT
de empregados domésticos .. art. 7º, a, da CLT
de empresas jornalísticas .. art. 302, § 2º, da CLT
de estabilidade ... art. 492 da CLT
de estiva de embarcações .. art. 254 da CLT
de extranumerário ... art. 244, § 1º, da CLT
de falta grave ... art. 493 da CLT
de força maior ... art. 501 da CLT
de gorjeta .. art. 457, § 3º, da CLT
de grande estadia ... art. 150, § 2º, da CLT
de jornalista ... art. 302, § 1º, da CLT
de licença não remunerada .. art. 543, § 2º, da CLT
de mão de obra na estiva de embarcações art. 255, a, da CLT
de menor ... art. 402 da CLT
de período de serviço efetivo .. art. 4º da CLT
de prontidão (empregado em ferrovia) art. 244, § 3º, da CLT
de regime de economia familiar .. art. 13, § 1º, I, da CLT
de remuneração ... art. 457 da CLT
de salário mínimo ... art. 76 da CLT
de serviço de capatazia nos portos art. 285, parágrafo único, da CLT
de serviço ferroviário ... art. 236 da CLT
de sobreaviso (a empregado efetivo) art. 244, § 2º, da CLT
de tempo de serviço efetivo art. 492, parágrafo único, da CLT
de trabalhadores rurais .. art. 7º, b, da CLT
de trabalho de igual valor .. art. 461, § 1º, da CLT
de trabalho noturno .. art. 73, § 2º, da CLT

CONCILIAÇÃO
prévia; obrigatoriedade ... arts. 625-A a 625-H
proposta pelo juiz na audiência de julgamento art. 847 e §§ da CLT

CONCORDATA
férias; crédito privilegiado .. art. 144 da CLT
subsistência dos direitos oriundos da existência do contrato de
 trabalho ... art. 499 e §§ da CLT

CONCORRÊNCIA AO EMPREGADOR
falta grave .. art. 482 da CLT

CONCURSO DE CREDORES
falência; crédito dos empregados .. art. 449 da CLT
férias; crédito privilegiado .. art. 144 da CLT

CONDENAÇÃO CRIMINAL
falta grave ...art. 482, *d*, da CLT

CONFEDERAÇÕES
agrupamento de sindicatos... art. 573 da CLT
contribuição sindical ...arts. 590 e 591 da CLT
denominação .. art. 562 da CLT
representação de classe .. art. 920 da CLT e Lei n. 7.316/85

CONFLITOS DE JURISDIÇÃO
entre as Varas do Trabalho e juízes de direito investidos de jurisdição
 trabalhista..arts. 803 a 810 da CLT
entre juízes do trabalho e juízes federais .. art. 808 da CLT
entre juízes e Tribunais do Trabalho com órgãos da Justiça Ordinária
 Estadual ... art. 808 da CLT
entre Tribunais Regionais do Trabalho ...art. 810 da CLT

CONSOLIDAÇÃO DAS LEIS DO TRABALHO
casos em que não se aplicam seus dispositivos .. art. 7º da CLT
normas que estatui .. art. 1º da CLT

CONSÓRCIO DE EMPRESAS
disposições gerais ...art. 2º § 2º, da CLT

CONTÍNUOS
de bancos e casas bancárias; regime especial de horas de trabalho art. 226 da CLT

CONTRAMESTRE
direito de receber proventos pelo serviço de mão de obra de estiva art. 266 § 2º, da CLT

CONTRATO DE EXPERIÊNCIA
indenização...art. 478, § 1º, da CLT

CONTRATO DE TRABALHO PARA OBRA CERTA OU DE PRAZO DETERMINADO
despedimento sem justa causa; indenização................. art. 479 e parágrafo único da CLT
rompimento do contrato pelo empregado...art. 480 e §§ da CLT

CONTRATO INDIVIDUAL DO TRABALHO
alteração ...arts. 468 a 470 da CLT
aviso prévio ..arts. 487 a 491 da CLT
aviso prévio; prazos .. art. 487 da CLT
bancário; falta contumaz de pagamento de dívidas; justa causa para
 rescisão ... art. 508 da CLT
cessação; efeitos ...arts. 146 a 148 da CLT
conceito ... art. 442 da CLT
comprovação de experiência prévia por tempo igual ou inferior a seis
 meses .. art. 443 da CLT
disposições especiais ..arts. 505 a 510 da CLT
disposições gerais ...arts. 442 a 510 da CLT
empregados em consultórios ou escritórios de profissionais liberais; não se
 aplicarão as disposições pertinentes à estabilidadeart. 507 da CLT
estabilidade ..arts. 492 a 500 da CLT

força maior ..arts. 501 a 504 da CLT
mudanças na propriedade ou estrutura jurídica da empresa art. 448 da CLT
remuneração ...arts. 457 a 467 da CLT
rescisão...arts. 477 a 486 da CLT
suspensão e interrupção... arts. 471 a 476-A da CLT
suspensão por enfermidade .. arts. 471 a 476-A da CLT
trabalhadores rurais; dispositivos aplicáveis... art. 505 da CLT

CONTRATO POR PRAZO DETERMINADO
Decreto n. 2.490, de 4-2-1998
Lei n. 9.601, de 21-1-1998

CONTRATO POR PRAZO INDETERMINADO
rescisão e indenização..............................arts. 477 e §§ 1º a 5º e 478 e §§ 1º a 5º da CLT

CONTRIBUIÇÃO SINDICAL
aplicação..arts. 592 a 594 da CLT
aplicação e objetivos... art. 592 da CLT
desconto em folha de pagamento... art. 582 da CLT
disposições gerais ..arts. 601 a 610 da CLT
dos empregadores; quando será efetuada .. art. 587 da CLT

CONVENÇÃO 158 OIT
fixação e recolhimento ...arts. 578 a 591 da CLT
penalidades..arts. 598 a 600 da CLT
por quem será devida .. art. 579 da CLT
profissionais liberais... art. 584 da CLT
recolhimento anual .. art. 580 da CLT
salário pago em utilidades...art. 582, § 2º, da CLT
trabalhadores avulsos ...art. 586, § 3º, da CLT

CONVENÇÕES COLETIVAS DE TRABALHO
conceito ... art. 611 da CLT
convenção ou acordo; controvérsias resultantes da sua aplicação; competência
 da Justiça do Trabalho... art. 625 da CLT
convenções e acordos; conteúdo.. art. 613 da CLT
convenções ou acordos coletivos de trabalho; celebração por sindicatos...art. 612 da CLT
disposições gerais .. arts. 611 a 625 da CLT

COOPERATIVA
representante legal; anotação de Carteira de Trabalho e Previdência
 Social .. art. 34 da CLT

CORREÇÃO MONETÁRIA
Decreto n. 86.649, de 25-11-1981
Lei n. 6.205, de 29-4-1975

CORREGEDOR
Consolidação dos Provimentos da Corregedoria-Geral da Justiça do Trabalho . art. 889 da CLT
do Tribunal Superior do Trabalho; competência...art. 709 da CLT

COSTUMES
decisão pelo juiz quanto aos... art. 8º da CLT

CRECHES
disposições gerais ... art. 397 da CLT

CULPA RECÍPROCA
redução da indenização .. art. 484 da CLT

CUSTAS
cálculo progressivo nos dissídios individuais ou coletivos art. 789 da CLT
códigos de receita .. Ato Declaratório Executivo n. 110/2002
responsabilidade solidária das partes vencidas art. 790 da CLT

DANO CAUSADO POR EMPREGADO
desconto no salário .. art. 462, § 1º, da CLT

DÉBITOS TRABALHISTAS
prova de inexistência de .. art. 642-A da CLT

DECISÕES INTERLOCUTÓRIAS
apreciação; quando caberá ... art. 893, § 1º, da CLT

DEFICIÊNCIA FÍSICA OU MENTAL
de trabalhador readaptado; não servirá de paradigma para fins de equiparação
 salarial ... art. 461, § 4º, da CLT
eliminação de todas as formas de discriminação Decreto n. 3.956/2001
trabalhador; direitos sociais .. CF, art. 7º, XXXI
trabalhador portador de; regulamento ... Decreto n. 3.298/99

DELEGADOS SINDICAIS
designação ... art. 523 da CLT

DEMISSÃO
pedido firmado por empregado com mais de um ano de serviço;
 validade .. art. 477, § 1º, da CLT
pedido formulado por empregado estável; requisito de validade art. 500 da CLT

DEPENDENTES
assistência; direitos sociais .. CF, art. 7º, XXV
declarações a eles referentes; registro em fichas .. art. 32 da CLT

DESCONTOS NOS SALÁRIOS
adiantamentos ... art. 462 da CLT
dano causado por empregado ... art. 462, § 1º, da CLT
em salário mínimo, a título de compensação;
 inadmissibilidade .. art. 78, parágrafo único, da CLT
falta de aviso prévio pelo empregado art. 487, §§ 2º e 3º, da CLT
fornecimento de mercadorias ... art. 462, § 2º, da CLT

DESÍDIA
falta grave ... art. 482, e, da CLT

DESOBEDIÊNCIA
autorização do funcionamento de estabelecimento, após interdição ou
 embargo ... art. 161, § 4º, da CLT

DESPEDIDA INDIRETA
cabimento de aviso prévio ... art. 487, § 4º, da CLT

DESPEDIDA SEM JUSTA CAUSA
remuneração de férias .. art. 147 da CLT

DESPEDIMENTO
ônus da prova .. Súmula 212/TST

DESPESAS
 de viagem e transportes de empregados de companhias ou empresas teatrais;
 a cargo de quem ficarão ... art. 509, parágrafo único, da CLT
 transferência do empregado; responsabilidade do
 empregador .. art. 470, parágrafo único, da CLT

DESPORTOS
 e bingos; disposições ... Lei n. 9.615/98
 INDESP ... Lei n. 9.981/2000
 jogos de bingo; disposições... Lei n. 9.981/2000
 normas gerais (Lei Pelé).. Lei n. 9.615/98
 treinador profissional de futebol .. Lei n. 8.650/93

DIÁRIAS PARA VIAGEM
 Instrução Normativa n. 8, de 1º-11-1991
 integrarão o salário; ressalva ... art. 457, §§ 1º e 2º, da CLT
 que não excedam de 50% do salário percebido pelo empregado; não se incluem
 neste..art. 457, § 2º, da CLT

DIARISTA
 cálculo do salário-hora normal ... art. 65 da CLT
 indenização...art. 478, § 2º, da CLT

DINHEIRO
 na homologação da rescisão contratual ..art. 477, § 4º, da CLT

DIPLOMA
 de benemerência a empregadores que se distinguirem pela organização e
 manutenção de creches e instituições de proteção aos menores em idade
 pré-escolar.. art. 399 da CLT
 de químicos, expedidos por institutos estrangeiros; revalidação art. 325, § 4º, da CLT

DIREITO COMUM
 fonte subsidiária do direito do trabalho........................... art. 8º, parágrafo único, da CLT

DIREITO DE RETENÇÃO
 empreiteiro (garantia da subempreitada)... art. 455 da CLT
 falta de aviso prévio do empregado... art. 487 da CLT

DIREITO DO TRABALHO
 competência para legislar ... CF, art. 22

DIREITOS ADQUIRIDOS
 por empregado, em caso de alteração da estrutura jurídica da empresaart. 10 da CLT

DIREITOS SOCIAIS
 ação... CF, art. 7º, XXIX
 aposentadoria .. CF, art. 7º, XXIV
 assistência aos filhos e dependentes.. CF, art. 7º, XXV
 associação profissional ou sindical...CF, art. 8º
 atividades penosas, insalubres e perigosas; adicional.............................CF, art. 7º, XXIII
 aviso prévio proporcional.. CF, art. 7º, XXI
 13º salário.. CF, art. 7º, VIII
 diferença de salários; proibição.. CF, art. 7º, XXX
 direito de greve...CF, art. 9º
 disposições gerais ...CF, art. 6º
 dissídio coletivo; reconhecimento.. CF, art. 7º, XXVI
 distinção entre trabalhos ..CF, art. 7º, XXXII

duração do trabalho .. CF, art. 7º, XIII
empregada doméstica ... CF, art. 7º, XXXIV, parágrafo único
férias .. CF, art. 7º, XVII
Fundo de Garantia do Tempo de Serviço ... CF, art. 7º, III
higiene, saúde e segurança do trabalho .. CF, art. 7º, XXII
horas extras; remuneração ... CF, art. 7º, XVI
irredutibilidade do salário .. CF, art. 7º, VI
jornada de seis horas para o trabalho ... CF, art. 7º, XIV
licença à gestante ... CF, art. 7º, XVIII
licença-paternidade ... CF, art. 7º, XIX
menor; trabalho noturno .. CF, art. 7º, XXXIII
participação de trabalhadores e empregadores nos colegiados dos órgãos
 públicos .. CF, art. 10
participação nos lucros, ou resultados da empresa CF, art. 7º, XI
piso salarial ... CF, art. 7º, V
proteção de relação de emprego ... CF, art. 7º, I
proteção do salário ... CF, art. 7º, X
proteção em face da automação .. CF, art. 7º, XXVII
repouso semanal remunerado ... CF, art. 7º, XV
representante dos empregados junto à empresa CF, art. 11
salário; garantia .. CF, art. 7º, VII
salário-família ... CF, art. 7º, XII
salário mínimo .. CF, art. 7º, IV
seguro .. CF, art. 7º, XXVIII
seguro-desemprego .. CF, art. 7º, II
trabalhador avulso .. CF, art. 7º, XXXIV
trabalhador com deficiência ... CF, art. 7º, XXXI
trabalhadores urbanos e rurais .. CF, art. 7º
trabalho da mulher; proteção .. CF, art. 7º, XX
trabalho noturno; remuneração ... CF, art. 7º, IX

DIRETORES
 estabilidade .. art. 499 da CLT

DIRIGENTES SINDICAIS
 estabilidade provisória .. art. 543, § 3º, da CLT
 reintegração liminar .. art. 659 da CLT

DISPENSA SEM JUSTA CAUSA
 vide RESCISÃO DO CONTRATO DE TRABALHO

DISPOSIÇÕES ESPECIAIS SOBRE DURAÇÃO E CONDIÇÕES DE TRABALHO
 arts. 224 a 351

DISPOSIÇÕES FINAIS E TRANSITÓRIAS
 arts. 911 a 922

DISSÍDIOS COLETIVOS
 conciliação e julgamento ... arts. 860 a 867 da CLT
 conciliação e julgamento; competência .. Lei n. 9.254/96
 cumprimento das decisões .. art. 872 da CLT
 disposições gerais .. arts. 856 a 875 da CLT
 extensão das decisões .. arts. 868 a 871 da CLT
 instauração de instância ... arts. 856 a 859 da CLT
 instauração de instância mediante representação escrita ao presidente do
 tribunal .. art. 856 da CLT

normas para o processo dos .. Lei n. 4.725/65
que tenham por motivo novas condições de trabalho e nos quais figure apenas
 uma parte dos empregados da empresa; extensão da decisão aos demais
 empregados ...arts. 868 e 869 da CLT
reconhecimento.. CF, art. 7º, XXVI
revisão ..arts. 873 a 875 da CLT
sentença normativa; termo inicial de sua vigência art. 867, parágrafo único, da CLT

DISSÍDIOS INDIVIDUAIS
apresentação da reclamação; onde e por quem será efetuada.........arts. 837 a 839 da CLT
audiência de julgamento ..arts. 843 a 852 da CLT
disposições gerais ...arts. 837 a 855 da CLT
distribuição da reclamação... art. 838 da CLT
forma da reclamação e da notificação... art. 837 a 842 da CLT
inquérito para apuração de falta grave...arts. 853 a 855 da CLT
procedimento sumaríssimo................................... arts. 852-A a 852-I, e §§ 1º a 3º da CLT
reclamação escrita ou verbal... art. 840 da CLT

DISSOLUÇÃO DE EMPRESA
subsistência dos direitos oriundos da existência de contrato de trabalho . art. 449 da CLT

DISTRIBUIÇÃO DAS RECLAMAÇÕES
entre as Varas do Trabalho ou juízes de direito do Cível............................ art. 783 da CLT
registro em livro próprio .. art. 784 da CLT

DISTRIBUIDOR(ES)
competência ...art. 714 da CLT
designação ...art. 715 da CLT
disposições gerais .. arts. 713 a 715 da CLT
localidades em que existirá ..art. 713 da CLT

DOAÇÃO VOLUNTÁRIA DE SANGUE
pelo empregado; falta ao serviço; não prejudicará o salário art. 473, IV, da CLT

DOCUMENTO
autenticação ... art. 830 da CLT

DOENÇAS PROFISSIONAIS
notificação obrigatória a respeito .. art. 169 da CLT

DOLO DO EMPREGADO
dano superveniente; desconto no salário..art. 462, § 1º, da CLT

DURAÇÃO DO TRABALHO
atividades insalubres .. art. 60 da CLT
bancários ... arts. 224 a 226 da CLT
cabineiros, nas estações de tráfego intenso ... art. 245 da CLT
disposições gerais ... arts. 57 a 75 da CLT
duração normal de trabalho; acréscimo de horas suplementares................ art. 59 da CLT
empregados em minas no subsoloarts. 293 e 295 e parágrafo único da CLT
empregados nos serviços de telefonia, de telegrafia submarina e subfluvial, de
 radiotelegrafia e radiotelefonia ..arts. 227 e 229 da CLT
empregados nos serviços externos; não inclusão no capítulo referente à
 duração do trabalho.. art. 62, I, da CLT
gerentes; não inclusão no capítulo referente à duração do trabalhoart. 62, II, da CLT
jornada de trabalho.. arts. 58 a 65 da CLT
jornalistas .. arts. 303, 304 e parágrafo único e 306 da CLT

operadores cinematográficos... art. 234 da CLT
operadores telegrafistas nas estações de tráfego intenso.......................... art. 246 da CLT
penalidades... art. 75 da CLT
períodos de descanso.. arts. 66 a 72 da CLT
professores; período de exame ...art. 322, § 1º, da CLT
prontidão; serviço ferroviário..art. 244, § 3º, da CLT
quadro de horário .. art. 74 da CLT
serviços de capatazias nos portos...art. 291 da CLT
trabalho noturno... art. 73 da CLT
tripulante... art. 248 da CLT
vendedores pracistas; não se incluem no capítulo referente à duração do
 trabalho .. art. 62, I, da CLT
viajantes; não se incluem no capítulo referente à duração do trabalho .. art. 62, I, da CLT

EDIFICAÇÕES
coberturas; requisitos ... art. 174 da CLT
corredores; requisitos ... art. 174 da CLT
disposições gerais ..arts. 170 a 174 da CLT
escadas; requisitos ... art. 174 da CLT
medidas mínimas dos locais de trabalho ..art. 171 da CLT
paredes; requisitos.. art. 174 da CLT
passarelas; requisitos... art. 174 da CLT
pisos; aberturas; proteção contra quedas ... art. 173 da CLT
pisos; requisitos ..arts. 172 a 174 da CLT
rampas de acesso; requisitos ... art. 4º da CLT
requisitos técnicos..art. 170 da CLT

EDITAL
praça .. art. 888 da CLT

EFEITOS DA CESSAÇÃO DO CONTRATO DE TRABALHO
disposições gerais ..arts. 146 a 148 da CLT

ELETRICISTAS
adicional de periculosidade... Decreto n. 93.412/86
disposições gerais ... Lei n. 7.369/85

EMBARCADIÇOS
férias; pedido feito por escrito...art. 150, § 3º, da CLT

EMBARGO DE OBRA
em caso de grave e iminente risco de vida para o trabalhador.......................art. 161
requerimento; competência ..art. 161, § 2º, da CLT
salários; recebimento normal..art. 161, § 6º, da CLT

EMBARGOS
art. 893, I
à execução; impugnação pelo exequente art. 884, *caput*, parte final, da CLT
cabimento .. art. 894 da CLT
julgamento; presença de todos os membros da Vara do Trabalhoart. 649, § 1º, da CLT

EMBARGOS À EXECUÇÃO
prazo; matéria de defesa; impugnação à sentença de liquidação art. 884 da CLT
recurso; agravo de petição ..art. 897, *a*, da CLT

EMBARGOS DECLARATÓRIOS
e procedimento sumaríssimo ...art. 897-A da CLT

EMBRIAGUEZ
 habitual ou em serviço; justa causa para despedimento........................ art. 482, *f*, da CLT

EMOLUMENTOS
 cobrança, em caso de anotação em Carteira de Trabalho e Previdência
 Social ...art. 31 da CLT

EMPREGADO(S)
 anotação da concessão de férias na Carteira de Trabalho e Previdência
 Social ..art. 135, § 1º, da CLT
 ausência ao serviço; casos em que não será considerada falta ao serviço;
 ressalva...art. 131, VI, da CLT
 ausência ao trabalho; quando não será considerada falta ao serviço..........art. 131 da CLT
 conceito .. art. 3º da CLT
 dependência e salário... art. 3º da CLT
 direitos e obrigações; propriedade industrial; invenção e modelo de utilidade
 realizado por... Lei n. 9.279/96
 domésticos; conceito .. art. 7º, *a*, da CLT
 domésticos; inaplicabilidade da Consolidação das Leis do Trabalho art. 7º, *caput*, da CLT
 do setor de energia elétrica; salário adicional... Lei n. 7.369/85
 em consultório ou escritório; profissionais liberaisart. 507 da CLT
 estável; extinção da empresa... art. 502, I, da CLT
 estável; pedido de demissão.. art. 500 da CLT
 falta de aviso prévio por parte do empregado; efeitosart. 487, § 2º, da CLT
 férias...arts. 129 a 153 da CLT
 férias; proporção.. art. 130 da CLT
 maiores de 50 anos; critério para concessão de fériasart. 134, § 2º, da CLT
 menores de 18 anos; critério para concessão de férias....................art. 134, § 2º, da CLT
 nos serviços de telefonia, de telegrafia submarina e subfluvial, de
 radiotelegrafia e radiotelefonia ..arts. 227 a 231 da CLT
 notificação da concessão de férias; requisitos e assinatura art. 135 da CLT
 paralisação dos serviços por mais de 30 dias, com percepção de salário;
 efeitos quanto às férias..art. 133, III, da CLT
 percepção de salários por mais de 30 dias durante o período de licença; efeito
 quanto ao direito a férias...art. 133, II, da CLT
 pessoa física ... art. 3º da CLT
 prestação de serviços mediante salário.. art. 3º da CLT
 requisito; livro ou fichas; anotação da concessão de férias...............art. 135, § 2º, da CLT
 rescisão do contrato e pedido de indenização... art. 483 da CLT
 serviços de natureza não eventual ... art. 3º da CLT
 sindicalizado; direito de preferência; casos... art. 544 da CLT

EMPREGADO DOMÉSTICO
 direitos sociais ... CF, art. 7º, parágrafo único
 disposições sobre a profissão..Lei n. 5.859, de 11-12-1972
 recolhimento previdenciário, descontos, férias, repousoLei n. 11.324, de 19-7-2006
 Regulamento..Decreto n. 71.885, de 9-3-1973
 responsabilidade das agências... Lei n. 7.195, de 12-6-1984
 Seguro-Desemprego e FGTS ... Decreto n. 3.361/2000

EMPREGADO EM POSTOS DE GASOLINA
 Lei n. 9.956, de 12-1-2000

EMPREGADOR(ES)
 cessação da atividade da empresa por morte do empregador; indenização
 dos empregados cabível no caso ... art. 485 da CLT

conceito .. art. 2º da CLT
falta de aviso prévio por parte do empregador; efeitos............................. ar⁻. 487 da CLT
pessoas equiparadas ao empregador..art. 2º, § 1º, da CLT
que deixar de cumprir decisão passada em julgado sobre readmissão
 ou reintegração de empregado; penalidade... ar⁻. 729 da CLT

EMPREITADA – EMPREITEIRO, OPERÁRIO OU ARTÍFICE
competência ..art. 652, III, da CLT
individual ou coletiva; profissionais de qualquer atividade; por quem será
 anotada a Carteira de Trabalho e Previdência Social............................... art. 34 da CLT

EMPREITEIRO
principal; direito de reclamação dos empregados
 contra este.. art. 455, parágrafo único, da CLT

EMPRESA(S)
alteração na estrutura jurídica ...art. 10 da CLT
de prestação de serviços a terceiros e de trabalho temporário;
 fiscalização .. Instrução Normativa do MTE n. 3/97
individual ou coletiva considerada empregador .. art. 2º da CLT
principal; responsabilidade solidária, para os efeitos da relação de emprego, com
 cada uma das empresas subordinadas........................... art. 2º, § 2º, parte final, da CLT
subordinadas; responsabilidade solidária para efeitos da relação de emprego
 quanto à empresa principal ... art. 2º, § 2º, parte final, da CLT

EMPRESAS DE PEQUENO PORTE – MICROEMPRESA
regime previdenciário e trabalhista; tratamento diferenciado e
 simplificado... LC n. 123/2006

EMPRESAS DE TRANSPORTES E COMUNICAÇÕES
serviços prestados por tais estabelecimentos; equiparação a serviços
 públicos ..art. 910 da CLT

ENGENHEIROS
Lei n. 4.950-A, de 22-4-1966

ENQUADRAMENTO SINDICAL
disposições gerais .. arts. 570 a 574 e 577 da CLT

EQUIDADE
utilização nas decisões das autoridades administrativas e da Justiça do Trabalho,
 em caso de falta de disposições legais ou contratuais art. 8º da CLT

EQUIPAMENTO(S)
de proteção individual...arts. 166 e 167 da CLT
de proteção individual; certificado de aprovação do Ministério do Trabalho; requisito para
 venda ou
 utilização do equipamento de proteção ... art. 167 da CLT
de proteção individual; fornecimento obrigatório e gratuito pela
 empresa.. art. 166 da CLT
de proteção individual; perfeito estado de conservação art. 166 da CLT
fornecidos aos empregados; não serão considerados como salário.....art. 458, § 2º, da CLT

EQUIPARAÇÃO SALARIAL
identidade de função e trabalho de igual valor art. 461 e §§ da CLT

ESCALA DE REVEZAMENTO
em trabalho da mulher realizado aos domingos .. art. 386 da CLT

nos serviços que exijam trabalho aos domingos art. 67, parágrafo único, da CLT

ESCALA DE SERVIÇO DE BANCÁRIOS
disposições gerais ... art. 226, parágrafo único, da CLT

ESCAVAÇÕES, TÚNEIS, GALERIAS E PEDREIRAS
disposições gerais ..arts. 204 e 205 da CLT

ESCOLAS MATERNAIS
manutenção ou subvenção pelo SESI, SESC ou LBA................................. art. 397 da CLT

ESCRIVÃES
dos juízos de direito; atribuições ..art. 717 da CLT

ESTABELECIMENTOS PARTICULARES DE ENSINO
remuneração condigna e pontual dos professores.......... art. 323, parágrafo único, da CLT

ESTABILIDADE
vide, também, EMPREGADO(S)
cargos de diretoria, gerência ou outros de confiança imediata do empregador;
 não haverá estabilidade.. art. 499 da CLT
cômputo na contagem do tempo de serviço, para efeito de indenização e
 de estabilidade, dos períodos em que o empregado estiver afastado do
 trabalho prestando serviço militar e por motivo de acidente do
 trabalho ... art. 4º, parágrafo único, da CLT
despedida verificada com a finalidade de obstar a aquisição de
 estabilidade ..art. 499, § 3º, da CLT
disposições gerais ..arts. 492 a 500 da CLT
empregado com mais de 10 anos de serviço na mesma empresa.............. art. 492 da CLT
falta grave; configuração... art. 493 da CLT
fechamento de estabelecimento, filial ou agência; direito a indenização.. art. 498 da CLT
indenização em dobro, em caso de extinção da empresa, sem ocorrência de
 força maior ... art. 497 da CLT
inquérito judicial; apuração de falta grave; empregado estável........arts. 492 a 500 da CLT
pedido de demissão de empregado estável; requisito para sua validade... art. 500 da CLT
readmissão de empregado e pagamento de salários correspondentes ao período
 da suspensão, em caso de inexistência de falta grave art. 495 da CLT
reintegração desaconselhável, em razão do grau de incompatibilidade
 entre empregador e empregado.. art. 496 da CLT
suspensão do empregado acusado de falta grave; inquérito art. 494 da CLT

ESTÁGIOS
de estudantes...Lei n. 11.788/2008 e Decreto n. 87.497/82

ESTATUTO DA MICROEMPRESA E DA EMPRESA DE PEQUENO PORTE
do regime previdenciário e trabalhista... LC n. 123/2006

ESTIVA DE EMBARCAÇÕES
conceito ... art. 254 da CLT
fiscalização... art. 282 da CLT
horário de trabalho dos estivadores... Lei n. 8.630/93
mão de obra de estiva; caracterização...art. 255, *a*, da CLT
matrícula de trabalhadores; requisitos...art. 257 e §§ da CLT
roubos e avarias; responsabilidade..art. 264, § 2º, da CLT

ESTIVADORES
exclusão do capítulo referente à duração de trabalho................................ Lei n. 8.630/93

ESTUDANTES
estágio...Lei n. 11.788/2008 e Decreto n. 87.497/82

EXAME MÉDICO DO EMPREGADO
atividades insalubres ..art. 200, VI, da CLT
despesas por conta do empregador ... art. 168 da CLT
obrigatoriedade.. art. 168 da CLT

EXCEÇÕES
de incompetência e de suspeição...arts. 799 a 802 da CLT

EXECUÇÃO
citação por oficiais de justiça...art. 880, § 2º, da CLT
competência para a execução das decisões.................................. art. 877 da CLT
das Contribuições Previdenciárias...... arts. 831, 832, 876, 878, 879, 880, 884, 889, 897 da CLT
disposições preliminares ..arts. 876 a 879 da CLT
do julgado; não será prejudicada pela interposição de recurso junto ao
 Supremo Tribunal Federal...art. 893, § 2º, da CLT
embargos .. art. 884 da CLT
ex officio... art. 878 da CLT
impugnação dos embargos ... art. 884 da CLT
julgamento e trâmites finais................................arts. 885, 886 e 888 da CLT
mandado de citação; conteúdo...art. 880, § 1º, da CLT
mandado e penhora..arts. 880 a 883 da CLT
por prestações sucessivas ..arts. 890 a 892 da CLT
promoção por qualquer interessado.. art. 878 da CLT
sentença exequenda ilíquida; liquidação art. 879 da CLT

EXECUTADO
citação por edital ...art. 880 § 3º, da CLT
garantia da execução ... art. 882 da CLT
penhora de bens ... art. 883 da CLT

EXPLOSIVOS
contato permanente com explosivos; caracterização de atividades ou
 operações perigosas .. art. 193 da CLT
normas técnicas.. art. 200, parágrafo único, da CLT

EXTRANUMERÁRIOS
inaplicabilidade da Consolidação das Leis do
 Trabalho..art. 7º, *caput*, c, e parte final, da CLT

FADIGA
prevenção ..arts. 198 e 199 da CLT

FALÊNCIA DA EMPRESA
subsistência dos direitos oriundos da existência de contrato de trabalho . art. 449 da CLT

FALSIDADE
na emissão, substituição ou anotação de Carteira de Trabalho e Previdência
 Social ... art. 49 da CLT

FALTA AO SERVIÇO
casos em que a ausência do empregado não será considerada falta ao
 serviço ...art. 131 da CLT
desconto no período de férias; inadmissibilidadeart. 130, § 1º, da CLT

FALTA GRAVE
de empregado; rescisão contratual.. art. 482 da CLT

de empregado estável .. art. 493 da CLT
FARMÁCIAS
 serviços prestados por tais estabelecimentos; equiparação a serviços
 públicos ... art. 910 da CLT
FEDERAÇÕES
 associações sindicais de grau superior art. 533 da CLT
 constituição por Estados .. art. 534, § 2º, da CLT
 disposições gerais .. arts. 533 a 539 da CLT
FERIADOS
 pagamento de salários nos dias Lei n. 605/49 e Decreto n. 27.048/49
 penhora ... art. 770, parágrafo único, da CLT
 períodos de descanso ... art. 385, parágrafo único, da CLT
 prazos .. art. 775, parágrafo único, da CLT
 proibição do trabalho; ressalva ... art. 70 da CLT
 serviços de telefonia, telegrafia submarina ou fluvial, radiotelegrafia e
 radiotelefonia; trabalho nos dias arts. 227, § 2º, 229, § 2º, e 249, § 1º, da CLT
FÉRIAS
 anuais ... arts. 129 a 153 da CLT
 ausência do empregado; não será considerada falta ao serviço art. 131 da CLT
 carência para sua concessão ... art. 130 da CLT
 casos em que o empregado não terá o direito respectivo, no curso do período
 aquisitivo .. art. 133 da CLT coletivas
 arts. 139 a 141 da CLT
 coletivas; anotações na Carteira de Trabalho e Previdência Social, por ocasião
 da cessação do contrato de trabalho .. art. 141, § 3º, da CLT
 coletivas; comunicação a ser feita pelo empregador ao órgão local do Ministério
 do Trabalho e aos sindicatos; requisitos art. 139, §§ 2º e 3º, da CLT
 coletivas; concessão; situação dos empregados contratados há menos de
 12 meses ... art. 140 da CLT
 coletivas; concessão a todos os empregados ou a setores determinados ... art. 139 da CLT
 coletivas; número de empregados superior a 300; anotação nas Carteiras
 de Trabalho e Previdência Social, mediante utilização de carimbo art. 141 da CLT
 coletivas; períodos anuais .. art. 139, § 1º, da CLT
 cômputo do período respectivo como tempo de serviço art. 130, § 2º, da CLT
 concessão; prescrição do direito de reclamá-la art. 149 da CLT
 concessão à família que trabalha no mesmo estabelecimento art. 136, § 1º, da CLT
 concessão e época ... arts. 134 a 138 da CLT
 concessão posterior ao prazo legal; pagamento em dobro art. 137 da CLT
 de tripulante transferido para o serviço de outro armador; cômputo de
 tempo de serviço ... art. 150 da CLT
 direito a férias e duração destas ... arts. 129 a 133 da CLT
 direitos sociais .. CF, art. 7º, XVII
 época de sua concessão ... art. 136 da CLT
 escolares, referentes a menores de 18 anos; direito de uni-las às férias
 trabalhistas ... art. 136, § 2º, da CLT
 faltas do empregado; não serão descontadas no período de férias ... art. 130, § 1º, da CLT
 forma de concessão ... art. 134 da CLT
 fracionamento .. arts. 129 a 153 da CLT
 início do decurso de novo período aquisitivo art. 133, § 2º, da CLT
 maiores de 50 anos; peculiaridades quanto à concessão de suas
 férias .. art. 134, § 2º, da CLT

menores de 18 anos; peculiaridades quanto à concessão de suas
férias..art. 134, § 2º, da CLT
natureza salarial para fins falimentaresarts. 129 a 153 da CLT
pagamento da remuneração respectiva; quando deverá ser realizado art. 145 da CLT
prestação de serviços pelo empregado em férias a outro empregador art. 138 da CLT
proporcionais..arts. 129 a 153 da CLT
reclamação pedindo sua fixação por sentença; quando ocorrerá art. 137, § 1º, da CLT
remuneração; não será prejudicada durante as férias art. 129 da CLT
remuneração; natureza .. art. 148 da CLT
tripulante; remuneração no período de férias; acréscimo........................ art. 152 da CLT

FICHAS DE REGISTRO DE EMPREGADOS
conteúdo .. art. 41, parágrafo único, da CLT
disposições gerais .. arts. 41 e 42 da CLT
rubrica .. art. 42 da CLT

FISCALIZAÇÃO, AUTUAÇÃO E IMPOSIÇÃO DE MULTAS
disposições gerais ...arts. 626 a 634 da CLT

FISCALIZAÇÃO DO TRABALHO
nas empresas de prestação de serviços a terceiros e de trabalho temporário;
fiscalização .. IN do MTE n. 3/97

FISIOTERAPEUTA
Lei n. 8.856, de 1º-3-1994

FORÇA MAIOR
conceito ...art. 501 da CLT
disposições gerais ..arts. 501 a 504 da CLT
extinção da empresa.. art. 502 da CLT
falsa alegação; consequências .. art. 504 da CLT
redução de salários.. art. 503 da CLT

FRAUDE
quanto à aplicação dos preceitos da CLT.. art. 9º da CLT

FUNCIONÁRIOS PÚBLICOS
inaplicabilidade da Consolidação das Leis do Trabalho art. 7º, *caput, c*, da CLT

FUNDO DE AMPARO AO TRABALHADOR – FAT
disposições sobre o ...Lei n. 8.019/90
instituição .. Lei n. 7.998/90

FUNDO DE GARANTIA DO TEMPO DE SERVIÇO
direitos sociais ..CF, art. 7º, III
disposições sobre o .. Lei n. 8.036/90
empregado doméstico ..Lei n. 5.859/72, art. 3º-A
empregado doméstico; regulamento..Decreto n. 3.361/2000
fiscalização...IN do MTE n. 25/2001
normas para o saque de contas vinculadas..Portaria n. 366/2002
regulamento .. Decreto n. 99.684/90

GERENTES
estabilidade... art. 499 da CLT
exclusão do capítulo referente à duração do trabalho.......................art. 62, II, da CLT

GORJETAS
conceito ..art. 457, § 3º, da CLT

inclusão na remuneração .. art. 457 da CLT
GRATIFICAÇÃO(ÕES)
 integram o salário...art. 457, § 1º, da CLT
GRATIFICAÇÃO DE NATAL
 Decreto n. 57.155/65
 Decreto n. 63.912/68
 direitos sociais ... CF, art. 7º, VIII
 Lei n. 4.090/62
 Lei n. 4.749/65
GRAVIDEZ
 proibição do trabalho da mulher ... art. 392 da CLT
GREVE
 vide, também, *LOCKOUT* E GREVE
 direito ...CF, art. 9º
 nas atividades essenciais... Lei n. 7.783/89
GRUPO COMERCIAL
 responsabilidade solidária, para os efeitos da relação de emprego de
 cada uma das empresas que o integrarem..art. 2º, § 2º, da CLT
GRUPO INDUSTRIAL
 responsabilidade solidária, para os efeitos da relação de emprego, de
 cada uma das empresas que o integrarem..art. 2º, § 2º, da CLT
HABITAÇÃO
 inclusão no salário... art. 458 da CLT
HIGIENE NOS LOCAIS DE TRABALHO
 disposições gerais ... art. 200, VII, da CLT
HOMOLOGAÇÃO
 da rescisão contratual; prazo; pagamento em dinheiro ou cheque
 visado .. art. 477, §§ 4º e 5º, da CLT
HONRA E BOA FAMA
 ato lesivo; justa causa ... arts. 482, *j*, e 483, *e*, da CLT
HORA DO TRABALHO NOTURNO
 cômputo como de 52 minutos e 30 segundosart. 73, § 1º, da CLT
HORAS EXTRAS
 direitos sociais .. CF, art. 7º, XVI
HORISTA
 cálculo de indenização ..art. 478, § 3º, da CLT
HOSPITAIS
 serviços prestados por tais estabelecimentos; equiparação a serviços
 públicos ..art. 910 da CLT
IDENTIFICAÇÃO PROFISSIONAL
 disposições gerais ... arts. 13 a 56 da CLT
 IDOSOS – PREFERÊNCIA PROCESSUAL
 preferência processual ... Lei n. 10.173/2001
 profissionalização e trabalho .. Lei n. 10.741/2003
ILUMINAÇÃO
 adequação à natureza da atividade... art. 175 da CLT

distribuição uniformeart. 175, § 1º, da CLT
natural ou artificialart. 175 da CLT
níveis mínimosart. 175, § 2º, da CLT

IMPRESSÃO DIGITAL
em Carteira de Trabalho e Previdência Socialart. 17, § 2º, da CLT

IMPROBIDADE
falta graveart. 482, *a*, da CLT

INCONTINÊNCIA DE CONDUTA OU MAU PROCEDIMENTO
de empregado; justa causa para rescisão contratualart. 482, *b*, da CLT

INDENIZAÇÃO
contagem de tempo de serviço para efeito de indenização e de estabilidade; cômputo dos períodos de serviço militar e de afastamento por motivo de acidente do trabalhoart. 4º, parágrafo único, da CLT
devida ao empregado, em caso de contrato por prazo indeterminadoarts. 477 e 478 da CLT
dos empregados, em caso de cessação da atividade da empresaart. 485 da CLT

INDISCIPLINA
falta graveart. 482, *h*, da CLT

INFLAMÁVEIS
contato permanente com inflamáveis; caracterização de atividade perigosaart. 193 da CLT

INQUÉRITO ADMINISTRATIVO
suspensão preventiva para responder a inquérito administrativo; ausência do empregado; quando não será considerada falta ao serviçoart. 131, V, da CLT

INQUÉRITO PARA APURAÇÃO DE FALTA GRAVE
disposições geraisarts. 853 a 855 da CLT
empregado garantido com estabilidadeart. 853 da CLT
prazo para o empregado apresentar a reclamaçãoart. 853 da CLT
prévio reconhecimento da estabilidade do empregado; efeitosart. 855 da CLT
procedência da acusação; despedida do empregadoart. 494 da CLT

INSALUBRIDADE
adicionalart. 192 da CLT
adicional; direitos sociaisCF, art. 7º, XXIII
arguição em juízo; períciaart. 195, § 2º, da CLT
caracterização das atividadesarts. 189 a 193 da CLT
caracterização e classificaçãoart. 195 da CLT
cessação do adicionalart. 194 da CLT
efeitos pecuniários; a partir de quando serão devidosart. 196 da CLT
eliminação ou neutralizaçãoart. 191 da CLT

INSPEÇÃO
de estabelecimento industrial, em matéria de segurança e higiene do trabalhoart. 162 e parágrafo único da CLT
de saúde, em estivadoresLei n. 8.630/93

INSTALAÇÕES ELÉTRICAS
disposições geraisarts. 179 a 181 da CLT
disposições legais a respeito; atribuições do Ministério do Trabalhoart. 179 da CLT
métodos de socorro em caso de choques elétricos; conhecimento a respeito pelos empregados no setor elétricoart. 181 da CLT

INSTALAÇÕES PORTUÁRIAS
 regime jurídico da exploração dos portos organizados e das Lei n. 8.630/93

INSTAURAÇÃO DE INSTÂNCIA
 em dissídio coletivo .. art. 856 da CLT

INSTITUIÇÕES SEM FINS LUCRATIVOS
 equiparação ao empregador para os efeitos exclusivos da relação de
 emprego ..art. 2º, § 1º, da CLT

INSUBORDINAÇÃO
 falta grave .. art. 482, *h*, da CLT

INTERDIÇÃO DE ESTABELECIMENTO
 em virtude de grave e iminente risco para o trabalhadorart. 161 da CLT
 levantamento; requisito... art. 161, § 5º, da CLT
 requerimento; competência ... art. 161, § 2º, da CLT
 salário; recebimento normal ... art. 161, § 6º, da CLT

INTERRUPÇÃO DA PRESTAÇÃO DE SERVIÇOS
 anotação na Carteira de Trabalho e Previdência Socialart. 133, § 1º, da CLT

INTERVALO PARA REPOUSO OU ALIMENTAÇÃO
 trabalho contínuo cuja duração exceda de 6 horasart. 71 da CLT

INTIMAÇÃO
 sentença ...arts. 834 e 852 da CLT

ISENÇÕES FISCAIS
 do recolhimento da contribuição sindical.. art. 609 da CLT

JARDINS DE INFÂNCIA
 manutenção ou subvenção pelo SESI, SESC e LBA..................................... art. 397 da CLT

JOGADOR DE FUTEBOL
 vide ATLETA PROFISSIONAL DE FUTEBOL

JOGOS DE AZAR
 prática constante pelo empregado; justa causa para rescisão contratual. art. 482, I, da CLT

JORNADA DE TRABALHO
 direitos sociais ... CF, art. 7º, XIV
 disposições gerais ... arts. 58 a 65 da CLT
 redução ... Lei n. 4.923/65

JORNALISTAS PROFISSIONAIS
 conceito ..art. 302, § 1º, da CLT
 descanso obrigatório; ressalva ..art. 307 da CLT
 disposições gerais ...arts. 302 a 316 da CLT
 duração do trabalho ..arts. 303 a 306 da CLT
 empresas jornalísticas; conceito..art. 302, § 2º, da CLT
 intervalo mínimo de repouso .. art. 308 da CLT

JUIZ DE PAZ
 assistência...art. 477, § 3º, da CLT

JUÍZES
 de direito..arts. 668 e 669 da CLT
 de direito; competência trabalhista nas localidades não compreendidas
 na jurisdição das Varas do Trabalho ... art. 668 da CLT

JUÍZES DO TRABALHO
 competência ... art. 652 da CLT

deveres .. art. 658 da CLT
direção do processo ... art. 765 da CLT
suspeição e impedimento.. art. 801 da CLT
JULGAMENTO
audiência ...arts. 843 a 852 da CLT
e trâmites finais da execução ..arts. 885 a 889 da CLT
(JUNTAS DE CONCILIAÇÃO E JULGAMENTO) VARAS DO TRABALHO
composição e funcionamentoarts. 647 a 649 da CLT
disposições gerais ..arts. 647 a 667 da CLT
jurisdição e competência...arts. 650 a 653 da CLT
presidentes ...arts. 656 a 659 da CLT
vogais..arts. 660 a 667 da CLT
JURISDIÇÃO
competência da Justiça do Trabalho art. 643 da CLT
competência das Varas do Trabalhoarts. 652 e 653 da CLT
JURISPRUDÊNCIA
utilização nas decisões das autoridades administrativas e da Justiça do
 Trabalho, em caso de falta de disposições legais ou contratuais art. 8º da CLT
JUS POSTULANDI
faculdade de postular em juízo independentemente de advogado.............art. 791 da CLT
JUSTA CAUSA PARA DESPEDIMENTO
abandono de emprego .. art. 482, *i*, da CLT
atos atentatórios contra a segurança nacional art. 482, parágrafo único, da CLT
condenação criminal ..art. 482, *d*, da CLT
desídia.. art. 482, *e*, da CLT
embriaguez no serviço ... art. 482, *f*, da CLT
improbidade ..art. 482, *a*, da CLT
incontinência de conduta ou mau procedimentoart. 482, *b*, da CLT
indisciplina e insubordinação .. art. 482, *h*, da CLT
lesão da honra contra qualquer pessoa em serviçoart. 482, *j*, da CLT
negociação habitual..art. 482, *c*, da CLT
ofensa física praticada em serviço ..art. 482, *k*, da CLT
para efeito de rescisão do contrato de trabalho.......................... art. 508 da CLT
pelo empregador ... art. 482 e parágrafo único da CLT
perda do direito à remuneração relativa ao período incompleto de
 férias... art. 146, parágrafo único, da CLT
prática de jogos de azar .. art. 482, I, da CLT
violação de segredo da empresa...art. 482, *g*, da CLT
JUSTIÇA DO TRABALHO
competência .. Lei n. 8.984/95
critérios de decisão, na falta de disposições legais ou contratuais.............. art. 8º da CLT
depósito para recurso nas ações na ... IN n. 3/93
disposições gerais ...arts. 643 a 735 da CLT
dissídios oriundos das relações entre empregadores e empregados
 regulados na legislação social; competência a respeito......................... art. 643 da CLT
juízes de direito ..arts. 668 e 669 da CLT
lockout e greve... arts. 722, 724 e 725 da CLT
órgãos; coordenação, regime de mútua colaboração art. 646 da CLT
penalidades contra os membros da Justiça do Trabalho..................arts. 726 a 728 da CLT
penalidades diversas...arts. 729 a 735 da CLT

serviço relevante e obrigatório .. art. 645 da CLT
serviços auxiliares ... arts. 710 a 721 da CLT
Tribunais do Trabalho; especialização de turmas dosLei n. 7.701/88
Tribunais Regionais do Trabalho ..arts. 670 a 689 da CLT
Tribunal Superior do Trabalho..arts. 690 a 709 da CLT
Varas do Trabalho ..arts. 647 a 667 da CLT

LEGIÃO BRASILEIRA DE ASSISTÊNCIA
manutenção ou subvenção de escolas maternais e jardins de infância art. 397 da CLT

LEGÍTIMA DEFESA
exercício de tal direito pelo empregado ...art. 482, *k*, da CLT
exercício de tal direito pelo empregador ..art. 482, *j*, da CLT

LICENÇA
percepção de salários por mais de 30 dias durante o período de licença;
 efeito quanto ao direito a férias ...art. 133, II, da CLT

LICENÇA-GESTANTE
direitos sociais ..CF, art. 7º, XVIII
prorrogação mediante concessão de incentivo fiscal....................arts. 372 a 401-B da CLT

LICENÇA-PATERNIDADE
direitos sociais .. CF, art. 7º, XIX
prazo ...ADCT, art. 10, § 1º

LIQUIDAÇÃO DE SENTENÇA EXEQUENDA ILÍQUIDA
formas: cálculos; arbitragem; artigos de liquidação.................................... art. 879 da CLT
impugnação à decisão que fixa o valor da condenação; embargos à
 execução..art. 884, § 1º, da CLT
recurso de sentença que julga os embargos; agravo de petição................. art. 897 da CLT

LIVRO DE REGISTRO DE EMPREGADOS
disposições gerais ...arts. 41 a 48 da CLT
modelo obrigatório ...art. 41, parte final, da CLT

LIVRO INSPEÇÃO DO TRABALHO
obrigatoriedade...art. 628, § 1º, da CLT

LOCAL DE TRABALHO
caracterização da relação de emprego; não dependerá de local de
 trabalho .. art. 6º da CLT

LOCKOUT E GREVE
penalidades... art. 722 da CLT

LUCROS
participação dos empregados nos lucros das empresas........................ Lei n. 10.101/2000

MÁ-FÉ
de agente da inspeção; comprovação; pena de suspensãoart. 628, § 3º, da CLT

MAGISTRATURA DO TRABALHO
competência privativa dos presidentes das Varas do Trabalho.................. art. 659 da CLT
deveres dos presidentes das Varas do Trabalho.. art. 658 da CLT

MAIORES DE 50 ANOS
critério para concessão de férias ... art. 134, § 2º, da CLT

MAL CONSIDERÁVEL
falta grave do empregador...art. 483, *c*, da CLT

MANDADO DE CITAÇÃO
conteúdo .. art. 88C, § 1º, da CLT
do executado; expedição .. art. 880 da CLT

MANDADO DE SEGURANÇA
competência dos Tribunais Regionaisart. 678, b, 3, da CLT

MANDATO
de membros eleitos da CIPA; duração................................art. 164, § 3º, da CLT

MÃO DE OBRA
e pessoa jurídica; trabalho da mulher art. 390-E da CLT
na estiva de embarcações; quem poderá executá-la............................art. 257 e §§ da CLT
programas de incentivo e aperfeiçoamento; obrigatoriedade................. art. 390-C da CLT

MÁQUINAS E EQUIPAMENTOS
disposições gerais ...arts. 184 a 186 da CLT
dispositivos de partida e de parada .. art. 184 da CLT
normas adicionais sobre proteção e medidas de segurança art. 186 da CLT
reparos, limpeza e ajustes; execução com as máquinas paradas; ressalva... art. 185 da CLT

MARÍTIMOS
férias; anotação..art. 151 da CLT

MATERIAIS NOCIVOS À SAÚDE
rótulo contendo sua composição... art. 197 da CLT

MATERNIDADE
ausência da empregada no período respectivo; não será considerada falta ao
 serviço ... art. 131, II, da CLT

MATRÍCULA
de trabalhadores estivadores; requisitos ..art. 257, § 1º, da CLT

MAU PROCEDIMENTO
falta grave ...art. 482, b, da CLT

MEDICINA DO TRABALHO
vide SEGURANÇA E MEDICINA DO TRABALHO

MEDIDAS PREVENTIVAS DE MEDICINA DO TRABALHO
disposições gerais ...arts. 168 e 169 da CLT
exame médico do empregado; obrigatoriedade e responsabilidade do
 empregador ... art. 168 da CLT
primeiros socorros; material obrigatório..art. 168, § 5º, da CLT
renovação do exame médico do empregadoart. 168, § 3º, da CLT

MEMBROS DE CONGREGAÇÃO RELIGIOSA
documentos exigidos para registro no Ministério do Trabalho e Previdência Social,
 para o exercício do magistério ...art. 317, § 3º, da CLT

MENOR(ES)
vide, também, PROTEÇÃO AO TRABALHO DO MENOR
aprendiz.. art. 403 da CLT
aprendiz; contrato ... art. 428 da CLT
aprendiz; duração do trabalho.. art. 432 da CLT
aprendiz; extinção do contrato de trabalho.. art. 433 da CLT
de 18 anos; férias...art. 134, § 2º, da CLT
trabalho noturno; direitos sociais... CF, art. 7º, XXXIII

MENSALISTA
cálculo do salário-hora normal .. art. 64 da CLT

MERECIMENTO
utilização de tal critério nas promoções.. art. 461, § 2º, da CLT

MICROEMPRESA(S)
regime previdenciário e trabalhista Lei Complementar n. 123/2006

MINISTÉRIO PÚBLICO DO TRABALHO
arts. 736 a 754 da CLT
disposições gerais ... arts. 736, 737 e 739 da CLT
Lei Complementar n. 75, de 20-5-1993 ... arts. 83 a 115
Procuradoria da Justiça do Trabalho ...arts. 740 a 762 da CLT

MOEDA CORRENTE DO PAÍS
pagamento em espécie do salário ... art. 463 da CLT

MORTE DO EMPREGADOR CONSTITUÍDO EM EMPRESA INDIVIDUAL
direito à rescisão do contrato de trabalho pelo empregado art. 483, § 2º, da CLT

MOTORISTA PROFISSIONAL
serviço do .. arts. 235-A a 235-H da CLT

MOVIMENTAÇÃO, ARMAZENAGEM E MANUSEIO DE MATERIAIS
arts. 182 e 183 da CLT

MUDO
que não saiba escrever; depoimento por meio de intérprete art. 819, § 1º, da CLT

MULHER
vide PROTEÇÃO DO TRABALHO DA MULHER e TRABALHO DA

MULTA(S)
às infrações referentes à medicina do trabalho ...art. 201 da CLT
às infrações referentes à segurança do trabalhoart. 201 da CLT
extravio ou inutilização da Carteira de Trabalho e Previdência Social art. 52 da CLT
não comparecimento da empresa para anotação da Carteira de Trabalho e
 Previdência Social ... art. 54 da CLT
pela não concessão de férias ao empregado na época própria; remessa
 da decisão judicial que a determina ao órgão local do Ministério do
 Trabalho, para seu cumprimento...art. 137, § 3º, da CLT
relativa ao capítulo das férias anuais ... art. 153 da CLT
retenção da Carteira de Trabalho e Previdência Social, pela empresa, por prazo
 superior a 48 horas... art. 53 da CLT

MUNICÍPIOS
formados por desmembramento de outros; salário mínimo................art. 86, § 3º, da CLT

MÚSICOS
arts. 232 e 233 da CLT
Lei n. 3.857, de 22-12-1960

MÚTUO CONSENTIMENTO
na alteração de contrato individual de trabalho.. art. 468 da CLT

NACIONALIZAÇÃO DO TRABALHO
arts. 352 a 371 da CLT
disposições especiais sobre a nacionalização da marinha mercante....arts. 368 a 371 da CLT
disposições gerais ..arts. 365 a 367 da CLT

estrangeiro; carteira de identidade anotada; apresentação obrigatória art. 359 da CLT
estrangeiros; proporcionalidade nas empresas ... art. 354 da CLT
penalidades..arts. 363 e 364 da CLT
proporcionalidade de empregados brasileiros..................................arts. 352 a 362 da CLT
relações anuais de empregados...arts. 359 a 362 da CLT

NASCIMENTO DE FILHO
falta ao serviço sem prejuízo do salário ..art. 473, III, da CLT

NEGOCIAÇÃO HABITUAL
por conta própria ou alheia, pelo empregado; justa causa para rescisão
contratual .. art. 482, *c*, da CLT

NORMAS ESPECIAIS DE TUTELA DO TRABALHO
arts. 224 a 441 da CLT

NORMAS GERAIS DE TUTELA DO TRABALHO
arts. 13 a 223 da CLT

NOTIFICAÇÃO
de concessão de férias; assinatura pelo empregado.................................. art. 135 da CLT
de concessão de férias; requisitos ... art. 135 da CLT
de decisão judicial, aos litigantes ... art. 852 da CLT
do reclamado ..art. 841 da CLT
do recorrido ... art. 900 da CLT
por edital, em caso de recurso de decisão que impuser multa por infração
das leis e disposições reguladoras do trabalho..................... art. 636, §§ 2º e 3º, da CLT

NULIDADE
de atos praticados com a finalidade de desvirtuar, impedir ou fraudar a aplicação
dos preceitos contidos na Consolidação das Leis do Trabalho.................. art. 9º da CLT

NULIDADE PROCESSUAL
declaração *ex officio*..art. 795, § 1º, da CLT
momento de arguição .. art. 795 da CLT
quando não deve ser pronunciada .. art. 796 da CLT

OFENSAS FÍSICAS
falta grave ..arts. 482, *k*, e 483, *f*, da CLT

OFICIAIS DE JUSTIÇA
atribuições ..art. 721 da CLT
falta ou impedimento .. art. 721, § 5º, da CLT
oficiais de justiça avaliadores; atribuições ... art. 721 da CLT
prazo para avaliação ... art. 721, § 3º, da CLT

OPERADORES
cinematográficos ...arts. 234 e 235 da CLT
cinematográficos; duração normal do trabalho.. art. 234 da CLT
de radiotelefonia; duração do trabalho.. art. 227 da CLT
de radiotelegrafia; duração do trabalho; ressalva quanto aos operadores
embarcados em navios ou aeronaves ... art. 227 da CLT
de telefonia; duração do trabalho .. art. 227 da CLT
de telegrafia submarina ou subfluvial; duração do trabalho...................... art. 227 da CLT
portuários; disposições .. Lei n. 8.630/93

ORGANIZAÇÃO SINDICAL
arts. 511 a 610 da CLT
administração do sindicato... art. 528 da CLT

associações sindicais de grau superior ... arts. 533 a 539 da CLT
contribuição sindical .. arts. 578 a 610 da CLT
direitos dos exercentes de atividades ou profissões e dos
 sindicalizados ... arts. 540 a 547 da CLT
disposições gerais ... arts. 511 a 569 da CLT
eleições sindicais .. arts. 530 e 531 da CLT
enquadramento sindical .. arts. 570 a 574 e 577 da CLT
gestão financeira do sindicato e fiscalização arts. 548 a 552 da CLT
instituição sindical .. arts. 511 a 568 da CLT

ÓRGÃOS DE SEGURANÇA E DE MEDICINA DO TRABALHO NAS EMPRESAS
 arts. 162 a 165 da CLT
 Comissão Interna de Prevenção de Acidentes (CIPA); composição art. 164 da CLT
 Comissão Interna de Prevenção de Acidentes (CIPA); constituição
 obrigatória ... art. 163 da CLT
 Comissão Interna de Prevenção de Acidentes (CIPA); designação de seu
 presidente e de seu vice-presidente ... art. 164, § 5º, da CLT
 Comissão Interna de Prevenção de Acidentes (CIPA); despedida
 arbitrária .. art. 165 da CLT
 Comissão Interna de Prevenção de Acidentes (CIPA);
 regulamentação ... art. 163, parágrafo único, da CLT
 obrigatoriedade dos serviços especializados em segurança e medicina
 do trabalho .. art. 162 da CLT

PAGAMENTO
 de importância reclamada; como será feito art. 881 da CLT
 de salário; não deve ser estipulado por período superior a um mês;
 ressalva .. art. 459 da CLT
 de salário; prazo .. art. 459, parágrafo único, da CLT
 de salário; quando e como será feito .. art. 465 da CLT
 de salário; recibo ... art. 464 da CLT

PARALISAÇÃO DOS SERVIÇOS
 por mais de 30 dias, com percepção do salário; efeitos quanto às
 férias ... art. 133, III, da CLT

PARALISAÇÃO DO TRABALHO
 motivada por ato de autoridade; pagamento de indenização art. 486 da CLT

PARTICIPAÇÃO NOS LUCROS
 das empresas por empregados .. Lei n. 10.101/2000

PEÃO DE RODEIO
 equiparação a atleta profissional ... Lei n. 10.220/2001

PENALIDADES
 contra membros da Justiça do Trabalho ... arts. 726 a 728 da CLT

PENHORA
 avaliação ... art. 887 da CLT
 de bem de família .. art. 883 da CLT
 de bens do executado .. art. 883 da CLT
 de bens dos sócios ... art. 883 da CLT
 realizada aos domingos e feriados art. 770, parágrafo único, da CLT

PEQUENAS CAUSAS NA JUSTIÇA DO TRABALHO
 vide PROCEDIMENTO SUMARÍSSIMO

PERCENTAGENS
cessação das relações de trabalho; não prejudicará sua percepção ..art. 466, § 1º, da CLT
integram o salário ..art. 457, § 1º, da CLT
pagamento; quando será exigível ... art. 466 da CLT

PERICULOSIDADE
vide, também, ADICIONAL(AIS) e ADICIONAL DE PERICULOSIDADE
adicional; direitos sociais...CF, art. 7º, XXIII
adicional; percentual ...art. 193, § 1º, da CLT
arguição em juízo; perícia ..art. 195, § 2º, da CLT
caracterização e classificação .. art. 195 da CLT
cessação do adicional .. art. 194 da CLT
efeitos pecuniários; a partir de quando serão devidos............................. art. 196 da CLT

PERÍODO AQUISITIVO DE FÉRIAS
contagem após retorno ao serviço..art. 133, § 2º, da CLT

PERÍODO DE FÉRIAS
cômputo como tempo de serviço ..art. 130, § 2º, da CLT

PERÍODO DE SERVIÇO EFETIVO
caracterização.. art. 4º da CLT

PERÍODOS DE DESCANSO
arts. 66 a 72 e 382 a 386 da CLT
da mulher; mínimo legal para refeição e repouso art. 382 da CLT
da mulher; prorrogação do horário normal... art. 384 da CLT
descanso semanal da mulher .. art. 385 da CLT
feriados; proibição do trabalho; ressalva .. art. 70 da CLT
período mínimo de descanso entre duas jornadas de trabalho art. 66 da CLT
trabalho dominical; permissão prévia da autoridade competente............... art. 68 da CLT

PERÍODOS DESCONTÍNUOS
soma no tempo de serviço... art. 453 da CLT
Súmula 156/TST

PESSOA FÍSICA
empregado como ... art. 3º da CLT

PISO SALARIAL
direitos sociais ...CF, art. 7º, V
instituição ...Lei Complementar n. 103/2000

PISOS DOS LOCAIS DE TRABALHO
requisitos ...arts. 172 a 174 da CLT

PODER JUDICIÁRIO
Tribunais e Juízes do Trabalho. Constituição Federal................................ art. 92 da CLT

POLÍTICA NACIONAL DE SALÁRIOS
Lei n. 8.542, de 23-12-1992

PORTEIROS, ZELADORES, FAXINEIROS E SERVENTES DE APARTAMENTOS RESIDENCIAIS
Lei n. 2.757, de 23-4-1956

PORTOS
regime jurídico da exploração dos.. Lei n. 12.815/2013
regime jurídico da exploração; regulamento..Decreto n. 1.886/96

PORTUÁRIOS
Decreto n. 1.035, de 30-12-1993
Decreto n. 1.886, de 29-4-1996
Lei n. 12.815, de 5-6-2013
Lei n. 9.719, de 17-11-1998

PRACISTA
vide VENDEDOR PRACISTA

PRAZO(S)
alegações orais finais das partes em audiência ... art. 850 da CLT
apresentação, pelo perito, de laudo de avaliação art. 888 da CLT
atraso do juiz no comparecimento à audiência .. art. 815 da CLT
audiência de embargos à execução .. art. 884 da CLT
audiência de julgamento das exceções não suspensivas art. 802 da CLT
cumprimento dos atos pelos oficiais ... art. 721, § 2º, da CLT
de avaliação, por oficial de justiça .. art. 721, § 3º, da CLT
defesa oral em audiência .. art. 846 da CLT
designação de audiência de dissídios coletivos .. art. 860 da CLT
devolução de notificação postal art. 774, parágrafo único, da CLT
juntada da ata de audiência aos autos .. art. 851 da CLT
pagamento das custas na interposição de recurso pelo vencido art. 789, § 4º, da CLT
pagamento de traslados e emolumentos ... art. 789, § 5º, da CLT
pagamento ou garantia da execução de sentença art. 880 da CLT
para apresentação de recurso de revista .. art. 896, § 1º, da CLT
para interposição de agravo .. art. 897, § 1º, da CLT
para interposição de agravo de instrumento, em caso de denegação de recurso
 de revista .. art. 896, § 3º, da CLT
para interposição de recurso de decisão que impuser multa por infração
 das leis e disposições reguladoras do trabalho .. art. 636 da CLT
para o empregado comparecer ao estabelecimento, após a baixa no serviço
 militar, para efeito de cômputo de tempo de serviço art. 132, parte final, da CLT
para o empregador comunicar a órgão local do Ministério do Trabalho e a
 sindicatos a concessão de férias coletivas art. 139, §§ 2º e 3º, da CLT
para o exequente impugnar embargo .. art. 884 da CLT
para pagamento das custas nos processos de rescisão do contrato de trabalho
 dos estáveis ... art. 789, § 4º, da CLT
para recorrer a órgão competente em matéria de segurança e medicina
 do trabalho ... art. 161, § 3º, da CLT
postulação de processo de rescisão do contrato de trabalho do estável art. 853 da CLT
prescrição da ação .. art. 11 da CLT
propositura de ação rescisória ... art. 836 da CLT
recursos .. arts. 894, 895, *a*, 896, §§ 1º e 3º, e 897, § 1º, da CLT
redução a termo, pelo autor, da postulação art. 786, parágrafo único, da CLT
remessa de cópia da petição inicial ao reclamado art. 841 da CLT
vista dos autos ao exceto, nos casos de exceção de incompetência art. 800 da CLT

PREPOSTO
substituição do empregador na audiência de julgamento art. 843, § 1º, da CLT

PRESCRIÇÃO
contra menores .. art. 440 da CLT
de ação para reaver diferença de salário mínimo art. 119 da CLT

do direito de pleitear a reparação de qualquer ato infringente de dispositivo
da Consolidação das Leis do Trabalho..........art. 11 da CLT
fériasart. 149 da CLT
inícioart. 916 da CLT

PRESIDENTE DO TRIBUNAL SUPERIOR DO TRABALHO
atribuiçõesart. 707 da CLT
secretário e auxiliaresart. 707, parágrafo único, da CLT

PRESIDENTES DOS TRIBUNAIS REGIONAIS DO TRABALHO
competência privativaart. 682 da CLT
posseart. 681 da CLT

PRESTAÇÃO DE SERVIÇOS
fiscalização do trabalho em empresasIN do MTE n. 3, de 29-8-1997

PRESTAÇÕES IN NATURA
inclusão no salárioart. 458 da CLT
valores a elas atribuídosart. 458, § 1º, da CLT

PREVENÇÃO DA FADIGA
arts. 198 e 199
colocação obrigatória de assentos que assegurem a postura correta do
trabalhadorart. 199 da CLT
peso máximo que o empregado deverá transportarart. 198 da CLT

PREVIDÊNCIA SOCIAL
competênciaart. 643, § 1º, da CLT

PRIMEIROS SOCORROS
equipamento; obrigatoriedadeart. 168, § 5º, da CLT

PRINCÍPIOS GERAIS DE DIREITO
aplicação pelo juizart. 8º da CLT

PROCEDIMENTO SUMARÍSSIMO
arquivamento; hipótesesart. 852-B, § 1º, da CLT
ata de audiência; registrosart. 852-F da CLT
citação; vedaçõesart. 852-B, II, da CLT
conciliaçãoart. 852-E da CLT
embargos de declaraçãoart. 897-A da CLT
exclusão doart. 852-A, parágrafo único, da CLT
incidentes e exceções; decisões de planoart. 852-G da CLT
instrução e julgamento; audiência únicaart. 852-C da CLT
intimação da sentençaart. 852-I, § 3º, da CLT
mudanças de endereço; comunicação ao juízoart. 852-B, § 2º, da CLT
pedidoart. 852-B, I, da CLT
prazo de apreciação da reclamaçãoart. 852-B, III, da CLT
produção de provasarts. 852-D e 852-H da CLT
prova técnicaart. 852-H, § 4º, da CLT
recurso de revistaart. 895, § 6º, da CLT
recurso ordinárioart. 895, § 1º, da CLT
sentença; elementosart. 852-I da CLT
testemunhas; intimaçãoart. 852-H, § 3º, da CLT
testemunhas; número máximoart. 852-H, § 2º, da CLT
valores de alçadaart. 852-A da CLT

PROCESSO DE MULTAS ADMINISTRATIVAS
arts. 626 a 642
cobrança judicial das multas impostas pelas autoridades administrativas
do trabalho; normas a seguir.. art. 642 da CLT
conversão do depósito em pagamento, se o recurso não for provido art. 639 da CLT
depósito, inscrição e cobrança ..arts. 639 a 642 da CLT
fiscalização, autuação e imposição de multas..............................arts. 626 a 634 da CLT
livro "Inspeção do Trabalho"; obrigatoriedadeart. 628, § 1º, da CLT
multa; redução, se o infrator renunciar ao recurso..........................art. 636, § 6º, da CLT
prazo para interposição de recursos.. art. 636 da CLT
proteção ao trabalho; normas; fiscalização do cumprimento destas;
competência.. art. 626 da CLT
recursos ...arts. 635 a 638 da CLT

PROCESSO DO TRABALHO
Decreto-lei n. 779, de 21-8-1969
depósitos recursais ...IN n. 3, de 5-3-1993
Lei n. 5.584, de 26-6-1970

PROCESSO JUDICIÁRIO DO TRABALHO
arts. 763 a 910 da CLT
atos, termos e prazos processuais...arts. 770 a 782 da CLT
audiências..arts. 813 a 817 da CLT
conflitos de jurisdição..arts. 803 a 812 da CLT
custas ...arts. 789 e 790 da CLT
decisão e eficácia respectiva ..arts. 831 a 836 da CLT
direitos e garantias individuais fundamentais .. CF, art. 5º, LV
disposições preliminares...arts. 763 a 769 da CLT
distribuição...arts. 783 a 788 da CLT
partes e procuradores..arts. 791 a 802 da CLT
processo em geral...arts. 770 a 836 da CLT
provas ...arts. 818 a 820 da CLT

PROCURADOR-GERAL DA JUSTIÇA DO TRABALHO
atribuições ... art. 748 da CLT

PROCURADORIA DA JUSTIÇA DO TRABALHO
atribuições do procurador-geral .. art. 748 da CLT
atribuições dos procuradores... art. 749 da CLT
atribuições dos procuradores regionais..arts. 750 e 751 da CLT
competência ... art. 746 da CLT
competência das Procuradorias Regionais.. art. 747 da CLT
organização...arts. 740 a 745 da CLT
secretaria da Procuradoria-Geral..arts. 752 a 761 da CLT

PROCURADORIA-GERAL DA JUSTIÇA DO TRABALHO
atribuições dos procuradores com exercício na Procuradoria-Geral.......... art. 749 da CLT
secretaria; atribuições.. art. 753 da CLT

PROCURADORIAS REGIONAIS
competência ... art. 747 da CLT

PROFESSOR DE EDUCAÇÃO FÍSICA
Lei n. 9.696, de 1º-9-1998

PROFESSORES
arts. 317 a 324 da CLT

documentação para registro .. art. 317, § 1º, da CLT
estabelecimento particular de ensino que não remunere condignamente
 seus professores; funcionamento proibido .. art. 323 da CLT
estabelecimentos particulares; requisitos para o magistério art. 317 da CLT
estrangeiros; documentação.. art. 317, § 2º, da CLT
limite de aulas diárias ..art. 318 da CLT
pagamento dos professores; pontualidade obrigatória............ art. 323, parte final, da CLT
pagamento mensal .. art. 320, § 1º, da CLT
registro no Ministério do Trabalho..art. 317 da CLT
remuneração condigna; fixação de critérios art. 323, parágrafo único, da CLT
remuneração no período de exames e no de férias art. 322 da CLT

PROFISSIONAIS LIBERAIS
contribuição sindical .. art. 584 da CLT
equiparação ao empregador, para os efeitos exclusivos da relação de
 emprego ...art. 2º, § 1º, da CLT

PROGRAMA DE ALIMENTAÇÃO DO TRABALHADOR
regulamento ..Decreto n. 5/91

PROGRAMA DE INTEGRAÇÃO SOCIAL (PIS) E PROGRAMA DE FORMAÇÃO DO PATRIMÔNIO DO SERVIDOR PÚBLICO (PASEP)
Decreto-lei n. 2.445, de 29-6-1988
Lei Complementar n. 7, de 7-9-1970
Lei Complementar n. 8, de 3-12-1970
Lei Complementar n. 26, de 11-9-1975

PROPRIEDADE INDUSTRIAL
direitos e obrigações; empregado ou prestador de serviços....................... Lei n. 9.279/96

PROTEÇÃO AO TRABALHO DO MENOR
vide, também, MENOR(ES)
arts. 402 a 441 da CLT
aprendizagem ...arts. 424 a 433 da CLT
deveres dos responsáveis legais dos menores e dos empregadores.arts. 424 a 433 da CLT
dispensa de as microempresas empregá-loarts. 402 a 441 da CLT
disposições finais..arts. 439 a 441 da CLT
disposições gerais ..arts. 402 a 410 da CLT
duração do trabalho..arts. 411 a 414 da CLT
frequência às aulas...arts. 402 a 441 da CLT
menor de 18 anos ..Portaria n. 88/2009

PROTEÇÃO DO TRABALHO DA MULHER
arts. 372 a 401 da CLT
descanso semanal.. art. 385 da CLT
duração e condições do trabalho ..arts. 372 a 378 da CLT
e empresas; convênios para o incentivo ao trabalho da mulher............ art. 390-E da CLT
intervalo entre duas jornadas de trabalho... art. 382 da CLT
intervalo para amamentação...arts. 372 a 401-B da CLT
métodos e locais de trabalho ..arts. 388 a 390 da CLT
penalidades... art. 400 da CLT
período para refeição e repouso não inferior a uma hora; ressalva........... art. 383 da CLT
períodos de descanso..arts. 382 a 386 da CLT
prorrogação do horário de trabalho; inadmissibilidade; ressalva............... art. 376 da CLT
proteção à maternidade..arts. 391 a 400 da CLT
repouso remunerado em caso de aborto não criminoso..................arts. 372 a 401 da CLT

revezamento no trabalho dominical... art. 386 da CLT
salário do período noturno; será superior ao do período diurno................art. 381 da CLT
trabalho noturno..art. 381 da CLT
vagas em cursos de formação de mão de obra art. 390-B da CLT
vedações ao trabalho da mulher...art. 373-A da CLT

PROVAS
a quem cabe provar..art. 818 da CLT
arguição dos peritos compromissados e dos técnicos art. 827 da CLT
depoimento das partes e testemunhas que não falem a língua nacional...art. 819 da CLT
depoimento de mudo que não saiba escrever...........................art. 819, §§ 1º e 2º, da CLT
depoimento de surdo-mudo ...art. 819, §§ 1º e 2º, da CLT
depoimento resumido das testemunhas art. 828, parágrafo único, da CLT
depoimento sigiloso.. art. 824 da CLT
documento oferecido para prova; aceitação .. art. 830 da CLT
indicação de testemunhas ...art. 821 da CLT
inquirição .. art. 820 da CLT
reinquirição ... art. 820 da CLT
testemunha; qualificação .. art. 828 da CLT
testemunha funcionário civil ou militar; requisição.................................. art. 823 da CLT
testemunha parente .. art. 829 da CLT
testemunhas; comparecimento à audiência independentemente de
 notificação ou intimação... art. 825 da CLT
testemunhas; desconto nas faltas ao serviço... art. 822 da CLT
testemunhas; não comparecimento ... art. 825 da CLT

QUÍMICOS
arts. 325 a 351 da CLT
admissão obrigatória.. art. 335 da CLT
Carteira de Trabalho e Previdência Social; características......................... art. 329 da CLT
Carteira de Trabalho e Previdência Social; obrigatoriedade para o exercício
 da profissão ... art. 330 da CLT
Carteira de Trabalho e Previdência Social; requisição; documentos
 necessários ..art. 326, § 1º, da CLT
Carteira de Trabalho e Previdência Social; valor de identidade................ art. 330 da CLT
estrangeiros; limite... art. 349 da CLT
penalidades..art. 351 da CLT
profissão; atividades que compreenderá... art. 334 da CLT
suspensão de suas funções... art. 346 da CLT

QUITAÇÃO
âmbito de validade ..art. 477, § 2º, da CLT
de contribuição sindical; documento essencial; casos.....................arts. 607 e 608 da CLT
de contribuição sindical; requisito de admissão de qualquer empregado ...art. 601 da CLT
do recebimento de indenização por menor; requisito art. 439 da CLT
remuneração de férias; indicação do início e termo........art. 141, parágrafo único, da CLT
validade restrita às parcelas especificadas ..art. 477, § 2º, da CLT

RADIAÇÕES IONIZANTES
normas técnicas.. art. 200, parágrafo único, da CLT

RADIALISTA
Lei n. 6.615, de 16-12-1978

RADIOLOGISTA
Lei n. 7.394, de 29-10-1985

RADIOTELEGRAFIA
vide OPERADORES

RAZÕES FINAIS
art. 850 da CLT

READMISSÃO DE EMPREGADO
empregador que deixar de efetuá-la; penalidades art. 729 da CLT
prazo referente ao direito a férias ... art. 133, I, da CLT

RECIBO
de quitação; conteúdo ... art. 477, §§ 1º e 2º, da CLT
de quitação referente a férias, com indicação do início e do tempo
 destas; fornecimento de cópia visada ao empregado, em caso de
 férias coletivas.. art. 141 § 2º, da CLT

RECLAMAÇÃO(ÕES)
acumulação num só processo; quando poderá ocorrer............................ art. 842 da CLT
apresentação; onde e por quem será feita..arts. 837 e 839 da CLT
escrita; conteúdo ... art. 840 § 1º, da CLT
escrita ou verbal ... art. 840 da CLT
notificação do reclamado ... art. 841 da CLT
plúrimas; representação dos empregados pelo sindicato....................... art. 843 da CLT
verbal; redução a termo...art. 840, § 2º, da CLT

RECLAMADO
prazo para aduzir a defesa na audiência de julgamento art. 846 da CLT

RECLAMANTE
não comparecimento à audiência de julgamento;
 efeitos ... art. 844 e parágrafo único da CLT

RECLAMATÓRIA
vide RECLAMAÇÃO(ÕES)

RECONSIDERAÇÃO
referente ao aviso prévio.. art. 489 da CLT

RECURSO(S)
arts. 893 a 902 da CLT
agravo ... art. 893, IV, da CLT
decisões interlocutórias; apreciação...art. 893, § 1º, da CLT
de decisão que impuser multa por infração das leis e disposições reguladoras
 do trabalho .. art. 635 da CLT
de revista .. arts. 893, III, 895 e 896 da CLT
efeito meramente devolutivo; ressalva art. 899 da CLT
embargos ... art. 893, I, da CLT
embargos, no Tribunal Superior do Trabalho, para o Pleno; prazo............ art. 894 da CLT
em matéria de segurança e medicina do trabalho; efeito
 suspensivo.. art. 161, § 3º, parte final, da CLT
especificação ... art. 893 da CLT
incidentes do processo; resolução pelo próprio Juízo ou Tribunal.. art. 893, § 1º, da CLT
interposição junto ao Supremo Tribunal Federal; situação da execução
 do julgado...art. 893, § 2º, da CLT
interposição mediante simples petição... art. 899 da CLT
ordinário ..art. 893, II, da CLT
súmulas impeditivas..arts. 893 a 902 da CLT

RECURSO DE REVISTA
 cabimento ... art. 896, *caput*, da CLT
 caso de não cabimento e exceção .. art. 896, § 4º, da CLT
 declaração de efeito .. art. 896, § 2º, da CLT
 denegação; interposição de agravo de instrumento art. 896, § 3º, da CLT
 denegação de seguimento ... art. 896, § 5º, da CLT
 prazo de apresentação ... art. 896, § 1º, da CLT
 procedimento sumaríssimo; cabimento .. art. 896, § 6º, da CLT

REDUÇÃO DO SALÁRIO POR PEÇA OU TAREFA
 falta grave do empregador .. art. 483, *g*, da CLT

REDUÇÃO GERAL DOS SALÁRIOS
 em caso de força maior ou prejuízos comprovados art. 503 da CLT

REGIÕES
 divisão do território nacional, para efeito de jurisdição dos Tribunais
 Regionais do Trabalho ... arts. 670 e 674 da CLT
 divisão do território nacional, para efeito de jurisdição dos Tribunais Regionais
 do Trabalho; alteração pelo Presidente da República art. 676 da CLT

REGISTRO DE EMPREGADOS
 livros .. arts. 41 a 48 da CLT

REGISTRO SINDICAL
 disposições constitucionais .. art. 8º da CF

REGULAMENTO(S)
 instrução dos responsáveis no cumprimento das leis de proteção ao trabalho;
 utilização do critério de dupla visita pela fiscalização art. 627, *a*, da CLT

REINTEGRAÇÃO
 de empregado estável, em caso de falsa alegação de motivo de força
 maior .. art. 504 da CLT
 empregado integrante da CIPA .. art. 165, parágrafo único, da CLT
 empregador que deixar de efetuá-la; penalidades art. 729 da CLT

RELAÇÃO DE EMPREGO
 caracterização independente do local de trabalho art. 6º da CLT
 instituições equiparadas ao empregador para efeito exclusivo de relação
 de emprego .. art. 2º, § 1º, da CLT

RELAÇÕES INDIVIDUAIS E COLETIVAS DE TRABALHO
 normas previstas na Consolidação das Leis do Trabalho art. 1º da CLT

REMUNERAÇÃO
 arts. 457 a 467 da CLT
 de férias; prescrição do direito de reclamar seu pagamento; contagem art. 149 da CLT
 e abono de férias .. arts. 142 a 145 da CLT
 gorjetas; incluem-se na remuneração ... art. 457 da CLT
 percepção, durante as férias, da remuneração devida na data da concessão
 destas ... art. 142 da CLT
 salário; importâncias que não o integram .. art. 457, § 2º, da CLT
 salário; importâncias que o integram ... art. 457, § 1º, da CLT
 salário pago por hora, com jornadas variáveis art. 142, § 1º, da CLT
 salário pago por tarefa .. art. 142, § 2º, da CLT

REPOUSO DOMINICAL DA MULHER
 escala de revezamento quinzenal que o favoreça art. 386 da CLT

REPOUSO SEMANAL
 Decreto n. 27.048, de 12-8-1949
 direito dos empregados não compreendidos no capítulo referente à duração
 do trabalho .. art. 67 da CLT
 remunerado; direitos sociais ..CF, art. 7º, XV
 remunerado; trabalho em domingos e feriados nas atividades do comércio
 em geral.. arts. 66 a 72 da CLT
 Lei n. 605, de 5-1-1949

REPRESENTAÇÃO
 em dissídio coletivo; conteúdo ...arts. 858 e 859 da CLT

REPRESENTANTE LEGAL
 de associação sindical; comunicação de infrações que
 verificar ..art. 631 e parágrafo único da CLT
 de cooperativa; anotação da Carteira de Trabalho e Previdência Social art. 34 da CLT

RESCISÃO DO CONTRATO DE TRABALHO
 arts. 477 a 486 da CLT
 abandono de emprego; justa causa para rescisão contratual art. 482, *i*, da CLT
 ato de improbidade do empregado; justa causa para rescisão
 contratual ...art. 482, *a*, da CLT
 ato de indisciplina ou de insubordinação; justa causa para rescisão
 contratual ... art. 482, *h*, da CLT
 atos atentatórios contra a segurança nacional praticados
 por empregado ... art. 482, parágrafo único, da CLT
 compensação no pagamento da indenização; limiteart. 477, § 5º, da CLT
 desídia do empregado; justa causa para rescisão contratual................... art. 482, *e*, da CLT
 embriaguez habitual ou em serviço por parte do empregado; justa causa
 para rescisão contratual .. art. 482, *f*, da CLT
 incontinência de conduta ou mau procedimento do empregado; justa
 causa para rescisão contratual ...art. 482, *b*, da CLT
 indenização.. art. 477 da CLT
 indenização de empregados que trabalhem por tarefa ou serviço feito;
 cálculo .. art. 478, § 5º, da CLT
 indenização devida pela rescisão de contrato por prazo indeterminado... art. 478 da CLT
 jogos de azar; prática pelo empregado; justa causa para rescisão do
 contrato ... art. 482, l, da CLT
 pagamento da indenização ao empregado; quando será efetuado.... art. 477, § 4º, da CLT
 pedido de demissão firmado por empregado com mais de um ano de serviço;
 requisito de validade ..art. 477, § 1º, IV, da CLT
 pedido de demissão ou recibo de quitação de rescisão do contrato de trabalho,
 firmado por empregado com mais de um ano de serviço; requisito para sua
 validade ..art. 477, § 1º, da CLT
 pelo empregado ... art. 483 da CLT
 recibo de quitação; conteúdo..art. 477, § 2º, da CLT
 recibo de quitação de rescisão do contrato de trabalho firmado por empregado
 com mais de um ano de serviço; requisito de validadeart. 477, § 1º, da CLT
 violação de segredo de empresa pelo empregado; justa causa para rescisão
 contratual .. art. 482, *g*, da CLT

RESÍDUOS INDUSTRIAIS
 tratamento; disposições a respeito; competência.............................. art. 200, VII, da CLT

RESPONSABILIDADE CIVIL
 agências de empregados domésticos... Lei n. 7.195/84

RESPONSABILIDADE SOLIDÁRIA
　　da empresa principal e de cada uma de suas subordinadas, para os efeitos da
　　　relação de emprego .. art. 2º, § 2º, parte final, da CLT

REVELIA
　　notificação de decisão judicial; como será feita em caso de revelia art. 852 da CLT

RIGOR EXCESSIVO
　　falta grave do empregador ..art. 483, *b*, da CLT

ROBUSTEZ FÍSICA
　　vide ATESTADO DE ROBUSTEZ FÍSICA

RURAIS
　　vide TRABALHADORES RURAIS

SALÁRIO(S)
　　controvérsia sobre a parte da importância devida em caso de rescisão
　　　contratual .. art. 467 da CLT
　　13º salário... CF, art. 7º, VIII
　　diferença de .. CF, art. 7º, XXX
　　família...CF, art. 7º, XII
　　garantia; direitos sociais ..CF, art. 7º, VII
　　igualdade para todo trabalho de igual valor, sem distinção de sexo............ art. 5º da CLT
　　importâncias que não o integram ...art. 457, § 2º, da CLT
　　importâncias que o integram ..art. 457, § 1º, da CLT
　　interdição de estabelecimento; recebimento normal........................ art. 161, § 6º, da CLT
　　irredutibilidade; direitos sociais ..CF, art. 7º, VI
　　pago por hora, com jornadas variáveis; cálculo da remuneração de
　　　férias...art. 142, § 1º, da CLT
　　pago por percentagem, comissão ou viagem; cálculo da remuneração de
　　　férias...art. 142, § 3º, da CLT
　　pago por tarefa; cálculo da remuneração de fériasart. 142, § 2º, da CLT
　　parcela paga em utilidades; cômputo de acordo com a anotação na Carteira
　　　de Trabalho e Previdência Social ...art. 142, § 4º, da CLT
　　piso salarial... CF, art. 7º, V
　　política nacional de .. Lei n. 8.542/92
　　proteção .. CF, art. 7º, X
　　redução e restabelecimento... art. 503, parágrafo único, da CLT

SALÁRIO ADICIONAL
　　empregados no setor de energia elétrica Lei n. 7.369/85

SALÁRIO-EDUCAÇÃO
　　alteração da legislação.. Lei n. 9.766/99
　　disposições sobre o ..Decreto-lei n. 1.422/75
　　regulamentação do Decreto-lei n. 1.422, de 1975................................ Decreto n. 87.043/82

SALÁRIO-FAMÍLIA
　　Decreto n. 53.153, de 10-12-1963
　　direitos sociais .. art. 7º, XII, da CF
　　Lei n. 4.266, de 3-10-1963
　　Lei n. 5.559, de 11-12-1968

SALÁRIO-HORA
　　diarista ... art. 65 da CLT
　　mensalista.. art. 64 da CLT

SALÁRIO-MATERNIDADE
percepção; observação de requisitos ... art. 131, II, da CLT

SALÁRIO MÍNIMO
arts. 76 a 126 da CLT
complementado; direito de reclamação do empregado art. 118 da CLT
conceito ... art. 76 da CLT
direitos sociais .. CF, art. 7º, IV
fiscalização, instruções; competência do Ministério do Trabalho............. art. 126 da CLT
fixação... art. 116 da CLT
fórmula .. art. 81 da CLT
garantia do.. Lei n. 8.716/93
menor aprendiz .. art. 80 da CLT
multa, em caso de infringência de dispositivo concernente ao................ art. 120 da CLT
nulidade de contrato ou convenção que estipular remuneração inferior ao... art. 117 da CLT
pagamento *in natura* de uma ou mais parcelas; determinação do salário
 em dinheiro, em tal caso.. art. 82 da CLT
pago em dinheiro; limite mínimo art. 82, parágrafo único, da CLT
parcela correspondente à alimentação; valor mínimo....................... art. 81, § 1º, da CLT
prescrição da ação para reaver a diferença ...art. 119 da CLT
trabalhador em domicílio ... art. 83 da CLT
vedação da utilização como fator de indexação............................... arts. 76 a 128 da CLT

SECRETARIA DAS VARAS DO TRABALHO
competência ... art. 711 da CLT
competência dos chefes de secretaria.. art. 712 da CLT
descontos nos vencimentos dos serventuários pela não realização de atos
 em prazos fixados.. art. 711, parágrafo único, da CLT

SECRETARIAS DOS TRIBUNAIS REGIONAIS DO TRABALHO
competência .. art. 719 da CLT
secretário; gratificação de função... art. 718 da CLT

SECRETÁRIO
exercício da profissão .. Lei n. 7.377/85

SEGURANÇA E MEDICINA DO TRABALHO
arts. 154 a 223 da CLT
Campanha Nacional de Prevenção de Acidentes do Trabalho; competência
 a respeito.. art. 155, II, parte final, da CLT
delegação de atribuições a respeito; a quem poderá ser feita.................... art. 159 da CLT
Delegacias Regionais do Trabalho; competência.. art. 156 da CLT
desobediência ... art. 161, § 4º, da CLT
empregados; incumbências a respeito .. art. 158 da CLT
empresas; incumbências a respeito .. art. 157 da CLT
inspeção prévia do estabelecimento ... art. 160 da CLT
interdição de estabelecimento; levantamento art. 161, § 5º, da CLT
interdição de estabelecimento e embargo de obra....................................art. 161 da CLT
normas a respeito da aplicação do capítulo respectivo; competência art. 155 da CLT
normas paralelas às da Consolidação das Leis do Trabalho; obrigatoriedade
 de seu cumprimento .. art. 154 da CLT
recursos de decisões proferidas por delegados regionais do trabalho;
 competência para conhecê-los em última instância.......................... art. 155, III, da CLT
recusa do empregado à observância das instruções expedidas pelo empregador
 e ao uso de equipamentos de proteção.......................... art. 158, parágrafo único, da CLT

SEGURANÇA NACIONAL
 atos atentatórios contra a segurança nacional praticados por empregado; justa
 causa para dispensa .. art. 482, parágrafo único, da CLT

SEGURO-DESEMPREGO
 concessão.. Lei n. 8.900/94
 direitos sociais ...CF, art. 7º, II
 empregado domésticoLei n. 5.859/72, arts. 6ºA, 6º B, 6ºC e 6ºD
 empregado doméstico; regulamento.. Decreto n. 3.361/2000
 Leis n. 7.998, de 11-1-1990, e 8.019, de 11-4-1990

SEGURO-DOENÇA
 ou auxílio-enfermidade; licença não remunerada art. 476 da CLT

SENTENÇA
 que fixar época de gozo de férias já vencidas; pena pecuniária diária a ser
 paga pelo empregador...art. 137, § 2º, da CLT
 reclamação pleiteando a fixação da época de gozo das férias............art. 137, § 1º, da CLT

SEPARAÇÃO DE SEXOS
 nos locais de trabalho; disposições a respeito; competência art. 200, VII, da CLT

SERVIÇO EFETIVO
 período respectivo; caracterização; ressalva .. art. 4º da CLT

SERVIÇO FEITO
 indenização; cálculo ...art. 478, § 5º, da CLT

SERVIÇO FERROVIÁRIO
 arts. 236 a 247 da CLT
 categorias do pessoal.. art. 237 da CLT
 conceito .. art. 236 da CLT
 extranumerário; conceito ..art. 244, § 1º, da CLT
 sobreaviso; conceito ..art. 244, § 2º, da CLT
 trabalho efetivo; cômputo do tempo em que o empregado estiver à disposição
 da estrada .. art. 238 da CLT

SERVIÇO MILITAR
 cômputo do período respectivo na contagem do tempo de
 serviço .. art. 4º, parágrafo único, da CLT
 prestação pelo empregado; situação deste perante a empresa.................. art. 472 da CLT
 tempo anterior à apresentação do empregado; cômputo no período aquisitivo;
 requisito .. art. 132 da CLT

SERVIÇOS AUXILIARES DA JUSTIÇA DO TRABALHO
 arts. 710 a 721 da CLT
 cartório dos Juízos de Direito..arts. 716 e 717 da CLT
 distribuidores...arts. 713 a 715 da CLT
 oficiais de justiça ..art. 721 da CLT
 secretaria das Varas do Trabalho ...art. 710 da CLT
 secretarias dos Tribunais Regionais do Trabalho..............................arts. 718 a 720 da CLT

SERVIÇOS FRIGORÍFICOS
 art. 253 da CLT

SERVIÇOS NO EXTERIOR
 situação de trabalhadores .. Decreto n. 89.339/84

SERVIÇOS SUPERIORES ÀS FORÇAS DO EMPREGADO
 falta grave do empregador...art. 483, *a*, da CLT

SERVIÇO VOLUNTÁRIO
Decreto n. 4.519, de 13-12-2002
Lei n. 9.608, de 18-2-1998

SERVIDORES DE AUTARQUIAS PARAESTATAIS
inaplicabilidade da Consolidação das Leis do Trabalho; ressalva art. 7º, *caput*, e *c*, da CLT

SEXOS
não haverá distinção de sexo para todo trabalho de igual valor art. 5º da CLT
separação, nas instalações sanitárias .. art. 200 VII, da CLT

SINALIZAÇÃO DE PERIGO
emprego de cores nos locais de trabalho ... art. 200, VIII, da CLT

SINDICATO(S)
administração ... arts. 522 a 528 da CLT
associações sindicais de grau superior .. arts. 533 a 539 da CLT
contribuições a eles devidas; desconto na folha de pagamento art. 545 da CLT
deveres .. art. 514 da CLT
direitos dos exercentes de atividades ou profissões e dos
 sindicalizados .. arts. 540 a 547 da CLT
eleições sindicais ... arts. 529 a 532 da CLT
empregado sindicalizado; casos de preferência, havendo igualdade de
 condições ... art. 544 da CLT
enquadramento sindical ... arts. 570 a 577 da CLT
gestão financeira .. arts. 548 a 552 da CLT
multa por cobrança de remuneração; entrega da carteira art. 56 da CLT
patrimônio .. art. 548 da CLT
penalidades ... arts. 553 a 557 da CLT
prerrogativas .. art. 513 da CLT
reconhecimento e investidura sindical .. arts. 515 a 521 da CLT
representação para instauração de instância; requisito art. 859 da CLT

SOCORROS MÉDICOS
prestação pela empresa ... art. 168, § 5º, da CLT

SUBEMPREITADA
responsabilidade contratual do subempreiteiro art. 455 e parágrafo único da CLT

SUBSOLO
trabalho no subsolo; alimentação adequada art. 297 da CLT

SUBTERRÂNEOS
proibição do trabalho da mulher ... art. 387, *a*, da CLT

SUCESSÃO DE EMPRESAS
arts. 10 e 448 da CLT

SUSPEIÇÃO
exceção de suspeição .. arts. 799, 801 e 802 da CLT

SUSPENSÃO
de empregado acusado de falta grave art. 494 da CLT
para responder a inquérito administrativo; ausência do empregado em
 tal caso .. art. 131, V, da CLT

SUSPENSÃO E INTERRUPÇÃO DO CONTRATO DE TRABALHO
arts. 471 a 476-A da CLT
aposentadoria por invalidez do empregado; suspensão de seu contrato de
 trabalho .. art. 475 da CLT

faltas do empregado sem prejuízo do salário; casos art. 473 da CLT
seguro-doença ou auxílio-enfermidade; caracterização de licença não
　remunerada .. art. 476 da CLT
serviço militar; prestação pelo empregado; situação deste art. 472 da CLT
suspensão do empregado por mais de 30 dias consecutivos; rescisão injusta
　do contrato de trabalho .. art. 474 da CLT
vantagens atribuídas à categoria funcional do empregado, concedidas durante
　a sua ausência, serão a ele asseguradas ... art. 471 da CLT

TAREFA
　salário pago por tarefa; cálculo da remuneração de férias art. 142, § 2º, da CLT

TAREFEIRO
　indenização; cálculo .. art. 458, § 5º, da CLT

TÉCNICO INDUSTRIAL E TÉCNICO AGRÍCOLA
　disposições sobre o exercício da profissão ... Lei n. 5.524/68
　regulamento .. Decreto n. 90.922/85

TÉCNICOS ESTRANGEIROS
　não aplicação, aos contratos de técnicos estrangeiros, de disposições
　　trabalhistas ... Decreto-lei n. 691/69

TELEFONIA
　vide OPERADORES

TEMPO DE SERVIÇO
　cômputo do período de férias como tempo de serviço art. 130, § 2º, da CLT
　cômputo dos períodos de serviço militar e de acidente do
　　trabalho .. art. 4º, parágrafo único, parte final, da CLT

TERAPEUTA
　Lei n. 8.856, de 1º-3-1994

TERMOS PROCESSUAIS
　arts. 770 a 782 da CLT
　assinaturas a rogo ... art. 772 da CLT
　escritos a tinta, datilografados ou a carimbo .. art. 771 da CLT

TESTEMUNHAS
　comparecimento à audiência independentemente de notificação ou
　　intimação .. art. 825 da CLT
　desconto por faltas ao serviço, ocasionadas pelo comparecimento para
　　depor; inadmissibilidade ... art. 822 da CLT
　não comparecimento à audiência; efeitos art. 825, parágrafo único, da CLT
　número máximo ... art. 821 da CLT
　parente, amigo íntimo ou inimigo de qualquer das partes; valor de seu
　　depoimento .. art. 829 da CLT
　qualificação anterior à prestação de compromisso art. 828 da CLT
　que não falem a língua nacional; nomeação de intérprete art. 819 da CLT
　reinquirição ... art. 820 da CLT

TRABALHADOR AVULSO
　assiduidade profissional .. Decreto n. 90.927/85
　Decreto n. 80.271, de 1º-9-1977
　Decreto n. 90.927, de 7-2-1985
　direitos sociais ... CF, art. 7º, XXXIV
　férias .. Lei n. 5.085/66

TRABALHADOR CONTRATADO NO BRASIL PARA TRABALHAR NO EXTERIOR
Decreto n. 89.339, de 31-1-1984
Lei n. 7.064, de 6-12-1982

TRABALHADORES RURAIS
art. 505 da CLT
aposentadoria ...CF, art. 233
conceito .. art. 7º, *b*, da CLT
Decreto n. 73.626, de 12-2-1974
direitos sociais ..CF, art. 7º
inaplicabilidade da Consolidação das Leis do Trabalho art. 7º, *caput*, da CLT
Lei n. 5.889, de 8-6-1973

TRABALHO
livre exercício .. CF, art. 5º, XIII

TRABALHO DA MULHER
duração .. arts. 373 a 376 da CLT
proteção .. arts. 372 e s. da CLT
proteção; direitos sociais .. CF, art. 7º, XX, da CLT

TRABALHO DE IGUAL VALOR
conceito ... art. 461, § 1º, da CLT

TRABALHO EXTRAORDINÁRIO
adicionais; cômputo no salário que servirá de base ao cálculo da remuneração
das férias .. art. 142, § 5º, da CLT

TRABALHO INSALUBRE
adicionais; cômputo no salário que servirá de base ao cálculo da remuneração
das férias .. art. 142, § 5º, da CLT

TRABALHO INTELECTUAL, TÉCNICO E MANUAL
não haverá distinções entre estas três espécies de
trabalho ... art. 3º, parágrafo único, parte final, da CLT

TRABALHO NAS ATIVIDADES DE EXPLORAÇÃO, PERFURAÇÃO, PRODUÇÃO E REFINAÇÃO DE PETRÓLEO
Lei n. 5.811, de 11-10-1972

TRABALHO NOTURNO
adicionais; cômputo no salário-base do cálculo da remuneração das
férias.. art. 142, § 5º, da CLT
da mulher; adicional.. art. 381, § 1º, da CLT
delimitações.. art. 73, § 2º, da CLT
direitos sociais .. CF, art. 7º, IX, da CLT
horários mistos ... art. 73, § 4º, da CLT
remuneração superior à do diurno; ressalva... art. 73 da CLT

TRABALHO PERIGOSO
adicionais; cômputo no salário que servirá de base ao cálculo da remuneração
das férias .. art. 142, § 5º, da CLT

TRABALHO PORTUÁRIO
normas e condições gerais de proteção ao...Lei n. 9.719/98
recolhimento do adicional de indenização..Decreto n. 1.035/93
regime jurídico da exploração dos portos organizados e das instalações
portuárias ... Lei n. 8.630/93

regime jurídico da exploração dos portos organizados e das instalações
 portuárias; regulamento..Decreto n. 1.886/96

TRABALHO TEMPORÁRIO
 Decreto n. 73.841, de 13-3-1974
 Lei n. 6.019, de 3-1-1974
 fiscalização do trabalho em empresas de ...IN n. 3/97
 trabalhador agrícola.. art. 443 da CLT

TRABALHO VOLUNTÁRIO A INSTITUIÇÕES DE FINS NÃO LUCRATIVOS
 Lei n. 9.608, de 18-2-1998

TRANSPORTADORAS
 vide EMPRESAS DE TRANSPORTES E COMUNICAÇÕES

TRANSPORTE DE VALORES
 sistema de segurança; exercício da profissão...Lei n. 7.102/83

TRANSPORTES
 equiparação a serviços públicos...art. 910 da CLT

TREINADOR PROFISSIONAL DE FUTEBOL
 relações de trabalho.. Lei n. 8.650/93

TRIBUNAIS DO TRABALHO
 especialização de turmas dos ...Lei n. 7.701/88

TRIBUNAIS REGIONAIS DO TRABALHO
 arts. 670 a 689 da CLT
 competência, quando divididos em Turmas ... art. 678 da CLT
 composição e funcionamento ...arts. 670 a 673 da CLT
 decisões; voto da maioria dos juízes presentes; ressalvaart. 672, § 2º, da CLT
 determinação da competência .. art. 677 da CLT
 disposições gerais – Constituição Federal ..art. 111, II, da CLT
 jurisdição e competência..arts. 674 a 680 da CLT
 presidentes ..arts. 681 a 683 da CLT
 regiões; números de juízes para os Tribunais de cada uma destasart. 670 da CLT
 território nacional; divisão em regiões para efeito de jurisdição............... art. 674 da CLT

TRIBUNAL SUPERIOR DO TRABALHO
 arts. 690 a 709 da CLT
 competência do Tribunal Pleno ..art. 702 da CLT
 composição e funcionamentoarts. 693, § 1º, 696, 697, 700 e 701 da CLT
 corregedor; atribuições...art. 709 da CLT
 instância superior da Justiça do Trabalho... art. 690 da CLT
 ordem dos processos; regulamentação em regimento interno.................. art. 909 da CLT
 presidente; atribuições...art. 707 da CLT
 vice-presidente; atribuições...art. 708 da CLT

TRIPULANTE(S)
 apresentação ao armador, ao término das férias........................art. 150, § 4º, da CLT
 gozo de férias; remuneração; acréscimo ... art. 152 da CLT
 transferência para o serviço de outro armador; cômputo do tempo de serviço
 prestado anteriormente, para efeito de férias.. art. 150 da CLT

TUTOR
 perda do pátrio poder.. art. 437, parágrafo único, da CLT

USOS E COSTUMES
utilização como critério de decisão de autoridades administrativas e da Justiça
do Trabalho, em caso de falta de disposições legais ou contratuais art. 8º da CLT

UTILIDADES
parcela do salário paga em utilidades; cômputo de acordo com a anotação na
Carteira de Trabalho e Previdência Social ..art. 142, § 4º, da CLT

VACINAÇÃO
vide ATESTADO DE VACINAÇÃO

VALE-TRANSPORTE
Decreto n. 95.247, de 17-11-1987
Lei n. 7.418, de 16-12-1985

VENDEDORES, VIAJANTES OU PRACISTAS
Lei n. 3.207, de 18-7-1957

VENDEDOR PRACISTA
exclusão do capítulo referente à duração do trabalho.............................. art. 62, I, da CLT

VENTILAÇÃO
artificial .. art. 176, parágrafo único, da CLT
natural .. art. 176, *caput*, da CLT

VESTIMENTA
uso obrigatório.. art. 177 da CLT

VESTUÁRIO
inclusão no salário; ressalva..art. 458 e § 2º da CLT

VETERINÁRIOS
Lei n. 4.950-A, de 22-4-1966

VIAJANTES
exclusão do capítulo referente à duração do trabalho............................ art. 62, *a*, da CLT

VICE-PRESIDENTE
do Tribunal Superior do Trabalho; atribuições...art. 708 da CLT

VIGILANTES
sistema de segurança; exercício da profissão ..Lei n. 7.102/83

VIOLAÇÃO DE SEGREDO DA EMPRESA
pelo empregado; justa causa para rescisão contratualart. 482, *g*, da CLT

VISTAS DOS AUTOS
em matéria recursal ...art. 901 da CLT

VOTO
eleições sindicais; requisitos e obrigatoriedade art. 529 e parágrafo único da CLT

Bibliografia

ALMEIDA, André Luiz Paes de. *Direito do Trabalho*. 2. ed. São Paulo, Rideel, 2007.

ALMEIDA, Amador Paes de. *Curso de Falência e Recuperação de Empresas*. 22. ed. São Paulo, Saraiva, 2006.

ALMEIDA, Amador Paes de. *Curso Prático de Processo do Trabalho*. 14. ed. São Paulo, Saraiva, 2002.

ALMEIDA, Amador Paes de. *Execução de Bens dos Sócios*. 6. ed. São Paulo, Saraiva, 2003.

ALMEIDA, Amador Paes de. *O Procedimento Sumaríssimo na Justiça do Trabalho*. São Paulo, Saraiva, 2000.

ALMEIDA, Amador Paes de. *Os Direitos Trabalhistas na Falência e Concordata do Empregador*. 2. ed. São Paulo, LTr, 1998.

ALMEIDA, Isis de. *Curso de Direito Processual do Trabalho*. São Paulo, Sugestões Literárias.

ALMEIDA, Isis de. *Manual da Prescrição Trabalhista*. 2. tir. São Paulo, LTr.

ALMEIDA JÚNIOR. *Lições de Medicina Legal*. 3. ed. Ed. Nacional, 1956.

AMARAL SANTOS, Moacyr. *Comentários ao Código de Processo Civil*. Rio de Janeiro, Forense.

AMARAL SANTOS, Moacyr. *Primeiras Linhas de Direito Processual Civil*. 5. ed. São Paulo, Saraiva.

AROUCA, José Carlos. *A Nova Constituição e os Trabalhadores*. Sindicato dos Trabalhadores nas Indústrias da Construção Civil de São Paulo.

AZEVEDO, Álvaro Villaça. *Teoria Geral das Obrigações*. 3. ed. São Paulo, Revista dos Tribunais.

BARBI, Celso Agrícola. *Comentários ao Código de Processo Civil*. Rio de Janeiro, Forense.

BARBOSA MOREIRA, José Carlos. *Comentários ao Código de Processo Civil*. 6. ed. Rio de Janeiro, Forense.

BARROS, Hamilton de Moraes e. *Comentários ao Código de Processo Civil*. Rio de Janeiro, Forense.

BATALHA, Wilson de Souza Campos. *Sindicato/Sindicalismo*. São Paulo, LTr, 1952.

BATALHA, Wilson de Souza Campos. *Tratado de Direito Judiciário do Trabalho*. 2. ed. São Paulo, LTr.

BELTRAN, Ari Possidônio. *Globalização e Direitos Sociais*. São Paulo, LTr, 1998.

BENTO DE FARIA, Antonio. *Código Comercial Brasileiro Anotado*. 3. ed. Rio de Janeiro, Ed. Jacinto Ribeiro dos Santos, 1920.

BEVILÁQUA, Clóvis. *Código Civil Comentado*. 6. ed. Rio de Janeiro, Francisco Alves, 1940.

BITTAR, Carlos Alberto. *Curso de Direito Civil*. Rio de Janeiro, Forense Universitária.

BONHOMME, Carlos de. *Despedida Justa.* Ed. Guaíra, 1944.

BUENO, Cassio Scarpinella. *A Nova Etapa da Reforma do Código de Processo Civil.* São Paulo, Saraiva, 2006.

BULGARELLI, Waldirio. *Sociedades Comerciais, Empresa e Estabelecimento.* 2. ed. São Paulo, Atlas.

CABANELLAS, Guillermo. *Derecho Sindical y Corporativo.* Buenos Aires, Ed. Atalaya, 1946.

CALDAS AULETE. *Dicionário Contemporâneo da Língua Portuguesa.* Ed. bras. Ed. Delta, 1958.

CALHEIROS BONFIM & SILVÉRIO DOS SANTOS. *Dicionário de Decisões Trabalhistas.* 14. ed.

CARRION, Valentin. *Comentários à Consolidação das Leis do Trabalho.* 26. ed. São Paulo, Saraiva, 2001; 29. ed., 2004.

CARVALHO DE MENDONÇA, J. X. *Tratado de Direito Comercial Brasileiro.* Rio de Janeiro, Freitas Bastos.

CARVALHO SANTOS, J. M. de. *Código Civil Brasileiro Interpretado.* 7. ed. *Rio de Janeiro,* Freitas Bastos, 1978.

CASTELO, Jorge Pinheiro. *O Direito Processual do Trabalho na Moderna Teoria Geral do Processo.* São Paulo, LTr, 1993.

CASTRO, Amílcar de. *Comentários ao Código de Processo Civil.* 2. ed. Rio de Janeiro, Forense. v. 10.

CATHARINO, José Martins. *Compêndio de Direito do Trabalho.* 2. ed. São Paulo, Saraiva, 1981.

CATHARINO, José Martins. São Paulo, *LTr,* 32/409.

CATHARINO, José Martins. *Tratado Elementar de Direito Sindical.* São Paulo, LTr, 1977.

CATHARINO, José Martins. *Tratado Jurídico do Salário.* Rio de Janeiro, Freitas Bastos, 1951.

CAVALCANTE, Jouberto de Quadros Pessoa & JORGE NETO, Francisco Ferreira. *Manual de Direito do Trabalho.* Rio de Janeiro, Lumen Juris, 2003.

CESARINO JÚNIOR, Antonio Ferreira. *Direito Social Brasileiro.* São Paulo, LTr, 1980.

CESARINO JÚNIOR, Antonio Ferreira. *Revista de Direito Social,* n. 22, 1994.

CHAVES, Antônio. *Tratado de Direito Civil.* São Paulo, Revista dos Tribunais.

CHIOVENDA, Giuseppe. *Instituições de Direito Processual Civil.* 3. ed. São Paulo, Saraiva, 1969.

COQUEIJO COSTA, Carlos. *Direito Judiciário do Trabalho.* Rio de Janeiro, Forense, 1978.

CORTEZ, Julpiano Chavez. *Manual das Rescisões Trabalhistas.* 3. ed. São Paulo, LTr.

COSTA E SILVA, José Ajuricaba da. São Paulo, *LTr* 45-5/519.

CRETELLA JR., José. *Empresa Pública.* Bushatsky, 1973.

CUNHA, Sólon de Almeida. *Os Direitos Individuais do Trabalho: Impacto Sofrido ante a Eficácia Jurídica da Constituição Federal, nos Dez Anos de sua Vigência.* Tese de Doutorado.

DE LA CUEVA, Mario. *Derecho Mexicano del Trabajo.* 3. ed. México, Porrúa, 1949.

DELGADO, Mauricio Godinho. *Alterações Contratuais Trabalhistas.* São Paulo, LTr.

DELGADO, Mauricio Godinho. *Princípios de Direito Individual e Coletivo do Trabalho.* São Paulo, LTr, 2001.

DINIZ, José Janguiê Bezerra. *Os Recursos no Processo do Trabalho.* 3. ed. São Paulo, LTr.

FERREIRA, Waldemar. *Instituições de Direito Comercial.* Rio de Janeiro, Freitas Bastos, 1947.

FIORILLO, Celso A. Pacheco & RODRIGUES, Marcelo Abelha. *Manual de Direito Ambiental e Legislação Aplicável. São Paulo,* Max Limonad.

FURTADO, Paulo. *Execução.* São Paulo, Saraiva, 1985.

GARCIA, Alonso. *Derecho del Trabajo.* Barcelona, 1960.

GASPARINI, Diogenes. *Direito Administrativo.* São Paulo, Saraiva.

GAVAZZONI, Aluisio José. *Comentários à Consolidação das Leis do Trabalho.* Ed. Nacional, 1963.

GIGLIO, Wagner. *Direito Processual do Trabalho.* 10. ed. São Paulo, LTr, 1997.

GIGLIO, Wagner. *Justa Causa para o Despedimento do Empregado.* Ed. Florença.

GOMES, Orlando & GOTTSCHALK, Elson. *Curso Elementar de Direito do Trabalho.* 7. ed. Rio de Janeiro, Forense.

GRECO FILHO, Vicente. *Direito Processual Civil Brasileiro.* 6. ed. São Paulo, Saraiva. v. 3.

GUETZÉVITCH, Mirkine. *As Novas Tendências do Direito Constitucional.* Trad. Cândido Mota Filho. Ed. Nacional, 1933.

GUIMARÃES, Mario. *Recurso de Revista.* Livr. Martins, 1942.

HINZ, Henrique Macedo. *Direito Individual do Trabalho.* São Paulo, Saraiva, 2006.

HUSEK, Carlos Roberto. *Caderno Jurídico,.* São Paulo, Amatra, set. 1998.

LACERDA, Dorval de. *A Falta Grave no Direito do Trabalho.* Rio de Janeiro, Ed. Revista do Trabalho, 1947.

LAMARCA, Antonio. *Manual das Justas Causas.* São Paulo, Revista dos Tribunais.

LAMARCA, Antonio. *Roteiro Judiciário Trabalhista.* São Paulo, Revista dos Tribunais, 1975.

MAGANO, Octavio Bueno. *Do Poder Diretivo na Empresa.* São Paulo, Saraiva.

MAGANO, Octavio Bueno. *Manual de Direito do Trabalho (Direito Coletivo do Trabalho).* São Paulo, LTr.

MALLET, Estêvão. *Temas de Direito do Trabalho.* São Paulo, LTr, 1998.

MANUS, Pedro Paulo Teixeira. *Direito do Trabalho na Nova Constituição.* 5. ed. São Paulo, Atlas, 1989.

MARANHÃO, Délio. *Instituições de Direito do Trabalho.* 2. ed. Rio de Janeiro, Freitas Bastos, 1961.

MARCUS, Gyula. *Manual Prático de Medicina Legal.* São Paulo, Sugestões Literárias.

MARQUES, Gerson. *Processo do Trabalho Anotado.* São Paulo, Revista dos Tribunais, 2001.

MARQUES, José Frederico. *Manual de Direito Processual Civil.* 8. ed. São Paulo, Saraiva.

MARTINS, Sergio Pinto. *Comentários à CLT.* 3. ed. São Paulo, Atlas.

MARTINS, Sergio Pinto. *Direito da Seguridade Social.* São Paulo, Atlas.

MARTINS, Sergio Pinto. *Direito Processual do Trabalho.* São Paulo, Atlas, 1994.

MAUAD, Marcelo José Ladeira. *As Cooperativas de Trabalho e sua Relação com o Direito Material do Trabalho.* Tese de Mestrado. Pontifícia Universidade Católica, 1997.

MAXIMILIANO, Carlos. *Hermenêutica e Aplicação do Direito.* Porto Alegre, Ed. Globo, 1925.

MELLO, José Luiz Lauria J. de. São Paulo, *LTr,* 59-09/1208.

MESQUITA, Luiz José de. *Comentários às Súmulas do Supremo Tribunal Federal.* São Paulo, LTr.

MESQUITA, Luiz José de. *Direito Disciplinar do Trabalho.* 2. ed. São Paulo, LTr.

MONIZ DE ARAGÃO, E. D. *Comentários ao Código de Processo Civil.* Rio de Janeiro, Forense.

MONTEIRO, João. *Teoria do Processo Civil e Comercial.* São Paulo, Programa, 1905.

MONTEIRO, Washington de Barros. *Curso de Direito Civil.* São Paulo, Saraiva, 1958.

MORAES FILHO, Evaristo de. Anteprojeto do Código de Trabalho. São Paulo, *LTr,* 28/240.

MORAES FILHO, Evaristo de. *Sucessão nas Obrigações e a Teoria da Empresa.* Rio de Janeiro, Forense, 1960.

MORGADO, Almir e GRAVATÁ, Isabelli. *Resumo de Direito Processual do Trabalho*. Impetus, 2007.

MUSSO, Enrico Spagna. *Justitia,* São Paulo, Ministério Público, 1966.

NASCIMENTO, Amauri Mascaro. *Compêndio de Direito do Trabalho.* São Paulo, LTr.

NASCIMENTO, Amauri Mascaro. *Curso de Direito Processual do Trabalho.* 21. ed. São Paulo, Saraiva, 2002.

NASCIMENTO, Amauri Mascaro. *Direito do Trabalho na Constituição de 1988.* São Paulo, Saraiva.

NASCIMENTO, Amauri Mascaro. *O Salário.* São Paulo, LTr, 1968.

NEGRÃO, Theotonio. *Código de Processo Civil e Legislação Processual em Vigor.* 28. ed. São Paulo, Saraiva, 1997.

NERY JR., Nelson & NERY, Rosa Maria A. *Código de Processo Civil Comentado.* 3. ed. São Paulo, Revista dos Tribunais.

NEVES, Celso. *Comentários ao Código de Processo Civil.* Rio de Janeiro, Forense. v. 7.

OLIVEIRA, Francisco Antonio de. *Consolidação das Leis do Trabalho Comentada.* 2. ed. São Paulo, Revista dos Tribunais.

OLIVEIRA, Sebastião Ribeiro de. *Comentários à Consolidação das Leis do Trabalho.* Ed. Nacional de Direito, 1963. v. 5.

OLIVEIRA E CRUZ, João Claudino. *Dos Recursos no Código de Processo Civil.* 3. ed. Rio de Janeiro, Forense.

ORLANDO, Pedro. *Novíssimo Dicionário Jurídico Brasileiro.* São Paulo, Lep, 1959.

PAMPLONA, Rodolfo. *Processo do Trabalho.* São Paulo, LTr, 1997.

PEIXOTO, Bolívar Viegas. *Iniciação ao Processo Individual do Trabalho.* 4. ed. Rio de Janeiro, Forense.

PEREIRA, Caio Mário da Silva. *Instituições de Direito Civil.* Rio de Janeiro, Forense.

PEREIRA, Pedro Barbosa. *Direito Comercial.* 1965.

PIMENTA BUENO. *Apontamentos sobre o Processo Criminal Brasileiro.*

PONTES DE MIRANDA. *Comentários à Constituição de 1967.*

PRADO, Roberto Barreto. *Curso de Direito Sindical.* 3. ed. São Paulo, LTr.

RAMOS FILHO, Wilson. São Paulo, *LTr,* 56-10/1206.

REIS, Nélio. *Alteração do Contrato de Trabalho.* 3. ed. Rio de Janeiro, Freitas Bastos, 1957.

REIS, Nélio. *Contratos Especiais de Trabalho.* Rio de Janeiro, Freitas Bastos, 1955.

REZENDE FILHO, Gabriel de. *Curso de Direito Processual Civil.* 6. ed. São Paulo, Saraiva.

RICO, Oswaldo da Silva. *Da Reconvenção e da Compensação no Direito Brasileiro.* São Paulo, Saraiva.

ROCCO, Alfredo. *Princípios de Direito Comercial.* Trad. Cabral de Moncada (Faculdade de Coimbra). São Paulo, Saraiva, 1931.

RODRIGUES PINTO, José Augusto. *A Modernização do CPC e o Processo do Trabalho.* São Paulo, LTr, 1996.

RODRIGUES PINTO, José Augusto. *Curso de Direito Individual do Trabalho.* São Paulo, LTr, 1994.

RODRIGUES PINTO, José Augusto. *Execução Trabalhista.* 9. ed. São Paulo, LTr, 2002.

RODRIGUES PINTO, José Augusto. *Manual dos Recursos nos Dissídios do Trabalho.* São Paulo, LTr, 2006.

RODRIGUES PINTO, José Augusto. *Processo Trabalhista de Conhecimento.* São Paulo, LTr.

RODRIGUEZ, Américo Plá. *Princípios de Direito do Trabalho.* São Paulo, LTr, 1978.

ROMITA, Arion Sayão. *O Poder Disciplinar do Empregador.* Rio de Janeiro, Freitas Bastos, 1983.

ROMITA, Arion Sayão. *Os Direitos Sociais na Constituição e Outros Estudos.* São Paulo, LTr, 1991.

ROMITA, Arion Sayão. *Revista de Direito do Trabalho.* São Paulo, Revista dos Tribunais, jan./mar. 2000.

ROSA, Eliézer. *Dicionário de Processo Civil.* Rio de Janeiro, Editora de Direito, 1957.

RUSSOMANO, Mozart Victor. *A Execução das Obrigações de Fazer no Processo do Trabalho.* Rio de Janeiro, Konfino, 1956.

RUSSOMANO, Mozart Victor. *Comentários à CLT.* 13. ed. Rio de Janeiro, Forense.

RUSSOMANO, Mozart Victor. *O Empregado e o Empregador no Direito Brasileiro.* 7. ed. Rio de Janeiro, Forense.

SAAD, Eduardo Gabriel. A Transcendência no Recurso de Revista. São Paulo, *Suplemento LTr,* 149/01.

SAAD, Eduardo Gabriel. *CLT Comentada.* 28. ed. São Paulo, LTr, 1995.

SAAD, Eduardo Gabriel. *Constituição e Direito do Trabalho.* São Paulo, LTr.

SAAD, Eduardo Gabriel. *Suplemento Trabalhista* São Paulo, LTr, 092/00.

SAMPAIO, Aluysio. *Dicionário Jurídico Trabalhista.* Ed. Fulgor.

SANSEVERINO, Riva. *Curso de Direito do Trabalho.* Trad. Elson Gottschalk. São Paulo, LTr, 1976.

SANTOS, Ernane Fidélis dos. *As reformas de 2005 do Código de Processo Civil.* São Paulo, Saraiva, 2006.

SEGADAS VIANNA. *Instituições de Direito do Trabalho.* Rio de Janeiro, Freitas Bastos.

SILVA, José Afonso da. *Curso de Direito Constitucional Positivo.* São Paulo, Malheiros.

SOUTO MAIOR, Jorge Luiz. *O Direito do Trabalho como Instrumento de Justiça Social.* São Paulo, LTr, 2000.

SOUZA, Marcelo P. de. *A Nova Lei de Recuperação e Falência e as suas Consequências no Direito do Trabalho.* 2. ed. São Paulo, LTr, 2006.

SOUZA, Marcelo P. de. *Efeitos da Falência da Execução Trabalhista.* São Paulo, LTr, 2004.

SÜSSEKIND, Arnaldo. *Direito Constitucional do Trabalho.* Rio de Janeiro, Renovar, 2004.

SÜSSEKIND, Arnaldo; MARANHÃO, Délio & SEGADAS VIANNA. *Instituições de Direito do Trabalho.* São Paulo, LTr, 1997.

TEIXEIRA FILHO, Manoel Antonio. A Medida Provisória n. 2.226/01 — Transcendência em Recurso de Revista: Inconstitucionalidades e Inconveniências. São Paulo, *LTr,* 65-10/1159.

TEIXEIRA FILHO, Manoel Antonio. *Execução no Processo do Trabalho.* 6. ed. São Paulo, LTr.

TORRINHA, Francisco. *Dicionário Latino-Português.* 2. ed. Porto Editora, 1942.

TOSTES MALTA, Christóvão Piragibe. *CLT Comentada.* Ed. Trabalhistas, 1980.

VENDRAMINI, Antônio Carlos. Insalubridade *versus* Periculosidade. *São Paulo, Suplemento Trabalhista LTr,* 162/98.

VIDAL NETO, Pedro. *Do Poder Normativo da Justiça do Trabalho.* Tese de Doutorado.

WINTER, Marilena Indira. Proteção Jurídica do Hipossuficiente no Direito do Trabalho e no Direito do Consumidor. In: *Estudos de Direito do Trabalho.* São Paulo, LTr, 1997.